utb 8314

Eine Arbeitsgemeinschaft der Verlage

Böhlau Verlag · Wien · Köln · Weimar
Verlag Barbara Budrich · Opladen · Toronto
facultas · Wien
Wilhelm Fink · Paderborn
A. Francke Verlag · Tübingen
Haupt Verlag · Bern
Verlag Julius Klinkhardt · Bad Heilbrunn
Mohr Siebeck · Tübingen
Ernst Reinhardt Verlag · München · Basel
Ferdinand Schöningh · Paderborn
Eugen Ulmer Verlag · Stuttgart
UVK Verlagsgesellschaft · Konstanz, mit UVK/Lucius · München
Vandenhoeck & Ruprecht · Göttingen · Bristol
Waxmann · Münster · New York

Die Herausgeber:

Prof. Dr. Lothar Mikos lehrt im Studiengang Medienwissenschaft der Filmuniversität Babelsberg Konrad Wolf. Er hatte Gastprofessuren in Aarhus, Barcelona, Glasgow, Göteborg, Klagenfurt, London und Tarragona. Er ist Vorsitzender des Kuratoriums der Deutschen Kindermedienstiftung Goldener Spatz. Er gründete die Television Studies Section der European Communication Research and Education Association (ECREA). Seine Arbeitsschwerpunkte: Fernsehen und Digitalisierung, Transnationale Medienkultur, Rezeptionstheorie und -forschung, Populärkultur, qualitative Methoden der Medienforschung, Film- und Fernsehanalyse, Film- und Fernsehtheorie, vergleichende Geschichte von Film und Fernsehen.

Seit 2007 lehrt **Prof. Dr. Claudia Wegener** in den Studiengängen Digitale Medienkultur und Medienwissenschaft an der Filmuniversität Babelsberg Konrad Wolf. Sie ist zweite Vorsitzende im Kuratorium des »Kinder- und Jugendfilmzentrums in Deutschland« (seit 2004) und Mitglied im Aufsichtsrat der Medienboard Berlin-Brandenburg GmbH (seit 2010). Ihre Arbeitsschwerpunkte: digitale Medienkultur, Mediensozialisation, Kinder- und Jugendmedienkultur, Kommunikationstheorie, qualitative Medienforschung.

Lothar Mikos
Claudia Wegener (Hg.)

Qualitative Medienforschung

Ein Handbuch

2., völlig überarbeitete und erweiterte Auflage

UVK Verlagsgesellschaft mbH · Konstanz
mit UVK Lucius · München

Online-Angebote oder elektronische Ausgaben sind erhältlich unter
www.utb-shop.de.

Bibliografische Information der Deutschen Bibliothek
Die Deutsche Bibliothek verzeichnet diese Publikation in der Deutschen Nationalbiblio-
grafie; detaillierte bibliografische Daten sind im Internet über <http://dnb.ddb.de>
abrufbar.

1. Auflage 2005
2. Auflage 2017

© UVK Verlagsgesellschaft mbH, Konstanz und München 2017
Einbandgestaltung: Atelier Reichert, Stuttgart
Einbandfoto: © Rashad Ashurov / Shutterstock.com
Satz und Layout: Klose Textmanagement, Berlin
Simone Neteler: Teillektorat
Druck: CPI – Ebner & Spiegel, Ulm

UVK Verlagsgesellschaft mbH
Schützenstr. 24 · D-78462 Konstanz
Tel.: 07531-9053-0 · Fax: 07531-9053-98
www.uvk.de

UTB-Band Nr. 8314
ISBN 978-3-8252-8647-7

Inhalt

2.2 Medienforschung – Alltagsforschung

3   Forschungsdesign

4   Erhebungsmethoden

5 Aufzeichnung qualitativer Daten

6 Auswertung

Anhang

Einleitung

Lothar Mikos/Claudia Wegener

Qualitative Medienforschung versteht sich als qualitative Sozialforschung, die sich über ihren Gegenstand, die Medien, definiert. Allerdings geht es nicht ausschließlich um die Medien, sondern um ihre Nutzung und Aneignung in der Lebenswelt und um die Rolle, die sie im Alltag der Menschen spielen. Denn: »Nicht das Medium ist die Message, sondern seine Rolle in der sozialen Anwendung« (Hienzsch/Prommer 2004, S. 148). Medien leisten einen wesentlichen Beitrag »zur gesellschaftlichen Konstruktion von Wirklichkeit« (Peltzer/Keppler 2015, S. 14). Sie sind Teil der sozialen und kulturellen Praxis der Menschen. Qualitative Medienforschung folgt damit dem Anspruch, den Flick, von Kardorff und Steinke (2015, S. 14) generell für qualitative Forschung markiert haben: »Qualitative Forschung hat den Anspruch, Lebenswelten ›von innen heraus‹ aus der Sicht der handelnden Menschen zu beschreiben. Damit will sie zu einem besseren Verständnis sozialer Wirklichkeit(en) beitragen und auf Abläufe, Deutungsmuster und Strukturmerkmale aufmerksam machen.« Die Offenheit für die Erfahrungen der Menschen ist ein wesentliches Merkmal dieser Forschung. Das unterscheidet sie von der quantitativen Forschung, die auf generalisierbare Merkmale Wert legt und nicht in die Tiefenstruktur sozialer Wirklichkeit eindringt.

Qualitative und quantitative Medienforschung werden von uns jedoch nicht als Gegensätze begriffen, die sich ausschließen. Beide Verfahrensweisen haben ihre erkenntnistheoretischen und empirischen Möglichkeiten und Grenzen. Daher ergänzen sie sich (→ Flick, S. 18 ff.). Während die quantitative Forschung in der Lage ist, statistisch verwertbare Daten zu liefern, z. B. über den Medienkonsum in Form des Marktanteils von Fernsehen, Zeitungen oder Zeitschriften, kann die qualitative Forschung Auskunft über tieferliegende Motive und Strukturen der Mediennutzung liefern, da sie mit ihren Verfahren den Alltag und die Lebenswelt der Mediennutzer »von innen heraus« zu verstehen sucht. Sie hat ihren eigenen Stellenwert. Qualitative Forschung passt die Methoden ihren Fragestellungen und zu untersuchenden Gegenständen an. Bei ihr stehen nicht große Zahlen und Datenmengen im Mittelpunkt, sondern sie sieht ihre Aufgabe darin, kleinere Fallzahlen intensiv auszuwerten (→ Baur/Lamnek, S. 290 ff.). Die Reflexivität bezüglich der Methoden, der Subjektivität des Forschers, des Forschungsprozesses und der Darstellung der Ergebnisse zeichnet sie aus. Charakteristisch für die qualitative Medienforschung ist nicht nur ein häufig theoretisch interdisziplinärer Ansatz, sondern ebenso methodische Integration. Die Begrenztheit bzw. Reichweite ihres methodischen Ansatzes ist qualitativen Forschern bewusst, eine Kombination von quantitativen und qualitativen Verfahren schließen sie in ihren Untersuchungen von komplexen Kommunikations- und Medienphänomenen nur selten aus.

Die qualitative Medienforschung hat seit den 1980er Jahren immer mehr an Bedeutung gewonnen. Zwar werden qualitative Methoden der Datenerhebung und Datenauswertung in zahlreichen Studien, die sich mit der Nutzung und Aneignung von Medien befassen, eingesetzt, doch können sie weder in der traditionellen Publizistik- und Kommunikationswissenschaft noch in der sich weitgehend analytisch und theoretisch definierenden Medienwissenschaft als etabliert gelten. Ihr umfassender Einsatz findet eher in Disziplinen wie Erziehungswissenschaft, Psychologie, Sprachwissenschaft und Soziologie statt, die auf eine längere Tradition qualitativer Forschung zurückblicken können. Erst in der zweiten Dekade des 21. Jahrhunderts haben sich einige Vertreter der Kommunikationswissenschaft mit qualitativen Methoden auseinandergesetzt (vgl. Averbeck-Lietz/Meyen 2016; Meyen/Löblich/Pfaff-Rüdiger/Riesmeyer 2011).

Wie sinnvoll qualitative Verfahren in der Medienforschung sind, zeigt sich beispielsweise im Rahmen medienpädagogischer Forschung, die sich mit der Untersuchung kindlicher Mediennutzung beschäftigt (→ Paus-Hasebrink, S. 276 ff.). Hier kommt man mit standardisierten Untersuchungen nicht weit, methodische Kreativität ist gefordert. Eine wichtige Methode bei der Untersuchung von kindlichem Medienumgang und kindlicher Mediennutzung sind neben teilnehmender Beobachtung und verschiedenen Spielformen, in denen Themen aus den Medien, insbesondere dem Fernsehen, zum Gegenstand gemacht werden, vor allem Kinderzeichnungen (→ Neuß, S. 380 ff.). Wenn Kinder ihre Medienerlebnisse und -erinnerungen bildlich darstellen, haben Forscher manchmal Schwierigkeiten, sie auf den ersten Blick zu verstehen. Denn für die Kinder sind an den Bildern auch Dinge wichtig, die dem Auge des erwachsenen Betrachters ohne Erklärung verborgen bleiben. Ist einmal mithilfe der Kinder ein Zugang gefunden, lassen sich zahlreiche Hinweise auf den Medienalltag der Kinder, ihre häusliche Umgebung sowie die Strukturen der Familien, in denen die Kinder aufwachsen, finden.

Qualitativer Medienforschung geht es vor allem darum, das Medienverhalten und den Umgang mit Medien in seiner ganzen Komplexität zu erfassen oder, wie es Dieter Baacke und Hans-Dieter Kübler einmal formuliert haben, »die Ganzheit einer Kommunikationssituation ins Auge zu fassen«, denn: »Nicht die präzise Isolation von Variablen zur methodisch sauberen Erfassung ist das primäre Ziel dieses Ansatzes, sondern eine möglichst angemessene Annäherung an die Wirklichkeit« (Baacke/Kübler 1989, S. 5). Dazu dürfen keine künstlichen Laborwelten geschaffen werden, sondern die Forscher gehen in den Alltag der Menschen, um die dort vorhandenen Muster und Strukturen zu beschreiben, zu analysieren und zu erklären.

Qualitative Medienforschung ist nicht gleich qualitative Medienforschung. So unterscheiden sich in den entsprechenden Studien nicht nur der Bezug zu den Medien und die Methoden der Datenerhebung, die Arten der Datenaufzeichnung und die Strategien der Auswertung. Auch der Forschungskontext und die damit verbundene Absicht divergieren. Drei Arten können in diesem Sinne idealtypisch unterschieden werden:

Angewandte Medienforschung, die von zahlreichen Instituten im Auftrag von Fernsehsendern oder anderen Medieninstitutionen durchgeführt wird. Sie ist im Wesentlichen auf schnelle Verwertung angelegt, steht sie doch im Dienste der Programmplanung. Moderationsformen, Sendungskonzepte und Serien werden mit qualitativen Methoden getestet. Dabei bleibt selten Zeit, sich grundlegenderen Forschungsfragen zu widmen.

Grundlagenforschung, die sich im Wesentlichen auf grundsätzliche Fragen der Mediennutzung konzentriert und von Universitäten und Forschungseinrichtungen wie zum Beispiel dem Deutschen Jugendinstitut oder dem Hans-Bredow-Institut geleistet wird.

Angewandte medienpädagogische Forschung, die von einigen Instituten wie zum Beispiel dem Institut für Medienpädagogik in Forschung und Praxis (JFF) in München sowie von einigen Wissenschaftlerinnen und Wissenschaftlern im Auftrag vor allem der Landesmedienanstalten durchgeführt wird. Daher konzentriert sich das Forschungsinteresse hier auf medienpädagogische Probleme und Fragen des Jugendschutzes.

In der Medienforschung haben qualitative Verfahren ihren eigenen Stellenwert, der sich nicht aus der Konkurrenz zur quantitativen Forschung ergibt, sondern aus den ihnen zugrunde liegenden Forschungsfragen und den je spezifischen Forschungsabsichten, die lebensweltliche Einbindung und sinnhafte Deutung zu entdecken versuchen. Und sie haben ihre eigenen Gesetze von Repräsentativität, die sich weniger an großen Fallzahlen orientieren als vielmehr an der Intensität des Forschungsprozesses und der Überprüfbarkeit der Ergebnisse. Qualitative Medienforschung erschöpft sich nicht allein in der Anwendung so genannter qualitativer Forschungsmethoden. Dahinter steht vielmehr eine grundsätzlich andere Haltung dem Forschungsprozess und den erforschten Menschen gegenüber. Denn es geht in erster Linie darum, das Medienhandeln der Menschen in alltäglichen Strukturen zu verstehen und seine Bedeutung in lebensweltlichen Zusammenhängen nachzuzeichnen (→ Sander/Lange, S. 183 ff.; → Eichner, S. 112 ff.; → Hasebrink/Hepp, S. 164 ff.; → Mikos, S. 146 ff.; → Röser/Müller, S. 156 ff.). Dazu gehört, dass man die Zuschauer, auch die kindlichen und jugendlichen Zuschauer, in ihrem alltäglichen Verhalten ernst nimmt und sich auf sie einlässt. Denn in der qualitativen Forschung können Ergebnisse nur gemeinsam mit den Untersuchten erzielt werden.

Qualitative Medien- und Kommunikationsforschung ist nicht der »Königsweg«. In Zeiten pluraler Lebenswelten kann es den auch nicht geben – sie bietet aber verschiedene Möglichkeiten und Wege, sich der Wirklichkeit gesellschaftlicher Kommunikationsverhältnisse und dem alltäglichen Medienumgang zu nähern. Qualitative Forschung ist grundsätzlich im Zusammenhang mit hermeneutischen und ethnographischen Verfahren (→ Hagedorn, S. 580 ff., → Winter, S. 588 ff.) sowie mit einem Selbstverständnis der Forscher zu sehen, die davon geleitet werden, den Gegenstand ihrer Forschung, die handelnden Subjekte in ihren alltäglichen Lebensäußerungen zu verstehen. Denn der Gegenstand der Forschung ist die subjektive Deutung von medialen Kommunikationsverhältnissen und kulturellen Praktiken, die in ihrem Sinn für die Zuschauer, Nutzer bzw. das Publikum sinnhaft zu verstehen sind. Da generalisierte Medien der Lebenswelt verhaftet bleiben und kulturelle Praktiken nur im Rahmen von Sozialwelten denkbar sind, muss sowohl der Kultur als auch der Alltags- und Lebenswelt der handelnden Subjekte in der qualitativen Medienforschung große Bedeutung beigemessen werden. Qualitative Forschung ist eine Form kommunikativer Praxis.

Die Geschichte qualitativer Medien- und Kommunikationsforschung in Deutschland zeigt, dass sie – sind diese Prämissen erfüllt – auch eine gewisse Bedeutung erlangt. Noch trifft das kaum auf die klassische Publizistik- und Kommunikationswissenschaft zu, auch wenn sich dort im Jahr 2016 ein Netzwerk Qualitative Methoden gegründet hat. Größere Bedeutung hat sie in der medienpädagogischen Forschung, der sprachwissenschaftlichen und linguistischen Medienforschung sowie der wissenssoziologischen Medien- und Kulturforschung erlangt. Die Rezeption der so genannten »British Cultural Studies« in der Medienwissenschaft hat einen wesentlichen Beitrag zur qualitativen Wende der Medienforschung geliefert, da ethnographische Verfahren in den Cultural Studies eine wesentliche Rolle spielen. Zugleich gehen die Cultural Studies (→ Winter, S. 86 ff.) von einem theoretischen Selbstverständnis aus, das ähnlich wie in der Handlungs- bzw. Aktionsforschung Partei für die handelnden Subjekte ergreift. Arbeiten der Cultural Studies zielen darauf ab, die kulturellen und sozialen Praktiken der handelnden Subjekte nicht nur sinnhaft zu verstehen und deutend zu interpretieren, sondern diese Praktiken zugleich zu kontextualisieren, d.h. sie in den Zusammenhang von ökonomischen, sozialen, politischen und anderen Strukturen zu stellen. Grundlage ist dabei aber immer, dass es die Forschenden mit symbolischen Äußerungen und Handlungen der Subjekte zu tun haben, mit einem von den Subjekten selbstgesponnenen Bedeutungsgewebe, das es nicht zu entschlüsseln gilt, wie häufig fälschlich angenommen wird, sondern das es sinnhaft zu verstehen gilt. Der Anthropologe Clifford Geertz hat deshalb für den Prozess der ethnographischen Forschung gefordert, die Bedeutungsstrukturen, in die Menschen verstrickt sind, herauszuarbeiten und anschließend eine »dichte Beschreibung« dieser Strukturen zu liefern (Geertz 1987). Dabei geht es nicht allein darum, die beobachteten kulturellen und sozialen Praktiken in eine konsistente Interpretation und kohärente, ethnographische Erzählung (→ Winter, S. 588 ff.) zu verwandeln, sondern auch die Inkonsistenzen anzuerkennen. In seinem Grundlagenwerk zur interpretativen Soziologie, die viele Gemeinsamkeiten mit dem Projekt der Cultural Studies aufweist, hat Anthony Giddens (1984, S. 181; H. i. O.) auf diesen Aspekt besonders hingewiesen: »Was aber für Konsistenzen innerhalb von Bedeutungsrahmen gilt, trifft auch auf Inkonsistenzen und auf *strittige oder umkämpfte Bedeutungen* zu, d.h. diese müssen ebenfalls hermeneutisch verstanden werden.«

Gerade deshalb hat Lawrence Grossberg (1994) für die Cultural Studies auch gefordert, sich durch Theorien nicht den Blick auf die alltäglichen Praktiken der Subjekte verstellen zu lassen, sondern die alltäglichen Praktiken als Anregung für die Theorieentwicklung zu begreifen. Für die qualitative Medienforschung heißt dies, ihre Methoden dem Gegenstand anzupassen, offen für die Erfahrungen der untersuchten Menschen zu sein, um so Anregungen für die Theorieentwicklung zu erhalten und weitere empirische Forschungen zu generieren.

Das Ziel, kulturelle und soziale Praktiken zu verstehen, oder anders ausgedrückt: das Alltagsleben und die Sozialwelt in ihrem sinnhaften Aufbau für die handelnden Subjekte – und damit die verschiedenen Medienpublika – zu verstehen, bedeutet für die qualitative Forschung eine eigenständige Etablierung und einen gleichberechtigten Platz neben der quantitativen Forschung. Für die Medienforschung heißt dies insbesondere, dass qualitative Forschung nicht nur als methodisches Vorgehen, sondern als sozial- und kulturwissenschaftliches Verfahren der Erkenntnisgewinnung und als theoretisches Selbstverständnis einen besonderen Stellenwert erhält. Dies gilt umso mehr, als Medien und Medienprodukte ihre Bedeutung erst im alltäglichen Handeln und der sozialen und kulturellen Praxis der Menschen entfalten (→ Eichner, S. 112 ff.; → Ganguin/Sander, S. 175 ff.; → Hasebrink/ Hepp, S. 164 ff.; → Keppler, S. 77 ff.; → Krotz, S. 94 ff.; → Meyen, S. 104 ff.; → Mikos, S. 146 ff.; → Röser/Müller, S. 156 ff.).

Qualitative Medienforschung ist weitgehend mit qualitativer Rezeptionsforschung gleichgesetzt worden (→ Peltzer/Neumann-Braun, S. 122 ff., → Prommer, S. 249 ff.). Die Analyse der Produktion (→ Kübler, S. 237 ff.) sowie von Produkten, Texten und Diskursen erlebt in der Medienforschung zu Beginn des 21. Jahrhunderts einen neuen Aufschwung. Das mag damit zusammenhängen, dass insbesondere die strukturalistische Variante der qualitativen Forschung ganz im Sinne quantitativer, aber auch qualitativer Inhaltsanalyse bemüht ist, einen manifesten oder latenten Sinn in medialen Produkten oder Texten ausfindig zu machen (→ Mayring/Hurst, S. 494 ff. und Wegener, S. 200 ff.). In der Folge poststrukturalistischer Debatten und als Konsequenz interaktionistischer Konzepte hat sich in Teilen der Medienwissenschaft und in den Cultural Studies ein anderer Textbegriff durchgesetzt, der davon ausgeht, dass Texte keine freizulegende Bedeutung haben, sondern dass sie erst im Rahmen sozialer und kultureller Diskurse Sinn machen. Daher bedarf die Medienanalyse auch der Erweiterung in eine Diskursanalyse (→ Diaz-Bone, S. 131 ff.).

Ein Problem ist dabei nach wie vor, dass es die Analyse von medialen und populärkulturellen Texten nicht nur mit diskursiven, sondern auch mit präsentativen Symbolen zu tun hat (→ Bullerjahn, S. 534 ff., Eichner, S. 524 ff., Korte, S. 432 ff.). Es gilt also nicht nur Sprache und Schrift zu analysieren (→ Ayaß, S. 421 ff.), sondern vor allem die Bilder in ihrem Zusammenspiel mit Tönen, Sound, Sprache, Schrift und Musik. Im Ansatz der »struktur-funktionalen Film- und Fernsehanalyse« wird dies miteinander verbunden (→ Mikos, S. 516 ff.). Im Mittelpunkt der Analyse steht nicht die Frage, welche Bedeutung der Inhalt von Filmen oder Fernsehsendungen hat, sondern in welcher Weise sich Inhalt, Narration und formale Gestaltung von medialen Produkten mit dem Wissen der Zuschauer und den sozialen und kulturellen Diskursen verbinden, um so audiovisuelle Produkte auch wirklich als Material symbolischer Kommunikation im Rahmen des Alltags und der Lebenswelt der als Zuschauer handelnden Subjekte sinnhaft verstehen zu können (vgl. Mikos 2015).

Patentrezepte und einfache Lösungen gibt es sicher nicht: Die qualitative Medien- und Kommunikationsforschung muss anhand ihrer Gegenstände ihr innovatives und kreatives Potenzial entfalten, um neue methodische Wege einzuschlagen. Dann kann sie ihre Ergebnisse verfeinern, weil sie noch näher am Alltag ist, ihre Untersuchungsobjekte noch ernster nimmt und mit ihnen in einen intensiven kommunikativen Prozess tritt. Qualitative Medienforschung richtet den genauen Blick auf die alltäglichen Bemühungen der Menschen, ihrem Leben einen Sinn zu geben – auch mit Medien. Darin liegt ihre große Stärke. Sie zeigt, wie das Leben wirklich ist. Und dieses Leben gehorcht keinen einfachen Wirkungsmechanismen. Es ist erheblich komplexer und widerständiger als mitunter angenommen wird. Die qualitative Medienforschung ist bemüht, diese Komplexität und Widerständigkeit zu beschreiben und zu erklären. Sie überzeugt durch Plausibilität, Reflexivität und Validität (→ Reichertz, S. 27 ff., → Flick, S. 36 ff.). Das macht ihre Ergebnisse nicht nur für den Diskurs der Medien- und Kommunikationswissenschaft attraktiv, sondern auch für Medienmacher und -produzenten, denn in den Äußerungen von Zuschauern scheint alltägliche Medienkompetenz im Umgang mit Medienprodukten deutlicher hervor als in Angaben zu Marktanteilen.

Die zunehmende Bedeutung der qualitativen Medienforschung hängt auch mit den gesellschaftlichen Veränderungen zu Beginn des 21. Jahrhunderts zusammen. Der für die Gesellschaft konstatierten Pluralisierung von Lebenswelten und Lebensstilen, die als Ausdruck der Individualisierung gesehen wird, entspricht die Aufsplitterung des Publikums in vielfältige Zielgruppen. Die Fernseh- und Kinoprogramme, die verschiedenen Zeitungs- und Zeitschriftentitel haben kein beliebiges Publikum mehr im Visier, sondern spezifische Zielgruppen. Mit der Digitalisierung haben diese Praktiken einen neuen Schub bekommen. Algorithmen passen die Inhalte an die Nutzungsmuster von Konsumenten an, und mit Big-Data-Analysen kann man deren Verhalten bis in kleinste Verästelungen aufspüren. Diese quantifizierenden Methoden können aber eins nicht, den subjektiven Sinn verstehen, den die Konsumenten ihrer Mediennutzung geben. Dazu bedarf es dann der qualitativen Forschung, denn deren besondere Stärke liegt darin, die Vielfältigkeit der Medien im Lebensalltag des einzelnen Rezipienten zu berücksichtigen, ihre je spezifische Bedeutung im Kontext von individuellem Umgang und Aneignung erfassen zu können und gleichzeitig auch Aspekte von Globalisierung sowie deren Sinndeutung im Medienalltag des Individuums nachzuzeichnen (→ Stehling S. 283 ff.).

Die qualitative Untersuchung von Medienprodukten sowie deren Verwendung im Alltag und der Lebenswelt der Menschen leistet einen wesentlichen Beitrag zum Verständnis sozialer Wirklichkeit. Ihre Stärke liegt in ihrem offenen Charakter und ihrer Zielsetzung als eine »entdeckende Wissenschaft« (Flick/von Kardorff/Steinke 2015), die nicht theoretische Vorannahmen« zu bestätigen sucht, sondern sich gerade von der Nähe zur sozialen und kulturellen Praxis der Menschen zu neuen theoretischen Einsichten inspirieren lässt.

Das Handbuch ist als fundierte Einführung gedacht, die nicht nur theoretische Grundlagen bietet und einen Einblick in die zentralen Anwendungsfelder qualitativer Medienforschung gibt, sondern darüber hinaus als detaillierte Anleitung zum qualitativen Forschen verstanden werden kann. Das kreative Potenzial qualitativer Methoden, sowohl in ihrer singulären Anwendung als auch im methodischen Verbund herauszustellen, dabei auch den Stellenwert neuer Medien im Forschungs- und Auswertungsprozess aufzuzeigen und klassische Erhebungsmethoden ebenso wie innovative und außergewöhnliche Vorgehensweisen im qualitativen Forschungsprozess darzulegen, ist ein wesentliches Anliegen des Buches.

Es soll Forschenden und Studierenden verschiedener Disziplinen, die Medienforschung betreiben, ein Hilfsmittel sein, um Studien zu planen und die ihrem Gegenstand angemessenen Methoden zu finden. Es ist als Bestandsaufnahme, Überblick und Positionsbestimmung der qualitativen Medienforschung gedacht.

Das Handbuch gliedert sich in sieben Bereiche. Im ersten Teil werden die Grundlagen qualitativer Forschung dargestellt, von der wissenschaftstheoretischen Verortung über Gütekriterien und Kohärenz bis hin zum Begriff der Medien und Fragen der Forschungsethik und des Datenschutzes. Der zweite Bereich widmet sich den theoretischen Hintergründen der qualitativen Medienforschung, der noch einmal unterteilt ist: Im ersten Teil werden theoretische Ansätze vorgestellt, die für die qualitative Medienforschung wichtig sind; im zweiten Teil werden Aspekte der alltagsnahen Medienforschung dargestellt – von der Mediensozialisation bis hin zur Mediennutzung in konvergierenden Medienumgebungen. Der dritte Teil widmet sich der Konzeption, Planung und dem Design von qualitativen Medienforschungsprojekten und berücksichtigt dabei die klassischen Bereiche der Medienforschung ebenso wie einzelne spezifische Themenfelder. Im vierten Teil werden verschiedene Erhebungsmethoden beschrieben, die zahlreiche Möglichkeiten der Generierung von Aussagen darstellen. Der fünfte Teil stellt Verfahren zur Aufzeichnung und Dokumentation qualitativer Daten vor. Der sechste Teil setzt sich mit den verschiedenen Auswertungsmethoden auseinander. Im siebten Teil schließlich, dem Anhang, werden neben dem Autorenverzeichnis, einer allgemeinen Bibliographie, welche Bücher zur qualitativen Medien- und Sozialforschung enthält, auch Fachzeitschriften und Websites aufgelistet, die sich der qualitativen Forschung widmen. Ein umfangreiches Register erleichtert die Arbeit mit dem Handbuch. Verweise auf Beiträge innerhalb des Handbuchs sind mit Pfeilen gekennzeichnet.

Seit der ersten Auflage dieses Handbuchs sind zwölf Jahre vergangen, in denen sich die Medienlandschaft teilweise rasant gewandelt hat. Daher wurden in die Neuauflage zahlreiche neue Beiträge aufgenommen, die einerseits theoretische Entwicklungen reflektieren und andererseits auf neue methodische Herausforderungen eingehen, die auf Grund der Digitalisierung entstanden sind.

Die Zusammenstellung eines so umfangreichen Handbuchs braucht seine Zeit. Dank gilt allen Autorinnen und Autoren, besonders jenen, die ihre Beiträge frühzeitig lieferten und daher umso länger auf das Erscheinen warten mussten. Dank gilt auch allen Leserinnen und Lesern und den Kolleginnen und Kollegen, die uns nach der ersten Auflage mit Kommentaren aller Art erfreuten. Sie haben auch die neue Auflage ermöglicht. Für Korrekturen gebührt der Dank der Herausgeber Simone Neteler und Jessy Lee Noll, sowie Sonja Rothländer und Rüdiger Steiner, die das Projekt beim Verlag mit Geduld und Nachdruck betreuten.

Aarhus/Potsdam, im März 2017

Literatur

Averbeck-Lietz, Stefanie/Meyen, Michael (Hrsg.) (2016): Handbuch nicht standardisierte Methoden in der Kommunikationswissenschaft. Wiesbaden.

Baacke, Dieter/Kübler, Hans-Dieter (1989): Zur Einführung. In: Dies. (Hrsg.): Qualitative Medienforschung. Konzepte und Erprobungen. Tübingen, S. 1–6.

Flick, Uwe/Kardorff, Ernst von/Steinke, Ines (2015): Was ist qualitative Forschung? Einleitung und Überblick. In: Dies. (Hrsg.): Qualitative Forschung. Ein Handbuch. Reinbek (11. Auflage), S. 13–29.

Geertz, Clifford (1987): Dichte Beschreibung. Bemerkungen zu einer deutenden Theorie von Kultur. In: Ders.: Dichte Beschreibung. Beiträge zum Verstehen kultureller Systeme. Frankfurt, S. 7–43.

Giddens, Anthony (1984): Interpretative Soziologie. Eine kritische Einführung. Frankfurt.

Grossberg, Lawrence (1994): Cultural Studies. Was besagt ein Name? In: IKUS Lectures, 3, 17/18, S. 11–40.

Hienzsch, Ulrich/Prommer, Elizabeth (2004): Die Dean-Netroots: Die Organisation von interpersonaler Kommunikation durch das Web. In: Hasebrink, Uwe/Mikos, Lothar/Prommer, Elizabeth (Hrsg.): Mediennutzung in konvergierenden Medienumgebungen. München, S. 147–169.

Meyen, Michael/Löblich, Maria/Pfaff-Rüdiger, Senta/Riesmeyer, Claudia (2011): Qualitative Forschung in der Kommunikationswissenschaft. Eine praxisorientierte Einführung. Wiesbaden.

Mikos, Lothar (2015): Film- und Fernsehanalyse. Konstanz. (3. überarbeitete und aktualisierte Auflage).

Peltzer, Anja/Keppler, Angela (2015): Die soziologische Film- und Fernsehanalyse. Eine Einführung. Berlin/ Boston.

1 Grundlagen qualitativer Medienforschung

Wissenschaftstheorie und das Verhältnis von qualitativer und quantitativer Forschung

Uwe Flick

In diesem Beitrag wird zunächst die wissenschaftstheoretische Grundlage qualitativer Forschung in den verschiedenen Varianten des sozialen bzw. radikalen Konstruktivismus verortet. Dabei soll deutlich werden, dass qualitative Forschung sich der Untersuchung von Wissensherstellung auf unterschiedlichen Ebenen widmet. Im zweiten Teil wird die aktuelle Diskussion um die Verbindung qualitativer und quantitativer Forschung vor diesem Hintergrund skizziert und beleuchtet.

Einleitung

Im Folgenden soll zunächst kurz auf die wissenschaftstheoretische Grundlage qualitativer Forschung eingegangen werden, die sich an verschiedenen Varianten des Konstruktivismus festmachen lässt. Im zweiten Teil wird die zunehmend an Aktualität gewinnende Verknüpfung qualitativer und quantitativer Forschung kurz behandelt werden. Die methodische Diskussion qualitativer Methoden stand lange Zeit im Zeichen der Kritik an quantifizierenden Methoden und Forschungsstrategien. Einerseits sind die Auseinandersetzungen um das jeweilige Wissenschaftsverständnis noch nicht beigelegt (vgl. Becker 1996). Andererseits hat sich auch in der Medienforschung in beiden Bereichen eine umfängliche Forschungspraxis entwickelt, die jeweils für sich steht, unabhängig davon, dass es gute und schlechte Forschung in beiden Bereichen gibt. Ein Zeichen dafür, dass qualitative Forschung unabhängig von quantitativer Forschung und von Grabenkämpfen gegen diese geworden ist, lässt sich auch darin sehen, dass etwa das Handbuch von Denzin und Lincoln (2000) ohne ein eigenes Kapitel über die Beziehungen zu quantitativer Forschung auskam und dass es kaum Bezüge dazu in seinem Stichwortverzeichnis gab. Jedoch gewinnt die Kombination beider Strategien eine Perspektive, die in unterschiedlicher Gestalt diskutiert und prakti-

ziert wird, zunehmend an Reiz (vgl. etwa Tashakkori/Teddlie 2010; Flick 2011, 2017). Für eine solche Auseinandersetzung ist es jedoch hilfreich, kurz die wissenschaftstheoretischen Grundlagen qualitativer Forschung zu betrachten.

Wissenschaftstheoretische Grundlagen qualitativer Forschung

Qualitative Forschung ist in ihren unterschiedlichen Spielarten verschiedenen Leitfragen verpflichtet. Sie interessiert für den Nachvollzug subjektiv gemeinten Sinns, die Beschreibung der Herstellung sozialen Handelns und sozialer Milieus und der Rekonstruktion tiefer liegender Strukturen sozialen Handelns (vgl. hierzu Lüders/Reichertz 1986). In diesen drei Perspektiven wird mit unterschiedlicher Akzentuierung die Konstruktion sozialer Wirklichkeiten fokussiert. Damit schließt qualitative Forschung wissenschaftstheoretisch an Ansätze des Konstruktivismus an. Unter der Bezeichnung »Konstruktivismus« werden Programme mit unterschiedlichen Ansatzpunkten zusammengefasst. Gemeinsam ist allen konstruktivistischen Ansätzen, dass sie das Verhältnis zur Wirklichkeit problematisieren, indem sie konstruktive Prozesse beim Zugang zu dieser behandeln. Konstruktionsleistungen werden auf verschiedenen Ebenen angesiedelt:

1) In der Tradition von Jean Piaget (1937) werden das Erkennen, das Wahrnehmen der Welt und das Wissen über sie als Konstruktionen verstanden. Der radikale Konstruktivismus (Glasersfeld 1996) führt diesen Gedanken dahingehend fort, dass jede Form der Erkenntnis schon aufgrund der neurobiologischen Prozesse, die dabei involviert sind, nur zu den Bildern von der Welt und der Wirklichkeit, nicht jedoch zu beidem direkt Zugang habe.

2) Sozialer Konstruktivismus in der Tradition von Schütz (1971), Berger und Luckmann (1969) sowie Gergen (1994) fragt nach den sozialen (z. B. kulturellen oder historischen) Konventionalisierungen, die Wahrnehmung und Wissen im Alltag beeinflussen.

3) Konstruktivistische Wissen(schaft)ssoziologie in der als »Laborkonstruktivismus« (Knorr-Cetina 1984) bezeichneten Forschung untersucht, wie soziale, historische, lokale, pragmatische etc. Faktoren wissenschaftliche Erkenntnis so beeinflussen, dass wissenschaftliche Fakten als soziale Konstruktionen (»lokale Erzeugungen«) aufzufassen sind.

Konstruktivismus ist kein einheitliches Programm, sondern entwickelt sich parallel in verschiedenen Disziplinen. Von den drei angesprochenen Richtungen sind vor allem die ersten beiden für qualitative Forschung relevant. Das empirische Programm des (Labor-) Konstruktivismus wurde bislang noch nicht auf qualitative Forschung angewendet. Im Folgenden ist der Gedanke leitend, dass der Konstruktivismus damit beschäftigt ist, wie Wissen entsteht, welcher Wissensbegriff angemessen ist und welche Kriterien zur Bewertung von Wissen herangezogen werden können. Für qualitative Forschung ist dies in doppelter Hinsicht relevant, da sie wie jede Forschung Wissen produziert und dabei (häufig zumindest) an spezifischen Wissensformen empirisch ansetzt – z. B. biographisches Wissen, Experten- oder Alltagswissen etc.

Erkenntnistheoretische Annahmen zum Charakter sozialer Wirklichkeit

Alfred Schütz hat festgehalten, dass Tatsachen erst über ihre Bedeutungen und ihre Interpretationen relevant werden:

»Genau genommen gibt es nirgends so etwas wie reine und einfache Tatsachen. Alle Tatsachen sind immer schon aus einem universellen Zusammenhang durch unsere Bewusstseinsabläufe ausgewählte Tatsachen. Somit sind sie immer interpretierte Tatsachen: entweder sind sie in künstlicher Abstraktion aus ihrem Zusammenhang gelöst, oder aber sie werden nur in ihrem partikulären Zusammenhang gesehen. Daher tragen in beiden Fällen die Tatsachen ihren interpretativen inneren und äußeren Horizont mit sich« (Schütz 1971, S. 5).

Von den verschiedenen Konstruktivismen von Schütz bis Glasersfeld wird in Frage gestellt, dass die äußere Realität *unmittelbar* zugänglich sei – d. h. unabhängig von Wahrnehmungen und Begriffen, die wir verwenden und konstruieren. Wahrnehmung wird nicht als passiv-rezeptiver Abbildungsprozess, sondern als aktiv-konstruktiver Herstellungsprozess verstanden. Dies hat Konsequenzen für die Frage, ob eine Repräsentation (der Wirklichkeit, eines Prozesses oder Gegenstandes) auf ihre Richtigkeit hin am »Original« überprüft werden kann. Diese Form der Prüfbarkeit wird vom Konstruktivismus allerdings in Frage gestellt, da das Original nur über andere Vorstellungen (oder Konstruktionen) zugänglich ist. Deshalb können nur die verschiedenen Vorstellungen oder Konstruktionen miteinander verglichen werden. Für konstruktivistische Erkenntnistheorie und darauf basierende empirische Forschung werden Wissen und die enthaltenen Konstruktionen der relevante Zugang zu den Gegenständen, mit denen sie sich beschäftigen.

Konstruktion des Wissens

An drei zentralen Autoren lässt sich verdeutlichen, wie das Zustandekommen von Wissen und seine Funktion konstruktivistisch beschrieben wird.

Schütz (1971, S. 5) geht von folgender Prämisse aus: »Unser gesamtes Wissen von der Welt, sei es im wissenschaftlichen oder im alltäglichen Denken, enthält Konstruktionen, das heißt einen Verband von Abstraktionen, Generalisierungen, Formalisierungen und Idealisierungen, die der jeweiligen Stufe gedanklicher Organisation gemäß sind.« Für Schütz wird jede Form des Wissens durch Selektion und Strukturierung konstruiert. Die einzelnen Formen unterscheiden sich nach dem Grad der Strukturierung und Idealisierung, der von ihren Funktionen – konkreter als Basis alltäglichen Handelns oder abstrakter als Modell in der wissenschaftlichen Theoriebildung – abhängt. Schütz benennt verschiedene Prozesse, denen gemeinsam ist, dass die Bildung des Wissens über die Welt nicht als reine Abbildung gegebener Fakten zu verstehen ist, sondern die Inhalte in einem aktiven Herstellungsprozess konstruiert werden.

Dieses Verständnis wird im radikalen Konstruktivismus weiterentwickelt, dessen »Kernthesen« Glasersfeld (1992, S. 30) formuliert:

»1. Was wir ›Wissen‹ nennen, repräsentiert keineswegs eine Welt, die angeblich jenseits unseres Kontaktes mit ihr existiert. [...] (Der) Konstruktivismus führt ähnlich wie der Pragmatismus ein modifiziertes Konzept von Erkennen/Wissen ein. Danach bezieht sich Wissen auf die Art und Weise wie wir unsere Erfahrungswelt organisieren.

2. Der Radikale Konstruktivismus leugnet *keineswegs* eine äußere Realität. [...]

3. Mit Berkeley stimmt der Radikale Konstruktivismus darin überein, dass es unvernünftig wäre, etwas die Existenz zu bescheinigen, was nicht oder nicht irgendwann wahrgenommen werden kann/könnte. [...]

4. Von Vico übernimmt der Radikale Konstruktivismus die grundlegende Idee, dass menschliches Wissen eine menschliche Konstruktion ist. [...]

5. Der Konstruktivismus gibt die Forderung auf, Erkenntnis sei ›wahr‹, insofern sie die objektive Wirklichkeit abbilde. Stattdessen wird lediglich verlangt, dass Wissen *viabel* sein muss, insofern es in die Erfahrungswelt des Wissenden *passen* soll [...].«

Wissen organisiert demnach Erfahrungen, die erst die Erkenntnis der Welt außerhalb des erkennenden Subjekts oder Organismus ermöglichen. Erfahrungen werden durch die Begriffe und Zusammenhänge, die das erkennende Subjekt konstruiert, strukturiert und verstanden. Ob das dabei entstehende Bild wahr oder richtig ist, lässt sich nicht beantworten. Jedoch lässt sich seine Qualität durch seine *Viabilität* bestimmen, das heißt inwieweit das Bild oder Modell dem Subjekt ermöglicht, sich in der Welt zurechtzufinden und in ihr zu handeln. Dabei ist ein Ansatzpunkt die Frage, wie die »Konstruktion von Begriffen« (Glasersfeld 1996, S. 132 ff.) funktioniert.

Für den sozialen Konstruktivismus erhalten die sozialen Austauschprozesse bei der Entstehung von Wissen, insbesondere der verwendeten Begriffe, eine spezielle Bedeutung. In diesem Sinne formuliert Gergen (1994, S. 49 ff.) folgende »Annahmen für eine sozialkonstruktionistische Wissenschaft«:

»Die Begriffe, mit denen wir die Welt und uns selbst erklären, werden nicht von den angenommenen Gegenständen solcher Erklärungen diktiert [...]. Die Begriffe und Formen, mittels derer wir ein Verständnis der Welt und von uns selbst erreichen, sind soziale Artefakte, Produkte historisch und kulturell situierter Austauschprozesse zwischen Menschen. [...]. Inwieweit eine bestimmte Erklärung der Welt oder des Selbst über die Zeit aufrechterhalten wird, hängt nicht von der objektiven Validität der Erklärung, sondern von den Eventualitäten sozialer Prozesse ab. [...] Sprache leitet ihre Bedeutung in menschlichen Angelegenheiten aus der Art, in der sie in Beziehungsmustern funktioniert, ab. Die Bewertung vorhandener Diskursformen heißt Muster kulturellen Lebens zu bewerten; solche Bewertungen verschaffen anderen kulturellen Enklaven Gehör.«

Wissen wird in sozialen Austauschprozessen konstruiert, basiert auf der Rolle von Sprache in sozialen Beziehungen und hat vor allem soziale Funktionen. Die angesprochenen Eventualitäten sozialer Prozesse beeinflussen, was als gültige oder brauchbare Erklärung überdauert.

Fazit

Indem sich qualitative Forschung wissenschafts- und erkenntnistheoretisch am Konstruktivismus orientiert, gibt sie verschiedene Annahmen auf, die für standardisierte empirische Forschung leitend sind: Es geht bei empirischer Forschung weniger um die Abbildung von Fakten als um die Analyse von Bedeutungen und Herstellungsleistungen in Bezug auf die untersuchte Wirklichkeit. Diese kann weder als gegeben noch als unmittelbar zugänglich aufgefasst werden. Objektive Fakten werden damit zu sozialen Konstruktionen in bestimmten Kontexten – seitens der untersuchten Personen, aber auch durch die Forschung selbst. Dieses Wirklichkeitsverständnis hat einerseits Konsequenzen für die Gestaltung qualitativer Forschungsstrategien und ihr Verhältnis zur untersuchten Wirklichkeit (vgl. hierzu Flick 2016, Kap. 8). Andererseits wird es für die Gestaltung des Verhältnisses zu quantitativer Forschung relevant, die von einem anderen Verständnis der Beziehung von Forschung und untersuchter Wirklichkeit ausgeht.

Zum Verhältnis von qualitativer und quantitativer Forschung

Das Verhältnis von qualitativer und quantitativer Forschung lässt sich auf verschiedenen Ebenen behandeln bzw. realisieren:
- hinsichtlich der Erkenntnistheorie und Methodologie (sowie erkenntnistheoretische bzw. methodologische Unvereinbarkeiten),

- in Forschungsdesigns, die qualitative und quantitative Daten und/oder Methoden kombinieren bzw. integrieren,
- über Forschungsmethoden, die sowohl qualitativ als auch quantitativ sind,
- durch die Verknüpfung von Ergebnissen qualitativer und quantitativer Forschung,
- in Bezug auf die Verallgemeinerung oder
- bezüglich der Bewertung der Forschungsqualität: Anwendung von Kriterien aus der quantitativen Forschung auf qualitative Forschung oder vice versa.

Auf der Ebene von Erkenntnistheorie und Methodologie werden qualitative und quantitative Forschung unterschiedlich in Beziehung gesetzt. Es findet sich die Betonung der Inkompatibilitäten qualitativer und quantitativer Forschung in ihren erkenntnistheoretischen und methodologischen Prinzipien (z. B. Becker 1996), in ihren konkreten Zielen oder in den Zielsetzungen, die mit Forschung generell verfolgt werden sollen. Dies wird häufig mit unterschiedlichen theoretischen Positionen verknüpft wie Positivismus versus Konstruktivismus (s. o.) oder (im englischen Sprachraum) Postpositivismus. Gelegentlich werden diese Unvereinbarkeiten als unterschiedliche Paradigmen bezeichnet und beide Seiten in »Paradigmen-Kriege« verstrickt gesehen (z. B. Lincoln/Guba 1985). Eine Lösung in dieser Diskussion zielt auf das getrennte Nebeneinander der Forschungsstrategien, abhängig von Gegenstand und Fragestellung der jeweiligen Forschung. Wer etwas über das subjektive Erleben bei der Rezeption bestimmter Fernsehsendungen wissen will, sollte offene Interviews mit einigen Nutzern führen und detailliert analysieren. Wer etwas über die Häufigkeit und Verteilung solcher Nutzungsweisen von Medien in der Bevölkerung wissen will, sollte eine Studie auf der Basis der Einschaltquoten durchführen. Für die eine Fragestellung sind qualitative Methoden zuständig, für die andere sind quantitative Methoden eher geeignet.

Seit einigen Jahren sind mehrere Trends zu beobachten, die eine strikte Trennung zwischen qualitativer und quantitativer Forschung überwinden sollen. Ausgangspunkt ist die sich langsam durchsetzende Erkenntnis, »dass qualitative und quantitative Methoden eher komplementär denn als rivalisierende Lager gesehen werden sollten« (Jick 1983, S. 135). Solche Trends laufen auf die Verbindung qualitativer und quantitativer Forschung hinaus. Allgemeiner unterscheidet Bryman (2001) zwei Ebenen, auf denen das Verhältnis von qualitativer und quantitativer Forschung diskutiert wird: Auf der Ebene der »epistemology« geht es eher um die grundsätzliche Unvereinbarkeit beider Zugänge, gelegentlich unter Rückgriff auf die jeweils spezifischen Paradigmen. In der »technical version« der Diskussion werden dagegen diese Unterschiede gesehen, aber nicht als unüberwindbar oder zumindest nicht als unmöglich zu berücksichtigen betrachtet. Vielmehr geht es hierbei mehr um den Nutzen und Beitrag des einen Ansatzes für den anderen. In eine ähnliche Richtung argumentiert Hammersley (1996, S. 167 f.), der drei Formen der Verknüpfung qualitativer und quantitativer Forschung unterscheidet: Die *Triangulation* beider Ansätze setzt den Akzent auf die wechselseitige Überprüfung der Ergebnisse; die *Facilitation* betont die unterstützende Funktion des jeweils anderen Ansatzes – z. B. liefert der eine Ansatz Hypothesen und Denkansätze für die Weiterführung der Analysen mit dem anderen Ansatz; und schließlich können beide Ansätze als *komplementäre* Forschungsstrategien kombiniert werden.

Bryman (1992) identifiziert elf Varianten der Integration quantitativer und qualitativer Forschung. Die Logik der Triangulation (1) sieht er in der Überprüfung etwa qualitativer durch quantitativer Ergebnisse. Qualitative kann quantitative Forschung unterstützen (2) und vice versa (3), beides wird zur Herstellung eines allgemeineren Bildes des untersuchten Gegenstandes (4) verknüpft. Strukturelle Aspekte werden durch quantitative und Prozessaspekte durch qualitative Zugänge erfasst (5). Die Perspektive des Forschers ist die treibende Kraft in quantitativen Zugängen, während qualitative Forschung die subjektive Sicht der Akteure in den Vordergrund stellt (6). Das Problem der Generalisierbarkeit (7) lässt sich für Bryman vor allem durch die Hinzuziehung von quantitativen Erkenntnissen für die qualitative Forschung lösen, wohingegen qualitative Erkenntnisse (8) die Interpretation von Zusammenhängen zwischen Variablen quantitativer Datensätze erleichtern können. Die Beziehung zwischen Mikro- und Makroebene in einem Gegenstandsbereich (9) kann durch die Kombination qualitativer und quantitativer Forschung geklärt werden, die wiederum in verschiedenen Phasen des Forschungsprozesses (10) eingesetzt werden können. Schließlich sind noch Hybridformen (11) – etwa die Verwendung qualitativer Forschung in quasiexperimentellen Designs – zu nennen (vgl. Bryman 1992, S. 59 ff.).

Insgesamt gibt diese Übersicht eine breite Palette von Varianten wieder. Dabei sind die Varianten 5, 6 und 7 davon bestimmt, dass qualitative Forschung andere Aspekte als quantitative Forschung erfasst und deren Kombination sich in dieser Unterschiedlichkeit begründet. Kaum eine Rolle in den genannten Varianten spielen theoretische Überlegungen, der gesamte Ansatz von Bryman ist stark der Forschungspragmatik verpflichtet.

Darüber hinaus ist häufig von der Integration qualitativer und quantitativer Verfahren (Kluge/Kelle 2001) oder von »Mixed Methodologies« (Tashakkori/Teddlie, 2010), aber auch von der Triangulation von qualitativen und quantitativen Methoden (Kelle/Erzberger 2000; Flick 2011, 2018; → Treumann, S. 264 ff.) die Rede. Die Wortwahl zeigt jeweils schon, dass diese Ansätze unterschiedliche Ansprüche verfolgen. Bei den »Mixed Methodologies« geht es vor allem darum, eine pragmatische Verknüpfung von qualitativer und quantitativer Forschung zu ermöglichen, wodurch die »paradigm wars« beendet werden sollen. Dieser Ansatz wird zu einem »third methodological movement« (Tashakkori/Teddlie 2003, S. ix), wobei die quantitativen Methoden als erste, die qualitativen Methoden als zweite Bewegung verstanden werden. Die Zielsetzung einer methodologischen Auseinandersetzung mit diesem Ansatz dient der Klärung von Begrifflichkeiten (»Nomenclature«), von Design- und Anwendungsfragen der »Mixed-Methodology«-Forschung sowie der Fragen des Schlussfolgerns darin. Unter methodologischen Gesichtspunkten geht es um die »paradigmatische Begründung« für eine »Mixed-Methodology«-Forschung. Durch die Verwendung des Paradigma-Begriffs in diesem Zusammenhang wird jedoch von zwei geschlossenen Ansätzen ausgegangen, die wiederum differenziert, kombiniert oder jeweils abgelehnt werden können, ohne dass eine Auseinandersetzung mit den konkreten methodologischen Problemen der Verknüpfung realisiert werden muss. Die Ansprüche an »Mixed-Methodology«-Forschung werden wie folgt umrissen:

»We proposed that a truly mixed approach methodology (a) would incorporate multiple approaches in all stages of the study (i. e., problem identification, data collection, data analysis, and final inferences) and (b) would include a transformation of the data and their analysis through another approach« (Tashakkori/Teddlie 2003b, S. xi).

Diese Ansprüche sind sehr weitgehend, vor allem wenn man die Überführung (Transformation) von Daten und Analysen (qualitative in quantitative und vice versa) berücksichtigt. Mittlerweile hat sich der Ansatz der Mixed Methods stärker etabliert, ist aber auch im eigenen Lager in die Kritik geraten (vgl. Flick 2017 für einen Überblick).

Der Ansatz der Integration qualitativer und quantitativer Verfahren geht noch einen Schritt weiter. Dabei wird vor allem an der Entwicklung integrativer Forschungsdesigns (Kluge 2001) und an der Integration von qualitativen und quantitativen Ergebnissen (Kelle/Erzberger 2015) angesetzt, wobei allerdings der Begriff der Integration nicht ganz klar formuliert wird. Seipel und Rieker (2003) leiten daraus den Ansatz der Integrativen Sozialforschung ab, der vor allem auf die Lehre in einem integrierten Methodencurriculum abzielt.

Dieser knappe Überblick zeigt, in welchen Kontexten die Verbindung qualitativer und quantitativer Ansätze aktuell diskutiert wird.

Verknüpfung in der Forschungspraxis

In der Literatur zur qualitativen Forschung finden sich unterschiedliche Vorschläge zur praktischen Verknüpfung qualitativer mit quantitativen Methoden – in unterschiedlicher Reihenfolge oder parallel, mit jeweils unterschiedlicher Gewichtung. So werden Barton und Lazarsfeld (1979) immer wieder als Beispiel dafür angeführt, wie qualitative Forschung auf Vorstudien für die eigentliche, d. h. quantitative Forschung reduziert wird (für eine Auseinandersetzung mit dieser Lesart vgl. Flick 2011, Kap. 5). Miles und Huberman (1994) haben verschiedene Designs zur sequenziellen und parallelen Verknüpfung von qualitativer und quantitativer Forschung vorgestellt.

Verknüpfung qualitativer und quantitativer Ergebnisse

Häufiger wird die Kombination beider Zugänge realisiert, indem Ergebnisse qualitativer und quantitativer Forschung verknüpft werden, die aus einem oder aus verschiedenen Projekten stammen, die wiederum parallel oder nacheinander durchgeführt wurden (vgl. Kluge/Kelle 2001). Ein Beispiel kann die Verknüpfung einer Umfrage mit einer Interviewstudie sein. Diese Kombination kann mit verschiedenen Zielen realisiert werden:

Erkenntnisse über den Gegenstand der Studie zu gewinnen, die umfassender sind als diejenigen, die der eine oder der andere Zugang erbracht hätten, oder die Ergebnisse beider Zugänge wechselseitig zu validieren.

Im Wesentlichen können drei Erträge durch diese Kombination erzielt werden (vgl. auch Kelle/Erzberger 2015, S. 304):

1) Qualitative und quantitative Ergebnisse konvergieren, das heißt, sie stimmen tendenziell überein und legen dieselben Schlussfolgerungen nahe.

2) Die Ergebnisse beider Zugänge fokussieren unterschiedliche Aspekte eines Gegenstandes (z. B. die subjektive Bedeutung einer Krankheit und ihre soziale Verteilung in der Bevölkerung). Damit verhalten sie sich komplementär zueinander, das heißt, sie ergänzen sich gegenseitig.

3) Qualitative und quantitative Ergebnisse divergieren, das heißt, sie widersprechen einander.

Wenn das Interesse an der Verbindung qualitativer und quantitativer Forschung darin begründet ist, mehr (breiteres, besseres, vollständigeres etc.) Wissen über den Forschungsgegenstand zu gewinnen, sind alle drei Erträge hilfreich. Im dritten (möglicherweise auch im zweiten) Fall wird eine theoretisch fundierte Interpretation oder Erklärung der Divergenzen und Widersprüche notwendig. Wenn beide Zugänge mit dem Ziel der Validierung von Ergebnissen miteinander kombiniert werden, sind der dritte und möglicherweise auch der zweite Fall Hinweise für die Grenzen dieser Validität. Dass dieser Ansatz der Validierung durch unterschiedliche Methoden nicht unproblematisch ist, wird ausführlicher in der Literatur zur Triangulation diskutiert (Flick 2011, 2018).

Praktische Probleme der Verknüpfung qualitativer und quantitativer Forschung

Verschiedene praktische Fragen sind mit der Verknüpfung qualitativer und quantitativer Methoden in einer Studie verbunden. Zunächst einmal stellt sich die Frage, auf welcher Ebene die Verbindung konkret ansetzt. Hier lassen sich zwei Alternativen unterscheiden: Eine Triangulation qualitativer und quantitativer Forschung kann am Einzelfall ansetzen. Dieselben Personen, die interviewt werden, gehören auch zu der Gruppe, die einen Fragebogen ausfüllt. Ihre Antworten auf die Fragen in beiden Methoden werden auch auf der Ebene des Einzelfalles miteinander verglichen, zusammengeführt und in der Auswertung aufeinander bezogen. Sampling-entscheidungen werden in zwei Schritten getroffen. Dieselben Fälle werden für beide Teile der Untersuchung ausgewählt, aber im zweiten Schritt wird entschieden, welche der Teilnehmer an der Umfrage für ein Interview herangezogen werden.

Die Verbindung kann jedoch auch zusätzlich oder ausschließlich auf der Ebene der Datensätze hergestellt werden. Die Antworten auf den Fragebögen werden in ihrer Häufigkeit und Verteilung über die ganze Stichprobe analysiert. Die Antworten in den Interviews werden interpretiert und verglichen, und es wird beispielsweise eine Typologie erstellt. Dann werden die Verteilung der Fragebogenantworten und die Typologie in Beziehung gesetzt und verglichen (vgl. Abb. 1).

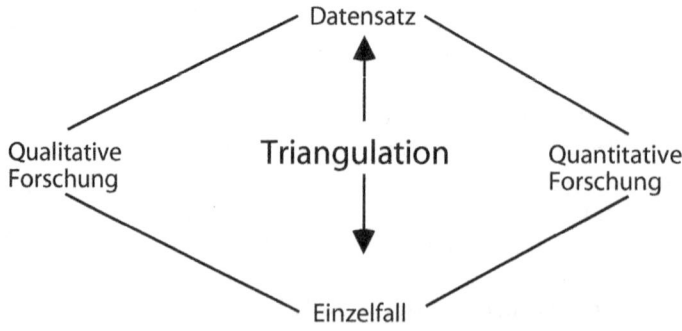

Abb. 1: Ebenen der Triangulation qualitativer und quantitativer Forschung

Fazit

Die Kombination von qualitativer und quantitativer Forschung wird immer häufiger eingesetzt. Verschiedene methodische Fragen sind bislang noch nicht befriedigend gelöst. Bei einer Reihe von Ansätzen der Kombination tritt teilweise die Systematik auf der methodischen Ebene hinter eine Forschungs- oder Konzeptpragmatik zurück. Versuche der Integration beider Ansätze laufen häufig auf ein Nacheinander (mit unterschiedlichem Vorzeichen), Nebeneinander (mit unterschiedlichem Ausmaß der Unabhängigkeit beider Strategien) oder eine Über- bzw. Unterordnung (ebenfalls mit unterschiedlichem Vorzeichen) hinaus. Die Integration konzentriert sich meist auf die Ebene der Verknüpfung von Ergebnissen oder bleibt oft auf die Ebene des Forschungsdesigns begrenzt – die kombinierte Verwendung verschiedener Methoden mit unterschiedlichem Ausmaß der Bezugnahme aufeinander. Weiterhin bestehen die Unterschiede in den beiden Strategien hinsichtlich der angemessenen Designs und Formen der Bewertung von Vorgehen, Daten und Ergebnissen weiter. Die Frage, wie dem bei der Kombination beider Strategien Rechnung getragen werden kann, bleibt weiter zu diskutieren.

Abschließend lassen sich jedoch einige Leitfragen für die Einschätzung von Beispielen der Kombination qualitativer und quantitativer Forschung formulieren.

- Wird beiden Zugängen gleiches Gewicht eingeräumt (in der Planung des Projekts, in der Relevanz der Ergebnisse und in der Bewertung der Forschung beispielsweise)?
- Werden beide Zugänge lediglich getrennt angewendet, oder werden sie tatsächlich aufeinander bezogen? So werden in vielen Studien qualitative und quantitative Methoden eher unabhängig voneinander angewendet, und die Integration beider Teile beschränkt sich auf den Vergleich von deren Ergebnissen.
- Was ist die logische Beziehung von beiden? Werden die Methoden nur sequenziell verknüpft und wie? Oder werden sie tatsächlich integriert in einem Multi-Methoden-Design?
- Welche Kriterien werden zur Bewertung der Forschung insgesamt genutzt? Dominiert ein traditionelles Verständnis von Validierung, oder werden beide Arten der Forschung mit jeweils angemessenen Kriterien bewertet?
- Und schließlich: Wie wird mit den epistemologischen Inkompatibilitäten zwischen qualitativer Forschung und ihrem konstruktivistischen Wirklichkeitsverständnis und quantitativer Forschung, die häufig eher auf einem abbildtheoretischen Zugang zur Wirklichkeit basiert bei der Kombination von Methoden, Daten und/oder Ergebnissen umgegangen?

Literatur

Barton, Alan H./Lazarsfeld, Paul F. (1955/1979): Einige Funktionen von qualitativer Analyse in der Sozialforschung. In: Hopf, Christel/Weingarten, Elmar (Hrsg.): Qualitative Sozialforschung. Stuttgart, S. 41–89.

Becker, Howard S. (1996): The Epistemology of Qualitative Research. In: Jessor, Richard/Colby, A./Shweder, Richard A (Hrsg.): Ethnography and Human Development. Chicago, S. 53–72.

Berger, Peter L./Luckmann, Thomas (1969): Die gesellschaftliche Konstruktion der Wirklichkeit. Eine Theorie der Wissenssoziologie. Frankfurt a. M.

Bryman, Alan (1992): Quantitative and qualitative research: further reflections on their integration. In: Brannen, Julia (Hrsg.): Mixing Methods: Quantitative and Qualitative Research. Aldershot, S. 57–80.

Bryman, Alan (2001): Social Research Methods. Oxford.

Denzin, Norman K./Lincoln, Yvonna S. (Hrsg.) (2000): Handbook of Qualitative Research – Second Edition. Thousand Oaks/London.

Flick, Uwe (2011): Triangulation – Eine Einführung, 3. Auflage. Wiesbaden.

Flick, Uwe (2016): Qualitative Sozialforschung – Eine Einführung. Völlig überarbeitete Neuauflage, Reinbek.

Flick, Uwe (2017): Mantras and Myths: The Disenchantment of Mixed-Methods Research and Revisiting Triangulation as a Perspective. In: Qualitative Inquiry 23 (1): 46–58.

Flick, Uwe (2018): Triangulation. In: Denzin, Norman/Lincoln, Yvonna S. (Hrsg.): Handbook of Qualitative Research (5th edn). Thousand Oaks, CAS, S. 444–461.

Gergen, Ken J. (1994): Realities and Relationships. Soundings in Social Construction. Cambridge.

Glasersfeld, Ernst v. (1992): Aspekte des Konstruktivismus: Vico, Berkeley, Piaget. In: Rusch, Gebhard/Schmidt, Siegfried J. (Hrsg.): Konstruktivismus: Geschichte und Anwendung. Frankfurt a. M., S. 20–33.

Glasersfeld, Ernst v. (1996): Radikaler Konstruktivismus: Ideen, Ergebnisse, Probleme. Frankfurt a. M.

Hammersley, Martyn (1996): The Relationship between qualitative and quantitative research: paradigm loyalty versus methodological eclecticism. In: Richardson, John T.E. (Hrsg.): Handbook of Qualitative Research Methods for Psychology and the Social Sciences. Leicester, S. 159–174.

Jick, Thomas (1983): Mixing Qualitative and Quantitative Methods: Triangulation in Action. In: Maanen, John van (Hrsg.): Qualitative Methodology. London/Thousand Oaks/New Delhi, S. 135–148.

Kelle, Udo/Erzberger, Christian (2015): Quantitative und Qualitative Methoden – kein Gegensatz. In: Flick, Uwe/Kardorff, Ernst v./Steinke, Ines (Hrsg.): Qualitative Forschung – Ein Handbuch, 11. Auflage. Reinbek, S. 299–309.

Kluge, Susann (2001): Strategien zur Integration qualitativer und quantitativer Erhebungs- und Auswertungsverfahren. Ein methodischer und methodologischer Bericht aus dem Sonderforschungsbereich 186 »Statuspassagen und Risikolagen im Lebensverlauf«. In: Kluge, Susann/Kelle. Udo (Hrsg.): Methodeninnovation in der Lebenslaufforschung. Integration qualitativer und quantitativer Verfahren in der Lebenslauf- und Biographieforschung. Weinheim/München, S. 37–88.

Kluge, Susann/Kelle, Udo (Hrsg.) (2001): Methodeninnovation in der Lebenslaufforschung. Integration qualitativer und quantitativer Verfahren in der Lebenslauf- und Biographieforschung. Weinheim/München.

Knorr-Cetina, Karin (1984): Die Fabrikation von Erkenntnis. Frankfurt a. M.

Lincoln, Yvonna S./Guba, Egon G. (1985): Naturalistic Inquiry. London, Thousand Oaks, New Delhi.

Lüders, Christian/Reichertz, Jo (1986): Wissenschaftliche Praxis ist, wenn alles funktioniert und keiner weiß warum. Bemerkungen zur Entwicklung qualitativer Sozialforschung. In: Sozialwissenschaftliche Literaturrundschau, 12, S. 90–102.

Miles, Matthew B./Huberman, A. Michael (1994): Qualitative Data Analysis: A Sourcebook of New Methods, 2. Auflage. Newbury Park.

Piaget, Jean (1937): La construction du réel chez l'enfant. Neuchâtel.

Schütz, Alfred (1971): Gesammelte Aufsätze, Bd. 1 – Das Problem der sozialen Wirklichkeit. Den Haag. (Original 1962: Collected papers, Bd. 1. The Problem of Social Reality. Den Haag.)

Seipel, Christian/Rieker, Peter (2003): Integrative Sozialforschung. Weinheim.

Tashakkori, Abbas/Teddlie, Charles (2003): Major Issues and Controversies in the Use of Mixed Methods in Social and Behavioral Research. In: Dies. (Hrsg.): Handbook of Mixed Methods in Social & Behavioral Research. Thousand Oaks, S. 3–50.

Tashakkori, Abbas/Teddlie, Charles (Hrsg.) (2010): Handbook of Mixed Methods in Social & Behavioral Research (2nd edn.). Thousand Oaks.

Gütekriterien qualitativer Sozialforschung

JO REICHERTZ

Ausgehend von dem Befund, dass eine gegenüber der eigenen Praxis und den eigenen Methoden reflexive qualitative Sozialforschung um ihre nicht hintergehbare Perspektivenbindung weiß, werden die gängigen Muster der Rechtfertigung qualitativer Forschung mit dem Ziel untersucht, deren Nützlichkeit für eine Bestimmung von Gütestandards zu ermitteln. Abschließend werden einige Verfahren benannt, die geeignet sind, die Zuverlässigkeit, die Repräsentativität und auch die Validität qualitativer Sozialforschung zu begründen.

Was ist die Frage?

Wenn Sozialwissenschaftler sich in Ausübung ihres Berufes der sozialen Welt mit dem Ziel zuwenden, die Bedeutung von Texten, stillen Bildern, Wohnzimmereinrichtungen, Sportveranstaltungen, Heiratsbräuchen, Landschaftsparks oder Ähnlichem zu verstehen, dann müssen sie deren (gesellschaftliche) Bedeutung rekonstruieren. Für wissenschaftliche Rekonstruktion aller Art gilt nun, dass sie – wie auch alle alltäglichen Rekonstruktionen – nicht hintergehbar, vor allem perspektivengebundene, *kommunikativ* erarbeitete *Konstruktionen* sind (Keller/Knoblauch/Reichertz 2012, Reichertz 2013b). Denn: Die Wissensproduktion *für* die Gesellschaft ist auch *von* der Gesellschaft organisiert (vgl. Berger/Luckmann 1977, Soeffner 2004; Reichertz 2016).

Eine reflexive Sozialforschung weiß um diesen Sachverhalt (Bourdieu/Wacquant 1996). Für sie gibt es keinen Durchblick auf die wirkliche *Wirklichkeit*, sondern alles, was ihr gegeben ist und was sie untersuchen kann, ist gesellschaftlich erbautes, gesellschaftlich verteiltes, aber auch geteiltes Wissen von Bedeutung. Auch wenn unterstellt wird, dass jenseits des gesellschaftlichen Wissens *brute facts* existieren, so ist es dem Wissenschaftler nicht möglich, auf sie zuzugreifen. Seine Deutung der Welt arbeitet sich an gesellschaftlich erbauten Deutungen ab, *an*

ihnen, und vor allem: *mit* ihnen arbeitet er, um dann zu seiner Deutung zu gelangen.

Diese reflexive Wendung hat für die Wissenschaftler (also wissenschaftsintern) zweierlei Konsequenzen: zum einen Freisetzung, zum anderen Verunsicherung. *Freisetzung* deshalb, weil die Verabschiedung eines exklusiven Wegs zur Erkenntnis strukturell die Suche nach neuen Wegen und Prozeduren eröffnet und zugleich die Konzeptionierung neuer Methodologien ermöglicht. Diese Freisetzung hatte im Windschatten (ebenfalls wissenschaftsintern) zugleich aber auch eine tiefgreifende *Verunsicherung* zur Folge: Gemessen an dem Stand wissenssoziologisch informierter (Selbst-)Reflexion lassen sich nämlich keine verbindlichen Standards für die Erlangung von Validität mehr angeben: Denn jede Forschungsarbeit muss in dieser Perspektive mit der (weder zu leugnenden noch zu beseitigenden) Tatsache leben, selektiv und damit nur bezogen auf eine Perspektive gültig zu sein. Diese Verunsicherung findet auf Forscherseite ihren Ausdruck in der sprunghaften Zunahme von *Anything-goes-Forschung* und der deutlichen Bevorzugung der spritzigen Formulierung vor dem guten Argument.

Wissenschaftsextern hat die reflexiv gewordene Wissenssoziologie mit ihrer Erkenntnis wissenschaftlicher Perspektivengebundenheit, die übrigens meistens nur in Form eines kruden Wissenspluralismus (»Jede Erkenntnis ist gleich gut, deshalb auch beliebig!«) wahrgenommen wurde, ebenfalls eine tiefe Verunsicherung ausgelöst – mit dem paradoxen Ergebnis einer verstärkten Nachfrage nach Gültigkeit und dem Verlangen nach Forschungsevaluation. In dieser Situation stellt sich die Frage, wie einerseits *wissenschaftsintern* mit der Unsicherheit wissenschaftlicher Erkenntnis umgegangen wird (z. B. mithilfe von Methodendebatten) und wie andererseits *extern* die Gültigkeit wissenschaftlicher Aussagen gerechtfertigt werden kann.

Im Beitrag soll versucht werden – wohl wissend, dass die Frage nach der Gültigkeit wissenschaftlicher Ergebnisse eingebunden ist in einen sozialen Prozess der Wissenslegitimierung –, die Frage nach der Validität (→ Flick, S. 36 ff.) sozialwissenschaftlicher Rekonstruktionen dadurch anzugehen, den Diskurs über die Gültigkeit sozialwissenschaftlicher Erkenntnis nachzuzeichnen, um so gewisse Standards für die Bestimmung von Gütekriterien zu entwickeln. Es geht dabei jedoch nicht um eine Neuauflage der erkenntnistheoretischen Debatte, um die Möglichkeit von Erkenntnis und auch nicht um die Diskussion der gängigen Wahrheitstheorien, auch wenn im Weiteren immer wieder auf Erkenntnis- und Wahrheitstheorien Bezug genommen werden muss, um die Probleme bei der Entwicklung sozialwissenschaftlicher Gütekriterien sichtbar zu machen.

Typische Verfahren der Wissenslegitimierung in der Sozialforschung

Eine reflexiv gewordene Wissenssoziologie ist ein gutes Gegengift gegen gedankenlosen Empirismus, theorieloses Forschen und Messinstrumentengläubigkeit. Sie ist jedoch keinesfalls ein Vorwand oder gar eine theoretische Begründung für methodische und methodologische Beliebigkeit. Die Einsicht in den Konstruktionscharakter wissenschaftlicher Erkenntnis hat nur, wenn man zu kurz schließt, eine postmoderne Wissenschaft zur Folge, in der statt des besseren Arguments die Pointe punktet. Die Einsicht in die Perspektivität von Erkenntnis stellt nicht die

Selbstaufklärung still, sondern hebt sie auf eine neue Stufe. Denn es ist keineswegs gesagt, dass mit der Unhintergehbarkeit der Perspektivität von Erkenntnis der Weg für wohl formulierte Beliebigkeit eröffnet ist. Diesseits dieser fruchtlosen Alternative von *Alles-oder-Nichts* erstreckt sich eine weite Region von Aussagen, die weder völlig gültig noch völlig ungültig sind, und die man durchaus als *besser* oder *schlechter* einordnen kann. Denn aus der Tatsache, dass man in Krankenhäusern keine völlig keimfreien Umgebungen herstellen kann, folgt gerade nicht, dass man Operationen genauso gut auch in Kloaken vornehmen kann (vgl. Geertz 1987, S. 42 f.).

Die verschiedenen Verfahren qualitativer Sozialforschung (vgl. Lüders/Reichertz 1986, Reichertz 2016), gleichgültig, ob sie quantitative oder qualitative Inhaltsanalyse, Dokumentarische Methode der Interpretation oder Grounded Theory, Narrations- oder Diskursanalyse, Objektive Hermeneutik oder hermeneutische Wissenssoziologie heißen (→ Wegener, S. 256 ff., Mayring/Hurst, S. 494 ff., → Lampert, S. 596 ff., → Diaz-Bone, S. 131 ff., → Hagedorn, S. 580 ff., → Reichertz, S. 66 ff.), sind mit dem Dilemma, um die eigene Perspektivengebundenheit zu wissen und gleichzeitig dem Gültigkeitsanspruch nicht abschwören zu wollen bzw. zu können, in unterschiedlicher Weise umgegangen. Betrachtet man die bisherige Geschichte der qualitativen Sozialforschung, so lassen sich drei Großstrategien unterscheiden, mit deren Hilfe man sich eine Absicherung bzw. *Heiligung* der Ergebnisse versprach:

- die Begründung durch persönliches Charisma,
- die Begründung durch Verfahren und
- die Begründung durch den innerwissenschaftlichen Diskurs.

Das Vertrauen auf persönliches Charisma

Die erste Großstrategie steht in der Tradition des Arguments, bestimmten Wissenschaftlern sei eine persönliche und außerordentliche Hellsichtigkeit zu eigen. Die Strategie besteht darin, dass (auch dann, wenn Daten analysiert werden) der entscheidende Erkenntnissprung, die Abduktion (vgl. Reichertz 2013a) beispielsweise, nicht als Ergebnis von Arbeitsprozessen betrachtet wird, sondern als genialischer Akt, der nur der jeweiligen Person möglich war. Hier liefert also ein (reklamiertes und oft auch inszeniertes) Charisma die Fundierung von Gültigkeit. Zugespitzt: Selbst-Charismatiker nenne ich solche Wissenschaftler, die zwar vorgeben, mit Daten zu arbeiten, ihre Forschungsergebnisse jedoch nicht mehr an eine intersubjektive Nachvollziehbarkeit binden, sondern an eine persönliche, meist exklusive Gabe. Vertreter dieser Strategie findet man in allen Varianten qualitativer Sozialforschung. Allerdings neigen Forscher, die an die Objektivität ihrer Rekonstruktionen glauben, eher dazu, diese Strategie zu wählen.

Das Vertrauen in Verfahren

Die zweite Großstrategie versucht ihre Ergebnisse mithilfe von *spezifischen Verfahren* zu legitimieren. Es ist nicht mehr die Person des Forschers, die aufgrund eines *göttlichen* Geschenks die Gültigkeit verbürgt, sondern es sind die wissenschaftlich etablierten Methoden, die Gültigkeit hervorbringen und garantieren. Gefragt nach der Basis von Validität, wird als Antwort ein spezifisches Verfahren genannt. Allerdings finden sich innerhalb dieser Großstrategie die drei folgenden Varianten:

1) Rechtfertigung mithilfe der Methode der phänomenologischen Reduktion,
2) Rechtfertigung mithilfe des Verfahrens der Methodentriangulation und
3) Rechtfertigung mithilfe der Methode *datengestützter Perspektivendekonstruktion*.

Die Methode der *phänomenologischen Reduktion* (auch Epoché genannt) möchte zu den *Sachen* selbst dadurch vordringen, dass man bei der Welterkenntnis die eigenen Vorstellungen von Welt von allen sozialen Einkleidungen befreit und zugleich alle Vorstellungen von Welt ihrer historischen Deutung entledigt. Ziel ist, den *sozialen Schleier* wegzuziehen, in der Hoffnung,

auf diese Weise der Dinge selbst ansichtig zu werden. Dieses Verfahren ist insbesondere von den Vordenkern der Wissenssoziologie sehr stark favorisiert worden. Eine Auseinandersetzung mit diesem Verfahren hat in den letzten Jahren zu der Erkenntnis geführt, dass man so nicht bei den Sachen selbst, sondern vor allem und einzig *in der Sprache landet*, dass man also die Perspektivität keineswegs verliert.

Die zweite Unterstrategie, die ich hier *Methodentriangulation* nennen möchte, versucht die Erkenntnis von der wissenschaftlichen Perspektivität produktiv zu nutzen, indem sie als Gütegarant eine als positiv deklarierte Multi-Perspektivität anstrebt (vgl. Flick 2004; → Treumann, S. 264 ff.). Qualitative Verfahren werden mit quantitativen ergänzt, die Feldstudie mit Interviews und Fragebogen, die Interaktionsanalyse mit Experiment und Beobachtung. Die Grundidee (bzw. die zugrunde gelegte Metapher) dieser Strategie ist der Geometrie entlehnt: Um einen nicht erreichbaren Punkt (Erkenntnis) zu bestimmen, peile ich diesen Punkt von zwei (oder mehr) bekannten Perspektiven (Methoden) aus an, bestimme das Verhältnis der bekannten Perspektiven zueinander und deren *Winkel* zum angepeilten Punkt und kann dann mithilfe trigonometrischer Berechnungen den unbekannten Punkt bestimmen. Bei der Methodentriangulation geht es also nicht darum, die Perspektivität zu leugnen, sondern sie zum Programm zu erheben. Dennoch sind auch hier die *realistischen* Hoffnungen nicht zu überhören: Unzweifelhaft ist nämlich diesen Forschern der Glaube zu eigen, dass auf diese Weise nicht nur andere Ergebnisse erzielt werden, sondern dass diese Art der Welterkundung *besser* und die so gewonnenen Aussagen *valide* sind.

Diese letzten *realistischen* Hoffnungen sollen vor allem mithilfe der dritten Unterstrategie getilgt werden – der Rechtfertigung der Gültigkeit von Aussagen aufgrund *datengestützter Perspektivendekonstruktion*. Damit ist nicht nur, aber insbesondere die Sequenzanalyse angesprochen. Allerdings muss hier auf die methodologische Rechtfertigung geachtet werden. Favorisiert man z. B. innerhalb der Objektiven Hermeneutik die

Sequenzanalyse vor allem deshalb, weil sie sich vermeintlich den Sachen selbst anschmiegt (vgl. Oevermann u. a. 1979 und 200; Garz/Raven 2015, → Hagedorn, S. 580 ff.), dann zeigt sich darin eine recht beachtliche realistische Sicht von Wissenschaft. Eine reflexive Wissenssoziologie verwendet die Sequenzanalyse jedoch gerade nicht in der Hoffnung, so dem Gegenstand nahe zu kommen, weil die Sequenzanalyse den realen Prozess der Interaktion nachzeichnet. Das wäre ein grobes realistisches Missverständnis. Die Sequenzanalyse wird dagegen von Wissenssoziologen deshalb besonders gerne angewendet, weil sie ein ausgesprochen *unpraktisches* Verfahren ist. Die strikte Durchführung einer Sequenzanalyse (also der extensiven hermeneutischen Auslegung von Daten in ihrer Sequenzialität) kostet nicht nur immens viel Zeit, sondern sie zerstört im Prozess der systematischen und gesteigerten Sinnauslegung alle Selbstverständlichkeiten der eigenen Perspektivik und der eigenen Sprache. Strikte Sequenzanalysen führen dazu, dass alle geltenden oder für uns gültigen Vorurteile, Urteile, Meinungen und Ansichten in der Regel schnell zusammenbrechen. Die Sequenzanalyse dient also gerade nicht dazu, sich an den Gegenstand anzuschmiegen, sondern Sequenzanalyse ist nur ein Verfahren zur Zerstörung unserer gesamten sozialen Vorurteile – auch wenn dies nicht immer gelingt. Ist die Perspektivik mittels Sequenzanalyse einmal zerstört, entwirft der Forscher abduktiv Aussagen zu dem untersuchten Gegenstandsbereich (vgl. Peirce 1976; Reichertz 2013a).

Soweit erst einmal die zweite Großstrategie der Begründung von Gültigkeit über Verfahren. Die Betrachtung der drei Unterstrategien hat gezeigt, dass die jeweils zum Einsatz gebrachten Methoden sehr unterschiedliche realistische Einfärbungen aufweisen. Aus meiner Sicht ist vor allem eine richtig verstandene Sequenzanalyse eine besonders gut geeignete Methode *datengestützter Perspektivendekonstruktion* und damit für Wissenssoziologen interessant.

Das Vertrauen auf den innerwissenschaftlichen Diskurs

Die dritte Großstrategie, die Gültigkeit von Aussagen zu fundieren, besteht darin, die Perspektivenvielfalt der Berufsgruppe zu nutzen – also auf den *innerwissenschaftlichen Diskurs* zu setzen, man vertraut auf ihn. Man rechtfertigt dann das, was man als gültige Erkenntnis vorstellt, nicht mehr damit, dass auf Verfahren oder die eigene Hellsichtigkeit verwiesen wird, sondern man tritt bescheiden zurück und sagt: »Ich habe meine Erkenntnisse in den wissenschaftlichen Diskurs eingespeist. Dort wurden sie durch die Mühlen des wissenschaftlichen Diskurses gedreht. Zwar weiß man nicht genau, welche Mühlen dort mahlen oder welche Körner zerkleinert werden, aber die Erkenntnis X ist dabei rausgekommen, und weil sie den Diskurs überstanden hat und übrig geblieben ist, muss sie auch gültig sein.« Hier zeigt sich das in diesem Ansatz eingelassene Vertrauen auf die soziale Kraft einer Professionsgruppe und in die in ihr eingelassene Perspektivenvielfalt. Die Macht, Gültigkeit zu verleihen, wird auf diese Weise nicht mehr an eine objektivierbare, kontrollierbare und intersubjektiv nachvollziehbare Prozedur (also an etwas Nicht-Subjektives) gebunden, sondern ausdrücklich dem Diskurs interessierter Wissenschaftler (und damit einem sozialen Prozess) überantwortet.

Alle drei hier besprochenen Großstrategien (Begründung durch Charisma, Verfahren oder Diskurs) versuchen mit dem Problem umzugehen, dass eine über sich selbst aufgeklärte Wissenssoziologie nicht mehr problemlos von der Gültigkeit ihrer Aussagen sprechen kann, insbesondere dann nicht, wenn sie für die Gesellschaft *Planungswissen* zur Verfügung stellen will bzw. soll.

Es ist nun müßig, (erneut) die Frage ernsthaft zu diskutieren, ob die o. g. Verfahren *wirklich* in der Lage sind, unsere Perspektivität zu beseitigen. Denn es kann keinen Zweifel daran geben, dass sie dazu nicht in der Lage sind: Keines dieser Verfahren vermag es, den Schleier von den *Sachen selbst* wegzuziehen, also einen Zugang zur wirklichen Wirklichkeit zu ermöglichen.

Gibt man nun aber die Utopie einer wissenschaftlichen Aufklärung bis zur letzten Konsequenz auf und akzeptiert, dass mit einem gewissen Maß an Vagheit (auch als Wissenschaftler) durchaus gut zu leben ist, dann dreht die Methodologiedebatte nicht mehr (ohne vorwärts zu kommen) durch, sondern kann durchaus gute von weniger guten Argumenten unterscheiden. Denn es gibt nicht nur die Alternative zwischen der absoluten Aufklärung auf der einen und der Blindheit auf der anderen Seite, sondern man kann auch, wenn man nicht alles sehr klar sieht, mit entsprechenden Vorkehrungen immer noch ganz gut seinen Weg finden.

Die entscheidende Frage, die wir uns stellen müssen, lautet deshalb, wie aus sozialwissenschaftlicher Perspektive explizite Qualitätskriterien für die *Zuverlässigkeit* der Datenerhebung, für die *Repräsentativität* der Datenauswahl und für die *Gültigkeit* der (generalisierten) Aussagen bestimmt und kanonisiert werden können, die jedoch nicht an den (zu Recht fragwürdigen) Idealen einer kontextfreien Sozialforschung orientiert sind, sondern z. B. auch das Wechselspiel von Forschern und Beforschten, Forschung und gesellschaftlicher Verwertung bzw. Anerkennung und auch die Besonderheiten der »social world« (Strauss 1991b, vgl. auch Strauss 1991a) der Wissenschaftler mit reflektieren.

Welche Bedeutung haben Gütestandards?

Angesichts einer solchen Aufgabenstellung kann man leicht mit großem Pessimismus reagieren, aber dieser Pessimismus wird erheblich verstärkt, wenn man sich auf der Suche nach Lösungen des Gültigkeitsproblems die herrschende *Praxis* qualitativer Forschungsarbeit, oder genauer: deren *Beschreibung* in Forschungsberichten ansieht.

Denn ein etwas gründlicherer Überblick über die vielen Research-Reports qualitativer Forschung zeigt, dass die Anything-goes-Forschung längst Alltag qualitativen Arbeitens geworden ist: Daten werden oft zufällig eingesammelt, deren Besonderheit wird weder diskutiert noch berücksichtigt, Auswertungsverfahren werden oft ohne Rücksicht auf Gegenstand, Fragestellung und Daten fast beliebig ausgewählt (ad hoc) und aufgrund der Spezifik der Forschungssituation vor Ort reflexionsfrei modifiziert, Einzelfälle werden nicht selten ohne Angabe von Gründen zu *Typen* stilisiert, und immer wieder werden die Geltungskriterien für eine schillernde und kurzweilige Formulierung aufgegeben.

Dass die Lage so ist, wie sie ist, hat nur zum Teil etwas damit zu tun, dass der kämpferische Aufbruchdrang der Qualitativen, die sich ja stets im Besitz der besseren Methoden wähnten und deshalb auch stets an deren Verbesserung gearbeitet haben, angesichts ihres Erfolgs erheblich nachgelassen hat: Heute ist nicht ein zu wenig qualitativer Sozialforschung zu verzeichnen, sondern eher ein zu viel (des Unreflektierten) – es gibt nur noch sehr wenige Wirklichkeitsbereiche, die noch nicht von (manchmal auch dilettantischen) qualitativen Untersuchungen überzogen wurden. Aber diese Allgegenwart der qualitativen Forschung spricht nur auf den ersten Blick für deren Erfolg. Auch die landesweite Normalität qualitativer Methodenunterweisung innerhalb der sozialwissenschaftlichen Hochschulausbildung, deren Absegnung durch den Berufsverband der Soziologen und die Einrichtung einer eigenen Sektion »Qualitative Methoden« in der DGS (Deutsche Gesellschaft für Soziologe) erfolgt ist, sind hierfür lediglich Indizien.

Möglicherweise ist dieser Erfolg aber auch eine Ursache für die oft geringe Qualität qualitativer Arbeiten. Denn die sprunghafte und sehr schnelle Ausweitung der Methodenausbildung (noch vor der Entwicklung und Kanonisierung von Geltungskriterien) produziert nicht nur mehr *gute* Arbeiten, sondern naturgemäß noch mehr *schlechte*. Zudem findet allzu oft qualitative Forschung nur auf der Ebene selbst finanzierter Qualifikationsarbeiten innerhalb der Hochschulen statt. Hat sie sich jedoch den Ansprüchen von (wissenschaftlichen, politischen, privatwirtschaftlichen) Förderinstitutionen und deren Standards zu stellen, dann sind qualitative Forschungsanträge deutlich weniger erfolgreich – und das zunehmend.

Dies liegt nun nicht daran, dass die Verfahren der Gütesicherung bei den *Qualitativen* weniger *hart* sind als bei den *Quantitativen* (wenn auch die Ersten wegen der etwas jüngeren Forschungstradition gewiss noch mehr Reflexions- und Verbesserungsbedarf haben) – vorausgesetzt, man berücksichtigt bei der Anlage des Forschungsdesigns die Fragen der Gütesicherung (was vielleicht manche Qualitative noch nicht ernsthaft genug tun) und immer eingedenk des Sachverhaltes, dass die quantitative und qualitative Sozialforschung (die sich im Übrigen keineswegs ausschließen, sondern im Gegenteil: sie ergänzen einander gut) sich auf *andere Gegenstandsbereiche* und *Fragestellungen* beziehen. Zielt die erste nämlich vor allem auf die Bestimmung der mengenmäßigen Verteilung und Relation von geäußerten Meinungen und Handlungen innerhalb großer Grundgesamtheiten, so geht es der zweiten vor allem um die (Re-)Konstruktion der manifesten bzw. latenten Handlungsmotivierung sozialer Akteure (vgl. Lüders/Reichertz 1986). Schon allein deshalb, also weil strukturell verschiedene Gegenstände untersucht werden und weil der Anspruch der Ansätze sich so stark unterscheidet, können naturgemäß die Methoden der Gütesicherung bei qualitativer und quantitativer Forschung *nicht* identisch sein (vgl. Erzberger/Kelle 1998, Kelle 2008).

Auf dem Weg zu Gütestandards qualitativer Sozialforschung

Will man die Güte qualitativer Forschung im wissenschaftlichen Diskurs (aber vor allem auch im Diskurs mit potenziellen Bewertern) vertei-

digungsfähig machen (anregend hierfür: Steinke 1999; Flick 2007, 485 ff.; Reichertz 2006, Flick 2014, Przyborski/Wohlrab-Sahr 2014, 21ff.; Reichertz 2013b), dann gelingt dies heute keinesfalls mehr durch die Berufung auf die Autorität verstorbener Säulenheiliger der Wissenschaft, auch nicht durch den empiriefreien Einsatz wissenschaftlicher Vernunft und ebenfalls nicht durch die Unterstellung persönlicher Hellsichtigkeit. Stattdessen lässt sich die Güte von Aussagen nur über empirische Forschung rechtfertigen und deren Güte wiederum über spezifische (nach Gesellschaft, Zeit und Fachgebiet variierende) Standards der Qualitätssicherung. Letztere werden sich jedoch dabei (zumindest im westlichen Wissenschaftsprogramm) auf die Fragen der *Zuverlässigkeit* und der *Repräsentativität* der Datenerhebung und auf die *Gültigkeit* der *Generalisierung* beziehen müssen – will man in dem Wettbewerb um ökonomisches Forschungskapital im Spiel bleiben.

Kann bei der Bewältigung dieser nicht einfachen Aufgabe die qualitative Forschung (im Allgemeinen) unter Zugrundelegung eines (unreflektierten) Realismus solche Verfahren favorisieren, die versprechen, näher an der *Wirklichkeit* zu sein, so kann dieses Kriterium innerhalb einer reflexiven Sozialforschung *so* nicht gelten – hat sie sich doch von der Möglichkeit der *Wirklichkeitsansicht* verabschiedet – allerdings verbunden mit der Hoffnung, empirische Forschung und wissenschaftlicher Diskurs produzierten, wenn schon keine guten, dann jedoch *bessere* Einsichten. Sozialforschung kann deshalb letztlich nur auf die systematische und organisierte Produktion von Zweifeln (in jeder Phase des Forschungsprozesses) und die dadurch erreichte Fehlerausmerzung vertrauen.

Für diesen Zweck hat sich die sozialwissenschaftliche Forschung (trotz der nicht allzu weit zurückreichenden Forschungstradition) durchaus sinnvolle und auch *harte* Gütekriterien erarbeitet.

• So sichert z. B. die Bevorzugung *natürlicher* Daten, also solcher Daten, die nicht erzeugt wurden, um von Wissenschaftlern untersucht zu werden, und deren Erhebung und Fixierung mit Medien, die möglichst viel von der Qualität der Daten und der ihnen inhärenten Zeitstruktur konservieren, die *Zuverlässigkeit* der Datenerhebung (Reichertz 2006). Die Vorrangstellung *natürlicher* Daten bedeutet nun keinesfalls, dass Interviews oder Feldprotokolle für die qualitative Sozialforschung wertlos sind, sondern sie weist darauf hin, dass solche Daten immer unter Berücksichtigung der interaktiven Einbettung analysiert werden müssen – außer man interessiert sich z. B. dafür, was Menschen in Interviews sagen.

- Die Repräsentativität des Datensamples wird in der Regel hinreichend durch das *Theoretical Sampling* (Glaser/Strauss 1974; Strauss/Corbin 1996; Bryant/Charmaz 2010; Equit/Hohage 2016) gesichert, also eine Methode, die entweder nach dem Verfahren des minimalen und maximalen Kontrasts oder theoriegeleitet solange Daten innerhalb des Untersuchungsfeldes sucht, bis alle relevanten Variablen erfasst sind. Das Sample ist dann komplett und damit auch *repräsentativ*, wenn durch die Aufnahme weiterer Daten die Ergebnisse nicht weiter angereichert werden können.
- Die *Gültigkeit von Generalisierungen* resultiert dabei einerseits aus der Überprüfung der aus den Daten (mittels Abduktion oder qualitativer Induktion) gewonnenen Hypothesen am weiteren Datenbestand mittels Sequenzanalyse (Oevermann 2000; Soeffner 2004; Reichertz 2007 und 2016). Einmal gefundene Lesarten werden dabei anhand des Datenmaterials sequenzanalytisch auf Stimmigkeit überprüft, was bedeutet, dass die jeweilige Lesart als zu testende Hypothese gilt. Findet sich im weiteren Datenmaterial eine Lesart, die mit der zu testenden Hypothese nicht vereinbar ist, gilt diese als widerlegt, finden sich jedoch nur *passende* Lesarten, dann gilt die zu testende Hypothese als vorläufig verifiziert *(Validierung am Text)*.
- Neben dieser Validierung am Text stellt sich die Güte von Generalisierungen andererseits dadurch her, dass meist *gemeinsam in Gruppen* interpretiert wird (Reichertz 2013b), dass

weitere Validierungen (1) durch Kontrollinterpretationen anderer Mitglieder der Forschergruppe und (2) den wissenschaftlichen Diskurs (auf Tagungen) herbeigeführt wird *(Validierung durch Diskurs)*. Hierbei geht es um die systematische Kontrolle durch die Perspektivenvielfalt und zugleich um deren Einbeziehung (Flick 2014).

Absolute Gewissheit über die Validität von Generalisierungen ist jedoch auch so nicht zu erreichen. *Wahrheit* im strengen Sinne des Wortes findet sich auf diese Weise nicht. Was man allein auf diesem Wege erhält, ist eine intersubjektiv aufgebaute und geteilte *Wahrheit*.

Eine qualitativ verfahrende Datenanalyse, deren Validität sowohl durch den Datenbezug als auch durch konkurrierende Lesartenkonstruktionen und den wissenschaftlichen Diskurs gesichert werden soll, hat notwendigerweise zur Voraussetzung, dass mehrere ausgebildete Wissenschaftler das Material unabhängig von einander interpretieren und auch immer wieder ihre Ergebnisse einer wissenschaftlichen Kritik aussetzen. Die Sicherung der wissenschaftlichen Ressourcen, um eine solche Überprüfung von Lesarten, Hypothesen und theoretischen Verallgemeinerungen vorzunehmen, trägt dabei nicht unwesentlich zur Erhaltung selbstverständlicher Standards und wissenschaftlicher Anforderungen an die Validität von Untersuchungen bei – was bedeutet, dass die qualitative Forschung nicht weiter auf den Schultern von Einzelkämpfern ruhen darf, sondern die kooperative und konkurrierende Teamarbeit muss selbstverständlicher Standard werden.

Fazit

Nur wenn die Standards wissenschaftlicher Güteprüfung in der qualitativen Forschung fest etabliert und auch weiter ausdifferenziert werden, hat dieses Forschungsprogramm unter den aktuellen Bedingungen eine Chance, auf dem Markt zu bleiben und auch dort zu bestehen. Gelingt eine solche Ausarbeitung, Abwägung und Kanonisierung der Standards in absehbarer Zeit nicht, dann werden qualitative Studien zwar in den Medien ein gewisses Echo finden, aber ansonsten werden sie eine gute Chance haben, bedeutungslos zu werden: Der qualitativ ausgebildete Nachwuchs wird schwerer in einen Beruf finden, qualitative Projekte werden minimal oder gar nicht mehr finanziert werden – was schlussendlich zur Marginalisierung dieser Forschungstradition führen wird.

Qualitative Sozialforschung – egal welche spezifische Methode sie im Einzelnen favorisiert – wird nur dann überleben können, wenn es ihr gelingt, mit guten Gründen die bereits vorhandene Grundlagentheorie, Methodologie und Methode weiter aus zu buchstabieren. Sie wird dabei nicht daran vorbeikommen, sich eindringlicher als bisher mit Fragen der Gütesicherung der Forschungsarbeit auseinanderzusetzen – allerdings immer eingedenk der wissenssoziologischen Einsicht, dass alle Arten von Gütekriterien Ergebnis gesellschaftlicher Konstruktionsprozesse sind.

Literatur

Berger, Peter/Luckmann, Thomas (1977): Die gesellschaftliche Konstruktion der Wirklichkeit. Frankfurt a. M.

Bourdieu, Pierre/Wacquant, Loic (1996): Reflexive Anthropologie. Frankfurt a. M.

Bryant, Antony/Charmaz, Kathy (Hrsg.) (2010): The Sage Handbook of Grounded Theory. (Second Edition). Paperback. London.

Equit, Claudia/Hohage, Christoph (2016): Handbuch Grounded Theory. Wiesbaden.

Erzberger, Christian/Kelle, Udo (1998): Qualitativ vs. Quantitativ? In: Soziologie, Heft 3, S. 45–54.

Flick, Uwe (2004): Triangulation. Wiesbaden.

Flick, Uwe (2007): Qualitative Sozialforschung. Reinbek.

Flick, Uwe (2014): Gütekriterien qualitativer Forschung. In: Baur, Nina/Blasius, Jörg (Hrsg.): Handbuch Methoden der empirischen Sozialforschung. Wiesbaden, S. 411–424.

Garz, Detlev/Raven, Uwe (2015): Theorie der Lebenspraxis. Wiesbaden.

Geertz, Clifford (1987): Dichte Beschreibung. Frankfurt a. M.

Glaser, Barney/Strauss, Anselm (1974): The Discovery of Grounded Theory: Strategies for Qualitative Research. Chicago.

Kelle, Udo (2008): Die Integration qualitativer und quantitativer Methoden in der empirischen Sozialforschung: Theoretische Grundlagen und methodologische Konzepte. Wiesbaden.

Keller, Reiner/Knoblauch, Hubert/Reichertz, Jo (Hrsg.) (2012): Kommunikativer Konstruktivismus. Wiesbaden.

Lüders, Christian/Reichertz, Jo (1986): Wissenschaftliche Praxis ist, wenn alles funktioniert und keiner weiß warum – Bemerkungen zur Entwicklung qualitativer Sozialforschung. In: Sozialwissenschaftliche Literatur Rundschau, H. 12, S. 90–102.

Oevermann, Ulrich (2000): Die Methode der Fallrekonstruktion in der Grundlagenforschung sowie der klinischen und pädagogischen Praxis. In: Klaus Kraimer (Hrsg.): Die Fallrekonstruktion. Sinnverstehen in der sozialwissenschaftlichen Forschung. Frankfurt am Main, S. 58–156.

Oevermann, Ulrich/Allert, Tilman/Konau, Elisabeth/Krambeck, Jürgen (1979): Die Methodologie einer »objektiven Hermeneutik« und ihre allgemeine forschungslogische Bedeutung in den Sozialwissenschaften. In: Soeffner, Hans-Georg (Hrsg.): Interpretative Verfahren in den Sozial- und Textwissenschaften. Stuttgart, S. 352–434.

Peirce, Charles Sanders (1976): Schriften zum Pragmatismus und Pragmatizismus, herausgegeben von Karl-Otto Apel. Frankfurt a. M.

Przyborski, Aglaja /Wohlrab-Sahr, Monika (2014): Qualitative Sozialforschung. Ein Arbeitsbuch. München.

Reichertz, Jo (2006): Läßt sich die Plausibilität wissenssoziologischer Empirie selbst wieder plausibilisieren? In: Dirk Tänzler/Knoblauch, Hubert/Soeffner, Hans-Georg (Hrsg.): Neue Perspektiven der Wissenssoziologie. Konstanz. 293–316.

Reichertz, Jo (2007): Qualitative Sozialforschung – Ansprüche, Prämissen, Probleme. In: Erwägen – Wissen – Ethik 18 (2007) Heft 2, S. 195–208.

Reichertz, Jo (2013a): Die Abduktion in der qualitativen Sozialforschung. Opladen.

Reichertz, Jo (2013b): Gemeinsam interpretieren. Die Gruppeninterpretation als kommunikativer Prozess. Wiesbaden: Springer Verlag.

Reichertz, Jo (2016): Qualitative und interpretative Sozialforschung. Eine Einladung. Wiesbaden.

Soeffner, Hans-Georg (2004): Auslegung des Alltags – Der Alltag der Auslegung. Konstanz.

Steinke, Ines (1999): Kriterien qualitativer Forschung. Weinheim.

Strauss, Anselm (1991a): Grundlagen qualitativer Forschung. München.

Strauss, Anselm (1991b): Creating Sociological Awareness. New Brunswick.

Strauss, Anselm/Corbin, Juliette (1996): Grundlagen qualitativer Forschung. Weinheim.

Kohärenz und Validität

Uwe Flick

Die Frage der Qualität qualitativer (Medien-) Forschung wird hier für zwei Ansätze behandelt. Kohärenz meint dabei einerseits die Stimmigkeit der gefundenen Ergebnisse, andererseits die Stimmigkeit des gewählten Vorgehens und seiner Einzelschritte. Kohärenz wird zwar gelegentlich als Kriterium für die Qualität qualitativer Forschung diskutiert, hier aber eher im Sinne einer Strategie zur Steigerung dieser Qualität behandelt. Als konkrete Vorschläge zur Umsetzung werden hier die Klärung der Indikationsfrage für Methoden und Ansätze des Qualitätsmanagements skizziert. Validität ist eines der klassischen Gütekriterien standardisierter Forschung, das teilweise auf qualitative Forschung übertragen wird, teilweise mit Blick auf diese reformuliert wird. Auch hier schlagen verschiedene Autoren einen Wechsel zur Strategie der Geltungsbegründung – von der Validität zu Validierung – vor.

Zur Qualität qualitativer Forschung

Qualitative Forschung ist – nicht speziell im Bereich der Medienforschung, sondern generell – seit längerem mit der Frage konfrontiert, wie und wodurch die Qualität der Forschung, der Vorgehensweisen und Ergebnisse bestimmt werden soll. So wird versucht, einen Kriterienkatalog für qualitative Forschung zu entwickeln. Diese Kriterien sollen dann für qualitative Forschung insgesamt oder für einen bestimmten Ansatz im Spektrum qualitativer Forschung oder für eine konkrete Methode gelten. Es existieren mittlerweile eine ganze Reihe von Vorschlägen für solche Kriterien (vgl. Flick 2016, Kap. 28 und 29 für einen Überblick). Dabei sind vor allem zwei Probleme aufgetreten, die die Unterschiede zur Situation in der quantitativen Forschung deutlich machen: Keiner der Vorschläge ist bislang so allgemein akzeptiert wie die Kriterien Reliabilität, Validität und Objektivität in der quantitativen Forschung. Und die bislang vorliegenden Vorschläge für Kriterien beinhalten in der Regel keine Grenzwerte oder Markierungen zur Unterscheidung schlechter von guter Forschung. Bei der Reliabilitätsbestimmung in der quantitativen Forschung wird immer auch ein Grenzwert festgelegt, wie groß die Übereinstimmung zwischen wiederholt durchgeführten Messungen sein muss, damit diese noch als reliabel betrachtet werden können. Bei Kriterien wie Authentizität, die wiederholt für die qualitative Forschung vorgeschlagen wurden (Lincoln/Guba 1985), lässt sich keine vergleichbare Grenzziehung vornehmen.

Andererseits wird deshalb die Frage der Qualitätsbestimmung qualitativer Forschung an bestimmten Strategien der Qualitätssicherung festgemacht. Hier sind verschiedene Ansätze zu nennen wie die Analytische Induktion, die Triangulation (vgl. Flick 2011; 2018) und Ähnliches. Kohärenz nimmt hier eine Zwischenstellung ein. Einerseits wird sie zu einem Kriterium vor einem konstruktivistischen Hintergrund (etwa bei Steinke 1999), andererseits lässt die Herstellung bzw. Erhöhung der Kohärenz im Forschungsprozess sich als eine Strategie der Qualitätssicherung bzw. -förderung im qualitativen Forschungsprozess beschreiben. Die Herstellung von Kohärenz im Forschungsprozess ist eine solche Strategie, die auf unterschiedliche Weise realisiert bzw. umgesetzt werden soll. Entsprechend werden im nächsten Schritt solche Strategien diskutiert, bevor auf Kriterien wie Validität und ihre Alternativen eingegangen wird.

Kohärenz qualitativer Forschung

Definition von Kohärenz

Kohärenz in der qualitativen Forschung kann sich auf verschiedene Aspekte beziehen: Einerseits kann im Rahmen einer Theoriebildung – etwa mit dem Ansatz der Grounded Theory von Glaser und Strauss (1979; → Lampert, S. 596 ff.) – die entwickelte Theorie an dem Anspruch gemessen werden, ein kohärentes Erklärungsmodell oder zumindest eine kohärente Beschreibung des untersuchten Phänomens zu liefern (vgl. hierzu Steinke 1999). Weiterhin kann in der Anwendung unterschiedlicher empirischer Zugänge – im Sinne der Triangulation (vgl. Flick 2011, 2017a; → Treumann, S. 264 ff.) – geprüft werden, ob sie ein kohärentes oder ein divergentes Bild des untersuchten Gegenstandes liefern. Schließlich kann unter einer Prozessperspektive auf den qualitativen Forschungsprozess analysiert werden, inwieweit die einzelnen Schritte und die darin angewendeten methodischen Zugänge ein kohärentes Bild ergeben. Konkreter ist damit gefragt, ob die gewählte Erhebungsmethode mit dem gewählten Sampling und der angewendeten Interpretationsmethoden für die erhobenen Daten zusammenpasst und schließlich die Form der Darstellung des Vorgehens und der Resultate dem angemessen ist.[1]

Ansätze zur Realisierung von Kohärenz

Indikation qualitativer Forschung(-sansätze): Hinsichtlich der Herstellung von Kohärenz im qualitativen Forschungsprozess ist zunächst die weitere Klärung der Indikationsfrage ein Desiderat – ähnlich wie dies in der Medizin und Psychotherapie für die Eignung von Behandlungsmethoden bei bestimmten Problemen und Personengruppen geklärt wird. Auf den hier behandelten Kontext übertragen ist damit die Frage gemeint, warum eigentlich bestimmte – und nicht andere – Methoden für die jeweilige Untersuchung verwendet wurden. Nicht nur in qualitativer Forschung, sondern in empirischer

Forschung generell geben Lehrbücher kaum eine Hilfestellung für die Entscheidung, wann man sich für eine bestimmte Methode in einer Untersuchung entscheiden sollte. Die meisten dieser Bücher behandeln die einzelnen Methoden oder Forschungsdesigns separat, wenn sie ihre Eigenschaften und Probleme beschreiben. In den meisten Fällen gelangen sie nicht zu einer vergleichenden oder gegenüberstellenden Darstellung verschiedener methodischer Alternativen oder zur Formulierung von Ansatzpunkten dafür, wie eine spezielle (und nicht eine andere) Methode für einen Forschungsgegenstand ausgewählt werden sollte. Entsprechend ist für die qualitative Forschung die weitere Klärung der Frage der Indikation eine Notwendigkeit. In Medizin oder Psychotherapie wird die Angemessenheit einer spezifischen Behandlung für bestimmte Probleme und Patientengruppen – die Indikation (der Behandlung) – geprüft. Die Antwort auf diese Frage lautet, ob eine spezifische Behandlung im konkreten Fall angemessen (indiziert) für ein bestimmtes Problem ist oder nicht. Überträgt man diese Prüfung auf qualitative Forschung, heißen die relevanten Fragen: Wann sind welche qualitativen Methoden angemessen – für welchen Gegenstand? Für welche Fragestellung? Für welche Untersuchungsgruppe (Population) oder welches Untersuchungsfeld etc.? Wann sind quantitative Methoden oder eine Kombination von quantitativen und qualitativen Methoden indiziert (vgl. Abb. 1)?

Die Beantwortung dieser Fragen soll einer einseitigen Festlegung auf bestimmte qualitative Methoden (die man schon immer angewendet hat) vermeiden helfen. Ein zweiter Weg der Förderung der Konsistenz im Forschungsprozess soll hier kurz vorgestellt werden.

Qualitätsmanagement in der qualitativen Forschung: Anregend für die Weiterentwicklung von Qualitätskriterien zur Beurteilung der Daten der qualitativen Forschung (→ Reichertz, S. 571 ff.) und ihrer Interpretation kann die Diskussion zum Qualitätsmanagement (Kamiske/Brauer 1995) im Bereich der industriellen Produktion, Dienstleistungen oder im Gesundheitswesen

Psychotherapie und Medizin			Qualitative Forschung		
Welche Krankheit,			Welcher Gegenstand,		
welche Symptomatik,			welche Population,		
	indizieren	welche Behandlung bzw. Therapie?		indizieren	welche Methode bzw. welche Methoden?
welche Diagnose,			welche Fragestellung,		
welche Personengruppe			welcher Kenntnisstand über Gegenstand und Population		

1. Wann ist welche Methode geeignet und verwendbar?
2. Gibt es Anhaltspunkte für eine rationale Entscheidung für oder gegen bestimmte Methoden?

Abb. 1: Indikation qualitativer Forschungsmethoden

sein. Dieser Ansatz lässt sich auf die medienwissenschaftliche Forschung übertragen, um eine Diskussion über Qualität in der Forschung voranzutreiben. Über das Konzept des Auditings ergeben sich bereits erste Anknüpfungspunkte. So wird für die Überprüfung der Verlässlichkeit qualitativer Daten von Lincoln/Guba (1985) ein Prozess des »Auditings« vorgeschlagen, der am Vorgang der Buchprüfung im Finanzwesen orientiert ist. Dafür wird ein »Überprüfungspfad« (»auditing trail«) skizziert: Ein Auditing Trail erfasst

• die Rohdaten, ihre Erhebung und Aufzeichnung;
• Datenreduktion und Ergebnisse von Synthesen durch Zusammenfassung, theoretische Notizen, Memos etc., Summarys, Kurzdarstellungen von Fällen etc.;

• Datenrekonstruktionen und Ergebnisse von Synthesen anhand der Struktur entwickelter und verwendeter Kategorien (Themen, Definitionen, Beziehungen), Erkenntnisse (Interpretationen und Schlüsse) sowie die erstellten Berichte mit ihren Integrationen von Konzepten und den Bezügen zu existierender Literatur;
• Prozessnotizen, d. h. methodologische Notizen und Entscheidungen auch hinsichtlich der Herstellung von Vertrauens- und Glaubwürdigkeit der Erkenntnisse;
• Materialien in Bezug auf Absichten und Anordnungen wie die Forschungskonzeption, persönliche Aufzeichnungen und Erwartungen der Beteiligten;
• Informationen über die Entwicklung der Instrumente einschließlich der Pilotversionen

und vorläufigen Pläne (vgl. Lincoln/Guba 1985, S. 320 f.).

Damit ist bereits die Prozessperspektive angelegt, die alle relevanten Schritte des Forschungsprozesses umfasst, der zu den Daten und ihrer Interpretation geführt hat. Im Kontext des Qualitätsmanagements ist ein Audit »die systematische, unabhängige Untersuchung einer Aktivität und deren Ergebnisse, durch die Vorhandensein und sachgerechte Anwendung spezifizierter Anforderungen beurteilt und dokumentiert werden« (Kamiske/Brauer 1995, S. 5). Insbesondere das »Verfahrensaudit« ist für die Forschung interessant. Ein Verfahrensaudit soll sicherstellen, »dass die vorgegebenen Anforderungen eingehalten werden und für die jeweilige Anwendung zweckmäßig sind. […] Vorrang hat immer das nachhaltige Abstellen von Fehlerursachen, nicht die einfache Fehleraufdeckung« (ebd., S. 8). Solche Qualitätsbestimmungen werden nicht abstrakt – etwa an bestimmten Methoden per se vorgenommen, sondern mit Blick auf die *Kundenorientierung* und die *Mitarbeiterorientierung* (ebd., S. 95 f., S. 110 f.). Dabei ergibt sich die Frage, wer eigentlich die Kunden medienwissenschaftlicher Forschung sind. Im Qualitätsmanagement wird zwischen internen und externen Kunden unterschieden. Während Letztere die Abnehmer des jeweiligen Produktes sind, gehören zu den Ersteren die Beteiligten an der Herstellung im weiteren Sinn (z. B. Mitarbeiter anderer Abteilungen). Für die Forschung lässt sich diese Unterteilung übersetzen in diejenigen, für die das Ergebnis nach außen produziert wird (Auftraggeber, Gutachter etc. als externe Kunden), und diejenigen, für die und an denen das jeweilige Ergebnis zu erzielen gesucht wird (Interviewpartner, untersuchte Institutionen etc. als interne Kunden). Zur Überprüfung lassen sich beide Aspekte explizit analysieren: Inwieweit ist die Untersuchung so verlaufen, dass sie die Fragestellung beantwortet (externe Kundenorientierung) und den Perspektiven der Beteiligten ausreichend Raum lässt (interne Kundenorientierung)?

Die Mitarbeiterorientierung will berücksichtigen, dass »Qualität unter Anwendung geeigneter Techniken, aber auf der Basis einer entsprechenden Geisteshaltung entsteht«, wobei die »Übertragung von (Qualitäts-) Verantwortung auf die Mitarbeiter durch die Einführung von Selbstprüfung anstelle von Fremdkontrolle« (ebd., S. 110 f.) ein weiterer Ansatzpunkt ist. Entsprechend bezeichnet Qualitätsmanagement »Tätigkeiten […], die die Qualitätspolitik, die Ziele und Verantwortlichkeiten festlegen sowie diese durch Mittel wie Qualitätsplanung, Qualitätslenkung, Qualitätssicherung/Qualitätsmanagement-Darlegung und Qualitätsverbesserung verwirklichen« (ISO 1994; zit. nach Kamiske/Brauer 1995, S. 149).

Qualität im qualitativen Forschungsprozess (→ Reichertz, S. 27 ff.; Flick 2018b) wird sich nur realisieren lassen, wenn sie mit den beteiligten Forschern gemeinsam hergestellt und überprüft wird. Zunächst wird gemeinsam festgelegt, was eigentlich unter Qualität in diesem Zusammenhang zu verstehen ist und verstanden wird:

- eine möglichst klare Festlegung der zu erreichenden Ziele und einzuhaltenden Standards des Projekts; daran müssen alle Forscher und Mitarbeiter beteiligt werden;
- eine Festlegung, wie diese Ziele und Standards und allgemeiner die angestrebte Qualität zu erreichen sind; damit sind eine Einigung über die Weise der Anwendung bestimmter Methoden und ihre Umsetzung, etwa durch gemeinsame Interviewtrainings und deren Auswertung, Voraussetzungen für Qualität im Forschungsprozess;
- die klare Festlegung der Verantwortlichkeiten für die Herstellung von Qualität im Forschungsprozess und
- die Transparenz der Beurteilung und Sicherstellung der Qualität im Prozess.

Dabei sind die Bestimmung, was Qualität ist, deren Herstellung und Sicherstellung im Prozess und die Erfahrung, dass Qualität sich nur in der Kombination von Methoden und einer entsprechenden Haltung realisieren lässt,

Anknüpfungspunkte zur Diskussion um Qualitätsmanagement in der medienwissenschaftlichen Forschung. Im Unterschied zu anderen Ansätzen der Qualitätsprüfung in der qualitativen Forschung wird beim Qualitätsmanagement zunächst mit allen Beteiligten geklärt, was unter Qualität verstanden wird, welche Qualitätsziele sich daraus ableiten lassen und wie diese im Einzelnen zu erreichen sind. Hier wird der Gedanke, Forschungsqualität ließe sich allgemein, abstrakt und von außen bestimmen, zu Gunsten einer gemeinsamen Klärung des Qualitätskonzeptes und seiner Umsetzung aufgegeben (vgl. hierzu ausführlicher Flick 2016, Kap. 29; → Reichertz, S. 27 ff.).

Validität qualitativer Forschung

Validität (vgl. Kvale 1995) wird für die qualitative Forschung häufig diskutiert. Die Frage der Validität lässt sich auch darin zusammenfassen, ob »der Forscher sieht, was er [...] zu sehen meint« (Kirk/Miller 1986, S. 21). Bei der Übertragung und unmittelbaren Anwendung klassischer Validitätskonzeptionen in der qualitativen Forschung ergeben sich verschiedene Probleme. Die interne Validität soll z. B. erhöht bzw. sichergestellt werden, indem man ausschließt, dass andere als die in der Untersuchungshypothese enthaltenen Variablen den beobachteten Zusammenhang bestimmen (z. B. Bortz/Döring 2001, S. 53). In diesem Verständnis liegen bereits die Probleme bei der Übertragung auf qualitative Forschung begründet: Die interne Validität soll durch eine möglichst umfassende Kontrolle der Kontextbedingungen in der Untersuchung erhöht werden. Dazu dient die weitgehende Standardisierung der Erhebungs- bzw. Auswertungssituation. Der dafür notwendige Grad an Standardisierung ist jedoch mit dem größten Teil der gängigen qualitativen Methoden nicht kompatibel bzw. stellt ihre eigentlichen Stärken in Frage. Ähnlich lässt sich für die anderen Formen der Validität aufzeigen, warum sie nicht direkt auf qualitative Forschung übertragen werden können (vgl. hierzu Steinke 1999).

Insgesamt betrachtet wird der Anspruch formuliert, qualitative Forschung müsse sich zumindest den Fragen stellen, die mit Konzepten wie Reliabilität und Validität (z. B. bei Morse 1999, S. 717) oder Objektivität (Madill u. a. 2000) verknüpft sind (vgl. hierzu Flick 2018b). In der Umsetzung überwiegt jedoch die Modifikation oder Reformulierung der Konzepte.[2] Generell stellt sich bei der Übertragung der klassischen Kriterien quantitativer Forschung das Problem, dass deren Umsetzung dort wesentlich auf der Standardisierung (des Vorgehens, der Methoden und ihrer Anwendung) beruht, was sich auf qualitative (bzw. nicht-standardisierte) Forschung aufgrund ihres expliziten Verzichts auf Standardisierung nicht übertragen lässt.

Reformulierung der Validität

Daher wird Validität in verschiedener Hinsicht neu gefasst. Legewie (1987) schlägt eine spezifische *Validierung der Interviewsituation* (zur Methode des Interviews → Keuneke, S. 302 ff.) ausgehend von den verschiedenen Geltungsansprüchen in Habermas' »Theorie des kommunikativen Handelns« (1981) vor. Demnach sind als Geltungsansprüche, die ein Sprecher im Interview erhebt, zu differenzieren (und damit differenziert zu überprüfen), »(a) dass der Inhalt des Gesagten zutrifft [...]; (b) dass das Gesagte in seinem Beziehungsaspekt sozial angemessen ist [...]; (c) dass das Gesagte in seinem Selbstdarstellungsaspekt aufrichtig ist.« Ansatzpunkt für die Validierung biographischer Äußerungen ist die Untersuchung der Interviewsituation daraufhin, inwieweit »die Voraussetzungen nicht-strategischer Kommunikation« gegeben waren und »Ziele und Besonderheiten des Interviews [...] in Form eines mehr oder weniger expliziten [...] ›Arbeitsbündnisses‹ [...] ausgehandelt werden« (Legewie 1987, S. 145 ff.).

Zur zentralen Frage wird hier, ob Interviewpartner in der Interviewsituation einen Anlass hatten, bewusst oder unbewusst eine spezifische, d. h. verfälschende Version ihrer Erfahrungen zu konstruieren, die sich nicht (oder nur begrenzt) mit ihren Sichtweisen bzw. dem erzählten Geschehen deckt. Die Interviewsituation wird nach Hinweisen für solche Verzerrungen untersucht. Dies soll Anhaltspunkte dafür liefern, welche systematischen Verzerrungen oder Täuschungen Bestandteil des aus dem Interview entstandenen Textes sind und inwieweit und wie genau diese bei der Interpretation zu berücksichtigen sind. Dieser prüfende Ansatz des Forschers lässt sich durch die Einbeziehung der Interviewpartner weiter ausbauen.

Kommunikative Validierung in einem zweiten Termin nach Abschluss des Interviews und der Transkription ($\rightarrow$ Ayaß, S. 421 ff.) ist hier ein entsprechender Ansatz (vgl. Scheele/Groeben 1988). Gelegentlich wird die kommunikative Validierung auch in Bezug auf die Ergebnisse der Interpretation von Texten bzw. Daten diskutiert (vgl. Heinze 1987). Aufgrund der bei der Konfrontation mit Interpretationen auftretenden ethischen Probleme (vgl. hierzu Köckeis-Stangl 1982) hat dieses Verständnis kommunikativer Validierung an Bedeutung verloren. Baumeler (2003) greift diese Verwendungsweise der kommunikativen Validierung im Kontext einer ethnographischen Studie wieder auf und demonstriert die Probleme, die sich dabei ergeben. Vor einer allgemeineren Anwendung solcher Strategien sollten Antworten auf zwei Fragen gesucht werden:

1) Wie sollte das methodische Vorgehen bei der kommunikativen Validierung gestaltet werden, damit es den untersuchten Sachverhalten und der Sicht der Subjekte tatsächlich gerecht wird?

2) Wie lässt sich die Frage der Geltungsbegründung jenseits der Zustimmung der Subjekte weitergehend beantworten? Hierzu sind andere Qualitätsprüfungen notwendig, die eine kommunikative Validierung ergänzen (vgl. als Überblick Flick 1987 und 2010).

Mit dem Konzept der *Prozeduralen Validierung* in der Reformulierung des Konzepts der Validität geht Mishler (1990) einen Schritt weiter. Sein Vorschlag fokussiert den Prozess der Validierung und nicht den Zustand der Validität.

Mishler definiert Validierung als »soziale Konstruktion von Wissen« (1990, S. 417), durch die wir »Behauptungen über die ›Vertrauenswürdigkeit‹ berichteter Beobachtungen, Interpretationen und Verallgemeinerungen aufstellen und diese bewerten« (ebd., S. 419). Schließlich lassen sich durch »Validierung, verstanden als der soziale Diskurs, durch den Vertrauenswürdigkeit hergestellt wird, solche vertrauten Konventionen wie Reliabilität, Falsifikation und Objektivität« umgehen. Als empirische Basis für diesen Diskurs und die Konstruktion von Vertrauenswürdigkeit erörtert Mishler die Verwendung von Beispielen aus narrativen Studien.

Wolcott (1990, S. 127 f.) formuliert für den Prozess ethnographischer Forschung neun Punkte, deren Realisierung der Sicherung von Validität dienen sollen:

(1) Der Forscher soll im Feld weniger selbst reden, sondern möglichst viel zuhören. Er soll (2) möglichst genaue Aufzeichnungen erstellen und (3) frühzeitig zu schreiben beginnen, und zwar (4) in einer Form, die es dem Leser seiner Aufzeichnungen und Berichte ermöglicht, selbst zu sehen, d. h. soviel an Daten mitzuliefern, dass Leser ihre eigenen Schlüsse ziehen und die des Forschers nachvollziehen können. Der Bericht soll möglichst (5) vollständig und (6) offen sein. Der Forscher soll im Feld oder bei seinen Kollegen (7) Feedback zu seinen Ergebnissen und Darstellungen suchen. Darstellungen sollen eine Balance (8) zwischen den verschiedenen Aspekten aufweisen und (9) durch Genauigkeit im Schreiben gekennzeichnet sein.

Diese Schritte zur Sicherstellung der Validität im Forschungsprozess lassen sich einerseits als Versuch des sensiblen Agierens im Feld und andererseits als Verlagerung des Problems der Validität in der Forschung in den Bereich des Schreibens über Forschung sehen.

Altheide und Johnson (2011, S. 586 f.) formulieren das Konzept der »Validität-als-reflexive-Erklärung«. Darin setzen sie die Forscher, den Gegenstand und den Prozess der Sinnfindung in Beziehung und machen Validität am Prozess der Forschung und den verschiedenen Beziehungen fest:

1) der Beziehung zwischen dem, was beobachtet wird (Verhaltensweisen, Rituale, Bedeutungen), und den größeren kulturellen, historischen und organisatorischen Kontexten, innerhalb derer die Beobachtungen durchgeführt werden (die Materie);

2) den Beziehungen zwischen dem Beobachter, dem bzw. den Beobachteten und dem Setting (der Beobachter);

3) der Frage der Perspektive oder der Sichtweise, ob diejenige des Beobachters oder die der Mitglieder des Feldes verwendet werden, um eine Interpretation der ethnographischen Daten anzufertigen (die Interpretation);

4) der Rolle des Lesers im Endprodukt (die Leserschaft);

5) der Frage des darstellenden rhetorischen oder schriftstellerischen Stiles, der von dem oder den Autoren verwendet wird, um eine Beschreibung und/oder Interpretation anzufertigen (der Stil) (ebd., S. 586 f.).

Validierung wird hier unter der Perspektive des gesamten Forschungsprozesses und der beteiligten Faktoren behandelt. Die Vorschläge bleiben dabei jedoch eher auf der Ebene der Programmatik, als dass konkrete Kriterien oder Anhaltspunkte formuliert werden, anhand derer sich einzelne Studien oder Bestandteile davon beurteilen lassen. Versuche, Validität und Validierung in der qualitativen Forschung zu verwenden oder zu reformulieren, haben insgesamt betrachtet mit verschiedenen Problemen zu kämpfen: Formale Analysen des Zustandekommens von Daten in der Interviewsituation beispielsweise können noch nichts über Inhalte und ihre angemessene Behandlung im weiteren Verlauf der Forschung aussagen. Das Konzept der kommunikativen Validierung (oder auch: Member Checks; vgl. Lincoln/Guba 1985) ist mit dem Problem konfrontiert, dass die Zustimmung dort als Kriterium schwierig ist, wo die Sicht des Subjekts systematisch überschritten wird – in Interpretationen, die ins soziale oder psychische Unbewusste vordringen wollen oder sich gerade aus der Unterschiedlichkeit verschiede-

ner subjektiver Sichtweisen ableiten. Entsprechend gab es hierzu eine heftige Kritik an solchen Ansätzen seitens der Vertreter der Objektiven Hermeneutik (→ Hagedorn, S. 580 ff.). Insgesamt betrachtet zeichnen sich die behandelten Reformulierungen des Validitätskonzepts durch eine gewisse Unschärfe aus. Sie bieten der Forschungspraxis durch ihre generelle Problematisierung und Programmatik nicht unbedingt eine Lösung für die Frage der Geltungsbegründung an. Als gemeinsame Tendenz bleibt jedoch eine Verlagerung von Validität zur Validierung und von der Beurteilung des einzelnen Schritts oder Bestandteils der Forschung zur Herstellung von Transparenz über den Forschungsprozess festzuhalten.

Schließlich wird die Anwendung klassischer Kriterien auf qualitative Forschung in Frage gestellt, da »das Wirklichkeitsverständnis« beider Forschungsrichtungen dafür »zu unterschiedlich« (Lüders/Reichertz 1986, S. 97) sei. Ähnliche Vorbehalte formulieren schon Glaser und Strauss (1979, S. 92).

Sie »bezweifeln, ob der Kanon quantitativer Sozialforschung als Kriterium [...] auf qualitative Forschung [...] anwendbar ist. Die Beurteilungskriterien sollten vielmehr auf einer Einschätzung der allgemeinen Merkmale qualitativer Sozialforschung beruhen – der Art der Datensammlung [...], der Analyse und Darstellung und der [...] Weise, in der qualitative Analysen gelesen werden.«

Big Tent Kriterien

Aktueller schlägt Tracy (2010) acht »Big Tent« Kriterien vor. Mit diesem Begriff bezeichnet sie, dass die Kriterien sich nicht auf einen einzelnen Schritt im Forschungsprozess beziehen. In einer Validitätsprüfung in der quantitativen Forschung wird die Gültigkeit der Messung geprüft. Andere Aspekte, werden eher außer Acht gelassen, etwa ob in der jeweiligen Studie überhaupt ein relevantes Problem (vgl. Charmaz 2014, die dies als Kriterium für Grounded Theory Forschung formuliert) untersucht wird. Tracy bezieht solche Aspekte ebenfalls mit ein und definiert ihre Kriterien wie folgt:

»[...] high quality qualitative methodological research is marked by (a) worthy topic, (b) rich rigor, (c) sincerity, (d) credibility, (e) resonance, (f) significant contribution, (g) ethics, and (h) meaningful coherence« (2010, S. 839). Dabei beschreibt sie alle Kriterien detaillierter. Bspw. bezeichnet »Worthy topic«: »The topic of the research is relevant; timely; significant; interesting«. »Rich rigor« bezieht sich auf Folgendes: »The study uses sufficient, abundant, appropriate, and complex theoretical constructs; data and time in the field; sample(s); context(s); data collection and analysis processes« (2010, S. 840; S. 841).

Im Kriterium »credibility« sind Strategien wie Triangulation, member checks und der Umgang mit abweichenden Fällen (hier unter dem Stichwort ›multivocality‹ diskutiert) zusammengefasst (2010, S. 844). Tracys Vorschläge sind aber ebenfalls mit dem Problem konfrontiert, das den Ansatz von Lincoln und Guba (1985) betrifft: Es lassen sich keine Grenzen (oder Grenzwerte) definieren, wieviel »worth«, »rigor«, »credibility« oder »sincerity« gegeben sein sollten, damit eine Studie diese Kriterien erfüllt. Ihre Kriterien sind allerdings Orientierungspunkte für eine Bestimmung der Qualität in der qualitativen Forschung.

Fazit

Es sollte deutlich geworden sein, dass die Fragen der Qualität, Qualitätssicherung und -förderung in der qualitativen Forschung noch nicht hinreichend beantwortet sind, auch wenn die Sensibilität für diese Themen in den letzten Jahren deutlich gewachsen ist. Die Antwort wird zwischen der Formulierung von Kriterien und der Entwicklung von Strategien gesucht. Sowohl Kohärenz als auch Validität werden in diesem Zusammenhang als mögliche Kriterien diskutiert (etwa bei Steinke 1999), gleichzeitig aber auch als Ausgangspunkt für die Formulierung von Strategien der Geltungsbegründung genommen. Im einen Fall lässt sich durch die Beantwortung der Indikationsfrage und durch die Anwendung von Strategien des Qualitätsmanagements ($\rightarrow$ Reichertz, S. 27 ff.) ein Beitrag zur Kohärenz qualitativer Forschung leisten. Im anderen Fall wird der Akzent von der Validität zur Validierung verlegt, wobei ebenfalls eher der gesamte Forschungsprozess als der einzelne, einer Validitätsprüfung zu unterziehende Schritt (etwa die Durchführung eines Interviews) in den Blick gerät.

Anmerkungen

1 Für eine auf diese Form der Kohärenz abzielende Darstellung qualitativer Methoden und Schritte des Forschungsprozesses vgl. Flick 2016.

2 Für eine ausführliche Auseinandersetzung mit der Frage, ob die klassischen Kriterien auf qualitative Forschung übertragbar sind bzw. warum nicht vgl. Steinke 1999.

Literatur

Altheide David L./Johnson John M (1998): Reflections on interpretive adequacy in qualitative research. In: Denzin, Norman/Lincoln, Yvonna S. (Hrsg.): Handbook of Qualitative Research (4th edn). Thousand Oaks, CA. S. 581–594i.

Baumeler, Carmen (2003): Dissens in der kommunikativen Validierung – Eine Absage an die Güte wissenschaftlicher Forschung? In: Sozialer Sinn, 2, S. 313–329.

Bortz, Jürgen/Döring, Nicola (2001): Forschungsmethoden und Evaluation für Sozialwissenschaftler, 3. Auflage. Berlin u. a.

Charmaz, Kathy (2014): Constructing Grounded Theory: A Practical Guide Through Qualitative Analysis (2nd edn). Thousand Oaks, CA.

Flick Uwe (1987): Methodenangemessene Gütekriterien in der qualitativ-interpretativen Forschung. In: Bergold, Jarg B./Flick, Uwe (Hrsg.): Ein-Sichten. Zugänge zur Sicht des Subjekts mittels qualitativer Forschung. Tübingen, S. 246–263.

Flick, Uwe (2010): Gütekriterien qualitativer Forschung. In: Mey, Günter/Mruck, Katja (Hrsg.) Handbuch Qualitative Forschung in der Psychologie. Wiesbaden, S. 391–403.

Flick, Uwe (2011): Triangulation – Eine Einführung, 3. Auflage. Wiesbaden.

Flick, Uwe (2016): Qualitative Sozialforschung – Eine Einführung. Völlig überarbeitete Neuauflage Reinbek.

Flick, Uwe (2018a): Triangulation. In: Denzin, Norman/Lincoln, Yvonna S. (Hrsg.): Handbook of Qualitative Research (5th edn). Thousand Oaks, CA, S. 444–461.

Flick, Uwe (2018b): Managing the Quality of Qualitative Research. London/ Thousand Oaks, CA.

Glaser, Barney G./Strauss, Anselm L. (1979): Die Entdeckung gegenstandsbegründeter Theorie: Eine Grundstrategie qualitativer Forschung. In: Hopf, Christel/Weingarten, Elmar (Hrsg.): Qualitative Sozialforschung. Stuttgart, S. 91–112.

Habermas, Jürgen (1981): Theorie des kommunikativen Handelns (2 Bd.). Frankfurt a. M.

Heinze, Thomas (1987): Qualitative Sozialforschung. Opladen.

Kamiske, Gerhard F./Brauer Jan P. (1995): Qualitätsmanagement von A bis Z – Erläuterungen moderner Begriffe des Qualitätsmanagements, 2. Auflage. München.

Kirk, Jerome/Miller, Marc L. (1986): Reliability and Validity in Qualitative Research. Beverley Hills.

Köckeis-Stangl, Eva (1982): Methoden der Sozialisationsforschung. In: Hurrelmann, Klaus/Ulich, Dieter (Hrsg.): Handbuch der Sozialisationsforschung. Weinheim, S. 321–370.

Kvale, Steinar (1995): Validierung: Von der Beobachtung zu Kommunikation und Handeln. In: Flick, Uwe/Kardorff, Ernst von/Keupp, Heiner/Rosenstiel, Lutz von/Wolff, Stephan (Hrsg.): Handbuch Qualitative Sozialforschung, 2. Auflage. München, S. 427–432.

Legewie, Heiner (1987): Interpretation und Validierung biographischer Interviews. In: Jüttemann Gerd/Thomae, Hans (Hrsg.): Biographie und Psychologie. Berlin, S. 138–150.

Lincoln, Yvonna S./Guba, Egon G. (1985): Naturalistic Inquiry. London/Thousand Oaks/New Delhi.

Lüders, Christian/Reichertz, Jo (1986): Wissenschaftliche Praxis ist, wenn alles funktioniert und keiner weiß warum. Bemerkungen zur Entwicklung qualitativer Sozialforschung. In: Sozialwissenschaftliche Literaturrundschau, 12, S. 90–102.

Madill Anna/Jordan, Abbie/Shirley, Caroline (2000): Objectivity and Reliability in Qualitative Analysis: Realist, Contextualist and Radical Constructionist Epistemologies. In: British Journal of Psychology, 91, S. 1–20.

Mishler, Elliot G. (1990): Validation in Inquiry-Guided Research: The Role of Exemplars in Narrative Studies. In: Harvard Educational Review, 60, S. 415–442.

Morse, Janice M. (1999): Myth #93: Reliability and Validity are not Relevant for Qualitative Inquiry – Editorial. In: Qualitative Health Research, 9, S. 717–718.

Scheele, Brigitte/Groeben, Norbert (1988): Dialog-Konsens-Methoden zur Rekonstruktion Subjektiver Theorien. Tübingen.

Steinke, Ines (1999): Kriterien qualitativer Forschung. Ansätze zur Bewertung qualitativ-empirischer Sozialforschung. Weinheim/München.

Tracy, Sarah J. (2010): Qualitative Quality: Eight, »Big-Tent« Criteria for Excellent Qualitative Research. In: Qualitative Inquiry 16, S. 837–851.

Wolcott, Harold F. (1990): On Seeking – and Rejecting – Validity in Qualitative Research. In: Eisner, Elliot W./Peshkin, Alan (Hrsg.): Qualitative Inquiry in Education. The Continuing Debate. New York, S. 121–152.

Forschungsethik und Datenschutz

Matthias Rath

»Forschungsethik« ist ein unklar verwendeter Begriff. Häufig bezeichnet er nur die kollektiv vereinbarten Wertannahmen einer Wissenschaft, die sich zwar konsensuell auf diese Regulierungen geeinigt hat, diese aber selbst nicht normativ begründen kann. Der Beitrag verweist auf die Notwendigkeit, Kriterien und Prinzipien der Forschungsethik im Sinne der philosophischen Ethik durch eine philosophische oder informierte Reflexion einzuholen, bestimmt die Medienforschung als Objekt einer solchen Forschungsethik, beschreibt dann die maßgebenden forschungsethischen Probleme der Medienforschung (*informed consent*, Auftragsforschung, politische Instrumentalisierung von Forschungsergebnissen) und differenziert abschließend zwischen den rechtlich obligatorischen Regulierungen des Datenschutzes und den diesen voraus liegenden ethischen Fragestellungen.

1. Zum Begriff einer »Forschungsethik«

Die Bedeutung von »Forschungsethik« für Sozialwissenschaften, also auch die qualitative Medienforschung, ist häufig unklar. Definitionsversuche, wie die von Hopf (2016, S. 195)

> »Prinzipien und Regeln [...] in denen mehr oder minder verbindlich und mehr oder minder konsensuell bestimmt wird, in welcher Weise die Beziehungen zwischen den Forschenden auf der einen Seite und den in sozialwissenschaftliche Untersuchungen einbezogenen Personen auf der anderen Seite zu gestalten sind«,

machen das Dilemma deutlich, das eine normative Reflexion auf forschendes Handeln für eine sich empirisch verstehende Forschung darstellt. Was hier (und in vergleichbarer Weise auch von anderen Autoren) als »Ethik« vorgestellt wird, ist zunächst einmal nur ein Regelkanon, der entweder »verbindlich« (juristisch) oder »konsensuell« bestimmt ist. Im Fall konsensueller Vereinbarungen haben ständische Vertretungen oder fachwissenschaftliche Verbände Standards des forschenden Handelns durch Mehrheitsentscheid für die jeweilige Profession oder Wissenschaft als verbindliche Prinzipien der Forschung festgelegt. Es handelt sich also um eine gruppenspezifisches Norm- oder Wertüberzeugung, die

man auch als *Gruppenmoral* bezeichnen kann (vgl. Rath 2014, S. 38). Hammersley und Traianou (2011, S. 380) warnen in diesem Zusammenhang berechtigterweise vor einem »moralism«, der forschungsunabhängige Wertvorstellungen dem Forschungsprozess zuweise und/oder Forschende normativ überfordere. Aber für die Frage nach den anwendbaren und zu berücksichtigenden Werten können sie ebenfalls keine Hinweise geben, wie diese jenseits konsensueller Übereinkunft festzulegen wären. Denn die faktische *Geltung* dieser Regelungen, die in Gesetzestexten, dem Standesrecht oder den Kodizes für eine »gute wissenschaftliche Praxis« (vgl. z. B. DFG 2013) festgelegt ist, wird von den jeweiligen deskriptiven Disziplinen nicht selbst geleistet. Für die Findung und Kodifizierung geltender Regelungen sind außerwissenschaftliche Verfahren mit eigenen Präferenzen, z. B. politischen, weltanschaulichen oder ökonomischen Vorannahmen, maßgebend. Diese Regelungen gehören selbst nicht zum wissenschaftlichen Objekt der Disziplinen noch verfügen diese über wissenschaftliche Verfahren, um diese Regelungen über die faktische Geltung hinaus zu plausibilisieren (vgl. Rath 2006). Insofern muss man zwischen der normativen Institutionalisierung und einer im eigentlichen Sinne Normativität begründenden Disziplin wie der Ethik unterscheiden (vgl. Stapf 2006). Die Bezeichnung »Forschung*ethik*« ist daher irreführend.

Von dieser *Geltung*, die außerwissenschaftlich festgelegt werden muss, ist daher die Frage zu unterscheiden, ob solche Handlungsorientierung auch allgemeine *Gültigkeit* beanspruchen darf. Diese Frage ist das Thema der philosophischen *Ethik*, die als »Theorie rational eingeholter Normativität« (vgl. Rath 2016) die kritische Analyse und ggf. argumentative Plausibilisierung von Norm- und Wertüberzeugungen zu leisten vermag. »Forschungsethik« meint daher in einem wohlverstandenen Sinne die philosophische oder philosophisch informierte Reflexion auf Begründungsmuster oder die Frage, ob die konsensuell gesetzten Handlungspräferenzen über den faktischen Konsens hinaus auch eine argumentative Verallgemeinerung zulassen. In diesem Sinne ist Forschungsethik eine Teildisziplin der *allgemeinen* Ethik oder der das Forschungsfeld der jeweiligen Einzelwissenschaft betreffenden *angewandten* Ethik, für den Bereich der Medienforschung die *Medienethik* (vgl. Köberer 2015).

Hier können Ethik als wissenschaftliche Disziplin und das Kooperationsfeld von Medienforschung und Medienethik (vgl. Karmasin et al. 2013) nicht explizit dargestellt werden. Im Folgenden geht es daher primär um Medienforschung als *Objekt* einer Forschungsethik.

2. Medienethik als Objekt einer Forschungsethik

Wissenschaft stellt selbst ein Handlungsfeld dar. Menschliches Handeln im Rahmen der wissenschaftlichen Forschung wie auch im Rahmen der Anwendung wissenschaftlicher bzw. wissenschaftlich-technischer Erkenntnisse steht unter dem Anspruch normativer Selbstbestimmung, z. B. im Rahmen eines Berufsethos oder einer Standesmoral, und der moralischen Infragestellung. Ethische Reflexionen zur Begründbarkeit moralischer Überzeugungen in Bezug auf wissenschaftliches und wissenschaftlich-technisches Handeln sind Aufgabe und Ziel der verschiedenen Wissenschafts- und Forschungsethiken

(Ströker 1984; Erwin et al. 1994). Sigrid Graumann (2006) plädiert dafür, die Begriffe »Forschungsethik« und »Wissenschaftsethik« dabei klar zu trennen. Wissenschaftsethik umfasse »die Trias Wissenschaft, Technik und Gesellschaft« (ebd., 253), Forschungsethik hingegen beschränke sich auf Forschung als wissenschaftliche Praxis. Dieser analytischen Trennung wird im Folgenden weitgehend, wenn auch nicht ausschließlich, gefolgt, zumal, wie Beispiele zeigen, Forschungspraxis sehr wohl Folgen für gesellschaftliche Diskurse und Praktiken haben kann (vgl. z. B. Milgram 1974).

Zum klassischen Bestand forschungsethischer Reflexion gehört die Medizinethik, die sowohl die Anwendung als auch die Forschungspraxis der Medizin schon lange reflektiert und ein breites Corpus an einschlägigen nationalen und internationalen Regelungen und Vereinbarungen hervorgebracht hat (vgl. Honnefelder/Rager 1994; Schmidt 2008, S. 96–128). Für die empirischen Humanwissenschaften stellte sich im Nachgang zur Medizin ebenfalls die ethische Frage, ob all das am und mit dem Menschen gemacht werden darf, was methodisch möglich ist und aus einzelwissenschaftlicher Sicht sogar wünschenswert oder notwendig erscheint (vgl. Ott 1997).

3. Ethische Probleme der Medienforschung

Die empirischen Humanwissenschaften, die zur Erhebung wissenschaftlich relevanter Ergebnisse auf empirische Methoden zurückgreifen, müssen sich demnach mit der moralischen Infragestellung ihrer Forschungspraxis auseinandersetzen. Seit den frühen 1980er Jahren wird auch für die deutschsprachige empirische Sozialforschung über Regelungen und Kodices nachgedacht. Es wurde dabei deutlich, dass eine ganze Anzahl von Maßnahmen, die zum gängigen, vor allem experimentellen Forschungsinstrumentarium der empirischen Sozialforschung gehören, unserer moralischen Intuition zuwiderlaufen bzw. sich nicht ohne weiteres ethisch rechtfertigen lassen. Diese in Kodizes und der Literatur immer wieder genannten Problembereiche sind z. B.

- die Täuschung oder Missinformation von Probanden,
- ihre psychische und/oder physische und/oder soziale Gefährdung oder gar Beeinträchtigung und Schädigung,
- die Verletzung der Privatsphäre,
- die Gefährdung des Datenschutzes.

Selbst wenn man für manche Untersuchungen die Notwendigkeit solcher moralisch intuitiv fragwürdiger Methoden bezweifeln kann und alternative Forschungstechniken anmahnt, so bleiben doch grundsätzliche methodische Erwägungen bestehen, die diese Vorgehensweisen geradezu fordern. Dieses »Dilemma zwischen ethischen und methodologischen Normen« (Schuler 1982, S. 16) weist auf die wichtige Unterscheidung zwischen wissenschaftsinterner und externer Verantwortung (vgl. Lenk 2006) hin. Wissenschaftsintern geht es um die Berücksichtigung der als »gute wissenschaftliche Praxis« ausgezeichneten Forschungsverfahren. Externe Verantwortung berücksichtigt vor allem die von Graumann (2006) der Wissenschaftsethik zugewiesenen Themenfelder. Beide Bereiche sind analytisch auch unterscheidbar, kommen aber in der Person der Forschenden zusammen. Forschende sind immer auch »kompetente Bürger«, die Verantwortung *innerhalb* der Gesellschaft und im Maße ihres Einflusses *für* die Gesellschaft tragen. Aus dieser Überlegung folgt noch eine weitere wichtige Differenzierung. Für die genannten und mögliche weitere Themenfelder der Forschungsethik ist darauf zu achten, ob sie nicht bereits nationalstaatlich oder supranational rechtlich geregelt sind. Im Gegensatz zu innerwissenschaftlichen Verfahrens- und Methodenfragen sind gesetzliche Regelungen von der handlungsleitenden Bindung her nicht mehr optional. Ein »Dopplung« in einer Professionsregelung scheint daher prima facie unnötig, es reicht u. U. der Hinweis auf die grundsätzliche Bereitschaft der Profession geltendes Recht

zu achten. Allerdings kommt aus ethischer Sicht auch einer gesetzlichen Regelung nicht per se der Charakter der allgemeinen Plausibilität und Verallgemeinerbarkeit zu. Dies führt uns zum hauptsächlichen und wichtigsten Prinzip einer forschungsethischen Begründung, der Informationspflicht der Forschenden gegenüber ihren Probanden, da diese einerseits zwar gesetzlich im Rahmen des Selbstbestimmungsrechts garantiert ist, aber konkret im Forschungsprozess ganz unterschiedlich eingeholt werden kann.

Vor allem in der medizinischen Ethik ist die Informiertheit der Probanden *(informed consent)*, welche die Voraussetzung darstellt für eine freie Zustimmung zur Beteiligung am Forschungsprozess, durch den Übergriff und die Erfahrungen im sogenannten »Dritten Reich« zum Grundbestand der wissenschaftlichen Selbstverpflichtung geworden (vgl. Yuko/ Fisher 2015). In Forschungsverfahren, die nicht auf Experimente, sondern methodisch auf Befragung, Interview (› Kelle/Kluge, S. 302 ff.) und daran anschließend auf qualitative Interpretation der erhaltenen Aussagen setzt (vgl. die Beiträge im Abschnitt 6 dieses Handbuchs), steht weniger die Erhebung selbst als die Intention der Forschenden und die Verwendung der erhobenen Daten im Mittelpunkt (vgl. Friedrichs 2014). Wie aber auch schon in experimentalen Forschungskontexten ist auch hier nach dem Verhältnis von Erkenntniswille, Informationsanspruch und sozialem Interesse an bestimmten Daten (z. B. dem Einkommen der Befragten) zu fragen und dieses abzuwägen. Dabei ist nicht nur die jeweilige unterschiedliche Einschätzung des Verhältnisses von Individuum und Gemeinschaft oder Gesellschaft ein Problem (vgl. Friele 2012), sondern auch das Forschungssetting als solches – ein partizipativer Ansatz, der gerade in qualitativen Forschungsvorhaben häufig anzutreffen ist, wird *informed consent* grundlegender fassen als eher quantitative Befragungen, die individuelle Daten anonymisiert erheben oder verarbeiten (vgl. Gelling/Munn-Gidding 2011). Unabhängig davon wird man von ethischer Seite her die individuelle Entscheidungsfähigkeit höher einschätzen als kulturelle Relativierungen. Allerdings sehen die Kodizes experimentell arbeitender Wissenschaften und auch die meisten philosophischen Ethiker hierbei die Notwendigkeit, zwischen der Gefährdung der Probanden bzw. Versuchspersonen und dem Nutzen, der aus der Forschung entstehen kann, abzuwägen *(risk benefit balance)*.

Informed consent in qualitativer Medienforschung spielt mehr in den Bereich der Sicherung des Probandenschutzes (vgl. Jacob et al. 2013, 226–227) hinein, der formal auch dem Datenschutz und dem Schutz der Privatsphäre zuzuweisen wäre. *Informed consent* scheint daher entgegen der Tradition der *experimentell* arbeitenden Wissenschaften im Rahmen der *qualitativen* Sozialforschung auch die anderen oben genannten Aspekte der Forschungsethik zu tangieren bzw. den Kern qualitativer Forschungsethik auszumachen. Daher sind für die qualitative Medienforschung eigenständige Analysen (und ggf. eigene Strukturen für die Entwicklung forschungsethischer Institutionalisierungen wie Ethikkommissionen) notwendig (vgl. Burr/Reynolds 2010).

Obwohl also einerseits die unmittelbare Gefährdung des Individuums wie auch der Gesellschaft in qualitativer bzw. nichtexperimenteller und nicht primär technisch umsetzbarer Forschung gering oder z.T. auch zu vernachlässigen sind, so stehen andererseits gerade die Medienforschung und speziell die Medienwirkungsforschung unter einem sozialen und politischen Legitimationsdruck. Sie sind der Praxis ihres Forschungsobjekts sehr nahe, zum einen, weil sie Ergebnisse zeitigt, die unter Umständen dieser Praxis im Sinne handlungsleitender Imperative dienen, zum anderen, weil ihre Ergebnisse zugleich das Rohmaterial abgeben für normative Bewertungen eben dieser Praxis, z.B. auf dem Gebiet der Rahmengesetzgebung. Der erste Aspekt eröffnet der Medienforschung (und anderen anwendungsbezogenen Forschungsbereichen) das lukrative Feld der privaten Auftragsforschung, der zweite Aspekt deutet auf die Gefahr einer Verstrickung anwendungsbe-

zogener Forschung in forschungsfremde Interessen hin.

4. Medienforschung als Auftragsforschung

Als Auftragsforschung ist die Medienforschung spätestens seit Einführung der privaten Rundfunksender in Deutschland auch außerwissenschaftlich besonders relevant. Mit dem Aufbrechen des öffentlich-rechtlichen Rundfunkmonopols Anfang der 1980er Jahre begann die Diskussion um die Qualität des privaten Rundfunks – Schlagwörter sind hierfür vor allem Pornographie und Gewalt. Die klassische Kommunikationsforschung konnte hierbei nur einen bedingten Beitrag leisten, wenn auch die klassische Bestimmung ihrer Grundfrage von Lasswell (1948, S. 37), »Who Says What In Which Channel To Whom With What Effect?«, die Wirkung bereits als Thema benennt. Von der Quotenforschung abgesehen blieb Medienforschung an einzelne Auftraggeber gebunden, private wie öffentlich-rechtliche.

Dieser Sachverhalt ist zunächst einmal nicht problematisch. Auftragsforschung ist in vielen Bereichen gang und gäbe. Für manche wissenschaftliche Institution ist Auftragsforschung Grundbestandteil der Finanzierung und damit unabdingbar. Die Finanzierungsform kann zunächst also nicht als ein ethisches Kriterium herhalten. Um die ethische Problematik zu erkennen, ist es sinnvoll, eine Unterscheidung aufzugreifen, die bereits Irle (1983) für eine andere anwendungsbezogene Sozialwissenschaft, die Marktpsychologie, erarbeitet hat. Er unterscheidet zwischen einer »quasiparadigmatischen«, theoriegeleiteten Forschung, einer problemorientierten oder »Domain«-Forschung und schließlich der praxisorientierten »technologischen« Forschung. Die technologische Forschung unterscheidet sich von den anderen Forschungsformen durch ein zusätzliches Forschungsziel. Sie soll »rationale Maßgaben dafür bereitstellen, was *getan* werden soll, um etwas hervorzubringen, zu vermeiden, zu verändern, zu verbessern usf.« (ebd., S. 836). Die Auftragsforschung »instrumentalisiert« also ihre Probanden zu einem außerwissenschaftlichen Zweck. Daraus ergibt sich eine erhöhte ethische Sorgfaltspflicht, vor allem im Bereich des *informed consent*, zum Beispiel mit der Pflicht, immer den Auftraggeber der Forschung mitzuteilen. Aber es ergibt sich im Medienbereich noch eine weitere Differenzierung. Medienforschung kann ein Instrument operativer Produktplanung oder strategischer Öffentlichkeitsarbeit sein.

4.1 Medienforschung als »in-house«-Phänomen

Als »in-house«-Phänomen dient die Medienforschung vor allem dazu, Bedeutung, Leistung, Akzeptanz und Wirkung medialer Produkte zu erheben, um dem Medienanbieter ein *operatives Instrument* in die Hand zu geben, seine Produkte zu optimieren. In diesem Fall hat der Auftraggeber Interesse an einer möglichst genauen und wissenschaftlich korrekten Erforschung des jeweiligen Objekts. An der Praxis medialer Vermarktbarkeit orientiert, will der Auftraggeber wissen, wie seine Produkte wirken, wo sie Defizite, gemessen an einem bestimmten Akzeptanzmaß (Einschaltquote, verkaufte Auflage, Leser pro werbeführende Seite, Klicks) haben und, im idealen Fall, wie er diese Defizite ausgleichen und seine Produkte marktgerecht optimieren kann. Für diese Forschung gelten zunächst die gleichen Prinzipien wie für »öffentlich« finanzierte Forschung: Sie muss den methodischen und ethischen Prinzipien wissenschaftlicher Forschung überhaupt entsprechen.

Der Forscher muss sich allerdings vor Augen halten, dass der Weg von der Ergebniserhebung hin zur Verwertung seiner Ergebnisse ein extrem kurzer ist. Damit stehen die aus der Anwendung der Forschungsergebnisse sich ergebenden Folgen viel mehr als in einer theoriegeleiteten oder problemorientierten Forschung in der Verantwortung des Forschenden. Denn anders als in der quasiparadigmatischen oder Domain-Forschung hat der Forschende auf die Anwendung seiner Ergebnisse unmittelbaren Einfluss. Seine Ergebnisse legen bestimmte Lösungswege nahe,

orientiert an außerwissenschaftlich vorgegebenen Handlungszielen. Dies deutet auf ein grundsätzliches Problem der sich seit Max Weber werturteilsfrei verstehenden Sozialwissenschaften hin (vgl. Rath 2014, S. 150–152). Eben weil empirische Forschung kein Sollen aus dem erforschten Sein ableiten kann, ist sie instrumentalisierbar für Fremdzwecke. Vor allem bei der Nutzungsforschung können die Forschenden die vorgesehene Anwendung der Forschungsergebnisse absehen. Es liegt nahe, auch an diese Folgen der Forschung ähnliche Faustregeln anzulegen wie an empirische (Human-) Forschung überhaupt. Wenn der *informed consent* der »Zielgruppe« gegeben ist, z. B. im Falle einer verdeckten Manipulation der Wahrnehmung bei Mediennutzern, oder die *»risk benefit balance«* sich einseitig zugunsten eines Medienanbieters verschiebt, dann sind die Medienforschenden, wenn nicht als Wissenschaftler, so doch als kompetente Bürger, ethisch in der Pflicht.

4.2 Medienforschung in der strategischen Kommunikation

Anders stellt sich die Auftragsforschung ethisch dar, wenn sie als ein Instrument *strategischer Öffentlichkeitsarbeit* dient. In diesem Fall ist der Auftraggeber nicht oder nicht nur an einer möglichst genauen und wissenschaftlich korrekten Erforschung des jeweiligen Objekts oder Problembereichs interessiert. Vielmehr soll die Berechtigung einer bestimmten, meist im politischen Kontext formulierten Position des Auftraggebers nachgewiesen werden. Ethisch relevant ist dabei nicht nur die Frage, ob diese Ergebnisse nach den methodischen Regeln des wissenschaftlichen Forschens entstanden sind, sondern auch, ob die zu stützenden Positionen des Auftraggebers ethisch vertretbar sind. Dies mag unproblematisch sein, wenn es um Tatsachenbehauptungen geht, z. B. bestimmte Medienprodukte seien nicht gewaltverherrlichend oder der inhaltsanalytisch zu erhebende Anteil bestimmter Programmgenres (z. B. Information, Unterhaltung und Bildung) habe eine bestimmte

Größe. Ethisch relevant wird es dann, wenn die wissenschaftlichen Ergebnisse eingebettet sind in strategische Forderungen. In diesem Fall muss der Forschende abwägen, ob er sich in den Dienst bestimmter, z. B. medienpolitischer Interessen nehmen lässt.

Allerdings kann grundsätzlich jede veröffentlichte wissenschaftliche Position aufgegriffen und normativ interpretiert werden. Im Gegensatz zu dieser klassischen Form der »Finalisierung« (Böhme/Daele/Krohn 1973) wissenschaftlicher Forschung ist die Auftragsforschung in strategischer Absicht jedoch häufig nicht in der Lage, ihre Ergebnisse eigenständig, z. B. in wissenschaftlichen Organen, zu veröffentlichen. Die Publikation wissenschaftlicher Forschung im Kontext strategischer Öffentlichkeitsarbeit steht immer im Konflikt zwischen Objektivität und Parteilichkeit. Diesen Konflikt gegenüber dem Auftraggeber zu formulieren und gegenüber der Öffentlichkeit auflösen zu können, ist eine zentrale ethische Aufgabe der Auftragsforschung. Dabei ist es zunächst gleichgültig, ob die betroffenen Forscher als kompetente Bürger die zu stützende Position des Auftraggebers teilen. Hier verschiebt sich der Schwerpunkt zwischen Experte und Bürger im Gegensatz zur in-house-Forschung. Als Wissenschaftler sind sie verpflichtet, auf eine objektive, sachliche und vor allem differenzierte Darstellung ihrer Ergebnisse zu drängen, auch wenn auf dem »Markt der Meinungen« die griffige Formel, das verkürzende Schlaglicht häufig die angemessene Form zu sein scheint.

hen in der politischen Auseinandersetzung mit Ergebnissen vor allem der Medienwirkungsforschung normative und ideologische Überzeugungen im Vordergrund. Eine von Kerlen (2005, S. 42) als »Medienmoralisierung« bezeichneter Grundzug der Medienbewertung in Deutschland seit dem Kaiserreich bedient sich einer selektiven Rezeption der Medienforschung, die Forschende meist nur zur Kenntnis nehmen können – eine relativierende, differenzierende Klarstellung über Reichweite, Bedeutung und Interpretierbarkeit der Ergebnisse bleibt, wenn sie überhaupt Eingang in die öffentliche Diskussion findet, marginal. Der politischen Instrumentalisierung ist jedoch im Vorfeld kaum wirklich zu begegnen. Hier ist nicht der einzelnen Forschende, sondern die *scientific community* in Verbänden und Institutionen verpflichtet, sich aufklärend an der öffentlichen Diskussion zu beteiligen.

Doch die Verpflichtung der Medienforschung zur medialen Aufklärung über mediale Zusammenhänge liegt auch in ihrem eigenen Selbstverständnis als Wissenschaft begründet. Mag auch eine totalitäre Instrumentalisierung der Medienforschung östlicher (vgl. Gansen 1997) bzw. »Finalisierung« westlicher Provenienz nicht bzw. nicht mehr akut zu befürchten sein – die Tendenz zur »symbolischen Politik« (Sarcinelli 1987), die nur noch inszeniert (vgl. Meyer et al. 2000), d. h. medial vollzogen wird, erhöht die Gefahr, dass Ergebnisse der wissenschaftlichen Forschung in simplifizierender Form im Sinne normativer politischer Überzeugungen genutzt werden.

4.3 Medienforschung zwischen Forschung und Politik

Anders liegen die ethischen Problemlagen *politischer* Instrumentalisierung durch gesellschaftlich relevante Gruppen bzw. die politischen Eliten. Gerade die Diskussion um Gewalt und Pornographie im Fernsehen in den letzten 30 Jahren zeigt, wie stark Ergebnisse der Medienforschung zu diesen Themenfeldern in das medienpolitische Alltagsgeschäft Eingang gefunden haben. Stärker noch als in der Auftragsforschung ste-

5. Forschungsethik und Datenschutz

Die Feststellung von Unger et al. (2014, S. 6), dass forschungsethische Themen im öffentlichen Raum »eng mit datenschutzrechtlichen Fragen verknüpft« seien, ist um so verständlicher, als dieser Aspekt in modernen, mediatisierten Gesellschaften zu den sensiblen Bereichen politischer Regelungen zählt. Die informationstechnischen Zugriffsmöglichkeiten auf Datennetze haben diese Sensibilität nicht nur allgemein politisch, sondern auch forschungsethisch in den Fokus gerückt. Dabei erfährt wiederum der *informed consent* eine breite Diskussion, da digitalisiert vorliegende, häufig online zugängliche Daten den Forschungsprozess in weiten Teilen auf die Sicherung der Privatsphäre der Probanden fokussiert (vgl. Miller/Boulton 2007; Appelbaum 2015).

Allerdings stellt der Datenschutz, obwohl er so breit und intensiv diskutiert wird, kein eigentliches forschungsethisches Problem dar. Denn im Gegensatz zu allgemeinen Fragen des *informed consent* sowie eines Auftraggebereffekts ist der Datenschutz keine Frage der normativen Orientierung der Forschenden, sondern ist selbst juristisch verbindlich geklärt. Hier bedarf es keiner eigenständigen forschungsethischen Abwägung möglicher Handlungspräferenzen, sondern die vorliegenden Regelungen geben das Maß ab

für das konkrete Vorgehen im Forschungsprozess (vgl. Häder 2009). Die Anwendung dieser rechtlichen Vorgaben zum Datenschutz ist eher praktischer als ethischer Natur. Die Information der Probanden über die maßgebenden Aspekte (vgl. (Jacob et al. 2013, S. 230) Freiwilligkeit, Anonymität, »Folgenlosigkeit der Nicht-Kooperation« für die Beteiligten entspricht zwar dem Prinzip des *informed consent*, ist aber in der Ausgestaltung lediglich eine Konkretion der Rechtsnorm.

Ethisch relevante Überlegungen betreffen vielmehr die der Datenerhebung vorausliegenden Entscheidungen, zum einen in Bezug auf die Zumutbarkeit der Befragung für den Probanden, zum anderen in Bezug auf die Forschenden selbst, z. B. in Bezug auf die Pflicht, sich ausreichend und sorgfältig mit den Regelungen des Datenschutzes vertraut zu machen.

Literatur

Appelbaum, Paul S. (2015): Informed Consent of Research Subjects. In: International Encyclopedia of the Social & Behavioral Sciences (2. Aufl.), Vol. 12, S. 110–115

Böhme, Gernot/Daele, Wolfgang van den/Krohn, Wolfgang (1973): Die Finalisierung der Wissenschaft. In: Zeitschrift für Soziologie, Jg. 2, H. 2, S. 128–144.

DFG (2013): Sicherung guter wissenschaftlicher Praxis. Safeguarding Good Scientific Practice. Denkschrift Memorandum. Weinheim.

Erwin, Edward/Sidney, Gendin/Kleiman, Lowell (Hrsg.) (1994): Ethical Issues in Scientific Research. An Anthology. New York.

Friedrichs, Jürgen (2014): Forschungsethik. In: Baur, Nina/Blasius, Jörg (Hrsg.): Handbuch Methoden der empirischen Sozialforschung. Wiesbaden, S. 81–91.

Friele, Minou B. (2012): Sowohl als auch? Zur Koppelung des Informed Consent und des Community Consent Prinzips in kulturübergreifenden klinischen Forschungsvorhaben. In: Ethik in der Medizin, Jg. 24, H. 4, S. 313–322.

Gansen, Petra (1997): Wirkung nach Plan. Sozialistische Medienwirkungsforschung in der DDR – Theorien, Methoden, Befunde. Opladen.

Gelling, Leslie/Munn-Gidding (2011): Ethical review of action research: the challenges for researchers and research ethics committees. In: Research Ethics, Jg. 7, H. 3, S. 100–106.

Graumann, Sigrid (2006): Forschungsethik. In: Düwell, Marcus/Hübenthal, Christoph/Werner, Micha H. (Hrsg.): Handbuch Ethik. Stuttgart, Weimar: Metzler: S. 253–258.

Häder, Michael (2009): Der Datenschutz in den Sozialwissenschaften: Anmerkungen zur Praxis sozialwissenschaftlicher Erhebungen und Datenverarbeitung in Deutschland (RatSWD Working Paper Series 90). Berlin. http://nbn-resolving.de/urn:nbn:de:0168-ssoar-419490.

Hammersley, Martyn/Traianou, Anna (2011): Moralism and research ethics: a Machiavellian perspective. In: International Journal of Social Research Methodology, Jg. 14, H. 5, S. 379–390.

Honnefelder, Ludger/Rager, Günther (Hrsg.) (1994): Ärztliches Urteilen und Handeln. Zur Grundlegung einer medizinischen Ethik. Frankfurt am Main.

Hopf, Christel (2016): Forschungsethik und qualitative Forschung. In: Hopf, Wulf/Kuckartz, Udo (Hrsg.): Christel Hopf. Schriften zu Methodologie und Methoden qualitativer Sozialforschung. Wiesbaden, S. 195–205.

Irle, Martin (1983). Marktpsychologische Forschung: Ethik und Recht. In Ders. (Hrsg.). Marktpsychologie, 2. Halbband: Methoden und Anwendungen in der Marktpsychologie (Handbuch der Psychologie, Band 12; 2). Göttingen, S. 835–859.

Jacob, Rüdiger/Heinz, Andreas/Décieux, Jean Philippe (2013): Umfrage. Einführung in die Methoden der Umfrageforschung. München.

Karmasin, Matthias/Rath, Matthias/Thomaß, Barbara (Hrsg.): Die Normativität in der Kommunikationswissenschaft. Wiesbaden.

Kerlen, Dietrich (2005): Jugend und Medien in Deutschland. Eine kulturhistorische Studie. Hrsg. von Matthias Rath und Gudrun Marci-Boehncke. Weinheim.

Köberer, Nina (2015): Medienethik als angewandte Ethik – eine wissenschaftssystematische Verortung. In: Prinzing, Marlis/Rath, Matthias/Schicha, Christian/Stapf, Ingrid (Hrsg.): Neuvermessung der Medienethik – Bilanz, Themen und Herausforderungen seit 2000. München, S. 99–113.

Lasswell, Harold Dwight (1948): The Structure and Function of Communication in Society. In: Bryson, Lyman (Hrsg.). The Communication of Ideas. A series of addresses. New York, S. 37–51.

Lenk, Hans (2006): Verantwortung und Gewissen des Forschers. Innsbruck.

Meyer, Thomas /Rüdiger Ontrup/Christian Schicha (2000): Die Inszenierung des Politischen. Zur Theatralität von Mediendiskursen. Wiesbaden.

Milgram, Stanley (1974): Obedience to authority. New York.

Miller, Tina/Boulton, Mary (2007): Changing constructions of informed consent: Qualitative research and complex social worlds. In: Social Science & Medicine, Jg. 65, S. 2199–2211.

Ott, Konrad (1997): Ipso facto. Zur ethischen Begründung normativer Implikationen wissenschaftlicher Praxis. Frankfurt am Main.

Rath, Matthias (2006): Medienforschung zwischen Sein und Sollen: Wissenschaftstheoretische Überlegungen zu einem komplexen Verhältnis. In: Marci-Boehncke, Gudrun/Rath, Matthias (Hrsg.): Jugend – Werte – Medien: Der Diskurs. Weinheim, S. 183–199.

Rath, Matthias (2014): Ethik der mediatisierten Welt. Wiesbaden.

Rath, Matthias (2016): The Innovator's (Moral) Dilemma – zur Disruptionsresistenz der Medienethik. In: Litschka, Michael (Hrsg.): Medienethik als Herausforderung für MedienmacherInnen. Ethische Fragen in Zeiten wirtschaftlicher und technologischer Disruption. Brunn am Gebirge, S. 5–10.

Sarcinelli, Ulrich (1987): Symbolische Politik. Zur Bedeutung symbolischen Handelns in der Wahlkampfkommunikation der Bundesrepublik Deutschland. Opladen.

Schmidt, Matthias C. (2008): Griff nach dem Ich? Ethische Kriterien für die medizinische Intervention in das menschliche Gehirn. Berlin.

Schuler, Heinz (1982): Ethische Probleme des psychologischen Forschungsprozesses: Der Stand der Diskussion. In: Kruse, Lenelis/Kumpf, Martin (Hrsg.) (1981): Psychologische Grundlagenforschung: Ethik und Recht. Wien, S. 13–39.

Stapf, Ingrid (2006): Medien-Selbstkontrolle. Ethik und Institutionalisierung. Konstanz.

Ströker, Elisabeth (Hrsg.) (1984): Ethik der Wissenschaften? Philosophische Fragen (Ethik der Wissenschaften, Band 1). München.

Unger, Hella von/Narimani, Petra/M'Bayo, Rosaline (Hrsg.) (2014): Forschungsethik in der qualitativen Forschung. Reflexivität, Perspektiven, Positionen. Wiesbaden.

Yuko, Elizabeth/Fisher, Celia B. (2015): Research Ethics: Research. In: International Encyclopedia of the Social & Behavioral Sciences (2. Aufl.), Vol. 20, S. 514–522.

Medien

RALF VOLLBRECHT

Die meisten Menschen assoziieren mit Medien vermutlich Massenmedien wie Fernsehen, Radio und Zeitungen, vielleicht auch Social Media oder Geräte wie DVD-Player, Computer oder Smartphones und eventuell sogar Institutionen wie Fernsehanstalten und Verlage. Lehrer und Erwachsenenbildner denken bei Medien bestimmt auch an Unterrichtsmedien wie Tafel, Smartboards oder computergestützte Lernprogramme. In den Naturwissenschaften versteht man unter einem Medium auch einen Träger physikalischer oder chemischer Vorgänge. So ist Luft zum Beispiel ein Medium für die Schallübertragung und damit auch der Sprache. Verstehen wir Medien als Träger von Kommunikation, so wäre die Sprache das entscheidende Medium, über das wir uns verständigen. Der erste Lexikoneintrag des Begriffs »Medium« findet sich angeblich in Meyers Konversationslexikon von 1888, wo neben der lateinischen Herkunft (Mittel, etwas Vermittelndes) auf die spiritistische Bedeutung des Begriffs verwiesen wird (vgl. Faulstich 1991, S. 8 f.).

Ein derart weiter Medienbegriff, unter den so Unterschiedliches subsumiert werden kann, ist für wissenschaftliche Zwecke wenig sinnvoll. Die mit Medien befassten Fachwissenschaften, vor allem die Kommunikationswissenschaft, haben daher verschiedene Definitionen hervorgebracht, die den Medienbegriff enger zu fassen versuchen. Diese Definitionen konkurrieren teilweise miteinander und manche überschneiden sich auch. Sie lassen sich also nicht auf einen gemeinsamen Nenner bringen, denn dafür sind die Medienverständnisse und erkenntnisleitenden Perspektiven in den Medienwissenschaften zu unterschiedlich. Ohne Anspruch auf Vollständigkeit werden im Folgenden die wichtigsten Begriffsverständnisse dargestellt, wobei die in der Pädagogik verwendeten stärker berücksichtigt werden.

Allgemeine und universelle Medienbegriffe

Noch immer gilt, was Schanze bereits vor knapp vierzig Jahren beobachtet hat: Der Begriff »Medium« tritt meist in Komposita auf (Massenmedien, Medienwirkung, Medienkompetenz), wird fast immer im Plural (»Medien-«, »Media-«) gebraucht und teilweise in angloamerikanischer Aussprache verwendet, »was dem Benutzer offenbar eine gewisse Exklusivität verleihen soll. Die Komposita steuern zur Begriffsschärfe wenig bei. Nicht von einem einheitlichen Begriffsgebrauch ist deshalb auszugehen, sondern eher von einer bunten Vielfalt von Medienbegriffen« (Schanze 1976, S. 25). Auch in Fachtexten werden Medien häufig mit Massenmedien (publizistische Medien) gleichgesetzt – zumindest bis dem Web 2.0 –, der Medienbegriff umstands-los vorausgesetzt oder Medien sehr allgemein als *Objekt, Träger und/oder Mittler von Information* oder im Sinne eines *Zeichen- und Informationssystems* aufgefasst.

Kübler weist darauf hin, dass in philosophischen, kulturgeschichtlichen und kunstbezogenen Diskursen (zu Letzterem siehe z. B. Weibel 1990) sowie in poststrukturalistischen Wirklichkeitskonzepten und kulturwissenschaftlichen Medientheorien universelle Medienbegriffe immer wieder auftauchen. Ein bekanntes Beispiel ist der Medienbegriff von Marshall McLuhan, der Medien als »Erweiterung des Menschen« auffasst und dabei auf das »Mängelwesen Mensch« aus Arnold Gehlens philosophischer Anthropologie rekurriert (und bereits 1964 den Computer als Medium und nicht als bloße Rechenmaschine gesehen hat; McLuhan

1968, 71). Obwohl der Begriff sich nicht durchsetzte, finden sich noch immer ähnliche Sichtweisen wie z. B. bei Wolfgang Coy, für den Computer »zu global vernetzten Prothesen der Sinne« werden (Coy 1994, S. 37). Kübler (2003, S. 91) konstatiert mit Verweis auf Baltes u. a. (1997), Ludes (1998, S. 77 ff.) und Kloock/Spahr (2000, S. 39 ff.) – zu ergänzen wäre Meder (1995, S. 9) – sogar eine »Tradition des McLuhanismus«.

Umfassender ist Werner Faulstichs Medienbegriff, der »der vom schlichten ›Mensch-Medium‹ bis zu komplexen systemtheoretischen Kategorien wie Kanal, Organisation, Leistung und gesellschaftlicher Dominanz alles einzuschließen vorgibt« (Kübler 2003, S. 91). Empirisch ebenso schwer fassbar und wohl eher als Metapher zu bezeichnen ist das von Dieter Baacke in der Auseinandersetzung mit mediendidaktischen Modellen erwähnte *Mycelium-Modell* des Kommunikationswissenschaftlers Marten Brouwer: »Das Geflechtswerk unter der Erde soll das unvermittelte System der Interkommunikation symbolisieren, während der daraus gebildete Pilz über dem Boden das Massenkommunikationssystem bezeichnen soll. Das Modell ist insofern glücklich, als es in der vegetativen Analogie die Lebendigkeit und Unübersichtlichkeit der ständig neu entstehenden oder sich gegenseitig ersetzenden Kommunikationskanäle des sozialen Lebens plastisch macht und dieses nicht lediglich als eine technisch-kybernetische Apparatur verstehen lässt« (Baacke 1973, S. 7).

Kittler unterscheidet in seiner Geschichte der Kommunikationsmedien technische Medien von Schriftmedien: »Technische Medien, anders als Schrift, arbeiten nicht auf dem Code einer Alltagssprache. Sie nutzen physikalische Prozesse, die die Zeit menschlicher Wahrnehmung unterlaufen und nur im Code neuzeitlicher Mathematik überhaupt formulierbar sind« (Kittler 1993, S. 180).

Technische Medien (»Aufschreibsysteme«) werden dabei funktional definiert als historisch sich verändernde Mittel zum Speichern, Übertragen und Verarbeiten (Berechnen). Mit dem Computer ist für Kittler das Mediensystem geschlossen, denn »Speicher- und Übertragungs-

medien gehen beide in einer Prinzipschaltung auf, die alle anderen Informationsmaschinen simulieren kann, einfach weil sie in jeder einzelnen Programmschleife speichert, überträgt und berechnet« (Kittler 1989, S. 196).

Aus kommunikationswissenschaftlicher Sicht halten es Bentele und Beck für sinnvoll, folgende Typen von Medien zu unterscheiden:

- »*materielle Medien* wie Luft, Licht, Wasser, Ton, Stein, Papier, Zelluloid;
- *kommunikative Medien* oder Zeichensysteme wie Sprache, Bilder, Töne;
- *technische Medien* wie Mikrofone, Kameras, Sende- und Empfangseinrichtungen;
- Medien als *Institutionen*, also die einzelnen Medienbetriebe (bestimmte Zeitung oder Fernsehanstalt) und die ›Gesamtmedien‹, z. B. ›der Film‹, ›der Hörfunk‹, ›das Fernsehen‹« (Bentele/Beck 1994, S. 40).

Eine Unterscheidung in primäre, sekundäre und tertiäre Medien geht auf Harry Pross (1972) zurück. *Primäre Medien* sind für ihn »menschliche Elementarkontakte« wie die non-verbale Sprache der Körperhaltung, Mimik, Gestik und ebenso auch die Verbalsprache. Zwischen Sender und Empfänger ist kein Gerät geschaltet. Dagegen benötigen *sekundäre Medien* auf Seiten des Senders Geräte für die Herstellung von Mitteilungen (Flaggensignale, Grenzsteine, Rauchzeichen, Schreib- und Druckkunst). Als *tertiäre Medien* bezeichnet Pross jene Vermittlungsprozesse, die technische Erstellung, technische Sender und technische Empfänger erfordern (Rundfunk, Telefon etc.), also auf Empfänger- wie Senderseite technische Geräte benötigen.

Nach heutigem Verständnis wird in Kommunikationswissenschaft und Medienpädagogik die *Sprache* in der Regel nicht zu den Medien gerechnet. Neuere Definitionen gehen beim Medienbegriff immer von einer *technischen* Vermittlung aus. Die Doppelseitigkeit des allgemeinen Medienbegriffs wie auch von Sprache, die nicht nur das Mittel der Verständigung im jeweiligen einzelnen sprachlichen Akt (pa-role) ist, sondern selber auch System, das Verständigung überhaupt ermöglicht (langue), bleibt jedoch grundlegend für jeden Medienbegriff in den unterschiedlichen fachspezifischen Ausformungen (vgl. Schanze 1976, S. 26).

Der technische Medienbegriff

Der technische Medienbegriff verweist auf die Materialität der Kommunikation, beginnend bei der Schrift, manchmal auch erst bei der mechanischen Vervielfältigung durch die Druckerpresse (etwa Hiebel u. a. 1999). Zu Verwechselungen kommt es dadurch, dass sowohl Trägermaterialien (CD-ROM) als auch Vervielfältigungsfaktoren (CD-Player) unter diesen Begriff fallen.

Ausgangspunkt aller kommunikationstheoretischen Medienbegriffe ist das technisch-mathematische Modell der Nachrichtenübertragung zwischen technischen Systemen (Shannon/Weaver 1949), das man generell auf die Strukturierung des Problembereichs Kommunikation zu übertragen versuchte. Das informationstechnische Medienmodell sieht (je nach Autor) mindestens vier Elemente vor: Sender, Empfänger, Kanal und Code. Entscheidend für den Medienbegriff ist der *Kanal* als Übertragungssystem für Signale sowie der *Code*, also die verwendete Zeichenkonvention. Während es nachrichtentechnisch in erster Linie um die Frage der (Vermeidung von) Kanalstörungen geht, also um Übertragungsfehler, ist medienbegrifflich relevant, dass der Kanal auch den Möglichkeitsraum für Signale und verwendete Codes bestimmt: »Eine Nachricht muss kanalgerecht kodiert werden – das ist die erste Bedingung, die ein technischer Code erfüllen muss. Die Morse-Schrift ist für die Telegrafie ein kanalgerechter Code, sie ist es aber auch für optische und akustische Signale. Dagegen ist eine gesprochene Nachricht für die telegrafische Übertragung nicht kanalgerecht, sie muss umkodiert werden« (Flechtner 1966, S. 21).

Obwohl die Metapher der Übertragung suggeriert, dass der Übertragungsweg (abgesehen von Störungen) keinen Einfluss auf die Inhalte hat, zeigt sich hier, dass er sogar ein bestimmendes Element der Nachrichtenübertragung ist. In

Bezug auf neue Medien wird auch deutlich, dass sich jeweils erst ein Code entwickeln oder vereinbart werden muss, um ein Medium kommunikativ zu nutzen.

Zur Beschreibung menschlicher Kommunikation reicht dieses klassische Modell der Kommunikationstheorie nicht aus. Da der Zusammenhang zwischen übertragenen Signalen nicht mitübertragen wird, sind Bedeutungen grundsätzlich nicht mitteilbar, sondern nur generierbar. Begriffe wie »Störung« oder »kanalgerechte Codierung« erfassen weder die zeitliche Dynamik von Kommunikation, noch kann der Sender als ausschließlich aktiv und der Empfänger als ausschließlich passiv modelliert werden, da er Empfänger Sinnstrukturen rekonstruieren (Bedeutungen zuschreiben) muss. Ferner sind Kommunikationsprozesse eingebettet in sich verändernde gesellschaftliche Strukturen und historische Kontexte – Medien können daher nicht unabhängig von der jeweiligen gesellschaftlichen Wirklichkeit gesehen werden (vgl. Baacke 1973, S. 7). Die disziplinär zuständigen Fachwissenschaften haben daher erweiterte und spezielle Medienbegriffe entwickelt.

Der organisationssoziologische Medienbegriff

Medientechnologien und ihre Vermarktung bedürfen ausdifferenzierter Organisations- und Arbeitsformen. Die »Doppelnatur des Systems Medium« (Saxer 1975, S. 209) besteht darin, dass jedes (publizistische) Medium einerseits ein bestimmtes kommunikationstechnisches Potenzial aufweist, sich andererseits bestimmte Sozialsysteme um diese Kommunikationstechnologie herum bilden. Im Anschluss an Saxer (1998) zählt Burkart (2002) folgende für einen »medienwissenschaftlich angemessenen« Begriff von »Medium« charakteristischen Begriffsbestandteile auf:

- Medien sind *Kommunikationskanäle*, die auditive, visuelle bzw. audiovisuelle Zeichensysteme transportieren bzw. vermitteln;
- bei Medien handelt es sich zumeist um (arbeitsteilige) *Organisationen*, die vielfältige

Leistungen und Funktionen für die Gesellschaft (bzw. jeweilige Zielgruppen) erbringen;
- Medien bilden für Herstellungs-, Bereitstellungs- und Empfangsprozesse mehr oder weniger komplexe soziale *Systeme*;
- Medien stellen *Institutionen* dar, da Medien um ihres umfassenden Funktionspotenzials willen in das jeweilige gesellschaftliche Regelsystem eingefügt, institutionalisiert (Saxer 1998, S. 55) werden (vgl. Burkart 2002, S. 42 ff.).

Begrifflich unterscheidet man auch zwischen *Medien erster Ordnung*, die gewissermaßen eine technische Infrastruktur mit bestimmter (publizistischer) Potenzialität darstellen, und *Medien zweiter Ordnung*, die unter Beteiligung institutionalisierter Kommunikatoren Massenkommunikation ermöglichen (Kubicek/Schmid/Wagner 1997, S. 32 ff.). Medien erster Ordnung dürfen dabei nicht als neutral oder kulturell beliebig missverstanden werden, sondern sind wie jede Technik immer auch schon Kulturobjekt, »kodierte Bedeutung« (Hörning 1989, S. 100).

In der sozialwissenschaftlichen Technikgeneseforschung hat sich eine institutionelle Perspektive durchgesetzt, der zufolge um technische Innovationen herum Institutionen entstehen. Die Implementierung neuer Medientechniken erscheint aus dieser Perspektive im weitesten Sinne als ein Prozess der Organisationsentwicklung technisch vermittelter Kommunikationssysteme (vgl. Kubicek/Schmid 1996).

Medienentwicklung lässt sich auch als ein Prozess der »Technisierung symbolischer Prozesse« (Rammert 1993, S. 307) beschreiben. Medien sieht Rammert als technische Interaktionssysteme, die bestimmte soziale Interaktions- und Kommunikationsprozesse reproduzieren oder ermöglichen. Kommunikation kommt freilich nur zustande, wenn »jemand sieht, hört, liest – und so weit versteht, dass eine weitere Kommunikation anschließen könnte« (Luhmann 1996, S. 14). Diese für die Entwicklung einer neuen Medientechnik zu einem sozialen Medium notwendige Verständigung erfordert den Aufbau

sozialer Regelsysteme und Instanzen, durch die die Verwendungsweisen des Mediums in einem bestimmten Kontext definiert werden durch gemeinsam geteilte Codes und Regeln sowie Wissens- und Sinnbezüge, in die das medienbezogene Handeln eingebettet ist.

Massenmedien

Der Begriff *Massenmedien* ist von allen Medienbegriffen der wohl am besten definierte und auch in der Forschung noch immer geläufigste. »Massenmedien«, »Medien der Massenkommunikation« oder schlicht »Verbreitungsmittel« sind austauschbare Bezeichnungen für »technische Instrumente oder Apparate, mit denen Aussagen öffentlich, indirekt und einseitig an ein disperses Publikum verbreitet werden« (Maletzke 1963, S. 35). Diese in einer Studie zur Psychologie der Massenkommunikation entwickelte Definition ist weithin rezipiert worden und bis heute anerkannt. Synonym gebraucht wird manchmal der Begriff *publizistische Medien*. Nicht durchgesetzt haben sich die Bezeichnungen *Programm-Medien* oder *Öffentliche Medien*, die beispielsweise Baacke statt Massenmedien vorgeschlagen hat, da *Masse* (im Gegensatz zum Publikum der Massenmedien) »eher an ein ungegliedertes, unstrukturiertes Miteinander einander fremder Menschen denken lässt« (Baacke 1994, S. 315).

Maletzke (1963) differenziert den klassischen Medienbegriff, indem er drei Unterscheidungen vornimmt: zwischen direkter und indirekter Kommunikation, gegenseitiger und einseitiger Kommunikation sowie privater und öffentlicher Kommunikation. Massenkommunikation ist immer *indirekte* Kommunikation. Während direkte Kommunikation im Gespräch, also *face to face* stattfindet, gibt es bei indirekter (beispielsweise schriftlicher) Kommunikation eine »räumliche oder zeitliche oder raumzeitliche Distanz zwischen den Kommunikationspartnern« (ebd., S. 28). Anders als im Gespräch, bei dem die Sprecherrolle ständig wechselt (gegenseitige Kommunikation), sind bei Massenkommunikation die Rollen von Kommunikator und Rezipient durch das Medium klar verteilt: »Alle Massenkommunikation verläuft *einseitig*« (ebd., S. 28). Private Kommunikation definiert Maletzke als »ausschließlich an eine bestimmte Person oder an eine begrenzte Anzahl von eindeutig fixierten Personen« gerichtet. Bei öffentlicher Kommunikation ist der Adressatenkreis weder begrenzt noch definiert, da »die Aussage in der Intention des Aussagenden für jeden bestimmt ist, der in der Lage ist, sich Zugang zur Aussage zu verschaffen, und der willens ist, sich der Aussage zuzuwenden«. Massenkommunikation ist »immer *öffentlich* in diesem Sinne« (ebd., S. 28).

Dem so definierten Bereich der Massenmedien ordnet Maletzke zunächst vier Medienbereiche zu: Presse, Film, Hörfunk und Fernsehen. Den Begriff der Presse verwendet Maletzke dabei »in seiner weitesten und ursprünglichsten Bedeutung« und versteht darunter »alles veröffentlichte Gedruckte« (Maletzke 1963, S. 36). Neben Zeitung und Zeitschrift, also gedruckten Periodika, sind mit diesem Pressebegriff auch »Buch und Flugblatt, Groschenheft und Werbeprospekt« (ebd.) erfasst (vgl. Abb. 1).

Das entscheidende Kriterium zur Unterscheidung von Massenmedien und »Medien überhaupt« ist das *disperse Publikum* der Massenmedien, das sich vom Präsenzpublikum dadurch unterscheidet, dass Orts- und Zeitfixierung nur auf Letzteres zutrifft. Theater, Zirkus oder Vorträge sind demzufolge keine Massenmedien, dagegen die Schallplatte (ähnlich CD, Video, DVD, Musikstreamingdienste etc.) »als zusammenfassender Begriff für alle zur Veröffentlichung bestimmten Schallaufzeichnungen« (Maletzke 1963, S. 32) sehr wohl. Das Beispiel zeigt, dass bei den Trägermedien die Abgrenzung schwer fällt, da sie sowohl für ein Massenpublikum als auch von einzelnen Nutzern individuell für kleine private Kreise produziert werden können.

Der Begriff »technisches Verbreitungsmittel« schließt die direkte Gesprächssituation aus und dient als Oberbegriff zur genaueren Definition des Mediums, wobei die »Technik« die Unterschiede der Massenmedien begründet. Schanze weist darauf hin, dass Maletzkes Interesse jedoch nicht gerichtet ist auf das »Abstractum der technischen Verbreitungsmittel bzw. auf die verschiedenen Techniken, sondern gerade auf den Komplex der spezifischen Wirkungen der *Massenmedien* auf das *disperse Publikum*. Eine Isolation des Medienbegriffs verbietet sich von diesem Ansatz von selbst. Erst das Phänomen *Massenmedium* als Institution des öffentlichen Lebens kann Untersuchungsgegenstand werden, an dem sich die Theorie der Massenmedien bewährt« (Schanze 1976, S. 34).

öffentlich	ohne begrenzte und personell definierte Empfängerschaft
durch technische Verbreitungsmittel	Medien
indirekt	bei räumlicher oder zeitlicher oder raumzeitlicher Distanz zwischen den Kommunikationspartnern
und einseitig	ohne Rollenwechsel zwischen Aussagendem und Aufnehmendem
an ein disperses Publikum vermittelt	(s. u.)

Abb. 1: Mediendifferenzierung nach Gerhard Maletzke (Quelle: Maletzke 1963, S. 32)

An seine Grenzen kommt der Begriff »Massen-kommunikation« durch *Hybridmedien* wie das Internet. In den Computernetzwerken wird Individualkommunikation ebenso praktiziert wie interpersonale Kommunikation in virtuellen Gemeinschaften oder auch Massenkommunikation (vgl. z. B. Höflich 1994, 1995). Angesichts der definitorischen Zuordnungsschwierigkeiten stellt sich daher die Frage, ob man überhaupt noch von Massenmedien reden sollte oder neue Begriffe wie »Massen-Individual-Medien« schaffen müsste.

Wenn man Netzwerke unter Medien subsumiert, lässt sich jedenfalls nicht mehr materialreich nach Medienfeldern (Zeitung, Rundfunk), sondern nur unscharf nach medialen Funktionen differenzieren. Versteht man andererseits Netzwerke nicht als Medien, steht man »den Reichweiten binärer Netze, den verteilten Informationsknoten, den spezifischen Formen informationeller Selbstversorgung, der Mensch-Medien-Interaktivität u. v. a. m. ohne adäquate Beobachtersprache gegenüber« (Faßler 2000).

Medien aus Sicht der Kritischen Theorie

Vor allem in der (Medien-) Pädagogik sind bis in die achtziger Jahre die Medienanalysen und Medienthesen der Kritischen Theorie ebenso einflussreich gewesen wie Maletzkes Modell der Massenkommunikation. Horkheimer und Adorno diagnostizieren in ihren Thesen zur »Kulturindustrie« (1944; 1969) ein stark ungleichgewichtiges Verhältnis zwischen Medien und Publikum mit Abhängigkeiten und Bewusstseinsmanipulation der Rezipienten. Die industrielle Produktion von Kulturwaren kritisieren sie als anti-aufklärerisch, als Massenbetrug. Die Kulturindustrie spricht mit ihrem Medienbegriff eine »nach-autonome Kultur« an (Kausch 1988), die weder hohe Kunst noch Volkskunst ist, sondern prozessierende Medialität, die nach dem Muster reiner Vermittlung abläuft und einen innerhalb des Medialen nicht mehr aufzudeckenden »Verblendungszusam-

menhang« erzeugt (vgl. Halbach/Faßler 1998, S. 42).

Die Annahmen der Kulturindustriethese sind aus heutiger Sicht überholt (vgl. z. B. Vollbrecht 2001, S. 120 f.). Ein theoretischer Anschluss an die Fragestellungen der Kritischen Theorie ist in der von Prokop vertretenen »neuen kritischen Medienforschung« zu sehen. Unter Medien versteht Prokop ausschließlich »Massenmedien, und das sind populäre Inszenierungen aller Art – informierend wie unterhaltend –, die beim Publikum beliebt sind, sich gut verkaufen, hohe Einschaltquoten, Auflagen, Chartpositionen bringen« (Prokop 2000, S. 11).

Drei Merkmale sind nach Prokop (2001) für Massenmedien wesentlich:

»1. Medien im Sinne von Massenmedien gibt es nur dort, wo es große Publika gibt, die real oder potenziell als Öffentlichkeit agieren. Die großen Publika sind nicht die Medien, aber sie sind deren Voraussetzung. [...]

2. Massenmedien gibt es nur, wenn spezielle öffentliche Anbieter vorhanden sind, die mit ihrem Angebot spezielle Interessen verfolgen: Repräsentanz von Macht, Propaganda, Profit, Aufklärung. Die Anbieter selbst sind keine Massenmedien, sondern deren infrastrukturelle Voraussetzung. [...]

3. Massenmedien gibt es nur, wenn öffentlich präsentierte Produkte spezielle Inszenierungen anbieten. Diese Inszenierungen, wenn sie populär sind – d. h. bei Bevölkerungsmehrheiten beliebt sind, wahrgenommen, gekauft und debattiert werden – sind die eigentlichen Massenmedien« (Prokop 2001, S. 11 f.).

Abweichend vom Mainstream der Kommunikationswissenschaft fließen in diese Definition als Bestimmungsmomente von Massenmedien der Erfolg beim Publikum ebenso ein wie die Interessen der Anbieter und die Kopplung von Produkt und Konsumtion in der Inszenierung. Dagegen fehlt der Aspekt der technischen Vermittlung, sodass z. B. auch (erfolgreiche) Theater und Musicals als Massenmedien gefasst werden. Wesentlich ist bei Prokop der Fokus auf die Anbieterinteressen, die den »Medienkapitalismus« bzw. den »Kampf um die Medien« (so die beiden Buchtitel) letztlich entscheiden. Für ideologiekritische Analysen oder auch Polemiken ist dieser Medienbegriff wohl eher geeignet als für empirische Studien, denn schon durch die Kopplung des Medienbegriffs an den Publikumserfolg entfällt eine detailreiche Betrachtung der Medialität.

Systemischer Medienbegriff

Systemische, konstruktivistische oder auch kulturwissenschaftliche Mediendefinitionen dehnen im Bemühen um theoretische Vollständigkeit ihre Medienbegriffe weit aus und nähern sich dadurch den universellen Medienbegriffen an.

So verwendet Niklas Luhmann in seiner Systemtheorie den Medienbegriff ebenfalls in sehr weiter Bedeutung (zu Luhmanns Medienbegriff s. a. Grampp 2006). Für Luhmann ist ein *Medium* alles, was unterschiedliche *Formen* annehmen kann, die sich immer wieder neu zusammenfügen lassen und zerfallen, ohne dass das Medium verbraucht wird. »Ein Medium ist also Medium nur für eine Form, nur gesehen von einer Form aus. [...] Das Gesetz von Medium und Form lautet: dass die rigidere Form sich im weicheren Medium durchsetzt« (Luhmann 1995, S. 44). In dieser operativen Bestimmung von Medien mit der Unterscheidung von Medium und Form, bezeichnet Form die Seite der beobachtbaren Kommunikate, in denen Bedeutung sich aktualisiert, während die Medien selbst unsichtbar bleiben und nur an der Kontingenz der Formbildungen erkennbar sind.

Ferner unterscheidet Luhmann drei Typen von *Kommunikationsmedien*:
- »*Sprache* ist ein Medium, das sich durch Zeichengebrauch auszeichnet. Sie benutzt akustische bzw. optische Zeichen für Sinn.«
- »Aufgrund von Sprache haben sich *Verbreitungsmedien*, nämlich Schrift, Druck und

Funk entwickeln lassen.« Sie sind auch die Grundlage für die *Massenmedien* in der modernen Gesellschaft.
- Drittens gibt es die *»symbolisch generalisierten Kommunikationsmedien«*, die jeweils einzelnen Funktionsbereichen der Gesellschaft zugeordnet werden. »Wichtige Beispiele sind: Wahrheit, Liebe, Eigentum/Geld, Macht/Recht« (Luhmann 1984, S. 220 ff.).

Neben diesen Medienbegriffen definiert Luhmann auch den Begriff »Massenmedien«, und zwar im Sinne technischer Verbreitungsmedien, bei denen keine Interaktion unter Anwesenden zwischen Sender und Empfängern stattfinden kann. Unter Massenmedien versteht er »alle Einrichtungen der Gesellschaft [...], die sich zur Verbreitung von Kommunikation technischer Mittel der Vervielfältigung bedienen [... und dafür] Produkte in großer Zahl mit noch unbestimmten Adressaten erzeugen« (Luhmann 1996, S. 10).

Luhmanns Medienbegriff ist von systemtheoretisch und konstruktivistisch orientierten Kommunikationswissenschaftlern aufgegriffen und in unterschiedlichen Varianten weiterentwickelt worden. Als Beispiel soll hier nur der Medienbegriff von Schmidt und Zurstiege vorgestellt werden, die Medien als einen *Kompaktbegriff* sehen, der semiotische Kommunikationsinstrumente, Medientechnologien, sozialsystemische Institutionalisierungen medientechnischer Dispositive und Medienangebote umfasst, die unter den jeweiligen sozialhistorischen Bedingungen als Gesamtmediensystem selbstorganisatorisch und ko-produktiv zusammenwirken und auf die Entfaltung gruppen- oder gesellschaftsspezifischer Wirklichkeits- und Identitätskonstruktionen einwirken.

Zu unterscheiden sind also »vier Komponentenebenen:
- *Kommunikationsinstrumente*, d. h. materielle Zeichen, die zur Kommunikation benutzt werden, allen voran natürliche Sprachen;
- *Medientechniken*, die eingesetzt werden, um Medienangebote etwa in Form von Büchern,

Filmen oder E-Mails herzustellen, zu verbreiten oder zu nutzen;

- *institutionelle Einrichtungen* bzw. Organisationen (wie Verlage oder Fernsehsender), die entwickelt werden, um Medientechniken zu verwalten, zu finanzieren, politisch und juristisch zu vertreten etc.;
- schließlich die *Medienangebote* selbst, die aus dem Zusammenwirken aller genannten Faktoren hervorgehen (wie Bücher, Zeitungen, Fernsehsendungen etc.)« (Schmidt/Zurstiege 2000, S. 170).

In der Forschungspraxis sind derart weite Medienbegriffe nicht ohne weiteres verwendbar und müssen im Hinblick auf die jeweilige Forschungsfrage eingegrenzt werden.

Pädagogische Medienbegriffe

Die Bezugswissenschaften der (vergleichsweise jungen) Medienpädagogik sind vor allem die Kommunikationswissenschaft und die Erziehungswissenschaft. Medienpädagogische Medienbegriffe entsprechen daher im Allgemeinen den kommunikationswissenschaftlichen. Unterschiedlich sind dagegen die Forschungsinteressen, die in der Medienpädagogik stärker der pädagogisch relevanteren Rezeptionsseite zuneigen. Der pädagogische Impetus zeigt sich beispielsweise in folgender Begriffsbestimmung:

»Medienpädagogik umfasst alle Fragen der pädagogischen Bedeutung von Medien in den Nutzungsbereichen Freizeit, Bildung und Beruf. Dort, wo Medien als Mittel der Information, Beeinflussung, Unterhaltung, Unterrichtung und Alltagsorganisation Relevanz für die Sozialisation des Menschen erlangen, werden sie zum Gegenstand der Medienpädagogik, wobei Sozialisation die Gesamtheit intendierter und nicht intendierter Einwirkungen meint, die den Menschen auf kognitiver und emotionaler Ebene sowie im Verhaltensbereich prägen. – Gegenstände medienpädagogischer Theorie und Praxis sind die Medien, ihre Produzenten und ihre Nutzer im jeweiligen sozialen Kontext. Medienpädagogik untersucht die Inhalte und Funktionen der Medien, ihre Nutzungsformen sowie ihre individuellen und gesellschaftlichen Auswirkungen. Sie entwirft Modelle für medienpädagogisches Arbeiten, mit dem die Nutzer über die Kompetenzstufen Wissen und Analysefähigkeit in ihren spezifischen Lebenswelten zu medienbezogenem und medieneinbeziehendem Handeln geführt werden sollen« (Neubauer/Tulodziecki 1979, S. 15).

Innerhalb der Erziehungswissenschaft grenzt sich die Medienpädagogik in ihrem disziplinären Selbstverständnis einerseits von der Sozialpädagogik und andererseits von der Schulpädagogik ab. Sowohl im sozialpädagogischen Kontext als auch immer dann, wenn von Medien als Hilfsmitteln im Unterricht (Mediendidaktik, e-learning, Erwachsenenbildung) die Rede ist, sind meist andere als kommunikationswissenschaftliche Medienbegriffe gemeint.

Als *sozialpädagogische Medien* bezeichnet man Mittler zur Gestaltung der pädagogischen Beziehung wie Gestalten, Bewegen, Darstellen. Dazu zählen Spiel, kreative Ausdrucksmedien wie z. B. Musik, Tanz, Theater sowie ausgewählte Gestaltungstechniken. Einbezogen werden jedoch auch *technische Medien* in ihren Möglichkeiten für Eigenproduktionen, z. B. Videofilme. Mit diesem sozialpädagogischen Medienbegriff werden Medien nicht einem disziplinären Gegenstandsfeld zugeschlagen, sondern einer sozialpädagogischen Handlungskompetenz, die sich richtet

1) auf die Vermittlung spezifischer Sinneswahrnehmungs- und Darstellungsqualitäten (Ästhetik),
2) auf die Ermöglichung des verbalen und nonverbalen Austauschs mit Anderen (Kommunikation),
3) auf den konzeptionell fundierten und handlungsorientierten Einsatz kreativer Kompetenzen für die sozialpädagogische Arbeit mit unterschiedlichen Zielgruppen und Problemlagen (Intervention) (vgl. Studienordnung Sozialpädagogik der FH Darmstadt).

Unübersichtlicher ist der Medienbegriff in der Schulpädagogik. Da die (Massen-) Medien und ihre sozialisatorischen und gesellschaftlichen Effekte auch zum Lehrauftrag der Schule gehören, also Lerngegenstand sind, und der erzieherische Auftrag der Schule auch Medienerziehung umfasst, werden insoweit auch hier kommunikationswissenschaftliche Medienbegriffe verwendet.

Aus schulischer Sicht des eigenen Handlungsfelds kommt jedoch – neben dieser medienpädagogischen Perspektive auf die Massenmedien – der *Mediendidaktik* und den Unterrichtsmedien ein ungleich höherer Stellenwert zu. Das zeigt sich beispielsweise daran, dass Medienpädagogik häufig entweder synonym mit Mediendidaktik verwendet oder darunter subsumiert wird. So ist noch 1994 im »Handbuch der Medienpädagogik« (hrsg. von Hiegemann/Swoboda) der einzige definitorische Artikel zum Medienbegriff ausschließlich der mediendidaktischen Sicht gewidmet. Dort heißt es, dass Paul Heimann (1970) in der allgemeinen Didaktik die Medien als »selbständigen Faktor der Unterrichtstheorie« (Wokittel 1994, S. 25) fasst.

Während den didaktischen Reflexionen zum Medieneinsatz hohe Bedeutung zugemessen wird, ist der Medienbegriff meist unterbelichtet. Von Tafel und Kreide über Overhead-Projektor, Lehrfilm und Landkarte bis zu Computer, Smartboard, digitalen Lernspielen und Lernprogrammen, kann alles als Unterrichtsmedium bezeichnet werden.

Überschneidungen der drei pädagogischen Medienbegriffe zeigen sich in den Begriffen *individuell handhabbare Medien* sowie *Medienverbund*. Unter *individuell handhabbaren Medien* versteht man in der handlungsorientierten (oder auch: aktivierenden) Medienpädagogik alle technischen Medien, mit denen ohne spezialisierte Kommunikatoren und ohne institutionellen Aufwand mediale Eigenproduktionen hergestellt werden können – in schulischen oder sozialpädagogischen Settings ebenso wie auch privat. *Medienverbund* bezeichnet eine Kooperation von Massenmedien und Erwachsenenbildung, bei der beispielsweise gedruckte Lehrmaterialien und Bildungssendungen im Radio oder Fernsehen aufeinander abgestimmt zum Einsatz kommen.

Davon abweichend wird manchmal auch jenseits pädagogischer Vermittlungsabsicht von Medienverbund gesprochen, wenn eine intermediale Verschränkung verschiedener Einzelmedien (treffender: Medienkonvergenz) gemeint ist. In technikzentrierter Sicht formuliert Norbert Bolz: »Menschen sind heute nicht mehr Werkzeugbenutzer, sondern Schaltmomente im Medienverbund. Deshalb setzen sich immer mehr Computermetaphern für Selbstverhältnisse durch – wir rasten in Schaltkreise ein.« (Bolz 1993, S. 116). Man könnte hier auch von Medien als einer Matrix sprechen.

Fazit

Die neueren Medienentwicklungen zeigen, dass der Mensch in der medialen Kommunikation nicht nur immer weiter in den Hintergrund tritt. Vielmehr lässt sich eine Verschränkung von Big Data und Post- bzw. Transhumanismus (vgl. Sanders 2016) konstatieren, die mit einer Immaterialisierung der Zeichen von den Körpern begann. Wer redet, redet zu anwesenden Personen. Mit der Schrift löst sich nicht nur der zeitliche und räumliche Konnex auf – auch der Adressat (insbesondere der der Massenmedien) wird zu einem unbestimmten, gedachten Publikum, das durch das Medium erst hergestellt wird. Und wenn in den Computernetzen Daten erzeugt, übertragen und gespeichert werden, bleiben die menschlichen Sinne bei der Decodierung der Medien außen vor, weil sie nicht formatkompatibel sind. Die Daten zirkulieren nicht-materiell (im Sinne des Datentransports) und gesteuert von Algorithmen, die für die menschlichen Mediennutzer in der Regel nicht durchschaubar, geschweige denn beherrschbar sind. Das Verhältnis von Mensch und Medien wird offensichtlich zunehmend komplexer.

Literatur

Baacke, D. (1994): Die Medien. In: Lenzen, Dieter (Hrsg.): Erziehungswissenschaft. Ein Grundkurs. Reinbek, S. 314–339.

Baacke, Dieter (Hrsg.) (1973): Mediendidaktische Modelle: Fernsehen. München.

Baacke, Dieter (1997): Massenmedien. In: Hüther, Jürgen/Schorb, Bernd/Brehm-Klotz, Christiane (Hrsg.): Grundbegriffe der Medienpädagogik. Ein Wörterbuch für Studium und Praxis. München, S. 205–209.

Baltes, Martin/Böhler, Fritz/Höltschl, Rainer/Reuss, Jürgen (Hrsg.) (1997): Medien verstehen. Der McLuhan-Reader. Mannheim.

Bentele, Günter/Beck, Klaus (1994): Information – Kommunikation – Massenkommunikation. In: Jarren, Otfried (Hrsg.): Medien und Journalismus 1. Opladen, S. 18–50.

Bolz, Norbert 1993: Am Ende der Gutenberg-Galaxis. Die neuen Kommunikationsverhältnisse. München.

Burkart, Roland (2002): Kommunikationswissenschaft. Grundlagen und Problemfelder, 4. Auflage. Wien u. a.

Coy, Wolfgang (1994): Aus der Vorgeschichte des Mediums Computer. In: Bolz, Norbert/Kittler, Friedrich, A./ Tholen, Christoph (Hrsg.): Computer als Medium. München.

Faßler, Manfred (2000): State of Art der Forschungen im Bereich der Medien- und Kommunikationssoziologie. Soviel Medien waren nie. Quo vadis Mediensoziologie und Kommunikationssoziologie? (1). URL://www.cyberpoiesis.net/d_1th_index1.html [18.8.2004].

Faulstich, Werner (1991): Medientheorien. Einführung und Überblick. Göttingen.

Flechtner, Hans-Joachim (1966): Grundbegriffe der Kybernetik. Stuttgart.

Grampp, Sven (2006): »McLuhmann. Niklas Luhmanns Systemtheorie und die Realität der Medien«. In: MEDIENwissenschaft, 2006, 3, S. 260–276.

Halbach, Wulf, R./Faßler, Manfred (1998): Einleitung in eine Mediengeschichte. In: Dies. (Hrsg.): Geschichte der Medien. München, S. 17–53.

Hiebel, Hans H./Hiebler, Heinz/Kogler, Karl/Walisch, Herwig (1999): Große Medienchronik. München.

Hiegemann, Susanne/Swoboda, Wolfgang H. (Hrsg.) (1994): Handbuch der Medienpädagogik. Theorieansätze – Traditionen – Praxisfelder – Forschungsperspektiven. Opladen.

Höflich, Joachim R. (1994): Der Computer als »interaktives Massenmedium«. Zum Beitrag des Uses and Gratifications-Approach bei der Untersuchung computer-vermittelter Kommunikation. In: Publizistik, 39. Jg., H. 4, S. 389–408.

Höflich, Joachim R. (1995): Vom dispersen Publikum zu »elektronischen Gemeinschaften«. Plädoyer für einen erweiterten kommunikationswissenschaftlichen Blickwinkel. In: Rundfunk und Fernsehen, 43. Jg., H. 4, S. 518–537.

Horkheimer, Max/Adorno, Theodor W. (1969) (orig. 1944): Kulturindustrie. Aufklärung als Massenbetrug. In: Dies.: Dialektik der Aufklärung. Frankfurt a. M., S. 108–150.

Hörning, Karl H. (1989): Vom Umgang mit den Dingen – eine techniksoziologische Zuspitzung. In: Weingarten, Rüdiger (Hrsg.): Die Verkabelung der Sprache: Grenzen der Technisierung der Kommunikation. Frankfurt.

Kausch, Michael (1988): Kulturindustrie und Populärkultur. Kritische Theorie der Massenmedien. Frankfurt.

Kittler, Friedrich A. (1989): Die künstliche Intelligenz des Weltkriegs: Alan Turing. In: Kittler, F.A./Tholen, Georg Christoph (Hrsg.): Arsenale der Seele. München.

Kittler, Friedrich A. (1993): Geschichte der Kommunikationsmedien. In: Huber, Jörg/Müller, Alois Martin (Hrsg.): Raum und Verfahren. Interventionen 2. Basel/Frankfurt, S. 169–188.

Kloock, Daniela/Spahr, Angela (Hrsg.) (2000): Medientheorien. Eine Einführung. München.

Kubicek, Herbert/Schmid, Ulrich (1996): Alltagsorientierte Informationssysteme als Medieninnovation. Konzeptionelle Überlegungen zur Erklärung der Schwierigkeiten, »Neue Medien« und »Multimedia« zu etablieren. URL://www.fgtk.informatik.uni-bremen.de/website/deutsch/downloads/Medieninnovation/ Medieninnovation_fn.html [18.8.2004].

Kubicek, Herbert/Schmid, Ulrich/Wagner, Heiderose (1997): Bürgerinformation durch neue Medien? Opladen.

Kübler, Hans-Dieter (2003): Kommunikation und Medien. Eine Einführung. Münster.

Ludes, Peter (1998): Einführung in die Medienwissenschaft. Entwicklungen und Theorien. Berlin.

Luhmann, Niklas (1984): Soziale Systeme. Grundrisse einer allgemeinen Theorie. Frankfurt.

Luhmann, Niklas (1995): Wie ist Bewußtsein an Kommunikation beteiligt? In: Ders.: Soziologische Aufklärung 6: Die Soziologie und der Mensch. Opladen, S. 37–54.

Luhmann, Niklas (1996): Die Realität der Massenmedien. Opladen.

Maletzke, Gerhard (Hrsg.) (1963): Psychologie der Massenkommunikation. Theorie und Systematik. Hamburg.

McLuhan, Marshall (1968; amerik. OA 1964): Die magischen Kanäle. »Understanding Media«, Düsseldorf/Wien, S. 71 f.

Meder, Norbert (1995): Multimedia oder McLuhan in neuem Licht. In: GMK-Rundbrief Nr. 37/38, S. 8–18.

Neubauer, Wolfgang/Tulodziecki, Gerhard (1979): Medienpädagogik mit ihren Aspekten: Medienkunde, Mediendidaktik, Medienerziehung, Medienforschung. In: Hagemann, Wilhelm u. a. (Hrsg.): Medienpädagogik. Köln.

Prokop, Dieter (2000): Der Medien-Kapitalismus. Das Lexikon der neuen kritischen Medienforschung. Hamburg.

Prokop, Dieter (2001): Der Kampf um die Medien. Das Geschichtsbuch der neuen kritischen Medienforschung. Hamburg.

Proß, Harry (1972): Medienforschung. Darmstadt.

Rammert, Werner (1993): Materiell – Immateriell – Medial: Die verschlungenen Bande zwischen Technik und Alltagsleben. In: Ders.: Technik aus soziologischer Perspektive. Opladen, S. 291–308.

Sanders, Olaf (2016): Zur Transformation von Körperbildern durch Posthumanismus und Big Data am Beispiel der Filme Her und Transcendence. In: Dallmann, Christine/ Hartung, Anja/ Vollbrecht, Ralf (Hrsg.): Körpergeschichten. Baden-Baden (im Erscheinen).

Saxer, Ulrich (1975): Das Buch in der Medienkonkurrenz. In: Göpfert, Herbert G./Meyer, Ruth/Muth, Ludwig/Rüegg, Walter (Hrsg.): Lesen und Schreiben. Frankfurt, S. 206–245.

Saxer, Ulrich (1998): Mediengesellschaft. Verständnisse und Missverständnisse. In: Sarcinelli, Ulrich (Hrsg.): Politikvermittlung und Demokratie in der Mediengesellschaft. Beiträge zur politischen Kommunikationskultur. Opladen, S. 52–73.

Schanze, Helmut (1976): Zum Begriff des Mediums. In: Knoll, Joachim H./Hüther, Jürgen (Hrsg.): Medienpädagogik. München, S. 25–36.

Schill, Wolfgang/Tulodziecki, Gerhard/Wagner, Wolf-Rüdiger (Hrsg.) (1992): Medienpädagogisches Handeln in der Schule. Ein Handbuch. Opladen.

Schmidt, Siegfried J./Zurstiege, Guido (2000): Orientierung Kommunikationswissenschaft. Reinbek.

Schulz, Winfried (1974): Bedeutungsvermittlung durch Massenkommunikation. Grundgedanken zu einer analytischen Theorie der Medien. In: Publizistik, 19. Jg., H. 2, S. 148–164.

Shannon, Claude E./Weaver, Warren (1949): The Mathematical Theory of Communication. Urbana.

Vollbrecht, Ralf (2001): Einführung in die Medienpädagogik. Weinheim/Basel.

Weibel, Peter (1990): Vom Verschwinden der Ferne: Telekommunikation und Kunst. In: Decker, Edith/Weibel, Peter (Hrsg.): Vom Verschwinden der Ferne. Köln, S. 19–77.

Wokittel, Horst (1994): Medienbegriff und Medienbewertungen in der pädagogischen Theoriegeschichte. In: Hiegemann, Susanne/Swoboda, Wolfgang H. (Hrsg.): Handbuch der Medienpädagogik. Theorieansätze – Traditionen – Praxisfelder – Forschungsperspektiven. Opladen, S. 25–36.

2.1 Theoretischer Hintergrund qualitativer Medienforschung

Wissenssoziologische Verfahren der Bildinterpretation

Jo Reichertz

Der Artikel gibt zunächst einen Überblick über die methodischen und theoretischen Prämissen der hermeneutischen Wissenssoziologie, um dann die wichtigen Elemente des methodischen Vorgehens zu erläutern. Anhand der Interpretation eines Fotos (Homepage der österreichischen Beraterfirma *Neuwaldegg*) wird abschließend nicht nur gezeigt, wie eine solche Analyse im Einzelnen vonstattengeht, sondern auch, welche Gewinne sich erzielen lassen, wenn man dieses Verfahren für zeitdiagnostische Fragestellungen nutzt.

Methodisch-methodologische Einordnung

Die hermeneutische Wissenssoziologie, anfangs auch »Sozialwissenschaftliche Hermeneutik« genannt, ist eine *wissenssoziologisch* arbeitende und *hermeneutisch* die Daten analysierende Forschungsperspektive innerhalb der qualitativen/rekonstruktiven Sozialforschung. Sie hat zum Ziel, die *gesellschaftliche* Bedeutung jeder Form von Interaktion (sprachlicher wie nichtsprachlicher) und aller Arten von Handlungsprodukten (Fotos, Filme, Denkmäler, Bauten etc.) zu (re)konstruieren (Soeffner 1989, Schröer 1994, Hitzler/Reichertz/Schröer 1999, Reichertz/Englert 2011). Die hermeneutische Wissenssoziologie hat sich in der aktuellen Form zum einen durch die Kritik an der »Metaphysik der Strukturen« der objektiven Hermeneutik, zum anderen durch die Auseinandersetzung mit der sozialphänomenologischen Forschungstradition (Berger/Luckmann 1977) herausgebildet und verortet sich in den letzten Jahren zunehmend als Teil eines *kommunikativen Konstruktivismus* (Reichertz 2009, Keller/Knoblauch/Reichertz 2012). Methodisch verbindet sie bei der Bildinterpretation Sequenzanalyse (→ Korte, S. 432 ff.) und Grounded Theory (Strauss 1991; → Lampert, S. 596 ff.).

Prämissen einer wissenssoziologischen Interpretation von Bildern

Bild und Bildtext

Bilder aller Art sind in gewisser Weise optische Sinfonien. Denn beim Betrachten von stehenden und bewegten Bildern (und natürlich auch bei technisch erzeugten Grafiken) trifft eine Vielzahl von *Tönen* gleichzeitig beim Betrachter ein. Insofern ist das Ansehen eines Fotos nur ein besonderer Fall visueller Wahrnehmung, und diese löst (ähnlich wie die Wahrnehmung von Gerüchen, Berührung, Wärme etc.) direkte Körperreaktionen aus, ohne dass die Wahrnehmung in einen Text umgewandelt werden muss. Bilder deuten kann man jedoch nur, soll zumindest eine gewisse Nachvollziehbarkeit und damit eine Überprüfbarkeit geschaffen werden, wenn man den Wahrnehmungsprozess einerseits systematisiert und andererseits den mit der Bildbetrachtung in Gang gesetzten Prozess der Sinnzuschreibung fixiert. Protokolliert man also die Wahrnehmung des Bildes, produziert man erst einmal einen Text. Und dieser Text hat notwendigerweise immer eine andere Ordnung als das Bild und deshalb auch immer eine andere Wirkung.

Ein Bild und der Protokolltext des wahrnehmenden Zugriffs auf dieses Bild unterscheiden sich strukturell. Zwar sind sowohl Bild als auch Text fixiert und damit der analytischen Arbeit beliebiger Rezipienten immer wieder verfügbar, Bild und Text sind also nicht so unaufhebbar flüchtig wie das Leben in der Welt, doch bleibt das Bild eine *Sinfonie* und der Text eine Reihe von sequenziell geordneten, nach den Regeln der Grammatik, Semantik und Pragmatik einer Gesellschaft ausgewählten Wörtern. Der Text zerstört unwiederbringlich die Gleichzeitigkeit des Eindrucks und schafft eine neue Ordnung des Nacheinanders, des sequenziellen Geordnetseins.

Auch wenn man einräumt, dass Bilder zeichenhaft sind, also mit den allgemeinen Regeln der gesellschaftlichen Bedeutungskonstitution arbeiten, können nur ausgemachte Optimisten unterstellen, die Bildbedeutung ließe sich identisch auf einen *Bildtext* abbilden. Deshalb gibt es für die Analyse von Bildern nicht nur ein Problem der *Beschreibbarkeit*, sondern es ist zudem zentral (siehe vor allem Müller/Raab/Soeffner 2014, auch Reichertz 2014).

Die (hermeneutische) Interpretation von Fotos (und Filmen) hat in Deutschland nach einem zögerlichen Beginn in den 1990er Jahren (Oevermann 1979, 1983, Englisch 1991; Haupert 1992; Loer 1992, Reichertz 1992, 1994, 2000) in den letzten Jahren einen enormen Aufschwung erlebt – weshalb manche von einem *pictorial turn* sprechen (Schade/Wenk 2011). Eine Fülle von Bildinterpretationsverfahren haben sich im deutschsprachigen Raum entwickelt: Einen guten Überblick über die Entwicklung und die einzelnen Verfahren findet sich in Netzwerk Bildphilosophie 2014. Zudem macht eine Reihe von Sammelbänden das Vorgehen und die Reichweite der einzelnen Verfahren sichtbar: Marotzki & Niesyto 2012, Lucht/Schmidt/Tuma 2013, Kauppert/Leser 2014, Przyborski/Haller 2014 und Eberle 2016. Konsens herrscht darüber, dass die Interpretation und Transkription von stehenden Bildern sich kategorial von der Interpretation und Transkription laufender Bilder unterscheidet (Corsten/Krug/Moritz 2010).

Elaborierte qualitative und sozialwissenschaftliche Methoden und Methodologien zur Bildinterpretation sind bislang vor allem von der *Rekonstruktiven Sozialforschung* (Bohnsack 2001, 2005, 2009, Bohnsack/Michel/Przyborski 2015), der *objektiven Hermeneutik* (Oevermann 2014, Loer 1992, 1996, 2010, Wienke 2001, Kraimer 2014) und der *hermeneutischen Wissenssoziologie* (Soeffner 2000, Kurt 2008, Raab 2008, Reichertz 2000, 2010; Reichertz/Englert 2011, Reichertz/Wilz 2016), die *figurative Hermeneutik* (Müller 2012) und der *Segmentanalyse* (Breckner 2010) vorgelegt worden.

Bild und Bildbedeutung

Bilder bedeuten etwas. Allerdings bedeuten sie nicht immer dasselbe. Die Bedeutung eines Bildes hängt nämlich davon ab, welche Frage man an das Bild stellt. Geht es (so eine Frage) um die Ermittlung der *Intention* des oder der Produzenten des Bildes, also um das, was einzelne Macher bewusst mit der Gestaltung eines Bildes erreichen wollten? Oder soll angezielt werden, die notwendigerweise singuläre und *subjektive Zuschreibung von Bedeutung* im Moment der Rezeption zu ermitteln, also das zu bestimmen, was im Augenblick der Aneignung im Bewusstsein des Rezipienten geschieht? Oder will man gar – dem Programm der Cultural Studies folgend (vgl. hierzu Bromley u. a. 1999 und Hall 1999; eine interessante, nicht nur von den Cultural Studies inspirierte Einführung in die Filmanalyse liegt mit Mikos 2015 vor) – den *kommunikativen* und *interaktiven Umgang* mit Bildern, also deren Aneignung und weitere Verwendung?

Die ersten beiden, im Kern subjektiven und von der individuellen und sozialen Biographie geformten Bedeutungsvorstellungen sind soziologisch von geringem Belang und zudem nicht zugänglich. Deshalb fallen sie hier als Zielpunkte der Analyse aus. Auch soll hier unter *Bildanalyse* nicht die Suche nach der dritten Bedeutung verstanden werden, also dem sozialen Umgang mit Bildern und der in der kommunikativen

Aneignung erschaffenen Bedeutung, die durchaus soziologisch relevant und mittels Ethnographien prinzipiell ermittelbar ist. Weil diese Art der Bedeutungsermittlung ihre Daten außerhalb des Bildes sucht, gehört sie nicht mehr zur Bildanalyse. Insgesamt bleibt hier die *Abnehmerseite* eines Bildes, also die Ermittlung der Aneignung von Bedeutung in konkreten Kommunikationssituationen, außen vor.

Die wissenssoziologische Bildanalyse im engen Sinne fragt nun nach der in Bildern aller Art eingelassenen *gesellschaftlichen Bedeutung.*

Zur Methode einer hermeneutischen Wissenssoziologie

Gezeigte Handlung versus Handlung des Zeigens

Das hier vorgestellte Datenanalyseverfahren ist die hermeneutische Wissenssoziologie (allgemein hierzu Hitzler/Reichertz/Schröer 1999; Soeffner 1989 und Schröer 1994). Die hermeneutische Wissenssoziologie soll sinnstrukturierte Produkte menschlichen Handelns auf ihre Handlungsbedeutung hin auslegen und ist als solche in der Lage, sowohl Texte als auch Bilder, Grafiken und Fotos jeder Art auszulegen.

Die hermeneutische Wissenssoziologie interpretiert dabei ausschließlich Handlungen, also auch Sprech- und *Darstellungshandlungen.* Bei der Analyse von Bildern, (digitalisierten) Fotos, Filmen und Grafiken ergibt sich allerdings die Frage, welches Handeln überhaupt Gegenstand der Untersuchung sein soll. Hier gilt ganz allgemein – und dies im Anschluss an Peters 1980 und Opl 1990 –, zwischen der *gezeigten Handlung* (also der *im* Bild gezeigten Handlung) und der *Handlung des Zeigens* (also der *mit* dem Bild gezeigten) zu unterscheiden[1] (ausführlich hierzu Reichertz/Englert 2011). Mit Ersterem wird das Geschehen bezeichnet, das mithilfe des Bildes aufgezeichnet und somit gezeigt wird, mit Letzterem der Akt der Aufzeichnung, also des Zeigens durch die Gestaltung des Bildes (plus die Gestaltung des von dem Bild Aufgezeichneten).

Bild meint hier nicht nur ein Foto, sondern ganz allgemein einen *Apparat* des Aufzeichnens, Fixierens mit einer darin eingelassenen spezifischen Selektivität.

Zur Handlung des mit der Bildgestaltung Zeigens gehört also vor allem (1) die Wahl des Ortes zur Inszenierung einer Handlung vor der Kamera, (2) die Wahl der Kulissen und des sozialen Settings, (3) die Auswahl und Gestaltung des Bildausschnitts, (4) die Art und das Tempo der Schnittfolge, (5) die Kommentierung des Abgebildeten durch Filter, eingeblendete Grafiken, Texte, Töne oder Musik, (6) die Auswahl und Ausrüstung des Aufzeichnungsgeräts (Kamera) und (7) die Gestaltung der Filmkopie (Format, Qualität).

Alle Handlungen greifen in der Regel auf kulturell erarbeitete Muster und Rahmen (ikonographische Topoi) zurück, weshalb die Handlung des Zeigens sich immer auch auf andere, zeitlich frühere Handlungen des Zeigens bezieht. Da die (impliziten oder expliziten) Entscheidungen über die wesentlichen Elemente der Bildgestaltung zeitlich der Handlung im Bild meist vorangehen bzw. diese dominieren, bildet die Bildgestaltungshandlung den für die (alltägliche und wissenschaftliche) Interpretation dominanten Handlungsrahmen, in dem die Handlung im Bild unauflöslich eingebunden ist.

Allerdings findet sich oft für die Bildgestaltungshandlung bei näherer Betrachtung kein einzelner personaler Akteur, da z. B. im Falle eines Filmes der Regisseur in der Regel nicht für alle Kamerahandlungen zuständig ist. Meist sind (z. B. beim Film) an der Kamerahandlung auch Kameraleute, Maskenbildner, Tontechniker, Kulissenschieber, Ausleuchter, Kabelträger, Kreative, Text- und Songschreiber, betriebseigene Medienforscher u. v. a. m. beteiligt. Das durch Professionsstandards angeleitete *Zusammenspiel* all dieser Funktionen bringt schlussendlich das zustande, was als *Film* gesendet wird oder als Bild, Grafik, Werbeanzeige oder Homepage veröffentlicht wird. Wird im Weiteren von dem Autor der Bildgestaltung gesprochen, dann ist immer ein *korporierter Akteur* (= Summe aller

Handlungslogiken, die an der Aufnahme und Gestaltung eines Bildes mitwirken – siehe Reichertz 2016) gemeint.

Stets kommentiert und interpretiert der *korporierte Akteur* durch die Handlung der Bildgestaltung die Handlung im Bild. Auch der Versuch, mit der Bild-Darstellung nur das wiederzugeben, was den abgebildeten Dingen (scheinbar von Natur aus) anhaftet, ist ein Kommentar, allerdings ein anderer als der, wenn die Kamera z. B. durch Schärfentiefe, Verzerrungen etc. auf sich selbst weist. Im ersten Fall versucht der *korporierte Akteur* sein Tun und die Bedeutung seiner Handlungslogik zu leugnen bzw. zu vertuschen, im zweiten Fall schiebt er sich zwischen Abgebildetem und Betrachter und bringt sich damit selbst ins Gespräch.

Aus diesem Grunde geht es bei der Analyse von Bilddaten nicht allein um die Rekonstruktion der Bedeutung des gezeigten Geschehens. Bildanalyse kann und darf sich nie auf die Bild-inhaltsanalyse bzw. auf die Analyse der vor der Kamera gesprochenen Worte beschränken, da die Kamerahandlung stets konstitutiver Bestandteil des Films ist. Sie hat sich durch eine Fülle nonverbaler Zeichen in den Film eingeschrieben, sie hat im Film einen bedeutsamen Abdruck hinterlassen. In jeder bildlichen Darstellung von Handlungen finden sich also immer zwei Komplexe von Zeichen: zum einen die Zeichen, welche auf die *Regeln der abgebildeten Handlungen*, zum anderen die, welche auf die *Regeln der Handlung der Abbildung* verweisen.

Deuten als schrittweise Sinnrekonstruktion

Methodisch verfolgt eine hermeneutische Wissenssoziologie bei der Interpretation von Bildern folgenden Weg: Die Daten werden entlang der oben vorgeschlagenen Differenzierung möglichst genau deskribiert. Der so entstandene Text enthält dann eine fixierte und nach wissenschaftlichen Standards codierte Version des beobachteten Bildes, er ist ein formalisiertes *Protokoll dieser Beobachtung*. Eine hermeneutische Wissenssoziologie schlägt nun vor, dieses Beobachtungsprotokoll als Feldprotokoll zu betrachten und mit dem auch von der Grounded Theory entwickelten Verfahren (vgl. z. B. Strauss 1991) zu behandeln.

In der Anfangsphase wird das Beobachtungsprotokoll, also der Bildtext, *offen codiert*, will sagen: das Dokument wird extensiv und genau analysiert »und zwar Zeile um Zeile oder sogar Wort für Wort« (Strauss 1991, S. 58). Entscheidend in dieser Phase ist, dass man noch keine (bereits bekannte) Bedeutungsfigur an den Bildtext heranführt, sondern mithilfe des Textes möglichst viele, mit dem Text kompatible Lesarten des Bildes konstruiert.

In der Phase des offenen Codierens sucht man nach größeren Sinneinheiten, die gewiss immer schon theoretische Konzepte beinhalten bzw. mit diesen spielen und auf sie verweisen. Hat man solche gefunden, sucht man in der nächsten Phase der Interpretation nach höher aggregierten Sinneinheiten und Begrifflichkeiten, welche die einzelnen Teileinheiten verbinden. Außerdem lassen sich jetzt im Sinne eines »Theoretical Samplings« (Strauss 1991, S. 70; → Wegener/Mikos, S. 220 ff., → Lampert, S. 596 ff.) gute Gründe angeben, weshalb man welche Bilddaten neu bzw. genauer nacherheben sollte. Man erstellt also in dieser Phase der Interpretation neue Beobachtungsprotokolle, wenn auch gezielter. So regt die Interpretation die weitere Datenerhebung an, aber zugleich, und das ist sehr viel bedeutsamer, wird die Interpretation durch die nacherhobenen Daten falsifiziert, modifiziert, erweitert oder bestätigt.

Demnach werden Beobachtungsprotokolle in einem gerichteten hermeneutischen (und auch selbstreflexiven) Deutungsprozess in mehreren Phasen so codiert, dass die Elemente der Beobachtung und der Beobachtungstexte sich zu einem bedeutungsvollen Ganzen zusammenfügen. Am Ende ist man angekommen, wenn ein hoch aggregiertes Konzept, eine Sinnfigur gefunden bzw. mithilfe des Bildtextes konstruiert wurde, das *alle* Elemente zu einem sinnvollen Ganzen integriert und im Rahmen einer bestimmten Interaktionsgemeinschaft verständlich macht.

Anwendungsbeispiel

Auswahl der Daten

Gegenstand der beispielhaften Analyse ist ein Foto, das sich (zumindest in den Jahren 2003 und 2004[2]) auf der ersten Seite der Homepage einer österreichischen Firma befand. Bei dieser Firma handelt es sich um die Beratergruppe *Neuwaldegg*, die sich mit viel Erfolg auf die strategische Beratung von Großfirmen spezialisiert hat (zur Interpretation der Neuwaldegger Homepage siehe Reichertz 2010: 243ff).

Noch eine letzte Bemerkung vorweg: Die hier vorgestellte Interpretation gibt in keiner Weise den wirklichen, äußerst langwierigen und mühseligen Interpretationsprozess wieder. Der besseren Lesbarkeit wegen, aber auch in der Absicht, Leser von der Auslegung zu überzeugen, wurde oft schon sehr früh verdichtet, zugespitzt und pointiert.

Die im Bild gezeigte Handlung

Das Bild, das auch im Original auf der Homepage in Schwarz-Weiß erscheint, zerfällt deutlich in einen Vorder- und Hintergrund: Letzterer besteht aus gebüsch- oder baumartigen Strukturen an beiden Seitenrändern und einer hellen, fast weiß strahlenden Fläche, die etwa zwei Drittel des verbleibenden oberen Hintergrunds ausfüllt. Im Vordergrund befindet sich am unteren Bildrand eine Gruppe von dreizehn Menschen zwischen 30 und 50 Jahren (neun Männer und vier Frauen).

Die Personen, die leicht gestaffelt nebeneinanderstehen und von denen jeweils nur der Oberkörper (etwa bis zur Hüfte) sichtbar ist, sind etwa gleich groß, schlank und weisen keine sichtbaren körperlichen Mängel auf. Alle abgebildeten Personen wirken gepflegt und wei-

sen Zeichen des beruflichen Erfolgs auf: Sieben Männer tragen zum dezenten Anzug einen Schlips und eine Kurzhaarfrisur (zwei haben auf den Schlips verzichtet und tragen ihr gebügeltes Hemd offen), die Frauen tragen zum Kostüm Halskette und sichtbar vom Friseur gestaltete Haare. Obwohl die 13 Menschen teilweise eng nebeneinanderstehen, berührt niemand den anderen. Jeder steht allein und für sich und doch in einer Gruppe.

Alle Gesichter sind nach vorn gewandt. Mit hochgezogenen Augenbrauen schauen sie lächelnd und optimistisch nach vorn, ohne dass sich die Blicke aller auf ein einziges vor ihnen gemeinsam liegendes Ziel richten würden. Die ganze Gruppe scheint sich in einer Bewegung nach vorn zu befinden, die vor einiger Zeit inmitten des leuchtend hellen Hintergrunds begonnen hat, jedoch noch andauert und nur im Moment des Fotografierens und durch das Fotografieren kurz angehalten und eingefroren wurde. Insbesondere die bewegten Arme und die angedeutete Drehung aus der Körpermitte heraus unterstützen den Eindruck fortdauernder Dynamik. Durch diese Bewegung nach vorn erhält das eingefrorene Geschehen eine Zeitstruktur: Es gab ein Vorher im Bildhintergrund (in der Helligkeit), es gibt eine Gegenwart (die Gruppe ist am vorderen Bildrand angekommen), und es wird eine Zukunft geben (dort, wo der Betrachter ist).

Auf diese Weise vermittelt sich dem Betrachter folgende Gesamthandlung: Eine Gruppe von gut situierten und beruflich erfolgreichen und somit auch machtvollen Männern und Frauen kommt zusammen (als Gruppe, also nicht einzeln oder in kleinen Grüppchen) aus der Helligkeit (evtl. Waldlichtung). Jetzt strebt allerdings jeder Einzelne (zwar noch in der Gruppe, aber doch schon jeder für sich) voller Tatendrang nach vorn auf jemanden, den Betrachter, zu. Ihm lächelt man freundlich an und ihm bietet man sich (aber nicht als Gruppe, sondern als Einzelner) an, um (mit ihm) das vor ihnen Liegende voller Optimismus anzugehen. Alle kommen sie aus dem Licht. Das Licht hat etwas mit ihnen gemacht, hat sie verändert. Jeder Einzelne von ihnen ist erleuchtet worden. Das unterscheidet sie von anderen.

Die Handlung des Zeigens mit der Bildgestaltung

Schon auf den ersten nur flüchtigen Blick erkennt der Betrachter, dass die Abgebildeten von dem Akt des Abbildens Kenntnis haben, dass sie mit ihrer ganzen Erscheinung darauf reagieren, sich sogar zum Zweck der Abbildung in besonderer Weise aufgestellt und mittels Gesichtsausdruck, Körperhaltung, Körperspannung und Kleidung entweder selbst typisiert haben oder von anderen so hingestellt und gestaltet wurden. Das Arrangement der Einzelnen fügt sich zu einem eigenen Ornament, zu einem Symbol für einen Bund egalitärer Gleichgesinnter und Gleichkompetenter. Insofern handelt es sich bei dem Bild um eine hochgradig *typisierte Inszenierung*.

Erst auf den zweiten Blick kann man erkennen, dass es sich bei den Abgebildeten nicht um Models, also typisierte Modelle von Körper und Persönlichkeitstypen, handelt, sondern um *wirkliche* Personen mit individuellen Besonderheiten und Eigentümlichkeiten, die sich selbst *nur* entlang gesellschaftlicher Modelle modelliert haben.

Auf den dritten Blick erkennt man, dass es sich bei dem *Gruppenbild nach der Erleuchtung* um eine mit den Mitteln der computergestützten Bildverarbeitung erzeugte echte *Simulation* handelt, also um die Montage verschiedener disparater Elemente zu einem neuen, scheinbar einheitlichen Bild – wenn auch mit wirklichen Personen und nicht mit Models. Die hier vorliegende Simulation ist insofern eine besondere, da sie sich zwar ein wenig tarnt, aber nicht wirklich viel Mühe gibt, als solche nicht erkannt zu werden. Im Gegenteil: Schaut man genauer hin, dann entdeckt man an vielen Stellen die massiv gestaltende Hand des (korporierten) Fotografen.

Hier ein paar der markantesten Eingriffe in das Geschehen (vor dem Bild): (1) Dreizehn Personen in Reihe und aus einer solchen Nähe wären nur mit einem starken Weitwinkelobjektiv zu erfassen gewesen, was aber zu erheblichen Verzeichnungen der Gesichter und Personen geführt hätte; (2) trotz der weißen, sehr hellen Strahlung von hinten und oben sind die Gesichter gut durchgezeichnet, was bei Gegenlichtaufnahmen ohne Aufhellungsblitz unmöglich wäre; (3) die Gesichter sind, wie der Schlagschatten zeigt, nicht von einer und zentralen, sondern von unterschiedlichen und unterschiedlich positionierten Lichtquellen beleuchtet worden und (4) die Schärfentiefe der 13 Gesichterabbildungen variiert (das Bild hat keinen einheitlichen Raum).

Zu diesen eher fototechnisch bedingten Eingriffen, die Sinn machen, wenn man viele Personen möglichst deutlich und unverzeichnet abbilden will, die also im Dienste der *Wirklichkeitsabbildung* stehen, finden sich andere Eingriffshandlungen, die Sinn machen, wenn der Fotograf eine bestimmte Deutung erzeugen bzw. nahelegen will und die so weder fototechnisch noch durch die *Wirklichkeit* bedingt sind, die also der strategischen *Wirklichkeitsveränderung* dienen. Hier zeigt sich die *erzählerische* Aktivität des Fotografen besonders deutlich, und deshalb ist deren Ermittlung und Deutung für jede Bildauslegung unabdingbar.

Der auffälligste Eingriff des fotografischen Autors ist vielleicht die teilweise *Umrahmung* einiger Personen mit einer diffusen weißen Linie, die aus den Lichtverhältnissen (Lichtbrechung am Rand) so nicht erklärbar ist und die auch nicht als moderne Form des christlichen Nimbus angesehen werden kann. Auch fällt auf, dass die Personen, verlängert man ihren Körper, nicht auf demselben Boden stehen (besonders deutlich bei Person 3 und 4): Manche scheinen auf Fußbänken zu stehen. Offensichtlich wurden zu große Unterschiede der Körperlänge so ausgeglichen, dass eine dynamische *Gipfellinie* der Köpfe entstehen konnte. Auffällig an dieser Gipfellinie ist nicht nur das stetige Auf und Ab, sondern die Randpositionen (also Person 1 und 13): Sie bilden die äußeren hoch aufragenden Gipfel, die sich als

Einzige von der Gruppe weg, also nach außen neigen, was auf deren besondere Stellung hinweist. Drittens zeigen die abgebildeten Körper trotz ihrer Nähe zueinander keinerlei Ko-Orientierung. Die Körper reagieren nicht aufeinander, sondern stehen wie Puppen nebeneinander. Man könnte das Abbild einer Person wegnehmen und ein anderes Abbild einfügen, ohne dass dies auffallen würde.

Nimmt man all diese Hinweise zusammen, so muss man davon ausgehen, dass es niemals ein Gruppenfoto der abgebildeten Personen gab, sondern dass alle Personen erst einzeln digital fotografiert wurden, und später dann der Fotograf oder ein Designer die Einzelfotos mithilfe von Photoshop oder einer vergleichbaren Software vor einem ebenfalls gesondert erstellten Hintergrund montierte. Das Bild besteht somit aus mindestens 14, eher 15 Einzelbildern ohne inneren Zusammenhalt oder eine verbindende Handlung. Eine solche gemeinsame Handlung, nämlich die Vorwärtsbewegung, wird allein durch die Handlung des korporierten Fotografen nahegelegt. Er hat nach seinen Vorstellungen und Darstellungsabsichten (und so kann man vermuten: im Auftrag seiner Geldgeber) aus unverbundenen Teilen eine neue Gestalt geschaffen und damit auch eine neue, strategisch geplante Bedeutungsstruktur.

Das für die Interpretation Wichtige dabei ist, dass der Fotograf bei der Gesamtkomposition des neuen Bildes fast unabhängig von den *Zwängen der Natur* (Größe der Personen, Lichtverhältnisse, Besonderheiten des Hintergrunds etc.) nur seinen Darstellungsabsichten folgen konnte. Deshalb gilt für dieses Artefakt in gesteigertem Maße, was auch für andere Produkte menschlicher Praxis gilt: *Order at all points*.

Objektiv bedeutet das gewählte Verfahren der Bildkomposition (und das ist eine erste Annäherung an die Bedeutung) vor allem die *Austauschbarkeit aller Elemente*, also auch der abgebildeten Personen. Jeder und jedes kann leicht und schnell ausgewechselt werden – und das nicht nur auf dem Bild. Die *Gruppe* ist allein eine Fotografenfiktion – eine Simulation eines faktisch nie Realisierten (gemeinsamer Fototermin).

Die vom Fotografen benutzte Bildsprache arbeitet auf mehreren Ebenen, um einen Eindruck von *Gruppenhaftigkeit* zu erzeugen: Zum Ersten wird durch die einheitliche Bekleidung und die Gesichtsausdrücke der Personen eine *Uniformität ohne Uniform* hergestellt. Die Individualität spiegelt sich eher in Details und Varianten der Kleidung, etwa der Entscheidung für oder gegen eine Krawatte, wider als in wesentlichen Unterschieden. Die Beschränkung auf Grauwerte in der Darstellung vereinheitlicht das Bild weiter.

Zum Zweiten wird durch die nachträglich vereinheitlichte Körpergröße, die Nähe und Verschränkung der Körper zueinander und die mittels geringer Schärfentiefe zurückgenommene soziale Staffelung eine *Gruppe der Gleichen* geschaffen. Durch die Ausrichtung aller Personen nach vorn und die Reduktion der Abbildung auf die obere Körperhälfte verlieren die Personen zudem einen großen Teil an Geschlechtlichkeit und Körperlichkeit, was sie vor allem zu personalen Typen, zu Personen (also nicht konkreten Individuen) mit Herz und Kopf macht.

Zum Dritten wird diese Gruppe durch die Nutzung eines im christlichen Abendland weit verbreiteten und sehr bekannten ikonographischen Topos in besonderer Weise gedeutet und überhöht. Denn mittels Bildsprache ruft die Art der Darstellung der dreizehn Personen Assoziationen an Leonardos *Abendmahl* hervor. Dieser *Aufruf* des *Abendmahls* des Leonardo macht jedoch auf eine Spezifik des Bildes der Beratergruppe aufmerksam, die bedeutsam ist: Dem Bild der Wiener Unternehmensberater fehlt das Zentrum. Die charismatische Gestalt befindet sich nicht in der Mitte. Auch nicht an einem anderen Platz. Niemand der dreizehn Menschen ragt sichtbar über die anderen hinaus oder ist herausragend markiert, z. B. durch einen Nimbus. Allein die Außenpositionen nehmen eine Sonderstellung ein, da sie die Gruppe (auch durch ihre nach außen geneigte Körperhaltung) einfassen und zusammenhalten. Sie eröffnen den Rahmen, in den sich die übrigen einfügen. Sie geben Stabilität und Zusammenhalt. Aber auch sie sind austauschbar.

Doch nicht nur die Anklänge an das Abendmahl arbeiten mit der christlichen Ikonographie: Auch der Einsatz des Lichtes im Bildhintergrund entspringt religiöser Bildsprache. Das von oben kommende und nach unten abstrahlende helle Licht (besonders oft bei dem Motiv *Johannes tauft Jesus* eingesetzt) steht für die göttliche Eingebung von oben – zugespitzt: Der heilige Geist kommt über einen Menschen und erfüllt ihn (mit Einsicht). Die Quelle des strahlenden Lichtes liegt bei dem Bild der Beratergruppe oberhalb der Gruppe, also im Himmel. Diese *himmlische Erleuchtung* ist über die Gruppe (über das Unternehmen?) gekommen und hat den Erleuchteten mehr gegeben, als sie vorher hatten. Das empfangene Wissen ist nicht von dieser Welt, es transzendiert diese Welt und das bislang erworbene Wissen.

Fasst man all diese Beobachtungen zusammen, dann fügt es sich zu einer Sinnfigur – nämlich der *Inszenierung von Charisma*. Jedoch geht es hier nicht um die Darstellung von Einzelcharisma, sondern um Gruppencharisma. Nicht der Einzelne ist vom Licht umgeben, auch ist nicht ein Einzelner ausgezeichnet worden: Alle kommen sie aus dem Licht.

Sinnfigur: Abschied von der Rationalität oder Ergänzung?

Nicht nur auf den ersten Blick verblüfft es, wenn eine Beratungsfirma, die ihr Geld damit verdienen will, dass sie andere Wirtschaftsunternehmen mit dem Ziel der Erhaltung oder Steigerung wirtschaftlicher Rationalität berät, ihre Mitarbeiter in der öffentlich zugänglichen Unternehmensvorstellung als *Erleuchtete* inszeniert. Das scheint ein Widerspruch in sich selbst zu sein, da die Logik der Erleuchtung, des Charismas auf Hingabe, Intuition und Nichtberechenbarkeit setzt, während die Logik wirtschaftlicher Rationalität der Macht, dem Kalkül und der Vorhersehbarkeit verpflichtet ist. Einer solchen Firma die Geschicke des eigenen Unternehmens anzuvertrauen (zumindest auf dem Papier), wäre dann vergleichbar mit dem Versuch, bei

der Lösung eines mathematischen Problems ein Stoßgebet gen Himmel zu schicken. Schaden kann es nicht, aber kann es auch nützen? Die Diagnose eines solchen Falles wäre knapp und bündig: ein großer Abschied von der Rationalität des Wirtschaftens oder der Sieg postmoderner Beliebigkeit auf dem Feld des Wirtschaftens, ein Abschied vom Projekt der Moderne mithin.

Nun könnte man einwenden, eine solche Strategie sei ein eklatanter Fehler – entweder ein handwerklicher Fehler der Agentur, die für die Konzeption der Homepage verantwortlich war, oder ein strategischer Fehler der Neuwaldegger, sich so stark *in der Nähe des Himmels* zu platzieren. Günstiger wäre es doch, so das Argument, sich zukünftigen Kunden entweder als Firma zu präsentieren, die bereits viele große Firmen *erfolgreich* (big success) beraten hat oder aber als Unternehmen, das bei seiner Arbeit auf die Kompetenz angesehener *Wissenschaftler* (big science) zurückgreifen kann. Auf eines dieser Verfahren greifen fast alle Unternehmensberaterfirmen zurück, weil sie in besonderer Weise das Legitimitätsproblem (Wer oder was legitimiert die Unternehmensberater eigentlich?) zu lösen vorgeben.

Das erste Verfahren (»Unser Erfolg spricht für sich selbst.«) versucht im Kern, das Legitimitätsproblem zu umgehen, da die eigene Kompetenz nicht über einen besonders hohen Stand wirtschaftlichen Wissens (Diplome etc.) nachgewiesen wird, sondern im Gegenteil: Die Quelle des Erfolgs wird verdunkelt, was allein zählen soll, ist der Erfolg: Denn wer *erfolgreich* ist, hat auch Recht. Das zweite Verfahren begibt sich unter den Baldachin der Wissenschaft. Hier wird reklamiert, dass die besten lebenden Köpfe oder einige der zweitbesten oder zumindest deren Wissen, dass also das ganze System der Wissenschaft bei der Beratung zum Einsatz kam, somit mit dem Segen des Systems ausgestattet ist, das als der Hort allen irdischen Wissens gilt.

Beide Verfahren legitimieren somit *irdisch* und *menschlich*. Denn der Erfolg ist von dieser Welt und er ist von normalen Menschen erarbeitet: Einmal verdankt er sich einer pragmatischen und praxiserprobten Verpflichtung auf den Erfolg, im zweiten Fall der konsequenten Anwendung systematischen und explizierbaren Wissens.

Schaut man sich nun die gesamte Homepage der Neuwaldegger an (und verlässt damit die eigentliche Bildanalyse), dann kann man leicht feststellen, dass sie wie andere Beraterfirmen auch ebenfalls auf diese beiden Verfahren der Eigenlegitimation zurückgreifen: Buchpublikationen sowohl der Beratergruppe als auch einzelner Mitglieder werden ausführlich dargestellt, die wissenschaftlichen Titel einiger Mitarbeiter tauchen in ihrer Individualbeschreibung ebenfalls auf. Auf frühere Beratungserfolge wird hingewiesen – quasi objektiviert durch wörtliche Zitate von (natürlich zufriedenen) Kunden. Beratungserfolge werden somit genannt, wenn auch ohne Trommelwirbel, wissenschaftliche Ausbildungen und wissenschaftliche Publikationen der Berater ebenfalls. Man ist in der Praxis erfolgreich und zugleich in der wissenschaftlichen Forschung tätig. All das steht geschrieben und findet sich im Inneren der Homepage. Es ist wichtig und deshalb erwähnenswert – aber es steht hinten im normalen Text – wie alles Selbstverständliche. Auf der Vorderseite wird aber das Nichtselbstverständliche, das Besondere gezeigt: Erleuchtung nämlich. Das hat man *mehr*, das unterscheidet einen von den anderen.

Allerdings ist diese Erleuchtung *klein* gehalten, sie bleibt noch im Rahmen: Die Berater sind weder als kreative Freaks noch als vergeistigte Gurus inszeniert, sondern sie weisen alle die Zeichen und Symbole wirtschaftlichen Erfolgs auf. Sie haben nicht mit der Logik des Wirtschaftens gebrochen, sondern sich beim erfolgreichen Wirtschaften der Logik der Erleuchtung erfolgreich bedient. Wirtschaftliche Rationalität ist also nicht verabschiedet, sondern ergänzt worden. Der Rahmen ist geblieben, nur die Mittel sind erweitert worden.

Anmerkungen

1 Durchaus vergleichbar mit dieser wichtigen Unterscheidung ist der Vorschlag Bohnsacks, bei der Interpretation von Bildern zu unterscheiden zwischen dem, *was* dargestellt wird, und der Art und Weise, *wie* etwas dargestellt wird (vgl. Bohnsack 2003a, S. 155–172 und 2003b).

2 Aktuell, also Anfang 2016, findet sich kein Gruppenbild mehr auf der Homepage der Firma, sondern die Personen werden einzelnen mit einem klassischen Passbild visualisiert.

Literatur

Berger, Peter/Thomas Luckmann (1977): Die gesellschaftliche Konstruktion der Wirklichkeit. Frankfurt a. M.

Bohnsack, Ralf (2001): »Heidi«. Eine exemplarische Bildinterpretation auf der Basis der dokumentarischen Methode. In: Ralf Bohnsack u. a. (Hrsg.): Die dokumentarische Methode und ihre Forschungspraxis. Opladen, S. 323–338.

Bohnsack, Ralf (2003a): Rekonstruktive Sozialforschung. Opladen.

Bohnsack, Ralf (2003b): Qualitative Methoden der Bildinterpretation. In: Zeitschrift für Erziehungswissenschaft 6.2, S. 239–256.

Bohnsack, Ralf (2005): Bildinterpretation und dokumentarische Methode. In: Christoph Wulf/Zirfas, Jörg (Hrsg.): Ikonologie des Performativen. München: Beck, S. 246–262.

Bohnsack, Ralf (2009): Qualitative Bild- und Videointerpretation. Opladen.

Bohnsack, Ralf/Michel, Burkard/Przyborski, Aglaja (Hrsg.) (2015): Dokumentarische Bildinterpretation. Opladen.

Breckner, Roswitha (2010): Sozialtheorie des Bildes: Zur interpretativen Analyse von Bildern und Fotografien. Bielefeld.

Bromley, Roger/Göttlich, Udo/Winter, Carsten (Hrsg.) (1999): Cultural Studies. Grundlagentexte zur Einführung. Lüneburg.

Corsten, Michael/Melanie Krug/Christine Moritz (Hrsg.) (2010): Videographie praktizieren. Wiesbaden.

Englisch, Felicitas (1991): Bildanalyse in strukturalhermeneutischer Einstellung. In: Garz, Detlef/Kraimer, Klaus (Hrsg.): Qualitativ-empirische Sozialforschung. Opladen, S. 133–177.

Hall, Stuart (1999): Kodieren/Dekodieren. In: Bromley et al. (Hrsg.): Cultural Studies. Grundlagentexte zur Einführung. Lüneburg, S. 92–112.

Haupert, Bernd (1992): Objektiv-hermeneutische Fotoanalyse am Beispiel von Soldatenfotos aus dem zweiten Weltkrieg. In: Garz, Detlef/Kraimer, Klaus (Hrsg.): Die Welt als Text. Frankfurt a. M., S. 281–314.

Hitzler, Ronald/Reichertz, Jo/Schröer, Norbert (Hrsg.) (1999): Hermeneutische Wissenssoziologie. Konstanz.

Kauppert, Michael/Leser, Irene (Hrsg.) (2014): Hillarys Hand. Bielefeld.

Keller, Reiner/ Knoblauch, Hubert/ Reichertz, Jo (Hrsg.) (2012): Kommunikativer Konstruktivismus. Wiesbaden.

Kraimer, Klaus (Hrsg.) (2014): Aus Bildern lernen. Ibbenbühren.

Kurt, Ronald (2008): Vom Sinn des Sehens. Phänomenologie und Hermeneutik als Methoden visueller Erkenntnis. In: Raab, Jürgen et al. (Hrsg.): Phänomenologie und Soziologie. Positionen, Problemfelder, Analysen. Wiesbaden. S. 369–378.

Loer, Thomas (1992): Werkgestalt und Erfahrungskonstitution. In: Garz. Detlef/Kraimer Klaus (Hrsg.): Die Welt als Text. Frankfurt a. M., S. 341–382.

Loer, Thomas (1996): Halbbildung und Autonomie. Über Struktureigenschaften der Rezeption bildender Kunst. Opladen.

Loer, Thomas (2010): Videoaufzeichnung in der interpretativen Sozialforschung. In: sozialer sinn, 11, S. 319–352.

Lucht, Petra/Lisa-Marian Schmidt/René Tuma (2013): Visuelles Wissen und Bilder des Sozialen. Wiesbaden: Springer.

Marotzki, Winfried/Niesyto, Horst (Hrsg.) (2012): Bildinterpretation und Bildverstehen. Wiesbaden.

Mikos, Lothar (2015): Film- und Fernsehanalyse. Konstanz.

Müller, Michael (2012): Figurative Hermeneutik. Zur methodologischen Konzeption einer Wissenssoziologie des Bildes. In: Sozialer Sinn. Zeitschrift für hermeneutische Sozialforschung, Heft 1/2012, 13. Jg., S. 129–161.

Müller, Michael/Raab, Jürgen/Soeffner, Hans-Georg (Hrsg.) (2014): Grenzen der Bildinterpretation. Wiesbaden.

Netzwerk Bildphilosophie (Hrsg.) (2014): Bild und Methode. Köln.

Oevermann, Ulrich (1979): Impressionistische und vor-impressionistische Malerei: Eine kunstsoziologische Betrachtung zur Einführung in die Ausstellung. In: Ausstellungskatalog zu Bildern des Impressionismus, Galerie Oevermann. Frankfurt a. M.

Oevermann, Ulrich (1983): Zur Einführung in die Ausstellung: Ölbilder und Gouachen von Pierre Montheillet. In: Ausstellungskatalog der Galerie Oevermann zu Ölbildern und Gouachen von Pierre Montheillet. Frankfurt a. M.

Oevermann, Ulrich (2014): »Get together«. Bildanalyse mit dem Verfahren der objektiven Hermeneutik. In: Klaus Kraimer (Hrsg.): Aus Bildern lernen. Ibbenbühren. S. 38–75.

Opl, Eberhard (1990): Zur Frage der Audiovisuellen »Codeebenen«. In: Kodicas/Code, Vol. 13, No. 3/4, S. 277–306.

Peters, Jean-Marie (1980): Bild und Bedeutung. Zur Semiologie des Films. In: Brauneck, Manfred (Hrsg.): Film und Fernsehen. Bamberg, S. 178–188.

Przyborski, Aglaja/ Haller, Günther (Hrsg.) (2014): Das politische Bild. Opladen.

Raab, Jürgen (2008): Visuelle Wissenssoziologie. Konstanz.

Reichertz, Jo (1992): Der Morgen danach. Hermeneutische Auslegung einer Werbefotografie. In: Hartmann, Hans/Haubl, Rolf (Hrsg.): Bilderflut und Sprachmagie. Opladen, S. 141–164.

Reichertz, Jo (1994): Selbstgefälliges zum Anziehen. Benetton äußert sich zu Zeichen der Zeit. In: Schröer, Norbert (Hrsg.): Interpretative Sozialforschung. Opladen, S. 253–280.

Reichertz, Jo (2000): Die Frohe Botschaft des Fernsehens. Kultursoziologische Untersuchung medialer Diesseitsreligion. Konstanz.

Reichertz, Jo (2009): Kommunikationsmacht. Wiesbaden.

Reichertz, Jo (2010): Die Macht der Worte und der Bilder. Wiesbaden.

Reichertz, Jo (2014): Das vertextete Bild. In: Christine Moritz (Hrsg.): Transkription von Video- und Filmdaten in der Qualitativen Sozialforschung. Wiesbaden, S. 55–72.

Reichertz, Jo (2016): Weshalb und wozu braucht man den ›korporierten Akteur‹? In: Englert, Carina /Reichertz, Jo (Hrsg.) (2016): CSI. Rechtmedizin. Mitternachtsforensik. Wiesbaden, S. 149–168.

Reichertz, Jo, /Englert, Carina (2011): Einführung in die qualitative Videoanalyse. Wiesbaden.

Reichertz, Jo & Sylvia Wilz (2016): Der Held vom Hudson – ein amerikanischer Held zu Zeiten moderner Technik. In: Thomas Eberle (Hrsg.): Fotographie und Gesellschaft. Bielefeld. S. 126–147.

Schade, Sigrid/Wenk, Silke (2011): Studien zur visuellen Kultur. Bielefeld.

Soeffner, Hans-Georg (1989): Auslegung des Alltags – Der Alltag der Auslegung. Frankfurt a. M.

Soeffner, Hans-Georg (2000): Gesellschaft ohne Baldachin. Weilerswist.

Schröer, Norbert (Hrsg.) (1994): Interpretative Sozialforschung. Auf dem Weg zu einer hermeneutischen Wissenssoziologie. Opladen.

Strauss, Anselm (1991): Grundlagen qualitativer Sozialforschung. München.

Wienke, Ingo (2001): Das Luftbild als Datum soziologischer Analyse. In: sozialer sinn. 1/2001, S. 165–189.

Kommunikative Gattungen

Angela Keppler

Die ursprünglich in einem soziologischen Rahmen entwickelte Theorie kommunikativer Gattungen hat sich als tragfähig auch für eine qualitative Untersuchung der medialen Kommunikation erwiesen. Mit dieser Theorie ist zugleich ein methodisches Programm verbunden, das es ermöglicht, Kontexte, Strukturelemente und Muster kommunikativer Vorgänge systematisch zu beschreiben. Kommunikative Gattungen werden hierbei als für eine gewisse Dauer feststehende Prozeduren der Rede verstanden, für die bestimmte Arten der Ausbildung und des Austauschs von Informationen und Orientierungen aktualisiert werden. Überträgt man diesen Zugang auf eine Analyse medialer Kommunikation, so muss die spezifische Verbindung aus verbalen und nonverbalen, aus inszenatorischen und dramaturgischen Elementen der entsprechenden Produkte berücksichtigt werden. Eine derart erweiterte Theorie kommunikativer Gattungen ermöglicht zugleich eine umfassende empirische Untersuchung des kommunikativen Haushalts gegenwärtiger Gesellschaften.

Gattungstheorien

Mit dem Gattungs- bzw. Genrebegriff, der in einer Vielzahl von Wissenschaftsdisziplinen – von der Biologie über die Sprachwissenschaften bis hin zur bildenden Kunst und Literaturwissenschaft – Verwendung findet, sind in den jeweiligen Wissenschaften recht unterschiedliche Vorstellungen verbunden. Gemeinsam ist den insgesamt höchst heterogenen Gattungskonzepten, dass sie sich in erster Linie als Klassifikationssysteme verstehen. Im Bereich der Medienwissenschaften zielen Gattungskonzepte dementsprechend darauf ab, Formen technisch vermittelter Kommunikation zu differenzieren und zu charakterisieren.

Die Gattungsforschung im Bereich der Kommunikation blickt auf eine lange Tradition zurück. Untersuchungen von »genera dicendi« in der *Rhetorik* und Forschungen zur biblischen Formengeschichte in der *Theologie* sind erste Anfänge. Im 20. Jahrhundert bildeten sich dann recht unterschiedliche Strömungen heraus. Die bekannteste und umfangreichste ist die *literaturwissenschaftliche* Gattungsforschung, die sich vorwiegend auf schriftsprachlich konstituierte Texte der Hochkultur konzentriert. Die medienwissenschaftliche Gattungsforschung lehnt sich in einem hohen Maß an literaturwissenschaftliche Gattungs- und Genrekonzeptionen an. So sieht etwa David Duff (2000) einen engen Zusammenhang zwischen literarischen und filmischen Gattungen, wenn er den Begriff des Genres wie folgt erläutert:
»A recurring type or category of text, as defined by structural, thematic and/or functional criteria. A term increasingly used in the classification of non-literary (and non-written) as well as literary texts; notably films and media programmes.« (ebd., S. xiii)

Einigkeit herrscht in der Medienwissenschaft vor allem darin, dass Klassifizierungen für kommunikative Formen auf gemeinsamen Merkmalen beruhen, die sich vor dem Hintergrund typischer Stoffgruppen, Themen, Motive und Erzählmuster ergeben (vgl. Schweinitz 1994). Die zahlreichen *filmwissenschaftlichen* Genreanalysen haben sich entsprechend mit den klassischen Genres des Kinos und ihren Transformationen beschäftigt. Auch in der *sprachwissenschaftlichen* Forschung entwickelten sich diverse Richtungen, die sich mit Textgattungen befassen. Insbesondere Ansätze innerhalb der angewandten Linguistik beziehen sich – ähnlich wie die der literaturwissenschaftlichen Tradition – auf schriftsprachlich konstituierte Texte. Texte werden in aller Regel daraufhin untersucht, inwieweit sie einer prototypischen Gattung entsprechen. Erst im Rahmen der *Textlinguistik* wurden auch mündliche Textgattungen in die Analysen miteinbezogen. Anders hingegen verfahren Forschungsrichtungen, die ihren Forschungsgegenstand vor allem – aber nicht ausschließlich – in mündlichen Formen der Kommunikation sehen, wie etwa die *folkloristische* bzw. *volkskundliche* Gattungsforschung. Besonders zu erwähnen ist hier die Untersuchung von André Jolles (1974) zu »einfachen Formen« der Rede, die für das Konzept der Theorie kommunikativer Gattungen eine wichtige Inspirationsquelle darstellte. Aus der Tradition der *linguistischen Anthropologie* ist darüber hinaus die von Dell Hymes geprägte Forschungsrichtung der *Ethnographie der Kommunikation* zu nennen, deren zentrales Anliegen eine Beschreibung des Sprechens in sozialen Situationen ist. Dell Hymes (1979) ging es vor allem darum, dass sprachliche Strukturen und sozialer Kontext immer in wechselseitiger Abhängigkeit voneinander begriffen werden müssen (vgl. dazu auch Gumperz/Hymes 1964). Auch von diesen Studien gingen entscheidende Impulse für das soziologische Konzept der kommunikativen Gattungen aus.

»Kommunikative Gattungen«

Angeregt von Jolles, Hymes, aber auch z. B. von Überlegungen Valentin N. Volosinovs (1975) bzw. Mikhail M. Bachtins (1986), die Gattungen als interaktive Handlungsmuster und vor allem als Bindeglieder zwischen Gesellschaft und Sprache betrachten, entwickelten Thomas Luckmann und Jörg Bergmann innerhalb der Soziologie das Konzept der *kommunikativen Gattungen*. Es verbindet Überlegungen der oben genannten Traditionen und stellt sie in einen wissenssoziologischen und handlungstheoretischen Rahmen. Diese Forschungen zur Theorie kommunikativer Gattungen nahmen ihren Ausgangspunkt bei der Frage nach der allgemeinen Struktur kom-

munikativer Vorgänge, in denen gesellschaftliche Wissensbestände verschiedener Explizitheitsgrade vermittelt werden (Luckmann 1986). In jeder Gesellschaft stellt sich das elementare Problem, wie Ereignisse, Sachverhalte, Wissensinhalte und Erfahrungen in intersubjektiv verbindlicher Weise unter verschiedenen Sinnkriterien thematisiert, vermittelt, bewältigt und tradiert werden können (vgl. Schütz/Luckmann 1984, S. 11 ff.). Für diese Probleme muss es organisierte, d. h. nicht zufällige Lösungen geben. Als kommunikative Gattungen werden solche mehr oder minder wirksamen und verbindlichen »Lösungen« von spezifisch kommunikativen »Problemen« bezeichnet. Sie stellen vorbereitete Arten der interaktiven Bezugnahme dar. In allen Gesellschaften gibt es kommunikative Handlungen, in denen sich der Handelnde schon im Entwurf seines Redebeitrags an einem Gesamtmuster orientiert. Diese kommunikativen Vorgänge weisen in ihrem Ablauf ein hohes Maß an Gleichförmigkeit auf.

»Diese Gleichförmigkeit kann daraus resultieren, dass die Handelnden selbst ein Routinewissen haben über die Form des kommunikativen Geschehens, in dem sie sich gerade befinden, und das sie mit ihrem Tun verwirklichen, indem sie sich an diesen Formvorgaben orientieren.« (Bergmann 1987, S. 35)

Kommunikative Gattungen sind aber selbst »keine Institutionen des Tuns, sondern festgelegte Gesamtmuster des Redens (und allgemeiner: der Kommunikation)« (Luckmann 1986, S. 203).

Das Vorhandensein eines sprach- und handlungsbezogenen Wissens macht es aber keineswegs nötig, dass die Handelnden selbst über eine ausformulierte Gattungstheorie verfügen. So bezeichnet beispielsweise der Terminus »Belehrung« auch ganz alltäglich einen kommunikativen Vorgang, der im analytischen Sinn gattungsnahe Strukturen aufweist. Das heißt aber nicht, dass wir als Alltagsmenschen die Regeln angeben können, nach denen wir verfahren, wenn wir andere belehren, oder dass wir den Grund dafür wüssten, warum wir uns in seltenen Fällen gern, in aller Regel aber sehr ungern belehren lassen.

Man muss nicht über die Form und Funktion von Belehrungen Bescheid wissen, um zu wissen, was eine Belehrung ist (Keppler 1989; Keppler/Luckmann 1992). »Dieses Wissen und seine unter Umständen recht elementaren Begrifflichkeiten genügen als erstinstanzliche, empirische Basis für die systematische Anwendung des analytischen Begriffs.« (Luckmann 1986, S. 203)

Das Konzept der kommunikativen Gattungen *bezieht* sich zwar auf Typisierungsprozesse im Alltagsverstand; der *Begriff* »kommunikative Gattung« jedoch ist ein Begriff zweiter Ordnung, ein wissenschaftlicher Begriff, der sich in der beschriebenen Weise auf Begriffe erster Ordnung, also solche des Alltagsverstandes, bezieht. Diese »Konstrukte erster Ordnung« (Schütz 1971a, S. 70) müssen bei der typologischen Analyse von kommunikativen Gattungen (»Konstrukten zweiter Ordnung«) berücksichtigt werden, da sie für die Handlungsentwürfe wie für die Handlungsvollzüge der Interagierenden von entscheidender Bedeutung sind. Handelnde orientieren sich in ihrem Handeln an einem solchen vortheoretischen und »ethno«-theoretischen Wissen. Sie sind sich etwa dessen bewusst, dass sich bestimmte kommunikative Gattungen für bestimmte soziale Situationen eignen und für andere nicht. Indem sie als Orientierungsmuster benutzt werden, werden kommunikative Gattungen von den jeweils an der Interaktion Beteiligten auch immer wieder neu reproduziert. In diesem Sinne sind sie »reale kulturelle Objekte«, die einer wissenschaftlichen Deutung zugänglich sind. Wie Hans-Georg Soeffner schreibt, ist »Wissenschaft – und damit sind nicht nur die Sozial- und Geisteswissenschaften gemeint – die organisierte und reflektierte Bearbeitung von Alltagserfahrung, Alltagswissen und Alltagshandeln. Diese – soweit sie dokumentiert, fixiert oder rekonstruierbar sind – stellen für die Wissenschaft ein System von Texten, von Protokollen alltäglichen Handelns dar, die in der wissenschaftlichen Analyse interpretiert, das heißt in den Möglichkeiten ihrer Entfaltung und in ihrer spezifischen historischen Ausformung verstanden werden können.« (Soeffner 1989, S. 23)

Die sozialwissenschaftliche Interpretation mehr oder weniger standardisierter Kommunikationsformen ist zu verstehen als distanzierende, systematisierende und begründende Aufdeckung und Erläuterung von Orientierungen, über die die Handelnden, deren Handeln Gegenstand dieser Wissenschaft ist, in einer weit weniger durchsichtigen Form verfügen.

Für die Identifizierung und morphologische Beschreibung kommunikativer Gattungen können nun ganz unterschiedliche Bestimmungsmerkmale relevant sein. Diese reichen von der Phonologie und Prosodie bis hin zu Semantik, Syntax und Stil. Mechanismen der Redezugorganisation und der Sequenzformate spielen dabei ebenso eine Rolle wie spezifische Formen der Wissensautorisierung oder bestimmte Kontextualisierungsprinzipien (wie etwa die Verpflichtung zu einem rezipientenspezifischen Zuschnitt der Äußerungen). Generell unterscheiden sich einzelne kommunikative Gattungen auch durch den Verfestigungsgrad des sequenziellen Ablaufs voneinander, d. h. durch den Grad und das Ausmaß, mit dem sie die Handelnden auf die genaue Befolgung eines vorgezeichneten Kommunikationsmusters verpflichten. Diese Verpflichtung kann sehr starr und rigide sein und den Handelnden wenig Interpretations- und Gestaltungsfreiheit lassen; sie kann aber auch relativ schwach und unverbindlich sein; sie liegt aber immer über der relativen Beliebigkeit gattungsmäßig nicht fixierten (»spontanen«) kommunikativen Handelns. Dabei beeinflusst der Grad der Reglementierung der sozialen Situation im Ganzen auch den Grad der Striktheit der Befolgung gattungsinterner Vorgaben. Welche spezifischen Funktionen kommunikative Gattungen erfüllen und unter welchen Bedingungen es z. B. zu einer gattungsmäßigen Verfestigung kommt – dies sind Fragen, wie sie in der an die Theorie kommunikativer Gattungen anschließenden empirischen Forschung gestellt werden. Deren Ziel ist es, diese kommunikativen Vorgänge in ihrer Formenvielfalt und konkreten Ausprägung im Detail zu beschreiben und theoretisch zu erfassen.

Grundsätzlich gilt aber, dass der Begriff dieser Gattungen immer bezogen ist auf kommunikative Handlungsformen, die auf spezifischem Wissen derer, die sie hervorbringen, beruhen und die als »Muster zur Lösung kommunikativer Probleme gesellschaftlichen Handelns« (Luckmann 1986, S. 200) betrachtet werden müssen. Gattungen sind in diesem Sinn für eine gewisse Dauer feststehende Prozeduren der Kommunikation, für die bestimmte Arten der Ausbildung und des Austauschs von Informationen und Orientierungen aktualisiert werden. Das Repertoire dieser Gattungen und die Formen ihrer Aktualisierung sind zusammen, wie Luckmann auch sagt, konstitutiv für den »kommunikativen Haushalt« einer Gesellschaft, d. h. für die Praktiken, die ihr für die soziale Gewinnung, Aushandlung und Transformation handlungsleitenden Wissens zur Verfügung stehen. Eine qualitative Untersuchung des Bestandes und der jeweiligen Veränderungen dieser Praktiken, so die methodische Folgerung, erlaubt es nicht zuletzt, Prozesse des sozialen Wandels detailliert zu beschreiben.

Methodisches Programm

Mit der Theorie kommunikativer Gattungen ist von ihrer Anlage her ein methodisches Programm verbunden: Dieses fordert dazu auf, Kontexte, Strukturelemente und Muster kommunikativer Vorgänge systematisch zu beschreiben, um auf der Grundlage struktureller Gemeinsamkeiten Typen zu bilden. Hierfür werden grundsätzlich zwei Analyseebenen unterschieden, die *Binnenstruktur* und die *Außenstruktur*. Auf der Ebene der Außenstruktur werden allgemeine gesellschaftliche Kontextbedingungen in den Blick genommen, die sich auf die Kommunikation niederschlagen können (z. B. soziale Milieus, Geschlecht, Alter, Status). Auf der Ebene der Binnenstruktur wird die interne Struktur kommunikativer Vorgänge mit ihren typischen Elementen und Mustern untersucht; dazu zählen die nonverbalen wie die verbalen Bestandteile des kommunikativen Geschehens (z. B. Mimik, Gestik, Prosodie oder die Wahl bestimmter Aus-

drucksmittel). Mit der »situativen Realisierungsebene«, die im Konzept der kommunikativen Gattungen quasi als eine Zwischenebene eingeführt wurde, wird der besonderen Bedeutung der Phänomene des interaktiven Austauschs und des engeren sozialen Kontextes, in dem die Kommunikation stattfindet, Rechnung getragen (z. B. Zuteilung des Rederechts, Sprecherwechsel, Beziehungsstatus der Interagierenden, Themenentwicklung etc.) (vgl. Bergmann 1987; Keppler 1994; Günthner/Knoblauch 1994; Knoblauch/Luckmann 2000). Insbesondere hier zeigt sich, dass das Konzept der kommunikativen Gattungen nicht ohne den Einfluss der ethnomethodologischen Konversationsanalyse (Bergmann 1988; 1991) denkbar ist. Die Methode der Konversationsanalyse hat sich in den 1960er-Jahren zunächst vor allem in den USA und England als eigene soziologische Forschungsrichtung aus der Ethnomethodologie heraus entwickelt. Diese wurde entscheidend von den Arbeiten Harold Garfinkels geprägt, aber auch von den Interaktionsanalysen Erving Goffmans. Die Konversationsanalyse konzentrierte sich zunächst hauptsächlich auf die Analyse sogenannter »ordinary conversations«, also auf Alltagsgespräche im weitesten Sinn. Gegenstand der Konversationsanalyse waren hier vor allem Aufzeichnungen von real abgelaufenen »natürlichen« kommunikativen Interaktionssituationen. Die Konversationsanalyse befasst sich dabei nicht mit der Formulierung und dem Testen vorgängiger Hypothesen. Vielmehr ist es ihr Ziel, über induktive Forschungsstrategien die Merkmale und wiederkehrenden Regelmäßigkeiten verbaler und nonverbaler Kommunikation zu identifizieren. Mittlerweile haben sich hier u. a. zahlreiche Forschungsrichtungen etabliert, die sich vor allem der Analyse von Kommunikationen in institutionellen Zusammenhängen widmen. Hier geht es um Kommunikationsformen, in denen mehr oder weniger offizielle oder formalisierte aufgaben- bzw. rollenbezogene Aktivitäten im Mittelpunkt stehen: z. B. um Interaktionen zwischen Arzt und Patient, um Gesprächsstrategien in Gerichtsverhandlungen, um Vorstellungsgespräche, um Unterrichtsstunden in der Schule und in der Universität und schließlich auch um medienspezifische Kommunikationsformen, hier insbesondere im Rahmen von Radio und Fernsehen (Keppler 2011; Ayaß 2004).

Ganz ähnlich gilt für das Konzept und die Theorie der kommunikativen Gattungen, dass hier die Untersuchungen von kommunikativen Vorgängen der interpersonalen Face-to-Face-Kommunikation im Mittelpunkt der Betrachtungen standen. Dennoch gab und gibt es von Anfang an Arbeiten, die sich in diesem Kontext auch mit technisch vermittelter Kommunikation auseinandergesetzt haben (vgl. Keppler 1985; Ulmer/Bergmann 1993; Keppler 1994; Ayaß 1997; Schmidt 2000). Diese Analysen verweisen darauf, dass bei einer Analyse von Kommunikationsformen, die im Unterschied zur Face-to-Face-Kommunikation durch technische Medien vermittelt sind, vielfältige Inszenierungsmöglichkeiten über Kameraoperationen oder auch über Einblendungen von Musik und Geräuschen hinzutreten. Diese mediale Mischung aus verbalen und nonverbalen, aus inszenatorischen und dramaturgischen Elementen muss berücksichtigt werden, will man die Theorie kommunikativer Gattungen für die Analyse medial vermittelter Kommunikation adäquat weiterentwickeln. Trotz gravierender Unterschiede lässt sich der Grundgedanke dieses Vorschlags auch auf die Untersuchung medial vermittelter Kommunikation übertragen.[1] Denn auch hier haben wir es mit Kommunikationsformen zu tun, die auf ihre Weise Antworten auf kommunikative Probleme oder Bedürfnisse anbieten.

Eine medientheoretische Erweiterung

Einen paradigmatischen Fall audiovisuell verfasster Kommunikationsformen, die sich ebenfalls im Kontext spezifischer Gattungen vollziehen, stellt das breite Spektrum filmischer Produkte dar. Gegenüber ihren direkten interpersonalen Formen ist hier die Kommunikationssituation jedoch eine durchaus andere. Gesprächssituationen im Fernsehen beispielsweise sind hochgradig institutionalisiert, inhalt-

lich mehr oder weniger vorbestimmt und inszeniert. Bei fiktionalen Sendungen (in Spielfilmen oder Unterhaltungsserien) folgen die Dialoge meist einer schriftsprachlich konstituierten Vorlage, dem Drehbuch. In nicht fiktionalen Sendungen gibt es Sendetypen, in denen Sprachhandlungen ebenfalls bis ins Detail vorgeplant sind. Hier können indes Elemente des eher »spontanen« Sprechens eingebaut sein (wie bei einem Interview zwischen Journalist und Politiker in den Nachrichten). Es gibt aber auch Sendetypen, in denen Sprachhandlungen nur grob vorgeplant sind, in denen die Handelnden also gewisse Spielräume für Spontaneität haben (z. B. bei Talkshows). Und es gibt Sendungen, in denen der verbale Austausch gar nicht im Zentrum der audiovisuellen Kommunikation steht – man denke an Sportübertragungen, Musiksendungen oder Filme mit nur sparsamen Dialogen. Das bedeutet, dass man, wenn man die Gattungsanalyse des hier beschriebenen Typs zur Untersuchung medial vermittelter Kommunikationsprozesse heranzieht, auf eine besondere Weise der spezifischen materialen Verfasstheit der audiovisuellen technischen Kommunikation Rechnung tragen muss.

Mediale Gattungen sind dann als eine Unterklasse der Gattungen der Kommunikation zu verstehen. Gattungen der Kommunikation sind Schemata der Ordnung kommunikativer Sequenzen, die den Teilnehmern eine Orientierung über die Art des stattfindenden Kommunikationsprozesses bieten. Gattungen in diesem Sinn sind für eine gewisse Dauer feststehende Prozeduren der Kommunikation. Das Besondere an *Gattungen* der Kommunikation ist gerade, dass sie bereits durch die Art ihres *Verlaufs* eine Orientierung erzeugen, die alles prägt, was *im Verlauf* der jeweiligen kommunikativen Einheit zur Sprache und zur Anschauung kommt. Dies ist bei der direkten mündlichen Kommunikation der Fall, etwa wenn eine Belehrung stattfindet, über jemanden geklatscht wird oder ein Ereignis der Vergangenheit rekonstruiert wird (Keppler 1989; Keppler/Luckmann 1992; Bergmann 1987; Keppler 1987). Entsprechend stellen *mediale* Gattungen verfestigte Arten der Inszenierung dar – festliegende Arten, in denen z. B. im Film von etwas berichtet, eine Geschichte erzählt oder ein Gesprächsverlauf dargeboten wird. Zu den für eine Gattung charakteristischen Faktoren können z. B. bildliche Motive, narrative Abläufe, die Wahl von Schauplätzen, Arten der Kommentierung, der Einsatz von Musik oder bestimmte visuelle Dramaturgien gehören. Welche dieser Faktoren ausschlaggebend sind, lässt sich nicht allgemein sagen; sicher ist nur, dass Gattungen stets signifikante *Konfigurationen* filmischer Merkmale darstellen. Zu einer Talkshow beispielsweise gehört der Schauplatz einer Gesprächssituation, an der mindestens zwei Personen beteiligt sind, deren Gespräch auch das Zentrum der visuellen Dramaturgie des Films bildet, und außerdem ein Gesprächsverlauf, der – im Vergleich etwa zum politischen Interview – eher auf persönliche Episoden und Erfahrungen gerichtet ist.

Für das Vorhaben einer Mediengattungsanalyse im Anschluss an die Theorie kommunikativer Gattungen ist es notwendig, über die für gängige Verfahren beispielsweise der Filmanalyse übliche Berücksichtigung filmsprachlicher Strukturen hinauszugehen und auch feinste sprachliche Strukturen (inklusive Prosodie und Stimmqualität) zu berücksichtigen. Grundsätzlich gilt auch hier, dass das mediale Produkt Richtungen seiner Wahrnehmung vorgibt, die von den Zuschauern teils befolgt werden müssen, teils befolgt werden können und teils befolgt werden sollen. Anders als die Beteiligten an einer mündlichen Konversation jedoch können die Zuschauer angesichts filmischer Verläufe nicht jederzeit den Gang der Ereignisse beeinflussen. Sie können weder den Gang der Dinge unterbrechen noch Zäsuren markieren, Widerspruch anmelden oder die Verbindlichkeiten des gewählten Gesprächsformats absichtlich oder unabsichtlich verletzen. Denn die Zuschauer von Filmen sind dem klangbildlichen Geschehen – der äußeren Abfolge der jeweils sichtbaren Ereignisse, dem Wortwechsel zwischen den Figuren etc. – zwangsläufig ausgesetzt, so lange sie den Film überhaupt verfolgen. So groß ihr Deutungsspielraum auch sein mag, den visuellen und

akustischen *Rhythmus* der betrachteten Produkte können sie nicht verändern. Dieser liegt vor, an diesem verändert sich im Lauf der filmischen Kommunikation nichts. Es sind feststehende Strukturen des Produkts, innerhalb derer sich erst der Raum für eine Zuweisung von Bedeutungen, Wertungen und Typisierungen bildet.

Dennoch, und das ist nun wieder das Gemeinsame, hat etwa auch das technisch unvermittelte mündliche Erzählen z. B. einer Geschichte bestimmte zeit- und kulturbedingte Formen, die durchaus *vorgeben*, wie eine Geschichte zu gliedern, zu beginnen und abzuschließen ist (Sacks 1971). In der Praxis des Erzählens haben sich Regeln ausgebildet, die Sprecher und Zuhörer beachten müssen (bzw. nicht nicht beachten können), wenn sie einander eine Geschichte oder einen Witz erzählen wollen. Die durch frühere kommunikative Praktiken entstandene Vorgabe kommunikativer Muster legt bestimmte Möglichkeiten fest, innerhalb derer ein – je nach Formalisierungs- und Verfestigungsgrad der Gattung – mehr oder weniger weiter Variationsspielraum besteht.

Bei der Analyse der audiovisuellen technischen Kommunikation kommt es wesentlich darauf an, diese in der Einheit ihrer sichtbaren und hörbaren Komponenten zu erfassen. Denn allein deren Zusammenwirken macht den kommunikativen Gehalt der entsprechenden Produkte aus. Grundsätzlich gilt es daher, die hier oft noch vorherrschende Konzentration auf den sprachlichen Kanal zu überwinden und die entscheidende Rolle, die den *Bildern* im Rahmen des filmischen Diskurses zukommt, in die Analyse einzubeziehen. Viele der von entsprechenden Produkten angebotenen Wahrnehmungsmöglichkeiten sind den Zuschauern so vertraut, dass sie ihnen gar nicht eigens bewusst werden. Man denke nur an die Zeichen auf der Wetterkarte und die Bewegungen, die Ansagerinnen vor dieser vollführen. In der Welt des Alltags, »in der der hellwache, erwachsene Mensch inmitten seiner Mitmenschen handelt und auf die er einwirkt, einer Welt, die er in der natürlichen Einstellung als Wirklichkeit erlebt« (Schütz 1971b, S. 238), verstehen wir das Gezeigte und Gesagte, weil der Wetterbericht ein längst vertrautes Format des Fernsehens ist. Als Zuschauer verstehen wir uns auf diese Sendungen, so wie wir uns auf Konventionen des Grüßens, Klatschens oder Geschichtenerzählens verstehen. Wir wissen, wie die Sendung gegliedert ist, worauf es in ihr ankommt und was wir von ihr zu erwarten haben. Diese Verständnisse sind der Sendung durch ihren bildlichen und akustischen Aufbau inkorporiert, sie bestimmen auf diese Weise das Verstehen, das wir ihnen entgegenbringen. Die durch die mediale Inszenierung der Information über das Wetter der kommenden Tage quasi mitgelieferte Anleitung, wie die Information zu verstehen ist, lässt sich nun unter besonderer Beachtung der Bildregie, der Wahl der Symbole, der Farbgebung, der Gestik der Ansagerinnen usw. analysieren. Auf diese Weise wird auch in der Analyse medialer Kommunikationsformen das primäre (alltagsweltliche) Verstehen fortgeführt zu einem methodisch-wissenschaftlichen Verstehen: zu einer ausführlichen Explikation der Möglichkeiten des Verstehens, das die Sendung entwirft und enthält. Bei komplexeren Produkten wie einer ganzen Nachrichten- oder Magazinsendung, einer Talkshow oder einem Spielfilm verlangt dies eine sehr viel aufwendigere Interpretation, aber das Prinzip ist dasselbe. Das mediale Produkt, wie immer es auch gestaltet ist, stellt eine Objektivation manifester und latenter Sinnmöglichkeiten dar, die in ihrer Wahrnehmung erfasst oder nicht erfasst, gesucht oder gemieden, geschätzt oder verworfen werden können. Diese Möglichkeiten des Verstehens liegen in der Gestaltung der Produkte selbst, einer Gestaltung allerdings, die durch ihre Gattungszugehörigkeit und Gattungsbezogenheit ihre Signifikanz niemals in einem neutralen Feld gewinnt, sondern inmitten von ähnlichen bis alternativen Kommunikationsmöglichkeiten, wie sie in der medialen Praxis gängig sind. Gattungsanalyse medialer Produkte heißt also: das kommunikative Potenzial herausarbeiten, das in der gesamten audiovisuellen Verfassung medialer Produkte zu einer bestimmten Zeit[2] angelegt ist.

An dieser Stelle ist es wichtig, sich noch genauer den Status von Gattungen vor Augen zu führen – und zwar zunächst den Sinn, den diese Einteilung weniger in der Theorie als vielmehr in der Praxis des Umgangs mit filmischen Bildern hat. Filmische Gattungen jedweder Art sind vonseiten der Hersteller wie auch der Zuschauer stets mit *Erwartungen* verbunden, man könnte geradezu sagen: Sie *sind* Erwartungen, die von beiden Seiten mit den jeweiligen audiovisuell verfassten Produkten verbunden sind. Die Produzenten erwarten, dass sie beim Publikum so und so aufgenommen werden, das Publikum erwartet, dass es durch den Film so und so informiert oder unterhalten wird. Diese Erwartungen können erfüllt oder enttäuscht werden. Eine Gattung bildet sich nur dann heraus, wenn die mit ihren Exemplaren verbundenen Erwartungen einigermaßen verlässlich erfüllt werden: wenn das Publikum in den Produkten das findet, was es erwartet hat oder auch etwas, das seine Erwartungen übertrifft; wenn die Produzenten etwas finden oder erfinden, was vom Publikum entsprechend geschätzt wird. Insofern sind filmische Gattungen etwas, deren Bestehen und deren Kontur zwischen Produzenten und Publikum gleichsam *ausgehandelt* werden muss; in diesem Sinn sind sie Resultate der filmischen Kommunikation, Resultate aber, die in jeder weiteren Kommunikation, in ihrer Fortsetzung immer wieder auf dem Prüfstand stehen.[3] Denn nicht allein die einzelnen Filme oder Sendungen, so folgt hieraus, auch die Gattungen, zu denen sie gruppiert werden, haben eine Bedeutung, die auf diejenige der jeweiligen Produkte einwirkt. Für die Verfassung eines filmischen Produkts ist daher seine – wie immer fragile – Gattungszugehörigkeit ein wichtiger Bestandteil. Für eine soziologische Gattungsanalyse medialer Kommunikationsformen, der es vom Grundsatz her immer um eine Offenlegung der im jeweiligen Produkt angelegten Orientierungsmöglichkeiten geht, stellt die jeweilige Gattungszugehörigkeit des Untersuchungsgegenstandes daher einen wertvollen Untersuchungskontext dar. Indem das jeweils betrachtete Produkt in Beziehung zu anderen gesetzt wird, die entweder derselben oder einer anderen Gattung zugehörig sind, werden die charakteristischen Elemente der einzelnen medialen Produkte erst im vollen Sinn deutlich: die Art nämlich, in der das Produkt seinen kommunikativen Beitrag als Exemplar einer oder mehrerer Gattungen leistet – oder als ein Produkt, das die Grenzen der bisherigen Gattungen erweitert, transformiert oder sprengt.[4]

Eine auf diesem Weg um eine Analyse medialer Gattungen erweiterte Theorie kommunikativer Gattungen ermöglicht zugleich eine erweiterte empirische Untersuchung des kommunikativen Haushalts gegenwärtiger Gesellschaften. Denn auch die Inszenierungsweisen audiovisueller Produkte tragen zusammen mit den Praktiken ihrer Aneignung zu einer Präfigurierung individueller wie sozialer Orientierungen und somit des – unter heutigen Bedingungen gewiss heterogenen – Wissens über die gesellschaftliche Wirklichkeit bei (Keppler 2015).

Anmerkungen

1 Mediale Kommunikation, wie ich sie hier verstehe, vollzieht sich auf der Empfänger- wie auf der Senderseite im Gebrauch technischer Geräte. Harry Pross (1972) spricht in diesem Zusammenhang von »tertiären« Medien, wozu neben Telefon, Rundfunk, Film, Fernsehen usw. die elektronischen Geräte der Erzeugung, Speicherung und Verbreitung von sprachlichen, akustischen und visuellen Daten aller Art gehören (Pross 1972, S. 224).

2 Der Zusatz »zu einer bestimmten Zeit« ist nötig, da sich die Bedeutung medialer Produkte mit der Zeit ihrer Rezeption fast zwangsläufig ändert, weil die betreffenden Formate zu einer späteren Zeit im Kontext anderer medialer Kommunikationsformen stehen.

3 Vgl. hierzu die aufschlussreiche Diskussion zum Thema eines »kommunikativen Kontrakts« im Rahmen einer Pragmatik des Films in der Zeitschrift montage/av 2002, Jg. 10, H. 2 und 2003, Jg. 11, H. 2.

4 Erst durch dieses komparative Verfahren kann beides erreicht werden: eine genaue Interpretation einzelner Produkte und eine am Material belegte Interpretation der übergreifenden Formen, in denen sich die Kommunikation von Film und Fernsehen zu einer bestimmten Zeit vollzieht (Peltzer/Keppler 2015).

Literatur

Ayaß, Ruth (1997): »Das Wort zum Sonntag«. Fallstudie einer kirchlichen Sendereihe. Stuttgart.

Ayaß, Ruth (2004): Konversationsanalytische Medienforschung. In: Medien & Kommunikationswissenschaft, Jg. 52, H. 1, S. 5–29.

Bachtin, Mikhail M. (1986): Speech Genres and Other Late Essays. Austin.

Bergmann, Jörg R. (1987): Klatsch. Zur Sozialform der diskreten Indiskretion. Berlin.

Bergmann, Jörg R. (1988): Ethnomethodologie und Konversationsanalyse (Studienbrief mit 3 Kurseinheiten). Hagen.

Bergmann, Jörg R. (1991): Konversationsanalyse. In: Flick, Uwe u. a. (Hrsg.): Handbuch qualitative Sozialforschung. Grundlagen, Konzepte, Methoden und Anwendungen. München, S. 213–218.

Duff, David (Hrsg.) (2000): Modern Genre Theory. Harlow u. a.

Günthner, Susanne/Knoblauch, Hubert (1994): »Forms are the food of faith«. Gattungen als Muster kommunikativen Handelns. In: Kölner Zeitschrift für Soziologie und Sozialpsychologie, Jg. 46, H. 4, S. 693–723.

Gumperz, John J./Hymes, Dell (Hrsg.) (1964): The Ethnography of Communication. In: American Anthropologist, Jg. 66, Sonderheft.

Hymes, Dell (1979): Zur Ethnographie der Kommunikation. Frankfurt a. M.

Jolles, André (1974): Einfache Formen. Legende, Sage, Mythe, Rätsel, Spruch, Kasus, Memorabile, Märchen, Witz. Tübingen.

Keppler, Angela (1985): Präsentation und Information. Zur politischen Berichterstattung im Fernsehen. Tübingen.

Keppler, Angela (1987): Der Verlauf von Klatschgesprächen. In: Zeitschrift für Soziologie, Jg. 16, H. 4, S. 288–302.

Keppler, Angela (1989): Schritt für Schritt. Das Verfahren alltäglicher Belehrungen. In: Soziale Welt, Jg. 40, H. 4, S. 538–556.

Keppler, Angela (1994): Tischgespräche. Über Formen kommunikativer Vergemeinschaftung am Beispiel der Konversation in Familien. Frankfurt a. M.

Keppler, Angela (2011): Konversations- und Gattungsanalyse. In: Ayaß, Ruth/Bergmann, Jörg (Hrsg.): Qualitative Methoden der Medienforschung. Mannheim, S. 293–323.

Keppler, Angela (2015): Das Fernsehen als Sinnproduzent: Soziologische Fallstudien. Berlin u. a.

Keppler, Angela/Luckmann, Thomas (1992): »Teaching«: Conversational Transmission of Knowledge. In: Markova, Ivana/Foppa, Klaus (Hrsg.): Asymmetries in Dialogue. Hempstead, S. 143–165.

Knoblauch, Hubert/Luckmann, Thomas (2000): Gattungsanalyse. In: Flick, Uwe u. a. (Hrsg.): Qualitative Forschung: Ein Handbuch. Reinbek, S. 538–545.

Luckmann, Thomas (1986): Grundformen der gesellschaftlichen Vermittlung des Wissens. Kommunikative Gattungen. In: Neidhardt, Friedhelm u. a. (Hrsg.): Kultur und Gesellschaft. Sonderheft 27 der Kölner Zeitschrift für Soziologie und Sozialpsychologie, S. 191–211.

montage/av. Zeitschrift für Theorie und Geschichte audiovisueller Kommunikation (2002). Jg. 10, H. 2, Pragmatik des Films.

montage/av. Zeitschrift für Theorie und Geschichte audiovisueller Kommunikation (2003). Jg. 11, H. 2, Anfänge und Enden.

Peltzer, Anja/Keppler, Angela (2015): Die soziologische Film- und Fernsehanalyse. Berlin u. a.

Pross, Harry (1972): Medienforschung. Darmstadt.

Sacks, Harvey (1971): Das Erzählen von Geschichten innerhalb von Unterhaltungen. In: Kjolseth, Rolf/Sack, Fritz (Hrsg.): Zur Soziologie der Sprache. Sonderheft 15 der Kölner Zeitschrift für Soziologie und Sozialpsychologie, S. 307–314.

Schmidt, Gurly (2000): Chat-Kommunikation im Internet – eine kommunikative Gattung? In: Thimm, Caja (Hrsg.): Soziales im Netz. Sprache, Beziehungen und Kommunikationskulturen im Internet. Opladen, S. 109–130.

Schütz, Alfred (1971a): Begriffs- und Theoriebildung in den Sozialwissenschaften. In: Ders.: Gesammelte Aufsätze I: Das Problem der sozialen Wirklichkeit. Den Haag, S. 55–76.

Schütz, Alfred (1971b): Über die mannigfaltigen Wirklichkeiten. In: Ders.: Gesammelte Aufsätze I: Das Problem der sozialen Wirklichkeit. Den Haag, S. 237–298.

Schütz, Alfred/Luckmann, Thomas (1984): Strukturen der Lebenswelt, Bd. 2. Frankfurt a. M.

Schweinitz, Jörg (1994): »Genre« und lebendiges Genrebewußtsein. Geschichte eines Begriffs und Probleme seiner Konzeptualisierung in der Filmwissenschaft. In: montage/av, Jg. 3, H. 2, S. 99–118.

Soeffner, Hans-Georg (1989): Alltagsverstand und Wissenschaft. Anmerkungen zu einem alltäglichen Mißverständnis von Wissenschaft. In: Ders.: Auslegung des Alltags – Der Alltag der Auslegung. Frankfurt a. M.

Ulmer, Bernd/Bergmann, Jörg R. (1993): Medienrekonstruktionen als kommunikative Gattungen? In: Holly, Werner/Püschel, Ulrich (Hrsg.): Medienrezeption als Aneignung. Methoden und Perspektiven qualitativer Medienforschung. Opladen, S. 81–102.

Volosinov, Valentin N. (1975): Marxismus und Sprachphilosophie. Grundlegende Probleme der soziologischen Methode in der Sprachwissenschaft. Frankfurt a. M.

Cultural Studies

RAINER WINTER

Cultural Studies betreiben seit ihren Anfängen in Birmingham qualitative Medienforschung. Ihr Schwerpunkt liegt auf der Analyse des Verhältnisses von Erfahrungen, medialen Texten und sozialen Kontexten, wobei ihr transdisziplinär orientierter Forschungsprozess durch Bricolage und Perspektivenvielfalt gekennzeichnet ist. Ausgehend von den Machtstrukturen in den Gesellschaften der Gegenwart ist ein Schwerpunkt ihrer empirischen Analysen die Existenz von Formen des Widerstandes und deren Bedeutung. Dabei werden mediale Texte immer in ihrer kontextuellen Situierung untersucht. Dekonstruktive Interpretationsstrategien tragen dazu bei, Texte aus verschiedenen Blickwinkeln zu betrachten. Ergänzend bemüht sich die »neue Ethnographie« im Rahmen von Cultural Studies, durch plurale Forschungs-, Schreib- und Darstellungsstrategien den Perspektiven der Anderen so gerecht wie möglich zu werden.

Die Perspektive der Cultural Studies

Zentrales Merkmal der qualitativen Medienforschung im Kontext von Cultural Studies ist die theoretische und empirische Untersuchung des Verhältnisses von Erfahrungen, medialen Texten und sozialen Kontexten. Anders formuliert, ihr transdisziplinär orientiertes Forschungsinteresse gilt dem komplexen und vielschichtigen Zusammenhang von alltäglich erlebter, diskursiver und gesellschaftlicher Wirklichkeit in der globalen Ära des 21. Jahrhunderts. Diese dreiseitige Ausrichtung bringt unterschiedliche methodologische Orientierungen mit sich, deren wechselseitige Verknüpfung Cultural Studies seit ihren Anfängen bestimmen. Die Singularität und Kreativität dieses Forschungsansatzes, der sich dem »whole way of life« im Sinne von Raymond Williams (1958) verschrieben hat, beruhen auf der gegenseitigen Ergänzung und Bereicherung, aber auch auf den nicht vermeidbaren und produktiv genutzten Widersprüchen, die aus den differenten methodologischen Optionen resultieren.

So hat z. B. die qualitativ-empirische Erforschung der Medienrezeption einen phänomenologischen und hermeneutischen Schwerpunkt, da es um das Verständnis von »lived realities«, von Erfahrungen und Praktiken, geht (Winter 2010). Die Analyse medialer Texte stützt sich auf strukturalistische bzw. poststrukturalistische Ansätze. Denn die Logik eines Spielfilms oder einer Fernsehserie kann sich erschließen durch das Aufzeigen der Werte, die sich in der binären Logik von medialen Texten verstecken, der diskursiven Rahmungen, die mediale Wirklichkeiten strukturieren, oder der intertextuellen Bezüge, die ein medialer Text unterhält und die den mediatisierten Charakter unserer Wirklichkeitserfahrung und unseres Wissens hervorheben. Dagegen hat die Analyse der sozialen und politischen Kontexte, in der mediale Texte rezipiert und angeeignet werden, notwendigerweise einen »realistischen« Charakter, so z. B. in der Deskription des situationalen Settings, in der sich eine Medienrezeption vollzog, oder der zunehmenden globalen Vernetzung.

Cultural Studies zeichnen sich nun dadurch aus, dass sie die auf diese Weise entstehenden Spannungen, Konflikte und durch die Verknüpfung unterschiedlicher Perspektiven manchmal überraschenden Einsichten ins Zentrum ihrer Analysen rücken. Die Bricolage des Forschungsprozesses (Kincheloe/McLaren/Steinberg 2011), die Triangulation unterschiedlicher Methoden und Theorien je nach Forschungsfrage

(→ Treumann, S. 264 ff.), veranschaulicht, dass diese transdisziplinär ausgerichtete Forschungstradition mit der positivistischen Agenda gebrochen hat, dass es das Ziel von Forschung sei, Hypothesen oder Theorien darüber aufzustellen, was in der Welt »wirklich« vor sich geht, und dann durch die methodisch erzeugte und kontrollierte Analyse von (harten) Daten herauszufinden, ob dies »wirklich« so ist. Dagegen zeigen Cultural Studies, dass Forschungsfragen, -methodologien und -interessen durch soziale, politische und historische Kontexte geprägt werden (Grossberg 2010). In der Forschung wird nicht Realität »objektiv« analysiert, vielmehr ist die Forschung Teil der Wirklichkeit, die sie erzeugt und sozial konstruiert. Da Methodologien und Schreibweisen der Forscher die Wirklichkeit nicht widerspiegeln, ist es angebracht, durch unterschiedliche Methoden auch verschiedene Wirklichkeiten zu erzeugen und zur Darstellung zu bringen. So wird die Partikularität von Perspektiven deutlich, und deren differenten Wirklichkeitskonstruktionen wird Rechnung getragen. Das gewonnene Wissen ist immer sozial und politisch lokalisiert, sodass die Forscher/-innen auch dazu aufgefordert werden, die Diskurse und Positionen, die ihr Denken prägen, kritisch zu hinterfragen. Dabei haben die neueren Ansätze von Cultural Studies einen »performance turn« vollzogen (Denzin 2003, Gergen/Gergen 2012). Sie sind sich dessen bewusst, dass sie Kultur in ihren Widersprüchen und Konflikten »zur Aufführung« bringen, wenn sie über sie forschen und schreiben. »Reflexive Performance« und (Auto-)Ethnographie rücken ins Zentrum der neueren qualitativen Forschung.

Gelebte Erfahrungen und widerspenstige Praktiken

Widerstand ist ein elementarer Begriff in den Cultural Studies, der durch Antonio Gramscis Hegemonieanalysen (Gramsci 1991 ff.), seine Überlegungen zur Popularkultur und vor allem durch Michel Foucaults Analytik der modernen Macht (Foucault 1976, 1977) bestimmt wird. Trotz massiver Kritik nimmt er bis heute eine sehr wichtige Rolle in der Analyse gelebter Erfahrungen und Praktiken ein. Seine wichtige Bedeutung veranschaulicht, dass Cultural Studies kulturelle und mediale Prozesse im Kontext sozialer und kultureller Ungleichheit sowie als Teil der Dispositive der Macht betrachten. Ihre Perspektive ist immer auch die »von unten«, die das Leiden an der Gesellschaft, das Elend der Welt, registriert, analysiert, gleichzeitig aber auch Möglichkeiten von Utopie und gesellschaftlicher Transformation aufzeigen möchte (Kellner 1995, Denzin 2010).

So wundert es nicht, dass Widerstand zur zentralen Kategorie dieser kritisch interventionistischen Theorie und Forschungspraxis wurde. Gerade im alltäglichen Gebrauch von Medien, in deren Rezeption und (produktiver) Aneignung, finden sich die Merkmale und Spuren widerspenstiger Praxis und kreativen Eigensinns, die mediale Texte gegen den Strich lesen und zur Artikulation eigener Perspektiven nutzen (Winter 2001). Zum Streitpunkt wurde dabei die Frage, wie weitreichend dieser Widerstand gegen Macht sein kann und welche Bedeutung ihm im Kontext gesellschaftlicher Herrschaftsstrukturen zukommt. Hat der Widerstand (nur) symbolischen Charakter oder auch »reale« Auswirkungen? Als methodologisch schwierig erweist es sich nämlich, die kreativen und widerständigen Elemente alltäglicher Erfahrung zu erfassen, da diese immer bereits von Diskursen durchdrungen und strukturiert werden.

In der frühen Widerstandsforschung, die allerdings keine von einem Programm ausgehende einheitliche Tradition darstellt, wird bereits ein zentraler Aspekt von Cultural Studies deutlich: ihr Kontextualismus. Widerspenstige Praktiken lassen sich nur dann verstehen, wenn der Kontext (re-)konstruiert wird, in dem sie sich ereignen und den sie (mit)konstituieren. Für Lawrence Grossberg (1999, S. 60, 2010, S. 169–226) werden die Cultural Studies von einem radikalen Kontextualismus geprägt: »Um es für Cultural Studies auf den Punkt zu bringen: der Kontext ist alles, und alles ist kontextuell.«

So kann Paul Willis in seiner in der Zwischenzeit zum Klassiker gewordenen ethnographischen Studie *Spaß am Widerstand* (1979) in einer dichten Beschreibung zeigen, wie die »lads«, Jungs aus der Arbeiterklasse, eine lebendige und aufmüpfige Gegenkultur schaffen, die die Mittelklassenormen ihrer Schule ablehnen und subversiv unterlaufen. Ihre kreativen Praktiken prangern Langeweile und Entfremdung schulischer Sozialisation an, führen jedoch nicht zu einer Transformation »realer« Herrschaftsstrukturen, weil den schlecht ausgebildeten »lads« nämlich nichts anderes übrig bleibt, als nach der Schule Arbeiterjobs anzunehmen. Damit ist ihr Protest, den sie subjektiv als Freiheit erfahren, in die Reproduktion sozialer Ungleichheit eingebunden.

In ihrer ebenfalls berühmt gewordenen Studie *Reading the Romance* (1984), die multidimensional angelegt ist und historische Betrachtungen mit narrativen Analysen von Romanen und empirischer Erforschung der Perspektive der Leserinnen verbindet, kam Janice Radway zu dem Ergebnis, dass die Rezeption von Liebesromanen, zunächst unabhängig von ihrem Inhalt, eine grundsätzlich positive Bedeutung für Frauen haben kann. Die regelmäßige und enthusiastische Lektüre, das Sich-Verlieren im Lesen, helfe ihnen nämlich, sich von den sozialen Pflichten und Beziehungen des Alltags zu distanzieren und einen Freiraum für sich selber im häuslichen Ambiente zu schaffen, wo von ihnen ansonsten erwartet wird, ausschließlich für die Familie da zu sein und ihre Selbstfindung daran zu binden. Im Weiteren kann Radway dann zeigen, wie in den Liebesromanen auch weibliche Sinnangebote gegen die des Patriarchats ausgespielt und als höher eingestuft werden. Die scheinbar harmlose Praktik des Lesens von relativ standardisierten Liebesromanen erweist sich als widerspenstig und führt zur Bildung einer lebendigen, widerständigen Subkultur. Allerdings kommt Radway zu dem Schluss, dass die realen patriarchalen Strukturen, die familiäre und gesellschaftliche Beziehungen durchdringen, nicht transformiert werden. Der Widerstand kann sogar zu ihrer Stärkung beitragen.

Die Analysen des Widerstandes innerhalb von Cultural Studies beschäftigen sich also mit auf den ersten Blick trivialen, unbedeutenden alltäglichen Erfahrungen und Praktiken untergeordneter Gruppen, die in ihrer Eigenart, insbesondere wie sie den realen Strukturen von Macht und Herrschaft widerstehen, untersucht werden. Auch wenn in der Lesart von Cultural Studies Ideologien und die hegemoniale Kultur das Verhältnis der Handelnden zur Welt vermitteln, kennen sie diese Strukturen jedoch mittels ihres praktischen Wissens, was die Voraussetzung für ihren Widerstand ist, der in der Regel jedoch im Imaginären verbleibt und vergeblich ist.

Methodologisch werden die alltäglichen Erfahrungen und Praktiken, so z. B. die Medienrezeption, ernst genommen und damit auch deren Bedeutung. Allerdings kontextualisiert sie der Forscher und bestimmt damit ihre eigentliche Bedeutung. In diesem Zusammenhang wird in der neueren Diskussion oft die Kritik geäußert, dass dieser »Durchblick« des Forschers seiner Selbstreflexivität im Wege steht. So kann er z. B. nicht erkennen, wie die von ihm analysierten »realen« Herrschaftsstrukturen durch seine eigenen theoretischen Vorannahmen oft erst begriffliche Kontur gewinnen. Sowohl Willis als auch Radway wurden dahingehend kritisiert, dass ihre theoretischen Vorannahmen zur Ausbildung blinder Flecke führen, was freilich für jede Forschung gilt. In der neueren ethnographischen Diskussion wird etwas übertrieben eingewendet, dass man oft mehr über die theoretische Perspektive der Forscher/-innen erfährt als über die untersuchten Personen. Diese Kritik wurde auch an John Fiske geübt, der als der wichtigste Vertreter des Widerstandsparadigmas gilt und dessen Analysen in der Exploration von Möglichkeiten in dem Dickicht der Lebenswelt für viele einen zu optimistischen Charakter annehmen.

In seinen Analysen des Populären in der Gegenwart (Fiske 1989) knüpft er eng an Foucaults (1976) Unterscheidung zwischen Macht und Widerstand an. »Widerstand« kann in spezifischen historischen Situationen im Verhältnis von diskursiven Strukturen, kultureller Praxis und subjektiven Erfahrungen entstehen. Fiske begreift den Alltag als kontinuierliche Auseinandersetzung zwischen den Strategien der »Starken« und den Guerillataktiken der »Schwachen«. Im Gebrauch der Ressourcen, die das System z. B. in Form von medialen Texten und anderen Konsumobjekten zur Verfügung stellt, versuchen die alltäglichen Akteure ihre Lebensbedingungen selbst zu definieren und ihre Interessen auszudrücken. Dabei interessiert er sich nicht für die Aneignungsprozesse, die zur sozialen Reproduktion beitragen, sondern für den heimlichen und verborgenen Konsum, der im Sinne von Michel de Certeau (1988) eine Fabrikation, eine Produktion von Bedeutungen und Vergnügen ist, in der den Konsumenten ihre eigenen Angelegenheiten deutlicher werden und die (vielleicht) zur allmählichen kulturellen und sozialen Transformation beitragen kann (Winter 2001).

Fiske (Fiske 1999; Winter/Mikos 2001) dekonstruiert in seinen Analysen die unterschiedlichsten populären Texte von Madonna über *Stirb langsam* bis zu *Eine schrecklich nette Familie* mit dem Ziel ihr Potenzial an Bedeutungen aufzuzeigen, das je nach sozialer und historischer Situation der Zuschauer von diesen unterschiedlich realisiert wird. Er zeigt die Inkonsistenzen, die Unabgeschlossenheit, die widersprüchliche Struktur oder die Polyphonie medialer Texte auf, arbeitet heraus, wie eng populäre Texte auf die gesellschaftliche Wirklichkeit bezogen sind und soziale Differenzen artikulieren. Die Rezeption und die Aneignung von Texten werden zu einer kontextuell verankerten gesellschaftlichen Praxis, in der die Texte als Objekte nicht vorgegeben sind, sondern erst auf der Basis sozialer Erfahrungen produziert werden. Damit gelingt es Fiske, die situative Einzigartigkeit und Signifikanz kultureller Praktiken aufzuzeigen, die an einem besonderen Ort zu einer besonderen Zeit realisiert werden.

Wie bei Radway und bei Willis stellt sich jedoch auch bei Fiske die Frage, welche über den unmittelbaren Kontext hinausgehende Bedeutung diese symbolischen Kämpfe haben können. Eine nahe liegende Kritik lautet, dass widerständiger Medienkonsum, wie Fiske (2001) ihn in

seiner berühmt gewordenen Madonna-Studie aufzeigt, ineffektiv bleibt, weil er die patriarchalen Herrschaftsstrukturen nicht ändert. So zu argumentieren, heißt jedoch, nicht sehen zu wollen, dass Fiske dies zum einen nicht behauptet. Zum anderen geht es ihm gerade darum, die Bedeutung, ein Madonna-Fan zu sein, ernst zu nehmen und – vor allem in seinen späteren Arbeiten – die Singularität kultureller Erfahrungen und Praktiken in spezifischen Kontexten herauszuarbeiten, ohne überhaupt den Anspruch auf Generalisierung oder unmittelbare Transformation von Herrschaftsstrukturen zu stellen. Allerdings entgeht auch Fiske nicht der Kritik, dass er als Forscher vorgibt, die Bedeutung der Praktiken der Untersuchten besser zu verstehen als diese selbst.

Diesem für die Forschungen zum Widerstand charakteristischen Dilemma versucht man in neueren Arbeiten dadurch zu entgehen, dass Phänomene aus verschiedenen Blickwinkeln betrachtet werden und auf diese Weise das methodologische Instrumentarium sensibler für die Erfahrung des Anderen werden soll. So wird untersucht, welchen Einfluss Widerstandspraktiken in einem spezifischen Kontext auf Ereignisse und Prozesse in anderen Bereichen haben, wie sie mit diesen artikuliert sind. Zudem werden Erfahrungen, Praktiken und Diskurse in multiplen lokalen Kontexten analysiert, sodass sich verschiedene Formen von Subordination und Widerstand aufzeigen lassen (Saukko 2003). Innerhalb von Cultural Studies spielt die Analyse subversiven Medienkonsums also weiterhin eine wichtige Rolle, auch wenn die damit verbundenen optimistischen Hoffnungen nicht mehr im Zentrum der Betrachtung stehen.

Texte in Kontexten

Ein weiteres zentrales methodologisches Merkmal von Cultural Studies ist ihre Analyse von medialen Texten, die nicht als diskrete Entitäten betrachtet werden, in ihrer kontextuellen Verankerung. Sie interessieren sich dafür, wie Texte und Diskurse mit sozialen, historischen oder politischen Kontexten artikuliert werden. Von Anfang an haben sie die traditionell marxistische Vorstellung abgelehnt, dass Kultur im Wesentlichen im Rahmen einer dominanten Ideologie begriffen werden kann. Vor allem Stuart Halls berühmtes »Encoding/Decoding«-Modell (Hall 1980) machte deutlich, dass in der Produktion und Rezeption von Nachrichtensendungen um die Bedeutung der dargestellten Ereignisse gerungen wird. Mediale Texte werden zum Ort der Auseinandersetzung zwischen verschiedenen sozialen Gruppen, die ihre eigenen Interpretationen durchsetzen möchten.

Daher spielten schon in der Frühphase der Cultural Studies in Birmingham semiotische und strukturalistische Analysen eine wichtige Rolle. Zeichen wurden als polysem und multiakzentuell begriffen, die Verknüpfung zwischen Signifikant und Signifikat war in der Lesart von Cultural Studies vor allem politisch motiviert. Mediale Texte, wie z. B. die Studie zu James Bond (Bennett/Woollacott 1987) zeigte, wurden in ihrer intertextuellen Verankerung (Winter 1992; Mikos 1994) analysiert, um den oft formalistischen Charakter semiotischer und narrativer Analysen, die an primären Texten orientiert sind, zu überwinden. Durch die Berücksichtigung textueller und sozialer Kontexte gewannen die Analysen populärer Texte an Tiefe und Komplexität, weil ihre gesellschaftliche Bedeutung ins Zentrum rückte, die in Beziehung zu komplexen sozialen und kulturellen Kräften entsteht.

Sehr früh wurden auch die Charakteristika postmoderner Medientexte bestimmt, die Anleihen im Archiv der verfügbaren Medientexte machen und sich primär im Kontext dieser zirkulären Bezüge – und nicht als Referenz auf eine medial unvermittelte »Realität« – verstehen lassen (Denzin 1991). Dabei geht ein umstrittener Film wie *Natural Born Killers* selbstreflexiv und kritisch mit Medienbildern sowie mit unserem medial vermittelten Wissen über Serienkiller um. Nicht jeder hat aber eine postmoderne Sensibilität ausgebildet und versteht daher den Film als Parodie auf mediale Gewalt. Cultural Studies betonen daher, dass jede Lesart kontextgebunden ist und politischen Charakter hat. Das

Wissen über Texte und Praktiken, deren räumliche und zeitliche Eigenschaften bestimmt werden müssen, ist immer ein situiertes Wissen. Wie die Forschungen zur Populärkultur zeigen, existieren Texte und Praktiken an besonderen Orten zu besonderen Zeiten für besondere Publika (Jenkins u. a. 2002). Deshalb lässt sich die Bedeutung eines medialen Textes nie erschöpfend bestimmen. Gerade im Bereich der Populärkultur vervielfachen sich die Bedeutungen, wenn Konsumenten und Forscher die Texte im Kontext ihres eigenen sozialen Lebens und ihrer kulturellen Identität verstehen. Im Rahmen von Cultural Studies sind oft die persönlichen Erfahrungen im Umgang mit medialen Texten ein Einstieg für deren kritische Analyse (Grossberg 1988). So geht es in der Folge darum, in selbstreflexiver Weise die sozialen Grundlagen unserer Interpretationen und damit auch deren Grenzen zu bestimmen.

In neueren, poststrukturalistisch orientierten Arbeiten der Cultural Studies werden hierzu auch genealogische und dekonstruktive Analysen durchgeführt. Im Anschluss an Foucault kann die Genealogie aufzeigen, wie unsere Auffassungen, Begriffe, Problembeschreibungen oder wissenschaftlichen Wahrheiten historischen Kontexten und spezifischen sozialen und politischen Prozessen entsprungen sind. So sind die Bilder, die wir uns von uns selbst, der Gesellschaft oder der Geschichte machen, nie vollständig oder unabhängig. Sie bleiben an die gesellschaftlichen Praktiken gebunden, aus denen sie hervorgegangen sind. Ein Genealoge versucht die medialen Praktiken unserer Kultur zu verstehen, die wir mit anderen teilen und die uns auch zu dem gemacht haben, was wir sind.

Die Dekonstruktion ermöglicht eine kritische Analyse der Logik medialer Texte. Hierzu werden z. B. binäre Oppositionen aufgedeckt und problematisiert. Hinter diesen verbergen sich Werte, ideologische Vorannahmen und kulturelle Hierarchien. Darüber hinaus zeigen dekonstruktive Lektüren die grundlegende Unbestimmtheit des Sinns medialer Texte auf, die durch ein unbegrenztes Spiel von Differenzen konstituiert werden und für vielfältige Lesarten in unterschiedlichen Kontexten offen stehen. Daher haben dekonstruktive Cultural Studies auch einen interventionistischen Charakter. Es geht ihnen darum »to expose the underlying ›structural‹ preconceptions that organize texts and to reveal the conditions of freedom that they suppress« (Denzin 1994, S. 196).

Cultural Studies haben also das Bestreben, mediale Texte von möglichst vielen Perspektiven aus zu analysieren, um die Diskurse aufzudecken (→ Diaz-Bone, S. 131 ff.), die sowohl diese als auch unser Alltagsverständnis und unsere Forschungsstrategien strukturieren. Der Forscher muss sich über seine eigenen Verpflichtungen, Interessen und Auffassungen klar werden, die historisch, politisch und sozial geprägt sind (vgl. Winter 2014).

Neue Formen von Ethnographie

Die bereits erwähnte Kritik an der Theorielastigkeit der Forschungen zum Widerstand führte innerhalb der Cultural Studies zur Diskussion und Entwicklung neuer Forschungsstrategien, die der gelebten Wirklichkeit angemessener sind. Eine wichtige Bedeutung kommt dabei dem Dialog zwischen dem Selbst des Forschers und der Perspektive des Anderen, dem Untersuchungsobjekt, zu (Lincoln/Denzin 2003). Dessen Welt soll nicht von außen beschrieben werden, sondern es geht um eine Interaktion bzw. eine Begegnung zwischen verschiedenen Welten, bei der die Perspektive des Untersuchten möglichst unter dessen aktiver Mitwirkung »authentisch« erfasst werden soll. So muss sich der Forscher zunächst klar machen, was ihn daran hindert, die Welt des Anderen, der z. B. leidenschaftlich gerne Horrorfilme schaut oder Gangsta Rap hört, zu verstehen. Sich der eigenen Grenzen bewusst zu werden, fördert dann die Sensibilität gegenüber fremden und radikal differenten Erfahrungswelten. Ergänzt wird dieser Reflexionsprozess durch neue Formen des Schreibens (Richardson 2000, Leavy 2013), die persönlich, literarisch und experimentell auch die nicht rationalen Aspekte der Erfahrung des

Forschers darstellen, die sich auf die (Medien-)Welten der Anderen beziehen. Die Forschungsberichte, die deren Erleben möglichst gerecht werden sollen, sind oft multivokal gestaltet. Eine Strategie besteht auch darin, die Ergebnisse in einer Performance zu vermitteln (Denzin 1999, Winter/Niederer 2008, Gergen/Gergen 2012). Auf diese Weise kommen ästhetisch geprägte Formen der Wahrnehmung und des Wissens zur Geltung, die die Konstruktionen von Selbst und Anderen verändern können (Gergen/Gergen 2012). Zudem wird den Untersuchten genügend Platz zugestanden, ihre eigene Perspektive darzustellen, bevor sie dann vom Forscher lokalisiert und reflektiert wird. Des Weiteren wird in diesen neuen Formen von Ethnographie hervorgehoben (→ Winter, S. 588 ff.), dass die untersuchten (Medien-)Welten eine Vielzahl an Stimmen beinhalten und so die Perspektiven unterschiedlicher Akteure in ihrer jeweiligen Lebenssituation eingeholt werden sollen.

Ethnographische Praktiken im Rahmen von Cultural Studies erweisen sich so in der globalen Medienwelt des 21. Jahrhunderts auch als ein moralischer Diskurs (Denzin 1997, Denzin 2010, Winter/Niederer 2008), der (problematische) Lebens- und Medienerfahrungen zugänglich macht und Einblick in (neue) Formen sozialer und kultureller Ungleichheit geben kann.

Fazit

Cultural Studies betreiben qualitative Medienforschung im Rahmen umfassender Kultur- und Gesellschaftsanalysen. So ist ihre Stärke gerade die Herstellung von Zusammenhängen über einzelne Erfahrungsräume hinweg und damit der Nachweis, dass Kultur eine »ganze Lebensweise« (»a whole way of life«) ist. Ihre Theorien und Modelle werden als Antwort auf die sozialen Probleme und Fragestellungen spezifischer Kontexte entwickelt (Grossberg 2010). Cultural Studies sind sowohl konstruktivistisch, so z. B. in der Herstellung von Kontexten, als auch kritisch, so in der Analyse von Machtverhältnissen, orientiert. Stuart Hall bestimmt als ihr Ziel »to enable people to understand what [was] going on, and especially to provide ways of thinking, strategies for survival, and resources for resistance« (Hall 1990, S. 22).

Literatur

Bennett, Tony/Woollacott, Janet (1987): Bond and Beyond. The Political Career of a Popular Hero. London.

De Certeau, Michel (1988): Kunst des Handelns. Berlin.

Denzin, Norman K. (1991): Images of Postmodern Society. Social Theory and Contemporary Cinema. London/Thousand Oaks/New Delhi.

Denzin, Norman K. (1994): Postmodernism and Deconstructionism. In: Dickens, David/Fontana, Andrea (Hrsg.): Postmodernism and Social Inquiry. London, S. 182–202.

Denzin, Norman K. (1997): Interpretive Ethnography. Ethnographic Practices for the 21st Century. London/Thousand Oaks/New Delhi.

Denzin, Norman K. (1999): Ein Schritt voran mit den Cultural Studies. In: Hörning, Karl H./Winter, Rainer (Hrsg.): Widerspenstige Kulturen. Cultural Studies als Herausforderung. Frankfurt a. M., S. 116–145.

Denzin, Norman K. (2003): Performance Ethnography. Critical Pedagogy and the Politics of Culture. London/Thousand Oaks/New Delhi.

Denzin, Norman K. (2010): The Qualitative Manifesto. A Call to Arms. Walnut Creek/CA.

Fiske, John (1989): Understanding Popular Culture. London/Sidney/Wellington.

Fiske, John (1999): Wie ein Publikum entsteht: Kulturelle Praxis und Cultural Studies. In: Hörning, Karl H./Winter, Rainer (Hrsg.): Widerspenstige Kulturen. Cultural Studies als Herausforderung. Frankfurt a. M., S. 238–263.

Fiske, John (2001): Die britischen Cultural Studies und das Fernsehen. In: Winter, Rainer/Mikos, Lothar (Hrsg.) (2001): Die Fabrikation des Populären. Der John Fiske Reader. Bielefeld, S. 17–68.

Foucault, Michel (1976): Überwachen und Strafen. Die Geburt des Gefängnisses. Frankfurt a. M.

Foucault, Michel (1977): Sexualität und Wahrheit. Band 1. Der Wille zum Wissen. Frankfurt a. M.

Gergen, Mary M./Gergen, Kenneth J. (2012): Playing with Purpose. Adventures in Performative Social Science. Walnut Creek/CA.

Göttlich, Udo/Mikos, Lothar/Winter, Rainer (Hrsg.) (2001): Die Werkzeugkiste der Cultural Studies. Perspektiven, Anschlüsse und Interventionen. Bielefeld.

Gramsci, Antonio (1991 ff.): Gefängnishefte in 10 Bänden. Hamburg/Berlin.

Grossberg, Lawrence (1988): It's a Sin. Essays on Postmodernism, Politics & Culture. Sidney.

Grossberg, Lawrence (1999): Was sind Cultural Studies? In: Hörning, Karl H./Winter, Rainer (Hrsg.): Widerspenstige Kulturen. Cultural Studies als Herausforderung. Frankfurt a. M., S. 43–83.

Grossberg, Lawrence (2010): Cultural Studies in the Future Tense. Durham.

Hall, Stuart (1980): Encoding/Decoding. In: Hall, Stuart/Hobson, Dorothy/Lowe, Andrew/Willis, Paul (Hrsg.): Culture, Media, Language. London, S. 128–138.

Hall, Stuart (1990): The Emergence of Cultural Studies and the Crisis of the Humanities. In: October 53, S. 11–23.

Hörning, Karl H./Winter, Rainer (Hrsg.) (1999): Widerspenstige Kulturen. Cultural Studies als Herausforderung. Frankfurt a. M.

Jenkins, Henry/McPherson, Tara/Shattuc, Jane (Hrsg.) (2002): Hop on Pop. The Politics and Pleasures of Popular Culture. Durham.

Kellner, Douglas (1995): Media Culture. London/New York.

Kincheloe, Joe/McLaren, Peter/Steinberg, Shirley R. (2011): Critical Pedagogy and Qualitative Research: Moving to the Bricolage. In: Denzin, Norman K./Lincoln, Yvonna S. (Hrsg.): The SAGE Handbook of Qualitative Research. Fourth Edition. Los Angeles u.a., S. 163–178.

Leavy, Patricia (2013). Fiction as Research Practice. Short Stories, Novellas, and Novels. Walnut Creek/CA.

Lincoln, Yvonna S./Denzin, Norman K. (Hrsg.) (2003): Turning Points in Qualitative Research. Walnut Creek/ CA.

Mikos, Lothar (1994): Fernsehen im Erleben der Zuschauer. München.

Radway, Janice (1984): Reading the Romance. Woman, Patriarchy, and Popular Literature. Chapel Hill.

Richardson, Laurel (2000): Writing: A Method of Inquiry. In: Denzin, Norman K./Lincoln, Yvonna S. (Hrsg.): Handbook of Qualitative Research, 2. Auflage. London/Thousand Oaks/New Delhi, S. 923–948.

Saukko, Paula (2003): Doing Research in Cultural Studies. London/Thousand Oaks/New Delhi.

Williams, Raymond (1958): Culture and Society 1780–1950. London.

Willis, Paul (1979): Spaß am Widerstand. Gegenkultur in der Arbeiterschule. Frankfurt a. M.

Winter, Rainer (1992): Filmsoziologie. Eine Einführung in das Verhältnis von Film, Kultur und Gesellschaft. München.

Winter, Rainer (2010): Der produktive Zuschauer. Medienaneignung als kultureller und ästhetischer Prozess. Zweite überarbeitete und ergänzte Auflage. Köln.

Winter, Rainer (2001): Die Kunst des Eigensinns. Cultural Studies als Kritik der Macht. Weilerswist.

Winter, Rainer (2014): Ein Plädoyer für kritische Perspektiven in der qualitativen Forschung. In: Mey, Günter/ Mruck, Katja (Hrsg.): Qualitative Forschung. Analysen und Diskussionen – 10 Jahre Berliner Methoden- treffen. Wiesbaden: VS Springer, S. 117–132.

Winter, Rainer/Mikos, Lothar (Hrsg.) (2001): Die Fabrikation des Populären. Der John-Fiske-Reader. Bielefeld.

Winter, Rainer/Niederer, Elisabeth (Hrsg.) (2008): Ethnographie, Kino und Interpretation – die performative Wende der Sozialwissenschaften. Der Norman K. Denzin Reader. Bielefeld.

Handlungstheorien

FRIEDRICH KROTZ

Der Beitrag beschäftigt sich mit Handlungstheorien in ihrem Bezug zu qualitativen Forschungsmethoden. Dazu werden zunächst Handlungstheorien von anderen sozialwissenschaftlichen Theorien abgegrenzt und ihre Bedeutung für qualitative Verfahren erläutert. Sodann werden Typen von Handlungstheorien voneinander unterschieden, wobei die je mit einer Handlungstheorie verbundene methodologische Orientierung als Unterscheidungskriterium dient – wir unterscheiden quantitativ und qualitativ konnotierte Handlungstheorien. Sodann werden einige der qualitativ konnotierten Handlungstheorien genauer umrissen. Weiter werden dann beispielhaft einige Begriffe wie Rolle und Situation erläutert, mit deren Hilfe derartige Handlungstheorien Handeln konzeptionell fassen. Schließlich wird kurz berichtet, wie und in welchem Zusammenhang sich diese Ansätze in der Kommunikationswissenschaft finden.

Handlungstheorien und ihre Bedeutung für qualitative Methoden

Sozialwissenschaftliche Theorien lassen sich ganz allgemein als aufeinander bezogene Aussagenzusammenhänge begreifen. Als *Handlungstheorien* werden derartige Theorien bezeichnet, wenn sie von kulturell und gesellschaftlich geprägtem, individuellem Handeln als einer Grundkategorie der Sozialwissenschaft ausgehen, wobei diese Grundkategorie sich empirisch nicht weiter rechtfertigen muss, sondern gesetzt ist. Erleben, Denken, Kommunizieren gelten dann als besondere Formen eines so verstandenen allgemeinen (sozialen) Handelns. Das bedeutet nicht, dass man Handeln und dessen Bedingungen und Konsequenzen nicht empirisch untersuchen kann. Vielmehr rechtfertigt sich jede sozialwissenschaftliche Theorie über empirische Untersuchungen. Aber jede Theorie beruht implizit oder explizit auf grundlegenden, gesetzten Annahmen, und Handlungstheorien beruhen dementsprechend darauf, dass (soziales) Handeln als Fundamentalkategorie angenommen wird.

Sozialwissenschaftliche Theorien, die keine Handlungstheorien sind, lassen sich demgegenüber etwa in *Gesellschaftstheorien* und *Systemtheorien* unterscheiden. Gesellschaftstheorien gehen von einer Eigenständigkeit übergeordneter sozialer Phänomene wie etwa dem Begriff der Gesellschaft aus. Systemtheorien stellen ein abstraktes funktionales Prinzip, nämlich das Konzept des Systems in den Mittelpunkt und versuchen, soziales Geschehen von daher zu beschreiben und zu analysieren. Natürlich gibt es auch im Rahmen von Gesellschafts- und Systemtheorien Aussagen darüber, warum und wie Menschen handeln; dann werden aber aus den jeweiligen Basisannahmen abgeleitete oder von irgendwo anders her übernommene Handlungsbegriffe verwendet, denen nur eine abgeleitete Bedeutung zukommt.

Im Rahmen einer Darstellung von empirischen Methoden und Verfahren sind Handlungstheorien wichtig, weil sich qualitative Verfahren vor allem im Zusammenhang mit handlungstheoretischen Konzeptionen sozialer und kultureller Wirklichkeit entwickelt haben und dort auch vor allem angewandt werden. Demgegenüber sind Gesellschafts- und Systemtheorien meist entweder quantitativ orientiert, oder es hängt von der jeweiligen Forschungsperson (oder der Fragestellung) ab, welche Art von Methoden angewandt wird. Allerdings sind natürlich nicht alle handlungstheoretischen Ansätze qualitativ orientiert, wie zu sehen sein wird; wir unterscheiden deshalb methodisch *qualitativ konnotierte und quantitativ konnotierte Handlungstheorien.*

Arten von Handlungstheorien und ihre Relevanz für Forschungsverfahren

Das Feld der Handlungstheorien ist nur schwer einheitlich beschreibbar. Nach Lüdtke kann man wahrnehmungs- und motivationspsychologische, lerntheoretische, interaktionistische, entscheidungs- und rollentheoretische Handlungstheorien voneinander unterscheiden (Lüdtke 1978, S. 269). Felsch und Küpper (1998) dagegen unterteilen Handlungstheorien danach, ob sie rational oder normativ sind: Zu den Ersteren lässt sich zum Beispiel das Konzept des Homo oeconomicus rechnen, das auf Austauschtheorien und Nutzenoptimierung und damit auf Theorien beruht, die am Handeln als Wählen zwischen Alternativen ansetzen. Ein Beispiel für normative Handlungstheorien liegt mit dem Ansatz des Homo sociologicus und damit beispielsweise mit dem Werk des Strukturfunktionalisten Talcott Parsons vor, der Gesellschaft primär als durch normenbezogenes Handeln konstituiert versteht.

Es gibt also unterschiedliche Konzeptionen von Handeln. Im Hinblick auf das Verhältnis von Handlungstheorien und Forschungsverfahren lassen sich zwei Grundpositionen unterscheiden: Entweder wird Handeln so definiert, dass es von einem unabhängigen Beobachter von außen gültig beschrieben werden kann. Oder es wird davon ausgegangen, dass Handeln allein durch Beobachtung von außen nicht gültig beschrieben werden kann, weil dabei innere Prozesse des Menschen von zentraler Bedeutung sind, die ohne seine Mithilfe nicht verstanden werden können. Im ersten Fall sprechen wir von einer quantitativ konnotierten Definition, im zweiten von einer qualitativ konnotierten. Diese Unterscheidung hängt eng mit der wissenschaftsgeschichtlich wichtigen Unterscheidung zwischen Verhalten und Handeln zusammen, ist aber damit nicht identisch, sie ist vielmehr methodologisch ausgerichtet.

Zum *quantitativ konnotierten Typus von Handeln* gehören offensichtlich Ansätze von Handeln, die den Menschen als eine Art schwarze Kiste begreifen, die auf äußere Reize unter Rückgriff auf allenfalls mittelbar erschließbare innere Mechanismen reagiert. Die verhaltenstheoretische Soziologie, die zum Beispiel Kommunikation in Gruppen primär nach objektiv feststellbaren Kontakthäufigkeiten untersucht und daraus auf Gruppenstrukturen schließt, ist hier als Beispiel zu nennen. Dennis McQuail (1994) unterscheidet im Feld der Kommunikationswissenschaft vier paradigmatische Arten, wie Kommunikation verstanden wird. Zwei davon fallen unter diesen ersten Typus:

- Kommunikatives Handeln kann als Zuwendung von Aufmerksamkeit des Rezipienten zu medialen Reizen verstanden werden, eine Vorstellung, wie sie die Werbeforschung meist benutzt, weil sie ja die Erregung von Aufmerksamkeit beabsichtigt.
- Kommunikation kann als Transport von Informationen begriffen werden, der zwischen Menschen oder zwischen Mensch und Medium stattfindet.

In beiden Ansätzen sind weder die antizipierenden Aktivitäten bei der Herstellung eines Kommunikats noch das, was als »Verstehen« von Kommunikation bezeichnet wird, Teil des eigentlichen kommunikativen Handelns – was mindestens im Falle zwischenmenschlicher Kommunikation, also der Urform von jeder Kommunikation, eine ausgesprochen reduktionistische Annahme ist. Wenn man diese Position weiter treibt, so wird dann der Verstehensprozess als unerforschbar ignoriert und nach extern feststellbaren Wirkungen gesucht. Auch Theorien, die Handeln auf Wählen zwischen vorgegebenen Alternativen oder Kommunikation auf Selektionsprozesse beschränken, sind diesem Typus zuzurechnen (z. B. Jäckel 1996).

Derartige handlungstheoretische Ansätze beziehen sich im Allgemeinen auf eine quantitative, als objektiviert verstandene Messmethode, wenn es um empirische Forschung geht. Denn Messen setzt eine vom Messinstrument unabhängige und zumindest für den Messvorgang stabile, intersubjektiv feststellbare Wirklichkeit voraus, und genau darauf bezogen definieren solche theoretischen Ansätze Handeln und Kommunizieren.

Demgegenüber geht der *Typus der qualitativ konnotierten Handlungstheorien* von auf innere Prozesse bezogenen Konzepten wie Sinn und Bedeutung aus, über die Handeln, Erleben, Denken und Kommunizieren erst zustande kommen. Eine wesentliche und immer wieder zitierte Version dieses Verständnisses findet sich in den Arbeiten von Max Weber, einem der so genannten »Klassiker der Soziologie«. Für Weber war Soziologie eine Wissenschaft, »welche soziales Handeln deutend verstehen und dadurch in seinem Ablauf und seinen Wirkungen ursächlich erklären will. ›Handeln‹ soll dabei ein menschliches Verhalten (einerlei, ob äußeres oder inneres Tun, Unterlassen oder Dulden) heißen, wenn und insofern als der oder die Handelnden mit ihm einen subjektiven *Sinn* verbinden. ›Soziales‹ Handeln aber soll ein solches Handeln heißen, welches seinen von dem oder den Handelnden gemeinten Sinn nach auf das Verhalten *anderer* bezogen wird und darin in seinem Ablauf orientiert ist« (Weber 1978, S. 9).

Hier wird Handeln als Grundkategorie der Sozialwissenschaft entworfen, das auf Sinn und Bedeutung beruht, die vom Handelnden konstituiert werden. Die Benutzung einer Waschmaschine ist offensichtlich ein Fall sinnvollen Handelns, die Teilnahme an einem Fußballspiel ebenso ein Fall sozialen Handelns wie das Sprechen mit anderen oder die Nutzung von Kommunikationsmedien.

Sinnbezogenes Handeln muss, um in Webers Sprache zu bleiben, deutend verstanden werden, wenn es um empirische Untersuchungen geht. Das geht nicht durch ein als objektiv verstandenes Beobachten, sondern bedarf offener, kommunikativ angelegter Forschungsstrategien. Ein derartiges Konzept von Handeln auf der Basis von subjektiver Sinnkonstruktion unterstellen die beiden anderen, von McQuail (1994) beschriebenen Paradigmen der Kommunikationswissenschaft:

- Das »rezeptionsbezogene Paradigma«: Danach wird Kommunizieren primär durch das Verstehen definiert, ohne das von (geglückter) Kommunikation nicht die Rede sein kann. Verstehen heißt dabei, anschaulich gesprochen, dass der Rezipient die Medieninhalte mit seinen eigenen Vorstellungen und Gedanken zusammenbringt und sich so das Kommunikat aneignet.
- Das »rituelle Paradigma«: Danach wird Kommunikation vor allem als Basis von Gemeinschaft verstanden – dann steht im Vordergrund, dass die Menschen durch ihr Kommunizieren Teil sozialer Gemeinschaft werden. Plakativ ausgedrückt, ist es in diesem Paradigma wichtig, dass man Zeitung liest, nicht, was man darin genau liest.

In diesen Fällen muss wissenschaftliche Empirie Kommunikation in ihrem Ablauf rekonstruieren und dabei die Konstitution von Sinn und Bedeutung durch die handelnden Subjekte im Blick haben. Dies ist nur mit qualitativen Erhebungs- und Auswertungsmethoden möglich, die grundsätzlich von einer gemeinsamen Wirklichkeit von Forscher und Beforschten ausgeht, durch die Forschung nicht behindert oder verfälscht, sondern erst möglich wird. Damit wird bei diesen beiden Paradigmen grundsätzlich ein Menschenbild unterstellt, das sich von dem unterscheidet, das zu den beiden ersteren Paradigmen gehört: Der Mensch ist Bewohner einer kommunikativ konstituierten symbolischen Welt, die über Sprache und andere Symbolsysteme sozial und kulturell vermittelt hergestellt wird. Im Gegensatz zum pawlowschen Hund, dessen Speichelproduktion durch das Klingeln unmittelbar und automatisch angeregt wird, handeln Menschen im Normalfall nicht automatisch oder rein reaktiv im Hinblick auf beobachtbares Geschehen. Sie handeln vielmehr aufgrund der Bedeutungen, die ein Objekt, ein Geschehen, ein Reiz oder allgemein, ein Zeichen für sie hat. Objekte, Geschehen, Reize sind Zeichen, die für etwas stehen, und dieses individuell bedeutsame, sozial konstituierte Etwas ist relevant für die Art, wie Menschen mit etwas umgehen.

Die Möglichkeit und die Wirklichkeit des Hantierens mit Zeichen und Symbolen auf der Basis von kommunikativ konstituierten Bedeutungen und insbesondere die Sprache trennen im Übrigen den Menschen auf charakteristische Weise vom Tier. Denn der Mensch ist Mensch nur dadurch, dass er bzw. sie über Kommunikation, symbolisch vermittelte Interaktion und über Sprache verfügt, und zwar in einer Elaboriertheit, die kein Tier beherrscht.

Unterschiedliche qualitativ konnotierte handlungstheoretische Ansätze

Den im Folgenden genauer dargestellten handlungstheoretischen Ansätzen liegt nun die Annahme zugrunde, dass Handeln auf der Basis von Sinn und Bedeutung zustande kommt. Insbesondere finden deshalb beim (kommunikativen) Handeln stets auch *innere Prozesse* statt, ohne die man gar nicht von Kommunikation sprechen kann: Kommunikate müssen etwa von ihren Konstrukteuren im Hinblick auf die anderen Beteiligten antizipierend entworfen werden, und sie müssen von den Rezipienten verstanden werden. Diese Aktivitäten sind deshalb Teil von Kommunikation. Sie können von einem Außenbeobachter nicht »objektiv« beschrieben oder gar verstanden werden. Deshalb müssen derartige Handlungstheorien mit qualitativen Verfahren, die von einer kommunikativ konstruierten Wirklichkeit ausgehen, empirisch untersucht werden.

Fünf unterschiedliche Typen solcher handlungstheoretischer Ansätze sollen kurz skizziert werden, wobei zu berücksichtigen ist, dass sich diese Ansätze nicht immer scharf voneinander unterscheiden.

1. Symbolischer Interaktionismus
Der durch die Schriften George Herbert Meads (1969, 1973) begründete *Symbolische Interaktionismus* geht davon aus, dass menschliches Handeln immer auch symbolisches Handeln ist, das im Rahmen einer sozial begründeten und individuell interpretierten Wirklichkeit stattfindet.

In Anlehnung an Herbert Blumer, der den oft gescholtenen Begriff des Symbolischen Interaktionismus erfunden hat, kann man diesen sozialpsychologisch begründeten Ansatz auf drei handlungstheoretisch formulierte Grundaussagen zurückführen: Menschen handeln Dingen und Menschen gegenüber auf der Grundlage von Bedeutungen, die diese Dinge bzw. Menschen für sie haben; diese Bedeutungen sind in den Interaktionen der Menschen untereinander für die einzelnen entstanden; und sie werden von den Menschen im Rahmen ihrer Alltags-praktiken gehandhabt und dabei rekonstruiert und weiter entwickelt (Blumer 1967).

Umgekehrt – und darin liegt eine Besonderheit dieses Ansatzes – zeigt Mead, wie der Mensch durch die soziale Gemeinschaft, in der er entsteht, aufwächst und lebt, Kommunikationskompetenz erwirbt und im Zusammenhang damit zu dem Menschen seiner Zeit und Kultur wird, der er ist. Bewusstsein und Selbstbewusstsein, Identität und innere Struktur, Kompetenz und Erfahrung sind demnach durch soziales und kommunikatives, aufeinander bezogenes Handeln entstanden (vgl. auch Burkitt 1991, Burkart 1995, die sich beide auch mit Bezug derartiger Überlegungen zu anderen Theorien beschäftigen).

Wie komplex die damit verbundenen Prozesse sind, zeigen etwa die empirischen Studien von Erving Goffman (1980, 1997), der sich diesem Ansatz zurechnen lässt. Auch das Konzept der parasozialen Interaktion und der parasozialen Beziehungen, das auf zwei Arbeiten von Horton/Wohl (1956) sowie Horton/Strauss (1957) gründet, ist in diesem Rahmen entstanden (und von anderen theoretischen Ansätzen adaptiert worden). Und mit der so genannten Methode der Grounded Theory hat Anselm Strauss (zusammen mit dem nicht symbolisch-interaktionistisch orientierten Barney Glaser) ein allgemeines Verfahren der Konstruktion von Theorien entwickelt (Glaser/Strauss 1967) – »Grounded Theory«, weil man damit systematisch und nachvollziehbar in empirischen Daten begründete Theorien gewinnt (die einer weiteren, etwa quantitativen Prüfung nicht mehr bedürfen, vgl. auch Kleining 1995; → Lampert, S. 596 ff.).

2. Phänomenologische Ansätze

Von ihrer klassischen sozialwissenschaftlichen Fundierung her sind sodann hermeneutisch und phänomenologisch begründete Handlungstheorien zu nennen. *Phänomenologische Ansätze* werden beispielsweise von Harold Garfinkel (1973), Alfred Schütz (1971) sowie Peter L. Berger und Thomas Luckmann (1980) vertreten. Sie gehen davon aus, dass die Menschen ihren Alltag als kreative Methodologen konstituieren und sich den subjektiven Sinn ihres Handelns wechselseitig anzeigen. Dies tun sie in Bezug auf eine Art sozialer Grammatik, an der sie ihr Handeln und ihr Kommunizieren orientieren. Dabei ist diese Grammatik allein natürlich nicht für eine Beschreibung konkreten Handelns ausreichend – wichtig sind zudem die Kontexte, in denen Handeln stattfindet. Auf diese Handlungstheorie bezogene empirische Verfahren sind die Ethnomethodologie und die Konversationsanalyse, die einerseits diese Handlungsgrammatik herausarbeiten, andererseits die Analyse kommunikativ konstituierter Lebenswelten möglich machen. Dabei werden die feststellbaren Phänomene als eine Art Indikatoren begriffen, von denen auf diese sozialen Hintergründe geschlossen werden kann.

Hermeneutische Ansätze (z. B. Hitzler/Honer 1997) gehen demgegenüber davon aus, dass es darauf ankommt, den subjektiven, mit Handlung bzw. Kommunikation verbundenen sozialen Sinn herauszuarbeiten, um soziales Geschehen wissenschaftlich zu erforschen (→ Reichertz, S. 66 ff., → Hagedorn, S. 580 ff.). Sie konzentrieren sich deshalb mehr auf das Problem des Verstehens dieses subjektiven, aber objektiv feststellbaren Sinns, der sich im Handeln und Kommunizieren ausdrückt. Dieser Sinn kann in einem beschreibbaren Verfahren mehr oder weniger intersubjektiv unabhängig festgestellt werden, wobei unterschiedliche Vorgehensweisen zum Einsatz kommen können (Oevermann 1983; Reichertz 1997). Derartige Untersuchungen können allerdings ausgesprochen aufwän-

dig sein, etwa wenn ein Verfahren so angelegt ist, dass zunächst alle möglichen subjektiven Sinndeutungen ermittelt und dann durch Textanalysen die nicht zutreffenden eliminiert werden.

3. Cultural Studies

Als weiterer handlungstheoretischer Ansatz dieses Typs müssen die *Cultural Studies* Erwähnung finden (→ Winter, S. 86 ff.). Sie werden auf der Basis ihres semiotischen Grundverständnisses der sozialen und kulturellen Welt zu den Handlungstheorien gerechnet, die für die Kommunikationswissenschaft relevant sind. Zwar zeichnen sie sich dadurch aus, dass sie theoretisch auch auf unterschiedliche Theorien ganz anderer Art Bezug nehmen: insbesondere auf einen modifizierten Marxismus, der am Konzept der Hegemonie von Gramsci ansetzt, auf eine semiotisch begründete Psychoanalyse in Anlehnung an Lacan sowie auf Foucault und den (Post-)Strukturalismus (vgl. z. B. Storey 1998). Jedoch liegt in der darin angelegten Verweigerung einer monolithisch abgeschlossenen Theorie die These verborgen, dass alles Soziale und Kulturelle konkret ist, was sich besonders in der Rezeptionsvorstellung des »Texts are made by the readers« ausdrückt und erkenntlich macht, dass Realität durch das konkrete Individuum in der Gesellschaft hergestellt wird. Im Hinblick auf die empirische Forschung im Rahmen der Cultural Studies werden zwar ganz unterschiedliche Verfahren verwendet, um multimethodisch die Dinge von verschiedenen Seiten her zu beleuchten; dazu zählen auch quantitative Verfahren. Doch kann man sagen, dass ethnographische Forschungsdesigns zusammen mit textanalysierenden Verfahren wie der Diskursanalyse zum Kernbestand der Forschungsmethoden der Cultural Studies gehören und andere Verfahren eine bloß ergänzende Rolle spielen.

4. Strukturelle Anthropologie

Im Anschluss daran ist auf einen mittelbar handlungstheoretischen Ansatz zu verweisen, der durch seine Orientierung an ethnographischen Vorgehensweisen als eine Art *strukturale Anthropologie menschlicher Kommunikation* verstanden werden kann – dieser Ansatz erschließt sich als eigenständig nur mittelbar, indem man beachtet, wie hier Handeln und Kommunizieren untersucht werden. Der Ethnograph lässt sich auf die Welt ein, insofern er einerseits alltäglich an ihr Teil hat, in ihr handelt und damit den Anspruch aufstellt, Kultur und Gesellschaft durch sein praktisches Handeln mitzugestalten, weil er sich dadurch die Kultur aneignet (Hirschauer/Amann 1997). Andererseits versucht er, Gastkultur und Gastgesellschaft systematisch zu durchdringen und in ihren Sinnzusammenhängen rekonstruktiv zu beschreiben, also die eigene Praxis zu reflektieren. Ethnographie beschäftigt sich dementsprechend mit einer »Vielfalt komplexer, oft übereinander gelagerter oder ineinander verwobener Vorstellungsstrukturen, die fremdartig und zugleich ungeordnet und verborgen sind und die er zunächst einmal irgendwie fassen muss. [...] Ethnographie betreiben gleicht dem Versuch, ein Manuskript zu lesen (im Sinne von ›eine Lesart entwickeln‹) [...]« (Geertz 1991, S. 15).

Sie ist auf Beobachtung beruhende Interpretation praktischen Geschehens, sodass »dichte Beschreibungen« von Kultur und Gesellschaft entstehen (→ Eichner, S. 112 ff., → Mikos, S. 362 ff., → Winter, S. 588 ff.). Dabei wird »dicht« als etwas verstanden, das im Gegensatz zu der abstrakten Blässe mathematischer oder funktionaler Zusammenhänge steht, mit denen sich quantitative Empirie häufig begnügt. Die basale Unterstellung der Ethnographie ist damit die fundamentale Bedeutsamkeit des alltagspraktischen Handelns für Kultur und Gesellschaft.

5. Weitere handlungstheoretische Ansätze
Schließlich ist auf weitere handlungstheoretische Ansätze zu verweisen, die in der Regel qualitative Forschungsmethoden verlangen: Die *Psychoanalyse* hat als naturwissenschaftliche Theorie begonnen, beinhaltet aber in vielen späteren Versionen eine eigenständige, qualitativ konnotierte Handlungstheorie, etwa in der auf die Sozialwissenschaften gerichteten Konzeption von Alfred Lorenzer (1972). Lorenzer rückt ein Konzept von szenischem Handeln in den Mittelpunkt,

das jenseits von Rationalitäts- und Bewusstheitsannahmen über den Prozess des szenischen Verstehens kommuniziert wird und darüber auch methodisch kontrolliert rekonstruiert werden kann (wenn auch nicht von jedermann zu jeder Zeit). Erwähnenswert sind weiter der an Mead und Moreno anknüpfende Versuch von Hans Joas, deren rollenbezogene Handlungskonzepte zu erweitern, insofern Handeln auch als *kreativer Akt* deutlich wird (Joas 1989), in dem sich der Mensch realisiert, oder an den Entwurf einer *prozessual gedachten Verbindung von Handlungs- und Systemtheorien* von Jürgen Habermas (1987) – um nur einige weitere theoretische Konzeptionen zu nennen.

Allen diesen Ansätzen und generell allen handlungstheoretischen Ansätzen gemeinsam ist das Problem, dass es bisher schwer fällt, vom Handeln der Menschen ausgehend die Existenz übergreifender, objektiviert erlebter Strukturen und Phänomene wie die Existenz einer Gesellschaft oder einer Kultur herzuleiten, auch wenn Kultur und Gesellschaft als Handlungsbedingungen beschrieben werden können.

Vom Handlungsbegriff zu handlungstheoretischen Konzepten

Natürlich bleiben Handlungstheorien nicht dabei stehen, den Begriff des Handelns zu diskutieren. Vielmehr versuchen sie, ihre Handlungsorientierung zu begründen und darauf unter Verwendung geeigneter Begriffe komplexere Theorien aufzubauen. Dazu entwickeln sie ein Instrumentarium von mehr oder weniger kodifizierten und empirisch fruchtbaren Konzepten, die sich als Bedingungen und Konsequenzen von Handeln begreifen lassen. Dies soll hier exemplarisch am Beispiel des Symbolischen Interaktionismus skizziert werden (vgl. auch Charon 1979; Krotz 2001a)

- Zunächst hängt jedes Handeln und Erleben ab vom (symbolischen) *Standpunkt des Individuums* und damit von der *Perspektive*, von der aus erlebt und gehandelt wird. Perspektive ist dabei eine spezifische Strukturierung der Wahrnehmung, in der nicht alles gleichberechtigt ist, sondern die einen Ausschnitt als relevant definiert und diesen ordnet.

- Damit hängt eng der Begriff der *Situation* zusammen, in der Menschen in Bezug zueinander handeln (Goffman 1980; Markowitz 1979). Dabei meint »Situation« die je aktuelle Interaktionsgrundlage, die alle Beteiligten von ihrer Eingangsdefinition aus fortlaufend aushandeln. Situation ist damit einerseits ein prozessuales Konzept, andererseits der stets notwendige Rahmen, mittels dessen abgegrenzt wird, was zu einer Situation gehört und was nicht, was in ihr möglich ist und was nicht. Hier ist auf das so genannte Thomas-Theorem hinzuweisen, nach dem eine Situation nicht objektiv geprüft werden kann (Thomas/Thomas 1973). Vielmehr gilt, dass Menschen auf der Basis ihrer Definition der Situation handeln, die sie für wahr und wirklich halten – Situationen beinhalten dementsprechend objektive Elemente, sind aber immer Subjekt gedeutete Entitäten, weil sie nur dadurch ihre Kraft entfalten.
- Weiter ist auf den Begriff der *Rolle* hinzuweisen, durch die die Menschen in einer Situation präsent sind, ein Konzept, das auf die Metapher vom sozialen Geschehen als Theater verweist (Goffman 1997). Ebenso wie in jeder Situation beispielsweise Perspektive und Standpunkt das Erleben der beteiligten Individuen einerseits strukturieren, andererseits einschränken, ist auch der Mensch in keiner Situation als abstraktes Ganzes mit seiner gesamten Biographie und Erfahrung, mit seinem »Wesen« präsent. Vielmehr präsentiert er sich immer in einer situativ bezogenen intentionalen Form, einer Rolle, in der ihn die anderen erleben. Deshalb sind Rollen auch nicht nur gespielt, sondern müssen theoretisch und empirisch als situativer Ausdruck von Identität und Person verstanden werden.
- In seinen sozialen und individuellen Beziehungen, in der Vielfalt der erlebten und gestalteten Rollen und in den darin gemachten Erfahrungen und deren Reflexion entwickelt sich der Mensch als Individuum, das

sich umgekehrt dann auch wieder in seiner *Identität und seinem Selbstverständnis* als Prozess präsentiert (Krappmann 1975). Auf die Bedeutung dieses Begriffs im Rahmen von Handlungstheorien kann hier nur knapp verwiesen werden (vgl. auch Winter u. a. 2003).

Qualitativ konnotierte handlungstheoretische Ansätze in der Kommunikationswissenschaft

Die oben skizzierten handlungstheoretischen Ansätze lassen sich in verschiedenen Ausprägungen in der Kommunikationswissenschaft finden. Während die Vorformen der modernen Kommunikationswissenschaft den Menschen zunächst mehr oder weniger als ein Objekt medialer Einflüsse untersucht haben, war in den 50er und 60er Jahren eher vom aktiven Mediennutzer die Rede. In beiden Fällen wurden aber meist objektivierte Handlungstheorien als Basis von Kommunikation vertreten, z. B. von Paul F. Lazarsfeld und später vom Uses-and-Gratifications-Ansatz, der die Wichtigkeit mehr oder weniger überdauernde Bedürfnisse empirisch zu belegen versuchte (Rubin 1994), also ein quantitativ konnotierter handlungstheoretischer Ansatz.

Demgegenüber haben sinn- und bedeutungsbezogene Handlungstheorien in den 70er Jahren in die deutsche Kommunikationswissenschaft Einzug gehalten. So wurde der *Symbolische Interaktionismus* durch zwei Aufsätze von Will Teichert (1972, 1973) in die deutsche Kommunikationswissenschaft eingeführt (vgl. aber auch Rapp 1973); mit dem so genannten Nutzenansatz hat Karsten Renckstorf (1973) versucht, diesen Ansatz mit quantitativen Methoden zu verbinden. Im Laufe der Zeit liegt eine allmählich anwachsende Zahl von Texten dazu vor, von denen hier nur einige genannt werden können (Altheide/Snow 1979; Fritz 1991; Fry/Alexander/Fry 1989; Höflich 1979; Krotz 2001a; vgl. auch Krotz 2001b). Auch die Verwendung entdeckender empirischer Methoden (Glaser/Strauss 1967; Kleining 1995) nimmt zu.

Auf phänomenologische und auf hermeneutische Forschung bezogene Handlungstheorien finden sich ebenfalls in der deutschen Kommunikationswissenschaft. Zu ihnen sind beispielsweise konversationsanalytische Untersuchungen zu rechnen, wie sie von Angela Keppler (1994) oder Ruth Ayaß (1997, → Ayaß, S. 416 ff.) betrieben werden. Danach manifestiert sich die Bedeutung von Medien primär im Sprechen über ihre Inhalte, das von daher als Untersuchungsobjekt im Vordergrund steht. Im Anschluss daran kann man auch auf die Untersuchungen von Reichertz (1997) und Hitzler (1997) verweisen. Mit der so genannten strukturanalytischen Rezeptionsforschung, die sich des Verfahrens der Objektiven Hermeneutik von Oevermann bedient, haben Michael Charlton und Klaus Neumann-Braun sowie ihre Mitarbeiterinnen (1990) den Medienumgang von kleinen Kindern in ihrer sozialisatorischen Bedeutung untersucht; andere Untersuchungen dieser Art fanden im Bereich der Medienpädagogik und etwa der Computerspiele statt. *Ethnographische* und am handlungstheoretischen Ansatz der *Cultural Studies* orientierte Arbeiten (→ Winter, S. 86 ff. und 588 ff.) finden sich etwa von der soziologisch arbeitenden Trierer Forschungsgruppe um Waldemar Vogelgesang, die sich mit (auch) medial konstituierten Jugendszenen beschäftigen (Vogelgesang 1996; Hepp 1998). Zu nennen ist hier auch das im Rahmen der *Genderforschung* gesammelte empirische und theoretische Wissen, das für qualitativ konnotierte handlungstheoretische Ansätze eine große Rolle spielt (vgl. z. B. Röser 2002), wobei hier aber nicht immer von einer handlungstheoretischen Konzeption ausgegangen wird. Zudem findet sich eine Reihe kommunikationswissenschaftlich angelegter Studien in psychoanalytischen bzw. sonstigen qualitativ konnotierten Bezugssystemen (Hipfl 1997; Holly/Püschel 1993; Zeul 1994).

Literatur

Altheide, David L./Snow, Robert P. (1979): Media logic. London.

Ayaß, Ruth (1997): Das Wort zum Sonntag: Fallstudie einer kirchlichen Sendereihe. Stuttgart.

Berger, Peter L./Luckmann, Thomas (1980): Die gesellschaftliche Konstruktion der Wirklichkeit. Frankfurt a. M.

Blumer, Herbert (1973): Der methodologische Standort des Symbolischen Interaktionismus. In: Arbeitsgruppe Bielefelder Soziologen (Hrsg.): Alltagswissen, Interaktion und gesellschaftliche Wirklichkeit. Band 1. Reinbek, S. 80–146.

Burkart, Roland (1995): Kommunikationswissenschaft: Grundlagen und Problemfelder. Umrisse einer interdisziplinären Sozialwissenschaft. 2. Auflage Köln.

Burkitt, Ian (1991): Social Selves. London.

Charlton, Michael/Neumann, Klaus (1990): Medienrezeption und Identitätsbildung. Kulturpsychologische und kultursoziologische Befunde zum Gebrauch von Massenmedien im Vorschulalter, in Zusammenarbeit mit Barbara Brauch, Waltraud Orlik und Ruthild Rapp. Tübingen.

Charon, Joel M. (1979): Symbolic Interactionism. Englewood Cliffs.

Felsch, Anke/Küpper, Wille (1998): Handlungstheorie. In: Grubitzsch, Siegfried/Weber, Klaus (Hrsg.): Psychologische Grundbegriffe. Ein Handbuch. Reinbek, S. 224–226.

Fritz, Angela (1991): Handeln in Kommunikationssituationen. Versuch einer induktiven Modellbildung. In: Publizistik 36 (1991) 1, S. 5–21.

Fry, Virginia H./Alexander, Alison/Fry, Donald I. (1989): The Stigmatized Self as Media Consumer. In: Studies in Symbolic Interaction 10, S. 339–350.

Garfinkel, Harold (1973): Das Alltagswissen über soziale und innerhalb sozialer Strukturen. In: Arbeitsgruppe Bielefelder Soziologen (Hrsg.): Alltagswissen, Interaktion und gesellschaftliche Wirklichkeit. Symbolischer Interaktionismus und Ethnomethodologie. Band 1. Reinbek, S. 189–262.

Geertz, Clifford (1991): Dichte Beschreibung, 2. Auflage Frankfurt a. M.

Glaser, Barney G./Strauss, Anselm Leonard (1967): The Discovery of Grounded Theory. New York.

Goffman, Erving (1980): Rahmen-Analyse. Ein Versuch über die Organisation von Alltagserfahrungen. Frankfurt a. M.

Goffman, Erving (1997):Wir alle spielen Theater. Die Selbstdarstellung im Alltag (1. Auflage 1983). München.

Habermas, Jürgen (1987): Theorie kommunikativen Handelns, 2 Bände, 4. Auflage Frankfurt a. M.

Hepp, Andreas (1998): Fernsehaneignung und Alltagsgespräche. Fernsehnutzung aus Perspektive der Cultural Studies. Opladen/Wiesbaden.

Hipfl, Brigitte (1997): Inszenierung des Begehrens. In: Hepp, Andreas/Winter, Rainer (Hrsg.): Kultur – Medien – Macht. Opladen.

Hirschauer, Stefan/Amann, Klaus (Hrsg.) (1997): Die Befremdung der eigenen Kultur: Zur ethnographischen Herausforderung soziologischer Empirie. Frankfurt a. M.

Hitzler, Roland/Hohner, Anne (Hrsg.) (1997): Sozialwissenschaftliche Hermeneutik. Opladen.

Höflich, Joachim R. (1997): Zwischen massenmedialer und technisch vermittelter interpersonaler Kommunikation – der Computer als Hybridmedium und was die Menschen damit machen. In: Beck, Klaus/Vowe, Gerhard (Hrsg.) (1997): Computernetze – ein Medium öffentlicher Kommunikation? Berlin, S. 85–104.

Holly, Werner/Püschel, Ulrich (Hrsg.) (1993): Medienrezeption als Aneignung. Methoden und Perspektiven qualitativer Medienforschung. Opladen.

Horton, David/Wohl, R. R. (1956): Mass Communication and Para-Social Interaction. In: Psychiatry 19 (1956) 3, S. 215–229.

Horton, Donald/Strauss, Anselm (1957): Interaction in Audience-Participation Shows. In: American Journal of Sociologiy 62(6), 579–587.

Jäckel, Michael (1996): Wahlfreiheit in der Fernsehnutzung. Opladen.

Joas, Hans (1989): Praktische Intersubjektivität. Die Entwicklung des Werkes von G. H. Mead. Frankfurt a. M.

Keppler, Angela (1994). Tischgespräche. Über Formen kommunikativer Vergemeinschaftung am Beispiel der Konversation in Familien. Frankfurt a. M.

Kleining, Gerhard (1995): Lehrbuch Entdeckende Sozialforschung. Band 1. Von der Hermeneutik zur qualitativen Heuristik. Weinheim.

Krappmann, Lothar (1975): Soziologische Dimensionen der Identität. 4. Auflage Stuttgart.

Krotz, Friedrich (2001a): Die Mediatisierung kommunikativen Handelns. Der Wandel von Alltag und sozialen Beziehungen, Kultur und Gesellschaft durch die Medien. Opladen.

Krotz, Friedrich (2001b): Der Symbolische Interaktionismus und die Medien: Zum hoffnungsvollen Stand einer schwierigen Beziehung. In: Rössler, Patrick/Hasebrink, Uwe/Jäckel, Michael (Hrsg.): Theoretische Perspektiven der Rezeptionsforschung. München, S. 73–95.

Lorenzer, Alfred (1972): Sprachzerstörung und Rekonstruktion. Vorarbeiten zu einer Metatheorie der Psychoanalyse. Frankfurt a. M.

Lüdtke, Hartmut (1978): Handlungstheorie. In: Rammstedt u. a. (1978): Lexikon zur Soziologie. Opladen, S. 268–269.

Markowitz, Jürgen (1979): Die soziale Situation. Frankfurt a. M.

McQuail, Denis (1994): Mass Communication Theory. Third edition London u. a.

Mead, George Herbert (1969): Philosophie der Sozialität. Franfkurt a. M.

Mead, George Herbert (1973): Geist, Identität und Gesellschaft. Frankfurt a. M.

Merten, Klaus/Schmidt, Siegfried J./Siegfried Weischenberg (Hrsg.) (1994): Die Wirklichkeit der Medien. Eine Einführung in die Kommunikationswissenschaft. Opladen.

Oevermann, Ulrich 1983: Zur Sache. Die Bedeutung von Adornos methodologischem Selbstverständnis für die Begründung einer materialen soziologischen Strukturanalyse. In: v. Friedeburg, Ludwig/J. Habermas, Jürgen (Hrsg.): Adorno-Konferenz 1983. Frankfurt a. M., S. 234–289.

Rapp, Uri (1973): Handeln und Zuschauen. Darmstadt/Neuwied.

Reichertz, Jo (1997): Objektive Hermeneutik. In: Hitzler, Roland/Hohner, Anne (Hrsg.): Sozialwissenschaftliche Hermeneutik. Opladen, S. 31–56.

Renckstorf, Karsten (1973): Alternative Ansätze der Massenkommunikationsforschung. In: Rundfunk und Fernsehen 21, S. 183–197.

Röser, Jutta (2000): Fernsehgewalt im häuslichen Kontext. Wiesbaden.

Rubin, Alan M. (1994): Media uses and effects: A Uses-and-Gratifications perspective. In: Bryant, Jennings/Zillmann, Dolf (Hrsg.): Media effects: advances in theory and research. Hillsdale, S. 417–436.

Schütz, Alfred (1971): Gesammelte Aufsätze. 2 Bände. Den Haag.

Storey, John (1998): An Introduction to Cultural Theory and Popular Culture. Second Edition Athens.

Teichert, Will (1972): ›Fernsehen‹ als soziales Handeln. In: Rundfunk und Fernsehen 20 (1972), S. 421–439.

Teichert, Will (1973): ›Fernsehen‹ als soziales Handeln (2). In: Rundfunk und Fernsehen 23 (1973), S. 356–382.

Thomas, William I./Thomas, Dorothy S. (1973): Die Definition der Situation. In: Steinert, Heinz (Hrsg.): Symbolische Interaktion. Stuttgart, S. 333–335.

Vogelgesang, Waldemar (1996): Jugendmedien und Jugendszenen. In: Rundfunk und Fernsehen 44, S. 346–364.

Weber, Max (1978): Soziologische Grundbegriffe. Tübingen.

Winter, Carsten/Thomas, Tanja/Hepp, Andreas (Hrsg.) (2003): Medienidentitäten. Identität im Kontext von Globalisierung und Medienkultur. Köln.

Zeul, Mechthild (1994): Bilder des Unbewußten. Zur Geschichte der psychoanalytischen Filmtheorie. In: Psyche XLVIII. 11, S. 975–1003.

Habitus und Lebensstil

Michael Meyen

Die Konzepte Habitus und Lebensstil rücken zwar beide das Individuum in den Mittelpunkt, stammen aber aus unterschiedlichen Theorietraditionen und sind in der qualitativen Medienforschung auch unterschiedlich stark verankert. Während der Begriff »Lebensstil« den Spielraum bei der Gestaltung des Lebens betont, deshalb vor allem in Studien zu Konsum und Freizeit genutzt wird und dort die traditionellen Merkmale sozialer Ungleichheit ergänzt oder ersetzt (etwa: Alter, Geschlecht und Einkommen), zielt Pierre Bourdieus Schlüsselbegriff »Habitus« auf die sozialen Bedingungen unserer Entscheidungen. Was wir tun und wie wir denken, hängt hier von den Erfahrungen ab, die wir aufgrund unserer sozialen Position gemacht haben. Das Habitus-Konzept ist so sehr gut mit den Prinzipien qualitativer Forschung vereinbar und wird überall da eingesetzt, wo es um menschliches Handeln geht.

Theoretisch-methodologische Einordnung

Habitus und Lebensstil in einem Beitrag für das Handbuch *Qualitative Medienforschung* gemeinsam zu behandeln, gleicht auf den ersten Blick der Quadratur des Kreises. Beide Konzepte zielen zwar auf das Individuum, und es gibt einige Autoren, die Habitus mit »Stil« übersetzen und auch den Begriff »Lebensstil« verwenden, wenn sie mit Bourdieu das Handeln von Personen empirisch untersuchen (vgl. Beck u. a. 2013, S. 239), eigentlich aber handelt es sich um zwei getrennte Forschungstraditionen, die das Verhältnis von Akteur und Struktur unterschiedlich konzeptualisieren und in der qualitativen Forschung auch nicht gleich stark verankert sind.

Wer sich mit Lebensstilen beschäftigt, streicht normalerweise die Rolle des Individuums gegenüber den gesellschaftlichen Bedingungen heraus und nimmt an, dass wir in unserem Handeln mehr oder weniger frei gewählten Überzeugungen folgen. Dieses Konzept findet sich vor allem in der Mediennutzungsforschung und wird häufig mit quantifizierenden und elaborierten datenanalytischen Verfahren verknüpft. Der Begriff hat seine Wurzeln zwar in der klassischen Sozialwissenschaft (Thorstein Veblen, Georg Simmel, Max Weber), wird heute in der Marktforschung aber häufig einfach als Verhaltensmuster

im Konsum- und Freizeitbereich definiert und dabei manchmal auch in »soziales Milieu« übersetzt. Einem solchen Milieu werden die Menschen nach ihren Aktivitäten, Werten oder Einstellungen zugeordnet.

Auch der Begriff »Habitus« hat eine lange ideengeschichtliche Tradition, wird aber heute vor allem mit der Soziologie Pierre Bourdieus verbunden (vgl. Wiedemann 2014, S. 88). Habitus steht dort für den Versuch, den Dualismus von Handeln und Struktur zu überwinden (vgl. Park 2014, S. 3), und wird in der Literatur deshalb auch als Mittelweg »zwischen Subjektivismus und Objektivismus« beschrieben (Schwingel 2005, S. 73 f.). Von Anhängern des Lebensstil-Konzepts ist Bourdieu vorgeworfen worden, den Menschen zum Gefangenen der gesellschaftlichen Strukturen und vor allem seiner sozialen Position zu machen. Diese Vorwürfe sind richtig und falsch zugleich. Wenn man annimmt, dass soziale Unterschiede nahezu unbedeutend geworden sind und dass deshalb heute jeder Mensch relativ frei von den Vorgaben einer sozialen Position und ohne Not im »Raum der Möglichkeiten« seinen eigenen Lebensentwurf wählt, dann kann man mit Bourdieu nicht viel anfangen (vgl. Schulze 1992). Der Habitus ist bei ihm nicht angeboren, sondern speist sich aus den Erfahrungen, die ein Mensch in seinem

Leben macht. Diese (individuellen und kollektiven) Erfahrungen wiederum hängen in erster Linie von der sozialen Position ab und führen zu »Systemen dauerhafter Dispositionen«, die als »strukturierende Strukturen« wirken (Bourdieu 1976, S. 165), als »Wahrnehmungs-, Denk- und Handlungsschemata« (Bourdieu 1987a, S. 101). Übersetzt: Der Habitus legt fest, was möglich ist – wie ein Akteur die Welt wahrnimmt, wie er andere bewertet, welchen Geschmack er hat, wie er denkt und handelt, wie er seinen Körper präsentiert und wie er sich bewegt (Bourdieu 1976, S. 165–167). Bourdieu selbst hat zwar jede Festlegung auf ein bestimmtes methodologisches Lager abgelehnt und z. B. auch mit Statistiken gearbeitet (vgl. Park 2014), gerade das Habitus-Konzept aber, das versucht, individuelles Handeln mithilfe der Lebensgeschichte zu erklären, legt einen qualitativen Zugang nahe.

Lebensstil

Der Lebensstil-Begriff wurde in den 1960er-Jahren wiederbelebt, um Umfrageergebnisse besser strukturieren und so das Kaufverhalten genauer vorhersagen zu können (vgl. Meyen 2004, S. 41–43). Offenbar genügten die traditionellen Merkmale sozialer Ungleichheit wie Einkommen, Beruf, sozialer Status, Bildung, Geschlecht, Alter und Wohnortgröße nicht mehr. Die entsprechenden Typologien sind ebenso bekannt wie die Versuche, möglichst griffige Bezeichnungen zu finden. Da steht der »Spaßorientierte« dem »Häuslichen« gegenüber, der »Sachbearbeiter« aus dem Harmonie- dem »Studenten« aus dem Selbstverwirklichungsmilieu und der »flexible Privatfunk-Nutzer« dem »Medien- und Kulturvermeider«. Schon diese Namensvielfalt lässt das Problem ahnen: Was taugen solche Typologien? Diese Frage stellt sich umso schärfer, wenn man erstens weiß, dass die Ergebnisse von Cluster- oder Faktorenanalysen stark von den Vorgaben der Forscher abhängen, und zweitens die Interessen berücksichtigt, die z. B. hinter der Mediennutzertypologie von ARD und ZDF stehen (Vermarktung von Werbezeiten, vgl. Eckert/

Feuerstein 2015). Alexander Haas hat untersucht, ob sich ein Medienmenü (alles, was ein Nutzer insgesamt an Medienangeboten nutzt) besser über die klassischen soziodemografischen Merkmale erklären lässt oder über Lebensstil-Modelle (hier am Beispiel der Sinus-Milieus). Das Ergebnis fiel eindeutig zugunsten der Soziodemografie aus (vgl. Haas 2007). Die Konsumentenforschung wusste schon vor 20 Jahren (also lange vor dem Trend zur Singularisierung), dass sich ein Drittel der Menschen und mehr anders verhalten als der Typ, zu dem sie eigentlich gehören müssten (Gleich 1996, S. 603).

Der schwedische Kommunikationswissenschaftler Karl Erik Rosengren (1996) hat das Konzept des Lebensstils modifiziert und darauf hingewiesen, dass alle Handlungen (und damit auch die Nutzung von Medienangeboten) durch strukturelle, positionelle und individuelle Merkmale und Bedingungen determiniert seien. Rosengren hat drei Typen von Handlungsmustern unterschieden:

Lebensformen sind dabei strukturell bestimmt – Handlungsmuster, die Menschen, die in Industriegesellschaften leben, von denen in Agrargesellschaften unterscheiden, Großstadt- von Dorfbewohnern und muslimische Länder von der westlichen Welt.

Der Begriff »*Lebensweise*« zielt auf die Position des Menschen, auf Geschlecht, Schicht, Alter und Bildung. Die Hochschullehrerin abonniert andere Zeitungen als der Fernfahrer (oder würde es zumindest gern, wenn sie denn Zeit zum Lesen hätte), und ein 17-Jähriger, der auf ganz verschiedenen Gebieten noch auf der Suche ist, hat andere Bedürfnisse als eine 80-Jährige, die kein Wissen mehr akkumulieren muss und die niemand mehr fragt, welche Bücher sie gerade liest.

Als *Lebensstile* bezeichnete Rosengren dagegen die Handlungsmuster, die individuell bestimmt sind und nicht von der gesellschaftlichen Struktur und von der Position, die der Mensch gerade besetzt – Handlungsmuster, die der Einzelne mehr oder weniger bewusst selbst gestaltet und bei denen er seinen Werten und Überzeugungen folgt.

Natürlich gibt es weder Lebensformen noch Lebensweisen oder Lebensstile in Reinkultur. Alltagshandeln ist vielmehr immer eine Mischung aus allen drei Arten von Handlungsmustern. Rosengren hat deshalb davor gewarnt, den hier definierten »Lebensstil« mit Lebensmustern einzelner Menschen zu verwechseln. Der persönliche Lebensstil sei etwas ganz anderes. Mit Rosengrens Modell lässt sich vor allem der Einfluss individueller Merkmale bestimmen und die Frage beantworten, welchen Spielraum der Mensch bei der Gestaltung seines Lebens hat. Wie wirkt sich beispielsweise der Wert »Sicherheit in der Familie« auf den Musikgeschmack aus – wie stark im Vergleich mit positionellen Merkmalen (Geschlecht, Schicht, Bildung), wie stark im Vergleich mit strukturellen Merkmalen (Leben in der Großstadt etwa)?

In der qualitativen Medienforschung eignet sich das Modell nicht nur für die Erklärung unterschiedlicher Muster im Umgang mit Medienangeboten, sondern auch für die Auswahl von Untersuchungsteilnehmern. Mit seinen Begriffen »Lebensform« und »Lebensweise« liefert Rosengren Hinweise auf Determinanten der Mediennutzung und damit mögliche Kriterien für Studien, die mit dem Verfahren der theoretischen Auswahl arbeiten (vgl. Meyen u. a. 2011, S. 67–73). Das Wort »Hinweise« ist dabei mit Bedacht gewählt. Es ist zwar einleuchtend, dass strukturelle und positionelle Merkmale und Bedingungen alle Handlungen mitbestimmen, die Skala der möglichen Faktoren aber scheint nach oben offen zu sein. Rosengren selbst hat die positionellen Merkmale Alter, Geschlecht, Bildung und Stellung im Beruf genannt. Wie sieht es mit dem Einkommen aus, wie mit Zahl und Alter der Kinder sowie mit der Familiengröße? Ist nicht der Begriff »Lebensphase« viel besser als »Alter«? In einem Vierpersonenhaushalt mit zwei Kleinkindern läuft der Alltag ganz anders als bei einem Single. Bei den strukturellen Determinanten ist Rosengren noch allgemeiner geblieben und hat nur drei Bereiche aufgezählt: den Grad der Industrialisierung, die Urbanisierung und die Religion. Deckt dies die gesamte Bandbreite ab? Welche Rolle spielen Traditionen (beim Thema Mediennutzung auch überlieferte Rezeptionsmuster), welche das politische System und das Medienangebot und welche das Klima, die Geografie und die Bevölkerungsdichte? Diese Fragen sollen zeigen, dass hinter dem Lebensstil-Modell von Rosengren ein ähnliches Problem steht wie hinter vielen Arbeiten aus der Uses-and-Gratifications-Tradition (vgl. Meyen 2004, S. 15–48): Es fehlt eine Sozialtheorie, die das Verhältnis von Handeln und Struktur konzeptualisiert und damit erlaubt, Untersuchungsdesign und Ergebnisse nachzuvollziehen.

Habitus I: Theoretische Grundlagen

Ein Beispiel für eine solche Sozialtheorie ist die Soziologie Bourdieus, die den Anspruch hat, alle Spielarten menschlichen Handelns und unterschiedlichste Strukturen erklären zu können und sich deshalb nicht nur in der Mediennutzungsforschung anwenden lässt, sondern in nahezu allen Feldern der Kommunikationswissenschaft (vgl. Wiedemann/Meyen 2013; Park 2014). Bei Bourdieu werden wir von dem Wunsch angetrieben, uns von anderen Menschen abzuheben. »Ein Punkt, ein Individuum in einem Raum sein« und damit »etwas bedeuten«, heiße nichts anderes als »sich unterscheiden« (Bourdieu 1998, S. 22). Real ist für Bourdieu die Beziehung zu den anderen, der Abstand zum Gegenüber. Dieser Abstand wird immer wieder aufs Neue markiert, meist ohne die entsprechenden strategischen Absichten und ohne dass uns dieses Ziel überhaupt klar sein muss. Arenen für solche Kämpfe zwischen Menschen sind soziale Felder, die bei Bourdieu aus Akteuren bestehen (und zwar aus allen, die z. B. Politik betreiben oder Kunst und Literatur erzeugen und verbreiten) sowie aus »den objektiven Beziehungen« zwischen diesen Akteuren (ebd., S. 20). Um das Gewicht des einzelnen Akteurs und damit seinen Handlungsspielraum messen zu können, arbeitet Bourdieu mit dem Kapital-Konzept und unterscheidet vier Kapitalformen (ökonomisches, kulturelles, soziales und symbolisches Kapital, vgl. Wiedemann 2014, S. 89). Die Begriffe »Feld« und »Kapital«

gehören zusammen, weil in jedem sozialen Feld eine andere Kapitalmischung Erfolg verspricht und weil in den einzelnen Feldern jeweils spezifische Formen von Kapital entstehen.

Die beiden anderen zentralen Denkwerkzeuge Bourdieus werden hier erwähnt, weil der Habitus untrennbar mit der Kapitalausstattung verbunden ist sowie mit den sozialen Feldern, in denen sich Menschen bewegen. Unsere Erfahrungen, die sich in den Habitus einschreiben, hängen von der Position ab (in sozialen Feldern, im sozialen Raum) sowie von den verfügbaren Kapitalien. Bei Bourdieu (1987a, S. 277) ist der Habitus der Rahmen für Handlungen, Einstellungen zu Handlungen und Ursachen von Handlungen – das »Erklärungsprinzip«, auf dem alles basiert und von dem alles abhängt. Das Konzept zielt zwar auf dauerhafte Dispositionen und betont, dass frühe Erfahrungen (etwa in der Kindheit) spätere formen, der Habitus ist aber nichts Starres und Unveränderliches, sondern wird immer wieder modifiziert. Obwohl der Habitus durch die Gesellschaft und durch die Stellung im sozialen Raum geprägt ist und obwohl die jeweils verfügbaren Ressourcen Handlungsgrenzen markieren, gesteht Bourdieu dem Menschen innerhalb dieser Grenzen sehr wohl Freiheit, Individualität und die Chance auf Innovationen zu. Der Habitus legt noch nicht »die Praktiken an sich« fest, sondern lediglich den »Spielraum«, in dem sich ein Akteur bewegt (Schwingel 2005, S. 69): Was ist möglich und was nicht? Welche Dinge schockieren uns, was ist undenkbar und was würden wir garantiert nie tun? Dieser Spielraum ist allerdings deutlich kleiner als in den extremen Varianten des Lebensstil-Konzepts.

Um konkrete Praxisformen (wie etwa die Nutzung einer Onlinezeitung, die Arbeit eines Nachrichtenredakteurs oder die Verwendung bestimmter Methoden in der kommunikationswissenschaftlichen Forschung) beschreiben und untersuchen zu können, hat Bourdieu vorgeschlagen, den Habitus analytisch zu teilen – in ein Opus operatum und einen Modus Operandi. Der Modus Operandi (wie und warum handelt man?) wird dabei durch das Opus operatum definiert, durch die persönliche Lebensgeschichte, die sich an äußerlichen Merkmalen festmachen lässt (Alter, Geschlecht, Aussehen, Körpergröße), an der Sozialisation (Herkunft, Ausbildung, Berufsstationen) und an der aktuellen Lebenssituation (Familie, Kinder, Kapitalausstattung, Aktivitäten außerhalb des Berufs, Zukunftsperspektiven). Anders ausgedrückt: Im Opus operatum (im »Ursprung« des Habitus) wird die soziale Position sichtbar. Der Kapitalbesitz einer Person wird inkorporiert und so in dauerhaften Dispositionen Teil des Habitus – Bildung beispielsweise als kulturelles Kapital. Das System dieser Dispositionen ist nicht starr, sondern wird immer wieder modifiziert (vgl. Bourdieu 1987b, S. 105–107).

Im Modus Operandi wird der Habitus zum »Erzeugungsprinzip von Praxisformen« (Bourdieu 1976, S. 165). Wie Spieler, die Spielregeln verinnerlicht haben, handeln Menschen entsprechend ihres Habitus, ohne sich dessen bewusst sein zu müssen (Bourdieu 1998, S. 24). So ist auch »rational« vorherbestimmt (ebd., S. 17), ob jemand regelmäßig online Nachrichten liest oder mit Freunden chattet. Dass wir über solche Voraussetzungen normalerweise nicht nachdenken und auch ihre Entstehungsgeschichte vergessen, erfasst Bourdieu mit dem Konzept des »praktischen Sinns«, der wie ein Instinkt funktioniert und Akteuren erlaubt, »auf alle möglichen ungewissen Situationen und Mehrdeutigkeiten der Praxis zu reagieren« (Bourdieu 1987a, S. 190 f.). Die Habitus-Kapital-Feld-Theorie ist deshalb auch als »goldener Mittelweg« zwischen den »beiden Extremen« beschrieben worden, die soziale Praxis entweder »in einer Mechanik struktureller Zwänge« sehen oder als Ergebnis »freier Entscheidungen« (wie etwa im Lebensstil-Konzept). Habitus (»Leib gewordene Geschichte«) und Feld (»Dingcharakter gesellschaftlicher Verhältnisse«) gehören bei Bourdieu zusammen, weil »die objektiven sozialen Strukturen den Habitus ebenso strukturieren« wie dieser die Praxis (Schwingel 2005, S. 73 f.).

Folgt man Bourdieu, dann ist menschliches Handeln nicht ohne den Habitus und ohne die soziale Position zu erklären. Das hat Folgen für das Untersuchungsdesign – vor allem für die Kategorien, die meine Untersuchung leiten, und damit dann z. B. auch für den Leitfaden, mit dem ich in Interviews gehe, und für die Ergebnisse, die ich aus entsprechenden Gesprächsprotokollen ableite (vgl. Löblich 2016). Um den praktischen Sinn zu verstehen, den ein Mensch etwa mit der Nutzung von Medienangeboten verbindet (Habitus als Modus Operandi), muss ich wissen, wie er sozialisiert wurde, wie er lebt und über welche Dispositionen er verfügt (Habitus als Opus operatum), wie viel Kapital er besitzt und wie sich dieses Kapital zusammensetzt (Position im sozialen Raum). Außerdem dürften Medienangebote auch genutzt werden, um Kapital zu akkumulieren (Kapitalmanagement), um die eigene Position zu erkennen und um diese Position zu markieren. Diese Form des Identitätsmanagements kann über soziale Netzwerke erfolgen, über Fernsehsendungen oder über Internetseiten für Spezialinteressen – Angebote, die sowohl dazu dienen, Signale in den sozialen Raum zu senden (das ist mein Kapital, diesen Normen und Werten fühle ich mich verpflichtet), als auch diesen Raum zu beobachten und so die eigene Position zu bestimmen. Zeitungen, Zeitschriften, TV-Sendungen oder Internetangebote versprechen kulturelles und symbolisches Kapital und können darüber hinaus zum sozialen und zum ökonomischen Kapital beitragen (vgl. Meyen u. a. 2009). Bei Bourdieu streben letztlich alle Menschen nach Kapital, um sich von anderen abzuheben und ihre Position zu verbessern. Da allerdings erstens in jedem sozialen Feld eine andere Kapitalmischung Erfolg verspricht und da die Investition in bestimmte Kapitalarten zweitens auch von der Einschätzung der eigenen Position und damit der Erfolgsaussichten abhängt, unterscheiden sich die Mediennutzer sowohl bei der konkreten Kapitalakkumulation als auch in der Bedeutung, die sie Medien insgesamt oder einzelnen Anwendungen zuschreiben (vgl. Jandura/Meyen 2010).

Habitus II: Anwendungen in der qualitativen Medienforschung

Neben Untersuchungen zur Mediennutzung und zur Medienaneignung (vgl. Meyen 2007; Scherer 2013) wird Bourdieus Soziologie in der qualitativen Medienforschung überall dort genutzt, wo menschliches Handeln im Mittelpunkt steht (vgl. die Überblicksdarstellungen in Park 2014 und Wiedemann 2014 sowie die Beispiel-Arbeiten in Wiedemann/Meyen 2013): in der Journalismusforschung (hier vor allem in Studien zum journalistischen Selbstverständnis, zum Arbeitsalltag in Redaktionen, zu den Beziehungen zwischen Journalisten und Politikern sowie zur Kodifizierung von journalistischer Qualität), im Bereich Organisationskommunikation und Public Relations (etwa wenn es um den Berufshabitus geht, um die Kapitalformen, die im Feld geschätzt werden, oder um strategische Kommunikation), in der Medieninhaltsforschung (Stichworte Sprache, symbolische Macht und Autorität), in der Mediensystemforschung (Beziehungen zwischen Medienangebot und sozialem Raum) sowie in der wissenschaftssoziologisch orientierten Fachgeschichtsschreibung. Thomas Wiedemann (2012) hat das Habitus-Konzept in seiner Biografie von Walter Hagemann z. B. erstens geholfen, das Untersuchungsmaterial einzuschränken und zu strukturieren, und zweitens intersubjektive Nachvollziehbarkeit gesichert – ein zentrales Qualitätskriterium gerade bei qualitativ angelegten Fallstudien.

Einige Arbeiten nutzen Bourdieus Terminologie auch für Kollektivbiografien. Solche Gruppenporträts stützen sich auf vergleichsweise große Datensätze (etwa: alle Vertreter einer bestimmten Professoren-Generation oder möglichst viele und theoriegeleitet ausgewählte Akteure eines nationalen journalistischen Feldes) und beschreiben eine Art Norm: Wie alt war der »durchschnittliche« Professor oder die »durchschnittliche« Journalistin, als er oder sie in das jeweilige Feld eintraten, welche Qualifikationen und welche Herkunft waren für die erste feste Stelle nötig und wann gab es eine Beförderung? Wie war die Situation 1975, wie 1990 und wie 2010? Die entsprechenden Werte helfen dann, individuelle Karrieren einzuordnen und zu bewerten. Die Beschreibung eines Kollektiv-Habitus macht auch deshalb Sinn, weil sich die Position der sozialen Felder im sozialen Raum genauso unterscheidet wie die Position von Subfeldern oder Akteuren in einem bestimmten Feld selbst. Kommunikationswissenschaft und Medienforschung z. B. sind im wissenschaftlichen Feld eher in einer untergeordneten Position zu finden (im Vergleich zu Leitdisziplinen wie Biologie, Hirnforschung oder Physik) – mit Folgen für den Habitus aller Fachvertreter. Den entsprechenden Mechanismus kann man auch in einer Kollektivbiografie von DDR-Journalisten studieren, die Michael Meyen und Anke Fiedler (2013) konstruiert haben. Quelle waren 121 Lebensläufe, die zum einen mithilfe von Memoiren und weiteren biografischen Quellen zusammengestellt wurden und zum anderen über persönliche Interviews. Vergleichbarkeit und Nachvollziehbarkeit sicherten hier ganz ähnlich wie bei Thomas Wiedemann (2012) Kategorien, die der Soziologie Bourdieus entlehnt wurden und vor allem auf den Habitus der Journalisten zielten.

Der kollektivbiografische Ansatz wird auch von Klaus Beck, Till Büser und Christiane Schubert (2016) aufgenommen, die für die Analyse von Mediengenerationen die Konzepte Feld der Medien, mediales Kapital und medialer Habitus entwickelt und genutzt haben. Während in dieser Studie alle Medienakteure zum Feld der Medien gehören (professionelle und gelegentliche Kommunikatoren genauso wie Rezipienten), beschreibt der Begriff »mediales Kapital« die Kapitalformen, die in diesem Feld symbolisch wirksam werden. Dazu gehören auf Rezipientenseite z. B. Medienkompetenzen und Geräteausstattung, aber natürlich auch das Eigentum an Medienproduktionsmitteln oder die Fähigkeit von Akteuren oder Gruppen, »mediale Aufmerksamkeit auf sich zu ziehen, Öffentlichkeit für sich und die eigenen Belange herzustellen und auf die journalistische Berichterstattung Einfluss zu nehmen« (Beck u. a. 2013, S. 245).

Der Begriff »medialer Habitus« erfasst bei Beck, Büser und Schubert (2013, S. 251) die »mediale Seite des persönlichen Habitus, also alle Dispositionen, Bewertungen, Erfahrungen und Erwartungen mit Bezug zum Medienhandeln«. Weiter im Text: Der mediale Habitus einer Person »beschreibt ein Handlungsrepertoire, einen Spielraum auf dem Handlungsfeld der Medien. Empirischer Mediennutzungsforschung zugänglich sind die Folgen des Habitus in Gestalt des konkreten Medienhandelns und die Interpretationen dieses Handelns durch die Akteure selbst. Diese können in Befragungen, Tiefeninterviews oder Tagebüchern über ihre Medienhandlungen und ihre Dispositionen (als wesentliche Komponenten des Habitus) Auskunft geben« (ebd., S. 251).

Diese Arbeiten von Beck, Büser und Schubert (2013; 2016) werden hier auch deshalb vergleichsweise ausführlich erwähnt, weil sie zeigen, wie die theoretische Perspektive den Untersuchungsgegenstand formt. Mit dem Habitus-Konzept »geraten statt der spontanen Motive, Heuristiken und Kalküle der Mediennutzungsepisode stärker auch die habitualisierten und ritualisierten Formen des Medienhandelns in den Blick« (Beck u. a. 2013, S. 253). Außerdem fragen Mediennutzungsstudien, die auf Bourdieu aufbauen, nach dem »praktischen Sinn des Mediengebrauchs, und zwar aus der Sicht der Akteure: Medienrepertoires, Medienstile und Medienbewertungen stehen dabei im Mittelpunkt« (ebd.).

Auch in den anderen Gegenstandsbereichen qualitativer Medienforschung lässt sich leicht zeigen, dass mit jeder Sozialtheorie nicht nur eine bestimmte Entstehungs- und Rezeptionsgeschichte verbunden ist, sondern auch eine genuine Erkenntnisperspektive. Theoretische Ansätze sind nicht nur dazu da, falsifiziert zu werden (wie Vertreter des kritischen Rationalismus ihren Jüngern manchmal glauben machen wollen). Theorien stellen zuallererst Begriffe bereit, die einen Zugang zur Realität erlauben (vgl. Wiedemann/ Meyen 2013, S. 9). Wer mit Bourdieu arbeitet, will weder beweisen noch widerlegen, dass es so etwas wie einen Habitus oder soziale Felder gibt. Diese Denkwerkzeuge werden vielmehr genutzt, um die soziale Welt zu analysieren. Dass hier am Beispiel von Bourdieus Habitus-Konzept für die Nutzung von Sozialtheorien in der qualitativen Medienforschung plädiert wird, wurzelt in einem Wissenschaftsverständnis, das sich auf Systematik, intersubjektive Nachvollziehbarkeit und Reflexion stützt (vgl. Meyen u. a. 2011). Dazu gehört, die theoretische Perspektive offenzulegen, die den Zuschnitt des Gegenstandes bestimmt hat. Wie wollte man, um nur auf das Beispiel der Hagemann-Biografie von Thomas Wiedemann (2012) zurückzukommen, die unendliche Fülle eines Lebens zwischen zwei Buchdeckel pressen, wenn nicht mithilfe einer Theorie, die nicht nur die Fragestellung bestimmt, sondern auch die Lebensstationen und Facetten der Persönlichkeit, die man sich näher anschaut (hier: gesehen durch die Habitus-Brille), und damit letztlich sogar die Auswahl der Quellen?

Literatur

Beck, Klaus/Büser, Till/Schubert, Christiane (2013): Medialer Habitus, mediales Kapital, mediales Feld – oder: vom Nutzen Bourdieus für die Mediennutzungsforschung. In: Wiedemann, Thomas/Meyen, Michael (Hrsg.): Pierre Bourdieu und die Kommunikationswissenschaft. Internationale Perspektiven. Köln, S. 234–262.

Beck, Klaus/Büser, Till/Schubert, Christiane (2016): Mediengenerationen. Biografische und kollektivbiografische Muster des Medienhandelns. Konstanz.

Bourdieu, Pierre (1976): Entwurf einer Theorie der Praxis auf der ethnologischen Grundlage der kabylischen Gesellschaft. Frankfurt a. M.

Bourdieu, Pierre (1987a): Die feinen Unterschiede. Kritik der gesellschaftlichen Urteilskraft. Frankfurt a. M.

Bourdieu, Pierre (1987b): Sozialer Sinn. Kritik der theoretischen Vernunft. Frankfurt a. M.

Bourdieu, Pierre (1998): Vom Gebrauch der Wissenschaft. Für eine klinische Soziologie des wissenschaftlichen Feldes. Konstanz.

Eckert, Matthias/Feuerstein, Sylvia (2015): Veränderung und Grundcharakteristik der Mediennutzertypen. In: Media Perspektiven, H. 11, S. 482–496.

Gleich, Uli (1996): Neuere Ansätze zur Erklärung von Publikumsverhalten. In: Media Perspektiven, H. 11, S. 598–606.

Haas, Alexander (2007): Medienmenüs. Der Zusammenhang zwischen Mediennutzung, SINUS-Milieus und Soziodemographie. München.

Jandura, Olaf/Meyen, Michael (2010): Warum sieht der Osten anders fern? Eine repräsentative Studie zum Zusammenhang zwischen sozialer Position und Mediennutzung. In: Medien & Kommunikationswissenschaft, Jg. 58, H. 2, S. 208–226.

Löblich, Maria (2016): Theoriegeleitete Forschung in der Kommunikationswissenschaft. In: Averbeck-Lietz, Stefanie/Meyen, Michael (Hrsg.): Handbuch nicht standardisierte Methoden in der Kommunikationswissenschaft. Wiesbaden, S. 67–80.

Meyen, Michael (2004): Mediennutzung. Mediaforschung, Medienfunktionen, Nutzungsmuster. Konstanz.

Meyen, Michael (2007): Medienwissen und Medienmenüs als kulturelles Kapital und als Distinktionsmerkmale. Eine Typologie der Mediennutzer in Deutschland. In: Medien & Kommunikationswissenschaft, Jg. 55, H. 3, S. 333–354.

Meyen, Michael/Fiedler, Anke (2013): Journalists in the German Democratic Republic (GDR). A collective biography. In: Journalism Studies, Jg. 14, H. 3, S. 321–335.

Meyen, Michael/Löblich, Maria/Pfaff-Rüdiger, Senta/Riesmeyer, Claudia (2011): Qualitative Forschung in der Kommunikationswissenschaft. Eine praxisorientierte Einführung. Wiesbaden.

Meyen, Michael/Pfaff-Rüdiger, Senta (Hrsg.) (2009): Internet im Alltag. Qualitative Studien zum praktischen Sinn von Onlineangeboten. Münster.

Park, David (2014): Pierre Bourdieu. A Critical Introduction to Media and Communication Theory. New York.

Rosengren, Karl Erik (1996): Inhaltliche Theorien und formale Modelle in der Forschung über individuelle Mediennutzung. In: Hasebrink, Uwe/Krotz, Friedrich (Hrsg.): Die Zuschauer als Fernsehregisseure? Zum Verständnis individueller Nutzungs- und Rezeptionsmuster. Baden-Baden/Hamburg, S. 13–36.

Scherer, Helmut (2013): Mediennutzung und soziale Distinktion. In: Wiedemann, Thomas/Meyen, Michael (Hrsg.): Pierre Bourdieu und die Kommunikationswissenschaft. Internationale Perspektiven. Köln, S. 100–122.

Schulze, Gerhard (1992): Die Erlebnisgesellschaft. Kultursoziologie der Gegenwart. Frankfurt a. M.

Schwingel, Markus (2005): Pierre Bourdieu zur Einführung. Hamburg.

Wiedemann, Thomas (2012): Walter Hagemann. Aufstieg und Fall eines politisch ambitionierten Journalisten und Publizistikwissenschaftlers. Köln.

Wiedemann, Thomas (2014): Pierre Bourdieu: Ein internationaler Klassiker der Sozialwissenschaften mit Nutzen für die Kommunikationswissenschaft. In: Medien & Kommunikationswissenschaft, Jg. 62, H. 1, S. 83–101.

Wiedemann, Thomas/Meyen, Michael (Hrsg.) (2013): Pierre Bourdieu und die Kommunikationswissenschaft. Internationale Perspektiven. Köln.

Medienhandeln und Medienerleben: Agency und »Doing Media«

Susanne Eichner

Agency und Doing Media verbinden das konkrete Medienerleben mit dem allgemeinen Medienhandeln, verstanden als sinnhaftes soziales Handeln innerhalb der Lebenswelt. Dies beinhaltet die bedeutungsvolle und sinnstiftende Aneignung der rezipierten Inhalte in das eigene Leben, aber auch Wahrnehmungsprozesse und kognitive Informationsverarbeitung im konkreten Rezeptionsprozess, fortlaufende Interpretationsaktivitäten, Partizipations-, Interaktivitäts- oder Spielprozesse, vor- und nachgelagerte Selektionsprozesse, Umdeutungsprozesse oder den kreativen und gestalterischen Umgang mit Medienprodukten. Agency und Doing Media stellen damit ein medienübergreifendes (medien-)handlungstheoretisches Konzept dar, das seine theoretischen Bezugspunkte in der soziologischen Handlungstheorie hat und diese mit kognitionspsychologischen und rezeptionsästhetischen Modellen verbindet.

Agency und Doing Media – Begriffe und Konzepte

Der Begriff »Agency« bezieht sich auf die Handlungsbefähigung, welche Rezipientinnen und Rezipienten in sämtlichen Phasen der Medienkommunikation mit Selektions-, Rezeptions- und Aneignungsprozessen ausüben. Agency ist ein präzisiertes Verständnis der allgemeineren Rezeptionsaktivitäten (»audience activities«) und im weiteren Feld der Medienhandlungstheorien (→ Krotz, S. 94 ff.) verortet. Innerhalb der qualitativ konnotierten handlungstheoretischen Ansätze der Kommunikations- und Medienwissenschaft hat sich die Vorstellung von Rezeption als ein aktiver und sinnstiftender Prozess durchgesetzt. Insbesondere die Einbeziehung des Symbolischen Interaktionismus (Mead 1967; Blumer 1969) und der Semiotik (Pierce 1977; de Saussure 1967/2001) in die Kommunikations- und Medienwissenschaften – nicht zuletzt durch die Cultural Studies – können als zentral für den Paradigmenwechsel vom Transmissionsmodell hin zum Bedeutungsmodell der Medienkommunikation und damit hin zur aktiven Rezipientin gesehen werden (eine frühe Unterscheidung der beiden Richtungen liefert

Carey 1989: »transmission model« vs. »ritual model«). Grob lässt sich dieser Entwicklungsprozess über die frühe Medienwirkungsforschung (»Effect Studies« und »Limited Effect Studies«), den Nutzenansatz (»Uses and Gratifications«), die Cultural Studies und schließlich die Medienrezeptionsforschung nachvollziehen (vgl. Butsch 2014; Jensen/Rosengren 1990). Ausgehend von einem Entwurf der machtvollen Massenmedien einerseits, und einem beeinflussbaren Publikum andererseits, bis zur Mitte des letzten Jahrhunderts setzte sich zunehmend die Einsicht durch, dass Rezipienten dem Einfluss der Medien durchaus etwas entgegenzusetzen haben. So stellte Elihu Katz bereits 1959 die Frage danach, was die Menschen eigentlich mit den Medien machen – und nicht umgekehrt: »What do people do with media?« (Katz 1959, S. 2). In jüngster Zeit werden Fragen der Publikums- bzw. User-Aktivitäten vor dem Hintergrund konvergierender Medienumgebungen und der zunehmend vernetzten Gesellschaft unter neuen Vorzeichen diskutiert. Erlaubt die dialogische Struktur vernetzter Medien mehr Handlungsmacht als lineares Fernsehen, oder sind die Nutzerinnen und Nutzer mehr denn je der Macht der Medien und großen Medienmogulen wie Google und Facebook ausgeliefert?

Neben dem generellen Verständnis des Medien-Rezipienten-Verhältnisses hat Agency noch eine weitere Komponente – die des individuellen Erlebens: Der Psychologe Albert Bandura weist darauf hin, dass ein wesentlicher Aspekt von Agency (ins Deutsche als *Selbstwirksamkeit* übersetzt) das Kontrollerleben ist, welches wiederum die Essenz des Menschseins selbst sei (Bandura 2001, S. 1). In diesem Zusammenhang kommt dem *Sich-seiner-selbst-bewusst-Sein* eine wichtige Bedeutung zu: Um überhaupt in der Lage zu sein, Agency zu erlangen, müssen Menschen sich zunächst als handlungsfähige Subjekte wahrnehmen. Dieses Bewusstsein wird im Laufe des Sozialisationsprozesses erworben. Es beginnt sich zu manifestieren, wenn Kleinkinder zum ersten Mal bemerken, dass sie Objekte manipulieren können, und ist, so lässt sich vermuten, niemals ganz abgeschlossen. Agency ist also einerseits erworben und in ihrer Ausprägung von äußeren determinierenden Faktoren abhängig. Sie ist damit niemals absolut, sondern stets graduell und lässt sich, einmal verfestigt, nur schwer greifen, da Agency-Prozesse sich auf metakognitiver Ebene abspielen. Agency ist also lediglich als generelles Gefühl vorhanden, das sich nur schwer anhand einzelner Handlungen verdinglichen lässt. Andererseits lässt sich anhand empirischer Studien nachweisen, dass Teilnehmerinnen einer experimentellen Studie in der Regel sehr wohl wissen, wann sie in Kontrolle der Ereignisse sind und wann nicht – ungeachtet dessen, ob im Experiment die Resultate manipuliert wurden (Metcalfe/Greene 2007).

Diese Untersuchungen zeigen, dass Agency in der Kommunikations- und Medienwissenschaft auf zwei Ebenen Relevanz hat: einerseits, um ein grundlegendes Verständnis von den beteiligten Prozessen von Handlung und von Medienrezeptionsaktivitäten zu erlangen. In diesem Sinn können Rezipienten – egal welchen Mediums – nicht *nicht* aktiv und handlungsbefähigt sein. Andererseits ermöglicht es, Handlungsbefähigung – Agency – nicht nur als Voraussetzung von Medienkommunikation zu verstehen, sondern

auch als eine seiner Erlebensqualitäten. Agency lässt sich unter bestimmten Voraussetzungen ästhetisch *erfahren* – immer dann, wenn die spezifischen *Taktiken* der Agency für die Rezipientinnen bewusst oder signifikant werden. Interaktivität, Medienkompetenz, Flow-Erleben oder Partizipation können so als spezifische Varianten von Agency betrachtet werden.

Der Begriff »Doing Media« entlehnt seinen Ursprung aus performativen Ansätzen der Sprach- und Kulturwissenschaft. Der von Candace West und Don Zimmerman (1987) in den 1980er-Jahren geprägte Begriff wurde durch Judith Butler (1990) aufgegriffen und weiter ausdifferenziert. Butler macht insbesondere auf den verkörperlichten Zusammenhang von Bedeutungskonstruktion aufmerksam: Gender ist nicht, es wird sprachlich hergestellt und inkorporiert. Der Begriff »Doing Media« will damit die Aufmerksamkeit für die Vielschichtigkeit von Medienhandlungsprozessen schärfen – einerseits in Bezug auf die Zeitlichkeit (vor, während und nach der konkreten Rezeptionsphase) und die Multiplizität (viele Plattformen, Inhalte, Zugänge oder Formen) von Mediennutzung, andererseits in Bezug auf die Vielschichtigkeit des Handelns selbst, das mindestens kommunikativ und performativ erfolgen kann.

Agency und ihr soziologischer Ursprung

Der Ansatz von *Agency* als Handlungsbefähigung von Individuen in größeren sozialen Systemen findet bei Alfred Schütz, Max Weber oder Talcott Parsons, bei Pierre Bourdieu, Anthony Giddens oder Michel Foucault Beachtung. Er stellt ein zentrales Moment in der soziologischen Handlungstheorie dar. In weitgehender Übereinstimmung lässt sich Agency dabei als die grundlegende Befähigung beschreiben, Handlungen auszuüben, während der Prozess der Handlung selbst (»action«) sich davon unterscheidet. Agency ist hier deswegen so zentral, da sie als das Moment betrachtet wird, durch das Individuen gesellschaftliche Transformationsprozesse anstoßen können. Doch trotz ihrer zentralen Stellung gilt Agency als eine »Blackbox«, da die konkreten Prozesse zwar theoretisch beschrieben, aber empirisch wenig untersucht worden sind.

Das dargestellte Spannungsfeld zwischen Aktivitäten und Handlungsmacht der Nutzer auf der einen und der strukturellen Macht der Medien auf der anderen Seite schließt an die *Agency-Structure*-Debatte der Soziologie an: Die Systemtheorien sind an der übergeordneten Gesellschaftsstruktur interessiert und wenden entsprechend eine Makroperspektive an. Doch lassen sich auch handlungstheoretische Konzepte ausmachen, die sich eher als Meso- bzw. Mikroperspektive beschreiben lassen und in denen das menschliche, soziale Handeln und damit auch die Kommunikationsprozesse im Fokus der Betrachtungen stehen. Lässt sich diese Aufteilung noch in der frühen Soziologie nachvollziehen, kann genau das Zusammenspiel von Struktur und Agency als das zentrale Anliegen der modernen soziologischen Forschung betrachtet werden. Der Ansatz von Anthony Giddens und seine »Strukturationstheorie« (Giddens 1984) stehen dabei exemplarisch für eine Reihe soziologisch-praxeologischer Ansätze, die erklären, wie sich das reziproke Gefüge von strukturierender Gesellschaft und individuellem Handeln ausgestaltet (siehe z. B. Bourdieu und *Habitus*, Foucault und *Power/Knowledge*, Joas und *Kreativität des Handelns*). Von soziologischem Interesse ist es, herauszufinden, »how any habitus or structure can produce actions that fundamentally change it« (Ahearn 2001, S. 119) – wie also Strukturen Handlungen bedingen können, die das Potenzial haben, eben jene Strukturen zu verändern. Ohne Agency, so die grundlegende Annahme, sind weder Handeln selbst noch gesellschaftliche Transformationsprozesse möglich.

Der Agency-Ansatz in der Medienkommunikation

Der Agency-Ansatz in der Medienkommunikation begreift Medienhandeln konsequent als Form des sozialen, kommunikativen Handelns und wendet dies auf Medienumgebungen an.

Dies betrifft sowohl die Kommunikation zwischen Medienprodukten und deren Rezipientinnen (z. B. Film und Fernsehsendungen) als auch die Kommunikation zwischen Menschen mittels Medien (z. B. soziale Medien wie Facebook). Der Ansatz ist dabei konsequent rezipientenorientiert, d. h., er vermutet keine Abhängigkeit der Agency von bestimmten Medien und deren Medialität, sondern betrachtet Agency als grundsätzlich vorhanden – allerdings moduliert durch bestimmte mediale und textuelle Strukturen und bestimmte Dispositionen der Rezipienten (vgl. Eichner 2014, S. 229). Diese Perspektive – ausgehend von den Rezipientinnen und Rezipienten und deren Agency – ist insofern bedeutsam, als dass sie auch eine irrtümliche Aktiv-Passiv-Dichotomie verhindert: In einer medienzentrierten Sichtweise entstanden beispielsweise Ansätze, welche die Möglichkeiten des Internets und die damit verbundene Transformation von Zuschauern in User, Produser und Co-Kreatoren und deren vermeintlich demokratisierendes Potenzial feierten und das Fernsehen als passives Medium abstempelten (zur näheren Erläuterung vgl. van Dijck 2009, S. 43). Wird Medienhandeln jedoch im oben beschriebenen Sinn als grundsätzlich agentischer Prozess konzeptualisiert, ist evident, dass Medienkommunikation *immer* aktives, sinnstiftendes und potenziell transformatives Handeln ist.

Am deutlichsten kommt der Bezug zur Agency in den Cultural Studies unter Rückgriff auf praxeologische Ansätze der Soziologie zum Tragen: Bereits in den späten 1970er-Jahren entwarf Stuart Hall in seinem Encoding/Decoding-Modell das Konzept der drei Lesestrategien, welches die Rezipientenaktivitäten radikaler fasste als der damalige dominante Nutzenansatz. Hall erkennt mit seinem Modell an, dass Rezipientinnen nicht automatisch der strukturellen Macht der Medien unterworfen sind, sondern kreative und soziale Ermächtigungsstrategien anwenden (vgl. Hall 1980). Sein Ansatz kann als maßgeblich für den folgenden paradigmatischen Wechsel vom Transmissionsmodell hin zum Bedeutungsmodell gesehen werden. Noch deutlicher auf die Handlungsbefähigung der Rezipienten bezogen gestaltete sich die Argumentation von Fiske (2009/1987), der – unter Rückgriff auf Barthes *writerly* und *readerly texts* – die Polysemie von Texten betont. Nicht der Text oder das Publikum sind in seinem Ansatz entscheidend, sondern dass sich Bedeutung im Akt der Rezeption überhaupt erst konstituiert (→ Winter, S. 86 ff.). In den 1990er-Jahren wurde Fiskes Ansatz insbesondere durch die aufkommenden Fan Studies (vgl. Jenkins 1992; Bacon-Smith 1992) aufgegriffen und seitdem vielfach weiterentwickelt (siehe z. B. Baym 2000; Hills 2002). Ein zentraler Argumentationsstrang bezieht sich dabei auf Michel de Certeaus Konzept des *Poaching*, verstanden als kreative und imaginative Textarbeit, in der Versatzstücke anderer Medien sowie Versatzstücke des eigenen Selbst in den jeweiligen Text integriert werden. Dieser wird in Folge unkontrollierbar, da er nicht nur im Sinne des Encoding/Decoding-Modells unterschiedlich interpretiert, sondern grundsätzlich verändert wird.

In Zeiten konvergierender Medienumgebungen, entgrenzter Medientexte und produzierender Mediennutzerinnen hat die Beschäftigung mit der Medien-Agency aktuelle Relevanz gewonnen und gerät jüngst verstärkt in das Blickfeld der Kommunikations- und Medienwissenschaft sowie der Mediensoziologie (siehe z. B. Couldry 2004; Eichner 2014; Evans 2011; van Dijck 2009). Die Ansätze konzeptualisieren Medienhandeln in Anlehnung an soziologische und praxeologische Handlungstheorien und tragen so zur Präzisierung des Rezeptionsaktivitätskonzepts (»audience activities«) bei. Couldry spricht in diesem Zusammenhang von *media practices* und betont damit die Rolle, die mediale Praktiken in einem hierarchischen Geflecht aus sozialen Alltagspraxen einnehmen – »the media practices' role in the ordering of social life« (Couldry 2004, S. 128). Abweichend davon lässt sich Medienhandeln als umfassender Prozess begreifen, als *Doing Media*, der den vielschichtigen, der Rezeption vor- und nachgelagerten Aktivitäten sowie der zunehmenden multiplen und teils gleichzeitigen Mediennutzung Rechnung trägt. Eine weitere Richtung, durch die

sowohl die Terminologie der Agency selbst als auch deren soziologische Wurzeln Beachtung finden, ist die *Technoscience* mit Ansätzen wie die der *Actor-Network-Theory* (Latour 2007), dem Konzept der *Distributed Agency* (vgl. Rammert/Schulz-Schaeffer 2002) oder dem Ansatz der *Akteursfiktion* (Werle 2002). Diese Ansätze beschäftigen sich mit unterschiedlichen Resultaten zu der Frage, wie und ob Technologien und Objekte in verschiedenen kommunikativen Settings zu Agenten, ausgestattet mit Agency, werden können.

Agency, Textualität und Affordance

Filmische Informationsverarbeitung und Agency

Um die »Blackbox« der Agency aufzubrechen und Handlung und Agency auch als erfahrbaren Moment beschreiben zu können, müssen die konkreteren Prozesse der Medienrezeption betrachtet werden. Einen fruchtbaren Ansatz für die Mikroprozesse der Rezeption liefert die Schema- und Skript-Theorie, die sich mit kognitiven Wahrnehmungsprozessen beschäftigt (siehe z. B. Fiske/Taylor 1984). Diesem Ansatz folgend ist Wahrnehmung schemageleitete Informationsverarbeitung, während derer Stimuli zu Wissenskategorien gebündelt werden. Mit dem Ansatz lässt sich erklären, wie Menschen in der Lage sind, aus der Fülle auf sie einstürmender Informationen durch Informationsreduktion Sinn zu generieren. Die Informationsverarbeitung geschieht dabei zugleich in Bottom-up-Prozessen – der Herausbildung neuer Schemata – und Top-down-Prozessen – der konzeptgeleiteten Einordnung in bereits existierende Schemata. In den Kommunikationswissenschaften – insbesondere in Verbindung mit Framing-Ansätzen – wurde das Modell vielfach herangezogen und weiterentwickelt, aber auch aufgrund seines inhärenten Reduktionismus kritisiert (vgl. dazu zusammenfassend Müller 2016, S. 68).

In der kognitiven Filmtheorie wurde die Schema- und Skript-Theorie ausführlich bei Bordwell (1989) für die Rezeption von Filmen operationalisiert. So bilden die ästhetischen, narrativen und dramaturgischen Gestaltungsmittel filmische *Cues* (Hinweise), auf deren Grundlage die Zuschauerinnen und Zuschauer Hypothesen bilden, die sich im weiteren Verlauf der Rezeption bestätigen oder auf Grundlage neuer Informationen verworfen und neu angepasst werden. Medienkommunikation stellt dabei in der Regel keine gänzlich neue Situation dar, sondern beruht auf früheren Seh- sowie auf lebensweltlichen Erfahrungen, die sich bereits zu Schemata verfestigt haben (ebd., S. 144 ff.). Je konventionalisierter ein Hinweis ist, desto leichter lassen sich die entsprechenden Schemata aufrufen. Das Prinzip der Schemata ist insofern basal, als dass es nicht nur erklärt, wie man die Komplexität eines medialen Stimulus reduziert, sondern die Welt an sich, um überhaupt interpretations- und handlungsfähig zu bleiben. Schemata sind somit verkörperlichte Prototypen, die typische Situationen speichern. Medienprodukte können aber auch neue Ereignisse einführen oder »Leerstellen« enthalten (Iser 1994, S. 236). Leerstellen sind unklare Hinweise oder Auslassungen, die potenziell offen sind für unterschiedliche Interpretationen. Genresignale, *Cues* und Leerstellen bilden so eine Appellstruktur, welche die Rezipienten adressiert, zur Kommunikation auffordert und so ein Aktionsangebot darstellt. Ein Verständnis von der jeweiligen Textualität – sei es eine narrative, spielerische oder informierende Organisationsform – ist damit die Voraussetzung, um den kommunikativen Prozess zwischen Rezipientinnen und Medientexten zu erfassen.

Neben einem grundsätzlichen Verständnis der Interpretationsleistung oder der *interpretativen Agency* (Couldry 2013, S. 14), wie es insbesondere die Cultural Studies unter Rückgriff auf die Semiotik hervorgehoben haben, sind für das Medien*erleben* die oben dargestellten Mikroprozesse bedeutsam. Denn Handlung und Handlungsbefähigung beruhen nicht zuletzt auf Denken, Verstehen und Kommunizieren. Hypothesenbildung und deren Abgleich mit der medialen Darstellung im narrativen Film – aber auch bei alltäglichen Ereignissen – sind also Prozesse,

die handlungsbefähigende Elemente beinhalten können. Es hängt jedoch von der konkreten Struktur des Medientextes ab, inwieweit er das Spiel mit der Hypothesenbildung als strukturierendes Element derart in den Vordergrund stellt, dass es bewusst erlebbar wird. Erst dann wird Agency zur erfahrbaren Form des Medienerlebens. Ein klassisches Beispiel hierfür ist der Suspense-Film, in dem mit der Informationskontrolle und Zuschauerwissen gespielt wird (Ohler/Nieding 2001, S. 134). Wuss bezeichnet dies als passive Kontrolle (»passive control«: Wuss 2009, S. 165), eine Konstellation, in der die Zuschauer zwar einen dargestellten Konflikt nicht wirklich ändern oder lösen können, aber eine Form der Kontrolle erlangen, die auf Prognosen, Vorausschau und Antizipation beruht.

Partizipatorische Strukturen im Fernsehen

Medienhandeln beinhaltet also verschiedene Formen des Wirksamwerdens. Interpretative Aktivitäten gehören ebenso dazu wie kognitiv-informationsverarbeitende Aktivitäten. Im Alltagsgebrauch wird Handeln jedoch hauptsächlich mit physischen, verkörperlichten Aktivitäten gleichgesetzt. Interaktivität, mit der haptischen Bedienung von Steuerungselementen gleichgesetzt, gilt deswegen im allgemeinen Verständnis als *aktive*, als kognitiv-interpretierende oder kommunizierende Handlungen. So wird beispielsweise das lineare Fernsehen oftmals als nicht interaktives Medium ohne Feedbackstruktur dargestellt. Aus handlungstheoretischer Perspektive ist diese Argumentation jedoch nicht haltbar, denn die Rezipientinnen müssen im oben erläuterten Sinn auf vielfältige Weise aktiv werden, um sich eine Fernsehsendung zu erschließen. Doch weist die überkommene Aktiv-Passiv-Dichotomie auf einen durchaus relevanten Punkt hin: Haptische Aktivitäten ergänzen auch hier die vielfältigen kognitiven (und emotionalen) Aktivitäten. Bereits seit seinen Anfängen experimentierte das Fernsehen mit verschiedenen Formen der interaktiven Publikumseinbindung. In Westdeutschland wurde 1964 mit *Der goldene Schuss* das erste interaktive Fernsehprogramm vorgestellt, bei dem die Zuschauer anrufen konnten und per Zuruf eine auf einer Kamera befestigte Armbrust steuerten. Mit Einführung der TED-Technologie (1979) übernahmen zahlreiche TV-Shows das Prinzip der Zuschauerpartizipation in die Struktur ihrer Sendung. Eines der erfolgreichsten Showformate der letzten Jahre, *Ich bin ein Star – Holt mich hier raus!* (RTL, seit 2004), bindet die Zuschauerinnen und Zuschauer mittels permanenter Ansprache durch das Moderatorenteam als strukturellen Bestandteil des TV-Textes ein und ermöglicht ihnen zugleich, über zahlreiche mediale Kanäle wie Twitter oder Facebook auf verschiedene Weise zu partizipieren (vgl. Eichner 2014, S. 201 ff.). Auch narrative TV-Formate bemühen sich mitunter um mehr Zuschauerpartizipation, so beispielsweise der *Tatort Plus* (2012, 2013 und 2014), in dem das Publikum selbst in ein Begleitspiel eingebunden online ermitteln konnte, oder die transmediale ARTE-Produktion *About Kate* (2013), in der die Zuschauer die Möglichkeit hatten, über soziale Medien mit der fiktiven Figur Kontakt aufzunehmen.

Das Fernsehen lässt sein Publikum also auf verschiedenen Ebenen eingreifen – beispielsweise durch Televoting, die Einbindung von sozialen Medien oder auch durch Mitspielen auf der Website. Konvergierende, computerbasierte Technologien und Infrastrukturen ermöglichen direkte Rückkopplungskanäle, welche die traditionelle Einteilung in lineare, nicht interaktive Medien wie Film und Fernsehen auf der einen Seite und nicht lineare, interaktive Medien wie Videospiele und Internet auf der anderen Seite auflösen. Schließlich stellt sich in Zeiten konvergierender Medien die grundsätzliche Frage nach einem neuen Verständnis von Medienkommunikation, das nicht mehr vom Medium oder vom Medientext aus denkt, sondern die sozial eingebetteten Medienaktivitäten der Nutzerinnen und Nutzer, die *Doing Media*, als Ausgangspunkt nimmt (vgl. ebd., S. 100).

Handeln im Computerspiel

Das Medium, in dem die haptischen Aktivitäten programmatisch in den Vordergrund treten, ist das Computerspiel. Die Agency oder Selbstwirksamkeit der Spielenden, die das Spiel auf verschiedenste Weise beeinflussen und dessen Verlauf graduell mitbestimmen können, ist seit dem Aufkommen der Game Studies eines ihrer zentralen Anliegen. In den deutschsprachigen medienpädagogischen und medienpsychologischen Game Studies wird Agency in der Regel als Selbstwirksamkeit erforscht (siehe z. B. Klimmt 2006; von Salisch/Kristen/Oppl 2007; Trepte/Reinecke 2010). Insbesondere die Faszination von Kindern im Kontrollerleben wird hier als eines der zentralen Momente verhandelt (siehe z. B. Fritz 2003).

Janet H. Murray (1997) prägte als eine der ersten Forscherinnen das Konzept der Agency als Form des Computerspielerlebens. Aufbauend auf Laurels Arbeit über Human-Computer Interaction (Laurel 1993) definiert Murray Agency zusammen mit Immersion und Transformation als elementare Charakteristika des Spielerlebens: Agency ist die »satisfying power to take meaningful action and see the results of our decisions and choices« (Murray 1997, S. 126). Da durch die spezifische Feedback-Loop-Struktur eines Computerspiels die (haptische) Eingabe der Spielerinnen und Spieler direkt in eine sichtbare Veränderung des Bildschirms übersetzt wird, können die eigenen Handlungsentscheidungen unmittelbar nachvollzogen werden. Computerspielumgebungen sind demnach ein ideales (aber nicht singuläres) Umfeld, um das Gefühl der Selbstwirksamkeit bzw. Agency entstehen zu lassen. Murrays Ansatz hat noch weiterführende Implikationen: Zunächst ist Agency als Form des Erlebens, als »aesthetic pleasure« konzeptualisiert (ebd., S. 128), welches durch bestimmte textuelle Strukturen bedingt ist. Darüber hinaus weist Agency drei verschiedene Ausprägungen auf: die Modifikation der Umgebung, die Navigation durch den Raum und die absichtliche *Fehlinterpretation* einer virtuellen

Umgebung (ebd., S. 129 ff.), also eine Um-Interpretierung.

Murrays und Laurels Pionierarbeit hat eine Vielzahl von Folgearbeiten zu Agency und Computerspielen angestoßen, die jedoch nur selten über eine oberflächliche Beschreibung des Phänomens hinausgehen. Die überwiegende Mehrheit der Ansätze erkennt zudem nicht das medienübergreifende Potenzial und enthält keine Verortung des jeweiligen Ansatzes in handlungstheoretischen und kommunikationswissenschaftlichen Theorien. Ansätze, die das Konzept in einiger Tiefe behandeln, finden sich z. B. bei Carr u. a. (2004), Jørgensen (2003), Mateas (2004), Pearce (2002), Tanenbaum/Tanenbaum (2010) oder Wardrip-Fruin u. a. (2009). In Anlehnung an psychologische Konzepte der Agency (z. B. Bandura 2001) kristallisiert sich auch in den Game Studies die Notwendigkeit heraus, Agency als differenziertes Erleben zu betrachten, das sich auf individueller Ebene beispielsweise durch das Lösen von Problemen (Jørgensen 2003; Mateas 2004; Wardrip-Fruin u. a. 2009), auf kollektiver Ebene durch gemeinsames Spielen (Pearce 2002) und auf einer kreativen Ebene z. B. durch die Erstellung von Fan Art (Schott 2008) abspielt. Für die Textebene zeigt sich, dass die *Affordance*, der Aufforderungscharakter eines Textes, als wichtiges Element für die Entstehung von Agency einbezogen werden muss (Wardrip-Fruin u. a. 2009, S. 3). Um die Spielende im Spiel zu aktivieren, muss das Material, d. h. die mediale Gestaltung, ihnen verdeutlichen, was sie konkret im Spiel machen können.

Den unterschiedlichen Ansätzen ist gemein, dass zwischen einer arbiträren Interaktivität (Tastenbedienung) und einer nachhaltigen Form der Einflussnahme, der Agency, unterschieden wird. Es wird also zwischen verkörperlichten Handlungen unterschieden, die für die Bedeutungsebene des Spiels relevant sind (Agency), und solchen, die lediglich das Spiel in seiner Materialität erhalten (haptische Interaktivität).

Agency im Medienerleben

Das Beispiel der Computerspiele verdeutlicht, dass unterschiedliche Medien und Medientexte unterschiedliche Formen der Agency ermöglichen. Die verschiedenen Formen des Handelns lassen sich dabei als *Taktiken* beschreiben, die situational bedingt sind. In der Medienkommunikation bilden, neben der allgemeinen umgebenden sozialen Situation, die jeweilige Textualität, Medialität und Affordance-Struktur den situativen Rahmen und stellen einen Aufforderungscharakter an die Rezeption dar. So muss ein Computerspiel *gespielt* werden, der Film im Kino hingegen fordert in der Regel zu keiner haptischen Interaktion auf. Wird eine Handlungstaktik im Akt der Rezeption dominant, wird Agency für die Nutzerinnen und Nutzer ästhetisch erlebbar.

Diese spezifischen Taktiken der Medien-Agency können als Interaktivität, Partizipation, passive Kontrolle, allgemeine Medienkompetenz oder als diverse Fan-Aktivitäten auftreten – und dies auf *individueller, kreativer* und *kollektiver Ebene*. Kreative Agency kann sich beispielsweise als de Certeaus kreative und imaginative Textarbeit äußern oder lässt sich im Produzieren von Fan Art erfahren und ist dem eigentlichen Medienrezeptionsprozess damit oft zeitlich nachgelagert. Kollektive Agency ergibt sich in kollaborativen Medienumgebungen, wie es insbesondere soziale Medienkontexte erlauben, aber auch die spezifische Erfahrung des gemeinsamen Fan-Seins und der gemeinsam erlebten Fan-Aktivitäten.

Im Rezeptionsprozess unmittelbar erfahrbar sind die Taktiken der individuellen Agency. Bei narrativen Formaten wird Agency als Medienerleben beispielsweise dann dominant, wenn die Narration im Sinn der Hypothesenbildung und -abgleichung Erfolg hat. Ein stark konventionalisierter Genrefilm wie *Selbst ist die Braut* (Anne Fletcher, 2009) legt eine deutliche Übereinstimmung von Top-down- und Bottom-up-Prozessen in der Hypothesenbildung nahe und ermöglicht seinen Zuschauern so ein hohes Maß an passiver Kontrolle. Diese Taktiken können als *interpretative Agency* bzw. als *Mastering Narration* (Eichner 2014, S. 164) bezeichnet werden. Kognitive Aktivitäten und Interpretationsleistungen der Rezipientinnen sind im Medienrezeptionsprozess als »audience activities« zwar prinzipiell vorhanden, doch geht es im *Erleben* von Agency um jene spezifische Text-Rezipienten-Konstellation, die das kognitive Spiel als strukturierendes Textprinzip und Aufforderungs-Struktur in den Vordergrund stellt.

Eine andere Form der Agency-Taktik besteht in der Möglichkeit, eine bedeutsame Wahl zu treffen. Erlaubt ein Showformat die Benennung eines Kandidaten via Televoting oder wird eine subjektiv einflussreiche Entscheidung in einem Computerspiel getroffen, lässt sich dies als *Mastering Choice* erfassen (ebd., S. 167). Eine Wahl zu haben, setzt dabei immer eine Form von Kontingenz voraus. Anthony Giddens (1984) bezeichnet dies als den Zustand des »could have acted differently«, welchen er als einen Grundpfeiler menschlicher Handlungsbefähigung und Agency betrachtet.

Auch die Orientierung im Raum ist für das Rezeptionserleben audiovisueller Medien wesentlich. In grafischen Computerspielen wird am deutlichsten, wie erfolgreiches räumliches Navigieren zum dominanten Modus werden kann. Murray (1997) sieht die »spatial navigation« (ebd., S. 129) als eine Form von Agency-Erfahrung, die typisch für digitale Umgebungen und prinzipiell positiv besetzt ist. Auch narrative Medien, wie beispielsweise der Film *Lola rennt* (Tom Tykwer, 1998), »triggern« mit einem spezifischen räumlich-zeitlichen Organisationsprinzip Taktiken der Agency, die als *Mastering Space* zusammengefasst werden können (Eichner 2014, S. 171).

Die Taktik, in der Agency im Medienhandeln offensichtlich wird, ist die interaktive Nutzung von Medien mittels eines Interfaces, die *Mastering* Action (ebd., S. 169). In diesem Zusammenhang wurde Agency in den Game Studies als zentrale Form des Medienerlebens bereits oben beschrieben. Die erfahrene Selbstwirksamkeit ist hier besonders spürbar, weil sich das eigene Medienhandeln, also kognitive und verkörperliche Handlungen, unmittelbar auf dem Bildschirm manifestiert. In zunehmend konvergenten Medienumgebungen ist diese Form der Medien-Agency jedoch nicht auf Computerspiele beschränkt. Erstens, da Medieninhalte auch trans- und crossmedial auftreten können, und zweitens, weil auch lineare Fernsehformate Strategien bereithalten, die verkörperliche Handlungen (z. B. das Benutzen eines Smartphones zum Televoting) auf dem Bildschirm visualisieren können (wenn z. B. in einer Publikumsabstimmung einer Talentshow der Balken zugunsten des favorisierten Kandidaten ansteigt).

Fazit

Agency ist also ein mehrdimensionales Phänomen, dessen Taktiken sich in Abhängigkeit von der jeweiligen Situation und den soziokulturell bedingten Fähigkeiten der Individuen, diese agentischen Taktiken anzuwenden, ausprägen. In Medienumgebungen ist eine Situation neben dem gesellschaftlichen Kontext auch durch die spezifische Medienkommunikationssituation konstituiert und somit immer auch durch den Medientext mit seiner Textualität und Aufforderungsstruktur. Mit der Terminologie *Doing Media* wird auf das gesamte Handlungsspektrum der Medienkommunikation aufmerksam gemacht und so auf die Nutzerinnen und Nutzer fokussiert. *Agency* ist dabei gleichzeitig Grundvoraussetzung medienbezogenen Handelns als auch eine Form des Medienerlebens selbst.

Literatur

Ahearn, Laura (2001): Language and Agency. In: Annual Review of Anthropology, Jg. 30, H. 1, S. 109–137.

Bacon-Smith, Camille (1992): Enterprising Women: Television Fandom and the Creation of Popular Myth. Philadelphia.

Bandura, Albert (2001): Social Cognitive Theory: An Agentic Perspective. In: Annual Review Psychology, Jg. 52, S. 1–26.

Baym, Nancy (2000): Tune In, Log On: Soaps, Fandom, and Online Community. Thousand Oaks.

Blumer, Herbert (1969): Symbolic Interactionism. Perspective and Method. Berkeley/Los Angeles/London.

Bordwell, David (1989): Making Meaning. Inference and Rhetoric in the Interpretation of Cinema. Cambridge, MA/London.

Butler, Judith (1990): Gender Trouble: Feminism and the Subversion of Identity. New York.

Butsch, Richard (2014): Agency, Social Interaction, and Audience Studies. In: Waisbord, Silvio (Hrsg.): Media Sociology: A Reappraisal. Cambridge, S. 81–97.

Carey, James (1989): Communication as Culture. Essays on Media and Society. Boston, MA.

Carr, Diane/Schott, Gareth/Burn, Andrew/Buckingham, David (2004): Doing game studies: A multi-method approach to the study of textuality, interactivity and narrative space. In: Media International Australia, Jg. 110, H. 1, S. 19–30.

Certeau, Michel de (1984): The Practice of Everyday Life. Berkeley, Los Angeles/London.

Couldry, Nick (2004): Theorizing Media as Practice. In: Social Semiotics, Jg. 14, H. 2, S. 115–132.

Couldry, Nick (2013): A necessary Disenchantment: Myth, Agency and Injustice in a Digital World. Inaugural Lecture, London School of Economics and Political Science, 21.11.2013.

Dijck, José van (2009): Users like you? Theorizing agency in user-generated content. In: Media, Culture and Society, Jg. 31, H. 1, S. 41–58.

Eichner, Susanne (2014): Agency and Media Reception. Experiencing Video Games, Film, and Television. Wiesbaden.

Evans, Elizabeth (2011): Transmedia Television. Audiences, New Media, and Daily Life. New York/London.

Fiske, John (2009): Television Culture. London (1. Auflage 1987).

Fiske, Susan T./Taylor, Shelley E. (1984): Social cognition. Reading.

Fritz, Jürgen (2003): Warum eigentlich spielt jemand Computerspiele? Macht, Herrschaft und Kontrolle faszinieren und motivieren. In: Computerspiele. Virtuelle Spiel- und Lernwelten. Bonn, S. 10–24.

Giddens, Anthony (1984): The Constitution of Society. Outline of the Theory of Structuration. Cambridge.

Hall, Stuart (1980): Encoding/decoding. In: Ders./Hobson, Dorothy/Lowe, Andrew/Willis, Paul (Hrsg.): Culture, Media, Language. Working Papers in Cultural Studies 1972–1979. London, S. 128–138.

Hills, Matt (2002): Fan Cultures. London/New York.

Iser, Wolfgang (1994): Die Appellstrukturen im Text. Unbestimmtheit als Wirkungsbedingung literarischer Prosa. In: Warning, Rainer (Hrsg.): Rezeptionsästhetik. Theorie und Praxis. München (1. Auflage 1970), S. 228–252.

Jenkins, Henry (1992): Textual poachers. Television fans & participatory culture. New York.

Jensen, Klaus Bruhn/Rosengren, Karl Erik (1990): Five traditions in search of the Audience. European Journal of Communication, Jg. 5, H. 2, S. 207–238.

Jørgensen, Kristine (2003): Problem Solving. The Essence of Player Action in Computer Games. In: Copier, Marinka/Raessens, Joost (Hrsg.): Level Up. Digital Games Research Conference, 4–6 November 2003. Utrecht University. Utrecht.

Katz, Elihu (1959): Mass Communications Research and the Study of Popular Culture: An Editorial Note on a Possible Future for This Journal. In: Studies in Public Communication, Jg. 2, S. 1–6.

Klimmt, Christoph (2006): Computerspielen als Handlung: Dimensionen und Determinanten des Erlebens interaktiver Unterhaltungsangebote. Köln.

Latour, Bruno (2007): Eine neue Soziologie für eine neue Gesellschaft. Frankfurt a. M.

Laurel, Brenda (1993): Computers as Theatre. New Jersey.

Mateas, Michael (2004): A Preliminary Poetics for Interactive Drama and Games. In: Wardrip-Fruin, Noah/Harrigan, Pat (Hrsg.): First Person. New Media as Story, Performance and Game. Cambridge, S. 19–33.

Mead, George Herbert (1967): Mind, Self & Society from the Standpoint of a Social Behaviourist. Chicago.

Metcalfe, Janet/Greene, Mathew Jason (2007): Metacognition of Agency. In: Journal of Experimental Psychology General, Jg. 136, H. 2, S. 184–199.

Müller, Philipp (2016): Die Wahrnehmung des Medienwandels. Eine Exploration ihrer Dimensionen, Entstehungsbedingungen und Folgen. Wiesbaden.

Murray, Janet, H. (1997): Hamlet on the Holodeck: The Future of Narrative in Cyberspace. New York.

Ohler, Peter/Nieding, Gerhild (2001): Antizipation und Spieltätigkeit bei der Rezeption narrativer Filme. In: Frieß, Jörg/Hartmann, Britta/Müller, Eggo (Hrsg.): Nicht allein das Laufbild auf der Leinwand… Berlin.

Pearce, Celia (2002): Emergent authorship: the next interactive revolution. In: Computers & Graphics, Jg. 26, H. 1, S. 21–29.

Rammert, Werner/Schulz-Schaeffer, Ingo (2002): Technik und Handeln. Wenn soziales Handeln sich auf menschliches Verhalten und technische Abläufe verteilt. In: Dies. (Hrsg.): Können Maschinen handeln? Soziologische Beiträge zum Verhältnis von Mensch und Technik. Frankfurt a. M./New York, S. 11–64.

Salisch, Maria von/Kristen, Astrid/Oppl, Caroline (2007): Computerspiele mit und ohne Gewalt. Auswahl und Wirkung bei Kindern. Stuttgart.

Saussure, Ferdinand de (2001): Grundfragen der allgemeinen Sprachwissenschaft. Berlin (1. Auflage 1967).

Schott, Gareth (2008): Agency in and around Play. In: Carr, Diane/Buckingham, David/Burn, Andrew/Schott, Gareth (Hrsg.): Computer Games: Text, Narrative and Play. Cambridge, S. 133–148.

Tanenbaum, Karen/Tanenbaum, Joshua (2010): Agency as commitment to meaning: communicative competence in games. In: Digital Creativity, Jg. 21, H. 1, S. 11–17.

Trepte, Sabine/Reinecke, Leonard (2010): Unterhaltung online Motive, Erleben, Effekte. In: Schweiger, Wolfgang/Beck, Klaus (Hrsg.): Handbuch Online-Kommunikation. Wiesbaden, S. 211–233.

Wardrip-Fruin, Noah/Mateas, Michael/Dow, Steven/Sali, Serda (2009): Agency Reconsidered. In: Proceedings of the DIGRA. Authors & Digital Games Research Association.

Werle, Raymond (2002): Technik als Akteurfiktion. In: Rammert, Werner/Schulz-Schaeffer, Ingo (Hrsg.): Können Maschinen handeln? Soziologische Beiträge zum Verhältnis von Mensch und Technik. Frankfurt a. M., S. 119–139.

West, Candace/Zimmerman, Don H. (1987): Doing Gender. In: Gender & Society, Jg. 1, H. 2, S. 125–151.

Wuss, Peter (2009): Cinematic Narration and its Psychological Impact. Newcastle.

Strukturanalytische Rezeptionsforschung

Klaus Neumann-Braun / Anja Peltzer

Die strukturanalytische Rezeptionsforschung, verstanden als handlungstheoretisches Modell der Rezeption und Aneignung von Medienangeboten, nahm ihren Ausgangspunkt in der Auseinandersetzung mit der nationalen und internationalen Medienwirkungsforschung Anfang der 1980er Jahre. Wesentlich für das Modell ist die Sicht auf den Rezipienten als aktiv handelndes Individuum, das die Auseinandersetzung mit Medien durch seine Auswahl, selektive Zuwendung und seine thematisch voreingenommene Auffassung vor, während und nach der eigentlichen Rezeption bestimmt. In methodologisch-methodischer Hinsicht macht sie die rekonstruktiven Methoden der hermeneutischen Sozialforschung für die empirische Rezeptionsforschung fruchtbar. So stehen im Zentrum der Analysen einerseits Fallrekonstruktionen, andererseits Strukturexplikationen von Medienhandlungen.

Einordnung des Modells der Strukturanalytischen Rezeptionsforschung in die traditionelle Medienforschungslandschaft

Die Entwicklung des Modells nahm ihren Ausgangspunkt in der Auseinandersetzung mit der nationalen und internationalen Medien*wirkungs*forschung Anfang der achtziger Jahre (vgl. Kaase/Schulz 1989) und wurde von der Forschungsgruppe um den Psychologen Michael Charlton und den Soziologen Klaus Neumann-Braun entwickelt. Seinerzeit geriet das bis dahin vorherrschende behavioristisch orientierte Modell der Medien*wirkungs*forschung stark unter Druck. Als Alternative zu deren *Verhaltens*modell wurde von den beiden genannten Autoren in interdisziplinärer Perspektive ein *handlungs*theoretisches Modell (→ Krotz, S. 94 ff.) der *Rezeption* und *Aneignung* von Medienangeboten entworfen, das auf folgenden Annahmen basiert: Erstens findet die Medienrezeption (nicht in einem experimentellen Forschungslabor, sondern) im *Alltag* der Menschen statt (→ Mikos, S. 146 ff.), sie entsteht aus und in ihm, und sie wird von Alltagspraxis begleitet und wirkt auf diese zurück. Zweitens sind Rezipienten nicht passiv, reizkontrolliert und inputabhängig, sondern vielmehr *aktive, konstruktiv*

Sinn erzeugende Leser, Hörer und Zuschauer, die sich mit Medienangeboten deutend auseinandersetzen. Die Rezeption von Medien ist drittens als ein *prozessuales*, mehrphasiges Geschehen zu begreifen, in welchem sich ein sozial situierter und biographisch geprägter Rezipient zu einem medialen Sinnangebot in Beziehung setzt. Und funktional gesehen, nutzt der Rezipient schließlich die Beschäftigung mit Medienangeboten für seine *Lebensbewältigung und Identitätsbehauptung* im Alltag.

Die Konzeption der strukturanalytisch orientierten Rezeptionstheorie sollte weiterhin einen Beitrag zur *Systematisierung* der medien- und kommunikationswissenschaftlichen *Theorie* leisten und orientiert sich konsequent an der von Ulrich Oevermann und Jürgen Habermas entworfenen Theoriearchitektonik: Diese basiert auf einem Subjekt- und Handlungsmodell, das die Kompetenztheorien der strukturalen Epistemologie (Jean Piaget u. a.), die struktural-generativen Theorien des Sprachgebrauchs (Noam Chomsky u. a.), die Stufenmodelle der sozialen Kognition und des moralischen Handelns (Lawrence Kohlberg u. a.) sowie psychoanalytische Handlungstheorien (Alfred Lorenzer u. a.) berücksichtigt. Die Vermittlung von Gesellschaftsstrukturen und Subjektstrukturen wird als Ergebnis eines Ko-Konstruktionsprozesses, d. h. als ein Zusammenwirken von individueller Konstruktionstätigkeit und sozialer Konstitution (Max Miller u. a.) angesehen. In *interdisziplinärer* Perspektive werden Anschlüsse an die Forschungen der Sprach- und Literaturwissenschaften (Leser-Text-Interaktion), der (Sozial-)Psychologie (Identity Themes, Coping-Strategien), des kulturtheoretisch orientierten Konstruktivismus (Siegfried J. Schmidt) sowie der Cultural Studies (Stuart Hall, John Fiske, → Winter, S. 86 ff.) – um die wichtigsten Referenztheorien zu nennen – hergestellt.

In methodologisch-methodischer Hinsicht werden auf der Grundlage einer Kritik des kausalnomologischen Modells der traditionellen Medienwirkungsforschung (Charlton 1987) die rekonstruktiven Methoden der hermeneutischen Sozialforschung (vor allem: Strukturale Hermeneutik (→ Hagedorn, S. 580 ff.) und Konversationsanalyse (→ Ayaß, S. 460 ff.) für die empirische Rezeptionsforschung (→ Prommer, S. 249 f.) fruchtbar gemacht: Im Zentrum der Analysen stehen einerseits Fallrekonstruktionen (Charlton/Neumann[-Braun] 1986), andererseits Strukturexplikationen von Medienhandlungen (Charlton/Neumann[-Braun] 1990).

Das Modell der Strukturanalytischen Rezeptionsforschung

Unter dem Begriff der *Rezeption* wird ein *komplexer* Prozess der Auseinandersetzung mit medialen Angeboten jeglicher Art (Film, Fernsehen, Smartphone, Radio, PC, Buch, Zeitung, Journale u. Ä.) gefasst. Die Rezeption beginnt mit der Zuwendung zu einem Medium, in der Regel nach einem vorausgegangenen Wahlvorgang (man entscheidet sich z. B. für ein bestimmtes Fernsehprogramm aus dem vielfältigen Angebot). Die Beschäftigung mit dem Fernsehprogramm kann konzentriert und ohne Unterbrechungen erfolgen. Praktiziert werden aber auch Rezeptionspausen (man verlässt z. B. vorübergehend das Fernsehzimmer) bzw. -abbrüche (man wechselt das Programm oder been-

det den Fernsehkonsum). Die Motive für den Medienkonsum sind vielfältig: Sie reichen vom puren Unterhalten-werden-Wollen bis zur intensiven Reflexion seines eigenen Lebens im Spiegel von Mediengeschichte und Medienakteur. Oft wird der Medienkonsum von sozialer Kommunikation begleitet (man schaut sich z. B. ein Programm im Kreis von Freunden oder Familienmitgliedern an, entsprechend komplex fällt dann das gegenseitige Kommentieren des Gesehenen aus). Im Anschluss an die Rezeption findet eine Aneignungsphase statt: Der Rezipient vermittelt die Medienerfahrung mit seiner eigenen Alltagswelt, er ordnet das Gesehene oder Gehörte in seinen Lebenszusammenhang ein. Auch dieses Aneignungsgeschehen wird in der Regel von sozialer Kommunikation begleitet: In vielen Alltagssituationen kommt man beiläufig auf Medienereignisse zu sprechen und tauscht sich über seine Medienerlebnisse mit anderen aus. Solche Folgekommunikationen können vielfältige Funktionen erfüllen: Medieninformationen können eine Meinungsführerschaft bekräftigen, oder Medienerlebnisse können eine interpretative Gemeinschaft (Fangruppe) intensiver »zusammenschweißen«. Damit schließt sich ein Kreislauf: Die Medienrezeption entsteht in der Alltagspraxis, sie wird von ihr begleitet und sie wirkt auf diese zurück (→ Mikos, S. 146 ff.).

Der angesprochene handlungs- und subjekttheoretisch orientierte Blick auf die Praxis des Medienhandelns eröffnet einen mikroskopischen Blick auf *Regeln, Formen und Funktionen* der Auseinandersetzung von Individuen und Gruppen mit Massenmedien. Das Modell der Strukturanalytischen Rezeptionsforschung stellt folgendes *Begriffsinventarium* zur Verfügung (Charlton/Neumann[-Braun] 1992; Neumann-Braun 2000):

Unterschieden werden strukturelle und prozessuale Aspekte: Die *strukturellen* Aspekte der Medienrezeption (kultureller und situativer Kontext) umfassen zum einen die *äußeren Rahmenbedingungen,* zu denen sowohl allgemeine gesellschaftlich-kulturelle Gegebenheiten in der Gesellschaft zu zählen sind, als auch konkrete Interaktionserfahrungen innerhalb der Nahumwelt, womit an die spezifische Gestaltung der Rezeptionssituation gedacht ist, in der es regelhaft zur Ausbildung von Gewohnheiten und Ritualen kommt. Zum anderen sind die *inneren Rahmenbedingungen* aufzuführen, die der Rezipient aufgrund seiner kognitiven Kompetenz, seines Wissensstandes sowie seiner Bedürfnisstruktur (systematisch ableitbar über sozial-, entwicklungs- und tiefenpsychologische sowie lebenslauf- und biographieorientierte Referenztheorien; vgl. Charlton/Neumann[-Braun] 1990, 1992) mitbringt: Der Gebrauch von Individual- und Massenmedien ist einerseits an Verstehensleistungen gebunden, andererseits erfolgt er auf der Basis des Interesses des Rezipienten an bestimmten Inhalten und Themen, die sich aus seiner Bedürfnislage und seiner Lebenssituation ergeben und als *handlungsleitende Themen* die Wahrnehmung, Interpretation und Verarbeitung äußerer und innerer Vorgänge steuern. Diese bedürfnisbasierten Themen bestimmen den Verlauf der Auseinandersetzung mit den Medienangeboten. Entsprechend seiner thematischen Voreingenommenheit und der von ihm bevorzugten *Abwehr- und Bewältigungskompetenzen* (Ich-Prozesse) verarbeitet der Rezipient die objektive, allen Rezipienten gleichermaßen dargebotene Sinnstruktur des Medienangebots (das Video auf einer Online-Plattform, den Film, die Fernsehsendung etc.) selektiv und individuell.

Die Bedürfnisse, Motive und Themen, die Zuschauer und Hörer in der Medienrezeption verfolgen möchten, lassen sich von der Annahme herleiten, dass die Rezeption von Medien als ein wichtiges Moment der Lebensbewältigung aufzufassen ist, das vornehmlich den Prozessen von Identitätsaufbau und -bewahrung sowie der Selbstverortung dient. Das gesellschaftliche Sinnsystem stellt dem Rezipienten kognitive, normative und ästhetische Kategorien zur Entwicklung eines Selbst- und Weltverständnisses zur Verfügung. Die im Mediengebrauch verfolgten Ziele lassen sich systematisch zum einen auf *besondere, persönliche Themen* beziehen, zum anderen aber auch auf *allgemeine Themen*, die durch den gesellschaftlichen Zusammenhang vorgegeben sind. Aus psychologischen und soziologischen Theorien sowie Forschungsergebnissen lassen sich allgemeine Erwartungen ableiten, mit welchen zentralen *Entwicklungs- und Lebensaufgaben* sich eine Person in einem bestimmten sozialen Milieu und mit einer bestimmten Biographie (wichtig hier: Alter bzw. Entwicklungsstand, s. o.) auseinanderzusetzen hat. In dieser Perspektive lassen sich insbesondere auch die längerfristigen Themen und Lebensbewältigungsroutinen erkennen, die die einzelnen Rezeptionshandlungen beeinflussen. Diese Themen nehmen das Denken und Fühlen von Individuen intensiv »in Beschlag« und führen – wie erwähnt – zu *thematischen Voreingenommenheiten*. Rezipienten steuern die Auseinandersetzung mit Medien durch ihre Auswahl, selektive Zuwendung und ihre thematisch voreingenommene Auffassung vor, während und nach der eigentlichen Rezeption.

Die Medienrezeption im engeren Sinne lässt sich in *prozessualer* Perspektive in *drei Phasen* unterteilen, nämlich in eine *Vorphase* (soziale Einbettung der Rezeption), eine zweigliedrige Hauptphase (thematisch voreingenommenes Sinnverstehen und Rezeptionssteuerung) und eine zweigliedrige Nachphase (Aneignung und Vermittlung zwischen Medienangebot, Biographie und sozialer Lage sowie Folgekommunikation).

Ganz am Anfang der Rezeption – in der Vorphase – steht häufig ein Entscheidungspunkt, *welche Medien man in welcher Situation wie und mit wem nutzen möchte*. Der Gebrauch von Medien definiert Handlungssituationen in spezifischer Weise sozial – auch im Falle der *Allein*nutzung: Die Nutzung eines MP3-Players in öffentlichen Verkehrsmitteln zum Beispiel schafft dem Hörer nicht nur ein persönliches sinnliches Musikvergnügen, sondern strukturiert gleichzeitig auch seine Beziehungen zur Mitwelt, gegenüber der er sich in diesem Fall sozial abgrenzt. Werden Medien *gemeinsam* genutzt, wenn beispielsweise Fotos auf dem Smartphone gezeigt werden, bedarf es expliziter sozialer Abstimmungsprozesse (vgl. Keppler 2013). Solche Abstimmungen können routinisiert sein, sie können aber auch aktueller Aushandlungen bedürfen. Virulent werden dann die Handlungsdimensionen der (1) *Handlungskoordination* (z. B. Herstellen eines gemeinsamen Aufmerksamkeitsfokus, Steuerung von Dialog und Auseinandersetzung, Erhalt bzw. Aufbau von Rollenverteilungen in Kleingruppen), (2) *Macht und Selbstbehauptung* (z. B. Ausüben von sozialem Druck, Beweisen von Kompetenz und Überlegenheit, Kontrollieren von Gruppenstimmungen, sich im Kontext der Mediennutzung dem Einfluss anderer entziehen) sowie (3) *affektiven Beziehungsgestaltung* (z. B. sich selbst mit Bezug auf Medienangebote mitteilen, sich mit Mediengeschichten versorgen/verwöhnen lassen [individuelle Playlisten erstellen, oder den eigenen Video-on-Demand-Account teilen], Herstellung von emotionaler Gemeinsamkeit über einen Medienbezug, Ablenken von sich selbst und seinen Bedürfnissen). Ganz unabhängig von einer inhaltlichen Auseinandersetzung mit einem Medienangebot kommen demnach im Verlauf eines Rezeptionsvorgangs sehr vielfältige soziale Bedürfnisse und Motive zum Tragen. Es lässt sich folgern, dass es im Mediengebrauch immer auch darum geht, soziale Beziehungen in eine bestimmte Richtung zu beeinflussen.

Wenn es dem Rezipienten mehr um die Inhalte als um die sozialen Rahmenbedingungen geht, gewinnt die *zweite Rezeptionsphase* besondere Bedeutung: Rezipienten gehen entsprechend ihren handlungsleitenden Themen thematisch voreingenommen in die Rezeptionssituation. Sie *wählen* zunächst aus einem breiten Angebot ein bestimmtes Medium bzw. *einen bestimmten Medieninhalt aus*. Selbst wenn ein Medienkonsument den Fernseher einschaltet und sich scheinbar gedankenverloren dem »programflow« mit der Fernbedienung in der Hand zu überlassen scheint, verfügt er doch normalerweise über wirksame Strategien der Aufmerksamkeitssteuerung – und sei es, dass er dem Reiz des Spektakels folgt und bei spektakulären Bildern »hängen bleibt«. Untersuchungen zeigen, dass Rezipienten tendenziell überwiegend die Themenwahl nach überdauernden thematischen Vorlieben vornehmen, es besteht aber

auch die Möglichkeit, sich auf neue Inhalte *assimilativ* (d. h., Inhalte werden verändert, um sie der eigenen Weltsicht anzupassen) oder *akkomodativ* (d. h., Inhalte werden in die eigene Weltsicht integriert und verändern diese partiell) einzulassen.

Der Auswahl eines Medienangebots folgt die eigentliche Auseinandersetzung mit dem Medieninhalt auf der Basis *thematisch voreingenommenen Sinnverstehens* sowie unter Anwendung von *Strategien der Rezeptionssteuerung*: Der Rezeptions*einstieg* kann direkt oder mit Unterbrechungen erfolgen. Weiterhin kann zwischen verschiedenen *illusiven* (hier nicht als Täuschung, sondern als ergriffener Mitvollzug einer fiktiven Welt gemeint) respektive *inlusiven* (distanziertes Miterleben) *Rezeptionsmodi* (Rapp 1973) gewählt werden (TV-Programme können kommentiert oder passiv-selbstversunken angeschaut werden etc.). Darüber hinaus sind verschiedene Formen der *Distanzierung* zum Mediengeschehen (vorübergehende Distanzierung, Parallelhandlungen, vorübergehende Unaufmerksamkeit etc.) und der *Beendigung* des Medienkonsums (vorzeitiger Rezeptionsabbruch etc.) praktizierbar, gefolgt von der Frage, wie sich das *Anschlussgeschehen* gestaltet (erneuter Medienkonsum, andersartige Beschäftigung etc.).

Auf einer abstrakteren Ebene lassen sich spezifische *Rezeptionshaltungen und -stile* unterscheiden: Man kann sich dem Medienangebot – wie erwähnt – emotional gleichsam überlassen, womit es zu einer Form von *unmittelbarem* Miterleben kommt, das ganz im Zeichen von Illusion und Identifikation steht (aber auch hier lassen sich im Übrigen die soeben beschriebenen Distanzierungsstrategien zur Nähe-Distanz-Regelung einsetzen), oder der Rezipient setzt sich während des Sehens oder Hörens immer wieder *reflexiv* mit dem Medienangebot auseinander (etwa wenn er mit den Medienakteuren, laut oder leise, zu diskutieren beginnt), oder ein Rezipient *kommentiert* das Gesehene in den sozialen Medien oder auch mit anwesenden *Ko-Rezipienten*, deren Anwesenheit ihm wichtig ist (z. B. die Freundinnenclique, die zusam-

men eine Soap anschaut, resp. die Freundescli-
que, die zusammen Horrorfilme goutiert) – hier
können sich individuelle Rezeptionsstile herausbilden wie z. B. der »coole Analytiker«, der die
Mörder immer findet, oder der »hartgesottene
Profi«, der auch die schlimmsten in einem Hor-
rorfilm gezeigten Grausamkeiten ohne Wim-
pernzucken erträgt.

Ein Blick in die Handlungspraxis gemeinsamen Fernsehens zeigt, dass die Zuschauer
dabei viel sprechen, wobei die Kommunikation
meist knapp und komprimiert erfolgt, was dazu
geführt hat, sie als *»Häppchenkommunikation«*
zu bezeichnen. Diese »empraktische«, d. h. hand-
lungsbegleitende Ko-Kommunikation, erfüllt
situativ und ökonomisch angemessen spezifische Funktionen (z. B. Kooperationsorganisa-
tion, Verstehen und Deuten, Bewerten, sich
Vergnügen [Lästern]), ohne dass dabei das Fern-
sehgeschehen verpasst würde) (Baldauf/Klemm
1997). Dies gilt übrigens auch für die Kommentierungen von Fernsehangeboten in den sozialen
Medien (Michel 2015).

Das Ende eines Filmanschauens oder einer
Lektüre darf nicht mit dem Ende des Rezeptions-
prozesses gleichgesetzt werden. Es schließt sich in
der *Nachphase* eine *Aneignungs*phase an, die für
die Identitätsbewahrung von besonderer Bedeutung ist. In dieser Phase wird das Rezipierte an
die eigene Lebenssituation assimiliert, oder der
Rezipient akkomodiert seine Sicht der Dinge an
die dargebotene Perspektive des Medien-ande-
ren (*parasoziale* Interaktion mit einem medialen anderen i. S. des generalized other nach
George H. Mead). Die Vermittlungstätigkeit
zwischen Subjekt und kulturellem Angebot ist
zeitlich nicht begrenzt: Häufig geht das Gespräch
mit sich selbst *(intrakommunikative Medienverarbeitung)* in ein Gespräch mit anderen (interkommunikative Medienverarbeitung) über. Dies
kann während der Rezeption (s. o.), unmittelbar
nach ihr oder oft auch zeitversetzt erfolgen (am
nächsten Morgen am Arbeitsplatz oder beim
nächsten Treffen im Freundeskreis). Solche Re-
Thematisierungen im Rahmen von *Folgekommunikationen* können aspekthaft vorgenommen
werden *(kurze Medienverweise)* oder großflächig

erfolgen *(umfangreiche Medienrekonstruktionen)*,
implizit *(Medienspuren)* oder explizit. Für viele
Serienfans gehört das »Gespräch danach«, oder
auch das Twittern zum Tatort, konstitutiv zum
Anschauen der jeweiligen Sendung dazu, sie rezipieren die aktuelle TV-Folge also schon auf das
spätere Gespräch oder das begleitende Twittern
hin. Dann ist es bereits zu einer Verknüpfung
von eigentlicher Rezeptionssituation und späterer Kommunikationssituation mit relevanten
anderen gekommen, auf der Basis dessen, dass
man etwas mit ihnen teilen möchte, sich also
im Gespräch mit einem Gegenüber sozial verorten will. Die Förderung resp. Beeinträchtigung
dieser Vermittlungsaktivität hängt insbesondere
von der Art und Weise ab, wie gewohnte Darstel-
lungs- und Denkschablonen bei der ästhetischen
Gestaltung des Medienthemas *transzendiert* werden und eine Auseinandersetzung mit der Sach-
welt, der sozialen Umwelt sowie mit sich selbst
und seiner sozialen Positionierung monologisch
oder dialogisch angeregt wird.

Die Medienkommunikation eröffnet wichtige Handlungsoptionen, die in natürlichen
Face-to-Face-Situationen nicht gegeben sind:
So entlastet z. B. die Fernsehrezeptionssitua-
tion von Handlungsverpflichtungen, das heißt,
man kann fiktiv am Handlungsgeschehen teilnehmen, ohne dass man in dieses real verstrickt
wäre und spezifischen Handlungsverpflichtungen nachkommen müsste. Die Rezeption von
Medienangeboten ermöglicht somit eine besondere Art von *identitätsrelevantem »Probehan-
deln«*: Der Rezipient kann sich in seinem Prozess
der Identitätsaushandlung aus der Sicht konkreter Bildschirmakteure resp. intersubjektiver Perspektive sehen und erkennen *(Spiegelung; Loo-
king-glass self* [Charles H. Cooley]). Insofern die
dargebotenen Identitätsangebote über die Routinen des Alltags hinausweisen, erfährt der Rezipient die Chance einer Horizonterweiterung.
Medienerfahrungen sind also entsprechend von
anderer Qualität als die in Face-to-Face-Bezie-
hungen gewonnenen. Im Alltag werden diese
beiden Formen von Erfahrung in spezifischer
Weise verknüpft: Was im »stillen Kämmerlein«
aus einem spezifischen Grund angeschaut wird

(z. B. Soaps und das Vergnügen an Klatsch-Kommunikation), kann in der interpersonalen Folgekommunikation ganz anders begründet werden (z. B. Rechtfertigung der Soap-Rezeption durch berufliche Gründe im Kontext späterer Gespräche mit Kollegen). Damit wird ersichtlich, dass die Rezeption von Medienangeboten als ein längerer Prozess, als eine »Kaskade von Rezeptionsakten« (Krotz, 1997, S. 82) aufzufassen ist, die über die Rezeption einer einzelnen TV-Sendung weit hinausgehen, in dem mediale und interpersonale Kommunikationen sowie intra- und interkommunikative Prozesse in ein komplexes Verschränkungsverhältnis eintreten.

Für die beschriebenen Rezeptionsphänomene ist die Annahme der Aktivität und Autonomie des Rezipienten eine notwendige Voraussetzung. Nur wenn davon ausgegangen werden kann, dass Rezipienten über ihre Medienauswahl und den Verlauf der Auseinandersetzung mit einem Medienangebot *wirklich* selbst bestimmen können, macht es Sinn, von der Rezeption als einem komplexen und vor allem auch selbstverantworteten Geschehen zu sprechen. Die Frage ist jedoch, ob diese Annahme unter den Bedingungen des gegenwärtigen Mediensystems überhaupt zu halten ist. Insbesondere die Anhänger der so genannten *Cultivationhypothesis* (Gerbner/Gross 1976) gehen davon aus, dass das Angebotsspektrum an Medienthemen in unserer heutigen Mediengesellschaft aufgrund von politisch-wirtschaftlichen Interessen eine spezifische Engführung und Gleichschaltung erfährt: Unpopuläre Informationen geraten in den Hintergrund, während modische Themen doppelt und dreifach in den Medien verhandelt werden (»Schweigespirale«). Entsprechend wird die These formuliert, die inhaltliche Konsonanz der boulevardisierten Medienkommunikation übe eine nivellierende Wirkung auf die Rezipienten aus. Die Autonomie des Zuschauers finde demnach seine Grenzen an dem vereinheitlichten, entpolitisierten Themenangebot der Sender (»mainstreaming«). Der Weg wäre dann nicht mehr weit, bis der Medienkonsument im »kommunikativen Patt des Orientierungszirkels der Quotenmedien« (Schulze 1995) selbst aufgehe.

Die Gegenposition wird z. B. durch dem *Cultural-Studies*-Ansatz verpflichtete Autoren (Stuart Hall, John Fiske) vertreten, die auf Seiten der Rezipienten die Rezeptionselemente von *Eigensinn und Widerstand* betonen: Medienprodukte, die sich als *offene Texte* (Umberto Eco) verstehen lassen, bieten einen großen Spielraum für Interpretationen, die einen souveränen und tendenziell bereichernden Umgang geradezu nahelegen. Auch das Rezeptions*vergnügen* wird hier anders gesehen: Das Vergnügen der Zuschauer oder Hörer (»die Leute«) an der Rezeption von Unterhaltung kann geradezu als eine Art von Politik des Alltags *gegen* den Machtapparat von Medien, Wirtschaft und Politik (»der Machtblock«) angesehen werden. Wie so häufig scheint die Wahrheit in der Mitte zu liegen: Die Autonomie des Zuschauers ist eine Freiheit in Grenzen. Das Publikum wird in *beiden* Perspektiven zumindest prinzipiell doch als – mehr oder weniger stark ausgeprägt – aktiv, widerständig und autonom angesehen. Der *minimale* Widerstand besteht darin, bestimmten Themen und Programmen ausweichen zu können, er liegt also letztlich (immerhin) in der Nein-Stellungnahme zum ungeliebten Medienangebot (ausschalten). Er geht als *maximale* Variante darüber hinaus, wenn Medienthemen kritisch reflektiert bzw. selbst Medienangebote hergestellt werden (im Rahmen z. B. verschiedener Online-Video-Portale, Blogs und Webseiten oder auch der Angebote der »Offenen Kanäle«). Individuelle und gesellschaftliche Konstruktionen wirken immer in einem Prozess der Ko-Konstruktion zusammen, wenn Menschen sich im Spannungsfeld von »medialer Überwältigung und kritischer Rezeption« (Sutter 1995) mit Medienangeboten beschäftigen und auseinandersetzen.

Diskussion und Weiterentwicklung des Modells der Strukturanalytischen Rezeptionsforschung

Die handlungs- und subjekttheoretische Perspektive in der Massenkommunikationsforschung sieht die Rezeption von Medienangeboten als Teil der Alltagspraxis. Auf diesen grundsätzlichen Ausgangspunkt hin sind zwar alle inzwischen entwickelten handlungstheoretisch orientierten Modelle und Theorien ausgerichtet, in ihrer theoretischen Fundierung sind sie jedoch recht unterschiedlich konzipiert (Charlton 1997, S. 22 f.). Das bislang vorgelegte, vor allem frühe, empirische Material der Strukturanalytischen Rezeptionsforschung bezieht sich überwiegend auf die Rezipientengruppen der (Klein-)Kinder und Jugendlichen. Diese Fokussierung ist jedoch keineswegs theorieimmanenten Gründen oder Zwängen geschuldet, was z. B. biographietheoretische Analysen (Neumann-Braun/Schneider 1993), Studien zur Rundfunkkommunikation, Untersuchungen von Unterhaltungsangeboten für Erwachsene (Neumann-Braun 1993), jüngere Arbeiten zur Lesesozialisation (Charlton/Pette 1999, Groeben/Hurrelmann 2002) oder zum Medienhandeln junger Erwachsener (Höfer, 2012) zeigen. Die Entwicklungspotenziale des Ansatzes der Strukturanalytischen Rezeptionsforschung zum Ende der 1990er Jahre hin wurden von Charlton (1997, S. 32 f.) skizziert. Darin wird insbesondere auf die Untersuchung der Frage nach Aktivität und Autonomie von Rezipienten sowie auf die Bedeutung von Ko-Texten und sozialen Kontexten für die Medienaneignung verwiesen und schließlich für eine Fortführung einer forciert interdisziplinären Rezeptionsforschung plädiert (vgl. Charlton u. a. 1995). In jüngerer Zeit werden in *theoretischer* Perspektive zentrale Begrifflichkeiten des Modells präzisiert (z. B. Pseudoadressierungen als eine Form von parasozialer Interaktion, vgl. Sutter 1999) sowie Anschlüsse an Konstruktivismus und Systemtheorie (Sutter/Charlton 1999, 2001) sowie an Wissenssoziologie und einer Theorie des Alltags (Weiß 2001) diskutiert. In *methodischer* Perspektive erfahren die Verfahren von Ethnographie und Konversationsanalyse für die empirische Medienrezeptionsforschung eine Fortentwicklung (Schmidt/Neumann-Braun 2003b; Schmidt 2004).

Es ist insbesondere die Gleichzeitigkeit aus der Fokussierung des Individuums als Medienhandelnder und dessen radikaler Kontextualisierung (jede Medienhandlung wird im Kontext seiner sozialen Situation betrachtet und zwar stets vor, während und nach dem Medienkonsum einschließlich der gemachten Erfahrungen und eingebrachten Erwartungen des Mediennutzers), die die strukturanalytische Rezeptionsforschung insbesondere auch für Untersuchungen des aktuellen Medienwandels so wertvoll macht. Denn im Zuge der Mediatisierung erfährt das individuelle Medienhandeln in seiner Komplexität eine Intensivierung, was sowohl die Medienumgebung des Rezipienten betrifft als auch die Anforderungen, die damit für das Individuum (z. B. bei den je eigenen Identitätsbildungsprozessen, Schmidt/Neumann-Braun 2003a) mit einhergehen. Portable Smartphones, Tablets und immer erschwinglicher werdende Flatrates lassen Medienrezeptionsprozesse in ganz verschiedenen sozialen Situationen stattfinden und alltäglich werden. Diese zunehmende mediale Vernetzung des Individuums sowie die allgegenwärtige Verfügbarkeit verschiedenster Medienangebote (Games, Filme, Clips, Musik, Nachrichten etc.) erfordert eine Rezeptionsforschung, die zum einen den Rezipienten dort wahr- und ernst nimmt, wo sich sein Medienhandeln ereignet, nämlich im Alltag und zum anderen den Rezeptionskontext in seiner Komplexität und Unberechenbarkeit nicht außen vorlässt.

Literatur

Baldauf, Heike/Klemm, Michael (1997): Häppchenkommunikation zur zeitlichen und thematischen Diskontinuität beim fernsehbegleitenden Sprechen. In: Zeitschrift für angewandte Linguistik/GAL-Bulletin, H. 2, S. 41–69.

Charlton, Michael (1987): Möglichkeiten eines sozialwissenschaftlichen Handlungsbegriffs für die psychologische Forschung. In: Zeitschrift für Sozialpsychologie, Jg. 18, H. 1, S. 2–18.

Charlton, Michael (1997): Rezeptionsforschung als Aufgabe einer interdisziplinären Medienwissenschaft. In: Ders./Schneider, Silvia (Hrsg.): Rezeptionsforschung. Opladen, S. 16–39.

Charlton, Michael/Neumann(-Braun), Klaus (1986): Medienkonsum und Lebensbewältigung in der Familie. München.

Charlton, Michael/Neumann(-Braun), Klaus (1990): Medienrezeption und Identitätsbildung. Tübingen.

Charlton, Michael/Neumann(-Braun), Klaus (1992): Medienkindheit – Medienjugend. München.

Charlton, Michael/Pette, Corinna (1999): Lesesozialisation im Erwachsenenalter: Strategien literarischen Lesens in ihrer Bedeutung für Alltagsbewältigung und Biographie. In: Groeben, Norbert (Hrsg.): Lesesozialisation in der Mediengesellschaft. Internationales Archiv für Sozialgeschichte der deutschen Literatur (10. Sonderheft). Tübingen, S. 102–117.

Charlton, Michael/Goetsch, Paul/Hömberg, Walter/Holly, Werner/Neumann-Braun, Klaus/Viehoff, Reinhold (1995): Zur Programmatik einer interdisziplinären Rezeptionsforschung. In: Siegener Periodicum zur Internationalen Empirischen Literaturwissenschaft (SPIEL), Jg. 14, H. 2, S. 291–309 (engl.: A Programmatic Outline of Interdisciplinary Reception Studies. Communications 1997, Jg. 22, H. 2, S. 205–222).

Gerbner, Georg/Gross, Johannes (1976): The Scary World of TV's Heavy Viewer. In: Psychology Today, H. 9, S. 41–45.

Groeben, Norbert/Hurrelmann, Bettina (Hrsg.) (2002): Lesekompetenz. Weinheim.

Höfer, Wolfgang (2012): Medien und Emotionen. Zum Medienhandeln junger Menschen. Wiesbaden.

Kaase, Max/Schulz, Winfried (Hrsg.) (1989): Massenkommunikation. Sonderheft der Kölner Zeitschrift für Soziologie und Sozialpsychologie. No. 30. Opladen.

Keppler, Angela (2013): Reichweiten alltäglicher Gespräche. Über den kommunikativen Gebrauch alter und neuer Medien. In A. Bellebaum, & R. Hettlage (Hg.), Unser Alltag ist voll von Gesellschaft. Sozialwissenschaftliche Beiträge. Wiesbaden, S. 85–104.

Krotz, Friedrich (1997): Kontexte des Verstehens audiovisueller Kommunikate. Das sozial positionierte Subjekt der Cultural Studies und die kommunikativ konstruierte Identität des symbolischen Interaktionismus. In: Charlton, Michael/Schneider, Silvia (Hrsg.): Rezeptionsforschung. Opladen, S. 73–89.

Michel, Sascha (2015): »herr niebel hat hochwasserhosen …«. Aneignungsprozesse multimodaler Aspekte von Polit-Talkshows im Social TV am Beispiel von Twitter. In: Girnth, Heiko & Ders. (Hg.), Polit-Talkshow: Interdisziplinäre Perspektiven auf ein multimodales Format. Stuttgart, S. 285–316.

Neumann-Braun, Klaus (1993): Rundfunkunterhaltung. Tübingen.

Neumann-Braun, Klaus (2000): Publikumsforschung. In: Ders./Müller-Doohm, Stefan (Hrsg.) (2000): Medien- und Kommunikationssoziologie. Weinheim, S. 181–204.

Neumann-Braun, Klaus/Schneider, Silvia (1993): Biographische Dimensionen der Medienaneignung. In: Holly, Werner/Püschel, Ulrich (Hrsg.): Medienrezeption als Aneignung. Opladen, S. 193–210.

Rapp, Uri (1973): Handeln und Zuschauen. Darmstadt.

Schmidt, Axel (2004): Doing Peer-Group. Frankfurt.

Schmidt, Axel/Neumann-Braun, Klaus (2003a): Kommunikativer Mediengebrauch in der Peer-Group und seine Relevanz für Identitätsbildungsprozesse – ein Fallbeispiel aus einer ethnographisch-gesprächsanalytischen Untersuchung. In: Hengst, Heinz u. a. (Hrsg.): Körper und Identitäten. Weinheim, S. 267–290.

Schmidt, Axel/Neumann-Braun, Klaus (2003b): Keine Musik ohne Szene!? Ethnographische Perspektiven auf die Teilhabe »Allgemein Jugendkulturell Orientierter Jugendlicher« (AJOs) an Popmusik. In: Neumann-Braun, Klaus u. a. (Hrsg.): Popvisionen. Frankfurt a. M., S. 246–272.

Schulze, Gerhard (1995): Das Medienspiel. In: Müller-Doohm, Stefan/Neumann-Braun, Klaus (Hrsg.): Kulturinszenierungen. Frankfurt a. M., S. 363–378.

Sutter, Tilmann (1995): Zwischen medialer Überwältigung und kritischer Rezeption. In: Publizistik, Jg. 40, H. 3, S. 345–355.

Sutter, Tilmann (1999): Medienkommunikation als Interaktion? Über den Aufklärungsbedarf eines spannungsreichen Problemfeldes. In: Publizistik, Jg. 44, H. 3, S. 288–300.

Sutter, Tilmann/Charlton, Michael (1999): Die Bedeutung einer konstruktivistischen Theorie sozialen Handelns für die Medienforschung. In: Rusch, Gerhard/Schmidt, Siegfried J. (Hrsg.): Konstruktivismus in der Medien- und Kommunikationswissenschaft. Delfin 1997. Frankfurt a. M., S. 79–113.

Sutter, Tilmann/Charlton, Michael (Hrsg.) (2001): Massenkommunikation, Interaktion und soziales Handeln. Wiesbaden.

Weiß, Ralph (2001): Fern-Sehen im Alltag. Opladen.

Diskursanalyse

RAINER DIAZ-BONE

Ein Ansatz für die Analyse kollektiver, massenmedial repräsentierter Wissensbestände ist die Diskurs*theorie* von Michel Foucault. Diese hat sich im interdisziplinären Feld der Diskurstheorien als eine der einflussreichsten etabliert. Auf dieser Grundlage sind verschiedene Methodologien für die praktische Diskurs*analyse* entwickelt worden. Diskursanalysen im Anschluss an Foucault können als Formen qualitativer Methodologie aufgefasst werden, die eine nicht subjektbezogene Form der Interpretation verwenden. Gemeinsame Zielsetzung dieser Diskursanalysen ist die systematische Rekonstruktion kollektiver Wissensordnungen und Wissenspraktiken. Diskursanalysen wollen aufzeigen, wie Diskurse in Wechselwirkung zu Institutionen und Kollektiven stehen, welche Machtwirkungen, Identitätsstiftungen und soziale Prozesse sie ermöglichen. Der Diskurstheorie unterliegt dabei eine konstruktivistische Perspektive, die dementsprechend auch der Grundzug der Methodologie der Diskursanalyse ist.

Theoretisch-methodologische Einordnung

Unter der Bezeichnung »Diskursanalyse« ist in den letzten drei Jahrzehnten ein interdisziplinäres und internationales Forschungsfeld entstanden (vgl. van Dijk 1997a, 1997b; Williams 1999; Keller 2011; Keller u. a. 2010, 2011; Wrana u. a. 2014). Dabei haben nicht nur verschiedene Disziplinen von der Linguistik, der Geschichtswissenschaft, der Psychologie bis hin zur Soziologie Beiträge zur Theorie des Diskurses und der Methode seiner Analyse eingebracht, es haben sich auch innerhalb einzelner Disziplinen verschiedene Diskurstheorien mit je unterschiedlichen Konzepten von »Diskurs« herausgebildet. Die Diskursforschung, die sich auf die Diskurstheorie von Michel Foucault bezieht, stellt derzeit die einflussreichste Form sozialwissenschaftlicher Diskursforschung dar. Die foucaultsche Diskurstheorie ist keine vollständige sozialwissenschaftliche Theorie in dem Sinne, dass sie beanspruchen kann, alle sozialen Phänomene beschreiben zu können. Die Diskurstheorie beinhaltet dennoch soziologische Theoreme, die als Elemente für eine Gesellschaftstheorie aufgefasst werden können und je nach Untersuchungsansatz ergänzt werden. Aus Sicht Fou-

caults werden Gesellschaften durch Diskurse maßgeblich mitorganisiert. Diskurse bringen Weltbilder, Gesellschaftsdeutungen und sozial wirksame Klassifikationen hervor. Sie führen zur Bildung von Institutionen und sie sind in Institutionen mit weiteren Praktiken verkoppelt, sodass sie soziale Machtwirkungen ausüben. Insgesamt prägen Diskurse Subjektivitäten und Lebensstile, sie führen zur Bildung von Kollektiven und sozialen Bewegungen. In differenzierten Gesellschaften stellen die verschiedenen Massenmedien Foren für diese Wissensordnungen dar. Diskurse können dabei auf soziale Felder oder Bereiche begrenzt sein, sie können spezifisch für soziale Gruppen und Kollektive sein oder sie können als Interdiskurse soziale Felder und Themenbereiche übergreifen und aneinander vermitteln.

Mit dem Begriff »Diskursforschung« (Keller 2011) können sowohl die Theorie des Diskurses als auch die Methodologie der Diskursanalyse umfasst werden. Die foucaultsche Diskursanalyse ist nicht einfach eine frei verwendbare Methode der Gesprächs- oder Wissensanalyse, die mit *allen* sozialwissenschaftlichen Theorieansätzen kombinierbar wäre. Wenn es *einige* soziologische Ansätze gibt, die in neuerer Zeit mit der Diskurstheorie vermittelt werden, so ist dies möglich, weil diese Theorien Grundpositionen vertreten, die mit der Diskurstheorie kompatibel sind. Damit wird deutlich, dass die Diskurs*analyse* nicht einfach nur ein Auswertungsverfahren für qualitative Daten ist, sondern ein empirischer Forschungsansatz, dem ein zugehöriges theoretisches Diskursmodell vorangeht und dessen Methodologie die theoretischen Grundpositionen in sich wiederholt. Die Diskursanalyse wird damit eine Form der Analyse (vorwiegend) von Medieninhalten, die auch ein theoretisches Denken in die Medienforschung einbringt. Diskursanalysen versuchen zunächst, Diskurse als kollektive Praxisformen und Wissensordnungen (als Resultate dieser Praxisformen) zu identifizieren und deren innere Organisation zu rekonstruieren. Danach wird der Fokus erweitert und nach den Wechselwirkungen zwischen Diskursen einerseits und nicht-diskursiven sozialen Vorgängen (institutionellen Prozeduren, Handlungsroutinen, Techniken) andererseits gefragt.

Obwohl Michel Foucault die Diskurs*theorie* einflussreich ausgearbeitet hat (Foucault 1973) und selbst materialreiche historische Studien angefertigt hat, hat er keine eigene explizite und auf andere Studien übertragbare Methodologie oder methodische Schrittfolge vorgelegt. Mittlerweile ist dies aber von Diskursforschern nachgeholt worden (Jäger 2012; Keller 2011), was zu verschiedenen Entwürfen für diskursanalytische Schrittfolgen geführt hat. Charakteristisch ist, dass immer wieder als Ausgangspunkt für die Entwicklung der Diskursanalyse die Kritik an der Inhaltsanalyse (content analysis) angeführt wird. Dieser wird kritisch vorgehalten, dass sie die Prozesse der Bedeutungskonstitution nicht erfassen kann, sondern diese einfach als a priori gegeben voraussetzen muss (Jäger 2012; Pêcheux 1982). Auch wird durch die Inhaltsanalyse die semantische Organisation des Wissens nicht zum Gegenstand gemacht. Stattdessen erfasst die Inhaltsanalyse die Häufigkeiten von vorher festgelegten Bedeutungseinheiten, die dann statistischen Häufigkeits- und Korrelationsanalysen unterzogen werden. Die Inhaltsanalyse reflektiert dabei nicht, wie die Semantik ihrer Codier-

einheiten (z. B. Sätze) zustande kommt. Diskurstheoretisch betrachtet ist die Bedeutung ein Effekt im Kontext eines Aussagensystems. Dieses Aussagensystem kann aber nicht als Messkategorie vorab entschieden werden, sondern muss aus dem Material erst rekonstruiert werden. Die Inhaltsanalyse untersucht eben nicht die Entstehung von Bedeutungseffekten in Aussagensystemen, sie liefert keine Theorie der Bedeutungspraxis, sie exploriert nicht die *Ordnung* von Wissen und sie betrachtet Wissen nicht im weiteren sozialhistorischen Entstehungskontext. Semantik ist für die Inhaltsanalyse ein Datum (das unter Codierern verhandelt wird), für die Diskursanalyse ist Semantik ein Explanandum und Resultat einer diskursiven Praxis.

Die Methodologie der Diskursanalyse

Was ist also nach Foucault ein Diskurs? Ein Diskurs besteht nicht aus den Aussagen eines Sprechers, als ob das Sprecherkonzept eine Klammer für die Einheit des Diskurses und die Bedeutung wäre (wie in der Sprechakttheorie). Ein Diskurs ist auch nicht die zwanglose und aufgeklärte Konversation, die der Verständigung zwischen vernunftbegabten (und deshalb autonomen) Subjekten dient, wie in der Diskursethik von Habermas. Auch ist der Diskurs nicht eine grammatikalische Organisation von Aussagen, also nicht die satzübergreifende formale linguistische Textstruktur (wie in der Diskurslinguistik).

Ein foucaultscher Diskurs besteht aus den tatsächlich aufgetretenen Aussagen, die in einer Epoche in einem sozialen Feld ein Aussagensystem gebildet haben oder bilden. Diese Aussagen sind wirkmächtig, sie sind Wissen hervorbringende und reproduzierende Praktiken sowie mit Machtwirkungen verkoppelte Sprechpraktiken. Dreyfus und Rabinow (1987) bezeichnen die foucaultschen Aussagen daher als seriöse Sprechakte und unterscheiden sie damit von den austinschen Sprechakten. Von einem Aussagensystem spricht man in der foucaultschen Diskurstheorie deshalb, weil die Aussagen eines Diskurses durch die Regeln ihrer Hervorbringung zusammengehören und als Ermöglichungszusammenhang für die je einzelne Aussage zusammenwirken. Wer was wann mit welchen Äußerungsformen anhand welcher Argumentationsstrategien über welche Sachverhalte sagen konnte und Beachtung erhielt, was abstrakte Konzepte bedeutet haben, welche Problematisierungen sie getragen oder auf sich gezogen haben, was zu einer Zeit denkmöglich war, all das ist durch die Regeln eines Aussagensystems strukturiert. Aber woher stammen diese Regeln, und wer hat sie definiert? Nach Foucault entstehen Diskurse als reglementierte Aussagensysteme nicht durch die Absichten einzelner Akteure, sondern sie sind selbst historisch in anonymen und überindividuellen Prozessen entstanden. Sind sie aber erst einmal vorhanden, stellen sie für eine relative historische Dauer ein wirkmächtiges eigengesetzliches Wissenssystem dar, das auf andere (nicht-diskursive) Praxisformen einwirkt.

Foucault hat anstelle des Begriffs »Diskurs« auch den Begriff der »diskursiven Praxis« verwendet um hervorzuheben, dass Diskurse konstruiertes Wissen in einem sozialen Feld darstellen und nicht eine diskursunabhängige vorgängige Realität einfach abbilden. Er hat zunächst vier Bestandteile eines Diskurses unterschieden. In einem Aussagensystem treten (1) »Objekte« im Wissen erst als Objekte hervor, die nun thematisiert, klassifiziert und problematisiert werden können. Dies geschieht mit Bezug auf ebenso im Diskurs hervorgebrachte (2) »Begriffe«, also Denkkonzepte, Fachwörter, Prinzipien, Kategorien usw., die im Aussagensystem eine reglementierte Verwendungsweise und damit eine bestimmte Bedeutung haben. Akteure, die in sozialen Bereichen als (3) »Sprecher« Aufmerksamkeit erhalten wollen, bedienen sich vorbewusst der reglementierten Äußerungsmodalitäten, damit das von ihnen Geäußerte auch Geltung erhält. In einem Feld werden dann in der Weise, wie Objekte und Begriffe vernetzt, bewertet und problematisiert sind (4), thematische Wahlen (was kann thematisiert werden, und was wird ausgeblendet?) sowie denkbare Strategien und Handlungsperspektiven möglich. Diese vier Bestandteile hat Foucault diskur-

sive Formationen genannt. Die vier diskursiven Formationen der Begriffe, Objekte, Sprecherpositionen und thematischen Wahlen/Strategien treten dabei nicht als isoliert zu betrachtende Aspekte, sondern in Verbindung miteinander auf. Insbesondere in seinen frühen Untersuchungen hat Foucault hervorgehoben, dass diese vier Formationen durch ein zugrundeliegendes Denkschema, eine Art Tiefenstruktur des Wissens, die er Episteme genannt hat, integriert werden und dass diese Episteme das Denken einer Epoche in gleich mehreren Wissensbereichen (denjenigen vom Sprechen/der Sprachwissenschaft, vom Tauschen/der Ökonomie und vom Leben/der Biologie) zu integrieren in der Lage war (Diaz-Bone 2013).

Die foucaultsche Analyseperspektive ist zunächst diejenige der (von ihm so benannten) »Archäologie«. Wie der Archäologe sich Monumenten einer vergangenen Epoche ohne Vorwissen und ohne die Kenntnis der Deutungsmuster dieser Epoche nähert, so betrachtet der Diskursanalytiker einen zeitgenössischen Diskurs, ohne die verstehende Perspektive von Akteuren einzunehmen und mit der erkenntnistheoretischen Distanzierung, dass ein Diskurs keine simple Abbildung einer nicht-diskursiven Wirklichkeit sei. Die Frage des Archäologen ist dann: Welche Wissensordnung ist anhand welcher Klassifikationen, Denkprinzipien, Begriffe, Konzepte möglich? Foucault hat eine für Europäer befremdliche Klassifikation angeführt, die er zwar als fiktive Klassifikation bei dem Schriftsteller Jorge Luis Borges entlehnt hat, die aber gut demonstriert, was den archäologischen Blick ausmacht: die Einnahme einer außenstehenden Perspektive auf die zu analysierenden Wissensordnungen. Borges berichtet von einer »chinesischen Enzyklopädie«, in der Tiere anhand einer Taxonomie wie folgt klassifiziert werden: 1) Tiere, die dem Kaiser gehören, 2) einbalsamierte Tiere, 3) gezähmte, 4) Milchschweine, 5) Sirenen, 6) Fabeltiere, 7) herrenlose Hunde, 8) in diese Gruppierung gehörige, 9) die sich wie Tolle gebärden, 10) die mit einem ganz feinen Pinsel aus Kamelhaar gezeichnet sind, 11) und so weiter, 12) die den Wasserkrug zerbrochen haben, 13) die von weitem wie Fliegen aussehen. Foucault zählt die Kategorien auf und konstatiert anschließend: »Bei dem Erstaunen über diese Taxonomie erreicht man mit einem Sprung, was in dieser Aufzählung uns als der exotische Zauber eines anderen Denkens bezeichnet wird die Grenze unseres Denkens: die schiere Unmöglichkeit, *das* zu denken« (Foucault 1971, S. 17; H. i. O.). Und Foucault fragt von hier aus weiter: Was ist eigentlich möglich für uns zu denken? Das zu beantworten soll Aufgabe der Archäologie sein. Die archäologische Analyseperspektive wird ergänzt durch die genealogische Analyseperspektive, die nun auch nicht-diskursive Praktiken einbezieht und nach den Wechselbeziehungen zwischen diskursiven Praktiken und nicht-diskursiven Praktiken fragt. In dieser heute so bezeichneten *Dispositivanalyse* (Link 2013; Jäger 2012) wird das Beziehungsgeflecht aus Wissenspraktiken einerseits und Institutionen, Verfahrensweisen, Techniken andererseits untersucht. Die genealogische Perspektive betrachtet die Diskurse sowohl als Resultat als auch als Grundlage sozialer (Macht-)Prozesse und bezieht in die Analyse solche theoretischen Konzepte ein, die zur Veränderung der diskursiven Formation (der Regeln) beitragen.

Mit dem Begriff des *diskursiven Ereignisses* wird in der Diskurstheorie denkbar, dass diskursive Prozesse nicht einfach Ent-Faltungen von im Diskurs angelegten »Logiken« sind, sondern beeinflusst werden durch die Eigenschaft von Aussagensystemen, Aussagen mit Ereignischarakter hervorzubringen. Aussagen können nicht einfach wiederholt werden, wenn sie etwas Ereignishaftes, das heißt etwas Einmaliges an sich haben: Wiederholt man einfach eine Aussage, ist der Sinn im Aussagensystem ein anderer, und es liegt ein anderes Ereignis vor! Aussagen können eine ungeplante nicht teleologische Veränderung des Regelsystems hervorbringen. Hier öffnet sich der strukturalistische Ansatz zu einer poststrukturalistischen Sicht auf Regelsysteme der diskursiven Praxis, die in Veränderung sind und die nur virtuell geschlossen zu denken sind. Michel Pêcheux (1982) hat darauf hingewiesen, dass Diskurse (abgrenzbare durch Regeln beschreibbare Wissensordnungen) ein-

gebettet sind in *Interdiskurs*ordnungen. Letztere bewirken, dass in Diskursen Widersprüche und Inkohärenzen auftreten, die die diskursive Praxis zu verbergen versucht, die aber dennoch für eine stetige und produktive Unruhe in Diskursen sorgen. In Deutschland hat Jürgen Link die Interdiskurstheorie aufgegriffen und gezeigt, dass sich unterscheiden lässt zwischen Spezialdiskursen (wie z. B. juristischen oder Wissenschaftsdiskursen) und Interdiskursen, die im Wortsinn eher als allgemeine, populäre Wissensregionen zu verstehen sind, die massenmedial verankert sind und die den Austausch zwischen Spezialdiskursen bewerkstelligen, sodass diese für große Bevölkerungsgruppen »übersetzt« werden. Bei dieser Übersetzung spielen *Kollektivsymbole* eine wichtige Rolle (vgl. Becker u. a. 1985). Soll etwa der ökonomische oder finanzpolitische Diskurs massenmedial aufbereitet und popularisiert werden, helfen Kollektivsymbole, wie dasjenige des »Motors« aus: Die Weltwirtschaft springt an, muss geschmiert werden oder gerät ins Stocken etc. Kollektivsymbole können als epistemische, also Interdiskurse auf tieferer Ebene organisierende Elemente aufgefasst werden. Diskursanalyse wird dann zur Kollektivsymbolanalyse und der Analyse von *Diskurspositionen*, die sich durch einen unterschiedlichen Gebrauch der in Interdiskursen vorhandenen Repertoires von Kollektivsymbolen auszeichnen. Diskurspositionen unterscheiden sich danach, wie sie Kollektivsymbole verwenden, nicht dadurch, dass ihnen unterschiedliche Repertoires von Kollektivsymbolen zur Verfügung stehen. Beispiel: das Kollektivsymbol des sozialen »Netzes« kann als Sicherheit verbürgende Metapher eingebracht werden (soziales Netz = Auffangnetz für sozial Schwache) oder als Metapher für Faulenzertum (soziales Netz = soziale Hängematte). Jede massenmediale verfasste Gesellschaft weist eine solche Kollektivsymbolordnung (die Link »System synchroner Kollektivsymbole« nennt) auf, die die Infrastruktur für massenmedial wirksame Interdiskurse bildet.

Siegfried Jäger (2012) hat mit Bezug auf Link und Pêcheux die *Diskursstränge* zum Konzept der Diskursanalyse gemacht. Diskursstränge stellen für Jäger die vernetzten Bestandteile von Diskursen dar, die bei Foucault die vier Formationen waren. Bei Jäger werden Diskurse daraufhin analysiert, aus welchen Diskurssträngen (Themensträngen) sie bestehen, wie die Diskursstränge sich entwickeln und wie sie im Diskurs miteinander vernetzt werden. Alle sozialwissenschaftlich interessierten Diskursanalytiker in der Tradition Foucaults haben gemeinsam das Interesse, zum einen zu versuchen, nicht einzelne Diskurse zu analysieren, sondern Diskurse einmal (in synchroner und diachroner Perspektive) mit anderen Diskursen zu vergleichen und zum anderen Diskurse im Zusammenhang mit nicht-diskursiven Praktiken zu betrachten. Zielsetzung ist, den Gehalt der sozialkonstruktivistischen Ansätze auch analytisch einzulösen. *Dass* das Soziale durch soziale Prozesse hervorgebracht ist, ist mittlerweile ein Allgemeinplatz. In detaillierten Analysen zu zeigen, *wie* diese Konstruktion erfolgt ist, ist Aufgabe empirisch orientierter sozialkonstruktivistischer Forschung, wozu auch die Diskursanalyse zu zählen ist. Praktisch erfolgt dies durch den Beleg, dass soziale Wissensordnungen und Dispositive in ihrer Entstehung kontingent sind. Diesen Nachweis kann man einmal anhand der Vergleichsperspektive einzulösen versuchen. Denn wenn demonstriert werden kann, dass Wissen nicht einfach nur Wissen-von-etwas ist (im Sinne einer sprachlichen Wiederholung vorgängiger objektiver und vorsprachlicher Welt), sondern eine davon weitgehend abgekoppelte Sphäre ist, dann sieht man, dass in den sozialen Feldern jeweils verschiedene »Weltauslegungen« möglich sind, dass die vorsprachliche Welt sinnhaft unvollständig ist und deshalb Interpretation erfordert, und dass es Diskurse sind, die in die soziale Welt Wertungen, Wertigkeiten, Deutungen und letztlich Ordnung einbringen und somit Verstehen möglich machen. Die diskursanalytische Vergleichsperspektive kann dann aufzeigen, dass eine vorhandene Weise der Weltauslegung auch anders möglich wäre. Dieser konstruktivistische Blick zersetzt oder entzaubert damit Alltagsevidenzen (Deontologisierung): in historischer (diachroner) Perspektive durch den Nachweis, wie

Diskurse in sozialen Prozessen entstanden sind, ohne eine innere Teleologie (Zielgerichtetheit) der Diskursentwicklung zu unterstellen, in synchroner Perspektive durch die Suche nach vergleichbaren sozialen Feldern (oder Teilfeldern) und den Nachweis, wie sich die dort vorfindbaren Diskursordnungen warum unterscheiden.[1]

Die foucaultsche Diskursanalyse ist durch eine poststrukturalistische Hermeneutik charakterisierbar. Dreyfus und Rabinow (1987) haben diese Hermeneutik »interpretative Analytik« genannt, die von subjektzentrierten Hermeneutiken und strukturalistischen Interpretationsansätzen abgrenzbar ist (Diaz-Bone 2013, in Vorbereitung). Es geht in der Rekonstruktion und Deutung von Diskursen als Sinnregionen nicht um die Erfassung von Subjektverstehen, also um die Bedeutung, die Diskurse als Wissensregionen für die Beteiligten haben. Diskurse werden als Praxisformen aufgefasst mit Regeln, die für die in Diskurse »verwickelten« Individuen nicht vollständig bewusst sein müssen. Erst wenn man ein Aussagesystem als Wissensordnung in einem sozialen Feld untersucht und eine vergleichende oder distanzierende Perspektive in der Analyse einnimmt, kann versucht werden, die Grundmuster des Wissens und die Regeln der diskursiven Praxis nach und nach zu rekonstruieren, wie sie den Beteiligten gar nicht vor Augen stehen müssen. Die interpretative Analytik ist auch zu unterscheiden von im engeren Sinne strukturalistischen Interpretationsansätzen, da nicht angenommen wird, dass die Wissensordnung und die diskursive Praxis als statisch oder durch universale Oppositionen organisiert werden. Die diskursive Praxis ist eine strukturierte, also eine durch Regelmäßigkeiten beschreibbare Praxisform, die sich verändert und die je nach sozialem Feld und Epoche unterschiedlich ausgeprägt sein kann. Auch vertritt der frühe Strukturalismus die erkenntnistheoretische Position von einer Objektivität (Positivität) der Regeln für Wissensproduktion. Die interpretative Analytik ist dagegen eine konstruktivistische Methodologie. Darunter ist zu verstehen, dass Diskursanalytiker vor Beginn der Untersuchung unterstellen, es gebe Diskurse in bestimmten sozialen Feldern und

Epochen, die durch rekonstruierende Analyseschritte herausgearbeitet werden könnten. Das Resultat von Diskursanalyse hat dann aber den Status einer sozialen (wenn auch wissenschaftlichen) Konstruktion, es handelt sich um einen methodisch erarbeiteten Diskurs über Diskurse. Die diskursanalytische Vorgehensweise führt eine konstruktivistische Doppelbewegung aus:

1) Diskurse sind nicht einfach als abgrenzbares Aussagensystem direkt und offen erkennbar. Die Diskursanalyse konstruiert eingangs eine Forschungsperspektive, die theoretisch gestützt unterstellt, dass eine abgrenzbare Regelhaftigkeit der Wissensproduktion, also eine diskursive Formation (von »Begriffen«, »Objekten«, Sprecherpositionen, thematischen Wahlen/Strategien) mit einer bestimmten Tiefenstruktur in einer Epoche in einem sozialen Feld vorfindbar ist.

2) Anhand von methodischen Schritten wird Material zusammengestellt, von dem angenommen wird, dass sich aus ihm die Regeln der diskursiven Praxis diskursanalytisch herausarbeiten lassen. Diese interpretative Analytik ist ebenfalls eine Konstruktion, da sie versucht, schließend (»abduktiv«) aus dem bedeutungstragenden Material (dem »Wissen«) die Praxis zu rekonstruieren, die dieses hervorbringt.

Beide Schritte sind Teil des methodologischen Versuchs, die diskurstheoretische Perspektive zu realisieren. Aus dem Material muss dann das System der diskursiven Regelmäßigkeiten nach und nach rekonstruiert werden. Dabei liegt eine Art »Münchhausen-Problem« vor: Wie der Lügenbaron sich am eigenen Schopf aus dem Sumpf gezogen haben will, so muss sich die Diskursanalyse ohne A-priori-Kategorien auf das unstrukturierte Material einlassen, um dann nach und nach die Ordnungsdimensionen im Material zu erkennen.

Ausgangssituation für Diskursanalysen sind Fragestellungen, die in aller Regel nicht allein diskurstheoretische sind. Denn die Diskurstheorie ist »unterspezifiziert«, sie allein ist keine vollständige theoretische Perspektive. Die Diskurs-

theorie kann in unterschiedlicher Weise ergänzt werden, zum Beispiel um Sozialstrukturmodelle, um Handlungs- und Strukturtheorien, um Feldtheorien, um Theorien sozialer Institutionen und Organisation (wie Medieninstitutionen), um Theorien sozialer Identitätsbildung und sozialer Konflikte. Diskurstheorien können sinnvoll mit solchen soziologischen Theorien verknüpft werden, die dem kollektiven Wissen zwar eine wichtige Rolle zuerkennen, aber selbst nicht ausreichend anleiten, wie man dieses Wissen als eine konstruktive Praxis konzipieren und/oder systematisch analysieren kann. Bedingung dabei ist jeweils, dass die anzukoppelnden Theorien nicht mit Grundpositionen der Diskurstheorie (wie z. B. Konstruktivität des Sozialen, Ablehnung einer subjektzentrierten Hermeneutik oder Ablehnung eines zielgerichteten Geschichtsmodells) in Konflikt geraten. Eine solche Verknüpfung ergänzt die Diskurstheorie um wichtige begriffliche Konzepte und klärt, warum welche Diskurse analysiert werden sollen und wofür die Resultate einer Diskursanalyse gebraucht werden. Bevor eine Skizze vorgestellt wird, wie der Ablauf einer Diskursanalyse anhand typischer Phasen unterteilt werden kann, sei darauf hingewiesen, dass der Begriff »Diskursanalyse« ein Forschungsprogramm bezeichnet, dem verschiedene Forschergruppen zugehören. Aber dieses Forschungsprogramm ist nicht durch eine kanonisierte, also eine festgelegte und für alle Diskursforscher einheitliche Methode gekennzeichnet (Keller 2011), »einen Königsweg gibt es nicht« (Jäger 2012).

Ablauf einer Diskursanalyse

Die diskursanalytische Vorgehensweise lässt je nach Untersuchungsfrage verschiedene Strategien zu. Mittlerweile liegen verschiedene Entwürfe für die Methodologie der Diskursanalyse vor, an denen sich Diskursforscher orientieren können. Die folgende konkretisierte Schrittfolge für Diskursanalysen berücksichtigt einige dieser Entwürfe, sie ist stark an den Arbeiten Foucaults orientiert und aus einer empirischen Diskursanalyse von kulturellen Wissensordnungen hervorgegangen. Sie ist aber auf unterschiedliche Diskursanalysen anwendbar. Als Unterstützung für die Handhabung größerer Korpora, für die Dokumentation der Schritte und die Organisation der prozessbegleitenden Reflexion hat sich der Einsatz einer qualitativen Datenanalysesoftware (QDAS) bewährt (vgl. dazu ausführlicher Diaz-Bone/Schneider 2010; → Kuckartz, S. 445 ff.)

(1) Theorieformierung
Wie bei jeder Sozialforschung steht am Anfang ein Untersuchungsinteresse. Für Diskursanalysen ist dabei kennzeichnend, dass zunächst nicht das Interesse an Diskursen per se im Zentrum steht. Ausgangspunkte sind sozialwissenschaftliche Fragestellungen, bei denen sich herausstellt, dass die Entstehung (Evolution) von Institutionen, Denkweisen, Handlungsformen, institutionellen Umgangsformen mit Menschen, Gesetzen, sozialen Bewegungen, Identitäten und Konflikten sowie anderen gut sichtbaren sozialen Phänomenen nur im Zusammenhang mit spezifischen diskursiven Praktiken zu verstehen ist. Diskursanalytische Fragestellungen versuchen zu rekonstruieren, wie der Ermöglichungszusammenhang von diskursiven und nicht-diskursiven Praktiken entstanden ist und oftmals auch warum er sich verändert. Oder: Diskursanalysen vergleichen verschiedene Wissensformationen und zeigen dann in synchroner Perspektive die Kontingenz der diskursiven Regelmäßigkeiten auf. Diese Kontingenz kann man dann zu erklären versuchen, indem man diese als systematische Variation von Diskursordnungen deuten kann. Ursachen für eine Variation können unterschiedliche Kontext-einbettungen (z. B. in Dispositive) sein.

(2) Sondierungsphase
In der Sondierungsphase wird die empirische Arbeit aufgenommen, wie das Untersuchungsfeld grob strukturiert ist, welche Institutionen, Akteure und Datenbestände vorliegen. Im Unterschied zur anschließenden Diskursanalyse dient die empirische Arbeit hier der Beschaffung

von Informationen, die zur Feldsondierung dienen und von solchen Informationen, anhand derer die Korpuserstellung zunächst noch provisorisch begründet werden kann (Keller 2011; Diaz-Bone 2010).

(3) Provisorische Korpuserstellung, Formulierung heuristischer Fragen
Zusammenstellung von Materialien (Medientexte, Transkriptionen von Interviews, aber auch andere bedeutungstragende Materialien wie Plakate, Bilder usw.), von denen theoretisch gestützt behauptet werden kann, dass sich eine einheitliche Wissensordnung vorfinden lässt und sich deshalb ein kohärentes Regelsystem rekonstruieren lässt. Entwicklung eines Systems von heuristischen Fragestellungen, die auf die Elemente der diskursiven Formation hinführen und den »analytischen Blick« sensibilisieren helfen. Beispiele für solche heuristischen Fragestellungen finden sich in Jäger (2012), Kendall/Wickham (1999), Diaz-Bone (2010) oder Keller (2011).

(4) Oberflächenanalyse
Suche nach den im Sprachfluss auftretenden »Objekten«, »Begriffen« und thematischen Wahlen/Strategien. Welche wiederkehrenden Thematisierungen, Problematisierungen finden sich? Wie treten Sprecher auf, was sind die Modalitäten der Argumentation? Dabei geben die heuristischen Fragstellungen ein theoretisches Raster vor für das Auffinden relevanter Textstellen.[2]

(5) Interpretative Analytik
1. Schritt: Beginn der Rekonstruktion der diskursiven Beziehungen
Ausarbeitung des Codesystems. Schluss auf erste Regeln der Aussagen. Was findet sich »regelmäßig« als Problematisierung als Kategorie, als Bewertung? Welche Verknüpfungen finden sich, welche Oppositionen werden ins Spiel gebracht? Identifizierung von Kohärenzen und Widersprüchlichkeiten. Rückbezug zu den Textstellen und Versuch einer rekursiven Prüfung an den codierten Aussagen mit evtl. anschließender Verfeinerung bzw. Korrektur. Klärung: Muss weite-

res Material erhoben werden, um den Korpus zu vervollständigen? Dies wäre der Fall, wenn die gefundenen Elemente der diskursiven Formation nicht ausreichend belegt sind oder sich abzeichnet, dass der Korpus ein Regelsystem nicht vollständig abbildet.

(6) Interpretative Analytik
2. Schritt: Fertigstellung der Rekonstruktion
Weitere Vernetzung der Diskurselemente. Schluss auf die unterliegende Organisation der Oppositionen und Schemata. Welche impliziten Klassifikationsprinzipien lassen sich erschließen? Lassen sich die gefundenen Oppositionen und Klassifikationen hierarchisch organisieren? Gibt es fundamentale Schemata? Anhand welcher fundamentalen Oppositionen sind die Elemente der diskursiven Formation angeordnet? Rekonstruktion der enthaltenen Tiefenstruktur (Episteme, System der Kollektivsymbole). Rücküberprüfung an den Ergebnissen der beiden vorherigen Schritte. Erneute Klärung: Ist die Regelhaftigkeit ausreichend hinsichtlich aller vier Bereiche rekonstruiert oder erscheint der Diskurs noch unvollständig abgebildet? Gegebenenfalls muss nun selektiv der Korpus noch erweitert werden. Verdichtung auf die zentralen Organisationsprinzipien der Diskursordnung.

(7) Ergebnisaufbereitung und Rückbezug
Darstellung der herausgearbeiteten Wissensordnung. Bei vergleichender Vorgehensweise können nun die verschiedenen Wissensordnungen gegenübergestellt werden. Interpretative Verknüpfung der gewonnenen Ergebnisse zur diskursiven Praxis mit nicht-diskursiven Praxisformen. Mit Bezug auf die Resultate der Theorieformierung und der Sondierungsphase kann nun der Rückbezug erfolgen. Was bedeuten die Befunde über die Diskursordnung und die Regeln der diskursiven Praxis für den Ermöglichungszusammenhang von diskursiven und nicht-diskursiven (institutionellen) Praktiken (= Dispositivanalyse)? Wie stehen verschiedene Diskurse in Beziehung zueinander und wie ist das Verhältnis von Spezialdiskursen und Interdiskursen zu denken (= Interdiskursanalyse)?

Welche sozialen Kollektive, Identitäten und sozialen Konflikte sind durch Diskurse wie ermöglicht und artikuliert worden (= Lebensstil- und Sozialstrukturanalyse)? usw.

Anwendungsbeispiel

Theorieformierung: Pierre Bourdieu (1982) hat in seiner einflussreichen Untersuchung »Die feinen Unterschiede« aufgezeigt, dass die unterschiedlichen materiellen Lebensbedingungen in einer Gesellschaft sich in verschiedenen Lebensstilen niederschlagen. Anhand der symbolischen Distinktion, d. h. der Art und Weise, wie Lebensstilkollektive sich unbewusst in der Weise ihres Konsums von Kulturgütern und dem Ausüben kultureller Praktiken (inkl. Sportarten und Freizeittätigkeiten) symbolisch gegeneinander abgrenzen, zeigen sich die Trennlinien einer Gesellschaft. Die in einer Gesellschaft vorhandenen Kulturformen (Genres), also die kulturellen Praktiken und kulturellen Güter werden der Distinktionstheorie zufolge zum zentralen »Material« für die Artikulation von sozialen Unterschieden und damit Identitäten. Die Frage, die sich stellt, ist, wie die Zuordnung von Kultur zu den Lebensstilgruppen, wie also das identitätsstiftende Band zwischen den Dingen und Praktiken einerseits und den Menschen andererseits zustande kommt. Bourdieu hat hier wenig Hinweise gegeben (die dann letztlich materielle Erklärungen bleiben). Hinzu kommt, dass heutzutage die Exklusivität (also der Preis) bei nur wenigen Kulturformen ein Zuordnungskriterium ist. Die meisten Kulturformen sind massenmedial vermittelt, viele werden für Massenmärkte hergestellt, einige sind staatlich subventioniert, die Zugangsbarrieren sind daher zumeist gering. Und: Die heftigsten Distinktionen finden in den Milieus der Mitte statt, wo die Erklärung der Zuordnung durch die materiellen Eigenheiten der Kultur schwierig wird.

Erweitert man die Distinktionstheorie um die Diskurstheorie wird folgende These denkbar: Die Konstruktion des Bandes zwischen Kultur und Lebensstilgruppen erfolgt diskursiv und das kulturelle Wissen ist Resultat einer diskursiven Praxis, sodass man eine »diskursive Kulturproduktion« in den Kulturwelten finden wird. Dort werden nicht nur die kulturellen »Objekte« diskursiv hervorgebracht, sondern auch kulturelle Wissenskonzepte (»Begriffe«) und Problematisierungen, die folgende ästhetische Aspekte diskursivieren: Wie die Kultur hergestellt werden soll, wie sie rezipiert werden soll und wie sie Sinn stiftender Teil der Lebensführung werden kann. Die Rekonstruktion der Tiefenstruktur des jeweiligen kulturellen Wissens verspricht deshalb, eine diskursiv verfasste Ästhetik zu Tage zu fördern, die als eine Erklärung für die identitätsstiftende Wertigkeit der kulturellen Genres für die Lebensstilgruppen angesehen werden kann. Insgesamt wird also die Distinktionstheorie Bourdieus diskurstheoretisch erweitert und zudem ergänzt um Ansätze der neueren amerikanischen Kultursoziologie (des Institutionalismus und der Kulturproduktion in Kulturwelten). Diese Theorie wurde anhand einer beispielhaften Untersuchung »angewandt«, d. h., es sollte gezeigt werden, dass (1) eine Diskursanalyse auf eine Tiefenstruktur stoßen würde (dass es sie also tatsächlich gab) und dass (2) eine vergleichende Diskursanalyse verschiedener Kulturwelten verstehbar machen würde und zeigen, warum sie Produktionsorte für die diskursive Kulturproduktion für *unterschiedliche* Lebensstilgruppen sind.

In der *Sondierungsphase* wurde deshalb nach vergleichbaren Kulturwelten gesucht. Populäre Musikformen schienen geeignet zu sein, da Musik so nach Genres und Subgenres unterdifferenziert ist, dass erwartet werden konnte, dass sich unterschiedliche Diskursordnungen als Spezialdiskurse im massenmedialen Interdiskurs herausgebildet hatten (Diaz-Bone 2010). Die Musikwelten von Techno und Heavy Metal wurden ausgewählt, da sie zu den einflussreichsten Genres der 1990er Jahre gehörten, beide eine starke Distinktionskraft hatten und belegt werden konnte, dass die Hörerschaften sich sozialstrukturell in verschiedenen Regionen der Mitte verorten ließen. Diana Crane (1992) hat ein Modell der Mediendifferenzierung vorge-

schlagen, das sich auf die Differenzierung zwischen Spezialdiskursen von Kulturwelten (z. B. Special-Interest-Zeitschriften) und Interdiskursordnungen des Medien-Mainstreams (z. B. nationale Zeitungen, die populären Formate der Fernsehsender) beziehen lässt. Etwas vereinfachend kann man sagen, dass die Medienperipherie die kulturweltlichen Medien-foren beinhaltet, während das Medienzentrum im Sinne Links die Sphäre der Interdiskurse ist. Als kulturweltliche Medienforen für die populären Musikwelten wurden spezielle Musikzeitschriften als »Zentralorgane« der diskursiven Distinktion ausgemacht, hier wurde mit den Redaktionen eine bedeutende Sprecherposition ausgemacht, anhand von Texten war der Diskurs über »Musik« gezwungen sich niederzuschlagen, waren alle Thematisierungen, Problematisierungen, Strategien der Musikwelten textlich dokumentiert. Es wurden Daten gesammelt, welche Zeitschriften vorhanden waren, was ihre Auflagen waren, und es wurde in Gesprächen mit Vertretern aus beiden Musikwelten und anhand vorgängiger Forschungen geprüft, welchen Status welche Medien in der Technowelt und der Metalwelt innehatten. Da absehbar wurde, dass eine größere Textmenge in zwei Korpora eingehen würde, wurde geprüft, ob ein qualitatives Datenanalyseprogramm die Diskursanalyse hinsichtlich Materialorganisation, Rekursivität und Systematik unterstützen konnte. Problematisch war dabei, dass das elaborierte QDAS auf die Methodologie der Grounded Theory (→ Lampert, S. 596 ff.) bezogen ist. Entsprechend musste das Codiermodell kontrolliert und diskursanalytisch umgearbeitet werden. Schließlich wurde ATLAS/ti verwendet.

Für die beiden Korpora wurden die redaktionellen Beiträge der Zeitschriften *Raveline* und *METAL HAMMER* der ersten Jahreshälfte 1999 herangezogen. Diese wurden eingescannt. Um die analytische Sensibilität zu erhöhen und die Aufmerksamkeit für die ersten Analyseschritte kontinuierlich beizubehalten, wurde ein Set heuristischer Fragestellungen entwickelt, die auch die Funktion hatten, die Anwendung der Theoriebasis auf den Korpus zu unterstützen. Darunter waren Fragen wie: Welche Qualitäten werden als verantwortlich für die Entstehung der Qualität von »Kunst« und »Kultur« thematisiert? Worin besteht die Leistung der Produzenten? Wie werden Arbeitsbedingungen und das Arbeitsethos dargestellt? Welche Dimensionen treten für die Klassifikation der Kunst und Kultur hervor? Welche Adjektive, Metaphern, Symbole werden verwendet? Was gilt als Werk? Woraus besteht es, welche Bedeutung hat es? Was sind Kriterien für gute und schlechte Kunst und Kultur? Wer kann sich legitim äußern? Was befähigt ihn dazu? Wie sollen Kunst und Kultur ausgestellt, aufgeführt und vertrieben werden? Wie soll das Werk erlebt werden? Wie soll das Publikum mit den Werken umgehen und sich verhalten? Für wen ist die Kunst und Kultur gedacht? usw.

Die *Oberflächenanalyse* konnte damit aufgenommen werden. Hier wurden zunächst der Textkorpus der Zeitschrift *METAL HAMMER* (Metalwelt) mehrfach durchgesehen und nach und nach festgehalten (codiert), welche Aspekte (»Begriffe«, »Objekte«, »Sprechermodalitäten«, »Thematischen Wahlen/Strategien«) auftraten. Anschließend wurden für den Textkorpus der Zeitschrift *Raveline* (Technodiskurs) diese Durchsichten absolviert. Dabei wurde darauf geachtet, dass die ersten Befunde für den Metaldiskurs nicht einfach als Analysekategorien auf die Analyse des Technodiskurses übertragen wurden, sondern die beiderseitigen Besonderheiten zur Geltung kamen.

Im nächsten Schritt wurde die *interpretative Analytik* durchgeführt. Deren Resultate zeigen, dass die Musik in beiden Musikwelten völlig unterschiedlich diskursiv konstruiert und mit anderen Themen verknüpft wird. Vergegenwärtigt man sich, dass heutzutage im Grunde jede Musik (also auch Heavy Metal) rein elektronisch hergestellt werden könnte, dass die Elektronik und die digitale Nachbereitung in die Verstärkertechnik des Heavy Metal längst Einzug gehalten hat, viele Heavy Metal-Subgenre dem Sound von angrenzenden Techno-Subgenres nicht unähnlich sind, so wird schnell deutlich, dass die nicht-diskursive »Realität« keine Erklä-

rungsgrundlage bietet für die diametral kontroversen Diskurse. Erst die Diskurse machen aus der »Musik« eine sozial relevante Sinnsphäre, die ohne diskursive Praktiken semantisch offen, also unbestimmt bliebe. Insgesamt lässt die Metalwelt eine handwerkliche Diskurslogik erkennen, in der die Erarbeitung und die handwerkliche Qualität der Musik das Arbeitsethos der Musiker ausmacht. Sich schrittweise steigern (wie die Stufen der handwerklichen Ausbildung: Lehrling-Geselle-Meister), intensiv proben, hart seinen eigenen Erfolg erarbeiten und so rechtfertigen, die eigenen Stücke selbst und arbeitsteilig herstellen (komponieren, aufnehmen und aufführen) können, auf der Bühne die Musik selbst auch so reproduzieren können, wie sie auf dem Album klingt, sind zentrale Elemente des Metaldiskurses. Die Band wird als die dauerhafte, identitätsstiftende Produktionseinheit gedacht, die letztlich verantwortlich ist für die Integration verschiedener Musiker und die Kontinuität ihrer Produkte. Der Technodiskurs hat eine Nähe zum Berufsethos von Selbständigen und Freiberuflern. Hier zählt das Grenzgängertum (Transfergewinne erzielen) und das Sampeln von Stücken anderer, die man eben nicht selbst komponiert hat. Das Arbeitsethos integriert Spaß und Professionalität, die künstlerische Identität speist sich diskursiv aus dem Netzwerk verschiedener Projekte und ist nicht eingeengt durch die Erwartung einer kontinuierlichen Entwicklung und Steigerung. Technomusiker sind im engeren Sinne Allrounder, Programmierer und Mixer; das dominierende Selbstkonzept ist dasjenige von Künstler-Unternehmern.

Ergebnisaufbereitung und Rückbezug: Verdichtet man die aufgefundenen Diskurselemente und schließt auf die Tiefenstruktur der beiden Diskursordnung, kann man anhand von Aspekten, wie sie ausschnittsweise in Abbildung 1 dargestellt sind, eine vergleichende Gegenüberstellung durchführen.

Die ersten beiden Reihen stellen hier die Grundstruktur (Tiefenstruktur) der beiden Diskurse dar. Hierbei handelt es sich um eine epistemische Grundstruktur, die auch Sozio-Episteme genannt werden kann. Die unterschiedliche Dis-

Repräsentation	Heavy Metal	Techno
fundamentale Semantiken	Entwicklungs- und Qualitätssemantik, Beständigkeits- und Integritätssemantik, Umsetzung und handwerkliches Können	Erfolgs- und Verwirklichungssemantik, Individualitäts- und Vernetzungssemantik
sich widersprechende Orientierungen	Traditionalismus versus Entwicklung, Erfolg versus Authentizität	Hedonismus (»Spaß«/»Entspannung«) versus Erfolgsorientierung (Erfolgs- und Leistungsdenken), Massenappeal versus Authentizität
Künstler- und Autorkonzept	Band als »beseelte« Einheit, dauerhafte, solidarische Kooperationsform mit arbeitsteiliger Binnendifferenzierung, die über verschiedene Produktionsphasen ihre künstlerische Aussage umsetzt und über die Serie der Produktionen ihr künstlerisches Potenzial entwickelt	Künstler-Unternehmer als aktiver »Netzwerkknoten« mit multiplen Rollen in unterschiedlichen, nicht notwendig auf Dauer angelegten Kooperationen. Der DJ/Produzent ist künstlerischer Bastler, Improvisator und Stifter; der »Autoreffekt« tritt im Netzwerk hervor durch Bezugnahme auf andere, deren Samples eingearbeitet werden oder deren Stücke geremixt werden
Arbeitsethos	Selbst (handwerklich) herstellen und Produktqualität kontrollieren können, Nähe zum berufsständischen Ethos von Handwerkern, Facharbeitern und Technikern, starke wertrationale Orientierung (Produkte sollen hochwertig sein), Arbeitsrhythmus kann als mechanischer Trott erscheinen, Vertrauen in die eigene handwerkliche Kompetenz und Erfahrung.	Selbst organisieren und flexibel ausführen können, Nähe zum berufsständischen Ethos von Selbständigen und freien Berufen, starke zweckrationale Orientierung (Produkte sollen »funktionieren«), Arbeitsrhythmus ist selbstbestimmt, starkes Vertrauen in die eigene Fähigkeit, zu gestalten sowie in die eigene Kreativität; Bestreben, bestehende Möglichkeiten zu erweitern (Herstellen von Beziehungen, Anbahnen von Projekten) und Verwertungsmöglichkeiten in anderen Bereichen zu erschließen.
Werkkonzept	Serie der Alben, die eine Einheit bilden und die anhand der Gewichtung der Werkphasen im Konzert durch die Band und durch die Rezension sowie den Konzertbericht aktualisiert und gedeutet werden.	Vielzahl der realisierten und geplanten Projekte eines DJ/Produzenten in verschiedenen Feldern (Maxis und Alben, Videos, Mode, Werbeaufträge u. a.).
angemessene Hervorbringungsweise der Musik	Umsetzung über die Stationen Band – Studio – Veröffentlichung – Konzert; Ausgangspunkt ist die Komposition von eigenen Stücken, die durch ein Albumkonzept thematisch integriert sein können.	Studioproduktion von Originalen oder Remixen am (eigenen) Musikcomputer (»Wohnzimmerstudio«) oder im Rahmen einer DJ-Performance; Verwendung von »Vorprodukten« anderer (Samples).
angemessene Rezeptionsform	Informierte (Werkkenntnis) und aufmerksame, körperlich aktive Teilnahme am Konzertgeschehen, wobei der Bühnenaktivität der Musiker die Aufmerksamkeit gilt.	Musik wird als funktional für kollektive (und auch individuelle) Erlebnisformen (Tanzbarkeit, Entspannung) beurteilt.

Abb. 1: Gegenüberstellung von Metal- und Technodiskursen

kursivierung der Musik und der darauf bezogenen Lebensstilformen führt in beiden Musikwelten zu je eigenen, diskursiv formulierten Ethiken. Die von Bourdieu behauptete Verbindung zwischen Ästhetik (was wird warum als schön empfunden) und Ethik (im Sinne eines Ethos, der die Grundhaltung zu Dingen und Menschen ist), wird diskursiv hergestellt: Erst durch das Wissen um die »Musik«, wird diese zu einem Wissenselement. So erhält sie einen sozialen Sinn, der in der Lage ist, das Band zwischen den Lebensstilkollektiven und der Kultur zu bilden. Praktisch wirkt sich die Sozio-Episteme zum Beispiel als organisierendes Schema für das Erleben (die Rezeption) der Musik aus. Der Rückbezug der diskursanalytisch gewonnenen Resultate erfolgt dann, indem die Schlussfolgerungen für die soziologische Sozialstrukturanalyse gezogen wurden.

Anmerkungen

1 Zur Veranschaulichung kann man eine der materialreichen historischen Untersuchungen Foucaults anführen. Im ersten Band von »Sexualität und Wahrheit« (Foucault 1977) fragt Foucault eingangs, wie es denn komme, dass im Zeitalter des Viktorianismus, einer Epoche, die als sittsam, gar als prüde gelte, der Diskurs über »den Sex« explodiert? Foucault zeigt auf, dass die Problematisierung um »den Sex« in der Neuzeit ein ganzes Wissenssystem erst hervorbringt, in dem Konzepte (»Begriffe«/»Objekte«) wie die Vorstellungen vom Körper und dessen Sinnlichkeit zunächst als problematische angesprochen, damit im Wissen errichtet und mit institutionellen Praktiken verkoppelt werden (Sexualitätsdispositiv). Seine These: Das, was heute als »Sexualität« gedacht und praktiziert wird, ist im Zeitalter des Viktorianismus erst entstanden, und die Diskursivierung des Sex als etwas »zu Unterdrückendes« bringt die neuzeitliche Wissensordnung vom »Sex« hervor, die dem Altertum und auch dem Mittelalter noch unbekannt war. Die Raffinesse der foucaultschen Analyse besteht weiter darin, dass er einen modernen »Befreiungsdiskurs«, wie den der Psychoanalyse bloßstellt als eben dieses Sexualitätskonzept fortsetzend. Auch wenn die Versprechung nun ist, dass es um die Befreiung von Individuen gehe und diese sich in ihrer Sexualität anerkennen und befreien könnten, liegt eine Kontinuität vor: Wieder werden die Individuen zu Unterworfenen, werden sie von (wenn auch anderen) Autoritäten (nun therapeutisch) durchleuchtet, analysiert, klassifiziert und beurteilt. Und wieder ist das Wissen um den »Sex« anhand von Kategorien wie wahr/falsch oder Geheimnis/Geständnis organisiert und mit Praktiken verkoppelt, die die Lebensführung strukturieren. »Ironie dieses Dispositivs: Es macht uns glauben, dass es darin um unsere ›Befreiung‹ geht« (Foucault 1977, S. 153).

2 Wenn eine computergestützte Analyse erfolgt, kann ein diskursanalytisches Codiermodell entwickelt werden.

Literatur

Becker, Frank/Gerhard, Ute/Link, Jürgen (1997): Moderne Kollektivsymbolik. Ein diskurstheoretisch orientierter Forschungsbericht mit Auswahlbibliographie (Teil II). In: Internationales Archiv für Sozialgeschichte der deutschen Literatur, 22, 1, S. 70–154.
Bourdieu, Pierre (1982): Die feinen Unterschiede. Kritik der gesellschaftlichen Urteilskraft. Frankfurt a. M.
Crane, Diana (1992): The Production of Culture. Beverly Hills.
Diaz-Bone, Rainer (2010): Kulturwelt, Diskurs und Lebensstil. Eine diskurstheoretische Erweiterung der bourdieuschen Distinktionstheorie, 2. Auflage. Wiesbaden.

Diaz-Bone, Rainer (2013): Sozio-Episteme und Sozio-Kognition. Epistemologische Zugänge zum Verhältnis von Diskurs und Wissen. In: Viehöver, Willy/Keller, Reiner/Schneider, Werner (Hrsg.): Diskurs – Sprache – Wissen. Wiesbaden, S. 79–96.

Diaz-Bone, Rainer (in Vorbereitung): Foucaultsche Diskursanalyse. Eine Einführung. Wiesbaden.

Diaz-Bone, Rainer/Schneider, Werner (2010): Qualitative Datenanalysesoftware in der sozialwissenschaftlichen Diskursanalyse – Zwei Praxisbeispiele. In: Keller, Reiner/Hirseland, Andreas/Schneider, Werner/Viehöver, Willy (Hrsg.) (2010): Handbuch Sozialwissenschaftliche Diskursanalyse. Band 2. Forschungspraxis, 4. Auflage. Wiesbaden, S. 491–529.

Dreyfus, Hubert/Rabinow, Paul (1987): Michel Foucault. Jenseits von Strukturalismus und Hermeneutik. Frankfurt a. M.

Foucault, Michel (1973): Archäologie des Wissens. Frankfurt a. M.

Foucault, Michel (1977): Der Wille zum Wissen. Sexualität und Wahrheit 1. Frankfurt a. M.

Jäger, Siegfried (2012): Kritische Diskursanalyse. Eine Einführung, 6. Auflage. Duisburg.

Keller, Reiner/Hirseland, Andreas/Schneider, Werner/Viehöver, Willy (Hrsg.) (2011): Handbuch Sozialwissenschaftliche Diskursanalyse. Band 1. Theorien und Methoden, 3. Auflage. Wiesbaden.

Keller, Reiner/Hirseland, Andreas/Schneider, Werner/Viehöver, Willy (Hrsg.) (2010): Handbuch Sozialwissenschaftliche Diskursanalyse. Band 2. Forschungspraxis, 4. Auflage. Wiesbaden.

Keller, Reiner (2011): Diskursforschung. Eine Einführung für SozialwissenschaftlerInnen, 4. Auflage. Wiesbaden.

Kendall, Gavin/Wickham, Gary (1999): Using Foucault's Methods. Thousand Oaks.

Link, Jürgen (2013): Versuch über den Normalismus, 5. Auflage. Göttingen.

Pêcheux, Michel (1982): Language, Semantics and Ideology. Stating the Obvious. London.

van Dijk, Teun A. (1997a): Discourse as Structure and Process. Discourse Studies. Vol. 1. London.

van Dijk, Teun A. (1997b): Discourse as Social Interaction. Discourse Studies. Vol. 2. London.

Williams, Glyn (1999): French Discourse Analysis. The Method of Post Structuralism. London.

Wrana, Daniel/Ziem, Alexander/Reisigl, Martin/Nonhoff, Martin/Angermüller, Johannes (Hrsg.) (2014): DiskursNetz. Wörterbuch der interdisziplinären Diskursforschung. Berlin.

2.2 Medienforschung – Alltagsforschung

Alltagshandeln mit Medien

Lothar Mikos

»Die Medien sind integriert in den Alltag, in das Alltagsverhalten« (Bausinger 1983, S. 33). Diese Feststellung des Kulturwissenschaftlers Hermann Bausinger aus den 1980er Jahren trifft im 21. Jahrhundert mehr denn je zu. Ein Leben ohne Medien ist in der gegenwärtigen Gesellschaft kaum mehr möglich. Die Erforschung der medialen Spuren im Alltag der Akteure ist eine Aufgabe, die weit über die traditionelle Rezeptionsforschung hinausgeht wie über Studien, die sich mit der kommunikativen Aneignung einzelner oder mehrerer Medien, und über Studien, die sich in Bezug auf Handlungstheorien oder im Rahmen der Cultural Studies mit der individuellen und/oder gesellschaftlichen Bedeutung von Medien befassen. Die Beziehung zwischen Medienkonsum und alltäglicher Handlungspraxis ist wechselseitig: Einerseits wird der Medienkonsum von den alltäglichen Lebensvollzügen und den lebensweltlichen Verweisungshorizonten beeinflusst, andererseits wirken die Erlebnisse und Erfahrungen beim Medienkonsum eben auch auf jene alltäglichen Lebensvollzüge zurück. Die Strukturen und Funktionen dieser Wechselbeziehungen zu erforschen, stellt eine wichtige methodische Herausforderung im Rahmen qualitativer Medienforschung dar.

Medien im Alltag

Seit den 1980er Jahren haben Digitalisierung und Globalisierung zu einem weitreichenden Wandel der Medien und der Gesellschaft geführt. Dabei sollte nicht vergessen werden, dass diese Medien von Menschen entwickelt und auch angewandt bzw. benutzt wurden. Der soziale und kulturelle Wandel, der sich dabei vollzogen hat, ist unter dem Stichwort »Reflexive Moderne« (vgl. Beck 1986, Beck/Giddens/Lash 1996) diskutiert worden. Dabei spielen Medien, insbesondere das Leitmedium Fernsehen, eine nicht unwesentliche Rolle (vgl. dazu Mikos 1999, S. 5 f.) oder wie Bachmair (1996, S. 35) es ausgedrückt hat: »Subjektivität bildet sich an der Schnittstelle der von Rezipienten und Medienproduktion bewirkten Aktivitätslinien«, und zwar im Kontext der lebensweltlichen Bezüge des Alltagslebens. Der Prozess des sinnhaften Aufbaus der sozialen Welt (vgl. Schütz 2004) ist ohne die (Be-)Nutzung von Medien unvorstellbar. Doch ist die Bedeutungskonstitution nicht individuell, sondern sie erfolgt im Rahmen sozialer Bezüge,

denn die oben beschriebene Individualisierung bringt neue Formen sozialer Vergemeinschaftung hervor, ebenso wie alte soziale Kräfte zwar an Einfluss verlieren, aber eben nicht ganz verschwinden.

Daraus ergeben sich zwei wesentliche Konsequenzen, die für die Medienforschung bedeutsam sind:

1) Die reflexive Moderne ist eine »Multioptionsgesellschaft« (Gross 1994), die durch Pluralisierung von Lebensformen und Lebensstilen gekennzeichnet ist. Ein gesellschaftlicher Konsens über legitime und illegitime Lebensformen ist nur noch schwer herzustellen, auch weil der Horizont der Individuen an die eigenen Lebensformen, in der der sinnhafte Aufbau der sozialen Welt gelingt, gebunden ist. Einblicke in andere Lebensformen sind nur mühsam zu erlangen. Einerseits bekommen Medien wie das Fernsehen als so genanntes »kulturelles Forum« (vgl. Newcomb/Hirsch 1986) als Vermittler zwischen und von Lebensformen und Lebensstilen eine besondere Bedeutung. Andererseits sind spezifi-

sche Lebensformen und -stile mit bestimmten Medien und Mediennutzungsformen verbunden.

2) Auch wenn die Medien eine wichtige Rolle bei der Bedeutungskonstitution im Alltag spielen, sind Menschen nicht auf Mediennutzer reduzierbar. Sie leben in den vielfältigen Bezügen ihres Alltags – sozialen, kulturellen, ökonomischen, politischen etc. – und werden nur dann zu Rezipienten oder Mediennutzern, wenn sie sich einem oder mehreren Medien zuwenden, wenn sie Medienerlebnisse als kommunikative Ressource benutzen oder wenn sie das von den Medien bereitgestellte symbolische Material in ihren Alltag übernehmen. In diesem Sinn bedeutsam ist »jenes System von wahrnehmungs- und handlungsleitenden Themen des Alltagslebens […], das dem Mediengebrauch seinen subjektiven Sinn gibt« (Weiß 2001, S. 14).

Medien spielen so eine entscheidende Rolle sowohl bei der subjektiven als auch bei der »gesellschaftlichen Konstruktion der Wirklichkeit« (Berger/Luckmann 2010). »Die mediale Kommunikation stellt eine *conditio sine qua non* gegenwärtiger Lebenszusammenhänge dar: Ohne sie geht es – weitgehend – nicht. Das bedeutet aber andererseits nicht, dass die soziale Wirklichkeit *nichts weiter* als eine Konstruktion oder ein Effekt ›der Medien‹ wäre. Denn diese haben ihre sozialbildende Kraft nur, weil sie ein integraler *Teil* der sozialen und kulturellen Praxis geworden, in der mittelbare und unmittelbare Kommunikation einander vielfach überlagern, durchdringen und wechselseitig konturieren« (Keppler 2015, S. 2, Herv. i. Orig.). Medien machen nur einen Teil – wenn auch einen wichtige – der alltäglichen Kommunikation aus. Ihr Gebrauch »ist immer in das soziale Gefüge des häuslichen Zusammenlebens und weiterer Kontexte integriert, wo er ganz unterschiedliche Bedeutungen entfalten kann« (Röser/Thomas/Peil 2010, S. 9).

Medien und ihre Nutzung sind in die alltäglichen Handlungsabläufe der Menschen integriert

(vgl. Mikos 2004). Die Bedeutung der Medien liegt nicht in ihrer technischen bzw. medialen Verfasstheit, sondern in ihrem Gebrauch, in ihrer sozialen Anwendung in spezifischen gesellschaftlichen Kontexten, denn »Nicht das Medium ist die Message, sondern seine Rolle in der sozialen Anwendung« (Hienzsch/Prommer 2004, S. 148). Konkrete Medienrezeptionen, d. h. Situationen, in denen sich Menschen einem Medium zuwenden und es rezipieren, kommen zwar vor, sind aber nur ein Teil des Alltags. Medien sind auch dann im Alltag von Bedeutung, wenn in den Handlungen der Menschen kein offensichtlicher Medienbezug zu erkennen ist. »Die Medien sind ein Ausdruck unserer Kultur, und unsere Kultur funktioniert in erster Linie durch die von den Medien zur Verfügung gestellten Materialien« (Castells 2001, S. 385), oder anders ausgedrückt: »Was wir über unsere Gesellschaft, ja über die Welt, in der wir leben, wissen, wissen wir durch die Massenmedien« (Luhmann 2009, S. 9). Ohne die Medien und ihre Folgen/Effekte ist ein subjektiv sinnvolles Leben in den zivilisierten Gesellschaften nicht möglich.

Direktes Medienhandeln im Alltag ist subjektiv sinnhaft und ist immer auch soziales Handeln. Es ist immer an das Subjekt gebunden, aber »das handelnde Subjekt seinerseits bleibt in seinen Handlungsmöglichkeiten situationsgebunden« (Schülein 1983, S. 55). Situation und Handeln bedingen sich wechselseitig. In Bezug auf das Fernsehen hat David Morley (1996, S. 42) festgestellt, dass die Fernsehnutzung »weitgehend innerhalb sozialer Beziehungen und nicht außerhalb von ihnen« stattfindet. Fernsehnutzung müsse daher »als soziales Geschehen« behandelt werden, »das im familiären Kontext, verstanden als ein Muster sozialer Relationen, stattfindet«. Medien sind integraler Bestandteil des Familienalltags in vielerlei Hinsicht. Sie vermitteln nicht nur zwischen der Innenwelt der Familie und der Außenwelt. »Die *Medien* gehören im Familienalltag immer auch zum *Bereich des Sozialen*, der *Gemeinsamkeit* sowie der *Reflexion des Lebens mittels Symbolen und Geschichten*. Insofern ist der Umgang mit Medien eine wichtige *kulturelle Praxis*, deren *Qualität* von der jeweiligen *Familienkommunikation* abhängig ist« (Barthelmes/ Sander 2001, S. 298; H. i. O.). Sowohl in der konkreten Medienrezeption als auch im alltäglichen Handeln kann das Handeln entsprechend der Definition von Max Weber sowohl zweckrational, wertrational, affektuell oder traditional (»durch eingelebte Gewohnheit«) bestimmt sein (vgl. Weber 2002, S. 12). Jedes alltägliche Handeln weist zumindest einen impliziten Medienbezug auf, denn einerseits »sind die Medien, vor allem Radio und Fernsehen, zur audiovisuellen Umwelt geworden, mit der wir endlos und automatisch interagieren« (Castells 2001, S. 382), und andererseits erarbeiten sich die Menschen ihren Lebenssinn im Alltag in einem »Prozess der individuellen Bedeutungskonstitution in einem komplex verflochtenen Medienfeld« (Bachmair 1996, S. 13). Alltägliches Handeln kann expliziten bzw. direkten oder impliziten bzw. indirekten Medienbezug haben. Das bedeutet für die Medienforschung, dass sie sich vergegenwärtigen muss, es mit einem breiten Spektrum von Aktivitäten zu tun zu haben, die auf ganz unterschiedliche Beziehungen zwischen den Medien und den Subjekten bzw. Akteuren verweisen.

Alltägliches Medienhandeln

Ausgangspunkt ist daher das Alltagsleben der Menschen, die in bedeutungsvollen gesellschaftlichen Strukturen handeln und dabei sinnstiftend tätig sind. Der Alltag lässt sich »als Vermittlungsbereich begreifen, auf den sich alle Bereiche menschlichen Handelns partiell beziehen müssen« (Krotz/Thomas 2007, S. 39), also auch das auf Medien bezogene Handeln und das Handeln mit Medien. Mediennutzung kann daher als Handlung begriffen werden (→ Eichner, S. 112 ff.; → Krotz, S. 94 ff.), »die sich im Alltag als Aneignungsprozess von Strukturen (auch Medienangeboten) vollzieht. Als Ergebnis wird diese Medienhandlung Teil der Lebenswelt« (Pfaff-Rüdiger 2007, S. 13).

Medienhandeln im Alltag geht mit einer Zuwendung zum Medium einher. Die im Alltag handelnden Individuen planen einen Rezeptionsakt, führen ihn durch oder haben ihn durchgeführt und benutzen das, was sie gelesen, gehört oder gesehen haben, auf irgendeine Weise in ihrem Alltag. Man kann grundsätzlich davon ausgehen, dass ein Individuum dann als Fernsehpublikum handelt, wenn es plant, eine Fernsehsendung zu rezipieren, sie tatsächlich anschaut, sich also dem Fernsehen zuwendet und sich mit Inhalt, Ästhetik und Gestaltung (wie aktiv oder passiv auch immer) auseinandersetzt. Es handelt aber auch als Publikum, wenn es mit anderen Personen aus seiner sozialen Umgebung über Fernseherlebnisse oder über Programme kommuniziert. Es handelt auch als Publikum, wenn es sich bei alltäglichen Aktivitäten auf Medien bezieht. Das wäre z. B. der Fall, wenn ein Rezept aus *The Taste* oder *Lafer! Lichter! Lecker!* nachgekocht würde. Es handelt aber auch als Publikum, wenn es im Internet die Seite von *Wer wird Millionär?* aufsucht, und zwar sowohl als Nutzer der Internetseite als auch als Zuschauer der Fernsehsendung.

Studien zur kommunikativen Aneignung des Fernsehprogramms haben gezeigt, dass der Alltag der Zuschauer den Bezugsrahmen für die Wahrnehmung und Deutung der Fernsehsendungen sowie deren Übernahme in den Alltag bereitstellt. Dies gilt dann, wenn während des Fernsehens Äußerungen gemacht werden, die sich auf das Fernsehgerät, das Medium oder die laufenden Sendungen beziehen. Klemm (2000, S. 147 ff.) nennt hier als Tätigkeiten »organisieren, verarbeiten und Verständnis sichern«, die sich über entsprechende Sprachhandlungen äußern. Diese Tätigkeiten sind für ihn Handlungsfelder der Zuschauerkommunikation. Daneben hat er aus den sprachlichen Äußerungen der Zuschauer noch die Handlungsfelder »deuten, übertragen und einordnen, bewerten und sich vergnügen« herauskristallisiert. Diese Handlungsfelder machen mehr als deutlich, welche große Rolle der lebensweltliche Kontext der Zuschauer, ihr Alltag, ihre biographischen Erfahrungen, ihre Identität und

Subjektivität, ihre Norm- und Wertvorstellungen, ihre Moral und ihre ethischen Grundhaltungen in der Rezeption und Aneignung von Fernsehsendungen spielen. Das hat auch Weiß (2001, S. 199 ff.) in seiner theoretischen Aufarbeitung von Erkenntnissen der Rezeptionsforschung noch einmal eindrücklich klargestellt. Er fasst diese Kontexte unter dem Begriff der »Weltanschauung« der Zuschauer zusammen, die als »handlungsleitende Schemata des Alltagsbewusstseins« (ebd., S. 148) dem Fernsehhandeln einen subjektiven Sinn geben. Auf diese Weise wird der Gebrauch nicht nur des Fernsehens, sondern aller Medien strukturiert und organisiert. Denn der »kompetente Gebrauch populärer Filme, Fernsehsendungen oder Videoclips, die die Funktion von ästhetischen Expertensystemen einnehmen, trägt ebenfalls zu einer reflexiven Regulierung des Alltags bei, die aber nicht kognitiv, sondern ästhetisch organisiert ist« (Winter 2001, S. 339).

Es geht dabei nicht nur darum, dass die lebensweltlichen Bezüge in den genannten Handlungsformen in Rezeptionssituationen eine Rolle spielen (vgl. Weiß 2001), sondern dass symbolischem Material der Medien in alltäglichen Handlungsvollzügen eine besondere Bedeutung zukommt. Allseits verfügbare Medien wie das Fernsehen liefern nicht nur Normen und Werte, die angeeignet werden und im Alltag Verwendung finden, sie liefern auch Lebensmodelle und Zielvorstellungen, Präsentationsmuster und Rollenbilder, Muster der Verständigung und Koordinierung von Handlungsplänen. Die Medienspuren sind dabei mehr oder weniger explizit. Wenn Kinder einen öffentlichen Auftritt performen, dann sind Medienbezüge oft sehr explizit. In der Aushandlung von gemeinsamen Plänen und Zielen innerhalb von Beziehungen bzw. Ehen spielen sie oft implizit eine Rolle. Die Medienspuren lassen sich dann nur schwer auffinden.

Die Beispielstudie »TV Living«

In Großbritannien wurde in den 1990er Jahren erstmals eine Langzeitstudie zum Leben mit dem Fernsehen durchgeführt (vgl. Gauntlett/Hill 1999). Das British Film Institute untersuchte zunächst 509 Personen über einen Zeitraum von fünf Jahren, von 1991 bis 1996, von denen im Verlauf der Studie einige absprangen, sodass zum Ende des Projektes noch 427 Personen dabei waren. Die Teilnehmer mussten dreimal pro Jahr ein Fernsehtagebuch ausfüllen und zusätzliche Fragen des Forscherteams beantworten. Es wurde versucht, die Teilnehmer an der Studie so auszuwählen, dass sie repräsentativ für die britische Bevölkerung waren – zumindest was Alter und Geschlecht anbelangte, Schicht und ethnische Zugehörigkeit wurden nicht berücksichtigt. Die Bezugsgröße war nicht mehr wie in früheren deutschen und britischen Studien die Familie, sondern der Haushalt. Das hat gegenüber Familien den Vorteil, dass nicht nur die Beziehungen der Familienmitglieder untereinander und die daraus resultierenden Kommunikations- und Interaktionsstrukturen als relevant für den häuslichen Umgang mit dem Fernsehen erachtet werden, sondern auch die materielle und ökonomische Ausstattung eines Haushalts, die den Fernsehkonsum erst möglich macht (vgl. dazu auch Mikos 1997; Silverstone 1994, S. 43 ff.). Ferner hat der gesellschaftliche Wandel in der zweiten Hälfte des 20. Jahrhunderts die Haushaltsstrukturen entscheidend verändert. Zwar nimmt die klassische Kleinfamilie immer noch einen relativ großen Stellenwert ein, doch haben sich auch zahlreiche andere Haushaltsformen etabliert: Einpersonenhaushalte, Alleinerziehende, nichteheliche Lebensgemeinschaften hetero- oder homosexueller Paare sowie Wohngemeinschaften. Sie alle wurden in der britischen Studie berücksichtigt.

Interessanter als die generellen Einsichten in die alltägliche Fernsehnutzung sind die Ergebnisse, die sich mit dem Wandel der Fernsehgewohnheiten und der Fernsehnutzung befassen. Dabei sind drei Arten von Änderungen zu unterscheiden: (1) solche, die sich aus einem Bruch oder Wandel im Leben der Menschen ergeben; (2) solche, die sich aus den technologischen und medienpolitischen Veränderungen der Fernsehlandschaft ergeben, und (3) solche, die sich aus veränderten Haltungen und Einstellungen zum Fernsehen ergeben. In der Studie wurde deutlich, wie groß der Einfluss von Umzügen, Ehescheidungen, Studienabschlüssen, Arbeitslosigkeit etc. auf die täglichen Fernsehgewohnheiten ist (Gauntlett/Hill 1999, S. 79 ff.). Das betrifft nicht nur die alltägliche Routine, sondern auch die Zuwendung zu bestimmten Inhalten. Schließlich ist nicht jede Sendung dazu geeignet, Trost zu spenden oder von Sorgen abzulenken. In den Untersuchungszeitraum der Studie fiel die endgültige Durchsetzung der Videorekorder in den Haushalten sowie die Verbreitung von Fernsehen über Kabel und Satellit (ebd., S. 141 ff.). Überraschendes Ergebnis: Die Fernsehnutzung ändert sich auch durch die Vermehrung von Programmen und die andere Art der Verbreitung nicht wesentlich. Die Videorekorder dagegen gestatten den Menschen mehr Verfügbarkeit über ihre Freizeit, da die Möglichkeit besteht, unabhängig von den Programmstrukturen der Sender einzelne Programme aufzuzeichnen und sie sich später anzuschauen. Dabei zeigte sich, wie sehr der Rekorder zu einem Alltagsmedium wurde und sich die untersuchten Personen diese Technologie aneigneten und verfügbar machten. Zugleich schälten sich unterschiedliche Nutzungsgewohnheiten heraus. Da gab es die Sammler, die ein Archiv mit ihren Lieblingsfilmen anlegten, aber auch die Nutzer, die aufgezeichnete Sendungen sofort nach dem Ansehen wieder löschten. Bei den Sammlern ließen sich Unterschiede zwischen den jüngeren und älteren Personen ausmachen. Während Erstere sich vor allem eine Sammlung von »Kultfilmen« zulegten, zeichneten Letztere vor allem Dokumentationen und künstlerisch anspruchsvolle Programme auf.

Die Untersuchung hat gezeigt, wie sehr das Fernsehen Bestandteil des Alltagslebens geworden ist und wie eigenmächtig die Menschen mit dem und gegenüber dem Medium handeln.

Fernsehen wird benutzt, wenn es in den eigenen Alltag und dessen Gewohnheiten passt. Methodisch bleibt anzumerken, dass sich die Forscher nicht selbst ins Feld begaben, sondern lediglich die Daten aus den Tagebüchern ausgewertet und interpretiert haben. Wenn sich die Forscherin jedoch ins Feld begibt, um in direkten Kontakt mit den untersuchten Menschen zu treten, z. B. mittels teilnehmender Beobachtung (→ Mikos, S. 362 ff.), narrativer Interviews (→ Keuneke, S. 302 ff.) oder Gruppendiskussionen (→ Schäffer, S. 347 ff.), sieht sie sich einer Reihe von Problemen gegenüber.

Das verlorene Subjekt: Der Medienforscher im Feld

Um der Komplexität des Feldes – das ist das Alltagsleben, seine sinngebenden Strukturen und die Rolle der Medien darin – zu begegnen, versteckt sich der Medienforscher hinter allerlei Methodologie. Dabei stellt sich die Frage, inwieweit er mit seinen Methoden der alltäglichen Realität – und das ist die Lebenswirklichkeit der Menschen – gerecht wird. Denn hinter den methodologischen Fragen stecken grundsätzliche Probleme.

Auf drei dieser Probleme soll im Folgenden kurz eingegangen werden:
• Nähe und Fremdheit der Medienforscher zum Alltagsleben der Menschen,
• Medienrezeption oder Alltagsleben als Gegenstand der Forschung,
• Anerkennung fremder Lebensentwürfe und -praktiken.

Nähe und Fremdheit der Medienforscher zum Alltagsleben der Menschen

Das Verhältnis der Medienforscher zu ihrem Feld, dem Alltagsleben der Medien rezipierenden und nutzenden Menschen ist von Fremdheit und Nähe zugleich bestimmt. Anders als ein Forscher, der mathematische Berechnungen über die Ausdehnung des Universums anstellt, und anders als ein Forscher, der sich in der Tradition der Ethnologie der Erforschung einer fremden Kultur widmet, hat der Medienforscher eines mit seinen Untersuchungsobjekten gemein: den alltäglichen *Umgang mit Medien*. Der Forscher ist ein Experte des Medienumgangs im Alltag, denn er geht selbst in seinem Alltag mit Medien um. Das heißt, er besitzt jenseits aller wissenschaftlichen Interessen und Reflexion ein Alltagsbewusstsein von Medien und vom Umgang mit Medien. Zugleich gehört er in den meisten Fällen einer anderen Schicht als die untersuchten Menschen an, ist in anderen Lebensformen und -stilen zu Hause. Diese Wahrscheinlichkeit nimmt zu, je vielfältiger die Gesellschaft ist. Daher sind begründete Zweifel angebracht, ob die Forscher überhaupt in der Lage sind, das Medienhandeln im Alltag der Menschen zu verstehen. In Bezug auf das Fernsehen und seine unterhaltenden Formen hat Scheffer (1988, S. 71, H. i. O.) bereits die entscheidende Frage gestellt: »Können wir als Wissenschaftler überhaupt je das Phänomen verstehen, das wir hier untersuchen: die (populäre) Fernsehrezeption der *anderen*?«

Gerade weil der Forscher Menschen in einer anderen Lebenswelt gegenübertritt – sei es nun im Interview, bei Gruppendiskussionen, bei quasitherapeutischen Verfahren oder bei teilnehmender Beobachtung – muss er sich von seinem Alltagswissen, seinen Theorien und seiner wissenschaftlichen Reflexion befreien, um den untersuchten Menschen in ihrem Alltag näher zu kommen. Das führt aber zu einer paradoxen Situation: Der Forscher muss im Interaktionsverhältnis mit den Menschen, die er untersucht, eine Symmetrie der Beziehung vortäuschen, und er muss fürchten, dass er dabei enttarnt wird. »Die Angst des Forschers vor dem Feld« hat Lindner (1981) das genannt. »Was hier gemacht wird, ist nichts anderes, als die Vorspiegelung von Symmetrie in einer vom Forscher als asymmetrisch gedachten und gehandhabten Situation. In den Ängsten aber bricht sich die reale Asymmetrie der Situation in der Befürchtung der Aufdeckung der Vorspiegelung von Symmetrie Bahn« (ebd., S. 55). Aus diesem Dilemma

gibt es keinen Ausweg. Das Verhältnis des Forschers zu den untersuchten »Anderen« ist grundsätzlich von Asymmetrie gekennzeichnet, muss aber, um Ergebnisse zu zeitigen, als symmetrisches Verhältnis inszeniert werden. Der Forscher muss sich dem »Schock des Realen« (Nightingale 1996) stellen, indem er bereits im Feld Flexibilität zeigt und für unerwartete Phänomene und Überraschungen offen ist (vgl. Ruddock 2001, S. 128). Doch bleibt die Frage, worüber er etwas erfahren hat: Über die Medienrezeption oder über das Alltagsleben der untersuchten Menschen?

Medienrezeption oder Alltagsleben als Gegenstand der Forschung

Wenn von der wechselseitigen Durchdringung von Alltagsleben und Medien ausgegangen werden kann, ist es schwierig, die Medienrezeption von den sinngebenden Strukturen des Alltags zu trennen. Dadurch würden die Menschen auf Rezipienten reduziert. Sie sind nicht von Natur aus Publikum, sondern sie werden es aufgrund ihrer alltäglichen, kulturellen Praktiken. Deshalb lässt sich die Medienrezeption des Publikums nur relational bestimmen (vgl. Nightingale 1996, S. 146 ff.). Sie ist in multidimensionale Kontexte des Alltags eingebettet (vgl. Ang 1997, S. 86 ff.). Gerade im Hinblick auf den Kulturbegriff der Cultural Studies (→ vgl. den Beitrag von Winter in diesem Band), die im Anschluss an Raymond Williams (1972, S. 389) Kultur als ganze Lebensweise (»whole way of life«) verstehen, ist kritisiert worden, dass in den Rezeptionsstudien eben genau dieser Umstand nicht berücksichtigt worden sei (vgl. Abercrombie/Longhurst 1998, S. 3 ff.). Es sei schlechterdings unmöglich, eine ganze Lebensweise zu untersuchen und dann noch die Bedeutung der Medienrezeption darin herauszuarbeiten.

Dagegen weist Willis (2000, S. 108 f.) zu Recht darauf hin, dass es eigentlich nicht um Kultur als ganze Lebensweise geht, sondern – und dabei beruft er sich auf Williams – um *die Beziehungen zwischen den Elementen einer ganzen Lebensweise*. Die Analyse der Kultur zielt daher darauf ab, die Struktur dieser komplexen Beziehungen zu entdecken. Willis plädiert für eine ethnographische Vorstellungskraft, welche die Beziehungen zwischen drei Elementen zu untersuchen habe: die Konstitution von Bedeutung in sinnlichen Praktiken; die Formen der symbolischen Ressourcen und wie sie zur Bedeutungskonstitution benutzt werden; das Verhältnis zu den strukturellen Beziehungen, Bedürfnissen und Konflikten der Gesellschaft (vgl. ebd., S. 109). Medienrezeption ist daher immer durch die Brille der Beziehungen zwischen den Elementen der ganzen Lebensweise der Menschen zu sehen, denn die bedeutungsvollen Strukturen des Alltags machen die Menschen in manchen Handlungssituationen zu Rezipienten. Der Blick der Forscher kann sich daher nicht nur auf die tatsächlichen Rezeptionshandlungen beziehen, sondern muss den praktischen Sinn der Alltagsbewältigung (vgl. Weiß 2001) mitberücksichtigen. Der Forscher muss also tief in das Alltagsleben der Menschen eindringen, trotz aller Angst vor dem Feld und trotz der Vortäuschung einer symmetrischen Beziehung.

Zunächst einmal muss der Forscher bemüht sein, das selbstgesponnene Bedeutungsgewebe der Menschen in Alltag und Kultur sinnhaft zu verstehen, um anschließend eine »dichte Beschreibung« dieser Strukturen zu liefern, wie es der Kulturanthropologe Clifford Geertz (1991) gefordert hat. Ziel ist allerdings nicht, nur plausible Erklärungen in einem kohärenten Sinn zu liefern, sondern auch Widersprüche anzuerkennen. Denn gerade der Alltag und die Kultur sind ein Feld sozialer Auseinandersetzungen mit umkämpften Bedeutungen, in das die Menschen verstrickt sind.

Anerkennung fremder Lebensentwürfe und -praktiken

Medienforschung, die sich mit dem Zusammenhang von Alltag und Medien befasst, geht es nicht nur um die Identitätsarbeit der Forscher, die sich am Anderen und seinen Medienpraktiken im Alltag abarbeiten, sondern auch um die Stärkung der handelnden Subjekte in ihrem Selbstausdruck. Dazu gehört, dass der Forscher ihren Alltag, ihre Kultur und ihre Praktiken ernstnimmt. Es geht mithin um eine Politik der Anerkennung von »anderen« Lebensentwürfen und Lebenspraktiken. Sinnverstehen mutiert damit von einem hermeneutischen zu einem politischen Projekt, denn der Forscher bezieht Stellung im Kampf um Bedeutungen. Gerade in der Multioptionsgesellschaft der pluralen Lebensformen und -stile kann es nicht darum gehen, in der Medienforschung dominante theoretische Annahmen, normative und moralische Prinzipien durchzusetzen, sondern offen zu sein und Partei zu ergreifen für Lebensentwürfe und kulturelle Praktiken jenseits der bürgerlichen Normalbiographie. Dazu gehört, die Menschen mit ihren Lebensäußerungen ernst zu nehmen und sich nicht aus der überlegenen Warte moralischer Alleinherrschaft über sie zu erheben und auf sie hinabzublicken. In der jüngeren Vergangenheit hat es genügend Beispiele gegeben, wie populäre Medienpraktiken von »Anderen« aus einer dominanten moralischen Warte oder vermeintlich kulturkritischen Position verurteilt wurden: Reality-TV, tägliche Talkshows, tägliche Serien, Horrorfilme, Actionfilme, so genannte Real-Life-Formate wie *Big Brother, Ich bin ein Star – Holt mich hier raus!* und *Germany's Next Topmodel*.

Fazit

Auch wenn die Komplexität des Alltagslebens in der reflexiven Moderne es schwierig macht, das Verhältnis von Kultur, Alltag, Medien und Menschen in all seinen Facetten transparent zu machen und analytisch zu durchdringen, sollte die Medienforschung versuchen, Strukturen und Bedingungen der kulturellen Praktiken zu erhellen. Das ist jedoch nur möglich, wenn die Forscher im Feld selbst Identitätsarbeit betreiben, indem sie aufgrund einer Politik der Anerkennung die Lebenspraktiken der anderen ernst nehmen und Differenz produzieren. Nur dann sind sie in der Lage, die Bedeutung der Medien für den subjektiv sinnhaften Aufbau der Welt zu verstehen. Dabei sollten sie sich der wechselseitigen Durchdringung von Alltag und Medien bewusst sein, und zwar über ihr eigenes Alltagsbewusstsein und ihr theoretisches Vorverständnis hinaus. Denn die Subjektivität der Menschen umfasst mehr als die Typisierung »Rezipient« oder »Mediennutzer«. Im Mittelpunkt der Untersuchungen auch von Medienforschern steht das Alltagsleben und die subjektive Sinnhaftigkeit sozialen Handelns, zu dem die Rezeptionshandlungen und das Medienhandeln der Menschen in Beziehung stehen. Schließlich geht es darum, die Medienbezüge und Medienspuren im Alltagshandeln der Menschen aufzufinden, um so den Prozess der Mediatisierung in Form der Diffusion des symbolischen Materials der Medien in die konkreten objektiven, sozialen und subjektiven Weltbezüge der sozialen Praxis nachvollziehen, verstehen und erklären zu können. Die Untersuchung richtet sich dann auch nicht auf Rezeptionshandlungen schlechthin, sondern auf alltägliche Handlungssituationen, auf Handlungsformen und -muster sowie auf die thematische und soziale Relevanz der Situationen. Ruddock (2001, S. 147) hat zu Recht die Frage gestellt, wie man denn eine ganze Lebensweise erforschbar machen kann und wie Medien- und Publikumsforschung sich dann noch von anderen Disziplinen unterscheidet, die ebenfalls menschliche Handlungen untersuchen. Sie unterscheiden sich dadurch, dass sie die medialen Praktiken in ihren Blick nehmen, auch wenn sich dieser Blick auf die alltäglichen, kulturellen Praktiken richtet. So werden Studien möglich, die die Medien als integralen Bestandteil des Alltags sehen (vgl. Deuze 2012; Rasmussen 2014), wobei Deuze davon ausgeht, dass die Medien so selbstverständlicher Teil des Alltags sind, dass sie quasi unsichtbar sind. Aufgabe der Forschung wäre es dann, sie wieder sichtbar zu machen. Möglich werden auch Studien, die Mediennutzungsmuster und ihre subjektiv-sinnhafte Bedeutung für die Menschen erforschen. Beispielhaft seien hier die Studien zum Binge-Watching bzw. »media marathoning« genannt (vgl. Mikos 2016; Perks 2015) oder Studien zum Unterhaltungserleben in der Gruppe (Zillich 2013) bzw. der gemeinschaftlichen Aneignung von Medien (Weber 2015). Der Blick auf den von medialen Praktiken durchdrungenen Alltag macht die Forschungsarbeit nicht einfacher, aber möglicherweise interessanter, denn sie kommt unter je aktuellen historisch-gesellschaftlichen Bedingungen dem Verhältnis von Mensch und Medien auf die Spur. Und: »Diese alltagsweltlich orientierte Perspektive erscheint nicht zuletzt deshalb attraktiv, weil sie sich entschieden den sozialen Akteuren zuwendet« (Kaschuba 2012, S. 126). Die Medien als Teil der sozialen und kulturellen Alltagspraktiken der Menschen stehen dabei im Mittelpunkt der Forschung.

Literatur

Abercrombie, Nicholas/Longhurst Brian (1998): Audiences. A Sociological Theory of Performance and Imagination. London u. a.

Ang, Ien (1997): Radikaler Kontextualismus und Ethnographie in der Rezeptionsforschung. In: Hepp, Andreas/Winter, Rainer (Hrsg.): Kultur – Medien – Macht. Cultural Studies und Medienanalyse. Opladen, S. 85–102.

Bachmair, Ben (1996): Fernsehkultur. Subjektivität in einer Welt bewegter Bilder. Opladen.

Barthelmes, Jürgen/Sander, Ekkehard (2001): Erst die Freunde, dann die Medien. Medien als Begleiter in Pubertät und Adoleszenz. München.

Bausinger, Hermann (1983): Alltag, Technik, Medien. In: Pross, Harry/Rath, Claus-Dieter (Hrsg.): Rituale der Medienkommunikation. Gänge durch den Medienalltag. Berlin/Marburg, S. 24–36.

Beck, Ulrich (2016): Risikogesellschaft. Auf dem Weg in eine andere Moderne. 8. Auflage Frankfurt a. M.

Beck, Ulrich/Giddens, Anthony/Lash, Scott (2014): Reflexive Modernisierung. Eine Kontroverse. 6. Auflage Frankfurt a. M.

Berger, Peter L./Luckmann, Thomas (2010): Die gesellschaftliche Konstruktion der Wirklichkeit. Eine Theorie der Wissenssoziologie. 23. Auflage Frankfurt a. M.

Castells, Manuel (2001): Das Informationszeitalter I. Die Netzwerkgesellschaft. Opladen.

Deuze, Mark (2012): Media Life. Cambridge/Malden.

Gauntlett, David/Hill, Annette (1999): TV Living. Television, Culture and Everyday Life. London/New York.

Geertz, Clifford (1991): Dichte Beschreibung. Bemerkungen zu einer deutenden Theorie von Kultur. In: Ders.: Dichte Beschreibung. Beiträge zum Verstehen kultureller Systeme. Frankfurt a. M., S. 7–43.

Gross, Peter (1994): Die Multioptionsgesellschaft. Frankfurt a. M.

Hienzsch, Ulrich/Prommer, Elizabeth (2004): Die Dean-Netroots – Die Organisation von interpersonaler Kommunikation durch das Web. In: Hasebrink, Uwe/Mikos, Lothar/Prommer, Elizabeth (Hrsg.): Mediennutzung in konvergierenden Medienumgebungen. München, S. 147–169.

Kaschuba, Wolfgang (2012): Einführung in die Europäische Ethnologie. 4., aktualisierte Auflage München.

Keppler, Angela (2015): Das Fernsehen als Sinnproduzent. Soziologische Fallstudien. Berlin/München/Boston

Klemm, Michael (2000): Zuschauerkommunikation. Formen und Funktionen der alltäglichen kommunikativen Fernsehaneignung. Frankfurt a. M.

Krotz, Friedrich/Thomas, Tanja (2007): Domestizierung, Alltag, Mediatisierung: Ein Ansatz zu einer theoriegerichteten Verständigung. In: Röser, Jutta (Hrsg.): MedienAlltag. Domestizierungsprozesse alter und neuer Medien. Wiesbaden, S. 31–42.

Lindner, Rolf (1981): Die Angst des Forschers vor dem Feld. Überlegungen zur teilnehmenden Beobachtung als Interaktionsprozess. In: Zeitschrift für Volkskunde, 77, 1, S. 51–66.

Luhmann, Niklas (2009): Die Realität der Massenmedien. 4. Auflage Wiesbaden.

Mikos, Lothar (1997): Das Publikum und seine soziale Strukturiertheit. Zu Morleys Kategorie des »Haushalts«. In: Montage/AV, 6, 1 , S. 89–96.

Mikos, Lothar (1999): Erinnerung, Populärkultur und Lebensentwurf. Identität in der multimedialen Gesellschaft. In: Medien Praktisch, 23, 1, S. 4–8.

Mikos, Lothar (2004): Medienhandeln im Alltag – Alltagshandeln mit Medien. In: Hasebrink, Uwe/Ders./Prommer, Elizabeth (Hrsg.): Mediennutzung in konvergierenden Medienumgebungen. München, S. 21–40.

Mikos, Lothar (2016): Digital Media Platforms and the Use of TV Content: Binge Watching and Video-on-Demand in Germany. In: Media and Communication, 4, 3, S.154–161 (Doi: 10.17645/mac.v4i3.542).

Mikos, Lothar/Feise, Patricia/Herzog, Katja/Prommer, Elizabeth/Veihl, Verena (2000): Im Auge der Kamera. Das Fernsehereignis »Big Brother«. Berlin.

Morley, David (1996): Medienpublika aus der Sicht der Cultural Studies. In: Hasebrink, Uwe/Krotz, Friedrich (Hrsg.): Die Zuschauer als Fernsehregisseure? Zum Verständnis individueller Nutzungs- und Rezeptionsmuster. Baden-Baden/Hamburg, S. 37–51.

Newcomb, Horace M./Hirsch, Paul M. (1986): Fernsehen als kulturelles Forum. Neue Perspektiven für die Medienforschung. In: Rundfunk und Fernsehen, 34, 2, S. 177–190.

Nightingale; Virginia (1996): Studying Audiences. The Shock of the Real. London/New York.

Perks, Lisa Glebatis (2015): Media Marathoning. Immersions in Morality. Lanham.

Pfaff-Rüdiger, Senta (2007): Medien im Alltag. Methodenprobleme qualitativer Nutzungsforschung. In: Dies./Meyen, Michael (Hrsg.): Alltag, Lebenswelt und Medien. Qualitative Studien zum subjektiven Sinn von Medienangeboten. S. 9–45.

Rasmussen, Terje (2014): Personal Media and Everyday Life. A Networked Lifeworld. Basingstoke.

Röser, Jutta/Thomas, Tanja/Peil, Corinna (2010): Den Alltag auffällig machen. Impulse für die Medienkommunikationsforschung. In: Dies. (Hrsg.): Alltag in den Medien – Medien im Alltag. Wiesbaden, S. 7–21.

Ruddock, Andy (2001): Understanding Audiences. Theory and Method. London u. a.

Scheffer, Bernd (1988): Fernsehen ist das Fernsehen der »Anderen«. Annäherung und Distanz zwischen Fernsehunterhaltung und Medienwissenschaft. In: TheaterZeitSchrift, 26, S. 71–82.

Schülein, Johann August (1983): Mikrosoziologie. Ein interaktionsanalytischer Zugang. Opladen.

Schütz, Alfred (2004): Der sinnhafte Aufbau der sozialen Welt. Eine Einleitung in die verstehende Soziologie. (Alfred Schütz Werkausgabe Band II). Konstanz

Silverstone, Roger (1994): Television and Everyday Life. London/New York.

Weber, Mathias (2015): Der soziale Rezipient. Medienrezeption als gemeinschaftliche Identitätsarbeit in Freundeskreisen Jugendlicher. Wiesbaden.

Weber, Max (2002): Wirtschaft und Gesellschaft. 5., revidierte Auflage Tübingen.

Weiß, Ralph (2001): Fern-Sehen im Alltag. Zur Sozialpsychologie der Medienrezeption. Wiesbaden.

Williams, Raymond (1972): Gesellschaftstheorie als Begriffsgeschichte. Studien zur historischen Semantik von »Kultur«. München.

Willis, Paul (2000): The Ethnographic Imagination. Cambridge.

Winter, Rainer (2001): Die Kunst des Eigensinns. Cultural Studies als Kritik der Macht. Weilerswist.

Zillich, Arne Freya (2013): Fernsehen als Event. Unterhaltungserleben bei der Fernsehrezeption in der Gruppe. Köln.

Der Domestizierungsansatz

Jutta Röser / Kathrin Friederike Müller

Das Domestizierungskonzept wurde seit Beginn der 1990er-Jahre im Umfeld der britischen bzw. europäischen Cultural Studies entwickelt. Der Ansatz stellt eine Erweiterung der Rezeptionsforschung dar, weil er Medien nicht nur als Träger symbolischer Bedeutungen, sondern auch als Technologien und somit materielle Objekte in den Blick nimmt und deren Aneignung aus der Sicht der Nutzerinnen und Nutzer alltagsbezogen untersucht. Dabei wird die häusliche Sphäre als zentraler Ort konzipiert, an dem über die Bedeutung von Medien und Kommunikationstechnologien entschieden wird.

Der Ansatz wird einleitend zunächst definiert und anhand von fünf Prämissen theoretisch und methodologisch eingeordnet. In den weiteren Abschnitten werden spezielle Konzeptionierungen beleuchtet und die Medienethnographie als angemessenes methodisches Herangehen umrissen, um abschließend neuere Erträge des Ansatzes – bezogen auf die Domestizierung des Internets und vielfältiger onlinefähiger Technologien – zu skizzieren.

Theoretisch-methodologische Einordnung

Der Domestizierungsansatz untersucht, wie Medien und Kommunikationstechnologien in die Wohnungen einziehen und im Aneignungsprozess Teil häuslicher Alltagsroutinen sowie Mittel sozialen Handelns werden. Gemeint ist also ein Prozess, in dem Medientechnologien durch die Nutzerinnen und Nutzer heimisch gemacht, ins Häusliche eingefügt werden.[1] Die Kernideen des Domestizierungskonzepts lassen sich entlang von *fünf Prämissen* umreißen: Der Ansatz nimmt *erstens* eine *aneignungsorientierte Perspektive* ein und rekonstruiert mit vorwiegend qualitativen Methoden das häusliche Medienhandeln aus der Sicht der Nutzerinnen und Nutzer, die den Medientechnologien erst ihre Bedeutung geben. Damit grenzt sich der Ansatz von technikdeterministischen Konzepten und kausalen Wirkungsannahmen ab. Speziell interessiert sich Domestizierung *zweitens* für die Einbettung der Mediennutzung in den *Alltag* und für die Wechselbeziehungen zwischen medialem und nicht medialem Handeln. Dieser Ausrichtung entspricht methodologisch eine ethnographisch orientierte Rezeptionsforschung, die Mediennutzung in »realen« Alltagskontexten untersucht, statt künstliche Forschungssettings zu schaffen, und die die Präsenz von Makrostrukturen in den Mikropolitiken des Alltags aufspüren will. *Drittens* fokussiert der Ansatz speziell die *häusliche Sphäre* als Alltagskontext. Das Zuhause wird als ein besonderer Ort gefasst: einerseits für die Identität und die sozialen Beziehungen der Menschen, andererseits für die Durchsetzung und Aneignung neuer Medien und Kommunikationstechnologien sowie die (Um-)Gestaltung der Medienrepertoires. Bei der Konstruktion und Ausgestaltung des Zuhauses haben Medien schon immer eine zentrale Rolle gespielt. Schon Radio und Fernsehen, aber eben auch Computer und Internet sowie deren zahlreiche End- und Peripheriegeräte haben sich erst im Zuge der Integration in den häuslichen Kontext massenhaft verbreitet. Damit ist schon angedeutet, dass der Ansatz *viertens* beansprucht, den Blick auf das gesamte *Medienrepertoire* statt auf Einzelmedien zu richten, um das Zusammenspiel der verschiedenen Medien sowie mögliche Bedeutungsverschiebungen zu verstehen – indem etwa Nutzerinnen und Nutzer ein neues Medium domestizieren und in ihr bestehendes Medienrepertoire integrieren. Kennzeichnend ist *fünftens* die Pro-

zessorientierung: Als offener, prinzipiell endloser Prozess ist die Domestizierung von Medien (-Technologien) niemals abgeschlossen. Vielmehr kann jederzeit Bewegung entstehen, weil sich z. B. Lebensumstände ändern oder neue technologische Dienste eingesetzt werden. Domestizierung ist deshalb ein potenziell nonlinearer, diskontinuierlicher Prozess, der Phasen von »Re- and de-domestication« (Berker u. a. 2006, S. 3) enthalten kann. Methodologisch sind vor diesem Hintergrund Langzeitstudien, die Wandel erfassen, hilfreich. Andersherum betrachtet ist eine historisierende Perspektive auf das (schon immer) mediatisierte Zuhause in seinem jeweiligen Gewordensein konstitutiv. Wichtige Einsichten liefern deshalb auch historische Rezeptionsstudien, die Domestizierungsprozesse rückblickend, etwa mit Oral-History-Interviews, rekonstruieren (vgl. ausführlicher, auch zu den folgenden Ausführungen, Röser 2007a; vgl. für Überblicke zum Ansatz ebd.; Berker u. a. 2006; Hartmann 2013; Silverstone 2006; Silverstone/Haddon 1996).

Entstehung und Kernaussagen des Domestizierungskonzepts

Vorläufer

Das Domestizierungskonzept knüpfte an der ethnographisch orientierten Fernsehforschung der Cultural Studies aus den 1980er-Jahren an. Diese war auf den Ort ausgerichtet, an dem Fernsehen stattfindet: auf den Kontext des Häuslichen sowie speziell der Familie und der Paarbeziehung. Leitend war die These, dass die vieldeutige Tätigkeit Fernsehen nur im häuslichen Kontext, im Kontext von Familie und Freizeit verstanden werden kann (vgl. Moores 1993; → Mikos, S. 146 ff.).

Einflussreich war ferner die international viel rezipierte englische Publikation des deutschen Ethnologen Hermann Bausinger (1984) über »Media, Technology and Daily Life«. Darin macht er anhand einer fiktiven Fallstudie über »Familie Meier« anschaulich, dass

sich die Bedeutung von Rezeptionssituationen erst im weiteren Kontext des Alltags und des Zusammenlebens sowie in der Zusammenschau aller genutzten Medien erschließt – hier hat also sowohl das Konzept der »Medienrepertoires« (Hasebrink/Domeyer 2012) als auch das Bewusstsein von der Alltagseinbettung jeglicher Mediennutzung einen wichtigen Ausgangspunkt. Insbesondere vertiefte Bausinger in diesem Rahmen die unauffällige Präsenz und »Einbürgerung« von Technologien in den häuslichen Alltag (Bausinger 1983, S. 29). Von hier führt eine Linie hin zum Domestizierungsansatz.

Das HICT-Projekt

Das Domestizierungskonzept wurde im Rahmen des HICT-Projekts – The Household Uses of Information and Communication Technologies – entwickelt. Silverstone, Morley, Hirsch und Livingstone führten dieses Projekt Ende der 1980er-Jahre unter Einbeziehung der (damals) neuen Medientechnologien durch (vgl. die Beiträge in Silverstone/Hirsch 1992; ferner Morley/Silverstone 1990; Hartmann 2013, S. 45–47). Das Projekt zielte auf die Nutzung des gesamten Ensembles der Medien und Kommunikationstechnologien im Kontext der Haushalte, der Familien-, Generationen- und Geschlechterbeziehungen, wie es Bausinger nahegelegt hatte. Anliegen des Projekts war es, die damals dominante Fernsehrezeptionsforschung bezogen auf das Medienrepertoire zu rekontextualisieren und das Feld der Medienforschung insgesamt in einem breiteren soziotechnischen und kulturellen Rahmen neu zu definieren, um eine Alternative zu technikdeterministischen Ansätzen zu entwickeln. Das Projekt startete zu einer Zeit, als der Einzug von Computern in die private häusliche Welt gerade in den Anfängen steckte und »neue« Medien Satelliten-TV, Spielekonsolen u. Ä. waren, sodass HICT zu einer Pionierstudie über die Frühphase der Digitalisierung der Haushalte wurde. Zwar blieb die Auswertung der Haushalts-Fallstudien bruchstückhaft, jedoch wurden wichtige theoretisch-konzeptionelle Grundlagen des Domestizierungsansatzes im Projektrahmen entwickelt.

Konzeptionelle Grundlagen

Medien werden im Domestizierungsansatz in ihrer doppelten Bedeutung fokussiert, nämlich als Medium und als Medientechnologie, wie es u. a. Silverstone und Haddon (1996, S. 62) mit dem Konzept der »Double Articulation« gefasst haben (vgl. ausführlich Hartmann 2013, S. 24–27). Das *Medium* ist Träger von Bedeutungen; hier wird die symbolische Ebene in den Blick genommen, die Rezeption bezieht sich auf die Nutzung und Aneignung von Inhalten. Demgegenüber trägt die *Medientechnologie* die Bedeutung in sich; hier geht es um die materielle Ebene, die Rezeption bezieht sich auf die Nutzung und Aneignung des Objekts. Auf beiden Ebenen zugleich entsteht Bedeutung, und zwar durch die Sinnproduktionen der Rezipierenden im Prozess der Aneignung. Obwohl der Domestizierungsansatz beansprucht, beide Ebenen zu berücksichtigen, zeigt die empirische Praxis eine Konzentration auf die medientechnologische Ebene und damit auf situatives Medienhandeln in raum-zeitlichen und sozialen Kontexten (vgl. Röser 2016, S. 488–490). Dies dürfte zum einen forschungsökonomischen Zwängen geschuldet sein, zum anderen war speziell diese zweite Ebene von der Kommunikationswissenschaft lange vernachlässigt worden und stellte eine innovative Erweiterung der Perspektive dar.

Der Prozess der Domestizierung von Medien wurde im HICT-Projekt in vier Dimensionen systematisiert (vgl. Silverstone u. a. 1992, S. 20–26)[2]: (1) »Appropriation« bzw. »Commodification«, wie Silverstone (2006, S. 233) später als präziseren Begriff vorschlug, meint die *Anschaffung* und die Inbesitznahme der Technologie, ihre Überführung vom Außen ins Innen nach einem Entscheidungsprozess. (2) »Objectification« bezeichnet die *Platzierung* der Technologie im Haushalt und mögliche Veränderungen der Räume. (3) »Incorporation« zielt auf die *Integration* der Technologie in die zeit-lichen und alltäglichen Routinen des Haushalts und seiner Mitglieder – eine zentrale Dimension mit vielfältigen Unterkategorien. (4) »Conversion« schließlich bezeichnet (etwas unscharf) den medieninduzierten Wandel der Beziehung des Haushalts zu anderen Sphären.

Die *zweite* und *dritte Dimension* rücken die innerhäuslichen Prozesse in den Blick, wozu sowohl das Einpassen der Technologie in vorhandene Strukturen und Praktiken gehört als auch die Veränderung von Räumen und Routinen bis hin zu den Geschlechter- und Generationeninteraktionen durch Impulse des neuen Mediums. Die *erste* und *vierte Dimension* beinhalten die Beziehung des Haushalts zu anderen gesellschaftlichen Kontexten. So ist das Zuhause durch den Kauf einer neuen Medientechnologie mit den Politiken der Produktion und Technikentwicklung, des Konsums und Marketings verbunden; in umgekehrter Richtung wirken die Aneignungsweisen im Haushalt auf gesellschaftliche Entwicklungen, Kommunikationsweisen und somit auf die Makroebene zurück (vgl. Silverstone 2006).[3]

Damit sollte deutlich geworden sein, dass die häuslichen Alltagspraxen nicht isoliert stehen, sondern mit ökonomischen, technologischen und gesellschaftlichen Rahmenbedingungen interagieren. Das Zuhause ist ein Mikrokosmos des gesellschaftlichen und kulturellen Wandels durch Medien. Es ist in der Domestizierungsperspektive somit nicht Mikro- im Gegensatz zur Makroebene, vielmehr finden alle gesellschaftlichen und kulturellen Fragen der Medienkommunikation ihren Ausdruck (auch) im häuslichen Kontext und werden von hier aus beeinflusst. Morley lenkte den Blick auf den häuslichen Kontext als vielschichtigen Schnittpunkt. In ihm vollziehen sich: die Verbindung von technologischen Innovationen, sozialen Beziehungen und kulturellen Identitäten; die Einbindung »der Texte und Technologien von Kommunikation und Information« in das »Management von Zeit und Arbeitsteilung sowie in die Schaffung und Erhaltung sozialer Beziehungen und individueller Identitäten«; die Organisation sozialer Räume, in denen Individuen in Familie und

Haushalt mittels Medien miteinander verbunden und voneinander getrennt sind; die medienvermittelte Beziehung zwischen der Familie/dem Haushalt und der sie umgebenden Welt (Morley 1999, S. 313). Inwieweit das Zuhause auch in Zeiten von Mobilkommunikation und Globalisierung diese Relevanz weiterhin besitzt, wird unterschiedlich eingeschätzt – wir kommen auf diese Frage im Ausblick zurück.

Perspektivenerweiterung: Durchsetzung von und Teilhabe an neuen Medien durch Domestizierung

Der Domestizierungsansatz verfügt über ein weiteres Analysepotenzial, das in den frühen, besonders den historischen Arbeiten zwar implizit bereits enthalten war, in gängigen Darstellungen aber meist übersehen wird (vgl. z. B. Hartmann 2013). Domestizierung eignet sich als Ansatz zur Beschreibung und Theoretisierung von Verbreitungsprozessen neuer Medien aus der Nutzerperspektive, wie Projekte zur Internetdomestizierung zeigen konnten: Das Internet wandelte sich erst durch seine Domestizierung von einem Elite- zu einem Massenmedium (vgl. Röser/Peil 2010). Im Zentrum dieser Perspektive steht die Frage, inwieweit die Durchsetzung neuer Medien(-Technologien) entscheidende quantitative und qualitative Impulse durch die Integration in die häusliche Sphäre bekommt und Domestizierung so zu mehr Teilhabe an einem neuen Medium führt, weil sich Nutzerkreise verbreitern (vgl. ebd.; Peil/Röser 2014). Aufschlussreich sind in dieser Perspektive historische Studien zu Telefon, Radio und Fernsehen. So zeigen Oral-History-Studien zum frühen Radio interessante Parallelen zur Verbreitung von PC und Internet in den 2000er-Jahren (vgl. Moores 2007; Röser 2007a; 2007b). Genau wie das Radio waren PC und Internet anfangs kleinen männlichen Expertenkreisen vorbehalten. Durch Domestizierungsprozesse machen diese Medien einen Wandel von einer technischen Rahmung zu einer alltagskulturellen Kontextuierung durch: Die Technologie wandert von den

Insidern und Experten zu den Laien, von spezialisierten Teilöffentlichkeiten zu breiten Nutzerkreisen. Dabei vermindern sich soziale Differenzen in Zugang und Nutzung, die bei dominant technisch gerahmten Medien zunächst eine besonders große Rolle spielen. Im Zuge dieser Entwicklung wurden insbesondere Frauen (aber auch technikferne Männer) immer stärker von dem Medium angesprochen.

Damit kann das Domestizierungskonzept auch bezogen auf den Aspekt der wachsenden Teilhabe an neuen Medien als rezipientenorientierter Gegenentwurf zu Ansätzen wie Diffusionstheorie oder Digital Divide gefasst werden, die die Linearität des Verbreitungsprozesses neuer Medien und die Exklusion bestimmter Bevölkerungsgruppen überbetonen.

Geschlechterverhältnisse und Domestizierung

Der Prozess der Domestizierung eines Mediums und das Medienhandeln im Alltag sind eng verbunden mit der Ausgestaltung von Geschlechterverhältnissen. Deutlich wird dies erstens – wie gerade erläutert – in Bezug auf Ausschluss und Teilhabe an neuen Medien(-Technologien). Darüber hinaus gilt dies zweitens auch bezogen auf die alltägliche Mediennutzung: In vielen Studien, die das Zuhause als Kontext des Medienhandelns analysieren, erwiesen und erweisen sich geschlechtsgebundene Nutzungsweisen und Bedeutungszuschreibungen als zentral. So wurde z. B. herausgearbeitet, wie die geschlechtsspezifische Arbeitsteilung zu unterschiedlichen Mediennutzungsmustern und inhaltlichen Präferenzen führt (vgl. ausführlicher Moores 1993; Röser 2007a; Röser u. a. 2017). Im häuslichen Kontext wird das Konzept des »Doing Gender« – d. h. die Produktion von Geschlechterpositionen und geschlechtsgebundenen Aneignungsweisen im alltäglichen Handeln der Subjekte – mit Leben gefüllt, aber auch verändert und variiert. Da viele Domestizierungsstudien Haushalte mit zusammenlebenden heterosexuellen Paaren und Familien untersucht haben, ist diese Konfliktlinie innerhalb eines Haushalts fast automatisch präsent. Demgegenüber rücken schichtspezifische Besonderheiten erst im Vergleich unterschiedlich positionierter Haushalte in den Blick.

Medienethnographie als methodischer Zugang

Methodologisch erfordert der Domestizierungsansatz eine Umsetzung der aneignungs- und kontextorientierten Perspektive auf Medienhandeln, wie sie in den eingangs skizzierten Prämissen zum Ausdruck kommt. Entsprechend bedarf es eines »methodologischen Situationalismus« (vgl. Morley 1999, S. 302), um Domestizierung gegenstandsangemessen zu erheben. Anders als Rezeptionsstudien, die das Individuum bzw. das individuelle Medienhandeln ins Zentrum der empirischen Analyse stellen, sollten Domestizierungsstudien die Einbettung des Medienhandelns in den nicht medialen Alltag und den Charakter der häuslichen Mediennutzung als kollektiven Prozess einbeziehen (vgl. Röser 2007a, S. 19). Wer zur Domestizierung von Medien forscht, untersucht beispielsweise, wie Medien räumlich in Haushalte integriert sind, was dies über Kommunikationsweisen der Bewohner aussagt, warum etwa manche Medien in Gemeinschaft, andere alleine genutzt werden.

Medienethnographien (vgl. Bachmann/Wittel 2006; → Winter, S. 588 ff.) vermögen die skizzierten Anforderungen besonders gut einzulösen. Ein medienethnographischer Zugang bezeichnet keine Methode im engen Sinn, sondern eine Perspektive, die theoretisch, aber auch in Bezug auf die empirische Anlage einer Studie eingenommen wird. Passend zum Domestizierungsansatz zeichnet er sich durch Alltagsnähe der Forschung, einen »primär verstehenden Zugang« in Bezug auf die Sicht der Menschen, eine an Zusammenhängen interessierte Perspektive und einen Methodenmix in der Empirie aus (Bachmann/Wittel 2006, S. 186). Wie im Domestizierungsansatz werden in der ethnographischen Forschung Strukturen und Diskurse berücksichtigt, die aus der Gesellschaft in das untersuchte Feld hineinwirken.

Aufgrund dieser Gemeinsamkeiten haben die beiden Felder einander, trotz unterschiedlicher Entstehungszusammenhänge, seit den 1980er-Jahren befruchtet. »Akkumulierte ethnographische Miniaturen« (ebd., S. 191) haben sich in der Domestizierungsforschung besonders bewährt. Bei diesem Verfahren treten mehrere Aufenthalte von kurzer Dauer an die Stelle eines langen Aufenthalts im Feld. Im Zentrum steht die Rekonstruktion des Medienhandelns und seiner situativen Rahmung über eine Kombination von Interviews und Beobachtungen: »Mehr als pure Interviews werden solche Kurzaufenthalte dann, wenn sie (a) in der Lebenswelt der erforschten Menschen stattfinden, (b) durch Beobachtung zusätzliche Daten über diese Lebenswelt erheben und (c) diese Lebenswelt wiederum Thema des Interviews ist [...].« (ebd.) Beobachtungsdaten dienen in diesem Zusammenhang zu mehr als »nur illustrativen Zwecken«, weil sie es den Forschenden im Interview ermöglichen, »auf den Kontext« zu reagieren und ihre Fragen entsprechend anzupassen (ebd.). Auf diese Weise lässt sich z. B. erheben, warum in einem Haushalt häufig Serien gestreamt werden, und gleichzeitig beobachten, wo die onlinefähigen Endgeräte platziert sind, die zum Abspielen dieser Inhalte genutzt werden.

Eine zentrale Herausforderung bei der Erstellung von Medienethnographien stellen der Umgang mit dem umfangreichen ethnographischen Datenmaterial und seine systematische Aufarbeitung dar. Um das Medienhandeln eines Falls im Zusammenhang darzustellen und auf dieser Basis Fallvergleiche anstellen zu können, sollte das Material in der Auswertung analytisch geordnet und verdichtet werden. Für die Umsetzung dieses Anspruchs gibt es kaum Vorbilder, weil Studien wie das oben genannte HICT-Projekt nur vage Auskunft über die Auswertungsverfahren geben. Um Domestizierungsprozesse als eine »dichte Beschreibung« (Geertz 2009, S. 284) im Sinne einer »sinnvollen Darstellung alltäglicher kultureller Praktiken und den damit verbundenen Fragen« (ebd.) aufzuarbeiten, bietet sich die Verwendung von medienethnographischen Porträts an – ein Verfahren, das speziell für die Analyse von medienethnographischem Material entwickelt wurde (vgl. Röser u. a. 2017).

Trotz des aufwendigen methodischen Designs haben Studien, die die Domestizierung von Medien zu einem definierten Zeitpunkt betrachten, eine Leerstelle: Sie können der Prämisse der Prozesshaftigkeit nur bedingt Rechnung tragen. Um dieser Anforderung gerecht zu werden, bedarf es Panelstudien, die sich über mehrere Jahre mit dem Verlauf der Domestizierung einzelner Medien beschäftigen und dabei – der eingangs erwähnten vierten Prämisse folgend – die Entwicklung des gesamten häuslichen Medienrepertoires in den Blick nehmen. Ein Beispiel für eine solche Langzeitstudie wird im Weiteren vorgestellt.

Anwendungsbeispiel: Domestizierung als Prozess analysieren

Die qualitative Panelstudie »Das mediatisierte Zuhause I–III« untersuchte unter Beteiligung der Autorinnen die Domestizierung des Internets im Zuge der Mediatisierung des Häuslichen. Um den Wandel von Medienrepertoires und häuslicher Kommunikationskulturen prozesshaft zu erfassen, wurde ein Sample von 25 Paarhaushalten innerhalb von acht Jahren drei Mal zu Hause besucht und die Paare gemeinsam interviewt sowie einmal schriftlich befragt (vgl. Röser/Peil 2010; Röser u. a. 2017). Wohnungsbegehungen und Skizzen der platzierten Medien sowie Fotos der jeweiligen Medienarrangements ergänzten die Interviews um Beobachtungselemente. Die alltagsbezogene Mediennutzung war das zentrale Thema, es wurden aber auch Kontextbedingungen wie z. B. veränderte Lebenssituationen, die Paarbeziehung oder Berufsaspekte thematisiert. Im ersten Interview 2008 wurde zudem ein Jahrzehnt zurückgeblickt und der Prozess, wie man das Internet entdeckt und zu Hause etabliert hat, mit den Paaren rekonstruiert.

Ein erster zentraler Befund ergibt sich aus der Rekonstruktion des Verlaufs der häuslichen Internetdomestizierung. Sie differenziert sich in eine Frühphase und eine Öffnungsphase: In der Frühphase (1995/1996–1999) bildeten Studium und Beruf den dominanten Hintergrund für die Anschaffung des Internets. In der Regel gaben das Kennenlernen und die Nutzung des Mediums in diesen Kontexten entscheidende Anstöße für die Einführung im Privaten. In der Öffnungsphase ab dem Jahr 2000 rückten deutlich vielfältigere und heterogenere Zugänge zum Internet in den Vordergrund. In Haushalten, die zwischen 2000 und 2007 erstmals zu Hause online gingen, waren private Interessen (z. B. Hobbys), Impulse aus dem sozialen Nahbereich (z. B. E-Mailen mit Familie und Freunden) und weitere Kontextbedingungen (z. B. ein technischer Helfer im sozialen Umfeld) entscheidend (vgl. Röser/Peil 2010).

Eine zweite zentrale Einsicht ergab sich aus dem weiteren Verlauf der Internetdomestizierung: Während sich die Haushalte bis 2011 danach unterscheiden ließen, wie intensiv das Internet in den Alltag integriert wurde, kam es in den 2010er-Jahren im Sample zu einer tendenziellen Angleichung in der Art und Weise, das Internet zu Hause zu nutzen (vgl. Röser u. a. 2017). Das Medium ist seitdem in allen Haushalten umfassend alltagsintegriert und zu einem festen Bestandteil der Medienrepertoires geworden. Sowohl die Durchsetzung des Internets bei der breiten Bevölkerung als auch die spätere Angleichung der Verwendungsweisen ist im Wesentlichen auf die häusliche Nutzung des Mediums zur Alltagsorganisation (z. B. zum Onlineshopping und Onlinebanking) zurückzuführen.

Ein dritter Befund der Studie verdeutlicht, dass neue Nutzungsmuster entstehen, indem alte und neue Medien(-Angebote) neu kombiniert werden. Zwischen 2011 und 2016 hat die Integration mobiler onlinefähiger Medien zu einer neuartigen Präsenz des Internets in nahezu allen Räumen des Haushalts geführt. Dadurch kam es zu einer Re-Domestizierung des Mediums in Form einer Umgestaltung etablierter kommunikativer Arrangements; beispielsweise wurde das Verfolgen individueller Medieninteressen über Second Screens in die gemeinschaftliche Fernsehnutzung der Paare integriert (vgl. ebd.).

Die Langzeitbetrachtung macht also deutlich, dass die Domestizierung des Internets im Erhebungszeitraum unterschiedliche Stadien durchlaufen hat und ein unabgeschlossener Prozess ist.

Ausblick

Insgesamt hat der Domestizierungsansatz die Perspektive der Medien- und Kommunikationswissenschaft um soziologische und kulturwissenschaftliche Aspekte erweitert hin zum »overlapping between research on audiences and wider studies of cultural consumption, technology and everyday life« (Moores 1993, S. 54). Die deutsche Forschung hat entsprechende Forschungstraditionen erst im Zuge der Digitalisierung verstärkt aufgegriffen, weil die Relevanz des Alltagskontextes für das Verstehen von Medienaneignung unübersehbar wurde. National und international wurden bestimmte Prämissen des Domestizierungskonzepts auf Studien zur Mobilkommunikation sinnvoll übertragen (vgl. Haddon 2003; Hartmann 2013, S. 91–94). Dabei sind auch Diskussionen aufgekommen, ob der örtlich definierte Kontext des Zuhauses in Zeiten von Globalisierung und Mobilkommunikation überhaupt noch eine herausgehobene Bedeutung hat (vgl. Morley 2006). Aus unserer Sicht ist diese Frage aus drei Gründen zu bejahen (vgl. Peil/Röser 2014): Erstens werden auch Onlinemedien ganz wesentlich im Kontext des Zuhauses angeeignet, wie am Beispiel der Internetverbreitung, aber auch des Smartphones deutlich wird. Damit rückt zweitens schon in den Blick, dass Mobilkommunikation eben kein Gegensatz zur häuslichen Medienkommunikation, sondern eng mit ihr verbunden ist. Smartphones und andere tragbare Technologien werden intensiv im häuslichen Kontext genutzt und haben die innerhäusliche Mobilisierung des Medienhandelns enorm vorangetrieben und dadurch die Mediatisierung des Zuhauses intensiviert.[4] Schließlich gilt es drittens zu betonen, dass das Zuhause der zentrale Ort ist, an dem Nutzerinnen und Nutzer ihre Medienrepertoires gestalten und das Verhältnis von alten und neuen Medien (immer wieder neu) verhandeln. Die Grenzen des Zuhauses sind zwar poröser und gestaltbarer geworden, gleichwohl ist die häusliche Sphäre nach wie vor von entscheidender Bedeutung für die Aneignung von Medien und deren Position und Funktion innerhalb des Medienrepertoires.

Anmerkungen

1 Domestizierung/domestication wird somit als Verhäuslichung gefasst. Nicht gefolgt wird hier der Verbindung des Begriffs mit der Konnotation der »Zähmung« der »wild technologies«, die u. a. Silverstone (2006, S. 231) vornimmt, weil dem eine Naturalisierung des Technischen unterlegt ist. Vgl. auch die ausführlichen Definitionen bei Hartmann (2013, S. 19 u. 146).

2 Ursprünglich wurde von vier »Phasen« gesprochen (vgl. Silverstone u. a. 1992, S. 20–26). Da dies aber die unzutreffende Assoziation eines linearen Ablaufs weckt, wird inzwischen der Begriff »Dimensionen« bevorzugt, wie Hartmann (2013, S. 21) ausführt.

3 Ein weiteres und in den Anfängen prominent gemachtes Konzept war das von der »moralischen Ökonomie der Haushalte« (vgl. Silverstone u. a. 1992; Hartmann 2013, S. 27–29). Dieses konnte jedoch aus unserer Sicht in der Folgezeit nicht überzeugend angewandt und empirisch unterfüttert werden.

4 Darüber hinaus können mit dem Smartphone, das wesentlich zur Kontaktpflege im sozialen Nahbereich genutzt wird, Konnotationen eines Zuhauses im öffentlichen Raum geschaffen werden. Vgl. zur symbolischen Bedeutung von Häuslichkeit (domesticity) Morley (2006).

Literatur

Bachmann, Götz/Wittel, Andreas (2006): Medienethnographie. In: Ayaß, Ruth/Bergmann, Jörg (Hrsg.): Qualitative Methoden der Medienforschung. Reinbek, S. 183–219.

Bausinger, Hermann (1983): Alltag, Technik, Medien. In: Pross, Harry/Rath, Claus-Dieter (Hrsg.): Rituale der Medienkommunikation. Gänge durch den Medienalltag. Berlin/Marburg, S. 24–36.

Bausinger, Hermann (1984): Media, Technology and Daily Life. In: Media, Culture and Society, Jg. 6, H. 4, S. 343–351.

Berker, Thomas/Hartmann, Maren/Punie, Yves/Ward, Katie J. (2006): Introduction. In: Dies. (Hrsg.): Domestication of Media and Technology. Berkshire, S. 1–17.

Geertz, Clifford (2009): Dichte Beschreibung. Beiträge zum Verstehen kultureller Systeme. Frankfurt a. M.

Haddon, Leslie (2003): Domestication and Mobile Telephony. In: Katz, Elihu (Hrsg.): Machines that become us. The social context of personal communication technology. New Brunswick, S. 43–55.

Hartmann, Maren (2013): Domestizierung. Baden-Baden.

Hasebrink, Uwe/Domeyer, Hanna (2012): Media Repertoires as Patterns of Behaviour and as Meaningful Practices. A Multimethod Approach to Media Use in Converging Media Environments. In: Participations. Journal of Audience & Reception Studies, Jg. 9, H. 2, S. 757–779.

Moores, Shaun (1993): Interpreting Audiences. The Ethnography of Media Consumption. London u. a.

Moores, Shaun (2007): Early Radio. Die Domestizierung einer neuen Medientechnologie in Großbritannien. In: Röser, Jutta (Hrsg.): MedienAlltag. Domestizierungsprozesse alter und neuer Medien. Wiesbaden, S. 117–128.

Morley, David (1999): Bemerkungen zur Ethnographie des Fernsehpublikums. In: Bromley, Roger/Göttlich, Udo/Winter, Carsten (Hrsg.): Cultural Studies. Grundlagentexte zur Einführung. Lüneburg, S. 281–316.

Morley, David (2006): What's ›Home‹ Got to Do With It? Contradictory Dynamics in the Domestication of Technology and the Dislocation of Domesticity. In: Berker, Thomas/Hartmann, Maren/Punie, Yves/Ward, Katie J. (Hrsg.): Domestication of Media and Technology. Berkshire, S. 21–39.

Morley, David/Silverstone, Roger (1990): Domestic Communication: Technologies and Meanings. In: Media, Culture & Society, Jg. 12, H. 1, S. 31–55.

Peil, Corinna/Röser, Jutta (2014): The Meaning of Home in the Context of Digitization, Mobilization and Mediatization. In: Hepp, Andreas/Krotz, Friedrich (Hrsg.): Mediatized Worlds: Culture and Society in a Media Age. Houndmills, S. 233–249.

Röser, Jutta (2007a): Der Domestizierungsansatz und seine Potenziale zur Analyse alltäglichen Medienhandelns. In: Dies. (Hrsg.): MedienAlltag. Domestizierungsprozesse alter und neuer Medien. Wiesbaden, S. 15–30.

Röser, Jutta (2007b): MedienAlltag. Domestizierungsprozesse alter und neuer Medien. Wiesbaden.

Röser, Jutta (2016): Nicht standardisierte Methoden in der Medienrezeptionsforschung. In: Averbeck-Lietz, Stefanie/Meyen, Michael (Hrsg.): Handbuch nicht standardisierte Methoden in der Kommunikationswissenschaft. Wiesbaden, S. 481–497.

Röser, Jutta/Müller, Kathrin Friederike/Niemand, Stephan/Roth, Ulrike (2017): Häusliches Medienhandeln zwischen Dynamik und Beharrung: Die Domestizierung des Internets und die Mediatisierung des Zuhauses 2008–2016. In: Krotz, Friedrich/Despotovic, Cathrin/Kruse, Merle-Marie (Hrsg.): Mediatisierung als Metaprozess. Wiesbaden, S. 136–162.

Röser, Jutta/Peil, Corinna (2010): Diffusion und Teilhabe durch Domestizierung. Zugänge zum Internet im Wandel 1997–2007. In: M&K Medien und Kommunikationswissenschaft, Jg. 58, H. 4, S. 481–502.

Silverstone, Roger (2006): Domesticating Domestication. Reflections on the Life of a Concept. In: Berker, Thomas/Hartmann, Maren/Punie, Yves/Ward, Katie J. (Hrsg.): Domestication of Media and Technology. Berkshire, S. 229–248.

Silverstone, Roger/Haddon, Leslie (1996): Design and the Domestication of Information and Communication Technologies. Technical Change and Everyday Life. In: Silverstone, Roger/Mansell, Robin (Hrsg.): Communication by Design. The Politics of Information and Communication Technologies. Oxford, S. 44–74.

Silverstone, Roger/Hirsch, Eric (Hrsg.) (1992): Consuming Technologies. Media and Information in Domestic Spaces. London/New York.

Silverstone, Roger/Hirsch, Eric/Morley, David (1992): Information and Communication Technologies and the Moral Economy of the Household. In: Silverstone, Roger/Hirsch, Eric (Hrsg.): Consuming Technologies: Media and Information in Domestic Spaces. London/New York, S. 15–31.

Kommunikative Figurationen

Uwe Hasebrink / Andreas Hepp

In Zeiten tiefgreifender Mediatisierung gewinnen Ansätze medienübergreifender Forschung zur Mediennutzung und -aneignung an Bedeutung. Dabei ist es notwendig, »medienübergreifend« zumindest in zweifacher Perspektive im Blick zu haben. Die erste Perspektive betrifft das »Individuum«, dessen medienübergreifende Praktiken im Hinblick auf ein bestimmtes »Medienrepertoire« beschrieben werden können. Die zweite Perspektive bezieht sich auf bestimmte »soziale Domänen« (Kollektivitäten und Organisationen), die sich als kommunikative Figurationen beschreiben lassen und für die ein bestimmtes »Medienensemble« kennzeichnend ist. Will man medienbezogenen Wandel – gerade auch aus Sicht einer qualitativen Medienforschung – beschreiben und verstehen, erscheint es uns notwendig, beide Perspektiven miteinander zu verbinden. Hierdurch wird es möglich, auf konzeptioneller wie auch empirischer Ebene die Wechselbeziehungen von individueller Mediennutzung auf der einen Seite und der Rolle von Medien in den Figurationen einzelner sozialer Domänen auf der anderen Seite zu erfassen.

Einleitung

Die derzeit zu beobachtende »tiefgreifende Mediatisierung« (Couldry/Hepp 2016, S. 34–56) bedeutet die zunehmende Verschränkung aller Lebensbereiche und aller sozialen Zusammenhänge mit Medien (Livingstone 2009, S. 1). Insoweit sich die qualitative Medien- und Kommunikationsforschung der Frage stellt, wie sich mit dem medialen Wandel soziale Zusammenhänge verändern, ist sie mit besonderen Herausforderungen konfrontiert. Zum einen muss sie einen Weg finden, zwei Perspektiven miteinander zu verbinden: die Perspektive auf Individuen, die von den Medien in bestimmter Weise Gebrauch machen, und die Perspektive auf soziale Zusammenhänge, die sich nicht allein durch die Untersuchung individuellen Handelns fassen lassen. Zum anderen muss die Medien- und Kommunikationsforschung berücksichtigen, dass sich Individuen in ihrem Alltag vielfältige Medienrepertoires zusammenstellen (Hasebrink/Domeyer 2012) und dass auch soziale Zusammenhänge auf Medienensembles beruhen, die einen medienübergreifenden Forschungsansatz erforderlich machen (Hepp/Hasebrink 2014).

Im Folgenden stellen wir einen konzeptionellen Ansatz vor, der diesen Herausforderungen gerecht werden soll. Der Grundgedanke besteht darin, dass alle sozialen Zusammenhänge – von uns »soziale Domänen« genannt – als »kommunikative Figurationen« beschrieben und analysiert werden können. Individuen sind jeweils in verschiedene kommunikative Figurationen wie z. B. die Familie, das berufliche Umfeld oder Vereine eingebunden, an denen sie auch die Zusammenstellung ihrer Medienrepertoires orientieren. Umgekehrt beruhen die Medienensembles von sozialen Domänen auf den medienbezogenen Praktiken und den Medienrepertoires der Individuen, die ihnen angehören. In einem ersten Schritt stellen wir den Ansatz und seine theoretische Grundlegung genauer dar, bevor wir dann erläutern, wie sich individuelle Medienrepertoires und domänenbezogene Medienensembles methodisch untersuchen lassen.

Der figurationsanalytische Ansatz

In unserem Verständnis sind kommunikative Figurationen musterhafte Interdependenzgeflechte von Kommunikation, die über verschiedene Medien hinweg bestehen und durch eine bestimmte Handlungsorientierung gekennzeichnet sind. Damit greifen wir Überlegungen von Norbert Elias auf: Für ihn ist Figuration »ein einfaches begriffliches Werkzeug« (Elias 1993, S. 141), um soziokulturelle Phänomene als miteinander verflochtene interdependente Handlungen zu analysieren. Figurationen sind für ihn »Netzwerke von Individuen« (ebd., S. 12), die in wechselseitiger Interaktion – wie beispielsweise im gemeinsamen Spiel oder Tanz – ein größeres soziales Gebilde bzw. eine soziale Domäne konstituieren. Dies kann eine Familie sein, eine Gruppe, eine Organisation oder der Staat. Elias' Begriff der Figuration ist also flexibel skalierbar und auf soziale Domänen ganz unterschiedlicher Größenordnung anwendbar.

Das Konzept der Figuration in der von Elias entwickelten Variante gilt als eines der grundlegenden Beschreibungskonzepte der Sozial- und Kulturwissenschaften und wird zunehmend auch für die Medien- und Kommunikationsforschung fruchtbar gemacht (Krotz 2003; Couldry 2012; Willems 2012). Dabei geht es um die Beschreibung von Akteuren und ihren Verflechtungen, die im Sinne von Simmel als Gesamtmuster der Interdependenz oder Wechselwirkung begriffen werden können (Simmel 1992, S. 19). Wie wir an anderer Stelle argumentiert haben (Couldry/Hepp 2016, S. 57–78; Hepp/Hasebrink 2014), können wir – ausgehend von Norbert Elias (1993) – aus kommunikationswissenschaftlicher Perspektive verschiedenste soziale Domänen als kommunikativ konstruiert, als *kommunikative* Figurationen charakterisieren, die durch drei Merkmale gekennzeichnet sind:

• *Akteurskonstellation:* Kommunikative Figurationen haben eine bestimmte Akteurskonstellation, die sich als deren strukturelle Basis begreifen lässt: ein Netzwerk von Akteuren, die in einer Machtbalance und aufeinander bezogener kommunikativer Praxis wechselseitig miteinander verbunden sind. Beispiele wären die Mitglieder einer Familie oder die Bürger einer nationalen Öffentlichkeit.

• *Relevanzrahmen:* Jede kommunikative Figuration hat dominante Relevanzrahmen, die handlungsleitend für die Praktiken ihrer Akteure und deren wechselseitige Ausrichtung aufeinander sind. Diese Relevanzrahmen definieren das »Thema« und entsprechend die Sinnorientierung in der kommunikativen Figuration. Für die Familie beispielsweise ist der Relevanzrahmen eine bestimmte Form der wechselseitigen Vergemeinschaftung; für die nationale Öffentlichkeit ist dies die Meinungsbildung zu öffentlichen Angelegenheiten.

• *Kommunikative Praktiken:* Kommunikative Figurationen haben konstitutive kommunikative Praktiken, die verwoben sind mit weiteren sozialen Praktiken. Diese Praktiken stützen sich typischerweise auf ein Medienensemble. Beispielsweise wurde im Medienensemble heutiger Familien das Smartphone ein wichtiges Instrument der Familienkommunikation (und -organisation), aber auch der Überwachung der Kinder. Für nationale Öffentlichkeiten ergänzen bzw. ersetzen digitale Plattformen die ehemals dominierenden journalistischen Massenmedien.

Für empirische Untersuchungen medienübergreifender Praktiken hilft das Konzept der kommunikativen Figurationen, die erwähnte Kluft zwischen den Perspektiven des Individuums und der sozialen Domänen zu überwinden. Die medienübergreifenden Repertoires der Individuen sind zumindest z. T. entlang der Figurationen strukturiert, in die die Individuen eingebunden sind. Und die Figurationen der sozialen Domänen gründen sich in den Akteurskonstellationen und kommunikativen Praktiken von Individuen. In diesem Sinne kann die figurationsanalytisch angelegte Untersuchung der Medienrepertoires von Individuen und der Medienensembles von Figurationen einen wichtigen Beitrag zur Erforschung der Konsequenzen des medialen Wandels für verschiedene soziale Domänen leisten. Dazu ist es aber notwendig, einige weitere Überlegungen zu Möglichkeiten der empirischen Erfassung von Medien-repertoires und Medienensembles anzustellen. Das soll in den folgenden beiden Abschnitten geschehen.

Die Medienrepertoires von Individuen

Ein Großteil der Forschung zur Mediennutzung bezieht sich auf Einzelmedien; gefragt wird, welche Publika ein bestimmtes Medienangebot erreicht. Im Hinblick auf das Alltagshandeln der Menschen stellt sich aber eine andere Frage: Welche Medien stellt sich ein Individuum zusammen? Zur Beantwortung dieser Frage wurde das Konzept der »Medienrepertoires« (Hasebrink/Popp 2006) vorgeschlagen. Es bezieht sich auf die Gesamtheit der Medien, die ein Mensch regelmäßig nutzt. Medienrepertoires können als verhältnismäßig stabile medienübergreifende Muster der Medienpraxis verstanden werden. Ein repertoireorientierter Ansatz zeichnet sich durch folgende Prinzipien aus (Hasebrink/Domeyer 2012):

- *Nutzerzentriertheit:* Repertoireorientierte Forschung nimmt die Perspektive der Nutzerinnen und Nutzer ein. Im Gegensatz zur medienzentrierten Sicht, die danach fragt, welche Publika ein bestimmtes Medium erreicht, untersucht diese Forschung, welche Medien ein bestimmtes Individuum nutzt.
- *Gesamtheit:* Der Ansatz betont, dass die Beschreibung der medialen Praktiken einer Person tatsächlich alle Medien, von denen sie Gebrauch macht, einbeziehen muss.
- *Relationalität:* Ein repertoireorientierter Ansatz interessiert sich insbesondere für die Beziehungen zwischen den Komponenten eines Medienrepertoires, für dessen »innere Struktur« und »Kohärenz«. Dies basiert auf der Ausgangsüberlegung, dass das Medienrepertoire eines Individuums nicht die einfache Summe der genutzten Medien ist, sondern eine sinnhaft strukturierte Gesamtheit von angeeigneten Medien.

Da der repertoireorientierte Ansatz betont, dass Individuen verschiedene Medien in Kombination nutzen und damit »strukturierte Muster« kommunikativer Praxis entstehen, liegt die Frage auf der Hand, wie sich diese Muster am besten erforschen und verstehen lassen. Die Antwort auf diese Frage verweist auf den oben skizzierten Ansatz der kommunikativen Figurationen: Das Individuum handelt in verschiedenen sozialen Domänen, die wir als kommunikative Figurationen beschreiben können. Jede Figuration prägt mit ihrer Akteurskonstellation, ihren Relevanzrahmen und kommunikativen Praktiken Teile des Repertoires eines Individuums; umgekehrt trägt jedes Individuum mit seinen kommunikativen Praktiken als ein bestimmter Akteur zu der entsprechenden Figuration bei. Abhängig von der Vielfalt der Figurationen, in die ein Individuum einbezogen ist, wird dessen Repertoire mehr oder weniger vielfältig und kann sogar Medienpraktiken einbeziehen, die aus Sicht eines außenstehenden Beobachters eigentlich nicht miteinander kompatibel sind. Ein Beispiel wären Praktiken, die sich auf eine professionelle akademische Domäne beziehen, und solche, die charakteristisch für eine Gruppe von Fußballfans sind.

Als Orientierung für eine empirische Forschung zu Medienrepertoires haben wir einen methodischen Rahmen mit den folgenden Kategorien entwickelt (siehe ebd.):

Komponenten des Medienrepertoires: Jeder empirische Zugang zu Medienrepertoires muss damit beginnen, die verschiedenen »Komponenten« zu bestimmen, die ein einzelnes Medienrepertoire ausmachen. Für diesen ersten Schritt gibt es zwei grundlegende Möglichkeiten: a) die Forschenden bestimmen im Vorhinein Medienpraktiken und fragen danach, welche für ein Individuum relevant sind; b) mittels offener Fragen erfassen die Forschenden die relevanten Medienpraktiken aus Sicht des einzelnen Menschen. Während die erste Möglichkeit üblicherweise in standardisierten Forschungsdesigns Anwendung findet, ist die zweite eher bei qualitativen Forschungsdesigns üblich. Was genau die »Relevanz« einzelner Medienpraktiken ist, hängt von der jeweiligen Forschungsfrage ab. Wenn wir uns beispielsweise für medienübergreifende Repertoires im Allgemeinen interessieren, bietet es sich an, nach den für das eigene Alltagsleben relevanten Medien zu fragen. Wenn wir uns spezifischer für Praktiken der Öffentlichkeitsanbindung interessieren, fragen wir nach Medien, die die Befragten als relevant für ihren Zugang zum öffentlichen Leben ansehen.

- *Empirische Indikatoren:* Der repertoireorientierte Ansatz lässt offen, anhand welcher empirischer Indikatoren erkannt werden kann, welche Komponenten mehr oder weniger relevant sind. Prominente Indikatoren in der Mediennutzungsforschung sind beispielsweise die Häufigkeit oder die Dauer der Nutzung. Aber auch andere Indikatoren sind anwendbar, etwa Vorlieben gegenüber verschiedenen Medien, die Art, wie diese in Alltagsroutinen eingebettet sind, oder verschiedene Formen der Bindung an bestimmte Medienprodukte im Sinne von Gewohnheiten, Markenloyalitäten oder auch suchtähnlichen Phänomenen.

- *Beziehungen der Komponenten des Medienrepertoires:* Mögliche Indikatoren, die den Aspekt der Relationalität eines Medienrepertoires erfassen, sind etwa das Verhältnis der Nutzungsdauer der verschiedenen Medien zueinander; die persönliche Relevanz, die einzelnen Komponenten des Repertoires zugesprochen wird; das Ausmaß der Komplementarität oder auch der Konkurrenz zwischen den verschiedenen Komponenten eines Medienrepertoires.

- *Subjektiver Sinn des Medienrepertoires:* Schließlich geht es bei der empirischen Erforschung von Medienrepertoires darum, zu rekonstruieren, welchen Sinn diese für den einzelnen Menschen erfüllen und welche praktische Bedeutung ihnen im Alltag zukommt. Dies macht es erforderlich, die beobachteten Repertoires mit dem jeweiligen sozialen Kontext und den individuellen Werten, Zielen

und Alltagspraktiken in Beziehung zu setzen. Hierfür sind die kommunikativen Figurationen, in die Individuen eingebunden sind, ein zentraler Ansatzpunkt; ihre Akteurskonstellationen, Relevanzrahmen und geteilten kommunikativen Praktiken geben Aufschluss über die Kontexte, in denen das Medienrepertoire eines Individuums zustande kommt und zu interpretieren ist.

Um diesen konzeptionellen Rahmen zu veranschaulichen, wollen wir kurz die Ergebnisse einer in Deutschland durchgeführten Pilotstudie skizzieren (ebd.). Diese Studie befasste sich mit einer Gruppe von Menschen, deren mediale Praktiken bereits in besonders hohem Maße von tiefgreifender Mediatisierung betroffen waren: fünf Personen zwischen 20 und 30 Jahren mit höherer formaler Bildung. Der Grund für die Wahl dieses eher homogenen Samples war, dass wir in unserem Versuch der Bestimmung von Komponenten eines Medienrepertoires vermeiden wollten, zu stark mit den bekannten Unterschieden zwischen jungen und alten Menschen oder zwischen Menschen höherer und geringerer formaler Bildung konfrontiert zu werden. Auf diese Weise wurde es möglich, subtilere Distinktionen und Differenzen zwischen Individuen eines sozialen Milieus zu erfassen.

Ziel der Untersuchung war die Erfassung umfassender Medienrepertoires. Bei der Erhebung wandten wir ein qualitatives Verfahren an, das nicht von vornherein die Komponenten der individuellen Repertoires festlegte. Wir kombinierten verschiedene Methoden der Datenerhebung, insbesondere Medientagebücher, qualitative Interviews und Sortiertechniken. Wir baten die Teilnehmerinnen und Teilnehmer an unserer Untersuchung, ein halbstandardisiertes Medientagebuch für den Verlauf einer Woche zu führen, in dem die Befragten alle medienbezogenen Aktivitäten festhielten. In der Vorlage dieses Tagebuchs waren sie gebeten, folgende Aspekte zu jeder Episode der Mediennutzung anzugeben: 1) Zeitpunkt und Dauer; 2) Art des genutzten Mediums (Fernsehen, Radio usw.); 3)

167

Medienprodukte (Programme, Webseiten usw.);
4) Inhalte und Themen; 5) situativer Kontext;
6) zusätzliche Anmerkungen, z. B. zur Motivation, Gefühlslage oder Bewertung der Medienprodukte. Das ausgefüllte Tagebuch wurde dann
als Ausgangspunkt für ein halbstandardisiertes Interview genommen, das die verschiedenen
Aspekte des oben umrissenen analytischen Rahmens zum Gegenstand hatte.

Um eine Diskussion über die komplexen und
häufig nur »praktisch« bewussten Zusammenhänge von Medienrepertoires zu ermöglichen,
wandten wir in den Interviews auch Sortiertechniken mit an. Die Abbildung 1 gibt ein Beispiel für die Art der Daten, die wie folgt erhoben wurden:

- *Erster Schritt:* Die Befragten erhielten zu
  Beginn des Leitfadeninterviews Karteikarten,
  auf denen sie die wichtigsten Elemente ihrer
  alltäglichen Mediennutzung notieren sollten.
  Es blieb dabei ganz ihnen überlassen, wie viele
  Karten sie benutzten und auf welcher Ebene
  die angegebenen Elemente angesiedelt waren.
  Die Befragte in Abbildung 1 notierte zunächst
  vier Elemente (Laptop, Fernsehgerät, Radio,
  Bücher); während des Interviews fügte sie
  dann noch eine fünfte Karte hinzu (Internet/
  web.de/StudiVZ) und verband diese mit der
  Laptop-Karte, was sie damit begründete, dass
  die neue Karte die Aktivitäten angibt, für die
  sie den Laptop hauptsächlich nutzt.
- *Zweiter Schritt:* Hier wurden die Teilnehmenden gebeten, die Karten auf einem Legebrett mit konzentrischen Kreisen um das
  Wort »Ich« herum zu gruppieren. Die Karten
  wurden nach der aus der individuellen Sicht
  bestehenden »Relevanz« der Medien für das
  je eigene Medienrepertoire sortiert. Das Beispiel in Abbildung 1 zeigt als »relevantestes«
  Medium das Internet/web.de/SNS, gefolgt
  von Büchern, Fernsehen und Radio.
- *Dritter Schritt:* Im dritten Schritt wurde den
  Teilnehmenden eine Anzahl von Tokens gegeben und sie wurden gebeten, diese unter den
  Elementen des Medienrepertoires im Hinblick auf die Häufigkeit der Nutzung zu
  verteilen (im Fall der Abbildung 1 waren es

vier). Die Verteilung der Tokens lässt sich als
Prozentanteil an der den Medien insgesamt
gewidmeten Zeit interpretieren. Eine wichtige Erkenntnis war in diesem Fall, dass der
Umfang der Nutzung eines Mediums nicht
identisch ist mit seiner subjektiven Relevanz.
Beide Indikatoren erfassen also konzeptionell wie empirisch verschiedene Aspekte des
Medienrepertoires.

- *Vierter Schritt:* Schließlich wurde den Teilnehmenden ein anderes Set von farbigen Karten gegeben und sie wurden gebeten, darauf
  die im Alltag bestehenden Hauptfunktionen
  der im bisherigen Interview benannten Komponenten ihres Medienrepertoires zu schreiben. Die ausgefüllten Karten wurden dem
  bestehenden Set von Legekarten hinzugefügt.

Diese Sortiermethode wurde einerseits dazu
genutzt, eine übersichtliche Visualisierung des
Medienrepertoires zu erhalten. Andererseits –
und darin lag die Hauptfunktion dieser Methode
– bot die Sortieraufgabe Anlass, im Sinne der
Think-Aloud-Methode über die verschiedenen
Komponenten des Medienrepertoires im Interview zu sprechen. Während der Beschriftung der
Karten, ihrer Positionierung auf dem Legebrett
und der Zuordnung bestimmter Funktionen
reflektierten die Interviewten ihre Entscheidungen und thematisierten weitere Zusammenhänge ihres Medienrepertoires. Entsprechend
machten wir diese verbalen Kommentare zum
Hauptgegenstand unserer Analyse. Die Ergebnisse der Sortierung wurden fotografisch festgehalten und archiviert und dienten als hilfreiche,
zusätzliche Indikatoren für die Rekonstruktion
der Medienrepertoires auf Basis der transkribierten Interviews.

Hinweis: Die Abbildung ist eine zusammenfassende Visualisierung der vier Sortierschritte
der betreffenden Interviewten (für eine detaillierte Darstellung siehe Hasebrink/Domeyer
2012). Die ursprünglichen Legeschritte wurden
mit Fotografien festgehalten.

Alle auf diese Weise erhobenen Daten wurden
dann mittels einer qualitativen Inhaltsanalyse
ausgewertet. Hierfür wandten wir die themati-

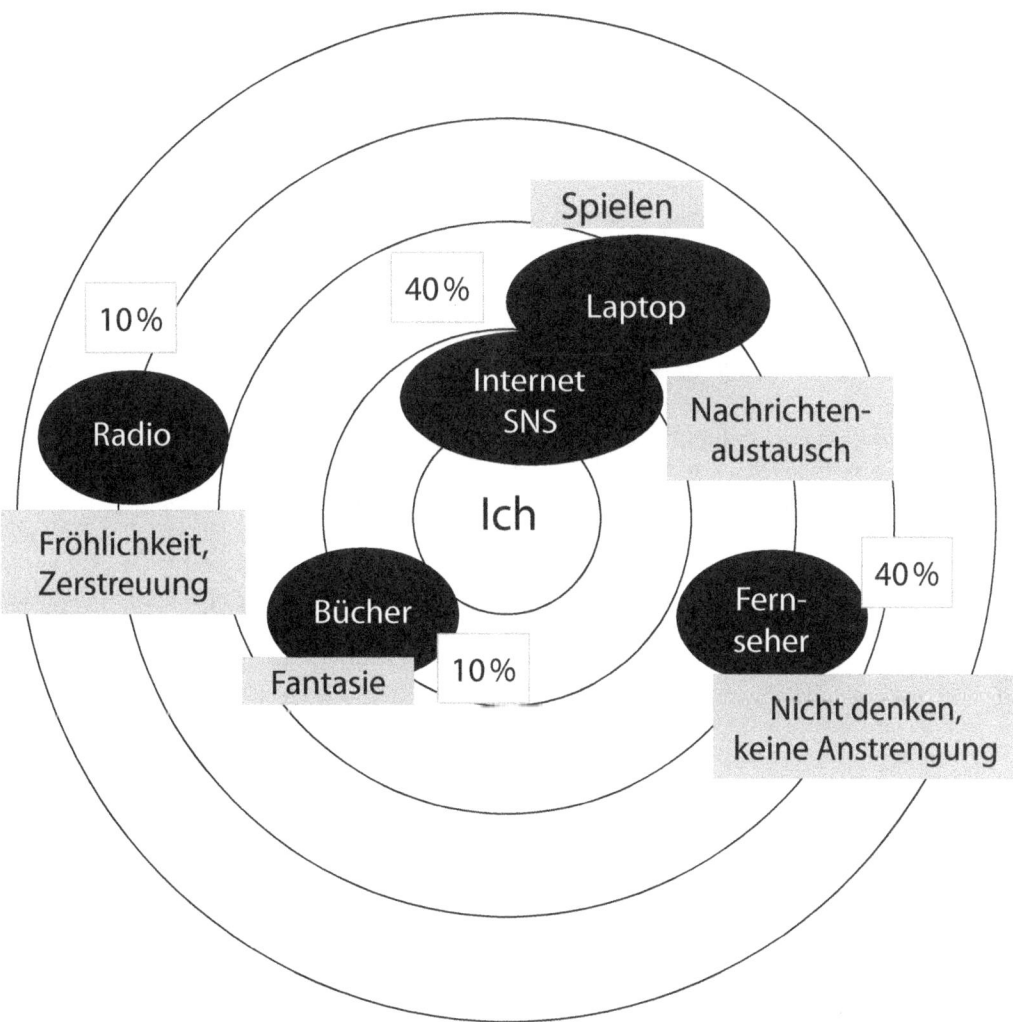

Abb. 1: Beispiel für die visuelle Rekonstruktion eines Medienrepertoires

sche Kodierung in Anlehnung an die Grounded Theory an (Glaser/Strauss 1999; Corbin/Strauss 2008). Konkret bedeutet dies, dass über alle Daten aller Datenquellen (Medientagebücher, Interviews, Sortierkarten) hinweg thematische Kategorien zugewiesen wurden, wobei die Hauptkategorien auf dem oben umrissenen analytischen Rahmen basierten. Dieser Prozess des Kodierens war offen für neue Kategorien, die induktiv aus dem Material entwickelt wurden. Basierend auf diesen Kategorien wurde jeder einzelne Fall im Detail und in individueller Hinsicht analysiert. Für jede Kategorie wurde das relevante Datenmaterial paraphrasiert und dann in einer zusammenfassenden Beschreibung des Medienrepertoires verdichtet. Auf dieser Basis wurden die Medienrepertoires der von uns Interviewten miteinander verglichen, um individuelle Besonderheiten der Nutzerinnen und Nutzer erfassen zu können.

An dieser Stelle können die Ergebnisse dieser Studie nicht im Detail dargestellt werden. Wir konzentrieren uns stattdessen auf einen beispielhaften Befund, mit dem sich unser Argument veranschaulichen lässt, dass sich die Struktur von Medienrepertoires u. a. aus den für das Individuum relevanten kommunikativen Figurationen ergibt. Eine Interviewte, die zum Zeitpunkt des Interviews noch eine junge Studentin war, hatte neben dem Studium schon einen bemerkenswerten Einstieg in eine berufliche Tätigkeit im Management eines Unternehmens erreicht und stand damit bereits am Beginn einer vielversprechenden Karriere. Es schien, dass sie ohne Probleme zwei Welten miteinander verband: einerseits das Leben einer jungen, geselligen Studentin, die die Flexibilität und Unbeschwertheit des Studierendenlebens genießt, andererseits das Leben einer karriereorientierten Berufstätigen. Mit großem Selbstbewusstsein beschrieb sie in dem Interview ein Medienrepertoire, das durch die Kombination von in ihren Worten »mädchenhaften« Fernsehserien einerseits mit Qualitätszeitungen und Fernsehnachrichten zur Information über Politik und Wirtschaft andererseits gekennzeichnet war. In unserer Begrifflichkeit ist ihr Medienrepertoire erkennbar durch die beiden für ihren Alltag maßgeblichen kommunikativen Figurationen strukturiert.

Zusammenfassend können wir also festhalten, dass der skizzierte methodische Ansatz zu einer strukturierten Beschreibung von Medienrepertoires führt und erkennbar macht, inwieweit dieses Repertoire durch die Beteiligung des Individuums an verschiedenen sozialen Domänen mit ihren jeweiligen Medienensembles strukturiert ist. Im folgenden Abschnitt werden wir näher betrachten, wie sich solche Medienensembles angemessen erfassen lassen.

Die Medienensembles von Figurationen

Aus methodischer Sicht bedeutet der Perspektivenwechsel vom Medienrepertoire eines Individuums zum Medienensemble der kommunikativen Figuration einer bestimmten sozialen Domäne eine grundlegende Veränderung der Analyseebene: Wir betrachten nicht länger die Aneignung und Nutzung von Medien einzelner Menschen, sondern gesamte Kollektivitäten und Organisationen sowie die Medien, die in ihnen genutzt werden. Dies hat zwei Konsequenzen: Auf der einen Seite kann das Medienensemble einer bestimmten Figuration wesentlich beschränkter sein als das Medienrepertoire eines Individuums. Während eine Person beispielsweise – neben dem Mobiltelefon – verschiedene Arten digitaler (Online-)Medien für ihre personale Kommunikation nutzt, sind möglicherweise die Medien in einer bestimmten Gruppe von Freunden auf SMS und Mobiltelefonanrufe beschränkt. Auf der anderen Seite kann das Medienensemble einer bestimmten Figuration in seiner Gesamtheit wesentlich mehr Medien umfassen, als ein Einzelner oder eine Einzelne nutzt, da sich jede Figuration in der aufeinander bezogenen Praxis verschiedener Individuen konstituiert. Folglich kann das *charakteristische* Medienensemble für eine Figuration weitreichender sein als die Medienrepertoires vieler Individuen, die deren Teil sind. Das ist beispielsweise der Fall, wenn wir an die Figuration einer Organisation denken, in der bestimmte Medien nur von einzelnen Organisationsmitgliedern genutzt werden (beispielsweise am Empfang oder in der Verwaltung), andere Medien von anderen Mitgliedern dieser Organisation genutzt werden (beispielsweise bei der PR) und wo so Unterschiede von Abteilung zu Abteilung bestehen.

Wiederum ist es hilfreich, sich solche Zusammenhänge an einem Beispiel aus unserer eigenen Forschung vor Augen zu führen, in diesem Fall dem Beispiel von Migrationsgemeinschaften. Wir können Gemeinschaften der Diaspora als eine bestimmte Figuration von Kollektivitäten begreifen. In unserer eigenen Forschung zur marokkanischen, russischen und türkischen Diaspora in Deutschland sowie der Medienaneignung in diesen konnten wir zeigen, in welchem Maße die kommunikative Vernetzung der Diaspora ein medienübergreifendes Phänomen ist (Hepp u. a. 2012). Hierbei spielen die Kommunikationsnetzwerke der direkten Kommunikation eine Rolle, insofern es um die kommunikativen Vernetzungen der Migrantinnen und Migranten bei Familiengesprächen, Vereinstreffen und anderen Veranstaltungen vor Ort geht. Aber auch die wechselseitige Medienkommunikation, nicht nur am aktuellen Lebensort, sondern über (Mobil-)Telefon, Brief, E-Mail oder (Video-)Chat auch zur Herkunft, zu anderen Migrantinnen und Migranten der eigenen Herkunft sowie weiterer Herkünfte, muss im Blick gehalten werden. Des Weiteren müssen die Kommunikationsnetzwerke beachtet werden, die auf der produzierten Medienkommunikation beruhen: die Einbindung in einen deutschsprachigen Kommunikationsraum durch das Fernsehen (gerade, um die Sprache zu lernen) oder den Zugang zu produzierten Inhalten der Herkunft wie entsprechendes Satellitenfernsehen, Internetradio oder (Online-)Zeitungen, durch die eine Brücke zum entsprechenden Kommunikationsnetzwerk der Herkunftsmedien gehalten wird. Schließlich haben wir zumindest bei jüngeren Migrantinnen und Migranten einzelne Hinweise darauf gefunden, dass die virtualisierte Medienkommunikation in Form von Computerspielen für sie wichtig ist. Die kommunikative Vernetzung in dieser Figuration findet *über diese Medien hinweg* statt, und um die Dynamiken der Identitätskonstruktion und Gemeinschaftsbildung in der Diaspora zu erfassen, ist es notwendig, ein Gesamtverständnis darüber zu haben, wie diese verschiedenen Medien ein *Ensemble* bilden, d. h. in ihren wechselseitigen Bezüglichkeiten kennzeichnend für die betreffende Figuration sind.

Mit Bezug auf dieses Beispiel lässt sich argumentieren, dass das Medienensemble einer kommunikativen Figuration nicht einfach als Schnittmenge der Medienrepertoires der beteiligten Individuen begriffen werden kann. Folglich benötigen wir – über Aussagen zu Übereinstimmungen relevanter Komponenten der Medienrepertoires, deren internen Beziehungen und deren Bezügen zum Alltagsleben hinaus – eine andere Art von methodischem Vorgehen, um das Medienensemble einer Figuration in seinem Sinn zu rekonstruieren. Da sich Sortiermethoden in der medienübergreifenden For-

schung generell bewährt haben, erscheint uns hier eine entsprechende Weiterentwicklung solcher Methoden zielführend. Auf der Basis eigener Experimente mit Sortiermethoden (wie wir sie u. a. im obigen Abschnitt dargestellt haben) sowie mittels Verfahren der qualitativen Netzwerkforschung (freie Netzwerkzeichnungen zur Visualisierung von Kommunikationsbeziehungen als Teil von Interviews, siehe Hepp u. a. 2016), haben wir eine Sortiertechnik entwickelt, die dieses methodische Vorgehen mit qualitativen Interviews trianguliert. Dieses Vorgehen funktioniert wie folgt:

Alle Interviewten sind »natürliche« Mitglieder der interessierenden Figuration: Sie wurden auf Basis des Kriteriums ausgewählt, Mitglied der untersuchten Kollektivität (Gruppe, Familie usw.) oder Organisation (Firma, Redaktion usw.) zu sein. Um möglichst sicherzustellen, dass kein Medium übersehen wird, das im Medienensemble der betreffenden Figuration eine Rolle spielt, funktioniert dieses Vorgehen dann am besten, wenn die teilnehmenden Personen unterschiedliche Positionen und Rollen in der entsprechenden Figuration einnehmen (beispielsweise als Familienmitglieder mit unterschiedlichen Rollen oder als Organisationsmitglieder mit unterschiedlichen Positionen).

Das Gruppeninterview beginnt mit der Rekonstruktion des Medienensembles. Hierzu werden alle Interviewten gebeten, im Interview das »Gesamtbild« der in der Figuration genutzten Medien zu umreißen und dabei deutlich zu machen, was deren Zwecke sein können. Es geht also darum, eine umfassende Darstellung der verschiedenen Medien zu erhalten – was dem Erfassen der verschiedenen Komponenten eines Medienrepertoires entspricht – und Informationen darüber zu sammeln, welche Rolle diese Medien in der entsprechenden Figuration haben. Analog zu den Erfahrungen, die wir mit Einzelinterviews gesammelt haben (vgl. Klein u. a. in Vorbereitung), ist es hilfreich, diese Phase des Gruppeninterviews zu dessen Beginn zu realisieren, da hierdurch ein Fokus des Gesamtinterviews auf medienbezogene Fragen gelenkt wird.

Dadurch wird der weitere Interviewverlauf im Sinne des Forschungsinteresses gerahmt.

Diese gemeinsame Rekonstruktion des Medienensembles erfolgt mithilfe einer Sortierbox (siehe Abbildung 2). Die Nutzung dieser Sortierbox stößt einen zweifachen Prozess an. Erstens müssen die Interviewten mit der Sortierung entscheiden, welche Medien in der betreffenden Figuration typischerweise für verschiedene Zwecke genutzt werden. Um dies zu visualisieren, bewegen sie eine Karte mit dem Namen des entsprechenden Mediums und dessen Bild in die Box, was für jedes der Medien dann fortgeführt wird (»Sortierung 1«). Zweitens müssen sie entscheiden, wie »wichtig« das betreffende Medium in der Figuration ist und auf dieser Basis dem Medium einen Token (»weniger wichtig«), zwei Token (»wichtig«) oder drei Token (»sehr wichtig«) zuordnen (»Sortierung 2«). Jenseits der im Vorfeld beschrifteten Karten gibt es auch solche,

die von den Interviewten selbst beschriftet werden können. Das eröffnet die Möglichkeit, dass in die Beschreibung auch solche Medien einbezogen werden, die bisher nicht im Fokus der Forschung standen.

Auf der Basis dieser Rekonstruktion des Medienensembles werden im weiteren Verlauf des Gruppeninterviews detaillierte Fragen zur Rolle von Medien in Bezug auf die verschiedenen Angelegenheiten der Figuration gestellt (beispielsweise zum Einfluss der Medien auf bestimmte Prozesse der Entscheidungsfindung, auf die Aufrechterhaltung von Beziehungen oder auf die Transformation der Figuration). Typischerweise werden dabei auch hier die Sortierungen korrigiert und verändert. Entsprechend wichtig ist es, Fotografien des gesamten Sortierprozesses zu erstellen, um die verschiedenen Sortierungen einer weiteren Analyse zugänglich zu machen (siehe Abb. 2).

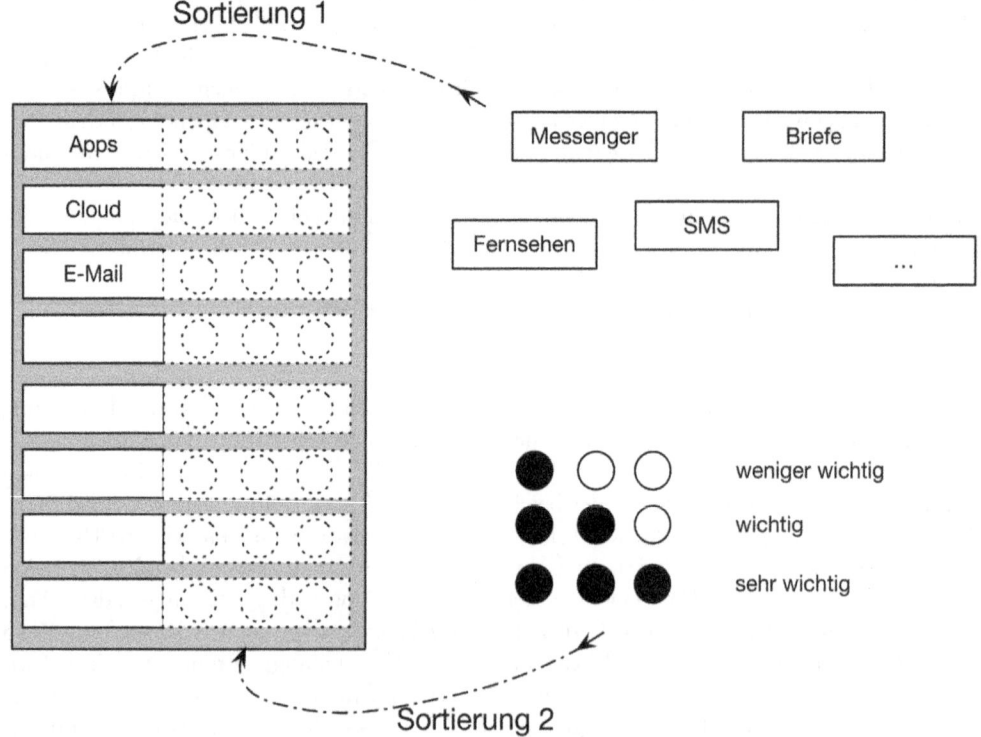

Abb. 2: Sortierbox für Gruppeninterviews zum Medienensemble

Wir haben dieses methodische Vorgehen entwickelt, um systematisch die verschiedenen Möglichkeiten der Nutzung von Medien und deren Wichtigkeit in einzelnen kommunikativen Figurationen zu erfassen. Nach unserer Erfahrung ist es hilfreich, sicherzustellen, dass die Sortieraufgabe selbst ein ergebnisoffener Prozess ist. Es ist nicht zielführend, im Vorhinein zu definieren, was »wichtig« bedeutet. Diese Offenheit ermöglicht einen (gewollten) Aushandlungsprozess im Gruppeninterview. Teil dieses Aushandlungsprozesses ist es, zu erkennen, welche Medien Teil des Medienensembles sind und welche Rolle sie in der Figuration haben. Unsere Erfahrung zeigt, dass das Ergebnis dieser Aushandlungen eine stabile Grundlage für eine reichhaltige Diskussion der verschiedenen medienbezogenen Praktiken in der betreffenden Figuration ist. Offen zu bleiben, was »wichtig« jeweils heißt, hat sich als ein sehr produktives Vorgehen erwiesen, weil es die Interviewten dazu zwingt, zu geteilten Definitionen dieser »Wichtigkeit« zu gelangen – was das Erfassen verschiedener »Ebenen von Wichtigkeit« ermöglicht.

Zusätzlich ist diese Art der Sortiermethode hilfreich, um die Medienensembles von Figurationen derselben Art miteinander zu vergleichen. Die Beispiele, anhand derer wir dies erprobt haben, waren Wohngemeinschaften und deren Medienensembles (Andrae 2016). Hier sind die Sortierungen der interviewten Gruppen als visuelle Repräsentation des entsprechenden Medienensembles ein hilfreicher Ausgangspunkt für den Vergleich zwischen den Gruppen im Hinblick auf die jeweils genutzten Medien und die damit verbundenen Kommunikationspraktiken.

Auch in diesem Fall erfolgte die Analyse der Daten mithilfe einer an der Grounded Theory angelehnten thematischen Kodierung (Corbin/ Strauss 2008; Glaser/Strauss 1999), was durch verschiedene Programme unterstützt werden kann.[1] Und wiederum ist es bei dieser Kodierung hilfreich, die Fotografien der verschiedenen Sortierungen während des Gruppeninterviews einzubeziehen.

Fazit

Der konzeptionelle Ansatz kommunikativer Figurationen eröffnet die Möglichkeit, die Perspektive des Individuums und seines Medienrepertoires mit der Perspektive der sozialen Domäne und ihres Medienensembles zu verschränken. Damit eignet er sich auch für Fragestellungen nach den Konsequenzen des medialen Wandels für die sozialen Zusammenhänge oder sozialen Domänen unterschiedlicher Art. In gewissem Sinne ermöglicht ein figurationsanalytisches Vorgehen eine »Theorie-Triangulation«: eine Verbindung theoretisch unterschiedlich verorteter Zugangsweisen. Wenn wir Norman Denzin (1989, S. 239) folgen, ist der Ausgangspunkt von Theorie-Triangulation, »sich Daten mit unterschiedlichen Perspektiven und Hypothesen« anzunähern. Genau dies geschieht mit der Verschränkung der Perspektiven des Individuums und der sozialen Domäne: Aus Sicht des Individuums ermöglicht uns das Konzept des Medienrepertoires, die medienübergreifenden Praktiken von Menschen besser zu erfassen. Die spezifischen Zusammensetzungen der vielfältigen und teilweise auch widersprüchlichen medienbezogenen Praktiken von Individuen können aber nur dann wirklich verstanden werden, wenn man die soziale Welt, in der diese Individuen handeln, einbezieht – d. h. die sozialen Domänen mit ihren spezifischen Figurationen und Medienensembles, in die Individuen eingebunden sind. Aus Sicht der sozialen Domäne ist das Medienensemble ein theoretisches Konzept, um medienübergreifende Praktiken als Basis der Konstitution dieser Figurationen zu erfassen. Gleichzeitig können die Medienensembles von Figurationen aber nur dann wirklich verstanden werden, wenn man auch die Medienpraktiken der Individuen einbezieht, die Teil der jeweiligen sozialen Domäne sind. Aus diesem Grund sollte die Forschung zu Medienrepertoires von Individuen und zu Medienensembles von sozialen Domänen verschränkt werden, um zu einem umfassenderen Bild von medienübergreifenden Praktiken zu gelangen. Genau dies bietet ein figurationsanalytischer Zugang.

Anmerkungen

1 In unseren Studien haben wir mit HyperRE-
   SEARCH und MAXQDA gearbeitet; eine
   andere Option ist z. B. ATLAS.ti.

Literatur

Andrae, Felix (2016): Sorting Possibilities. Final report of sorting case studies on flat-sharing communities' media ensembles. University of Bremen, ZeMKI, Manuskript. Bremen.

Corbin, Juliet/Strauss, Anselm (2008): Basics of Qualitative Research. Techniques and Procedures for Developing Grounded Theory. London u. a.

Couldry, Nick (2012): Media, society, world. Social theory and digital media practice. Cambridge.

Couldry, Nick/Hepp, Andreas (2016): The mediated construction of reality. Cambridge.

Denzin, Norman K. (1989): The research act. A theoretical introduction to sociological methods. 3. Auflage. New York.

Elias, Norbert (1993): Was ist Soziologie? 7. Auflage. Weinheim.

Glaser, Barney G./Strauss, Anselm L. (1999): The discovery of grounded theory: Strategies for qualitative research. New Brunswick.

Hasebrink, Uwe/Domeyer, Hanna (2012): Media repertoires as patterns of behaviour and as meaningful practices. A multimethod approach to media use in converging media environments. In: Participations. Journal of Audience & Reception Studies, Jg. 9, H. 2, S. 757–783.

Hasebrink, Uwe/Popp, Jutta (2006): Media repertoires as a result of selective media use. A conceptual approach to the analysis of patterns of exposure. In: Communications, Jg. 31, H. 2, S. 369–387.

Hepp, Andreas/Bozdag, Cigdem/Suna, Laura (2012): Mediatized migrants: Media cultures and communicative networking in the diaspora. In: Fortunati, Leopoldina/Pertierra, Raul/Vincent, Jane (Hrsg.): Migration, Diaspora, and Information Technology in Global Societies. London, S. 172–188.

Hepp, Andreas/Hasebrink, Uwe (2014): Human interaction and communicative figurations: The transformation of mediatized cultures and societies. In: Lundby, Knut (Hrsg.): Mediatization of communication. Berlin/New York, S. 249–272.

Hepp, Andreas/Roitsch, Cindy/Berg, Matthias (2016): Investigating communication networks contextually: Qualitative network analysis as cross-media research. In: MedieKultur, Jg. 60, H. 32, S. 87–106.

Klein, Juliane/Schimank, Uwe/Walter, Michael (in Vorbereitung): How to interview about media repertoires as tacit components of practices – problems and empirical experiences. In: Hepp, Andreas/Breiter, Andreas/Hasebrink, Uwe (Hrsg.): Communicative figurations: Rethinking mediatized transformations. London.

Krotz, Friedrich (2003): Zivilisationsprozess und Mediatisierung: Zum Zusammenhang von Medien- und Gesellschaftswandel. In: Behmer, Markus/Ders./Stöber, Rudolf/Winter, Carsten (Hrsg.): Medienentwicklung und gesellschaftlicher Wandel. Beiträge zu einer theoretischen und empirischen Herausforderung. Wiesbaden, S. 15–37.

Livingstone, Sonia (2009): On the mediation of everything. In: Journal of Communication, Jg. 59, H. 1, S. 1–18.

Simmel, Georg (1992/1908): Soziologie. Untersuchungen über die Formen der Vergesellschaftung. Frankfurt a. M.

Willems, Herbert (2012): Synthetische Soziologie. Idee, Entwurf und Programm. Wiesbaden.

Medienökologie

Sonja Ganguin / Uwe Sander

Die Medienökologie fußt in der längeren Tradition einer pessimistischen Medienkritik und der kritischen Auseinandersetzung mit den Folgewirkungen der Medien auf die soziale Umwelt (Sozialökologie). Deshalb wurden Medien in vielen medienökologischen Überlegungen als sozialökologische Störfaktoren interpretiert. Diese Annahme basiert in den meisten Fällen nicht auf empirischen Untersuchungen, sondern auf der normativen Setzung eines sozialen Gleichgewichts, das durch technische Eingriffe wie z. B. Medien bedroht wird. Dieser Beitrag zeichnet die Entwicklung der Medienökologie nach, um darauf aufbauend den sozial- bzw. medienökologischen Ansatz in der Medienpädagogik vorzustellen und zu diskutieren.

Kritische Interpretation der Medien

Zu Beginn unseres Beitrags geben wir einen kurzen Rückblick auf eine kritische Interpretation der Medien, in der auch die Anfänge der Medienökologie stehen. Im Lauf des 19. und 20. Jahrhunderts wirkte sich die rasante Ausbreitung und Technisierung der Medien erkennbar auf die Reproduktion des gesellschaftlichen Lebens aus. Der Telegraf veränderte die Kommunikationsmöglichkeiten, die Tonaufzeichnung fand Platz im Hörfunk, auf Schallplatte und anderen Tonträgern. Schließlich wurden Bild und Ton gemeinsam in Tonfilm, Fernsehen und Video verbunden. Aufgrund dieser Technisierung und Mediatisierung glaubte man, traditionelle soziale Bindungen und Strukturen würden in informelle, Massen formierende Beziehungen vertauscht (so Schanze 2001) und eine traditionsreiche abendländische Kultur würde durch massenmediale Trivialisierung zerbrochen. Diese Medienkritik des frühen 20. Jahrhunderts bezog sich vor allem auf das Aufkommen der genannten Massenmedien, und es wurden kritische Thesen »zur Veränderung der Wahrnehmung und des Denkens überhaupt angestellt« (Schanze 2001, S. 1).

Denker wie Brecht oder später Enzensberger sondierten auch Vorteile der Massenmedien, wie beispielsweise die Verbreitung liberaler Überzeugungen und wissenschaftlicher Erkenntnisse oder wie die Möglichkeit der »Befreiung« von Medienrezipienten zu Medienproduzenten. Diese ›demokratischen Utopien‹ sind in der Historie der Medieninterpretationen jedoch die Ausnahme und lassen seit der Mitte des 20. Jahrhunderts mit der Etablierung von Funk und Fernsehen als Konsummedien nach[1]. Skeptisch etablierte sich eine pessimistische Medienkritik, deren »progressive« Vertreter wie Adorno mit seiner These der Kulturindustrie ähnlich argumentierten wie die »konservativen« Propheten eines Untergangs der abendländischen Kultur à la Spengler.

In den 1970er-Jahren konnte an diese alte kritische Tradition fast nahtlos ein neues ökologisches Denken anschließen, das an der technischen Beherrschbarkeit der Natur zweifelte und eher auf die »natürlichen Eigenmächte« der biologischen und sozialen Umwelt setzte. Besonders am Massenmedium Fernsehen wird seitdem starke Kritik geübt. So geht etwa Postmans medienökologische Kritik von der Annahme aus, das öffentliche Leben sei einer »rigorosen Vorherrschaft neuer Medien unterworfen«, unter der die Welt von uns immer weniger selbst erlebt, sondern stattdessen zunehmend über die Medien beobachtet werde (vgl. Postman 1988, S. 31). Weiter folgert Postman globale (negative) Veränderungen des Sozialen durch Medien: »wenn wir das kommerzielle Fernsehen betrachten, so wie es sich uns heute darstellt, können wir in ihm einigermaßen deutlich das Modell einer im Entstehen begriffenen Sozialstruktur erkennen, die die Kindheit zum Verschwinden bringen muss« (Postman 1987, S. 89). Dabei stützt sich Postmans Argumentation auf die gewagte These, dass die Idee der Kindheit wesentlich durch *soziale Literalität* (Erfindung des Buchdrucks mit beweglichen Lettern) im Zusammenhang mit den Wissenschaften entstanden sei. Deshalb stehe mit dem Schwinden sozialer Literalität durch das Bildmedium Fernsehen auch das »Verschwinden der Kindheit« unmittelbar bevor – eine postulierte Kausalität, die in dieser monokausalen Formulierung kaum haltbar ist.

Der Duktus einer solchen Medienkritik findet sich auch in der bundesdeutschen Debatte wieder, selbst bei sonst eher reflexiven Autoren. In dem 1984 erschienenen Werk von Dieter Baacke mit dem Titel »Die 6- bis 12-Jährigen«, steht z. B.: »Die Freizeit auch der Kinder ist durch Medienkonsum dominiert«, und sie führe – im ideologie- und medienkritischen Sinne der siebziger Jahre – zu einem pädagogisch-kulturellen Problem (Baacke 1984, S. 71). Dieses Problem wird von ihm in eine positiv-negative Valenz gesetzt: »Medien und Konsum sind ein Verbundsystem eingegangen, in dem sich die Kinder durchaus souverän bewegen, wenngleich sie in ihm gefangen sind« (ebd., S. 72).

Seit dem Ende des 20. Jahrhunderts erreichen wir schließlich eine neue Entwicklung, in der sich die Rolle der *digitalen* Medien für die gesellschaftliche Kommunikation immer stärker abzeichnet. Auch diese Medienrevolution wird anfänglich kritisch kommentiert, etwa in der Annahme, Realitätsvorstellungen würden durch neue Medien ihres Differenzierungsvermögens zwischen Fiktion und Wirklichkeit beraubt; als Stichwort seien hier »digitales Denken« oder »virtuelle Realität« genannt. Dazu meint Faulstich, dass sich die Auswirkungen der neuen Medien und der durch sie ausgelöste gesellschaftliche Wandel nur sehr schwer abschätzen lassen und sie aus diesem Grund eine gän-

gige Praxis negativer Medienkritik provozieren: »[D]eshalb überwiegen spekulative Verklärungen und kulturkritische Klagen, wie sie bislang noch bei jedem mediengeschichtlich hervorgerufenen ›Kulturschock‹ spätestens seit Platon und dem griechischem Theater üblich waren« (Faulstich 1998, S. 40). Allerdings verliert gegen Ende des 20. Jahrhunderts auch langsam eine medienökologische Perspektive an Überzeugungskraft, in der soziale Umwelt und Medien als Antagonismen verstanden werden. Dies mag einer Renaissance von Bildungstechnologie oder Technikeuphorie geschuldet sein, berücksichtigt aber auch die Tatsache, dass soziale Umwelten keine statischen, gleichgewichtigen Größen sind, sondern dem sozialen Wandel unterliegen und nur als Produkte von Veränderungen, auch durch Medien hervorgerufen, verstanden werden können.

In diesem Sinne veränderte sich auch das Verständnis von Medienökologie. Nicht mehr die normative Sorge um Stabilität und Gleichgewicht sozialer Gefüge, die tendenziell durch Medien bedroht werden, steht im Vordergrund, sondern die empirische, methodisch-wissenschaftliche Suche nach den Interdependenzen zwischen Medienentwicklungen und dem Wandel sozialer Verhältnisse. Demzufolge verstehen wir eine moderne Medienökologie nicht mehr unbedingt als eine normativ fundierte Kritik, sondern als Wissenschaft und Theorie des medienverbundenen sozialen Wandels.

Die Wurzeln des Medienökologiebegriffs und der sozialökologische Ansatz als Ausgangspunkt

Die Wurzeln des Ökologiebegriffs liegen in den Naturwissenschaften, genauer in der Biologie. Aus dem Griechischen stammend (»oikos« und »lógos«) gilt Ökologie als die Lehre von den Wechselbeziehungen zwischen Organismen im Rahmen des Stoff- und Energiehaushalts der Biosphäre und ihrer Untereinheiten (z. B. Ökosysteme). Der Begriff der Medienökologie basiert als Wortkombination auf dem

Terminus der Sozialökologie, wobei Letzterer, nicht zuletzt beeinflusst durch die Ökologiebewegung der siebziger Jahre, einem deskriptiven und einem normativen Impetus folgt. Im erstgenannten Sinne verweist (Sozial-)Ökologie auf die Eingebundenheit sozialer Phänomene in ein komplexes System gesellschaftlicher Kontextvariablen und versucht, diese wissenschaftlich zu erklären. Der zweite, normative und häufig implizit mit gemeinte Aspekt von Ökologie geht von einer ›Natürlichkeit‹ bzw. Gleichgewichtigkeit dieser sozialen Umweltfaktoren aus, die strukturell durch externe Einflüsse bedroht und in ein Ungleichgewicht verkehrt werden. Vor diesem Hintergrund gründen die Wurzeln der Medienökologie in der kritischen Auseinandersetzung mit den Folgewirkungen der Medien auf die soziale Umwelt.

Die Übertragung des Ökologiebegriffs aus den Naturwissenschaften auf soziale Kontexte erfolgte aus der Annahme, dass ein Ungleichgewicht in der Kommunikationskultur aufgrund von gesellschaftlichen, technischen und medialen Veränderungen entstehen könne. Damit ist die Vermutung gemeint, dass nicht nur die natürlichen Lebensgrundlagen durch technische Eingriffe des Menschen gefährdet seien, sondern auch soziale Kommunikationsprozesse, wenn sich diese durch die zunehmende Informatisierung und Mediatisierung der Gesellschaft verändern. Dabei erhebt die Sozialökologie den Anspruch einer ganzheitlichen Betrachtung, nach dem Modell des ›ganzen Hauses‹ (»oikos«). Diese »Ganzheitlichkeit« soll durch eine Adaption des Lebensweltkonzepts bzw. durch die Kategorie des »Alltags« verdeutlicht werden.

Lebenswelt und Alltag assoziieren im Kontext der Sozialökologie Ganzheitlichkeit mit Authentizität und Ursprünglichkeit – was nicht ganz der sozialphilosophischen Bedeutung dieser Begriffe entspricht. Ursprünglich geht nämlich das Konzept der Lebenswelt auf die phänomenologischen Arbeiten Edmund Husserls zurück und wurde im Rahmen wissenssoziologischer Arbeiten von Alfred Schütz, Peter Berger und Thomas Luckmann für sozialwissenschaftliche Theorien

fruchtbar gemacht. In diesem Zusammenhang ist Lebenswelt die für einen Menschen oder eine Gruppe konstituierte quasireale Umwelt von *Erfahrungen* und *Handlungsmöglichkeiten* und keinesfalls ein ursprünglicher, authentischer oder gar ganzheitlich-natürlicher Sozialraum. Die Lebenswelt ist stattdessen der soziale Wirklichkeitsraum, in dem sich Erziehung und Sozialisation abspielen und der alle Kommunikationen eines Menschen umfasst und gestaltet, wobei die Struktur der Wiederholung von Handlungen zur Beschreibung von Lebenswelt als »Alltagswelt« führt (vgl. Baacke et al. 1997). Dabei wird jede Lebenswelt durch historische und gesellschaftliche Bedingungen bestimmt. Somit beeinflussen z. B. die Vorerfahrungen von Eltern und Großeltern die eigene biografische Entwicklung und Verarbeitung, die Lerngeschichte und die kommunikative Kompetenz. Die Notwendigkeit eines solchen kontextabhängigen Verständnisses sozialer Phänomene anstelle einer isolierten Messung singulärer Tatsachen stellt die erste Prämisse des sozialökologischen Ansatzes nach Baacke (1999) dar.

Zweitens muss man die Lebenswelt in ihrer *thematischen Struktur* erfassen. Dies bedeutet, dass sowohl der zeitlichen als auch der räumlichen Struktur der Lebenswelt Beachtung geschenkt wird. Die zeitliche Struktur der Lebenswelt bestimmt die unterschiedlichen Historizitäten, beispielsweise verschiedene Kindheiten. So sprechen unterschiedliche Autoren, etwa auch Baacke von einer »Medienkindheit«. Die räumliche Struktur der Lebenswelt beinhaltet die Umwelt, den konkreten Raum des Erlebens. Infolgedessen definiert die Umwelt das Verhalten und beeinflusst das Handeln der Menschen, so wie Verhalten und Handeln die Umwelt definieren. Dies kann an den »behavioral settings«, also funktional konstruierten Einrichtungen, aufgezeigt werden. Unter »behavioral settings« versteht Baacke verhaltensbestimmte, organisierte Umwelten wie Kindergarten, Läden, Parks, Banken etc. Diese »behavioral settings« beeinflussen und strukturieren die Handlungen der teilnehmenden Personen, bieten aber auch die Möglichkeit, Verhaltensstile zu ändern. Kommunikation, Handeln und räumliche Strukturen sind also miteinander verbunden, sodass die Umwelt mit ihren Regeln den Nutzer lenkt, dieser jedoch auch die Möglichkeit des Einwirkens hat.

Die dritte Prämisse des sozialökologischen Ansatzes zielt auf die *mehrfache Schichtung* der sozialen Umwelt. Umwelterfahrungen sind ihrerseits an andere Umweltbedingungen geknüpft, die nicht immer sichtbar sind, rezipiert oder aufgezeigt werden können. Die Systemdifferenzierung von Bronfenbrenner kann diesen Umstand näher erläutern: Bronfenbrenner versteht »Entwicklung als dauerhafte Veränderung der Art und Weise, wie die Person die Umwelt wahrnimmt und sich mit ihr auseinandersetzt« (Bronfenbrenner 1981, S. 19). Die Ökologie der menschlichen Entwicklung definiert Bronfenbrenner dabei wie folgt: Sie »befasst sich mit der fortschreitenden gegenseitigen Anpassung zwischen dem aktuellen, sich entwickelnden Menschen und den wechselnden Eigenschaften seiner unmittelbaren Lebensbereiche. Dieser Prozess wird fortlaufend von den Beziehungen dieser Lebensbereiche untereinander und von den größeren Kontexten beeinflusst, in die sie eingebettet sind« (ebd., S. 37). Bronfenbrenner (1976) betont, dass die soziale Umwelt mehrfach geschichtet sei und sieht den Zusammenhang von Umgebung und menschlichem Handeln über drei Schritte vermittelt. *Erstens* betont er, dass die Umgebung Eltern beeinflusst. *Zweitens* setzen sich die Erfahrungen von Eltern in Meinungen, Überzeugungen und Handlungsmöglichkeiten um. Der *dritte* Schritt beinhaltet, dass sich dieses Selbstverständnis von Eltern mit ihren Meinungen und ihrem Habitus auf ihre Kinder auswirkt. Aus diesem Grund versucht Bronfenbrenner, Umwelten als abgrenzbare Systeme zu fassen.

Das Mikrosystem stellt in Bronfenbrenners Ansatz ein Muster von Tätigkeiten, Aktivitäten, Rollen und zwischenmenschlichen Beziehungen dar. Das Individuum mit seinen eigentümlichen physischen und materiellen Merkmalen entwickelt dieses Muster in seinem gegebe-

nen Lebensbereich (vgl. Bronfenbrenner 1981). Das Mesosystem beinhaltet die Wechselbeziehungen zwischen den Lebensbereichen. Das Kind ist daran aktiv beteiligt, und die Wechselbeziehung drückt sich zum Beispiel in der Beziehung zwischen Elternhaus, Schule und Freunden aus. Unter dem Exosystem werden die Lebensbereiche verstanden, an denen die Person nicht aktiv beteiligt ist. Trotzdem finden dort Ereignisse statt, die den eigenen Lebensbereich beeinflussen oder die davon beeinflusst werden. Dies sind soziale Organisationen und gesellschaftliche Institutionen im lokalen Raum. Das Makrosystem schließt nach Bronfenbrenner die zugrunde liegenden Weltanschauungen und Ideologien ein, also Normen und Werte einer Gesellschaft. Dabei stellt das Makrosystem die grundsätzliche formale und inhaltliche Ähnlichkeit der Systeme der niedrigeren Ordnung her (Mikro-, Meso- und Exosystem), die in der Subkultur oder der ganzen Kultur bestehen oder bestehen könnten (vgl. Baacke 1999). Das Makrosystem umfasst die kulturellen, politischen, wirtschaftlichen, sozialen, technologischen und ökologischen Rahmenbedingungen einer Gesellschaft.

Da sich die systemtypologische Ordnung in Bronfenbrenners Systemdifferenzierung mit der handlungskreistypologischen Ordnung des sozialökologischen Ansatzes nach Baacke verbinden lässt (siehe Abb. 1), erhält man ein überschaubares Modell mit den vorhandenen Erfahrungsräumen von Kindern.

Dabei entspricht das Mikrosystem dem ökologischen Zentrum, das Mesosystem dem ökologischen Nahraum, das Exosystem dem ökologischen Ausschnitt und das Makrosystem der ökologischen Peripherie. Die vier expandierenden sozialökologischen Zonen dienen zur Gliederung der kindlichen Umwelt und beschreiben die menschliche Lebensordnung. Der menschliche Lebenszyklus erweitert sich und differenziert sich immer mehr aus.

1. Das »ökologische Zentrum« ist der unmittelbare Nahraum des Kindes. Es ist der Ort, in den wir hineingeboren werden und in dem enge, unhintergehbare emotionale Bindun-

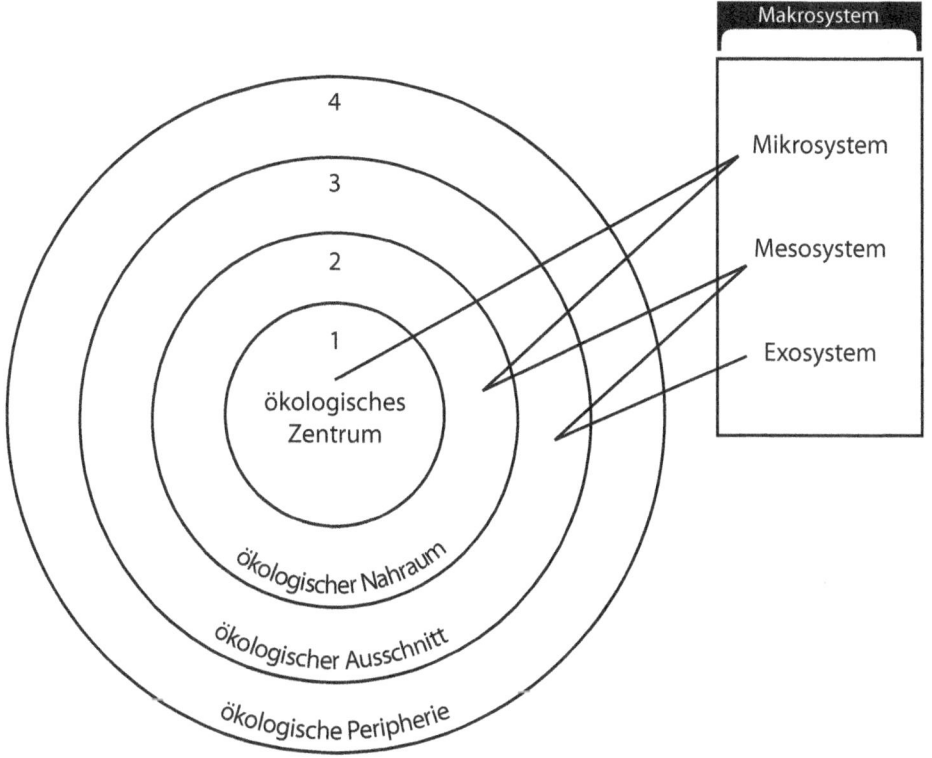

Abb. 1: Schematische Zuordnung der vier ökologischen Zonen unter Einbeziehung von Bronfenbrenners Systemkategorien
(Quelle: Baacke 1983, S. 59.)

gen entstehen. Das ökologische Zentrum ist meistens die Familie, das »Zuhause«.

2. Die zweite Zone, der »ökologische Nahraum«, kann als unspezifische Umgebung der ersten Zone gelten. Hier werden erste Außenbeziehungen aufgenommen. So stellt zum Beispiel die »Nachbarschaft«, das »Dorf«, die »Wohngegend« den ökologischen Nahraum dar. Hier findet das Kind seine Peergroup. Verschiedene Treffpunkte wie die Straße, die Pizzabude oder der Spielplatz gewinnen an Relevanz, wobei Vielfalt und Mengenangebot die ökologische Qualität einer Gegend ausmachen.

3. Man kann die dritte Zone, den Bereich der »ökologischen Ausschnitte«, als die Orte bezeichnen, an denen funktionsspezifische Aufgaben und Beziehungen definiert werden,

wie Kindergarten, der nahe liegende Betrieb etc. Kennzeichnend ist, dass diese Zone weniger zusammenhängend ist. Das Kind wird zum ersten Mal mit funktionaler Differenzierung (z. B. durch Schuleintritt) konfrontiert, die bestimmte Rollen zuweist. Es entwickeln sich Gleichaltrigen-Beziehungen, Freundschaften werden geschlossen und Verabredungen für die Freizeit werden getroffen. Diese dritte Zone repräsentiert nicht mehr einen ganzheitlichen, sondern einen jeweils zweckbestimmten Erfahrungsraum (»behavioral settings«). Daher ist auch die Wahl des Begriffes »Ausschnitt« sehr treffend.

4. Die vierte Zone kann als die »ökologische Peripherie der gelegentlichen Kontakte« bezeichnet werden, der Bereich ungeplanter Begegnungen jenseits der Routinisierung.

Zu diesen nicht alltäglichen Sphären gehört zum Beispiel der Urlaub im Ausland. Baacke beschreibt, dass der Mensch umso offener und erfahrbarer wird, je reichhaltiger und vielfältiger seine ökologische Peripherie ist. Denn nicht nur sein Handlungsradius wird erweitert, sondern er erwirbt auch mehr Ausweichmöglichkeiten und Alternativen zu seiner unmittelbaren Umwelt. Der Begriff »Peripherie« wurde in diesem Zusammenhang gewählt, da es sich um Ausnahmen handelt, die gerade deshalb möglicherweise besonders eindrücklich sind (vgl. Baacke 1999).

In Anbetracht dieser genannten Aspekte kommt Baacke zu dem Schluss: »Je mehr Bewegungsfreiheit, Kommunikations- und Handlungschancen die einzelnen Zonen für Kinder bereithalten, desto stärker wird deren Entwicklung in jeder Hinsicht gefördert« (Baacke 1999, S. 116). Der sozialökologische Ansatz von Baacke wurde im medienpädagogischen Kontext bereits operationalisiert und methodisiert (Baacke et al. 1991).

Medienwelten und sozialökologische Zonen

Wenn man Baackes Ordnungsschema der vier sozialökologischen Zonen sowie Bronfenbrenners Systemdifferenzierung auf die Allgegenwart von Medien bezieht, kann man die Medienausstattung wie auch die damit verbundene Mediennutzung diesen Zonen bzw. Systemen zuordnen. Dabei wird auch deutlich, dass Medien, obwohl sie in ihren symbolischen Zeichenwelten fast überall präsent sind, doch kontextgebunden unterschiedlich genutzt werden.

Die Übertragung sozialökologischer Zonen bzw. Systeme auf den Objektbereich »Medien« führte zum medienökologischen Ansatz. Folglich rückt der Ausdruck »Medienwelt«, als spezifischer Teil der Lebenswelt, in den Mittelpunkt, wobei Medienwelten wie folgt definiert werden:

»Der (unterschiedliche) Kommunikations-Alltag und die lebensweltlichen Bindungen, die ihn organisieren (im Rahmen einer gesellschaftlichen Ordnung und ihrer Umsetzung in institu-

tionelles Handeln, Gruppenhandeln und Handeln von Personen) sind von Massen-Medien (von den großen Produktions- und Distributions-Organisationen über die dem einzelnen [sic] verfügbaren Geräte und die Zusammenschaltung in interaktiven Diensten per Computer) derart durchdrungen, dass Medien heute an der Konstruktion sozialer Welt genuin mitwirken und ihr Mitwirken von Heranwachsenden auch so erfahren wird« (Baacke et al. 1997, S. 35).

Das Zentrum ist für die Betrachtung von Medien in der Alltagswelt für Kinder in ihrer Entwicklung am relevantesten, weil dort erste Medienerfahrungen stattfinden. Das Kind findet im ökologischen Zentrum nicht nur erste emotionale und soziale Kontakte, z. B. durch Sprechen und Spielen, sondern erlernt auch den Umgang mit Medien. Nicht nur die Ausstattung mit Fernsehgeräten weist heute eine Vollversorgung in deutschen Haushalten auf, sondern auch Mobiltelefone/Tablets, Computer und Internet sind allgegenwärtig, sodass Kinder heutzutage in einer häuslichen Umgebung aufwachsen, die eine zunehmend breite Medienausstattung aufweist.

Im sozialökologischen Nahraum knüpfen Kinder und Jugendliche erste Bekanntschaften und erfahren diesbezüglich etwa, dass der Mediengebrauch in anderen Familien unterschiedlich verläuft. In der Untersuchung der Freizeitbeschäftigungen von Kindern und Jugendlichen zeigt Baacke auf, dass die außerhäuslichen Aktivitäten von den zur Verfügung stehenden Aufenthaltsorten, Kontaktpersonen, den Tätigkeiten der Eltern und der Qualität des Wohnraums abhängen. So konnte eine Korrelation zwischen verschlissenen Wohnungen und monotonen Stadtrandsiedlungen ohne Spielraum für Kinder (also einer anregungsarmen Umgebung) und einer verstärkten Mediennutzung festgestellt werden. Dabei konstatiert Zacharias, dass für den ökologischen Nahraum bzw. für das Mesosystem Medien »sowohl materiell, zeit-räumlich wie auch inhaltlich-kulturell zentrale Steuerungsgrößen der kommunikativen Wechselbeziehungen auch und gerade zwischen Lebensbereichen, insbesondere bezogen sowohl auf Informationen (wer hat welche?), Interessen (wer will was?) sowie Kompetenzen (wer kann und weiß was?) sind« (Zacharias 2000, S. 57).

Die sozialökologischen Ausschnitte stellen die Zone dar, in der spezifische Medienumgebungen angeboten werden. Baacke unterscheidet zwischen zentrierten und nicht zentrierten Medienumgebungen. Aus der sozialökologischen Perspektive versteht er unter Medienumgebung das Vorhandensein eines oder mehrerer Medien in einem räumlichen und sozialen Kontext. Die zentrierten Medienumgebungen zeichnen sich dadurch aus, dass Medien und ihre Nutzung im Mittelpunkt stehen, z. B. Bibliotheken oder Kino. Die nicht zentrierten Medienumgebungen sind im medienökologischen Sinne Räume, die nicht allein von Medien dominiert werden, sondern auch von anderen Aktivitäten durchsetzt sind, z. B. Fitnessstudios, in denen gleichzeitig Musikfernsehsender laufen. Allgemein gelten in allen Medienumgebungen teilgesellschaftlich und subkulturell eingespielte Verkehrsformen und Handlungen. »Während der Nahraum eher unkontrollierten, spontanen und freizeitorientierten Massenmediengebrauch nahelegt, sind es dann die Ausschnitte, die spezifische Medienumgebungen anbieten« (Baacke et al. 1997, S. 37). In Bezug auf Bronfenbrenners Exosystem, wo Ereignisse stattfinden, die den eigenen Lebensbereich beeinflussen, greift die Assoziation oder Vorstellung von digitalisierten Medien, Netzwerken und einer Multimediadynamik, die zu einem Wandel unserer möglichen Rahmenbedingungen führt. Es verändern sich sowohl Freizeitangebote, die zunehmend mit Medien durchsetzt sind, als auch Arbeitsstrukturen, die ohne Computer nicht mehr vorstellbar sind. Aber auch Bildung, Kultur, Politik und Ökonomie sind in den medialen Wandlungsprozess einbezogen.

Und auch die vierte Zone der gelegentlichen Kontakte, die ökologische Peripherie, ist ohne Medien nicht mehr denkbar. So wird im Sinne einer Pluralisierung von Medienwelten ein patchworkartiger Teppich aus Medienerfahrungen gesponnen.

Medien sind für heutige Kinder und Jugendliche bereits in allen vier Zonen beziehungsweise Systemen präsent. Dabei ist zu beachten, dass die ökologischen Ausschnitte (Exosystem) und die ökologische Peripherie (Makrosystem) sich sehr wohl auf das sozialökologische Zentrum und den Nahraum (Mikro- und Mesosystem) auswirken. Sie werden bereits sehr früh von Kleinkindern wahrgenommen und besitzen für sie informativen und bedeutungsstiftenden Charakter. Demnach sind Medien als Querschnittsphänomene zu verstehen und fungieren als Korrespondenzsysteme zwischen Mikro-, Meso-, Exo-, und Makrosystem – beziehungsweise in Baackes Diktion in Zentrum, Nahraum, Ausschnitt und Peripherie menschlicher Entwicklung. Folglich sind sie entsprechend Baackes Kategorisierung der menschlichen Entwicklung auch bereits zwischen null und fünf Jahren von Relevanz.

Fazit

Im sozialökologischen Ansatz von Baacke, aus dem sich die medienökologische Perspektive ableiten lässt, wird insgesamt das soziale Handeln als aktiver und interaktiver Prozess der Auseinandersetzung mit der Umwelt verstanden. Der medienökologische Ansatz, der den alltäglichen Umgang mit Medien im räumlichen und sozialen Kontext untersucht, zählt zu den alltags- und lebensweltlichen Ansätzen. Diese sind ein eher junger Forschungszweig in der Medientheorie (vgl. Sander/Vollbrecht 1994) und haben ihre Wurzeln im interpretativen Paradigma sowie der Wiederentdeckung alltags- und lebensweltlicher Theorien und hermeneutischer Überlegungen. Mit ihnen ging auch die zunehmende Anwendung von qualitativen Methoden in sozialwissenschaftlichen Untersuchungen einher. »Charakterisiert sind diese Ansätze durch die Untersuchung mikro-sozialer Phänomene. Soziale Realität wird nicht über die Untersuchung globaler sozialer Strukturen angegangen, sondern durch die Klärung alltäglicher Lebensabläufe und der Regeln, die das Alltagshandeln organisieren« (Baacke/Ferchoff/Vollbrecht 1997, S. 43).

Aus dieser Perspektive heraus lässt sich das Handeln nicht kausal über gesellschaftliche Einflüsse erklären, da zum einen die Situation diese Einflüsse in der Interaktion konkreter Personen filtert. Zum anderen grenzen sich medienökologische Perspektiven von Theorie- und Forschungstraditionen ab, die objektive Kriterien über isolierte Wirkungen von Medien erkunden wollen. In der Perspektive einer solchen Medienökologie ist Medienhandeln immer kontextuell, situativ, kulturell und auch emotional gesteuert. Also versucht die Medienökologie als Methode, diese sozialen Kontexte der Mediennutzung als Objektbereiche immer mit zu rekonstruieren, um überhaupt Aussagen über die Mediensozialisation von Kindern, Jugendlichen und Erwachsenen treffen zu können.

Anmerkungen

1 Aktuell finden sich im Vergleich aufgrund der zunehmenden Digitalisierung und der Möglichkeiten des Web 2.0 (Social Media) weitere Wortschöpfungen wie etwa »Prosument«, um diesen Wechsel in den Möglichkeiten zu beschreiben.

Literatur

Baacke, Dieter (1983): Die 13- bis 18-jährigen. Weinheim/Basel.
Baacke, Dieter (1984): Die 6- bis 12-jährigen. Weinheim/Basel.
Baacke, Dieter (1999): Die 6- bis 12-jährigen – Einführung in die Probleme des Kindesalter. Weinheim/Basel.
Baacke, Dieter/Ferchoff, Wilfried/Vollbrecht, Ralf (1997): Kinder und Jugendliche in medialen Welten und Netzen. Prozesse der Mediensozialisation. In: Fritz, Jürgen/Fehr, Wolfgang (Hrsg.): Handbuch Medien: Computerspiele. Bonn: Bundeszentrale für politische Bildung, S. 31–57.
Baacke, Dieter/Sander, Uwe/Vollbrecht, Ralf (1991): Medienwelten Jugendlicher. Opladen.
Bronfenbrenner, Urie (1976): Ökologische Sozialisationsforschung. Stuttgart.
Bronfenbrenner, Urie (1981): Die Ökologie der menschlichen Entwicklung. Stuttgart.
Faulstich, Wolfgang (1998): Grundwissen Medien. München.
Postman, Neil (1987): Das Verschwinden der Kindheit. Frankfurt a. M.
Postman, Neil (1988): Die Verweigerung der Hörigkeit, Lauter Einsprüche. Frankfurt a. M.
Sander, Uwe/Vollbrecht, Ralf (1994): Wirkungen der Medien im Spiegel der Forschung. Ein Überblick über Theorien, Konzepte und Entwicklungen der Medienforschung. In: Hiegemann, Susanne/Swoboda, Wolfgang H. (Hrsg.): Handbuch Medienpädagogik. Opladen, S. 361–385.
Schanze, H. (2001): Handbuch der Mediengeschichte. Stuttgart.
Zacharias, W. (2000): Auf der Suche nach einer pädagogisch akzentuierten »Medienökologie« zwischen »senses & cyber«. In: Ders. (Hrsg.): Interaktiv: Medienökologie zwischen Sinnenreich und Cyberspace. München, S. 50–81.

Der medienbiographische Ansatz

Ekkehard Sander / Andreas Lange

Zum gesellschaftlichen Hintergrund: Medienbiographien in Zeiten des normativen Individualismus

Der Blick auf die Medienbiographie ist ein Blick auf Kinder, Jugendliche, Erwachsene und seit neuerer Zeit auch ältere Menschen (Schorb/Hartung/Reißmann 2009) als Individuen, für die ihre Medienerfahrungen ein Teil ihres Lebens und dessen narrativ-reflexiver Bearbeitung sind.

Dabei stellt der medienbiografische Ansatz » ... die Frage, welchen Anteil und welche Relevanz Medien an der individuellen Konstruktion und Rekonstruktion einer Biografie haben und wie sich Muster der Mediennutzung und Medienaneignung biografisch ausbilden und verändern.« (Vollbrecht 2015: 12). Es spricht aus soziologischer Sicht einiges dafür, dass die Relevanz von Medien für die individuellen und sozialen Konstruktionen von Identität und Biographie gegenüber dem 20. Jahrhundert nochmals gewachsen ist. Das liegt nicht zuletzt an der atemberaubenden Geschwindigkeit der Entwicklung neuer technologischer Möglichkeiten und damit verbunden des Potenzials, das eigene Selbst reflexiv medial zu spiegeln. Prominente konkrete Beispiele hierfür sind das »quantifizierte Selbst« (Lupton 2016) bzw. das Lifelogging (Selke 2014). Man könnte auf dieser Linie extrapolierend behaupten, dass die Medienbiographien heute gewissermaßen von Anfang an, zumindest in Rudimenten, »externalisiert« werden. Dabei wirft die zunehmende medial ermöglichte Visualität (Lobinger/Geise 2015) dieser Selbst-Bilder ebenfalls neue Fragen im Blick auf die Struktur der Medienbiographien auf, dies könnte gleichzeitig der Forschung neue Einsichten in deren Ausbildung gewähren. Dazu kommt das schiere Volumen, das die Mediennutzung im Spektrum der Lebensführung einnimmt. Auch dies deutet in Richtung einer relativ zunehmenden Relevanz von Medien für die Subjektkonstitution und deren Reflexion. Unterstützt wird dies weiter durch einen starken Zwang zur Darstellung und Präsentation von Individualität als Merkmal von Kompetenz und Kreativität schon von Kindesbeinen an (Lutz 2016). Mit diesen Hinweisen schließen wir uns aktuellen Positionen an, die kritisieren, dass die These von Individualisierung als bloße Erweiterung der Handlungsmöglichkeiten als zeitdiagnostische Kompaktformel zu kurz greift. »Was sich gerade auch für die 1960er und 1970er Jahre historisch rekonstruieren lässt, ist nicht ein sukzessiver Anstieg von Individualität, sondern ein massenhaft auftretender öffentlich vermittelter zweifelsfrei wachsender, aber stets doch phantasmatischer Anspruch auf Individualität – und nichts an diesem Anspruch war oder ist individuell.« (Eitler/Elberfeld 2015: 17). In Gesprächen formeller Art und Weise können Elemente von Medienbiographien also strategisch eingesetzt werden, um sich als »Marke« zu platzieren.

Im Zuge einer Gesellschaftsentwicklung in Richtung Beschleunigung, Destabilisierung von sozialen Beziehungen und struktureller Prekarität wird also Individualität als Ressource entdeckt, um auf den wettbewerbsorientierten Feldern von Bildung, Arbeits- und Partnermarkt zu punkten – es entsteht ein »normativer Individualismus«, in dessen Rahmen jeder Autor und Darsteller seiner Lebensgeschichte sein soll, möglichst untermauert durch ein Lebensprojekt (Delory-Momberger 2011: 34).

Medien- und Biografieforschung: Zwei Forschungswelten nähern sich an

Der medienbiographische Ansatz greift Vorgehensweisen, theoretische Konstrukte und inhaltliche Ergebnisse der Biografieforschung (vgl. z. B. Fuchs-Heinritz 2009) und der neueren Medienforschung zu Beginn der achtziger Jahre auf und synthetisiert diese beiden Stränge in einem neuen Zugriff: Seit den siebziger Jahren hat sich in Deutschland eine vor allem aus soziologischer Sicht rege betriebene Auseinandersetzung um die Nutzung von biographischem Material als Grundlage der Forschung entsponnen. Sie war allerdings von Beginn an von kritischen Zwischenrufen begleitet – insbesondere arbeitet man sich an der Forschungslogik (Bedeutung von Einzelfällen) und der besonderen Art des Materials (narrative Strukturen) ab (Apitzsch 2003). Bis heute schwelt der Streit, ob die Biographie eine durch und durch individuell synkretistische Konstruktion darstellt oder ob aus ihrem Inhalt und ihrer Struktur Aussagen über Gesellschaftliches abgeleitet werden können und sollen. Dezidiert hierzu positioniert sich Scherr (2016: 139): »Soziologische Biografieforschung ist nicht an der Besonderheit des Einzelfalls interessiert, sondern daran, was sich aus der Gestalt individueller Biografien für eine Theorie der Gesellschaft lernen lässt.«

Während die soziologische Biographieforschung sich thematisch auf ihre »klassischen« Felder Identität, Entwicklung und Bildung konzentriert, als biographiegenerierende Elemente vor allem Familie und Beruf berücksichtigt und in jüngster Zeit sehr stark auf Ethnizität setzt und dabei die Medien in ihren sozialisatorischen und kulturalisierenden Aspekten kaum berücksichtigt, ist in der Medienforschung ein Paradigmenwechsel zu beobachten: weg von der Wirkungsforschung des Leitmediums Fernsehen hin zur Erforschung des Zuschauers als deutend handelndes Subjekt. Angestoßen durch die empirischen Befunde der Zuschauerforschung orientierte sich die Medienforschung stärker als bisher an der Vorstellung des aktiven Zuschauers. Die einseitige Fixierung auf die Medien, ihre Produzenten und ihre Inhalte wurde erweitert durch das Interesse für die unterschiedlichen Gruppen der Zuschauer des Fernsehens und ihre sozialen Praktiken des Mediengebrauchs, prominent vertreten durch die Cultural Studies (Hepp 2010). Die Stereotypen von den »Massenmedien« und von der amorphen Masse als Zielgruppe wurden durch die gesellschaftlichen Veränderungen obsolet. Die »Masse« entpuppte sich als Menge heterogener Zielgruppen, deren Umgang mit den Medien sich nach Merkmalen, wie z. B. Stadt, Land, Religion, Bildung, Lebensform, Alter und Alltagskultur deutlich unterscheidet (Lange 2000).

Noch weitgreifender sind Überlegungen im Umfeld der Mediatisierung (Krotz 2007, 2015), weil sie die Medien nicht mehr als Instanzen auffassen, die punktuelle Impulse aussenden, sondern sie als ständig bestehende Textur der individuellen und sozialen Praktiken der Individuen begreifen – damit aber auch die Praktik der Konstruktion und Rekonstruktion der eigenen Biographie und Sozialisation beeinflussend (Lange 2015). Der oben angetippte soziale Wandel nimmt auch Einfluss auf den Lebenslauf und die Biographie. Medienbiographieforschung wird auch deshalb interessant und relevant für andere Teildisziplinen der Sozialwissenschaften, weil die individuellen und gesellschaftlichen Konstruktionen der Lebensalter reflexiv werden und zur Zeit der Abfassung dieses Artikels Diskussionen der Frage: »Was ist ein Erwachsener«? (Neiman 2014) große Resonanz erfuhren.

Verstärkt wird dies dadurch, dass die gesellschaftlichen Bedingungen eine immer stärkere und eine immer frühere Biographisierung nahelegen: Destandarisierung und Individualisierung bringen es auch mit sich, dass trotz neuer Unsicherheiten eine biographische Fundierung der Ansprüche an personale Autonomie vorgenommen wird. Seit geraumer Zeit wird auch in der Kindheitsforschung dezidiert davon ausgegangen, dass Kinder in der Lage sind, biographische Erzählungen zu generieren (Behnken/Zinnecker 2001). Die Zahl der Anlässe nimmt zu, bei denen Menschen über sich nachdenken und Auskunft über sich geben, indem sie auf ihre

Lebensgeschichte verweisen. Die nur noch als transitorisch zu denkende Identität des modernen Menschen (Renn/Straub 2002) erweist sich an seiner Fähigkeit und Bereitschaft zur biographischen Selbstreflexion. In dem Maße, in dem bereits Kinder an der Institution Lebenslauf teilhaben, sollte sich auch ihre biographische Selbstreflexion entwickeln. Konkret heißt dies, dass sie frühzeitig lernen, sich ein »curriculum vitae« anzueignen und biographische Perspektiven für ihr Leben zu entwickeln. Kinder lernen, ihr Leben entlang von frühen Karrieren im Freizeit-, Schul- und Kulturbereich zu organisieren. Sie werden hierbei von Erwachsenen unterstützt, aber sie entwickeln in diesem Tun auch starke Elemente von Selbstsozialisation bzw. Selbstbildung (Röhner 2003).

Ein weiterer biographieprovozierender Schub ergibt sich aus den »harten« sozialen Wandlungsprozessen. Kinder sind von Umzügen der Familie, der beruflichen Mobilität der Eltern, deren beruflichen Auf- und Abstiegen oder deren Lebenskrisen, vornehmlich deren Trennungen und Scheidungen betroffen (Jurczyk/Klinkhardt 2014; Engelbert/Herlth/Mansel/Palentien 2000). Als Kinder wechseln sie die Schulen, die Musikinstrumente und die Sportarten. Als junge Konsumenten und Ziel des Marktes (Feil 2003; Hengst 2011) erfahren sie die rasche Abfolge von Kindermoden, Kinderhelden und Spielzeug. All diese Erfahrungen von Innovationen, Brüchen und Passagen bieten Kindern genügend Anlässe, sich als Personen mit einer besonderen, individuellen Lebensgeschichte wahrzunehmen. Letzterer Aspekt gewinnt derzeit im Zuge der Diskussionen um die Qualitätssteigerung sowie organisatorischen Neuschneidung des Bildungssystems an Gewicht – Bildungsbiographien verlangen geradezu in gegenwärtigen Gesellschaften ein hohes Maß an Selbstorganisation. Als wichtiges neues Forschungsgebiet stellt sich damit die Frage nach den Wechselwirkungen von Medien- und Bildungsbiographien auf. Medienbiographien stellen dabei eine wichtige Instanz und Konsequenz des Zugewinns von Prozessen des informellen Lernens (Rauschenbach 2016; Tully 2016) neben und abseits der Schule dar.

Weitet man den Blick auf die andere Seite des Lebenslaufes, so haben sich auch dort Entgrenzungen und Verschiebungen ergeben, die nicht konsequenzenlos für die Medienbiographien bleiben. Die Verlängerung der Lebenszeiten sowie die Auflösung eines festen Bedeutungskerns von Alter schaffen einen neuen Rahmen für die Selbstreflexion qua Medien und Medientechnologien. Auch veränderte Altersselbstbilder, die bewusst als Gegenentwürfe gegenüber dem richtigen Altern als bravem angepassten Rückzug lanciert werden, sind in diesem Zusammenhang hoch bedeutsam (van Dyk 2015).

Kontext Medien

Auch die Medien selbst spiegeln diese sozial-kulturellen Entwicklungen wider und wandeln sich in vielerlei Hinsicht (Garncarz 2016): Nicht nur durch das Entstehen neuer Medieninhalte und Formate, sondern ebenso durch die technologische Entwicklung der so genannten »Neuen Medien«, ihrer Diversifikation (neue Gerätetypen), ihre Ubiquität durch die neuen Verbreitungsmöglichkeiten (Smartphone; Internet;) und die neuen Speicher- und Produktionsmöglichkeiten, insbesondere in den sozialen Medien (vgl. dazu ausf. MPFS 2015). Im Blick auf die Medienbiographie werden beide Bezugspunkte in einem Gesamtbild sichtbar: als subjektive Ereignisgeschichte der nachhaltigen Medienerinnerungen und zugleich als Schlaglicht auf den Umgang mit den aktuellen Medien und ihren Inhalten und Formen.

Medienbiographie als heuristisches Untersuchungskonzept: Konzeption und Methodik

Im Lichte der Theorien des symbolischen Interaktionismus und verwandter Ansätze erfordert der Umgang mit und das Verarbeiten von Medien aktives Interpretieren und Handeln: Inhalte verstehen, die Mediensprachen entschlüsseln, das für sich selbst Passende zu finden, wissen, was sich hinter den verschiedenen

Fernsehformaten verbirgt. Medien für sich nutzen heißt, sie in einen sinnvollen Zusammenhang mit den eigenen Entwicklungsthemen und Interessen stellen zu können. Die Grundlagen für diese Fähigkeiten werden in der Beschreibung der medienbiographischen Erinnerungen sicht- und spürbar: Medienbiographie ist zu großen Anteilen eine Medienereignisgeschichte. In der Kindheit vollziehen sich frühe Prägungen durch das Vorbild von Eltern und Geschwistern. Die Wiederbegegnung z. B. mit den ersten Lieblingskassetten und Fernsehserien in den medienbiographischen Erinnerungen ist zugleich eine Wiederbegegnung mit wichtigen Personen, Erfahrungen und Dingen der Kindheit – und mehr oder weniger unwillkürlich auch mit den damit verknüpften Gefühlen.

Der medienbiographische Ansatz greift die soziale Einbettung der Medien (»Mediatisierung des Alltags«) auf der Seite der individuellen lebensgeschichtlichen Bearbeitung auf (vgl. zum Konzept Medienbiographie in den achtziger Jahren: Kübler 1982; Rogge 1982).

Zwei Besonderheiten sind ausdrücklich zu benennen:

- Biographie als Verbindung des Vergangenen mit dem Gegenwärtigen wird als ein Prozess der Veränderung verstanden, im Sinne von: »Was war, was ist, was wird sein?« Er findet seinen Ausdruck in der Verwendung der Symbolsprache der Medien für die Beschreibung und Verarbeitung der individuellen Medienerfahrungen.
- Die medienbiographischen Zugänge arbeiten mit einem Bild des »aktiven Zuschauers«, der sich mit der eigenen Vergangenheit auseinandersetzt. Es schließt die Dimensionen des Handelns, des Bewusstwerdens und der Reflexion ein. Die Sprache der Medien ist hier das gemeinsame Dritte, das für die sozialen Beziehungen Möglichkeiten der symbolischen, »bildhaften« Verständigung schafft.

Damit werden sowohl die eigene Biographie und die dazugehörigen Ereignisse als auch die damit verbundenen Erinnerungen an die Lieblingsmedien als selbst ausgewählte, entdeckte und wieder veränderte Erfahrungsschätze sichtbar. Hier liegt ein Mehrwert des medienbiographischen Ansatzes: Er kann dazu ermutigen, den zurückgelegten eigenen Weg »bildhaft« sichtbar zu machen – für sich selbst und für andere. Zugleich wird das Uneingelöste, das Schmerzhafte, das (noch nicht) Erreichte bewusst: Der Blick zurück unterstreicht indirekt das Aktuelle und macht Mut, sich ein Bild von dem Zukünftigen und Wünschenswerten für die eigene Biographie zu machen. Die medienbiographischen Erinnerungen ermöglichen mit dem Blick zurück eine Selbstvergewisserung – zu dem, was war und zu dem, was ist. Gleichzeitig wird die Differenz zwischen dem Vergangenen und dem Heutigen deutlich. Die Notwendigkeit, sich immer wieder mit der eigenen Biographie zu beschäftigen, wird mit der oben schon eingeführten These von der »Biographisierung« (Böhnisch 1997) unterstrichen: Die gesellschaftlichen Veränderungen führen zu einer Ausdifferenzierung bzw. Auflösung der bisher institutionell gesteuerten Jugendphase einschließlich der prekärer und pluraler werdenden Übergänge Schule – Beruf (DuBois-Reymond 2004) und auch des Statusübergangs in eine eigene Familie (Junge 1995). Aus dem Blickwinkel der Individuen erwächst daraus »eine Tendenz, dass Menschen in allen Lebensphasen versuchen, die Dinge so zu tun und zu lassen, dass man sich einigermaßen dabei wohl fühlt, […] dass die biographische Bilanz einigermaßen stimmt« (Böhnisch 1997, S. 65). Die unübersichtlichen gesellschaftlichen Verhältnisse müssen individuell gedeutet und bewältigt werden. Individualisierung beinhaltet demnach die Notwendigkeit der »Biographisierung«, es findet eine »Biographisierung« der Jugendphase statt.

Jenseits der damit verbundenen individualisierenden und fragmentierenden Tendenzen sind auch Normierungen zu notieren: Kindheit und Jugend werden im Zusammenhang mit der Entwicklung einzelner Medien als Medien-Generationen klassifiziert (Bsp.: Medien-, Fernseh- Computer-, Internetgeneration, Generation@, vgl. Opaschowski 1999; Digital Natives vs. Digital Immigrants, Prensky 2001; Generation 2.0, Lempp 2011).

Selbstverständlich sind diese pauschalen Zuschreibungen nicht selten willkürlich und wenig aussagekräftig. Trotzdem werden diese sich auf Medientechnologien oder -inhalte stützenden Generationsetikettierungen gerne aufgegriffen, sie bedienen offenbar den Verständigungsbedarf der Öffentlichkeit und sind somit Teil des öffentlichen Generationendiskurses und der Generationenrhetorik (Lüscher/Liegle 2003).

Fragen nach der Medienbiographie, beispielsweise im Rahmen eines sozialwissenschaftlichen Interviews, fordern dazu auf, Vergangenes »zur Sprache« zu bringen. Unterstützend wirkt hier der Charakter der Medien als eine Form der Symbolisierung und der Symbolsprache: Das so nicht Sagbare, die gefühlsmäßigen, aber auch die ästhetischen und stilistischen Dimensionen der Erinnerungen an die Lieblingsstars der Jugend z. B. werden durch die Nennung einzelner Stars und Liedtitel symbolisiert. Mittlerweile macht man sich methodisch diese Symbolisierungspotenziale systematischer zu Nutze, indem man den zu Befragenden beispielsweise unterstützend zum reinen Leitfaden ein Medienmemory bzw. ein Medienkaleidoskop an die Hand gibt (Beck/Büser/Schubert 2016: 82 ff.).

Eine so gedächtnistechnisch und visuell abgestützte Beschreibung der Lieblingsmedien liefert darüber hinaus die ersten Anhaltspunkte: Was ist das allgemeine Thema; mit welchen ethischen und moralischen Motiven und Konflikten gehen die handelnden Personen um? In welcher Form greift der Interviewte diese Inhalte auf? Die Bezüge zu den Themen und Interessen der befragten Personen werden durch diese zusammenfassenden Beschreibungen in einer verschlüsselten Form angesprochen und sichtbar. Deutlich wird: Nicht die medienbiographischen Erinnerungen allein, sondern die Berücksichtigung sowohl der Befunde zu den äußeren Lebensbedingungen (Lebensformen) als auch derjenigen zu den inneren Gefühlen, Bildern und Motiven führt in der Zusammenschau zu einem in sich stimmigen Gesamtbild.

Das Besondere der Medienbiographie erschließt sich erst durch eine Zusammenführung der zahlreichen einzelnen empirischen Befunde zu einem Gesamtbild: Der Forscher muss über die Erfassung der einzelnen Befunde hinaus nach diesem Schlüssel suchen. Zunächst, indem er sich selbst mit den genannten Lieblingsstars auseinandersetzt – dieses Kontextwissen über Filme, Geschichten, Genres ist wichtig. Im Selbstversuch kann der Forscher versuchen nachzuvollziehen, was das Bedeutsame für den Interviewten sein könnte. Es ist ein Versuch des Nach-Spürens und Nach-Empfindens. »Dieses Vor-Augen-Führen hat [...] die wichtige Funktion der Konkretisierung, Bewusstmachung und Distanzierung« (Neuß 2000, S. 13). Im Idealfall kennt er die genannten Lieblingsmedien selbst und versucht, diese aus dem Blickwinkel des Interviewten anders zu sehen und neu zu bewerten.

Der medienbiographische Ansatz wird in erster Linie in der qualitativen Medienforschung verwendet. In der folgenden Übersicht tragen wir Vor- und Nachteile des Ansatzes nochmals zusammen:

Vorteile

- Der gesellschaftliche Wandel erhält mit den medienbiographischen Erinnerungen Einzelner ein individuelles Gesicht.
- Die soziokulturellen Profile von Kleingruppen in unterschiedlichen Milieus (Stadt/Land) können medienbiographisch in ihrer Entwicklung und Veränderung retrospektiv beschrieben werden. Der Zusammenhang von regionalspezifisch geprägten »popular cultures« und Medienbiographien kann mit diesem Ansatz empirisch erschlossen werden.
- Die These von der Existenz von Mediengenerationen kann empirisch z. B. durch die Fragen nach den gemeinsam geteilten Lieblingsfilmen und Lieblingsstars in Vergangenheit und Gegenwart diskutiert werden.
- Die Erinnerung an die eigene Medienbiographie ist eine Brücke zum Verständnis für die scheinbar »ganz anderen Medienpräfe-

renzen« der Kinder und Jugendlichen. In der Rückschau auf die frühen Medienlieblinge liegt das Moment der Relativierung aktueller Diskussionen über problematisches Medienverhalten bzw. Medieninhalte: Sie werden als passagerer Ausdruck einer vergangenen Lebenssituation erkennbar: Medien sind Lebensbegleiter. Ihre Bedeutung ist ständigem Wandel unterworfen, wie wir selbst.

Grenzen

• Es ist ein erheblicher methodischer Aufwand nötig. Neben der Entwicklung der geeigneten Instrumente fällt hier die Aneignung von Vorwissen zur Vorbereitung des Interviewers ins Gewicht. Die retrospektiven Fragen setzen profunde Kenntnisse über die interessierende »historische« Medienkultur und das damit verbundene gesellschaftliche Klima der zu befragenden Jugendgeneration voraus. Auch die Durchführung der Interviews mit den hier besonders wichtigen retrospektiven Fragen erfordert besondere Fähigkeiten.

• Die Balance zwischen animierender Empathie und distanzierter Akzeptanz: Der Forscher sollte sich seiner eigenen Medienbiographie bewusst sein – einschließlich der ihm möglicherweise peinlichen Details der Kindheit und Jugend. Interesse und Neugier, statt insgeheimer Belustigung und negativer Bewertung als Haltung des Interviewers setzen eine selbstkritische Inventur der eigenen Medienbiographie voraus. Das Gelingen der medien-biographischen Erinnerungsarbeit (Hipfl 1996) braucht das Engagement des ganzen Forschers: Er setzt seine Persönlichkeit ein, sowohl seine subjektiven Medienerfahrungen als auch seine Fähigkeit, sich in andere Milieus hineinzuversetzen und seine Aufmerksamkeit und Empathie auf den Befragten zu richten, um ihn zu motivieren und ihm Mut zu machen, über sich zu sprechen. In diesem Zusammenhang gehört auch der Umgang des Forschers mit den eigenen Irritationen – nachfragen statt bewerten; den

Redefluss nicht stören oder unterbrechen – auch bei Wiederholungen und denjenigen Passagen, die den Ansichten des Forschers diametral entgegenstehen – hier wird die Selbstkontrolle und die Konzentration allein auf den Interviewten und seinen immanenten Gesprächsfaden auf eine harte Probe gestellt. An dieser Stelle wird auch deutlich, dass es um eine Form der sozialen Verständigung geht, zwischen der »Welt« des Forschers und der des Interviewten. Die damit verbundenen gegenseitigen Hintergrunderwartungen (»the hidden background expectations«) spielen u. U. eine verzerrende Rolle: Beim Interviewten (i. S. v.): Was kann ich sagen, was möchte er gerne hören, für welche Art von Äußerungen bekomme ich seine Zustimmung, für welche nicht, spreche ich trotzdem darüber? Beim Interviewer (i. S. v.): Wie reagiere ich, wenn jetzt schon wieder über dasselbe berichtet wird, wie bleibe ich neutral und zugewandt, wenn über langweilige und banale Filme, Lieder, Serien lang und breit erzählt wird? »Das biographische Interview verlangt von den Befragten nicht nur kommunikative Kompetenz und die Fähigkeit zur Interpretation des eigenen Selbst. Medienbiographische Interviews (Tilemann, S. 291 ff.) stellen den Befragten zudem vor die Aufgabe, ihre Mediennutzung als eigene aktive Handlung wahrzunehmen. Aufgrund [...] [der] vielfach nicht bewussten Bedeutung von Medien stellt das medienbiographische Interview daher hohe Anforderungen an die Befragten, aber auch an die Forscher und deren Fähigkeiten, Medienerinnerungen zu evozieren« (Klaus/Röttger 1996, S. 112). Die Einschränkung, dass die mit der medienbiographischen Methode gewonnenen Daten nicht generalisierbar sind, ist eine Kritik, die immer wieder an den qualitativen Methoden der Medienforschung geübt wird. Sie wird mehr als ausgeräumt durch den Erkenntnisgewinn des medienbiographischen Ansatzes. Eine empirische Beschreibung des sozialen und kulturellen Wandels hier und heute in seinen Auswirkungen auf das Leben einzelner Individuen und Gruppen wird möglich. Aus dem Blickwinkel der einzelnen Individuen und Gruppen heraus werden Lebensformen und kulturelle Praxen sichtbar, die eine Differenzierung des gängigen Konstrukts »Zuschauer« ermöglichen. Die Aussagekraft kann dadurch erhöht werden, dass die Daten der einzelnen Fallstudien differenziert und transparent ausgewertet und mithilfe einer vorsichtigen Typisierung und der Herausarbeitung von Mustern zusammengefasst werden.

Erinnerungen sind nicht einfach sofort und unabhängig von Situation und Tagesform abfragbar: Sie erfordern eine bestimmte Form von Vertrautheit und einen Kontext, in dem die persönliche Seite dieser Erinnerungen einen verlässlichen Rahmen und Raum findet. Elternabende z. B. mit ihren heterogenen Strukturen, noch dazu in der Schule, werden hier vermutlich nur sehr begrenzte Möglichkeiten eröffnen, anders vielleicht in einem Gespräch mit einer in sich homogenen und vertrauten Gruppe. Der Interviewer befindet sich während des Gesprächs »in einem Prozess der permanenten, spontanen Operationalisierung« (Röttger 1994, S. 103). Er muss den Bezug zwischen Aussagen und den eigenen Erkenntnisinteressen herstellen, die Konzentration auf die Aussagen und die Gesamtsituation (Setting) aufrechterhalten, und er muss entscheiden, ob er interveniert oder nicht. Hier deutet sich ein Paradoxon dieser Methode an: Einerseits das Interesse und die Hoffnung, durch Nachfrage oder Gewähren den Erzählfluss des Interviewten zu fördern und auf einen scheinbar wichtigen Aspekt zu lenken. Andererseits das übergeordnete Interesse, alle Themen einigermaßen gründlich in diesem Interview anzusprechen und dabei den vorher vereinbarten zeitlichen Rahmen einzuhalten bzw. das Risiko zu vermeiden, gerade bei Kindern und Jugendlichen, deren Motivation und Bereitschaft zu sehr zu strapazieren.

Exemplarische Befunde: Familie als erster Ort medienbiographischer Erfahrungen der Kinder und Jugendlichen

Aus Untersuchungen zur Mediennutzung im Familienzusammenhang geht hervor, dass Medien bis ins späte Kindesalter noch sehr stark gemeinsam genutzt werden, überdies wird auch über Medien geredet (Kessler/Kupferschmidt 2012). Von daher liegt es auf der Hand, dass der elterliche Medienumgang die medienbezogenen Wissens- und Handlungskonzepte ihrer Kinder prägt und selbstredend spielen hier Milieuzugehörigkeiten eine tragende Rolle (Paus-Hasebrink/Kulterer 2014).

Die Medienbiographie der Eltern, die Zusammensetzung der Familie, die Rolle der Geschwister werden zu zentralen Entwicklungsbedingungen für die medienbiographischen Erfahrungen der Kinder. Medieninhalte bedürfen der Reflexion und der Interaktion. Erst durch diese Aneignung auf der kognitiven und emotionalen Ebene werden Medienerfahrungen eine Grundlage für die individuellen und sozialen Optionen der Rezipienten. Die gemeinsame Rezeption von Medien in der Familie ist hier deswegen von zentraler Bedeutung, weil hier die verschiedenen Bewertungen, Kommentierungen und Umgangsweisen z. B. mit einem Film als gemeinsam geteilte Erfahrung zum Alltag gehören. Mit den Medienfiguren werden Gefühle, Werte, Konflikte, Ängste u. a. m. als real und gegenwärtig erlebt - sie bekommen ein Gesicht. Individuelle und gemeinsame medienbiografische Erfahrungen in der Familie können somit als ein Übungsraum gesehen werden für eine mediatisierte Form der Verständigung und des Umgangs mit widersprüchlichen und ›fremden‹ Gefühlen, Wertvorstellungen und Kulturen.

Schon im Vorschul- und Schulalter sind Kinder einerseits aktive Mitgestalter familialer Praktiken der Medienrezeption und darauf bezogener Anschlusskommunikationen. Sie sind andererseits Partizipanden an kulturell spezifischen Familienmilieus, die Medien wiederum in je besonderer Weise nutzen. Ein für die gegenwärtige Zeit besonders prägnantes Beispiel für diese Sachverhalte sind Nutzungen von Medien im Rahmen von Familien mit Migrationsfamilien (vgl. Krinninger/Müller/Falkenreck/Bahr 2011). Zentral ist mit Blick auf die ersten Ausformungen von Medienbiographien dabei die wirklichkeitsselektierende Rolle der Eltern in westlichen Kulturen: »Interessant ist, dass vor allem für jüngere Kinder den Müttern und Vätern eine Art Filterfunktion zukommt, indem sie Dinge, Wissensbestände oder Vorstellungen von außen mit einem subjektiven Sinn belegen und diese Aspekte bewerten. Damit werden sie den Kindern zunächst subjektiv und gedeutet zugänglich.« (Andresen 2016: 410/411). In der Medienforschung wird diese Filterfunktion umfassend unter den Stichworten »parental mediation« und »elterliche Medienerziehung« abgehandelt (Börner 2016).

Aus dem Forschungsprojekt »Geschlechterdifferenz und Lektürepraxis in der Adoleszenz« präsentieren Schulte Berger/Schoett/Garbe (2002) zwei Fallbeispiele zum Erwerb von Medienkompetenz in der Familie in der Jugendphase. Ausgehend von der These, dass »die primäre Sozialisation in der Familie besonders nachhaltige Wirkungen zeigt«, untersuchen sie das »Zusammenspiel des kulturellen Milieus sowie der normativen Einstellungen der Eltern zu bestimmten Medien mit Erziehungspraktiken und Interaktionsstrukturen zwischen Erwachsenen und Kindern sowie der biographischen Verarbeitung beider Dimensionen durch die von uns befragten Jugendlichen« (ebd., S. 256). Besonders die Wirkung des »normativ und affektiv vorstrukturierten Raumes« der Familie auf die individuelle Entwicklung des Kindes und seiner sozialen Interaktion mit den Eltern u. a. werden mithilfe der biographischen Fallrekonstruktionen von zwei 17-jährigen Jungen untersucht. Diese Dimensionen seien, so die Autorinnen, für die Herausbildung von Medienkompetenz bisher nicht ausreichend berücksichtigt worden. »Kulturelle Orientierungen und medienbezogene Normsetzungen des Elternhauses« (ebd., S. 266) werden, so das Ergebnis, von einem Befragten affirmativ verarbeitet, im anderen Fall abgelehnt. Letzteres wird in diesem Fall

durch das Interesse an Gewaltdarstellungen in den Medien erreicht, die dem Geschmack der Mutter konterkarieren. Für sich genommen würde eine Beschreibung dieses Medienverhaltens vermutlich zu eher negativen Eindrücken führen. Erst die Einbettung des Medienverhaltens in seine Biographie erschließt den subjektiven »Sinn« für den Befragten: Die Autorinnen entwickeln die Hypothese, dass es »für die Übernahme oder Ablehnung elterlicher Medienorientierung [...] durch die Kinder eine große Rolle (spielt), ob letztere primär durch den gleich- oder den gegengeschlechtlichen Elternteil vermittelt werden« (ebd., S. 66). Dieser Befund unterstreicht einmal mehr die Bedeutung des medienbiographischen Ansatzes, weil der Stellenwert der Medienerfahrungen erst im Kontext mit den wichtigen Faktoren Familienklima und familialer Kommunikation sichtbar wird

Eine Einbeziehung der biographischen Kontexte der alten und jungen Generationen ist für die Analyse der je interessierenden Medienbiographien äußerst hilfreich. Das heißt, die Medienbiographien der jüngeren Generationen vollziehen sich immer auch in direkter oder indirekter Auseinandersetzung mit denjenigen der Älteren.

Vor dieser Folie standen Medienerfahrungen von Kindern, die in Familie und Peergroup heranwachsen, im Mittelpunkt einer Längsschnittuntersuchung (Barthelmes/Sander 2001; Sander 2001). In der Adoleszenz sind Veränderungen im Leben der Familien besonders deutlich sichtbar: Wie verändert sich der Medienumgang und das Interesse an den Medien im Übergangsstadium vom Kind zum jungen Erwachsenen? Aus dem Blickwinkel von Eltern und Jugendlichen stellen sich diese Veränderungen verschieden dar: Die Jugendlichen legen die Medien ihrer Kindheit ad acta – die Lieblingsmedien ihrer Kindheit signalisieren Erlebnisse und Gefühle ihrer Biographie. Die Eltern werden durch die Pubertät ihrer Kinder selbst wiederum oft gegen ihren Willen mit der eigenen Jugendzeit konfrontiert: »Oh je, wie ich damals.« Sie greifen auf ihre eigenen Erinnerungen aus ihrer Jugendzeit zurück. Das gilt auch für ihre Einstellung zur Medienerziehung und zu den typischen Diskussionen über die heißen Themen der Adoleszenz: Schule, Freunde, Geld und auch Medien. Aus diesem Grunde wurden die Eltern nach den medienbiographischen Erinnerungen ihrer Jugendzeit gefragt (vgl. die Fragen in Barthelmes/Sander 2001, S. 307). In den jeweils spezifischen Fragebogen für Eltern und ihre Kinder wurden offene und geschlossene Fragen gestellt. Die Verwendung von ausgewählten schriftlichen Dokumenten diente zur Anregung der Erinnerungsarbeit bei den retrospektiven Fragen nach den früheren Lieblingsmedien der Eltern in ihrer Kindheit und Jugend sowie für ähnliche Fragen an ihre Söhne und Töchter. Zur Vorbereitung eigneten sich die Interviewer Kontextwissen z. B. über die Hitlisten der siebziger und achtziger Jahre an sowie über die Jugendkultur der letzten 10 Jahre (Film, Musik, Serien).

Die wichtigsten Ergebnisse der damaligen Studie:

- Die Eltern spielen bei der Mediensozialisation ihrer Kinder eine herausragende Rolle: Die medienbiographischen Erinnerungen der Jugendlichen sind zuerst diejenigen, die mit wichtigen Familien- und Lebensereignissen verbunden werden, z. B. Kindergeburtstage, Weihnachtsgeschenke und der erste Schultag. Für die Eltern der befragten Jugendlichen war es selbstverständlich, dass ihre Kinder mit einem Medienensemble aufgewachsen sind, z. B. mit Fernseher, Video, Radiorecorder, Hi-Fi-Geräten. Für die Ausbildung ihres eigenen individuellen Medienumgangs war es ein besonderes Ereignis, wenn die Kinder ein bestimmtes Gerät für sich allein bekommen haben. Märchenkassetten, Bücher oder eine CD als Geschenk der Eltern nehmen in den Erinnerungen der Jugendlichen einen wichtigen Platz ein. Sie empfinden diese Geschenke als Ausdruck und Bekräftigung der Aufmerksamkeit und der Liebe ihrer Eltern ihnen gegenüber.
- Die Eltern schenken ihren Kindern vor allem Medien, die sie selbst kennen und mögen oder von deren Qualität sie überzeugt sind. Insofern ist die Auswahl dieser Geschenke auch ein Weg, ihre Kinder in ihrer Geschmacks-

entwicklung zu fördern und zu beeinflussen. Diese »Gatekeeper«-Funktion der Eltern ist in den Erinnerungen der Jugendlichen spürbar.
- Das Muster von Differenz und Kontinuität: In den Erinnerungen der Jugendlichen spielen die Lieblingsstars eine wichtige Rolle. Sie stehen für den Zusammenhang zwischen ihrer Vergangenheit als Kind und dem Beginn der Jugendphase, den sie damit selbst herstellen und ausdrücken können. Dieser Übergang vom Kind-Sein zum Jung-Sein ist in den Veränderungen ihres Medienumganges sichtbar. In ihrem neuen Geschmack werden ihre entwicklungsbezogenen Interessen und Erwartungen spürbar. Im Rückblick wird ab dem zehnten Lebensjahr ihr zunehmendes Interesse für Filme und die Bedeutung der Musik feststellbar. Zugleich nimmt die Bereitschaft zu, sich mit den Eltern über Medien zu streiten – hier ist vor allem das »Zu-viel-Fernsehen« ein Anlass, die Grenzen ihrer Selbständigkeit neu zu regeln. In der Rückschau auf die eigene Kindheit werden sich die 13-/14-Jährigen bewusst, wie sich ihr Medienumgang herausgebildet hat und welche Vorlieben im Laufe der Zeit bei ihnen entstanden sind. Bei dieser Rückschau vergewissern sie sich ihrer gegenwärtigen Entwicklungsstufe, die wiederum Ausgangspunkt für zukünftiges Handeln ist (Kontinuitäten, Brüche, Veränderungen, Entwicklungen). Der Rückblick erleichtert es ihnen, ihre medienbezogenen Vorlieben, Umgangsweisen und Gewohnheiten besser abzuschätzen und sich dieser bewusst werden zu können.
- Die medienbiographischen Erinnerungen der Eltern bilden die Grundlage für ihre Auffassungen von Medienerziehung und sind zudem Ausdruck ihrer Treue zu sich selbst: Medien markieren wichtige Ereignisse und Erfahrungen der Eltern, sie schließen die Tür zu ihrer eigenen Jugendzeit wieder auf. In der medienbiographischen Rückschau verbinden sich Medien und Biographie zu einer Einheit. Die Eltern sehen sich unvermittelt mit ihrer eigenen Jugendzeit konfrontiert. Die befragten Eltern berichten, dass

allein der Name des Lieblingsstars im Auto-radio unwillkürlich ihre Aufmerksamkeit weckt und sich Erinnerungen und Gefühle einstellen. Ihre Treue zu den Lieblingsme-dien ihrer Jugendzeit drückt somit auch eine Treue zu sich selbst und zur eigenen Biogra-phie aus. Diese Lieblingsmedien können so der Selbstvergewisserung dienen, weil sie die Veränderungen und die Differenz zwischen Vergangenheit und Gegenwart in der Biogra-phie symbolisieren und verbinden können. Mit dem Aufschließen dieser Vergangenheit mittels der Lieblingsmedien der Eltern wird das Generationsspezifische dieser Erfahrun-gen ebenso deutlich wie die damalige Kultur der Gleichaltrigen, die die Eltern mit ihren Freunden und Freundinnen in den sechziger Jahren zusammen erlebt haben. Die Bilder der Filme und die Gefühls-lage der damali-gen Hits öffneten den befragten Eltern neue Horizonte, die über die Grenzen ihrer Her-kunftsfamilien hinausgingen. Besonders die moralischen Grenzen und die konventionel-len Frauen- und Männerbilder wurden in dieser Zeit nachhaltig in Frage gestellt. Die Eltern haben versucht, sich diese neuen Hori-zonte in ihrem Leben zu verwirklichen. Diese Erfahrungen waren prägend sowohl im Hin-blick auf die oft schmerzlichen Erinnerungen an das strenge Erziehungsklima als auch im Hinblick auf die Streitanlässe in ihren Eltern-häusern. Aber umso größer war ihre Neugier und Begeisterung für die Jugendkultur der sechziger Jahre. Jugendkultur, Stars, Filme, Lieder und ausgeflippte Stile sind für diese Elterngeneration selbstverständlich gewor-dene, kulturelle Errungenschaften ihres All-tagslebens. Dieses Grundgefühl können sie ihren Kindern vermitteln. Es besser machen zu wollen als ihre Eltern, bedeutet für die befragten Eltern reden statt verbieten und ihren Kindern in der Pubertät mehr Frei-heiten und Handlungsräume zugestehen als sie es selber in ihrer Jugend erreichen konn-ten, es sich aber immer gewünscht hatten.

• Die Medienbiographien der Eltern und Kinder sind durch das Gemeinsame in der Kultur und die Differenz im alltäglichen Zusammenleben geprägt. Der Vergleich der Medienbiographie der Eltern und der ihrer Kinder fördert die verblüffende Überein-stimmung einzelner kultureller Praxen und ihrer Bedeutung für die Adoleszenz zutage: das Sammeln der Staraufkleber für den Ein-band der Schulhefte, das Verzieren dieser Bil-der mit selbstgefertigten Illustrationen, das Aufschreiben und Tauschen von Liedzeilen, Versen und Sprüchen. Die individuelle Aneignung und Gestaltung der Bilder, Zei-chen und Symbole geschieht zwar seitens der befragten Jugendlichen in ähnlichen For-men wie bei ihren Eltern als Jugendliche, ist aber Ausdruck je generationsspezifischer The-men. Die Eltern sind selbst an Medien inte-ressiert. Sie verfügen über einen Erfahrungs-vorsprung im Umgang mit Medien, auf die sie in ihrer Medienerziehung und im alltäg-lichen Umgang mit ihren Kindern zurück-greifen. Ihre Medien-erfahrungen sind mit Medienwissen und Kompetenzen für den all-täglichen Umgang mit Medien verbunden. Sie greifen auf ihre Lieblingsbücher, -filme und -lieder zurück, um die Geschmacksbil-dung ihrer Kinder zu unterstützen und um darüber mit ihren Kindern ins Gespräch zu kommen. Die befragten Eltern besitzen eine Sensibilität für den Zusammenhang zwischen den lebenssituativen Themen ihrer 13-/14-jäh-rigen Kinder und deren Interesse für und Neugier auf Filme, Stars und Musik. Zwei verschiedene Jugendgenerationen mit ganz unterschiedlichen Medienparks und jugend-kulturellem Profil weisen bis in einzelne kul-turelle Praxen hinein Gemeinsamkeiten auf: Stickeralben; das Bemalen und Verzieren von Starphotos; das Auswendiglernen von Lied-zeilen u. v. a. m. Natürlich entwickeln die befragten Jugendlichen auch neue kultu-relle Praxen, wie z.B. die Synchronisierung von Sehen und Sprechen, wenn ein laufen-der Fernsehfilm telefonisch mit der Freundin kommentiert wird. Das Besondere dieser Gemeinsamkeiten geht über die abstrakte Konstatierung dieser Ähnlichkeiten in dem Interesse für die jeweils aktuelle Jugendkultur hinaus. Die neue Qualität dieser Gemeinsamkeiten von Eltern- und Jugendgeneration liegt in der Veränderung der Verständigungs- und Handlungsmöglichkeiten in der Familie. Wie für vermutlich kaum eine Generation vor ihr gibt es für diese Eltern- und Jugendgeneration die Chance, sich zur Bearbeitung dieser Themen und Probleme der Medien als Bühne zu bedienen. Diese Mediatisierung der Verständigung ist nicht die einzige Voraussetzung für die Gespräche in der Familie, aber sie kann die Thematisierung schwieriger und konfliktbeladener Themen anstoßen oder überhaupt bewusst machen. Oft wird diese bereits vorhandene Sensibilität der Eltern verdeckt durch die Dominanz ihrer aktuellen Probleme (ökonomische Probleme, Partnerschaftsprobleme, Trennungen). Die medienbiographischen Fragen nach der Jugendzeit der Eltern setzen einen Prozess der Bewusstwerdung und der Sensibilisierung für die eigenen, elterlichen biographischen Veränderungen in Gang. Auf diese Weise wird zugleich eine größere Sensibilität der Eltern für die Themen und Probleme ihrer heranwachsenden Kinder erreicht.

Zur vertieften inhaltlichen Erforschung dieses Zusammenhangs ist eine Mehrgenerationenperspektive auf Medienbiographien von Kindern und Jugendlichen nötig, die bisher noch wenig eingenommen worden ist (vgl. Barthelmes/Sander 2001; Schäffer 2003). Die frühen Prägungen durch die ersten kindlichen Medienerfahrungen und die Erinnerungen an die frühen Lieblingsmedien bilden die Grundlage der individuellen Medienbiographie. Als Veranschaulichung dieses Sachverhalts der frühen Grundierung einer medialen Erfahrungsschicht kann die chronologische Übersicht zum Kinderfernsehprogramm von Buresch (2003) dienen: Generationen von Kindern haben je unterschiedliche Sozialisie-

rungen mit dem Fernsehen erlebt: *Die Augsburger Puppenkiste* (seit 1959), *Stoffel und Wolfgang* (1965–1972), *Der Spatz vom Wallraffplatz* (1969–1972), *Robbi, Tobbi und das Fliewatüüt* (1974) oder rezent, *Bernd das Brot* (2016). um nur einige markante Sendungen bzw. Serien zu nennen, bilden als Fernseherfahrungen biographisch fest verankerte Vergleichsfolien. Das gilt nicht nur für die inhaltlichen Botschaften, sondern auch für die jeweilige genrespezifische Ästhetik der Darstellung. Aus diesen sich dann sukzessive über mehrere Medien sich formierenden Grundschichten heraus entwickelt sich der individuelle Geschmack: Die angenehmen bzw. unangenehmen Medienerfahrungen werden zu einem jederzeit wieder abrufbaren Erfahrungsschatz

Bezüglich Struktur dieses Erfahrungsschatzes ist zu ergänzen, dass er sich heute mehr noch als in den 90er Jahren des letzten Jahrhunderts auf der Basis einer partiellen Einebnung des Machtverhältnisses zwischen Jung und Alt in den Familien herausbildet. Ferchhoff (2016: 87) bringt diesen fundamentalen Wandel prägnant zum Ausdruck: »Die Kluft zwischen den Generationen ist auch deshalb tendenziell eingeebnet worden, weil zentrale Wirklichkeitsausschnitte entweder (wie in vielen Erlebnisbereichen im Medien- und Freizeitsektor) in vielerlei Hinsicht übereinstimmen oder unterschiedliche Erfahrungsfelder (wie Schule und Arbeitsplatz) zumindest jenseits altersgruppenspezifischer Differenzen ähnlich strukturiert sind und vergleichbare Aneignungsprozesse und Überlebensstrategien nahelegen.«

Dies bedeutet dann eventuell, dass Eltern ihre eigene aktuelle medienbiographische Bilanz an der fortgeschrittenen Medienkompetenzbiographie ihrer Kinder messen und jugendliche Kinder sich mit großzügiger Milde über die Medienerfahrungen ihrer Eltern äußern.

Medienpädagogik und Medienbildung in biografischer Perspektive

Die Medienerfahrungen und das Medienwissen der Eltern sind trotz dieser partiellen und jeweils im Einzelfall zu prüfenden Verschiebungen ein wichtiger Ansatzpunkt für medienpädagogische Konzepte, die sich z. B. auf problematisches Medienverhalten in der Familie beziehen. Die Vorgeschichte des problematischen Medienumgangs kann indirekt und behutsam dadurch aufgeschlossen werden, dass die Eltern sich an ihre eigenen Medienerfahrungen in ihrer Jugend erinnern. Diese Erfahrungen sind in ihren Lieblingsliedern und -filmen aufgehoben. Sie werden mit dem Erzählen dieser Medienerfahrungen wieder lebendig und damit auch die mit diesen Erfahrungen verbundenen Situationen, Beziehungen und Gefühle aus ihrer eigenen Jugend. Ein Großteil der in der Ablösung von den Eltern angesprochenen problematischen Medienthemen wird auf diese Weise in ihrem Zusammenhang mit den eigenen nachhaltigen Jugenderlebnissen bewusst und damit auch für ihre Kinder nachvollziehbar. In dem Moment, in dem Eltern und Kinder ihre Ängste, Befürchtungen und gegenseitigen Kritikpunkte mithilfe dieser Medienerfahrungen aussprechen können, ist bereits ein wichtiger Ansatzpunkt für das gegenseitige Verstehen gegeben. Beide Generationen können sich auf diese Weise entlasten: die Eltern von dem Druck, alles richtig machen zu wollen, und der Angst, eben dieses nicht zu schaffen; die Kinder von der Angst, dass die Eltern sie sowieso nicht verstehen und sie mit ihren Problemen und Themen allein gelassen werden. Die Ablösung der Jugendlichen von ihrer Familie geht einher mit der Zuwendung zu den gleichaltrigen Freunden. Das individuelle Ablösungsthema der Jugendlichen erschließt sich durch die Berücksichtigung des familialen Hintergrundes und der Kenntnisse ihrer individuellen Geschmacksvorlieben. Der Blick auf die kulturellen Praxen der einzelnen Jugendlichen und auf die jugendkulturellen Stile insgesamt wird damit um die wichtigen Dimensionen Biographie und Ablösungsthema erweitert. Der Schlüssel zum Verständnis und zur Analyse von problematischem Verhalten und von devianten jugendkulturellen Stilen liegt in der Einbeziehung des familialen Kontextes. Familie als Lebensform ist untrennbar mit der Biographie der einzelnen Familienmitglieder und deren kulturellen Praxen und Interessen verbunden. Eine isolierte Betrachtung einer der beiden Dimensionen blendet einen wichtigen Zusammenhang aus und gerät in Gefahr, ein verzerrtes Bild von Familie, Jugend und Jugendkultur zu zeichnen.

Perspektiven und Ausblick

In der Medienpädagogik kann mit der Frage nach den medienbiographischen Erinnerungen der Eltern und Großeltern eine Entlastung und Entschärfung für alle beide Generationen erreicht werden: Die Eltern und Großeltern erinnern sich an ihre Jugendzeit, einschließlich der damit verbundenen Konflikte. Die Kinder und Jugendlichen können die Begeisterung für ihre Lieblingsmedien als etwas sehen, was mit Jugend und Jung-Sein verbunden ist und sich wieder verändern wird. Problematischer Umgang mit den Medien wird in seinem Verlaufs- und episodischen Charakter sichtbar und damit zugleich veränderbar und zeitgebunden. Im Medienumgang aller Generationen spiegeln sich die zeitgebundenen Interessen und Themen wider, die mit Ausbildung, Beruf, Partnerschaften und Familie korrespondieren.

In der qualitativen Medienforschung schält sich als wichtiges neues Thema die aktive Konstruktion und Begleitung der eigenen Biographie durch Medien heraus. Erstens wird die Informations- und Wissensgesellschaft durch die ubiquitäre mediale Präsenz der globalen Populärkultur mitgeprägt. Das führt in der »Kultur der Digitalität« (Stalder 2016) zu einer immer stärkeren Verfügbarkeit medialer globaler Vorbilder und Versatzstücke, die ausgewählt und eigenwillig synthetisiert werden können – eine im wahren Sinne des Wortes mediale Patchworkbiographie (Keupp 1999) könnte die Konsequenz sein.

Andererseits führen die regionalen Ausprägungen der sozialen, ökonomischen und kulturellen Lebensbedingungen zu einer »Brechung« und Veränderung dieser »globalen« Trends. Diese Entwicklungen bringen interessante neue Herausforderungen für die inhaltliche und die methodologische Erfassung von Medienbiographien mit sich. Ganz prinzipiell zu fragen ist drittens im Anschluss an die Herausbildung einer Gedächtnissoziologie (Dimbath/Heinlein 2015), welchen Anteil die Mediendiversifikation und die Explosion von Daten in der Infosphäre (Floridi 2015) auf das Erinnern und Vergessen von Individuen und Kollektiven in der spätmoder-

nen Gesellschaft haben werden. Ebenso erfolgversprechend für eine Erweiterung und Vertiefung medienbiographischen Theoretisierens und Forschens wird drittens eine explizite Berücksichtigung des Faktors Zeit und dessen gegenwärtigen gesellschaftlichen Transformationen sein. So unterscheiden sich nicht nur biographische Narrationen systematisch in der Art und Weise, wie sie Vergangenheit, Gegenwart und Zukunft miteinander relationieren (Weidenhaus 2015) , sondern Medien weisen auch das Potenzial auf, Zeiterfahrungen zu schaffen, modulieren und zu interpunktieren (Beck 1994).

Literatur

Andresen, Sabine (2016): Familie und informelles Lernen. In: Harring, Marius/Witte, Matthias D./Burger, Timo (Hrsg.): Handbuch informelles Lernen. Interdisziplinäre und internationale Perspektiven. Weinheim, S. 401–415.

Apitzsch, Ursula (2003): Biographieforschung. In: Orth, Barbara/Schwietring, Thomas/Weiß, Johannes (Hrsg.): Soziologische Forschung: Stand und Perspektiven. Opladen, S. 95–109.

Barthelmes, Jürgen/Sander Ekkehard (2001): »Erst die Freunde, dann die Medien«. Medien als Begleiter in Pubertät und Adoleszenz. Medienerfahrungen von Jugendlichen. Band 2. München.

Beck, Klaus (1994): Medien und die soziale Konstruktion von Zeit. Über die Vermittlung von gesellschaftlicher Zeitordnung und sozialem Zeitbewußtsein. Opladen.

Beck, Klaus/Büser, Till/Schubert, Christiane (2016): Mediengenerationen. Biografische und kollektivbiografische Muster des Medienhandelns. Konstanz.

Behnken, Imbke/Zinnecker, Jürgen (2001): Die Lebensgeschichte der Kinder und die Kindheit in der Lebensgeschichte. In: Behnken, Imbke/Zinnecker, Jürgen (Hrsg.): Kinder. Kindheit. Lebensgeschichte. Ein Handbuch. Seelze, S. 16–32.

Böhnisch, Lothar (1997): Sozialpädagogik der Lebensalter. Eine Einführung. Weinheim/München.

Börner, Claudia (2016): Eltern als Mediendidaktiker. Elterlicher Einfluss auf die bildungsbezogene Computer- und Internetnutzung von Kindern. Wiesbaden.

Buresch, Wolfgang (2003): Von Puppen und dem (Zeit-)Geist im deutschen Kinderfernsehen. Entwicklungen der letzten 40 Jahre. In: Buresch, Wolfgang (Hrsg.): Kinderfernsehen. Vom Hasen Cäsar bis zu Tinky Winky, Dipsy und Co. Frankfurt a. M., S. 11–37.

Coenen-Huther, Josette (2002): Das Familiengedächtnis. Wie Vergangenheit rekonstruiert wird. Konstanz.

Delory-Momberger, Christine. (2011): Herausforderungen, Widersprüche und Risiken der ,biographischen Gesellschaft'. In Herzberg, Heidrun/Kammler, Eva (Hrsg): Biographie und Gesellschaft. Überlegungen zu einer Theorie des modernen Selbst . Frankfurt a. M., S. 29–41.

Dimbath, Oliver/Heinlein, Michael (2015): Gedächtnissoziologie. München.

DuBois-Reymond, Manuela (2004): Neues Lernen – alte Schule: Eine europäische Perspektive. In Tully, Claus (Hrsg.): Verändertes Lernen in modernen technisierten Welten. Wiesbaden.

Eitler, Pascal/Elberfeld, Jens (2015): Von der Gesellschaftsgeschichte zur Zeitgeschichte des Selbst – und zurück. In: Eitler, Pascal/Elberfeld, Jens (Hrsg.): Zeitgeschichte des Selbst. Therapeutisierung – Politisierung – Emotionalisierung. Bielefeld, S. 7–30.

Engelbert, Angelika/Herlth, Alois/Mansel, Jürgen/Palentien, Christian (2000): Postmoderne Familienkindheit? Anforderungen, Risiken und Chancen. In: Herlth, Alois/Engelbert, Angelika/Mansel, Jürgen/Palentien, Christian (Hrsg.): Spannungsfeld Familienkindheit. Neue Anforderungen, Risiken und Chancen. Opladen, S. 7–22.

Feil, Christine (2003): Kinder, Geld und Konsum. Die Kommerzialisierung der Kindheit. Weinheim.

Ferchhoff, Winfried/Dewe, Bernd (2016): Entstrukturierung und Entgrenzung der Jugendphase. Prozesse der retroaktiven Erziehung und Sozialisation. In: Becker, Ulrike/Friederichs, Henrike/von Gross, Friederike/Kaiser, Sabine (Hrsg.): Ent-Grenztes Heranwachsen. Wiesbaden, S. 31–50.

Florini, Luciano (2015): Die 4. Revolution - Wie die Infosphäre unser Leben verändert. Berlin.

Fuchs-Heinritz, Werner (2000): Biographische Forschung. Eine Einführung in Praxis und Methoden. Opladen.

Garncarz, Joseph (2016): Medienwandel. Konstanz.

Hackl, Christiane (2001): Fernsehen im Lebenslauf. Eine medienbiographische Studie. Konstanz.

Hengst, Heinz (2011): Kindheit im 21. Jahrhundert. Differenzielle Zeitgenossenschaft. Weinheim.

Hepp, Andreas (2010): Cultural Studies und Medienanalyse. Wiesbaden.

Hipfl, Brigitte (1996): Erinnerungsarbeit. Erforschung der eigenen Medienerfahrungen. In: Marci-Boehncke, Gudrun/Werner, Petra/Wischermann, Ulla (Hrsg.): BlickRichtung Frauen. Theorien und Methoden geschlechtsspezifischer Rezeptionsforschung. Weinheim, S. 79–93.

Junge, Matthias (1995): Forever Young? Junge Erwachsene in Ost- und Westdeutschland. Opladen.

Jurzyk, Karin/Klinkhardt, Josefine (2014): Vater, Mutter, Kind. Acht Trends in Familien, die Politik heue kennen sollte. Gütersloh.

Keddi, Barbara (2003): Projekt Liebe. Lebensthemen und biographisches Handeln junger Frauen in Paarbeziehungen. Opladen.

Keddi, Barbara/Pfeil, Patricia/Strehmel, Petra/Wittmann, Svendy (1999): Lebensthemen junger Frauen – die andere Vielfalt weiblicher Lebensentwürfe. Eine Längsschnittuntersuchung in Bayern und Sachsen. Opladen.

Kessler, Bernhard/Kupferschmidt, Thomas. (2012): Fernsehen in Gemeinschaft. Media Perspektiven, Heft 12, S. 613–634.

Keupp, Heiner. (1999): Identitätskonstruktionen. Das Patchwork der Identitäten in der Spätmoderne. Reinbek.

Klaus, Elisabeth/Röttger, Ulrike (1996): Medienbiographien: Sprechen über die eigene Mediengeschichte. In: Marci-Boehncke, Gudrun/Werner, Petra/Wischermann, Ulla (Hrsg.): BlickRichtung Frauen. Theorien und Methoden geschlechtsspezifischer Rezeptionsforschung. Weinheim, S. 95–115.

Krinninger, Dominik/Müller, Hans-Rüdiger/Bahr, Simone/Borg, Kathrin/Falkenreck, Dorothee (2011): Familie als kulturelles Erziehungsmilieu. Zwischenbericht zu einem pädagogisch ethnographischen Forschungsprojekt. Osnabrück: Universität Osnabrück.

Krotz, Friedrich. (2007): Mediatisierung. Fallstudien zum Wandel der Kommunikation. Wiesbaden.

Krotz, Friedrich (2015): Mediatisierung. In: Hepp, Andreas (Hrsg.): Handbuch Cultural Studies und Medienanalyse. Wiesbaden, S. 439–452.

Kübler, Hans-Dieter (1982): Medienbiographien – ein neuer Ansatz der Rezeptionsforschung? In: medien u. erziehung, Jg. 26, H. 5, S. 194–205.

Lange, Andreas (2000): Sozialisation durch Medien. In: Grundmann, Matthias/Lüscher, Kurt (Hrsg.): Sozialökologische Sozialisationsforschung. Ein anwendungsorientiertes Lehr- und Studienbuch. Konstanz, S. 305–332.

Lange, Andreas. (2015): Sozialisation in der mediatisierten Gesellschaft. In Hurrelmann, Klaus/Bauer, Uwe/Grundmann, Matthias/ Walper, Sabine (Hrsg.), Handbuch Sozialisationsforschung, 8. Auflage. Weinheim, 537–556.

Lempp, Reinhard (2011): Generation 2.0 und die Kinder von morgen aus der Sicht eines Kinder- und Jugendpsychiaters. Stuttgart.

Lutz, Ronald (2016): Bilder und Ordnungen. In: Lutz, Ronald/Rehklau, Christine (Hrsg.). Sozialwissenschaftliche Grundlagen der Kindheitspädagogik. Weinheim, S. 27–40.

Neimann, Susan (2015): Warum erwachsen werden? Eine philosophische Ermutigung. Berlin.

Lobinger, Katharina/Geise, Stephanie (2015): Zur Einleitung: Visualisierung und Mediatisierung als Rahmenprozess. In: Lobinger, Katharina / Geise, Stephanie (Hrsg.), Visualisierung - Mediatisierung. Bildliche Kommunikation und bildliches Handeln in mediatisierten Gesellschaften. Köln, 9–17.

Luca, Renate (1993): Zwischen Ohnmacht und Allmacht. Unterschiede im Erleben medialer Gewalt von Mädchen und Jungen. Frankfurt a. M./New York.

Lüscher, Kurt/Liegle, Ludwig (2003): Generationenbeziehungen in Familie und Gesellschaft. Konstanz.

Lupton, Deborah. (2016): The diverse domains of quantified selves: self-tracking modes and dataveillance. Economy and Society, 45(1), 101–122.

Medienpädagogischer Forschungsverbund Südwest (MPFS) (2015):
JIM-Studie2015. Jugend, Information, (Multi-) Media. Basisuntersuchung zum Medienumgang 12- bis 19-Jähriger in Deutschland. Stuttgart. Verfügbar über: www.mpfs.de

Neuß, Norbert (2000): Medienbezogene Kinderzeichnungen als Instrument der qualitativen Rezeptionsforschung. In: Paus-Haase, Ingrid/Schorb, Bernd (Hrsg.): Qualitative Kinder- und Jugend-Medienforschung. Theorie und Methoden. Arbeitsbuch. München, S. 131–154.

Opaschowski, Horst W. (1999): Generation@. Die Medienrevolution entläßt ihre Kinder: Leben im Informationszeitalter. Hamburg.

Paus-Hasebrink, Ingrid/ Kulterer, Jasmin (2014): Praxeologische Mediensozialisationsforschung. Langzeitstudie zu sozial benachteiligten Heranwachsenden. Baden-Baden.

Prensky, David (2001): Digital natives, digital immigrants. On the Horizon, 9, 5, 1–6.

Rauschenbach, Thomas (2003): Das Bildungsdilemma. (Un-)beabsichtigte Nebenwirkungen öffentlicher Bildungsinstanzen. In: Diskurs, Jg. 13, H. 2, S. 50–58.

Rauschenbach, Thomas (2016): Informelles Lernen – Bilanz und Perspektiven. In: Harring, Marius/Witte, Matthias D./Burger, Timo (Hrsg.): Handbuch informelles Lernen. Interdisziplinäre und internationale Perspektiven. Weinheim, S. 803–816.

Renn, Joachim/Straub, Jürgen (2002): Transitorische Identität. Der Prozesscharakter moderner personaler Selbstverhältnisse. In: Straub, Jürgen/Renn, Joachim (Hrsg.): Transitorische Identität. Der Prozesscharakter des modernen Selbst. Frankfurt a. M., S. 10–31.

Röhner, Charlotte (2003): Kinder zwischen Selbstsozialisation und Pädagogik. Opladen.

Rogge, Jan-Uwe (1982): Die biographische Methode in der Medienforschung. In: medien u. erziehung, Jg. 26, H. 5, S. 273–287.

Röttger, Ulrike (1994): Medienbiographien von jungen Frauen. Medien und Geschlechterforschung. Band 1. Hamburg.

Sander, Ekkehard (2001): Medien im Jugendalter. Rückblicke von Eltern und ihren heranwachsenden Kindern. In: TelevIZIon (Internationales Zentralinstitut für das Jugend- und Bildungsfernsehen (IZI) München, Jg. 14, H. 1, S. 49–56 (Internet: www.familienhandbuch.de).

Schäffer, Burkhard (2003): Generationen – Medien – Bildung. Medienpraxiskulturen im Generationenvergleich. Opladen.

Scherr, Alfred (2016): Individuum. In: Kopp, Johannes/Steinbach, Anja (Hrsg.): Grundbegriffe der Soziologie. Wiesbaden, S. 135–140.

Schorb, Bernd/Hartung, Anja/ Reißmann, Wolfgang (Hrsg.) (2009): Medien und höheres Lebensalter. Theorie - Forschung - Praxis. Wiesbaden.

Schulte Berge, Gerlind/Schoett, Silja/Garbe, Christine (2002): Medienkompetenz und gesellschaftliche Handlungsfähigkeit von Jugendlichen im Lichte biographischer Forschung. Zwei medienbiographische Fallstudien zum Zusammenhang von familialer Gewalterfahrung und der Rezeption von Gewalt im Fernsehen. In: Groeben, Norbert/Hurrelmann, Bettina (Hrsg.): Medienkompetenz. Voraussetzungen, Dimensionen, Funktionen. Weinheim/München, S. 255–268.

Selke, Stefan (2014): Lifelogging. Wie die digitale Selbstvermessung unsere Gesellschaft verändert. Berlin.

Stalder, Felix (2016): Kultur der Digitalität. Berlin.

Tuchman, Gaye (1980): Die Verbannung von Frauen in die symbolische Nichtexistenz durch die Massenmedien. In: Fernsehen und Bildung, H. 1/2, S. 10–43.

Tully, Claus (Hrsg.) (2004): Verändertes Lernen in modernen technisierten Welten. Wiesbaden.

Tully, Claus (2016): Konsum und informelles Lernen. In: Harring, Marius/Witte, Matthias D./Burger, Timo (Hrsg.): Handbuch informelles Lernen. Interdisziplinäre und internationale Perspektiven. Weinheim, S. 75–492.

van Dyk, Silke. (2015): Soziologie des Alters. Bielefeld.

Vollbrecht, Ralf. (2015): Der medienbiographische Ansatz in der Altersmedienforschung. Medien & Altern(6), S. 6–18.

Weidenhaus, Gunter (2015): Soziale Raumzeit. Berlin.

Welzer, Harald (2002): Das kommunikative Gedächtnis. Eine Theorie der Erinnerung. München.

Mediensozialisation in semiotischen Kontexten unserer disparaten Kultur

Ben Bachmair

Die Frage nach der Rolle von Medien im Sozialisationsprozess von Kindern und Jugendlichen braucht einen neuen theoretischen Zugang, denn das Phänomen Medium lässt sich nicht mehr im Sinne von distinkten Medien wie Buch oder Fernsehen als sozialisationsrelevant erfassen. Medien sind vielmehr Elemente in einem komplexen, multimodalen Konvergenzsystem von Kulturressourcen. Der erste Teil dieses Beitrags skizziert deshalb die kulturelle Rahmung von Medien und Menschen als *semiotische Kontexte* im Gefüge einer disparaten Kultur. Der zweite Teil schlägt einen Bezugsrahmen für qualitative Forschung vor, der auf der Theory of Structuration von Anthony Giddens (1984) aufbaut. Dabei geht es darum, die Kategorien *Strukturen*, *Agency* und *kulturelle Praktiken* als Optionen für die Operationalisierung von Sozialisation zu verwenden, was anhand von Beispielen konkretisiert wird.

Einleitung

Sozialisation ist ein theoretisches Konstrukt, das sich nicht wie Erziehung oder Unterricht durch eine offensichtliche und beabsichtigte gesellschaftliche Praxis erklärt. Mit der Frage nach Mediensozialisation ist jedoch auch klar, dass Menschen in gesellschaftlichen, kulturellen, medialen Zusammenhängen aufwachsen, in denen typische Formen von Persönlichkeit entstehen. Es sind Formen, die nachhaltige Eigenschaften und Merkmale aufweisen und die, wie auch immer, mit der typischen Art von Medien einer Gesellschaft zu tun haben. Bei den aktuell typischen Medien geht es um eine komplexe Verbindung von traditionellen Medien wie dem Fernsehen mit dem Internet. Wichtig sind linear aufgebaute Medien-Nutzer-Beziehungen wie beim Fernsehen sowie die von nutzergenerierten Kontexten und Inhalten wie bei YouTube. Zudem gibt es vielfältige Darstellungsformen – oder anders formuliert: Repräsentationsmodi, wie z. B. Bilder, Videos, Fotos, Schrift. Fasst man dieses zusammen, so sind Medien mit unterschiedlichen Repräsentationsmodi Elemente in Kontexten, in denen Menschen Bedeutungen erzeugen und Medien als bedeutsame Ressourcen nutzen, was ich im Folgenden mit dem Begriff der semiotischen Kontexte benenne. Wenn ich hier als erschließungsmächtigen Zugang zu Phänomen und Konstrukt »Sozialisation« die nachhaltige Entwicklung von Menschen in *semiotischen Kontexten* vorschlage, dann ordnet sich diese Definition in den seit den 1980er-Jahren vorrangigen wissenschaftlichen Diskurs zu Sozialisation ein.

Klaus Hurrelmanns Definition von Sozialisation aus dem Jahr 1986 (1997, S. 14) ist immer noch hilfreich. Hier die Schlüsselideen:
- »Prozeß der Entstehung und Entwicklung der menschlichen Persönlichkeit in Abhängigkeit von und in Auseinandersetzung mit den sozialen und den dinglich-materiellen Lebensbedingungen«;
- zu einem bestimmten »Zeitpunkt der historischen Entwicklung einer Gesellschaft«;
- Entwicklung zur »sozial handlungsfähigen Persönlichkeit«.

Mediensozialisation in unserer disparaten Kultur – vom Leitmedium TV zur Sozialisation in semiotischen Kontexten

Vollbrecht (2014, S. 121) setzt diese Denklinie für die aktuellen historischen Umstände fort, indem er im Sinne der von Ulrich Beck (1986) skizzierten Gesellschaft der individualisierten Risiken von einem »Möglichkeitsraum Kindheit« spricht, der »historisch und sozial definiert ist«. Dieser »Möglichkeitsraum« hängt mit »der konkreten Identitätsentwicklung des jeweiligen Kindes« ebenso zusammen wie mit der »gesamte[n] Sozialökologie des Kindes«. In diesem »Möglichkeitsraum« realisiert sich Sozialisation in den »subjektiven Bedeutungsleistungen der Kinder«.

In dieser von Vollbrecht zusammengefassten Denklinie steht mein Vorschlag, den Sozialisationsprozess in einem »Möglichkeitsraum« *Medien* zu untersuchen, der Teil unserer disparaten Kultur ist. Disparat heißt, dass die gesellschaftlichen Strukturen nicht mehr vorstrukturiert ineinandergreifen. Merkmale disparater Strukturen sind u. a. die Individualisierung der Medientechnologien. Diese Strukturen bedürfen der Verbindungen durch die Menschen in Prozessen der Bedeutungskonstitution in semiotischen Kontexten, zu denen Medien gehören. Diese komplexen semiotischen Kontexte sind ein Phänomen gesellschaftlicher Entgrenzung. Kultursoziologen wie Ulrich Beck u. a. (2004) sehen Entgrenzung als eine heute bestimmende gesellschaftliche Dynamik. Medien wie das Fernsehen unterliegen Entgrenzungsprozessen, indem Fernsehen sich mit Internet und Smartphone oder Tablet verbindet. Die Entgrenzung führt zu semiotischen Kontexten, in und mit denen sich Kinder und Jugendliche entwickeln. Der »Möglichkeitsraum« Medien ist ein semiotischer Kontext mit Kindern und Jugendlichen als Akteuren ihrer Bedeutungskonstitution, was Folgen für ihre Entwicklung einschließt.

Semiotische Kontexte

Semiotische Kontexte sind medienkonvergent und multimodal angelegt. Sie entstehen in Handlungszusammenhängen der Menschen, die Medien als Elemente auswählen oder herstellen, die sie in ihrer Handlungs- und Themenperspektive verbinden. *Star Wars* ist z. B. ein komplexer semiotischer Kontext, in dem Jungen heute anders agieren als die Generation ihrer Väter.

Der Begriff »semiotisch« fasst diese Aktivitäten und die Optionen für die Herstellung von Bedeutung zusammen. In dieser semiotischen Sicht sind Medien Elemente multimodaler Repräsentation (Kress/van Leeuwen 2001; Kress 2010). Der Begriff der Multimodalität benennt die unterschiedlichen Modi der Präsentation wie Laufbild, Standbild, getippter Text, Fotos, Grafiken usw. Wie der Sozialsemiotiker Theo van Leeuwen (2009) in *Discourses of identity* herausstellt, funktionieren diese Repräsentationsmodi in Diskursen, indem die Nutzer sie in ihre Lebenswelt, in ihre Lebensweise und ihren Lebensstil einbinden. Van Leeuwen (ebd., S. 212) schlussfolgert: »[It] redraws the opposition between the social and the individual, by expressing individuality in terms of socially mediated resources and reconfiguring social categories as individual lifestyle choices.« Sozialisation funktioniert demnach nicht mehr in dem Sinne, dass Kinder z. B. aus dem Fernsehen Rollenvorbilder übernehmen. Semiotische Kontexte sind vielmehr auf komplexe Handlungszusammenhänge ausgelegt, in denen multimodale Repräsentationselemente ebenso wie konkrete Sozialgebilde (z. B. WhatsApp-Gruppen) oder amorphe Sozialgebilde (z. B. Facebook) Bedeutungseinheiten bilden können. Damit verliert sich, wie gesagt, die Abgrenzung von *sozial* und *individuell,* indem die Menschen verfügbare kulturelle Ressourcen in ihren Lebenszusammenhängen zu Elementen ihrer Lebensweisen machen.

Wesentliche Strukturmerkmale semiotischer Kontexte sind deren Fluidität (Bauman 2000) und deren kommunikative Vorläufigkeit (»provisionality«, Kress 2010). Der Gedanke der kommunikativen Vorläufigkeit konkretisiert in der Perspektive der Sozialsemiotik das, was die Kultursoziologie mit Entgrenzung bezeichnet.

Zu fragen ist nun, welche Relevanz Medien im traditionellen Sinne wie Bücher, Filme oder Fernsehen haben. Die Forschungsaufgabe für Mediensozialisation stellt sich dann nicht mehr im Sinne von Persönlichkeitsentwicklung in Kulturen mit Leitmedien, sondern von Persönlichkeitsentwicklung in den von Kindern und Jugendlichen konstruierten semiotischen Kontexten. Das Selfie ist hier ein Schlüsselereignis. In diesem Zusammenhang ist ein gesellschaftlich etabliertes Identitätskonzept wichtig, das ich in Fortführung von Gerhard Schulzes (1992) »Erlebnisgesellschaft« als eine Form subjektiver Identität mit einer egozentrischen Weltsicht beschreibe. In dieser egozentrischen Weltsicht wird die *Welt* zur »Welt in meinem Sinne« (Bachmair 2009, S. 237 ff., S. 250).

Mit dem Trend der Medienentwicklung zu Multimedia, Multimodalität und Medienkonvergenz (→ Peil/Mikos, S. 209 ff.) und mit der sozialkulturellen Dynamik der Individualisierung weiten sich Medien zu neuen Formen der Kontexte, zu – wie gesagt – semiotischen Kontexten der Persönlichkeitsentwicklung. Multimedia, Multimodalität und Medienkonvergenz sind Erscheinungsformen der Entgrenzung von Medien zu semiotischen Kontexten.

Diese Bestimmung von Mediensozialisation verlässt eine Gegenüberstellung von den Medien und den Menschen in ihrem Entwicklungsprozess. Sie betont dagegen Diskurse in semiotischen Kontexten, die zum einen dinglich als Kulturressource und als Repräsentation vorgegeben sind und zum anderen die Menschen in Prozessen der Bedeutungskonstitution realisieren.

Disparate Kultur als Rahmen von Sozialisation, Entwicklungsaufgaben und Nachhaltigkeit

Multimediale und multimodale semiotische Kontexte – das sind z. B. *Star War*s zu Weihnachten 2015 oder das Selfie mit dem Handy auf WhatsApp – sind sozialisationsrelevante Kontexte. Sie entstehen und funktionieren, indem und weil sich unsere vertrauten Lebensumstände verändern. Wir und unsere Kultur stecken mitten in einem Prozess der Detraditionalisierung. Zudem unterliegen, wie schon formuliert, die uns vertrauten Strukturen einer *Entgrenzung*. Das heißt für Kinder und Jugendliche, sie wachsen auf und entwickeln sich in Kontexten, die traditionelle Strukturen verloren haben oder gerade verlieren. So ist die Vater-Mutter-Kind-Familie kein Standard-Sozialkontext mehr. Auch Migration ist ein Entgrenzungsphänomen, das sich mit dem Smartphone, es ist ein mediales Entgrenzungsphänomen, überlagert und das in die Entwicklungsprozesse der Menschen eingeht.

Medien als Modus der Repräsentation und als Kulturressourcen

Mit der Erörterung von Medien als Repräsentation und Kulturressourcen kann man zwei theoretische Ergebnisse erreichen. Zum einen ist es möglich, die Entgrenzung von Medien z. B. in komplexen Gefügen wie *Star Wars* zu erfassen. Das ist notwendig, um die semiotischen Kontexte von Medien und Menschen zu beschreiben und dabei herauszuarbeiten, was Vollbrecht (2014, siehe oben) als »Möglichkeitsraum« der »konkreten Identitätsentwicklung des jeweiligen Kindes« und als »subjektive Bedeutungsleistungen der Kinder« im Sozialisationsprozess herausgestellt hat. Zum anderen ist es in dieser Denklogik und mithilfe der konzeptionellen Einordnung von Medien als Repräsentation möglich, die »subjektiven Bedeutungsleistungen der Kinder« als Formen der Interpretation zu erfassen. Das hat schon Stuart Hall im Zusammenhang der Cultural Studies anhand des linear organisierten Fernsehens mithilfe des Encoding/Decoding-Modells getan. Mit dem Begriff der Kulturressource ist es zudem möglich – und dazu ist die historische Analyse des Zivilisationsprozesses von Norbert Elias hilfreich –, sich die Fülle der Aneignungsformen anzusehen, die sich aus der Multimodalität von Repräsentation ergeben.

Interpretation und Repräsentation

Mit diesem Zugang ist es zudem explizit möglich, an das Sozialisationsmodell des amerikanischen Pragmatismus, konkret an das von George H. Mead (1973/1934) anzuknüpfen. Die vorrangige Herausbildung von Subjektivität und Bedeutung geschieht in Interaktionsbeziehungen. Die symbolisch vermittelten Interaktionen sind Basis für die Entwicklung von Subjektivität und Identität im Lebenslauf. So verdichten Kinder ihre Erfahrungen mit ihren Müttern und weiteren Menschen in ihrer konkret erfahrbaren sozialen Umgebung zu einem quasi generalisierten Gegenüber, wobei sie gleichzeitig beginnen, sich reflexiv zu erleben, was Mead als eine Art symbolische Interaktion eines Kindes mit sich selber beschreibt, bei der »Ich« (»I«) sich mit »mir« (»me«) sozusagen als Persönlichkeitsinstitutionen ausdifferenzieren und zueinander in Kontakt treten. In dieser Beziehung nach innen (I/me) wie nach außen (generalisierter anderer) bildet sich in einem Prozess Identität heraus bzw. wird Identität erlebbar.

Stuart Hall (1980/1999) bestimmte Massenkommunikation – und das ist einer der die Mediensozialisation bestimmenden Prozesse – als »miteinander verbundene Praktiken« (Hall 1999, S. 93), deren *Gegenstand*, wie er formuliert, »Bedeutungen und Nachrichten in Gestalt besonderer Zeichenträger [sind], die wie jede Kommunikations- oder Sprachform mittels Kodeoperationen im Rahmen der syntagmatischen Kette eines Diskurses organi-

siert sind« (ebd.). Ein Medienprodukt zirkuliert bzw. wird in verschiedenen Öffentlichkeiten verteilt. Dies ist eine »diskursive Form«, also ein »Diskurs, der dann funktioniert, wenn er in »gesellschaftliche Praktiken umgewandelt wird« (ebd.). Medien mit ihrem Programm sind Teile eines »sinntragenden Diskurses« (ebd., S. 97), die die Teilnehmer an der Massenkommunikation in Bedeutungszusammenhängen der Medien- und Programmproduktion herstellen (Encoding) und in Bedeutungszusammenhängen der Mediennutzung, und das ist vor allem der Alltag, rezipieren, d. h. aneignen (Decoding).

Stuart Hall generalisierte das Zeichenzirkulationsmodell und weitete es auf Kulturprodukte aus (Hall 1997): »all cultural objects convey meaning« (ebd., S. 36 f.) – und fragt im Sinne der Sozialsemiotik nach der Repräsentationsfunktion von Kulturprodukten. Diese Gleichsetzung führt zum semiotischen Paradigma, das alle Kulturprodukte in ihrer Funktion als gleichwertig ansieht, nämlich in Diskursen Bedeutung zu generieren oder zu objektivieren (ebd.). In der Sozialsemiotik entwickelt Gunther Kress eine Theorie der Repräsentation (Kress u. a. 2001; Kress 2010), die auf der Vielfalt der Gestaltungsformen von Kulturprodukten, wie getipptem Text, Ton, Bildern, Film, aufbaut. Repräsentationsmodi gehen mitbestimmend in Bedeutungskonstitution ein, die, wenn nachhaltig, die Subjektkonstitution beeinflusst oder mitträgt. Die sozialisationstheoretische Frage richtet sich jetzt auf das Gefüge von Kulturprodukten, Repräsentationsmodi sowie subjektiver Aneignung und subjektivem Handeln. Der Begriff des *semiotischen Kontextes* fasst diese Beziehung zusammen.

Kohärenz und Nachhaltigkeit multimodaler Repräsentation kommen durch eine stilistische Homogenisierung im Alltag zustande. Lifestyle, Lebensstil ist dafür die umgangssprachliche Bezeichnung. Prägend ist hierfür die »Ästhetisierung des Alltagslebens«, wie sie Gerhard Schulze (1992, S. 33) empirisch belegt und beschrieben hat. Ästhetisierung mit den vielfältigen symbolischen Konsummaterialien der Industriegesellschaft ist Ausfluss der Individualisierung der modernen Gesellschaft, sozusagen die Basis von Wahlfreiheit und Wahlnotwendigkeit im Konsum. Lebensstilstudien wie die von Sinus Markt- und Sozialforschung (2014) zeigen, dass sich die Menschen nach den beiden Variablen *soziale Lage* und *Wertorientierung* unterschiedlich in ihren Lebenswelten alltagsästhetisch ordnen. Das geschieht über eine multimodale Ordnung der Objekte und über das Handeln in der Lebenswelt.

Die Theory of Structuration als Hilfe, semiotische Kontexte zu operationalisieren

Wie schon oben formuliert, sind die Prozesse der Bedeutungskonstitution für die Entstehung semiotischer Kontexte und in semiotischen Kontexten, im Sinne von Theo van Leeuwen, ein Identitätsdiskurs, den es im Forschungsprozess aufzuklären gilt. Die Theory of Structuration von Anthony Giddens (1984) liefert die empirische Chance, mit der Komplexität semiotischer Kontexte forschungsmethodisch umzugehen.

Skizze der Theory of Structuration

Die Komplexität von Sozialisation in einer disparaten Kultur der entgrenzten Strukturen und mit Medien als einem Modus bzw. als Modi von Repräsentation mit individualisierten Akteuren in diskursiven Praktiken fordert eine angemessene Operationalisierung, um erforschbar zu werden. Die zu untersuchende disparate kulturelle Gemengelage nennt Norbert Elias (1991, S. 139 ff.) *Figurationen*, Michel Foucault (1978) *Dispositive*. Diese Gemengelage erfordert von den in dieser Gemengelage handelnden Menschen hohe interpretative Leistung. Das ist die des individuellen Zusammenfügens von medialen Optionen in semiotischen Räumen zu einem persönlichen Handlungsraum. Diese interpretative Leistung der Kinder und Jugendlichen auf die mediale Sozialisationsfunktion hin abzuklopfen, erfordert ein angemessenes, also interpretatives Forschungsdesign. Um sich valider Designs für die Untersuchung von Sozialisation in den Bedingungen unserer disparaten Kultur mit medialen semiotischen Kontexten anzunähern, will ich im Folgenden die Theory of Structuration von Anthony Giddens (1984) heranziehen. So soll das Verhältnis von handelnden Subjekten mit ihren subjektiven Optionen (Agency), sozialen und kulturellen Strukturen sowie kulturellen Praktiken abgeklärt werden. *Structuration* definiert Giddens als »conditions governing the continuity or transmutation of structures, and therefore the reproduction of social systems.« Die Theory of Structuration beschreibt und erklärt die Konstitution der Gesellschaft in der Dialektik von Strukturen, praktischen Systemen und einflussmächtigem Handeln, das Giddens Agency nennt. »Agency« ist in diesem Modell der »Akteur-Status«, so die Übersetzung von Heinz Hengst (2013, S. 15):

»Agency concerns events of which an individual is the perpetrator, in the sense that the individual could, at any phase in a given sequence of conduct, have acted differently.« (Giddens 1984, S. 9)

In diesem Modell (ebd., S. 25) sind Strukturen gedacht als »Rules and resources, or sets of transformation relations, organized as properties of social systems« (ebd.). In sozialen, kulturellen Praktiken entstehen mittels »situated activities of human agents« Systeme, die einer Gesellschaft die Bedingungen für eine kontinuierliche oder sie verändernde Reproduktion liefern. Was im folgenden Bild als kulturelle Praktiken erscheint, entspricht bei Giddens (ebd.) dem Begriff des Systems bzw. der Systeme als »Reproduced relations between actors or collectivities, organized as regular social practices«.

Die Theory of Structuration bietet zwei Optionen. Zum einen erklärt das Modell die Verfasstheit unserer Gesellschaft aus der dialektischen Spannung von vorgegebenen sozialen und kulturellen Strukturen wie der, dass sich Massenkommunikation aus der Sender-Empfänger-Struktur löst und jetzt in von Nutzern generierten Kontexten funktioniert. Man muss ergänzen: oder auch nicht. Kinder und Jugendliche können Selfies auf WhatsApp hochladen oder auch nicht und/oder wie die Generation vorher fernsehen. Diese unsere Gesellschaft konstituierende

Beziehung von Strukturen und Agency sehe ich generalisierend als Interpretationsleistung der Handelnden.

Die zweite Option der Theory of Structuration ist forschungsmethodischer Art. Mit der Bestimmung der gesellschaftlichen Konstitution im dialektischen Prozess der interpretierenden Verflechtung von Strukturen und Agency gelingt es, forschungsmethodisch an Diskursen zum interpretativen Handeln der Menschen und der ebenfalls kommunikativen Entwicklung der Menschen anzuknüpfen. Diese zweite Option der Theory of Structuration unterstützt die Operationalisierung

- der sozialen, kulturellen, technologischen Strukturen,
- der Agency der Kinder und Jugendlichen,
- von kulturellen Praktiken wie Familienleben, formellem Lernen in Schulen, Peergroups.

Als grafisches Modell zusammengefasst geht es um eine hermeneutisch angelegte argumentative Spirale, in der die sich überschneidenden Argumentationsflächen als Strukturen, Agency und Kulturpraktiken operationalisiert sind (vgl. Pachler/Bachmair/Cook 2010, S. 25).

Operationalisierung und Anregung für das forschungsmethodische Vorgehen

Ich fasse die bisher vorgestellte theoretische Aktualisierung von Mediensozialisation mithilfe kulturtheoretischer Überlegungen zu den hier vorgeschlagenen drei Bereichen der Theory of Structuration zusammen. Der hier vorgestellte Vorschlag trennt das Modell der Structuration in die Bereiche Strukturen, Agency und kulturelle Praktiken, ordnet ihnen jeweils Stichwortlisten zu und bezieht die drei Bereiche in der Logik eines hermeneutischen Zirkels argumentierend aufeinander.

Das folgende Schema (Abb. 1) zeigt die drei Bereiche der Theory of Structuration als nicht trennscharf voneinander abgegrenzte Argumentationsbereiche. Die Argumentationsbereiche *Strukturen*, *Agency* und *Kulturelle Praktiken* sol-

len im Forschungsprozess hermeneutisch, spiralförmig aufeinander bezogen werden.

Stichworte zu Agency: Handlungskompetenz und Handlungsmöglichkeiten von Kindern und Jugendlichen als Akteuren

Da Medien wie das Fernsehen und Kommunikationstechnologien wie Smartphones Elemente in nutzergenerierten Kontexten wie YouTube oder WhatsApp sind, entwickeln die Nutzer neue Kompetenzen, wie z. B. Chatgruppen auswählen oder die angemessenen Repräsentationsmodi verwenden. Es eignen sich neue Gestaltungsformen vor allem die an, bei denen multimodale Repräsentationsformen spezifisch zu Kontexten passen. Dabei entstehen neue soziale und kulturelle Abgrenzungen und Trennlinien, die neue Aneignungsformen und Formen von sozialkulturell bedingten Unterschieden verlangen. Es sind nicht mehr nur schichtspezifische Sprachcodes, die Abgrenzung in Gang setzen, sondern auch Handlungsformen wie Risikoorientierung oder kulturelle Beharrung. Codes und

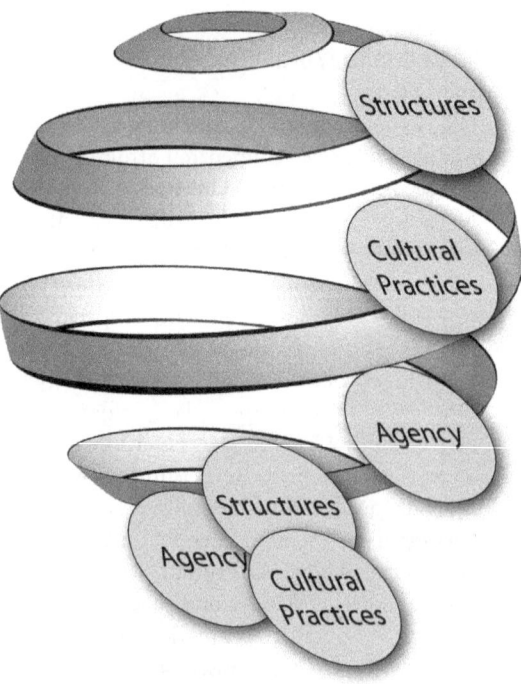

Abb. 1: Hermeneutisch erweitertes Structuration-Modell

Handlungsformen gehören zu den Prozessen von Bedeutungskonstitution sozialkultureller Milieus und werden als Lebensrisiko gleichermaßen zur Grundlage für Lernen wie für Mediennutzung. Es bilden sich milieuspezifische mediale Habitusformen und nicht professionsbezogene Expertenkompetenzen. Zudem treiben subjektzentrierte Erlebnisformen mit Orientierung an Selbstrepräsentation die Dynamik der Individualisierung voran, bei der Habitusformen des Lernens entstehen, die nicht in der Tradition der Schule stehen und die nicht sach- und zielorientiert sind. Folge ist eine Ausdifferenzierung von Erlebnis-, Aneignungs- und Handlungsformen für mediale Kulturressourcen.

Exemplarische Forschungsfragen und -verfahren zu Agency

Handlungs- und Erlebnismuster

Dazu kurz der Blick zurück zum Fernsehen: Wenn Medien wie das Fernsehen kulturell als Leitmedium fungierten, dann war die Frage nach der Mediensozialisation geboten. Das war die Frage, ob und welche Rolle Medien bei der Entwicklung der Menschen hin zu Handlungsmustern und Persönlichkeitstypen spielen.

Aneignungsmuster in der Migration

Das Stichwort im Feld Strukturen »Detraditionalisierung, Globalisierung, Migration« fordert Untersuchungen heraus, z. B. die von Andreas Hepp, Cigdem Bozdag und Laura Suna, die nach der »kommunikativen Vernetzung« der migrantischen »Diaspora« fragt. Dabei geht es im Argumentationsfeld Agency um folgende »Forschungsziele« (Hepp/Bozdag/Suna 2011, S. 14): »alltagsweltlich kontextualisierte Muster der Aneignung von Medien in […] Migrationsgruppen«, »kommunikative Vernetzung und Identitätsartikulation von medialen Migranten« und deren »Vergemeinschaftung in der Diaspora« sowie die »bestehenden Potenziale der Medien

für die Integration und Segregation von Migrantinnen und Migranten«. Dieses letztgenannte Forschungsziel gehört in der dialektischen Logik der Dreifachgliederung von Structuration in die Kategorie »Strukturen«, die Frage nach »Aneignungskontexte[n]« (ebd., S. 75 ff.) zur Kategorie der »kulturellen Praktiken«.

Stichworte zu traditionellen und virtuellen kulturellen Praktiken

Mit einer Vielzahl von Medien als Repräsentationselementen in semiotischen Kontexten und im »Erfahrungs- und Möglichkeitsraum« (Hengst 2013, S. 40) der Kinder und Jugendlichen richten sich Forschungsfragen auf die semiotischen Kontexte, die auch die Erfahrungs- und Möglichkeitsräume der Nutzer sind. Dabei induzieren Nutzer virtuelle Peerkontexte. Soziale Interaktionen in virtuellen Umgebungen, z. B. bei digitalen Spielen (Quandt/Kröger 2014, S. 47), stehen gleichwertig neben direkten, d. h. körperlich definierten Interaktionen. Diese virtuellen Peerkontexte vermischen sich mit der Push- und Pull-Organisation von Medien wie der des Fernsehens und tragen zu deren Entgrenzung bei. Ubiquitäre mobile Mediennutzung verbunden mit ubiquitären, mobilen, individualisierten nutzergenerierten Kontexten und von Nutzern generierten Inhalten ist dabei wichtig. All das verknüpft sich mit formellen Lernkontexten wie Schule oder grenzt sich von formellen Lernkontexten ab, was u. a. von den nutzergenerierten Kontexten abhängt. Familien und ihre milieuspezifischen Praxismuster mit traditionellen, prekären oder entgrenzten Formen können sich unterstützend oder negativ intervenierend mit den formellen Lernkontexten verbinden.

Exemplarische Forschungsfragen und -verfahren zu kulturellen Praktiken

Je nach den Kontexten kultureller Praktiken, z. B. traditionelle Familie oder virtuelle Peergroups in komplexen Rollenspielen im Internet wie World of Warcraft, empfehlen sich einfache Interviewverfahren oder eine komplexe Ethnographie. Benjamin Jörissen (2009) skizziert z. B. ein ethnographisches Design für die Analyse »virtueller Welten« (ebd., S. 119), das auf drei »Strukturebenen« beruht: »Strukturebene I: Die virtuelle Umgebung« (ebd., S. 122), »Strukturebene II: Avatare«, »Strukturebene III: Communityfunktion«. Ethnographisch ausgerichtete Forschungsdesigns gehören zur sozialisationstheoretisch motivierten Medienrezeptionsforschung mit Fragestellungen wie: Kinderzimmer als Text (Bachmair 1999; Bonfadelli/Bucher u. a. 2008, S. 227 ff.), »Medienspuren« in der Schule (Bachmair 1998), Medienverweise in Erziehungsberatung (Bachmair/van den Hövel 1988).

Kulturelle Praxis: Familie

In einem aktuellen Beispiel untersucht Lena Rosenkranz (2017) die »exzessive Nutzung von Onlinespielen« als kontextabhängige Entwicklung in Familien. Deshalb wurden Mütter und Söhne mithilfe von leitfragengestützten Interviews befragt. Der Leitfaden bezog sich u. a. auf »Problembeschreibung« der »exzessiven Nutzung« der »digital-interaktiven Medien«, auf »Medienerziehung«, auf »Streit und Aushandlungsprozesse«, »Problemsuche und Gründe« (ebd., S. 114). Die Auswertung richtete sich auf das Gefüge von »Beziehungsqualität«, »Autonomie« und »Verantwortung« (ebd., S. 247). Ein Ergebnis dieser Untersuchung stellt »die zunehmende Präsenz der Medien in den Lebenswelten Jugendlicher« als »Unsicherheitsfaktor aufseiten der Elterngeneration« (ebd., S. 286) fest. Dem entspricht in der Theory of Structuration unter Strukturen das Stichwort »Entgrenzung von Strukturen als dauerhaftes Phänomen«. Bei Agency scheint das Stichwort »subjektzentrierte Erlebnisformen mit Orientierung als Selbstrepräsentation« zu passen.

Kulturelle Praxis: Internetspiele

Bei der Untersuchung von Domahidi und Quandt (2014) geht es nicht mehr um Familie als Handlungskontext, sondern um »massively multiplayer online role-playing games« wie World of Warcraft. Das ist ein interaktiver semiotischer Kontext, den die Spieler mit ihrem Alltag verbinden. Deswegen richtete sich die qualitative Studie als »microlevel analysis« auf die Alltagserfahrungen einzelner, exzessiver Spieler mithilfe von biografisch ausgerichteten und mit leitfadenstrukturierten Interviews, die jeweils eine bis zwei Stunden dauerten (ebd., S. 203). Dabei ging es um die Interaktion mit dem Spiel, die Integration des Spiels in das Alltagsleben und den Bezug zur Sozialumgebung, und zwar um die »Identifikation mit der virtuellen Gruppe« und der konkreten sozialen Umgebung wie der Familie (S. 205 f., S. 208). Die Agency-Typen der Spieler (Active-integrated, Sensation-seeking, Meaning-seeking, Passive-secluded, ebd., S. 208) zeigten sich in der Art, wie sie mit dem Spiel den Bezug zum Alltag und zur Sozialwelt realisierten.

Kulturelle Praxis: Schule

In einem Schulprojekt zu neuen Formen von Literalität in großstädtischen Schulen in den USA mit Schülern aus Migrationsfamilien führte Korina M. Jocson (2012) eine Untersuchung (»critical ethnography«, ebd., S. 303) durch zum Schreiben als »narrative assemblage«. Der Gedanke der multimodalen Repräsentation als einer entgrenzten Form des Schreibens war didaktisch leitend. Die sozialisationstheoretisch ausgerichtete Untersuchung war explizit im Kontext der Schulpraxis angelegt. Ziel war es, »the power of multimodality in the construction of identity and the representation of self in multimedia digital storytelling« (Jocson 2012) herauszustellen. Methodisch basierte die Untersuchung auf teilnehmender Beobachtung über sechs Monate, bei der die Beobachter als Kolehrer aktiv waren.

Stichworte zu sozialen, technologischen und kulturellen Strukturen der Gesellschaft

Die Entgrenzung von Strukturen (Beck/Lau 2004) ist eine dauerhafte gesellschaftliche Dynamik, die einhergeht mit Vorläufigkeit und Fluidität. Diese Dynamik ist Teil der laufenden Detraditionalisierung im Prozess der Globalisierung, die auch mit riesigen Migrationswanderungsbewegungen verbunden ist. In der sozialen Binnengliederung fand eine Fragmentierung der Sozialstrukturen in Milieus nach sozialer Lage und Leitwerten für die Lebensführung statt. Sozialkulturell prekäre Lebensweisen mit habitualisierten Lern- und Medienformen nehmen zu. Kaum mehr fällt die Individualisierung der Risiken von Entscheidungen und Handlungen auf. Sie betrifft auch die zunehmende Individualisierung durch digitale Mobilität und Konvergenz, die zu einer neuen Form der Massenkommunikation geführt hat, für die Individualisierung, technologisch digitale Mobilität und Konvergenz mit dem Internet charakteristisch sind (→ Peil/Mikos, S. 209 ff.). Zur Konvergenz gehören auch öffentlich verfügbare Programmarchive wie die von ARD und ZDF sowie nutzergenerierte Kontexte, zu denen zunehmend mehr die Raumkoordinaten von GPS hinzutreten. Eine weitere strukturelle Dynamik geht von der fortschreitenden Ökonomisierung individuellen und sozialen Handelns aus, die neue hochindividualisierte Entscheidungsrisiken an die Menschen im Sinne von Selbstoptimierung heranträgt. Hinzu kommen Gender- und religiös motivierte Kulturkonflikte, die sich im Prozess der Globalisierung mit asynchronen Kriegen – u. a. in Form von Terrorismus – überlagern.

Literatur

Bachmair, Ben (1998): Medienspuren in der Schule. Wie in der Schule mit der Medienwelt der Kinder und Jugendlichen umgehen? In: Krause-Vilmar, Ditfried/Dauber, Heinrich (Hrsg.): Schulpraktikum vorbereiten. Pädagogische Perspektiven für die Praxis. Bad Heilbrunn, S. 55–69.

Bachmair, Ben (1999): Ein Kinderzimmer als Text. Bedeutungskonstitution als kulturelle Aktivität der Rezipienten. In: Neuß, Norbert (Hrsg.): Ästhetik der Kinder. Interdisziplinäre Beiträge zur ästhetischen Erfahrung von Kindern. Frankfurt a. M., S. 189–203.

Bachmair, Ben (2009): Medienwissen für Pädagogen. Medienbildung in riskanten Erlebniswelten. Wiesbaden.

Bachmair, Ben/van den Hövel, Martina (1988): Experimente in der Medienpädagogik. Modellversuch »Medienpädagogische Beratung« in Kassel. In: medien + erziehung, Jg. 32, H. 4, S. 196–204.

Bauman, Zygmunt (2000): Liquid modernity. Cambridge.

Beck, Ulrich (1986): Risikogesellschaft. Auf dem Weg in eine andere Moderne. Frankfurt a. M.

Beck, Ulrich/Lau, Christoph (Hrsg.) (2004): Entgrenzung und Entscheidung: Was ist neu an der Theorie reflexiver Modernisierung? Frankfurt a. M.

Bonfadelli, Heinz/Bucher, Priska/Hanetseder, Christa/Hermann, Thomas/Ideli, Mustafa/Moser, Heinz (2008): Jugend, Medien und Migration. Empirische Ergebnisse und Perspektiven. Wiesbaden.

Domahidi, Emese/Quandt, Thorsten (2014): Living in a Virtual World? An Excessive Gamer Typology. In: Quandt, Thorsten/Kröger, Sonja (Hrsg.): Multiplayer. The Social Aspects of Digital Gaming. London/New York, S. 202–212.

Elias, Norbert (1991): Was ist Soziologie? 6. Auflage. Weinheim/München.

Foucault, Michel (1978): Dispositive der Macht. Über Sexualität, Wissen und Wahrheit. Berlin.

Giddens, Anthony (1984): The constitution of society. Outline of the theory of structuration. Cambridge.

Hall, Stuart (1980): Encoding/Decoding. In: Ders. u. a. (Hrsg.): Culture, Media, Language. Working papers in Cultural Studies, 1972–79. London, S. 128–139.

Hall, Stuart (1997): The Work of Representation. In: Ders. (Hrsg.): Representation. Cultural Representations and Signifying Practices. London u. a., S. 15–61.

Hall, Stuart (1999): Kodieren/Dekodieren. In: Bromley, Roger/Göttlich, Udo/Winter, Carsten (Hrsg.): Cultural Studies. Grundlagentexte zur Einführung. Lüneburg, S. 92–110.

Hengst, Heinz (2013): Kindheit im 21. Jahrhundert. Differenzielle Zeitgenossenschaft. Weinheim/Basel.

Hepp, Andreas/Bozdag, Cigdem/Suna, Laura (2011): Mediale Migranten. Mediatisierung und die kommunikative Vernetzung der Diaspora. Wiesbaden.

Hurrelmann, Klaus (1997): Einführung in die Sozialisationstheorie. Das Modell der produktiven Realitätsverarbeitung. 6. Auflage. Weinheim/Basel.

Jocson, Korina M. (2012): Youth media as narrative assemblage: examining new literacies at an urban high school. In: Pedagogies: An International Journal, Jg. 7, H. 4, S. 298–316.

Jörissen, Benjamin (2009): Strukturale Ethnografie Virtueller Welten. In: Grell, Petra/Marotzki, Winfried/Schelhowe, Heidi (Hrsg.): Neue digitale Kultur- und Bildungsräume. Wiesbaden, S. 119–143.

Kress, Gunther (2010): Learning and Environments of Learning in Conditions of Provisionality. In: Bachmair, Ben (Hrsg.): Medienbildung in neuen Kulturräumen. Die deutschsprachige und britische Diskussion. Wiesbaden. S. 171–182.

Kress, Gunther/Leeuwen, Theo van (2001): Multimodal Discourse. The Modes and Media of Contemporary Communication. London.

Leeuwen, Theo van (2009): Discourses of identity. In: Language Teaching, Jg. 42, H. 2, S. 212–221. doi:10.1017/S0261444808005508.

Mead, George H. (1973/1934): Geist, Identität und Gesellschaft. Frankfurt a. M.

Pachler, Norbert/Bachmair, Ben/Cook, John (2010): Mobile Learning: Structures, Agency, Practices. New York.

Quandt, Thorsten/Kröger, Sonja (Hrsg.) (2014): Multiplayer: the Social Aspects of Digital Gaming. London/New York.

Rosenkranz, Lena (2017): Exzessive Nutzung von Onlinespielen im Jugendalter. Wiesbaden.

Schulze, Gerhard (1992): Die Erlebnisgesellschaft. Kultursoziologie der Gegenwart. 2. Auflage. Frankfurt a. M.

Sinus Markt- und Sozialforschung, Heidelberg (2014): Sinus-Milieus in Germany. Social Status and Basic Orientation. 3. November 2014. Abrufbar unter: http://www.sinus-institut.de/de/infobereich-fuer-studierende.html.

Vollbrecht, Ralf (2014): Mediensozialisation. In: Tillmann, Angela/Fleischer, Sandra/Hugger, Kai-Uwe (Hrsg.): Handbuch Kinder und Medien. Wiesbaden, S. 115–124.

Konvergierende Medienumgebungen

Corinna Peil / Lothar Mikos

Bei Medienkonvergenz handelt es sich um einen Schlüsselbegriff, der seit der Digitalisierung der Medienkommunikation an Bedeutung gewonnen hat und einen fortwährenden, dynamischen Wandel unserer medialen Umwelt beschreibt. Konvergierende Medienumgebungen sind demnach das Produkt einer Reihe von Prozessen, die die technische Weiterentwicklung der Medien ebenso betreffen wie die Medienindustrien, die Produktion und Distribution medialer Texte, die Inhalte und die Nutzung der Medien. Ausgehend von der Bedeutungsvielfalt des Begriffs werden aktuelle Konvergenzphänomene auf der Makro-, Meso- und Mikroebene in den Blick genommen. Dabei wird deutlich, dass gegenwärtige Medienumgebungen von ambivalenten, teils gegenläufigen Entwicklungen der Konvergenz und Dekonvergenz geprägt sind, die es in der qualitativen Medienforschung genau zu erfassen und zu bestimmen gilt.

Medienkonvergenz: Definition, Geschichte und Einordnung

Konvergierende Medienumgebungen stellen qualitative Forschungsansätze in der Medien- und Kommunikationswissenschaft vor eine besondere Herausforderung. Konvergieren (aus dem lat. convergere) bedeutet sich angleichen oder zusammenlaufen. Der Begriff der Konvergenz verweist in diesem Sinne auf eine Annäherung, auf einen Vorgang des sich aufeinander zu Bewegens und der wachsenden Übereinstimmung: »the coming together of things that were previously separate« (Meikle/Young 2012, S. 2). Er findet auf diversen Gebieten Verwendung, etwa in der Mathematik, den Sprach-, Ingenieurs- und Naturwissenschaften. Im Zusammenhang mit Medien bezeichnet er eine zunehmende Verschmelzung medialer Funktionen, Techniken, Formen, Kulturen und Märkte. Hervorzuheben ist, dass es sich um einen Prozessbegriff handelt (vgl. Jenkins 2006, S. 16), konvergierende Medienumgebungen sind also nicht als Status Quo oder Endprodukt einer Entwicklung zu verstehen, sondern als ein kontinuierlicher Wandel, bei dem verschiedene Kräfte zusammenlaufen, die aber zugleich in einem permanenten Spannungsverhältnis zueinander stehen.

Ithiel de Sola Pool gilt als einer der Ersten, der den Begriff der Konvergenz im Kontext aktueller Medienentwicklungen verwendet hat (vgl. Jenkins 2006, S. 10 f.; Meikle/Young 2013, S. 6). In seinem Buch »Technologies of Freedom« (1983) beschreibt er eine »convergence of modes«, die die Grenzen zwischen einzelnen Medien zunehmend verschwimmen lässt: »So the one-to-one relationship that used to exist between a medium and its use is eroding« (ebd., S. 23).

Darüber hinaus hat Nicholas Negroponte bereits Ende der 1970er Jahre eine Vision von Medienkonvergenz präsentiert (vgl. Abbildung 1), die ein Verschmelzen von Film/Fernsehen, Druckbranche und Computerindustrie antizipierte (vgl. Brand 1987, S. 10).

Zum Zeitpunkt ihrer sich im Nachhinein als hellsichtig erweisenden Einschätzungen befand sich die Digitalisierung der Medienkommunikation freilich noch in ihren Anfängen. Erst mit der fortschreitenden Digitalisierung der Medien seit den 1980er und 1990er Jahren bekam der Begriff der Medienkonvergenz größere Bedeutung und erfuhr eine dynamische Weiterentwicklung. Hierzu trug unter anderem die Veröffentlichung des 1997 von der Europäischen Kommission herausgegebenen »Green Paper on the Convergence of the Telecommunications, Media and Infor-

1978   2000

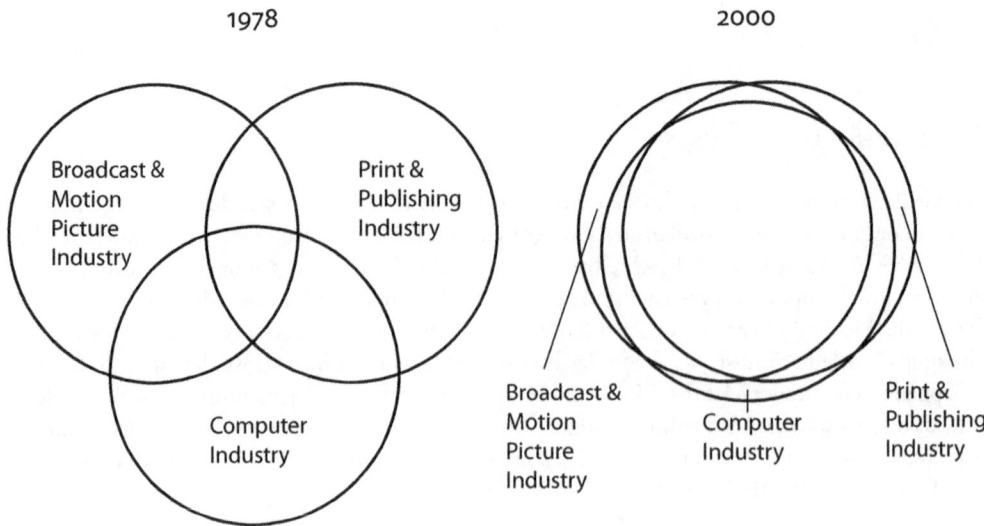

Abb. 1: Negropontes frühe Vision von Medienkonvergenz (Brand 1987, S. 10)

mation Technology Sectors […]« bei, das eine umfassende Expertise zu den Folgen der Digitalisierung für die Medien sowie ihre Plattformen, Märkte und Regulierung lieferte (vgl. Hasebrink et al. 2004, S. 9). Digitalisierung bezeichnet ganz allgemein die Umwandlung von analogen Signalen wie Bild, Text und Ton in ein gemeinsames digitales Format sowie damit verbunden die Verbreitung eines neuen Medienstandards, der es erlaubt, Informationen leichter zu speichern, zu bearbeiten und zu übertragen. Die Kopplung von Medium und Technologie war damit aufgehoben: Unterschiedliche Medienformate können seit der Digitalisierung auf ein- und demselben Medienträger empfangen werden, zugleich sind fast alle Medientechnologien imstande, eine Reihe unterschiedlicher Medienformate zu repräsentieren. »This is the core of what is meant by technological convergence: all forms of media being increasingly stored and transferred on the same format and therefore becoming completely interchangeable« (Miller 2011, S. 73).

Die durch die Digitalisierung angestoßene technische Konvergenz ist Ausgangspunkt und Voraussetzung für eine Vielzahl weiterer Formen von Medienkonvergenz, die sich bis heute auf

unterschiedlichen Ebenen und in verschiedenen Bereichen der Medienkommunikation entfaltet haben. Ist von konvergierenden Medienumgebungen die Rede, so muss daher zunächst erfasst werden, welche Arten von Medienkonvergenz zu berücksichtigen sind. In der Vergangenheit hat es zahlreiche Versuche gegeben, verschiedene Typen von Medienkonvergenz zu klassifizieren. In dem bereits erwähnten EU Green Paper (1997, S. 2) wird Medienkonvergenz auf den drei Gebie-ten Technologien und Netzwerke, Industrien sowie Märkte und Dienstleistungen verortet. Miller (2011, S. 72) beschreibt Medienkonvergenz als »a technological process associated with digitization«, »a regulatory trend among governments«, »a process among the media and telecommunications industry« und »the soon to be dominant form of media culture«, während Fagerjord und Storsul (2007, S. 20 ff.) gar zwischen »network convergence«, »terminal convergence«, »service convergence«, »market convergence«, »regulatory convergence« und »rhetorical convergence« differenzieren. Einen etwas anderen Akzent hat Henry Jenkins in die Medienkonvergenzdebatte eingebracht. In seinem inzwischen zum Klassiker avancierten Buch »Convergence Culture«

(2006) geht er von der medialen Gesamterfahrung einer aktiven Nutzerschaft aus und definiert Medienkonvergenz entsprechend als »the flow of content across multiple media platforms, the cooperation between multiple media industries, and the migratory behavior of media audiences who will go almost anywhere in search of the kinds of entertainment experiences they want« (ebd., S. 2).

Als Schlüsselbegriff beschreibt Medienkonvergenz einen fortwährenden Wandlungsprozess, der zahlreiche Facetten der Medienkommunikation umfasst. Nicht zuletzt angesichts einer solchen Bedeutungsvielfalt ist der Begriff vielfach auch kritisiert worden. Fagerjord und Storsul (2007, S. 132) sprechen von einem »unclear term«, um seiner Ambiguität Ausdruck zu verleihen, bei Herkman (2012, S. 13) ist von einem »umbrella term« die Rede. Roger Silverstone (1995, S. 11) hat Medienkonvergenz gar als ein »dangerous word« bezeichnet – nicht nur aufgrund der Vieldeutigkeit, sondern auch angesichts der technikdeterministischen Implikationen, die dem Begriff innewohnen, und wegen der Unvermeidbarkeit, mit der er den gegenwärtigen medialen Wandel belegt. Auch wenn die Analysekraft des Medienkonvergenzbegriffs vor diesem Hintergrund begrenzt sein mag, zumal aktuelle Entwicklungen zu komplex und vielgestaltig sind als dass sie in einem einzigen Terminus zusammengefasst werden könnten, so stellt er doch ein mächtiges rhetorisches Werkzeug dar, um politische und regulatorische Entscheidungen zu beeinflussen oder zu legitimieren (vgl. Fagerjord/ Storsul 2007, S. 28).

Ebenen der Medienkonvergenz

Die beschriebenen Dimensionen von Medienkonvergenz lassen sich letztlich nicht separat voneinander betrachten, alle Entwicklungen greifen ineinander und sind von einer hohen Dynamik geprägt. Ihnen ist gemein, dass sie in der einen oder anderen Form auf eine Auflösung von Grenzen verweisen, auf eine Zusammenlegung und Verbindung einzelner Elemente, die in

ein großes, zusammenhängendes Ganzes münden. Die Komplexität und Diversität, von denen gegenwärtige Medienumgebungen gekennzeichnet sind, lassen sich jedoch nur erfassen, wenn auch neu entstandene Konstellationen, verschobene Grenzen und Ambivalenzen in den Blick genommen werden, die mit Medienkonvergenzen einhergehen. Aktuell ist in vielen Bereichen eine stärkere Diversifizierung und Fragmentierung festzustellen, die durch den Konvergenzbegriff oftmals verschleiert werden. Um auch diese Tendenzen zu perspektivieren, bietet es sich an die gegenwärtigen Entwicklungen im Bereich der Medienkommunikation als ein Zusammenspiel von Medienkonvergenz und Dekonvergenz[1] zu erfassen (vgl. Peil/Sparviero 2017). Konvergierende Medienumgebungen sind demnach das Produkt miteinander konkurrierender Kräfte, sie sind auf allen Ebenen von Prozessen des Zusammenlaufens und des Auseinanderdriftens, von Linearität und Diskontinuität geprägt. Um diese Entwicklungen genauer skizzieren und ihre Relationen in den Blick nehmen zu können, sollen sie im Folgenden auf der Makro-, Meso- und Mikroebene fokussiert werden (vgl. Ammann/Mikos 2010).

Makroebene

Auf der Makroebene ist Medienkonvergenz im Kontext einer Reihe kultureller und ökonomischer Wandlungsprozesse zu verorten, die sich mit Schlagwörtern wie Kommerzialisierung, Globalisierung, Deregulierung und Marktliberalisierung umreißen lassen. Die Konvergenz der Medienmärkte ist in diesem Zusammenhang nicht nur auf die durch die Digitalisierung ermöglichte technologische Konvergenz, sondern auch auf politische und regulatorische Entscheidungen zurückzuführen, die im Rahmen der kapitalistischen Globalisierungslogik auf Expansion und einen stärkeren internationalen Wettbewerb zielten (vgl. Meikle/Young 2012, S. 35 ff.; Miller 2011, S. 72 ff.). Nachdem die Medienmärkte lange Zeit weitgehend separat voneinander agiert und sich auf ein Kerngeschäft fokussiert hatten, machten es die plattformübergreifende Verwertung von redaktionellen Inhalten, aber auch die Deregulierung des Medien- und Telekommunikationssektors zunehmend attraktiv, weitere Geschäftsfelder zur erschließen, um die Kunden aus einer Hand über verschiedene Medien hinweg mit angepassten Produkten und Dienstleistungen zu versorgen. Medienunternehmen expandierten vor allem in neue Bereiche wie das Internet und verknüpften den Absatz digitaler Technologien (Hardware) mit dem Angebot publizistischer Inhalte (Software). Das Geschäft wurde durch Fusionen und Übernahmen erweitert, bei denen kleinere Unternehmen aufgekauft und in das bestehende Geschäft integriert wurden. Eine Ausdehnung fand sowohl horizontal als auch vertikal statt, das heißt es wurden einerseits verwandte Industrien erschlossen, andererseits wurden Geschäftsfelder aufgekauft, sodass ein- und dasselbe Unternehmen alle Stufen einer Wertschöpfungskette kontrollieren konnte. Von den Übernahmen erwartete man sich angesichts der Diversifizierung der Geschäftsfelder eine Minimierung der Risiken und eine Erhöhung der Profite durch Synergieeffekte (vgl. Meikle/Young 2012, S. 39 ff.; Miller 2011, S. 77 ff.).

Die Zusammenschlüsse im Medienbereich ließen eine Vielzahl von multinationalen Großkonzernen entstehen, durch die sich die Marktstrukturen und -dynamiken dauerhaft verändert haben. Hierfür charakteristisch sind nicht nur die neu erschlossenen, teilweise von dem publizistischen Kerngeschäft weit entfernten Geschäftsfelder, sondern auch die zahlreichen intermediären Verflechtungen, die einen medienübergreifenden Konzentrationsprozess vorangetrieben haben. Während die extensiven Expansionsbestrebungen der Medienunternehmen aus demokratietheoretischer Sicht kritisch zu sehen sind, weil sie aufgrund der Dominanz einer geringen Zahl von Konzernen die Gefahr von Informationsmonopolen und einer eingeschränkten Meinungsvielfalt bergen, so führten sie ökonomisch nicht immer zu den gewünschten Resultaten (vgl. Jin 2013). Synergieeffekte blieben vielfach aus, weil die Chancen der Digi-

talisierung überschätzt wurden oder die Verbindung von alten und neuen Medien zu leichtfertig eingegangen worden war. Die Gründe für den ausbleibenden Erfolg oder auch das Scheitern vieler Zusammenschlüsse sind divers, sie haben laut Jin (2013) jedoch zu einer Welle der Medien-Dekonvergenz seit Anfang der 2000er Jahre geführt, bei der Unternehmen etliche ihrer Geschäftsfelder in Form von Split-offs oder Spin-offs wieder ausgelagert haben. Hintergrund dieser Strategie sind in erster Linie ökonomische Erwägungen, die in dem Abverkauf von unrentablen Nebengeschäften, in der Rückbesinnung auf ein Kerngeschäft und in neuen Formen der Spezialisierung Möglichkeiten für einen größeren wirtschaftlichen Erfolg sehen (vgl. ebd.).

Diese auf der Makroebene wirkenden, teils gegenläufigen Prozesse finden ihre Entsprechung auf der Meso- und auf der Mikroebene, wie im Folgenden dargelegt wird. Sie zeugen von einer erhöhten Komplexität und neuen Unübersichtlichkeit konvergierender Medienumgebungen, die das Resultat vieler miteinander interagierender Faktoren wie wirtschaftlicher, politischer, regulativer und struktureller Voraussetzungen und Entscheidungen sind.

Mesoebene

Auf der Mesoebene wird deutlich, welche Folgen konvergierende Medienumgebungen für die Medientexte und das Publikum haben. Darunter fällt zum einen das Zusammenwachsen verschiedener Inhalte, Genres und Medienformate, wie etwa die Kombination schriftlicher Texte, audiovisueller Formen und interaktiver Elemente in vielen Bereichen des Internets, aber zunehmend auch im Fernsehen. Relevant ist auf dieser Ebene aber auch die Vervielfältigung der Distributionswege, die dazu geführt hat, dass Medieninhalte heute über eine Vielzahl an Kanälen und Plattformen verbreitet werden. Auch hier zeigt sich wieder ein starkes Ineinandergreifen von Prozessen der Konvergenz und der Dekonvergenz: Einerseits vermischen sich Inhalte und fließen ineinander, etwa im Newsfeed bei Facebook oder in der um einen Hashtag geordneten Kommunikation bei Twitter. Andererseits sind eine Ausdifferenzierung von Formaten und Genres sowie deutliche Tendenzen der Individualisierung und Fragmentierung auf Seiten der Publika festzustellen. Dadurch, dass sich digitale Medieninhalte vergleichsweise einfach und kostengünstig verbreiten lassen, hat sich das Angebot so stark erweitert und diversifiziert, dass Interessen individuell bedient werden und auch etliche Nischenprogramme auf dem Markt bestehen können. Konsequenz dieser gesteigerten Selektionsmöglichkeiten beim Medienkonsum sind fragmentierte Öffentlichkeiten oder auch die so genannte *Filter Bubble*, die das Publikum in seinen eigenen Informationswelten isoliert.

Bei dem sich seit einigen Jahren im Kontext von Medienkonvergenz abzeichnenden kulturellen Wandel, der vor allem die Produktion von Medientexten betrifft, spielt das von Henry Jenkins (2006) aufgegriffene Konzept des *Transmedia Storytelling* eine besondere Rolle. Damit wird eine neue Form des Erzählens bezeichnet, die darauf angelegt ist, zu einem bestimmten Narrativ ein textuelles Universum und eine mediale Gesamterfahrung zu kreieren. Jenkins selbst spricht von »the art of world making« (ebd., S. 19), bei dem verschiedene Medien um einen Ausgangspunkt organisiert werden, sodass die Geschichte auf unterschiedliche Plattformen expandieren kann. Auf diese Weise wird versucht, einen *audience flow* zwischen den einzelnen Medien aufrecht zu erhalten. Jenkins sieht den Ursprung für transmediale Erzählungen in einer von Konvergenz geprägten Medienökonomie, in der von großen Medienkonzernen die Film- und Fernsehproduktion mit dem Markt für DVDs und Computerspiele und der Lizenzierung von Merchandising-Produkten zusammengeführt werden (vgl. Peil/Schwaab 2013, S. 342). Transmediale Erzählungen müssen sowohl im transmedialen Kosmos als auch als Geschichte in einem einzelnen Medium funktionieren. Dabei bleibt es dem Publikum überlassen, wie tief es in eine Geschichte eindringen will. Durch jeden Teil einer transmedialen Geschichte wird der Gesamterzählung ein weiteres Teil im narrativen Puzzle hinzugefügt (vgl. Mikos 2016a; Mikos 2017). Die transmedialen Erzählungen sind von hoher Partizipation durch die Nutzerinnen und Nutzer der entsprechenden Angebote gekennzeichnet, wobei die partizipatorischen Elemente sowohl von den Produzierenden ausgehen können als auch von den Nutzenden selbst. Die Migration von Texten über verschiedene Medien hinweg, die für konvergierende Medienumgebungen kennzeichnend ist, bedeutet im Sinne einer Dekonvergenz aber auch, dass sich die Rezeption der Nutzerinnen und Nutzer auf ganz unterschiedliche Plattformen verlagert hat. Ein Fernsehtext wie »Lost« wird nicht mehr nur auf dem heimischen Flachbildfernseher, sondern auch unterwegs auf dem kleinen Display des Smartphones rezipiert. Damit verbindet Max Dawson (2007) die Tendenz zu einem »unbundling« (ebd., S. 233), einer Entflechtung der Gegenstände von Medien wie dem Fernsehen. Größere Einheiten wie Episoden einer Serie oder Nachrichtenformate werden zu immer kleineren, leicht zu rezipierenden Segmenten geformt, brechen also stärker auseinander und fördern eine Fragmentierung der Mediennutzung in sich weiter verkleinernde Sinnprovinzen, mit denen verteiltere und flüchtigere Formen der Aufmerksamkeit verbunden sein können. Demgegenüber stehen wiederum Strategien des konzentrierten Medienkonsums, die sich durch neue digitale Vertriebswege eröffnen. Die digitale Verbreitung von Fernsehserien in DVD-Box Sets und auf Streaming-Portalen hat Rezeptionsformen wie das Binge Watching (vgl. Mikos 2016b) bzw. »Media Marathoning« (Perks 2015) hervorgebracht, bei dem Fernsehserien mehr oder weniger am Stück über Stunden hinweg konsumiert werden.

Auch auf der Mesoebene sind also ambivalente Prozesse zu beobachten. Während auf der einen Seite das Medienangebot mit verschiedenen Maßnahmen (u. a. Transmedia Storytelling) auf die Fragmentierung der Distribution reagiert, stehen dem auf Seiten der Nutzerinnen und Nutzer sowohl flüchtigere Formen als auch intensivierte Formen des Medienkonsums gegenüber. Gerade auf der Mesoebene wird somit deutlich, dass es keine einheitliche konvergente Entwicklung gibt, sondern dass die technische und mediale Entwicklung von dialektischen Prozessen der Konvergenz und Dekonvergenz bestimmt ist.

Mikroebene

Kontrastierende Entwicklungen charakterisieren auch die Mikroebene, die Ebene des Individuums. Eine vor allem den Beginn der Digitalisierung bestimmende, auch auf die Nutzung verweisende Idee ist das Bild des »supermedium« (Jenkins 2001; vgl. Herkman 2012, S. 11) oder der »Über-Box« (Fagerjord 2002), die als All-in-one-Geräte sämtliche mediale Nutzungsformen in sich vereinen. Damit verbunden ist häufig die Vorstellung einer vereinheitlichten Medienumgebung, in der sich die Nutzerinnen und Nutzer zu jeder Zeit und von jedem Ort Zugriff auf ein omnipotentes Allroundmedium verschaffen können. Dieses *Supermedium* ist zwar innerhalb kürzester Zeit Realität geworden, da eine große Bandbreite unterschiedlicher Medien und Anwendungen inzwischen auf jedem noch so kleinen onlinefähigen Endgerät verfügbar ist. Jedoch hat die Transformation von Einzelmedien in multifunktionale und hochkomplexe Konvergenztechnologien mitnichten dazu geführt, dass die zahlreichen Geräte im Haushalt durch eine einzige technische Lösung ersetzt wurden. Denn für beinahe jedes Medium gilt, dass es seinen Platz im Medienensemble behalten hat. Von Jenkins (2006, S. 14) als »black box fallacy« bezeichnet, hat sich diese Utopie von Medienkonvergenz genau in die entgegen gesetzte Richtung entwickelt: In Haushalten ist heute mehr Vielfalt als je zuvor zu verzeichnen, und zwar sowohl im Hinblick auf die Geräte, Formate und Standards als auch die medienbezogenen Praktiken. Die Folgen einer zunehmenden Medienkonvergenz auf der Makroebene zeigen sich demnach auch auf der Mikroebene – wie schon auf der Mesoebene – in Form einer ausgeprägten Individualisierung, die sich im Zugang zu verschiedenen Medien, in individuellen Medienmenüs

und Medieninteressen sowie in unterschiedlichen Medienbiographien niederschlägt.

Den empirischen Untersuchungen, die Mediennutzung in konvergierenden Medienumgebungen erforschen, ist gemeinsam, dass sie die Aktivitäten des Publikums innerhalb einer immer weniger von den Einzelmedien und ihren distinkten Rezeptionskontexten geprägten Medienlandschaft in den Blick nehmen. Mit dem Ziel, Mediennutzung unter Digitalisierungsbedingungen zu erfassen und die aktuelle Komplexität auf Ebene der Technologien auch in der Mediennutzung abbilden zu können wird vielmehr von einer orts- und zeitunabhängigen Verfügbarkeit sich funktional überlappender Medien ausgegangen. Der Medienrepertoire-Ansatz nach Hasebrink und Domeyer (2012) fragt vor diesem Hintergrund etwa nach der spezifischen Kombination von Medien und Inhalten. Medienrepertoires verweisen auf relativ beständige, medienübergreifende Nutzungsmuster, die als das Resultat zahlreicher Medienkontakte in Folge von konkreten Auswahlentscheidungen zu verstehen sind. Das Polymedia-Konzept nach Madianou und Miller (2012, S. 125) stellt – ausgehend von mediengesättigten Umgebungen, in denen Medien ihre Bedeutung erst im Kontext der anderen, teilweise funktionsgleichen Medien erhalten – die bedeutungsgenerierenden Praktiken der Nutzerinnen und Nutzer in den Mittelpunkt, durch die den Medien eine bestimmte Position im Medienensemble zugewiesen wird. Dagegen legt Herkman (2012) mit dem Konzept der »Intermediality« seinen Schwerpunkt auf historische Kontinuitäten und kontextuelle Unterschiede zwischen den Medien. Einen weiteren Ansatz zu medienübergreifendem Medienhandeln in konvergierenden Medienumgebungen präsentiert Deuze (2012) mit »Media Life«, wobei er davon ausgeht, dass Medien so tief und unumgänglich im alltäglichen Leben verankert sind, dass sie für die Menschen unsichtbar geworden sind. Terje Rasmussen (2014) sieht die Medien zunehmend personalisiert und in den Alltag integriert, sodass er von einer »vernetzten Lebenswelt« spricht. Nicht zuletzt verweist auch der Ansatz der

»Mediatisierten Welten« (u. a. Krotz/Hepp 2012) auf die transmediale Einbettung von Medien und stellt *»das situative kommunikative Handeln in Bezug auf sich wandelnde und neue Medien in den Mittelpunkt [...]«* (Krotz 2014, S. 13 f.; Herv. im Orig.). Dadurch, dass alle Medien inzwischen imstande sind, ähnliche Inhalte, Kommunikationsmodi und Gratifikationen anzubieten, kann es sinnvoll sein von »kommunikativen Figurationen« zu sprechen (→ Hasebrink/Hepp, S. 164 ff.; Hepp/Hasebrink 2013), die als Muster von kommunikativen Prozessen zu sehen sind und über verschiedene Medien hinweg existieren.

Die mit der Digitalisierung zusammenhängenden technologischen und ökonomischen Entwicklungen haben zu einer Vervielfachung technischer Geräte und Medien geführt, die von den Menschen im Alltag genutzt werden. Vor diesem Hintergrund manifestiert sich Medienkonvergenz einerseits darin, dass die gleichen Inhalte auf verschiedenen Geräten und in verschiedenen Medien genutzt werden. Andererseits ist sie zugleich von einer Fragmentierung sowohl des Medienangebots als auch der Nutzung geprägt. Die Nutzerinnen und Nutzer werden zum zentralen Bezugspunkt, über den sich Konvergenz und Dekonvergenz von Medien und medialen Inhalten herstellen. Auf diese Weise geht die Konvergenz der Medien mit einer Personalisierung der Medienangebote und einer Individualisierung der Mediennutzung einher.

Implikationen für die Forschung

Der dialektische Prozess von konvergierenden und dekonvergierenden Medienumgebungen hat verschiedene Implikationen für die Forschung. So gibt es bisher keine umfassenden empirischen Studien, die diese Prozesse in den Blick nehmen. Das wird aufgrund der komplexen Beziehungen zwischen Technologie, Ökonomie, Politik und Kultur auch immer schwieriger. Zwar gibt es einige theoretische Überlegungen, die versuchen die verschiedenen Bereiche der Medien sowie ihre Nutzung zusammen zu denken, wie Deuze (2012), der von einer umfassenden Durchdringung des Alltags durch Medien ausgeht, oder Rasmussen (2014), der von einer vernetzten Lebenswelt spricht. Doch empirische Studien befassen sich eher mit Ausschnitten aus dem medialen Leben in den (de)konvergenten Medienumgebungen. Sie behandeln – wie die meisten Projekte aus dem DFG-Forschungsschwerpunkt »Mediatisierte Welten« – einzelne Aspekte medialer Angebote und der Nutzung von Medien (vgl. exemplarisch die Beiträge in Krotz/Hepp 2012 und Krotz et al. 2014). Auf diese Weise werden Miniaturen vorgelegt, die erst in der Zusammenschau einen größeren Zusammenhang ergeben.

In (de-)konvergierenden Medienumgebungen wird es immer aufwändiger komplexe Medienphänomene umfassend zu erforschen. Daher bietet es sich an, in interdisziplinären Gruppen von Forschenden diese Phänomene zu untersuchen, wie z. B. in dem Forschungsprojekt zur »Herr der Ringe«-Trilogie, in dem der Produktionskontext, das Marketing, die Intertextualität und Intermedialität, die Rezeption und der Diskurs über dieses Film-Franchise bearbeitet wurden (vgl. Mikos et al. 2007). Dabei funktioniert auch die Zusammenarbeit von Wissenschaft und Medienpraxis, wie die Studie zum narrativen Universum der Marvel Studios zeigt, in der historische, ökonomische, kulturelle und mediale Aspekte eine Rolle spielen (vgl. Flanagan et al. 2016). Die transmediale Welt von Marvel ist ebenso von Konvergenzphänomenen gekennzeichnet wie von Dekonvergenzphänomenen.

Transmediale Medienphänomene stellen die Medienforschung vor zweierlei Probleme: Erstens muss man sich fragen, was das konkrete Objekt ist, das einer Analyse zugänglich ist. Zweitens ist festzulegen, welche Nutzungsarten von welchen der transmedialen Ausprägungen Gegenstand der Forschung sein sollen. Von vielen Filmen gibt es mehrere Versionen. Transmediale Fernsehserien bestehen nicht nur aus den Episoden, die im Fernsehen oder auf Streaming-Plattformen gezeigt werden, sondern aus narrativen Ergänzungen in Comics, Computerspielen und Webserien. Unterhaltungsshows und Reality-Serien sind ohne transmediale Erweiterungen in sozialen Medien und in mobilen Apps nicht mehr denkbar. All das führt zu einer Ausweitung dessen, was ursprünglich als »Kerntext« einer Analyse zugänglich war. Da nicht mehr von diskreten, abgrenzbaren Texten auszugehen ist (vgl. Mikos 2015, S. 264 ff.), ist es für die Medienforschung zunehmend wichtig, den genauen Text- bzw. Werkumfang zu bestimmen, auf den sich die Analyse bezieht. Zudem müssen auch die Beziehungen zwischen den einzelnen medialen Ausprägungen eines Textes bzw. Werkes in den Blick genommen werden.

Dieser zunehmenden Komplexität des textuellen, medialen Universums stehen ebenso vielfältige wie unterschiedliche Nutzungs- und Rezeptionsmuster gegenüber. Konnte man früher davon ausgehen, dass eine Fernsehserie oder Reality-Show direkt im Fernsehen gesehen wurde, gibt es heute nicht nur verschiedene Wege der Rezeption, sondern es werden auch zahlreiche mediale Zusatzangebote wie Apps, Websites und soziale Medien genutzt. In Rezeptionsstudien wäre daher zu erforschen, welche Nutzungs- und Rezeptionsmuster der verschiedenen medialen Ausprägungen zu welchen Prozessen der Sinnkonstitution und der Meinungsbildung führen. Die Erforschung von Medienrepertoires müsste durch die Untersuchung von Medieninhalts- bzw. Textrepertoires ergänzt werden. Dies ist umso wichtiger, als sich die klassische Massenkommunikation im Zuge der Digitalisierung zu einer personalisierten Massenkommunikation weiterentwickelt hat, bei der Angebote auf die individualisierten Bedürfnisse des Massenpublikums zugeschnitten werden (vgl. Bolin 2014). In den transmedialen Welten der (de)konvergenten Medienumgebungen bleibt es einerseits dem Publikum überlassen, wie tief und verzweigt es in diese Welt eintreten will, andererseits werden dessen Bedürfnisse im Rahmen von personalisierten Empfehlungen und Angeboten, die im Interesse der anbietenden Industrie liegen, wieder zusammengeführt.

Qualitative Studien von (de)konvergenten Medienphänomenen müssen also immer den Gegenstand ihrer Untersuchung klar benennen und in seiner Komplexität deutlich machen. Nur so lassen sich intersubjektive Nachvollziehbarkeit sowie Reliabilität und Validität herstellen.

Fazit: Vielgestaltige konvergierende Medienumgebungen

(De)konvergierende Medienumgebungen machen deutlich, dass Medien sowie die Produktion und die Nutzung von Medieninhalten in einem sehr komplexen Netz aus Beziehungen untereinander sowie zu technischen, ökonomischen, politischen, kulturellen und sozialen Entwicklungen stehen. Die qualitative Medienforschung hat die Aufgabe dieses Beziehungsgeflecht zu entwirren. Wie oben beschrieben kann dies am besten in interdisziplinären Teams bewältigt werden. Wo das nicht möglich ist, sollten bestimmte Ausschnitte eines Medienphänomens, die genau zu definieren sind, erforscht werden, z. B. auf der Ebene der Medientechnik, der Medienökonomie, der Medienpolitik, der Medienkultur oder der sozialen Mediennutzung. Konvergierenden Tendenzen stehen in der Regel dekonvergierende Tendenzen gegenüber, und zwar auf allen Ebenen, die für Medienphänomene relevant sind. Mit den technischen Entwicklungen der Digitalisierung sind neue Möglichkeiten der Produktion, Distribution und Nutzung der Medien entstanden; die ökonomischen Entwicklungen haben neue Formen der Vermarktung und der Nutzerbindung ebenso wie neue Produktionsbedingungen hervorgebracht, und das nicht nur auf lokaler, sondern auf globaler Ebene; die Politik greift mit regulatorischen Maßnahmen in diese Prozesse ein, sei es im Bereich des Datenschutzes, des Jugendschutzes oder der Plattformregulierung. Aufgrund all dieser Entwicklungen kommt es zu kulturellen Veränderungen, die sich in neuen Ästhetiken der Darstellung zeigen, in neuen Inhalten und in neuen Möglichkeiten Inhalte zu erweitern und zu verknüpfen, wie es z. B. beim Transmedia Storytelling der Fall ist. Damit verbunden sind aber auch neue Formen der Nutzung von Medien, in personalisierter Massenkommunikation, in der Fragmentierung des Publikums, in den Möglichkeiten des Publikums, Inhalte zu gestalten, und in neuen sozialen Formierungen, in denen sich Nutzerinnen und Nutzer – meist technikvermittelt – zusammenfinden. Aber auch das Zusammenspiel der verfügbaren konvergenten Medientechnologien unterliegt einem ständigen Wandel, sodass einer reicheren und dichteren Medienerfahrung immer auch die konkrete Arbeit der Nutzenden im Gebrauch, in der Organisation und im Management der unterschiedlichen Medien gegenübersteht. Die Prozesse der Konvergenz und der Dekonvergenz auf den genannten Ebenen offenzulegen ist eine der Aufgaben qualitativer Medienforschung. Auf diese Weise kann

sie einen Beitrag zur kritischen Betrachtung der Medien und dem damit verbundenen technologischen, ökonomischen, politischen, kulturellen und sozialen Wandel leisten.

Anmerkungen

1 Der Begriff ist von Jin Dal Yong (2013) in Bezug auf Medienmärkte geprägt worden und bezieht sich auf den Trend großer Medienunternehmen sich wieder zu verkleinern um sich durch eine Diversifizierung von Geschäftsstrategien die Existenz am Markt zu sichern.

Literatur

Ammann, Ilona/Mikos, Lothar (2010): Convergence Culture and the Archive. Methodological Challenges for Textual Analysis and Audience Studies. Paper auf der Preconference «Researching (Popular) Media in the Age of Convergence» der ICA Popular Communication Division in Singapur, 22.06.2010.

Bolin, Göran (2014): The Death of the Mass Audience Reconsidered. From Mass Communication to Mass Personalisation. In: Eichner, Susanne/Prommer, Elizabeth (Hrsg.): Fernsehen: Europäische Perspektiven. Konstanz/München, S. 159–172.

Brand, Stewart (1987): The Media Lab: Inventing the Future at MIT. New York.

Dawson, Max (2007): Little Players, Big Shows. Format, Narration, and Style on Television's New Smaller Screens. In: Convergence, 13, 3, S. 231–250.

De Sola Pool, Ithiel (1983): Technologies of Freedom. On Free Speech in an Electronic Age. Cambridge/London.

Deuze, Mark (2012): Media Life. Cambridge/Malden.

European Commission (Hrsg.) (1997): Green Paper on the Convergence of the Telecommunications, Media and Information Technology Sectors, and the Implications for Regulation. Towards an Information Society Approach. Brüssel.

Fagerjord, Anders (2002): Reading-View(s)ing the Über-Box: A Critical View on a Popular Prediction. In: Eskelinen, Markku/Koskimaa, Raine (Hrsg.): Cybertext Yearbook 2001. Jyväskylä, S. 99–110.

Fagerjord, Anders/Storsul, Tanja (2007): Questioning Convergence. In: Storsul, Tanja/Stuedahl, Dagny (Hrsg.): Ambivalence towards convergence. Digitalization and Media Change. Göteborg, S. 19–31.

Flanagan, Martin/McKenny, Mike/Livingstone, Andy (2016): The Marvel Studios Phenomenon. Inside a Transmedia Universe. New York et al.

Hasebrink, Uwe/Domeyer, Hanna (2012): Media Repertoires as Patterns of Behaviour and as Meaningful Practice: A Multimethod Approach to Media Use in Convergent Media Environments. In: Participations, 9, 2, S. 757–779.

Hasebrink, Uwe/Mikos, Lothar/Prommer, Elizabeth (2004): Mediennutzung in konvergierenden Medienumgebungen: Zur Einführung. In: Dies. (Hrsg.): Mediennutzung in konvergierenden Medienumgebungen. München, S. 9–17.

Hepp, Andreas/Hasebrink, Uwe (2013): Human Interaction and Communicative Figurations. The Transformation of Mediatized Cultures and Societies. Communicative Figurations, Working Paper Nr. 2.

Herkman, Juha (2012): Introduction: Intermediality as a Theory and Methodology. In: Herkman, Juha/Hujanen, Taisto/Oinonen, Paavo (Hrsg.): Intermediality and Media Change. Tampere, S. 10–27.

Jenkins, Henry (2001): Convergence? I Diverge. In: MIT Technology Review, 01/06/2001. http://www.techno-logyreview.com/article/401042/ convergence-i-diverge/ (28.07.2014).

Jenkins, Henry (2006): Convergence Culture: Where Old and New Media Collide. New York.

Jin, Dal Yong (2013): De-convergence of Global Media Industries. New York/London:.

Krotz, Friedrich (2014): Einleitung: Projektübergreifende Konzepte und theoretische Bezüge der Untersuchung mediatisierter Welten. In: Friedrich Krotz/Despotović, Cathrin/Kruse, Merle-Marie (Hrsg.): Die Mediatisierung sozialer Welten. Synergien empirischer Forschung. Wiesbaden, S. 7–32.

Krotz, Friedrich/Despotović, Cathrin/Kruse, Merle-Marie (Hrsg.) (2014): Die Mediatisierung sozialer Welten. Synergien empirischer Forschung. Wiesbaden.

Krotz, Friedrich/Hepp, Andreas (Hrsg.) (2012): Mediatisierte Welten. Forschungsfelder und Beschreibungsansätze. Wiesbaden.

Madianou, Mirca/Miller, Daniel (2012): Migration and New Media. Transnational Families and Polymedia. Abingdon/Oxon.

Meikle, Graham/Young, Sherman (2012): Media Convergence. Networked Digital Media in Everyday Life. Basingstoke.

Mikos, Lothar (2017): Transmedia Storytelling and Mega-Narration. Audiovisual Production in (De-)Converged Media Environments. In: Sparviero, Sergio/Peil, Corinna/Balbi, Gabriele (Hrsg.): Media Convergence and Deconvergence. Global Transformations in Media and Communication Research Series. London: Palgrave Macmillan. [Im Druck].

Mikos, Lothar (2016a): Television Drama Series and Transmedia Storytelling in an Era of Convergence. In: Northern Lights: Film & Media Studies Yearbook, 14, 1, S. 47–64.

Mikos, Lothar (2016b): Digital Media Platforms and the Use of TV Content: Binge Watching and Video-on-Demand in Germany. In: Media and Communication, 4, 3, S. 154–161 (Doi: 10.17645/mac.v4i3.542).

Mikos, Lothar (2015): Film- und Fernsehanalyse. 3., überarb. und aktual. Aufl.. Konstanz, München.

Mikos, Lothar/Eichner, Susanne/Prommer, Elizabeth/Wedel, Michael (2007): Die »Herr der Ringe«-Trilogie. Attraktion und Faszination eines populärkulturellen Phänomens. Konstanz.

Miller, Vincent (2011): Understanding Digital Culture. London, Thousand Oaks.

Peil, Corinna/Schwaab, Herbert (2013): Hello-Kitty-Konsum als Kommunikationskultur. Zur Veralltäglichung und Vergegenständlichung eines Cute Characters. In: Mae, Michiko/Scherer, Elisabeth (Hrsg.): Nipponspiration. Japonismus und japanische Populärkultur im deutschsprachigen Raum. Wien/Köln/Weimar, S. 335–353.

Peil, Corinna/Sparviero, Sergio (2017): Introduction: Media Convergence Meets Deconvergence. In: Sparviero, Sergio/Peil, Corinna/Balbi, Gabriele (Hrsg.): Media Convergence and Deconvergence. Global Transformations in Media and Communication Research Series. London: Palgrave Macmillan. [Im Druck].

Perks, Lisa Glebatis (2015): Media Marathoning. Immersions in Morality. Lanham.

Rasmussen, Terje (2014): Personal Media and Everyday Life. A Networked Lifeworld. Basingstoke.

Silverstone, Roger (1995): Convergence is a Dangerous Word. In: Convergence, 1, 1, S. 11–13.

3 Forschungsdesign

Wie lege ich eine Studie an?

Claudia Wegener / Lothar Mikos

Der Forschungsablauf gliedert sich in zahlreiche Schritte, die es bereits bei der Konzeption eines Forschungsprojektes zu berücksichtigen gilt. Dabei ist es hilfreich, sich nicht nur die einzelnen Arbeitsschritte zu vergegenwärtigen, sondern darüber hinaus bereits im Vorfeld zu überlegen, wie viel Zeit für einzelne Projektabschnitte kalkuliert werden muss, welche Kooperationspartner einzubeziehen sind und mit welchen Widrigkeiten im Forschungsablauf zu rechnen ist. Ein entsprechendes Forschungsdesign, das den inhaltlichen und zeitlichen Ablauf schriftlich fixiert und darüber hinaus die wesentlichen Ausgangspunkte, also die Fragestellung der Untersuchung, deren theoretische Einbettung sowie die angemessene methodische Umsetzung erläutert, sollte am Anfang eines jeden Forschungsprojektes stehen.

Abgrenzung des Forschungsthemas

Jede Studie beginnt mit der Auswahl eines Themas, das man bearbeiten möchte. Was zunächst einfach erscheint, kann sich mitunter als Herausforderung darstellen, wenn es darum geht, das grundsätzlich bevorzugte Thema zu konkretisieren. So stellen Studierende am Ende ihres Studiums oftmals fest, dass sie ihre Abschlussarbeit zwar zu einem bestimmten Thema verfassen möchten, wie dieses jedoch genau aussehen soll, bleibt zunächst im Unklaren. Neue Sendeformate reizen oftmals zur Bearbeitung. Entsprechend lautet der Wunsch, »irgendetwas über *Circus HalliGalli* oder *Berlin – Tag & Nacht* machen zu wollen«. Nachdem die ungefähre Richtung eingeschlagen ist, muss das Forschungsthema nun präzisiert und handhabbar gemacht werden. In der Regel bietet es sich an, das über die Dimensionierung des Forschungsgegenstandes mit anschließender Formulierung einer konkreten Fragestellung vorzunehmen. So boten beispielsweise Erziehungsformate[1] wie die ehemals bei RTL platzierte Sendung Die Super Nanny – später als Mission Familie bei Sat.1 zu sehen – zahlreiche Anschlussmöglichkeiten für empirisches Arbeiten. Die Denkrichtung für eine Studie lässt sich hier in den klassischen Feldern der Medienforschung – Kommunikator-

forschung, Inhalts- bzw. Film-und Fernsehanalyse und Rezeptionsforschung – vollziehen. Das Forscherinteresse kann sich beispielsweise auf die Hintergründe der Entstehung eines Formats und deren Folgen beziehen. Warum stellen sich Familien, die ganz offensichtlich Probleme mit der Erziehung ihrer Kinder haben, der öffentlichen Präsentation im Fernsehen zur Verfügung? Welche Hoffnungen verbinden sie mit ihrer Teilnahme an der Sendung in der damit verbundenen pädagogischen Beratung und wie schließlich stellt sich ihre Situation im Anschluss an die Sendung dar, wenn sich die professionellen TV-Erzieher anderen Familien zugewandt haben und sie in ihrem Erziehungsalltag wieder alleine sind? Auch die inhaltsanalytische Untersuchung der Senderreihe ist eine mögliche Form der Themenbearbeitung. Die ehemals vehemente öffentliche Diskussion um das Format verwies auf Untersuchungsfragen, deren Bearbeitung sich im Rahmen empirischer Studien anbot. So setzte sich der Deutsche Kinderschutzbund in öffentlichen Statements und Pressemitteilungen kritisch mit der Form und den Inhalten des so genannten »Real-People-Formats« auseinander und warf diesem vor, vermeintliche Terrorkinder mit autoritären Erziehungsmethoden zu reglementieren, deren Aufstellung und Anwendung weder mit den Eltern, den beteiligten Kindern noch mit weiteren Familienangehörigen diskutiert wurden (vgl. Deutscher Kinderschutzbund 2004). Die Anwendung differenter Erziehungsmethoden auf ihre Verwendung in dem angesprochenen Format zu überprüfen, könnte eine weitere Zielrichtung für empirisches Arbeiten sein. Schließlich bietet sich die Möglichkeit an, Rezeptionsstudien durchzuführen und zu analysieren, aus welchem Grund sich Zuschauer die Sendung ansehen. Geht es darum, Erziehungsdefizite zu kompensieren und das Fernsehen als Ratgeber zu nutzen, oder steht vielmehr die Rückversicherung eigener Kompetenzen im kontrastierenden Abgleich mit offensichtlich überforderten Eltern im Mittelpunkt des Zuschauerinteresses?

Ob sich das geplante Forschungsvorhaben nun tatsächlich nur auf einen Aspekt des Themas konzentriert oder ob gar unterschiedliche Sichtweisen und damit Ansatzpunkte in der anstehenden Studie vereint werden sollen, ist im Einzelfall abzuwägen. Sicherlich ist auch die Kombination einer Inhalts- bzw. Fernsehanalyse mit einer Rezeptions- oder Kommunikatorstudie denkbar. Im Hinblick auf Studienabschlussarbeiten sei aber vor einer zu komplexen Ausrichtung des Untersuchungsdesigns gewarnt. So bewährt es sich hier in der Regel, den Fokus recht klein zu halten und lieber einen singulären Aspekt eines Themas gründlich und umfassend zu bearbeiten, statt sich mit falschem Ehrgeiz im Dickicht differenter Methoden und deren Kombination zu verlieren. Die oben dargelegte *»dimensionale Analyse«* des Forschungsthemas in unterschiedliche Problembereiche entsprechend der verschiedenen Felder der Medienwissenschaft und die Formulierung sich daraus ableitender Fragestellungen ist eine mögliche Herangehensweise, sofern die eigene Themenfindung Ausgangspunkt empirischer Arbeiten ist. Zu vernachlässigen ist dieser Aspekt freilich bei der Vergabe von Forschungsprojekten durch Dritte, die bereits ein klar definiertes Thema vorgeben, das Gegenstand der Analyse sein soll. Damit sind zwei unterschiedliche Formen des *»Entdeckungszusammenhanges«* angesprochen, d. h. zwei mögliche Ausgangspunkte, die zu einem

Forschungsprojekt führen. Diesen Entdeckungszusammenhang deutlich zu machen, ist ein weiterer Schritt im Rahmen der Entwicklung und Darstellung transparenter Forschungsabläufe. Er vergegenwärtigt die Bedingungen, unter denen eine Studie entsteht und verweist auf mögliche Interessen, die mit der Arbeit und ihren Ergebnissen verbunden sein können.

Exploration des Forschungsgegenstandes

Sobald das Thema bestimmt und eingegrenzt ist, geht es darum, den bestehenden Forschungsstand aufzuarbeiten. Naheliegend ist die Frage nach entsprechenden Studien, die sich – um bei den oben anvisierten Erziehungsformaten zu bleiben – bereits mit dem jeweiligen Format auseinandergesetzt haben. Darüber hinaus sind aber auch ähnliche Formate einzubeziehen. Wie weit über das eigentliche Format hinaus recherchiert wird, sollte von verschiedenen Faktoren abhängig sein. Wer sich unter einer spezifischen Fragestellung mit dem Thema »Nachrichtenformate« auseinandersetzt, wird zahlreiche Studien finden, die unterschiedlichste Aspekte des Forschungsgegenstandes beleuchten. Hier ist eher eine Begrenzung der Recherche innerhalb des gewählten Formates notwendig als eine auf andere Genre hin übergreifende Ausweitung. Neue und besonders spezifische Formate, verlangen in der Regel einen über den Tellerrand des eigentlichen Forschungsthemas hinausgehenden Blick. Um sich in ein solches Problemfeld einzuarbeiten, empfiehlt sich daher:

- Die *Aufarbeitung nationaler und internationaler Studien* sowie die Recherche zum Stellenwert ähnlicher Sendeformate in anderen Ländern. Oftmals verfügen gerade Lizenzformate über eine längere Tradition in anderen Ländern, sodass hier eher sendebegleitende und analysierende Forschungsarbeiten zu finden sind.
- Die *übergreifende Einordnung des Themas* bzw. Formates – z. B. in die Gruppe der Reality-Sendungen – und die entsprechende Aufarbeitung des Forschungsstandes anderer Rea-

lity-Formate. Aus solchen lassen sich oftmals Parallelen ziehen und auf die im Mittelpunkt des eigenen Forschungsinteresses stehenden Fragen übertragen.

- Die *Recherche nicht-wissenschaftlicher Materialen* wie Artikel in Zeitschriften und Magazinen, Presseerklärungen und Online-Foren, um den Stellenwert des Genres in der Öffentlichkeit einordnen und hieraus möglicherweise weitere Aspekte zur Ausdifferenzierung der Forschungsfrage ableiten zu können.

- *Persönliche Gespräche mit Experten*, beispielsweise mit professionellen Erziehern oder Redakteuren der Sendung, aber auch Unterhaltungen mit Bekannten, die zum Zuschauerkreis der Sendung gehören. Erste eigene Eindrücke zu dem Format lassen sich so vertiefen und weiterentwickeln.

Gelegentlich steht am Anfang der Exploration die Erfahrung, dass das anvisierte Thema bereits von einer anderen Person in möglicherweise sogar besonders umfangreicher Weise bearbeitet worden ist. Nun das Thema sofort zu verwerfen und sich einem anderen Forschungsgegenstand zu widmen, könnte in einer Arbeit gleich der des Sisyphus münden. So ist es selten möglich, ein Thema gänzlich exklusiv zu besetzen und als erster und einziger die Brisanz des jeweiligen Forschungsgegenstandes zu erkennen. Vielversprechender erscheint es daher, eine neue Fragestellung an den Gegenstand heranzutragen, sodass andere Forschungsarbeiten komplementär genutzt werden können und nicht als unliebsame Konkurrenz interpretiert werden müssen. Gleichwohl sollte die Fragestellung relevant und der gewählte Ausschnitt nicht zu eng sein. Dabei sei zu diesem Punkt abschließend erwähnt, dass gerade im Kontext von Qualifikationsarbeiten die Themenfindung und -eingrenzung oftmals die längste Phase im Forschungsprozess darstellt.

Die Exploration des Forschungsgegenstandes dient nicht nur der subjektiven Kenntniserweiterung. Sie hilft darüber hinaus, einen theoretischen Rahmen zu entdecken und zu entwickeln – sofern dieser nicht bereits den Ausgangspunkt einer Studie darstellt –, in den das anvisierte For-

schungsthema eingebunden werden kann. Oftmals bietet sich hier nicht eine passende Theorie an, sondern es steht ein ganzes Geflecht unterschiedlicher theoretischer Ansätze zur Verfügung, aus dem der Forscher oder die Forscherin einen adäquaten Ansatz wählen muss. Dieses geschieht selten so willkürlich, wie es an dieser Stelle den Anschein haben mag. Theoretisches Vorwissen, »Schulenprägung« und subjektive Vorlieben spielen hier ebenso eine Rolle wie die Möglichkeit oder Unmöglichkeit der Überprüfung einzelner theoretischer Modelle. Die theoretische Verortung dient nicht nur einer entsprechenden wissenschaftlichen Fundierung des Forschungsprozesses, sie erleichtert zudem die Formulierung von Thesen und stellt einen Ausgangspunkt für die abschließende Auswertung und Interpretation der Forschungsergebnisse dar.

Forschungsfrage und Forschungsziele

Nachdem das Thema gefunden und das Forschungsinteresse eingegrenzt ist gilt es, eine präzise Forschungsfrage auszuarbeiten und die mit der Arbeit verbundenen Ziele darzulegen. Die Forschungsfrage ergibt sich mitunter aus der Analyse des Forschungsstandes, die möglicherweise Forschungslücken aufzeigt, welche das geplante Forschungsvorhaben zu schließen vermag. Wenn das Füllen von Forschungslücken auch ein vielfach verwendetes Argument zur Legitimation von Forschungsprojekten ist, so kann dieses jedoch nicht die einzige Rechtfertigung eines Projektvorhabens sein. Nicht alles, was nicht erforscht ist, muss tatsächlich auch erforscht werden. Ungleich sinnvoller ist es, die grundsätzliche Relevanz eines anvisierten Projektes herauszustellen, die zum einen sicherlich in der Erweiterung wissenschaftlicher Erkenntnis liegt, sich zum anderen aber auch in Ergebnissen zeigen kann, die unter außerwissenschaftlichen Gesichtspunkten von Bedeutung sind. So merkt auch die Deutsche Forschungsgemeinschaft für die Einreichung von Projektanträgen an: »Sofern Sie von dem Vorhaben neben der Erweiterung der wissenschaftlichen Erkenntnis Ergebnisse erwarten, die unter außerwissenschaftlichen – z. B. wissenschaftspolitischen, wirtschaftlich-technischen, gesellschaftspolitischen – Aspekten bedeutsam sind, sollten Sie darauf hinweisen« (DFG, S. 4)[2]. Dieser Aspekt wird in der Literatur zur Durchführung empirischer Forschung als »*Verwertungszusammenhang*« (vgl. Kromrey 2006) bezeichnet, womit nichts anderes gemeint ist, als den praktischen Zweck der Studie kenntlich zu machen.

Im oben entwickelten Beispiel eines Erziehungsformats könnte eine Entscheidung zugunsten folgender Frage gefallen sein: »Warum wenden sich Zuschauer diesem Format zu?«. Dabei geht es aber nicht um das oberflächliche Abfragen differenter Motive. Vielmehr steht die Analyse subjektiv gemeinten Sinns im Vordergrund der Untersuchung, wobei es auch um die Rekonstruktion erzieherischen Handelns in unterschiedlichen lebensweltlichen Kontexten geht und die je spezifische Interpretation medial vermittelter Erziehungspraktiken. Die Relevanz der Frage könnten wir in einem vermeintlichen Erziehungsnotstand verorten, wenn sich – so sei hier hypothetisch vermutet – Eltern nicht nur an das Privatfernsehen als professionellen Berater für grundsätzliche und schwerwiegende Probleme im Umgang mit den eigenen Kindern wenden, sondern Zuschauer offensichtlich mit ähnlichem, wenn wohl auch weniger problembelastetem Hintergrund das Fernsehen als Ratgeber für Erziehungsfragen kontaktieren. Neben dem wissenschaftlichen Erkenntnisinteresse könnten Ergebnisse von außerwissenschaftlicher Relevanz sein, wenn sie professionellen Beratungsstellen und pädagogischen Institutionen Ansatzpunkte für Beratungsdefizite in Erziehungsfragen liefern. Damit sei ein Verweis auf einen möglichen Relevanzaspekt gegeben, der in der konkreten Ausformulierung eines Projektvorhabens weiter auszuarbeiten und differenzierter darzustellen wäre.

Im qualitativen Paradigma wird immer wieder die Offenheit des Forschungsprozesses betont, die sowohl die Modifikation der Fragestellung ermöglicht, als auch eine lediglich grobe Vorstrukturierung des Themenbereiches zulässt. Zweifelsohne sind die Prinzipien der Offenheit und Flexibilität kennzeichnend für den qualitativen Forschungsprozess und sollen mit der Forderung nach einer Präzisierung der Forschungsfrage sowie der Formulierung klarer Forschungsziele nicht in Abrede gestellt werden. Eine klare Strukturierung des Forschungsprozesses bis zum Punkt des Forschungsdesigns hilft aber gerade in der empirischen Forschung noch weitgehend Unerfahrenen bei der Konzeption und Umsetzung des eigenen und mitunter ersten Forschungsvorhabens und widerspricht dem Vorgehen der qualitativen Sozialforschung nicht. Freilich können theoretische Ansätze im Laufe des Forschungsprozesses modifiziert, Forschungsziele neu formuliert oder erweitert werden. Auch die Überarbeitung der Forschungsfrage ist grundsätzlich möglich. Eine klare Strukturierung des Projektvorhabens, bei dem Offenheit und Flexibilität insbesondere in der Anwendung qualitativer Methoden geübt und umgesetzt werden, erleichtert aber gerade Ungeübten empirisches Vorgehen.

Forschungsdesign qualitativer Studien

Ein allgemeingültiges Forschungsdesign gibt es nicht. So sind Anlage und Durchführung einer Studie eng verbunden mit dem aufgezeigten Problem, der Forschungsfrage und den daraus abgeleiteten Forschungszielen. Es stellt sich die Frage, welcher Untersuchungsplan dem Forschungsthema angemessen ist. Die oben aufgeworfene Forschungsfrage und die damit verbundene Absicht der Rekonstruktion subjektiver Sinngebung entsprechen den Prinzipien und Anwendungsfeldern qualitativer Sozialforschung. Entsprechend soll im Hinblick auf das hier hypothetisch formulierte Problemfeld ein Untersuchungsdesign gewählt werden, in dessen Zentrum die Anwendung qualitativer Erhebungsverfahren steht. Der Forscher ist nun an einen Punkt gekommen, an dem er sich Fragen muss, welche Erhebungsverfahren besonders geeignet sind, um das anstehende Themenfeld zu bearbeiten. Auch hier gibt es nicht eine einzig mögliche Methode. Vielmehr ist unter Berücksichtigung unterschiedlicher Aspekte abzuwägen, welches Verfahren zum Einsatz kommen soll. Eine Rolle dabei spielen:

- die Ausrichtung der Forschungsfrage auf Rezipient, Kommunikator oder Inhalt wie auch
- die *Umsetzbarkeit* der Methode.

Ob es in meiner Studie um die Kommunikatoren, die Rezipienten oder den Inhalt geht, bestimmt die Methode in einem ersten Schritt. Bei der Analyse von Texten jeglicher Art stehen Inhaltsanalysen (→ Wegener, S. 256 ff., → Mayring/Hurst S. 494 ff.) oder Film- und Fernsehanalysen (→ Mikos , S. 516 ff.) methodisch im Vordergrund. Wie diese durchgeführt werden und in welcher Form sie zur Anwendung kommen, muss im Einzelfall entschieden werden. Will ich hingegen Informationen von Rezipienten oder Kommunikatoren erhalten, bieten sich vielfältige Vorgehensweisen an. Gruppendiskussionen (→ Schäffer, S. 347 ff.), Beobachtungen (→ Mikos, S. 362 ff.) und Leitfadeninterviews (→ Keuneke, S. 302 ff.) gehören zum Standardrepertoire qualitativer Forschung. Sie fokussieren auf jeweils unterschiedliche Aspekte und sind keinesfalls beliebig anwendbar, sondern müssen ihren jeweiligen Möglichkeiten des Erkenntnisgewinns entsprechend eingesetzt werden. Gleiches gilt für weniger bekannte bzw. verbreitete Verfahren wie beispielsweise Rollenspiele (→ Tilemann, S. 389 ff.) oder Tagebuchaufzeichnungen (→ Yurtaeva, S. 369 ff.). Ein breites Forschungsrepertoire ist Voraussetzung für den adäquaten Einsatz sowie die angemessene Kombination qualitativer Methoden; auch deren kreative Weiterentwicklung ist möglich, wenn spielerische Aspekte der jeweiligen Zielgruppe entsprechend integriert werden. Entscheidend für den Einsatz der jeweiligen Methode ist aber nicht nur ihre Angemessenheit mit Blick auf die Forschungsfrage. Auch der Untersuchungsgegenstand und damit die Möglichkeit der *Umsetzbarkeit* spielen eine Rolle.

So stellt beispielsweise die Forschung mit Kindern und jüngeren Jugendlichen eine Herausforderung in mindestens zweierlei Hinsicht dar: Eine Befragung 3- bis 6-Jähriger erfordert nicht nur Geduld, sondern insbesondere den Einsatz einfallsreicher Methoden, die Motivation wecken und Antworten auf Umwegen ermöglichen. Die Verwendung von Handpuppen, die Gestaltung und damit verbundene Kommentierung von Collagen oder Reporterspiele sind Möglichkeiten, mit denen das Interesse von Kindern erhöht und ihre Aussagebereitschaft positiv beeinflusst werden kann (→ Paus-Hasebrink, S. 276 ff.). Darüber hinaus finden sich auch thematische Einschränkungen bei der Arbeit mit Kindern und die Mahnung zur besonderen Sensibilität im Umgang mit spezifischen Themenfeldern. Wer wissen möchte, wie Kinder auf mediale Gewalt reagieren, steht vor einer besonderen Herausforderung. Welche Art von Gewalt kann ich Kindern in einer Studie zumuten, ohne selbst zu deren Verunsicherung und Verängstigung beizutragen? Dieses sind Gedanken, die bei der Planung eines entsprechenden Forschungsprojektes gründlich, wissenschaftlich und ethisch zu reflektieren sind.

Auswahl des Untersuchungsmaterials – Theoretical Sampling

Im Gegensatz zur quantitativen Forschung spielt das Prinzip der Repräsentativität im qualitativen Paradigma keine Rolle. Hier geht es nicht darum, eine Stichprobe zu ziehen, die der definierten Grundgesamtheit in wesentlichen, zuvor bestimmten Merkmalen entspricht. Im Mittelpunkt des Forschungsinteresses steht es, »einen Fall (bzw. eine Untersuchungseinheit) zu finden, der die theoretischen Konzepte des Forschers komplexer, differenzierter und profunder gestalten kann« (Lamnek 2010, S. 286). Lamnek verweist hier auf zwei Möglichkeiten des Vorgehens. Erstens kann der Forscher »die ganze Bandbreite aller – in den durch die Forschungsfrage als relevant definierten Situationen – vorkommenden Handlungsfiguren untersuchen« (ders.

S. 287). Beim oben konzipierten Projektbeispiel mit der Forschungsfrage »Warum wenden sich Zuschauer Erziehungsformaten zu?« könnte das bedeuten, solche Personen zu befragen, die sich den Sendungen aus ganz unterschiedlichem Interesse zuwenden und entsprechend unterschiedlichen Nutzen daraus ziehen. Auf diese Weise kann es gelingen, ein besonders breites Spektrum differenter Rezeptionsmotivationen offen zu legen und aufzuzeigen, auf welche Weise diese mit einer je spezifischen Einbindung in verschiedene Lebens- und Handlungswelten verbunden sind. Die Auswahl von Fällen stützt sich auf Vermutungen, welche Merkmale mit unterschiedlichen Interessenlagen verknüpft sein könnten. Unterschiedliche sozio-demographische Merkmale könnten hierfür ebenso Indikatoren sein wie die Anzahl der Kinder, der professionelle Status (Erzieherin versus Hausfrau) oder allgemeine Gewohnheiten der Mediennutzung (Vielseher versus Wenigseher). Die nach und nach geführten Interviews zeigen, ob und inwieweit die Vermutung hinsichtlich der markanten Indikatoren für Differenz tatsächlich richtig ist. Das Prinzip der Offenheit und Flexibilität qualitativer Forschung erlaubt es, die Auswahl der Interviewpartner sukzessive festzulegen und neue Erkenntnisse in den weiteren Forschungsprozess einfließen zu lassen. In diesem Sinne ist das Forschungsdesign auch mehr als Leitfaden zu verstehen denn als festgelegtes Regelwerk.

Neben der Auswahl typischer Fälle, die die Bandbreite charakteristischer Nutzungsformen widerspiegeln, können Fälle so ausgewählt werden, dass der Forscher »nur eine singuläre, besonders detaillierte oder facettenreiche Figur zu einem Handlungsmuster« synthetisiert (Lamnek 2010, S. 87). Unter Berücksichtigung dieses Auswahlprinzips kann er sich ausschließlich solchen Rezipienten zuwenden, bei denen er starke Defizite in ihrer Erziehungskompetenz vermutet. Auch hier gilt es im Vorfeld Kriterien für erzieherische Überforderung und entsprechende Kompetenzdefizite festzulegen, nach denen die Auswahl der Befragten getroffen wird.

Zeitpunkt der Durchführung

Hinsichtlich der Durchführung und Auswertung bei der Anwendung qualitativer Verfahren sei zunächst einmal auf die zahlreichen entsprechenden Kapitel in dem vorliegenden Buch verwiesen. Unterschiedliche Vorgehensweisen verlangen nach spezifischen Abläufen, legen bestimmte Formen der Auswertung nahe und sind somit – von den allgemein akzeptierten Gütekriterien qualitativer Forschung einmal abgesehen (→ Flick, S. 36 ff., → Reichertz, S. 27 ff.) – kaum generalisierend zu beschreiben. Ein Aspekt allerdings, der bei der Ausarbeitung und Festlegung des Forschungsdesigns methodenübergreifend häufig eine Rolle spielt, bei der Beschreibung von Forschungsabläufen allerdings oft vernachlässigt wird, ist der Zeitpunkt der Durchführung. Wer Kinder und Jugendliche in seine Untersuchung einbeziehen möchte und dabei gar auf die Unterstützung von öffentlichen pädagogischen Einrichtungen wie Schulen, Kindergärten oder Horte angewiesen ist, plant sein Forschungsprojekt am besten mit dem Schulferienkalender. Offizielle Ferientermine stellen hier ein kaum überwindbares Hindernis bei der Rekrutierung Heranwachsender dar. Ähnliche Überlegungen sind auch bei Online-Befragungen anzustellen. So gilt genau abzuwägen, ob die anvisierte Zielgruppe in den Schulferien schlechter – oder in Einzelfällen möglicherweise auch besser – am PC zu erreichen ist. Ferienzeiten sind aber nicht nur mit Blick auf Kinder und Jugendliche ein Faktor, den es zu berücksichtigen gilt. Auch geben Redaktionsbeobachtungen in Zeiten des Sommerlochs kaum einen Einblick in »normale«, alltägliche Arbeitsabläufe und verwehren den Blick auf Prozesse, die möglicherweise gerade im Mittelpunkt des Forschungsinteresses stehen (Abb. 1).

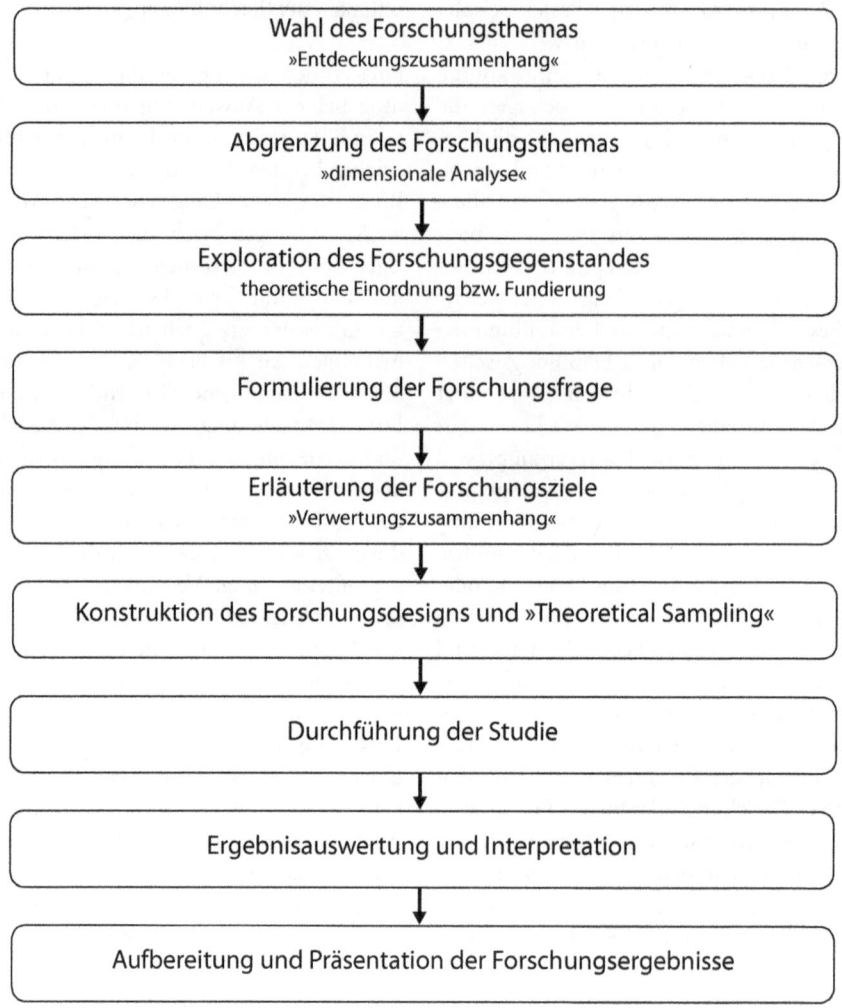

Abb. 1: Ablauf qualitativer Forschung

Exposé und Zeitplan

Auch wenn sich qualitative Forschung den Prinzipien der Offenheit und Flexibilität verpflichtet, steht dieses nicht einem zuvor durchdachten Forschungsplan entgegen, der die wesentlichen Schritte des anvisierten Forschungsvorhabens festlegt. Am Beginn stehen die Wahl des Forschungsthemas sowie die anschließende dimensionale Analyse. Es folgen Exploration des Forschungsgegenstandes sowie die Formulierung der Forschungsfrage mit anschließender Erläuterung der Forschungsziele. Sind diese Schritte sorgfältig durchdacht, ist es oftmals hilfreich, sie in einem Exposé schriftlich zu fixieren. Dieses führt nicht nur zur Transparenz des Projektvorhabens, es dient auch dazu, sich seine eigenen mit der Studie verbundenen Absichten zu vergegenwärtigen und einem oftmals vorhandenen gedanklichen Sammelsurium von Ideen, Absichten und theoretischen Ansätzen Struktur zu verleihen. Das Exposé sollte zudem die in der Regel aus den beschriebenen ersten Schritten fundiert abgeleitete Wahl der anzuwendenden Methoden, Überlegungen zur Auswahl und Rekrutierung der Untersuchungspersonen bzw. des -gegenstandes sowie die angestrebten Verfahren der Auswertung enthalten. Die Form der Auswertung ist insbesondere dann herauszustellen, wenn besonders komplexe oder auch theoriebildende Verfahren zur Anwendung kommen. Gleiches gilt für Studien, in deren Zentrum nicht nur ein Erhebungsverfahren steht, sondern sich mehrere Verfahren – im Sinne der Methodentriangulation – ergänzen (→ Treumann, S. 264 ff.). So ist im Vorfeld darzustellen, wie die Ergebnisse der unterschiedlichen Erhebungsstränge abschließend aufeinander bezogen werden sollen.

Neben dem inhaltlichen Ablauf kann es hilfreich sein, einen zeitlichen Ablaufplan zu erstellen. Dieser gibt an, zu welcher Zeit verschiedene Forschungsabschnitte realisiert werden und wie viel Zeit für die Umsetzung der entsprechenden Abschnitte eingeplant ist. Dabei muss sich der Forscher detailliert alle anfallenden Arbeitsschritte des Projektes vergegenwärtigen und deutlich machen, an welchen Stellen er möglicherweise die Hilfe Dritter, z. B. bei der Transkription, in Anspruch nimmt. Bei einer genauen Konzeptionierung und Strukturierung des Projektvorhabens fallen in der Regel auch solche Arbeitsschritte ins Auge, die zunächst als unwesentlich wahrgenommen werden – wie z. B. die Anmietung von Aufnahmegeräten oder spezifisch ausgestatteten Räumen – die sich aber als gravierend erweisen können, wenn sie zum anvi-

sierten Zeitpunkt nicht realisierbar sind. Dass trotz akribischer Planung am Ende eines Forschungsprojektes immer Aspekte auffallen, die man hätte besser machen können, sich zeitliche Verzögerungen ergeben oder der Endbericht besser auf den Punkt hin hätte formuliert werden können, gehört zu üblichen und weit verbreiteten Erkenntnissen nach Beendigung erster empirischer Projekte. Entmutigen sollte dieses nicht; tragen entsprechende Erfahrungen doch dazu bei, den Ablauf des nächsten Projektes noch besser zu kalkulieren und im Forschungsdesign zweifelsohne vorhandene Hürden jeglicher Art besser zu erkennen. Das Prinzip der Offenheit gilt damit nicht nur für den einzelnen Prozessablauf qualitativer Forschung, sondern ebenso für den Forscher, der ein einmal entwickeltes Forschungsdesign nicht als etwas endgültig Gegebenes betrachten, sondern stets um dessen Verbesserung bemüht sein sollte.

Anmerkungen

1 Erziehungsformate wie die Super Nanny oder Mission Familie stellen Familien vor, bei denen sich Probleme im Umgang zwischen Eltern und ihren Kindern ergeben. Eine professionelle Therapeutin begleitet die ausgewählten Familien in ihrem Alltag, kommentiert ihr Verhalten und versucht Lösungsansätze aufzuzeigen, die wieder zu einem geregelten und harmonischen Familienleben führen. Das Format selbst stammt aus Großbritannien und wurde dort erstmals im Jahr 2004 ausgestrahlt.

2 Leitfaden für die Antragstellung; http://www.dfg.de/formulare/54_01/54_01_de.pdf (Abruf: 26.05.2016)

Literatur

Deutscher Kinderschutzbund (7.10.2004). Stellungnahme des Deutschen Kinderschutzbundes zur neuen Realityserie Die Super Nanny bei RTL. Erarbeitet vom DKSB Landesverband NRW in Kooperation mit Ortsverbänden und in Absprache mit dem Bundesverband. Wuppertal/Hannover.
Kromrey, Helmut (2006): Empirische Sozialforschung, 12. Auflage. Stuttgart.
Lamnek, Siegfried (2010): Qualitative Sozialforschung, 5. Auflage. Weinheim.

Das Babelsberger Modell

Lᴏᴛʜᴀʀ Mɪᴋᴏs / Eʟɪᴢᴀʙᴇᴛʜ Pʀᴏᴍᴍᴇʀ

Das Babelsberger Modell kann als ein multiperspektivischer Ansatz verstanden werden, der es gestattet, komplexe Medienphänomene angemessen zu untersuchen. Ausgehend von einem rezeptionsästhetischen Verständnis von Medienkommunikation und vor dem Hintergrund der aus den Cultural Studies kommenden Einsicht, dass die Kontexte medialer Kommunikation zu berücksichtigen sind, wird versucht, die Medienphänomene aus verschiedenen Perspektiven zu untersuchen. Das Vorgehen entspricht dem Ansatz der Triangulation und versucht die verschiedenen Perspektiven mit verschiedenen Methoden zu bearbeiten. In der Regel wird die rezeptionsästhetische Analyse von Medientexten mit einer Rezeptionsstudie verbunden, um die Strukturen und Funktionsweisen der Medienphänomene herauszuarbeiten. Diese können dann auf verschiedene Weise kontextualisiert werden, z. B. durch eine Untersuchung der Diskurse, in die das Medienphänomen eingebettet ist, durch eine Untersuchung der historischen Entwicklung von Genres oder Produktionskontexten. Dies geschieht beispielsweise durch eine Analyse bestimmter Medienbereiche, z. B. Heldencomics, und/oder durch eine Untersuchung des gesellschaftlichen Wandels und der gesellschaftlichen Bedingungen der Medienphänomene. Im Wesentlichen verbindet das Babelsberger Modell die Analyse von Medientexten mit der Analyse der Rezeption dieser Medientexte und kontextualisiert dies durch eine Analyse der Diskurspraktiken und der soziokulturellen Praktiken, in welche die mediale Kommunikation eingebettet ist.

Ausgangsüberlegungen

Die Kommunikations- und Medienlandschaft in den ausdifferenzierten Gesellschaften der reflexiven Moderne wird immer komplexer. Aufgrund neuer technischer Entwicklungen ergänzen neue Medien alte. Die Nutzer entwickeln individuelle Medienmenüs, die sich aus den Vorlieben und der tatsächlichen Nutzung verschiedener Medien im Alltag zusammensetzen. Medientexte sind nicht mehr nur auf ein Medium beschränkt, sie werden crossmedial vermarktet und genutzt. Auf diese Weise verschmelzen sie zu komplexen Medienphänomenen. Als Beispiel mag hier das Medienphänomen *Der Herr der Ringe* dienen. Basierend auf der Romantrilogie von J. R. R. Tolkien, die erstmals 1954/55 erschien, gibt es inzwischen mehrere Buchausgaben, Comics, Hörbücher, mehrere Verfilmungen (zuletzt die Trilogie des neuseeländischen Regisseurs Peter Jackson), Websites und Internetforen, Merchandising-Artikel wie Mousepads, Schlüsselanhänger, Spielefiguren etc. sowie mehrere Video- und Computerspiele. Ähnliches lässt sich bei anderen populären Medienphänomenen wie *Star Wars* oder den Filmen und Serien des Marvel Cinematic Universe beobachten. Aufgrund dieser Vielfalt der medialen Ausprägungen von *Der Herr der Ringe* ist es schwierig festzulegen, worin der Medientext genau besteht. Zwar ist es möglich, die Filme zu analysieren, doch kann damit allein das Phänomen nicht erklärt werden, sondern es müssen weitere Aspekte berücksichtigt werden, z. B. welche Lektüreerfahrungen die Kinobesucher mitbringen, wenn sie sich die Filme anschauen: Haben sie vorher die Bücher gelesen, kennen sie frühere Verfilmungen? Wie Zuschauer die Filme wahrnehmen, ist möglicherweise von den Marketingaktivitäten der Filmverleiher beeinflusst, sicher aber von der öffentlichen Diskussion über *Der Herr der Ringe*. Darüber hinaus ist zu fragen, warum die Trilogie ausgerechnet zu Beginn des 21. Jahrhunderts wieder populär ist, also welche sozio-kulturellen

Strukturen den Erfolg bedingen. Diese knappen Ausführungen zum Medienphänomen *Der Herr der Ringe* zeigen bereits, wie komplex Medienphänomene sind. Klassischerweise würde die Medienforschung einzelne Aspekte dieses Phänomens untersuchen, z. B. allein die Filme oder Bücher analysieren, vielleicht noch Bücher und Filme vergleichen oder nur eine Rezeptionsstudie machen oder nur die Marketingaktivitäten untersuchen. Unter dem Gesichtspunkt, komplexe Medienphänomene verstehen und erklären zu wollen, ist es jedoch notwendig, die Beziehungen zwischen all diesen Elementen zu untersuchen, d. h. der Frage nachzugehen, wie Bücher, Filme, Marketing für die Filme und die Rezeption zusammenhängen.

Theoretischer Hintergrund

Ein Bezugspunkt sind rezeptionsästhetische Ansätze in der Kunst- und Literaturwissenschaft (vgl. Mikos 2001a, S. 15 ff.). Danach kann davon ausgegangen werden, dass weder mediale Texte noch Zuschauer als ontologische Gegebenheiten existieren, sondern sie entstehen, indem sie sich in der Zeit an einem Ort realisieren. Ein Film- oder Fernsehtext ist zwar in der Regel produziert worden, hat aber als Ergebnis dieses Produktionsprozesses lediglich materielle Qualitäten. Erst indem er auf der Leinwand oder dem Bildschirm erscheint und von Zuschauern gesehen wird, realisiert er sich als Text. Gleiches gilt für die Zuschauer: Erst indem sie sich mit einem medialen Text auseinandersetzen, realisieren sie sich als Zuschauer. Sowohl Text als auch Zuschauer existieren lediglich in einem latenten Stadium. In der Interaktion konkretisieren sie sich in ihren jeweiligen Funktionsrollen (vgl. Storey 1999, S. 73; Mikos 2001a, S. 71 ff.). Birgitta Höijer hat in Bezug auf die Fernsehrezeption festgestellt: »Die Interpretation eines Fernsehprogramms sollte daher als ein kontinuierliches Wechselspiel zwischen Zuschauer und Programm gesehen werden« (Höijer 1992, S. 292). Dies ist jedoch nicht nur auf die Interpretation von Texten zu beziehen, sondern gilt

für alle Aktivitäten des Zuschauers, die in der Rezeption eine Rolle spielen. Das reziproke, dialogische Text-Zuschauer-Verhältnis im Rahmen der kommunikativen Konstellation kann generell als permanentes Wechselspiel zwischen Text und Zuschauer gesehen werden. Die Rezeption von Film- und Fernsehtexten lässt sich ähnlich dem Lesen von schriftlichen Texten als »Prozess einer dynamischen Wechselwirkung von Text und Leser« (Iser 1984, S. 176) bzw. Zuschauer beschreiben.

Das Text-Zuschauer-Verhältnis wird als eine kommunikative Konstellation begriffen, in der produzierte mediale Texte mit Zuschauern interagieren, die in spezifischen kulturellen Kontexten sozialisiert wurden und verschiedene lebensweltliche Hintergründe besitzen. Mit Zuschauer ist zunächst kein empirischer Zuschauer gemeint, sondern der Zuschauer, der neben dem Text modellhafter Teil eines Interaktionsverhältnisses ist, das gemeinhin als Rezeption bezeichnet wird, sowie der Zuschauer als Konstrukt im Text selbst, mit dem Rezeptionsprozesse vorstrukturiert werden. Mit »Text« ist hier zunächst ein einzelner Medientext gemeint – es kann sich aber auch um ein Ensemble von Medientexten handeln, mit dem Zuschauer interagieren. Diese kommunikative Konstellation, in der ein Text mit einem Zuschauer interagiert, ist insofern reziprok organisiert, als der Text Zuschaueraktivitäten vorstrukturiert, dabei aber auf einen Zuschauer trifft, der seinerseits als vorstrukturiertes Element auf einen Text trifft.

Die Vorstrukturierung der Zuschaueraktivitäten ist nur möglich, weil der Text die Bedingungen enthält, die eine Interaktion mit ihm gelingen lassen. Denn er verortet sich einerseits im Universum bereits vorhandener Texte, andererseits weist er grundsätzlich einen Bezug zum Wissen der Zuschauer auf, ohne den er sich gar nicht realisieren ließe. Ein Text kann einerseits durch seine Ästhetik, seine Narration und seine Rhetorik die Bedingungen der Interaktion mit ihm deutlich machen. Andererseits ist jeder Text durch eine Appellstruktur gekennzeichnet, die implizite Handlungsanweisungen an die Zuschauer enthält (für literarische Texte, vgl. Iser 1984). Dabei handelt es sich gewissermaßen um die Strukturierung des Zuschauers im Text, der vom Text als Interaktionspartner angesprochen wird. Es geht also um die Verankerung von Rezeptionsaktivitäten im Text selbst und damit um Strukturierungsmerkmale des Textes. Der Zuschauer ist sozusagen als Struktur im Text implizit vorhanden. Da der Text darauf angelegt ist, mit einem Zuschauer zu interagieren, kommt der Struktur des Zuschauers im Text Aufforderungscharakter zu. Der Text selbst wird zur Handlungsanweisung für den Zuschauer: »Vollendet sich der Text in der vom Leser zu vollziehenden Sinnkonstitution, dann funktioniert er primär als Anweisung auf das, was es hervorzubringen gilt, und kann daher selbst noch nicht das Hervorgebrachte sein« (ebd., S. 175). Allerdings beziehen sich die Anweisungen des Textes nicht nur, wie Iser es hier beschrieben hat, auf die zu »vollziehende Sinnkonstitution«, sondern eben auf alle Textoperationen des Zuschauers, z. B. informationsverarbeitende Prozesse, die einer Sinnkonstitution vorgelagert sind.

Die Beschaffenheit der Medientexte steht daher in Bezug zu den Rezeptionsaktivitäten. Sie sind so gestaltet, dass Rezipienten mit ihnen etwas anfangen, ihnen Bedeutung zuweisen können. Es geht demnach nicht nur um den Inhalt der Medientexte, sondern auch darum, wie sie inszeniert und gestaltet sind, um Wahrnehmung und Aufmerksamkeit der Zuschauer zu erregen. Die ästhetische Gestaltung und die Inszenierung geschieht sowohl auf einer formalen als auch auf einer inhaltlichen Ebene. Dabei können formale Elemente allerdings auch eine inhaltliche Funktion haben (vgl. Mikos 2015, S. 97 ff.).

Mit dem Wissen, das Zuschauer an einen Film oder eine Fernsehsendung herantragen, tun sie zweierlei: Einerseits interagieren sie mit dem Filmtext, andererseits benutzen sie ihre Seherfahrungen in ihrem Alltag. In diesem Sinn ist zwischen Rezeption und Aneignung zu unterscheiden (vgl. auch Mikos 1994, S. 41 ff.; Mikos 2001b). Mit Rezeption ist die konkrete Interaktion zwischen Film- oder Fernsehtext und Zuschauer bezeichnet. Sie ist mit der Dauer der Zuwendung identisch. Sie entspricht der Realisation des Textes durch den Zuschauer in der Zeit. »Aneignung ist demgegenüber die Übernahme des rezipierten Textes in den alltags- und lebensweltlichen Diskurs und die soziokulturelle Praxis des Zuschauers« (Mikos 2001b, S. 63). Die Texte selbst können sowohl die Rezeption als auch die Aneignung strukturieren, indem sie entsprechende Angebote machen. Ein Film kann beispielsweise nur zu einem Kultfilm werden, wenn es ihm gelingt, sich im sozialen Netz spezifischer Zielgruppen mit bestimmten dort zirkulierenden Bedeutungen zu verankern. Die Struktur des Textes strukturiert hier nicht nur die konkrete Interaktion vor, sondern ebenso die Aneignung, indem er auf soziale Kontexte verweist. Die Unterscheidung zwischen Rezeption und Aneignung bietet den Vorteil, die konkrete Interaktion zwischen Film- oder Fernsehtext und Zuschauer von den Kontexten, in die diese Interaktion eingebettet ist, analytisch zu trennen, auch und gerade weil diese Kontexte in der Interaktion wirksam sind.

In diesem Sinne kann Medienrezeption auch nicht als ein vom Alltagshandeln isolierter Prozess verstanden werden, sondern ist als integraler Bestandteil des lebensweltlichen und sozialen Handelns der Rezipienten zu begreifen. Der ganze Prozess der Mediennutzung, auch Doing Media (Eichner 2014, S. 67 ff.; Eichner/Prommer 2014; → Eichner, S. 112 ff.), umfasst also die Selektion, den Prozess der Rezeption und die kognitiven Leistungen, die Einbettung in den eigenen sozialen Kontext, in Lebensstil und Habitus, aber auch die gesamten Aktivitäten im Nutzungsprozess (Prommer 2012) und dies alles strukturiert durch den Medientext.

Medientexte enthalten keine abgeschlossenen Bedeutungen, die Rezipienten oder analysierende Wissenschaftler »objektiv« freilegen könnten, sondern ihre Bedeutung entfaltet sich erst in der Rezeption und der Aneignung durch die Zuschauer. In Bezug auf Filme hat Stephen Lowry (1992, S. 123) festgestellt: »Die Wirkung eines Films kann man als ein Angebot an Bedeutungen, Zeichen, Gefühlsanregungen und Identifikationsmöglichkeiten begreifen, aus dem die Zuschauer und Zuschauerinnen ihr Filmerlebnis zusammensetzen und die sie zur Deutung ihrer Lebenswelt nutzen.« Das gilt für alle Medientexte. Sie sind als ein Angebot an Zuschauer zu begreifen.

Die Bedeutungszuweisung durch die Rezipienten geht aber über die konkrete Interaktion mit den Medientexten hinaus. Denn die Texte sind in gesellschaftlichen Diskursen verankert, sowohl durch den Verweis auf andere Texte und die Produktion als auch durch den Verweis auf die Rezeption durch die Rezipienten. Auch das Verständnis von den Rezipienten weist über die konkrete Interaktion mit dem Text hinaus, insofern als deren Rezeptionshandlungen in lebensweltliche und kulturelle Diskurse und die soziokulturelle Praxis eingebettet sind, auf die sie auch wieder zurückwirken (Abb. 1).

Im Rahmen der Arbeiten der Cultural Studies, die sich mit der Rolle der Medien im Kontext von Kultur und Macht in spätkapitalistischen Gesellschaften auseinandersetzen, wurde denn auch immer wieder hervorgehoben, dass die Cultural Studies (→ Winter, S. 86 ff.) an der kontextuellen Idee diskursiver Praktiken und Wirkungen festhalten sollten: »Sowohl Texte als auch Publika sollten innerhalb umfassenderer Kontexte, die die Identität und die Wirkungen jeder Praxis artikulieren, betrachtet werden« (Grossberg 1997, S. 22). Damit weist er auf eine der generellen Merkmale der Cultural Studies hin, die »radikale Kontextualisierung« (vgl. dazu auch Ang 1996; Ang 2006; Grossberg 1994). Denn im Rahmen der Cultural Studies sind die sozialen, kulturellen, politischen, ökonomischen und historischen Kontexte bedeutsam, in denen Texte und ihre Nutzer interagieren (vgl. dazu auch Winter 2001, S. 159 ff.). Nur so können Macht- und Herrschaftsverhältnisse in den Blick geraten. In ihrer Studie zum Phänomen *James Bond* haben Tony Bennett und Janet Woollacott (1987) darauf hingewiesen, dass vor allem populäre Medientexte von einer erhöhten Instabilität von Bedeutungen gekennzeichnet sind. Die verschiedenen Bedeutungen, die sie in der Rezeption und Aneignung annehmen können, sind demnach abhängig von so genannten »reading

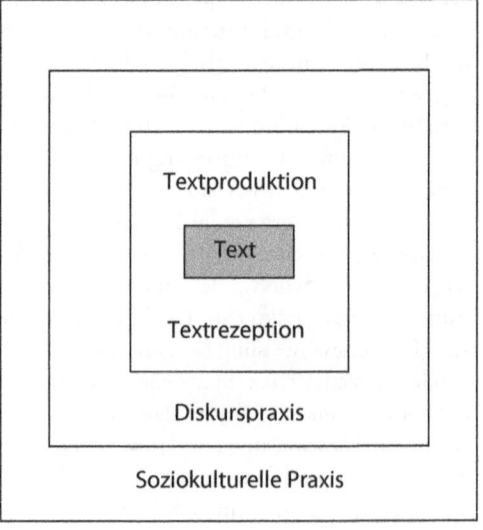

Abb. 1: Kontexte der Medienkommunikation

formations« (ebd., S. 64 ff.). Die Bedeutungen, die in der Text-Zuschauer-Interaktion generiert werden, können erst im Rahmen der radikalen Kontextualisierung erschlossen werden. Für das Fernsehen hat Ien Ang festgestellt:

»Aus der Sicht des radikalen Kontextualismus jedoch kann die Bedeutung des Fernsehens für die Rezipienten – textuell, technisch, psychologisch und sozial – außerhalb der multidimensionalen, intersubjektiven Netzwerke, in die das Objekt integriert und in konkreten kontextuellen Settings mit Bedeutung versehen wird, nicht bestimmt werden« (Ang 2006, S. 65).

Um herauszufinden, welche konkreten Bedeutungen in der Interaktion zwischen Medientexten und Rezipienten aktualisiert und realisiert werden und wie diese in den Alltag übernommen werden, müssen die Kontexte bestimmt werden, in die Medienrezeption und -aneignung eingebunden sind. Denn wie Bedeutungen hergestellt werden, hängt von den sozialen und kulturellen Diskursen und der soziokulturellen Praxis ab, in die Medienphänomene sowie ihre Rezeption und Aneignung eingebettet sind.

Eine Rezeptionsästhetik der Medien verbindet die Analyse von Medientexten mit der Analyse von Rezeptionshandlungen. Sie legt ihren Fokus auf die Text-Zuschauer-Interaktion in der Rezeptionssituation, ohne dabei jedoch deren Einbettung in lebensweltliche, soziale, kulturelle und gesellschaftliche Kontexte außer Acht zu lassen. Sie muss die Kontexte mitberücksichtigen, wenn sie die Text-Zuschauer-Interaktion als sinnstiftendes Handeln und als bedeutungsvoll im Rahmen der gesellschaftlichen Kommunikationsverhältnisse begreifen will. Dabei muss sie sich »der interkontextuellen Unendlichkeit« (ebd., S. 73) bewusst sein, denn jede Text-Zuschauer-Interaktion als Handlungssituation ist durch »eine unbegrenzte Vielzahl von Kontexten charakterisiert«, wobei »Kontexte sich nicht gegenseitig ausschließen, sondern ineinandergreifen und miteinander interagieren, ineinandergeschachtelt und letztlich auch in Zeit und Raum unbegrenzt sind« (ebd., S. 72). Mediale Texte verweisen nicht nur auf den Kontext der Rezeption und Aneignung, sondern auch auf Kontexte der Produktion, der technologischen Bedingungen, der intertextuellen Bezüge etc., ebenso wie die Zuschauer auf Kontexte des Alltags, der Kultur und der Lebenswelt, des Wissens, der Sozialisation etc. verweisen. Die Forschung muss die Beziehungen zwischen den einzelnen Elementen der Medienkommunikation, also zwischen Texten, Rezipienten, Diskursen und soziokulturellen Praktiken, herausarbeiten und offenlegen. Das Babelsberger Modell versucht, diesem Anspruch gerecht zu werden.

Methodische Multiperspektivität

Im Zentrum des Babelsberger Modells stehen die Rezipienten und Mediennutzer mit ihren medialen Praktiken. Diese werden im Rahmen des Forschungsprozesses aus verschiedenen Perspektiven beleuchtet, die sich auf die genannten Elemente der Medienkommunikation beziehen:

• Rezeptionsanalyse
• Textanalyse
• Diskursanalyse

Analyse der soziokulturellen Kontexte

In der Rezeptionsanalyse (vgl. den Beitrag von Prommer in diesem Band) werden die Rezeption und Aneignung der Medientexte untersucht. Die Textanalyse arbeitet die Position und Struktur des Zuschauers im Text heraus. Dabei wird grundsätzlich davon ausgegangen, dass alle Textelemente funktional für die Rezeption und Aneignung – und damit für die Rezipienten – sein müssen (vgl. Mikos 2015, S. 23 ff.). Die Diskursanalyse (→ Diaz-Bone, S. 131 ff.) arbeitet die Diskurselemente heraus, die in der öffentlichen Diskussion eines Medienphänomens eine Rolle spielen. Die soziokulturellen Kontexte werden im Hinblick auf das zu untersuchende Medienphänomen untersucht. Es werden lediglich die Kontexte herangezogen, die für die jeweilige Studie relevant sind. So wurden in einer Untersuchung zum Medienphänomen *Big Brother* (Mikos u. a. 2000) die Kontexte der Entwicklung des dualen Rundfunksystems in der Bundesrepublik, die Entwicklung der Fernsehunterhaltung und die Folgen des sozialen Wandels in der reflexiven Moderne für die Individuen und ihre Identität untersucht.

Die Multiperspektivität des Babelsberger Modells ist nicht nur von den theoretischen Einsichten in den Prozess der Medienkommunikation und die Einbettung von Medienphänomenen in Diskurspraktiken und soziokulturelle Kontexte geprägt, sondern auch von den methodischen Implikationen der Triangulation inspiriert, die in der qualitativen Sozialforschung eine gewisse Prominenz genießt. Triangulation wird im Wesentlichen als eine Validierungsstrategie für den Forschungsprozess gesehen (vgl. Flick 2000, S. 310; → Treumann, S. 264 ff.). Damit ist im Kern »die Einnahme unterschiedlicher Perspektiven auf einen untersuchten Gegenstand« gemeint (Flick 2011, S. 12). Die verschiedenen Perspektiven ermöglichen »ein besseres Verständnis des zu erforschenden Phänomens« (Denzin/Lincoln 2008, S. 5). Im Babelsberger Modell werden verschiedene Perspektiven auf ein Medienphänomen eingenommen und mit unterschiedlichen Methoden untersucht. Der zu erforschende Gegenstand besteht nicht im Medientext allein, auch nicht in der Rezeption allein, sondern in der Bedeutung des Umgangs der Menschen mit dem Medientext im Kontext der Diskurse und der soziokulturellen Praxis. Letztlich geht es darum, die gesellschaftliche Bedeutung von Medienphänomenen zu untersuchen.

Die Herangehensweise des Babelsberger Modells ist der »systematischen Perspektiventriangulation« (Flick 2011, S. 20 ff.) verwandt. Es geht nicht nur darum, das zu untersuchende Phänomen aus verschiedenen Perspektiven zu betrachten, sondern eben auch unterschiedliche Verfahren der qualitativen Forschung einzusetzen, die sich ergänzen und ihre eigenen, singulären Beschränkungen überwinden können. In der Textanalyse wird das qualitative Verfahren der struktur-funktionalen Film- und Fernsehanalyse (vgl. Mikos 2015 und → Mikos, S. 516 ff.), in der Rezeptionsanalyse wird mit einer Kombination aus qualitativen Verfahren wie narrativen Interviews und Gruppendiskussion und quantitativen Befragungen gearbeitet, in der Diskursanalyse kommen diskursanalytische Verfahren zum Tragen, in der Analyse der Kontexte werden spezifische Untersuchungen zu einzelnen Kontexten herangezogen. Es geht also nicht nur um eine Vielfalt von Perspektiven, sondern auch um Methodenvielfalt.

Diese Multiperspektivität des Ansatzes hat allerdings Konsequenzen für den Prozess der Forschung. Ein einzelner Forscher ist allein aus forschungsökonomischen Gründen kaum mehr in der Lage, alle Perspektiven in einer Studie zu berücksichtigen. Aufgrund der voranschreitenden Diversifizierung der Medienangebote im Kontext der Medienkonvergenz (→ Peil/Mikos, S. 209 ff.) bilden »sich hochspezialisierte Forschungsdisziplinen mit eigenen Diskursen, Methoden und Studiengängen, die der Kommunikationslandschaft aus ihrer jeweiligen Perspektive auf den Grund gehen« (Hasebrink 2000, S. 62). Gegen diesen Trend hat Uwe Hasebrink eine Vernetzung vorgeschlagen: »Angesichts der zunehmenden Kom-

plexität der Kommunikationslandschaft bilden sich gegenstandsbezogene – befristete oder unbefristete – Arbeitsgruppen, in denen Vertreter/innen verschiedener Perspektiven ihre jeweiligen Sichtweisen aufeinander beziehen« (ebd.). Im Rahmen des Babelsberger Modells bilden sich solche Arbeitsgruppen, in denen Forscher und Forscherinnen nicht nur auf eine Perspektive spezialisiert sind, sondern darin geübt sind, sich mit den Bearbeitern anderer Perspektiven, die auch aus anderen Disziplinen kommen können, auseinanderzusetzen, zu verständigen und aufeinander zu beziehen. Für die Untersuchung komplexer Medienphänomene ist Teamarbeit daher unerlässlich. Planung, Durchführung und Auswertung des Forschungsprozesses finden in einem stetigen Wechsel zwischen der gemeinsamen Arbeit im Team und den spezialisierten Arbeiten der Teammitglieder statt, die immer wieder aufeinander bezogen und aneinander rückgebunden werden.[1] Allerdings muss bei manchen Projekten der Forschungsökonomie Tribut gezollt werden. Aus Budget- oder Zeitgründen ist es manchmal nicht möglich, ein Medienphänomen umfassend zu untersuchen. In der Regel findet dann eine Beschränkung auf die Analyse der Medientexte und die Analyse der Rezeption statt, die dann nur unter bestimmten Gesichtspunkten, die sich aus der konkreten Fragestellung und dem Forschungsziel ergeben, kontextualisiert werden.

Fazit

Das so genannte »Babelsberger Modell« stellt einen multiperspektivischen Ansatz dar, der es erlaubt, komplexe Medienphänomene angemessen aus verschiedenen Perspektiven und in der Kombination verschiedener Methoden zu untersuchen. Als theoretischer Rahmen dienen einerseits rezeptionsästhetische Überlegungen und andererseits die Konzepte zur Kontextualisierung in den Cultural Studies. Grundlegend wird dabei von einer wechselseitigen Beziehung zwischen Medientexten und Rezeptionshandlungen ausgegangen. Die Strukturen von

Medientexten lassen sich in Rezeptionshandlungen finden, ebenso wie Rezeptionshandlungen sich in den Strukturen der Medientexte finden lassen. Methodisch orientiert sich der Ansatz an der systematischen Perspektiventriangulation der qualitativen Sozialforschung. Dabei werden verschiedene Methoden miteinander verknüpft, um die Komplexität medialer Kommunikation aus verschiedenen Perspektiven beleuchten zu können. Im Ansatz wird der Teamarbeit und der Kommunikation der Teammitarbeiter bei der Planung, Durchführung und Auswertung von Studien eine große Rolle beigemessen. In dieser Kombination erlaubt es das Babelsberger Modell, im empirischen Zugang der Komplexität von Medienphänomenen in den ausdifferenzierten Gesellschaften der reflexiven Moderne gerecht zu werden.

Anmerkungen

1 Bisher wurden mehrere Studien unter der Leitung der Autorin und des Autors dieses Beitrags nach diesem Ansatz durchgeführt, z. B. zur ersten Staffel der Reality Show *Big Brother* (vgl. Mikos u. a. 2000); zum Humorverständnis von Pre-Teens und Erwachsener bei der Rezeption von Sitcoms (vgl. Prommer/Mikos/Schäfer 2003); zum Fernsehgeschmack am Beispiel von Comedy (Prommer 2012); zur Fusion der beiden öffentlich-rechtlichen Sender ORB und SFB zum RBB (vgl. Mikos/Prommer 2003); zur Nutzung der Show *Ich bin ein Star – Holt mich hier raus!* durch Kinder und Jugendliche (vgl. Mikos 2007; Mikos u. a. 2004); zum Medienphänomen *Der Herr der Ringe* (vgl. Mikos/Eichner/Prommer/Wedel 2007).

Literatur

Ang, Ien (1996): Ethnography and Radical Contextualism in Audience Studies. In: Hay, James/Grossberg, Lawrence/Wartella, Ellen (Hrsg.): The Audience and its Landscape. Boulder/Oxford, S. 247–262.

Ang, Ien (2006): Radikaler Kontextualismus und Ethnographie in der Rezeptionsforschung. In: Hepp, Andreas/Winter, Rainer (Hrsg.): Kultur – Medien – Macht. Cultural Studies und Medienanalyse. 3., überarbeitete und erweiterte Auflage. Wiesbaden, S. 61–79.

Bennett, Tony/Woollacoot, Janet (1987): Bond and Beyond. The Political Career of a Popular Hero. London.

Denzin, Norman K./Lincoln, Yvonna S. (2008): Introduction: Entering the Field of Qualitative Research. In: Dies. (Hrsg.): The Landscape of Qualitative Research. Theories and Issues (3rd edition). Thousand Oaks, S. 1–43.

Eichner, Susanne (2014): Agency and Media Reception. Experiencing Video Games, Film, and Television. Wiesbaden.

Eichner, Susanne/Prommer, Elizabeth (2014): Fernsehen: Vom »Babelsberger Modell« zu Doing Media. In: Eichner, Susanne/Prommer, Elizabeth (Hrsg.): Fernsehen: Europäische Perspektiven. Konstanz, S. 9–19.

Flick, Uwe (2000): Triangulation in der qualitativen Forschung. In: Ders./Kardorff, Ernst von/Steinke, Ines (Hrsg.): Qualitative Forschung. Ein Handbuch. Reinbek, S. 309–318.

Flick, Uwe (2011): Triangulation. Eine Einführung. 3., aktualisierte Auflage. Wiesbaden.

Grossberg, Lawrence (1994): Cultural Studies: Was besagt ein Name? In: IKUS Lectures, 3, 17/18, S. 11–40.

Grossberg, Lawrence (1997): Der Cross Road Blues der Cultural Studies. In: Hepp, Andreas/Winter, Rainer (Hrsg.): Kultur – Medien – Macht. Cultural Studies und Medienanalyse. Opladen, S. 13–29.

Hasebrink, Uwe (2000): »Vernetzen statt versparten«: Konzeptionelle und organisatorische Herausforderungen für unabhängige Medienforschung. In: GMK (Hrsg.): Denkräume: Szenarien zum Informationszeitalter. Bielefeld, S. 61–64.

Höijer, Birgitta (1992): Reception of Television Narration as a Socio-cognitive Process: A Schema-theoretical Outline. In: Poetics, 21, 4, S. 283–304.

Iser, Wolfgang (1984): Der Akt des Lesens. Theorie ästhetischer Wirkung. München (2. Auflage).

Lowry, Stephen (1992): Film – Wahrnehmung – Subjekt. Theorien des Filmzuschauers. In: Montage/AV, 1, 1, S. 113–128.

Mikos, Lothar (1994): Fernsehen im Erleben der Zuschauer. Vom lustvollen Umgang mit einem populären Medium. Berlin/München.

Mikos, Lothar (2001a): Fern-Sehen. Bausteine zu einer Rezeptionsästhetik des Fernsehens. Berlin.

Mikos, Lothar (2001b): Rezeption und Aneignung – eine handlungstheoretische Perspektive. In: Rössler, Patrick/Hasebrink, Uwe/Jäckel, Michael (Hrsg.): Theoretische Perspektiven der Rezeptionsforschung. München, S. 59–71.

Mikos, Lothar (2007): »Ich bin ein Star – Holt mich hier raus!«. Eine Formatbeschreibung und Bewertung. In: Döveling, Katrin/Mikos, Lothar/Nieland, Jörg-Uwe (Hrsg.): Im Namen des Fernsehvolkes. Neue Formate für Orientierung und Bewertung. Konstanz, S. 211–239

Mikos, Lothar (2015): Film- und Fernsehanalyse. 3., überarbeitete und aktualisierte Auflage. Konstanz.

Mikos, Lothar/Prommer, Elizabeth (2003): Publikumserwartungen und Programmqualität. Eine Studie zur Fusion von ORB und SFB. Potsdam (unveröffentlichter Forschungsbericht).

Mikos, Lothar/Eichner, Susanne/Prommer, Elizabeth/Wedel, Michael (2007): Die »Herr der Ringe«-Trilogie. Attraktion und Faszination eines populärkulturellen Phänomens. Konstanz.

Mikos, Lothar/Bergmann, Anke/Gerbode, Dirk/Schäfer, Sabrina/Töpper, Claudia (2004): Die Show »Ich bin ein Star – Holt mich hier raus!« und ihre jugendlichen Zuschauer. Inszenierungsstrategien und Rezeptionsmuster. Berlin (unveröffentlichter Forschungsbericht).

Mikos, Lothar/Feise, Patricia/Herzog, Katja/Prommer, Elizabeth/Veihl, Verena (2000): Im Auge der Kamera. Das Fernsehereignis »Big Brother«. Berlin.

Prommer, Elizabeth/Mikos, Lothar/Schäfer, Sabrina (2003): Pre-Teens und Erwachsene lachen anders. In: TelevIZIon, 16, 1, S. 58–67.

Prommer, Elizabeth (2012): Fernsehgeschmack, Lebenswelt und Fernseh-Comedy. Eine handlungstheoretische und empirische Analyse. Konstanz.

Storey, John (1999): Cultural Consumption and Everyday Life. London.

Winter, Rainer (2001): Die Kunst des Eigensinns. Cultural Studies als Kritik der Macht. Weilerswist.

Medienproduktion (Production Studies)

Hans-Dieter Kübler

Medienproduktionsforschung (Production Studies), zumal mit qualitativer Ausrichtung, hat zumindest in Deutschland keine systematische Kontinuität, sondern findet sich verstreut: in der am intensivsten betriebenen Journalismusforschung, in wenigen Studien zur Unterhaltungsproduktion und inzwischen auch in der mittlerweile wachsenden Online-(Medien-)Forschung. In angelsächsischen Kontexten haben sich zumal unter dem Einfluss der Cultural Studies vielfältige Ansätze der Medienproduktions- und Kreativarbeit entwickelt. Mit der Digitalisierung und der Verbreitung interaktiver, sozialer Netzwerke entgrenzt sich zusätzlich das Untersuchungsfeld; zumindest sind neben die professionelle, formelle Medienproduktion unzählige spontane, informelle und individualisierte, kommunikative Tätigkeiten getreten. Dieser Beitrag versucht, all diese Entwicklungen nachzuzeichnen, relevante Erkenntnisse und Forschungsstränge herauszuarbeiten und wichtige Studien vorzustellen.

Analytische Sondierungen

Qualitative Forschung im Bereich der Medienproduktion (Production Studies) muss sich zunächst ihres jeweiligen Gegenstandsfeldes und seiner Grenzen versichern oder – falls sie eine der fundamentalen Prämissen dieser Forschungsrichtung (Cultural Studies → Winter, S. 86 ff., Grounded Theory → Lampert, S. 596 ff.) wahrnehmen will – zusammen mit den zu Untersuchenden sie jeweils erkunden und definieren. Im hergebrachten Terrain der Kommunikationsforschung, in den Modellen der Massenkommunikation war und ist sie als Kommunikatorforschung in Abgrenzung zur Rezeption und Nutzung durch das Publikum bzw. durch diverse Publika einigermaßen klar konturiert, etwa durch Kategorien wie technische Medialität, Professionalität, Institutionalisierung bzw. Organisation, Öffentlichkeit, gesetzliche bzw. rechtliche Kodifikation, ökonomische Konditionen und systemische Funktionalität. Allerdings verstand die in den 1970er-Jahren virulente kritische Medienforschung Medienproduktion dezidierter als Produktion von Medienwaren, die sowohl der Profitmaximierung als auch der Ideologisierung und Manipulation des Publikums dienten (Prokop 2001). Als sogenannte politische Ökonomie der Medien sind ihre Anliegen – freilich weniger dogmatisch – inzwischen wieder aufgegriffen worden (Mosco 2009). In neueren pragmatischeren Ansätzen wird Medienproduktion zum einen – in betriebswirtschaftlicher Ausrichtung – als Medienmanagement (Altendorfer/Hilmer 2009; 2016), zum anderen als Mediengestaltung bzw. Mediendesign (Schellmann u. a. 2008) durch schöpferische wie handwerkliche Prozesse der sogenannten Kreativwirtschaft (Creative Industries) verstanden; vielfach kombiniert sie in den Studiengängen theoretische mit praktischen Aspekten (Krömker/Klimsa 2005). In angelsächsischen Kontexten hat sich etwa seit Anfang der 1990er-Jahre vor allem für audiovisuelle Gestaltungsformen (Film und Fernsehen) der Terminus der Production Studies eingebürgert, womit eher auch praktische Gestaltungsprozesse, seltener analytische Zugänge zur professionellen Produktion adressiert sind.

Grundsätzlich hängt die konkrete analytische Bestimmung von der jeweiligen Definition des Mediums bzw. der medialen Kommunikation (Schröter 2014, S. 13 ff.) ab, die enger oder weiter, ontologisch (Sprache als Medium) oder technisch (der Buchdruck), öffentlich oder interpersonal, professionell oder laienhaft gefasst werden kann, aber eine Idee von Produktion impliziert sie jeweils, zumal in der hierzulande am intensivsten traktierten Journalismusforschung (Meier/Neuberger 2013; Pürer 2015). Allerdings wurden und werden unter handlungstheoretischen Prämissen auch der Rezeption bzw. dem rezipierenden Subjekt zunehmend, freilich eher heuristisch, produktive oder konstruktive Aktivitäten bei der Wahrnehmung, Verarbeitung und Aneignung der Medienprodukte zugeschrieben, doch diese Perspektive wurde und wird nicht generell in der Kommunikationsforschung geteilt, und spezielle Funktionalitäten konnten und können jeweils unterschieden werden (Loosen/Dohle 2014).

Gegenwärtige Tendenzen, die mit – nicht gänzlich geklärten und konsistenten – Begriffen wie Globalisierung, Digitalisierung, Mediatisierung bzw. Medialisierung, Konvergenz, Kommerzialisierung und Individualisierung markiert werden (Hepp u. a. 2015, S. 399 ff.), entgrenzen bzw. universalisieren die Produktion von Medien, generalisieren sie gewissermaßen zur omnipräsenten Kommunikation, da jeder mit jedem medial, mobil, online, multimedial kommunizieren kann. Diese Entwicklungen, die zugleich Multiplikationen, Differenzierungen wie Überlappungen von Kommunikationsformen realisieren, haben etliche typologische Definitionen von Medien bzw. Kommunikationsformen angestoßen, etwa eine Dreiteilung in Massenmedien, Medien für interpersonale Kommunikation und interaktive bzw. Computermedien, wie sie Krotz mehrfach (zuletzt 2015, S. 446) vorschlägt, aber allesamt sind sie weder hinreichend trennscharf noch allgemeingültig genug, um weitere technische Innovationen zu erfassen. Der Computer dürfte inzwischen das am wenigsten diskriminierende Kriterium sein, denn kein Medium kommt mehr ohne digitale Techniken aus, und kein Medienprodukt wird ohne sie produziert und vertrieben; interaktiv bzw. interpersonal sind sie dadurch inzwischen alle. Daher wird es angesichts der Rasanz und Tiefe des Umbruchs genügen müssen, jeweils fallweise angemessene, aber plausible Kategorien für das jeweilige Untersuchungsvorhaben und

Erkenntnisziel zu formulieren. Vielfach wandeln sich solche Zuordnungen, wenn Medienprodukte, Formate und Genres mittels verschiedener Distributionsformen verteilt werden, wie sie sich etwa zwischen herkömmlichem Fernsehen, YouTube, Smart-Livestreams und Mobil-TV beobachten lassen. Allerdings sollten solche Diversifikationen und Flexibilitäten nicht darüber hinwegtäuschen, dass zumindest hinter Bildschirmen und Displays etablierte, mächtige Strukturen und Branchen der Medienproduktion bestehen oder sich neue um die derzeit herrschenden IT-Konzerne wie Apple, Google, Amazon, Microsoft, Facebook u. a. formiert haben. So bestehen gewissermaßen moderne globale, monopolartige Mainstream-Konsortien, überkommene, mehr oder weniger erfolgreiche, regional begrenzte Medienmärkte, unzählige Innovationsbestrebungen, aber auch informelle und Nischenmärkte nebeneinander, die mehr oder weniger zeitgemäß und/oder absichtlich nostalgisch sind, die miteinander konkurrieren, sich aber auch wechselseitig fördern. Beispielsweise lässt sich ein Buch noch ganz traditionell von Autor, Lektorat und Verlag produzieren, per Druck oder digital verbreiten und verkaufen; aber es gibt auch »modernere« Formen wie digitale, kollaborative Schreibprozesse, Blogging, Self-Publishing, Print-on-Demand, E-Books und Netbooks auf E-Reader und Smartphones.

Angesichts dieser Komplexität und Dynamik des Untersuchungsfeldes ist es nicht verwunderlich, dass qualitative Methoden auch von Verfechtern quantitativer Kommunikationsforschung besonders gern für zwei Untersuchungsschritte herangezogen werden: zum einen für die Exploration des Untersuchungsfeldes – etwa zur Identifikation einer relevanten Population bei informellen Produktionssegmenten z. B. mit dem Schneeballverfahren, da es gesicherte Definitionen und Abgrenzungen nicht (mehr) gibt; zum anderen für die vertiefende, exemplarische Interpretation und Explikation quantitativer Befunde, beispielsweise bei der Analyse des Selbst- und Funktionsverständnisses von Journalisten, Bloggern und anderen Aktivisten der sozialen Netzwerke. Dieses Vorgehen verstärkt die vielfach artikulierten Einschätzungen, die seit den 1980er-Jahren ausgetragenen grundsätzlichen Kontroversen zwischen Anhängern der quantitativen und denen der qualitativen Forschung seien ausgeräumt, mindestens besänftigt (Fahr 2011). Die Unsicherheit und Kontingenz des Untersuchungsfeldes erfordert von allen ungewöhnliche, experimentelle Wege und unvoreingenommene, multiple Methodenkombinationen (Loosen/Scholl 2012; Springer u. a. 2015), die mitunter – auch recht expansiv – Triangulation genannt werden (→ Treumann, S. 264 ff.).

Präferenzen für die quantitative und Distanzen zur qualitativen Forschung dürften indes nach wie vor bei zentralen Erhebungen bestehen, zumal mit elektronischen Verfahren riesige Datenmengen erfasst, verarbeitet und daher die Neigungen weiterhin bestärkt werden, Komplexität und Kontingenz durch vielfältige Verfahren der Kombination und Auswertung zu erschließen und zu extrapolieren. Dies gilt nicht zuletzt für die elektronische Inhaltsanalyse, die enorme Häufigkeitsverteilungen kumulieren und gewichten kann. Begrenzt sind hingegen die Kapazitäten zur Datenaufnahme und -verarbeitung bei der qualitativen Forschung, zumal ihre Daten fundamental komplexer sind. Aber an ihrer verschiedenen Aussagekraft scheiden sich die nach wie vor umstrittenen Maßstäbe von Repräsentativität und Reliabilität. Unterschiedlich sind auch die (erkenntnis-)theoretischen Prämissen der beiden Forschungsrichtungen und die daraus folgenden methodologischen Konzepte (Ayaß/Bergmann 2006). Um die Extreme zu markieren: Konstruktivismus, Ethnographie, Ethnomethodologie, Cultural Studies und andere subjektorientierte Ansätze erzwingen die Verwendung qualitativer Verfahren geradezu oder legen sie zumindest nahe, in anderen Kontexten sind sie relativ pragmatisch geeignete oder auch nur probate und billige Erhebungsinstrumente (Averbeck-Lietz/Meyen 2015).

Exemplarische Zugänge

Allerdings bestehen auch objektive Limitationen für qualitative Verfahren: Sie sind prinzipiell auf handelnde Subjekte orientiert; objektive Strukturen, wie sie sich durch die wachsende Expansion, Vernetzung und Komplexität globaler Medienproduktion verstärkt ergeben, lassen sich daher allenfalls nur indirekt und heuristisch erschließen bzw. rekonstruieren: mit eingehenden Analysen relevanter Dokumente (Dokumentenanalysen), mit Befragungen von (internen oder externen) Experten, mithin von deren (subjektiven) Perspektiven und Erfahrungen, oder mit der exemplarischen Erkundung paradigmatischer Sektoren, die qualitative Signifikanz für das Ganze avisieren. Anerkannte Tradition haben etwa (Auto-)Biografien berühmter publizistischer Akteure, Medienunternehmer, Journalisten, Produzenten, Regisseure und Autoren, die man gewissermaßen als persönliche Rekonstruktionen von Medienproduktionsprozessen werten kann. Schon Max Weber, Begründer der verstehenden und handlungsorientierten Soziologie, schlug als Element seiner berühmten Presse-Enquete von 1910 »Autobiografien großer Zeitungen« vor (Weischenberg 2014, S. 88 ff.). Wissenschaftlichen Standards halten die zeitgenössischen Porträts großer Medienkonzerne und Biografien publizistischer Persönlichkeiten selten stand, da sie kaum theoretisch-methodisch elaboriert sind (Fuchs-Heinritz 2009); aber sie können wiederum als Quellen für Dokumentenanalysen herhalten, um bestimmte historische und objektbezogene Fragestellungen zu beantworten. So hat etwa die Gender- und Feminismusforschung mit der Rekonstruktion von meist bislang unbeachteten Biografien von Journalistinnen und der Anerkennung ihrer Leistungen neue Gewichtungen für publizistische Produktionsprozesse angestoßen (Koch 2007; Klaus/Wischermann 2013); Ähnliches ist für die nicht minder diskriminierten Regisseurinnen von Film und Fernsehen (Filmemacherinnen) (Lenssen/Schoeller-Bouju 2014) zu konstatieren.

Journalismus

Die etablierte Kommunikationswissenschaft, die sich vornehmlich mit der öffentlichen, institutionalisierten und professionellen Kommunikation via (Massen-)Medien befasst, bearbeitet Medienproduktionsprozesse traditionell und aktuell vorzugsweise als Journalismusforschung (»journalism research«) (Meier/Neuberger 2013; Pürer 2015), meist noch mit quantitativen Methoden, aber inzwischen auch vereinzelt mit qualitativen (Jandura u. a. 2011; Meyen u. a. 2011). Letztere stehen oft unter dem Verdikt der mangelnden Verallgemeinerbarkeit, daher werden sie meist als ergänzend und konkretisierend gewertet: (Teilnehmende) Beobachtungen von Redaktionen (Altmeppen 1999; Raabe 2005; Quandt 2005; Wintsch 2006; Trümper 2011) etwa begleiten und interpretieren die repräsentativen Journalisten-Enqueten (Böckelmann u. a. 1994; Weischenberg u. a. 2006), arbeiten typische Merkmale des redaktionellen Handelns in Zeitungs-, Online- und Fernsehredaktionen heraus, identifizieren spezielle Kulturen und Deutungsmuster, beobachten Routinen, Diskurse, Entscheidungsstrukturen, untersuchen Selbst- und Funktionsverständnisse sowie Wertorientierungen der Medienmacher.

In angelsächsischen Kontexten wird vor allem die Nachrichtenproduktion von ethnographischen und konstruktivistischen Ansätzen mit teilnehmender Beobachtung und qualitativen Interviews untersucht (als Überblick: Bird 2010). Die Produktion von Nachrichten wird als sozialer Prozess modelliert, die Redaktion als soziale Gemeinschaft (»community«) erachtet, deren Normen und Werte sich auf die Inhalte und die Gestaltung von Medienprodukten auswirken und auch bei der Sozialisation neuer Mitglieder wirksam sind (Gnach 2013, S. 42 ff.). Dass sich anerkannte Standards für eine angemessene journalistische Berichterstattung allmählich in Diskursen und Aufarbeitungen von öffentlichen Affären herausbilden, erschloss B. Zelizer (1993) in ihrer Fallstudie informeller Narrative anhand der Affären von Watergate und McCarthy.

Hierzulande verglichen Wilke und Rosenberger (1991) die Nachrichtenagenturen Associated Press (AP) und die Deutsche Presseagentur (dpa) in einem mehrstufigen Erhebungsverfahren (teilnehmende Beobachtung, Befragungen der verschiedenen Funktions- und Statusgruppen, Inhaltsanalyse einiger Dienste), um die Rahmenbedingungen der Nachrichtenproduktion sowie die betrieblichen Strukturen, Arbeitsabläufe, Selektionskriterien und Managementaufgaben zu untersuchen. Herkunft, Ausbildung und Karriere von Journalisten, ihre Arbeitsbedingungen und ihr Berufsalltag, das Klima unter Kollegen sowie »das, was ihnen wichtig im Leben ist und was sie im Beruf erreichen wollen« (Meyen/Riesmeyer 2009, S. 17), erkundete eine erstmals bundesweit durchgeführte qualitative Studie mittels 501 teilstrukturierten Leitfadeninterviews. Theoretische Bezüge werden zu Bourdieus Theoremen von Feld, Kapital und Habitus postuliert, um sowohl ein erfahrungsgeneriertes wie ein praxisgenerierendes Dispositionssystem der Akteure und ihrer Wahrnehmung herauszuarbeiten. Konturiert werden am Ende mittels zweier Kategorien, nämlich der der Publikumsorientierung und der der Vorstellung von Medienwirkungen, acht Typen von Berufs- und Aufgabenverständnissen, die sich in jedem Fall von sonst in der Literatur gepflegten Klischees wie »angepasste Außenseiter« (Kepplinger 1979), politisch eher linke »Missionare« (Köcher 1985) oder »konservative Stimmungsmacher« (Hachmeister 2007) oder bloße »Souffleure« (Weischenberg u. a. 2006) differenzierend absetzen. Ähnlich, allerdings mit der Kombination einer möglichst vollständigen Onlinebefragung und 70 Leitfadeninterviews, werden Berufsstrukturen, Arbeitsalltag, Selbstverständnis, Auftragslage und Berufszufriedenheit von 1.600 freien Journalisten in Deutschland erhoben und in einer Typologie von sieben Beschäftigungssituationen porträtiert, die sich auf die Kriterien »Bindung an einen Auftraggeber« und »Wunsch nach einer Festanstellung im Journalismus« stützt (Meyen/Springer 2009). Die wechselseitigen Beziehungen und die gegenseitigen Funktions- und Rollenwahrnehmungen zwischen politischen und journalistischen Akteuren untersuchen Hoffmann (2003) und Baugut/Grundler (2010) jeweils in qualitativen Befragungen. Vielfach eröffnen sich gravierende Diskrepanzen zwischen (positivem) Selbstbild und (negativem) Fremdbild.

Wie sich das Bild des journalistischen Berufsstandes beim deutschen Publikum ändert, erkundet Lieske (2008) in einer Fallstudie mittels 24 qualitativen Leitfadeninterviews bei Personen zwischen 24 und 78 Jahren. Sie findet – wenig überraschend – zwei Typen: nämlich den des »seriösen« Journalisten in Qualitätsmedien und den des »unseriösen« im Boulevard. Deutlich wird, dass vor allem Journalisten im Beruf untersucht werden – nicht zuletzt, weil sie besser erreichbar sind und natürlich auch die jeweils aktuellen beruflichen Situationen repräsentieren. Berufliche Findungs-, Entscheidungs- sowie Rekrutierungsprozesse einerseits und nachberufliche Rückblicke oder gar Versagenserfahrungen werden seltener aufgearbeitet. Hinsichtlich des NRW-Lokalfunks erforschte beispielsweise Helka (2014) in Intensivinterviews bei 14 ehemaligen Journalisten die Motive und Erfahrungen, warum sie das Medium oder gar ihren Beruf verlassen haben.

Unterhaltung und Creative Labour

Gemeinhin, in Wissenschaft wie im Alltag, wird Journalismus in allen etablierten Medien mit sachlicher und aktueller Information, also mit Nachrichten, Berichterstattung, Reportagen in den gewichtigen Ressorts von Politik und Wirtschaft gleichgesetzt. Dementsprechend stehen ihre Produzenten im analytischen Fokus. Die »weicheren« Themen und Redaktionen, da auch weniger geschätzt, bleiben meist unbeachtet – wohl aber im Widerspruch zur Publikumsresonanz und zur kommerziell ausgerichteten Gewichtung, die gefällige Modalitäten von Journalismus, Unterhaltung, Entertainment, Gaming und diverse Lifestyle-Formate besonders im dafür prädestinierten Fernsehen (Postman 1985) bevorzugen; als Kunstwort hat

sich dafür der Terminus des Infotainment eingebürgert. Seine Produzenten und Repräsentanten sind von der Produktionsforschung bislang weniger beachtet worden, allenfalls im Kontext der gängigen Formate wie Talkshows, Comedy, Reality-TV etc. (Plake 2004).

Insgesamt frönen sämtliche Medien zunehmend diesem Diktum, sofern sie am Markt verkauft werden und reüssieren müssen; je kommerzieller sie werden, umso mehr – zumal sie immer enger mit Werbung verkoppelt werden. Ständig werden dafür neue Distributionskanäle, Formate und Genres entwickelt und auf ihre Resonanz hin erprobt. Nicht zuletzt sprengen sie alle herkömmlichen Fachkonzepte, Vorgehensweisen und Methodenverständnisse der etablierten Wissenschaftsdisziplinen; allein unkonventionelle, gewissermaßen querschnitthaft vorgehende Ansätze wie die Cultural Studies, Creative und Production Culture bzw. Culture of Production finden kasuistische, aber partikulare Zugänge. Deutschsprachige Überblicke, die Produktionsaspekte einbeziehen, finden sich eher beschreibend und nur wenig empirisch in Sammelbänden von Bosshart/Hoffmann-Riem (1994), Scholl u. a. (2007), Lantzsch u. a. (2010) und Dörner/Vogt (2012). Die »klandestine Struktur« der Fernsehproduktion, ihr professionelles Selbstverständnis, ihre Rekrutierung und Ausbildung sowie die arbeitsteiligen, mittlerweile auch weitgehend standardisierten Rollen der einzelnen Berufe arbeitete erstmals ein Sammelband (Hachmeister/Anschlag 2003) mit analytischen Beobachtungen, (Selbst-)Reflexionen und essayistischen Momentaufnahmen von Insidern und Beobachtern auf.

In der angloamerikanischen Forschung wird seit etwa den 1970er-Jahren – mit der Expansion und Diversifizierung der Medienindustrie – geradezu ein Boom einschlägiger Studien registriert (Hesmondhalgh 2013), und zwar unter den Termini: Media Production Studies (Mayer u. a. 2009) und Media Industry Studies (Havens u. a. 2009; Holt/Perren 2009). Anfangs waren sie eher soziologisch-funktionalistisch orientiert, sodann folgten Studien der sogenannten politischen Ökonomie, die Organisationsstrukturen, die Business-Strategien und Managementprozesse untersuchen. Unter dem Einfluss der Cultural Studies befassen sie sich seit den 1980er-Jahren, vor allem in den USA, mit den täglichen und praktischen Fragen der Produktion (Havens u. a. 2009) und explorieren beispielsweise das konkrete Vorgehen, die Konzepte und die Diskurse von Medienmachern (Caldwell 2008).

Jüngst hat sich als vielversprechendes, gewissermaßen paradigmatisches Untersuchungsfeld »Media Work« konturiert, das in einem breiteren Verständnis zusammen mit den umfassenderen Kategorien des »Cultural Labour« oder »Creative Labour« gesehen wird (Flew 2013). Es wird als besonderes Beispiel für die sich immer mehr vernetzenden und konvergierenden Produktionspraxis des exzessiven digitalen Kapitalismus erachtet und somit auch mit den Produktionsfeldern der neuen Medien und sozialen Netzwerke verbunden. Neben den angestammten ökonomischen Themen wie Organisation, Besitzverhältnisse, strukturelle Einflüsse und Abhängigkeiten sind zuletzt auch »weichere« Fragen etwa nach dem Wandel der Produktionsweisen und seiner subjektiven Wahrnehmung, nach der Autonomie bestimmter Teilmärkte (wie der der Musik), nach Werten und Gratifikationen, nach Motiven und kreativem Eigensinn untersucht worden (Hesmondhalgh/Toynbee 2008; Hesmondhalgh/Baker 2010). Unter einem weiten Medienbegriff sind dazu auch diverse Game-Studien zu rechnen, da Computerspiele sowohl einen umsatzstarken, lukrativen Produktionssektor verkörpern, als auch den Spielern, mit ihren Rollenspiel- und Onlineversionen, viele Optionen der Selbstprogrammierung und Autorenschaft bieten (Tolino 2010; Freyermuth 2015).

Diese Studien – vielfach als Essays publiziert – werden mit unterschiedlichen Methoden durchgeführt, oft geprägt durch die Ansätze der Cultural Studies und der Grounded Theory: In dem repräsentativen Reader über *Production Studies* (Mayer u. a. 2009), der sich mit vielen Medien (Magazinen, Webseiten, Fernsehprogrammen und DVDs), vor allem mit ihren narrativen Traditionen und Formaten, befasst, finden sich ganz unterschiedliche Ansätze wie ethnographische,

soziologische, politisch-ökonomische, semiotische und textkritische, um der Bandbreite und vielfältigen Qualität der Fragestellungen und Untersuchungsobjekte gerecht zu werden. Damit sind erneut transdisziplinäre Methodenkombinationen vorgezeichnet.

Digitale Produktionen: Bürgerjournalismus, Social Media, Blogger etc.

Mit der anhaltenden Digitalisierung, mit dem sogenannten Web 2.0 ist das Internet interaktiv, multimedial und bis zu einem gewissen Grad individualisierbar geworden, überkommene Technologien, Strukturen und Funktionen konvergieren, traditionelle Medien, Formate und Genres vermengen sich in Richtung Crossmedialität. Längst haben besagte global operierende IT-Giganten, die Hard- und Softwareproduktion vereinen, nicht nur die traditionellen Medienkonzerne, die klassischen Majors in Hollywood, Presse- und Rundfunkunternehmen, Musiklabels und Verlage vereinnahmt, vielmehr arbeiten sie über die mediale Kommunikation hinaus an der digitalen Umwälzung sämtlicher Lebensbereiche (wie Konsum, Gesundheit, Bildung, Mobilität, Infrastruktur etc.); sie lassen sich daher nur noch partiell unter der Kategorie der Medienproduktion rubrizieren. Allerdings entwickeln sich neben ihnen zunehmend informelle, spontane und individuelle Kommunikationsaktivitäten von sogenannten (Laien-)Usern, die mit privaten, mobilen Geräten wie Smartphones, I-Pads, Tablets und Laptops Texte, Töne Fotos und Videos (User-Generated Content) in fast perfekter Manier produzieren und mittels sozialer Netzwerke (Social Media) an alle oder an spezielle Adressaten verbreiten (Michelis/Schildhauer 2012; Schmidt 2013). So formieren sich ständig vielfältige, flexible oder auch beständige Netzwerke, in die die Subjekte ganz unterschiedlich eingebunden sind. Neue Formate wie Blogs, Tweets, Facebook-Profile, WhatsApp, Videos, Livestreams, Podcasts haben sich eingespielt. Die herkömmliche funktionale Unterscheidung zwischen Kommunikator/Produzent und Rezipient wird so aufgehoben, was die Forschung inzwischen mit den universellen Begriffen der (Online-)Kommunikation (Schweiger/Beck 2010; Fraas u. a. 2012; Welker u. a. 2014) und der digitalen Öffentlichkeit(en) (Hahn u. a. 2015) umschreibt.

Der Journalismus verändert bzw. erweitert sich zumindest zum partizipativen, zum Bürger-, Graswurzel-Journalismus, zum »civil« oder »citizen journalism« (Quandt/Schweiger 2008; Neuberger u. a. 2009; Neuberger/Quandt 2010; Emmer u. a. 2011; Kramp u. a. 2013). Seine überkommene, geschätzte Funktion des Gatekeepers (Schleusenwärters) mutiert zusehends zu der des Gatewatching, um Rezipienten/User bei ihrer jeweils individuellen Auswahl, Deutung und auch Produktion von Information zu begleiten und zu beraten. Vorläufer dafür finden sich in den Bürger-, Emanzipations- und Protestbewegungen spätestens seit Beginn des 20. Jahrhunderts, in den Strategien von Gegenöffentlichkeit(en) (z. B. Statt- und Wandzeitungen, Piraten- und freie Radiosender, Videoarbeit, offene Kanäle). Das von den professionellen Medien forcierte Outsourcing von Medienproduktion an selbstständig, aber prekär arbeitende Freelancer (Meyen/Springer 2009) wird zusätzlich potenziert durch freiberuflich oder im Hobby arbeitende Blogger, Producer, Tweeters, die an ihre Communities oder auch auf frei zugängliche Plattformen posten (Brown 2013). Als »Produsage« beschreibt Bruns (2008) diese fortlaufende, eigentlich nie fertige Inhaltsproduktion; Gauntlett (2011) entdeckt eine neue »Alltags-Kreativität«, die bei vielen Machern intrinsisch, nicht materiell motiviert ist, weshalb von einer »Maker Culture« geschwärmt wird. Vielfach steht sie in Konkurrenz, auch in Opposition zum dominanten Marktmodell der Medien, die den Individuen kaum authentische Stimmen einräumen, sie eher instrumentalisieren. Inzwischen greifen die etablierten Medien allerdings öffentlichkeitswirksame Netzwerkprodukte auf, verschaffen ihnen damit das Prestige professioneller Kommunikation oder sie animieren die Rezipienten als sogenannte Leserreporter unentwegt zu Eigenproduktionen.

Repräsentativ wurden 2002 erstmals Onlinejournalisten zu beruflichen Dispositionen, persönlichen Daten und Tätigkeitsstrukturen befragt (Löffelholz u. a. 2003); eine quantitative Befragung von sogenannten »Zeitungsmachern« über den digitalen Wandel in den Redaktionen folgte (Weichert u. a. 2015). Früher schon, zumal nach der Ernüchterung der eingebrochenen New-Economy-Euphorie, beobachtete Quandt (2005) in einer strukturierten Fallstudie jeweils eine Woche lang das Handeln von Onlineredaktionen (Netzzeitung, Faz.net, SZonline, tagesschau.de und Spiegel Online). Die Handlungsmuster, die er 2001 – gewissermaßen am Beginn des Onlinejournalismus – fand und die zwischen traditionellem Redaktionshandeln und experimentellen Onlineusancen nicht zuletzt auf Druck der neuen Gegebenheiten (ständige Aktualität, wenig Recherchezeit, Multimedialität, Layoutvorgaben) pendelten, dürften sich längst modifiziert und eingespielt haben. Methodisch ist die Studie wegen neuer Auswertungsverfahren wie z. B. Netzwerk- und Sequenzanalysen interessant.

Inwieweit und auf welche Weise in Redaktionen schon crossmedial, mindestens zwischen Print und Online, in Newsdesks produziert wird, beobachten und erkunden 2013 Hofstetter und Schönhagen (2014) in sechs Schweizer Zeitungen unterschiedlichen Typs mittels strukturierter Beobachtungen und 30 Leitfadeninterviews. Neben Vertretern der Verlagsleitung, der Chefredaktion und Journalisten sind auch sechs Aussteiger einbezogen, um einen kritischen Blick von außen auf die einschneidenden Struktur- und Arbeitsveränderungen zu gewinnen. Entgegen vielen optimistischen Prognosen kommen die tatsächlichen Transformationen, so stellt sich heraus, nur zögerlich voran – nicht zuletzt, weil die Verlage mit ihnen Kosteneinsparungen, Arbeitsverdichtungen und Mehrfachverwertungen erreichen wollen, die letztlich auf Kosten der journalistischen Qualität gehen. Noch schwieriger stellt sich die Konvergenz mit Radio- und Videoproduktion heraus. Zumindest gelegentlich und postkommunikativ werden Rezipienten mit ihren Kommentaren etwa bei Nachrichtenportalen zu Quasikommunikatoren, die Einschätzungen und kritische Wertungen publizieren und zu Diskussionen anstiften. Ihre Motive und Gratifikationen hat beispielsweise Springer (2011) mit 30 qualitativen Interviews untersucht und dabei vor allem identitätsbezogene wie soziale Funktionen ihrer Kommentiertätigkeit entdeckt. Wie Datenjournalisten, die sich vornehmlich um die Recherche, Aufbereitung und Darstellung digitalisierter Onlinedaten kümmern, ihre Tätigkeit, ihr Selbstbild und ihre Zukunftsprognosen sehen, wurde erstmals 2013 explorativ mit Leitfadeninterviews erkundet (Weihnacht/Spiller 2014). Die 35 Befragten sehen sich als Pioniere, die im IT-Entwicklungsland Deutschland optimale Chancen für sich und andere sehen; dabei differenzieren sie zwischen journalistischen, Programmier- und grafischen Aufgaben. Die Herstellung diverser Webseiten und ihre Eignung für mobile Kommunikation untersuchen einige Fallstudien (Wimmer/Hartmann 2014). Aber noch immer fokussieren sich qualitative Studien »des« Internets vornehmlich auf seine Rezeption und alltägliche Nutzung, nicht auf die Strukturen und Produktion von Content (Meyen/Pfaff-Rüdiger 2009; Fischer/Pfaff-Rüdiger 2010). In einer Studie über IT-Journalisten und ihren Einfluss auf den IT-Markt als wichtige Gatekeeper monieren etwa Jackob u. a. (2013, S. 197), dass sich die Kommunikationswissenschaft generell bislang primär auf die Nutzung von Internet und sozialen Netzwerken sowie auf die Inhalte fokussiere, die professionellen und Laien-Producer aber (noch) weitgehend ignoriere.

Ausblick

Die ständig wachsenden Komplexitäten und wechselnden Verquickungen (Konnektivitäten) von Kommunikation in globalen Ausmaßen, aber auch die flexiblen, spontanen und informellen Kommunikationsaktivitäten in lokalen und persönlichen Bereichen lassen sich nur schwer empirisch – quantitativ oder qualitativ – erfassen; meist sind die Studien nur Momentaufnah-

men partieller, sektoraler Dimensionen. Strukturelle Zusammenhänge lassen sich allenfalls beschreiben oder mittels Statistiken und Dokumenten veranschaulichen, fluide, mobile Szenerien und Communities nur mittels subjektiver Rekonstruktionen explorieren, denn ihre Interaktionen, Rituale und Produkte sind flüchtig und kasuell. Vielfach wird über den Bedarf neuer angemessener Theorien und Methoden nachgedacht, zumal die etablierten Disziplinen sich nur schwerfällig reformieren (Scholl 2011; Jandura u. a. 2011; Jandura u. a. 2012). Diese Defizite gelten umso mehr für die qualitative Medienforschung, die traditionell auf die Akteure, Subjekte und deren Medienumgang orientiert ist.

Einige Perspektiven lassen sich dennoch entdecken: Die wissenssoziologisch-textkritische Arbeit von Wendelin (2011) analysiert beispielsweise für vier mediale Umbruchphasen von 1840 bis 1990, wie die Entwicklung der Medien in die jeweils vorherrschenden Konzepte von Öffentlichkeit und ihren normativen Grundlagen Eingang gefunden hat und mit welchen Widersprüchen zwischen theoretischen Idealen und erfahrener sozialer Wirklichkeit sie konfrontiert war. Die Universalität und Omnipräsenz des Internets lassen sich wohl nur in spezielle Dimensionen und Funktionen, jedoch kaum kategorial differenzieren. Ein Vorschlag, signifikante Interaktionsmodi in dynamischen Netzwerköffentlichkeiten wie Konflikte, Konkurrenz und Kooperationen zu erkunden, legte Neuberger (2014) vor. Generell bringen Netzwerkanalysen eine Vielzahl unterschiedlicher Dokumente zusammen und gleichen sie miteinander ab, um jeweils zentrale Argumentationsstränge und Faktizitäten zu ermitteln (Stegbauer/Rausch 2006; Jackob u. a. 2010). Als probate Lösung wird allenthalben die Kombination von Methoden, gerade auch von quantitativen und qualitativen, empfohlen, oft auch nur aus pragmatischer Notwendigkeit und analytischer Verlegenheit (Loosen/Scholl 2012). Denn ihr folgen unweigerlich der Abgleich und die Gewichtung ihrer Befunde nach Validität und Relevanz. Jedenfalls steigt der Forschungsaufwand erheblich, der nur noch mit – möglichst interdisziplinär zusammengesetzten – Teams zu bewältigen ist. Die Realität der Medien- produktion und Kommunikation ist allerdings meist schon weiter.

Literatur

Altendorfer, Otto/Hilmer, Ludwig (Hrsg.) (2009): Medienmanagement. Band 1: Methodik – Journalistik und Publizistik – Medienrecht. Wiesbaden.

Altendorfer, Otto/Hilmer, Ludwig (Hrsg.) (2016): Medienmanagement. Band 2: Medienpraxis – Medienge- schichte – Medienordnung. Wiesbaden.

Altmeppen, Klaus-Dieter (1999): Redaktionen als Koordinationszentren. Beobachtungen journalistischen Han- delns. Wiesbaden.

Averbeck-Lietz, Stefanie/Meyen, Michael (2015) (Hrsg.): Handbuch nicht standardisierte Methoden in der Kommunikationswissenschaft. Wiesbaden.

Ayaß, Ruth/Bergmann, Jörg (Hrsg.) (2006): Qualitative Methoden der Medienforschung. Reinbek.

Baugut, Philipp/Grundler, Maria Theresa (2010): Politische (Nicht-)Öffentlichkeit in der Mediendemokratie. Eine Analyse der Beziehungen von Politikern und Journalisten in Berlin. Baden-Baden.

Bird, Elizabeth S. (Hrsg.) (2010): The Anthropology of News and Journalism. Global Perspectives. Blooming- ton, Ind.

Böckelmann, Frank/Mast, Claudia/Schneider, Beate (1994): Journalismus in den neuen Ländern. Ein Berufs- stand zwischen Aufbruch und Anpassung. Konstanz.

Bosshart, Louis/Hoffmann-Riem, Wolfgang (Hrsg.) (1994): Medienlust und Mediennutz. Unterhaltung als öffentliche Kommunikation. Konstanz.

Brown, Tracy (2013): Blogger or Journalist? Evaluating What is the Press in the digital Age. New York.

Bruns, Axel (2008): Blogs, Wikipedia, Second Life, and beyond. From Production to Produsage. New York u. a.

Caldwell, John T. (2008): Production Culture. Industrial Reflexivity and Critical Practice in Film and Televi- sion. Durham, NC/London.

Dörner, Andreas/Vogt, Ludgera (Hrsg.) (2012): Unterhaltungsrepublik Deutschland. Medien, Politik und Entertainment. Bonn.

Emmer, Martin u. a. (2011): Bürger online. Die Entwicklung der politischen Online-Kommunikation in Deutschland. Konstanz.

Fahr, Andreas (Hrsg.) (2011): Zählen oder Verstehen? Diskussion um die Verwendung quantitativer und quali- tativer Methoden in der empirischen Kommunikationswissenschaft. Köln.

Fischer Martina/Pfaff-Rüdiger, Senta (2010): Zur Güte qualitativer Online-Methoden. Online- und Offline- Verfahren im Vergleich. In: Jackob, Nikolaus u. a. (Hrsg.): Das Internet als Forschungsinstrument und -gegenstand in der Kommunikationswissenschaft. Köln, S. 268–283.

Flew, Terry (2013): Global Creative Industries. Cambridge.

Fraas, Claudia/Meier, Stefan/Pentzold, Christian (2012): Online-Kommunikation. Grundlagen, Praxisfelder und Methoden. München.

Freyermuth, Gundolf S. (2015): Games, Game Design, Game Studies. Eine Einführung. Bielefeld.

Fuchs-Heinritz, Werner (2009): Biographische Forschung. Eine Einführung in Praxis und Methoden. 4. Auf- lage. Wiesbaden.

Gauntlett, David (2011): Making is connecting. The social meaning of creativity, from DIY and knitting to You- Tube and Web 2.0. London.

Gnach, Alexandra (2013): Produktion von Fernsehnachrichten. Unterschiede zwischen der deutsch- und fran- zösischsprachigen Schweiz. Wiesbaden.

Hachmeister, Lutz (2007): Nervöse Zone. Politik und Journalismus in der Berliner Republik. München.

Hachmeister, Lutz/Anschlag, Dieter (Hrsg.) (2003): Die Fernsehproduzenten. Rolle und Selbstverständnis. Konstanz.

Hahn, Oliver u. a. (Hrsg.) (2015): Digitale Öffentlichkeit(en). Konstanz.

Havens, Timothy u. a. (2009): Critical Media Industry Studies: A Research Approach. In: Communication, Culture and Critique, Jg. 2, H. 2, S. 234–253.

Helka, Natalie (2014): Redaktionsschluss – warum Journalisten aussteigen. Eine qualitative Studie mit ehemaligen Journalisten aus dem NRW-Lokalfunk. Wiesbaden.

Hepp, Andreas u. a. (Hrsg.) (2015): Handbuch Cultural Studies und Medienanalyse. Wiesbaden.

Hesmondhalgh, David (2013): The Cultural Industries. 3. Auflage. London.

Hesmondhalgh, David/Baker, Sarah (2010): Creative Labour. Media Work in three Cultural Industries. New York, NY/Abingdon.

Hesmondhalgh, David/Toynbee, Jason (Hrsg.) (2008): The Media and Social Theory. London.

Hoffmann, Jochen (2003): Inszenierung und Interpenetration. Das Zusammenspiel von Eliten aus Politik und Journalismus. Wiesbaden.

Hofstetter, Brigitte/Schönhagen, Philomen (2014): Wandel redaktioneller Strukturen und journalistischen Handelns. In: Studies in Communication|Media (SCM), Jg. 3, H. 2, S. 228–252

Holt, Jenifer/Perren, Alisa (2009): Media Industries. History, Theory, and Method. Malden, MA/Oxford.

Jackob, Nikolaus u. a. (Hrsg.) (2010): Das Internet als Forschungsinstrument und -gegenstand in der Kommunikationswissenschaft. Köln.

Jackob, Nikolaus u. a. (2013): Die heimlichen Entscheider. Wie IT-Journalisten ihren Einfluss auf Rezipienten und IT-Unternehmen wahrnehmen. In: Publizistik, Jg. 58, H. 2, S. 179–200.

Jandura, Olaf u. a. (Hrsg.) (2011): Methoden der Journalismusforschung. Wiesbaden.

Jandura, Olaf u. a. (Hrsg.) (2012): Theorieanpassungen in der digitalen Medienwelt. Baden-Baden.

Kepplinger, Hans Mathias (Hrsg.) (1979): Angepasste Außenseiter. Was Journalisten denken und wie sie arbeiten. Freiburg (Breisgau)/München.

Klaus, Elisabeth/Wischermann, Ulla (2013): Journalistinnen. Eine Geschichte in Biographien und Texten. 1848–1990. Wien u. a.

Koch, Julia (2007): Frauen im Journalismus. Die ungleiche Machtverteilung in den Medien. Saarbrücken.

Köcher, Renate (1985): Spürhund und Missionar. Eine vergleichende Untersuchung über Berufsethik und Aufgabenverständnis britischer und deutscher Journalisten. Dissertation.

Kramp, Leif u. a. (Hrsg.) (2013): Journalismus in der digitalen Moderne. Einsichten – Ansichten – Aussichten. Wiesbaden.

Krömker, Heidi/Klimsa, Paul (Hrsg.) (2005): Handbuch Medienproduktion. Produktion von Film, Fernsehen, Hörfunk, Print, Internet, Mobilfunk und Musik. Wiesbaden.

Krotz, Friedrich (2015): Mediatisierung. In: Hepp, Andreas u. a. (Hrsg.) (2015): Handbuch Cultural Studies und Medienanalyse. Wiesbaden, S. 439–454

Lantzsch, Katja u. a. (Hrsg.) (2010): Handbuch Unterhaltungsproduktion. Beschaffung und Produktion von Fernsehunterhaltung. Wiesbaden.

Lenssen, Claudia/Schoeller-Bouju, Bettina (Hrsg.) (2014): Wie haben Sie das gemacht? Aufzeichnungen zu Frauen und Filmen. Marburg.

Lieske, Sandra (2008): Das Image von Journalisten. Eine qualitative Untersuchung. Wiesbaden.

Löffelholz, Martin u. a. (2003): Onlinejournalisten in Deutschland. Zentrale Befunde der ersten Repräsentativbefragung deutscher Onlinejournalisten. In: Media Perspektiven, H. 10, S. 477–486.

Loosen, Wiebke/Dohle, Marco (2014): Journalismus und (sein) Publikum. Schnittstellen zwischen Journalismusforschung und Rezeptions- und Wirkungsforschung. Wiesbaden.

Loosen, Wiebke/Scholl, Armin (Hrsg.) (2012): Methodenkombinationen in der Kommunikationswissenschaft. Methodologische Herausforderungen und empirische Praxis. Köln.

Mayer, Vicki/Banks, Miranda J./Caldwell, John T. (Hrsg.) (2009): Production Studies. Cultural Studies of Media Industries. New York/London.

Meier, Klaus/Neuberger, Christoph (Hrsg.) (2013): Journalismusforschung. Stand und Perspektiven. Baden-Baden.

Meyen, Michael u. a. (2011): Qualitative Forschung in der Kommunikationswissenschaft. Eine praxisorientierte Einführung. Wiesbaden.

Meyen, Michael/Pfaff-Rüdiger, Senta (2009): Internet im Alltag. Qualitative Studien zum praktischen Sinn von Onlineangeboten. Berlin.

Meyen, Michael/Riesmeyer, Claudia (2009): Diktatur des Publikums. Journalisten in Deutschland. Konstanz.

Meyen, Michael/Springer, Nina (in Kooperation mit dem DFJV) (2009): Freie Journalisten in Deutschland. Ein Report. Konstanz.

Michelis, Daniel/Schildhauer, Thomas (Hrsg.) (2012): Social Media Handbuch. Theorien, Methoden, Modelle und Praxis. 2. aktualisierte und erweiterte Auflage. Baden-Baden.

Mosco, Vincent (2009): The Political Economy of Communication. London.

Neuberger, Christoph (2014): Konflikt, Konkurrenz und Kooperation. Interaktionsmodi in einer Theorie dynamischer Netzwerköffentlichkeit. In: M & K (Medien & Kommunikationswissenschaft), Jg. 62, H. 4, S. 567–587.

Neuberger, Christoph u. a. (Hrsg.) (2009): Journalismus im Internet. Profession – Partizipation – Technisierung. Wiesbaden.

Neuberger, Christoph/Quandt, Thorsten (2010): Internet-Journalismus. Vom traditionellen Gatekeeping zum partizipativen Journalismus? In: Schweiger, Wolfgang/Beck, Klaus (Hrsg.): Handbuch Online-Kommunikation. Wiesbaden, S. 59–79.

Plake, Klaus (2004): Handbuch Fernsehforschung. Befunde und Perspektiven. Wiesbaden.

Postman, Neil (1985): Wir amüsieren uns zu Tode. Urteilsbildung im Zeitalter der Unterhaltungsindustrie. Frankfurt a. M.

Prokop, Dieter (2001): Der Kampf um die Medien. Das Geschichtsbuch der neuen kritischen Medienforschung. Hamburg.

Pürer, Heinz (2015): Journalismusforschung. Konstanz.

Quandt, Thorsten (2005): Journalisten im Netz. Eine Untersuchung journalistischen Handelns in Online-Redaktionen. Wiesbaden.

Quandt, Thorsten/Schweiger, Wolfgang (Hrsg.) (2008): Journalismus online – Partizipation oder Profession? Wiesbaden.

Raabe, Johannes (2005): Die Beobachtung journalistischer Akteure. Optionen einer empirisch-kritischen Journalismusforschung. Wiesbaden.

Schellmann, Bernhard u. a. (2008): Medien verstehen – gestalten – produzieren. 4. erweiterte und verbesserte Auflage. Haan-Gruiten.

Schmidt, Jan-Hinrik (2013): Social Media. Wiesbaden.

Scholl, Armin (2011): Konstruktivismus und Methoden in der empirischen Sozialforschung. In: M & K (Medien & Kommunikationswissenschaft), Jg. 59, H. 2, S. 161–179.

Scholl, Armin u. a. (Hrsg.) (2007): Journalismus und Unterhaltung. Theoretische Ansätze und empirische Befunde. Wiesbaden.

Schröter, Jens (Hrsg.) (2014): Handbuch Medienwissenschaft. Stuttgart/Weimar.

Schweiger, Wolfgang/Beck, Klaus (Hrsg.) (2010): Handbuch Online-Kommunikation. Wiesbaden.

Springer, Nina (2011): Suche Meinung, biete Dialog? Warum Leser die Kommentierfunktion auf Nachrichtenportalen nutzen. In: Wolling, Jens u. a. (Hrsg.) (2011): Medieninnovationen. Wie Medienentwicklungen die Kommunikation in der Gesellschaft verändern. Konstanz, S. 247–264.

Springer, Nina u. a. (2015): Empirische Methoden der Kommunikationswissenschaft. Konstanz.

Stegbauer, Christian/Rausch, Alexander (2006): Strukturalistische Internetforschung. Netzwerkanalysen internetbasierter Kommunikationsräume. Wiesbaden.

Tolino, Aldo (2010): Gaming 2.0. Computerspiele und Kulturproduktion. Analyse der Partizipation von Computerspielern an einer konvergenten Medienkultur und Taxonomie von ludischen Artefakten. Boizenburg.

Trümper, Stefanie (2011): Redaktionskultur am Fallbeispiel der Frankfurter Allgemeinen Zeitung und der Bild-Zeitung. In: Elsler, Monika (Hrsg.): Die Aneignung der Medienkultur. Rezipienten, politische Akteure und Medienakteure. Wiesbaden, S. 173–192.

Weichert, Stefan u. a. (2015): Die Zeitungsmacher. Aufbruch in die digitalen Medien. Wiesbaden.

Weihnacht, Stefan/Spiller, Ralf (2014): Datenjournalismus in Deutschland. Eine explorative Untersuchung zu Rollenbildern von Datenjournalisten. In: Publizistik, Jg. 59, H. 4, S. 411–433.

Weischenberg, Siegfried (2014): Max Weber und die Entzauberung der Medienwelt. Theorien und Querelen – eine andere Fachgeschichte. Wiesbaden.

Weischenberg, Siegfried u. a. (2006): Die Souffleure der Mediengesellschaft. Report über die Journalisten in Deutschland. Konstanz.

Welker, Martin u. a. (Hrsg.) (2014): Handbuch Online-Forschung. Sozialwissenschaftliche Datengewinnung und -auswertung in digitalen Netzen. Köln.

Wendelin, Manuel (2011): Medialisierung der Öffentlichkeit. Kontinuität und Wandel einer normativen Kategorie der Moderne. Köln.

Wilke, Jürgen/Rosenberger, Bernhard (1991): Die Nachrichten-Macher. Zu Strukturen und Arbeitsweisen von Nachrichtenagenturen am Beispiel von AP und dpa. Köln u. a.

Wimmer, Jeffrey/Hartmann, Maren (Hrsg.) (2014): Medienkommunikation in Bewegung. Mobilisierung – Mobile Medien – Kommunikative Mobilität. Wiesbaden.

Wintsch, Dani (2006): Doing News. Die Fabrikation von Fernsehnachrichten. Eine Ethnografie videojournalistischer Arbeit. Wiesbaden.

Zelizer, Barbie (1993): Journalists as interpretative communities. In: Critical Studies in Mass Communication, Jg. 10, H. 3, S. 219–237.

Rezeptionsforschung

ELIZABETH PROMMER

Das Design von qualitativen Rezeptionsstudien muss sich an der Fragestellung orientieren sowie nachvollziehbar und systematisch angelegt sein. Diese Grundsätze gelten sowohl für groß als auch für klein angelegte Studien. Unabhängig davon, wie viele Gruppendiskussionen oder Leitfadeninterviews geführt werden, die Untersuchungseinheiten müssen der Fragestellung angemessen und die Auswertung und Interpretation müssen systematisch sein. Die Fallbeispiele im folgenden Beitrag zeigen das Forschungsdesign verschiedener Studien auf.

Qualitative Rezeptionsforschung

Rezeptionsstudien gehören zu den Standardinstrumentarien der qualitativen Medienforschung. Interessieren sich Forscher für das Publikum und dessen Rezeptionsverhalten oder für dessen Aneignung von Medieninhalten in seiner spezifischen Lebenswelt, so muss konsequenterweise das Publikum untersucht werden. Auch einige der in diesem Band vorgestellten theoretischen Ansätze, wie die »Strukturanalytische Rezeptionsforschung«, »Handlung: Handlungstheoretische Ansätze«, »Medien im Alltag«, »Cultural Studies« oder das »Babelsberger Modell«, implizieren eine Beschäftigung mit den Menschen und wie sie die Medien rezipieren (→ Neumann-Braun/Peltzer, S. 122 ff.; → Krotz, S. 94 ff.; → Mikos, S. 146 ff.; → Winter, S. 86 ff.; → Mikos/Prommer, S. 229 ff.). Anders als in der quantitativen Forschung interessieren sich qualitative Forscher jedoch in der Regel nicht dafür, wann und wie oft welche Medien genutzt werden, sondern warum und wie beispielsweise eine kommunikative Aneignung vor sich geht. Dabei stehen in die Tiefe gehende Einsichten und nicht repräsentative und generalisierbare Daten im Vordergrund. Renckstorf (1989, S. 333) stellte fest, dass eine Zuwendung zum Konzept der Mediennutzung als Medienhandeln eine »deutliche Akzentverschiebung zugunsten kleiner, absichtsvoll konstruierter Stichproben, ›verstehender‹ Methodik im Allgemeinen und Abkehr vom Muster bevöl-kerungsrepräsentativen Surveys« bedeutet. Die Repräsentativität wird in der qualitativen Forschung durch eine Typisierung abgelöst, indem man nach typischen Deutungs- und Handlungsmustern sucht (Lamnek 1988, S. 175).

Eine Zuwendung zur verstehenden Methodik und zu kleineren bewusst geplanten Stichproben bedeutet jedoch weder Willkür oder vollkommen freie Interpretation noch die spontane Anlage einer Studie. Allerdings führen undurchsichtige oder fehlende Offenlegung der Vorgehensweise häufig dazu, der qualitativen Forschung das Label »unwissenschaftlich« anzuheften (vgl. Paus-Haase/Wagner 2000, S. 211).

Auch für qualitative Rezeptionsstudien gelten die allgemeinen Grundsätze der wissenschaftlichen Arbeit. Sie müssen nachvollziehbar, systematisch und im besten Fall wiederholbar sein. Wiederholbar bedeutet in diesem Fall, dass bei gleicher Anlage der Studie im Prinzip die gleichen Ergebnisse produziert werden. Natürlich gilt hier die Einschränkung, dass sich bestimmte Interview- oder Beobachtungssituationen niemals identisch wiederholen lassen, aber dennoch sollten ähnliche Situationen möglich sein.

Ausgangspunkt für jede Rezeptionsstudie – egal ob qualitativ oder quantitativ – sind die Forschungsfrage bzw. die zu prüfenden Hypothesen. Diese bestimmen, wer wie beobachtet oder wer durch welches Instrumentarium befragt wird.

Forschungsdesign einer Rezeptionsstudie

In Rezeptionsstudien müssen folgende Schritte durchlaufen und dokumentiert werden:
1) Die Beobachtung eines sozialen Phänomens,
2) Formulierung einer wissenschaftlichen Fragestellung und Einbettung dieser in geeignete Theorien,
3) Definition der zentralen Begriffe,
4) Konkretisierung der Fragestellung,
5) Wahl der Untersuchungsmethode (Untersuchungseinheit, Methode und Auswertung),
6) Entwicklung des Leitfadens,
7) Durchführung der Untersuchung,
8) Codierung und
9) Interpretation.

Alle Schritte innerhalb des Forschungsprozesses müssen nachvollziehbar und systematisch sein. Die Anlage einer qualitativen Studie muss dies gewährleisten. Zusätzlich gilt das simple Gebot aller Forschung: Man muss ein der Fragestellung angemessenes Forschungsdesign aufstellen. Welche Fragestellungen am besten unter welchen theoretischen Prämissen untersucht werden können, wird in diesem Band in spezifischen Beiträgen erörtert, hier sollen lediglich allgemein gültige Schritte dargestellt werden.

Nachdem die Fragestellung konkretisiert und der theoretische Bezugsrahmen skizziert wurde, muss entschieden werden, welche Rezipientengruppe wie untersucht werden soll. Lautet die Fragestellung: »Gibt es Unterschiede in der Rezeption von Humor und Komik im Fernsehen zwischen Pre-Teens und Erwachsenen?« (vgl. Prommer/Mikos/Schäfer 2003), wird durch die Frage schon deutlich, dass es sich um einen Vergleich handeln muss. Also müssen Pre-Teens – das sind Kinder zwischen neun und zwölf Jahren – und Erwachsene herangezogen werden. Für einen Vergleich bietet es sich an, gleich große Gruppen zu untersuchen, beispielsweise zehn Pre-Teens und zehn Erwachsene. Will man jedoch wissen, wie sich der Kinobesuch im Laufe eines Lebens verändert und ob es z. B. Unterschiede zwischen ost- und westsozialisierten Deutschen gibt, so müssen Personen

aus verschiedenen Alterskohorten und aus den neuen und alten Bundesländern befragt werden (vgl. Prommer 1999). Forscher, die sich an den British Cultural Studies orientierte (z. B. Morley 1980), interessieren sich häufig für unterschiedliche Interpretationen von Fernsehinhalten verschiedener ethnischer Gruppen oder Schichten. Dann ist es natürlich wichtig, auch diese unterschiedlichen Gruppen zu untersuchen. Im Bereich der qualitativen Forschung gibt es jedoch keine verbindlichen Kennzahlen oder Größenanordnungen, die eine Untersuchungseinheit bestimmen. Die empirische Medienforschung spricht hier von »Stichprobe«, was aber leicht irreführend ist, da in der empirischen Sozialforschung unter einer Stichprobe eine repräsentative und zufällige, aber nicht willkürliche Auswahl an Befragten verstanden wird. Deshalb bietet es sich für die qualitative Forschung an, von Untersuchungseinheiten zu sprechen. Da nach Typisierungen und Handlungsmustern gesucht wird, sollten diese Einheiten groß genug sein, um verschiedene Muster aufweisen zu können, aber klein genug, um eine tiefere Analyse vornehmen zu können.

Sehr häufig findet sich die Fallzahl von zehn Personen als eine Gruppe wieder (z. B. bei Rathmann 2004). Möchte man zwei Gruppen vergleichen, dann stockt man entsprechend auf 20 Personen auf (z. B. bei Prommer/Mikos/Schäfer 2003). Generell gilt, dass die Anzahl der Teilnehmer sich danach richtet, ob noch ein Gespräch innerhalb der Gruppe möglich ist. Man wird keine Gruppendiskussion mit sehr vielen Kindern durchführen können, da sie noch keine Diskussionskultur wie Erwachsene entwickelt haben. Daher sollte man hier mit kleinen Gruppen arbeiten. Auf der anderen Seite sollten sich die Fallzahlen für qualitative Forschung nicht an quantitativen Größen bzw. der »quantitativen Hegemonie« (Kvale 1987, S. 28) sozialwissenschaftlicher Forschung orientieren. Stattdessen empfiehlt Kvale eine »gründliche Analyse einer kleinen Zahl von Individuen und ihrer Beziehungen zur Umwelt«. Dadurch wird es »möglich, generelle Beziehungen herauszuarbeiten« (ebd.). Mit anderen Worten: Muster und Strukturen lassen sich auch bei einer kleinen Fallzahl finden. Die Anzahl der Untersuchungseinheiten richtet sich natürlich auch nach der Methode, mit der diese untersucht werden.

So geht der Wahl der Untersuchungseinheit die Entscheidung für die spezifische Methode voraus. Je offener die Leitfadengespräche sind, desto weniger Personen werden in der Regel befragt; je problemzentrierter das Interview angelegt ist, desto mehr Personen werden herangezogen.

Auch die Anzahl an Gruppendiskussionen, die geführt werden sollen, hängt von der konkreten Fragestellung ab. Häufig werden Medienausschnitte zur Stimulation der Diskussion vorgeführt, wie beispielsweise bei Rathmann (2004) oder Prommer/Mikos/Schäfer (2003). Je nach Fragestellung sollte man möglichst ähnlich zusammengesetzten Gruppen unterschiedliche Medienausschnitte zeigen (ebd.) oder unterschiedlichen Gruppen denselben Stimulus vorführen (Paus-Haase u. a. 1999). Auf jeden Fall muss derselbe Diskussionsleitfaden verwendet werden. Bei Paus-Haase u. a. wurde eine große Anzahl (15n) an Gruppengesprächen durchgeführt. Zu beachten ist hier, dass die Studie durch externe Gremien und Fördergeber finanziert wurde. Kleinere und selbstfinanzierte Studien kommen oft mit zwei oder vier Diskussionen aus (z. B. Rathmann 2004). An den folgenden Anwendungsbeispielen wird verdeutlicht, wie unterschiedlich Studien angelegt sein können.

Anwendungsbeispiele

Medienbiographische Interviews

Im ersten Anwendungsbeispiel »Kinobesuch und Lebenslauf« (Prommer 1999) wurde eine große Anzahl an Leitfadeninterviews durchgeführt. Grundlegende Forschungsfrage war: Gibt es typische Gemeinsamkeiten im Lebenslauf, die eine bestimmte Kinonutzung hervorrufen? Um die Fragestellungen beantworten zu können und um der Dynamik des Lebenslaufes gerecht zu werden, wurden 96 Personen aus Mün-

chen und Leipzig mittels medien-biographischer Interviews (→ Tilemann, S. 321 ff.) zu ihrer Kinonutzung befragt. Die medienbiographische Methode ist besonders geeignet, die subjektiven Konstituierungsprozesse der Mediennutzung im Zusammenhang mit alltäglicher, biographisch konstruierter Lebenswelt zu erfassen.

Die medienbiographischen Interviews wurden anhand eines detaillierten Leitfadens geführt. Man bezeichnet diese Form von offenen, halbstrukturierten Interviews auch als themenfokussiert bzw. problemzentriert (Witzel 1985). Prinzip dieser Interviews ist, dass man den Befragten möglichst frei reden lässt, um einem offenen Gespräch sehr nahe zu kommen; gleichzeitig wird aber durch den Interviewer immer wieder auf das Thema/Problem eingegangen. Durch die Leitfadeninterviews konnte zum einen die Vergleichbarkeit der Ergebnisse gewährleistet werden, zum anderen blieb die notwendige Offenheit für individuelle Erzählungen erhalten.

Der Leitfaden orientierte sich an den Lebensphasen der Befragten. So sollten sie über ihre Kinonutzung während der Kindheit, der Teenagerzeit und der Erwachsenenzeit erzählen. Die Einteilung dieser Lebensphasen wurde an jeden Befragten individuell angepasst, wodurch auch individuelle Brüche im Lebensverlauf berücksichtigt wurden. Das Erwachsenenalter konnte beispielsweise je nach Notwendigkeit in mehrere Phasen wie Heirat, Scheidung, neue Ehe und Ruhestand eingeteilt werden. Nach der Einstiegs- bzw. Warm-up-Frage: »Wann waren Sie das letzte Mal im Kino?«, wurden die Probanden gebeten, ihr Leben selbst in Phasen einzuteilen.

Folgende Aspekte sollten die Interviews beinhalten: Wann wurde ins Kino gegangen? Warum? Mit wem? Welche Filme wurden angeschaut? Wer hat die Filme ausgesucht? Haben die Filme gefallen? Gab es Rituale, wie etwa immer die gleichen Sitzplätze? Waren die Filmstars wichtig? Wie informierte man sich über das Programm? Welche Erinnerungen werden mit Kinobesuchen verknüpft? Zu diesen kinobezogenen Informationen sollten die Befragten auch über ihre damalige Lebenssituation berichten: Wo wurde gelebt? Gab es Geschwister? Welche Berufe übten die Eltern aus? Welche Medien gab es im Haushalt? Wie war die materielle Situation? Wie wurde die Zukunft eingeschätzt? Welchen Beruf wollte man ergreifen? Wie verlief der typische Alltag und wie das typische Wochenende?

Die Interviewer (insgesamt sieben Personen) wurden in einem dreitägigen Projektseminar geschult. Vorab hatten sie außerdem Testinterviews geführt, die dann besprochen wurden. Weiter wurde der Leitfaden mehrmals durchgegangen, typische Interviewsituationen und die sichere Handhabung der Aufnahmetechnik geübt.

Die hohe Anzahl an Interviews lässt sich darauf zurückführen, dass man eine gleichmäßige Gruppenverteilung in den theoretisch als zentral erachteten Gruppen von Variablen (Ort, Alter und Geschlecht) erreichen wollte. Bildung, Kinobesuch und Fernsehbesitz wurden bewusst nicht kontrolliert. Aus der Literatur lassen sich zum einen keine überzeugenden Zusammenhänge zwischen Bildung und Kinobesuch nachweisen, zum anderen sollten bewusst auch seltene oder Nicht-Kinogänger in die Untersuchung miteinbezogen werden, um Unterschiede untersuchen zu können. Vorrangig wichtig war es, Gruppen wie Männer und Frauen oder Münchner und Leipziger zu vergleichen. Obwohl man natürlich interpretierbare Ergebnisse gewinnen wollte, kann keinesfalls von einer Repräsentativität ausgegangen werden, da dafür die Fallzahl immer noch zu klein war und vor allem, weil die Probanden nicht nach einer Zufallsstichprobe ausgewählt worden waren. Sie wurden vielmehr mithilfe eines Quotenplans eruiert, um so eine gleiche Verteilung der Altersgruppen, des Geschlechts und des Wohnorts zu gewährleisten.

Die Interviews dauerten zwischen 40 und 180 Minuten und ergaben zwischen 30 und 90 getippte Seiten. Die Transkription (→ Ayaß, S. 421 ff.) erfolgte nach dem gesprochenen Wort, Dialekte wurden ins Hochdeutsche übertragen, nur längere Gesprächspausen und Lachen wurden vermerkt. Die Codierung erfolgte nach

einer struktur- und themenanalytischen qualitativen Inhaltsanalyse (Mayring 1993; → Mayring/Hurst, S. 494 ff.). Wie aus den Interviews Kinobesuchstypen generiert werden konnten, ist ausführlich bei Prommer (2017) dokumentiert.

Rezeptionsweisen von Herr-der-Ringe-Fans

In die internationale »Der Herr der Ringe«-Studie (Mikos et al. 2007) wurden auch Gruppendiskussionen mit fünf verschiedenen Publika integriert. So wurde davon ausgegangen, dass Frauen und Männer aufgrund ihrer geschlechtsspezifischen Sozialisation verschiedene Lesarten eines Medientextes entwickeln und jeweils verschiedene Medienvorlieben aufweisen. Entsprechend wurden eine weibliche und eine männliche Gruppe gebildet. Drei weitere Gruppen wurden hinsichtlich geteilter Medienerfahrungen und Medienorientierungen ausgewählt: die Gruppe der »technikaffinen Gamer« als hypothetisches Zuschauersegment, das eine hohe Affinität zu Medien und Medientechnologien und zudem ein gesteigertes Interesse an Fantasy aufweist; die Gruppe »Literaten« als hypothetisches Zuschauersegment mit einem Zugang zu den Filmen als Leser der literarischen Vorlage und einem detaillierten Wissen über die Welt Tolkiens; schließlich die Gruppe »Filmsozialisierte« als normale Kinogänger, die sich ohne Kenntnis der Bücher und ohne spezielle Vorlieben für das Fantasy-Genre auf den Film einlassen. Bei allen Gruppen wurde davon ausgegangen, dass es zu einer spezifischen Rezeptionsstrategie und Deutung des Films aufgrund geteilter Erfahrungen, Vorlieben und Werte kommt (Mikos et al. 2007, S. 13).

Die Ergebnisse zeigen deutlich, dass die Bewertung der Filme davon abhängt, ob die Befragten den so genannten Literaten oder den Filmsozialisierten zugeordnet werden können. Die Literaten sind älter, und mit dem Alter der Befragten steigt die Wahrscheinlichkeit, dass sie die Bücher mehrmals gelesen haben. Diese Befragten kommen über das Buch zum Film. Die Filmsozialisierten kommen dagegen eher über den Film zu den Büchern. Beide Gruppen unterscheiden sich in der Wahrnehmung und Bewertung der Filme der »Herr der Ringe«-Trilogie.

Gruppendiskussionen und Einzelinterviews zu Daily Talkshows

Im Rahmen einer großangelegten Gesamtstudie über die Rezeption von Daily Talkshows durch Jugendliche führte die Forschergruppe um Paus-Haase (1999) sowohl Gruppendiskussionen als auch Leitfadeninterviews. Ausgangsfrage war dabei, inwiefern Daily Talks die Realitätskonstruktion von Jugendlichen beeinflussen und ob diese Sendungen zur Informationsquelle über zwischenmenschliche Beziehungen werden können (Paus-Haase u. a. 1999, S. 13). Untersuchungsziel der Gruppendiskussionen war zu eruieren, wie Jugendliche miteinander über Daily Talks sprechen. Die Untersuchungseinheiten wurden so zusammengestellt, dass Aussagen und Vergleiche bezüglich des Alters, des Geschlechts und der Bildung möglich waren. So wurden 15 Gruppendiskussionen in verschiedenen Orten mit Jugendlichen einer jeweils homogenen Altersstufe durchgeführt. Die folgende Aufstellung zeigt die Zusammensetzung der Gruppen (Abb. 1).

Den Gruppen wurde als Stimulusmaterial derselbe Ausschnitt der Daily Talkshow *Arabella* vorgeführt. Nach einem Pre-Test wurde ein Leitfaden entwickelt, der folgende Punkte umfasste: allgemeine Bewertung des Gesehenen, der Gäste, der Themen, der Moderation sowie der Bewertung von Talkshows im Allgemeinen und Verbindung der Talkshowinhalte mit dem eigenen Leben. Die Diskussionen dauerten ca. 60 bis 80 Minuten und wurden auf Band aufgezeichnet; ein ausführliches Protokoll vermerkte, welche Wortbeiträge von wem gemacht wurden. Vor dem Abspielen des Videoausschnitts wurde die Gruppe in einer Warm-up-Phase auf die Studie eingestimmt. Dabei sollte den Befragten vor allem vermittelt werden, dass alle Äußerungen von ihnen »wichtig« seien (ebd., S. 140). So wurden die Jugendlichen zunächst um spontane Äußerungen gebeten, bevor es dann langsam zum Leitfadengespräch überging.

Die Auswertung der Gruppendiskussionen wurde mit WinMax vorgenommen und sollte sowohl fokussierend als auch kontextuell sein (ebd., S. 143). Dazu wurden die Gruppengespräche in inhaltliche und thematische Dimensionen und Kategorien aufgeteilt, um die Diskussionen bestimmter Themen in den verschiedenen Gruppen vergleichen zu können. In einem zweiten Schritt wurden Einzelinterviews geführt. Die Forscher rekrutierten aus den Teilnehmern der Gruppendiskussionen 53 Jungen und Mädchen, die entweder starke Fans oder seltene Nutzer von Daily Talks waren. Auch hier waren alle Bildungsstufen vorhanden. Es wurden etwa gleich viele Jungen und Mädchen befragt. Der Leitfaden aus den Gruppendiskussionen wurde um die Bezüge zur eigenen Lebenswelt, der eigenen Nutzungsmotive, parasozialer Interaktionen und einiges mehr erweitert (ebd., S. 221). Die Einzelinterviews dauerten im Durchschnitt etwa eine Stunde. Ausgewertet wurden diese wieder thematisch strukturierend mit WinMax sowie mit Einzelfallbeispielen.

Die Anlage der qualitativen Daily-Talk-Studie ist vorbildlich und aufwändig angelegt. Sie ist gut dokumentiert, und die Auswertung ist nachvollziehbar. Deutlich wird jedoch auch, dass für eine derart komplexe Studie ein großes Forscherteam notwendig ist. In diesem Fall waren allein fünf Autoren beteiligt, außerdem wurde zahlreichen weiteren Personen gedankt, sodass man von einer ausreichend gewährleisteten Finanzierung ausgehen kann.

Gruppendiskussionen mit Kindern über Komik in Cartoons

Als Beispiel für eine Untersuchung mit nur zwei Gruppendiskussionen (→ Schäffer, S. 347 ff.) dient eine Studie von Claudia Rathmann (2004), die von folgendem Phänomen ausgeht: Kinder amüsieren sich beispielsweise über Verfolgungsjagden bei dem Cartoon *Tom & Jerry*, während Erwachsene sich über die Brutalität wundern.

Standort A (Großstadt im Norden Deutschlands)	Standort B (Ländliches Einzugsgebiet im Norden)
12/13-jährige Jungen (Hauptschule)	12/13-jährige Jungen (Gymnasium)
16/17-jährige Jungen (Realschule)	14/15-jährige Mädchen (Hauptschule)
16/17-jährige Jungen (Gymnasium)	14/15-jährige Mädchen (Gymnasium)
	15- bis 17-jährige Mädchen (Hauptschule)
	15- bis 17-jährige deutsch-russische Mädchen (Hauptschule/Realschule/Gymnasium)
	16/17-jährige deutsch-russische Jungen (Hauptschule/Gymnasium)
Standort C (Stadt in Nordrhein-Westfalen)	Standort D (Großstadt in Sachsen-Anhalt)
12/13-jährige Jungen u. Mädchen (Gymnasium)	12/13-jährige Mädchen (Sekundarschule)
14/15-jährige Jungen (Gymnasium/Realschule)	14/15-jährige Jungen u. Mädchen (Sekundarschule)
14/15-jährige Mädchen (Realschule)	16/17-jährige Mädchen (Sekundarschule/Gymnasium)

Abb. 1: Zusammensetzung der Gruppen für die Daily-Talk-Studie (Quelle: Paus-Haase u. a. 1999, S. 138)

Für Rathmann bildet diese Beobachtung die folgende Ausgangsfrage für ihre Studie: »Was finden Kinder attraktiv an lustigen Cartoons und worüber lachen sie, insbesondere dann, wenn Gewalt zum Auslöser von Komik wird?« (ebd., S. 157).

Für die Rezeptionsanalyse wählte Rathmann einen qualitativen Forschungsansatz. Zunächst führte sie Gruppendiskussionen jeweils mit Kindern und Eltern durch, zu einem späteren Zeitpunkt wurden dann die Kinder gemeinsam mit einem Elternteil intensiv befragt. Die fünf Jungen und vier Mädchen gelten mit ihrem Alter zwischen neun und zehn Jahren als besonders cartoon-affin. Sie wurden aus einer Jugendgruppe rekrutiert und waren der Autorin offensichtlich persönlich bekannt.

Für die Gruppendiskussionen entwickelte die Autorin einen Leitfaden, an dem sich das Gespräch orientierte. Der Kindergruppe und der Elterngruppe wurden zwei Cartoons vorgeführt, über die sie im Anschluss sprachen. Die Gruppendiskussionen wertete Rathmann mittels einer strukturierten Inhaltsanalyse thematisch aus. Interessant war, wie unterschiedlich Eltern und Kinder den Cartoon bezüglich Komik und Gewalt beurteilten.

Die Studie von Rathmann ist ein gelungenes Beispiel für eine selbstfinanzierte »kleine« Studie, die durch den Aufwand ihrer Auswertung und der Tiefe ihrer Interpretationen interessante Ergebnisse produziert.

Fazit

Die Anwendungsbeispiele zeigen, dass qualitative Rezeptionsstudien sehr unterschiedlich angelegt sein können. Je nach Fragestellung und Finanzierungsmöglichkeit sind unterschiedliche Forschungsdesigns vorstellbar. Beachtet werden müssen auf jeden Fall die Fragestellung und die Hypothesen. Nach ihnen richtet sich die Untersuchungsanlage. Sie muss Fragestellung und Hypothesen adäquat sein. Da nach Typisierungen und Handlungsmustern gesucht wird, sollten die Untersuchungseinheiten groß genug sein, um verschiedene Muster aufweisen, aber klein genug, um eine tiefere Analyse vornehmen zu können.

Die beispielhaft zitierten Studien belegen, dass sowohl innerhalb eines größeren als auch kleineren Rahmens sehr interessante und belastbare Ergebnisse produziert werden können. Vor allem kann das allgemeine Vorurteil, qualitative Studien eigneten sich hauptsächlich als Vorstudien zu repräsentativen standardisierten quantitativen Studien, entkräftet werden. Anschaulich wird dies in der Studie zu Daily Talks (Paus-Haase u. a. 1999) gezeigt, in der eine Kombination von quantitativen und qualitativen Methoden eingesetzt wurde. Die besonders interessanten Ergebnisse bezüglich der unterschiedlichen Rezeptionsmodi von Daily Talks bei Jugendlichen konnten jedoch vor allem aus den Gruppendiskussionen gewonnen werden (ebd., S. 145).

Eines ist allen Beispielstudien gemeinsam: Ihre Anlage ist nachvollziehbar, sie sind systematisch an der Fragestellung orientiert und die Auswertungsschritte sind gut dokumentiert.

Literatur

Kvale, Steinar (1987): Interpretation of the Qualitative Research Interview. In: van Zuuren, Florence J./Wertz, Frederick J./Mook, Bep (Hrsg.): Advances in Qualitative Psychology. Themes and Variations. Lisse/Berwyn, S. 25–40.

Lamnek, Siegfried (1988): Qualitative Sozialforschung. Band 2. München.

Mayring, Philipp (1993): Qualitative Inhaltsanalyse. Grundlagen und Techniken. Weinheim.

Mikos, Lothar / Eichner, Susanne / Prommer, Elizabeth / Wedel, Michael (2007): Die »Herr der Ringe«-Trilogie. Attraktion und Faszination eines populärkulturellen Phänomens. Konstanz.

Morley, David (1980): The Nationwide Audience: structure and decoding. London.

Paus-Haase, Ingrid/Hasebrink, Uwe/Mattusch, Uwe/Keunecke, Susanne/Krotz, Friedrich (1999): Talkshows im Alltag von Jugendlichen. Der tägliche Balanceakt zwischen Orientierung, Amüsement und Ablehnung. Opladen.

Paus-Haase, Ingrid/Wagner, Ulrike (2000): Der Einsatz der computergestützten qualitativen Analysemethode WinMax in der kommunikationswissenschaftlichen Sozialforschung: Jugendliche und ihr Umgang mit Daily Talks und Daily Soaps. In: Paus-Haase, Ingrid/Schorb, Bernd (Hrsg.): Qualitative Kinder- und Jugendmedienforschung: Theorie und Methoden. München, S. 211–235.

Prommer, Elizabeth (1999): Kinobesuch im Lebenslauf. Eine historische und medienbiographische Studie. Konstanz.

Prommer, Elizabeth (2017): Clusteranalysen und qualitative Interviews: Typenbildung durch »Mixed-Methods«. In: Meyen, Michael / Scheu, Andreas (Hrsg.): Auswertung qualitativer Daten in der Kommunikationswissenschaft. Wiesbaden. Im Druck.

Prommer, Elizabeth/Mikos, Lothar/Schäfer, Sabrina (2003): Pre-Teens und Erwachsene lachen anders. In: TelevIZIon 2/2003, S. 58–67.

Rathmann, Claudia (2004): Was gibt's denn da zu lachen? Lustige Zeichentrickserien und ihre Rezeption durch Kinder unter besonderer Berücksichtigung der präsentierten Gewalt. München.

Renckstorf, Karsten (1989): Mediennutzung als soziales Handeln. Zur Entwicklung einer handlungstheoretischen Perspektive für die empirische (Massen-) Kommunikationsforschung. In: Kaase, Max/Schulz, Winfried (Hrsg.): Massenkommunikation. Theorien, Methoden, Befunde. Kölner Zeitschrift für Soziologie und Sozialpsychologie, Sonderheft 30. Opladen, S. 314–336.

Witzel, Andreas (1985): Das problemzentrierte Interview. In: Jüttemann, Gerd (Hrsg.): Qualitative Forschung in der Psychologie. Weinheim, S. 227–256.

Inhaltsanalyse

Claudia Wegener

Die Inhaltsanalyse massenmedialer Aussagen ist eine vielfach bewährte und gebrauchte Methode der Medien- und Kommunikationsforschung. Während ihr Ablauf im quantitativen Vorgehen in der Regel stringent und klar strukturiert ist, besteht im Rahmen qualitativer Forschung immer wieder Unklarheit über konkretes Vorgehen und Anwendungsgebiete der Methode. Dabei bietet die qualitative Inhaltsanalyse, hier in einem weiteren Verständnis als qualitative Textanalyse, zahlreiche Möglichkeiten der Anwendung, nicht nur mit Blick auf die verschiedenen Medieninhalte wie Printprodukte, Fernsehformate oder Webseiten. Sie lässt sich darüber hinaus an unterschiedliche theoretische Modelle anschließen und stellt sich damit als ein Verfahren dar, das einen Untersuchungsgegenstand – je nach Erkenntnisinteresse der Forschenden – aus differenten Blickwinkeln fundiert und methodisch reflektiert beleuchten kann. Eine grundlegende Systematisierung inhaltsanalytischer Verfahren in der qualitativen Forschung steht allerdings nach wie vor aus.

Inhaltsanalyse in primärer und sekundärer Anwendung

Die qualitative Inhaltsanalyse kommt in der Medienforschung sowohl als alleinige Erhebungsmethode als auch als Auswertungsmethode in Kombination mit anderen Verfahren der Datenerhebung zur Anwendung. Im ersten Fall kommt sie als exklusives methodisches Instrument zur Geltung und dient der Analyse von Texten, deren Produktion außerhalb des Forschungsprozesses angesiedelt ist, die – wie beispielsweise eine Fernsehsendung – somit ohne Einwirken der Forschenden zustande gekommen sind. Diese Form der Inhaltsanalyse soll im Folgenden als *primäre Analyse* und damit als eigentliche Form der Inhaltsanalyse verstanden werden. Im zweiten Fall ist sie Hilfsmittel zur Auswertung bereits im Forschungsprozess erhobenen Materials und dient hier zum Beispiel der Analyse von transkribierten Leitfadeninterviews, Beobachtungsprotokollen oder verschriftlichten Gruppendiskussionen (vgl. Gläser/Laudel 2009; Lamnek 2010). Obwohl sich diese Form der Anwendung, die hier als *sekundäre Analyse* bezeichnet wird, in der Medien- und Kommunikationsforschung wohl weitaus häufiger findet, gehört inzwischen auch die *primäre Inhaltsanalyse* zum methodischen Standardrepertoire.

Der Unterschied zwischen der primären und der sekundären Inhaltsanalyse liegt somit vor allem im Zustandekommen des Analysematerials. Kommt die Inhaltsanalyse sekundär als Auswertungsverfahren zur Anwendung, beispielsweise zur Auswertung transkribierter Leitfadeninterviews, beziehen sich Überlegungen zur Materialauswahl lediglich auf die zuvor erhobenen Interviews und damit auf die Befragten. Mit der Entscheidung für einzelne Interviewpartner und der anschließenden Verschriftlichung ihrer Aussagen ist das Auswertungsmaterial klar definiert und liegt vor. Einschränkungen entstehen lediglich, wenn sich einzelne Interviews als besonders unergiebig erweisen und aufgrund theoretischer Überlegungen aus der Auswertung ausgeschlossen werden.

Dient die Inhaltsanalyse hingegen als primäre Analyse der Untersuchung von Medieninhalten, so müssen sich Überlegungen zur Materialauswahl unmittelbar auf das der Analyse zugrunde liegende Phänomen beziehen. Dabei geht man in gleicher Weise vor wie bei der Auswahl von Interviewpartnern oder Beobachtungssettings.

Entscheidung für die Methode

Ob die Inhaltsanalyse als primäres Verfahren im Rahmen des Forschungsprozesses zur Anwendung kommt, ist im Wesentlichen durch die Fragestellung der Untersuchung bestimmt. Besteht die Absicht, etwas über die Wirkung massenmedialer Produktionen zu erfahren, so liegt eine Rezeptionsstudie nahe (→ Prommer, S. 249 ff.). Hintergründe über Entstehungszusammenhänge und Prozesse der Aussagenentstehung verweisen auf Kommunikatorstudien. Daneben gibt es zahlreiche Fragestellungen, die sich mithilfe der Inhaltsanalyse beantworten lassen. Häufig geht es dabei um die formale Gestaltung sowie die inhaltliche Ausrichtung massenmedialer Produktionen. Wie wird über die Bundeskanzlerin in der BILD-Zeitung berichtet? Mit welchem Image werden unterschiedliche Berufe in Daily Soaps dargestellt? Auf welche Weise präsentieren sich Unternehmen im Internet? Diese und ähnliche Fragen verlangen nach Inhaltsanalysen. Die Entscheidung darüber, ob eine Fragestellung mithilfe quantitativer oder qualitativer Analysen bearbeitet werden soll, darf sich nicht aus einer grundsätzlichen Präferenz für die eine oder andere Methode ergeben. Absicht und Zielrichtung der Analyse müssen ausschlaggebend für die Wahl des jeweiligen Verfahrens sein. Die strikt regelgeleitete quantitative Analyse gilt als Hypothesen testendes Verfahren. Sie klassifiziert »Einzelphänomene anhand eines gemeinsamen analytischen Merkmals« (Früh 2015, S. 44) und gibt in erster Linie Aufschluss über die Verteilung von Häufigkeiten (vgl. ders., S. 34 ff.). Die qualitative Analyse bietet sich hingegen an, um ein Phänomen neu zu erschließen und damit tiefergehend, in Einzelfallstudien mitunter gar »in seiner gesamten Tiefe mit allen Facetten und Dimensionen«, zu erfassen (Baur/Lamnek 2005, S. 244). Wie differenziert Analysekriterien hier zuvor theoretisch entwickelt werden, variiert je nach Verfahren und der damit verbundenen Zielsetzung der Forschenden (vgl. Scheufele 2011).

(Theoretische) Differenzierung des Zugangs

Dass die Inhaltsanalyse als sekundäres Verfahren zur Auswertung im Forschungskontext generierter Texte in unterschiedlichen Disziplinen Anwendung findet, ist auf den ersten Blick plausibel. Interviews, Gruppendiskussionen und Beobachtungen werden in Soziologie, Pädagogik, Psychologie, aber auch Geschichte, Literatur- und Kommunikationswissenschaft durchgeführt, um den jeweiligen Fragestellungen entsprechend das vorliegende Material auszuwerten. Betrachtet man die Inhaltsanalyse als primäres Verfahren im weiteren Sinne, so wird mitunter erst auf den zweiten Blick kenntlich, dass sich auch hier interdisziplinäre Zugänge zur Methode bieten, die gleichzeitig aufzeigen, unter welch unterschiedlichen theoretischen Prämissen qualitative Textanalysen vollzogen werden (vgl. Scheufele 2011; Flick 2013; Stamann/Janssen/Schreier 2016). Solche Zugangsweisen bieten sich beispielsweise über die hermeneutische Rekonstruktion eines Textes mit der Absicht, manifeste und latente Sinnstrukturen offenzulegen (vgl. Wernet 2009), über die wissenssoziologische Diskursanalyse (vgl. Keller 2007; Heilmann 2011) sowie die an den Cultural Studies orientierte Diskursanalyse (vgl. Fiske 1994; Winter 1999), die den sozialen Kontext der Rezeption in den Mittelpunkt rückt und es erlaubt, »die besonderen historischen, sozialen und politischen Bedingungen der Sinnproduktion zu erfassen« (Winter 1999, S. 57). Auch rahmenanalytische Untersuchungen unter Verweis auf Goffman (1977) sind hier anzuführen, bei denen es um das Aufzeigen sowie die mediale Transformation von Rahmen im Sinne von Interpretationsschemata geht, die soziales Handeln im gesellschaftlichen Miteinander strukturieren (vgl. Müller 1999; Winter 2000). Einen anderen Zugang bietet die Grounded Theory, die sich als Theorie entdeckendes Verfahren versteht und damit vor allem die theoretische Offenheit im Forschungsprozess betont (vgl. Strübing 2014). Wesentlich regelgeleiteter geht die qualitative Inhaltsanalyse nach Mayring (2015) vor, deren Ziel es ist, Kommunikationsmaterial ohne

»vorschnelle Quantifizierungen« systematisch zu bearbeiten (Mayring 2000, S. 469 ff.). Die dafür vorgesehenen Verfahrensweisen fassen das Material zusammen, klären unverständliche Textstellen, entwickeln Kategorien aus dem Material und/oder strukturieren das Material, indem bestimmte Aspekte unter vorher festgelegten Ordnungskriterien aus dem Material herausgefiltert werden (ders., S. 471 ff.). Um die damit verbundene Möglichkeit der Quantifizierung zu betonen und die »unsägliche Dichotomisierung qualitativ vs. quantitativ« (Mayring 2010, S. 604) zu relativieren, wohl aber auch angesichts zahlreicher unterschiedlicher Definitionen und Vorstellungen darüber, was eine qualitative Inhaltsanalyse meint, hat Mayring (2010) inzwischen vorgeschlagen, die Bezeichnung des Verfahrens zu präzisieren und spricht selbst von einer »qualitativ orientierte(n) kategoriengeleitete(n) Textanalyse« (S. 604). Ihre Weiterentwicklung erfolgte von anderen Autorinnen und Autoren wie bspw. Gläser und Laudel (2009), die ebenfalls kategoriengeleitet vorgehen, für ihr Vorgehen aber die Offenheit für unvorhergesehene Informationen während des gesamten Analyseprozesses in Anspruch nehmen (S. 199). Welches Verfahren letztlich zur Analyse von Texten gewählt wird, ist von der disziplinären Einbindung des Forschungsvorhabens abhängig, von der untersuchungsleitenden Fragestellung, damit dem Erkenntnisinteresse der Forschenden sowie ihrem jeweiligen, die Untersuchung leitenden theoretischen Zugang.

Konstitutive Elemente inhaltsanalytischer Untersuchungen

Konkretisierung des theoretischen Zugangs

Wie die obigen Ausführungen gezeigt haben, lässt sich inhaltsanalytisches Vorgehen in ganz unterschiedlichen theoretischen Ausrichtungen verorten. In diesem Sinne ist vor Beginn empirischen Arbeitens zu bestimmen, welches Erkenntnisinteresse an das Material herangetragen werden soll. Lasse ich mich durch rah-

mentheoretische Überlegungen leiten, so kann die Analyse der Modulation primärer Rahmen untersuchungsleitend sein, wie es Winter (2000) an der Analyse der »Unwirklichkeit« von *Big Brother* aufzeigt. Bestimmen diskursanalytische Überlegungen den Zugang, kann es um die systematische Rekonstruktion kollektiver Wissensordnungen und Wissenspraktiken gehen, der Diaz-Bone im Kontext der Musikwelten von Techno und Heavy-Metal nachgegangen ist (→ Diaz-Bone, S. 131 ff.). Stellt sich die Frage nach der Repräsentation von Identitätsthemen in Medientexten (vgl. Wegener 2008), sind identitätstheoretische Ansätze grundlegend, die ausdifferenzieren, in welchen thematischen Bereichen sich die Konstitution von Identität manifestiert. Daraus lässt sich ein Kategoriensystem entwickeln, wie es Mayring (2015) für die qualitativ orientierte kategoriengeleitete Textanalyse vorgeschlagen hat.

Bestimmung und Konkretisierung des theoretischen Zugangs zeigen, dass ein Text nicht willkürlich bearbeitet wird. Es sind ein spezifisches Erkenntnisinteresse und damit verbunden eine entsprechende theoretische Einbindung, welche die Forschenden leiten. So besteht im Rahmen qualitativer Forschung auch die Möglichkeit, dass z. B. das gleiche Sendeformat von verschiedenen Wissenschaftlern in unterschiedlicher Weise bearbeitet wird und damit auch die Ergebnisse differente Aspekte ein und desselben Formates aufzeigen. Dieses sollte jedoch dem unterschiedlichen theoretischen Zugang geschuldet sein und nicht einem strukturlosen und beliebigen Vorgehen.

Bestimmung des Untersuchungsmaterials

Die Bestimmung des Untersuchungsmaterials ist wesentlich für primäre Inhaltsanalysen, bilden bei sekundären Analysen doch die durch andere Erhebungsmethoden generierten Texte – in der Regel in Form verschriftlichter Transkripte – die Grundlage der Analyse. Anders stellt sich dieses bei primären Analysen dar. Auch hier ist das Ausgangsinteresse entscheidend. Auf dieses bezogen muss das zu analysierende Material, wie Bauer und Aarts (2000) betonen, theoretisch relevant und thematisch fokussiert sein (S. 31). Der Zugang differiert: So kann es von vornherein die Absicht der Forschenden sein, ein bestimmtes Medienformat, z. B. eine ausgewählte Serie, unter dem Blickwinkel eines spezifischen Erkenntnisinteresses näher zu beleuchten. In diesem Fall ist zu entscheiden, welche Folgen der Serie analysiert werden sollen. Eine besonders typische Folge kann Grundlage der Analyse sein, ebenso können mehrere Folgen ausgewählt werden, die ähnliche Muster repräsentieren. Daneben ist es möglich, dem Prinzip der maximalen Kontrastierung folgend (Glaser/ Strauss 1998), solche Fälle auszuwählen, die sich den Vorkenntnissen der Forschenden nach voneinander unterscheiden. Eine solche bewusste Auswahl des Materials steht in der Tradition des Theoretical Samplings, wie es Glaser und Strauss im Rahmen der Grounded Theory entwickelt haben (ders.), wird inzwischen aber durchaus als »genuine und typische Form der Materialauswahl bei qualitativer Forschung« betrachtet (Flick 2007, S. 167; vgl. auch Meier/Pentzold 2010). Steht zunächst ein allgemeines Untersuchungsinteresse im Vordergrund, wie beispielsweise die systematische Rekonstruktion kollektiver Wissensordnungen und Wissenspraktiken, ist zu überlegen, welche Medien diese in besonderer Weise veranschaulichen. Erst in einem zweiten Schritt stellen sich Fragen nach der konkreten Materialauswahl, wobei auch dann die Analyse eines Einzelfalls ebenso möglich ist wie die Auswahl typischer, extremer oder besonders prägnanter Fälle.

Die von Studierenden häufig gestellte Frage nach der Anzahl von Texten, die einer qualitativen Analyse zugrunde liegen soll, lässt sich kaum pauschal beantworten. Mitunter reicht ein ausgewähltes Beispiel aus, um die Forschungsfrage adäquat zu bearbeiten (→ Baur/Lamnek, S. 290 ff.). Demgegenüber stehen Studien, die mehrere Fälle miteinander vergleichen. Gläser und Laudel (2009) betonen zurecht, dass es bei der Entscheidung ›Einzelfall versus Fallvergleich‹ um weit mehr geht als um die Entschei-

dung über die Zahl der Fälle, »denn die beiden Varianten empirischer Studien weisen erhebliche methodologische Unterschiede auf« (ders., S. 93). Insofern geht es um eine »strategische Vorentscheidung« (ders., S. 93), die gut überlegt und begründet sein will. Grundsätzlich lässt sich sagen, dass nur so viele Texte bearbeitet werden sollen, wie die Forschenden in der Lage sind, diese mit dem ganzheitlichen Anspruch qualitativer Forschung zu verbinden. Sobald die Textmenge so groß ist, dass sich Ergebnisse besser in quantifizierenden Werten ausdrücken lassen und die theoretisch eingebundene Interpretation und Auswertung von Textstellen zwangsläufig in den Hintergrund treten muss, spricht vieles dafür, dass die ausgewählte Textmenge entweder zu groß war oder mit Blick auf das eigentliche Untersuchungsinteresse schlicht die falsche Methode gewählt wurde.

Dimensionierung der Forschungsfrage

Die Dimensionierung erfolgt in der Regel über die aus der Ausgangsfrage abgeleiteten Fragestellungen, die an die Untersuchung herangetragen werden sowie deren definitorische Ausdifferenzierung. Sie ist konstitutives Element zahlreicher Formen der Inhaltsanalyse, gleich ihrer theoretischen Einbettung und Intention. In diesem Sinne resümiert auch Scheufele (2011): »Letztlich ›filtern‹ alle qualitativen (Text-)-Analyseverfahren bestimmte Aspekte aus dem Material. Die qualitative Inhaltsanalyse spricht von Dimensionen und Kategorien, die Grounded Theory von Schlüsselkategorien und die Diskurs- bzw. Deutungsmusteranalysen sprechen von Deutungen, Frames oder Diskursmustern« (ders., S. 125). Diese ›Dimensionen‹ sind in Auseinandersetzung mit dem Text zu bestimmen. Steht beispielsweise die Absicht im Vordergrund, zwischenmenschliche Nähe in Internetforen zu analysieren (vgl. Döring 1999), so lässt sich in einem ersten Schritt fragen, auf welche Weise sich zwischenmenschliche Nähe im Internet überhaupt darstellen kann. Weiterführende Fragen können u. a. lauten (ders.): Welche Aufmerksamkeit erfährt ein Teilnehmer im Chat? Auf welche Weise konstituiert sich eine Netz-Gemeinschaft? Welche Merkmale (z. B. Icons) symbolisieren Zugehörigkeit? Welche Formen persönlicher Annäherung finden sich? Röll (2001) hingegen nähert sich dem Internet mit der Frage nach der Ästhetik von Webseiten. In anderer Weise stellt sich bei ihm damit die Ausformulierung forschungsleitender Dimensionen dar. So differenziert er (1) Motiv, (2) Aneignung, (3) Struktur und (4) Gestaltung als relevante Aspekte seiner Analyse und kann als Ergebnis jeweils unterschiedliche Klassifikationen hinsichtlich der gewählten Dimensionen vorweisen, wenn sich die Motivation – verstanden als Interesse der Webseiten-Produzenten – u. a. als Informationsästhetik, Selbstdarstellungsästhetik und Unterhaltungsästhetik beschreiben lässt.

Im Gegensatz zur primären Analyse können bei sekundären Inhaltsanalysen bereits vorhandene Fragebögen und Beobachtungsleitfäden, mit deren Hilfe die auszuwertenden Texte generiert wurden, den ersten Entwurf eines Analyserasters darstellen, mit dem die transkribierten Texte anschließend ausgewertet werden; d. h., stellen die Forschenden allen Rezipienten in den geführten Interviews die Frage nach deren Motiven für die Ansicht eines spezifischen Medienformats, können »Motive« *a priori* eine Dimension einer kategoriengeleiteten Auswertung der Interviews sein. Im Zuge der Auswertung zeigt sich dann, ob sich Motive in weitere Aspekte, z. B. Interesse an Informationen, Suche nach Lebenshilfe, Bedürfnis nach Unterhaltung etc., differenzieren lassen, sodass sich die Dimensionierung im Weiteren *a posteriori* in Auseinandersetzung mit dem Text vollzieht.

Inferenz als Zielrichtung

Die Inhaltsanalyse dient zunächst einmal der Beschreibung von Texten. Tatsächlich wird sie in der Regel häufig aber durchgeführt, um von der Darstellung des Textes auf Kontext-Aspekte zu schließen. Man spricht in diesem Zusammenhang von Inferenz (vgl. Früh 2015, S. 46 ff.).

Inferenz unterstellt, »dass bestimmte inhaltsinterne Merkmalsausprägungen mit bestimmten inhalts-externen Merkmalsausprägungen korrelieren, dass zwischen Text und Kontext eine mehr oder minder stabile Beziehung besteht« (Merten 1995, S. 23). Fraglos lässt sich diese Beziehung nicht als Kausalschluss formulieren. In der Regel handelt es sich um hypothetische Schlussfolgerungen, die durch vorliegende Studien fundiert werden können, die vergleichbare Inhalte mit entsprechenden Rezeptions- oder Kommunikatorstudien gekoppelt haben. Gänzlich abgesichert werden können sie auf diese Weise allerdings nicht. Damit werden bereits die zwei wesentlichen Richtungen der Inferenz deutlich, nämlich die Schlussfolgerung auf den Kommunikator sowie die auf den Rezipienten:

Schlussfolgerungen auf den Kommunikator

Inhaltsanalysen werden u. a. durchgeführt, um *diagnostisch* Rückschlüsse auf Strukturen und Hintergründe der Aussagenentstehung ziehen zu können. Die Differenzierung der Kommunikatorebene in unterschiedliche Dimensionen des journalistischen Systems zeigt dabei auf, wer im Einzelfall Adressat solcher Schlussfolgerungen sein kann (vgl. Kübler 2005, S. 184 ff.).

So sind Rückschlüsse möglich auf

- das *Subjekt.* Das heißt, Schlussfolgerungen beziehen sich beispielsweise auf den einzelnen Journalisten, der den jeweiligen Artikel oder Beitrag verfasst hat oder auch auf den Produzenten einer Webseite, soweit hier eine Einzelperson verantwortlich zeichnet.
- die *Institution.* Dabei kann es sich um eine bestimmte Zeitung oder einen ausgewählten Fernsehsender handeln, die im Mittelpunkt des Untersuchungsinteresses stehen, aber auch um Unternehmen, deren Pressemitteilungen oder Internetpräsentationen Gegenstand der Analyse werden können.
- *Medienstrukturen.* Kübler (2005) verweist in diesem Zusammenhang auf professionelle Standards, wie Kriterien der Nachrichtenselektion, Berufsnormen und ethische

Ansprüche. Auch spielen hier politische Einbindungen sowie ökonomische Bedingungen eine Rolle, wenn es z. B. um Aspekte privat-kommerzieller Produktionsbedingungen geht.

Schlussfolgerungen auf den Rezipienten

Inhaltsanalysen werden auch durchgeführt, um daraus Schlussfolgerungen auf die Wirkung zu ziehen, die der jeweilige Text beim Rezipienten, also dem Leser, Hörer oder Zuschauer auslöst. Bei *prognostischen* Inhaltsanalysen sei allerdings zur Vorsicht geraten. So lässt sich die Wirkung eines medialen Stimulus nur schwer vorhersagen; diese ist nicht nur davon abhängig, ob und welche Rezipienten durch die Medienaussage überhaupt erreicht werden, sondern ebenso von deren kognitiven Kompetenzen, der situativen Einbettung der Rezeptionssituation, aktuellen Stimmungs- und Gefühlslagen sowie ihrer Medienkompetenz im Sinne von Genrekenntnis und Vertrautheit im Umgang mit entsprechenden medialen Produktionen. Äußerst vage ließe sich demnach formulieren: Bestimmte Medienaussagen können unter bestimmten Bedingungen je spezifische Wirkungen entfalten. Dennoch werden aufgrund von Inhaltsanalysen häufig Rückschlüsse auf die Wirkung beim Rezipienten gezogen.

Das Wirkungspotenzial eines medialen Textes allein auf der Basis von Inhaltsanalysen bestimmen zu wollen, muss somit als riskantes Vorhaben gewertet werden. Gänzlich verworfen werden muss diese Intention aber nicht. So können Schlussfolgerungen im Vergleich mit anderen Studien abgeleitet werden, die auf eine gewisse Wahrscheinlichkeit der wahrgenommenen Lesart schließen lassen. Rezeptionsanalytische Untersuchungen konnten beispielsweise feststellen, dass Fallbeispiele Rezipienten mit niedrigem Bildungsstand nachhaltiger beeindrucken, als es die Aussagen von Experten vermögen (z. B. Brosius 1996). Wird ein Thema durch die Aussagen von Betroffenen erläutert, neigen solche Rezipienten dazu, dessen Relevanz deut-

lich zu überschätzen. Weist man nun im Rahmen einer Inhaltsanalyse nach, dass ein Fernsehmagazin dazu neigt, die präsentierten Themen ausschließlich durch Betroffene und nicht durch wissenschaftliche Experten erläutern zu lassen, so kann man aufgrund vorliegender Rezeptionsstudien auf einen möglichen Agenda-Setting-Effekt (vgl. Rössler 1997) bei Zuschauern mit geringerer Bildung schlussfolgern; nachweislich bestimmen lässt sich dieser auf diese Weise allerdings nicht. Um solche Schlussfolgerungen anzudenken, ist aber ein breiter Kenntnisstand medienwissenschaftlicher Forschung notwendig, der entsprechenden Vergleichen eine fundierte Basis schafft und den vorsichtigen und begründeten Abgleich mit vorliegenden Rezeptionsstudien erlaubt.

Schlussfolgerungen auf den gesellschaftlichen Kontext

Schließlich gibt es einen übergreifenden Rahmen, auf den die Inhaltsanalyse massenmedialer Produktionen Schlussfolgerungen zulässt. Jenseits personaler oder institutioneller Kontexte, lassen sich mithilfe der Inhaltsanalyse Rückschlüsse auf *gesellschaftliche Bedingungen* ziehen, in denen die Aussagen entstanden sind. Merten spricht in diesem Zusammenhang von Bedingungen, die die Inhaltsanalyse widerspiegelt. »Bedingungen sollen hierbei alle solche Variablen heißen, die den Rahmen bestimmen, innerhalb dessen Kommunikationsinhalte formuliert und/oder rezipiert werden, sodass die jeweiligen Inhalte solche Bedingungen reflektieren können« (Merten 1995, S. 32). Dabei kann es um gesamtgesellschaftliche Werte gehen, um Normvorstellungen, tabuisierte Themen wie auch allgemeine Einstellungen und Wissensbestände. Die Presseberichterstattung darüber, was im Fernsehen gezeigt werden darf – wie sie sich angesichts umstrittener Sendeformate immer wieder abzeichnet –, liefert dazu beispielsweise Informationen. So zeigen öffentliche Diskussionen um Sendungen wie *Big Brother*, *Ich bin ein Star – Holt mich hier raus!* oder *Jackass* auf, welche allgemeinen Vorstellungen von Menschenwürde und Ethik zum jeweiligen Zeitpunkt den gesellschaftlichen Diskurs bestimmen. Darüber hinaus können sich aber auch Zwänge politischer Systeme ebenso wie ökonomische Restriktionen in Kommunikationsinhalten widerspiegeln.

Fazit

Qualitative Inhaltsanalysen finden sich in der medienbezogenen Forschung in vielfältiger Form. Ihre oftmals unterschiedliche theoretische und damit auch disziplinär differente Einbindung erschwert es Forschenden mitunter, die verschiedenen Spielarten der Inhaltsanalyse als zusammengehörig und damit auch sich in ihren grundlegenden Parametern gleichende Analyseverfahren zu identifizieren. Auch soll die hier vorgenommene Differenzierung in primäre und sekundäre Inhaltsanalyse aufzeigen, dass der Stellenwert der Inhaltsanalyse im Rahmen verschiedener Studienkonzepte ein jeweils anderer sein kann. Dabei hat die Inhaltsanalyse sowohl als Auswertungsverfahren mithilfe anderer Methoden erhobener Texte als auch als alleiniges Verfahren zur Analyse nicht durch den Forschenden generierter Medientexte ihre Berechtigung. Heterogenität innerhalb ihrer Anwendung ist nicht in ihrem grundsätzlich systematischen und transparenten Ablauf zu suchen, der allgemeingültig sein sollte, sondern manifestiert sich vielmehr über unterschiedliche theoretische Zugangswege, die Ausrichtung der individuellen Perspektive auf den jeweiligen Text und damit das konkrete methodische Vorgehen.

Literatur

Bauer, Martin W./Aarts, Bas (2000): Corpus Construction: a Principle for Qualitative Data Collection. In: Bauer, Martin W./Gaskell, George (Hrsg.): Qualitative Researching with Text, Image an Sound. London, S. 19–37.

Baur, Nina/Lamnek, Siegfried (2005): Einzelfallanalyse. In: Mikos, Lothar/Wegener, Claudia (Hrsg.): Qualitative Medienforschung. Ein Handbuch. Konstanz, S. 241–253.

Brosius, Hans-Bernd (1996): Der Einfluss von Fallbeispielen auf Urteile der Rezipienten. In: Rundfunk und Fernsehen, Jg. 44, Heft 1, S. 51–69.

Döring, Nicola (1999): Zwischenmenschliche Nähe im Internet. In: Glaap, Dieter/Ertelt, Jürgen (Hrsg.). Konnekt. Das Medienpaket. Remscheid, S. 37–45 (https://www.lmz-bw.de/fileadmin/user_upload/Medienbildung_MCO/fileadmin/bibliothek/doering_naeheimnetz/doering_naeheimnetz.pdf, Abruf: 06.01.2017).

Fiske, John (1994): Media Matters: Everyday Culture and Political Change. Minneapolis/London.

Flick, Uwe (2007): Qualitative Sozialforschung: Eine Einführung. Hamburg.

Flick, Uwe (2013): The SAGE Handbook of Qualitative Data Analysis. London.

Früh, Werner (2015): Inhaltsanalyse. Theorie und Praxis, 8. Auflage. Konstanz/München.

Glaser, Barney G./Strauss, Anselm L. (1998): Grounded Theory. Strategien qualitativer Forschung. Bern.

Gläser, Jochen/Laudel, Grit (2009): Experteninterviews und qualitative Inhaltsanalyse, 3. Auflage. Wiesbaden.

Goffman, Erving (1977): Rahmen-Analyse. Ein Versuch über die Organisation von Alltagserfahrungen. Frankfurt.

Heilmann, Andreas (2011): Normalität auf Bewährung. Outings in der Politik und die Konstruktion homosexueller Männlichkeit. Bielefeld.

Keller, Rainer (2007): Diskursforschung. Eine Einführung für SozialwissenschaftlerInnen, 3. Auflage. Wiesbaden.

Kübler, Hans-Dieter (2005): Medienproduktionsforschung. In: Mikos, Lothar/Wegener, Claudia (Hrsg.): Qualitative Medienforschung. Ein Handbuch. Konstanz, S. 181–192.

Lamnek, Siegfried (2010): Qualitative Sozialforschung, 5. Auflage. München/Weinheim.

Rössler, Patrick (1997): Agenda-Setting. Theoretische Annahmen und empirische Evidenzen einer Medienwirkungshypothese. Wiesbaden.

Mayring, Philipp (2000): Qualitative Inhaltsanalyse. In: Flick, Uwe/ von Kardorff, Ernst/Steinke, Ines (Hrsg.): Qualitative Forschung. Ein Handbuch. Reinbek bei Hamburg, S. 468–475.

Mayring, Philipp (2010): Qualitative Inhaltsanalyse. In: May, Günter/Mruck, Katja (Hrsg.): Handbuch Qualitative Forschung in der Psychologie. Wiesbaden, S. 601–613.

Mayring, Philipp (2015): Qualitative Inhaltsanalyse: Grundlagen und Techniken, 11. Auflage. Weinheim.

Meier, Stefan/Pentzold, Christian (2010): Theoretical Sampling als Auswahlstrategie für Online-Inhaltsanalysen. In: Welker, Martin/ Wünsch, Carsten (Hrsg.): Die Online-Inhaltsanalyse. Forschungsobjekt Internet. Köln, S. 124–143.

Merten, Klaus (1995): Inhaltsanalyse. Einführung in Theorie, Methode und Praxis. Opladen.

Müller, Eggo (1999): Paarungsspiele. Beziehungsshows in der Wirklichkeit des neuen Fernsehens. Berlin.

Röll, Franz Josef (2001): Zur Ästhetik des Internets. Wahrnehmungsdispositive eines neuen Mediums. In: Medien praktisch, Jg. 25, Heft 3, S. 13–17.

Scheufele, Bertram (2011): Synopse und Kriterien qualitativer (Text-)-Analyseverfahren – Qualitative Inhaltsanalyse, Grounded Theory und Diskursmusteranalysen. In: Fahr, Andreas (Hrsg.): Zählen oder Verstehen. Diskussion um die Verwendung quantitativer und qualitativer Methoden in der empirischen Kommunikationswissenschaft. Köln, S. 123–134.

Stamann, Christoph/Janssen, Markus/Schreier, Margrit (2016): Qualitative Inhaltsanalyse – Versuch einer Begriffsbestimmung und Systematisierung. Forum Qualitative Sozialforschung/Forum: Qualitative Social Research, 17(3), Art. 16 (http://nbn-resolving.de/urn:nbn:de:0114-fqs1603166; Abruf 02.03.2017).

Strübing, Jörg (2014): Grounded Theory. Zur sozialtheoretischen und epistemologischen Fundierung eines pragmatischen Forschungsstils, 3. Auflage. Wiesbaden.

Wegener, Claudia (2008): Medien, Aneignung und Identität. »Stars« im Alltag jugendlicher Fans. Wiesbaden.

Wernet, Andreas (2009): Einführung in die Interpretationstechnik der Objektiven Hermeneutik, 3. Auflage. Wiesbaden.

Winter, Rainer (1999): Cultural Studies als kritische Medienanalyse: Vom »encoding/decoding«-Modell zur Diskursanalyse. In: Hepp, Andreas/Winter, Rainer (Hrsg.): Kultur – Macht – Medien. Cultural Studies und Medienanalyse. Opladen, S. 49–65.

Winter, Rainer (2000): Die Hoffnung auf Sex. Zur Wirklichkeitskonstruktion in Big Brother. In: Medien Praktisch, Texte 3, S. 61–66.

Triangulation

KLAUS PETER TREUMANN

Nach einer Darstellung der verschiedenen Subtypen von Triangulation wird das Verhältnis von qualitativen und quantitativen Forschungsmethoden diskutiert und die Komplementaritätsthese präferiert. An eine knappe Darstellung von vier häufig auftretenden triangulativen Forschungsdesigns schließen sich Überlegungen zur forschungspraktischen Umsetzung einer Kombination qualitativer und quantitativer Daten und Methoden an. In einem letzten Schritt wird zum einen über ein Verfahren zu Gewinnung prototypischer Fälle in der empirischen Medienforschung berichtet und zum anderen am Beispiel des explanatorischen sequentiellen Forschungsdesigns gezeigt, wie im Sinne der Mehrspektivität Befunde der vorangehenden quantitativen Phase aufgrund der Ergebnisse der nachfolgenden qualitativen Stufe entweder zu einer Merkmalsanreicherung oder zu einer inhaltlicher Bedeutungsumwidmung der zuvor clusteranalytisch gewonnen Typen des Medienhandelns Jugendlicher führen.

Einleitung

Betrachtet man die empirisch praktizierte Medienforschung, so lässt sich für eine Reihe von Studien feststellen, dass in ihrem Verlauf nicht nur qualitative, sondern auch quantitative Methoden angewendet werden. Für dieses im Design einer Untersuchung zu berücksichtigende Prinzip haben sich verschiedene Bezeichnungen eingebürgert: Man spricht von einem »multimethodischen Vorgehen«, einem »Methodenmix« bzw. von »*Mixed Methods*« (z. B. Tashakkori/ Teddlie 2010²; Cresswell/Plano 2011²; Gläser-Zikuda; u. a. 2012), einer »Methodenkombination«, gar von einer »Methodenintegration« oder von »*Triangulation*«, genauer von »*Methodentriangulation*« (vgl. Lamnek, 1993). In der weiteren Darstellung soll der von Denzin (1970, 1989) eingeführte Begriff der Triangulation in einem inhaltlich *umfassenden* Sinne verwendet werden (vgl. Abschnitt 2). Das Konzept von Denzin (1970) geht davon aus, dass durch die unterschiedlichen Zugriffs- und Konstruktionsweisen der einzelnen Methoden bezüglich sozialer Realität, jede dieser Verfahrensweisen Forschungsergebnisse liefert, die mit methodenimmanenten Stärken und Schwächen behaftet sind. Denzin schlägt als Ausweg eine Kombination mehrerer unabhängig voneinander eingesetzter Methoden bei der Untersuchung ein und desselben Phänomens vor, um die Validität von Befunden in empirischen Untersuchungen zu verbessern. Dieses noch relativ junge methodologische Konzept der Triangulation ist auch im deutschen Sprachraum breit diskutiert worden (u. a. Flick 1995/2009, 2004/2011; Kelle/Erzberger 1999; Seipel/Rieker 2003; Treumann 1986, 1998). Eine solche methodologische Strategie der *Mehrperspektivität* ist offenbar besonders geeignet, um Wahrnehmungen und Deutungen von Subjekten mit jenen lebensweltlichen Kontexten und geronnenen sozialen Strukturen, in denen sie agieren, rekonstruktiv zu verknüpfen.

Subtypen von Triangulation

Gleichwohl beschränkt sich Denzin bei seinen Überlegungen nicht allein auf den Methodenbereich, sondern entwickelt unter der Überschrift »Triangulation« ein differenziertes Konzept mehrperspektivischer Erkenntnisstrategien[1]:

Datentriangulation

In Abgrenzung zur Verwendung verschiedener Forschungsmethoden per se, die der Generierung von Daten dienen, kennzeichnet Denzin die Nutzung unterschiedlicher Datenquellen, die bei der Untersuchung von Phänomenen zu verschiedenen *Zeitpunkten* und an differierenden *Orten* und *Personen* entstehen, als Datentriangulation. Er nimmt – bezogen auf das Merkmal Personen – eine weitere Unterteilung nach drei Ebenen vor, und zwar je nach dem, ob Personen unter Absehung ihrer sozialen Beziehungen als *isolierte Untersuchungseinheiten* erfasst und zu statistischen Gesamtheiten aggregiert werden, ob die *Interaktionen* zwischen Personen als Erhebungseinheit definiert werden oder ob ganze *soziale Kollektive*, wie etwa Organisationen, Gemeinden oder Gesellschaften als Datenquelle fungieren[2].

Forscher(innen)triangulation

Dieser Subtyp beinhaltet, dass mehr als ein Wissenschaftler dieselbe Situation untersucht, um Verzerrungen, die in der Person des Forschers liegen können, aufzudecken und zu reduzieren. In diesem Zusammenhang macht er auf ein Problem aufmerksam, das mit der Arbeitsteilung in Forschungsprojekten zu tun hat, nämlich, dass vermeintlich untergeordnete Forschungstätigkeiten, wie etwa die Durchführung von teilnehmenden Beobachtungen (→ Mikos, S. 362 ff.), von qualitativen Interviews (→ Keuneke, S. 302 ff.), die Zuordnung von Textsegmenten zu Auswertungskategorien bei der Inhaltsanalyse (→ Mayring/Hurst, S. 494 ff.) und die Durchführung statistischer Analysen von Datensätzen häufig von geringer qualifizierten Hilfskräften (z. B. Studierenden oder studentischen Hilfskräften) erledigt werden, obwohl diesen Tätigkeiten eine entscheidende Bedeutung im Forschungsprozess zukommt. Vor dem Hintergrund einer solchen zu kritisierenden Praxis fordert Denzin dagegen für die Forscher(innen)triangulation ausdrücklich, dass die qualifizier-

testen Beobachter/-innen oder Interviewer/-innen zum Einsatz kommen, also etwa die Wissenschaftler/-innen im Projekt.

Methodentriangulation

Denzin unterscheidet zwischen Triangulation *innerhalb* einer Methode (»within-method«) und *zwischen* verschiedenen Methoden (»between-methods«). Ein Beispiel für das erste Konzept stellt die Verwendung mehrerer Subskalen in einem Fragebogen dar, um ein bestimmtes Phänomen – die themenspezifische Nutzung von Medien durch Jugendliche – zu erfassen. Das zweite Konzept wird beispielsweise realisiert, wenn die Methode der teilnehmenden Beobachtung von jugendlichen Spielergemeinschaften, die an Netzwerkschlachten teilnehmen, mit einer sozio-metrischen Befragung der Jugendlichen kombiniert wird, um Interaktionsmuster herauszuarbeiten. Denzin argumentiert, dass der zweite Subtyp der Methodentriangulation dem ersten vorzuziehen ist, weil bei ihm die Schwächen einer Forschungsmethode oftmals die Stärken einer anderen Methode sind, sodass die Kombination mehrerer unterschiedlicher Methoden zur Untersuchung eines Phänomens die Reliabilität und die Validität der Forschungsergebnisse verbessern kann.

Theorientriangulation

Diese Forschungsstrategie beinhaltet die Anwendung unterschiedlicher theoretischer Perspektiven und Hypothesen, um Daten im Hinblick auf eine gewählte Untersuchungsfragestellung auszuwerten und zu interpretieren. Eine derartige Vorgehensweise hat den Vorteil, Polemiken zwischen isolierten Theorieansätzen zugunsten einer Konkurrenz alternativer Theorien um eine möglichst gehaltvolle Deutung oder Erklärung vorliegender empirischer Befunde abzulösen oder aber die in der Fragestellung einer Studie angelegte theoretische Mehrdimensionalität durch wechselseitige (medien-)theoretische

Bezüge und Sichtweisen zum Zwecke eines möglichen Erkenntnisgewinns fruchtbar werden zu lassen (siehe etwa Treumann u. a. 2002).

Interdisziplinäre Triangulation

Janesick (1994) schlägt vor, das Konzept der Triangulation um den Subtyp der interdisziplinären Triangulation zu erweitern. Bei der Bearbeitung einer Fragestellung sollen sozial-, geistes- und kulturwissenschaftlichen Disziplinen mit ihren je eigenen Sichtweisen, substanzwissenschaftlichen Beiträgen und fachspezifischen Methoden zusammenwirken, um zu einem zugleich breiteren und tieferen Verständnis der zu untersuchenden Strukturen und Prozesse zu gelangen. So könnten beispielsweise in einem Projektteam zum Thema »Rezeption medialer Gewaltdarstellungen durch Jugendliche« Psychologen, Soziologen, Medienwissenschaftler und Pädagogen zusammenarbeiten, um in substanzwissenschaftlicher Hinsicht entwicklungs- und sozialpsychologische Bedingungen der Rezeption und Verarbeitung medial vermittelter Aggressionen und gewaltorientierter Konfliktlösungsstrategien, die Genese von abweichenden sozialen Einstellungs- und Handlungsmustern im Jugendalter und (medien-)pädagogische Konzepte für den Umgang mit jugendlichen Medien- und Lernkulturen auf den Untersuchungsgegenstand hin zu fokussieren.

In Anlehnung an Flick (1995, S. 249) lässt sich Triangulation damit als die Kombination verschiedener Forscher(innen), Fachdisziplinen, Theorien, Methoden und Datenquellen in der Auseinandersetzung mit einem Phänomen bezeichnen. Von allen Subtypen der Triangulation besitzt – was den Umfang der methodologischen Diskussion und die Häufigkeit der Anwendung angeht – die Methodentriangulation bzw. neuerdings der Mixed-Methods-Ansatz in der empirischen Sozialforschung den bislang größten Stellenwert.

Zum Stellenwert qualitativer und quantitativer Methoden im Forschungsprozess

Die Unterschiede zwischen qualitativen und quantitativen Methoden lassen sich im Forschungsvollzug aufzeigen, der von der jeweiligen wissenschaftstheoretischen Position des Forschers über seine von ihm vertretene substanzwissenschaftliche Theorie bis hin zum gewählten Objektbereich reicht. Lamnek (1993) betont, dass von einem »hierarchischen« Verhältnis dieser Determinanten des Forschungsprozesses auszugehen ist, wobei die gewählten Erhebungs- und Auswertungsmethoden die Erkenntnismöglichkeiten weitgehend bestimmen.

Das auf der Basis substanzwissenschaftlicher Theorien erfolgende Vorgehen in der empirischen Forschung, wie etwa die Wahl einer Methode, lässt sich verschiedenen Dimensionen zuordnen, die hinsichtlich des Verhältnisses qualitativ-quantitativ mit gegensätzlichen Merkmalen konturiert werden können. Ein Beispiel für eine solche systematische Gegenüberstellung, die von den ontologischen, epistemologischen und methodologischen Grundannahmen bis hin zur Beschaffenheit der Untersuchungsergebnisse reicht, findet sich etwa in den Beiträgen von Lamnek (2005, Kap. 4.8) bis Treumann (1998, S. 159 f., und 2008, PP-Folien 4–7) oder bei führenden Vertreter_innen der interpretativen bzw. rekonstruktiven Sozialforschung (z. B. Rosenthal 2015). Während Bryman (1984) und Blakie (1991) bei der Erörterung der erkenntnistheoretischen Grundlagen darauf hinweisen, dass wegen der unterschiedlichen Verwurzelung der quantitativen und qualitativen Methoden auf der einen Seite im (Neo-)Positivismus und auf der anderen Seite in der Phänomenologie – und man sollte hinzufügen: in der Hermeneutik und im Symbolischen Interaktionismus – Versuche zur Triangulation der beiden Methodenklassen problematisch seien, nimmt Fleck (1992) in Anknüpfung an Wilson (1982) eine eher vermittelnde Position ein, die auch der Verfasser »vertritt«. Beide machen die Möglichkeit einer *Interdependenz* von qualitativen und quantitativen Methoden an dem Erkenntnisinteresse einer gleichzeitigen Erfassung des inhaltlichen Zusammenhangs von *sozialen Interaktionen* und regelhaften *gesellschaftlichen Strukturen* fest, sodass neben der Rekonstruktion der Perspektiven der Akteure die Analyse der Häufigkeit und die strukturellen Bedingungen sinnhaften Handelns, die Betrachtung von Daten zweiter Ordnung und von sozialen Optionen sowie Zwängen, zu treten hat, um soziale Phänomene angemessen zu beschreiben und zu erklären.

Zusammenfassend lässt sich sagen: Denzins (1970) ursprüngliche Absicht, mit der Forschungsstrategie der Triangulation (Mehrmethodeneinsatz) zu verlässlicheren und gültigeren Ergebnissen zu kommen als bei Anwendung einer einzigen Forschungsmethode – *Integrationsthese* (Treumann 1998) bzw. *Konvergenzmodell* (Kelle/Erzberger 1999) –, ist von der Einsicht abgelöst worden, dass die Methodentriangulation vielmehr aufgrund der unterschiedlichen erkenntnistheoretischen Traditionen, aus denen qualitative und quantitative Methoden entstammen, imstande ist, *breitere, vielfältigere* und *tiefere* Erkenntnisse über die untersuchten sozialen Phänomene zu liefern – *Komplementaritätsthese* (u. a. Treumann 1998). Diesen Sachverhalt haben insbesondere Fielding/Fielding (1986) herausgearbeitet, deren Position inzwischen auch Denzin (1989[3]) vertritt.

Was das Verhältnis von qualitativen und quantitativen Methoden in der empirischen Sozialforschung betrifft, so lässt es sich mit McGrath u. a. (1982) durch drei miteinander *konfligierenden* Ziele kennzeichnen. Diese drei Intentionen, nämlich möglichst (1) *verallgemeinerungsfähige* (repräsentative) *Aussagen* über Einstellungen und Verhaltensweisen von Akteuren in einer Population zu erreichen, (2) eine maximale Präzision der *Wirkungskontrolle* von unabhängigen Variablen auf abhängige Variable (z. B. in Experimenten) sowie (3) eine möglichst realistische Rekonstruktion des *sozialen Kontextes* sowie der *Deutungen und Pläne* der in ihm *handelnde* Subjekte lassen sich mit einer einzigen Methode nie gleichzeitig optimal verwirklichen.

Die Methodentriangulation lässt sich als eine Möglichkeit charakterisieren, den oben beschriebenen *Zielkonflikt* zu lösen (Jick 1979).

Einige der Überlegungen in diesem Kapitel lassen sich zu den folgenden vier Thesen zusammenfassen:

1) Immer dann, wenn es im Prozess der Datenauswertung nachträglich gelingt, qualitativ erhobene Datenmengen kategorial in *nominalskalierte* Variablen zu scheiden, ist eine quantifizierende Auswertung möglich, die nach der Häufigkeit des Auftretens der einzelnen (inhaltsanalytischen) Kategorien (z. B. Merkmalsausprägungen) bzw. Codes fragt, und somit eine Verbindung qualitativer und quantitativer Methoden herstellbar. Diese korrelative Verknüpfung ist aber nur auf der *nächsthöheren Aggregationsebene,* nämlich auf der von Personen-Stichproben, *nicht* aber innerhalb der einzelnen Person möglich.

2) Diese Überlegung führt direkt zur zweiten Aussage: Ein quantifizierender Zugriff auf Interpretationsprozesse von sozialen Akteuren blendet den *Kontextzusammenhang* aus. Ein ganzheitlich deutendes Herangehen an soziale Phänomene – etwa auf Lebenswelten Jugendlicher – kann nur über qualitative Methoden geleistet werden. Die vergleichende Untersuchung von Einzelfällen, deren wesentliche Charakteristika über ihren Stellenwert (Funktionswert) im Gesamt bestimmt werden, bildet die Grundlage für die Entdeckung von Hypothesen.

3) Eine dritte Aussage bezieht sich auf ein genuines Anwendungsgebiet quantitativer Methoden: Immer dann, wenn es um (statistisch repräsentative) Aussagen über die Häufigkeitsverteilung von Merkmalskonstellationen in Kollektiven (z. B. von Jugendlichen einer Alterskohorte) geht, sind quantitative Verfahren ein unabdingbares Werkzeug der Datenerhebung und Datenanalyse. Die Vergleichbarkeit der Jugendlichen bezüglich bestimmter in Klassen eingeteilter Merkmale bzw. Variablen ist aber nur über den Preis einer *Standardisierung*, d. h. einer Eliminie-

rung von fallweise variierendem Kontextwissen zu erreichen. Sie ist Voraussetzung für eine Form der Schlussfolgerung, bei der Verallgemeinerungen auf der Grundlage statistischer Wahrscheinlichkeiten gewonnen werden (enumerative Induktion bzw. Induktion durch Auszählung). Eben eine solche Standardisierung markiert offenbar einen konstitutiven Unterschied zwischen dem qualitativen und quantitativen Paradigma.

4) Eine Kombination qualitativer und quantitativer Methoden – so die These – wird über eine *substanzwissenschaftliche Einbettung* realisiert, in der der gewählte Gegenstandsbereich und die Fragestellung der Untersuchung die Art der Methodenverknüpfung beeinflussen. Die mittels verschiedener Methoden gewonnenen Daten bilden die Grundlage für die Konstruktion aufeinander bezogener Interpretationen über den untersuchten Gegenstandsbereich.

Modelle triangulativer Forschungsdesigns

Miles/Huberman (1994) stellen insgesamt vier Untersuchungspläne vor, die eine Kombination qualitativer und quantitativer Methoden beinhalten (vgl. Abb. 1):

• Design 1: Eingebettet in die kontinuierlich verlaufende, qualitativ orientierte Feldforschung werden nach Bedarf zusätzlich quantitative und qualitative Daten erhoben.

• Design 2: Parallel zu kontinuierlich fortschreitender Feldforschung wird eine Umfrage durchgeführt, die aus mehreren Befragungswellen bzw. -zeitpunkten besteht. Die Ergebnisse der ersten Welle können die Aufmerksamkeit der Feldforscherinnen und Feldforscher auf bislang übersehene soziale Phänomene richten. Die Befunde der daraufhin revidierten Feldstudie können wiederum zu Veränderungen in den Fragestellungen der zweiten Welle der Umfrage führen und so fort.

• Design 3: Es sieht die alternierende Anwendung qualitativer und quantitativer Methoden vor. Begonnen wird mit qualitativ ausgerichteter explorativer Feldforschung, die zur Entwicklung quantitativer Erhebungsverfahren (z. B. eines standardisierten Fragebogens) führt, deren Ergebnisse in einem nächsten Schritt mittels der Applizierung qualitativer Methoden vertieft und überprüft werden können.

• Design 4: Eine zuerst durchzuführende Umfrage hilft dem Feldforscher bei der Identifizierung solcher sozialer Phänomene, welche für die Fragestellung und Durchführung seiner Beobachtungsstudie relevant sein können. In der sich daran anschließenden Phase führt der Einsatz qualitativer Methoden zu einem genaueren Bild und einem verbesserten konzeptionellen Verständnis des Untersuchungsgegenstandes, die in die Formulierung einer oder mehrerer – auch konkurrierender –

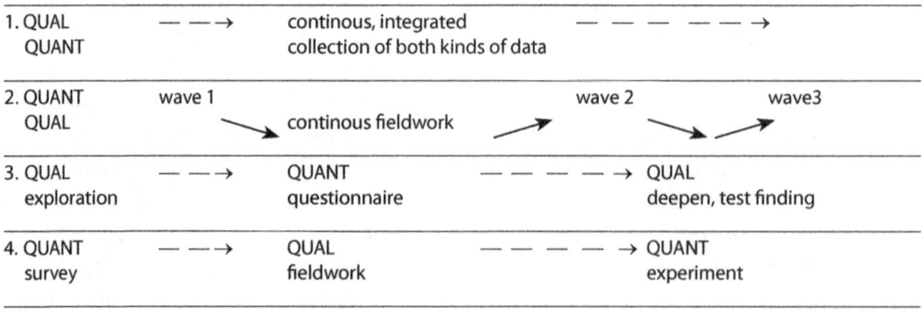

1. QUAL QUANT	— — →	continous, integrated collection of both kinds of data	— — — — →
2. QUANT QUAL	wave 1 ↘	continous fieldwork	wave 2 → wave3 ↘ →
3. QUAL exploration	— — →	QUANT questionnaire	— — — — → QUAL deepen, test finding
4. QUANT survey	— — →	QUAL fieldwork	— — — — → QUANT experiment

Abb. 1: Designs zur Verknüpfung qualitativer und quantitativer Forschung (Quelle: Miles/Huberman 1994, S. 41)

Hypothesen einmünden können, die sich in einer weiteren Stufe etwa mittels quantitativer experimenteller Verfahren testen lassen.

Strategien zur Kombination qualitativer und quantitativer Daten und Methoden

Caracelli/Greene (1993) haben einen konzeptionellen Rahmen entwickelt, um die Triangulation von qualitativen und quantitativen Daten der empirischen Sozialforschung im Prozess der Datenanalyse selbst voranzubringen (vgl. Abb. 2).

Die Analysestrategie der Datentransformation beinhaltet die Quantifizierung von qualitativen Daten (z.B. Transkriptionen qualitativer Interviews). Dieses Vorgehen erfordert zum einen die Entwicklung von (inhaltsanalytischen) Kategorien bzw. Codes und zum anderen das Auszählen der Auftrittshäufigkeiten von Textstellen, die sich den einzelnen Kategorien zuordnen lassen. Man erhält dann eine Häufigkeitsverteilung über eine nominalskalierte Variable mit zwei oder mehr Ausprägungen. Sie kann in einem weiteren Analyseschritt beispielsweise mit anderen transformierten qualitativen Merkmalen, aber auch mit Variablen des quantitativen Teils einer triangulativen Studie interkorreliert oder auch auf das mögliche Bestehen von Unterschieden von Auftrittshäufigkeiten hinsichtlich bestimmter Kategorien oder Themen zwischen einzelnen Personengruppen untersucht werden. Das umgekehrte Vorgehen der Transformation quantitativer Daten in qualitative ist auf der forschungspraktischen Ebene sehr viel schwieriger umzusetzen, weil in der Regel spezifische Kontextinformationen zu den quantitativ erhobenen Variablen fehlen, da sie z.B. meist über Umfragen mit standardisierten Erhebungsinstrumenten erfasst wurden.

Die Strategie der Entwicklung von Typologien zielt darauf ab, die mithilfe von quantitativen Methoden entwickelten Klassifikationssysteme dazu zu nutzen, um Personen mit bestimmten Eigenschaftsprofilen für qualitative Verfahren (z.B. Interviews) auszuwählen oder

den erhaltenen Kategorien-Set auf die Analyse qualitativer Daten anzuwenden (siehe unten). Die zweite Vorgehensweise wird etwa realisiert, wenn die Binnenstrukturen jugendlichen Medienhandelns entlang des Bielefelder Medienkompetenz-Modells (Baacke 1996) ausgehend von Umfragedaten mithilfe des multivariaten statistischen Verfahrens der Hauptkomponentenanalyse exploriert werden (Treumann u.a. 2007). So lassen sich etwa für die Unterdimension »Kreative Mediengestaltung« des Modells die sechs Hauptkomponenten »Hard- und softwarebasierende Gestaltungskomponente«, »Visuell-bildnerische Gestaltungskomponente«, »Literarische Produktion«, »Musikproduktion«, »Textliche Alltagsproduktion« und »Audiovisuelle Gestaltungskomponente« rekonstruieren, die zugleich eine empirisch gestützte Klassifikation des kreativen Medienhandelns 13- bis 20-Jähriger bilden. Dieses System könnte wiederum dazu dienen, Kategorien für die Konstruktion eines Leitfadens zur Durchführung qualitativer Interviews mit Jugendlichen zu bilden, um lebensweltlich eingebundene Facetten ihrer medialen Kreativität herauszuarbeiten oder aber schon erhobene Interviewtexte mittels des Verfahrens der qualitativen Inhaltsanalyse in systematischer Perspektive zu codieren.

Umgekehrt können die Ergebnisse qualitativer Datenanalysen in Form einer Typologie dazu genutzt werden, um quantitativ erhobene Daten entweder in adäquate Subgruppen von Personen zu unterteilen oder als unabhängige bzw. erklärende Variable in multivariate statistische Analysen einzubeziehen.

Die Strategie der Analyse extremer Fälle kann in einem sequenziellen Phasenmodell beispielsweise angewendet werden, um Extremfälle oder Ausreißer, die aufgrund von statistischen Analysen quantitativer Daten identifiziert wurden, mithilfe qualitativer Interviews danach zu befragen, warum sie so stark vom Verhalten der übrigen Mitglieder der Stichprobe abweichen.

Die Analysestrategie der Datenfusion kann schließlich gerade bei der Erschließung neuer Gegenstandsfelder in einem »spiraligen Prozess« der Anwendung qualitativer und quantitativer

Data Transformation	The conversion or transformation of one data type into the other so that both can be analyzed together:
	– Qualitative data are numerically coded and included with quantitative data in statistical analyses.
	– Quantitative data are transformed into narrative and included with qualitative data in thematic or pattern analysis.
Typology Development	The analysis of one data type yields a typology (or set of substantive categories) that is then used as a framework applied in analyzing the contrasting data type. Examples:
	– A set of conceptual dimensions resulting from a factor analysis of quantitative data is incorporated into the categorical analysis of qualitative data (i.e., category development and coding).
	– A respondent of site-level typology resulting from analysis of qualitative data forms a »group« explanatory variable for statistical analyses of quantitative data (e. g., ANOVA, regression analysis) or, as another possibility, is combined with other quantitative explanatory variables for the statistical analysis of qualitative (categorical) data (e.g., logit analysis).
Extreme Case Analysis	»Extreme cases« identified from the analysis of one data type and pursued via (additional data collection and) analysis of data of the other type, with the intent of testing and refining the initial explanation for the extreme cases. Examples:
	– Extreme cases in the form of high residuals from a regression analysis of quantitative data are pursued via (collection and) analysis of qualitative data, the results of which are used to refine the original explanatory model.
	– Extreme cases identified from constant comparative analysis of qualitative data are further examined via analysis of quantitative data, the results of which are used to refine the original interpretation.
Data Consolidation/ Merging	The joint review of both data types to create new or consolidated variables or data sets, which can be expressed in either quantitative or qualitative form. These consolidated variables or data sets are then typically used in further analyses:
	– Qualitative and quantitative data are jointly reviewed and consolidated into numerical codes or narrative for purposes of further analysis.

Abb. 2: Analysestrategien zur Kombination qualitativer und quantitativer Daten (Quelle: Caracelli/Greene 1993, S. 197)

Methoden dazu dienen, neue und komplexere Variablenkonstellationen oder Deutungsmuster zur Erklärung bestimmter sozialer Phänomene zu (re-)konstruieren.

Abschließend soll über ein replizierbares Verfahren berichtet werden, was über eine vorgeschaltete quantitative Datenerhebung und -analyse ermöglicht, zum einen eine optimale Auswahl von Untersuchungsteilnehmern für die Anwendung qualitativer Methoden sicherzustellen und zum anderen die qualitativen Befunde zu nutzen, um zu einer tiefergehenden und komplexeren Charakterisierung einer clusteranalytisch gewonnenen Typologie zu gelangen, die bis hin zu einer Bedeutungsumwidmung einzelner Clustertypen führen kann. Dieses vom Verfasser konzipierte Verfahren ist bislang in einer Reihe von größeren empirischen Studien angewandt worden (zu den einzelnen Verfahrensschritten siehe Treumann u.a. 2002, 2007). Es geht von der Umkehrung des klassischen Phasenmodells der Methodenkombination aus, d.h. zuerst werden quantitative Forschungsmethoden, sodann qualitative angewendet (QUANT → QUAL). Dieser aus der triangulativen Forschungstradition entstammende Untersuchungsplan (Tashakkori/Teddlie 2003) wird im Mixed Methods-Ansatz als »Explanatory Sequential Design« bezeichnet (Creswell/Plano Clark 2011, S. 81–90). Aus erkenntnis- und wissenschaftstheoretischer Sicht charakterisieren sie die erste Phase als »postpositivistisch« und die zweite als »konstruktivistisch« (S. 82–83)[2].

Im Kern werden in einem ersten Schritt Interkorrelationen zwischen den Variablen zur Messung der Dimensionen des Bielefelder Medienkompetenz-Modells (Baacke 1996) gebildet[3] und mit Hilfe von Hauptkomponenten- (vulgo: Faktoren-) analysen strukturiert. Es ergaben sich insgesamt 32 aussagekräftige Variablenbündel, die – gemessen als z-Werte – die Ausgangsdaten für die in einem zweiten Schritt erfolgte Anwendung der Clusteranalyse bildeten, die zu einer empirisch gestützten Personen-Typologie führte – beispielsweise des Medienhandelns Jugendlicher (vgl. Treumann u.a. 2007).

Sie bestand im zweiten Fall aus insgesamt sieben Clustertypen, die in dieser Auswertungsphase die folgenden (vorläufigen) Bezeichnungen trugen, nämlich den »Buchorientierten«, den »Kommunikationsorientierten«, den »Konsumorientierten«, den »Computer- u. Internetfreaks«, den »Unterdurchschnittlichen« den »Gestaltern« und den »Positionslosen« (Treumann u.a. 2003, 2007). Die Cluster zeichnen sich dadurch aus, dass die in ihnen zusammengefassten Jugendlichen relativ wenig voneinander differieren (Prinzip der Homogenität) und Heranwachsende aus unterschiedlichen Clustertypen sich vergleichsweise stark unterscheiden (Prinzip der Heterogenität).

In einem dritten Schritt werden aus jedem Cluster prototypische Fälle[4] für leitfadengestützte Interviews ausgewählt. Das sind solche Jugendliche, die möglichst nahe am Clustercentroid liegen, d.h. nur eine – im Vergleich zu den sonstigen Angehörigen des Clustertyps – minimale euklidische Distanz zum Clusterschwerpunkt aufweisen[5] und deswegen zu inhaltlich prägnanteren und konsistenteren Befunden führen als andere Verfahren der Selektion von Fällen[6]. Ein weiterer Vorzug dieser Auswertungsstrategie liegt darin begründet, dass sie – unabhängig von der/dem Forscher_in – intersubjektiv replizierbare Ergebnisse liefert.

Der vierte Schritt beinhaltet die Durchführung qualitativer Interviews mit den prototypisch definierten Jugendlichen und die Auswertung der verschriftlichten Interviews mithilfe der Methode der computergestützten qualitativen Inhaltsanalyse, der sich ganzheitliche Fallrekonstruktionen und -vergleiche anschlossen, die zu Clusterporträts synthetisiert wurden (siehe Treumann u.a. 2007, S. 481–644).

In einem fünften und letzten Schritt sind die qualitativen und quantitativen Befunde interpretativ aufeinander bezogen worden, um zu möglichst dichten und komplexen Charakterisierungen der Clustertypen zu gelangen. So zeigt sich beispielsweise für den Medienhandlungstyp »Die Konsumorientierten«, dass über die quantitativen Ergebnisse hinaus die unterhaltungsorientierte Nutzung der Neuen Medien nicht mit grundsätzlicher Passivität zu verbinden ist, sondern durchaus kreative Formen des Medienumgangs annehmen kann, wenn der häusliche PC als »Multifunktionsanlage« genutzt wird. Auch wird deutlich, dass Mediennutzung trotz Konsumorientierung nicht zum allumfassenden Lebensinhalt wird, der andere Interessen nachhaltig in den Hintergrund treten lässt. Ist der PC zwar einerseits ein beliebtes Unterhaltungsmedium der Konsumorientierten, nutzen sie ihn aber andererseits vornehmlich dann, wenn Zeitlücken zu überbrücken sind (Treumann u. a. 2007 u. a. S. 562–563 / 2010, S. 175–177).

Bei drei von sieben Clustertypen dagegen war die empirische Gehaltserweiterung bei den mittels Clusteranalysen rekonstruierten Typen der Medienkompetenz durch die qualitative Einzelfallanalyse der prototypischen Jugendlichen und den Fallvergleich zur Gewinnung der Clusterportraits so groß, dass es z. B. nicht nur zu einer Merkmalsanreicherung wie z. B. beim obigen Fall des Medienkompetenz-Typs »Die Konsumorientierten« kam, sondern dass darüber hinaus eine empirisch abgesicherte Namensumbenennung vorgenommen werden konnte. Die qualitativ gewonnenen Ergebnisse belegten vielfältig, dass etwa beim Typ »Die Unterdurchschnittlichen« die meist unterdurchschnittlichen Ausprägungen der Angehörigen auf den 32 Hauptkomponenten der (Unter-)Dimensionen des Bielefelder Medienkompetenz-Modells darauf zurückzuführen sind, dass die Jugendlichen in einem anregungsarmen sozialen Milieu aufgewachsen sind, das ein geringes kulturelles Kapital aufweist und wenig Impulse zur Auseinandersetzung insbesondere mit den Neuen Medien vermittelt, zumal auch entsprechende schulische Anstöße und Hilfen nicht auszumachen waren, sodass es nahe liegt, sie in umfassender Weise als »Die Deprivierten« zu charakterisieren (Treumann u. a. 2007, S. 773 sowie S. 577–602).[7] Analog führten qualitativ gewonnene Befunde bei den ursprünglich quantitativ gewonnenen Clustertypen der »Buchorientierten« und »Computer- und Internetfreaks« dazu, sie ebenfalls umzubenennen und als »Die Bildungsorientierten« sowie als »Die Allroun-

der« umfassend sowie facettenreich zu kennzeichnen (Treumann u. a. 2007, S. 772 sowie S. 506–537 u. S. 482–506) und damit inhaltlich substantiell zu erweitern. Angesichts der empirisch belegten Bedeutungsumwidmungen von drei der sieben quantitativ gewonnenen Clustertypen wird deutlich, dass die qualitativen Forschungsmethoden keine »dienende Funktion« besitzen (vgl. dagegen QUAL → QUANT), sondern sich durchaus »auf Augenhöhe« mit Verfahren des quantitativen Paradigmas befinden, was den »Mehrwert an Erkenntnisgewinn« über den Forschungsgegenstand angeht. Insgesamt zeigen sich die Ergebnisse der oben genannten Studien, dass das methodologische Leitprinzip der Triangulation vor allem im Sinne der Komplementaritätsthese zu umfassenderen und weiterreichenden Befunden führt, als bei Applizierung nur eines der beiden Methodentypen. Der Erkenntnisgewinn einer differenzierten Beschreibung der Medienkompetenz Jugendlicher und Erwachsener ist dabei keine Frage der isolierten Anwendung quantitativer und qualitativer Methoden, sondern ergibt sich gerade aus deren Kombination.

Anmerkungen

1 Um Missverständnissen vorzubeugen, soll bereits an dieser Stelle darauf hingewiesen werden, dass in der empirischen Forschungspraxis je nach Fragestellung der Untersuchung nachstehende Erkenntnisstrategien prinzipiell miteinander kombiniert werden können.

2 Weitere zentrale triangulative Untersuchungsdesigns werden im Mixed Methods-Ansatz als »Exploratory Sequential Design« (QUAL → QUANT) und als »Convergent Parallel Design« (Erhebung, Analyse und Zusammenführung der qual. u. quant. Daten sowie der Ergebnisse in einem einzigen Zeitabschnitt) (Cresswell/Plano Clark 2011, S. 86–90; S. 77–81) bezeichnet.

3 Natürlich können beispielsweise weitere *Medienkompetenzmodelle* (etwa die von Auf-

enanger, Groeben, Moser, Pöttinger, Schorb oder Tulodziecki) oder andere theoretische Konstrukte aus sonstigen inhaltlichen Bereichen der Medien- und Kommunikationsforschung mit dem obigen triangulativen Design untersucht werden, sofern ihre Dimensionen empirisch angemessen operationalisiert wurden.

4 *Prototypische Fälle* sind »konkrete Untersuchungselemente, die den jeweiligen Typus in nahezu idealer Weise verkörpern« (Kluge 1999, S. 85), und zwar im Sinne von Musterbeispielen, die – um es zugespitzt zu formulieren – für ihren Typus besonders typisch sind (siehe auch Kelle/Kluge 2010).

5 Die Berechnung der Distanzen erfolgte mit Hilfe der SPSS-Prozedur »Clusterzentrenanalyse« (siehe Treumann u. a. 2007, S. 798, Tab. 15.12 sowie Treumann u. a. 2010, S. 171, Abb. 3 zur geometrischen Veranschaulichung).

6 Das obige Verfahren der Identifizierung *prototypischer Fälle* wurde von Treumann (2000) entwickelt, nachdem der von Nickel u. a. 1995 gewählte Ansatz, aus Clustern Personen nach dem *Zufallsprinzip* auszuwählen, um sie dann qualitativ zu beforschen, zu sehr unbefriedigenden Ergebnissen geführt hat.

7 Klarerweise gilt auch weiterhin für die Angehörigen des Typs »Die Deprivierten« das Merkmal der unterdurchschnittlichen Leistungen auf den meisten hauptkomponentenanalytisch modellierten Dimensionen der Medienkompetenz Jugendlicher. Die qualitative Analyse der Daten der prototypischen Fälle erbrachte jedoch einen entscheidenden *weiteren Erkenntnisfortschritt* im Sinne des Prinzips der Mehrperspektivität durch die Rekonstruktion der *sozialen Rahmenbedingungen*, die zu der zuvor gemessenen Unterdurchschnittlichkeit führten. Auch die »Bildungsorientierten« rezipieren nach wie vor überdurchschnittlich Printmedien und die »Allrounder« besitzen eine ausgeprägte Computer- und Internetpräferenz. Gleichwohl sind beide Merkmalskonstellationen aber in einen facettenreicheren lebensweltlichen, medienwissenschaftlichen und jugendkulturellen Bezugsrahmen eingebettet (dazu Treumann u. a. 2007). Aus einer forschungsökonomischen Sicht ergäbe sich darüber hinaus die attraktive Möglichkeit, sowohl für die drei in ihrer Bedeutung umgewidmeten als auch für die vier merkmalsangereicherten Typen durch eine sich anschließende *dritte quantitative Phase* des triangulativen Forschungsdesigns eine statistisch repräsentative Erhebung der diesbezüglichen Rahmenbedingungen und Merkmale direkt realisieren zu können.

Literatur

Baacke, Dieter (1996): Medienkompetenz – Begrifflichkeit und sozialer Wandel. In: Rein, Antje von (Hrsg.): Medienkompetenz als Schlüsselbegriff. Bad Heilbrunn.

Blaikie, Norman W. (1991): A critic of the use of triangulation in social research. In: Quality and Quantity, Vol. 25, S. 115–136.

Bryman, Alan (1984): The debate about quantitative and qualitative research: A question of method or epistemology. In: The British Journal of Sociology, Vol. 35, S. 75–93.

Caracelli, Valerie J./Greene, Jennifer C. (1993): Data analysis strategies for mixed-method evaluation designs. In: Educational Evaluation and Policy Analysis, Vol. 15, S. 195–208.

Cresswell, John W./Plano, Clark (2011): Designing and Conducting Mixed Methods Research. 2nd edition. Los Angeles u. a.

Denzin, Norman K. (1989): The research act: A theoretical introduction to sociological methods. (First edition 1970). Third edition New York.

Fielding, Nigel G./Fielding, Jane L. (1986): Linking data: The articulation of qualitative and quantitative methods in social research. Beverly Hills.

Fleck, Christian (1992): Vom »Neuanfang« zur Disziplin? Überlegungen zur deutschsprachigen qualitativen Sozialforschung anlässlich einiger neuer Lehrbücher. In: Kölner Zeitschrift für Soziologie und Sozialpsychologie, Jg. 44, S. 747–765.

Flick, Uwe (2011): Triangulation – Eine Einführung, 3. Auflage. Opladen.

Flick, Uwe (2009): Qualitative Forschung – Eine Einführung (erw. und akt. Neuausgabe). Reinbek.

Gläser-Zikuda, Michaela u. a. (Hrsg.) (2012): Mixed Methods in der empirischen Bildungsforschung. Münster u. a.

Janesick, Valerie J. (1994): The dance of qualitative research design. Metaphor, methodolatry, and meaning. In: Denzin, Norman K./Lincoln, Yvonna S. (Hrsg.): Handbook of qualitative research, S. 209–219. Thousand Oaks.

Jick, Thomas D. (1979): Mixing qualitative und quantitative methods: Triangulation in action. In: Administrative Science Quarterly, Vol. 24, S. 602–611.

Kelle, Udo/Erzberger, Christian (1998): Integration qualitativer und quantitativer Methoden. Methodologische Modelle und ihre Bedeutung für die Forschungspraxis. In: Kölner Zeitschrift für Soziologie und Sozialpsychologie, Jg. 51, S. 509–531.

Kelle, Udo/Kluge, Susann (2010): Vom Einzelfall zum Typus. Fallvergleich und Fallkontrastierung in der qualitativen Sozialforschung, 2. Auflage. Wiesbaden.

Kluge, Susann (1999): Empirisch begründete Typenbildung. Zur Konstruktion von Typen und Typologien in der qualitativen Sozialforschung. Opladen.

Lamnek, Siegfried (1993): Qualitative Sozialforschung. Band 1. Methodologie. 2., überarbeitete Auflage. Weinheim.

McGrath, Joseph E./Martin, Joanne/Kulka, Richard A. (Hrsg.) (1982): Judgement calls in research. Beverly Hills/London.

Meyen, Michael/Löblich, Maria/Pfaff-Rüdiger, Senta/Riesmeyer, Claudia (2011): Qualitative Forschung in der Kommunikationswissenschaft. Eine praxisorientierte Einführung. Wiesbaden.

Miles, Matthew B./Huberman, A. Michael (1994): Qualitative data analysis: A sourcebook of new methods. Second edition. Newbury.

Nickel, Bettina u. a. (1995): Qualitative Sampling in a Multi-Method Survey. Practical Problems of Method Triangulation in Sexual Behavior Research. In: Quality & Quantity 29, S. 223–240.

Rosenthal, Gabriele (2015): Interpretative Sozialforschung. Eine Einführung, 5. Auflage. Weinheim u. München.

Seipel, Christian/Rieker, Peter (2003): Integrative Sozialforschung. Konzepte und Methoden der qualitativen und quantitativen empirischen Forschung. Weinheim/München.

Tashakkori, Abbas/Teddlie, Charles (2003): The past and the future of mixed methods: Research from data triangulation to mixed model designs. In: Tashakkori, Abbas/ Teddlie, Charles (Ed.): Handbook of mixed methods in social and behavioral research. Thousand Oaks, CA, S. 671–701.

Tashakkori, Abbas/Teddlie, Charles (Hrsg.) (2010): Handbook of mixed methods in social & behavioral research. Second edition. Thousand Oaks.

Treumann, Klaus Peter/Arens, Markus/Ganguin, Sonja (2010): Die empirische Erfassung von Medienkompetenz mit Hilfe einer triangulativen Kombination qualitativer und quantitativer Forschungsmethoden. In: Herzig, Bardo/Meister, Dorothee M./Moser, Heinz/Niesyto, Horst (Hrsg.): Jahrbuch Medienpädagogik 8. Medienkompetenz und Web 2.0. Wiesbaden, S. 163–180.

Treumann, Klaus Peter (2008): Vom Nutzen einer triangulativen Verknüpfung qualitativer und quantitativer Forschungsmethoden. Unveröffentlichtes Manuskript eines Vortrags, gehalten auf der DGfE-Summer School 2008 am Landesinstitut für Schule und Medien Berlin-Brandenburg, PP-Folien 4–7.

Treumann, Klaus Peter/Meister, Dorothee M./Sander, Uwe/Burkatzki, Eckhard/Hagedorn, Jörg/Kämmerer, Manuela/Strotmann, Mareike/Wegener, Claudia (2007): Medienhandeln Jugendlicher. Mediennutzung und Medienkompetenz. Bielefelder Medienkompetenzmodell. Wiesbaden.

Treumann, Klaus Peter/Burkatzki, Eckhard/Strotmann, Mareike/Wegener, Claudia (2004): Hauptkomponen-tenanalytische Untersuchungen zum Medienhandeln Jugendlicher. In: Bachmair, Ben/Diepold, Peter/de Witt, Claudia (Hrsg.): Jahrbuch Medienpädagogik 4. Wiesbaden, S. 145–168.

Treumann, Klaus Peter/Baacke, Dieter/Haacke, Kirsten/Hugger, Kai Uwe/Vollbrecht, Ralf (2002): Medien-kompetenz im digitalen Zeitalter. Wie die neuen Medien das Leben und Lernen Erwachsener verändern. Opladen.

Treumann, Klaus Peter (2000): Das Konzept der prototypischen Fälle als valide Alternative zur Selektion von Fällen aus Clustertypen nach dem Zufallsprinzip. Unveröffentlichtes Projektpapier. Bielefeld: Universität Bielefeld: Fakultät für Pädagogik.

Treumann, Klaus Peter (1998): Triangulation als Kombination qualitativer und quantitativer Forschung. In: Abel, Jürgen/Möller, Renate/Treumann, Klaus Peter: Einführung in die Empirische Pädagogik. Stuttgart, S. 154–182.

Treumann, Klaus Peter (1986): Zum Verhältnis qualitativer und quantitativer Forschung. In: Heitmeyer, Wil-helm (Hrsg.): Interdisziplinäre Jugendforschung. Fragestellungen, Problemlagen, Neuorientierungen. Wein-heim/München, S. 193–214.

Wilson, Thomas P. (1982): Quantitative oder qualitative Methoden in der Sozialforschung. In: Kölner Zeit-schrift für Soziologie und Sozialpsychologie, Jg. 34, S. 469–486.

Forschung mit Kindern und Jugendlichen

INGRID PAUS-HASEBRINK

Medienforschung mit Kindern und Jugendlichen erfordert besondere Aufmerksamkeit und Sensibilität. Heranwachsende befinden sich in ihrer Identitätsgenese und stellen aufgrund ihrer kognitiven, affektiv-emotionalen und sozialen Entwicklung Forscher vor besondere Herausforderungen. Forschung muss auf die Wahrnehmungs- und Verarbeitungsweisen von Kindern und Jugendlichen zugeschnitten sein, um den Bedeutungskonstruktionen junger Menschen im Umgang mit Medien nachzuspüren. Zur Untersuchung des Mediengebrauchs junger Menschen eignet sich am besten ein qualitativer Zugang mit einem breit gefächerten Methodenspektrum, das in der Lage ist, zu ihren Bedeutungszuschreibungen vorzudringen. Um entsprechende Multiperspektivität zu gewährleisten, bietet sich das Verfahren der (Methoden-)Triangulation (→ Treumann, S. 264 ff.) an.

Theoretisch-methodologische Einordnung

Kinder und Jugendliche sind eine besondere Klientel – und dies nicht nur, wenn es um die Erforschung ihres Mediengebrauchs geht (siehe Paus-Hasebrink 2007; Ólafsson et al. 2013; Wagner 2015). Sie befinden sich noch in der Entwicklung und sind im Kontext ihrer Identitätsgenese herausgefordert, ihren Standort zu finden, sich selbst in der Auseinandersetzung mit anderen kennen zu lernen, sich in ihren Familien, ihren Peer-Groups und in institutionellen Kontexten zu verorten, sich als Mädchen bzw. als Junge wahrzunehmen und entsprechend zu positionieren. Das theoretische Konzept der *development tasks* (vgl. Havighurst 1972) kann als Grundverständnis für Forschung mit Heranwachsenden dienen. Entwicklung wird danach mehr und mehr als individuelle Entwicklung in einem spezifischen Kontext von unterschiedlichen komplexen sozialen und gesellschaftlichen Anforderungen betrachtet und nicht länger an fest gefügte, unverrückbare Stufen geknüpft.

Angelehnt an die auf Max Weber zurückgehende und von Schütz weiterentwickelte Handlungstheorie (→ Krotz, S. 94 ff.), die als konstitutive Eigenschaft des Menschen seine Fähigkeit zu sinnhaftem Handeln hervorhebt, das sich immer gebunden an die Konstitution sozialer Interaktion vollzieht, ist qualitative sozialwissenschaftliche Forschung – und dies gilt in besonderer Weise für die Kinder- und Jugendmedienforschung – herausgefordert, sich den Handlungen von Menschen und den ihnen zugrundeliegenden Bedeutungen im Kontext zuzuwenden. Eine theoriegeleitete lebensweltbezogene Auseinandersetzung mit der Entwicklung und Sozialisation von Heranwachsenden stellt dazu eine wichtige Voraussetzung dar; sie ermöglicht es, im Forschungsprozess adäquate Fragen zu stellen, das heißt auch entsprechend fruchtbare Methoden zu wählen. Zur Untersuchung, wie Kinder und Jugendliche im Rahmen ihrer Sozialisation in ihre Lebenswelt hineinwachsen, wie sie sich mit ihr – mehr und mehr an eigener Kompetenz gewinnend – auseinandersetzen und welche Rolle Medien dabei spielen, bietet sich eine praxeologisch ausgerichtete (Längsschnitt-)Forschung an (vgl. Paus-Hasebrink/Kulterer 2014). Sie eignet sich zur Rekonstruktion des subjektiven Sinns, den Kinder und Jugendliche einzelnen Vorgängen in ihrer Umgebung jeweils vor dem Hintergrund ihres sozialen Milieus mit Hilfe von Medienangeboten zu geben suchen, um ihre persönliche und soziale Identität so gut wie möglich zu sichern bzw. auszubauen und

276

ihr Kohärenz zu geben, um den Alltag lebbar zu gestalten. Ins Visier gefasst werden dazu das je individuelle, aber dennoch über die subjektive Repräsentation hinaus weisende Lebensumfeld und die darin eingelagerte Lebensführung (vgl. Paus-Hasebrink/Kulterer 2014, S. 28 ff.).

Voraussetzungen und Vorgehensweisen der qualitativen Sozialforschung mit Kindern und Jugendlichen

Kinder- und Erwachsenperspektiven unterscheiden sich maßgeblich; die Forschung mit Heranwachsenden weist daher eine »Doppelnatur« auf. Das mediale Handeln von Jungen und Mädchen ganzheitlich nachzuvollziehen und zu verstehen, erfordert insbesondere Offenheit und zudem ein breit gefächertes Methodenspektrum *(rich design)* (Paus-Hasebrink et al. 2013; Lobe et. al 2008; Paus-Haase/Schorb 2000), das zum einen auf die Entwicklungs- und Sozialisationskontexte Heranwachsender Rücksicht nimmt, und zum anderen geeignet ist, aus unterschiedlichen Perspektiven und mit unterschiedlichen Instrumentarien die Bedeutungskonstruktionen von Kindern und Jugendlichen unvoreingenommen und situationsadäquat zu erforschen. Die in einer qualitativen Forschung besonders wichtige Multiperspektivität lässt sich über Methodentriangulation unterschiedlicher (qualitativer) Verfahren erreichen (vgl. Flick 2014; Paus-Hasebrink et al. 2013). Der Einsatz unterschiedlicher Instrumente trägt zu einer gegenseitigen Kontrolle der erhobenen Daten bei und liefert validere Ergebnisse. Auf diese Weise kann es gelingen, dem sich im Laufe der Entwicklung und Sozialisation verändernden Denken, Fühlen und Handeln (jüngerer) Probanden nachzuspüren und sich ihren Deutungs- und Handlungsmustern im Umgang mit Medienangeboten prozessorientiert approximativ, flexibel und reflexiv, d.h. auch mit kritischem Blick auf die eigene methodische Vorgehensweise, anzunähern. Eine geglückte kommunikative Beziehung zwischen Kindern bzw. Jugendlichen und Forschern ist dafür ebenso nötig wie sie im Rah-

men der Datenerhebung als Experten für ihre Belange wahrzunehmen. Zur Untersuchung bietet sich ein breites Spektrum unterschiedlicher reaktiver und – insbesondere bei jüngeren Kindern besonders notwendig – non-reaktiver Zugänge an.

Um etwas über die Selbsteinschätzung von Kindern zu erfahren, bietet das Interview, etwa das Leitfadeninterview (vgl. Paus-Hasebrink 2007; → Keuneke, S. 302 ff.), als Forschungsinstrument den einzigen direkten Zugang. Es ist auf die besonderen Bedingungen von Kindern und Jugendlichen zuzuschneiden. Insbesondere bei jüngeren Kindern scheint es geboten, nach altersspezifischen Zugangsmöglichkeiten zu suchen, um sowohl die häufig bestehende Angst und Gehemmtheit zu vermeiden. Als Interview-Hilfsmittel erscheint insbesondere bei jüngeren Kindern eine Handpuppe zur Vermittlung zwischen Forscher und Beforschten geeignet (vgl. Paus-Hasebrink 2007 Keuneke 2000). Sie stellt im Zusammenhang des Kindergartens ein vertrautes Spielobjekt dar, mit dem Kinder vor allem in Rollenspielen Themen der Selbst- und Sozialauseinandersetzung bearbeiten. Die Puppe wird für Kinder nicht selten zum »anderen Ich«. Ein Handpuppeninterview kommt auch dem Charakter des Sozialspiels nahe; das *So-tun-als-ob*, ein Konstituens des Rollenspiels von Kindern vor allem im Kindergartenalter, kann Kindern helfen, etwas über ihre Gedanken, Gefühle, Wünsche und Hoffnungen auszudrücken, die ihren Handlungsweisen zugrunde liegen. Über die Puppe ist mit dem Kind daneben ein Gespräch auf einer weniger asymmetrischen Ebene möglich; die Überlegenheit des erwachsenen Interviewers erscheint reduziert, sodass sozial erwünschtes Antwortverhalten weitgehend vermieden werden kann (vgl. Paus-Hasebrink 2007). Um etwaige Verzerrungen zu vermeiden, die durch das Vermischen alltagsrealer und phantastischer (Wunsch- bzw. Angst-)Erlebnisse bei Kinder auftreten können, erscheint es sinnvoll, zusätzlich zur Befragung von Kindern auch Eltern, Erzieher bzw. Lehrer/-innen mit Hilfe eines Leitfadens zu befragen. Neben dem Leitfadeninterview dient auch das Gruppeninterview bzw. (bei älteren Kindern und Jugendlichen) die Gruppendiskussion (vgl. Paus-Hasebrink 2007; → Schäffer, S. 347 ff.) als probate Erhebungsmethode, wenn es darum geht, einen Überblick über die von Heranwachsenden diskursiv verhandelten Themen zu gewinnen (vgl. Paus-Hasebrink 2007).

Um Zugang zu den dem (Medien-)Handeln zu Grunde liegenden, unbewussten Zusammenhängen zu erreichen, bietet sich insbesondere die teilnehmende Beobachtung (→ Mikos, S. 362 ff.) an. Auch das Screencording zur Aufzeichnung von interaktiven Bildschirmprogrammen, um anschließend die möglichen Optionen zur Nutzung und die tatsächlich getroffene Wahl miteinander in Beziehung zu setzen, erlaubt Einblicke in unbewusste Handlungsweisen (vgl. Aufenanger 2000). Um in besonderer Weise nicht verbalisierungsfähige Bedeutungskontexte in den Blick nehmen zu können, kommt dem Einsatz von Kinderzeichnungen oder auch von Rollenspielen große Bedeutung zu (vgl. Paus-Hasebrink 2007).

Die im Rahmen technisch-medialer Wandlungsprozesse gestiegene Bedeutung von Social-Network-Seiten verlangen nach einer methodisch spezifischen Berücksichtigung in der Medienforschung (vgl. Ólafsson et al. 2013). Als fruchtbar erweisen sich etwa an die Methode des lauten Denkens (→ Bilandzic, S. 406 ff.) angelehnte, von jungen Leuten selbst kommentierte Profil-Analysen von Social Network-Sites und von ihnen erstellte Zeichnungen von Netzwerkkarten sowie weiterführende Netzwerkanalysen (vgl. Hepp/Düvel 2010, S. 271).

Wie alle Sozialforschung verlangt auch qualitativ ausgerichtete Forschung nach einer intersubjektiv nachvollziehbaren Vorgehensweise. Dies gilt für die Zusammenstellung des Sam-ples ebenso wie für die Auswertung der gewonnenen Daten. Zur Gewinnung einer qualitativen Stichprobenziehung bietet sich insbesondere das Verfahren der bewussten Auswahl an, dabei »werden Merkmalsträger danach ausgewählt, wie ›brauchbar‹ bzw. wie zent-

ral ihre Untersuchung für die Beantwortung der gewählten Fragestellung ist« (Brosius et al. 2008, S. 83). Besondere Bedeutung kommt dabei dem Verfahren des Theoretical Samplings (→ Lampert, S. 596 ff.) zu.

In der Auswertung kann das von Flick entwickelte Verfahren des thematischen Kodierens (vgl. Flick 2014) in zwei Perspektiven erfolgen, einer *fokussierenden* und einer *kontextuellen Analyse* (Paus-Hasebrink/Kulterer 2014, S. 68ff.). In der *fokussierenden Analyse* richtet sich der Blick auf bestimmte Themenaspekte im gesamten Material, bei der *kontextuellen* steht das einzelne Kind bzw. der Jugendliche in seiner individuell geprägten Situation im Mittelpunkt einer fallbezogenen Analyse. Anschließend daran lassen sich gegebenenfalls Typen bzw. typische Handlungsmuster im Umgang mit Medien identifizieren und generelle Strukturen offenlegen.

Medienmarken im Alltag von Kindern – ein Anwendungsbeispiel

Erhebung

Im Mittelpunkt des Anwendungsbeispiels steht die qualitative Teil-Untersuchung (vgl. Paus-Hasebrink et al. 2004) des Projekts *Medienkindheit – Markenkindheit*, die den im Kontext ihres Alltags zugewiesenen Bedeutungskonstruktionen hoch favorisierter Medien und Medienmarken bei Kindern nachgeht. Kinder konstruieren *Medienmarken* in je spezifischer Weise zu ihren Medienmarken, indem sie sich mit ihrer Hilfe in der Fülle der Medienangebote orientieren, sich in der Freundschaftsgruppe positionieren oder sich an ihnen orientieren, indem sie sich im Prozess ihrer Ich-, Selbst- und Sozialauseinandersetzung mit ihnen identifizieren oder von ihnen abgrenzen – um zwei Pole von Funktionen zu beschreiben. Bei der Gesamtstudie handelt es sich um eine breit angelegte Untersuchung zu multimedialen Markenzeichen im Alltag von Kindern und ihrer Familien, die auf der Angebotsebene eine Analyse der Vermarktungsstrategien und Programmstruktur bzw. Produktanalysen ausgewählter *Medienformate* (vgl. Paus-Hasebrink/Prochazka 2015) umfasste und auf der Ebene des Medienumgangs eine repräsentative und qualitativ ausgerichtete Untersuchung zu den Nutzungs- und Umgangsweisen multimedial vermarkteter Angebote im Kinderfernsehen. Weiteres Ziel war die Konzeptionierung medienpädagogischer Materialien u. a. für Eltern, Erzieher/-innen und Lehrer/-innen.

Um Fragen nach dem Handlungs- und Identifikationspotenzial der von Kindern präferierten Medienangebote und ihrer Relevanz für spezifische Markenbeziehungen im Kontext ihres Medienrepertoires nachgehen zu können, war ein methodisch breit gefächertes Vorgehen im Hinblick auf einen möglichen Enkulturationsbeitrag von Medienmarken in der Sozialisation der jungen Rezipienten notwendig.

Neben einem repräsentativen Ausschnitt der Kinder und ihrer Eltern, in dessen Mittelpunkt die Frage nach Erhebung den Medienhandlungsweisen in ihrer Vielfalt bei einzelnen Probanden(gruppen) stand, wurde im Rahmen der qualitativen Rezeptionsstudie die Rolle von Medienmarken in der Lebenswelt der Kinder untersucht. Dazu wurde in einem ersten Untersuchungsschritt an insgesamt drei infrastrukturell unterschiedlichen Standorten jeweils eine Schulklasse der Stufen 1, 3, 5 und 7 im Rahmen eines Klassengesprächs interviewt. Diese Gruppeninterviews dienten einem Screening in unterschiedlicher Absicht. Zum einen ging es darum, die Vorlieben und Themen sowie Lieblingsfiguren der Kinder im Rahmen der Medienmarkenverbünde und ihre peerbezogenen (medialen) Aktivitäten zu eruieren. Zum anderen wurde so ein ausreichender Pool von Untersuchungsteilnehmern rekrutiert, aus dem Kinder für die weiteren vertiefenden Schritte ausgewählt werden konnten. Zusätzlich dazu wurden mit einer kleinen Population von Kindergartenkindern, die aus methodischen Gründen auch nicht in eine repräsentative Befragung einbezogen werden konnten, mittels einer Handpuppe Gruppengespräche (Stuhlkreisgespräche) geführt, um auch ihre Perspektiven kennenzulernen.

In einem zweiten qualitativen Erhebungsschritt fanden mit drei im Sinne der Fragestellung besonders interessanten Kindern pro Klasse sowie mit insgesamt sieben Kindern aus den Kindergartengruppen teilstandardisierte Leitfadeninterviews jeweils zu Hause in ihren Kinderzimmern statt. So konnte zum einen eine vertraute Atmosphäre geschaffen werden; zum anderen ließ sich der Eindruck von einer möglichen Infiltration durch (multimediale) Marken bei der Gestaltung der Zimmer erkennen.

Die Interviews mit den Kindern wurden durch ergänzende Fragen vertieft und spezifiziert, die sich an der Methode des Rollenspiels (vgl. Paus-Hasebrink 2007; → vgl. den Beitrag von Tilemann in diesem Band) orientierten und in besonderer Weise geeignet waren, über die Phantasien, Erwartungen und vordergründigen Wahrnehmungsmuster der Kinder Auskunft zu geben.

Um einen möglichst ganzheitlichen Zugang zur Lebenswelt der Kinder zu erhalten (schließlich gewinnt das jeweilige Erziehungskonzept im Kontext der Umgangsweisen von Kindern mit Medien bzw. wie im Falle der vorliegenden Studie mit Medien-Marken zentrale Bedeutung), wurde mit den Eltern der aus den Klassen und Kindergartengruppen ausgewählten Kinder ein Leitfadeninterview geführt. Hinzu kam, dass es gerade (kommerziell stark überformten) Phänomenen wie Medienmarken gegenüber unerlässlich erschien, sowohl die Einstellung der Erziehungspersonen zu diesen Angeboten als auch zu den Umgangsweisen ihrer Kinder damit zu eruieren. Zusätzlich fanden jeweils mit den Klassenlehrer/n/-innen der ausgewählten Klassen sowie den Gruppenleiter/n/-innen Interviews zu ihren Erfahrungen mit Medienmarken in Bezug auf die Wahrnehmungs- und Bearbeitungsweisen ihrer Schüler bzw. Kindergartenkinder sowie zu eigenen Einstellungen und Perspektiven auf dieses Phänomen statt.

Auswertung

Zur Auswertung der auf Audiokassetten aufgezeichneten und transkribierten Kinder- und Elterninterviews sowie der Klassengespräche wurde in einem ersten Auswertungsschritt auf die computergestützte Inhaltsanalyse (→ Kuckartz, S. 503 ff.) mit Hilfe des Programms MAXQDA zurückgegriffen. Dabei wurden die eingelesenen Texte der Klassengespräche sowie der Einzelinterviews mit den ausgewählten Kindern in Sinnabschnitte unterteilt und mit Schlagworten versehen. Anschließend konnten die einzelnen Sequenzen (Codings) per Computerbefehl zusammengestellt werden. Die Gespräche mit den erwachsenen Interviewpersonen wurden ihrem Wortlaut nach paraphrasiert und alle personenbezogenen Angaben anonymisiert. Die Schlag- bzw. Codeworte wurden z. T. induktiv auf Basis der theoretischen Prämissen formuliert; z. T. wurden sie im Laufe des Codierungsprozesses vom Material selbst abgeleitet. Auf diese Weise entstand ein hoch ausdifferenziertes Kategoriensystem (Codewortbaum), das einen umfassenden Blick auf die von den Kindern eingebrachten Perspektiven bot.

Um bei der Analyse der Klassengespräche möglichst viele Aspekte ausdifferenzieren zu können, wurden die entsprechend dem Codewortbaum codierten Ausschnitte einer fokussierenden Analyse unterzogen. Dabei galt die Aufmerksamkeit bestimmten Aspekten, die vor dem Hintergrund der Forschungsfrage relevant erschienen: Welche Themen sind Kindern wichtig, mit welchen Medienfiguren beschäftigen sie sich, welche Rolle spielt dabei die multimediale Vernetzung der Angebote auch im Hinblick auf das sie begleitende Merchandising? Auf dieser Auswertungsebene wurde das Material nach Dimensionen und Kategorien gegliedert, um einzelne Diskussionssequenzen mit jeweils demselben Thema einer vergleichenden Betrachtung der an unterschiedlichen Standorten rekrutierten Klassen unterziehen zu können. So ließen sich Unterschiede im Hinblick auf das Alter sowie das Geschlecht der Kinder, gegebenenfalls auch im Hinblick auf den Standort der Schulen, eruieren. Die Einzelinterviews wurden hingegen einer fokussierenden und einer kontextuellen Analyse unterzogen. Dabei stand bei dem fokussierenden Auswertungsschritt im Zentrum des Forschungsinteresses, einen breiten Überblick über die Umgangsweisen von Kindern mit unterschiedlichen Medienangeboten insbesondere im Hinblick auf ihre multimediale Vernetzung und ihre begleitenden Merchandisingartikel zu erlangen. Im zweiten Auswertungsschritt wurde jedes Einzelinterview-Transkript für sich betrachtet, um tiefer in die Bedeutungsstrukturen und -zuweisungen der Kinder eindringen zu können. Auf Basis des kontextuell ausgewerteten Materials wurden zu sechs im Hinblick auf die Forschungsfrage besonders aussagekräftigen Fällen Einzelfallbeschreibungen (vgl. Flick 2014) erstellt. Als Eckpunkte galten dabei demographische Angaben und ein in Hinblick auf die Fragestellung relevantes knappes Porträt der Person. Sämtliche, nach der Methode des thematischen Codierens (vgl. Flick 2014, S. 402 ff.) mithilfe einer Matrix (Alter/Geschlecht, familialer Hintergrund, Stellung in der Peer-Group, Mediennutzung/Lieblingsfiguren, Medienmarken/Merchandising, Themen, kompetenter Umgang mit Medien und Werbeverständnis, Auffälligkeiten, Motto) bearbeiteten Daten der qualitativen Untersuchung flossen in diese Analysen ein. Auf diese Weise konnten die lebensweltlichen Bedingungen verdeutlicht werden, unter denen die Kinder zum einen ihr Sozialverhalten generieren und zum anderen mit Medien Erfahrungen sammeln bzw. spezifische Beziehungen zu ihren Medienmarken aufbauen.

Fazit

Ziel qualitativer Medienforschung mit Kindern und Jugendlichen, zu der sich unterschiedlich ausgelegte Ansätze als Basis anbieten (siehe dazu die entsprechenden Beiträge im ersten Teil des vorliegenden Bandes), ist es, sich ihrem Medienumgang aus einer subjektorientierten, die Lebenswelt (vgl. Paus-Hasebrink/Kulterer 2014) einbeziehenden Perspektive mit Rücksicht auf ihre entwicklungsbedingten Voraussetzungen und Entwicklungsaufgaben im Rahmen ihrer Sozialisation adäquat anzunähern. Zur Untersuchung bietet sich eine, jeweils mit Blick auf den Forschungsgegenstand gewählte, spezifische Kombination triangulativ und multiperspektivisch angelegte Methodenkombination an.

Zum besseren Verständnis der (Medien-)Handlungsweisen Heranwachsender erscheint auch eine Analyse der objektiven strukturellen Dispositionen der Medienangebote, die diese in ihren multimedialen Präsentationsweisen als jeweilige Sinn- und Bedeutungsangebote für die Heranwachsensen bereithalten, hilfreich. Sie bieten gewissermaßen den *Stoff*, mit dem junge Menschen ihre Anliegen bearbeiten. Qualitative Forschung sollte jedoch nicht nur unmittelbaren Forschungs(selbst)zwecken dienen, sondern, wie dies Dieter Baacke stets gefordert hat, mit dem Blick auf die Lebenswelt der Beforschten auch dem Anspruch gerecht werden, leistungsfähige Konzepte als Hilfestellung für einen kompetenten Umgang mit den vielfältigen medialen Produkten zu erarbeiten (vgl. Baacke 1987).

Literatur

Aufenanger, Stefan (2000): Die Vorstellung von Kindern im virtuellen Raum. In: DISKURS, 10. Jg., H. 1, S. 25–27.

Baacke, Dieter (1987): Zum ethischen Orientierungsrahmen der Medienpädagogik. In: Issing, Ludwig J. (Hrsg.): Medienpädagogik im Informationszeitalter. Weinheim, S. 53–71.

Brosius, Hans-Bernd/Koschel, Friederike/Haas, Alexander (2008): Methoden der empirischen Kommunikationsforschung. Eine Einführung. Wiesbaden.

Flick, Uwe (2014): Qualitative Sozialforschung. Eine Einführung. 6., vollständig überarbeitete und erweiterte Auflage, Reinbek bei Hamburg.

Havighurst, Robert J (1972): Developmental Tasks and Education. New York.

Hepp, Andreas/ Düvel, Caroline (2010): Die kommunikative Vernetzung in der Diaspora: Integrations- und Segregationspotenziale der Aneignung digitaler Medien in ethnischen Migrationsgemeinschaften. In: Röser, Jutta/ Thomas, Tanja/ Peil, Corinna (Hrsg.): Alltag in den Medien – Medien im Alltag. Wiesbaden, S. 261–281.

Keuneke, Susanne (2000): Medienrezeption und Geschlechtserwerb. Zur Rolle von Bilderbüchern im Prozeß der frühen Geschlechtersozialisation. Opladen.

Lobe, Bojana/Livingstone, Sonia/Olafsson, Kajartan/Simões, José, Alberto (2008): Best Practice Research Guide. How to research children and online technologies in comparative perspective. London: EU Kids Online, LSE.

Ólafsson, Kjartan/Livingstone, Sonia/Haddon, Leslie (2013): How to research children and online technologies. Frequently asked questions and best practice. London: EU Kids Online, LSE.

Paus-Hasebrink, Ingrid (2007): Research Methods and Children. In: Arnett, Jeffrey (Hrsg.): Encyclopedia of Children, Adolescents, and the Media. Thousand Oaks, London, New Delhi, S. 717–720.

Paus-Haase, Ingrid/Schorb, Bernd (Hrsg.) (2000): Qualitative Kinder- und Jugendmedienforschung. Theorie und Methoden: ein Arbeitsbuch. München.

Paus-Hasebrink, Ingrid/Lampert, Claudia/Hammerer, Eva/Pointecker, Marco (2004): Medien, Marken, Merchandising in der Lebenswelt von Kindern. In: Paus-Hasebrink, Ingrid/Neumann-Braun, Klaus/Hasebrink, Uwe/Aufenanger, Stefan (Hrsg.): Medienkindheit – Markenkindheit. Studien zur multimedialen Verwertung von Markenzeichen für Kinder. München, S. 133–179.

Paus-Hasebrink, Ingrid/Prochazka, Fabian/Sinner, Philip (2013): What constitutes a ›rich design‹ in qualitative methodology? In: Barbovschi, Monica/ Green, Lelia/Vandoninck, Sofie (Hrsg.): Innovative approaches for investigating how children understand risk in new media. London: EU Kids Online, LSE, S. 23–26.

Paus-Hasebrink, Ingrid/Prochazka, Fabian (2015): Medienformate als Gegenstand qualitativer Forschung in der Kommunikationswissenschaft. In: Averbeck-Lietz, Stefanie/Meyen, Michael (Hrsg.) (2015): Handbuch nicht standardisierte Methoden in der Kommunikationswissenschaft. Wiesbaden, S. 401–413.

Paus-Hasebrink, Ingrid/Kulterer, Jasmin (2014): Praxeologische Mediensozialisationsforschung. Langzeitstudie zu sozial benachteiligten Heranwachsenden. Baden-Baden (unter Mitarbeit von Philip Sinner).

Wagner, Ulrike (2015): Heranwachsen mit Medien. Qualitative Methoden in der Forschung zu Kindern und Jugendlichen. In: Averbeck-Lietz, Stefanie/Meyen, Michael (Hrsg.) (2015): Handbuch nicht standardisierte Methoden in der Kommunikationswissenschaft. Wiesbaden, S. 559–572.

Kulturvergleichende Studien

Miriam Stehling

In Zeiten der Globalisierung von Medienkulturen ist vergleichende Forschung aus den Medien- und Kommunikationswissenschaften nicht mehr wegzudenken, gleichzeitig stellen vergleichende Studien Forschende immer wieder vor erhebliche methodische Probleme. Vergleichende Studien legen ihr besonderes Augenmerk auf die Erforschung von Unterschieden und Gemeinsamkeiten von verschiedenen Ländern und Kulturen. Sie leisten einen wichtigen Beitrag zur Weiterentwicklung und Schärfung von medien- und kommunikationswissenschaftlichen Theorien und Methoden. Während der Vergleich insgesamt als eine Metamethode zum Erkenntnisgewinn verstanden wird, zeigt der folgende Beitrag konkrete Schritte eines methodischen Vorgehens bei einem transkulturellen Vergleich auf.

Die Globalisierung von Medienkulturen

Die Globalisierung von Medien ist nicht mehr nur Thema der Medienforschung, sondern zugleich auch Alltagsrealität der Forschenden. Sowohl Produktion, Distribution und Rezeption von Medien machen nicht mehr an Länder- und Kulturgrenzen halt, und auch die Wissenschaften selbst werden zunehmend internationaler (vgl. Thussu 2009). Obwohl kulturvergleichende Studien schon seit Jahrzehnten in der Kommunikations- und Medienwissenschaft durchgeführt werden, hat sich das Feld der vergleichenden Kommunikations- und Medienforschung als ein solches noch nicht fest etablieren können (vgl. Esser 2016). Dennoch ist die Relevanz der vergleichenden Forschung angesichts der zunehmenden Globalisierung von Medienkulturen ungebrochen.

Die Globalisierung von Medienkulturen soll im Anschluss an Hepp als »Metaprozess der multidimensionalen Zunahme weltweiter kommunikativer Konnektivität« (Hepp 2006, S. 66) definiert und im Anschluss an Tomlinson (2007, S. 352) als ein Netzwerk von Konnektivitäten und Interdependenzen verstanden werden, die das materielle, soziale, ökonomische und kulturelle Leben charakterisieren. Globalisierung wird also nicht als eine binäre Opposition von Homogenisierung oder Heterogenisierung verstanden, sondern als ein Prozess, der übergreifende Prozesse als auch eine Hybridisierung von Medienkulturen in den Blick nimmt sowie das Augenmerk auf Konnektivitäten und Vernetzungen zwischen Medienkulturen richtet. Der vorliegende Beitrag diskutiert kulturvergleichende Forschung dementsprechend aus einer Perspektive der transkulturellen Kommunikation (vgl. Hepp/Krotz/Winter 2005, S. 7–12; Hepp 2006, S. 19–63). Das bedeutet, dass die Untersuchungsgegenstände eines Vergleichs nicht zwangsläufig innerhalb von Grenzen von Nationalstaaten verortet werden können, sondern dass sie als spezifische kulturelle Verdichtungen verstanden werden, die auch über Grenzen von Nationalstaaten und -kulturen hinweg bestehen können (vgl. Hepp 2006, S. 79).

Das methodische Vorgehen des Vergleichs

Vergleichende Studien zeichnen sich vor allem durch einen mehrfachen Erkenntnisgewinn aus; sie liefern ein Vielfaches an Datenmengen, als sie in einem einzelnen Land zu erheben wären, und sie ermöglichen es, Erkenntnisse zu vertiefen und in ihrer Mannigfaltigkeit zu fundieren (vgl. Thomaß 2016, S. 54). Hallin und Mancini (2004,

S. 2 f.) stellen heraus, dass vergleichende Forschung wertvoll ist, gerade weil sie uns für Differenzen und Gemeinsamkeiten sensibel macht. Sie kann das Unsichtbare sichtbar und uns auf Dinge aufmerksam machen, die wir als gegeben annehmen. Auf diese Weise kann vergleichende Forschung zu einer Erweiterung und Schärfung theoretischer Konzepte und empirischer Methoden beitragen. Nach Schulz (2008, S. 24) kann vergleichende Forschung zu einem entscheidenden Vorteil führen, nämlich durch einen Vergleich »mehr Gewissheit über die Verlässlichkeit und Gültigkeit der Befunde zu erhalten.« Einerseits kann der Vergleich als implizites Element die theoretische Reflexion erhöhen, andererseits kann der Vergleich als explizit eingesetztes methodisches Verfahren fruchtbar gemacht werden (vgl. Bucher 2008, S. 309).

Vergleichende Studien werden definiert als solche Studien, die systematisch Daten aus zwei oder mehr Nationen vergleichen (vgl. Kohn 1987, S. 714). Allgemeiner gesprochen zielt die Methode des Vergleichs auf einen Erkenntnisgewinn, indem man zwei oder mehr voneinander abzugrenzende Entitäten miteinander in Beziehung setzt (vgl. Thomaß 2016, S. 50). Nach wie vor ist der Nationalstaat die noch meistuntersuchte Vergleichseinheit, jedoch können Studien darin unterschieden werden, welchen Stellenwert das Land bei einer vergleichenden Studie einnimmt. Das Land kann beispielsweise als Untersuchungsgegenstand oder Untersuchungseinheit dienen, als Kontext von Interesse sein oder aber als eine Komponente innerhalb eines größeren bzw. transnationalen Systems betrachtet werden (vgl. Kohn 1987; Livingstone 2003, S. 483–486, oder Thomaß 2016, S. 51). Das Ziel einer transkulturellen Studie liegt beispielsweise nicht nur im Auffinden von kulturellen Spezifitäten, sondern in der Betrachtung des Zusammenwirkens lokaler und globaler Elemente. Bei einem Vergleich wird dementsprechend nach Gemeinsamkeiten und Unterschieden gefragt.

Das methodische Vorgehen eines Vergleichs muss in erster Linie an Untersuchungsgegenstand und Erkenntnisinteresse angepasst sein und ist dementsprechend heterogen. Für alle

Vergleiche gilt jedoch, dass sie ihr Vorgehen gut begründen und explizit machen sollten (vgl. Livingstone 2003, S. 492). Im Folgenden werden deshalb die verschiedenen Schritte, die es bei der Planung und Durchführung einer vergleichenden Studie zu berücksichtigen gilt, beschrieben.

Was wird verglichen? (Untersuchungseinheit)

Zunächst sollte bestimmt werden, was genau verglichen werden soll. Die Untersuchungseinheit sollte klar definiert werden, und es muss deutlich sein, worum es sich genau handelt. Wichtig ist, zu beachten, dass die Untersuchungseinheiten so gewählt werden sollten, dass sie auch vergleichbar sind. Die Untersuchungseinheit muss also über die Vergleichskontexte hinweg vergleichbar, wenn auch nicht identisch sein. Dies bedeutet, dass der Untersuchungsgegenstand hinsichtlich der Vergleichsebene genau definiert werden muss und dass es einer genauen Begründung bedarf, warum sich das ausgewählte Material – sei es eine Fernsehsendung, Presseartikel oder Daten aus Interviews – für einen Vergleich eignet.

Wichtig ist außerdem, die Auswahl der Länder, die entweder als Untersuchungseinheiten oder als Vergleichskontexte ausgewählt werden, zu begründen und die Anzahl der Länder, die verglichen werden sollen, festzulegen. Es kann unterschieden werden zwischen impliziten Vergleichen mittels Einlandstudien, dem Paarvergleich von zwei Ländern und Studien mit einer mittleren Länderzahl von vier bis zwölf Fällen (vgl. Esser 2016, S. 4). Eine kleine Anzahl an Fällen erlaubt tief gehende, konkrete, qualitative Aussagen und ist eher explorativ; eine größere Anzahl erlaubt weitreichende, quantitative, abstrakte Aussagen und liefert eher deskriptive Ergebnisse (vgl. Thomaß 2016, S. 55).

Da vergleichende Forschung auf das Auffinden von Unterschieden, aber auch Gemeinsamkeiten ausgelegt ist, gilt es, die Auswahl der Länder so zu treffen, dass sie – wie bereits oben erwähnt – vergleichbar, aber nicht identisch sind. Bucher (2008, S. 310 f.) merkt an, dass weit häufiger vergleichende Studien für Deutschland und die USA oder andere europäische Länder als für Deutschland und China durchgeführt werden. Dies führt er darauf zurück, dass bei kulturvergleichenden Analysen ein hohes Maß an kultureller Vertrautheit mit den untersuchten Kontexten vorausgesetzt wird. Gerade das Beherrschen der Landessprache und der gängigen Kommunikations- und Umgangsformen ist für die empirische Umsetzung der Studie von großer Relevanz. Eine solche kulturelle Vertrautheit kann aber natürlich nicht immer durch eine Person erreicht werden, sodass sich bei vergleichender Forschung insbesondere internationale Kooperationen und Partnerschaften anbieten (vgl. auch Livingstone 2003, S. 491). Dies führt auch zu der Frage nach Kontextualisierung und Selbstverortung der Forschenden bei vergleichenden Studien, welche im nächsten Abschnitt thematisiert wird.

Wie wird verglichen? (Kontextualisierung und Selbstverortung)

Als einen weiteren Kernpunkt vergleichender Forschung identifiziert Livingstone (ebd.) die Frage der Kontextualisierung. Sie konstatiert, dass vergleichende Forschung versucht, Insider- und Outsider-Perspektiven zu kombinieren. Dies kann entweder durch die Zusammenführung mehrerer Forschender aus verschiedenen Kontexten oder durch Besuche und Aufenthalte von »Outsider«-Forschenden im jeweils »fremden« Kontext erreicht werden. Das Ziel dabei ist, »to keep insider and outside perspectives in dialogue« (ebd.). Allerdings muss hier mit Ien Ang auf die Unmöglichkeit eines »radikalen Kontextualismus« verwiesen werden (vgl. Ang 2008, S. 68). Nach Ang würde ein radikaler Kontextualismus eine unmögliche Position für Forschende bedeuten, denn sie müssten ständig damit beschäftigt sein, ein unabgrenzbares, sich stetig erweiterndes Gebiet an Wirklichkeiten zu erfassen (vgl. ebd., S. 69). Aus dieser Erkenntnis heraus plädiert Ang für Transparenz der Position, aus der geforscht und gesprochen wird, und für

eine Selbstreflexion der Forschenden (vgl. ebd.). Ähnlich argumentiert auch Livingstone (2003, S. 491), die eine Selbstreflexion der Forschenden wichtig findet, weil die bzw. der Forschende sich der eigenen Fremd- und Situiertheit bewusst sein muss, um weder voreilige noch stereotype Schlussfolgerungen aus dem Vergleich zu ziehen. Ein weiterer wichtiger Punkt ist dabei, dass das Erkenntnisinteresse des Vergleichs transparent gemacht wird.

Mit welchem Ziel? (Erkenntnisinteresse)

Vergleichende Studien können nach Bucher (2008, S. 312 f.) zwei verschiedene Erkenntnisziele besitzen: Typologisierung und Universalisierung. Mit Typologisierung ist ein Ziel bezeichnet, eine Ordnung in einer Menge von Elementen zu konstruieren, indem sie spezifische Unterschiede zwischen ihnen als Ordnungskriterien verwendet. Mit Universalisierung ist dagegen eine Vorgehensweise des Vergleichs gemeint, die Gemeinsamkeiten über Mediengattungen und Rezipierendengruppen hinweg ermittelt (vgl. ebd., S. 313). Weil typologisierende Forschung nach Unterschieden sucht, geht sie differenzierend vor, während universalisierende Forschung Gemeinsamkeiten herausarbeitet.

Diese unterschiedlichen Erkenntnisziele vergleichender Forschung haben wiederum Implikationen für das methodische Design eines Vergleichs. Es kann zwischen einer inter- und einer transkulturellen Vergleichssemantik unterschieden werden. Während Forschung der internationalen Kommunikation, wie beispielsweise die Mediensystemforschung, einem typologisierenden, differenzierenden Ansatz des Vergleichs nachgeht, indem verschiedene Mediensysteme anhand bestimmter Merkmale verglichen, voneinander unterschieden und so klassifiziert werden, orientiert sich Forschung aus einer transkulturellen Perspektive methodisch an einem universalisierenden, übergreifenden Ansatz, der Kontexte als transkulturell betrachtet (vgl. Hepp 2011, S. 121). Der Vorteil einer transkulturellen

gegenüber einer internationalen Vergleichssemantik besteht in der Überwindung der Bina-
rität des Vergleichs zwischen zwei Kontexten,
ohne dabei den Staat oder die Nation als mögliche Bezugspunkte des Vergleichs auszuschließen (vgl. Hepp 2009, Abs. 24). Für eine angemessene Auseinandersetzung mit Prozessen der
Globalisierung von Medienkulturen sollte in der
vergleichenden Forschung also eine Offenheit
gegenüber verschiedenen Referenzpunkten des
Vergleichs bestehen, um nicht nur Unterschiede
zu identifizieren, sondern auch übergreifende
Prozesse in den Blick zu nehmen. Bei der Konzeption und Durchführung einer vergleichenden
Studie muss also geklärt werden, welches diese
Referenzpunkte des Vergleichs sind.

Mit welchen Methoden?
(Standardisierung vs. Offenheit)

Der Vergleich an sich wird als eine Metamethode
verstanden, unter deren Perspektive Daten systematisch erhoben und vor dem Hintergrund des
gewählten theoretischen Ansatzes vergleichend
ausgewertet und interpretiert werden (vgl. Thomaß 2016, S. 55). Die Methoden, die unterhalb
der Vergleichsebene angewendet werden, können vielfältig sein. Deshalb ist es bedeutsam,
Entscheidungen über die angewandten Methoden der Datenerhebung und -auswertung an
dem Erkenntnisinteresse des Vergleichs auszurichten.

Eine methodologische Anforderung vergleichender Forschung ist die funktionale Äquiva-
lenz der Untersuchungseinheiten. Das bedeutet, dass nur das verglichen werden kann, was
auch vergleichbar ist. Die Standardisierung
des methodischen Instrumentariums und die
Kategorienbildung müssen zwar den kulturellen Kontexten gerecht werden, aber dennoch
dem Vergleich standhalten (vgl. ebd., S. 56). Ein
Wort, Begriff oder Konzept kann in unterschiedlichen Kontexten unterschiedliche Bedeutungen
besitzen, was bei der Entwicklung des methodischen Vorgehens beachtet werden muss. Im Hin-

blick auf das methodische Design vergleichender
Studien gilt also vor allem eines:
»Eine Darstellung vergleichender Forschung
muss explizit machen, dass im Hinblick auf
jeden Schritt der Datenerhebungsmethoden,
Wahl der Forschungsinstrumente, der Erhe-
bungszeiträume, der Grundgesamtheit und Verfahren der Fallauswahl das Prinzip der Äquiva-
lenz gewahrt wurde.« (ebd., S. 57)

Für die konkrete Datenerhebung und -ana-
lyse sind dementsprechend Entscheidungen
hinsichtlich der Auswahl der Erhebungs- und
Auswertungsmethoden zu treffen. Für einen
transkulturellen Vergleich schlägt Hepp (2009,
Abs. 27) beispielsweise ein dreistufiges methodisches Vorgehen vor, bei dem erstens kulturelle
Muster analysiert werden, zweitens vielfach verglichen und drittens multiperspektivisch kritisiert wird.

Als kulturelle Muster werden »Verdichtungen von bestimmten Mustern des Denkens, des
Diskurses und der Praxis« in Medienkulturen
verstanden und analysiert (vgl. ebd., Abs. 30).
Der Begriff der Verdichtung betont die »Spezifik einer Kultur in der *Gesamtheit* ihrer Muster wie auch die Offenheit einer Kultur in der
Nicht-Exklusivität vieler oder der meisten ihrer
kulturellen Muster.« (ebd., H. i. O.) Die Analyse kultureller Muster kann beispielsweise mit
dem Verfahren der Grounded Theory realisiert
werden, bei dem in einem induktiven Codierungsprozess Kategorien anhand des Materials gebildet werden. Denkbar ist aber auch eine
Auswertung des Materials mit der qualitativen
Inhaltsanalyse (z. B. nach Kuckartz 2012), bei der
sowohl deduktiv gewonnene Kategorien berücksichtigt werden können, als auch eine Offenheit für die Analyse kultureller Muster durch die
induktive Bildung von Subkategorien anhand
des Materials gewährleistet ist.

Zweitens ist der Schritt des vielfachen Verglei-
chens nach Hepp (2009, Abs. 32) konstituierend
für einen transkulturellen Vergleich. Dies bedeutet, dass nicht nur einzelne Fälle miteinander
verglichen, sondern auch transkulturelle Muster herausgearbeitet werden (vgl. ebd., Abs. 33).

Entscheidend ist hierbei, dass die Daten nicht von vornherein »national aggregiert« (ebd.) werden, sondern dass die ausgewählten Fälle über kulturelle Kontexte hinweg miteinander verglichen werden, um so nicht nur kulturelle Differenzen zu beschreiben, sondern darüber hinaus auch gemeinsame kulturelle Muster herauszuarbeiten. Es ist also entscheidend, dass bei der Analyse nicht von vornherein nur nach Ländern unterschieden wird, sondern alle Daten in einem gemeinsamen Codierungsprozess auch übergreifend analysiert werden.

Drittens stellt die vergleichende Medienkulturforschung einen multiperspektivisch-kritischen Ansatz dar, der kulturelle Verdichtungen nicht nur beschreibt und erklärt, sondern auch kritisch hinterfragt und beleuchtet (vgl. ebd., Abs. 36). Dabei muss die bzw. der Forschende selbst als ein Teil einer situierten kulturellen Praxis der transkulturellen Medienforschung verstanden werden (vgl. ebd.). Dieses Vorgehen geht – wie bereits beschrieben – einher mit dem Schritt der Kontextualisierung der Daten und Selbstverortung der Forschenden.

Zusammenfassend ist festzuhalten, dass das empirische Vorgehen eines transkulturellen Vergleichs, wie es hier erläutert wurde, immer noch ein sehr theoretisch geleitetes Vorgehen ist. Insbesondere Kraidy und Murphy (2008, S. 339) haben auf die Schwierigkeit hingewiesen, einen empirisch zugänglichen Ort zu definieren, an dem transkulturelle Prozesse sichtbar werden. Sie plädieren dabei dafür, einen solchen Ort zu untersuchen, an dem globale Prozesse in Form und Praxis sichtbar werden und an dem sie verwoben sind mit lokaler menschlicher Subjektivierung und Handlungsfähigkeit (vgl. ebd.). Um zu veranschaulichen, wie ein solches Vorgehen aussehen kann, wird in dem folgenden Abschnitt das Beispiel global gehandelter Fernsehformate und ihrer Aneignung durch junge Zuschauerinnen in Deutschland und den USA vorgestellt.

Die Aneignung von Fernsehformaten im transkulturellen Vergleich

Die Fernsehlandschaft ist zunehmend durch Deregulierung, Digitalisierung und Konvergenz, globale Strukturen und weltweite Handelsbeziehungen geprägt (vgl. Hallenberger 2005, S. 165 f.). Fernsehformate wie das *Top Model*-Format sind in verschiedenen Ländern und Regionen der Erde bekannt und erfolgreich; sie werden entweder als Originalformat exportiert oder als Lizenzformat in verschiedenen Ländern lokal produziert. Durch lokal produzierte Adaptionen entstehen so Fernsehangebote in verschiedenen kulturellen Kontexten, die auf bestimmten Gemeinsamkeiten beruhen. Das Format nimmt somit eine transkulturelle Form an, indem das Zusammenspiel von global-universalistischen Vorgaben und lokal-partikularistischer Adaption und Aneignung einen notwendigen Teil des Prozesses der Bedeutungsproduktion in der jeweiligen Kultur darstellt. Dies begründet die wissenschaftliche Relevanz von Fernsehformaten im Kontext der Diskussion um Globalisierung und Lokalisierung und macht sie zu einem gewinnbringenden Untersuchungsgegenstand der vergleichenden Forschung.

Als ein konkretes Untersuchungsbeispiel soll hier das *Top Model*-Format mit seiner US-amerikanischen und deutschen Adaption dienen. In einer Studie zur Aneignung der beiden Formatversionen wurde konkret untersucht, wie sich junge Zuschauerinnen in verschiedenen kulturellen Kontexten (hier: in Deutschland und den USA) das global gehandelte Fernsehformat *Top Model* in der jeweiligen Länderversion aneignen (vgl. Stehling 2015). Insbesondere wurden dabei Fragen in den Blick genommen, die darauf abzielten, wie junge Zuschauerinnen die in den Sendungen angebotenen postfeministischen und neoliberalen Subjektivierungen vor dem Hintergrund eigener Alltagserfahrungen verhandeln, welche lokalen bzw. transkulturell verfügbaren Wissensvorräte sie dabei nutzen und welche Unterschiede und Gemeinsamkeiten sich in der Rezeption zeigen. Diese Fragen wurden exemplarisch anhand der Durchführung und

Analyse von insgesamt zehn Gruppendiskussionen mit jungen Zuschauerinnen von *America's Next Top Model* und *Germany's next Topmodel* zwischen 17 und 28 Jahren in Deutschland und den USA beantwortet. Zusammenfassend zeigen die Ergebnisse, dass sich zahlreiche Gemeinsamkeiten in der Rezeption der Zuschauerinnen in Deutschland und den USA finden, die sich durch eine Nähe in Genre(-Wissen), Wertvorstellungen und Themen, die von den Zuschauerinnen diskutiert wurden, ausdrücken und die sowohl durch Gemeinsamkeiten der Formatadaptionen selbst als auch durch ähnliche (mediatisierte) Alltagserfahrungen in den beiden Länderkontexten zu erklären sind.

Methodisch basiert die Studie auf qualitativen Methoden der Medien(-Rezeptions-)Forschung. Der Studie liegt außerdem eine transkulturelle Vergleichssemantik zugrunde, wie sie oben erläutert wurde. Dabei wurden Gruppendiskussionen als Form der Datenerhebung verwendet, die nach einer Anpassung der Gesprächsleitfäden an die jeweilige Formatadaption und das jeweilige Land in der jeweiligen Landessprache vor Ort durchgeführt wurden. Insgesamt wurden zehn Gruppendiskussionen (je fünf aus Deutschland und den USA) in die Auswertung einbezogen.

Die Auswertung der Gruppendiskussionen erfolgte mit einer Kombination aus inhaltlich strukturierender qualitativer Inhaltsanalyse (vgl. Kuckartz 2012) und transkultureller Vergleichssemantik (vgl. Hepp 2006; 2009). Dabei wurde eine deduktiv-induktive Kategorienbildung verwendet. Das bedeutet, dass zunächst entlang der aus Theorie und Forschungsstand gewonnenen Hauptkategorien Postfeminismus, Gouvernementalität und Transkulturalität codiert wurde, um in einem zweiten Schritt induktiv Subkategorien aus dem Material zu bilden.

Die Ergebnisse zeigen, dass Transkulturalität nicht nur als eine Forschungsperspektive angewendet, sondern auch als eine mediatisierte Praxis in der Rezeption von Fernsehformaten konzipiert und empirisch nachverfolgt werden kann. Es werden Verflechtungen und Gemeinsamkeiten in der Rezeption des Formats deutlich, die dafür sprechen, dass die im *Top Model*-Format angebotenen Ressourcen zur Aushandlung von Normen, Wertvorstellungen und Subjektivierungen zumindest in den beiden hier untersuchten Kontexten von den Zuschauerinnen als relevant wahrgenommen werden. Fernsehformate, die solche Ressourcen zur Aushandlung bereitstellen, können somit als transkulturelle Medienangebote bezeichnet werden, die es ermöglichen, eine externe Transkulturalität als mediatisierte Praxis der Rezeption von Fernsehformaten in Form von Gemeinsamkeiten und ähnlichen Aushandlungen herzustellen. Dies erweitert die bisherige vergleichende Forschung zu Fernsehformaten dahin gehend, dass durch eine Perspektive der Transkulturalität auch solche Rezeptionsweisen identifiziert und untersucht werden können, die Gemeinsamkeiten und Verbindungen über Kontexte hinweg stiften und nicht mehr nur Unterschiede und Konflikte beleuchten. Dies soll keineswegs bedeuten, dass solche Unterschiede und Konflikte nicht mehr bestehen, jedoch zeigt das hier angeführte Beispiel, dass Annäherungen und Ähnlichkeiten zumindest zwischen den hier untersuchten Kontexten durchaus zu beobachten sind und dass Globalisierungsprozesse nicht zwangsläufig zu einer Erosion von lokalen Prozessen führen und damit nicht automatisch mit Entmächtigungs- und Entmündigungsprozessen im Sinne einer Homogenisierung einhergehen. Für die vergleichende qualitative Forschung kann festgehalten werden, dass jede Studie sowohl ihre theoretischen Ausgangspunkte, ihre Erkenntnisziele und methodischen Vorgehensweisen explizit machen sollte und ihre Ergebnisse hinsichtlich dieser als auch der eigenen Position im Forschungsprozess kontextualisieren muss. Wie das hier angeführte Beispiel zeigt, kann vergleichende qualitative Forschung einen wichtigen Beitrag bei der Weiterentwicklung von Theorien und Konzepten innerhalb der Medien- und Kommunikationswissenschaften leisten.

Literatur

Ang, Ien (2008): Radikaler Kontextualismus und Ethnografie in der Rezeptionsforschung. In: Hepp, Andreas/ Winter, Rainer (Hrsg.): Kultur – Medien – Macht. Cultural Studies und Medienanalyse. 4. Auflage. Wiesbaden, S. 61–79.

Bucher, Hans-Jürgen (2008): Vergleichende Rezeptionsforschung: Theorien, Methoden und Befunde. In: Melischek, Gabriele/Seethaler, Josef/Wilke, Jürgen (Hrsg.): Medien & Kommunikationsforschung im Vergleich. Grundlagen, Gegenstandsbereiche, Verfahrensweisen. Wiesbaden, S. 309–340.

Esser, Frank (2016): Komparative Kommunikationswissenschaft: Ein Feld formiert sich. In: Studies in Communication Sciences, Jg. 16, H. 1, S. 54–60, DOI: 10.1016/j.scoms.2016.03.005.

Hallenberger, Gerd (2005): Vergleichende Fernsehprodukt- und Programmforschung. In: Hepp, Andreas/Krotz, Friedrich/Winter, Carsten (Hrsg.): Globalisierung der Medienkommunikation. Eine Einführung. Wiesbaden, S. 165–185.

Hallin, Daniel C./Mancini, Paolo (2004): Comparing Media Systems. Three Models of Media and Politics. Cambridge u. a.

Hepp, Andreas (2006): Transkulturelle Kommunikation. Konstanz.

Hepp, Andreas (2009): Transkulturalität als Perspektive: Überlegungen zu einer vergleichenden empirischen Erforschung von Medienkulturen. In: Forum: Qualitative Sozialforschung FQS Forum: Qualitative Social Research [Online-Journal], Jg. 10, Nr. 1. Abrufbar unter: http://www.qualitative-research.net/index.php/fqs/article/view/1221/2660 (letzter Zugriff: 16.11.2016).

Hepp, Andreas (2011): Medienkultur. Die Kultur mediatisierter Welten. Wiesbaden.

Hepp, Andreas/Krotz, Friedrich/Winter, Carsten (2005): Einleitung. In: Dies. (Hrsg.): Globalisierung der Medienkommunikation. Eine Einführung. Wiesbaden, S. 7–17.

Kohn, Melvin L. (1987): Cross-National Research as an Analytic Strategy: American Sociological Association, 1987 Presidential Address. In: American Sociological Review, Jg. 52, H. 6, S. 713–731.

Kraidy, Marwan M./Murphy, Patrick D. (2008): Shifting Geertz: Toward a Theory of Translocalism in Global Communication Studies. In: Communication Theory, Jg. 18, H. 3, S. 335–355.

Kuckartz, Udo (2012): Qualitative Inhaltsanalyse. Methoden, Praxis, Computerunterstützung. Weinheim.

Livingstone, Sonia (2003): On the Challenges of Cross-National Comparative Media Research. In: European Journal of Communication, Jg. 18, H. 4, S. 477–500.

Schulz, Winfried (2008): Kommunikationsforscher als Komparatisten. In: Melischek, Gabriele/Seethaler, Josef/ Wilke, Jürgen (Hrsg.): Medien & Kommunikationsforschung im Vergleich. Grundlagen, Gegenstandsbereiche, Verfahrensweisen. Wiesbaden, S. 17–25.

Stehling, Miriam (2015): Die Aneignung von Fernsehformaten im transkulturellen Vergleich. Eine Studie am Beispiel des Topmodel-Formats. Wiesbaden.

Thomaß, Barbara (2016): Der Vergleich als Metamethode in der Kommunikationswissenschaft. In: Averbeck-Lietz, Stefanie/Meyen, Michael (Hrsg.): Handbuch nicht standardisierte Methoden in der Kommunikationswissenschaft. Wiesbaden, S. 49–65.

Thussu, Daya Kishan (2009): Why internationalize media studies and how? In: Thussu, Daya Kishan (Hrsg.): Internationalizing Media Studies. London, S. 32–47.

Tomlinson, John (2007): Cultural Globalization. In: Ritzer, George (Hrsg.): The Blackwell companion to globalization. Malden, MA/Oxford, S. 352–366.

Einzelfallanalyse

Nina Baur / Siegfried Lamnek

Die Einzelfallanalyse will eine Fallgeschichte in ihrer Ganzheitlichkeit realitätsgerecht und detailliert erfassen. Fälle können Personen, soziale Kollektive, Situationen, Prozesse und Entscheidungsverfahren sein. Fokussiert man auf die Erfassung eines *einzelnen* Falles (statt *vieler* Fälle), ist sie ein Sammelbegriff für qualitative im Gegensatz zu quantitativen Ansätzen. Gleichzeitig ist die Einzelfallanalyse aber auch ein spezifischer Forschungsansatz innerhalb der qualitativen Verfahren. Im Gegensatz zu anderen qualitativen Verfahren fokussiert sie auf Fragen des Forschungsdesigns, der Fallauswahl (Stichprobenverfahren) und der Verallgemeinerbarkeit der Ergebnisse. Letztere soll durch verschiedene Verfahren der systematischen Variation erzielt werden. Statt bestimmte Methoden und Techniken auszuarbeiten, gibt die Einzelfallmethode allgemeine Empfehlungen, wie der Forschungsprozess zu gestalten ist. Hierzu gehören: Fokussierung auf das Erkenntnisinteresse bei gleichzeitiger Offenheit gegenüber dem Gegenstandsbereich; Forscher-Gegenstands-Interaktion; Anpassungsfähigkeit an einen unerwarteten Verlauf des Forschungsprozesses; Theorien-, Methoden-, Daten- und Forschertriangulation; Interpretativität und Naturalistizität.

Einleitung

Für die Einzelfallanalyse gibt es viele Namen, u. a. Fallbericht, Fallanalyse, Fallstudie, Fallmethode, Falldarstellung, Fallgeschichte, Fallbeschreibung etc. (Fatke 1997, S. 58). Im Englischen wird sie als »case study«, »monographic study« oder »monographic approach« bezeichnet. Wir verwenden diese Begriffe im Folgenden synonym. Entscheidend ist, dass ein einzelner, nach bestimmten Bedingungen abgegrenzter »Fall« detailliert untersucht wird (Hamel 1992; Platt 1992; Reinecker 1999; Creswell 2012). Yin (1994, S. 13) definiert sie folgendermaßen:
»A case study is an empirical inquiry that
- investigates a contemporary phenomenon within its real-life context, especially
- when the boundaries between phenomenon and context are not clearly evident.«

Die Einzelfallanalyse lässt sich einerseits vom quantitativen Paradigma, andererseits von anderen qualitativen Verfahren abgrenzen.

Abgrenzung gegenüber der quantitativen Sozialforschung

In der quantitativen Sozialforschung wird ein Fall immer als Teil einer Population (Grundgesamtheit) gesehen, also einer Vielzahl von anderen, ähnlichen Fällen (→ vgl. den Beitrag von Flick a in diesem Band). Jeder Fall ist nur von Interesse, weil er etwas über das Kollektiv aussagt. Eine Mehrzahl von Fällen ist aus dieser Perspektive immer dem Einzelfall vorzuziehen, weil mehr Fälle mehr über das Kollektiv aussagen (Abbott 2001). Demgegenüber betont die Fallstudienmethode, dass auch ein Fall an sich oder wenige gezielt ausgewählte Fälle analytisch von Interesse sein können (Peters 1998). Dies bedeutet aber nicht, dass nur Aussagen über diese Einzelfälle gemacht werden sollen – auch die Einzelfallstudie will verallgemeinern (Lamnek/Krell 2010).

Ein großer Teil der methodologischen Debatten im Rahmen der Fallstudie (Tight 2014; Byrne/Ragin 2013) dreht sich deshalb um folgende Fragen: (1) Welche Berechtigung hat die Einzelfallanalyse? (2) Wenn man nur einen einzigen Fall untersucht, *welchen* Fall sollte man untersuchen? (3) Wie kann man valide Aussagen über den Fall machen? (4) Wie kann man von diesem Fall aus verallgemeinern? Aus dieser Perspektive bezeichnet die Einzelfallmethode qualitative Verfahren an sich im Gegensatz zu quantitativen Verfahren.

Abgrenzung gegenüber anderen qualitativen Verfahren

Gleichzeitig ist die Einzelfallanalyse ein Forschungsansatz (»Approach«) innerhalb der qualitativen Sozialforschung (Lamnek/Krell 2010, S. 272 ff.). Laut Creswell (2012) müssen *alle* qualitativen Sozialforscher im Rahmen des Forschungsprozesses bestimmte Probleme lösen: Forscher müssen

1. ihr Erkenntnisinteresse festlegen, also bestimmen, worauf sie theoretisch fokussieren (Baur 2009). Sie müssen ihre Forschungsfrage so genau wie möglich präzisieren.
2. ein Forschungsdesign aufstellen, also entscheiden, wie sie den Forschungsprozess als Ganzes organisieren (→ Wegener/Mikos, S. 220 ff.). Hierzu gehört auch die Auswahl des richtigen Forschungsansatzes.
3. eine Stichprobenstrategie festlegen, d. h., sie müssen den Fall oder die Fälle auswählen, die sie untersuchen (Akremi 2015). In diesem Rahmen müssen sie auch überlegen, ob und wie sie ihre späteren Forschungsergebnisse verallgemeinern können.
4. Daten erheben.
5. Daten ordnen und für die Auswertung aufbereiten (→ Prommer, S. 416 ff.; → Ayaß, S. 421 ff.; → Hugger/Wegener, S. 440 ff.; → Prommer/Linke, S. 447 ff.).
6. Daten auswerten (den Fall beschreiben, interpretieren und klassifizieren).
7. die Validität der Ergebnisse beurteilen (→ Flick, S. 36 ff.; → Reichertz, S. 27 ff.).
8. die Forschungsergebnisse vorstellen – in Form einer Präsentation, eines Berichts etc. (Meyer/Meier zu Verl 2015).

Die meisten qualitativen Ansätze diskutieren ausführlich Probleme der Datenerhebung und -aufbereitung (Phasen 4 und 5) sowie das Verhältnis von Datenerhebung und -auswertung (Phase 4 und 6). Demgegenüber fokussiert der Fallstudienansatz auf die Phasen 1 bis 3 und 7 (Theorie, Forschungsdesign, Stichprobenstrategie, Validität) sowie deren Verhältnis zur Auswertung (Phase 6). Im methodologischen Diskurs werden u. a. folgende Fragen gestellt (Tight 2014; Byrne/Ragin 2013): (1) Was ist ein Fall? (2) Sollte man nur einen oder mehrere Fälle untersuchen? (3) Welche Fälle sollte man studieren? (4) Wie kann man Kausalbeziehungen identifizieren, klären und charakterisieren? (5) Wie ist der Forschungsprozess zu gestalten, damit man möglichst valide Ergebnisse bekommt?

Die Fallstudienmethode als einen von vielen qualitativen Ansätzen zu sehen, ist etwas grundsätzlich anderes, als sie im Rahmen der Debatte um die Berechtigung des qualitativen gegenüber dem quantitativen Paradigma zu konzipieren. In der methodologischen Debatte (Tight 2014; Byrne/Ragin 2013) ist jedoch nur selten klar, auf welche dieser beiden Sichtweisen sich ein Beitrag bezieht, sodass der Begriff der »Einzelfallanalyse« uneinheitlich verwendet wird. Die obige Darstellung zeigt aber auch, dass unabhängig von der Definition des Begriffs der »Fallstudie« weitgehend dieselben Fragen gestellt werden – die Diskurse sind also miteinander verwoben. Wir fassen die wesentlichen Punkte beider Diskurse im Folgenden unter fünf Fragen zusammen:

1. Was ist ein Fall?
2. Wie kann man Kausalbeziehungen identifizieren, klären und charakterisieren?
3. Welcher Fall sollte untersucht werden?
4. Wie kann mithilfe der Einzelfallanalyse verallgemeinert werden?
5. Wie muss der Forschungsprozess gestaltet werden, um möglichst valide Ergebnisse zu erlangen?

Abschließend werden wir eine mögliche Anwendung der Einzelfallanalyse in der Medienforschung beispielhaft erläutern.

Was ist ein Fall?

Ein Fall ist ein Individuum im sozialwissenschaftlichen Sinn (vgl. hierzu Alemann/Ortlieb 1975; Petermann/Hehl 1979; Yin 1994, S. 21 ff.; Reinecker 1999; Lamnek/Krell 2010, S. 272 ff., 282 ff.), also z. B.:

- *Eine Person,* z. B. ein Journalist, ein Politiker etc. Ist eine einzelne Person Untersuchungsgegenstand, ist die Grenze zwischen Einzelfallanalyse und biographischer Forschung (Fuchs-Heinritz 2009) fließend.
- *Ein soziales Gebilde höherer Handlungsebene,* also z. B. eine soziale Gruppe wie eine Redaktion einer Zeitung (Witzel 1982); ein Betrieb, eine Organisation bzw. deren Organisationsstruktur, wie ein Radiosender oder der Journalistenverband; eine Kultur oder ein Land wie Deutschland; ein gesellschaftliches Teilsystem wie das deutsche Mediensystem etc. Bei kleineren sozialen Gruppen verwischen Fallstudie und Ethnographie (Fetterman 1997).
- *Der Verlauf und die Folgen von sozialen Prozessen (Baur 2005), markanten Ereignissen oder Interventionen,* so etwa neue Sendeformate wie »Der Bachelor«, »Germany's Next Top Model« und »Undercover Boss«; die Eurokrise seit 2010; organisatorische Probleme bei der Integration von Flüchtlingen in die deutsche Gesellschaft; die Auswirkung der Nuklearkatastrophe von Fukushima im März 2011 auf den Mediendiskurs; die Gestaltung und Rezeption des Bundestagswahlkampfs 2017, des Tarifkonflikts im Fernverkehr zwischen der Deutschen Bahn und GDL 2014/2015 oder der neuen Werbekampagne von Nestlé etc.
- *Entscheidungsverfahren,* so etwa: Wie wählen Redaktionen die Nachrichten für die Titelseite aus? Welche Akteure (Politiker, Medien, Lobbyisten etc.) beeinflussen wann und

wie den Gesetzgebungsprozess um Umweltschutz?

Aus Sicht der meisten quantitativen Verfahren ist ein Fall eine abgeschlossene Entität (z. B. eine Zeitung), die Teil einer Population ist (z. B. alle deutschen Zeitungen). Jeder Fall weist bestimmte Eigenschaften auf, die sich als Ausprägungen von bestimmten Variablen abbilden lassen, z. B. kann eine Zeitung bezüglich der Variable »politische Orientierung« u.a. die Ausprägungen »konservativ« oder »liberal« haben. Quantitative Verfahren setzen dann verschiedene Variablen zueinander in Bezug, z. B.: Berichten konservative Zeitungen positiver über den Wahlkampf der CDU als liberale? Analytisch zielen quantitative Verfahren also immer auf die Population ab. Der Einzelfall ist nur insofern interessant, als er repräsentativ für die Gesamtheit ist, also etwas über diese aussagt. Fälle interessieren deshalb nur in der Mehrzahl (Abbott 2001, S. 129 ff.).

Entsprechend hat die Einzelfallstudie für extreme Vertreter des quantitativen Paradigmas keine entscheidende wissenschaftliche Beweiskraft. Sie gilt als unstandardisiertes und unkontrollierbares Verfahren, das für systematische Verzerrungen aller Art (»Bias«) offen ist. Bestenfalls oder schlimmstenfalls kann sie generalistische Hypothesen falsifizieren oder neue Hypothesen generieren (Lamnek/Krell 2010, S. 282 ff.).

Gegenüber dieser »variablenbezogenen« Betrachtungsweise nehmen Vertreter des qualitativen Paradigmas eine »narrative« Sichtweise ein (Abbott 2001, S. 141): Jedes Individuum hat eine Geschichte und ohne die Fallgeschichte als Ganzes zu betrachten, entgehen einem wesentliche Eigenheiten des Falles (Platt 1992).

Nimmt man diese Perspektive ein, fällt zunächst einmal auf, dass fast alle Fallgeschichten einen *Anfang und ein Ende* haben: Menschen werden geboren und sterben. Soziale Gruppen wie Redaktionen, Verlage oder Staaten werden irgendwann gegründet, können sich aber auch wieder auflösen, bankrottgehen, zerschlagen werden etc. Soziale Prozesse (z. B. eine Medienkampagne) oder Ereignisse (z. B. der 2. Weltkrieg) beginnen und enden irgendwann (Abbott 2001, S. 145 ff.).

Im Lauf ihrer Geschichte können sich Fälle hinsichtlich wesentlicher Eigenschaften wandeln. Dies beginnt mit den Grenzen des Falls: Ein Gesetz interessiert in der Entwurfsphase nur wenige Politiker und Verwaltungsbeamte, wird dann möglicherweise breit in der Öffentlichkeit diskutiert, um dann wieder im Stillen von Verwaltungen umgesetzt zu werden. Ein Verlag stellt im Laufe seiner Geschichte Mitarbeiter ein, die dann später die Firma wechseln. Durch eine Fusion mit einem anderen Verlag verdoppelt sich die Mitarbeiterzahl möglicherweise schlagartig etc. Ein Fall ist also keine immer gleich bleibende Entität sondern hat *offene Grenzen (»fuzzyness«)* (Abbott 2001, S. 145 ff., 261 ff.).

Insofern stellt sich aus Sicht der Einzelfallanalyse das Problem, den Fall von seinem Kontext abzugrenzen. Dies ist niemals vollständig möglich, da der Fall mit seinem Kontext interagiert. Damit wird aber auch die Vorstellung des quantitativen Paradigmas in Frage gestellt, dass abgrenzbare Populationen existieren, denen klar Fälle zuzuordnen sind. Vielmehr ist zu fragen: Welcher Fall ist Teil welches Gesamtkontextes (Walton 1992). Zum Kontext eines Falls (z. B. die Entstehung des Sendeformats »Germany's Next Top Model«) gehören u. a.: das historische Umfeld (z. B. die Medienlandschaft der Bundesrepublik Anfang der 2000er Jahre); der räumliche Bezug (z. B.: Wo und wie werden in Deutschland Fernsehsendungen produziert? Welche Räumlichkeiten, Anlagen und Ausrüstung werden benötigt?); die wirtschaftlichen, politischen, rechtlichen und ästhetischen Rahmenbedingungen (z. B. die Gewinnorientierung der Privatsender, das Medienrecht und die Sehgewohnheiten des Publikums); andere Fälle, die mit dem Fall zusammenhängen (andere früher, gleichzeitig oder später gesendete Formate; Konkurrenz- und Alternativangebote); am Fall beteiligte Personen (Produzenten, Bewohner des Containers, Moderatoren, Publikum) (Stake 1994, S. 238).

Der Fall soll also als Ganzes – in seiner gesamten Tiefe mit allen Facetten und Dimensionen – erfasst werden. Dies ermöglicht, den Fall detaillierter zu beschreiben und komplexe Interaktionsketten zu beobachten: Man kann untersuchen, wie eine Vielzahl von Faktoren zusammenwirken und welche kurz- und langfristigen Folgen sie haben (Przeworski/Teune 1982; Lamnek/Krell 2010, S. 272 ff.). Dies heißt aber nicht, dass möglichst viele Dimensionen gleichzeitig untersucht werden. Vielmehr legt die Forschungsfrage fest, was das Wesentliche ist. Andere Faktoren spielen nur eine Rolle, sofern sie dieses zentrale Merkmal – die Kerngeschichte – beeinflussen bzw. von ihr bedingt werden. Durch die ganzheitliche Betrachtungsweise entsteht eine höhere Realitätsnähe: »Die Einzigartigkeit, das Individuelle, das Isolierte – auch das Ganzheitliche – erinnert sehr stark an unseren Alltag, in dem man nie aggregierten Daten oder einzelnen Variablen, sondern handelnden Individuen begegnet, diese in spezifischer Weise wahrnimmt und interpretiert« (Lamnek/Krell 2010, S. 284).

Was ein Fall ist, ist also häufig nicht eindeutig und muss im Rahmen der theoretischen Konzeption einer Studie definiert werden. Qualitatives und quantitatives Paradigma unterscheiden sich stark darin, wie sie einen Fall definieren.

Identifikation und Klärung von Kausalbeziehungen

Da die Einzelfallanalyse die gesamte Fallgeschichte im Blick hat, hat sie auch einen anderen Begriff von »Kausalität« als das quantitative Paradigma: Für Vertreter des quantitativen Paradigmas bedeutet Kausalität, dass bestimmte Ausprägungen von Variablen empirisch häufig vorkommen, d. h., dass ein statistischer Zusammenhang zwischen diesen Variablen besteht (Opp 2010). Für die Fallstudienmethode ist das nicht genug: Eine Erklärung ist nicht vollständig, wenn die Fallgeschichte nicht verstanden wird oder nicht nachvollziehbar ist. Es muss deutlich sein, wer wann was getan hat und welche Folgen dieses Handeln hatte. Die Erklärung soll sich dabei auf das Wesentliche konzentrieren, aber ohne die Vergangenheit kann die Gegenwart nicht verstanden werden. In diesem

Sinne kann eine Erklärung im Extremfall eine plausibel erzählte Geschichte sein (Abbott 2001, S. 145 ff.; Hammersley et al. 2000).

Die relative Bedeutung möglicher Ursachen und das Ausmaß der Folgen bestimmter Prozesse eindeutig zu klären, ist ein Hauptinteresse der Fallstudienmethode (Yin 1994, S. 110 ff.; Hammersley et al. 2000). Zu Beginn des Forschungsprozesses wird gezielt ein Forschungsdesign festgelegt, um bestimmte Kausalbeziehungen klären zu können. So ist etwa Max Webers »Religionssoziologie« ein komplexes Fallstudiendesign (Kalberg 2001) mit der »Protestantischen Ethik« (Weber 1904/05) als hypothesengenerierender und den übrigen Bänden (Weber 1906–1922) als hypothesenprüfenden Fällen, um die Faktoren zu identifizieren, die für die Entstehung des modernen Kapitalismus erforderlich waren (zusammenfassend Collins 2001). In dieser Tradition kreist die Diskussion um die Methode der Fallstudie vor allem darum, wie das Forschungsdesign zu gestalten ist, um Kausalbeziehungen optimal aufzuklären (Yin 1994, S. 20 ff.). Sofern dies der Fragestellung angemessen ist, sollen Forscher auch quantitative Verfahren anwenden, insbesondere die Zeitreihenanalyse (Yin 1994, S. 113 ff.) oder die Sequenzanalyse (Abbott 2001).

Im Gegensatz zu anderen qualitativen Ansätzen – insbesondere zur Grounded Theory (Strauss/Corbin 1996; → Lampert, S. 596 ff.) – setzt die Einzelfallmethode deshalb auch ein stärkeres Ausmaß an theoretischer Vorarbeit seitens des Forschers voraus – sonst kann er nicht definieren, was ein Fall ist, kein Forschungsdesign aufstellen und auch nicht entscheiden, welchen Fall er untersuchen soll (Yin 1994, S. 20 ff.).

Das ideale Forschungsdesign ist für Vertreter der Fallstudienanalyse das Experiment (Behnke et al. 2010, S. 49–95, → Gehrau/Bilandzic, S. 397 ff.). Dieses hat den Nachteil, dass es sich nicht eignet, um die meisten sozialwissenschaftlichen Fragestellungen zu beantworten: Es ist oft gerade die Komplexität sozialer Wirklichkeit, die die Unterschiede zwischen verschiedenen Fällen erklärt. Der Nachteil sozialer Wirklichkeit ist ihre Komplexität, die erst entwirrt werden muss. Fallstudi-

enforscher versuchen deshalb, so weit wie möglich ein quasiexperimentelles Design (Behnke et al. 2010, S. 49–95) herzustellen. Die wichtigste Heuristik der Fallstudienanalyse ist dabei die systematische Variation über Zeit (Baur 2005) und Raum (Thierbach et al. 2014) hinweg.

Welcher Fall sollte untersucht werden?

Für das Forschungsdesign ist es entscheidend, *welcher* Fall untersucht wird. Die Einzelfall-analyse kennt dabei verschiedene Prinzipien der Fallauswahl (ausführlich Hering/Schmidt 2015):

Der per se interessierende Fall (»intrinsic case study«) interessiert um seiner selbst willen (Stake 1995, S. 3; Yin 1994, S. 40). Dies ist häufig der Fall, weil ein Auftraggeber (z. B. ein Automobilhersteller) eine bestimmte Frage hat (z. B.: Verspricht eine Werbekampagne, den Absatz für ein Produkt zu erhöhen?). Auch in der wissenschaftlichen Diskussion kann ein Einzelfall für sich interessant sein. So kann der Forscher einen dem Leser nicht vertrauten Fall erklären, der ersterem mangels Sprachkenntnissen, finanzieller Ressourcen oder interner Organisationsstrukturen etc. entweder gar nicht zugänglich ist oder bislang nicht zugänglich war (z. B. das Mediensystem Chinas oder die Entscheidungsstrukturen im Vorstand von RTL).

Demgegenüber sollen *instrumentelle Fallstudien (»instrumental case study«)* ein bestimmtes Problem lösen oder auf andere Fälle übertragbar sein (Peters 1998, S. 9 ff., S. 137 ff.; Yin 1994, S. 38 ff., S. 74 ff.). Das Individuelle der Einzelfallstudie ist also zweckgebunden zu verstehen. Ausgehend von einem einzelnen Fall sollen doch weiterführende Erkenntnisse über das Ganze gewonnen werden. Die qualitative Sozialforschung verharrt nicht beim Individuum, sondern sucht generelle Strukturen:

- *Typische Fälle* sollen so gewählt werden, dass sie »hinsichtlich einer gleich oder ähnlich strukturierten größeren Menge von Phänomenen als typische Fälle oder besonders prägnante oder aussagefähige Beispiele gelten« (Hartfiel/Hillmann, 1982, S. 160). Hierzu gehören auch Fallstudien, die quantitative Ergebnisse plausibilisieren sollen (Lamnek/Krell 2010, S. 281).

- *Der extreme oder einzigartige Fall* eignet sich, um anhand des Außergewöhnlichen die Bandbreite des empirisch möglichen Spektrums herauszuarbeiten. Das Abweichende unterstreicht insbesondere Normalität, die so selbstverständlich ist, dass sie normalerweise nicht bewusst ist (Yin 1994, S. 39). Ein Beispiel hierfür sind Korruptionsskandale: Weil tief verankerte Normen und ethische Grundhaltungen verletzt werden, erzeugt das Ereignis öffentliche Aufregung und verdeutlicht so, was als »normal« gilt.
- *Der Hypothesen testende oder kritische Fall* eignet sich, um eine Theorie zu widerlegen (Yin 1994, S. 38).

Strategien der Verallgemeinerung

Das Problem der Einzelfallstudie ist offensichtlich: Sie verallgemeinert nicht im statistischen Sinn (Lamnek/Krell 2010, S. 286) und scheint nicht besonders vergleichend. Im Gegensatz zur Inferenzstatistik verwendet die Fallstudienanalyse aber ein anderes Konzept von Verallgemeinerung: Verallgemeinerung bedeutet nicht, dass die Ergebnisse mit einer gewissen Wahrscheinlichkeit für die Gesamtheit gelten (Donmayer 2000). Vielmehr ist damit gemeint, dass die Ergebnisse auf andere Fälle übertragbar (»transferable«) sind (Stake 2000), wenn die Kontextbedingungen vergleichbar sind (Lincoln/Guba 2000). Der Forscher versucht, auf der Basis des Falles bestimmte Muster zu entdecken, die einen ganzheitlichen, realistischen Blick auf die Realität erlauben. Diese Muster sind zwar individuell festzumachen, aber keineswegs nur einmalig und individuenspezifisch. Vielmehr manifestieren sich in diesen Handlungen generellere Strukturen (Lamnek/Krell 2010, S. 286 ff.). Entsprechend wird mittels zweier Strategien generalisiert (Gomm et al. 2000):

1. Einzelfallanalyse und Fallvergleich wechseln sich ab.
2. Innerhalb des Falls wird mittels Strategien systematischer Variation verallgemeinert.

Wechsel von Einzelfallanalyse und dem Fallvergleich

Bei *eingebetteten Fallstudien (»embedded case studies«)* ist der Einzelfall Teil eines größeren Ganzen. Theoretisch interessiert der Fall in seinem Verhältnis zum Ganzen und zu anderen Fällen, die Teil des Ganzen sind. Das Ganze interessiert also in seiner Binnenstruktur (Yin 1994, S. 41 ff.).

Verschiedene Formen der Fallstudienanalysen lassen sich grob auf einem Kontinuum anordnen, auf dem Detailliertheit und Abstraktion fließend ineinander übergehen: Forscher müssen sich entscheiden, ob sie Fälle in ihrer Komplexität erfassen wollen, was automatisch bedeutet, dass sie weniger Fälle analysieren können; oder ob sie mehr Fälle analysieren wollen und damit leichter verallgemeinern können – um den Preis der Genauigkeit (Peters 1998, S. 1 ff., S. 25, S. 56 ff.; Yin 1994, S. 18 f.).

Der Forscher kann zwischen Einzelfallanalyse und dem Fallvergleich hin- und herwechseln (Vaughan 1992, S. 199). Der Einzelfall ist damit das Grundmaterial für den Fallvergleich. Er kann eine Pilotstudie oder eine Vorarbeit für einen späteren Fallvergleich sein (Yin 1994, S. 40 f.).

Sollen mehrere Fälle ausgewählt werden, greifen Fallstudienforscher nur selten auf die Zufallsstichprobe zurück. Sie müssen sich entscheiden, ob sie mithilfe ihres Forschungsdesigns eher auf Unterschiede oder auf Gemeinsamkeiten zwischen Fällen abzielen. Typisch sind deshalb vor allem zwei Formen der theoriegeleiteten Auswahl (Mill 1843/1862; Peters 1998, S. 29; Przeworski/Teune 1982, S. 32 ff.):

- Bei der *»Method of Agreement« (»Most Similiar Cases Design«)* werden Fälle gewählt, die nur hinsichtlich der unabhängigen Variablen variieren. Wenn sich mehrere Fälle in allen bis auf eine mögliche unabhängige Variable unterscheiden, ist diese Variable die Ursache.

- Bei der »*Method of Difference*« (»*Most Dissimilar Cases Design*«) soll die abhängige Variable möglichst variieren. Taucht sie manchmal auf und manchmal nicht, haben gleichzeitig aber alle möglichen unabhängigen Variablen bis auf eine bei allen Fällen dieselbe Ausprägung, ist diese eine die ursächliche Variable.

Durch Fallvergleiche können *Typen gebildet werden*, durch Vergleiche von Gruppen von Fällen können Gemeinsamkeiten aller Gruppen bzw. Unterschiede zwischen den Gruppen herausgearbeitet werden (Muno 2009, → vgl. Reith/Kelle, S. 571 ff.). Um einen Typ bilden zu können, müssen zwei oder mehr Faktoren interagieren (Peters 1998, S. 9 ff.).

Im Anschluss an die Typenbildung kann der Forscher einzelne Typen analysieren und so Annahmen über diese Gruppe von Fällen überprüfen, z. B. über Kausalbeziehungen. Dies geschieht häufig quantitativ. Typische Analysefragen sind: Gelten die allgemeinen Annahmen über diesen Typus? Kann man die aus Einzelfallanalysen gewonnenen Erkenntnisse über diesen Typus auf alle Fälle verallgemeinern, die dem Typus zuzuordnen sind (Peters 1998, S. 9 ff.)?

Schließlich können Forscher Fälle auch in ihrer Gesamtheit vergleichen und untersuchen, ob die Fälle miteinander verwoben sind: Sie können Verlaufsmuster oder Kausalbeziehungen über alle Fälle hinweg analysieren. Auch dies geschieht meist quantitativ (Peters 1998, S. 9 ff.).

Werden mehrere Fälle miteinander verglichen, können nicht nur wesentliche Gemeinsamkeiten und Unterschiede zwischen den Fällen, sondern auch die Besonderheiten der Einzelfälle herausgearbeitet werden (Peters 1998, S. 9 ff.). Des Weiteren können die Ergebnisse des Fallvergleichs am Einzelfall überprüft werden (Stake 2000).

Statt Besonderes und Allgemeines als Gegensätze zu betrachten, sehen Vertreter der Einzelfallanalyse sie vielmehr als komplementäre Sichtweisen (Platt 1992; Peters 1998, S. 43 ff.): Die ideale Fallstudie existiert nicht. Vielmehr besteht ein hermeneutischer Zirkel aus Einzelfall- und Gesamtanalyse. Der Forscher muss die Stärken und Schwächen der einzelnen Strategien der Fallauswahl kennen, um beurteilen zu können, welche Fragen er mit welchem Forschungsansatz beantworten kann. Am wichtigsten für die Theoriebildung ist also, dass sich der Forscher seiner Erkenntnisinteressen bewusst ist. Je nach Erkenntnisinteresse können unterschiedliche Forschungsdesigns sinnvoll sein (Peters 1998, S. 21 ff., Yin 1994, S. 38 ff.). Neuere Ansätze der Fallstudienmethode wie die »*Qualitative Comparative Analysis*« (QCA) und »*Fuzzy-Set Social Science*« (Ragin 2000) lösen daher den Unterschied zwischen qualitativen und quantitativen Paradigma komplett auf und integrieren beide Perspektiven, um Fälle besser abgrenzen, Kausalbeziehungen eindeutiger aufklären und besser verallgemeinern zu können.

Systematische Variation innerhalb eines Falls

Ganzheitliche Fallstudien (»holistic case studies«) betrachten den Fall in seiner Gesamtheit, also Prozesse innerhalb des Falls sowie die Verbindung mit anderen Aspekten außerhalb des Falls. Der Fall gilt als unteilbares, komplexes Ganzes – der Vergleich mit anderen Fällen ist hier nicht möglich (Yin 1994, S. 41 ff.). Dem Forscher bietet sich aber die Möglichkeit der systematischen Variation innerhalb eines Falls:

- *Theoretischer Vergleich (»pattern matching«)*: Die empirische Fallentwicklung kann mit der Fallentwicklung verglichen werden, die sich ergäbe, wenn eine bestimmte Theorie zuträfe (Yin 1994, S. 106 ff.).
- *Systematische Variation zweier Variablen:* Der Forscher kann untersuchen, wie zwei Variablen im selben Verlaufsmuster hinweg variieren. Ist dies der Fall, haben sie irgendeine Verbindung – entweder durch direkte Kausalität oder durch eine gemeinsame dritte Variable

(Peters 1998, S. 29). Die Zeitlichkeit sozialen Handelns stellt hier ein großes Problem dar: Der Kontext der beiden interagierenden Variablen und damit eine Reihe anderer Variablen können sich wandeln (Peters 1998, S. 49 ff.). Umgekehrt ist Reifung möglich, d. h., die Beziehungen zwischen zwei Variablen können sich selbst wandeln. Insbesondere langsame Veränderungen von Individuen oder Organisationen vollziehen sich oft unbemerkt (Peters 1998, S. 53).

- Die *Komparative Kasuistik* (Jüttemann 1981) basiert im Wesentlichen auf der Idee der Forschertriangulation (Fatke 1997, S. 63; Lamnek/Krell 2010, S. 286 ff.; siehe unten).
- *Die Methode des ständigen Vergleichs* (Fatke 1997, S. 63) ist der Grounded Theory entlehnt (Strauss/Corbin 1996).
- *Typenkonstruktion:* Mit Hilfe der fallvergleichenden Kontrastierung können Idealtypen gebildet werden (Fatke 1997, S. 63 f.).
- *Analyse von Teilen des Ganzen:* Interessieren die Binnenstrukturen des Falls, kann dieser in verschiedene Teilprozesse untergliedert werden. Diese Teilprozesse können wiederum als Fallstudien analysiert und in die Gesamtanalyse eingebettet werden. Der Forscher wechselt nach dem oben beschriebenen Muster zwischen Einzelfallanalyse und Fallvergleich hin und her (Yin 1994, S. 44 ff.).

Anwendungsbeispiel: Das Verhältnis von Staat und Privatfernsehen

Im Gegensatz zu anderen qualitativen Ansätzen befasst sich die Fallstudienanalyse nur wenig mit konkreten Verfahren der Datenerhebung, -aufbereitung und -analyse, sondern stellt nur allgemeine Prinzipien auf, wie der Forschungsprozess gestaltet werden sollte, weshalb wir im Folgenden statt einer abstrakten Darstellung der Gestaltung des Forschungsprozesses anhand eines – fiktiven – Beispiels verdeutlichen, wie die Einzelfallanalyse im Bereich der Medienwissenschaft angewandt werden kann:

Nehmen wir an, ein Forscher interessiert sich ganz allgemein für das Verhältnis von Privatfernsehen in einem beliebigen Land X, das erst vor kurzer Zeit ein demokratisches System entwickelte. Vor diesem Systemwandel war die Staatsform eine autoritäre Diktatur. Nun ist das Land aber ein Rechtsstaat mit demokratischen Verfahrensweisen. In diesem Land X haben sich seitdem eine ganze Reihe von Privatsendern entwickelt, die mit dem immer noch staatlich kontrollierten Fernsehen konkurrieren. Das Grundinteresse des ambitionierten Forschers gilt dem Verhältnis des Staatsapparates zu den neuen, freien Medien. Besonderes Augenmerk liegt, wie schon erwähnt, auf den Fernsehsendern.

Abgrenzung und Auswahl des Einzelfalls

Der Forscher kann nun seinen Einzelfall auf verschiedene Arten wählen:

Fall 1: Ein Redakteur einer bestimmten Sendung.

Fall 2: Die Sendung selbst mit ihren Moderatoren, Redakteuren, Themen, der Grad ihrer redaktionellen Selbstbestimmung, ihre Finanzierung etc.

Fall 3: Die Situation eines ganzen Senders mit seinem Programm, seiner Struktur etc.

Die oben genannten Fälle könnten alle als Einzelfallanalysen untersucht werden. Daher ist die nun folgende Auswahl, die zur Erklärung der weiteren Vorgehensweise exemplarisch herangezogen werden soll, beliebig. Wir wählen für dieses Beispiel einen Fernsehsender aus. Dieser soll näher qualitativ untersucht werden.

Nun stellt sich die Frage, welcher Fernsehsender untersucht werden soll. Der Forscher könnte beispielsweise einen Extremtypus auswählen. Dies könnte eventuell der größte Sender sein, der die größte Konkurrenz zum staatlichen Fernsehen unseres Beispiels darstellt, es könnte aber auch ein Sender sein, dem das Image »regierungsnah« anhaftet. Der Forscher könnte aber auch einen Idealtypus wählen, also einen privaten Fernsehsender, der durchschnittlich erscheint, sowohl von der Zuschauerzahl als auch von den Marktanteilen, dem Budget etc.

Die Entscheidung des Forschers ist für die weitere Vorgehensweise bestimmend. Von ihr hängt ab, worüber der Forscher später eine Aussage machen kann – und worüber nicht: Wählt er den Extremtypus »größter Konkurrent zum staatlichen Fernsehen«, kann er beispielsweise gut herausarbeiten, welche Mittel ein Privatsender hat, dem staatlichen Fernsehen erfolgreich die Zuschauer abzuwerben.

Entscheidet sich der Forscher dagegen für einen »typischen« Privatsender, kann er versuchen, typische Haltungen von Privatsendern zur Demokratie zu charakterisieren. Im Laufe der Analyse bietet es sich an, einen weiteren solchen Sender nachträglich mit zu untersuchen, um bestimmte Detailaspekte vergleichen zu können. Findet sich eine Übereinstimmung, so kann der Forscher auf weitergehende allgemeine Strukturen schließen.

Schon hier wird erkennbar, dass das Prinzip der Offenheit wichtig ist, da sich schon aus der Fallauswahl der Untersuchung Erweiterungen und Veränderungen ergeben können, die sinnvollerweise berücksichtigt werden sollten.

Die Ergebnisse der Einzelfalluntersuchung unseres Beispiels könnten ebenfalls solche Modifikationen erfahren. Das Verhältnis unseres Fernsehsenders zu der noch jungen Demokratie könnte sehr emanzipiert und unverfänglich sein. Stattdessen wäre es durchaus denkbar, dass sich Abhängigkeiten von bestimmten Werbepartnern, Sponsoren und Eigentümern zeigen. Solche ökonomischen Abhängigkeitsstrukturen können die Tätigkeit des privaten Fernsehsenders sehr beeinflussen und bis in die Redaktionen und Inhalte einzelner Sendungen wirken. In der Einzelfallanalyse ergibt sich die einzigartige Chance, solchen Phänomenen weitergehend auf den Grund zu gehen und die Forschung anzupassen.

Die Datenerhebung – Instrumente und Materialien

Der Forscher könnte unter anderem folgende Methoden und Materialien verwenden:

1. *Offene und verdeckte Beobachtung:* Der Forscher könnte Redaktionssitzungen beiwohnen, die alltägliche Arbeit in Redaktionen und Büros miterleben und dokumentieren. Er könnte sich gezielt auf bestimmte politisch orientierte Sendungen konzentrieren und nachvollziehen, ob sich eine Form des staatlichen Einflusses zeigt. Dies könnte auch verdeckt als Mitarbeiter erfolgen. Die Beobachtungen (→ Mikos, S. 362 ff.) müssen aus verfahrenstechnischen Gründen einerseits und aus Gründen der intersubjektiven Nachprüfbarkeit andererseits in Protokollform vorliegen, um korrekt ausgewertet werden zu können.

2. *Dokumente:* Der Forscher könnte in unserem Beispiel Fernsehsendungen und deren Inhalte (→ vgl. Mikos, S. 516 ff.), aber auch andere Dinge wie interne Memos, Besprechungsprotokolle und Ähnliches analysieren (Salheiser 2015).

3. *Archivaufzeichnungen:* Auch Archivaufnahmen (Salheiser 2015) in Form von älteren Beiträgen zur Politik und ähnliche Inhalte können zur Bearbeitung der Forschungsfrage hilfreich sein, weil sie einer etwaigen zeitlichen Entwicklung Rechnung tragen.

4. *Befragung:* Der Forscher kann seine Eindrücke weiterhin mittels Interviews vertiefen (→ Keuneke, S. 302 ff.), weil sich Mitarbeiter dem Interviewer gegenüber eventuell eher aufgeschlossen äußern als in einer Gruppensituation. Der Forscher kann so scheinbar gesicherte Erkenntnisse gezielt hinterfragen und prüfen. Die Verwendung von Audio- und Videoaufzeichnungsgeräten bei einem solchen Gespräch kann eine Methode sein, das Interview möglichst genau zu erfassen, es kann aber durchaus Fälle geben, bei denen negative, ablehnende Effekte die Vorteile konterkarieren.

Neben den genannten Datenmaterialien sind weitere Quellen denkbar und bei anderen Forschungsfragen eignen sich unter Umständen andere Methoden und Datenformen besser. Alle genannten Quellen müssen ordnungsgemäß niedergelegt werden – am besten mit einem QDA-Programm (vgl. hierzu Kuckartz 2009; → Kuckartz, S. 503 ff.) –, da sie dem Forscher einerseits erleichtern, das Material zu bearbeiten, andererseits den Forschungsprozess dokumentieren. Bei der Auswertung können nun die verschiedenen Daten miteinander trianguliert werden.

Literatur

Abbott, Andrew (2001): Time Matters. On Theory and Method, 2. Auflage. Chicago/London.

Akremi, Leila (2015): Stichprobenziehung in der qualitativen Sozialforschung. In: Baur, Nina/Blasius, Jörg (Hrsg.): Handbuch Methoden der empirischen Sozialforschung. Wiesbaden, S. 265–282.

Alemann, Heine von/Ortlieb, Peter (1975): Die Einzelfallstudie. In: Koolwijk, Jürgen van/Wieken-Mayser, Maria (Hrsg.): Techniken der empirischen Sozialforschung. Band 2. Untersuchungsformen. München, S. 157–177.

Baur, Nina (2005): Verlaufsmusteranalyse. Methodologische Konsequenzen der Zeitlichkeit sozialen Handelns. Wiesbaden.

Baur, Nina (Hrsg.) (2009): Linking Theory and Data: Process-Generated and Longitudinal Data for Analysing Long-Term Social Processes. Special Issue of Historical Social Research (HSR) 34 (1).

Behnke, Joachim/Baur, Nina/Behnke, Nathalie (2010): Empirische Methoden der Politikwissenschaft, 2. Auflage. Paderborn.

Byrne, David/Ragin, Charles C. (Hrsg.) (2013): The Sage Handbook of Case-Based Methods. London/Thousand Oaks/New Delhi.

Creswell, John W. (2012): Qualitative Inquiry and Research Design. Choosing Among Five Traditions, 3. Auflage. Los Angeles/London/New Delhi/Singapur/Washington DC.

Collins, Randal (2001): Weber's Last Theory of Capitalism: As Systemization. In: Granovetter, Mark/Swedberg, Richard (Hrsg.): The Sociology of Economic Life. Cambridge (MA): Westview, S. 379–400.

Donmayer, Robert (2000): Generalizability and the Single-Case Study. In: Gomm, Roger/Hammersley, Martyn/Foster, Peter (Hrsg.): Case Study Method. London/Thousand Oaks/New Delhi, S. 45–68.

Ernst, Stefanie (2015): Literarische Quellen und persönliche Dokumente. In: Baur, Nina/Blasius, Jörg (Hrsg.): Handbuch Methoden der empirischen Sozialforschung. Wiesbaden, S. 829–840.

Fatke, Reinhard (1997): Fallstudien in der Erziehungswissenschaft. In: Friebertshäuser, Barbara/Prengel, Annedore (Hrsg.): Handbuch Qualitative Forschungsmethoden in der Erziehungswissenschaft. Weinheim/München, S. 56–68.

Fetterman, David M. (1997): Ethnography. In: Bickman, Leonard/Rog, Debra J. (Hrsg.): Handbook of Applied Social Research Methods. Thousand Oaks/London/New Delhi, S. 473–504.

Fuchs-Heinritz, Werner (2009): Biographische Forschung. Eine Einführung in Praxis und Methoden, 4. Auflage. Wiesbaden.

Gomm, Roger/Hammersley, Martyn/Foster, Peter (2000): Case Study and Generalization. In: Dies. (Hrsg.): Case Study Method. London/Thousand Oaks/New Delhi, S. 98–115.

Hamel, Jacques (1992): The Case Method in Sociology. Introduction: New Theoretical and Methodological Issues. In: Current Sociology, 40, H. 1, S. 1–6.

Hammersley, Martyn/Gomm, Roger/Foster, Peter (2000): Case Study and Theory. In: Dies (Hrsg.): Case Study Method. London/Thousand Oaks/New Delhi, S. 234–258.

Hartfiel, Günter/Hillmann, Karl-Heinz (1982): Wörterbuch der Soziologie. Stuttgart.

Hering, Linda/Schmidt, Robert F. (2015): Einzelfallanalyse. In: Baur, Nina/Blasius, Jörg (Hrsg.): Handbuch Methoden der empirischen Sozialforschung. Wiesbaden, S. 529–542.

Jüttemann, Gerd (1981): Komparative Kasuistik als Strategie psychologischer Forschung. In: Zeitschrift für klinische Psychologie und Psychotherapie, 29, H. 2, S. 101–118.

Kalberg, Stephen (2001): Einführung in die historisch-vergleichende Soziologie Max Webers. Wiesbaden.

Kuckartz, Udo (2009): Einführung in die computergestützte Analyse qualitativer Daten, 3. Auflage. Wiesbaden.

Lamnek, Siegfried/Krell, Claudia (2010): Qualitative Sozialforschung. Lehrbuch, 5. Auflage. Weinheim.

Lincoln, Yvonna S./Guba, Egon G. (2000): The only Generalization is: There is no Generalization. In: Gomm, Roger/Hammersley, Martyn/Foster, Peter (Hrsg.): Case Study Method. London/Thousand Oaks/New Delhi, S. 27–44.

Meyer, Christian/Meier zu Verl, Christian (2015): Ergebnispräsentation in der qualitativen Forschung. In: Baur, Nina/Blasius, Jörg (Hrsg.): Handbuch Methoden der empirischen Sozialforschung. Wiesbaden, S. 245–258.

Mill, John Stuart (1843/1862): System der deduktiven und induktiven Logik. 3. Buch (Von der Induction), 4. Buch (Von den Hülfsoperationen der Induction) und 5. Buch (Von den Fehlschlüssen). URL: http://www.zeno.org/nid/20009226567 am 22.03.2016.

Muno, Wolfgang (2009): Fallstudien und die vergleichende Methode. In: Pickel, Susanne/Pickel, Gert/Lauth, HansJoachim/Jahn, Detlef (Hrsg.): Methoden der vergleichenden Politik- und Sozialwissenschaft. Neue Entwicklungen und Anwendungen. Wiesbaden, S. 113–132.

Opp, Karl-Dieter (2010): Kausalität als Gegenstand der Sozialwissenschaften und der multivariaten Statistik. In: Wolf, Christof/Best, Henning (Hrsg.): Handbuch der sozialwissenschaftlichen Datenanalyse. Wiesbaden, S. 9–38.

Petermann, Franz/Hehl, Franz-Josef (Hrsg.) (1979): Einzelfallanalyse. München.

Peters, B. Guy (1998): Comparative Politics. Theory and Methods. Basingstoke.

Platt, Jennifer (1992): »Case Study« in American Methodological Thought. In: Current Sociology, 40, H. 1, S. 17–48.

Przeworski, Adam/Teune, Henry (1982): The Logik of Comparative Social Inquiry. Malabar.

Ragin, Charles C. (2000): Fuzzy-Set Social Science. Chicago/London.

Reinecker, Hans (1999): Einzelfallanalyse. In: Roth, Erwin/Holling, Heinz (Hrsg.): Sozialwissenschaftliche Methoden. Lehr- und Handbuch für Forschung und Praxis. München/Wien, S. 267–281.

Salheiser, Axel (2015): Natürliche Daten: Dokumente. In: Baur, Nina/Blasius, Jörg (Hrsg.): Handbuch Methoden der empirischen Sozialforschung. Wiesbaden, S. 813–828.

Stake, Robert E. (1994): Case Studies. In: Denzin, Normann; Lincoln, Yvonna (Hrsg.) (1994): Handbook of Qualitatitve Research. Thousand Oaks/London/New Delhi, S. 236–247.

Stake, Robert E. (1995): The Art of Case Study Research. Thousend Oaks/London/New Delhi.

Stake, Robert E. (2000): The Case Study Method in Social Inquiry. In: Gomm, Roger/Hammersley, Martyn/Foster, Peter (Hrsg.): Case Study Method. London/Thousand Oaks/New Delhi, S. 19–26.

Strauss, Anselm/Corbin, Juliet (1996): Grounded Theory. Grundlagen qualitativer Sozialforschung. Weinheim.

Thierbach, Cornelia/Raschke, Anna Laura/Hering, Linda/Baur, Nina (Hrsg.) (2014): Spatial Analysis in the Social Sciences and Humanities. Towards Integrating Qualitative, Quantitative and Cartographic Approaches. Special Issue of Historical Social Research (HSR) 39 (2).

Tight, Malcolm (Hrsg.) (2014): Case Studies. 4 Bände. SAGE Benchmarks in Social Research Methods. London/Thousand Oaks/New Delhi.

Vaughan, Diane (1992): Theory Elaboration: The Heuristics of the Case Analysis. In: Ragin, Charles C./Becker, Howard S. (Hrsg.): What is a case? Exploring the foundations of social inquiry. Cambridge, S. 173–202.

Walton, John (1992): Making the Theoretical Case. In: Ragin, Charles C./Becker, Howard S. (Hrsg.): What is a case? Exploring the foundations of social inquiry. Cambridge, S. 121–137.

Witzel, Andreas (1982): Verfahren der qualitativen Sozialforschung. Überblick und Alternativen. Frankfurt a.M.

Yin, Robert K. (1994): Case Study Research. Design and Methods, 2. Auflage. Thousand Oaks/London/New Delhi.

Weber, Max (1904/05): Die protestantische Ethik und der Geist des Kapitalismus. In: ibidem (1988): Gesammelte Aufsätze zur Religionssoziologie I, 9. Auflage. Stuttgart, S. 17–206.

Weber, Max (1906–1922): Die Wirtschaftsethik der Weltreligionen. Nachgedruckt in: ibidem (1988): Gesammelte Aufsätze zur Religionssoziologie. 3 Bände. Stuttgart.

4 Erhebungsmethoden

Qualitatives Interview

Susanne Keuneke

Die hier vorgestellten Befragungsverfahren folgen den Prinzipien qualitativer Sozialforschung und werden zunächst in ihrem methodologischen Rahmen verortet. Zur Sprache kommen das narrative, das problemzentrierte, das fokussierte sowie das Experteninterview; dabei wird aufgezeigt, in welchen kommunikationswissenschaftlichen Forschungsfeldern sich die verschiedenen Typen einsetzen lassen. Zuletzt wird das Vorgehen bei der Untersuchung skizziert: von der Erstellung eines Leitfadens über die Interviewerschulung, die Auswahl der Probanden und die Durchführung des Interviews bis zur Aufbereitung und Auswertung des Materials.

Charakteristika qualitativer Interviews

Beschäftigt man sich mit Literatur zu qualitativen Befragungsverfahren, stößt man rasch auf ein Phänomen, das Lamnek (2010, S. 302) als »babylonisches Sprachengewirr« beschreibt: Es scheint, als fände die der qualitativen Sozialforschung eigene Nicht-Standardisierung zuallererst Ausdruck in einer Vielzahl unterschiedlicher Formen und Begrifflichkeiten.[1] An dieser Stelle soll nicht versucht werden, eine vollständige Übersicht der qualitativen Interviewmethoden zu geben. Stattdessen sollen zunächst die Gemeinsamkeiten der verschiedenen Verfahren und damit die Charakteristika qualitativer Interviews herausgestellt werden, bevor ich auf einzelne, für die Kommunikationswissenschaft nutzbare Befragungstechniken eingehe. Die erwähnten Charakteristika lassen sich entlang der Prinzipien *Offenheit, Forschung als Kommunikation, Prozesscharakter von Forschung und Gegenstand, Reflexivität von Gegenstand und Analyse, Explikation* und *Flexibilität* beschreiben (vgl. Lamnek 2010, S. 19 ff.).

Offenheit

Bei qualitativen Interviews wird in der Regel auf eine Hypothesenbildung ex ante verzichtet, die für die Erstellung eines standardisier-

ten Erhebungsinstrumentes (Fragebogen) notwendig wäre (vgl. Cropley 2011, S. 67–68; Rosenthal 2008, S. 48). Stattdessen dienen qualitative Befragungen meist – dies vor allem, wenn sie in einer explorativen Studie oder Untersuchungsphase eingesetzt werden – der *Hypothesengenerierung* und basieren ausschließlich auf offenen Fragen. Offen sollte der Forscher auch dem Befragten gegenübertreten. Ihm kommt die Funktion eines Experten für die eigene Person zu (vgl. Froschauer/Lueger 2003, S. 36), der ausreichend Freiraum erhalten sollte, um die ihm selbst wichtigen Themen und Aspekte zur Sprache zu bringen – kurz: seine eigenen Deutungs- und Handlungsmuster zu explizieren (vgl. Rosenthal 2008; S. 53; Przyborski/Wohlrab-Sahr 2008, S. 31).

Forschung als Kommunikation

Qualitative Sozialforschung begreift die Interaktion bzw. Kommunikation zwischen Interviewer und Interviewten »als konstitutiven Bestandteil des Forschungsprozesses« (Lamnek 2010, S. 21): Kommunikation ist sowohl Voraussetzung der Datenerhebung als auch ihr Rahmen und mitunter explizit der Untersuchungsgegenstand. Der Forscher befindet sich nicht in der Rolle eines distanzierten Beobachters oder »Datenmessers«, sondern ist aktiv in die Datenerhebung involviert. Ihr (Miss-)Erfolg hängt damit auch von seiner kommunikativen Leistung ab. Wirklichkeit wird nicht – sofern das überhaupt möglich ist – objektiv erfasst; vielmehr ist sie im Forschungsprozess zwischen Interviewer und Interviewten im Sinne einer Ko-Konstruktion auszuhandeln (vgl. Deppermann 2014, S. 137). Dieser Vorgang ist konstitutiv für Alltagskommunikation, deren Strukturen qualitative Sozialforschung bewusst widerzuspiegeln versucht, um sich der Realität der Probanden soweit wie möglich annähern zu können. Deshalb sollte die Kommunikationssituation bei qualitativen Interviews natürlichen Charakter besitzen: Im Regelfall sucht der Forscher den Befragten in einer ihm vertrauten Umgebung auf (vgl. Przyborski/Wohlrab-Sahr 2008, S. 77), in jedem Fall orientiert er sich bei der Gesprächsführung an alltagsweltlichen Konventionen und passt sich dem sprachlichen Code des Probanden an.

Prozesscharakter von Forschung und Gegenstand

Trotz der Einschränkung, dass mit qualitativen Interviews relativ kleine Fallzahlen untersucht werden, ist keinesfalls (immer) nur der Einzelfall von Interesse: Es wird angenommen, dass die untersuchten »Deutungs- und Handlungsmuster eine gewisse kollektive Verbindlichkeit besitzen« (Lamnek 2010, S. 21). Bei diesen Mustern handelt es sich um »keine statischen Repräsentationen eines unveränderlichen Wirkungszusammenhangs« (Lamnek 2010; S. 22), vielmehr sind Individuen, Mitglieder einer Gruppe oder Gesellschaft ständig mit ihrer (Re-)konstruktion befasst. Qualitative Interviews versuchen, diese Rekonstruktionen zu erfassen, damit sie »dokumentiert, analytisch rekonstruiert und durch das verstehende Nachvollziehen erklärt« werden können (Lamnek 2010, S. 21). Diese Einsicht wirkt sich auf die Forschungstätigkeit selbst aus, welche ebenfalls als Prozess zu sehen ist, in den sich der Forscher absichtsvoll involviert.

Reflexivität von Gegenstand und Analyse

Das Prinzip der Reflexivität greift abermals die Idee auf, dass sich anhand qualitativer Befragungsdaten über den Einzelfall hinaus Aussagen zur Beschaffenheit des untersuchten Realitätsbereichs treffen lassen, denn jede (individuelle) »Bedeutung [ist] kontextgebunden und jedes Zeichen Index eines umfassenderen Regelwerks« (ebd.), d. h., die Aussagen des Befragten reflektieren auf übergeordnete Relevanzsysteme (vgl. Helfferich 2011, S. 22). Die Aufgabe des Forschers besteht darin, in der Interviewsituation und auch bei der späteren Analyse des Materials unter Rückgriff auf seine eigenen Sinnsysteme die Sinnkonstitution des Befragten zu rekonstruieren. Daraus ergibt sich ein zirkulärer bzw. im doppelten Sinn reflexiver Prozess. Für die Erhebungssituation selbst bedeutet dies – hier lassen sich Querbezüge zu den Prinzipien der Offenheit und Flexibilität herstellen –, dass der Interviewer in der Lage sein muss, die Position eines Beobachters zweiter Ordnung einzunehmen: Noch während er das Interview führt, sollte er über den (Miss-)Erfolg seiner Gesprächsführung reflektieren und seine Strategie oder sogar sein Erhebungsinstrument (Leitfaden) gegebenenfalls anpassen.

Explikation

Gerade weil die Datenerhebung durch qualitative Interviews maximal *teil*standardisiert erfolgt, muss das Vorgehen des Forschers offen gelegt werden. Erst die Kenntnis der von ihm angewandten Regeln (sowohl bei der Datenerhebung als auch bei der -analyse) ermöglicht es dem Rezipienten seiner Arbeit, die Güte der Daten zu beurteilen, die Interpretationen intersubjektiv nachzuvollziehen und sich ein Bild von ihrer Stichhaltigkeit zu machen.

Flexibilität

Qualitative Interviews zielen darauf ab, den Relevanzsystemen der Befragten explikatorischen Freiraum zu gewähren. Die Gesprächssteuerung sollte anders als bei standardisierten Befragungen zu großen Teilen oder – je nach angewandter Methode – sogar fast vollständig beim Befragten liegen (vgl. Froschauer/Lueger 2003, S. 33 f.). In diesem Sinne ist es eher die Regel denn die Ausnahme, dass ein Forscher seinen Leitfaden noch in der Erhebungssituation modifiziert.

Grundsätzlich sollte gerade zu Beginn eines qualitativen Interviews die Perspektive auf den zu untersuchenden Realitätsbereich weit gefasst sein, d. h. der Befragte erhält zunächst die Möglichkeit, weitgehend ungelenkt über die ihm wichtigen Aspekte dieses Bereiches zu sprechen, bevor der Forscher durch Fragen bestimmte Ausschnitte fokussiert (vgl. ebd.).

Typen qualitativer Interviews und ihre Anwendungsmöglichkeiten in der Forschung

In diesem Abschnitt werden einige Typen qualitativer Interviews vorgestellt und aufgezeigt, wie diese im Rahmen kommunikationswissenschaftlicher Forschung eingesetzt werden können. Zunächst jedoch eine grundsätzliche und eigentlich selbstverständliche Vorbemerkung: Qualitative Interviews, gleich welchen Typs, sollten nicht deswegen als Methode gewählt oder verworfen werden, weil man sie gut beherrscht/ nicht beherrscht oder generell Anhänger/Kritiker qualitativer Sozialforschung ist (vgl. Przyborski/Wohlrab-Sahr 2008; S. 18–19). Vielmehr muss die Entscheidung für qualitative oder quantitative Befragungsverfahren von der Art des Forschungsvorhabens abhängen: Geht es darum, empirisches Neuland zu betreten und/ oder kommunikative Phänomene mit einer erwartbar hohen Komplexität zu untersuchen? In diesem Fall liegt die Entscheidung für eine qualitative Befragung nahe (vgl. Rosenthal 2008, S. 18). Auch können qualitative Interviews unter

Umständen Forschungsprobleme lösen, bei denen standardisierte Verfahren an ihre Grenzen stoßen. Als Beispiel sei eine Frage genannt, die sich vor einigen Jahren deutschen Rechtsmedizinern stellte: *Ist das sprunghaft gestiegene berufliche Interesse junger Menschen an der Rechtsmedizin auf die Rezeption von Fernsehserien wie »CSI« zurückzuführen, die Rechtsmediziner bei der Arbeit zeigen?* Um dieser Frage nachzugehen, hätte man bei einer Umfrage unter Medizinstudenten erheben können, wer die betreffenden Serien nutzt und wer plant, bei der fachärztlichen Ausbildung die Rechtsmedizin zu wählen. Doch auch wenn sich hierbei signifikante Korrelationen ergeben hätten – sowohl die Richtung des Zusammenhangs als auch der Kausalmechanismus wären unklar geblieben (vgl. Gläser/ Laudel 2010, S. 26): Wollen die Befragten in der Rechtsmedizin arbeiten, weil sie die Serien rezipieren, haben sie die Serien rezipiert, weil sie sich zuvor bereits für die Rechtsmedizin interessierten, oder gibt es Drittvariablen, auf die beide Präferenzen zurückzuführen sind? Die geschlossene Frage, ob die Serien den Berufswunsch beeinflusst haben, verbietet sich aus Gründen der sozialen Erwünschtheit; nach bisher unbekannten Drittvariablen per standardisiertem Instrument zu suchen, ist forschungsökonomisch nicht zu leisten. Zur Klärung des Forschungsinteresses wurde eine Interviewstudie mit jungen Leuten durchgeführt, die sich für den Beruf eines Rechtsmediziners interessierten (vgl. Keuneke/Graß/Ritz-Timme 2010). Die Fernsehserien wurden bei der Rekrutierung nicht erwähnt. In den Interviews wurde zunächst geraume Zeit über andere Aspekte gesprochen; erst nachdem die Forscherin Gelegenheit gehabt hatte, eine vertrauensvolle Beziehung zu den Befragten aufzubauen, stellte sie die Frage: »Wir sitzen hier ja zusammen, weil Sie sich für die Rechtsmedizin als Beruf interessieren. Wie kommt das?« Tatsächlich nannte die Mehrheit der Befragten an dieser Stelle die betreffenden Krimiserien als Auslöser ihrer beruflichen Orientierung. Aus den freien Erzählungen ließ sich zudem der Hintergrund dieses Kausalzusammenhangs rekonstruieren: Junge Menschen mit beruflichem Interesse an der Medizin werden durch Serien wie »CSI« darauf aufmerksam gemacht, dass die Rechtsmedizin noch besser zu ihnen passt als die bisher favorisierte Fachrichtung. Die Befragten wollen nämlich nicht heilen – sie wollen »das Rätsel des Lebens lösen« und verstehen, wie der menschliche Körper funktioniert und unter welchen Umständen er das nicht tut.

Dieses Beispiel zeigt, dass es mitunter gerade qualitative Interviews sind, die »harte Fakten« zu Tage fördern und damit zuverlässige Aussagen ermöglichen. Dabei ist nicht jede Form des qualitativen Interviews gleich gut geeignet, einen bestimmten Realitätsbereich zu erkunden. So folgen zwar all seine Ausprägungen den Gütekriterien qualitativer Forschung, dies aber durchaus im unterschiedlichen Maße. Im Folgenden stelle ich vier Typen qualitativer Interviews vor, beginnend mit dem narrativen Interview, das die Prinzipien qualitativer Sozialforschung am konsequentesten umsetzt, bis hin zum Experteninterview, bei dem diese Prinzipien am ehesten in den Hintergrund treten.

Das narrative Interview

Die vom deutschen Soziologen Fritz Schütze (1977) entwickelte Methode des narrativen Interviews orientiert sich streng am Prinzip der Kommunikativität, indem Strukturen der Alltagskommunikation bei der Gesprächsführung nicht nur aufgegriffen, sondern weitgehend übernommen werden. Angesprochen ist eine spezielle Form der Alltagskommunikation: das Erzählen von Geschichten. Derartige Verbalisierungen von Erfahrung folgen einem kulturell festgelegten Muster. Es stellt sich idealtypisch folgendermaßen dar (vgl. Lamnek 2010, S. 327): Beim *Aufbau der Szene* werden die handelnden Personen eingeführt sowie Zeit und Ort des Geschehens erklärt; es folgt das *sequenziell erzählte Geschehen* mit einer *Pointe* als Abschluss, welches anschließend im Rückblick *bilanziert und ausgedeutet* wird.

Das narrative Interview ($\rightarrow$ Tilemann, S. 321 ff.) macht sich die erworbene Fähigkeit zum regelgeleiteten Erzählen zunutze. Der Proband wird aufgefordert, zu einem bestimmten Gegenstandsbereich eine Geschichte zu entwickeln. Dahinter steht die Idee, dass Geschichten die Sinn- und Deutungsmuster der Erzählenden kohärenter und vollständiger zu offenbaren vermögen als beispielsweise Interviews mit zergliedernden Fragen (vgl. Schütze 1977, S. 1). Unterstützt wird dies durch die Tatsache, dass die Regelhaftigkeit des Geschichtenerzählens den Befragten quasi unter »Zugzwang« setzt (Lamnek 2010, S. 328): Ohne dass der Forscher lenkend (und damit potenziell verzerrend) in die Äußerungen des Probanden eingreift, muss dieser alle wichtigen Teile der Geschichte explizieren und legt dabei eventuell Details offen, die er bei direkten Fragen verschwiegen oder schlicht vergessen hätte.

Tatsächlich schlüpft der Interviewer in die Rolle des Zuhörers, nachdem er eine erzählgenerierende Frage gestellt hat (vgl. Scholl 2015, S. 63). Diese Rolle ist allerdings eine aktive, indem der Forscher den Befragten durch demonstratives Interesse, ausgedrückt in gesprächsgenerierenden Floskeln (»Mhm«), durch Mimik oder Kopfnicken, in seiner Erzähltätigkeit ermuntert und unterstützt (vgl. Hermanns 1995, S. 184). Auf diese Weise trägt er dazu bei, dass alle relevanten Teile einer Geschichte »hervorgelockt« werden und sich zu einer vollständigen Erzählung fügen. Erst nach dem erkennbaren Abschluss der Erzählung darf der Forscher Nachfragen stellen, um Unklarheiten zu beseitigen, einzelne Aspekte zu vertiefen oder Motive und Interpretationen herauszuarbeiten.

In der Kommunikationswissenschaft findet die Methode des narrativen Interviews bisher kaum Anwendung. Dies mag in dem vergleichsweise großen Aufwand begründet sein, der mit ihr verbunden ist (vgl. Heinze 2001, S. 166; Scholl 2015, S. 66), aber auch in der Tatsache, dass sie nur für relativ kleine und eher unprominente Forschungsbereiche in Frage kommt: Denkbar ist die Anwendung des narrativen Interviews vor allem in der medienbiographischen Forschung oder in Teilbereichen der Kommunikatorforschung – eben dort, wo sich lebensgeschichtliche Erfahrungen und die in ihrem Kontext entwickelte Sinnsysteme in Geschichten fassen lassen (vgl. Mayring 2016, S. 74; Przyborski/Wohlrab- Sahr 2008, S. 95; Brüsemeister 2008, S. 99; 104).

Das problemzentrierte Interview

Weitaus häufiger als narrative werden in der Kommunikationswissenschaft problemzentrierte Interviews eingesetzt. Sie bieten den Vorteil, dass sie sich auf eine Vielzahl unterschiedlicher Realitätsbereiche anwenden lassen und zudem nicht allein der Theoriebildung, sondern auch ihrer Prüfung und Erweiterung dienen können. Lamnek (2010, S. 333) beschreibt das problemzentrierte Interview als eine »Kombination aus Induktion und Deduktion«: Es ist durchaus zulässig, dass der Forscher einen bereits bestehenden Theorieansatz als Ausgangspunkt nimmt, dennoch muss er sich offen halten für neue und unerwartete Aspekte, die durch die Interviews zu Tage gefördert werden und anschließend in eine Modifikation des theoretischen Konzepts einfließen sollten. In Bezug auf das Vorgehen in der Erhebungssituation stellen problemzentrierte Interviews folgerichtig »Kompromissbildungen zwischen leitfadenorientierten und narrativen Gesprächsformen« (Hopf 1995, S. 178) dar. Mit dem Leitfaden bringt der Forscher ein ex ante konzipiertes Instrument zum Einsatz, um den Gesprächsverlauf um das zu untersuchende Problem herum zu strukturieren bzw. immer wieder darauf zurückzulenken (vgl. Mayring 2016, S. 67). Allerdings muss er diesen flexibel einsetzen: Auch problemzentrierte Interviews zielen darauf ab, dass der Befragte seine subjektiven Deutungsmuster expliziert; das kann nur gelingen, wenn der Forscher bereit und in der Lage ist, sich auf den Befragten einzustellen und ihm gedanklich in Ausschnitte des zu untersuchenden Realitäts-

bereichs zu folgen, die er bei der Leitfadenkonzeption gar nicht in Erwägung gezogen hat. Beim problemzentrierten Interview wechselt die Gesprächsteuerung somit zwischen dem Interviewer und dem Interviewten (vgl. ebd.); vornehmlich jedoch – dies gilt vor allem für die erste Phase des Interviews – sollte sie beim Befragten liegen. Auch hier ist mit einer allgemein gehaltenen Einstiegsfrage zu beginnen, zu der sich der Interviewte ausführlich äußern kann. Hierbei und im Folgenden ist es die Aufgabe des Forschers, in den Aussagen Aspekte zu identifizieren, die im Sinne der Forschungsfrage relevant sein könnten, durch Ad-hoc-Fragen daran anzuknüpfen und das Relevanzsystem des Befragten so nach und nach zu erkunden. Dabei muss er quasi einen Spagat vollziehen, da er gleichzeitig seinen Leitfaden nicht aus dem Blick verlieren darf – dient dieser doch nicht nur dazu, die aus theoretischer Perspektive relevanten Aspekte zu erfassen, sondern sichert auch die Vergleichbarkeit der Aussagen mit denen anderer Probanden (vgl. Mayring 2016, S. 70). In diesem Sinne lenkt der Forscher den Gedankengang des Befragten immer wieder auf die im Leitfaden festgehaltenen Fragen zurück. Er sollte dabei drastische Brüche oder gezwungen wirkende Überleitungen vermeiden, um sich nicht zu weit von einer alltagsweltlichen Kommunikationssituation zu entfernen. Insofern fordern problemzentrierte Interviews dem Forscher Einiges ab: Er muss über Einfühlungsvermögen verfügen, genau zuhören und zwischen den Zeilen lesen können sowie die Balance finden zwischen einem Push- und einem Pull-Prinzip.

Eingesetzt werden problemzentrierte Interviews im Rahmen kommunikationswissenschaftlicher Forschung vor allem bei Rezeptions- und Wirkungsstudien, da sie geeignet sind, tiefer liegende Sinn- und Bedeutungsstrukturen offen zu legen. Anders als bei narrativen Interviews ist es nicht nötig, dass der Interviewte eine Geschichte zu erzählen weiß; problemzentrierte Interviews überwinden vielmehr räumliche und zeitliche Dimensionen und zielen auf die unterschiedlichsten Repräsentationen eines Gegenstands ab. Die Vielseitigkeit des problemzentrierten Interviews erlaubt seinen Einsatz auch in weiteren Forschungsbereichen der Kommunikationswissenschaft.

Das fokussierte Interview

Am eindeutigsten ist der fachspezifische Nutzen im Fall des fokussierten Interviews zu erkennen, das aus der kommunikationswissenschaftlichen Forschung selbst hervorgegangen ist: Während des Zweiten Weltkriegs entwickelten Merton/Kendall (1946) dieses Befragungsverfahren, um die Wirksamkeit von Propagandafilmen zu ermitteln.

Beim fokussierten Interview handelt es sich genauer betrachtet um einen mehrmethodischen Ansatz; es ist gekoppelt mit der Methode der (verdeckten) teilnehmenden Beobachtung (vgl. Lamnek 2010, S. 337). In der Erhebungssituation wird der Befragte zunächst mit dem Medienangebot konfrontiert – ihm wird ein Film gezeigt, ein Zeitungsausschnitt zur Lektüre vorgelegt etc. Der Forscher erfasst die spontanen Äußerungen des Probanden während der Rezeption; ihre Analyse fließt in die Erstellung eines Leitfadens ein, bei der erste Wirkungsannahmen in Fragen gekleidet werden. Insofern ist die Offenheit des fokussierten Interviews im Vergleich mit den anderen hier vorgestellten Verfahren am stärksten eingeschränkt – der Forscher tritt dem Probanden nicht nur mit einem theoretischen Konzept entgegen, sondern beabsichtigt zudem, vorher festgelegte Hypothesen zu überprüfen (ebd.). Dennoch ist das fokussierte Interview nicht zu verwechseln mit einem Fragebogeninterview, dessen statischer Charakter gerade überwunden werden soll: Das Instrument, der Leitfaden, ist insofern offen, als dass die vermuteten Wirkungen selbstverständlich nicht direkt abgefragt (»Hat die Szene xy Ihnen Angst gemacht?«), sondern in vorsichtiger Annäherung zu erfassen versucht werden (»Als in Szene x die Person y

auftauchte, was haben Sie da gedacht oder empfunden?«).

Das fokussierte Interview ist somit ein klassisches Verfahren der Medienwirkungsforschung und konkurriert auf diesem Gebiet mit dem problemzentrierten Interview. Letzteres bietet den Vorteil, dass es – wie bereits dargelegt – umfassendere Daten erheben kann, also nicht an eine bestimmte Episode (hier: die Rezeption eines Medienangebots) gebunden ist. Im Umkehrschluss kann das fokussierte Interview gezielter eingesetzt werden und empfiehlt sich gerade dann, wenn Rezeption und Wirkungen eines genau definierten Medientextes erfasst werden sollen.

Das Experteninterview

Das Experteninterview ist bezogen auf die Prädisposition des Forschers wiederum offener als das fokussierte Interview (→ Hoffmann, S. 313 ff.). Dennoch entfernt es sich am weitesten von den Prinzipien der qualitativen Sozialforschung, da es nur sekundär darauf abzielt, das individuelle Relevanzsystem des Befragten auszuloten: »Im Experteninterview tritt die Person des Experten in ihrer biographischen Motiviertheit in den Hintergrund, stattdessen interessiert der in einen Funktionskontext eingebundene Akteur« (Meuser/Nagel 2003, S. 57). Der Expertenbegriff ist somit ein anderer als bei den bisher vorgestellten qualitativen Befragungsverfahren: Der Befragte ist nicht Experte für sich selbst, sondern vor allem für den Funktionskontext, der untersucht werden soll. Er wird mithin als Informant betrachtet; der Forscher nutzt den Wissensvorsprung, den der Befragte hinsichtlich des zu untersuchenden Realitätsbereichs besitzt, um neue Erkenntnisse zu gewinnen (vgl. Gläser/Laudel 2010, S. 12–13). Gleichwohl darf der Interviewer nicht ohne Vorwissen in die Erhebungssituation gehen, da ein Mindestmaß an Kompetenz nötig ist, um das Vertrauen des Befragten zu gewinnen (vgl. Meuser/Nagel 2003,

S. 58; Gläser/Laudel 2010, S. 177). Dieses Vorwissen fließt in einen Gesprächsleitfaden ein, der genauso flexibel einzusetzen ist wie etwa beim problemzentrierten Interview, denn auch beim Experteninterview sollte der Forscher nicht nur Fakten abfragen, sondern (sowohl bei der Erhebung als auch bei der Auswertung der Daten) auf Zwischentöne achten: »Da sich die Experten der Relevanzen ihres Handelns keineswegs durchweg bewusst sind [...], muss es [das Expertenwissen, d. Verf.] aus den Äußerungen der Experten rekonstruiert werden« (ebd.).

Aus kommunikationswissenschaftlicher Sicht sind Experteninterviews vor allem für die Kommunikatorforschung fruchtbar, wenn es z. B. darum geht, redaktionelle Arbeitsweisen, Beziehungskonstellationen in der politischen Kommunikation, Strategien bei der Entwicklung von PR-Kampagnen etc. zu untersuchen. Aber auch in weiteren Forschungsfeldern kann das Experteninterview als Ergänzung zu anderen Methoden nützlich sein.

Vorgehen bei der Untersuchung

Die folgende Darstellung einer Untersuchungsanlage besitzt idealtypischen Charakter; die Prinzipien qualitativer Sozialforschung wie Offenheit, Flexibilität und Reflexivität bringen es mit sich, dass das Design dem jeweiligen Untersuchungsgegenstand anzupassen ist. Dennoch sollen im Folgenden einige Hinweise gegeben werden, welche Schritte zu tun sind, nachdem man sich für ein qualitatives Befragungsverfahren entschieden hat.

Generierung des Erhebungsinstruments

Mit Ausnahme des narrativen Interviews kommt bei den hier vorgestellten Verfahren ein Gesprächsleitfaden zum Einsatz. Er basiert in der Regel auf einer Mischung aus Induktion und Deduktion: Bereits verfügbares theoretisches Wissen fließt genauso ein wie die bisherige Beobachtung des zu untersuchenden Realitätsbereichs.

Bei der Leitfadenkonzeption ist zu unterscheiden zwischen Schlüssel- und Eventualfragen: Erstere bilden den Anfang eines Fragenblocks und zeichnen sich durch eine weit ausholende Formulierung aus, die zunächst eine Erzählung anregen soll. Nachdem der Befragte diese beendet hat, können anhand der Eventualfragen Aspekte adressiert werden, die bisher noch nicht zur Sprache kamen; bereits beantwortete Eventualfragen werden ausgespart. Der Leitfaden sollte keine geschlossenen Fragen enthalten. Auch suggestive Formulierungen sind zu vermeiden (vgl. Gläser/Laudel 2010, S. 136) (»An welcher Stelle hat der Film Sie traurig gestimmt?«); stattdessen sollten die Fragen dem Befragten stets die Möglichkeit einräumen, seine individuellen Perspektiven zu entwickeln (»Welche Gefühle hat der Film bei Ihnen ausgelöst? Fallen Ihnen dazu bestimmte Szenen ein?«). Genauere, d. h. lenkende Fragen können als Eventualfragen vorgesehen oder in der Interviewsituation spontan hinzugefügt werden. Generell sollten Fragen *einfach* und *konkret* formuliert sein. Abstrakte Formulierungen könnten den Befragten in Not bringen – was im Sinne einer entspannten Gesprächsatmosphäre unbedingt zu vermeiden ist – und bedeuten zudem die Gefahr, »Nicht-Sagbares« zu adressieren. Als Beispiel sei hier die Frage »Mit welchen Motiven haben Sie begonnen, die Fernsehserie zu schauen?« genannt. Sie kann unschlüssiges Stottern hervorrufen – oder der Befragte konstruiert nach bestem Wissen und Gewissen eine Begründung, die seinen nur zum Teil bewussten und diffusen Regungen nicht gerecht wird. Größere Chancen, sich der Wahrheit anzunähern, eröffnet die Frage: »Wenn Sie mal zurückdenken, wie Sie anfingen, die Fernsehserie zu schauen – wie kam das?« Diese Formulierung zielt auf etwas Sagbares, nämlich auf die Nacherzählung konkreter Erfahrung. Die Frage, welche Motive dabei im Spiel waren, sollte *nicht an den Befragten, sondern an das Datenmaterial gerichtet werden* und zwar bei der Analyse des Interviewtranskripts. Hier ist ein Grundprinzip qualitativer Befragungen angesprochen: Es ist am Forscher, den latenten Sinn aus den Äußerungen des Befragten herauszulesen und ihn in theoretisch basierte bzw. »akademisch« konstruierte Kategorien einzuordnen.

Auswahl der Befragten und Kontaktaufnahme

Im Regelfall werden die Befragten nach dem Verfahren des »Theoretical Sampling« rekrutiert (vgl. Froschauer/Lueger 2003, S. 54; → Lampert, S. 596 ff., → Wegener/Mikos, S. 220 ff.): Ausgewählt werden Personen, die aufgrund ihrer Merkmale und lebensweltlichen Hintergründe einen Beitrag zur Lösung des Forschungsproblems erwarten lassen (vgl. Cropley 2011; S. 101). Häufig stammen diese aus dem weiteren Bekanntenkreis des Forschers. Enge Bekannte oder sogar Freunde oder Verwandte zu interviewen sollte vermieden werden; zum einen, da eine beiderseitige Befangenheit in der Befragungssituation nicht auszuschließen ist (vgl. Lamnek 2010, S. 352), zum anderen, da der Forscher sein (subjektiv gefärbtes) Vorwissen über den Befragten bei der Auswertung mit den erhobenen Daten vermengen könnte.

Selbstverständlich lassen sich geeignete Gesprächspartner nicht immer im Bekanntenkreis ausmachen, dies insbesondere bei Experteninterviews, aber auch dann, wenn das Untersuchungsfeld relativ eng definiert ist wie z. B. bei einer medienbezogenen Fankultur. Im letztgenannten Fall ist es von Vorteil, wenn der Forscher eine Kontaktperson ausfindig machen kann, die ihm Zugang zum Forschungsfeld eröffnet.

Da qualitative Interviews nicht auf Repräsentativität abzielen, werden keine Zufalls- oder Quotastichproben gezogen. Dennoch sollte der Forscher darauf achten, dass die Befragtengruppe nicht zu homogen ausfällt – *ausschließlich Studierende zu befragen* ist z. B. nur dann angezeigt, *wenn es auch ausschließlich um Studierende geht* wie etwa bei der Frage, mit welchen Motiven sich Akademiker populären Fernsehangeboten zuwenden. Je nach Forschungsfrage kann es zudem angezeigt sein, gleich viele Männer wie Frauen zu befragen oder auf eine Streuung der Altersgruppen zu achten – nämlich dann, wenn der Forscher aufgrund seiner theoretischen Vorüberlegungen davon ausgeht, dass geschlechts- oder generationentypische Sinn- und Handlungsmuster existieren.

Die Erhebungssituation

Spätestens unmittelbar vor Beginn der Erhebung muss der Forscher dem Befragten den Hintergrund der Studie erläutern und ihn auf seine Aufgabe vorbereiten. Ist dies bereits beim Erstkontakt geschehen, kann dieser Schritt abgekürzt, sollte jedoch nicht übergangen werden (vgl. Froschauer/Lueger 2003, S. 67). Da von qualitativen Interviews Tonaufnahmen angefertigt werden sollten (vgl. Gläser/Laudel 2010, S. 157–158) und diese Situation für den Befragten ungewohnt sein dürfte, sind weitere Erklärungen nötig: Der Forscher weist darauf hin, dass er sich nicht alles, was besprochen wird, merken könne und sich auch keine Notizen machen wolle, um seine volle Aufmerksamkeit dem Befragten zu widmen. Tatsächlich geht es bei der technischen Aufzeichnung um mehr, denn für die Interpretation der Daten ist (außer beim Experteninterview) nicht nur relevant, *was* gesagt wurde, sondern auch *wie* es gesagt wurde (vgl. Froschauer/Lueger 2003, S. 35). Metakommunikative Elemente wie Pausen, Zögern, Stocken, lautes/leises Sprechen etc. sind aussagekräftige Bestandteile des Interviewtextes. Dies jedoch dem Befragten zu offenbaren, hätte mit einiger Wahrscheinlichkeit eine erhöhte Selbstkontrolle zur Folge, die gerade vermieden werden soll. Sowieso sind »Geräteeffekte« zu erwarten, da sich der Proband bewusst ist, dass seine Äußerungen aufgezeichnet werden. Die Erfahrung zeigt jedoch, dass dieses Bewusstsein im Laufe des Interviews verblasst (vgl. Gläser/Laudel 2010, S. 158). Deshalb ist das Gerät nicht erst kurz vor Interviewbeginn einzuschalten, sondern es sollte bereits ein Teil der Warm-up-Phase mitgeschnitten werden, in der

der Forscher u.a. dem Befragten die Rolle eines »Experten« zuweist und betont, dass nichts von dem, was er sage, falsch oder uninteressant sein könne. Ziel ist, eine entspannte und vertrauensvolle Atmosphäre herzustellen (vgl. Cropley 2011, S. 129). Erst wenn dies merklich gelungen ist, beginnt das eigentliche Interview.

So lange der Forscher eine vorwiegend rezeptive Rolle innehat, legt er den Schwerpunkt auf die gesprächsgenerierenden Beiträge. Neben dem bereits erwähnten Kopfnicken und den eingestreuten »Mhms« stehen ihm weitere Techniken zur Verfügung, vor allem die des Echos und der Paraphrase: Entwickelt der Befragte ein für ihn offenbar bedeutsames Thema und gerät dabei ins Stocken, genügt es in der Regel, wenn der Forscher den letzten Satzteil wiederholt oder die Aussage zusammenfasst. In jedem Fall sollte der Forscher durch seine gesprächsgenerierenden Beiträge signalisieren, dass er tatsächlich Interesse an den Aussagen des Befragten hat – dies jedoch auf einer nonverbalen Ebene. Von wertenden Kommentaren wie »sehr interessant« oder »genau, eben, stimmt, sicher« (vgl. Froschauer/Lueger 2003, S. 71) ist abzusehen, da sie den Interviewten in eine bestimmte Richtung lenken könnten (»Greenspoon-Effekt«, vgl. Cropley 2011, S.129). Eher sollte der Forscher ein »Pokerface« aufsetzen und den Äußerungen des Befragten mit möglichst gleich bleibender, freundlicher Aufmerksamkeit begegnen (vgl. Hermanns 2008, S.364). Erst recht nicht sollte er negative Wertungen durch Erschrecken, Missbilligung oder Abscheu erkennen lassen: »Der Interviewer verhält sich interessiert-zurückhaltend und schafft eine sanktionsfreie Situation« (Lamnek 2010, S.366).

Gerade in den Phasen, da der Interviewer selbst die Gesprächssteuerung übernimmt, ist das Prinzip der Reflexivität sorgfältig einzuhalten. Dazu gehört, dass der Forscher die Fragen nicht abliest, sondern mit eigenen Worten reformuliert und dabei dem Sprachcode des Befragten anpasst. Letzteres gilt selbstverständlich auch für Ad-hoc-Fragen.

Um die Gefahr zu mindern, dem Relevanzsystem des Befragten nicht genügend Raum zu geben,

sollten leitfadengestützte Interviews in jedem Fall mit dem Angebot des Forschers enden, subjektiv bedeutsame Aspekte zur Sprache bringen, die bisher noch nicht behandelt wurden.

Aufbereitung des Materials

Mit Ausnahme des Experteninterviews, bei dem die Aussagen des Befragten »geglättet« umgeschrieben werden können (vgl. Scholl 2015, S. 71),[2] müssen die Interviewaufzeichnungen vollständig transkribiert werden – eben auch mit allen metakommunikativen Äußerungen, nicht nur des Befragten, sondern auch des Interviewers. Jeder Forscher entwickelt letztlich seinen eigenen Transkriptionsstil, dennoch sollen hier einige Vorschläge unterbreitet werden:
- Besonders betonte Worte oder Satzteile durch Unterstreichungen hervorheben
- Auffälligen Sprachduktus (eifrig, aufgeregt, laut, leise, zögerlich etc.) zu Beginn der betreffenden Aussage in Klammern vermerken
- Pausen inklusive ihrer Länge in Klammern vermerken
- Nonverbale Elemente in Klammern vermerken (lacht, stockt, räuspert sich etc.)
- Brüche im Satzbau – wenn sie nicht von einer sowieso vermerkten Pause begleitet sind – durch ein Komma in Klammern anzeigen: »Ich habe bis heute (,) also, ich bin mir nicht sicher, ob ich jemals geweint habe im Kino.« (Dies trägt maßgeblich dazu bei, das Transkript lesbar zu machen.)
- Störungen des Interviews in eckigen Klammern vermerken [Es klingelt an der Haustür.]
- Schlecht verständliche Worte oder Satzteile einklammern
- Nicht verständliche Worte oder Satzteile entsprechend vermerken: »Wenn eine Agenturmeldung reinkommt, dann guck ich erstmal, ob ich nicht (unverständlich) kann.«

Bei der Transkription wird das Material anonymisiert. Das bedeutet nicht nur, dass die Namen der Befragten durch Abkürzungen, Buchstaben/

Zahlen oder Codenamen ersetzt werden; vielmehr *müssen alle Informationen entfernt werden, die einen Befragten für Dritte identifizierbar machen.* Bei welchen Informationen dies der Fall ist, ist im Einzelfall zu entscheiden.

Auswertung des Materials

Die Analysemethode ist vom verwendeten Befragungsverfahren sowie vom Forschungsziel abhängig. Während die Texte narrativer Interviews in der Regel hermeneutisch ausgewertet werden, kommen bei den anderen Typen auch strukturierende Verfahren zum Einsatz – vor allem, wenn das Ziel darin besteht, eine vergleichende Analyse durchzuführen oder eine Typenbildung vorzunehmen. Bei den strukturierenden Analysen gilt es, den Überblick über

ein umfangreiches und zunächst unübersichtliches Material zu gewinnen. Da dieses Material in Textform vorliegt, handelt es sich bei der Auswertung letztlich um qualitative Inhaltsanalysen. Aus Platzgründen und um Redundanzen zu vermeiden, sei auf den entsprechenden Beitrag in diesem Handbuch verwiesen (→ Mayring/Hurst, S. 494 ff.).

Anmerkungen

1 Für eine Aufzählung siehe: Gläser/Laudel 2010, S. 40.
2 Non- und paraverbale Äußerungen sind nur dann festzuhalten, wenn sie die Bedeutung einer Aussage verändern (vgl. Gläser/Laudel 2010, S. 193–194).

Literatur

Brüsemeister, Thomas (2008): Qualitative Forschung. Ein Überblick. 2., überarbeitete Auflage, Wiesbaden.

Cropley, Arthur J. (2011): Qualitative Forschungsmethoden. Eine praxisnahe Einführung. 4., überarbeitete Auflage, Frankfurt a.M.

Deppermann, Arnulf (2014): Das Forschungsinterview als soziale Interaktionspraxis. In: Mey, Günter/Mruck, Katja (Hrsg.): Qualitative Forschung. Analysen und Diskussionen – 10 Jahre Berliner Methodentreffen Wiesbaden, S. 133–149.

Froschauer, Ulrike/Lueger, Manfred (2003): Das qualitative Interview. Wien.

Gläser, Jochen/Laudel, Grit (2010): Experteninterviews und qualitative Inhaltsanalyse als Instrumente rekonstruierender Untersuchungen. 4. Auflage, Wiesbaden.

Heinze, Thomas (2001): Qualitative Sozialforschung. Einführung, Methodologie und Forschungspraxis. München/Wien.

Helfferich, Cornelia (2011): Die Qualität qualitativer Daten. Manual für die Durchführung qualitativer Interviews. 4. Auflage, Wiesbaden.

Hermanns, Harry (1995): Narratives Interview. In: Flick, Uwe/v. Kardorff, Ernst/Keupp, Heiner/v. Rosenstiel, Lutz/Wolff, Stephan (Hrsg.): Handbuch Qualitative Sozialforschung. Grundlagen, Konzepte, Methoden und Anwendungen. 3., neu ausgestattete Auflage, Weinheim, S. 182–186.

Hermanns, Harry (2008): Interviewen als Tätigkeit. In: Flick, Uwe/v. Kardorff, Ernst/Steinke, Ines (Hrsg.): Qualitative Forschung. Ein Handbuch. 6., durchgesehene und aktualisierte Auflage, Reinbek b. Hamburg, S. 360–368.

Hopf, Christel (1995): Qualitative Interviews in der Sozialforschung. Ein Überblick. In: Flick, Uwe/v. Kardorff, Ernst/Keupp, Heiner/v. Rosenstiel, Lutz/Wolff, Stephan (Hrsg.): Handbuch Qualitative Sozialforschung. Grundlagen, Konzepte, Methoden und Anwendungen. 3., neu ausgestattete Auflage, Weinheim, S. 177–181.

Keuneke, Susanne/Graß, Hildegard/Ritz-Timme, Stefanie (2010): »CSI-Effekt« in der deutschen Rechtsmedizin. Einflüsse des Fernsehens auf die berufliche Orientierung Jugendlicher. In: Rechtsmedizin 5, S. 400–406.

Lamnek, Siegfried (2010): Qualitative Sozialforschung. 4., vollständig überarbeitete Auflage, Weinheim.

Mayring, Philipp (2016): Einführung in die qualitative Sozialforschung. Eine Anleitung zum qualitativen Denken. 6. Auflage, Weinheim/Basel.

Merton, Robert K./Kendall, Patricia L. (1946): The focused Interview. In: American Journal of Sociology, 51, S. 541–557.

Meuser, Michael/Nagel, Ulrike (2003): Experteninterview. In: Bohnsack, Ralf/Marotzki, Winfried/Meuser, Michael (Hrsg.): Hauptbegriffe Qualitativer Sozialforschung. Opladen, S. 57–58.

Przyborski, Aglaja/Wohlrab-Sahr, Monika (2008): Qualitative Sozialforschung. Ein Arbeitsbuch. München.

Rosenthal, Gabriele (2008): Interpretative Sozialforschung. Eine Einführung. 2., korrigierte Auflage, Weinheim/München.

Scholl, Armin (2015): Die Befragung. 3. Auflage, Konstanz und München.

Schütze, Fritz (1977): Die Technik des narrativen Interviews in Interaktionsfeldstudien – dargestellt an einem Projekt zur Erforschung von kommunalen Machtstrukturen (MS), Universität Bielefeld.

Experteninterview

Dagmar Hoffmann

Einen Spezialfall der qualitativen Medienforschung stellen Experteninterviews dar. Ihr Nutzen und ihre Einsatzmöglichkeiten werden im Hinblick auf ausgewählte medienwissenschaftliche Forschungsbereiche thematisiert. Es wird das besondere Vorgehen – von der Kontaktaufnahme über das Interviewsetting bis hin zur Protokollierung und Auswertung solcher Interviews – erläutert. Experteninterviews werden hier eher als ergänzende bzw. moderierende Methode betrachtet und weniger als ausschließliches Verfahren für die qualitative Medienforschung empfohlen.

Einleitung

Experteninterviews sind in der empirischen Sozialforschung ein gängiges, aber methodisch auch umstrittenes Verfahren. Man hat es mit einer hoch selektiven Stichprobe zu tun, die sehr zweckorientiert ausgesucht und in der Regel sachbezogen befragt wird. Es gibt meist einen Anlass für ein Experteninterview wie zum Beispiel eine Beobachtung oder die Exploration eines Sachverhalts. Dieser ist mitunter recht vage, muss empirisch untermauert und vom Forschenden differenzierter erläutert und erfasst werden. Um nun den Sachverhalt wissenschaftlich aufzuklären, bedarf es der Wissenskompetenz und/oder Einschätzung externer Experten. Der Forschende[1] kontaktiert also eine nach seiner Auffassung für dieses Themen- und Sachgebiet qualifizierte Person, die idealiter auch nach allgemeinem Verständnis für diese Angelegenheit als Experte gilt. Demzufolge treffen nun in der Interviewsituation Menschen aufeinander, wobei der eine das relevante Wissen potenziell besitzt, und der andere (bzw. die anderen), sich dieses Wissen zu Forschungszwecken aneignen möchten. In der Interviewsituation sind die Personen also keineswegs gleichberechtigt, d. h. hier findet nicht unbedingt ein gleichwertiger Tausch von Informationen und Wissen statt. Die Befragung ist ein in der Regel einseitiger Informationstransfer, der aber nicht nur die Bedürfnisse des Forschenden befriedigt. Zwar hat der Befragte zunächst vielleicht keinen offensichtlichen Nutzen oder Vorteil von der Befragung, aber bei erfolgreich verlaufender Untersuchung wird er namentlich erwähnt und/oder seine Ausführungen werden öffentlichkeitswirksam publiziert. Es gibt keine Gewähr dafür, dass die Befragung des Experten das Interesse des Forschenden immer aussichtsreich, d. h. im Sinne seiner Forschungsfrage, zufriedenstellt und dass die Expertisen und/oder Prognosen brauchbar sind. Dass Experteninterviews aber dennoch probate Verfahren in der Medienforschung sein können und verstärkt eingesetzt werden sollten, erläutert der folgende Beitrag.[2]

Anlass und Nutzen

Zunächst stellt sich die Frage, warum ein Medienforscher einen Experten interviewen sollte, schließlich sind Medienforscher ja auch Experten, zumindest was öffentliche Angelegenheiten, Themen und Personen und nicht zuletzt Medien und ihre Aneignungsweisen anbetrifft. Was das Verhalten der Rezipienten anbelangt, so können Medienforscher dieses in der Regel recht detailliert beschreiben, analysieren und interpretieren. Gleichwohl kommt es vor, dass Medien- und Kommunikationswissenschaftler auf das Wissen von Personen angewiesen sind, die nicht unmittelbar ihrer Disziplin angehören, z. B. Juristen, Ärzte, Psychologen und mitunter Politiker, die ebenfalls Experten sein können. Experten sind Personen, die auf dem Gebiet, das es zu untersuchen und zu explizieren gilt, einen deutlichen Wissensvorsprung gegenüber dem Forschenden haben. Sie sind die Sachverständigen und können als Gutachter agieren, aufklären und einschätzen z. B. Risiken und Gefahren von Technologien, damit verbundene Veränderungen von Rezeptions- und Aneignungsweisen oder auch Entwicklungen von Medienkulturen. In der qualitativen Medienforschung gibt es fünf Möglichkeiten, Experten nutzbringend zu befragen:

1. Exploration
Experteninterviews können explorativ im Vorfeld einer Untersuchung hilfreich sein, um sich einer bestimmten Fragestellung sorgfältig und in der gebotenen Komplexität zu nähern. Sie sind besonders dann anzuwenden, wenn der Zugang zum sozialen Feld schwierig oder unmöglich ist (vgl. Bogner/Menz 2009a, S. 8). Als Medienforscher, der eine Studie konzipiert, holt man vorab Expertisen ein, die die Hypothesenbildung erleichtern und die theoretischen Annahmen für das Forschungsvorhaben verstetigen. Meinungen und Hinweise von Experten können mitunter das Forschungsdesign bestimmen und die Auswahl der Erhebungsmethode bzw. -instrumente absichern helfen.

2. Wissensaneignung
Des Weiteren kann man sich als Medienforscher an einen Experten wenden, um einen Sachverhalt besser einordnen und verstehen zu können. Experten agieren hier als Aufklärer, übernehmen das »Briefing« des Forschenden, indem sie ihm Spezial- bzw. Kontextwissen vermitteln und er seinen Forschungsgegenstand sowohl in Gänze als auch im Detail erfassen kann. Ein Beispiel: Man beschäftigt sich mit dem Agenda-Setting zum Thema Gentechnologie in der Humanmedizin. Untersucht werden soll, inwieweit das Issue in den einschlägigen Print- und TV-Medien verhandelt wird und welche moralisch-ethischen Werteinstellungen in der öffentlichen Diskussion dominieren. Um hier eine überzeugende Interpretation der Argumentationen vornehmen zu können, bedarf es mitunter des Wissens von Experten aus dem Bereich der Gen-

technik, der Medizin, der Mikrobiologie und der Rechtswissenschaften. Nur mit ihrer Hilfe lassen sich Positionen und Auslegungen adäquat fassen, nachvollziehen und einordnen. Gerade die Debatte um die Anwendungs- und Forschungsgebiete der Gentechnologie hat gezeigt, dass in den Medien Spezialwissen vermittelt und darüber geurteilt wird (vgl. z. B. Hampel 2012).

3. Erkenntnissicherung
Zum anderen werden in der Medienforschung Experten eingesetzt, um sich eines Sachverhaltes zu vergewissern bzw. diesen mit gesichertem Wissen überprüfen zu können. Das Interesse an dem Experten ist in dem Fall von einer Forschungsfrage abgeleitet und ermöglicht die Sicherung zweifelhafter Befunde. Gerade im Fall schambehafteter Forschungsthemen kann nicht ohne weiteres davon ausgegangen werden, dass Befragte ehrlich und unbelastet antworten. Folglich können Erkenntnisse nur eingeschränkt interpretiert und eingeordnet werden. In einer solchen für den Forschenden unbefriedigenden Situation besteht nun die Möglichkeit, zusätzlich zu seinem Datenerhebungsrepertoire eine Befragung von Experten wie zum Beispiel in der Praxis tätigen Pädagogen oder Wissenschaftlern anderer Disziplinen sowie auch Therapeuten anzuschließen. Diese Berufsexperten und Spezialisten können aus ihrer jeweiligen Sicht und Praxis sich zu dem Forschungsgegenstand verhalten und verifizierende oder komplementäre Erkenntnisse beitragen. Experteninterviews bilden so eine Datenquelle neben anderen wie der der Betroffenenbefragung und interpretieren bereits gewonnene Ergebnisse neu oder sichern sie ab.

4. Wissensabgleich
Experten können zudem eine Art Kontrollfunktion ausüben bzw. als Korrektiv fungieren, indem sie Ergebnisse medienwissenschaftlicher Studien differenziert und mit anderem disziplinären Spezialwissen neu interpretieren. Damit erfahren die Ergebnisse vieler Studien mitunter eine neue Qualität und zeigen andere Konsequenzen auf. Diese Möglichkeit der Expertise

wird bislang recht wenig genutzt; meist diskutieren Medienwissenschaftler ihre Studien in ihrer Community und begrenzen damit nicht selten unnötig den Aussagewert ihrer eigenen Studien.

5. Expertise

Im klassischen Fall nutzt man das Handlungsfeld des Experten, seine Erfahrungen und seine Kompetenzen für eine Expertise, die man z. B. braucht, um die gesellschaftlichen Konsequenzen der Digitalisierung oder etwa des Gebrauchs von Datenbrillen aufzeigen zu können. Hier bilden die Experten ausschließlich die Zielgruppe der Untersuchung. Die Interviews sind darauf angelegt, dass die Experten ihr Erfahrungswissen (man spricht auch von Betriebswissen) qualifiziert und anwendungsbezogen einsetzen, um fundierte, aussagekräftige Antworten geben zu können.

Die hier aufgeführten Nutzungsweisen von Experteninterviews beziehen sich vorrangig auf wissenschaftliche Kontexte. Experten müssen aber bevorzugt auch in journalistischen Kontexten wie etwa Talkshows, politischen Fernsehmagazinen oder Radiosendungen Stellung beziehen.

Anwendungsbeispiel

Auswahl der Experten

Zunächst ist man mit der Schwierigkeit konfrontiert, diejenigen Personen ausfindig zu machen, die über die relevanten Informationen verfügen und die mit einer hohen Wahrscheinlichkeit diese bereitwillig preisgeben. Es stellt sich die Frage, wer *ist* Experte und wer *gilt* als Experte. In der sozialwissenschaftlichen Literatur finden sich verschiedene Auffassungen darüber, wer als Experte bezeichnet werden kann. In Anlehnung an Meuser und Nagel (2002a, 2002b) und Bogner und Menz (2009b) sind Experten Angehörige von organisatorischen Funktionseliten, die über privilegiertes Wissen oder Sonderkompetenzen verfügen. In der Regel haben sie innerhalb ihres Verantwortungsbereichs besondere Freiheiten und auch Kontrollmöglichkeiten für die Gestaltung ihres Arbeits- und Kompetenzgebietes. Einige Sozialwissenschaftler vertreten die Ansicht, dass ein Experte sich in der öffentlichen Sphäre bewegen und dort Einfluss ausüben sollte, ansonsten gebührt ihm nicht dieser Status. Andere wiederum behaupten, dass das Label »Experte« doch eher ein »relationaler Status« (Meuser/Nagel 2002a, S. 73) sei und im Grunde das jeweilige Forschungsinteresse bestimmt, wer als Experte in Frage kommt. Dabei können auch Funktionseliten angesprochen werden, die nicht in der breiten Öffentlichkeit agieren wie z. B. Personalräte, Erzieher, Medienpädagogen oder etwa Mitarbeiter von Prüfstellen.

Expertenwissen sollte in der Regel prioritär der Diagnose oder auch der Prognose dienen (vgl. Meuser/Nagel 2002b). In diesem Sinne gilt es also, die Personen ausfindig zu machen, die die Verantwortung für bestimmte Entwicklungen übernehmen und die über einen privilegierten Zugang zu Informationen oder Entscheidungsprozessen verfügen (ebd.). Allerdings sollte aus Gründen der Validität immer bedacht werden, dass diese Personen aber auch bestimmte Interessen verfolgen und ihre Antworten mitunter von strategischer Bedeutung und damit verzerrt sein könnten. Bei der Auswahl mehrerer Experten zu einer Forschungsfrage sollte immer auf inhaltliche Ausgewogenheit geachtet werden. So ist es zum Beispiel wenig sinnvoll, wenn zur Entwicklung des digitalen Fernsehens nur Befürworter dieser Technologie befragt werden. Ein heterogen zusammengesetztes Expertensample verspricht in dieser Hinsicht interessantere inhaltliche Aspekte aufzudecken. Mit anderen Worten: Die Stichprobe muss nach inhaltlichen und strukturellen Aspekten ausgesucht und gut begründet werden.

Kontaktaufnahme

Bereits während der Auswahl des Experten recherchiert man in der Regel wichtige Daten über die zu interviewende Person und verschafft sich auch für die Kontaktaufnahme essenzielle Informationen. Wenn man einen Experten für ein Interview anspricht, muss man ihm zunächst kurz, klar und präzise das Anliegen bzw. das Forschungsvorhaben erläutern. Im Weiteren erklärt man ihm, warum man gerade *ihn* interviewen möchte und warum man *ihn* für den geeigneten Interviewpartner hält. Vor einem sehr wichtigen Interview sind manchmal Treffen mit anderen Leuten nötig, die den »Hauptexperten« schon kennen und die einem wichtige Hinweise für einen angemessenen Umgang mit dem gewünschten Interviewpartner geben können. Je besser man auf den Experten vorbereitet ist, desto besser kommt man in der Interviewsituation zurecht, desto mehr bringt man in Erfahrung und umso eher gelingt das Timing. Wichtig für die Kommunikation ist vor allem eine genaue Einschätzung zum potenziell vorhandenen Wissen des Experten, sprich seine Arbeit und genaue Aufgabe in dem Themenbereich. Nützlich ist für den Interviewer auch das Wissen um Erfolge des Experten. Solche Informationen können »Gatekeeper«-Funktionen übernehmen. Ein Beispiel: »Ihr neues Buch nimmt bereits den dritten Platz auf der Bestsellerliste sein. Wie erklären Sie sich den Erfolg?« oder »Bei Ihrem letzten Auftritt in der ARD-Talkshow war das Publikum offenbar auf Ihrer Seite.« Will man mehrere Experten interviewen, empfiehlt es sich, sich zunächst in der Kontaktaufnahme zu üben z. B. mittels Rollenspiel oder den zunächst weniger »bedeutsamen« oder »vermeintlich schwierigen« Gesprächspartnern.

Experteninterviews können nicht nur mündlich im direkten Gespräch, sondern auch per Telefon, Chat oder per Email erfolgen. Größtmögliche »Ausbeute«, d. h. ein Optimum an Informationszuwachs, erhält man erfahrungsgemäß in der face-to-face-Situation.

Interviewsituation

Experteninterviews sind in der Regel themenfokussierte respektive problemorientierte Interviews, d. h. sie konzentrieren sich auf einen bestimmten Gesprächsgegenstand oder Gesprächsanreiz. Vorab entwickelt man häufig einen flexibel einsetzbaren Gesprächsleitfaden, wobei die Maxime »so offen wie möglich, so strukturierend wie nötig« (Helfferich 2014, 566) hilfreich sein kann. Will man mehrere Experten zu einem Thema interviewen und deren Expertise einholen, empfiehlt sich eine Teilstandardisierung des Fragekomplexes (vgl. Gläser/Laudel 2009, S. 111ff.). In der Regel geben Experten sehr bereitwillig Auskunft über ihre Arbeit, ihr Wissen und äußern gern ihre Meinung. Man kann davon ausgehen, dass insbesondere Persönlichkeiten, die in der Öffentlichkeit stehen bzw. in der Gesellschaft ein hohes Berufsprestige besitzen, über ein ausreichendes Geltungsbedürfnis verfügen und eine solche Situation gerne nutzen, um sich zu exponieren. Dennoch kommt es vor, dass ein Gespräch nicht in Gang kommen will, man nicht dieselbe Kommunikationsebene findet, die Gesprächsatmosphäre beeinträchtigt ist. Dies kann den Informationsfluss erschweren, es kann auch unbeabsichtigt und schlimmstenfalls zum Scheitern des Experteninterviews führen. Indikatoren, die den Zugang zum Interviewpartner signifikant beeinflussen können sind Persönlichkeitsmerkmale, Geschlechtszugehörigkeit, Status, Aussehen, Habitus und auch das Alter des Interviewers. Besonders riskant ist eine zu große Wissenskluft zwischen den Gesprächspartnern. Es ist vorprogrammiert, dass dem Experten das Interview mühsam und langweilig wird, wenn er Standards, Fachbegriffe und Abkürzungen erst ausführlich erläutern und den Interviewer auf ein bestimmtes Wissensniveau bringen muss. Das Nichtwissen des Interviewers um bestimmte Daten bewirkt, dass der Interviewer im Grunde genommen desinteressiert wirkt, während der Experte sich missachtet fühlt. Kognitive Dissonanzen kosten alle Beteiligte unnötige Zeit und hemmen den Gesprächsfluss. Es empfiehlt sich demzufolge, vorher möglichst viele Informationen über Fachtermini, gegebenenfalls Firmenstrukturen und Sprachbesonderheiten einzuholen.

Zu Beginn sollte das Forschungsinteresse und aus ethischen Gründen auch Zweck und Ziel der Forschung erläutert werden. Auch sollte die Wichtigkeit der Unterstützung des Projektes unterstrichen werden. Hier kann man auch die positiven Konsequenzen erwähnen. Ein Beispiel: »Ihre Meinung zu einer quotenfördernden Umgestaltung des öffentlich-rechtlichen Fernsehprogramms ist uns ganz besonders wichtig. Ihre Einschätzung wird das Gesamtbild zur Problemlage vervollständigen«. Wie bei anderen Interviewformen auch, ist vorab zu klären, wie man mit den Informationen umgeht, die einem oft recht komprimiert gegeben werden. Prinzipiell gilt, dass für Mitschnitte immer die Erlaubnis beim Interviewpartner eingeholt werden muss. Video- und Filmaufnahmen sollten gut überlegt eingesetzt werden, denn sie schaffen oft Distanz und eine wenig offene Gesprächsatmosphäre. Von Mitschriften (auf Papier oder mit dem Notebook) ist abzuraten, da man sich nicht mit der nötigen Aufmerksamkeit dem Interviewpartner widmen kann. Am wenigsten Distanz und Kontrolle üben auditive Mitschnitte aus. Für die Auswertung der Interviews sind die Transkripte der Mitschnitte unabdingbar. Sollte der Gesprächspartner sich mit Tonaufnahmen nicht einverstanden erklären, so sollte man sich wenige Notizen während des Gespräches machen und unmittelbar nach dem Gespräch unbedingt ein Gedächtnisprotokoll anfertigen. Zur Dokumentation des Interviews gehört in der Regel auch das schriftliche Festhalten der Interviewsituation, d.h. die Dokumentation der Sitzanordnung, die Dauer des Interviews, die Einrichtung des Raumes, in dem das Interview stattgefunden hat und die Beschreibung des eigenen Befindens während des Gesprächs etc. Diese Daten geben in der späteren Auswertung Aufschluss über das Antwortverhalten, die Gesprächsdynamik, den Erfolg oder ggf. das Scheitern des Interviews.

Interviewer: Wie bei jedem anderen Interview gilt es abzuwägen, ob ein solches Interview Erfolg versprechender ist, wenn *ein* Interviewer den Experten aufsucht oder mehrere Personen

Fragen stellen. Es gilt zu bedenken, dass auch in Forschungssituationen bei den Beteiligten ein »doing gender« stattfindet (vgl. u.a. Littig 2009). Es kommt natürlich immer auf die Fragestellung und auf viele andere Bedingungsfaktoren an, ob ein Interview inhaltlich ergiebig ist oder nicht, aber mit Interaktionseffekten wie etwa paternalistisches oder degradierendes Verhalten, Bevormundung und/oder Profilierung ist zu rechnen (vgl. ebd.). Es gilt im Vorhinein immer abzuwägen, welche Konstellation für die Interviewsituation oder auch schon bereits für die Kontaktaufnahme günstig scheint. Des Öfteren findet sich das Modell des »Mann-Frau-Duos«, das als Interviewteam auftritt. Diese Kombination verspricht zum einen die »Neutralisierung« des Geschlechtereinflusses und zum anderen mehr Varianz in den Antworten des Befragten. Was Kleidercodes und Etikette anbetrifft, ist es empfehlenswert, sich dem Interviewpartner so weit zu nähern, dass nichts die Kommunikation beeinträchtigt, was für die Informationsbeschaffung ablenkend oder störend sein könnte. Im Prinzip muss jedoch jeder selber wissen, welches Risiko er oder sie mit dem Auftreten, der Kleidung und Formen des Umgangs eingehen will.

Sprach- und Kommunikationsebene: Man sollte ausreichend Informationen über die Person, das Fachgebiet und die Institution, in der der Experte tätig ist, einholen. Zudem sollte man seine genaue Funktion kennen, seine Kompetenz und seinen ungefähren Wissensstand einschätzen können. Dieses Wissen über den Experten ist in der Interviewsituation überaus nützlich und kann auch strategisch eingesetzt werden. Die Kenntnisse über bestimmte Begriffe, Fachjargon oder Codes verhindern zu häufiges Nachfragen. Man sollte sich stets interessiert zeigen, sich nicht aufdringlich und zu neugierig präsentieren. Ein solches Verhalten kann man in Rollenspielen üben. Zudem ist davon abzuraten sich selbst als Experte darzustellen, schließlich will man ja etwas Neues in Erfahrung bringen. Es passiert mitunter, dass der Interviewer in die Rolle des Experten schlüpft, weil er sich lange

Zeit sehr intensiv mit der besonderen Thematik bzw. der Fragestellung beschäftigt hat. Wichtig ist, vor und in dem Gespräch die Motivation und Lust zu wecken, sodass der Experte gerne Auskunft erteilt. Zu vermeiden sind Bemerkungen über Kollegen, Autoritäten aus Fachkreisen bzw. über andere Experten. Nicht selten sind Experten aus einer fachspezifischen Community, in der man sich untereinander kennt. Es kommt zudem vor, dass der Befragte eine Haltung eines anderen Experten beurteilt und versucht, den Interviewer aber in Abgrenzung zum anderen von seiner Meinung zu überzeugen, indem er die Expertise des anderen abwertet oder disqualifiziert. Manchmal werden auch Anekdoten erzählt. Hier sollte man sich nicht instrumentalisieren lassen, es gilt, immer Integrität zu beweisen.

Wichtig ist, dass ein bestimmtes Gesprächsniveau konstant gehalten wird, d. h. dem Experten die Beantwortung der Fragen nicht langweilig wird, er sich nicht zu einer Meinung oder Haltung gedrängt fühlt und er nicht stupides Alltags- oder Faktenwissen bestätigen soll. Demzufolge sind Fragen, die nur mit »Ja« oder »Nein« zu beantworten sind, zu vermeiden oder mit Bedacht anzuwenden. In der Regel verzichtet man auf solche Fragen wie z. B. »Sie sind jetzt acht Jahre in dem Unternehmen tätig?« oder »Beschäftigen Sie sich ausschließlich mit der Programmgestaltung des Nachmittagsprogramms?«. Spannender und oftmals ertragreich sind Provokationsfragen, die man aber erst stellen kann, wenn sich eine soziale Nähe respektive Vertrauensbasis in der Interviewsituation hergestellt hat. So könnte z. B. eine Frage an einen Programmgestalter lauten: »Angenommen, Ihre dreijährige Tochter würde autonom über ihren Fernsehkonsum entscheiden dürfen. Denken Sie mal an all die bei Ihnen zu Hause verfügbaren Programme. Gibt es Sendungen, die Sie Ihrer dreijährigen Tochter unter keinen Umständen zumuten wollen?«

Zeitmanagement: Erfahrungsgemäß ist das Zeitbudget von Experten eher gering. Je höher das Berufsprestige, desto weniger Zeit kann man für ein Interview erwarten. Das muss man bei der Forschungsplanung berücksichtigen. Die Maxime lautet aber auch unabhängig von dem gewährten Zeitfenster: Die Zeit muss optimal genutzt werden, d. h. mitunter keine ausgedehnte Aufwärmphase, wenn man bereits nach wenigen Sekunden feststellt, dass die Chemie zwischen den Gesprächspartnern stimmt. Wenn der Experte mit der Forschungsfrage und dem Projekt gut vertraut zu sein scheint, kann man schnell den Fragenkatalog angehen und zu dem Wesentlichen kommen. Prinzipiell sollte man eine Gewichtung der Fragen parat haben. Ist die Zeit nämlich knapp und die Gesprächsführung schwierig, versucht man möglichst, die ursprünglich geplanten Fragen zu reduzieren und die mit höchster Priorität nicht wegfallen zu lassen.

Experteninterviews haben oftmals ihre eigene Dramaturgie und hängen sehr stark von der Persönlichkeit des Interviewpartners ab. Man kann hier nicht alle denkbaren Varianten durchspielen und für jede einzelne Empfehlungen geben. Aber trifft man beispielsweise auf einen Vielredner bzw. eine Person, die die Situation zur ausführlichen Selbstdarstellung nutzt und die selbstverständlich die Gesprächsführung übernehmen will, sollte man immer wieder – wenn nötig mit freundlichen Unterbrechungen – das Gespräch auf das Forschungsinteresse lenken. Denn erfährt man in Experteninterviews einen Kontrollverlust, ist die Ausbeute an Informationen eher gering.

Postszenarium

Aus eigenen Erfahrungen lässt sich berichten, dass sich oftmals noch wichtige Aspekte und interessante Informationen ergeben, wenn die Beteiligten das Interview bereits beendet haben, Unterlagen und Mitschnittgeräte weggepackt worden sind. In einer lockeren Abschiedsatmosphäre offerieren Interviewpartner nicht selten prekäre Hintergrundinformationen. Wenn dies der Fall ist, sollte man sich im Anschluss an das Gespräch einen ruhigen Ort aufsuchen, wo man diese »inoffiziellen« Informationen aus dem Gedächtnis dokumentiert und speichert.

Zudem sollte man die Option einer nochmaligen Kontaktaufnahme erbitten, um Anschluss- oder Verständnisfragen stellen zu dürfen, die sich eventuell bei der Auswertung des Interviews ergeben. Je nach Fragestellung bietet es sich manchmal an, denselben Kreis von Experten wiederholt zu befragen. Gerade bei der Interviewgruppe der Experten kann die so genannte »Delphi-Methode« angewendet werden, bei der die Experten in einer folgenden Befragung mit den Ergebnissen, Schätzungen und Widersprüchen aus der vorhergehenden Befragung nochmals konfrontiert werden. Was bei anderen Befragungstypen vermieden werden muss, nämlich Beeinflussungen durch andere, ist hier Methode.

Auswertung

Am Schluss ist die Fülle von Datenmaterialien zu speichern, zu ordnen und je nach Fallzahl qualitativ und/oder quantitativ inhaltsanalytisch auszuwerten. Es können induktive, deduktive und hermeneutische Verfahren herangezogen werden – je nach Erklärungsanspruch und nach Abwägung von Aufwand und Nutzen. Objektiv-hermeneutische Verfahren sind methodisch genau und werten die Daten in ihrer ganzen Komplexität aus, sie kosten aber viel Zeit und bedürfen geschulter Hermeneutiker. Die inferenziell bzw. selektiv vorgehenden Verfahren, die primär die leitende Forschungsfrage im Blick haben, verlangen eine große Interpretationsleistung. Sie sind aber in der Regel in einem weitaus kürzeren und weniger aufwändigen Prozedere zu realisieren. Methodisch muss man sich insofern absichern, dass gewährleistet ist, dass alle Materialien nach einem Schema ausgewertet werden. Es empfehlen sich vorab festgelegte Codierungsregeln bzw. vereinheitlichte Analyseraster. Bei einer Vielzahl von Interviews, die von verschiedenen Personen ausgewertet werden, bedarf es der Schulung von Codierern. Bei deduktiven Verfahren, bei denen vorab Hypothesen entwickelt werden, berücksichtigt man verstärkt den Interviewleitfaden und versucht, die Daten themenfokussiert zu analysieren. Man sucht nach Antworten, die zur theoretischen Rahmung und zur Bestätigung bzw. Falsifizierung von Hypothesen beitragen können. Wenn die Experteninterviews ergebnisoffen gestaltet wurden, versucht man Antwortsequenzen zu identifizieren, die für das zu erkundende Wissensgebiet relevant sind. In einem weiteren Schritt der qualitativen Analyse werden die identifizierten Antworten systematisiert, kontrastiert oder komplementär aufeinander bezogen. Zur Dokumentation und Unterstützung von Deutungen sollte man relevante Aussagen im Originalwortlaut wiedergeben.

Im Idealfall hat sich am Ende der Untersuchung der Wissensvorsprung des Experten zum Forschenden deutlich reduziert. Der Forschende sollte nunmehr in der Lage sein, das Forschungsthema differenziert und mit allen notwendigen Informationen reflektieren und bearbeiten zu können. Wenn man *Wissen als angeeigneten Bildungsfundus* und als Erfahrungen definiert, dann kann man als Medienforscher dieses im Sinne der Triangulation als zusätzliche Quelle zu anderen Datenerhebungen verstehen. Man verwertet das Spezialwissen der Experten im Abgleich mit und in Ergänzung zu den Ergebnissen anderer Datenanalysen (z. B. quantitativer Fragebogenstudien, Beobachtungen oder ethnographischer Studien). Konvergenzen oder gar Kongruenzen zu verschieden erhobenen Daten tragen zur Validierung des Datenmaterials bei. Fügen sich die Daten aber nicht zusammen, muss man entweder seine Forschungsfrage oder sein Forschungsdesign in Frage stellen. Begreift man hingegen *Wissen als Produkt von Diskursen*, dann kann man sich auf die Experteninterviews auch ausschließlich als Datengrundlage verlassen. Ein solch diskursiv ausgehandeltes Wissen muss jedoch als konstruiertes Wissen bewertet werden, das aus vorhandenen Expertisen heraus vom Forscher interpretiert wird. Man sucht in den Argumentationen und Erklärungen der Experten nach dominanten Sinndeutungen, die man für die Bearbeitung des Forschungsthemas für absolut relevant hält. Bei einem solch singulären Vorgehen empfiehlt sich jedoch eine inhaltlich ausgewogene Zusammensetzung der Interviewpartner. Die Gruppe der befragten Experten sollte in dem Fall mehr als sechs zählen, sodass sich ausreichend konträre Positionen gegenüberstehen. Es gilt auch hier: je mehr Befragte desto besser.

Anmerkungen

1 Aus Gründen der gebotenen Kürze und der besseren Lesbarkeit benutze ich im Folgenden für alle Berufs- und Qualifikationsbezeichnungen die männliche Form, die die weibliche einschließt.

2 Für die engagierte Kommentierung einer früheren Version dieses Beitrags danke ich Prof. Dr. Harm Kuper.

Literatur

Bogner, Alexander/Menz, Wolfgang (2009a): Experteninterviews in der qualitativen Sozialforschung. In: Bogner, Alexander/Littig, B./Menz, Wolfgang (Hrsg.): Das Experteninterview. Theorie, Methode, Anwendung, 3. grundlegend überarbeitete Auflage, Wiesbaden, S. 7–31.

Bogner, Alexander/Menz, Wolfgang (2009b): Das theoriegenerierende Experteninterview. Erkenntnisinteresse, Wissensformen, Interaktion. In: Bogner, Alexander/Littig, Beate/Menz, Wolfgang (Hrsg.): Das Experteninterview. Theorie, Methode, Anwendung, 3. grundlegend überarbeitete Auflage, Wiesbaden, S. 61–98.

Gläser, Jochen/Laudel, Grit (2009): Experteninterviews und qualitative Inhaltsanalyse. 3. überarb. Aufl., Wiesbaden.

Hampel, Jürgen (2012): Die Darstellung der Gentechnik in den Medien. In: Weitze, Marc-Denis/ Pühler, Alfred/Heckl, Wolfgang M./Müller-Röber, Bernd/Renn, Ortwin/Weingart, Peter/Wess, Günther (Hrsg.): Biotechnologie-Kommunikation: Kontroversen, Analysen, Aktivitäten. Berlin/Heidelberg: Springer, S. 253–286.

Helfferich, Cornelia (2014): Leitfaden- und Experteninterviews. In: Baur, Nina/Blasius, Jörg (Hrsg.): Handbuch Methoden der empirischen Sozialforschung. Wiesbaden, S. 559–574

Littig, Beate (2009): Interviews mit Experten und Expertinnen. Überlegungen aus geschlechtstheoretischer Sicht. In: Bogner, Alexander /Littig, Beate /Menz, Wolfgang (Hrsg.): Das Experteninterview. Theorie, Methode, Anwendung, 3. grundlegend überarbeitete Auflage, Wiesbaden, S. 181–196.

Meuser, Michael/Nagel, Ulrike (2002a): ExpertInneninterviews — vielfach erprobt, wenig bedacht. Ein Beitrag zur qualitativen Methodendiskussion. In: Bogner, Alexander (Hrsg.): Das Experteninterview. Theorie, Methode, Anwendung, Opladen, S. 71-94.

Meuser, Michael/Nagel, Ulrike (2002b): Vom Nutzen der Expertise. ExpertInneninterviews in der Sozialberichterstattung. In: Bogner, Alexander/Littig, Beate/Menz, Wolfgang (Hrsg.): Das Experteninterview. Theorie, Methode, Anwendung, Opladen, S. 257–272.

Das narrative Interview in der Biographieforschung

FRIEDERIKE TILEMANN

Das narrative Interview in der Biographieforschung ist ein von Fritz Schütze begründetes sozialwissenschaftliches Erhebungsverfahren qualitativer Forschung, das die individuelle, autobiographische Perspektive der Befragten ins Zentrum des Interesses stellt. In der Forschungspraxis wird es besonders dann eingesetzt, wenn es um die »Rekonstruktion komplexer Sachverhalte in der sozialen Wirklichkeit geht, die auch als *Geschichte* erzählt werden können« (Glinka 2016, S. 27).

Um die Haltungen und Handlungen der/des Einzelnen zu verstehen und auszuwerten, werden die Befragten aufgefordert, ihre Biographie oder Episoden daraus in einer Stegreiferzählung ausführlich darzustellen. Für diese Erzählung hat die/der Einzelne ausreichend Zeit und Ruhe. Die Interviewerin/der Interviewer beschränkt sich auf aufmerksames Zuhören. Erst wenn die/der Erzählende selbst das Ende der Ausführungen markiert, schließt sich eine Interviewphase an, in der – nach festgelegten Regeln – nachgefragt werden darf. Hinter den strikten Regeln der Erhebung und Auswertung der Daten stehen die Erkenntnisse der Erzähltheorie, die betonen, dass sich die in der Erzähldynamik wirksamen Prozesse nur in einem nicht unterbrochenen Erzählfluss aussagekräftig entfalten können. Sie wirken zurück auf die/den Sprechenden selbst und geben den Forschenden aussagekräftige Daten über die subjektive Sicht der/des Erzählenden auf dessen Welt.

Entwicklung und Differenzierung

Das narrative Interview in der Biographieforschung ist Mitte der 1970er Jahre von Fritz Schütze entwickelt worden. Seine biographieanalytische Forschungsarbeit zielt darauf, dass sich in Lebensläufen modellhafte Prozesse erkennen lassen, so z.B. die von ihm so genannte Verlaufskurve, die für »das Prinzip des Getriebenwerdens durch sozial-strukturelle und äußerlich-schicksalhafte Bedingungen der Existenz« steht (Schütze 1983, S. 288) und als ein typischer biographischer Erleidensprozess in sein theoretisches Modell gehört. Schütze selbst erläutert diesen typischen Prozess anhand der Geschichte eines Internatsschülers (ebd.).

Für die sozialwissenschaftliche Anwendung autobiographisch-narrativer Interviews nennt Schütze drei Zielperspektiven, auf die hin das erhobene Datenmaterial der Biographieträgerin oder des Biographieträgers ausgewertet werden kann:

1) Zur Herausarbeitung elementarer Prozessstrukturen des Lebensablaufs,
2) zur Analyse eines speziellen sozialen Prozesses in seiner Auswirkung auf den Lebensablauf und
3) zur biographischen Beratung der/des Einzelnen (vgl. Schütze 1983, S. 292 f.).

Das narrative Interview kann als Erhebungsverfahren entweder als autobiographisches oder als episodisch-narratives Interview durchgeführt werden. Im ersten Fall wird die/der Informant/-in gebeten, ihre/seine gesamte Lebensgeschichte ausführlich zu erzählen. Im zweiten Fall steht die Erzählung von einzelnen Episoden im Zentrum. Bei der Entscheidung zwischen diesen beiden Formen sollten die Forschenden bedenken, dass bei der Beschränkung auf eine episodisch-narrative Erzählaufforderung weder Zeit gespart werden kann (die unten beschriebenen Erzählzwänge wirken ggf. um so stärker), noch entsteht ein Text in der von den Informierenden frei gewählten Form. Bei der Auswertung tritt dann die Schwierigkeit auf, dass der Erzählfluss der/des Interviewten immer wieder durch weitere episodisch orientierte Erzählstimuli gestört wurde. Darüber hinaus wird nicht chronologisch berichtet, sondern die/der Biographieträger/-in »schiebt« immer wieder einzelne Zusatzinformationen »nach«, was besonderer Aufmerksamkeit bei der Auswertung bedarf.

Hans-Jürgen Glinka hat das Verfahren des narrativen Interviews in seinen Grundlagen und Forschungsschritten detailliert und praxisnah beschrieben (Glinka 2008, 2016). Aneignen lässt es sich am besten in Form einer Werkstatt, in der diese Forschungsmethode – besonders die Auswertung der autobiographisch- oder episodisch-narrativen Interviews – in einer Gruppe von Forschenden erlernt werden kann.

Die Stegreiferzählung und ihre Zugzwänge

Das narrative Interview basiert auf einer Stegreiferzählung der/des Interviewten. Sie ist eine spontane Erzählung, auf die sich die/der Befragte nicht detailliert vorbereitet hat, sie oder er hat sich im Vorfeld dazu weder Notizen gemacht noch einen vollständigen Text vorformuliert. Der Erzählstrang bildet sich während des narrativen Prozesses selbst. Hierbei entsteht ein von der/dem Biographieträger/-in frei gestalteter Text, der von den Forschenden unbedingt digital aufgezeichnet werden sollte. Für die Auswertung wird der gesprochene Text sehr detailliert transkribiert (vgl. Glinka 2016, S. 21 ff.), denn zur Analyse sind die Wortwahl, die feinen Sprachnuancen und zum Teil sogar die Längen der Pausen, das Atmen und Ähnliches unverzichtbar, da sie aussagekräftige Informationsquellen sein können.

Der Text, der auf diese Weise entsteht, enthält drei Handlungsschemata, die in der Analyse unterschieden werden müssen: Die narrativen, die argumentativen und die beschreibenden Anteile (vgl. Glinka 2016, S. 54). Zudem werden in einer solchen Stegreiferzählung verschiedene Zugzwänge wirksam. Sie gehören zum Erzählprozess hinzu und werden in der Erzäh-

lung wirksam, da die/der Informant/-in die/den Interaktionspartner/-in in ihren/seinen Möglichkeiten des Verstehens mitbedenkt. Diese Zugzwänge werden im Folgenden dargestellt:

Kondensierungszwang: Die/Der Erzählende hätte auf den eröffnenden Stimulus hin eine übergroße Menge an Erzählmaterial zur Verfügung. Da aber nur eine begrenzte Zeit zur Verfügung steht, entscheidet sie/er, welche Passagen der Erzählung zusammengefasst, welche weggelassen und welche detailliert dargestellt werden. Dieser Zwang zur Konzentration auf das in der Situation Wesentliche wird als Kondensierungszwang bezeichnet.

Detaillierungszwang: Wenn die Erzählung auf einen Höhepunkt abzielt, z. B. der Kauf des ersten Fernsehers, so wird die Erzählung detailreicher ausformuliert. Glinka schreibt: »Der Erzähler verengt den Aufmerksamkeitsfokus immer mehr auf den Ereignishöhepunkt hin, während parallel dazu die Relevanz für die Kontexte abnimmt« (Glinka 2016, S. 94). Zudem wird die/der Geschichtenerzähler/-in bzw. die/der Ereignisträger/-in in die Erzählung eingeführt und damit dem Zuhörenden vorgestellt (z. B. »Mein Schwager, der Paul, 'is echt 'n feiner Kerl, auf den kannste dich immer verlassen, und als der davon gehört hat … «). Und auch in den Ort der Handlung wird infolge des Detaillierungszwangs eingeführt.

Gestaltschließungszwang: Dies bedeutet, dass die/der Informant/-in bemüht ist, das zu Berichtende so darzustellen, dass es für das Gegenüber verständlich wird. Hierfür werden angefangene Erzählungen so gestaltet, dass sie nachvollziehbar und damit am Ende begründet und geschlossen erzählt werden.

Ablaufstruktur der Erhebungsphase
(nach Glinka 2008 und 2016)

Kontaktaufnahme

Die Kontaktaufnahme und die erste Begegnung zwischen der/dem Interviewten und der/dem Forschenden sind gezielt zu gestalten und in der Auswertung intensiv zu berücksichtigen. Der Verlauf des ersten schriftlichen oder telefonischen Kontaktes, der Ort des Treffens, die Atmosphäre der ersten Begegnung und die Formulierung des Forschungsinteresses wirken sich entscheidend auf den Erzählprozess aus. Entsprechend genau muss das Forschungsteam planen. Es muss sich seine Formulierungen für die Anfrage detailliert überlegen. Diese sollte gut verständlich und nicht zu umfangreich sein, da die Befragten sonst möglicherweise befürchten, den hohen Erwartungen nicht entsprechen zu können. Es empfiehlt sich, das Forschungsinteresse in wenigen, gut gewählten Worten kurz zu skizzieren und bei Interesse lieber im Anschluss an das Interview noch genauere Informationen zu geben.

Die/der Forschende muss der Informantin/dem Informanten glaubhaft vermitteln, dass *sie/er* die/der Expert/-in in dem Gespräch sein wird. Sie/Er muss sich als Expert/-in der eigenen Lebensgeschichte bzw. der eigenen Sicht auf bestimmte Themen von dem Gegenüber ernst- und angenommen fühlen, muss der Überzeugung sein, dass die eigene Erzählung in keiner Weise »banal« ist, sondern für die Forschenden von hohem Interesse. Zudem müssen die Informant/-innen sicher sein können, dass *sie* den Verlauf des Gespräches bestimmen und ihre Aussagen vertrauensvoll behandelt werden.

Erzählstimulus

Das narrative Interview beginnt, wenn sich die Interaktionspartner/-innen in einem Raum zusammensetzen, in dem sie ungestört sind. Direkt vor dem Interview sollte keine lange Gesprächssequenz stattfinden, die nicht aufgezeichnet werden kann – dies kann die anschließende Auswertung erschweren. Denn, wie bereits oben beschrieben, sind der erste Kontakt sowie der Beginn der Erzählung in seiner Bedeutsamkeit für die weitere Erzählung kaum zu überschätzen. Die/Der Forschende sollte also so schnell wie möglich mit der technischen Aufnahme beginnen. Das narrative Interview wird eingeleitet mit dem im Vorfeld genau durchdachten und wörtlich festgelegten Erzählstimulus.

Bei der Formulierung des Stimulus ist zu beachten, dass er gut verständlich, kurz und klar formuliert ist. Er sollte bei allen Befragten wortwörtlich identisch sein und in jedem Fall mit aufgezeichnet werden. Der Erzählstimulus muss in einer Weise formuliert sein, die die/den Informant/-in zu einer Erzählung anregt. Konkret heißt dies, dass die Aufforderung nicht auf ein »Was« oder »Warum« abzielt. Sonst laufen die Forschenden Gefahr, nur kurze Antworten zu erhalten, die als Textsorte ausschließlich ein Argumentieren und Beschreiben und nicht eine aussagekräftige Narration enthalten. Der Stimulus muss folglich auf das »Wie« abzielen, nur dann kann die/der Befragte zu einem erzählenden Text kommen. Er kann beispielsweise so lauten:»Erinnern Sie sich bitte ganz weit zurück, als Sie noch ganz klein waren und erzählen Sie von da an ausführlich Ihr Leben. Ich sage erst einmal nichts und höre Ihnen einfach zu.«

Auf diese Weise werden individuelle Entwicklungen und Prozessverläufe erzählbar. Nach der Erzählaufforderung sollte unmittelbar die Redeübergabe an die/den Informant/-in erfolgen (vgl. Glinka 2016, S. 138).

Haupterzählung

Die Haupterzählung wird von der/dem Informant/-in autonom gestaltet. Sie/Er ist frei in ihrer/seiner Erzählung, sie/er entscheidet, wann was in welcher Weise und in welcher Ausführlichkeit erzählt oder weggelassen wird. Nicht selten dauert diese Phase zwei bis drei Stunden, und die Zeit vergeht für beide Seiten wie im Flug. Die/

Der Forschende darf nicht intervenieren, stellt in dieser Phase keine Fragen. Sie/Er muss vollständig konzentriert auf die Person und ihre Erzählung sein. Die einzige Äußerung, die sie/er in dieser Phase machen darf, ist ein nickendes, an die/den Informant/-in gerichtetes »Mhm«: ein so genannter Aufmerksamkeitsmarkierer, der der/dem Redenden bestätigt, dass sie/er einem aufmerksamen, interessierten und verstehenden Gegenüber seine Geschichte erzählt. Dieses »Mhm« darf nicht werten, fragen, kommentieren, sondern nur signalisieren, dass man der/dem Interviewten bei der Rekonstruktion seiner Erfahrungsaufschichtung konzentriert folgt. Die Forschungserfahrung zeigt, dass die/der Biographieträger/-in die Haupterzählung in der Regel mit einer Erzählkoda (z. B. »So, das war's erstmal«) abschließt.

Nachfrageteil

In dieser anschließenden Phase des Interviews ist es der/dem Forschenden erlaubt, Fragen zu stellen. Diese teilen sich in zwei Schritte. Zunächst können weitere erzählgenerierende Fragen gestellt werden. Das heißt konkret: Die/Der Interviewende hat bei der Haupterzählung aufmerksam zugehört und ihr/ihm ist dabei aufgefallen, dass bestimmte – vermeintlich entscheidende – (Lebens-) Passagen von der/dem Erzählenden ausgelassen oder nur in einem Nebensatz angesprochen worden sind. In dieser ersten Phase des Nachfrageteils hat sie/er nun die Möglichkeit, bei der/dem Informant/-in eine weitere Erzählung – gezielt auf die ausgelassene Passage – anzustoßen. Die nun gestellte Erzählaufforderung sollte wieder so formuliert sein, dass sie die gewünschte Narration anregt. Haben sich mehrere solcher Fragen nach scheinbar ausgelassenen Momenten aufgetan, so sollte die/der Forschende mit derjenigen beginnen, die sich auf den frühesten in der Lebensgeschichte der/des Erzählenden bezieht. Auf diese Weise wird ihr/ihm die Möglichkeit gegeben, an ihrer/seiner Biographie entlang Weiteres zu berichten.

Erst wenn diese an der Haupterzählung orientierte Nachfragephase abgeschlossen ist, kann die/der Forschende weitere, konkrete Nachfragen stellen, die ihm für seine Problemstellung darüber hinaus relevant erscheinen (z. B. Frage nach bestimmten Rahmendaten der Geschichte).

Die Auswertung narrativer Interviews

Die Auswertungsarbeit verlangt sehr präzises und genaues Arbeiten mit dem Datenmaterial. Hinter der Analysearbeit steht eine abduktive Forschungslogik. Die einzelnen Arbeitsschritte sind detailliert bei Glinka (2016, S. 27 ff. und 2008) nachzulesen, im Rahmen dieses Artikels können sie nur stichwortartig angeführt werden.

Nach der Auswahl des ersten Eckfalls (ebd.) aus dem erhobenen Material folgt eine Ersteinschätzungsrunde der Falldaten in dem Forschungsteam. Im Anschluss wird eine strukturelle Beschreibung des Interviews verfasst, dann eine so genannte Gesamtformung der erzählten Geschichte. Hierbei werden zunächst noch vorläufige, theoretische Kategorien erarbeitet, die dann im nächsten Arbeitsschritt der wiederholten Kontrastierung bis zur so genannten Gestaltschließung und endgültigen Sättigung eines theoretischen Modells dezidiert herausgearbeitet werden. In diesen Arbeitsschritten werden die verschiedenen (Eck-)Fälle immer wieder kontrastiv verglichen. Diese in die Tiefe gehende Abfolge der Analyseschritte wird bis zum Punkt der »Sättigung der theoretischen Gesamtvarianz« im Auswahlverfahren des »theoretical samplings« fortgesetzt.

Narrative Interviews mit Kindern

Kinder erzählen in der Regel gerne. Sie erzählen nicht unbedingt in der chronologischen Abfolge der Geschehnisse, sie wechseln bisweilen das Thema und erzählen von den Dingen, die für sie im Moment wichtig sind. So berichtete beispielsweise ein Mädchen bei der Nachfrage nach ihrer Begeisterung für eine Fernsehserie bei dem Stichwort »Vater« ausführlich von der aktuellen Trennung ihrer Eltern und ihren Empfindungen von Trauer und Wut. Zu Aussagen zu der eigentlichen Serie kam es erst später. Aber gerade diese Verbindung zwischen dem Interviewthema und ihrem handlungsleitenden Thema, der Trennung von ihrem Vater, hatte einen wesentlichen Aussagewert im Rahmen des Forschungsprojekts, konnte auf diese Weise doch ihre Begeisterung für die Serie nicht zuletzt dadurch genauer begründet werden, dass sie in ihnen Szenen fand, mit denen sie versuchte, ihr subjektives handlungsleitendes Thema zu bearbeiten. Ein narratives Interview ist immer auch eine sehr persönliche Interaktion der Beteiligten, die auf Vertrauen basiert und bei der immer wieder Fragen der Forschungsethik berührt werden. Dies gilt sowohl für Kinder als auch für Erwachsene als Erzählende. Da die Informierenden sehr persönlich berichten, kann es leicht passieren, dass sich die/der Forschende in einem Inter-Rollenkonflikt wiederfindet – wenn sie/er z. B. die Erwartung des Erzählenden verspürt, ihm zu helfen, zu beraten oder sich gegenüber Dritten auf seine Seite zu stellen. Hier muss sich die/der Interviewer/-in entscheiden: Bleibt sie/er in ihrer/seiner Rolle als Forschende/r oder gibt es forschungsethische, pädagogische Gründe, diese Rolle zu verlassen.

Beeindruckend ist für mich immer wieder, zu welchen langen, konzentrierten Erzählphasen Kinder bereits im Grundschulalter in der Lage sind. Fühlen sie sich als Expert/-in für ein bestimmtes Thema ernst genommen, ist für sie die Dauer eines Gesprächs von 45 Minuten keine Schwierigkeit. Es kann sein, dass Kinder mittendrin aufstehen und sich bewegen, was bei einer guten Ton-Aufnahmetechnik in der Regel kein Problem darstellt. Werden Videoaufzeichnungen gemacht, haben die Forschenden sogar noch zusätzliche visuelle, ggf. aussagekräftige Daten.

Episodisch-narrative Interviews sind mit Kindern gut möglich. Autobiographisch-narrative Interviews wurden mit Kindern bisher nur in wenigen Studien durchgeführt. Doch Krüger/Grunert verweisen auf einige Forschungsprojekte, in denen 10- bis 12-Jährige durchaus in der Lage waren, »über ihr bisheriges Leben zu berichten« (Krüger/Grunert 2001, S. 134). Sie erläutern in ihrem Text auch kurz einige Methoden (z. B. Tiefeninterviews mit Traumreise, Zeichnungen und Assoziationen), die als ergänzende Verfahren in der qualitativen Kindheitsforschung erzählauffordernd wirken können (ebd., S. 135).

Bei Interviews mit Kindern muss immer berücksichtigt werden, dass die Interviewpartner/-innen in der Regel nicht in etwa gleichaltrig sind, sondern mindestens eine Generation zwischen der/dem Informierenden und der/dem Interviewer/-in liegt. Diese Asymmetrie ist eine grundsätzliche Differenz zu den narrativen Interviews mit Erwachsenen, und das gilt es auch in der Auswertung angemessen zu berücksichtigen. Jutta Ecarius verweist mit Recht auf die für manche Forschenden ungewohnte Rolle als Lernende/-r, die/der das Kind als Expert/-in ihres/seines Wissens versteht (Ecarius 1999, S. 150 f.).

Ausgehend von den engagierten Erzählungen der Kinder ist immer wieder die Frage bedeutsam: Wann interessieren sich Erwachsene im Alltag eigentlich wirklich intensiv und ernsthaft für die Perspektive der Kinder, nehmen sie sich Zeit zum Zuhören und bewerten und kommentieren nicht gleich aus ihrer erwachsenen Sicht? Bittet man Kinder um ihre Meinung und versteht sie als Expertin bzw. Experten für ihre individuelle Sicht, erhält man nicht nur interessante Daten, sondern bekommt die Gelegenheit, die eigene pädagogische Haltung gegenüber den Kindern zu überdenken.

Ein Forschungsbeispiel
»Also, wie echte Freunde des auch tun« (Philipp, 10 Jahre)

Philipp erzählt von seiner Suche nach gelingender Freundschaft, die sich auch in seiner Medienvorliebe für ein Reality-TV-Format offenbart. Im Rahmen einer Rezeptionsstudie zu einem aktuellen Fernsehformat wurde das Verfahren des episodisch-narrativen Interviews auch für die Befragung von Kindern eingesetzt. In den Erzählungen von Philipp über seine Begeisterung für ein aktuelles Reality-TV-Format wurde deutlich, wie stark für ihn die Sendung mit seiner Lebenswelt verbunden ist. Sein Mitteilungsdrang war in Folge dessen sehr hoch. Im narrativen Interview hatte er die Chance, seine Geschichte autonom zu gestalten. In seiner Erzählung wechselte er zwischen unterschiedlichen Erzählsträngen (einerseits über die konkrete Sendung, andererseits über sein handlungsleitendes Thema, die Aushandlung von Peer-Freundschaften) und verband sie narrativ miteinander. Eine andere, weniger offene Interviewform hätte eine solche Erzählung und damit diesen für die Forschungsfrage überaus interessanten Text nicht ermöglicht. Denn stärker leitfadenorientierte Interviews hätten seinen Erzählfluss an mehreren Stellen abbrechen müssen, sodass die in diesem Fall besonders aufschlussreiche Verquickung von der Begeisterung für das Format mit den individuellen Problemen des Jungen zur Ausgestaltung von Freundschaftsbeziehungen nicht hätte erzählt werden können. Im narrativen Interview hat er die Chance, beides miteinander in Verbindung zu bringen. Ein striktes »Zurückholen« des Jungen auf genregezielte Leitfragen hätte diese Verbindung zu seinem handlungsleitenden Thema, das seine Rezeptionsvorlieben im hohen Maße bestimmte, abgeschnitten. Weder sein Interesse an dem Format noch seine dringende Suche nach gelingender Freundschaft hätte angemessen erzählt werden können und wäre der/den Zuhörenden somit nicht verständlich geworden. Die forschungsleitende Frage »Welche Bedeutung Kinder dem Format in ihrem Leben zumessen« hätte für den Jungen nicht angemessen beantwortet werden können.

Literatur

Behnken, Imbke/Zinnecker, Jürgen (2001): Wie Kinder lernen, ihre Lebensgeschichte zu erzählen. In: Behnken, Imbke/Zinnecker, Jürgen (Hrsg.): Kinder. Kindheit. Lebensgeschichte. Ein Handbuch. Seelze/Velber.

Ecarius, Jutta (1999): Kinder ernst nehmen. Methodologische Überlegungen zur Aussagekraft biographischer Reflexionen 12jähriger. In: Honig, Michael-Sebastian/Lange, Andreas/Leu, Hans Rudolf (Hrsg.) (1999): Aus der Perspektive von Kindern? Zur Methodologie der Kindheitsforschung. Weinheim/München.

Glinka, Hans-Jürgen (2016): Das narrative Interview. Eine Einführung für Sozialpädagogen. Edition Soziale Arbeit, 4. Auflage. Weinheim/Basel.

Glinka, Hans-Jürgen (2008): Das narrative Interview in seinen zentralen Analyseschritten. Tübingen.

Krüger, Heinz-Hermann/Grunert, Cathleen (2001): Biographische Interviews mit Kindern. In: Behnken, Imbke/Zinnecker, Jürgen (Hrsg.): Kinder. Kindheit. Lebensgeschichte. Ein Handbuch. Seelze/Velber.

Schütze, Fritz (1983): Biographieforschung und narratives Interview. In: Neue Praxis, 13, S. 283–293.

Qualitative Onlinebefragungen

Ulf-Daniel Ehlers

Der Artikel umfasst sowohl theoretische als auch forschungspraktische Aspekte und führt die Möglichkeiten und Grenzen von onlinegestützter qualitativer Datenerhebung aus. Dazu wird zunächst der Begriff der qualitativen Onlineforschung eingegrenzt. Ausgehend vom Paradigma, dass qualitative Forschung auf Kontextualität und Kommunikation beruht, wird das Kommunikativitätsverständnis qualitativer Sozialforschung den neuen Möglichkeiten computervermittelter Kommunikation (CMC = Computer Mediated Communication) gegenübergestellt. In einem weiteren Schritt werden Formen, Methoden und Techniken qualitativer Onlineforschung weiter konkretisiert und Besonderheiten qualitativer Onlineforschung beschrieben. Die Darstellung eines Anwendungsbeispieles illustriert noch einmal die Umsetzung der zuvor gemachten Ausführungen.

Einleitung und Hintergrund zur qualitativen Onlineforschung

Mit zunehmender Digitalisierung des Alltags steht die qualitative Forschung vor der Frage, wie sich on- und offline Lebenswelten der Menschen forscherisch miteinander verknüpfen lassen. Dabei ist das Internet zugleich Gegenstand von sozialwissenschaftlicher Forschung und Medium für sozialwissenschaftliche Forschung (Mann/Stewart 2000), und die (sozial-) wissenschaftliche Praxis selbst hat sich mit dem Internet und den hier verfügbaren Ressourcen verändert. E-Mails und Mailinglisten bilden mittlerweile einen unverzichtbaren (und für immer mehr Forschende selbstverständlichen) Bestandteil wissenschaftlicher Kommunikation (siehe dazu Mruck/ Mey 2007). Zudem gewinnt das Internet als Ort der Information und Publikation an Bedeutung (letzteres gerade auch vor dem Hintergrund der Forderung nach Open Access, das heißt dem freien Zugang zu wissenschaftlicher Fachinformation; siehe Mruck u. a. 2004; Mruck/Mey 2005). Als qualitative Onlineforschung werden in der Regel Datenerhebungen zu Forschungszwecken bezeichnet, bei denen die Untersuchungspersonen und die Teilnehmenden räumlich voneinander getrennt sind und das Internet als Kommunikationsmedium genutzt (bspw. Chatinterview, virtuelle Gruppendiskussion) wird. Die Datenauswertung erfolgt dabei ebenfalls mit qualitativen Auswertungsmethoden.

Die Besonderheit qualitativer Onlineforschung liegt daher im Wesentlichen in der Übermittlungsmethode (Internet als delivery technology) – die jedoch zweifellos Auswirkungen auf die Erhebungssituation und -methode hat. Online bedeutet dabei, dass die Befragungs- oder Beobachtungsdaten im Moment des Anfallens – im Sinne synchroner Kommunikation – in den Zugriff des Durchführenden der Studie gelangen (z. B. über einen Internetserver). Asynchrone Formen der qualitativen Datenerhebung, wie etwa per E-Mail, Diskussionsforen oder WebSites können begrifflich von der *Online*forschung abgegrenzt werden, werden im Folgenden der Vollständigkeit halber jedoch mit betrachtet.

Nach der oben genannten Definition handelt es sich bei der qualitativen Onlineforschung nicht um eine neue *Methode* der Datenerhebung, sondern vielmehr um eine neue *Technik* der Übertragung des Datenerhebungsvorganges. Da bei der qualitativen Forschung jedoch der Kommunikationssituation eine zentrale Bedeutung zukommt sind bedeutende Änderungen im Vergleich zu *traditionellen* Präsenzforschungssituationen zu beachten. In den folgenden Abschnitten

werden sowohl mögliche Datenerhebungsverfahren skizziert, als auch Besonderheiten der
Datenerhebung thematisiert.

Obwohl es im Bereich der qualitativen Marktforschung sich die Berichte über den Einsatz von
Onlinemethoden zur Datenerhebung scheint
die Mehrheit der qualitativen Studien noch offline stattzufinden, was nicht zuletzt mit Faktoren wie einer schlechten Kontrollmöglichkeit der
situativen Faktoren in der Erhebungssituationen
und einer hohen Selbstselektivität der Teilnehmer zu tun hat. Insgesamt werden Onlinemedien zunehmend häufiger für – auch qualitative – Datenerhebungszwecke eingesetzt (ADM
2000). Korff (2000) und Zimmermann et al.
(2001) sehen in der Online-Marktforschung ein
enormes Wachstumspotenzial. Für den Bereich
der empirischen Sozialforschung konstatieren
Dillmann und Bowker (2001), dass hier bislang
eher technologische Aspekte der Befragung im
Vordergrund standen und weniger methodologische (vgl. ebenda: 159). So thematisieren die
meisten Online-Studien in diesem Bereich das
Internet eher als *Untersuchungsgegenstand* und
nicht als *Erhebungsinstrument* (vgl. Pötschke/
Simonson 2001: 8). Speziell für den Bereich der
qualitativen Onlineforschung gibt es erst wenige
dokumentierte Erfahrungen, die zudem nur
wenig generalisierbar sind.

Als eine erste methodologische Reflexion
können verschiedene Standards zur Qualitätssicherung für Onlinebefragen des Berufsver-
bandes deutscher Markt- und Sozialforscher
(BVM) angesehen werden. Für die qualitative Datenerhebung liegen seit April 2003 die
»Standards zur Qualitätssicherung für qualitative Online-Marktforschung« (BVM 2003) vor.
Der Ausgangsgedanke ist dabei, dass die Qua-
litätsansprüche, die für traditionelle Befragungen gelten, auch den onlinegestützten Befragungen zu Grunde gelegt werden sollen. Es besteht
Einigkeit darüber, dass die mediengestützte
Befragung medienangepasst und orientiert am
Medienverhalten der Befragten konzipiert werden muss. Darüber hinaus gelten für die qualitative Forschung über onlinegestützte Medien dieselben methodischen Vorgehensweisen wie für

die qualitative Präsenzforschung, jedoch müssen diese auf die besondere Erhebungssituation
angepasst werden. Internetbasierte qualitative
Befragungsformen können anhand verschiedener Dimensionen eingeordnet werden: Einzel-
(Davis et al. 2004) versus Gruppeninterviews
(Reid/Reid 2005; Rezabek 2000), synchron,
in Form eines – nahezu – zeitgleichen Dialogs
(Chaney/Dew 2003; Bampton/Cowton 2002)
versus asynchron (in Form zeitversetzter Frage-
Antwort-Runden; Al-Saggaf/Williamson 2004;
Baker 2000), Befragungs- versus Tagebuchver-
fahren (Hessler et al. 2003) und viele mehr. Verschiedene technische Möglichkeiten, synchrone
und asynchrone Befragungsformen im Internet
zu realisieren, sind im Folgenden aufgeführt.
Folgende Methoden der qualitativen onlinegestützten Datenerhebung werden im Artikel
betrachtet:

- Online-Interviews (Chatinterviews),
- Online-Gruppendiskussionen
- Schriftliche Befragungen (z. B. per E-Mail,
  Diskussionsforum etc.)
- Neue Methoden, die durch das Onlineme-
  dium möglich werden bzw. traditionelle
  Methoden, die durch onlinegestützte Medien
  modifiziert eingesetzt werden können.

Forschungstheoretischer Hintergrund

Prinzipiell ist die Nutzung des Internets in allen
Stadien des Forschungsprozesses möglich (Lee,
Fielding & Blank 2008): Von der Literaturre-
cherche über wissenschaftliche Suchmaschinen und Online-Datenbanken, die zeit- und
grenzüberschreitende Kollaboration internationaler Forschungsgruppen per E-Mail oder
Video-Konferenzsystemen, die Durchführung
des eigentlichen Forschungsvorhabens über das
Internet bis hin zur Verschriftlichung der Resultate mittels Online-Textverarbeitungsprogram-
men, an denen verschiedene Personen zeitgleich
zusammenarbeiten und der Online-Veröffent-
lichung von Texten und anderen Datensorten.
Der forschungstheoretische Hintergrund für
die qualitative Onlineforschung bezieht sich auf

zwei Bereiche: Zum einen sind dies bestehende forschungstheoretische Erkenntnisse qualitativer Sozialforschung. Zum anderen sind es die Besonderheiten computervermittelter Kommunikation. Hierbei kann bislang zwar auf einige theoretische Ausarbeitungen und Erfahrungen zurückgegriffen werden (z. B. Döring 2000), speziell für den Bereich qualitativer Forschung liegen hier jedoch erst wenige verallgemeinerbare Erkenntnisse vor.

Die besondere Bedeutung computervermittelter Kommunikation für die qualitative Onlineforschung erklärt sich aus dem Selbstverständnis qualitativer Forschung. Diese geht von den Prämissen aus, dass (gesellschaftliche) Wirklichkeit durch sprachlich vermittelte Wissensbestände konstruiert ist. Soziales Handeln wird dabei als kommunikatives Handeln aufgefasst, bei dem über Interaktionen Bedeutungen erzeugt und ausgetauscht werden. *Kommunikation* wird dadurch zu einer zentralen Kategorie qualitativer Forschung. Sie fungiert damit quasi als Zugangstor zu Interpretationen und Deutungen von Subjekten und gibt auch Aufschluss über die Gültigkeit der erhaltenen Forschungsergebnisse in Form einer kommunikativen Validierung (vgl. Flick 1998, S. 245 f.). Entwürfe wie »Forschung als Kommunikation« (Hoffmann-Riem 1980, S. 341) oder »Soziologische Methode als Kommunikation« (Schütze 1981, S. 343) zeigen die zentrale Bedeutung Stellenwert kommunikativer Aushandlung für das qualitative Forschungsparadigma.

Die Methode der qualitativen Onlineforschung weist auf den ersten Blick einige Hindernisse für qualitative Forschung auf. So fehlt ihr bspw. ein direkter visueller Zugang, der oft als eine zentrale Bedingung für gelingende qualitative Forschung ausgewiesen wird (Appelsmeyer et al. 1997, S. 714):

»Da aber bei qualitativen Interviews der personale Aspekt besonders bedeutsam ist, ja gerade das persönliche Engagement, die unmittelbare Betroffenheit des Interviewers gefordert ist, *scheiden Telefoninterviews in der Regel aus.* Sie erhalten durch das fehlende visuelle Element einen unpersönlichen, ja anonymen Charakter und

würden den Intentionen qualitativer Forschung nicht gerecht werden können (Lamnek 1995, Bd. 2; S. 59).

Ebenso ist zu beachten, dass durch die besondere Erhebungssituation eine veränderte Kontextualität in Kauf genommen werden muss. Blumer (1981, S. 87) weist auf die Bedeutung der Reflexion der Kontextbedingungen der Erhebung und einer persönlichen, empathischen Beziehung von Forschendem und Beforschtem hin.

Eine weitere Einschränkung der qualitativen Onlineforschung wird oft in den Art der Datengenerierung vermutet, denn textliche Daten, die nicht in mündlicher Interaktion zwischen Forschendem und Forschungssubjekt erhoben wurden, werden häufig nur dann als Ausdruck sozialer Wirklichkeit akzeptiert, wenn sie nicht durch kommunikative Interaktion hätten gewonnen werden können. Ebenso wird die inhaltsanalytische Auswertung von schriftlichen Dokumenten (bspw. Biographien, Tagebüchern, Erzeugnissen der Massenmedien, etc.) oftmals nur dann akzeptiert, wenn sie nicht erst durch die Datenerhebung generiert wurden (vgl. Mayring 1996, S. 32 f., Reichertz 1996).

Den Kritikern der qualitativen Onlineforschung kann jedoch entgegengehalten werden, dass eine auf Präsenzorientierung und direkte, dialogische Kommunikation begrenzte methodische Ausrichtung qualitativer Forschung die theoretische Grundlage fehlt. So weist Merten (1977: 163) bereits in den 1970er Jahren darauf hin, dass der auf zeitlicher und räumlicher Gleichzeitigkeit basierende Kommunikationsbegriff verkürzt sei. Zukünftige qualitative Medienforschung wird sich mit einem gewandelten Kommunikationsbegriff in medialen Lebenswelten auseinandersetzen, der sich auch im Kanon qualitativer Forschungsmethoden niederschlagen wird. Durch neue mediale Möglichkeiten, die immer mehr Lebenswelten durchdringen und prägen, muss die qualitative Forschung auch ein erweitertes Kommunikationsverständnis aufbringen.

Methoden der qualitativen Onlinebefragung

Die methodischen Möglichkeiten der qualitativen Onlinebefragung werden durch die jeweils einsetzbaren Onlinemedien bestimmt. Die hierfür zur Verfügung stehenden Onlinemedien wandeln und entwickeln sich schnell, und ein Beitrag zur Onlineforschung läuft stets Gefahr, bereits überholte Entwicklungen festzuschreiben. Im Folgenden werden daher sowohl Medien beschrieben, die bereits zur *alten Garde* neuer Medien gehören und schon vielfach zur qualitativen Datenerhebung eingesetzt werden (z. B. Chat, Audiokonferenz) als auch jüngere Entwicklungen, mit denen noch nicht viel Erfahrung in Bezug auf qualitative Forschung besteht, die aber aufgrund ihrer Struktur ein hohes Potenzial in diesem Bereich aufweisen (z. B. WIKI[1]).

Abbildung 1 zeigt, dass qualitative Datenerhebung über Onlinemedien prinzipiell in zwei Grundformen möglich ist: *Synchron*, wobei alle an der Datenerhebung beteiligten Akteure zur selben Zeit über Onlinemedien miteinander verbunden sind, und *asynchron*, in Form eines einmaligen oder sequenziell aufeinander abfolgenden Datenerhebungsprozesses (Abb. 1).

Die Beschaffenheit der Kommunikationssituationen von mündlichen oder schriftlichen Interaktionen über Onlinemedien ist aufgrund einer fehlenden oder veränderten Kontextualität prinzipiell unterschiedlich gegenüber realen Präsenzmethoden der Datenerhebung. Um eine systematische Aufarbeitung dieser Unterschiede und Besonderheiten zu ermöglichen, werden im Folgenden zunächst einmal detailliert die derzeit für Online-Datenerhebungszwecke verfügbaren Medien und ihren jeweiligen Einsatzmöglichkeiten beschrieben.

Im Bereich synchroner Medien stehen hierfür folgende Onlinemedien zur Verfügung:

- *Chat:* Text- und Zeichenkommunikation für zwei oder mehr Personen.
- *Videokonferenz:* Kommunikation per Videoübertragung über das Internet für zwei oder mehr Personen.
- *Audikonferenz:* Kommunikation per Audioübertragung über das Internet (oder auch per Telefon).
- *Präsentationsumgebungen:* Internetseiten (im WWW), die in eine Datenerhebungssequenz einbezogen werden können, bspw. zusätzlich zu einer Audiosequenz (auch interaktiv).

	Zeit	
	Synchron	**Asynchron**
Raum — Präsenz	• Direkte Kommunikationssituation • Mündliche Interviews • Gruppendiskussionen • Teilnehmende Beobachtungen	
Raum — Technisch vermittelt	• Chatinterview • Interview/ Gruppendiskussion per Audio-/ Videokonferenz • (Kollaborationsumgebungen)	• Interview per E-Mail/ Fax • Datenerhebung per Diskussionsforum • Datenexploration per WIKI

Abb. 1: Einteilung von Datenerhebungsmöglichkeiten nach räumlichen und zeitlichen Aspekten

- *Application-Sharing:* Gemeinsames Benutzen von Softwareanwendungen (z. B. Word, Excel), die über das Internet verbunden sind. (Beispiel: *Shared Whiteboard,* als *Tafel* auf der alle Beteiligten gemeinsam schreiben oder zeichnen können.)
- *Kollaborationsumgebungen:* Internetplattformen, die mehrere synchrone (und auch asynchrone) Kommunikationsformen unter einer

einheitlichen Oberfläche anbieten. Dabei werden viele der oben genannten Medien eingebunden und für Kollaborationszwecke noch modifiziert. So können bspw. Moderatoren in einem Chatinterview oder einer Chat-Gruppendiskussion ›Rederechte‹ zuweisen oder zusätzlich noch eine Präsentation zeigen bzw. einzelnen Teilnehmern erlauben auf einem Whiteboard ein Brainstorming

Methode	Beschreibung
Übertragung »traditioneller« Methoden auf onlinegestützte Datenerhebungen	
Mündliches Interview	Ein mündliches Interview kann per Internet im wesentlichen in zwei Formen geführt werden: Entweder als Audiokonferenz oder als Videokonferenz. Oftmals werden dabei für Präsentations- oder Brainstormingverfahren noch weitere Onlinemedien eingesetzt (Shared Application, Whiteboard).
Schriftliches Interview	Ein schriftliches Onlineinterview wird per Chat geführt. Sowohl der Interviewer als auch der Interviewte sind zur gleichen Zeit online und kommunizieren schriftlich. Auch hierbei werden oftmals weitere Onlinemedien für Präsentations- oder Brainstormingphasen eingesetzt.
Fragebogen: Schriftliche Befragung	Bei dieser Form der asynchronen Datenerhebung werden offene Fragen oder Fragebögen elektronisch an Probanden, die sie dann – angelehnt an das klassische Fragebogenerfahren – zurücksenden müssen.
Gruppendiskussion	Gruppendiskussionen – als synchrone Kommunikationssituationen – im Internet unterliegen einer Vielzahl an Beschränkungen, die weiter unten noch näher erläutert werden. Sie finden zumeist in Kollaborationsumgebungen statt, die zumindest eine Audioverbindung zwischen den Teilnehmern erlaubt (Diskussionen im Chat sind jedoch auch möglich). Oftmals werden auch Online-Videokonferenzen genutzt. Zusätzlich können auch andere Kommunikationsmedien wie bspw. Chats oder Shared Whiteboards verwendet werden, um Präsentationen, Nebenabsprachen oder weiteres kollaboratives Agieren zuzulassen und den Datenerhebungsprozess kreativ anzureichern.
Weitere Möglichkeiten der onlinegestützten qualitativen Datenerhebung	
Forengestützte Datensammlung (Discussionpoints)	Zumeist anonyme Datenerhebungsprozesse zur unstrukturierten,. asynchronen Datenerhebung. Dabei wird ein Thema oder eine Fragestellung zur Disposition gestellt und Teilnehmer stellen Diskussionsbeiträge ein. Diese können sich wahlweise nur auf das/ die ursprüngliche Thema/ Frage beziehen oder auch auf bereits eingestellten Beiträge. Eignet sich zum unstrukturierten explorieren von Themen/ Fragen/ Meinungen von geschlossenen oder offenen Nutzergruppen.
Ad-hoc-Befragung	Ad-hoc-Befragungen eignen sich zur schnellen Exploration von Themen/ Fragen und richtet sich zumeist an Experten. Diese werden per E-Mail angeschrieben und gebeten, zu einem/r bestimmten Thema/ Frage ihre Einschätzung/ Antwort zurückzusenden. Die Datenerhebung kann dabei auch dem Verlauf einer Delphistudie folgen oder einfach eine kurze unstrukturierte explorative Datengenerierung sein. Die Methode eignet sich gut, um einen räumlich weit verteilten Expertenkreis anzusprechen.

Tab. 1: Methoden der qualitativen Online-Datenerhebung

durchzuführen. Kollaborationsumgebungen ermöglichen i. d. R. auch ein sog. »Split up«, bei dem die Teilnehmer einer Gruppendiskussion sich für eine fokussierte Diskussionsphase in mehrere Diskussionsräume aufteilen können (Beispiele für Kollaborationsplattformen: CENTRA, Groove, NetMeeting).

Alle aufgeführten Medien können sowohl in bilateralen, zeitgleich ablaufenden Interaktionssituationen als auch für Gruppenkommunikationssituationen genutzt werden. Eine Koppelung von unterschiedlichen synchronen Medien mit anderen synchronen Medien (etwa auch im Rahmen einer einheitlichen Kollaborationsoberfläche) ist prinzipiell möglich und sinnvoll.

Asynchrone Medien können ebenfalls zur Generierung qualitativer Daten verwendet werden – in einmaligen oder chronologisch aufeinander folgenden Interaktionssequenzen. Zur asynchronen Datenerhebung stehen folgende Möglichkeiten zur Verfügung:
* *E-Mail:* Elektronische Post zum Versenden von offenen Fragen (auch in Fragebogen-

form) oder für asynchrone schriftliche Diskussionen (z. B. per ping-pong-writing[2]).
* *Diskussionsforum:* Internetumgebung über die mehrere Personen strukturiert Diskussionsbeiträge (zumeist zu einem Thema) austauschen können.
* *WIKI:* Einfache Internetumgebung zur unstrukturierten Diskussion von beliebig vielen Themen in beliebig viel anzulegenden Unterdiskussionsforen.
* *Mailingliste:* E-Mail-Verteiler über den ein registrierter Kreis an Nutzern sich über Themen informiert oder diskutiert (national und international).

Asynchrone Medien werden bislang nur wenig für qualitative Datenerhebung eingesetzt, das sie keine unmittelbare Interaktionssituation ermöglichen. Die generierten Daten können jedoch in Form von Text- und Dokumentenanalysen sinnvoll in Explorationszusammenhänge eingebunden werden. Im Folgenden werden nun die unterschiedlichen Datenerhebungsverfahren vorgestellt (Tab. 1). Dabei wird jeweils beschrie-

	Synchrone Kommunikationsmedien						Asynchrone Kommunikationsmedien			
	Chat	Audiokonferenz	Videokonferenz	Whiteboard	Präsentationsumgebung	Kollaborationsumgebungen	E-Mail	Diskussionsforum	WIKI	Mailingliste
Mündliches Interview		X	X			X				
Schriftliche Befragung	X				X	X	X			
Gruppendiskussion										
• ohne Kollaboration	X	X	X			X				
• inkl. Kollaboration	X	X	X	X	X	X				
Discussionpoint								X	X	
Ad-hoc-Befragung							X	X	X	

Tab. 2: Eignung von Medien für ausgewählte Methoden der qualitativen Forschung

ben welche Medien sich für die jeweiligen Methoden eignen.

Die beschriebenen Möglichkeiten, welche die aufgeführten Onlinemedien bieten, können demnach für unterschiedliche Datenerhebungsprozesse in der qualitativen Forschung eingesetzt werden. Tabelle 2 zeigt nun auf, welche Medien sich für welche Methoden eignen. Dabei ist eine Kombination unterschiedlicher Medien, um etwa explorative Datenerhebungsumgebungen, bzw. -prozesse zusammenzustellen grundsätzlich möglich (Tab. 2).

Besonderheiten bei der Onlineforschung

Generelle Empfehlungen

Grundsätzlich gelten für die qualitative Onlineforschung die gleichen Prinzipien wie auch für die entsprechende Präsenzforschung: Offenheit in der Forschungssituation und gegenüber dem Beforschten und Explikation der Vorannahmen. Es sind jedoch einige zusätzliche Aspekte zu beachten, die vor allem im Bereich computervermittelter Kommunikation liegen.

Die bereits beschriebene geänderte Kontextualität, in Verbindung mit einer nur eingeschränkten Möglichkeit, eine persönliche, empathische Beziehung zwischen Forschendem und Beforschtem aufzubauen, führt zu einer prinzipiell veränderten Beschaffenheit der Erhebungssituation und damit auch der hier generierten Daten. Es wird jedoch ausdrücklich betont, dass *Kontextualität* als Eigenschaft nicht weniger oder mehr vorhanden sein kann, sondern ein konstitutives Element einer jeglichen Erhebungssituation darstellt. Lediglich die Beschaffenheit von Kontextualität kann in unterschiedlichen Ausprägungen vorliegen oder über unterschiedliche Wege erschlossen werden.

Für den qualitativen Interpretationsprozess ist es notwendig, die Kontextualität der jeweiligen Datenerhebungssituation mit einzubeziehen, da subjektive Bedeutungsstrukturen sich immer in konkreten Kontexten manifestieren. In

onlinegestützten Datenerhebungsverfahren sind Kontextinformationen – etwa über die konkrete Erhebungssituation des Beforschten – aufgrund der räumlichen Trennung von Forschendem und Beforschten immer nur über verbale Explikation zu gewinnen. Eine Besonderheit qualitativer Onlinebefragungen ist daher die Notwendigkeit, die Erhebungssituation so zu gestalten, dass Kontextinformationen explizit mit erhoben werden.

Ein Vorteil im Onlineforschungsprozess ist die (zumeist) automatische Datenaufzeichnung. Bei der Nutzung von Onlinemedien werden generierte Daten automatisch mitprotokolliert. Dies geschieht entweder auf einfache Art und Weise als einfaches Textdokument – etwa eines Chatverlaufes – oder als komplette Interaktionsaufzeichnung per Video des Datenerhebungsprozesses in Kollaborationsumgebungen.

Ein notwendiges Erfolgskriterium – und damit auch zugleich eine Teilnehmerbarriere – für onlinegestützte Datenerhebungsprozesse ist eine ausgeprägte Mediennutzungskompetenz bei allen Beteiligten. Gerade für die qualitative Datenerhebung ist es absolut notwendig, dass Forscher und Beforschte in der ohnehin auf Text- oder Bildaustausch beschränkten Kommunikationssituation einwandfrei mit den vorhandenen Kommunikationsmöglichkeiten umgehen können. Eine Eigenart am Anfang von onlinegestützten – insbesondere synchronen – Erhebungsprozessen ist daher eine große Selbstreferenzialität der Beiträge in Bezug auf die Erhebungssituation. Teilnehmer beziehen sich hier oft auf ihre eigene, und für sie zunächst ungewohnte Kommunikationssituation, indem sie die dargebotenen technischen Möglichkeiten ausprobieren oder über diese kommunizieren. Daher empfiehlt es sich, eine kurze Einführungssequenz an den Anfang jeder onlinegestützten Erhebungssituation zu stellen.

Eine weitere Eigenart von onlinegestützter Datenerhebung für qualitative Forschung ist die Abhängigkeit der Erhebungssituation vom persönlichen Bezug der Teilnehmenden. Dies gilt insbesondere für Gruppendiskussionen. Wenn die Teilnehmer sich persönlich gut bekannt sind, kommen Erzählgestalten und Diskussionselemente schneller auf und liefern ergiebigeres Datenmaterial. Daher werden von Moderatoren in virtuellen Gruppendiskussionen zu Anfang einer Erhebungssequenz oftmals sog. *Icebreaking Activities* (virtueller Sektempfang, Vorstellungsrunden) veranstaltet. Hierbei ist es wichtig, dass jeder Teilnehmer einen längeren Rede- oder Schreibanteil bekommt um sich an die besondere Kommunikationssituation zu gewöhnen und sich mit dem Medium vertraut zu machen. Daher empfiehlt sich bei Gruppendiskussionen (auch bei Einzelinterviews) ein zweigestufter Erhebungsprozess: In der ersten Stufe können die Beteiligten sich zunächst kennen lernen und Erfahrungen mit computervermittelter Kommunikation machen um dann in der zweiten Stufe in den Erhebungsprozess einzusteigen.

Schriftliche Kommunikation in Chatinterviews und virtuellen Gruppendiskussionen

Virtuelle Gruppendiskussionen, insbesondere der Aspekt schriftlicher Gruppenkommunikation, haben in der vorliegenden Forschung bisher eine besondere Beachtung gefunden (Debatin 1997, 1998, Mann 2000, Prickarz/ Uhrbahn 2002, Schmidt 2000, Göritz 2000, Früh 2000). Aus den dazu vorliegenden Erkenntnissen – insbesondere zu Besonderheiten der *Computer Mediated Group Communication* (CMGC) – werden im folgenden einige zusammengefasst. Sie können z.T. auch auf Chatinterviews bezogen werden und liefern Hinweise für die qualitative Onlineforschung:

1. CMGC *beschleunigt* und *entgrenzt* Kommunikationsprozesse, da Menschen über kulturelle- und Statusgrenzen hinweg in Echtzeit miteinander kommunizieren können. In schriftlicher Kommunikation, bspw. auch in Chatinterviews, treten Status-, Herkunfts-, Erscheinungsmerkmale tendenziell eher in den Hintergrund (vgl. Debatin 1997). Die Möglichkeit der Kommunikation über kultu- relle Grenzen hinweg hebt kulturelle Unterschiede jedoch nicht auf.

2. Schriftliche CMGC *begrenzt* aber auch, indem kontextuelle Information aufgrund des Mangels an nonverbalen Signalen fehlen und nur unzureichend durch *Textsymbole* (Emoticons, Abkürzungen etc.) ersetzt werden kann. Im Chatinterview können so zusätzliche Kontextinformationen ausgetauscht werden – allerdings ist dabei viel Übung erforderlich (vgl. ebenda).

3. Die textbasierte CMGC ist deshalb als eine *kontextreduzierte* Form der Kommunikation anzusehen, der textbasierte *Chat-Room* dementsprechend als ein *kontextarmes* Medium. In der kontextreduzierten Kommunikationsform eines textbasierten *Chat-Rooms* sind explizite Formen der Bezugnahme nötig, damit sich spezifische Konversationsregeln ausbilden. In Gruppendiskussionen zur qualitativen Datenerhebung ist es notwendig, verbal explizite Kontexte zu schaffen, da die referentiellen Mittel für symbolische Zeigehandlungen und der Demonstration weitgehend fehlen.

4. Obwohl eigentlich eine Gruppensituation, vollzieht sich die Diskussion in virtuellen Gruppen oftmals als ein Frage-Antwort-Spiel zwischen Forscher und Beforschtem. Diese Struktur ist einem Einzel-Interview sehr ähnlich und kann nur durch besondere Impulse des Moderators und erst allmählich im Verlauf der Interaktion aufgebrochen werden.

5. Die Kommunikationsstruktur ist in virtuellen Gruppendiskussionen und Chatinterviews zumeist nicht so komplex wie in Präsenz-Kommunikationssituationen. Dies liegt daran, dass ein Bezug zu früheren Beiträgen (anderer Personen) in der computervermittelten Kommunikation nur durch expliziten Verweis erzeugt werden kann. Meistens ist dies nur innerhalb eines kurzen Zeit- und Referenzraums möglich.

6. Die Anforderungen an einen Moderator virtueller Gruppendiskussionen umfassen viele Kompetenzen, die über die Anforderungen an Moderationskompetenzen für Präsenzmo-

derationen hinausgehen. Der Aufbau einer empathischen Beziehung im virtuellen Raum und das Verstehen von Äußerungskontexten erfordert andere Kompetenzen als dies in Präsenzkommunikationen der Fall ist.

7. In virtuellen Gruppenkontexten erfolgt die Initiative für Beiträge (außer bei direkten Antworten) meist aufgrund von Selbstselektion, was Statusdifferenzen verringert, jedoch Kooperativität und ein hohes Involvement voraussetzt (Früh 2000).

In dem Maße in dem Onlinemedien alltäglich werden, wird auch die qualitative Datenerhebung über Onlinemedien für unterschiedlichste Zwecke – zur Markt- und Sozialforschung – ihren Stellenwert gegenüber der Präsenzforschung ausbauen. Es stellt sich die Frage, ob qualitative Onlineforschung trotz all der Begrenzungen, die im Artikel thematisiert wurden, eine echte Alternative zur klassischen Präsenzforschung werden kann. Zwei Bedingungsfaktoren sind hierbei von hoher Bedeutung: Zum einen müssen weiterhin geeignete Technologien und Umgebungen zur onlinegestützten qualitativen Datenerhebung geschaffen werden. Viel wichtiger jedoch erscheint es darüber hinaus, zukünftig mehr Erfahrungen mit bestehenden und neu zu entwickelnden Konzepte in diesem Bereich zu machen und *Best Practices* zu entwickeln.

Anwendungsbeispiel

Das Anwendungsbeispiel illustriert Besonderheiten virtueller Erhebungsszenarien, ohne den Anspruch repräsentativ und verallgemeinerbar zu sein. Es zeigt, dass es bei onlinegestützten Datenerhebungsphasen – noch mehr als in Präsenzszenarien – wichtig ist, zu Anfang einen expliziten Kontext bzw. eine Diskussionsatmosphäre zu schaffen. Dabei gelten die für Präsenzerhebungen gültigen Praktiken qualitativer Datenerhebung ebenso auch für virtuelle Szenarien – unter Berücksichtigung der besonderen medienvermittelten Situation. Es ist daher von Bedeutung, dass mediale Szenario auf die

Fähigkeiten und Bedürfnisse der Teilnehmer abzustimmen. Eine Einführung muss also neben inhaltlichen auch technologische und funktionale Ausführungen umfassen (siehe Abb. 2).

Im Folgenden werden Ausschnitte eines virtuellen Gruppendiskussionsszenarios vorgestellt, das im Rahmen eines Forschungsprojektes mit drei Gruppen zu je acht Teilnehmern durchgeführt wurde. In allen Gruppen war das Thema gleich: Kooperation im Forschungsprojekt. Beschrieben wird dabei der Ablauf der Gruppendiskussion in einer Kollaborationsumgebung *(CENTRA)*. Die Gruppendiskussion fand über eine Online-Audiokonferenz statt. Dabei sitzen die Teilnehmer vor einem, mit dem Internet verbundenem Computer, und benutzen für die Kommunikation ein Mikrofon bzw. Kopfhörer. Alle Teilnehmer waren sich zum Zeitpunkt der Gruppendiskussion bereits persönlich bekannt und verfügten über ausgeprägte Mediennutzungskompetenzen mit Onlinemedien.[3]

Die Diskussionsumgebung *CENTRA* ermöglicht u.a. eine Audiokonferenz in Verbindung mit der Präsentation von Folien sowie der Nutzung eines Shared Whiteboards. Alle Teilnehmer haben zusätzlich die Möglichkeit, sich über verschiedene Schaltflächen zu »Wort« zu melden, Zustimmung oder Ablehnung zu bekunden. Abbildung 2 stellt den Ablauf der Einstiegssequenz vor. Dabei geht es darum, die Teilnehmer zunächst mit der Kollaborationsumgebung bekannt zu machen (Phase 1 & 2) und ihnen dann einen Überblick über das inhaltliche Vorgehen zu geben (Phase 3).

Die Einführungsphasen wurden mit jeweils unterschiedlichen *Freiheitsgraden* durchgeführt: In der ersten Gruppen wurde ein eher restriktives Modell umgesetzt, bei dem die Teilnehmer jeweils zu einzelnen Beiträgen aufgefordert und stark angeleitet wurden, bspw. indem sie eine Wortmeldung ankündigen sollten. In den nachfolgenden zwei Gruppen wurde von vornherein eine offenere Herangehensweise angeboten, in der sich der Moderator von vornherein zurücknahm und die Teilnehmer aufgefordert wurden, ihre Beiträge unstrukturiert und ohne Wortmeldung einzubringen. Es zeigte sich, dass für die

---

Phase 1: Begrüßung & Systemcheck (Zeit: 5 Min.)

- Sobald die TN sich in der Diskussionsumgebung angemeldet haben werden sie begrüßt, in der Interviewumgebung (Bildschirm) liegt eine Erklärungsfolien zu Schaltflächen und Bedienelementen auf.
- Funktionieren Mikrophon & Audiowiedergabe?
  - o ja/nein
  - o Sprechen & Handheben
- Hinweis auf Textchat – für den Fall das etwas nicht funktioniert mit der Audioverbindung.
- Sind alle Teilnehmer anwesend?
- Kurzes Vorstellen der Teilnehmer: Wer ist alles anwesend?
  - o „Wir sind jetzt alle anwesend, eine Gruppe, die über die ganze Bundesrepublik verteilt ist. Bitte geben Sie nun reihum ein kurzes Statement dazu ab, ob bei ihnen technisch alles läuft und wie die Situation bei ihnen ist, ob sie vielleicht zu mehreren vor dem Rechner sitzen. Dazu möchte ich sie bitten gleich so vorzugehen, wie wir das in der folgenden Gruppendiskussion auch tun werden: bitte heben sie die Hand, um zu signalisieren, dass sie sprechen wollen, ich geben ihnen dann nacheinander das Mikrophon."

Phase 2: Diskussionsumgebung kennen lernen (Zeit: 5 Min.)

- 3 Folien mit Erklärung zu der Diskussionsumgebung
  - o Die Symbolleisten, Schaltflächen, der Seminarraum
  - o „Falls etwas nicht funktioniert: bitte im Textchat eine private Nachricht an mich schicken"
  - o Weitere Fragen zum Seminarraum?

Phase 3: Inhaltliche Agenda und Ablaufplan präsentieren (Zeit: 1 Min.)

- Hinweis auf das Verfahren der Aufzeichnung und absolute Anonymität gegenüber Dritten
- 1 Folie zum Vorgehen
  - o Inhalt der Gruppendiskussion
  - o Untersuchungszweck und Verlauf
- „Gut, dann fangen wir jetzt an mit der Gruppendiskussion."

Abb. 2: Einstiegsphase in eine Gruppendiskussion

offenere Herangehensweise eine längere Einführungsphase benötigt wurde, die Teilnehmer jedoch wesentlich öfter eigenaktiv Diskussionsbeiträge äußerten als im restriktiveren Szenario.

Nach der Einführungsphase ging es im inhaltlichen Teil der Gruppendiskussion um einen möglichst offenen Austausch über die jeweiligen Themen. Hierfür wurde ein *Shared Whiteboard* als weiteres Kollaborationsmedium für ein Brainstorming eingesetzt um Diskussionsthemen festzulegen. Abbildung 3 zeigt die Ablaufplanung dieser Sequenz.

Der Einsatz von unterschiedlichen Medien, die es ermöglichen, zunächst auf einem *Whiteboard* Stichworte zur Impulsfrage zu sammeln und diese später mit Diskussionsfragen zu vertiefen, erwies sich als ergiebig, da es den Teilnehmern die Bezugnahme auf konkrete Themen erleichtert, die sie so immer vor Augen hatten. Die sonst in virtuellen Gruppendiskussionen oftmals schwierigen Querbezüge, die eine Diskussion letztlich erst assoziativ und reichhaltig machen, werden auf diese Weise auch in virtuellen Gruppendiskussionen ermöglicht.

Phase 4: Aktuelle Situation (Zeit: 10-15 min.)

Ziel: Einschätzungen zur aktuellen Situation erheben – Wie steht es mit der Kooperation momentan? Einschätzungen & Meinungen

- *„Was sind ihrer Meinung nach momentan die Themen, die die Zusammenarbeit bestimmen?"*

Anweisung: Brainstorming mit dem Whiteboard, jeder TN bekommt einen abgeteilten Bereich und die Möglichkeit beliebig viele Stichworte beizutragen.

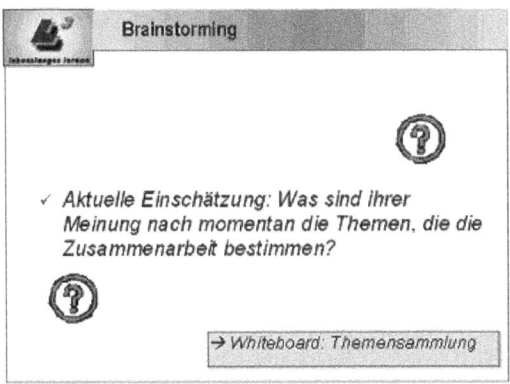

Nachfolgende Diskussionsfragen:

- *„Welchen Stellenwert haben diese Themen für das Gelingen des Projektes in ihren Augen?"*
- *„Bei welchen dieser Themen tauchen in der Umsetzung Hürden auf?"*
- *„Wo sehen Sie aktuell die Stärken in der Projektkooperation?"*
- *„Wo sehen Sie aktuell die Defizite in der Projektkooperation?"*
- *„Worin sehen Sie hierfür Ursachen? Beispiele?"*

Abb. 3: Ablauf einer virtuellen Gruppendiskussion

Die Einführung neuer Kommunikationsmedien während einer laufenden virtuellen Gruppendiskussion führt immer wieder zu Diskussionsexkursen über Bedienung und Funktionalität, wie das folgende Zitat verdeutlicht:

Moderator: *[...] Wir schließen damit diesen Diskussionsteil ab und kommen jetzt zum nächsten, die aktuelle Situation. Es geht darum, wie es mit der Kooperation im Moment steht. [...] Ich möchte damit anfangen, dass wir ein Brainstorming auf dem Whiteboard machen. Sie finden oben in Ihrer Symbolleiste ein sog. Texttool - das versteckt sich hinter dem ›T‹.*
Teilnehmer 1: *Wo finde ich dieses Texttool?*

Moderator: *Das ist in der Symbolleiste, die Sie eigentlich sehen sollten. Da ist das oben - sehen das andere auch nicht?*
Teilnehmer 2: *Ich sehe das auch nicht.*
Teilnehmer 3: *ebenfalls nicht.*
Moderator: *(schaltet es erneut ein) Ich glaube, dann müsste es jetzt zu sehen sein.*
Teilnehmer 2: *Ja, jetzt ist es da.*
Moderator: *Dann machen wir das jetzt noch mal [...]*

(Pause für Eintragung)

Anmerkungen

1 WIKIs sind frei editierbare Web-Seiten. Der Name von einer Verbindung der Begriffe »Web« and »quicky«. In einem WIKI können Nutzer unstrukturierte Beiträge anlegen und Informationsnetze entwickeln. WIKIs werden bislang erst selten zur Datenerhebung eingesetzt.

2 Ping-Pong-Writing bezeichnet einen gegenseitigen Austausch aufeinander bezogener Beiträge, bspw. per E-Mail.

3 Die Interviews fanden im Rahmen des BMB+F geförderten Forschungsprojektes »L³-Lebenslanges Lernen« statt und wurden von der externen wissenschaftlichen Begleitforschung der Universität Bielefeld durchgeführt.

Literatur

Al-Saggaf, Yeslam/Williamson, Kirsty (2004): Online Communities in Saudi Arabia: Evaluating the Impact on Culture through Online Semi-Structured Interviews. In: Forum Qualitative Sozialforschung, 5(3), Art. 24, [43 Absätze]. www.qualitative- research.net/fqs-texte/3-04/04-3-24-e.htm. Zugriff: 02.11.10.

Appelsmeyer, Heide/Kochinka, Alexander/Straub, Jürgen (1997): Qualitative Methoden. In: Straub, Jürgen/ Kempf, Wilhelm/Werbik, Hans (Hrsg.): Psychologie. Eine Einführung. München, S.709–742.

Arbeitskreis Deutscher Markt- und Sozialforschungsinstitute e.V. (ADM), Arbeitsgemeinschaft Sozialwissenschaftlicher Institute e.V. (ASI), Berufsverband Deutscher Markt- und Sozialforscher e.V. (BVM), Deutsche Gesellschaft für Online-Forschung e.V. (D.G.O.F.) (Hrsg.) (2001): Standards zur Qualitätssicherung für Online-Befragungen. URL: http://www.adm-ev.de/pdf/Onlinestandards_D.PDF (abgerufen 02/2004).

Baker, Andrea (2000): Two By Two in Cyberspace: Getting Together and Connection Online. In: CyberPsychology & Behavior, 3, S. 237–242.

Bampton, Roberta/Cowton, Christopher J. (2002): The E-Interview. In: Forum Qualitative Sozialforschung, 3(2), [27 Absätze]. http://www.qualitative- research.net/index.php/fqs/article/view/848. Zugriff: 02.11.10.

Blumer, Herbert (1981): Der methodologische Standort des Symbolischen Interaktionismus. In: Arbeitsgruppe Bielefelder Soziologen (Hrsg.): Alltagswissen, Interaktion und gesellschaftliche Wirklichkeit, 5. Auflage. Opladen, S.80–146

Bundesverband Deutscher Markt- und Sozialforscher (2003): Qualitätssicherung für qualitative Online Marktforschung. Arbeitspapier. Internetressource: http://www.bvmnet.org/user/neon/NEON-DOC-L-4.pdf (abgerufen 02/2004).

Chaney, Michael P./Dew, Brian J. (2003): Online Experience of Sexually Compulsive Men Who Have Sex with Men. In: Sexual Addiction & Compulsivity, 10, S. 259–274.

Davis, Mark/Bolding, Graham/Hart, Graham/ Sherr, Lorraine/Elford, Jonathan (2004): Reflecting on the Experience of Interviewing Online: Perspectives from the Internet and HIV Study in London. In: AIDS Care, 16, S. 944–952.

Debatin, Bernhard (1997): Analyse einer öffentlichen Gruppenkonversation im Chat-Room, Referenzformen, kommunikationspraktische Regularitäten und soziale Strukturen in einem kontextarmen Medium. Vortrag gehalten auf der Jahrestagung der Fachgruppe Computervermittelte Kommunikation der DGPuK in München.

Debatin, Bernhard (1998): Analyse einer öffentlichen Gruppenkonversation im Chat-Room. In: Prommer, Elizabeth/Vowe, Gerhard (Hrsg.): Computervermittelte Kommunikation: Öffentlichkeit im Wandel. Konstanz, S. 13–37.

Dillman, Don A./Bowker, Dennis (2001): The Web Questionnaire Challenge to Survey Methodologists. In: Reips, Ulf-Dietrich/Bosnjak, Michael (Hrsg.) (2001): Dimensions of Internet Science. Lengerich, S. 159–178.

Döring, Nicola (1999): Sozialpsychologie des Internet. Die Bedeutung des Internet für Kommunikationsprozesse, Identitäten, soziale Beziehungen und Gruppen. Göttingen.

Fielding, Nigel G./Lee, Raymond M./Blank, Grant (Eds.). (2008). The SAGE Handbook of Online Research Methods. London.

Flick, Uwe (1998): Qualitative Forschung, 3. Auflage. Hamburg.

Früh, Doris (2000): Online-Forschung im Zeichen des Qualitativen Paradigmas. Methodologische Reflexion und empirische Erfahrungen. In: Forum Qualitative Sozialforschung/Forum Qualitative Social Research (Online-Journal), 1(3). URL: http://www.qualitative-research.net/fqs/fqs.htm (abgerufen: 03/2004).

Göritz, Anja S. (2000): Online Panels. Internetquelle: URL: http://www.online-forschung.de/index.hrm/gast-artikel/goeritz.htm, (abgerufen 02/2004).

Hessler, Richard M./Downing, Jane/Beltz, Cathleen/Pelliccio, Angela/Powell, Mark/Vale, Whitley (2003): Qualitative Research on Adolescent Risk Using E-Mail: A Methodological Assessment. In: Qualitative Sociology, 26, S. 111–124.

Hoffmann-Riem, Christa (1980): Die Sozialforschung in der interpretativen Soziologie. Kölner Zeitschrift für Soziologie und Sozialpsychologie, 32, 339–372.

Korff, Jörg (2000): Management Summary. Akzeptanzanalyse Onlineforschung. Köln.

Lamnek, Siegfried (1995): Qualitative Sozialforschung. Bd. 2 Methoden und Techniken. Weinheim.

Mann, Chris/Stewart, Fiona (2000): Internet Communication and Qualitative Research. A Handbook for Researching Online. London.

Mayring, Philipp (1996): Einführung in die qualitative Sozialforschung. Weinheim.

Merten, Klaus (1977): Kommunikation. Eine Begriffs- und Prozeßanalyse. Opladen.

Mruck, Katja/Gradmann, Stefan/Mey, Günter (2004): Open Access: Wissenschaft als Gemeingut, Neue Soziale Bewegungen, Jg. 17, H. 2, S. 37–49. In: http://www.qualitative-research.net/ fqs-texte/2-04/2-04mrucketal-d.htm (29.06.2005).

Mruck, Katja/Mey, Günter (2005): Open Access‹ – Freier Zugang zu wissenschaftlichem Wissen«, Forum Wissenschaft, Jg. 22, H. 3, S. 58–62.

Mruck, Katja/Mey, Günter (2007): Qualitative Marktforschung in Theorie und Praxis. Berlin/New York.

Pötschke, Manuela/Simonson, Julia (2001): Soziologie und Marktforschung: Ausbildung an einem Arbeitsmarkt vorbei? In: Planung & Analyse, Nr. 6, S. 32–38.

Prickarz, Herbert/Uhrbahn, Julia (2002): Qualitative Datenerhebung mit Online-Fokusgruppen. In: Planung & Analyse, 28.Jg., Nr.1, S.63–70.

Reichertz, Jo (1996): Lassen sich qualitative Interviews hermeneutisch interpretieren? In: Strobl, Rainer/Böttger, Andreas (Hrsg.): Wahre Geschichten? Zu Theorie und Praxis qualitativer Interviews. Baden-Baden.

Reid, Donna J./Reid, Freiser J. M. (2005): Online Focus Groups: An In-Depth Comparison of Computer-mediated and Conventional Focus Group Discussion. In: International Journal of Market Research, 47, S. 131–162.

Rezabek, Roger (2000): Online Focus Groups: Electronic Discussions for Research. In: Forum Qualitative Sozialforschung, 1(1), [67 Absätze]. http://www.qualitative-research.net/index.php/fqs/article/view/1128. Zugriff: 02.11.10.

Schmidt, Gully (2000): Chart-Kommunikation im Internet – eine kommunikative Gattung? In: Thimm, Caja (Hrsg.): Soziales im Netz. Sprache, Beziehungen und Kommunikationskulturen im Internet. Opladen, S. 108–130.

Schütze, Fritz (1981): Grundlagentheoretische Voraussetzungen methodisch kontrollierten Fremdverstehens. In: Arbeitsgruppe Bielefelder Soziologen (Hrsg.): Alltagswissen, Interaktion und gesellschaftliche Wirklichkeit. Opladen, S. 433–529.

Zimmermann, Matthias/Gadeib, Andrea/Lürken, Alexander (2001): Marktforschung Online - schöne neue Welt? In: Planung & Analyse 2/2001, S. 38–43.

Die mobile Onlinebefragung

Andreas Fahr / Veronika Karnowski

Internetfähige mobile Endgeräte sind in der Lage, der herkömmlichen (Online-)Befragung den Weg in theoretisch jede Situation des Lebens der Befragten zu öffnen. Dies ermöglicht der Methode neue Optionen: Nun können Emotionen, Kognitionen, Handlungen etc. nicht nur ex post, sondern auch unmittelbar, d. h. in situ erhoben werden. Dabei ist zwischen Untersuchungen mit jeweils einem »Messzeitpunkt« pro Situation über mehrere Situationen hinweg (Experience Sampling Method [ESM]) und mit mehreren Messzeitpunkten innerhalb einer Situation (Real-Time Response [RTR]) zu unterscheiden. Beide Ansätze wurden bereits ohne mobile Endgeräte umgesetzt, können jedoch deutlich von mobilen Erhebungsformen profitieren.

Einordnung

Internetfähige mobile Endgeräte wie das Smartphone eröffnen der empirischen Sozialforschung den Weg in theoretisch jede Situation des alltäglichen Lebens. Emotionen, Kognitionen, Handlungen und Motive können unmittelbar (in situ) erhoben werden. Diese Herangehensweise ist daher nicht auf die zuweilen heterogenen oder bruchstückhaften Erinnerungsleistungen der Studienteilnehmerinnen und -teilnehmer angewiesen, sondern erhebt die relevanten Konstrukte direkt innerhalb der interessierenden Situationen. Dies hat zum einen den Vorteil, dass Prozesse in ihrem Entstehungskontext beobachtet werden können, die außerhalb der konkreten Situation oft weniger valide erfassbar sind. Zum anderen reduziert die natürliche Lebensumgebung die Reaktivität der Forschungssituation. Im vorliegenden Beitrag wollen wir zwei Methoden der mobilen In-situ-Datenerhebung vorstellen: die Experience Sampling Method (vgl. Larson/ Csikszentmihalyi 1983), die jeweils einen Zeitpunkt pro Situation über mehrere Situationen hinweg in den Blick nimmt, und das Real-Time-Response-Verfahren (vgl. Biocca u. a. 1994), das mehrere Erhebungszeitpunkte innerhalb einer Situation betrachtet. Beide Datenerhebungsverfahren lassen sich nicht eindeutig als entweder qualitativer oder quantifizieren-der Ansatz klassifizieren, vielmehr ist die Perspektive abhängig vom konkreten Einsatz der Methoden – insbesondere von der jeweils gegebenen Instruktion, die eine Antwort erwartet. Beide Methoden sind jedoch ohne Weiteres dazu geeignet, im Rahmen einer klassischen Methodentriangulation durch andere Methoden der Datenerhebung (wie beispielsweise Leitfaden-interviews oder Gruppendiskussionen) angereichert zu werden.

(Mobile) Experience Sampling Method

Ausgangspunkt – die Experience Sampling Method

Kern der klassischen Experience Sampling Method (Hektner u. a. 2007; Larson/Csikszentmihalyi 1983) ist das Sammeln von Daten in der natürlichen Umgebung innerhalb der Situation – also in situ, meist wiederholt über mehrere Situationen hinweg (Conner/Bliss-Moreau 2006). Dadurch soll eine Konzentration auf das individuelle menschliche Erleben ermöglicht werden. Ursprünglich wurde diese Methode der Datenerhebung so umgesetzt, dass die Untersuchungsteilnehmerinnen und -teilnehmer Signalgeber und kurze Papierfragebögen erhielten. Letztere sollten sie immer dann ausfüllen, wenn der Signalgeber sie dazu aufforderte. Dabei ist die Experience Sampling Method nur als Rahmen zu verstehen, dessen konkrete Ausgestaltung, wie beispielsweise die Häufigkeit und Dauer der Signalisierung, aber auch die Gestaltung der Kurzbefragungen vom Untersuchungsgegenstand abhängt.

Durch die Erhebung der Daten in situ vermeidet die Experience Sampling Method möglicherweise »fehlerhafte« Erinnerungen und Rekonstruktionen der Befragten (vgl. Hektner u. a. 2007), wenn ex post erhoben wird. Gleichzeitig birgt die In-situ-Erhebung jedoch auch die Gefahr des Einflusses der Messung auf den Untersuchungsgegenstand. Die klassische Experience Sampling Method hat zudem keinerlei Kontrolle darüber, ob die Kurzbefragungen tatsächlich in situ erfolgen, also wirklich zum Zeitpunkt der Alarmierung ausgefüllt werden, oder eben nur retrospektive Messdaten vorliegen, wie sie auch von herkömmlichen Befragungsarten generiert werden. Im Unterschied zur Psychologie, wo die Experience Sampling Method in den vergangenen Jahrzehnten breite Anwendung in den verschiedensten Kontexten fand, konnte sich diese Methode in der Kommunikationswissenschaft bisher nur begrenzt durchsetzen. Zu den wenigen Anwendungen im Fach zählt beispielsweise die Studie zur Mediennutzung von Scherer/Schlütz (2002).

Anwendung heute:
Mobile Experience Sampling Method

Onlinefähige mobile Endgeräte – wie insbesondere das Smartphone – haben dieser Methode in den vergangenen Jahren neue Möglichkeiten eröffnet. Das Smartphone kann heute den Signalgeber ersetzen und eröffnet gleichzeitig eine Vielzahl an neuen Möglichkeiten für die Datenerhebung in situ. Die Methode wird dadurch für die Teilnehmerinnen und Teilnehmer deutlich aufwandsärmer, da neben dem eigenen Smartphone, welches üblicherweise ohnehin immer mit sich geführt wird, keine weiteren Hilfsmittel notwendig sind.

Die In-situ-Datenerhebung an sich ist durch das Smartphone nicht mehr auf standardisierte Kurzbefragungen durch Papierfragebögen begrenzt, sondern nun sind vielmehr auch für qualitative Forschungsdesigns relevantere Methoden wie Sprachaufnahmen (vgl. Palen/ Salzman 2002) oder Bild- und Videoaufnahmen (vgl. Brandt u. a. 2007) möglich, also nicht standardisierte Methoden der Datenerhebung (vgl. z. B. Koro-Ljungberg u. a. 2008). Gleichzeitig ist auch die Auslösung der In-situ-Erhebung nicht mehr nur zeitrandomisiert über den Alltag der Teilnehmerinnen und Teilnehmer verteilt denkbar, sondern es lassen sich auch die Sensordaten des Geräts (wie GPS) integrieren, beispielsweise, um die Datenerhebung immer an bestimmten physischen Orten auszulösen. Insbesondere Koro-Ljungberg u. a. (2008) schlagen zudem im Rahmen eines qualitativen Forschungsdesigns vor, den Ausfüllzeitpunkt nicht seitens des Forschenden vorzugeben, sondern vielmehr die Untersuchungsteilnehmerinnen und -teilnehmer aus ihrem individuellen Erleben heraus die Zeitpunkte für die In-situ-Erhebungen festlegen zu lassen. Voraussetzung für die Durchführung einer solchen mobilen Experience-Sampling-Studie ist, dass alle Studienteilnehmerinnen und -teilnehmer mit einem internetfähigen mobilen Endgerät und einer Datenverbindung ausgestattet sind. Diese Einschränkung begrenzt den Einsatz dieser Methode (noch) auf bestimmte Teile der Bevölkerung und damit auch auf bestimmte Forschungsfragen, wobei sich der Kreis der Smartphone-Nutzer sowohl in Deutschland als auch weltweit stetig erweitert.

Um nun die beiden Komponenten der Experience Sampling Method – Alarmierung und In-situ-Datenerhebung – auf einem mobilen Endgerät umzusetzen, gibt es grundsätzlich zwei Möglichkeiten. Zum einen können Alarmierung und In-situ-Erhebung in einer eigenständigen Anwendung (App) verbunden werden, welche auf dem mobilen Endgerät der Studienteilnehmerinnen und -teilnehmer installiert wird. Der Vorteil dieser Lösung ist, dass so auch eine Einbindung der Sensordaten des Geräts (wie GPS) möglich wird. Einen aktuellen Überblick über verschiedene Anwendungen auf diesem Gebiet, ihre Funktionalitäten und die damit verbundenen Kosten gibt Conner (2015).

Neben diesen App-Lösungen ist auch die Trennung von Alarmierung und In-situ-Erhebung möglich. In diesem Fall werden die Studienteilnehmerinnen und -teilnehmer beispielsweise per SMS alarmiert und können dann über einen personalisierten Link einen Onlinefragebogen aufrufen (vgl. z. B. Bayer u. a. 2016; Struckmann/Karnowski 2016). Verschiedene Onlinebefragungstools (wie SoSci Survey, www.soscisurvey.de) bieten bereits das Aussenden des Einladungslinks zu einer Onlinebefragung via SMS an und erlauben so eine für den Forscher einfache Umsetzung einer mobilen Experience-Sampling-Studie.

Ein Nachteil dieser mobilen Umsetzung der Experience Sampling Method sind die für die Studienteilnehmerinnen und -teilnehmer anfallenden Kosten für die Datenverbindung, welche jedoch durch geeignete Incentives kompensiert werden können. Die deutlich größere Herausforderung liegt vielmehr in der Wahrung der Privatsphäre der Nutzer. Bereits die Herausgabe der privaten Mobiltelefonnummer für den Zweck einer wissenschaftlichen Studie stößt in manchen Bevölkerungsgruppen auf große Skepsis, da das Mobiltelefon wie kaum ein anderes Medium als sehr persönlich empfunden wird (vgl. z. B. Karnowski u. a. 2016). Werden dann zudem Sensordaten des Smartphones (wie GPS) in die Untersuchung mit einbezogen, so muss die Forschende überaus sensibel mit den Aspekten Datenschutz und Privatsphäre umgehen. Unabdingbar ist es bereits bei der Studienplanung, klare Leitlinien zur Anonymisierung der Daten zu entwickeln und diese auch in einfachen Worten an die Studienteilnehmerinnen und -teilnehmer zu kommunizieren (vgl. Boase 2013; Bouwman u. a. 2013).

Mobile prozessbegleitende In-situ-Befragungen[1]

Methode

Befragungen mittels mobiler Endgeräte können Personen also während ihres normalen Tagesablaufs innerhalb ihrer natürlichen Lebensumgebungen erreichen. Mobil-*kontinuierliche* Erhebungsverfahren wie etwa »Real-Time-Response«-Erhebungen verfolgen das Ziel, Befragungen im Zeitverlauf vorzunehmen und somit auch Prozessverläufe aufzuzeigen. Konkret »fragt« die mobile Prozessmessung über einen längeren Zeitraum hinweg bei den Teilnehmerinnen und Teilnehmern ein – in der Regel – einfaches Konstrukt ab. So werden etwa Bewertungen, Emotionen, Kognitionen oder andere Dimensionen kontinuierlich erhoben. Die Befragten teilen ihre Wahrnehmungen beispielsweise mithilfe einer App auf einem Smartphone oder Tablet[2] mithilfe eines dort simulierten Reglers mit, z. B., wie angenehm sie sich gerade fühlen, wie gut ihnen eine TV-Sendung gefällt oder wie überzeugend sie im Moment das Radioprogramm finden. Durch diese kontinuierliche Befragung entstehen folglich Zeitreihen individueller Rezeptions- bzw. Urteilsprozesse, die während des Erlebens in situ erhoben wurden. Die Validität solcher kontinuierlichen Erhebungen hängt insbesondere von der Klarheit und Einfachheit der Instruktion ab: Je einfacher und verständlicher die Frage ist, umso leichter kann kontinuierlich und spontan geantwortet werden. Eine Besonderheit des Verfahrens ist auch, dass stets nur nach *einer* Beurteilungsdimension gefragt werden kann. Man bezeichnet dieses Verfahren auch als »eindimensionale Introspektion« (Biocca 1988), sodass elaborierte und differenzierte Wahrnehmungen und Urteile zweifellos nicht beobachtbar sind.

Da beim Einsatz dieses Verfahrens die Teilnehmerinnen und Teilnehmer aber wenig Zeit haben, über ihre Wahrnehmungen zu reflektieren, können Probleme sozial erwünschter Antworten und nachträgliche Rationalisierungen von Urteilen abgemildert werden. Die Urteile bilden spontanes Erleben ab, sind außerdem zwischen Befragten leichter vergleichbar und nicht an besondere verbale oder kognitive Fähigkeiten gebunden.

Der Einsatz von solchen mobil-kontinuierlich erhebenden Befragungstools birgt freilich das Problem der Aufmerksamkeitsteilung bzw. der Reaktivität. Die Befragten müssen sich parallel zum infrage stehenden Ereignis dem Messverfahren widmen – und diese Ablenkung kann auf Kosten der Validität der Messung gehen. Außerdem finden sich Hinweise darauf, dass die Intensität des emotionalen Erlebens beeinflusst wird (Fahr/Fahr 2009), da eine kontinuierliche Introspektion auch zu einer intensiveren (kognitiven) Auseinandersetzung mit der erlebten Situation führen kann. Validitätsprobleme können außerdem auftreten, da *keine* Betätigung des Reglers nicht ohne Weiteres auch keine Veränderung der Beurteilung bedeuten muss. Sind die Befragten beispielsweise in einer Situation besonders involviert, so dürften sie mitunter vergessen, der Introspektionsaufforderung Folge zu leisten und ihr mittels des Erhebungstools Ausdruck zu verleihen. Außerdem kann es bei Erhebungen über längere Zeiträume (z. B. der Dauer eines Kinofilms) zu Ermüdung oder Verdruss gegenüber der Aufgabe kommen.

Befragungen von Teilnehmerinnen und Teilnehmern zum Umgang mit dem Erhebungsverfahren zeigen aber insgesamt, dass die Regler als »eher gutes« Beurteilungsinstrument, »leicht bedienbar« und »eher nicht störend« eingeschätzt werden. Die Vertrautheit mit Touchscreens und die Gestaltung der Antwortoptionen erhöhen die Validität der Messung. Allerdings fühlen sich Teilnehmerinnen und Teilnehmer auch abgelenkt. In einer Studie von Fahr (2006) fühlten sich 11% durch den Regler »sehr abgelenkt«, 52% »etwas« und 24% zumindest »wenig«. Ihr »Gefallen« kontinuierlich zum Ausdruck zu bringen, fiel beispielsweise den Befragten in der Studie von Holler (2012) eher leicht. Grundsätzlich ist stets entlang der Erfordernisse der konkreten Forschungsfrage, des Erhebungsdesigns und der anvisierten Befragten zu entscheiden, ob die genannten Nachteile des Erhebungsverfahrens zugunsten der Vorteile einer kontinu-

ierlichen Befragung/Introspektion in der natürlichen Situation in Kauf genommen werden sollen.

Anwendungsbeispiele

Einen beachtlichen Teil der Studien, in denen die Verfahren eingesetzt werden, machen Untersuchungen zu TV-Debatten aus, die während der Ausstrahlung durchgeführt werden. So wurde in Deutschland etwa die mobile kontinuierliche Befragung von Reinemann u. a. (2005; 2007) oder von Bachl (2014) im Rahmen der Beurteilung von Kanzlerduellen eingesetzt. Wolf (2010) untersuchte die Veränderung des Eindrucks von Sympathie und Kompetenz der Kandidaten. Kercher (2013) erhob in verschiedenen Politikerreden und -interviews den Eindruck von deren Verständlichkeit. Kaid (2009) erfasste die unmittelbaren Rezipienteneindrücke von Wahlwerbespots aus US-Präsidentschaftswahlkämpfen. Neben diesem Schwerpunkt in der politischen Kommunikation finden sich zahlreiche andere Anwendungsfelder. Levenson und Gottman (1983) etwa ließen Paare retrospektiv Videoaufzeichnungen ihrer eigenen Interaktionen mittels kontinuierlicher Bewertung beurteilen. Wünsch (2006) befragte Personen in situ nach ihrem emotionalen Erleben eines Spielfilms und einer Dokumentation auf der Dimension »angenehm–unangenehm«. Bei Fahr (2009) gaben Zuschauerinnen und Zuschauer Auskunft darüber, in welchem Maße sie sich durch Ausschnitte aus Talkshows unterhalten bzw. informiert fühlten. Goodwin und Früh (2012) erhoben das unterschiedliche Präsenzerleben eines Horrorfilms in seiner 3-D- und seiner 2-D-Version im Kinosaal.

Bachl (2014, S. 329) weist aus methodischer Perspektive darauf hin, dass stets beachtet werden muss, dass es sich bei dem sichtbaren »kontinuierlich« sich verändernden »Verlauf« solcher über mehrere Teilnehmerinnen und Teilnehmer zusammengefassten Zeitdaten um ein Aggregatphänomen handelt. Individuelle Verläufe verändern sich meist abrupter und behalten eine Ausprägung für einige Zeit bei. Es sei daher bei der Auswertung über mehrere Personen hinweg zu empfehlen, auch die individuellen Verläufe zu betrachten. Dies gilt vor allem dann, wenn das explorative, hypothesengenerierende Vorgehen auf Erklärungen abzielt, die einen theoretischen Bezug zur individuellen Wahrnehmung und Verarbeitung etwa von Medieninhalten herstellen.

Zusammenfassend lässt sich aber für situationsbegleitende kontinuierliche Befragungen festhalten, dass sie zum einen Eindrücke erfassen, die Rezipientinnen und Rezipienten im Moment von der Medienbotschaft *insgesamt* haben. Weiterhin finden sich Designs, die – je nach Instruktion – den Eindruck von *bestimmten Teilen* der Botschaft messen. Schließlich werden Rezipientinnen und Rezipienten gebeten, kontinuierlich über ihr *Rezeptionserleben* Auskunft zu geben.

sozialen Phänomenen entstanden. Diese In-situ-Erhebung ermöglicht es, vergleichsweise valide Daten zu Phänomenen zu erhalten, die im Rahmen anderer Befragungsmodi durch Erinnerungswillen, Erinnerungsvermögen oder Rationalisierungen der Untersuchungsteilnehmer sowie durch soziale Erwünschtheit belastet sind und damit verzerrt sein können. Dies gilt etwa für viele Mediennutzungsformen und -orte, spontane Urteile und Meinungen, Nutzungsmotive, emotionales Erleben oder kaum erinnerungsfähige Handlungen bzw. Handlungsdispositionen. Gleichzeitig müssen die In-situ-Erhebungen wie MESM und mRTR jedoch kurz, überblickbar und leicht verständlich sein, um ihre Vorteile ausspielen zu können. Andernfalls dürfte sich das zuweilen niedrigere Involvement sowie das höhere Ablenkbarkeitspotenzial innerhalb von In-situ-Erhebungen nachteilig auf die Validität der Messungen auswirken.

Fazit

Die rapide Verbreitung mobiler onlinefähiger Endgeräte und insbesondere des Smartphones hat die empirische Sozialforschung um neue Möglichkeiten bereichert. Durch den Zugriff auf theoretisch jede Situation im Alltag der Nutzer, den diese Geräte bieten, ist so die Möglichkeit zur aufwandsarmen In-situ-Erhebung von

Anmerkungen

1 Dieser Abschnitt ist in ähnlicher Form bereits erschienen in Karnowski/Fahr (2014).
2 Der erste Autor hat eine solche App zusammen mit Dominik Leiner (München) entwickelt: https://itunes.apple.com/ch/app/rtr-mobile-2/id616666518?mt=8.

Literatur

Bachl, Marko (2014): Analyse rezeptionsbegleitend gemessener Kandidatenbewertungen in TV-Duellen. Erweiterung etablierter Verfahren und Vorschlag einer Mehrebenenmodellierung. Berlin.

Bayer, Joseph B./Ellison, Nicole B./Schoenebeck, Sarita Y./Falk, Emily B. (2016): Sharing the small moments: ephemeral social interaction on Snapchat. In: Information, Communication & Society, Jg. 19, H. 7, S. 956–977.

Biocca, Frank A. (1988): Opposing conceptions of the audience: The active and passive hemispheres of mass communication theory. In: Anderson, James A. (Hrsg.): Communication Yearbook, Volume 11. London/Newbury Park, CA, S. 51–80.

Biocca, Frank A./David, Prabu/West, Mark (1994): Continuous response measurement (CRM): A computerized tool for research on the cognitive processing of communication messages. In: Lang, Annie (Hrsg.): Measuring psychological responses to media messages. Hillsdale, N.J., S. 15–64.

Boase, Jeffrey (2013): Implications of Software-Based Mobile Media for Social Research. In: Mobile Media & Communication, Jg. 1, H. 1, S. 57–62.

Bouwman, Harry/Reuver, Mark de/Heerschap, Nico/Verkasalo, Hannu (2013): Opportunities and problems with automated data collection via smartphones. In: Mobile Media & Communication, Jg. 1, H. 1, S. 63–68.

Brandt, Joel/Weiss, Noah/Klemmer, Scott R. (2007): txt 4 l8r: Lowering the burden for diary studies under mobile conditions. In: ACM (Hrsg.): CHI ,07 extended abstracts on Human factors in computing systems. San Jose, S. 2303–2308.

Conner, Tamlin (2015): Experience sampling and ecological momentary assessment with mobile phones. Abrufbar unter: http://www.otago.ac.nz/psychology/otago0047475.pdf.

Conner, Tamlin/Bliss-Moreau, Eliza (2006): Sampling human experience in naturalistic settings. In: Hesse-Biber, Sharlene/Leavy, Patricia (Hrsg.): Emergent methods in social research. Thousand Oaks, CA/London, S. 109–129.

Fahr, Andreas (2006): »Fernsehen fühlen.« Ein Ansatz zur Messung von Rezeptionsemotionen. In: Wirth, Werner/Schramm, Holger/Gehrau, Volker (Hrsg.): Unterhaltung durch Medien: Theorie und Messung. Köln, S. 204–226.

Fahr, Andreas (2009): Politische Talkshows aus Zuschauersicht. Informiertheit und Unterhaltung im Kontext der Politikvermittlung. München.

Fahr, Andreas/Fahr, Annette (2009): Reactivity of Real-Time Response Measurement: The influence of employing RTR techniques on processing media content. In: Maier, Jürgen/Maier, Michaela/Maurer, Marcus/Reinemann, Carsten/Meyer, Vincent (Hrsg.): Real-Time Response Measurement in the Social Sciences. Methodological Perspectives and Applications. Frankfurt a. M., S. 45–61.

Goodwin, Bernhard/Früh, Hannah (2012): Stereoscopic Death View. Does the Third Dimension Add to Effects on the Audience of a Horror-Movie? Vortrag auf der 62. Jahrestagung der International Communication Association (ICA), Phoenix, USA, Mai 2012.

Hektner, Joel M./Schmidt, Jennifer A./Csikszentmihalyi, Mihaly (2007): Experience sampling method: Measuring the quality of everyday life. Thousand Oaks.

Holler, Veronika Anna (2012): Werbewirkung in der dritten Dimension. Eine quantitative Studie zum Einfluss der Präsentationsweise (2D vs. 3D) auf die Wirkung von Kinowerbung. München: Unveröffentlichte Masterarbeit an der LMU.

Kaid, Lynda Lee (2009): Immediate responses to political television spots in U.S. elections. In: Maier, Jürgen/Maier, Michaela/Maurer, Marcus/Reinemann, Carsten/Meyer, Vincent (Hrsg.): Real-time Response Measurement in the Social Sciences. Frankfurt a. M., S. 137–153.

Karnowski, Veronika/Fahr, Andreas (2014): Die mobile Online-Befragung. In: Welker, Martin/Taddicken, Monika/Schmidt, Jan-Hinrik/Jackob, Nikolaus (Hrsg.): Handbuch Online-Forschung. Sozialwissenschaftliche Datengewinnung und -auswertung in digitalen Netzen. Köln, S. 194–212.

Karnowski, Veronika/Rossmann, Constanze/Barth, Swaantje/Radon, Katja (2016): txt2PAUL – Effektivität einer SMS-Intervention zur Prävention von berufsbedingten Allergien und Asthma in der Landwirtschaft. In: Camerini, Anne-Linda/Ludolph, Ramona/Rothenfluh, Fabia (Hrsg.): Gesundheitskommunikation im Spannungsfeld zwischen Theorie und Praxis. Baden-Baden, S. 292–302.

Kercher, Jan (2013): Verstehen und Verständlichkeit von Politikersprache. Verbale Bedeutungsvermittlung zwischen Politikern und Bürgern. Wiesbaden.

Koro-Ljungberg, Mirka/Bussing, Regin/Williamson, Pamela/M'Cormack-Hale, Fredline (2008): Reflecting on the Experience Sampling Method in the Qualitative Research Context: Focus on Knowledge Production and Power during the Data-Collection Process. In: Field Methods, Jg. 20, H. 4, S. 338–355.

Larson, Reed/Csikszentmihalyi, Mihaly (1983): The experience sampling method. In: Reis, Harry T. (Hrsg.): Paperback sourcebooks in the Jossey-Bass social and behavioral science series: Vol. no. 15 (Mar. 1983). Naturalistic approaches to studying social interaction. San Francisco, S. 41–56.

Levenson, Robert W./Gottman, John M. (1983): Marital interaction: physiological linkage and affective exchange. In: Journal of Personality and Social Psychology, Jg. 45, H. 3, S. 587–597.

Palen, Leysia/Salzman, Marilyn (2002): Voice-mail diary studies for naturalistic data capture under mobile conditions. In: ACM (Hrsg.): Proceedings of the 2002 ACM conference on Computer supported cooperative work. New Orleans, S. 87–95.

Reinemann, Carsten/Maier, Jürgen/Faas, Thorsten/Maurer, Marcus (2005): Reliabilität und Validität von RTR-Messungen. Ein Vergleich zweier Studien zur zweiten Fernsehdebatte im Bundestagswahlkampf 2002. In: Publizistik, Jg. 50, H. 1, S. 56–73.

Reinemann, Carsten/Maurer, Marcus (2007): Schröder gegen Merkel. Wahrnehmung und Wirkung des TV-Duells. In: Brettschneider, Frank/Niedermayer, Oskar/Weßels, Bernhard (Hrsg.): Die Bundestagswahl 2005. Analysen des Wahlkampfes und der Wahlergebnisse. Wiesbaden, S. 197–217.

Scherer, Helmut/Schlütz, Dagmar (2002): Gratifikation à la minute: Die zeitnahe Erfassung von Gratifikationen. In: Rössler, Patrick/Kubisch, Susanne/Gehrau, Volker (Hrsg.): Empirische Perspektiven der Rezeptionsforschung. München, S. 133–151.

Struckmann, Samson/Karnowski, Veronika (2016): News consumption in a changing media ecology: An MESM-study on mobile news. In: Telematics and Informatics, Jg. 33, H. 2, S. 309–319.

Wolf, Barbara (2010): Beurteilung politischer Kandidaten in TV-Duellen. Effekte rezeptionsbegleitender Fremdmeinungen auf Zuschauerurteile. Baden-Baden.

Wünsch, Carsten (2006): Unterhaltung als Performance. Überlegungen und erste Anwendungserfahrungen mit einem Messinstrument zur dynamischen Erfassung von Unterhaltungserleben. In: Wirth, Werner/Schramm, Holger/Gehrau, Volker (Hrsg.): Unterhaltung durch Medien. Theorie und Messung. Köln, S. 174–203.

Gruppendiskussion

Burkhard Schäffer

In diesem Beitrag geht es um die Möglichkeiten der *Datenerhebung* mit dem Gruppendiskussionsverfahren in Kontexten der Medienforschung. Hierzu wird zunächst geklärt, was mit dem spezifischen Setting der »Diskussion in einer Gruppe« überhaupt erhoben werden kann. Dem schließt sich ein kurzer historischer Abriss des Verfahrens an, dem eine idealtypische Darstellung von vier Auswertungsstrategien angefügt ist. Nach ein paar Bemerkungen zu den Grenzen des Verfahrens werden Fragen des Zugangs zu den Gruppen, nach der Zusammenstellung der Gruppen und nach den Eingangsfragestellungen (»Grundreiz«) diskutiert und es werden »reflexive Prinzipien« der Gesprächsführung beim Gruppendiskussionsverfahren dargelegt. Abschließend werden in Anlehnung an die dokumentarische Methode einige spezifische Aspekte der *Auswertung* von mit dem Gruppendiskussionsverfahren erhobenen Daten diskutiert und exemplarisch einige (medienbezogene) Weiterentwicklungen aufgezeigt.

Was wird mit einer Gruppendiskussion erfasst?

Vorweg eine notwendige Eingrenzung dessen, was in diesem Artikel unter dem Gruppendiskussionsverfahren verstanden werden soll: Eine Gruppen*diskussion* ist nicht mit einer Gruppen*befragung* und auch nicht mit einem Gruppen*gespräch* zu verwechseln. Bei Gruppenbefragungen oder auch Gruppeninterviews (Atteslander 1991, S. 174) handelt es sich lediglich um zeitökonomische Varianten der Einzelbefragung. Die Gruppe als solche wird weder methodisch noch methodologisch als Gegenstand der Erhebung konzipiert. Hiervon abzugrenzen sind »natürliche« Gesprächssituationen in Gruppen, also solche, die nicht von vornherein als Erhebungssituation geplant sind. An dieser Form hat vor allem die Konversationsanalyse ein Interesse (→ Ayaß, 460 ff. und exemplarisch: Luckmann 1986; Günthner/Knoblauch 1994; Bergmann 1994; Keppler 1994).

Zur historischen Entwicklung von Gruppendiskussions- und Focusgroupverfahren in nationalen und internationalen Kontexten

Das Gruppen*diskussion*sverfahren unterliegt einem historischen Wandel, der mit der Weiterentwicklung grundlagentheoretischer und methodologischer Ansätze in den Sozialwissenschaften in einem engen Zusammenhang steht.

Die Anfänge des Verfahrens liegen in der Marktforschung der 1920er Jahre (Bogardus 1926). Kurz nach dem zweiten Weltkrieg wurden dann in den USA mit »Groupinterviews« Zuschauerreaktionen auf Propagandafilme untersucht, woraus sich das »Focus Group Interview« (Merton 1987) entwickelte, das zunächst überwiegend (und sehr erfolgreich) in der Marktforschung zum Einsatz kam (Blank 2010). Vom Mainstream der englischsprachigen social sciences wurde das Verfahren erst relativ spät entdeckt (vgl. Liamputtong 2011; Krueger/Casey 2009). Die internationale Literatur orientiert sich überwiegend am symbolischen Interaktionismus (Liamputtong 2011) und an der grounded theory (Barbour 2007). Im Kontext der britischen cultural studies gehören ›groupdiscussions‹ schon länger zum methodischen Repertoire, um Dimensionen von class, gender und race zu erkunden (vgl. Morley 1986; Willis 1991; Brown 1994; Gillespie 1995; Livingstone/Lunt 1996). Grundlagentheoretisch wird in jüngster Zeit vereinzelt auch an die Praxeologie von Pierre Bourdieu angeschlossen (Callaghan 2005).

In Deutschland wurde das Verfahren erstmals in den 1950er Jahren am Frankfurter Institut für Sozialforschung eingesetzt (Pollock 1955). Während hier die Erforschung von Meinungen und Einstellungen Einzelner unter »Gruppendruck« im Vordergrund stand, konzipierte Werner Mangold Gruppen als Träger »informeller Gruppenmeinungen« (Mangold 1960) und etablierte erstmalig eine Perspektive, die die Meinungen der Gruppe als eine Einheit in den Blick nahm, die zeitlich die unmittelbare Diskussion überdauert. Ende der 1970er und Anfang der 1980er Jahre wurde das Verfahren dann im Kontext des symbolischen Interaktionismus ›wiederentdeckt‹ und zur Evaluation von Weiterbildungsveranstaltungen genutzt (Nießen 1977; Volmerg 1977). Nun standen entsprechend dem interpretativen Paradigma Aushandlungsprozesse von Meinungen im Gruppenkontext von ›Realgruppen‹ im Vordergrund. Diese Begrenzung auf Aushandlungsprozesse in Gruppen wurde Ende der 1980er Jahre von Ralf Bohnsack (1989) revidiert, der am Mangoldschen Konzept informeller Gruppenmeinungen ansetzte, es aber im Kontext der dokumentarischen Methode der Interpretation wesentlich veränderte (→ vgl. Bohnsack/Geimer, S. 469 ff.; Schäffer 2012). Gruppen werden jetzt als Träger kollektiver Orientierungen konzipiert, d.h. die geäußerten Meinungen, Einstellungen etc. entwickeln sich nicht innerhalb der Diskussion, sondern sind Dokumente für dahinter liegende Kollektivdimensionen – etwa von Generation, Milieu oder Geschlecht. An dieser Stelle sei nur noch darauf verwiesen, dass das Verfahren bereits früh wesentliche Impulse aus Kontexten der Medienforschung erhalten hat und auch weiterhin erhält.[1] Dies hat u. a. auch damit zu tun, dass medienbezogene Fragestellungen zu einem großen Teil solche nach kollektiven Phänomenen sind: Es spricht vieles dafür, die Rezeption, Aneignung und »Produktion« medial vermittelter Gehalte[2] als Kollektivphänomene zu begreifen und die sich um das Medienhandeln herum anlagernden Praxen als kollektiv initiierte, inszenierte und enaktierte Prozesse zu konzeptualisieren. Insofern ist die

zuletzt aufgezeigte Variante des Verfahrens, die eine Gruppendiskussion als Artikulation übergreifender kollektiver Orientierungen versteht, prädestiniert für die Analyse medienrelevanter Fragestellungen. Die beiden anderen Varianten sind aus dieser Perspektive entweder zu stark auf das Individuum bezogen oder vorwiegend am Gruppenprozess orientiert.

Vier verschiedene Auswertungsstrategien

In der gegenwärtigen Literatur zum Gruppendiskussionsverfahren trifft man auf unterschiedliche Auswertungsstrategien, die sich idealtypisch vier Positionen zuordnen lassen:

1. Die *Äußerungen werden einzelnen Gruppenmitgliedern zugerechnet*. In dieser Perspektive wird analysiert, was die Person A zum Thema x,y und z gesagt hat, ob sie ihre ›Meinung‹ während der Diskussion geändert hat und es wird ggf. auch quantitativ überprüft, was diese Person bei einem Fragebogen zu ähnlichen Fragen geantwortet hat. Die Gruppe kommt in dieser Perspektive nur als ›Verzerrungsfaktor‹ der ›echten‹ Einzelmeinung zum Tragen. Wenn überhaupt, kommen solche Perspektiven nur noch in der Marktforschung zum Einsatz, wo es darum geht, Ergebnisse »quick and dirty (Blank 2010, S. 294) zu erzeugen.

2. *Äußerungen werden in ihrer prozesshaften Entstehung beobachtet und im Hinblick auf die Interaktions- und Kommunikationsformen, -abläufe und -prozesse in der Gruppe interpretiert.* Es stehen gruppendynamische bzw. -psychologische Fragen im Vordergrund (Volmerg 1977; Nießen 1977; zur neueren sozialpsychologischen Diskussion vgl. Koschel/Kühn 2011, S. 217 ff.). In dieser zumeist am symbolischen Interaktionismus orientierten Perspektive entstehen Kommunikationen erst aus den in einer Situation vorgenommenen wechselseitigen Interpretationsleistungen der Einzelnen und sind somit nicht vorhersagbar und auch nicht wiederholbar (»reliabel«), weshalb die Ergebnisse keine überdauernde

Geltung beanspruchen können. Validität ist hier nur im Hinblick auf die Untersuchung von Gruppenprozessen selbst gegeben. In der angelsächsischen, vor allem der US-amerikanischen Diskussion wird der symbolische Interaktionismus nach wie vor als wichtiges »Theoretical Framework« (Liamputtong 2011, S. 15 ff.) geführt, erfährt allerdings auch Kritik und wird zunehmend von phänomenologischen bzw. sozialkonstruktivistischen Ansätzen und auch solchen der conversation analysis ersetzt (Barbour 2007, S. 37 f.).

3. *Äußerungen werden auf die Gruppe als Ganzes bezogen und mit ihrem unmittelbaren Kontext in Verbindung gebracht.* Exemplarisch steht hierfür die Arbeit von Werner Mangold (1959), der Gruppendiskussionen mit Bergarbeitern und mit Frauen aus einem Flüchtlingslager durchführte. Die Gruppe wird hier als ein Medium konzipiert, in dem sich »informelle Gruppenmeinungen« artikulieren, die über die von den Einzelpersonen geäußerten Einstellungen und Meinungen hinausgehen. Die »Gruppenmeinung« konzipierte Mangold dabei als zeitüberdauerndes Produkt kollektiver Interaktionen mit Bezug auf den unmittelbaren Erfahrungskontext der jeweiligen Gruppen.

Folgt man den Einführungsbänden von Barbour (2007) und Liamputtong (2011) scheinen im angelsächsischen Sprachraum Studien mit einem derart gerahmten Erkenntnisinteresse in der Mehrzahl zu sein: es geht um das *Verhältnis von Gruppen zu ihrer sie unmittelbar umgebenden Umwelt.* In der Gesundheitsforschung interessiert dann z. B. das Umfeld des Krankenhauses für bestimmte Patientengruppen (bspw. AIDS-Kranke) oder bei der Erforschung prekärer Lebenslagen die Perspektive von spezifischen Bewohnergruppen auf den Stadtteil, in dem sie leben. Entscheidend ist: Die Dimensionen von Kollektivität, an denen die Forschenden interessiert sind, sind immer nahe bei den Gruppen selbst angesiedelt.

4. *Diskussionsinhalte und ›typische‹ Kommunikations- und Interaktionsverläufe und -prozesse werden als Dokument für andere Entitäten wie Milieus, Generationen, Geschlechterordnungen u. Ä. herangezogen.* Dies ist die Perspektive der dokumentarischen Methode (→ Bohnsack/Geimer, S. 469 ff.; Schäffer 2012). Die Diskussionen werden als *Dokument für* übergreifende, oft implizite, handlungsleitende Orientierungsmuster interpretiert, die auf milieu-, generations-, geschlechtsspezifische oder andere (etwa Ethnizität) kollektive Einbindungen verweisen. Diese sind den Gruppen zumeist fraglos gegeben und werden deshalb nicht explizit thematisiert. Während bei der Mangoldschen Begrifflichkeit (»informelle Gruppenmeinung«) implizit die Reichweite der »Meinung« auf die Gruppe und ihren unmittelbaren Kontext eingeschränkt wird, ist dies beim von Ralf Bohnsack geprägten Begriff der »kollektiven Orientierungsmuster« nun nicht mehr der Fall. Die Gruppe wird zu einem Epiphänomen, anhand dessen man Hinweise auf etwas die Gruppe Übergreifendes erhält. Dabei unterscheiden sich in dieser Perspektive ›Orientierungen‹ grundlegend von ›Meinungen‹: ›Meinungen‹ (auch solche ›informeller‹ Art) bewegen sich auf einer leicht abfragbaren, kommunikativ-generalisierten Ebene. Dagegen kommen grundlegende kollektive Orientierungen, welche diese ›Meinungen‹ fundieren, selten in expliziter Form daher, sondern entfalten ihre Kraft im Impliziten – etwa als nicht explizit ausformulierte Quintessenz einer von den Gruppenmitgliedern arbeitsteilig vorgetragenen Erzählung. Bei der Interpretation von Gruppendiskussionstranskripten mittels der dokumentarischen Methode (→ siehe Bohnsack/Geimer, S. 469 ff.) geht es dann um das methodisch kontrollierte »Explizit-Machen« solch implizit mitgeführter, kollektiver Orientierungsmuster.

In dieser Variante der Auswertungsstrategien werden Kommunikationen und Interaktionen in der Gruppe also nicht wie in wie in der Prozessvariante 2 als situativ emergierend, sondern als »Prozessstruktur« (Loos/Schäffer 2001) konzipiert, die sich in einer Diskussion in immer wieder neuen Anläufen regelgeleitet reproduziert und deren Entschlüsselung eine der Aufgaben bei der Interpretation einer Gruppendiskussion ist. Solche Regelmäßigkeiten der »Diskursorganisation« zeigen sich in der milieu-, geschlechts- oder auch generationstypischen Art und Weise, sich aufeinander zu beziehen (vgl. Przyborski 2004). Homolog zu dieser interaktions- und kommunikationsbezogenen Prozessstruktur entfalten sich selbstläufig angesprochene Themen in einer Diskussion ebenfalls nicht zufällig, sondern verweisen in ihrer Abfolge, der Detailliertheit ihrer Behandlung sowie bei den gewählten Inhalten auf die kollektiven Orientierungsmuster der Gruppen.

In den Studien des Contemporary Center of Cultural Studies in Birmingham wurden Groupdiscussions in ähnlicher Weise konzipiert und im Hinblick auf die Reproduktion von Klassen- und Geschlechterzugehörigkeiten im Jugendalter interpretiert (Clarke u.a. 1979; Hebdigde 1983; Willis 1991; vgl. hierzu Schäffer 1995). Andere Arbeiten konzentrierten sich auf die Aspekte Gender und Macht bei der Nutzung des Fernsehens im Familienkontext (Morley 1986; siehe auch Brown 1994; Gillespie 1995; Livingstone/Lunt 1996). In jüngerer Zeit wird zudem versucht, Focus Group Discussions sozialtheoretisch im Habituskonzept von Pierre Bourdieu zu verorten: »Focus groups can be used as a means to access habitus« (Callaghan 2005, 1.1).

Zu den Grenzen des Verfahrens

Beim Einsatz des Gruppendiskussionsverfahren müssen natürlich auch die *Grenzen des Verfahrens* beachtet werden: So eignet sich das Verfahren nicht zur Erfassung und Analyse individueller Biographien, da es aufgrund der Gruppensituation nur in den seltensten Fällen zu umfassenden biographischen Erzählungen der einzelnen Gruppenmitglieder kommt. Zumeist werden biographisch gefärbte Narrationen in einer Gruppendiskussion höchstens als Exemplifizierung eines zuvor in der Gruppe erörterten Sachverhalts eingesetzt. Ebenso wenig ist das Gruppendiskussionsverfahren dazu geeignet, *subjektive Intentionen* (was will oder was wollte X eigentlich erreichen?) zu erfassen oder diese gar auf hermeneutischem Wege aus den Äußerungen einzelner Teilnehmer herauszuarbeiten. Auch können mit dem Verfahren keine *Handlungspraxen* erhoben werden (außer der Praxis der Gruppendiskussion selbst), da das Reden *über* eine Handlungspraxis nicht umstandslos gleichgesetzt werden kann mit dieser Handlungspraxis. Denn einem Gespräch über die Handlungspraxis fehlt genau das Typische dieser Praxis, nämlich in diese Praxis involviert zu sein und nicht einfach aus ihr aussteigen zu können.

Aus den genannten Gründen sollte das Gruppendiskussionsverfahren *dann* durch andere Erhebungs- und Auswertungsverfahren ergänzt werden, wenn die Forschenden an Daten interessiert sind, die über diese Begrenzungen hinaus weisen: etwa wenn lebensgeschichtliche Hintergründe kollektiver Orientierungen oder Handlungspraxen erhoben werden sollen. Dies hat einerseits den Vorteil, möglichst viele Aspekte des Forschungsgegenstandes zu beleuchten. Andererseits werden die Grenzen des Verfahrens in einem konkreten Forschungsprojekt erst anhand der empirischen Evidenz anderer Verfahren deutlich. Die hypothetisch-theoretische Beschäftigung mit *prinzipiellen Grenzen* entlastet also nicht von der Aufgabe, die *spezifischen Grenzen* vor dem Hintergrund des je eigenen Forschungsinteresses empirisch zu überprüfen. Die Entscheidung für ein bestimmtes Erhebungsverfahren und damit auch für den Einsatz des Gruppendiskussionsverfahrens lässt sich also prinzipiell nicht am »Forschungsgegenstand selbst« festmachen, sondern hängt von der grundlagen- und handlungstheoretischen Ausrichtung der Forschenden ab. Die Ausführungen in dem vorliegenden Beitrag beziehen sich vorrangig auf eine Konzeptualisierung des Gruppendiskussionsverfahrens im Rahmen der dokumentarischen Methode.

Auswahl und Zusammenstellung der Gruppen

Die beiden Arbeitsschritte der Auswahl und der Zusammenstellung der konkreten Diskussionsgruppen sind mitentscheidend für den Erfolg oder Misserfolg eines mit dem Gruppendiskussionsverfahren arbeitenden Forschungsprojekts. Die *Auswahl* der Gruppen richtet sich zu Beginn der Erhebung nach dem zumeist theoretisch formulierten Forschungsinteresse sowie – und das wird oft übersehen – der methodologisch-erkenntnistheoretischen Ausrichtung des Projekts. Dies sollte nicht als ein Lippenbekenntnis verstanden werden, weil Fehler in der Auswahl und Zusammenstellung der Gruppen bestimmte Formen der Auswertung erschweren oder gar unmöglich machen. So sind z. B. zwei der zentralen Prinzipien der dokumentarischen Methode, die »komparative Analyse« (Nohl 2007) und die Typenbildung (Bohnsack 2007), darauf abgestellt, von Beginn an mit der Strategie des maximalen und minimalen Vergleichs zu arbeiten. Hierauf muss bei der Sampleplanung geachtet werden. Sollen also z. B. unterschiedliche Altersgruppen im Hinblick auf ihre »generationsspezifischen Medienpraxiskulturen« (Schäffer 2003) untersucht werden, müssen im Untersuchungsdesign von vornherein Gruppendiskussionen mit Gruppen verschiedenen Durchschnittsalters eingeplant werden. Dadurch wird die Möglichkeit eröffnet, im Verlauf des Forschungsprozesses empirisch valide Vergleichshorizonte zu bilden, im genannten Beispiel entlang des Durchschnittsalters der Gruppen. Weil sich jedoch in der hier favorisierten Vorgehensweise gleich nach den ersten erhobenen Diskussionen Phasen der Auswertung anschließen, deren Ergebnisse die weitere Vergleichsgruppenauswahl mitbestimmen, muss oft die zunächst nach theoretischen

Maßgaben geplante Samplebildung modifiziert werden. So weit zur *Auswahl* der Gruppen.

Ein zentraler Streitpunkt in der Geschichte des Gruppendiskussionsverfahrens betrifft die *Zusammenstellung* der nach den oben bezeichneten Auswahlkriterien ausgesuchten Gruppen: Soll die Diskussionen mit »Realgruppen« geführt werden oder mit nur zu diesem Anlass zusammengestellten Gruppen – etwa mit Teilnehmern, die nach soziodemographischen Gesichtspunkten ausgesucht wurden?

Nahe liegend ist hier zunächst die Vermutung, dass in Realgruppen, also in Gruppen, die auch jenseits der Gruppendiskussion über eine gemeinsame Praxis verfügen (z. B. in einer jugendlichen Peergroup oder einem Fußballverein etc.) eine ergiebigere Diskussion entsteht, als in künstlich zusammengesetzten Gruppen. Die Gruppenmitglieder kennen sich bis zu einem gewissen Grad, verfügen also über einen gewissen Fond gemeinsamer Erfahrungen und müssen sich nicht erst mühsam durch die Anfangsgründe eines Gesprächs kämpfen. Aus dieser Perspektive wäre es bei der bereits angeführten Untersuchung über generationsspezifische Medienpraxiskulturen sicherlich weniger sinnvoll, die Teilnehmer einer Diskussion von Vertretern der »jungen Generation« zwar aus Angehörigen der Generationslagerung der um 1988 Geborenen zu rekrutieren, diese aber nach soziostrukturellen Kriterien und solchen des Geschlechts möglichst heterogen zusammenzustellen – also etwa Gymnasiasten und Gymnasiastinnen mit Auszubildenden und Realschülern und -schülerinnen zu mischen. Da die orientierungsbildenden Erfahrungen von Angehörigen des gymnasialen Bildungsmilieus und die von Realschülern und -schülerinnen oder von Auszubildenden im ersten oder zweiten Lehrjahr sehr unterschiedlich sind, käme eine solchermaßen zusammengestellte Gruppe nicht an den Punkt, *gemeinsame* Erfahrungen artikulieren zu können, da sie schlichtweg nicht über solche verfügen. Natürlich sind Annahmen über den Ausgang einer solchen Diskussion rein hypothetisch und es ist letztendlich eine nur empirisch zu beantwortende Frage, aber plausible Annahmen lassen sich hier machen. In unseren Jugendstudien (vgl. Bohnsack u. a. 1995; Schäffer 1996) haben wir z. B. des Öfteren die Erfahrung gemacht, dass in Gruppen von Jugendlichen, die in wohl meinender Absicht von Mitarbeitern eines Jugendzentrums für uns zusammengestellt wurden und die hinsichtlich des Bildungs- und Sozialmilieus sehr gemischt waren, keine selbstläufigen Diskussionen zustande kamen. Bei Realgruppen, also solchen Gruppen, die auch jenseits der Erhebungssituation bestehen, kann man hingegen davon ausgehen, dass diese über eine gemeinsame Erfahrungsbasis verfügen, denn diese ist ja eine der, wenn nicht sogar *die* Gemeinsamkeit, welche die Gruppe zusammenhält oder auf deren Grundlage sie sich konstituiert hat.

Das Argument, dass Gruppen mit einer gemeinsamen und kollektiv geteilten Erfahrungsbasis geeigneter für das Gruppendiskussionsverfahren sind, impliziert nicht, dass sich seine Anwendung in der Analyse von Einzelfällen erschöpfen müsste.[3] Im Gegenteil: Die Bevorzugung von Realgruppen führt über den Weg der Typenbildung und der komparativen Analyse zur Abstraktion von den Einzelfällen (den einzelnen Gruppen) und legt das Generalisierungspotenzial der im Zuge der Interpretation gewonnenen Erkenntnisse frei. Da Realgruppen in den meisten Fällen hinsichtlich bestimmter Dimensionen ihrer sozialen Lagerung relativ homogen sind, lassen sie sich während einer Untersuchung gezielt anhand dieser Dimensionen auswählen (im Sinne des »Theoretical Samplings«). Bekannt ist hier z. B. das Phänomen, dass Jugendliche ihre Freizeit in relativ bildungs- und in bis zu einem bestimmten Alter auch geschlechtshomogenen Cliquen verbringen.

Bei der Zusammenstellung der Diskussionsgruppe kann man jedoch nicht immer auf bestehende Realgruppen zurückgreifen.[4] Gleichwohl können auch Diskussionen mit Gruppen durchgeführt werden, die nicht oder nur z. T. der »Realgruppenanforderung« Genüge tun. Das sind z. B. Gruppen, deren Angehörige (dem ersten Eindruck zufolge) Gemeinsamkeiten der Sozialisationsgeschichte aufweisen oder andere partielle Gemeinsamkeiten teilen (z. B. sich gemeinsam in Sportvereinen oder Bildungseinrichtungen zu betätigen). Die Mitglieder einer solchen Gruppe sollten jedoch über strukturidentische Erfahrungen verfügen. So kann eine Diskussion mit Angehörigen einer Berufsgruppe, z. B. mit Informatiklehrern, Netzwerkadministratorinnen o. Ä. sehr produktiv in Hinsicht auf eine entsprechende medienbezogene Fragestellung verlaufen, gerade weil die Gruppe nur in dieser Hinsicht über gemeinsame Erfahrungen verfügt.

Sowohl für Gruppendiskussionen mit Realgruppen als auch mit künstlich zusammengesetzten Gruppen sollte als oberstes Kriterium folgende, möglichst im Vorfeld der anvisierten Diskussion hinreichend begründete Annahme/Fragestellung handlungsleitend sein: Besteht in der Gruppe die Chance, dass sich eine *selbstläufige Diskussion* entfalten kann, d. h. eine Diskussion, die sich selber trägt und nicht immer wieder von den Gruppendiskussionsleitern oder -leiterinnen durch Fragen in Gang gehalten werden muss.

Die Durchführung einer Gruppendiskussion

Ist man sich über die Auswahl der Gruppen und deren Zusammensetzung vor dem Hintergrund der je spezifischen grundlagen- und gegenstandstheoretischen und methodologischen Prämissen im Klaren, gilt es, Gruppendiskussionsteilnehmer zu rekrutieren. Hierfür allgemeinverbindliche Ratschläge zu formulieren fällt schwer, weil sich die Rekrutierungsbedingungen je nach dem Untersuchungsfeld und den zu rekrutierenden Teilnehmern stark unterscheiden – etwa hinsichtlich des Bildungsmilieus, des Alters, des Geschlechts, des Berufs etc. (einige Hinweise in Loos/Schäffer 2001, S. 45 ff.). Die für die spätere Transkription ideale *Teilnehmerzahl* liegt, so ein Erfahrungswert, bei einer Gruppendiskussion zwischen drei und zehn Personen. Je größer die Zahl der Teilnehmenden ist, desto schwieriger die nachträgliche Sprecherzuordnung; auch besteht bei zu großen Gruppen die Gefahr, dass Untergruppen ein separates Gespräch beginnen.[5] Aus Gründen der Sprecherzuordnung ist es beim *technischen Equipment* ratsam, ein gutes *Stereoaufnahmegerät* einzusetzen, das mit einer *manuellen Aussteuerung* mit Übersteuerungsbegrenzung ausgestattet ist (z. B. Sony TCD5M). Arbeitet man hier mit zwei separaten Mikrofonen mit weiter Nierencharakteristik, kann die Aufnahme beim späteren Abhören klar in rechts und links unterschieden werden, sodass beim Transkribieren durch das Ausnutzen der Balanceregelung einzelne Sprechende unterschieden werden können. Um eine bessere Sprecherzuordnung zu gewährleisten, kann man die Diskussion natürlich auch mit einer Videokamera aufnehmen, allerdings verstärkt dies den Charakter eines Interviews, den es gerade in der Eingangsphase einer Gruppendiskussion abzubauen gilt. Gleiches gilt für alle Formen der handschriftlichen Protokollierung während der Diskussion, weil hierdurch die Aufmerksamkeit auf die Diskussionsleitung gelenkt wird.

Die Eröffnungsphase

Wenn die Teilnehmer der Diskussion Platz genommen haben, beginnt die *Eröffnungsphase* der Diskussion, die aus Kontrollgründen (aber erst nach Einwilligung der Teilnehmenden!) bereits mitgeschnitten werden sollte. Die Diskussionsleiter stellen sich und das Projekt in aller Kürze vor und sichern den Teilnehmenden unbedingte Diskretion zu, die durch eine weitgehende Anonymisierung gewährleistet werde (Veränderung aller Informationen, die zur Identifizierung von Personen und Kontexten führen könnten). Um einen formellen Charakter der Diskussion zu vermeiden und auch um die Diskussion thematisch nicht zu stark vor zu strukturieren, sollten weitergehende Fragen der Teilnehmenden nach dem Projekt mit dem Verweis auf das Ende der Diskussion beschieden werden. Sonst können sich leicht Frage-Antwort-Schemata nach dem Motto »Laien fragen, Experten

antworten« etablieren, die dann bei der späteren Diskussion nur noch schwer zu durchbrechen sind.

Zur Eröffnungsphase gehört ferner die Erläuterung, wie man sich den Ablauf der Diskussion vorstellt. Hier ist wichtig zu betonen, dass man in die Diskussion nicht eingreifen wolle und – wenn es sich um eine Realgruppe handelt – dass die Angehörigen der Gruppe so miteinander reden sollten, »wie sie sonst auch miteinander reden«. Als »Diskussionsleiter« halte man sich bis auf die Formulierung einer Eingangsfragestellung zunächst weitgehend aus der Setzung von Themen heraus. Die Eingangsfrage werde nur deshalb gestellt, um einen allgemeinen thematischen Rahmen vorzugeben. Erst zum Schluss werde man eventuell offen gebliebene Fragen ansprechen.

Im Anschluss an die einführenden Bemerkungen wird dann die Eingangsfrage gestellt oder eine andere Form von »Grundreiz« initiiert (Zeitungsartikel vorlesen, Filmausschnitt zeigen), d. h., es wird der Gruppe ein unterschiedlich komplexer Diskussionsanlass gegeben. Der w. o. bei der Diskussion der Frage nach der Zusammensetzung der Gruppen thematisierte Zusammenhang zwischen der Homogenität der Erfahrungen der Teilnehmer einer Gruppendiskussion und der Ergiebigkeit dieser Gruppendiskussion hat auch einen Einfluss auf die potenzielle Ergiebigkeit bestimmter Fragestellungen: Man *kann* zwar fast jede beliebige Frage stellen, sinnvoll aber ist es, solche zu formulieren, die relativ nahe an der vermuteten gemeinsamen Erfahrungsbasis der Gruppe liegen. So kann man zwar eine Gruppe von Jugendlichen über ihre Ansichten zum Thema »Medienkompetenz und Schule« diskutieren lassen, eine ergiebigere Diskussion ist aber bei einer Frage zu ihrer gemeinsamen Medienpraxis zu erwarten. Die Fragen sollten also möglichst so gestellt werden, dass sie an der *Erfahrungsbasis* der jeweiligen Gruppe anschließen. Dies ist natürlich gerade bei heterogenen Samples nicht immer einfach. So stand ich z. B. bei meiner Untersuchung zu generationsspezifischen Medienpraxiskulturen vor der Aufgabe, ein Eingangsfragemodell zu entwickeln, das gleichermaßen bei Gruppen 13- bis 20-jähriger Schüler/-innen und Auszubildenden, 30- bis 50-jährigen berufstätigen Erwachsenen und 59- bis 72-jährigen Senioren selbstläufige Diskussionen initiierte (vgl. hierzu Schäffer 2003; Loos/ Schäffer 2001, S. 86 ff.).[6]

In der Phase nach der Formulierung der Eingangsfrage, die nicht abgelesen, sondern frei formuliert werden sollte, bedarf es seitens der Diskussionsleitung einer *großen Zurückhaltung*, da der Erfahrung nach viele Gruppen bestrebt sind, den/die DiskussionsleiterIn durch Nachfragen etc. in die Diskussion miteinzubeziehen. Die anfängliche Aufgabe der Diskussionsleitung besteht dann auch hauptsächlich darin, solche Versuche zu vereiteln, indem wiederholt auf das Abstinenzprinzip hingewiesen, eventuell die Eingangsfrage wiederholt bzw. auch einfach eine Weile geschwiegen bzw. mimisch-gestisch signalisiert wird, dass man an den Beiträgen der Teilnehmenden interessiert ist.

Während der Diskussion

Das oberste Ziel bei der Durchführung einer Gruppendiskussion besteht in der *Herstellung von Selbstläufigkeit*, also der Etablierung einer Diskussion in der Gruppe, die sich selbst trägt und nicht laufende Nachfragen und Ermunterungen seitens der Interviewer erfordert. Die Gruppendiskussion sollte sich also in ihrem Verlauf möglichst weitgehend einer »natürlichen« Gesprächssituation annähern. Natürlich wird dies nie vollständig realisiert. Gerade die Anfangssequenzen gleichen oft eher einem Krisenexperiment, da die Erwartungen der Teilnehmenden an den »Normalablauf« eines Gesprächs nicht erfüllt werden. *Die Erfahrung zeigt jedoch, dass die Verunsicherung zumeist nur von kurzer Dauer ist* und die in den konkreten Gruppen bzw. in den Milieus, aus denen die GruppendiskussionsteilnehmerInnen rekrutiert wurden, etablierten Diskursstrukturen, also die Art und Weise der Aufeinanderbezugnahme (etwa in Bezug auf den Sprecherwechsel vgl. Sacks u.a.

1978) sich durchsetzen. Durch die Aufzeichnung der gesamten Gruppendiskussion lässt sich beim späteren Auswerten recht genau herausarbeiten, wann die Diskurse der Forschenden mit den Erforschten und wann diejenigen der Erforschten untereinander dominieren. Das Verfahren erzeugt also Sequenzen, in denen die Gruppe explizit auf die Interviewenden reagiert und andererseits solche, bei denen die Gruppe sich metaphorisch und dramaturgisch zu steigern beginnt und die Interviewenden tendenziell in den Hintergrund treten. Je mehr der zweite Modus in Kraft ist, desto selbstläufiger ist eine Gruppendiskussion. Vor allem hieraus leitet sich das Abstinenzgebot an die Forschenden ab.

Für das Interviewerverhalten während einer Gruppendiskussion lassen sich zwar keine allgemeinen Regeln aufstellen, da sich Diskursperformanz und -organisation von Gruppen in hohem Maße voneinander unterscheiden und deshalb eine Interviewerintervention in der einen Gruppe zum gewünschten Erfolg führt und in der anderen nicht. Allerdings lassen sich »reflexive Prinzipien« (Bohnsack 2003, S. 207 ff.) der Gesprächsführung formulieren, auf die man bei einer Gruppendiskussion achten sollte.

Mit der Fokussierung auf die Erzeugung von Selbstläufigkeit soll sichergestellt werden, dass sich die Diskussion der gegebenen Gruppe in ihrer Eigenläufigkeit bzw. Eigenstrukturiertheit entfalten kann. Es sollen so die Relevanzsysteme derjenigen zur Sprache kommen, die Gegenstand des Forschungsinteresses sind. Gleichzeitig wird durch diese Maxime verhindert, dass »nur« die theoretisch induzierten Relevanzsysteme der Forschenden, z.B. in Form von mehr oder weniger offenen bzw. geschlossenen »Diskussions«leitfäden, von der Gruppe abgearbeitet werden. Gleichwohl heißt dies nicht, dass man als Diskussionsleitung keine Fragen stellen bzw. Themen initiieren darf. Es kommt aber auf den Zeitpunkt an: Zu Beginn einer Diskussion sollten *alle* Interventionen auf die Herstellung von *Selbstläufigkeit* gerichtet sein. Allenfalls können *immanente Nachfragen* gestellt werden, also solche, die sich auf schon *von der Gruppe eingeführte Themen* beziehen. Diese immanenten Nachfragen sollten in dieser Phase ausschließlich auf die *Generierung von Erzählungen und Beschreibungen* gerichtet sein und die Provokation argumentativer Stellungnahmen vermeiden. Von der Diskussionsleitung werden also, wenn überhaupt, *Themen vorgeschlagen und nicht Propositionen* (inhaltliche Stellungnahmen) *vorgegeben.*

Bei allen Interventionen ist darüber hinaus die *gesamte Gruppe Adressatin der Forscherintervention*. Die Diskussionsleitung richtet ihre Fragen also nicht an einzelne Personen, sondern an das Kollektiv. Hierdurch wird vor allem vermieden, dass einzelne Teilnehmer sich in eine Individualkommunikation mit den Forschenden verstricken. Nachfragen und Themeninitiierungen sollten in fast allen Phasen der Diskussion (Ausnahme: die direktive Phase, S. u.) *demonstrativ vage* gehalten werden, was durch *unpräzise Fragestellungen* bzw. mit *Fragereihungen* erreicht wird. Entgegen den, ebenfalls vom Paradigma der Standardisierbarkeit von Fragestellungen ausgehenden Annahmen, dass Fragen möglichst klar und eindeutig zu formulieren sind, um Vergleichbarkeit herzustellen, soll mit dieser Vorgehensweise Fremdheit und Unkenntnis gegenüber der milieuspezifischen Wirklichkeit der Gruppe demonstriert werden, zu der man mit der Gruppendiskussion ja erst einen Zugang erreichen möchte. Die *demonstrative Vagheit* bei der Frageformulierung ermöglicht zudem, dass die Teilnehmenden ihre Beiträge so formulieren können, dass sie ihrem Orientierungsrahmen entsprechen. Sie können sich gewissermaßen den thematischen und orientierungsbezogenen Aspekt an einer unscharf formulierten Frage heraussuchen, der zu ihren Relevanzsetzungen passt.

Schließlich wird, entgegen der Auffassung, dass in einer Gruppe gezielt sog. »Schweiger« anzusprechen und zum Mitdiskutieren zu animieren seien (etwa Lamnek 1998, S. 150 f.), auf *Eingriffe in die Verteilung der Redebeiträge* seitens der Diskussionsleitung vollständig verzichtet: »Die hier geforderte Zurückhaltung der Diskussionsleitung hat den Sinn, den Diskus-sionsteilnehmern Gelegenheit zu geben, zum einen Themen abzuschließen und zum anderen die Verteilung, die Allokation der Redebeiträge selbst zu organisieren« (Bohnsack 2014, S. 209).

Wenn man als Diskussionsleiter während der Diskussion den Eindruck gewonnen hat, dass die Gruppe ihren Rahmen schon in ausreichendem Maße hat zur Entfaltung bringen können – vor allem durch besonders dichte, dramaturgisch sich steigernde Passagen, die von längeren Pausen abgelöst werden –, wenn sich also das *immanente Potenzial* der Gruppe erschöpft hat, kann man zur *Phase der exmanenten Nachfragen* übergehen. Es werden jetzt von der Diskussionsleitung Bereiche und Themen angeschnitten, die von der Gruppe noch nicht diskursiv bearbeitet wurden, die jedoch für das jeweilige Erkenntnisinteresse der Forschenden relevant sind. Zur Vorbereitung dieser exmanenten Phase sollte eine Liste angefertigt werden, auf der die Themen benannt sind, die aus Gründen des theoretischen Interesses oder aus Gründen der Vergleichbarkeit mit anderen Gruppen unbedingt von der Gruppe bearbeitet werden sollten. Keinesfalls sollte jedoch bei der Frageformulierung von der Liste abgelesen werden, da ansonsten das Prinzip der Vagheit der Formulierung von Fragestellungen (s. o.) durch die präzisen Formulierungen mit Sicherheit außer Kraft gesetzt wird. Oft bearbeiten Gruppen schon die Themen, an denen die Forschenden interessiert sind, von sich aus, sodass die Phase exmanenter Nachfragen keinen großen Raum einzunehmen braucht. Dies trifft natürlich insbesondere dann zu, wenn Forschungsinteresse und fokussierte Bereiche des Interesses der Gruppen zusammenfallen. So unterhalten sich z. B. jugendliche Musikgruppen mit ziemlicher Sicherheit irgendwann über musikalische Stile (Schäffer 1996) oder computerinteressierte Jugendgruppen irgendwann über die Dominanz von Microsoft (Schäffer 2003).

Sind alle Thematiken abgearbeitet, welche die Gruppe *und* die Forschenden interessieren, kann man zur letzten, der *direktiven Phase* übergehen. Es werden jetzt direkt Widersprüche und Inkonsistenzen der offenen Fragen angesprochen, die der Diskussionsleitung während der Diskussion aufgefallen sind. Diese Interventionen können zu diesem Zeitpunkt der Diskussion durchaus auch propositionale Züge annehmen und sehr pointiert, eventuell sogar konfrontativ formuliert werden. Mit dieser Vorgehensweise werden selbstverständlich nicht Erzählungen und Beschreibungen generiert, sondern eher argumentative Schemata der Sachverhaltsdarstellung zur Entfaltung gelangen. Dies ist in dieser letzten Phase der Diskussion auch erwünscht.

Abschließen kann man die Diskussionen mit der Frage, ob noch etwas offen geblieben sei, ob also noch Themen angesprochen werden sollten, die für die Gruppe wichtig sind, aber bisher noch nicht Gegenstand der Gruppendiskussion waren.

Nach der Diskussion

Nach der Diskussion sollte handschriftlich ein Kurzprotokoll verfasst werden, auf dem das Datum, der Codename der Gruppe, die Mikrofonpositionen und vor allem die Positionen der Teilnehmenden in Relation zu den Mikrofonen eingezeichnet werden. Zusätzlich werden noch Informationen aufgenommen, die zur späteren Identifikation der Sprechenden nützlich sind, etwa charakteristische Sprechweisen (nuschelnd, extrem leise, sehr laut etc.), Stimmhöhen, aber auch prägnante Diskussionsbeiträge aus der Anfangsphase der Diskussion, die ein Wiedererkennen der Teilnehmer beim Abhören erleichtern. Zusätzlich wird, um die soziodemographischen Daten der Teilnehmenden zu erfassen, nach Diskussionsende ein Kurzfragebogen verteilt, dessen Informationen später zu dem Protokoll hinzugefügt werden können.

Interpretation von Gruppendiskussionen

Die Interpretation von Gruppendiskussionstranskripten im Kontext der dokumentarischen Methode orientiert sich an den Arbeitsschritten, wie sie im Artikel zur dokumentarischen

Methode in diesem Band angeführt sind: formulierende und reflektierende Interpretation, Fallbeschreibung, komparative Analyse und Typenbildung. Insofern wird im Folgenden nur auf einige Besonderheiten im Zusammenhang mit dem Gruppendiskussionsverfahren bei der formulierenden und reflektierenden Interpretation eingegangen.

Die formulierende Interpretation einer Gruppendiskussion ist in sich in zwei Arbeitsschritte gegliedert: zunächst werden die Aufnahmen abgehört und ein thematischer Verlauf erstellt, in dem angesprochene Themen durch Überschriften zusammengefasst und evtl. deren Inhalt stichwortartig wiedergegeben werden. Passagen, in denen die Themen von den DiskussionsleiterInnen (und deren Relevanzen) (fremd-) initiiert wurden, werden ebenso markiert wie diejenigen, die eine hohe interaktive und metaphorische Dichte aufweisen (»Focussierungsmetaphern«). Für die endgültige Auswertung werden die Eingangspassagen, die potenziellen Focussierungsmetaphoriken und natürlich jene, die für die Fragestellung der Untersuchung thematisch relevant sind, ausgesucht. Die Passagen werden transkribiert und einer thematischen Feingliederung sowie einer detaillierten formulierenden Interpretation unterzogen, d.h. die thematische Struktur des Diskurses durch die Formulierung von Überschriften und durch die zusammenfassende Formulierung des wörtlichen Gehalts identifiziert.

Bei der reflektierenden Interpretation sind mindestens fünf Aspekte zu beachten: Zunächst gilt es (1) das, was wörtlich gesagt wird, von dem zu trennen, was sich in dem Gesagten über die Gruppe dokumentiert – über deren Orientierungen oder deren Habitus. Dies ist die Frage danach, wie ein Thema, d.h. in welchem Rahmen es behandelt wird. Hierbei kommt der komparativen Analyse von Anfang an eine zentrale Bedeutung zu, weil sich der Orientierungsrahmen erst vor dem Vergleichshorizont anderer Gruppen (wie wird dasselbe Thema bzw. Problem in anderen Gruppen bearbeitet?) in konturierter und empirisch überprüfbarer Weise herauskristallisiert.

Die zentralen bzw. übergreifenden Orientierungsrahmen einer Gruppe kommen in denjenigen Passagen der Diskussion zum Ausdruck, die sich durch eine besondere interaktive und metaphorische Dichte auszeichnen, in denen also der Diskurs von der Dramaturgie her seine Steigerungen oder Höhepunkte erreicht. Solche Passagen werden (2) als Focussierungsmetaphern bezeichnet (Bohnsack 2014, 137 f.; Schäffer 2012b). Sie bilden den Aufmerksamkeitsfocus der Gruppe und deshalb auch den Dreh- und Angelpunkt der dokumentarischen Interpretation einer Gruppendiskussion, da an den Focussierungsmetaphern als den Zentren des Erlebens und der Aufmerksamkeit der jeweiligen Gruppe deren Orientierungs-Rahmen unmittelbar und empirisch valide erfassbar ist. »Metaphorisch« sind diese Passagen deshalb, weil sie aktuelle Handlungs- und Orientierungsprobleme nicht explizit (wörtlich), sondern in der erzählerischen oder beschreibenden Darstellung von Szenerien, also bildhaft zum Ausdruck bringen.

Die reflektierende Interpretation ermöglicht zudem (3) auch die methodische Kontrolle der beiden ineinander verschränkten Diskurse, durch die eine Gruppendiskussion charakterisiert ist. Denn erst über einen Vergleich der Diskurse zwischen Forschenden-Erforschten einerseits und den Erforschten untereinander andererseits lassen sich empirisch valide Aussagen darüber treffen, ob und welche Zusammenhänge zwischen beiden bestehen. Die zumeist plausiblen, aber nicht empirisch belegten Annahmen über den ›Einfluss‹ der Forschenden auf die Gruppendiskussion (und davon abgeleitete ›Rezepte‹, wie man mit eine Gruppe umzugehen habe) werden hierdurch einer empirischen Kontrolle zugänglich gemacht.

Wie bei allen avancierten Methoden rekonstruktiver Sozialforschung wird schließlich (4) bei der reflektierenden Interpretation auch die Formalstruktur der Texte unabhängig von ihrer thematischen Struktur analysiert. Bei einer Gruppendiskussion ist dies die Rekonstruktion der Diskursorganisation, d. h. der Art und Weise, wie die Beteiligten aufeinander Bezug nehmen. Zur Beschreibung der Diskursorganisation hat

sich ein an die Konversationsanalyse angelehntes System von Begrifflichkeiten bewährt, welches in der empirischen Analyse selbst gewonnen und fortschreitend präzisiert wurde und wird (vgl. hierzu Loos/Schäffer 2001; Przyborski 2004). So versteht man unter einer Proposition die in den Redebeiträgen implizit, d. h. beispielsweise in Form einer Erzählung, Beschreibung oder auch schlagwortartig zum Ausdruck gebrachten Orientierungsgehalte. Mit einer Konklusion wird die Behandlung eines Themas beendet; meist, indem es ergebnissichernd noch einmal zusammengefasst wird, wenn es sich nicht um eine »rituelle«, d. h. eine ›unechte‹ Konklusion handelt, bei der ein Thema z. B. mit einem Witz aus dem Diskurs der Gruppe gedrängt wird. Zwischen der Proposition und der Konklusion findet die Bearbeitung eines Themas in Form von Exemplifizierungen, Elaborationen, Differenzierungen und Validierungen der Propositionen statt. In der Tat lässt sich die gesamte Gruppendiskussion formal als eine einzige (kollektive) Proposition auffassen, in der die Gruppe anhand thematisch verschiedener Propositions-Konklusions-Sequenzen ihre kollektiven Orientierungen entfaltet.

Bei der Diskursorganisation lassen sich typische Formen (5) unterscheiden: So verfügt die Gruppe bei oppositionellen Diskursmodi über keinen gemeinsamen Orientierungsrahmen, es herrscht eine Inkongruenz von Orientierungen vor. Bei konkurrierenden bzw. antithetischen Diskursmodi ›wetteifern‹ die Teilnehmenden in dem Bemühen, einen gemeinsam geteilten Orientierungsrahmen am besten auszudrücken und ggf. eine von allen akzeptierte Konklusion formulieren zu können. Schließlich sind bei parallelisierenden Diskursmodi explizite Bezugnahmen der Redebeiträge aufeinander für einen Beobachter kaum erkennbar, vielmehr werden Erzählungen und Beschreibungen scheinbar unvermittelt aneinandergereiht.

Weiterentwicklungen

Weiterentwicklungen sind vor allem in Bezug auf Formen der Erhebung und Durchführung des Verfahrens sowohl in Deutschland als auch international zu verzeichnen. Mit Bezug auf Medieneinsatz sei hier exemplarisch die »Gruppenwerkstatt« genannt (Bremer 2004), die das Gruppendiskussionsverfahren mit Collagetechniken kombiniert. In einem anderen Projekt (Dörner/Schäffer 2015) werden Gruppen Fotos von Lehr-Lernsituationen unterschiedlicher Altersgruppen vorgelegt, mit der Bitte an die Teilnehmer, darüber zu diskutieren, was auf den Fotos zu sehen ist und wie sie die Fotos einordnen. Die dokumentarische Interpretation dieser ›Bildgespräche‹ gibt Hinweise auf Zusammenhänge zwischen Altersbildern und habitualisierten Orientierungen im Hinblick auf lebenslanges Lernen. Grundlagentheoretisch wurde hier an eine Arbeit von Burkard Michel (2005) angeschlossen, der herausgearbeitet hat, dass sich »Sinnbildungsprozesse« beim Betrachten von Bildern in einer Gruppe keinesfalls zufällig, sondern entlang milieu- und geschlechtsspezifischer Rahmungen kollektiv vollziehen (vgl. Schäffer 2010).

In der internationalen Literatur nehmen neuere Entwicklungen beim Einsatz des Verfahrens als »Virtual Focus Groups« breiten Raum ein (Barbour 2007, S. 160 f.; Gaiser 2008; Krueger/Casey 2009, S. 173 ff; Liamputtong 2011, S. 149 ff.). Hierunter sind sowohl Erhebungsmöglichkeiten über das Internet, bspw. mit synchronen und diachronen Chatsystemen, als auch Telefon- oder Videokonferenzen zu verstehen.

Anhang: Transkriptionsrichtlinien

Bei der Transkription von Gruppendiskussionen im Rahmen der dokumentarischen Methode haben sich folgende Transkriptionsrichtlinien als ausreichend detailliert erwiesen:

L	Beginn einer Überlappung, d.h. gleichzeitiges Sprechen von zwei Diskussionsteilnehmern; ebenso wird hierdurch ein direkter Anschluss beim Sprechwechsel markiert
ja–ja	schneller Anschluss; Zusammenziehung
(3)	Pause; Dauer in Sekunden
(.)	kurzes Absetzen; kurze Pause
jaaa	Dehnung, je mehr Vokale aneinander gereiht sind, desto länger ist die Dehnung
<u>nein</u>	Betonung
nein	Lautstärke

Satzzeichen indizieren nur Intonationsveränderungen:

.;	stark bzw. schwach sinkende Intonation
?,	stark bzw. schwach steigende Intonation
vie–	Abbruch
(kein)	Unsicherheit bei Transkription, z. B. aufgrund schwer verständlicher Äußerungen
( )	Äußerung ist unverständlich; die Länge der Klammer entspricht etwa der Dauer der unverständlichen Äußerung
[räuspert sich]	Kommentare bzw. Anmerkungen zu parasprachlichen, nicht verbalen oder gesprächsexternen Ereignissen
…	Auslassungen im Transkript
@ Text@	Text wird lachend gesprochen
@(.)@	kurzes Auflachen
@(3)@	drei Sekunden Lachen
°Text°	leises Sprechen innerhalb der Markierungen

Die Sprechenden werden fortlaufend mit Großbuchstaben markiert und ihr Geschlecht mit einem »f« für weiblich und »m« für männlich gekennzeichnet (Am, Bf, Cm). Die Diskussionsleitung erhält immer ein Y (Y1, Y2).

Anmerkungen

1 So etwa bei der Erforschung von Zuschauerreaktionen auf Propagandafilme während des Zweiten Weltkrieges (Merton/Kendall 1946; Hoveland 1949; Lazarsfeld u. a. 1948) oder im Kontext der Cultural Studies, wo Morley Anfang der 80er Jahre (vgl. Morley 1986) offene Diskussionen mit homogen zusammengesetzten Gruppen über das Fernsehprogramm »Nationwide« durchführte (vgl. auch Livingstone 1996). In Deutschland ist hier vor allem Maletzkes Arbeit zu nennen (ders. 1959). In jüngster Zeit die Arbeiten von Michel (2005), Schäffer (2003 + 2005) und Welling (2004).

2 Zum Unterschied von Aneignung und Rezeption vgl. Mikos 2003

3 Eine derartige Eingrenzung des Erkenntnispotenzials des Gruppendiskussionsverfahrens liegt nahe, wenn man einen ausschließlich prozess- und situationsorientierten Ansatz bevorzugt, wie er im Umfeld des symbolischen Interaktionismus eingeführt wurde (vgl. oben).

4 Nur in Jugendstudien ist dies fast immer möglich, da sich die Jugendphase durch eine besondere Affinität zur Gleichaltrigengruppe auszeichnet. Die bisherige Realgruppenorientierung der »Berliner Schule« um Ralf Bohnsack hat sicherlich auch damit zu tun, dass hier zu einem beträchtlichen Teil Jugendforschung betrieben wurde.

5 Oft ist dies auch ein Zeichen dafür, dass man für eine Diskussion keine »Gruppe« mit gemeinsam geteilten Erfahrungen und Orientierungen rekrutiert hat, sondern mehrere Gruppen, die nun beginnen, ihre spezifischen Diskurspraktiken in den Untergruppen zu entfalten.

6 Hier erwies sich eine Frage nach Erfahrungen mit Altersunterschieden bei der Mediennutzung bei allen Altersgruppen als sehr fruchtbar, weil alle Gruppen über entsprechende (komplementäre) Erfahrungen aus ihrer jeweiligen Generationslagerung heraus verfügten.

Literatur

Atteslander, Peter (1991): Methoden der empirischen Sozialforschung. Berlin/New York.

Barbour, Rosaline (2007): Doing focus groups. London.

Bergmann, Jörg R. (1994): Ethnomethodologische Konversationsanalyse. In: Fritz, Gerd/Hundsnurscher, Franz (Hrsg.): Handbuch der Dialoganalyse. Tübingen.

Blank, R. (2010): Gruppendiskussionsverfahren. In: Naderer, Gabriele/ Balzer, Eva (Hrsg.): Qualitative Marktforschung in Theorie und Praxis. Wiesbaden.

Bohnsack, Ralf (1989): Generation, Milieu und Geschlecht. Opladen.

Bohnsack, Ralf (2007): Typenbildung, Generalisierung und komparative Analyse: Grundprinzipien der dokumentarischen Methode. In: Bohnsack, Ralf/Nentwig-Gesemann, Iris/Nohl, Arnd-Michael (Hrsg.): Die dokumentarische Methode und ihre Forschungspraxis. Grundlagen qualitativer Sozialforschung. Opladen, S. 225–252.

Bohnsack, Ralf (2014): Rekonstruktive Sozialforschung. Einführung in qualitative Methoden, 9. Auflage. Opladen.

Bohnsack, Ralf/Loos, Peter/Schäffer, Burkhard/Städtler, Klaus/Wild, Bodo (1995): Die Suche nach Gemeinsamkeit und die Gewalt der Gruppe. Hooligans, Musikgruppen und andere Jugendcliquen im Vergleich. Opladen.

Bohnsack, R./ Przyborski, A./ Schäffer, B. (Hrsg.) (2010): Das Gruppendiskussionsverfahren in der Forschungspraxis. Opladen: Verlag Barbara Budrich (2te durchgesehene Auflage der Erstausgabe von 2006).

Bremer, H. (2004): von der Gruppendiskussion zur Gruppenwerkstatt. Ein Beitrag zur Methodenentwicklung in der typenbildenden Mentalitäts-, Habitus- und Milieuanalyse. Münster.

Brown, M. E. (1994): Soap Opera and womens's talk. The pleasure of resistance. London, Thousand Oaks, New Dehli

Callaghan, Gill (2005). Accessing habitus. Sociological Research Online, 10(3), http://www.socresonline.org.uk/10/3/callaghan.html.

Dittmar, N. (2009) Transkription: Ein Leitfaden mit Aufgaben für Studenten, Forscher und Laien, 3. Auflage. Wiesbaden.

Dörner, Olaf/ Schäffer, Burkhard (2014): Babyboomer auf der Plateauphase – ihre Altersbilder und Weiterbildungsorientierungen. In: Dörner, Olaf/Schäffer, Burkhard (2014): Sozialisation im Babyboom. Schwerpunktausgabe der Zeitschrift für Soziologie der Erziehung und Sozialisation. ZSE, 34, Jg. 2014, H. 2., S.133–148

Field, J. (2000) Researching Lifelong Learning Through Focus Groups. Journal of Further and Higher Education, 24, 324–335.

Gaiser, Ted J. (2008): Online Focus Groups. In: Fielding, Nigel/ Lee, Raymond M./ Blank, Grant (Hrsg.): The SAGE Handbook of Online Research Methods. London, S. 290–306.

Gillespie, M. (1995): Television, Ethnicity and Cultural Change. London, New York

Günthner, Susanne/Knoblauch, Hubert (1994): »Forms are the Food of Faith«. Gattungen als Muster kommunikativen Handelns. In: Kölner Zeitschrift für Soziologie und Sozialpsychologie, Jg. 46, H. 4, S. 693–723.

Hovland, Carl I. u. a. (1949): Experiments on Mass Communication. Princeton.

Keppler, Angela (1994): Tischgespräche: Über Formen kommunikativer Vergemeinschaftung am Beispiel der Konversation in Familien. Frankfurt a. M.

Koschel, T./ Kühn, K.-V. (2011): Gruppendiskussionen: Ein Praxis-Handbuch. Wiesbaden.

Kromrey, Helmut (1986): Gruppendiskussionen. Erfahrungen im Umgang mit einer weniger häufigen Methode empirischer Sozialwissenschaft. In: Hoffmeyer-Zlotnik, Jürgen H. P. (Hrsg.): Qualitative Methoden der Datenerhebung in der Arbeitsmigrantenforschung. Mannheim.

Lamnek, Siegfried (1998): Gruppendiskussion. Theorie und Praxis. Weinheim.

Lazarsfeld, Paul F. u. a. (1948): The Peoples Choice. New York.

Liamputtong, Pranee (2011): Focus Group Methodology. Principle and Practice. London.

Livingstone, S. M. /Lunt, P. K. (1996): Rethinking the Focus Group in Media and Communications Research. In: Journal of Communication, 46, 2, 79–98.

Loos, Peter/Schäffer, Burkhard (2004): Das Gruppendiskussionsverfahren. Grundlagen und empirische Anwendung. 2., durchgesehene und aktualisierte Auflage. Wiesbaden.

Luckmann, Thomas (1986): Grundformen der gesellschaftlichen Vermittlung des Wissens: Kommunikative Gattungen. In: Neidhardt, Friedhelm u. a. (Hrsg.): Kultur und Gesellschaft. Opladen.

Maletzke, Gerhard (1959): Fernsehen im Leben der Jugend. Hamburg.

Mangold, Werner (1960): Gegenstand und Methode des Gruppendiskussionsverfahrens. Frankfurt a. M.

Merton, Robert K./ Kendall, Patricia L. (1946): »The focused interview.« In: American Journal of Sociology, 51, S. 541–557.

Merton, Robert K. (1987): The focused interview and focus group: Continuities and discontinuities. In: Public Opinion Quarterly, 51, S. 550–566.

Michel, Burkhard (2005): Bild und Habitus. Sinnbildungsprozesse bei der Rezeption von Fotographien. Wiesbaden.

Mikos, Lothar (2003): Zur Rolle ästhetischer Strukturen in der Filmanalyse. In: Ehrenspeck, Y/Schäffer. B.(Hrsg.): Film- und Photoanalyse in der Erziehungswissenschaft. Ein Handbuch. Opladen, S. 135–149.

Morley, David (1986): Family Television. Cultural Power and Domestic Leisure. London.

Nießen, Manfred (1977): Gruppendiskussion. Interpretative Methodologie. Methodenbegründung. Anwendung. München.

Nohl, Arnd-Michael (2007): Komparative Analyse: Forschungspraxis und Methodologie dokumentarischer Interpretation. In: Bohnsack, Ralf/Nentwig-Gesemann, Iris/Nohl, Arnd-Michael (Hrsg.): Die dokumentarische Methode und ihre Forschungspraxis. Grundlagen qualitativer Sozialforschung, 2. Auflage. Opladen, S. 255–276.

Pollock, Friedrich (Hrsg.) (1955): Gruppenexperiment. Ein Studienbericht. Frankfurter Beiträge zur Soziologie. Band 2. Frankfurt a. M.

Sacks, Harvey u. a. (1978): A Simplest Systematics for the Organisation of Turn Taking for Conservation. In: Schenkein, Jim (Hrsg.): Studies in the Organisation of Conversational Interaction. New York.

Schäffer, Burkhard (1996): Die Band. Stil und ästhetische Praxis im Jugendalter. Opladen.

Schäffer, Burkhard (2003): Generationen – Medien – Bildung. Medienpraxiskulturen im Generationenvergleich. Opladen.

Schäffer, Burkhard (2005): Generationsspezifische Medienpraxiskulturen. Zu einer Typologie des habituellen Handelns mit neuen Medientechnologien in unterschiedlichen Altersgruppen. In: Bachmair, Ben/Diepold, Peter/de Witt, Claudia (Hrsg.): Jahrbuch Medienpädagogik, 5, 2005, Wiesbaden (im Druck).

Schäffer, B. (2010): Abbild – Denkbild – Erfahrungsbild. Methodisch-methodologische Anmerkungen zur Analyse von Alters-, Alterns und Altenbildern. In: Ecarius, Jutta/ Schäffer, Burkhard (Hrsg.): Typenbildung und Theoriegenerierung. Methoden und Methodologien qualitativer Bildungs- und Biographieforschung. Opladen, S. 207–232.

Volmerg, Ute (1977): Kritik und Perspektiven des Gruppendiskussionsverfahrens in der Forschungspraxis. In: Leithäuser, Tomas, u. a. (Hrsg.): Entwurf zu einer Empirie des Alltagsbewußtseins. Frankfurt a. M.

Willis, P. (1990): Common Culture. Symbolic Work at Play in the Everyday Cultures of the Young. Milton Keynes.

Teilnehmende Beobachtung

Lothar Mikos

Es steht eine Vielzahl von Methoden zur Verfügung, mit denen man Erkenntnisse über die soziale Realität erlangen kann. Die Beobachtung sozialer Wirklichkeit bildet einen Grundpfeiler sozialwissenschaftlicher Forschung. Die direkte Beobachtung stellt den Forscher nicht nur vor ethische Probleme, sondern wirft auch Fragen der Validität, der Reliabilität und der methodischen Reflexivität auf. Im Zuge der Ausbreitung qualitativer Forschung hat die Methode der teilnehmenden Beobachtung eine gewisse Prominenz erlangt. Beeinflusst von der angloamerikanischen Forschung ist diese Methode weiterentwickelt worden und bildet in der Kombination mit anderen Methoden einen wesentlichen Stützpfeiler der ethnographischen Forschung. Der wichtigste Aspekt der Arbeit mit der Methode der teilnehmenden Beobachtung ist neben dem Zugang zum Forschungsfeld die Interaktion der Forscher mit ihren Untersuchungsobjekten, den Akteuren in alltäglichen Lebenszusammenhängen, und die Reflexion dieses Interaktionsprozesses.

Beobachtung und teilnehmende Beobachtung

Beobachtung kann als eine Alltagspraxis gesehen werden, die für sozialwissenschaftliche Zwecke methodisch systematisiert wird. Denn: »Teilnehmende Beobachtung ist eine der alltäglichen Verhaltensweisen, die Menschen in vielen Lebenslagen praktizieren« (Merkens 2007, S. 23). Sie wird auch als journalistische Methode eingesetzt, um Sozialreportagen zu verfassen. Der Journalist Moritz von Uslar (2014) hat auf diese Weise die Lebensbedingungen und die sozialen Strukturen in einer Kleinstadt in Brandenburg beschrieben. Die Methode zielt auf die Beobachtung von alltäglichem Handeln sozialer Akteure, in der Medienforschung also auf alltägliches Medienhandeln. Grundsätzlich kann zwischen Beobachtung und teilnehmender Beobachtung unterschieden werden (vgl. Flick 1995, S. 152 f.; Jorgensen 1989; Lamnek 2016, S. 515 ff.). Im Gegensatz zur Feldforschung, in der die Beobachter möglichst nicht in das soziale Geschehen, das sie beobachten, eingreifen, nehmen sie bei der teilnehmenden Beobachtung am Geschehen teil – sie bringen sich »in den Alltagsbetrieb« ein (Honer 2015, S. 72). Das kann als Strategie begriffen werden, an der Alltagspraxis

der Akteure »möglichst längerfristig teilzunehmen und mit ihr vertraut zu werden, um sie in ihren alltäglichen Vollzügen beobachten zu können« (Lüders 2013, S. 384 f.). Der reine Beobachter verfolgt alltägliche Praktiken, ohne sich den Beobachteten zu offenbaren, er ist quasi als Voyeur tätig. Diese Art des Beobachtens kann in bestimmten Situationen angemessen sein, z. B. bei der Untersuchung zwischenmenschlichen Verhaltens in einer Hotellobby. Doch sind mit ihr zwei Probleme verbunden: Erstens erschließt sich über die reine Beobachtung in der Regel nicht der subjektive Sinn, den die Menschen mit ihrem Handeln verbinden – es geht darum, »die Herstellung sozialer Wirklichkeit aus einer Außenperspektive zu analysieren« (Flick 1995, S. 156); zweitens wirft diese Methode ethische Probleme auf, da die Beobachteten nichts vom Tun des Forschers wissen. Letztere können bei der teilnehmenden Beobachtung teilweise gelöst werden, da der Forscher hier in einen Interaktionsprozess mit den zu untersuchenden sozialen Akteuren tritt, denn »kennzeichnend für die teilnehmende Beobachtung ist die persönliche Teilnahme des Sozialforschers bzw. der Sozialforscherin an der Praxis derjenigen, über deren Handeln und Denken er bzw. sie Daten erzeugen möchten« (Lüders 2011, S. 151). Ziel der teilnehmenden Beobachtung ist es, Zugang »zu gänzlich unspektakulären alltäglichen Praktiken« zu bekommen, »da diese in der Regel weder durch Gruppendiskussionen noch in den Interviews detailliert dargestellt werden« (Bohnsack 2010, S. 132). Es geht darum, durch die Rollenübernahme des Forschers in alltäglichen Handlungssituationen den mit den spezifischen Praktiken verbundenen subjektiv gemeinten Sinn zu untersuchen und zu verstehen. Daher kann teilnehmende Beobachtung grundsätzlich als ein hermeneutisches Verfahren bezeichnet werden.

Der Forscher muss jedoch nicht nur ins Untersuchungsfeld eindringen, sondern zugleich eine reflexive Distanz wahren, um sein Handeln im Kontext der Handlungen der anderen Teilnehmer in den jeweiligen Situationen beurteilen zu können. Auch als Teilnehmer bleibt der Forscher letztlich immer Fremder, zumal er auch die Möglichkeit hat, die Situationen im Sinne seines Erkenntnisinteresses zu beeinflussen. Wenn es für die Medienforscherin z. B. darum geht, in einer Sportkneipe die Rezeption von Sportsendungen unter Alkoholeinfluss zu beobachten, kann sie dies beim »natürlichen« Alkoholkonsum der Kneipenbesucher belassen oder aber diese gezielt zu weiterer Einnahme alkoholischer Getränke animieren. Aus dem Bewusstsein dieser Position resultiert nach Auffassung von Lindner auch die »Angst des Forschers vor dem Feld«, denn im Prozess der teilnehmenden Beobachtung geht es für den Forscher um »die Vorspiegelung von Symmetrie in einer vom Forscher als asymmetrisch gedachten und gehandhabten Situation« (Lindner 1981, S. 55), und diese Asymmetrie kann jederzeit von den Erforschten thematisiert werden.

Die Situation wird umso prekärer, je tiefer der Forscher in das Feld eindringt und je mehr er dadurch z. B. an illegalen Tätigkeiten teilnimmt. Letzteres wird in der Medienforschung kaum der Fall sein, es sei denn, der Forscher untersucht die Nutzung und den Einsatz verschiedener Medien bei der Planung und Durchführung von Straftaten. Feldforschung in Form von teilnehmender Beobachtung bedeutet »auch die Übernahme

ethischer Verantwortlichkeit für das, was gesehen und was beobachtet wird« (Kaschuba 2012, S. 207). Dabei bewegt sich der Forscher auf einem schmalen Grat. Er muss sich trotz intensiver Teilnahme an den Interaktions- und Handlungssituationen seiner Rolle und seiner Verantwortung immer bewusst sein. Zugleich muss er lernen, mit seinen Rollenkonflikten umzugehen. Letztlich gilt, dass der Forscher entscheiden muss, wie weit er gehen will bzw. wie weit er ins Feld eindringen will. Zugleich darf er sich nicht auf eine vorher aus theoretischen Überlegungen entstandene Position festlegen, sondern er muss offen für Überraschungen sein. Nur so kann er neues Wissen generieren, dass nicht gänzlich durch seine Ausgangsposition vorherbestimmt war (vgl. Willis 2000, S. 113).

Es lassen sich mehrere Phasen des Forschungsprozesses unterscheiden. Nach Lüders (2012, S. 386 f.) gehören dazu zunächst die Problemdefinition, die Aufnahme des Kontaktes zu den sozialen Akteuren als Forschungsobjekte, der Einstieg in das Feld, die Etablierung der Feldrolle, d. h. die Übernahme einer Rolle im Interaktionsgefüge des Feldes, und deren Aufrechterhaltung, die eigentliche Erhebung und Protokollierung der Daten, schließlich der Ausstieg aus dem Feld sowie die Auswertung der Daten. Diese Phasen machen bereits deutlich, dass teilnehmende Beobachtung als ein Prozess zu verstehen ist, und zwar in doppelter Hinsicht: »Einerseits soll der Forscher mehr und mehr zum Teilnehmer werden und Zugang zu Feld und Personen finden. Andererseits soll auch die Beobachtung einen Prozess zunehmender Konkretisierung und Konzentration auf für die Fragestellung wesentliche Aspekte durchlaufen« (Flick 1995, S. 158). Die Erhebung der Daten im Feld kann noch einmal in drei Phasen des Beobachtens eingeteilt werden (ebd.): (1) Die deskriptive Beobachtung dient dazu, in einer ersten Phase das Feld zu sondieren und seine Komplexität zu erfassen. Diese Phase kann dazu genutzt werden, konkretere Fragestellungen zu entwickeln. (2) In der Phase der fokussierten Beobachtung werden die für die Fragestellung besonders wichtigen Aktionen, Prozesse und Interaktionen in den Blick genommen. Anschließend folgt (3) gegen Ende der Erhebung die Phase der selektiven Beobachtung, die »darauf gerichtet ist, weitere Belege und Beispiele für die im zweiten Schritt gefundenen Typen von Verhaltensweisen oder Abläufen zu finden« (ebd.). Generell ist jedoch zu beachten, dass der Forscher im Feld immer mit einer begrenzten Perspektive agiert, d.h., er handelt und beobachtet selektiv. Der Forscher kann nicht alle Aspekte einer Situation erfassen, während er sich im flüchtigen Prozess der Teilnahme befindet. Seine Wahrnehmungskapazität ist beschränkt. »Dem teilnehmenden Beobachter bleibt also gar keine andere Wahl als die, die sozialen Vorgänge, deren Zeuge er war, zumeist in typisierender, resümierender, rekonstruktiver Form zu notieren« (Bergmann 1985, S. 308). Er kann sich aber verschiedener Hilfsmittel bedienen, um dieser Einengung der Perspektive zu entgehen. So ist es z. B. möglich, mit mehreren Forschern im Feld zu agieren, die sich auf unterschiedliche Aspekte bzw. konkrete Fragestellungen konzentrieren. Außerdem ist es möglich, technische Hilfsmittel wie Foto, Film oder Video einzusetzen.

Mit diesen Medien ist es möglich, den Forschungsprozess zu dokumentieren. Die Situationen und Ereignisse, an denen der Forscher im Feld teilnimmt, lassen sich auf Foto oder Film bzw. Video bannen. Der Einsatz dieser Medien hat Vorteile. Einerseits erlaubt z. B. der Einsatz von Video »die Beobachtung von Aktivitäten in ihrer natürlichen Umgebung und in ihrer ganzen Komplexität über einen längeren Zeitraum hinweg« (Mikos/Kotelmann 1979, S. 142). Andererseits kann so die Flüchtigkeit des Augenblicks zumindest ein Stück weit dingfest gemacht werden. Im Moment der Teilnahme an den Aktivitäten im Feld können dem Forscher aufgrund seiner perspektivischen Wahrnehmung gewisse Aspekte der Situation entgehen. Die Film- oder Videodokumentation lädt dagegen zum mehrmaligen Betrachten der aufgenommenen Situation ein, sodass der Forscher die Möglichkeit hat, sich umfassend mit dem Untersuchungsmaterial auseinanderzusetzen. Dabei ist allerdings zu bedenken, dass die Fotos oder Videofilme

keineswegs »neutral« sind: »Auch sie unterliegen vielmehr den Gesetzen des konstruierenden Blicks und der subjektiven Interpretation, denen das Motiv unterworfen ist« (Kaschuba 2012, S. 209). Aus den theoretischen Überlegungen zum Dokumentarfilm ist schließlich bekannt, dass alle Dokumentationen perspektivisch sind, sie sind kein Abbild der Realität, sondern bilden eine eigene filmische Wirklichkeit. »Als solche ist die filmische Darstellung nicht nach dem Grad ihrer Übereinstimmung mit der dargestellten Wirklichkeit zu beurteilen, sondern nach der Art ihres Verweises auf die Realität« (Schändlinger 1998, S. 298). Dennoch kann mit diesen technischen Hilfsmitteln der Forschungsprozess dokumentiert werden. Denn andere Hilfsmittel wie das Tagebuch oder das Forschungsprotokoll geben ebenfalls nur die Sicht des Forschers wieder, auch sie sind perspektivisch verfasst, wenn auch unter dem Blickwinkel der Fragestellung, die den gesamten Forschungsprozess leitet.

Der Einsatz von Video kann allerdings auch integraler Bestandteil des Forschungsprozesses sein. Immerhin ist es damit möglich, das aufgenommene Material sofort anzuschauen. Das bedeutet auch, dass man es gemeinsam mit den untersuchten Akteuren anschauen kann, um Reaktionen auf das eigene Verhalten zu stimulieren. Mit dem Medium kann so nicht nur ein Prozess der Reflexivität beim Forscher, sondern auch bei den Erforschten angeregt werden. Grundsätzlich ist es jedoch wichtig, mit dem Verhältnis, das die Akteure in den beobachteten Situationen zu den Medien einnehmen, reflexiv umzugehen. Nur auf diese Weise ist es möglich festzustellen, ob die Akteure lediglich für die Kamera performative Akte inszeniert oder natürlich agiert haben. Der Forschungsprozess erfordert eine Gewöhnung der Akteure an die Anwesenheit von Forscher und Kamera, die beide zu quasi natürlichen Teilnehmern in den Handlungssituationen werden müssen. Auch wenn Forscher und Kamera die Situation beeinflussen, sollte sich die Situation für die Akteure so gestalten, als ob weder Forscher noch Kamera anwesend wären.

Grundsätzlich gilt für die Methode der teilnehmenden Beobachtung, »dass nicht alle Phänomene in Situationen beobachtbar sind« (Flick 1995, S. 164). Wenn sich der Forscher im Feld bewegt, wird er nicht nur stumm in einer Ecke oder wie ein Jäger auf einem Hochsitz ausharren. Er wird bestrebt sein, sich zusätzliche Informationen zu beschaffen, z. B. indem er mit den Akteuren spricht. Gespräche in den alltäglichen Situationen sind notwendig, um beispielsweise Motive der Handelnden offen zu legen und zu verstehen. Diese gewissermaßen natürliche Erkenntnisgrenze der Beobachtung führt dazu, dass ergänzend zur teilnehmenden Beobachtung weitere methodische Instrumentarien verwendet werden. Hier sind vor allem das Interview (→ vgl. Keuneke, S. 302 ff.), aber auch Gruppendiskussionen (→ vgl. Schäffer, S. 347 ff.), Zeichnungen (→ vgl. Neuß, S. 380 ff.) und Rollenspiele (→ vgl. Tilemann, S. 389 ff.) zu nennen. Sie dienen vor allem dazu, Selbstinterpretationen der Akteure zu liefern, um ein tieferes Verständnis der beobachteten Handlungen zu ermöglichen. Diese Methodenkombination hat ausgehend vom angloamerikanischen Raum zu einer Erweiterung der Methode geführt: »Zum anderen begann man, teilnehmende Beobachtung in einem weiter gefassten Sinn als eine flexible, methodenplurale kontextbezogene Strategie zu verstehen, die ganz unterschiedliche Verfahren beinhalten konnte. Für dieses Verständnis hat sich inzwischen der Begriff Ethnographie eingebürgert, [...]« (Lüders 2013, S. 389). Ethnographische Untersuchungen richten ihr Augenmerk auf die alltäglichen Lebenswelten und die in ihnen vorhandenen Formen des Wissens, mit denen die untersuchten Akteure der sozialen Welt einen subjektiven Sinn geben.

Die mithilfe der teilnehmenden Beobachtung bzw. der Ethnographie (→ vgl. Winter, S. 588 ff.) erhobenen Daten bedürfen der Interpretation durch den Forscher. Dazu muss er seine Daten, das Verständnis für die beobachteten Prozesse und Strukturen, mit vorhandenen Theorien und historischen Erkenntnissen konfrontieren. Nur so ist es möglich, sich in

der Spannung von »dichter Beschreibung« und »Spezifizierung« (Geertz 1991, S. 39) zu bewegen. »Es wird also unterschieden zwischen dem Festhalten der Bedeutung, die bestimmte soziale Handlungen für die Akteure besitzen, und der möglichst expliziten Aussage darüber, was das so erworbene Wissen über die Gesellschaft, in der man es vorfand, und darüber hinaus über das soziale Leben im Allgemeinen mitteilt« (ebd.). Mithilfe teilnehmender Beobachtung und Ethnographie werden die alltäglichen Praktiken der Akteure untersucht, mit denen sie subjektiv sinnhaft soziale Wirklichkeiten herstellen. Ziel ist es, die subjektiven Bedeutungen, die die Akteure mit ihrem Handeln verbinden, offen zu legen und sie in ihrer Bedeutung für allgemeine soziale und gesellschaftliche Strukturen darzustellen und zu bewerten.

Teilnehmende Beobachtung in der Medienforschung

Der Einsatz von teilnehmender Beobachtung als Methode in der Medienforschung richtet sich nach dem Untersuchungsobjekt und der Fragestellung. Grundsätzlich reicht die teilnehmende Beobachtung allein in der Regel nicht aus, sondern wird in einer Kombination mit weiteren Methoden angewandt, ganz im Sinne der Methodenpluralität der Ethnographie. Teilnehmende Beobachtung ist immer dann angebracht, wenn es darum geht, soziale Akteure in ihrem natürlichen Aktionsfeld in alltäglichen Situationen zu beobachten. Das kann sich in der Medienforschung sowohl auf die Produktion als auch auf die Rezeption und Aneignung von Medientexten beziehen. Einer der wohl bekanntesten Versuche, den Produktionsprozess teilnehmend zu beobachten, war allerdings kein Projekt der Medienforschung, sondern des investigativen Journalismus. Ende der siebziger Jahre des 20. Jahrhunderts publizierte der Journalist Günter Wallraff (1977) sein Buch »Der Aufmacher«, in dem er seine Erfahrungen als Redakteur der *Bild*-Zeitung niedergeschrieben hatte. Um die Abläufe in

Redaktionen bei Zeitungen und Zeitschriften, im Hörfunk oder im Fernsehen zu untersuchen, kann die Methode eingesetzt werden. Es bedarf jedoch ergänzender Interviews mit den professionell dort Tätigen, um nicht nur deren Arbeitsabläufe, sondern auch ihre Innensicht beschreiben und analysieren zu können.

Der britische Kommunikationswissenschaftler David Machin (2002, S. 93 ff.) nennt unter Bezug auf konkrete Studien aus dem angloamerikanischen Bereich neben der Erforschung des Prozesses des Nachrichtensammelns fünf weitere Bereiche, in denen teilnehmende Beobachtung bzw. ethnographische Forschung angebracht sind: 1) Populäre Musik im Alltag von Jugendlichen, 2) Fernsehen im eigenen Heim, 3) die Faszination von Soap Operas, 4) die Bewunderung für Filmstars und 5) die Nutzung des Internet. Diese Aufzählung ließe sich allerdings erweitern. All diese Bereiche deuten jedoch darauf hin, dass ethnographischer Forschung ein handlungstheoretisches Modell der medialen Kommunikation zugrunde liegt.

Auch in Deutschland ist mit teilnehmender Beobachtung vorwiegend in der Kombination mit Interviews gearbeitet worden. Sinnvoll ist dies vor allem dort, wo die untersuchten Akteure noch nicht so sprachmächtig sind, dass sie allein mit Methoden, die auf Verbalität beruhen, untersucht werden könnten. Um den Medienumgang von Kindern zu erforschen, wird gerne mit teilnehmender Beobachtung in der Kombination mit Rollenspielen, Zeichnungen und Interviews gearbeitet. So hat Caviola (2000) eine Studie mit Vorschulkindern durchgeführt, in der sie mit teilnehmender Beobachtung und Interviews gearbeitet hat, um anhand von insgesamt zehn Einzelfällen zu rekonstruieren, »wie Vorschulkinder gewalthaltige Sendungen bzw. Sendungsbestandteile im Fernsehen rezipieren, also wie sie das Gesehene wahrnehmen und in welcher Form sie mit diesen Seherlebnissen umgehen« (ebd., S. 16). Auf diese Weise konnte sie tiefe Einblicke in die Medienrezeption der Kinder gewinnen. Ein Ergebnis sei hier stellvertretend zitiert: »Bezüglich der Ängste der Kinder

konnte festgestellt werden, dass Darstellungen, die auf symbolischer Ebene konkrete Ängste der Kinder ansprechen, für manche Kinder schwerer zu ertragen waren als Gewaltdarstellungen. Ein Beispiel hierfür war der in dem Film *König der Löwen* thematisierte Verlust eines Elternteiles. Die Angst vor dem Verlust oder der Trennung von den Eltern begleitet das Kind häufig in seiner Entwicklung zu Autonomie und Selbständigkeit [...]. Diese Erkenntnis verdeutlicht, dass die Perspektive bei der Suche nach fernsehbezogenen Ängsten den Kontext der kindlichen Entwicklung einschließen muss, da die Ursachen für die Ängste nicht unbedingt in den Medieninhalten liegen müssen, sondern viel tiefer sitzen können« (ebd., S. 388). Die Fernsehnutzung der Vorschulkinder und ihr Umgang mit gewalthaltigen Inhalten erscheinen dank der Kombination von teilnehmender Beobachtung und Interview in einem anderen Licht, das vor allem die Innenperspektive der Kinder ausleuchtet.

Mit einer ähnlich umfangreichen Kombination von Methoden hat Wierth-Heining (2004) die Rezeption populärer Filme in Cliquen junger Mädchen zwischen 14 und 18 Jahren analysiert. Ziel der Studie war es zu untersuchen, »in welcher Art und Weise narrative Filme für die Mädchencliquen bedeutungsvoll werden« (ebd., S. 131). Vor dem Hintergrund der Grounded Theory (→ vgl. Lampert, S. 596 ff.) wurde eine ethnographische Studie durchgeführt, in der neben der teilnehmenden Beobachtung, Gruppeninterviews nach der Filmrezeption, Einzelinterviews, weitere Gruppeninterviews, Medientagebücher und Wahrnehmungsprotokolle, die während der Rezeption erhoben wurden, eingesetzt. Die Ergebnisse der Studie machen die Innenperspektiven sowohl der einzelnen Cliquenmitglieder als auch der gesamten Clique deutlich:

»Die Bedeutungen, die die Filme für die Rezipientinnen haben, lassen sich auf einen *identitätsbildenden Umgang* zentrieren, in dem Bezüge zu sich selbst im weitesten Sinne hergestellt werden. [...] Im Zentrum der sozialen (Film-)Kompetenz steht der von den einzelnen Cliquen gebotene Raum, verschiedene Formen der Identitätsdarstellung und Ambiguitätstoleranz zu ermöglichen« (ebd., S. 366 f.).

So wurden Erkenntnisse möglich, die allein aus einer Außenperspektive nicht hätten gewonnen werden können.[1]

Fazit

Die teilnehmende Beobachtung eignet sich vor allem in Kombination mit Methoden wie Interviews und Gruppendiskussionen dazu zu untersuchen, wie die Akteure in ihren alltäglichen Praktiken mit dem symbolischen Material der Medien Bedeutung bilden und soziale Strukturen generieren und aufrechterhalten. Die Teilnahme des Forschers führt dabei nicht nur zu Erkenntnisprozessen bezüglich der untersuchten Akteure, sondern auch zum reflexiven Umgang des Forschers nicht nur mit seinen Vorannahmen, sondern auch mit seiner generellen Weltsicht und seiner Identität. Denn es gilt, dass der Forscher eben nicht nur beobachtet, sondern aktiv teilnimmt, »um über die Rollen, die dabei eingenommen werden, die anderen wie die eigenen kulturellen Regeln genauer erkennen zu können, die im Feld aufeinander treffen. Nur so lassen sich kulturelle Schlüsselszenen wie typische Alltagssituationen wahrnehmen, und nur so entfernt sich der Forscher ein Stück weit von den Routinen der eigenen Kultur und gewinnt dadurch mehr Blickfreiheit für die Routinen der anderen wie für deren Reaktionen auf die Forschungspraxis« (Kaschuba 2012, S. 207). Das trifft nicht nur im ethnologischen Sinn auf die Erforschung fremder Kulturen zu, sondern gerade auch auf die Erforschung des Medienhandelns innerhalb einer Kultur. In den ausdifferenzierten Gesellschaften der reflexiven Moderne gibt es zahlreiche Milieus, Szenen oder Lebensstile, die auf ihre je eigene Weise mit Medien umgehen und sich deren Inhalte aneignen. Auch wenn der Medienforscher meint, selbst im Umgang mit Medien erfahren zu sein, muss er bei der Untersuchung von Medienhandeln in anderen als dem akademischen Milieu oder mit Akteuren anderer Altersgruppen wie Kindern und Jugendlichen Distanz zu seinen eigenen Routinen gewinnen, weil er nur so einen Blick für das alltägliche Handeln und die Produktion von Bedeutungen anhand des symbolischen Medienmaterials bekommen kann.

Der Medienforscher ist im Feld immer mit den anderen konfrontiert, so gut er das Medienhandeln auch aus eigener Erfahrung kennt: »Im Feld kommt es also nicht nur zum Kontakt von einander fremden Menschen, sondern von Menschen von unterschiedlichem kulturellen und sozialen Hintergrund« (Lindner 1981, S. 59). Diese gilt es im Forschungsprozess offen zu legen. Dabei ist es einerseits wichtig, »die Untersuchungsfelder in ihren vielfältigen Verbindungen zu diskursiven, ökonomischen und politischen Wirklichkeiten« zu analysieren (Winter 2001, S. 58). Andererseits muss der Forscher seine eigene Rolle reflexiv handhaben und die Forschung als Prozess begreifen, in dem er mit den sozialen Akteuren des Feldes interagiert. Vor allem aber muss der Forscher wissen, wann es Sinn macht, ins Feld zu gehen, um die Innenperspektive der Akteure zu analysieren. In der Medienforschung ist dies in der Regel immer dann der Fall, wenn es darum geht, den alltäglichen Umgang der Akteure mit dem symbolischen Material der Medien zu erforschen und zu analysieren. Denn mit diesem Material produzieren sie Bedeutung, um sich ihrer selbst und ihrer Position in der sozialen Welt zu vergewissern. Dieser Prozess ist den Forschern in der Regel aus eigener alltäglicher Praxis bekannt.

Anmerkungen

1 Verwiesen sei hier auch auf zwei soziologische Studien, die dem Bereich der Erforschung populärer Musik zugeordnet werden können. Schäffer (1996) hat mit einer Kombination von biographischen Interviews und teilnehmender Beobachtung untersucht, wie Jugendliche in Rock- bzw. Popbands sich

auf einen gemeinsamen Stil einigen, wie also ästhetische Stilbildungsprozesse ablaufen. Mit einer Kombination aus narrativen Interviews, Gruppendiskussionen und teilnehmender Beobachtung hat Fritzsche (2003) untersucht, welche Bedeutungen Popstars als symbolische Ressource im Alltag von 11- bis 17-jährigen Mädchen haben.

Literatur

Bergmann, Jörg. R. (1985): Flüchtigkeit und methodische Fixierung sozialer Wirklichkeit. Aufzeichnungen als Daten der interpretativen Soziologie. In: Bonß, Wolfgang/Hartmann, Hans (Hrsg.): Entzauberte Wissenschaft. Göttingen, S. 299–320.

Bohnsack, Ralf (2010): Rekonstruktive Sozialforschung. Einführung in qualitative Methoden. 8., durchgesehene und aktualisierte Auflage Opladen.

Caviola, Sandra (2000): Vorschulkinder und Gewalt im Kinderprogramm. Eine qualitative Untersuchung zur Rezeption gewalthaltiger Fernsehinhalte durch Vorschulkinder. Münster u. a.

Flick, Uwe (1995): Qualitative Forschung. Theorie, Methoden, Anwendung in Psychologie und Sozialwissenschaften. Reinbek.

Fritzsche, Bettina (2003): Pop-Fans. Studie einer Mädchenkultur. Opladen.

Geertz, Clifford (1991): Dichte Beschreibung. Bemerkungen zu einer deutenden Theorie von Kultur. In: Ders.: Dichte Beschreibung. Beiträge zum Verstehen kultureller Systeme. Frankfurt a. M., S. 7–43.

Honer, Anne (2015): Im Studio. Felderkundungen zur alltäglichen Praxis des Bodybuildings. In: Hitzler, Ronald/Gothe, Miriam (Hrsg.): Ethnographische Erkundungen. Methodische Aspekte aktueller Forschungsprojekte. Wiesbaden, S. 71–87.

Jorgensen, Danny L. (1989): Participant Observation. A Methodology for Human Studies. Newbury Park u. a.

Kaschuba, Wolfgang (2012): Einführung in die Europäische Ethnologie. 4., aktualisierte Auflage München.

Lamnek, Siegfried (2016): Qualitative Sozialforschung. 6. Auflage Weinheim/Basel.

Lindner, Rolf (1981): Die Angst des Forschers vor dem Feld. Überlegungen zur teilnehmenden Beobachtung als Interaktionsprozess. In: Zeitschrift für Volkskunde, 77, 1, S. 51–66.

Lüders, Christian (2013): Beobachten im Feld und Ethnographie. In: Flick, Uwe/Kardorff, Ernst von/Steinke, Ines (Hrsg.): Qualitative Forschung. Ein Handbuch. 10. Auflage Reinbek, S. 384–401.

Lüders, Christian (2011): Teilnehmende Beobachtung. In: Bohnsack, Ralf/Marotzki, Winfried/Meuser, Michael (Hrsg.): Hauptbegriffe Qualitativer Sozialforschung. 3. Auflage Opladen, S. 151–153.

Machin, David (2002): Ethnographic Research for Media Studies. London/New York.

Merkens, Hans (2007): Teilnehmende Beobachtung. Grundlagen – Methoden – Anwendung. In: Weigand, Gabriele/Hess, Remi (Hrsg.): Teilnehmende Beobachtung in interkulturellen Situationen. Frankfurt a.M., S. 23–38.

Mikos, Lothar/Kotelmann, Joachim (1979): Video in den Sozialwissenschaften. In: Lindner, Rolf (Hrsg.): Filmauge. Film und Video als Methode in den Sozialwissenschaften. Berlin, S. 133–150.

Schäffer, Burkhard (1996): Die Band. Stil und ästhetische Praxis im Jugendalter. Opladen.

Schändlinger, Robert (1998): Erfahrungsbilder. Visuelle Soziologie und dokumentarischer Film. Konstanz.

Uslar, Moritz von (2014): Deutschboden. Eine teilnehmende Beobachtung. 3. Auflage Köln.

Wallraff, Günter (1977): Der Aufmacher. Der Mann, der bei Bild Hans Esser war. Köln.

Wierth-Heining, Mathias (2004): Filmrezeption und Mädchencliquen. Medienhandeln als sinnstiftender Prozess. München.

Willis, Paul (2000): The Ethnographic Imagination. Cambridge.

Winter, Rainer (2001): Ethnographie, Interpretation und Kritik: Aspekte der Methodologie der Cultural Studies. In: Göttlich, Udo/Mikos, Lothar/Ders. (Hrsg.): Die Werkzeugkiste der Cultural Studies. Perspektiven, Anschlüsse und Interventionen. Bielefeld, S. 43–62.

Medientagebücher

Yulia Yurtaeva

Der Ansatz der Tagebuchführung geht auf eine lange Tradition der empirischen Sozialwissenschaften zurück und findet seine Anwendung sowohl in der quantitativen Forschung, in Form eines standardisierten Protokolls, als auch in qualitativen Erhebungen. Hier lehnt sich die Tagebuchführung an die biografische Methode der Auswertung persönlicher Dokumente sowie an den medienethnographischen Ansatz an und kann Einblicke in die komplexe Lebenswelt des Individuums ermöglichen. In der Medienforschung werden Medientagebücher zur Erfassung der Mediennutzung und der Medienaneignung im Alltag sowie der damit einhergehenden Aspekte eingesetzt. Der vorliegende Beitrag stellt die Methode der Medientagebuchführung dar, geht auf die möglichen Formen und die inhaltliche Ausrichtung sowie auf die Auswertung eines Medientagebuches ein.

Einleitung

Was ist ein Tagebuch? Tagebuch ist ein Oberbegriff für unterschiedliche empirische Materialtypen, die in der qualitativen und auch in der quantitativen Forschung erhoben, gesammelt und ausgewertet werden können. Es kann als Textform verstanden werden, die ein Autor mit einer speziellen Perspektive erstellt (vgl. Fuhs 2014, S. 265, 267).

In der sozialwissenschaftlichen Biografieforschung gehört das Tagebuch zusammen mit anderen Formen biografischer Elemente wie Autobiografie, Memoiren oder Krankheitsgeschichten zu den alltagsweltlichen biografischen Formtraditionen (Lamnek 2010, S. 612 f.). Eine Beschäftigung bzw. die Auswertung dieser Erzählformen ermöglicht der Biografieforschung, einen methodischen Zusammenhang zum sozialen Leben eines Individuums zu eröffnen. Dieser sollte umfassend sein, die Eigenperspektive der handelnden Subjekte thematisieren sowie die historische Dimension berücksichtigen (vgl. ebd., S. 618). Die wissenschaftliche Biografieforschung geht jedoch über eine reine Darstellung des Einzelfalls hinaus und fokussiert als Ziel die Herausarbeitung von typischen Handlungsmustern, wonach eine anschließende Typenkonstruktion vorgenommen werden kann (vgl. ebd., S. 619).

Was ist ein Medientagebuch? Ein Medientagebuch kann als eine Verwertungsform bzw. eine Sonderform (vgl. Fuhs 2014, S. 259, 265) des »klassischen« Tagebuches in der Medienforschung verstanden werden, in der die medienbezogene Tätigkeit über einen bestimmten bzw. einen vorgegebenen Zeitraum festgehalten wird.

Der Einsatz der Tagebücher in der Medienforschung strebt an, die Muster und Kontexte des Medienhandelns im Alltag der Befragten zu erkennen. So stellt das Medientagebuch eine gute Methode dar, in der sowohl die objektiven Nutzungsdaten als auch die subjektiven Aneignungsformen erhoben werden können (vgl. ebd., S. 261).

Weiterhin kann das Medientagebuch im Sinne des medienethnographischen Ansatzes verstanden werden, »dessen Ziel es ist, die sozialen und kulturellen Praktiken der Herstellung ebenso wie des Gebrauchs und der Rezeption von Medien aller Art auf ethnographische Weise zu beschreiben und zu interpretieren« (Bergmann 2008, S. 328).

Stellt man das Medientagebuch einem »klassischen« Tagebuch als Forschungsinstrument gegenüber (vgl. Altrichter/Posch 1990, in: Fischer 2003, S. 694), so treffen einige Merkmale auf diese Form zu. Wie ein »klassisches« Tagebuch kann das Medientagebuch:

- in einer offenen Form verfasst werden, welche die Notierungen unterschiedlicher Art sowie einen beliebigen Darstellungsstil und Umfang vorsieht;
- über einen längeren Zeitraum geführt werden, wobei die Kontinuität der Einträge die veränderlichen Prozesse und Entwicklungen von Wahrnehmungen sichtbar macht;
- als Gedächtnisstütze, Erinnerungshilfe und zugleich als ein Ventil für die Auseinandersetzung mit dem eigenen Empfinden und Handeln für die Befragten dienen.

Im Gegensatz zu einem »klassischen« Tagebuch ist das Medientagebuch:
- weniger »praktisch« und »spontan« angelegt – es knüpft zwar auch an die alltäglichen Fertigkeiten der Befragten an, bedarf jedoch in einigen Fällen einer Vorbereitung und gibt in den meisten Fällen ein Zeitraster vor;
- ein Instrument, bei dem neben der offenen Form auch vorstrukturierte Formen gewählt werden können.

Wenn das klassische Tagebuch als eine »persönliche und private Form« bezeichnet wird (ebd.), wobei das Persönliche im Mittelpunkt steht, handelt es sich bei einem Medientagebuch um eine *reaktive* Form der Tagebuchforschung. Hierbei gehen die Interessen der Forschung in das Medientagebuch ein und die Untersuchten werden von den Forschenden angeregt und angeleitet (vgl. Fuhs 2014, S. 263).

Wie lege ich ein Medientagebuch an?

Es können verschiedene Formen für ein Medientagebuch gewählt werden: eine offene, eine vorstrukturierte sowie eine vorstrukturierte und fragengeleitete Form. Angesichts der Verbreitung und vor allem der Ausdifferenzierung neuer Technologien bieten sich neben der Papierform die Online- oder Videotagebücher als Form bzw. als Modi an.

Unabhängig von Form und Modi sollte für die Führung eines Medientagebuches eine Dauer von mindestens zwei Wochen gewählt werden. Die soziodemografischen Daten zu den Befragten werden entweder direkt im Medientagebuch, vor oder nach dem Ausfüllen oder separat abgefragt. In diesem Fall ist eine Nummernvergabe für die Medientagebücher zwecks der späteren Zuordnung sinnvoll. Weiterhin ist eine mündliche oder eine schriftliche Anleitung zum Ausfüllen geboten. Wie umfangreich diese sein sollte und welche Informationen an die Befragten weitergegeben werden, entscheiden die Forscher mit dem Blick auf ihre Forschungsfrage und die gewählte Form des Medientagebuches. Die Befragten sollten in jedem Fall über das Forschungsvorhaben und den Datenschutz informiert werden. Ebenfalls ist es wichtig, auf den Zeitraum für die Tagebuchführung zu achten. Ist ein Einblick in die alltägliche, »gewöhnliche« Mediennutzung erwünscht, sollte die Tagebuchführung beispielsweise nicht auf Feiertage wie Weihnachten oder Ostern fallen, an denen die Medieninhalte im Fernseh- oder Radioprogramm entsprechend angepasst sind. Wiederum bieten sich genau diese Zeiträume an, wenn das Forschungsinteresse die Mediennutzung an Feiertagen bzw. in den Schulferien fokussiert.

Die Medientagebücher können sowohl als einziges Instrument der Untersuchung als auch in Kombination mit anderen Methoden eingesetzt werden. Als Ergänzung bietet sich eine mündliche Befragung an, um die aus den Medientagebüchern gewonnenen Informationen gemeinsam mit den Befragten reflektieren zu können oder um die Ergebnisse der beiden Erhebungsmodi miteinander zu vergleichen. Ebenfalls kann das Forschungsdesign dergestalt aussehen, dass die mündlichen Befragungen vor dem Einsatz der Medientagebücher und das zweite Mal direkt im Anschluss erfolgen. Bei so einer Herangehensweise ist es ebenfalls möglich, die mündlichen Angaben zum Medienhandeln mit den schriftlichen zu vergleichen und abschließend mögliche Diskrepanzen zu diskutieren. Weiterhin können die mündlichen Angaben durch die schriftlich festgehaltenen Einblicke in den Alltag bzw. in die Alltagsroutinen ergänzt werden.

Offene Form

Bei einer offenen Form werden den Befragten nur die Aufgabe und die Dauer der Führung mitgeteilt und eine grobe Orientierung bezüglich der Form und Inhalte gegeben. Wie sie ihren Medienkonsum bzw. ihre Medienerlebnisse aufzeichnen, in welcher Form (tabellarisch, stichpunktartig oder ausführlich) und in welchen zeitlichen Abständen über den Tag verteilt und ob sie noch zusätzliche Angaben zu ihren Aufzeichnungen machen, wird den Befragten überlassen.

Ähnlich wie bei einem narrativen Interview können hier eine Erklärungs- und eine Einleitungsphase erfolgen (vgl. Lamnek 2010, S. 327 f.). Die Befragten sollten vor dem Beginn der Tagebuchführung über die Besonderheiten einer offenen Form informiert werden.

In der darauf folgenden Einleitungsphase kann den Befragten eine Hilfestellung bezüglich der zu erfassenden Inhalte gegeben werden: z. B., ob es sich nur um die Erfassung von bestimmten Medien handelt, ob die Befragten selbst entscheiden sollen, was sie unter *Medienhandeln* oder *Medienkonsum* verstehen oder wie mit *Second Screen* und *konvergenten Medieninhalten* umgegangen werden sollte usw. Es kann auch eine schriftliche Anleitung – gegebenenfalls mit Impulsgebung – erfolgen. Dies kann z. B. bei Kindern als Befragten hilfreich sein (vgl. Abb. 1).

Zum Vorteil der offenen Form gehört, dass sich die Befragten durch einen hohen Freiheitsgrad beim Ausfüllen des Medientagebuches nicht eingeschränkt fühlen und die Inhalte ihrer Einträge zum größten Teil selbst bestimmen können. Durch eine derartige Herangehensweise können im Medientagebuch neben den primären, auf die gestellte Aufgabe abgestimmten Informationen viele Hinweise sowohl auf den Alltag als auch auf die Lebenswelt der Befragten oder auf die handlungsleitenden Themen (z. B. bei Kindern und Heranwachsenden), also Hinweise auf die komplexen Kontexte des Medienhandelns enthalten sein. Wiederum können sehr sperrige, unvollständige und unregelmäßige Einträge dazu führen, dass die hieraus gewonnenen Informationen nicht aussagekräftig sind und entweder komplett mithilfe von anderen Erhebungsmethoden gewonnen oder zum größten Teil ergänzt werden müssen.

Medientagebücher in der offenen Form eignen sich gut für die medienpädagogische Arbeit mit Kindern. Mit ihrer Hilfe können Medien beispielsweise in den Deutschunterricht der Grundschule integriert werden und die individuelle Medien- und Schreibkompetenz der Kinder erweitern. Dem Einsatz der Medientagebücher in diesem Kontext geht die Annahme voraus, dass aktuelle Fernsehformate und Kindersendungen im Unterricht zur Entwicklung der Lese-Schreib-Kultur beitragen (vgl. Bergfelder 2011, S. 35).

Verwiesen sei hier auch auf das Forschungsprojekt *Lernen im Kontext neuer Medien* aus der Schweiz. Der Gegenstand des Projekts war das Lesen und Schreiben von Jugendlichen in einer sich stetig ausdifferenzierenden Medienlandschaft. Mithilfe von über mehrere Jahre geführten Lese- und Medientagebüchern wurden die Beobachtungen der Kinder und Jugendlichen analysiert (Bertschi-Kaufmann/Tresch 2003).

Vorstrukturierte Form

Für ein vorstrukturiertes Medientagebuch bietet sich eine tabellarische Form an. Hier können soziodemografische Daten sowie eine kurze schriftliche Einleitung oder eine Anleitung zum Ausfüllen direkt vor der Tabelle erfolgen. Die obere Leiste der Tabelle stellt ein Zeit- und Inhaltsraster dar. Hier wird präzisiert, was genau in das Medientagebuch eingetragen werden muss, beispielsweise Woche, Datum, Uhrzeit, Medium, Inhalt, weitere Tätigkeiten, eigene Anmerkungen. Wie lang bzw. wie umfangreich das Inhaltsraster ausfällt, hängt unmittelbar vom Forschungsinteresse ab. Wenn sich der Fokus der Erhebung nur auf ein Medium richten soll, kann dieses in einer separaten Spalte, neben der Spalte zur Nutzung anderer Medien, aufge-

Hallo, ich bin dein Medientagebuch!

Was du mit mir machen musst:

Du schreibst von jeder Sendung oder jedem Film, den du gesehen hast, den Titel auf. (Beispiel: »Harry Potter und der Stein der Weisen« oder »SpongeBob Schwammkopf«)

Zu jeder Sendung oder jedem Film schreibst du mindestens drei Sätze zum Inhalt auf.

Was du sonst noch alles machen kannst:
- etwas malen oder zeichnen, das dazu passt
- aufschreiben, was dir gefallen hat und was du gar nicht gut fandest, eine Fortsetzung oder einen anderen Schluss erfinden
- schreiben, welche Person du selbst gerne wärst und erklären, weshalb; aufschreiben, woran du beim Fernsehen denken musstest
- einer Person aus der Sendung oder dem Film einen Brief schreiben
- mögliche Interviewfragen an eine Person überlegen und aufschreiben
- ein Informationsplakat zu deiner Sendung oder deinem Film gestalten
- etwas aufschreiben, was du beim Fernsehen gelernt hast und nicht mehr vergessen willst
- aufschreiben, wem du die Sendung oder den Film empfehlen würdest und weshalb
- aufschreiben, mit wem du die Sendung oder den Film gerne sehen würdest
- aufschreiben, welche Tipps du dem Regisseur oder den Schauspielern geben könntest (z. B. Spannung, Musik …),
- überlegen, wie du eine Szene mchspielen könntest und Notizen dazu machen
- falls du auch ein Buch zu deiner Sendung oder deinem Film kennst, vergleiche sie miteinander

Du hast bestimmt noch viele weitere tolle Ideen, die du mit dem Medientagebuch machen kannst. Ich bin gespannt, was dir noch einfällt und freue mich, es zu lesen!

Abb. 1: Medientagebuch in der Grundschule. Anleitung für die 3./4. Klasse (Quelle: Bergfelder 2011).

führt werden. Sollen beispielsweise solche Phänomene wie *Second Screen* oder *Binge Watching* berücksichtigt werden, werden hierfür Extraspalten eingeführt. Ebenfalls soll die Ausführung der Tabelle für die Erfassung konvergenter Medieninhalte angepasst werden. So kann z. B. durch die Spalte »Kanal« der Verbreitungsweg eines Mediums genauer nachvollzogen werden.

Ein tabellarisches Medientagebuch strukturiert das Vorgehen beim Ausfüllen sowie die Angaben der Befragten vor und kann durch seine genauen Hinweise gezielte Informationen zu den zu erhebenden Inhalten liefern. Durch diese Form können sich die Befragten zwar eingeschränkt fühlen, jedoch kann auch hier genug Raum für die eigenen Anmerkungen zum Nutzungskontext und somit auch zum »Spuren hinterlassen« bezüglich des Alltags und der Lebenswelt der Befragten geboten werden.

Im Rahmen des Seminars »Publikumsforschung« an der Filmuniversität Babelsberg KONRAD WOLF wurden die Studierenden der Medienwissenschaften dazu angehalten, ein Medientagebuch in vorstrukturierter Form (vgl. Abb. 2) zu führen und die Ergebnisse sowie die Methode selbst im Unterrichtsgespräch kritisch zu reflektieren.[1] Die Dauer der Führung betrug zwei Wochen, die Medienauswahl stand der Studierenden frei. So hatten die angehenden Medienwissenschaftlerinnen und Medienwissenschaftler die Möglichkeit, die Rolle der Befragten auszuprobieren und auf diese Weise die ersten Erfahrungen für spätere eigene empirische Tätigkeit zu sammeln. Des Weiteren wurde der Prozess der kritischen Reflexion eigener Mediennutzung als bereichernd empfunden.

In der Untersuchung zur Medienaneignung von chronisch depressiv erkrankten Menschen setzte die Autorin Karina Böhm auch Medientagebücher als Erhebungsinstrument ein (Böhm 2012). Die Zielsetzung der Studie lautete: »die Medienaneignung Depressiver zu explorieren und aufzuzeigen, wie sich diese Personengruppe Medien aneignet, um den Alltag mit einer episodisch wiederkehrenden Erkrankung zu bewältigen« (ebd., S. 8).

Mithilfe von Leitfadeninterviews und »Tätigkeitstagebüchern«[2] wurde die individuelle Medienaneignung von zwölf betroffenen Personen untersucht. Die Leitfadeninterviews wurden vor der Tagebucherhebung und im Anschluss an diese durchgeführt. Die gewählten Methoden zielten darauf ab, »die typischen Handlungs- und Deutungsmuster der depressiven Mediennutzer herauszufinden« (ebd., S. 93).

Das erste Interview fokussierte das Kennenlernen der Person, ihre Krankheitsgeschichte und den Alltag. Die Mediennutzung der Befragten, der Stellenwert von Medien und ihre Funktionen im Alltag sowie die präferierten Inhalte standen ebenfalls im Fokus des Gesprächs.

Das zweite Interview beinhaltete die kommunikative Validierung[3] und das vertiefende Gespräch über präferierte Medieninhalte.

Am Ende des ersten Interviews wurde den Befragten das in einer tabellarischen Form vorstrukturierte Medientagebuch ausgehändigt (vgl. Abb. 3). Es lag eine schriftliche Einleitung zur Handhabung des Tagebuches bei, dessen Einsatz auch mündlich besprochen wurde. Die Untersuchungsteilnehmer sollten das Tagebuch eine Woche lang führen: »Alle Tätigkeiten des Tages waren stichpunktartig zu notieren, medienbezogene Tätigkeiten hingegen ausführlicher zu explizieren. Die Subjekte waren diesbezüglich angehalten, den konkreten Medieninhalt, ihre aktuelle Stimmungslage sowie den sozialen Nutzungskontext (allein, mit anderen) anzugeben« (Böhm 2012, S. 96). Daraus entstanden ca. 30 Seiten Textmaterial, welches in die abschließende Datenanalyse eingeflossen ist.

WOCHE	TAG / DATUM	UHRZEIT	MEDIUM	INHALT	WEITERE TÄTIGKEITEN / ANMERKUNGEN
1. Woche					

Abb. 2: Tabellarisches Medientagebuch (Quelle: Seminar »Publikumsforschung«, Studiengang Medienwissenschaft, Filmuniversität Babelsberg KONRAD WOLF).

Uhrzeit	Tätigkeiten	Stimmung vor medien- bezogener Tätigkeit	Wenn medi- enbezogene Tätigkeit → bitte konkretes Medienangebot benennen	Soziale Situation	Stimmung nach medien- bezogener Tätigkeit
6 Uhr					
7 Uhr					

Abb. 3: Tätigkeitstagebuch (Quelle: Böhm 2012).

Vorstrukturierte und fragengeleitete Form

Eine vorstrukturierte und fragengeleitete Form unterscheidet sich von der tabellarischen Form im vorigen Abschnitt dadurch, dass ihr anstatt einer Tabelle eine Art Leitfaden bzw. Fragebogen zugrunde liegt. Ein Leitfaden strukturiert die Angaben der Befragten ebenfalls wie eine Tabelle vor und gibt den Befragten gleichzeitig eine Hilfestellung beim Ausfüllen des Tagebuches. Die im Leitfaden enthaltenen Aufforderungen an die Befragten sollten daher verständlich ausformuliert sein und in etwa so lauten: »Beschreiben Sie bitte, welche Medien Sie heute im Laufe des Vormittags genutzt haben« oder: »Beschreiben Sie bitte, mit wem Sie heute Nachmittag ferngesehen haben.« Der Leitfaden kann ebenfalls in zeitliche Abschnitte aufgeteilt werden, wie z. B. »Fernsehnutzung Vormittag, 9 Uhr bis 12 Uhr«. Werden bei dieser Form auch Fragen verwendet, so handelt es sich um offene Fragestellungen wie: »Haben Sie mehrere Medien parallel genutzt?« oder: »Haben Sie noch weitere Tätigkeiten während des Films ausgeübt?« Obwohl auch hier der Freiheitsgrad beim Ausfüllen eingeschränkt ist, wirkt diese Form des Medientagebuches durch eine persönliche Ansprache »weicher« als eine tabellarische Form und kann für die Befragten angenehmer sein.

Von 1991 bis 1996 wurde in Großbritannien die Langzeitstudie *The BFI Audience Tracking Study* zum Thema Fernsehen und Alltag, initiiert vom British Film Institute, durchgeführt.[4]

Der Vorläufer der Studie war das 1988 durchgeführte Projekt *One Day in the Life of Television* – 22.000 Teilnehmerinnen und Teilnehmer führten an einem einzigen Tag, dem 1. November 1988, ein offenes Tagebuch, in dem sie ihre Fernsehnutzung an diesem Tag dokumentierten.[5] Aus diesem Teilnehmerpool rekrutierte das Forschungsteam die Teilnehmerinnen und Teilnehmer für die Langzeitstudie. Die Studie startete 1991 mit 509 Personen, am Ende der Untersuchung 1996 waren 427 Personen dabei. Für die Datenerhebung dieser Studie wählten die Forscherinnen und Forscher fragengeleitete Medientagebücher aus, *questionnaire diaries*.[6] Die Studie beabsichtigte, die vielfältigen, prozesshaften Beziehungen zwischen dem Fernsehkonsum und dem Alltag möglichst unterschiedlicher Bevölkerungsgruppen hinsichtlich des Alters, der Bildung, des Berufs, der Familiensituation und des Wohnortes abzubilden: »For the Tracking Study the diary format was extended to include structured questions relating to television viewing, household compositions, and daily routines, alongside more open evaluative sections soliciting opinions about specific programmes, or TV genres, and topical issues concerning television in general.« (Petrie/Willis 1995, S. 4, in: Gauntlett/Hill 1999, S. 15)

Die Erhebung fand drei Mal pro Jahr statt, für den ganzen Zeitraum der Untersuchung kamen insgesamt 15 Tagebücher pro Person zustande. Ergänzend zu den Tagebüchern wurde ein Viewing Chart eingerichtet, in dem die Befragten für den fraglichen Zeitraum vermerken konnten, welche Fernsehsendung und mit wem sie diese gesehen hatten, wie sie auf die Sendung aufmerksam geworden waren und ob die Sichtung geplant gewesen war (vgl. ebd.). Die Tagebücher wurden vom BFI in verschiedenen Monaten verschickt, um die Fertigstellungen der Tagebücher zeitlich möglichst breit zu fächern und um möglicherweise saisonale Unterschiede aufzudecken. Parallel dazu waren die Tagebücher für verschiedene Wochentage vorgesehen.

Es gab sowohl ständig wiederkehrende Fragen als auch einzelne Themen, welche nur ein- oder zweimal – mit einem gewissen zeitlichen Abstand – während der gesamten Untersuchung aufgegriffen wurden. Jedes Tagebuch beinhaltete z. B. eine Frage nach dem typischen Tagesverlauf der Befragten, die darauf zielte, die Integration des Fernsehkonsums in das alltägliche Leben zu eruieren. 1992 und 1995 wurde z. B. explizit nach der Rezeption von Nachrichten gefragt. Die komplexeren Fragen hatten die Bedeutung des Fernsehens für den Einzelnen zum Thema (einmalig, 1996) oder fokussierten das Verhältnis zu Gewalt im Fernsehen – 1993 und 1996 (vgl. Abb. 4). Für die Auswertung standen am Ende des Projekts 3,5 Millionen Wörter aus den gesammelten Tagebüchern bereit.

> »I think that it's a basic instinct for humans (read ›men‹…) to be violent so on the one hand you could say that TV violence is just a reflection of society or can serve as an outlet for violent feelings. But on the other hand, I suppose it could influence/desensitize persons of low intelligence. I honestly don't know which side of the argument I side on – a bit of both, I suppose!«
>
> (19-year-old female student)

Abb. 4: Eine Beispielantwort auf die Frage: »Where do you draw the line, if at all, on the following issues: bad language, sex/nudity, violence, issues of taste?«, aus dem Tagebuch 15, vom 24. März 1996 (Quelle: Gauntlett/Hill 1999, S. 252).

Online- und Videotagebücher

Alle oben beschriebenen Formen des Medientagebuches können sowohl in der klassischen Ausführung, mit Papier und Stift, als auch in elektronischer Form, PC- bzw. mobilgerätegestützt und/oder im Onlinemodus durchgeführt werden. Besonders in der quantitativen Marktforschung sind Onlinetagebücher (sowie *Onlinebefragungen* und *mobile research* generell) heutzutage sehr verbreitet. Die speziellen Befragungssoftwares sind in der Regel so entwickelt, dass sie auf allen Mobilgeräten in gleicher Weise benutzt werden können.[7] Zahlreiche Marktforschungsunternehmen bieten ihren Kunden jedoch auch *Diary-Tools* für die qualitative Forschung an. Im wissenschaftlichen Kontext wurde ein derartiges Softwaresystem zur Erfassung, Auswertung sowie Visualisierung von Medientagebüchern im Rahmen eines Forschungsprojekts an der Universität Bremen entwickelt. Die Forschungs-App *MedTag* dient zur digitalen Dokumentation der Mediennutzung per Smartphone und kann gratis heruntergeladen werden.[8]

Bei den hier genannten Modi sollte zwischen elektronischer Form im Allgemeinen, einer Online- und einer E-Mail-Form unterschieden werden.

Elektronische Form

Unter elektronischer, PC- oder mobilgerätegestützter Form ist allgemein eine digitalisierte Ausführung des Medientagebuches zu verstehen. Die Befragten machen ihre Angaben auf dem PC oder auf einem mobilen Endgerät, müssen dafür aber nicht online sein.

Während die klassischen Tagebücher aus Papier für die Auswertung meistens digitalisiert werden müssen, gehört das Entfallen zusätzlicher Digitalisierung zum Vorteil der elektronischen Form.

Online- und Videoform

Es handelt sich hierbei um die Onlineführung der Medientagebücher, die über Webseiten, an einem PC oder einem mobilen Endgerät aufgerufen, ausgefüllt und, wenn von den Forscherinnen und Forschern erwünscht, gleich versendet werden können. Da PCs und Mobilgeräte über verschiedene Aufzeichnungsformate wie Fotos, Sprach- oder Videoaufzeichnungen verfügen, bietet sich hierbei eine visuelle und akustische Erweiterung der schriftlichen Angaben an. Ebenfalls kann das zusätzliche Equipment wie eine Videokamera den Befragten zur Verfügung gestellt werden.

Jegliche Form einer derartigen Erweiterung des Medientagebuches ist im Vorfeld der Untersuchung festzulegen.

E-Mail-Form

Die E-Mail-Befragung wird als eine Weiterentwicklung schriftlicher Befragung verstanden. Den Befragten werden die Fragen per E-Mail zugesandt und ausgefüllt zurückgeschickt (vgl. Koch u. a. 2016). Wie eine (offene) E-Mail-Form des Medientagebuches eingesetzt wird, veranschaulicht die Untersuchung *Der Dritte Golfkrieg: Zur Glaubhaftigkeit der medialen Berichterstattung* von Margit Schreier, Özen Odag und Norbert Groeben aus dem Jahr 2004. Die Studie befasste sich mit der Beurteilung der medialen Berichterstattung während des Dritten Golfkriegs im Jahr 2003 unter Gesichtspunkten der Glaubhaftigkeit. Im Fokus waren die Beurteilungen selbst und die Gründe, weshalb den Rezipientinnen und Rezipienten ein Beitrag glaubhaft oder eher unglaubhaft erschien. Die Datenerhebung erfolgte mithilfe von Medientagebüchern der offenen Form (vgl. Schreier u. a. 2004).

Der Beginn des Dritten Golfkriegs war gleichzeitig der Untersuchungsbeginn. Am 19. März 2003 erfolgte der erste Bombenangriff von amerikanischer Seite auf Bagdad – und am 20. März 2003 wandten sich die Forscherinnen und Forscher per E-Mail an potenzielle Untersuchungs-

teilnehmerinnen und -teilnehmer. Sie gingen auf den Kriegsbeginn ein und erläuterten das Untersuchungsziel: die Erfassung der Rezeption der Kriegsberichterstattung unter dem Gesichtspunkt der (Un-)Glaubhaftigkeit. Die potenziellen Teilnehmerinnen und Teilnehmer wurden gebeten, eine Art Medientagebuch zu führen und in ihren Einträgen Folgendes festzuhalten: auf welchen Medienbericht sie sich beziehen, den Inhalt des Medienberichts, was und warum ihnen daran etwas glaubhaft oder unglaubhaft erscheint. Die Form der Medien war den Teilnehmern freigestellt. Sie konnten auf Reportagen im Radio, Fernsehsendungen, Zeitungsartikel oder die Berichterstattung im Internet gleichermaßen zurückgreifen. Der Umfang der Tagebücher war ebenfalls beliebig. Ob mehrere Einträge pro Tag vermerkt wurden oder nur ein Eintrag pro Woche notiert wurde, konnten sich die Teilnehmerinnen und Teilnehmer aussuchen. Sie wurden lediglich gebeten, ihre Einträge per E-Mail an das Forscherteam zu senden und dieses zu informieren, wenn das Tagebuch abgebrochen werden sollte. Die eingereichten Medientagebücher dienten der Datenerhebung. Da ihre Zusendung per E-Mail erfolgte, waren die Einträge nicht anonym, die Daten wurden jedoch vertraulich behandelt. Die Untersuchung endete am 22. April 2003, am Tag des offiziellen Kriegsendes. Das Forscherteam erhielt in dem Zeitraum der Untersuchung insgesamt 74 E-Mails bzw. 228 Tagebucheinträge (vgl. ebd.).

Auswertung der Medientagebücher[9]

Medientagebücher werden in der Regel inhaltsanalytisch (textinterpretativ) – mithilfe der Kategorienbildung– ausgewertet. Die Inhaltsanalyse kann hierbei methodologisch quantitativ oder qualitativ begründet sein. Da besonders im Bereich qualitativer Inhaltsanalyse mehrere Methoden angewendet werden können, soll die gewählte Vorgehensweise an das Erkenntnisinteresse der Untersuchung und an die Form des Medientagebuches, also an den Gegenstand, angepasst werden (vgl. Lamnek 2010, S. 640).

Als Beispiel sei hier auf die Auswertung der vorstrukturierten Medientagebücher aus der Studie zur Medienaneignung depressiver Nutzer von Karina Böhm eingegangen. Die Autorin entschied sich für die *funktionale Inhaltsanalyse*[10]: »Ziel einer funktionalen Inhaltsanalyse ist es, Medieninhalte entlang wissenschaftlicher Kriterien, jedoch zugleich aus der Perspektive des Nutzers zu untersuchen. Das bedeutet, dass bei der Kategorienbildung die Aspekte des Medienangebotes berücksichtigt werden müssen, die sich für das aneignende Subjekt als subjektiv bedeutsam erwiesen.« (Böhm 2012, S. 97). Mithilfe eines Analyseschemas (vgl. Abb. 5) wurden folgende Medienangebote qualitativ-inhaltsanalytisch untersucht:

- die vom Subjekt präferierten Inhalte (Lieblingsinhalte);
- die Angebote, die vom Subjekt im Zusammenhang mit der depressiven Erkrankung genannt wurden (»wenn ich depressiv bin, nutze ich …«);
- die eigenen Medienprodukte (Texte, Gedichte etc.) der Subjekte (vgl. Böhm 2012, S. 97 f.).

Auf die *quantitative Inhaltsanalyse* griffen die Autorinnen und Autoren der Studie zur glaubhaften Medienberichterstattung zum Dritten Golfkrieg zurück. Zur systematischen Erfassung der Ergebnisse aus den Tagebucheinträgen wurden die relevanten Bedeutungen in Form eines Kategoriensystems expliziert, d.h., es wurde erläutert, unter welchen Bedingungen ein Tagebucheintrag die entsprechende Bedeutung aufwies bzw. der Kategorie zuzuordnen war. Darauf folgte eine deduktiv-theoriegeleitete Erstellung des Kategoriensystems auf der Ebene von Oberkategorien. Um eine möglichst gute Passung zwischen dem Datenmaterial und den Kategorien zu gewährleisten, wurden diese Oberkategorien unter Durchsicht des gesamten Tagebuchmaterials induktiv weiter ausdifferenziert, d.h., es wurden weitere Kategorien aus dem Material heraus entwickelt, damit verschiedene thematisierte Bedeutungsaspekte berücksichtigt werden konnten. Das resultierende Kategoriensystem umfasste sechs Dimensionen bzw. Oberkategorien: (1) Thema des Tagebucheintrags, (2) Richtung des (Un-)Glaubhaftigkeitsurteils, (3) Inhalt

---

BLOCK I: TV-Sendungen, Filme, Spiele und Printmedien
- formale Kriterien: Genre, Format
- Thema allgemein
- präferierte Medienfiguren
- äußere Attribute, Charakter und Persönlichkeit
- Themen der Figur/involvierte Handlungsstränge
- Problembewältigungsstrategien der Figur
- vom Subjekt genannte Elemente innerhalb des Angebotes
- Bezüge zum Untersuchungssubjekt hinsichtlich Themen und Figuren

BLOCK II: Musik
- formale Kriterien: Genre
- Thema des Musikstückes
- vom Subjekt genannte Elemente innerhalb des Angebotes
- Bezüge zum Untersuchungssubjekt hinsichtlich Thema des Musikstückes

BLOCK III: Eigene mediale Produkte des Subjektes
- formale Kriterien: Genre, Stil
- Thema
- Adressat

Abb. 5: Grobschema der funktionalen Inhaltsanalyse im Überblick (Quelle: Böhm 2012, S. 97 f.).

des Eintrags, (4) Gründe für die Glaubhaftigkeit eines Berichts, (5) Gründe für die Unglaubwürdigkeit eines Berichts sowie eine Restkategorie (6). Zur Vorbereitung der Inhaltsanalyse wurden die E-Mails zunächst pro Oberkategorie in Analyseeinheiten unterteilt. Für eine erste Probecodierung wurden im nächsten Schritt zehn E-Mails entnommen. Im Anschluss an die erste Probecodierung fand eine Überarbeitung des Kategoriensystems statt, das mittels einer zweiten Probecodierung anhand weiterer zehn E-Mails überprüft wurde. An die Codierung schloss sich pro Dimension bzw. Oberkategorie eine frequenzanalytische Auswertung an. In die Auswertung wurden sämtliche Tagebucheinträge einbezogen (vgl. Schreier u. a. 2004).

Fazit

In einer praxisorientierten Einführung zur qualitativen Forschung in der Kommunikationswissenschaft heißt es: »Wer Angst vor einer Gruppendiskussion hat, wird vielleicht auf Leitfadeninterviews oder Tagebücher ausweichen« (Meyen u. a. 2011, S. 59). Die Autorinnen und Autoren weisen hier jedoch zu Recht darauf hin, dass das Erkenntnisinteresse die Methodenwahl bzw. das Untersuchungsdesign bestimme und nicht umgekehrt. Anhand der oben aufgeführten Beispiele kann man den vielfältigen Einsatz des Medientagebuches als qualitative Methode, beruhend auf unterschiedlichen Erkenntnisinteressen, sehen. Unabhängig von der gewählten Form gehört es zu den weiteren Stärken der Methode, dass sie sowohl mit anderen Verfahren gut kombinierbar als auch als einzige Untersuchungsmethode anwendbar ist. Des Weiteren ist bei dieser Methode die ständige Präsenz der Forschenden wie bei einem Leitfadeninterview oder einer Gruppendiskussion nicht gegeben, wodurch die Reaktivität der Methode weniger ausgeprägt sein kann, was den Befragten mehr Freiheiten bietet. Andererseits zeigt ebendieser Aspekt die Grenzen des Medientagebuches auf – die Forschenden sind auf die Bereitschaft der Befragten, aktiv mitzuwirken, stärker ange-

wiesen als bei anderen Methoden, die bei ihrer Umsetzung »beeinflussbarer« sind, wie z. B. bei einem Interview, währenddessen unmittelbare Nachfragen zum Gesagten möglich sind.

Betrachtet man die aktuellen Methodendiskussionen in der Forschungslandschaft, so erfährt das Medientagebuch in jüngster Zeit wieder mehr Beachtung.[11] Hiernach hat die Methode nichts an Aktualität verloren. Auch im Angesicht der ständigen Ausdifferenzierung der Medienlandschaft kann die Methode des Medientagebuches gut an diese Entwicklung angepasst werden. Und zwar nicht nur in der auf das Erkenntnisinteresse bezogenen inhaltlichen Ausrichtung, sondern in ihrer gesamten Handhabung. Die Möglichkeit, das alltägliche Medienhandeln zeitnah und mit zeitlicher Kennung mithilfe von Sprachaufzeichnungen, Fotos und Filmen auf mobilen Endgeräten festzuhalten, sollte im Rahmen der Medientagebuch-Methode als neue Chance für den Forschungsprozess genutzt werden (vgl. Fuhs 2014, S. 268). Das Medientagebuch kann somit gleichzeitig als klassische und – durch eigene Mediatisierung – als eine moderne Methode der Medienforschung betrachtet werden.

Anmerkungen

1   Immatrikulationsjahrgänge 2009, 2010, 2011, 2012 und 2014.

2   Die Autorin selbst bezeichnet zwar die Tagebücher in ihrer Studie als »Tätigkeitstagebücher«. Da hierbei der Fokus jedoch auf expliziter und ausführlicher Darstellung der medienbezogenen Tätigkeiten liegt, können diese Tätigkeitstagebücher als Medientagebücher ausgewiesen werden (vgl. auch Fuhs 2014, S. 261–262).

3   Bei der kommunikativen Validierung werden die Untersuchungssubjekte in den Auswertungsprozess eingebunden (vgl. Steinke 2007, S. 179, in: Böhm 2012, S. 105).

4   Die Studie und ihre Ergebnisse wurden 1999 in der Publikation »TV-Living. Televi-

sion, Culture and Everyday Life« von David Gauntlett und Annette Hill veröffentlicht.

5 Diese Studie wurde 1989 in der gleichnamigen Publikation von Sean Day-Lewis veröffentlicht.

6 Die Tagebücher in der Studie werden als questionnaire diaries bezeichnet, entsprechen jedoch in ihrer inhaltlichen Ausrichtung, ähnlich wie in der Studie von Böhm (2012), Medientagebüchern.

7 Siehe z. B. GfK-Verbraucherpanel. Siehe auch Koch u. a. (2016).

8 Es handelt sich hierbei um das DFG-Schwerpunktprogramm 1505 »Mediatisierte Welten« (2010–2016). Im Rahmen dieses Programms wurde die Forschungs-App »MedTag« am Zentrum für Medien-, Kommunikations-

und Informationsforschung (ZeMKI) der Universität Bremen entwickelt. Weitere Informationen abrufbar unter: http://www.zemki. uni-bremen.de/de/forschung/forschungs-app-medtag/medtag-app.html (letzter Zugriff: 27.01.2017).

9 Dieser Abschnitt bezieht sich nur auf die Auswertung der schriftlichen Angaben in Medientagebüchern.

10 Die Daten aus den mündlichen Interviews wurden u. a. einer ebenfalls funktionalen Inhaltsanalyse unterzogen.

11 So war z. B. bei der ECREA-Konferenz 2016 der Methode des Medientagebuches ein ganzes Panel unter dem Titel »Revitalizing Media Diaries as a Method for Audience Research« gewidmet.

Literatur

Bergfelder, Torben (2011): »Ich wäre gerne Hexe Lilli, weil ich so durch die Zeit reisen könnte«. Medientagebücher als Begleiter durch die Vielfalt medial vermittelter Geschichten. In: Grundschulunterricht Deutsch, H. 1, S. 35–38.

Bergmann, Jörg (2008): Medienethnografie. In: Sander, Uwe/Gross, Frederike von/Hugger, Kai-Uwe (Hrsg.): Handbuch Medienpädagogik. Wiesbaden, S. 328–334.

Bertschi-Kaufmann, Andrea/Tresch, Christine (2003): »Cool, heute gehen wir wieder an den Computer!« Interaktive Books und ihre Effekte auf das Geschichtenverstehen und das Schreiben. In: Hurrelmann, Bettina/ Becker, Susanne (Hrsg.): Kindermedien nutzen. Medienkompetenz als Herausforderung für Erziehung und Unterricht. Weinheim/München, S. 34–86.

Böhm, Karina (2012): Der depressive Mediennutzer. Eine explorative Studie zur Medienaneignung vor dem Hintergrund einer chronisch depressiven Erkrankung. Dissertation. Leipzig.

Fischer, Dietlind (2003): Das Tagebuch als Lern- und Forschungsinstrument. In: Friebertshäuser, Barbara/Prengel, Annedore (Hrsg.): Handbuch Qualitative Forschungsmethoden in der Erziehungswissenschaft. Weinheim/München, S. 693–703.

Fuhs, Burkhard (2014): Medientagebuch – chronografische Methode. In: Tillmann, Angela/Fleischer, Sandra/ Hugger, Kai-Uwe (Hrsg.): Handbuch Kinder und Medien. Wiesbaden, S. 259–271.

Gauntlett, David/Hill, Annette (1999): TV-Living. Television, Culture and Everyday Life. London.

Koch, Jörg/Gebhardt, Peter/Riedmüller, Florian (2016): Marktforschung. Grundlagen und praktische Anwendungen. Berlin/Boston.

Lamnek, Siegfried (2010): Qualitative Sozialforschung. 5. Auflage. Weinheim/Basel.

Meyen, Michael/Löblich, Maria/Pfaff-Rüdiger, Senta/Riesmeyer, Claudia (Hrsg.) (2011): Qualitative Forschung in der Kommunikationswissenschaft. Eine praxisorientierte Einführung. Wiesbaden.

Schreier, Margrit/Odag, Özen/Groeben, Norbert (2004): Der Dritte Golfkrieg: Zur Glaubhaftigkeit der medialen Berichterstattung [49 Absätze]. In: Forum Qualitative Sozialforschung/Forum: Qualitative Social Research, Jg. 5, H. 2. Abrufbar unter: http://nbn-resolving.de/urn:nbn:de:0114-fqs0402214 (letzter Zugriff: 27.01.2017).

Seminar »Publikumsforschung«, Studiengang Medienwissenschaft. Filmuniversität Babelsberg KONRAD WOLF.

Kinderzeichnungen als Erhebungsmethode

Norbert Neuß

»Ein Bild sagt mehr als tausend Worte.« Dieses Sprichwort weist auf mehrere wichtige Fragen hin, die für diesen Artikel als relevant gelten können. Einerseits deutet es auf das dem Bild zugesprochene *Potenzial* hin, etwas auszudrücken, für das man ansonsten sehr viele Worte benutzen müsste. Gleichzeitig deutet das Sprichwort an, dass sich das zu Erklärende schnell und eben auch *ohne Worte* vermittelt, und mehr noch, dass manchmal tausend Worte nicht in der Lage sind, das im Bild Vermittelte überhaupt pointiert auszudrücken. Nimmt man das Sprichwort wörtlich, wird aber auch ein kleiner Widerspruch deutlich, denn ein Bild »sagt« nichts, sondern *es »zeigt«* bestenfalls etwas, das der Betrachter erst mithilfe seiner Kompetenzen entschlüsseln muss.

Stellen wir diese einleitenden Überlegungen in einen methodologischen medienbezogenen Erkenntniskontext, dann lassen sich u. a. folgende Fragen benennen:

- Worin liegt das Potenzial eines Bildes oder einer Zeichnung und warum ist beides bisher wenig in der qualitativen Medienforschung genutzt worden?
- Welche Qualitäten hat der ästhetische Ausdruck (z. B. in Form von Zeichnungen) gegenüber sprachlichem Ausdruck und welche Stellung hat er im Rahmen der Erkenntnistheorie?
- Wie können Zeichnungen interpretiert werden und welche Ansätze der Interpretation gibt es?
- Wie kann man Bilder und Zeichnungen im Rahmen der Medienforschung einsetzen?

Das Potenzial von visuellem Ausdruck

Ein Blick in das 900 Seiten starke Handbuch der Qualitativen Forschungsmethoden in der Erziehungswissenschaft (Friebertshäuser/Prengel 2003) gibt die Erkenntnis frei, dass »Zeichnungen« als Erhebungsinstrument nicht vorgestellt werden[1] und »Zeichnung« als Stichwort nicht einmal im Sachregister auftaucht. Vermutlich ist dies kein Zufall, denn es lässt sich deutlich beobachten, dass Zeichnungen eher selten als »Erhebungsmaterial« eingesetzt werden. Wenn, dann werden Zeichnungen von Kindern beachtet, weil dies offensichtlich vor dem Hintergrund der Adressatenorientierung in der qualitativen Forschung als sinnvoll begründbar erscheint. Selten wird jedoch das grundsätzliche Potenzial von Zeichnungen beachtet (vgl. Neuß 1998). Weil Sprache und Schrift als Erkenntnismöglichkeit Vorrang erhielten, haben in der abendländischen Kultur der nichtsprachliche Ausdruck und das daran anschließende Verstehen kaum

eine Tradition. Solange Sprache als Medium der Logik galt, konnte in der Andersartigkeit des Bildes keine eigene Qualität der Erkenntnis gesehen werden. Mehr noch: Das bildhafte Denken und der bildliche Ausdruck galten als infantil, unterentwickelt und primitiv. Weil Bilder sich an textunkundige Adressaten richteten, wurde ihnen in der Erkenntnis- und Bildungstheorie lange Zeit keine Bedeutung eingeräumt. Diesbezüglich möchte ich an eine Argumentationslinie von Susanne K. Langer (1987) anknüpfen. Sie argumentiert insbesondere gegen zwei Thesen der traditionellen Erkenntnistheorie, nämlich dass »die Sprache das einzige Mittel sei, um artikuliert zu denken« und »dass alles, was nicht aussprechbarer Gedanke ist, Gefühl sei« (Langer 1987, S. 93). Langer setzt sich von dieser Vorstellung deutlich ab und betont, dass es »Dinge gibt, die in das grammatische Ausdrucksschema nicht hineinpassen« und »durch ein anderes symbolisches Schema als die diskursive Sprache begriffen werden müssen« (Langer 1987,

S. 95). Dieser Argumentation liegt ein Verständnis zugrunde, dass das menschliche Bewusstsein als einen dauernden Prozess der symbolischen Transformation psychophysischer Impulse betrachtet und die Bedeutung von präsentativen Symbolisierungsformen (Bilder, Musik, Tanz, Riten etc.) hervorhebt. Bilder sind gerade deshalb nur begrenzt mit sprachlichen Mitteln zu beschreiben und zu analysieren, weil ihr Potenzial in dem Ausdruck des Unausdrückbaren liegt. »Dieses Unausdrückbare ist eben gerade das Ausgedrückte« (Dufrenne 1979, S. 141). Eine ausschließlich sprachliche Beschreibung wie: »Da habe ich eine wunderschöne Prinzessin gesehen«, gibt dem Forscher nur wenige Anhaltspunkte über die repräsentierte Gesamterscheinung dieser Figur. Um Hinweise auf markante Sinn- oder Bedeutungszuschreibungen zu bekommen, eignen sich Zeichnungen, weil sie folgende Qualitäten vereinen:

- *Zeichnungen binden emotionale und unaussprechliche Anteile stärker ein.* Gefühle und innere Bilder lassen sich häufig einfacher in Zeichnungen ausdrücken, weil Farben und Formen deutlicher als die Sprache eine unmittelbare Wirkung hervorrufen.
- *Zeichnungen nehmen psychomotorische Impulse auf.* Dies erscheint vor allem für Kinder im Vor- und Grundschulalter von besonderer Bedeutung zu sein, da ihre Spiele durch eine Vielzahl psychomotorischer Aktivitäten begleitet werden. Bei der zeichnerischen motorischen Aktivität fallen psychische und physische Elemente der Bearbeitung zusammen.
- *Zeichnungen fördern den Ausdruck von Konflikthaftigkeit.* So hat z. B. Sack (vgl. 1999, S. 337) gezeigt, wie gestisch-szenische Formen der Nachbereitung eines Theaterstücks – im Vergleich zur mündlichen Nachbereitung – zu anderen Lösungsansätzen führen. Die gestisch-szenischen Entwürfe zeichneten sich u. a. dadurch aus, dass die Auseinandersetzung mit dem Theaterstück konfliktsuchend waren und die mündlichen eher konfliktvermeidend.

Des Weiteren muss beachtet werden, warum Bilder und Zeichnungen für die Medienforschung von besonderer Bedeutung sind. Ein wichtiges Merkmal von Medien (Film, Foto, Internet u. Ä.) ist, dass sie ihre Inhalte nicht überwiegend sprachförmig, sondern visuell und akustisch vermitteln. In der Rezeption führt dies zu einer Unmittelbarkeit im Erlebnisstrom beim Rezipienten. Um nun z. B. als Rezeptionsforscher die medial vermittelten Deutungen des Rezipienten zu erheben, ist es sinnvoll, wiederum auf eine Symbolisierungsform zurückzugreifen, das der Logik des Bildhaften deutlich näher ist als die Sprache. Das Ziel dabei ist es, den sinnlich-ästhetischen Erfahrungen, die Mediennutzer mit Medien machen, eine adäquate Ausdrucksmöglichkeit zu geben und so die implizite Enkodierung zu erleichtern. Damit ist gemeint, dass bestimmte Informationen erst durch die bewusste gedankliche Imagination eines Gegenstandes oder einer Situation zugänglich werden. Eine Person kann durch praktische und/oder kognitive Reflexion Eigenschaften des Objekts oder des Ereignisses bezeichnen, die ihr bisher nicht separat und explizit zugänglich waren. Dazu ein Beispiel: Fragt man Sie, wie viele Türen Ihre Wohnung hat, werden Sie darauf zunächst keine Antwort parat haben, da diese Frage kaum eine Bedeutung haben dürfte. Sie können sie aber nach einer Weile des imaginären Abschreitens Ihrer Wohnung beantworten. Für die Mitberücksichtigung von visuellen Eindrücken bei der Erhebung ist dies von hoher Bedeutung, weil davon ausgegangen werden kann, dass gerade visuelle und emotionale Eindrücke kaum abstrakt repräsentiert sind, sondern sich vielmehr szenisch oder episodisch konstituieren. Das bedeutet auch, dass beiläufig wahrgenommene (visuelle) Informationen durch das Zeichnen aufgedeckt werden, die durch eine Befragung kaum erhoben werden können. Erkenntnistheoretisch bedeutet dies, der Komplexität von Erfahrungen mit einem methodologischen Instrumentarium zu begegnen, das nicht ausschließlich an Sprache orientiert ist, sich aber dennoch in einen hermeneutischen Verstehensvorgang zurückführen lässt.

Bildhermeneutik

Aufgrund des Mangels an erziehungswissenschaftlichen Theorien der Bildinterpretation muss auf Konzepte der Bildhermeneutik und des visuellen Verstehens anderer Wissenschaften, wie z. B. der Kunstpädagogik, der Kunsthistorik oder der Kultursoziologie zurückgegriffen werden (→ Reichertz, S. 66 ff.). Beispielsweise hat der Kunsthistoriker Boehm (1978) dazu beigetragen, das Bildverstehen als Teil der hermeneutischen Reflexion voranzubringen und auf die Grenzen der sprachlichen Vermittlung von nichtsprachlich gemachten Erfahrungen aufmerksam zu machen. Das Verhältnis von Sprache und Bildsprache muss als »hermeneutisches Basisproblem« (Boehm 1978, S. 447) gedeutet werden, weil bei der Interpretation durch das Umsetzen eines Mediums (des Bildes) in ein anderes Medium (die Sprache) ein Erkenntnis- und Bedeutungsverlust unumgehbar ist. Boehm versucht die Ontologie des Bildes u. a. mit den Begriffen »Potenzialität« und »Grenze« zu fassen. Das im Bild Ausgedrückte ist Sein und Erscheinungsform in einem und macht die Potenzialität des Bildes aus. Allerdings besteht das Bild nicht aus der Summe von Teilen und Zeichen, sondern es konstituiert sich als »ein offenes Feld von Beziehungen und Kontrasten zwischen Grenzen« (Boehm 1978, S. 465). Die im Bild enthaltenen Grenzen oder Grenzlinien entstehen durch Farben, Formen, Perspektiven, Kontraste und der Struktur der eingeschriebenen Geschichte des Bildes.

Der Frage des visuellen Verstehens ist auch Stefan Müller-Doohm (1993) nachgegangen. Er stellt vier Konzepte kultursoziologischer Bildhermeneutik vor, die sich für eine Bildhermeneutik visueller Darstellungsformen fruchtbar machen lassen (vgl. Mollenhauer 2003). Neben dem Ansatz von Boehm nennt Müller-Doohm noch die Ikonologie, die strukturale Hermeneutik (→ Hagedorn, S. 580 ff.) und die Tiefenhermeneutik. Mit der Ikonologie sind Namen wie Warburg und Panofsky (1964) verbunden. Panofsky versucht den visuellen Ausdruck durch eine Schichtentheorie des Bildes zu fas

sen und das Bild in drei Schichten (Phänomensinn, Bedeutungssinn, Wesenssinn) sprachlich zu zergliedern. Auch die strukturale Hermeneutik setzt bei der Analyse der Bedeutungs- und Sinngehalte methodisch an der Sprachlichkeit des Bildmaterials an. Die Grundannahme der strukturalen Hermeneutik (u. a. Oevermann), dass die soziale Realität selbst beschaffen ist wie ein Text, dem alle Regeln der Bedeutungskonstitution eigen sind, wird auf die Textförmigkeit von Bildern übertragen. Die Sprachzentriertheit dieser Ansätze hebt die Möglichkeit hervor, die nonverbalen Artikulationsweisen von Visualisierungen vollständig zu versprachlichen. Die Tiefenhermeneutik hat ihre Wurzeln in der psychoanalytischen Kulturforschung (u. a. Lorenzer). Sie untersucht den narrativen Gehalt von Texten und Bildern bezüglich ihrer Wirkung auf die Rezipienten. Dabei arbeitet sie häufig mit der Annahme, eine im Werk (Bild, Zeichnung, Text) eingeschriebene Bedeutung in eine objektivierende Interpretation überführen zu können. Wenig beachtet wird dabei, dass ein Werk an sich keine Bedeutung hat, sondern ihm erst während des Betrachtens eine Bedeutung zugewiesen wird.

Im Folgenden wird vorgestellt, wie mit dem schwierigen Verhältnis von Bild (Kinderzeichnung) und Sprache (Interview) im Rahmen einer Forschungsarbeit umgegangen wurde.

Kinderzeichnungen verstehen

Die Frage, wie die Bedeutungen von Zeichen, Farben und Formen von Kinderzeichnungen interpretiert werden können, hat eine einhundertjährige Tradition (vgl. Richter 1987). Eine Analyse der verschiedenen Ansätze ergab jedoch, dass ein deutlicher Mangel der bestehenden Kinderzeichnungsforschung darin besteht, Kinderzeichnungen ohne ein Gespräch mit dem Kind zu deuten und den Prozess des Zeichnens zu vernachlässigen (vgl. Neuß 1999a, S. 36 ff.). Aus positivistischen Forschungstraditionen heraus haben zahlreiche Kinderzeichnungsforscher vielfach harte Fakten hervorgebracht, indem sie quantitative Aspekte der Farb-, Form- und Raumgestaltung von Zeichnungen analysierten. Dabei teilten sie die Zeichentätigkeit häufig in Stadien- oder Stufenbeschreibungen ein und vernachlässigten dabei Inhalte, interindividuelle Differenzen und gesellschaftliche Einflüsse. Die Reduzierung des Kinderbildes auf einen bloßen objektorientierten Form- oder Gestaltungsaspekt klammert die Tatsache aus, dass sich das Zeichnen in einem sozialen Rahmen vollzieht und Zeichnungen Bedeutungsträger sind. Und so sagen die theoriegeleiteten Ansätze verschiedener Kinderzeichnungsforscher häufig mehr über das Forscherverständnis und dem dahinterstehenden anthropologischen Bild vom Kind aus, als über die Kinderzeichnungen selbst.

Einen angemesseneren Zugang bekommt man, wenn man mit der Perspektive von interaktionistischen Theorierahmen an Kinderzeichnungen herangeht und diese in die Biographie und den Alltag der Kinder integriert sieht. Grundlegend für diese Sichtweise ist jedoch eine veränderte anthropologische Sicht der Mensch-Umwelt-Beziehung und der Entwicklung des Menschen. Hurrelmann (1983, S. 91) hat beispielsweise mit dem Modell des produktiv-realitätsverarbeitenden Subjekts darauf verwiesen, die Eigentätigkeit des Individuums im Sozialisationsprozess zu beachten. Um die Zeichnung im Lebens- und Aneignungszusammenhang des Kindes zu erfahren, kann also nicht mehr ausschließlich das Produkt das Interesse bestimmen, sondern es interessiert vielmehr die Perspektive des Kindes (vgl. Honig/Lange/Leu 1999), seine Beziehung zu dem entstandenen Produkt und der Prozess des Zeichnens. Deshalb hebe ich die Notwendigkeit einer qualitativ-kommunikativen Herangehensweise beim Verstehen von Kinderzeichnungen hervor. Eine Grundannahme ist dabei, dass die Zeichnung nicht als gelungenes oder weniger gelungenes Abbild der Wirklichkeit verstanden werden muss, sondern als eine »Probe« (Goodman 1984, S. 84 f., S. 163) eines Beziehungsgefüges der wahrgenommenen Wirklichkeit sowie dem Verhältnis zu ihr.

Kinder verarbeiten Eindrücke aus ihrer Umwelt, also auch Medieneindrücke, auf vielfältige Weise. Sie spielen, sprechen, gestalten, malen und phantasieren. Die wesentliche Frage ist, welche Funktion die Zeichnung innerhalb des qualitativen Forschungsprozesses hat. Für die Zeichnung als Erhebungsinstrument in der qualitativen Medienforschung lassen sich folgende Aspekte anführen:

- *Adressatenorientierung:* Zeichnen stellt für Kinder eine wichtige Form der tätigen Weltaneignung dar. Eine Zeichnung kann Mittler einer abstrakteren, diskursiven Symbolisierungsform sein. Für die forschungspraktische Organisation mit Kindern hebt Theunert das zentrale Prinzip der Adressatenorientierung hervor und bekräftigt, »Methoden anzuwenden, die die kindlichen Formen der Auseinandersetzung mit Gegenständen berücksichtigen« (Theunert 1993, S. 12).

- *Reflexion:* Beim Zeichenvorgang findet zunächst eine sprachfreie intrapersonale Kommunikation und Reflexion über etwas Erlebtes statt. Die Phase des Zeichnens ist ein bewusst eingeräumter, zeitlicher Reflexionsraum, in dem der Zugang zur Medienerinnerung zunächst ohne Erzähldruck und ohne die Zugzwänge des Erzählens (vgl. Schütze 1978, S. 59) erfolgt.

- *Akzentuierung und Strukturierung:* Der Zeichner muss, je nach Aufgabenstellung, unterschiedliche Auswahlentscheidungen treffen und sie mit seinen Zeichenkompetenzen abgleichen. Dabei erfährt das Erlebte oder Erinnerte eine visuelle Akzentuierung. So wird erreicht, dass in der Phase des Zeichnens die Intentionen des Forschers, die bei Interviews häufig als prädeterminierende Faktoren einfließen, verringert werden.

- *Objektivierung:* Durch den Prozess des Zeichnens werden Sichtweisen auf bestimmte Szenen, Figuren oder Handlungen deutlich. Die subjektive Darstellung wird für den Produzenten und den Forscher zur »symbolischen Objektivation« (Bachmair 1984, S. 34) und macht den artikulierten Bewusstseinsinhalt kommunizierbar und interpretierbar.

- *Erzählstimulus:* Die Zeichnung hat neben ihrer Eigenständigkeit jedoch auch die Funktion des Erzählstimulus (vgl. Hirzinger 1991, S. 105). Dabei werden die während des Zeichnens imaginierten Bedeutungen oder die mit den Inhalten der Zeichnung verbundenen Erinnerungen durch den Befragten verdeutlicht.

Ebenen in Kinderzeichnungen

In der qualitativen Methodologie ist es zum Standard geworden, dass zum wissenschaftlichen Verstehen die Beschreibung des Untersuchungsgegenstandes und das Verstehen des Verstehens selbst gehören. Insofern sind für das Verstehen von (Kinder-)Zeichnungen die folgenden Analyseebenen (siehe Abb. 1) zu berücksichtigen, welche sich allerdings erst durch bildbezogene Interviews zeigen.

Wie die Analyse der Kinderzeichnungen ergeben hat (vgl. Neuß 1999a, S. 87 ff.), setzt sich die Bedeutung der Zeichnung sowohl aus sinnlich wahrnehmbaren als auch aus imaginierten Elementen zusammen. Mit der *Repräsentationsebene* (1) ist das gemeint, was zeichnerisch auf dem Bild mit Farben und Formen dargestellt oder gestaltet ist. Also alle sichtbaren Bildelemente mit ihrer spezifischen Wirkung auf den Betrachter. Dazu gehören die Raumaufteilung des Zeichenpapiers, die Verwendung von Farben, die einzelnen Bildelemente zueinander etc. Durch kommunikative Prozesse zu Zeichnungen wird die Ebene des Sichtbaren aber deutlich überschritten, und es zeigt sich ein Spektrum von zeichnungsbezogenen Imaginationen. Die *Imaginationsebene* (2) bezieht sich folglich auf Vorstellungen und Phantasien des Kindes, die es zu seiner eigenen Zeichnung hat. Imagination ist ein wahrneh-

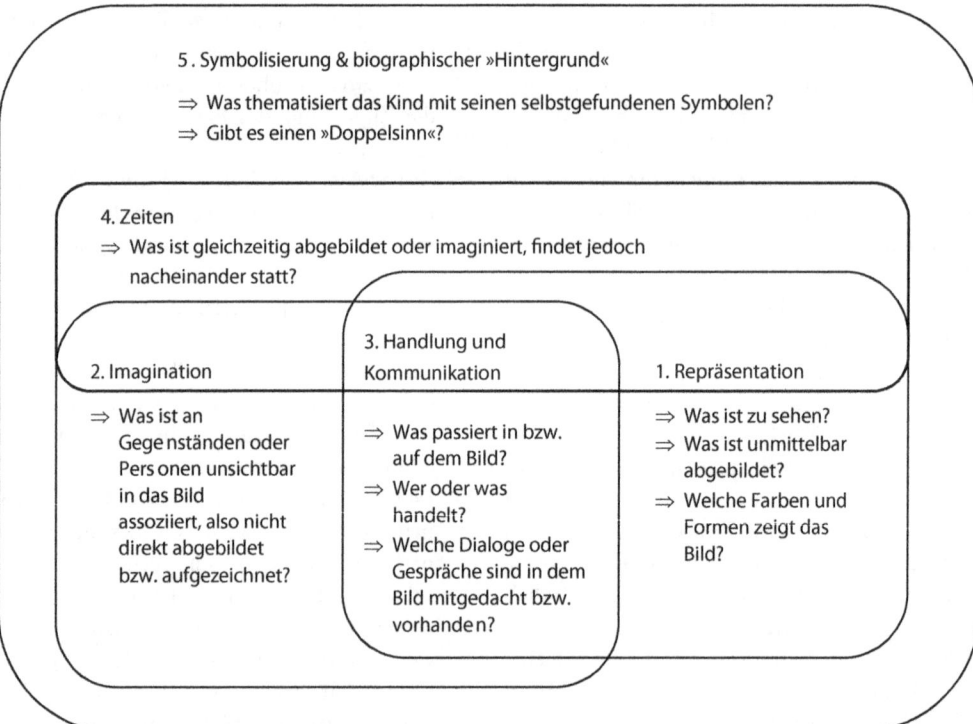

Abb. 1: Ebenen in Kinderzeichnungen

mungsähnlicher Eindruck, der zwar aufgrund äußerer Anregungen zustande kommt, aber *nur als Bewusstseinszustand existent ist.* Imaginationen können sich in Kinderzeichnungen auf phantasierte Bildelemente, Handlungen und Kommunikationen (3) beziehen. In Zeichnungen werden Ausschnitte der Wirklichkeit dargestellt und verarbeitet. Allerdings stellt sich die Wirklichkeit wiederum nicht als »Standbild« dar, sondern als Kontinuum von Bildern, Handlungen, Kommunikationen und Gefühlen. Die dritte Ebene versucht dieser Tatsache gerecht zu werden, indem sie nicht von einem stummen Standbild ausgeht, sondern von kommunikativen und handelnden Elementen, die lediglich aufgrund der Symbolisierungsart (Zeichnen) in ihrer statischen Position verharren. In Zeichnungen werden konkrete Handlungssequenzen dargestellt, bei denen auch zeitlich nacheinander ablaufende Bewegungen oder Vorgänge in einem Bild graphisch umgesetzt sind. Insofern analysiert die *Zeitebene* (4) die zeitlich eindimensionale Darstellung der Repräsentation. Die Qualität von Zeichnungen liegt gerade in der Möglichkeit, unterschiedliche, zeitlich nacheinander folgende Szenen, Bilder oder Handlungen gleichzeitig zu repräsentieren. Um diese zeitlich versetzte Szenendarstellung zu verstehen, ist die Erläuterung des Kindes nötig, da sonst bei der Interpretation Bildelemente aufeinander bezogen werden, die zu unterschiedlichen Szenen gehören und somit keine Beziehung zueinander haben. Im Unterschied zu Bildergeschichten oder Comics, bei denen durch einen Bildrahmen die zeitliche Abfolge dargestellt wird, ist diese Abfolge bei Kinderzeichnungen häufig nicht ausreichend erkennbar. Wichtig für das Verständnis von Zeichnungen ist auch die *Unterscheidung von Darstellungs- und Bewegungslinien.* Beide sichtbaren Linienformen sind zwar auf der Repräsentationsebene vorhanden, bedürfen bei der Interpretation gezielte und vor allem getrennte Beachtung. Gerade Bewegungslinien verweisen auf zeitlich nacheinander ablaufende Handlungen oder Kommunikationen.

Damit die symbolischen Aussagen und die Semantik von Zeichnungen verstanden werden

können, sind die in Zeichnungen dargestellten und imaginierten Elemente ernstzunehmen und vor dem *biographischen Hintergrund* (5) des Kindes zu interpretieren. Diese Ebenen können auf folgendes Fallbeispiel angewendet werden.

Medienbezogene Zeichnungen

Im Folgenden möchte ich eine medienbezogene Zeichnung aus dem schon erwähnten Forschungsprojekt (Neuß 1999a) vorstellen. Dieser Untersuchung ging es darum, Kinderzeichnungen als ein Deutungsprodukt von subjektiv wahrgenommener (Medien-)Wirklichkeit zu verstehen. Fragestellungen dieser qualitativen Untersuchung waren, welche Fernsehszenen Vorschulkinder als ängstigend und welche als Spaß bringend in Erinnerung behalten, wie sie sie zeichnerisch umsetzen und welche Faktoren die Fernsehaneignung von Vorschulkindern strukturieren. Ich werde mich auf das methodologische Problem von Bild und Sprache konzentrieren.

Diese Zeichnung (siehe Abb. 2) stammt von der sechsjährigen Lina. Sie hat sie zur Aufgabenstellung »Was mir beim Fernsehen Angst macht« gezeichnet. Die Umsetzung der Zeichenaufgabe fand im Kindergarten in einer Kleingruppe statt. Im Anschluss an das Zeichnen fand ein halbstrukturiertes Interview mit Lina über ihre Zeichnung statt. Nachdem die Kinderzeichnung und Interview vorlagen, wurden weitere flankierende Informationen über das Kind erhoben und später zu einem kurzen biographischen Porträt zusammengestellt.

Text- und Bildhermeneutik des Einzelfalls

Zunächst werden die Zeichnungen und bildbezogenen Kommunikationen fallintern paraphrasiert und interpretiert. Dazu wird zunächst eine »deutende Beschreibung« (vgl. Richter 1987, S. 164 ff.) der Kinderzeichnung vorgenommen. Bei diesem Analyseschritt geht es darum, den formalen Aufbau der Zeichnung (Figuren-

Abb. 2: Linas Zeichnung zu dem Film »Tarzan«

aufbau, Farbverwendung, Darstellungsweisen etc.) sprachlich genau zu beschreiben. Die zuvor vorgestellten Analyseebenen können bei dieser Beschreibung helfen. Damit dies bereits Bezüge zu dem bildbezogenen Interview bekommt, werden die vom Kind benannten Bildelemente auf der Ebene der formalen Definition (z. B. Blume, Feuer, Dinosaurier) in die Beschreibung einbezogen. Sie werden durch Anführungsstriche kenntlich gemacht. Die formale Beschreibung der präsentativen Ebene des Bildes lässt auch eine Aussage über die »Wirkung« des Bildes zu. Bezogen auf Linas Zeichnung kann das z. B. so aussehen: »Das Bild zeigt frontal einen lachenden ›Menschen‹ am linken Bildrand im unteren Drittel des Bildes. Dieser Mensch hat in jeder Hand eine Waffe, eine ›Kanone‹ und eine ›Pistole‹. Aus der Kanone kommt eine Vielzahl von ›Kanonenkugeln‹, die, als Striche (ca. 30 mal) gezeichnet, auf einen oberhalb des bzw. hinter dem Menschen stehenden ›Affen‹ zufliegen. [...]«

Fallbezogen werden nun *zentrale Gesprächsverläufe der Kinderzeichnung gegenübergestellt*, um so das *wechselseitige Auslegungsverhältnis von Text und Bild* aufrechtzuerhalten und den Kommunikationsverlauf nachvollziehbar zu lassen. Da sich das bildbezogene Interview direkt auf die Zeichnung bezieht, wird durch die Interpretation des Interviews auch die Zeichnung in Teilen interpretiert. Die Interpretation des Einzelfalls erfolgt also, indem das Bild und das bildbezogene Interview zunächst als sich bedingende Informationsquellen wechselseitig gedeutet werden, und sich gegenseitig stützende Informationen herausgearbeitet werden. Was hat Lina also zu ihrer Zeichnung erzählt?

Es schließt sich die sozialwissenschaftliche Paraphrase (vgl. Heinze 1987, S. 60 ff.; Mayring 2002, S. 109 ff.), an. Dabei findet eine »Verknüpfung der wörtlichen Passagen des Interviews bzw. der sinngemäßen Antworten mit den Wertungen und Beurteilungen des Forschers, die sich auf die Besonderheiten und das Allgemeine des Interviews beziehen« (Lamnek 1989, S. 105) statt. Das bedeutet für den Forscher, sich jede einzelne Frage und Antwort genau anzuschauen und den darin liegenden Sinn zu rekonstruieren. Dabei muss jedes Wort im Rahmen dieses Sinnzusammenhangs beachtet und interpretiert werden. Die Interpretation wird durch Informationen von Betreuungspersonen und Eltern und Beobachtungen und Kommunikationen während des Zeichnens sowie Beobachtungen der Interviewsituation und -atmosphäre abgesichert. Zusätzlich wird der Bezug zur medialen Vorlage hergestellt, das Spezifische dieser medialen Aneignung herausgestellt sowie die Besonderheiten, Auffälligkeiten oder Regelmäßigkeiten des Einzelfalls hinterfragt.

Fazit

Eine Forschung, die sich für die inhaltlich-semantische Ebene der Zeichnungen interessiert, muss notwendigerweise eine Forschung sein, die kommunikativ ausgerichtet ist. Dabei

liegt der besondere Schwerpunkt auf der Kommunikation, weil sich erst durch die sprachliche Beschreibung des Kindes das subjektive Sinnverständnis zeigt. Dieses Sinnverständnis setzt sich sowohl aus definitorischen Benennungen der (sichtbaren) Zeichnungselemente und deren Beziehungen zueinander als auch aus den imaginierten (nicht sichtbaren) Verständniszusammenhängen zusammen. Da ästhetische Produkte aufgrund ihrer symbolischen Verdichtung und Metaphorik in der Regel interpretationsbedürftig sind, kann man ihren Sinn nur herausfinden, indem man dem Zeichner die Beschreibung und Auswahl der bedeutsamen Kennzeichen zugesteht und sie gemeinsam versucht zu verbalisieren. Dieser Ansatz einer kommunikativen Kinderzeichnungsforschung (Neuß 1999a) wurde in zwei medienpädagogischen Forschungsarbeiten eingesetzt. Zum einen handelt es sich um eine aktuelle Studie zum Sinn und zur Bedeutung des Internets für Kinder (vgl. Dietsch 2004) und zum anderen um eine größere internationale Studie des internationalen Zentralinstituts für das Jugend- und Bildungsfernsehen zu medienbezogenen Phantasien und Phantasiewelten von Kindern (vgl. Götz u. a. 2002). Diese beiden Studien zeigen auf eindrückliche Weise, dass die Reichweite einer methodologischen Kombination von Zeichnungen und zeichnungsbezogenen Kommunikationen für die qualitative Forschung von hoher Bedeutung sind.

Anmerkungen

1 Lediglich Mollenhauer zeigt erziehungswissenschaftliche Zugänge der Bildinterpretation an Werken von Rembrandt, Raffael und anderen.

Literatur

Bachmair, Ben (1984): Symbolische Verarbeitung von Fernseherlebnissen in assoziativen Freiräumen. Teil 1. Kassel.

Boehm, Gottfried (1978): Zu einer Hermeneutik des Bildes. In: Gadamer, Hans-Georg./Boehm, Gottfried (Hrsg.): Seminar: Die Hermeneutik und die Wissenschaften. Frankfurt a. M.

Dietsch, Konstanze (2004): Sinn und Bedeutung des Internets für Kinder – Fallstudien auf der Grundlage von Zeichnungen und erzählgenerierenden Interviews. In: Fichtner, Bernd u. a. (Hrsg.): Kinder und Jugendliche im Blick qualitativer Forschung. Siegen.

Dufrenne, Mikel (1979): Phänomenologie und Ontologie der Kunst. In: Henckmann, Wolfhart (Hrsg.): Ästhetik. Darmstadt.

Friebertshäuser, Barbara/Prengel, Annedore (Hrsg.) (2003): Handbuch Qualitative Forschungsmethoden. Weinheim.

Goodman, Nelson (1984): Weisen der Welterzeugung. Frankfurt a. M.

Götz, Maya/Lemish, Dafna/Aidman, Amy/Moon, Hyesung (2002): Kinderfantasien und Fernsehen im mehrnationalem Vergleich. In: TelevIZIon 15/1, S. 24–36.

Hirzinger, Maria (1991): Biographische Medienforschung. Wien.

Honig, Michael-Sebastian/Lange, Andreas/Leu, Hans Rudolf (Hrsg.) (1999): Aus der Perspektive von Kindern? Zur Methodologie der Kindheitsforschung. Weinheim.

Hurrelmann, Klaus (1983): Das Modell des produktiv realitätsverarbeitenden Subjekts in der Sozialisationsforschung. In: Zeitschrift für Sozialisationsforschung und Erziehungssoziologie, 3 Jg., 1, S. 91–103.

Lamnek, Siegfried (1988): Qualitative Sozialforschung. Band 1. Methodologie. München.

Lamnek, Siegfried (1989): Qualitative Sozialforschung. Band 2. Methoden und Techniken. München.

Langer, Susanne K. (1987): Philosophie auf neuem Wege. Das Symbol im Denken, im Ritus und in der Kunst. (Originalausgabe 1942). Frankfurt a. M.

Mayring, Philipp (2002): Einführung in die Qualitative Sozialforschung. Weinheim.

Mollenhauer, Klaus (2003): Methoden erziehungswissenschaftlicher Bildinterpretation. In: Friebertshäuser, Barbara/Prengel, Annedore (Hrsg.): Handbuch Qualitative Forschungsmethoden. Weinheim, S. 247–264.

Müller-Doohm, Stefan (1993): Visuelles Verstehen. Konzepte kultursoziologischer Bildhermeneutik. In: Jung, Th./Müller-Doohm, St. (Hrsg.): »Wirklichkeit« im Deutungsprozeß. Verstehen und Methoden in den Kultur- und Sozialwissenschaften. Frankfurt a. M., S. 439–457.

Neuß, Norbert (1999a): Symbolische Verarbeitung von Fernseherlebnissen in Kinderzeichnungen. München.

Neuß, Norbert (1999b): Methoden und Perspektiven einer qualitativen Kinderzeichnungsforschung. In: Maset, Pierangelo (Hrsg.): Pädagogische und psychologische Aspekte der Medienästhetik. Opladen, S. 49–74.

Panofsky, Erwin (1964): Zum Problem der Beschreibung und Inhaltsdeutung von Werken der bildenden Kunst. In: Aufsätze zu Grundfragen der Kunstwissenschaft. Berlin.

Reiß, Wolfgang (1996): Kinderzeichnungen. Wege zum Kind durch seine Zeichnung. Neuwied/Kriftel/Berlin.

Richter, Hans-Günther (1987): Die Kinderzeichnung. Entwicklung-Interpretation-Ästhetik. Schwann/Düsseldorf.

Sack, Mira (1999): Weiter-Spielen als produktive Form der Theaterrezeption. In Neuß, Norbert (Hrsg.): Ästhetik der Kinder. Frankfurt a. M., S. 325–339.

Schütze, Fritz (1978): Die Technik des narrativen Interviews in Interaktionsfeldstudien. Arbeitsbericht Universität Bielefeld. Bielefeld.

Theunert, Helga (Hrsg.) (1993): »Einsame Wölfe« und »Schöne Bräute«. München.

Widlöcher, Daniel (1974): Was eine Kinderzeichnung verrät. Methode und Beispiele psychoanalytischer Deutung. München.

Szenisches Spiel

FRIEDERIKE TILEMANN

»Szenisches Spiel und Theater als Lernform« wurde von Ingo Scheller in erster Linie für die pädagogische Praxis entwickelt. Das zentrale Merkmal der Methode ist die szenische Form der Reflexion des von den Teilnehmenden inszenierten Spiels. Hierbei wird neben den verbalen Bearbeitungsmöglichkeiten dem Körpergedächtnis und dem körperlichen Ausdruck Raum gegeben. Durch den Einbezug der Körperebene werden weitere Erlebnis- und Erfahrungsräume ermöglicht. Charakteristisch für die Methode – unabhängig vom spezifischen Einsatz – ist die Beteiligung aller Gruppenmitglieder. Jede/-r Einzelne durchläuft nicht nur einen eigenen Lernprozess, sondern ist auch für den in der Gruppe bedeutsam. Durch den hohen improvisatorischen Anteil und den starken persönlichen Bezug, mit dem sich die Teilnehmenden einbringen, bietet das szenische Spiel als qualitative Forschungsmethode gute Möglichkeiten, die individuellen emotionalen Perspektiven der Teilnehmenden zu erfassen. Denn das szenische Spiel fokussiert darauf, auch Gedanken und Emotionen der Beteiligten (in der konkreten Situation, in der sie auftreten) zu verbalisieren. Das unterscheidet diese Forschungsmethode von anderen Methoden (z. B. von traditionellen Interviewformen), bei denen die Befragten im Forschungsprozess die Emotion weniger aktuell verspüren, sondern sie vielmehr in der Rückschau aus der eher reflektierten Perspektive beschreiben. Weil szenisches Spiel einen Einblick in die subjektive Wirklichkeitskonstruktion der Teilnehmenden ermöglicht, bietet es den Forschenden eine gute Möglichkeit, aussagekräftige Daten zu erheben, die zum Verständnis komplexer Problemfelder beitragen können.

Szenisches Spiel und Theater als Lernform

Szenisches Spiel ist eine theaterpädagogische Methode des erfahrungsorientierten Lernens. Es kommen sowohl die kognitiven Fähigkeiten als auch die körperlichen Ausdrucks- und Erlebnismöglichkeiten der Teilnehmenden in der Auseinandersetzung mit dem gewählten Thema zum Tragen. Bei diesem Ansatz handelt es sich um eine Form des pädagogischen Rollenspiels, das durch Ingo Scheller mit Anteilen aus dem Konzept des Psychodramas von Jacob Levy Moreno, dem Forumtheater von Augusto Boal, der Theaterarbeit von Konstantin Sergejewitsch Stanislawskij und Bertold Brecht bereichert wurde. So entstand eine differenzierte theaterpädagogische Lernform, die über das »traditionelle« pädagogische Rollenspiel hinausgeht, daher allerdings auch einer speziell ausgebildeten Leitung bedarf. Drei Einsatzgebiete können unterschieden werden: zur kreativen Rezeption von Kunstwerken, zur Bearbeitung sozialer Themen oder zur Supervision. Im szenischen Spiel geht es nicht um das Training bestimmter Verhaltensweisen, sondern um die Ermöglichung eines Reflexions- und Erfahrungsraumes, der Arbeit an Haltungen, die persönliche Entwicklungen anstoßen können.

In der Regel arbeiten Gruppen von Jugendlichen oder Erwachsenen in einer Größe von ca. 15 Personen mit einem oder zwei ausgebildeten Spielleitenden.

Szenisches Spiel ist zunächst eine Methode für die pädagogische Praxis – und ist dem Rollenspiel verwandt. In der Regel arbeitet eine Gruppe mit szenischen Mitteln an einer konkreten, sozialen Situation. In verteilten Rollen entsteht mithilfe der Seminarteilnehmenden vor den Augen der Beobachtenden eine Szene zwischen den Figuren auf der seminarinternen »Bühne«. Ist das Spiel beendet, verlassen die Spielerinnen und Spieler ihre Rollen und kehren zurück in den Zuschauerraum. Dort sitzen alle Seminarbeteiligte (Spielende, Zuschauende und Seminarleitung) zusammen und reflektieren das Spiel vor dem Hintergrund des Seminarthemas. In der hier beschriebenen Variante des szenischen Spiels werden die Reflexionen jedoch ausführlich und ebenfalls szenisch – und nicht nur verbal – bearbeitet.

Idealtypischer Verlauf eines szenischen Spiels

Um zu verdeutlichen, wie ein Seminar aussieht, in dem das szenische Spiel als Supervisionsmethode fungiert, wird im Folgenden ein idealtypischer Verlauf geschildert. Es wird von einer Seminargruppe mit ca. 15 Eltern von schulpflichtigen Kindern ausgegangen, die sich für ein Wochenendseminar zur Auseinandersetzung mit ihrer familiären Medienerziehung zusammengefunden haben. Ziel des Seminars ist es, dass die Eltern ihre Erlebnisse mit der Medienerziehung im Familienalltag reflektieren und einige ausgewählte Fälle multiperspektivisch betrachten, um aus dieser Reflexion Anregungen für die Medienerziehung im weiteren Familienalltag zu erhalten.

Einstieg in den Gruppenbildungsprozess, das Seminarthema und in das Konzept des szenischen Spiels.

In der Anfangsphase des Seminars kommt es darauf an, dass die Teilnehmenden sich gegenseitig und die Spielleitung kennen lernen und sich eine angstfreie Interaktionsatmosphäre etablieren kann. Ziel ist es hierbei, dass die Eltern die anderen Personen (Spielleitung eingeschlossen), das Seminarkonzept und die theaterpädagogische Vorgehensweise soweit einschätzen und ein gewisses Vertrauensverhältnis aufbauen können. Hierfür eignen sich spielerische Formen der Theaterarbeit (z. B. Scheller 1998, Berg u. a. 2002, S. 123 ff.). Sie bieten die Chance, die anderen Beteiligten etwas kennen zu lernen, sie ermöglichen den Teilnehmenden eine erste Selbstdarstellung in der Gruppe und sie machen mit dem

szenischen Spiel und mit Theater als Lernform vertraut.

Fallauswahl

Unter Anleitung der Spielleitung entfaltet die Gruppe kurz die verschiedenen Facetten des Themas, um es in seinen vielfältigen Ausprägungen »vor Augen zu haben«. Wenn es, wie in diesem Beispiel, um konfliktreiche, pädagogische Situationen im Familienalltag geht, werden von den Eltern unterschiedliche, als schwierig erlebte Situationen vorgestellt. Dann ist es die Aufgabe der Gruppe, sich auf ein typisches Problem zu einigen, das alle Teilnehmenden als für sich relevant beurteilen. Dies muss in eine konkrete Situation gefasst werden, die sich als Szene auf der seminarinternen »Bühne« darstellen lässt. In der Regel eignet sich eine real erlebte Situation. Es kann aber auch eine für diesen Zweck konstruierte sein. Das Ergebnis dieser Seminarphase muss sein, dass sich die Gruppe auf einen Fall geeinigt hat, der sich dazu eignet, in eine konkrete, d. h. zeitlich und räumlich spezifizierte Szene, umgesetzt zu werden.

Im idealtypischen Verlauf eines Seminars werden drei bis vier Fälle ausgewählt. Diese werden während der Veranstaltung in der intensiven Weise bearbeitet, die in den folgenden Unterkapiteln beispielhaft beschrieben wird. Da die Phasen des Spiels und der szenischen Reflexion sehr zeitintensiv sind, können in der Regel im Rahmen eines zweieinhalbtägigen Seminars nicht mehr als vier Fälle in dieser Form bearbeitet werden.

Im Rahmen eines Forschungsprojektes müssen die Forschenden entscheiden, ob sie die Themenauswahl bewusst der Gruppe überlassen, um diesen Auswahlprozess mit zu erheben, oder ob sie die Phase der Fallauswahl durch eine gezielte Vorgabe des Szenenthemas ersetzen.

Einfühlung in die Situation und in die Rollen

Ist die erste zu bearbeitende Situation gefunden, beginnt die Gruppe, die Szene vorzubereiten. Hierfür werden die Rollen verteilt. Ein Teil der Gruppe wird zu Protagonist/-innen, die »auf der Bühne« stehen, die restliche Gruppe wird zu Beobachtenden. Durch die gezielte Begleitung der Spielleitung fühlen sich die Einzelnen in ihre Rollen und die zu spielende Szene ein. Dabei wird sowohl für die Protagonist/-innen als auch für die Zuschauenden die Situation vor ihren Augen lebendig. Sie können sich die Figuren vorstellen, kennen die Befindlichkeiten, mit denen diese in die Szene gehen, haben eine Vorstellung von dem Ort und der Zeit, in dem sich die kommende Szene abspielt. Je nach Zielsetzung des Seminars ist auch der Handlungsverlauf in seinen Grundzügen mehr oder weniger abgesprochen.

Wird eine real erlebte Situation inszeniert, so ist das Ziel, eine möglichst nah an diesen Erlebnissen orientierte Szene zu schaffen. Weicht die zum Teil improvisierte Szene zu weit von der real erlebten Szene ab, kann ggf. regulierend eingegriffen werden. Ist die Situation dagegen konstruiert, sollte sie möglichst realistisch inszeniert werden. Je nach Zielsetzung des Seminars kann der Beginn der Szene z. B. geklärt, aber das Ende noch offen sein. Bei dieser letztgenannten Variante entwickelt sich die Szene erst im Spiel der Beteiligten. Nur, wenn sie für die Bearbeitung des Themas wichtig sind, werden einzelne Textpassagen (einige wenige markante Sätze) vorgegeben. Der Rest ist der Improvisation der Spielenden überlassen.

Durch den hohen improvisatorischen Anteil der Szene füllen die Protagonist/-innen die Vorgabe der Figuren mit ihren persönlichen Anteilen auf. Dies ermöglicht, dass die Figuren »zum Leben erwachen«. So können trotz der Fiktivität – bei den Spielenden – reale Gefühle entstehen. Dies macht die Szene authentisch und steigert zugleich die Möglichkeiten des Lernens durch das Spiel. Denn durch die eigene emotionale Beteiligung ist auch ein Teil der Persönlichkeit der Spielerinnen und Spieler in die Figur hin-

eingegeben. Mit diesen realen Empfindungen der Spielenden in der Szene wird in der Reflexion gearbeitet.

Das »eigentliche« szenische Spiel und seine Interventionsmöglichkeiten durch die Spielleitung

Haben sich alle Teilnehmenden in die bevorstehende Szene eingefühlt, d. h. haben sie eine möglichst konkrete Vorstellung von der Situation kurz bevor die Szene spielt, so beginnt das eigentliche »szenische Spiel«. Meistens wird die Szene nicht in einem Zuge durchgespielt, sondern durch die Spielleitung gezielt unterbrochen. Hierbei wird das Spiel für kurze Zeit angehalten und die Spielleitung geht z. B. als so genanntes »Hilfs-Ich« in die Szene hinein. Während die anderen Spielerinnen und Spieler in ihren Handlungen »erstarren« bzw. leiser werden, spricht die Spielleitung mit einer/einem Protagonist/in. In der Rolle des »Hilfs-Ich« animiert die Spielleitung die Figuren der Szene, die Gedanken auszusprechen, die hinter ihren Handlungen stehen. Oder die Spielleitung fordert die Figuren auf, über die Beziehungen der Figuren untereinander laut nachzudenken.

Für diese Unterbrechungen gibt es unterschiedliche Methoden, die je nach Ziel variieren. Die Spielleitung kann durch das »Einfrieren« der Szene bewirken, dass z. B. die Diskrepanzen deutlich werden, die bei den Figuren zwischen ihrem Denken und ihrem Handeln (inkl. dem Verbalisierten) bestehen. Es können dadurch die verschiedenen Ebenen (Sach-, Beziehungsebene etc.) herausgearbeitet werden, die Szene kann in ihrer Problematik intensiviert werden. Entscheidend bei den Interventionen ist, dass sie es ermöglichen, *allen* Seminarteilnehmenden (auch den Spielenden selbst) deutlich zu machen, wie unterschiedlich die Perspektiven der Betroffenen sein können. Dadurch wird offenbar, was sich bei den Figuren hinter dem Offensichtlichen verbirgt (deren Gedanken und Emotionen) und wie dieses den Verlauf der Szene entscheidend mitbestimmt.

Das Ausfühlen aus den Rollen

Wenn die Szene beendet ist, hilft die Spielleitung den Protagonist/-innen, sich aus ihren Rollen »auszufühlen«. Durch das Befragen der einzelnen Figuren, wie diese die Szene erlebt haben, wie es ihnen geht und welche Folgen diese Szene für sie hat, hilft sie den Einzelnen, die Szene zu einem Ende zu bringen. Diese Dialoge zielen nicht zuletzt darauf ab, dass die Spielenden ihre Rolle auch innerlich ablegen können und sie sich wieder zu Seminarteilnehmer/-innen »zurückverwandeln« und am weiteren Gruppenprozess teilhaben können.

Szenische Reflexion

An das Ausfühlen schließt sich die Reflexion der Szene an. Diese ist das zentrale Moment des Konzeptes des szenischen Spiels. Denn durch die Reflexion können Erlebnisse zu Erfahrungen werden. Die Methoden der Reflexion sind sehr vielfältig. Am Anfang steht die Bearbeitung der konkreten Szene. Eine hilfreiche Form der Reflexion ist z. B. der Bau von Standbildern und die damit verbundene Diskussion der unterschiedlichen Wahrnehmungen und damit Erlebnisse mit der Szene. Die Gruppenteilnehmer/-innen (in der Regel erst die Beobachtenden, dann die Spielenden) stellen ihre Erlebnisse der inszenierten Szene in Standbildern dar. Ein Standbild ist ein von einem Teilnehmer oder einer Teilnehmerin erbautes, dreidimensionales Monument aus den Figuren der Szene. Der/Die Erbauer/in »formt« aus den Figuren ein unbewegtes Bild. Aufgabe dabei ist es z. B., die *Beziehungen* der Figuren untereinander, die er/sie in der Szene wahrgenommen hat, in diesem Standbild darzustellen. Ein Standbild ist somit die symbolisierte Form des Erlebnisses, mit dem die Erbauer/innen ihre Wahrnehmungen der Szene für sich und andere sichtbar machen. Diese Standbilder werden von der gesamten Gruppe betrachtet. Dabei ergibt sich ein kritisches Gespräch über die unterschiedlichen, teilweise sich sogar widersprechenden Sichtweisen der Teilnehmenden auf die erlebte Szene.

Wenn unterschiedliche Standbilder zu derselben Szene in ihrer Bedeutung für die Einzelnen dargestellt und diskutiert, Gemeinsamkeiten und Unterschiede herausgearbeitet worden sind, geht es im weiteren Verlauf um die Auseinandersetzung mit dem grundsätzlichen Seminarthema. Auf das konkrete Erlebnis der Teilnehmenden mit der Szene kann jederzeit zurückgegriffen werden. Sie dient als konkretes anschauliches Material. Durch die emotionale Betroffenheit der Beteiligten an der Szene entwickelt sich in der Regel eine sehr engagierte und über die konkrete Szene hinausgehende unabhängige Diskussion. Die grundsätzliche inhaltliche Arbeit am Seminarthema, z. B. die familiäre (Medien-) Erziehung, steht nun im Mittelpunkt.

In der Reflexion können auch weitere Spielphasen angeregt werden, in denen z. B. unterschiedliche Spieler/-innen die jeweilige Elternrolle übernehmen und die Gruppe verschiedene, elterliche Verhaltensweisen in ihren Wirkungen ausprobieren kann. Möglich ist auch eine weitere gespielte Szene, die zeitlich an die eigentliche Szene anschließt, in der z. B. nur das Kind im Monolog spielt. Die/Der Protagonist/in, welche/r die Figur des Kindes darstellt, setzt sich dabei den Zuschauenden gegenüber auf einen Stuhl und stellt sich vor, die Zuschauenden wären die beste Freundin des Kindes. Dieser besten Freundin berichtet das Kind nun von der Auseinandersetzung mit den Eltern (aus der ersten Szene). Auf diese Weise wird die Sicht des Kindes auf das Geschehen noch einmal in den Mittelpunkt gerückt und steht als Reflexionsmaterial auch für die erste Spielszene zur Verfügung. Welche der vielen möglichen Interventions- und Reflexionsmöglichkeiten, die das szenische Spiel bietet, jeweils die passende ist, liegt überwiegend in der Verantwortung und in der Methodenkompetenz der Spielleitung. Soweit die Skizze des idealtypischen Verlaufs eines szenischen Spiel-Seminars.

Möglichkeiten und Grenzen des szenischen Spiels als Forschungsmethode

An dieser Stelle ließe sich Zahlreiches über die Möglichkeiten und Bedingungen des szenischen Spiels erläutern. Denn die Verwendungsmöglichkeiten sind vielseitig. Im Folgenden werden ein paar Besonderheiten ausgeführt.

Perspektivenvielfalt: Das szenische Spiel bietet die Möglichkeit, die Vielschichtigkeit und Komplexität von Situationen deutlich werden zu lassen, da bei dieser Methode ein wesentlicher Schwerpunkt auf die unterschiedlichen Blickwinkel der Beobachtenden gelegt wird. Dabei tritt die Weite des Problemfeldes hervor, kann bewusst werden und lässt sich so gemeinsam betrachten und reflektieren.

Methodische Differenzierungsmöglichkeiten: Eine Qualität szenischer Arbeitsmethoden ist, dass die dargestellte Situation (im Gegensatz zu real ablaufendem Geschehen) je nach Bedarf angehalten, verändert, unterbrochen, wiederholt werden kann; es kann mit Zeitlupen und Zeitsprüngen gearbeitet werden, und dieselben Figuren können auch von unterschiedlichen Teilnehmenden in ihrer individuellen Weise gespielt und damit in ihren unterschiedlichen Auswirkungen auf den weiteren Verlauf der Szene erprobt und anschließend diskutiert werden.

Neue Perspektiven durch Rollentausch: In diesem geschützten Rahmen können neue Verhaltensweisen ausprobiert werden. Spielende können sich in unterschiedlichen Rollen erleben. Es können Rollen sein,

- die sie selbst nie ausfüllen wollen (so kann z. B. eine »Harmonie liebende Person« zum »ungemütlichen Quälgeist« werden) oder
- die sie nie ausfüllen können (eine Lehrerin schlüpft z. B. in die Rolle einer Schülerin ihrer eigenen Klasse und erlebt die Unterrichtssituation aus der ungewohnten Perspektive) oder
- die sie zukünftig auszufüllen planen (z. B. eine Erzieherin, die sich im Rollenspiel auf medienpädagogische Elternarbeit vorbereitet).

Spieldynamik: Beim szenischen Spiel können emotional dichte Situationen entstehen, die

Aspekte der Dynamik zeigen, die bei einer rein kognitiven Diskussion über den Sachverhalt leicht unentdeckt bleiben. Zur Verdeutlichung das Beispiel eines Studenten, dem zunächst absolut unverständlich war, warum in seinem Praktikum die Sitzungen der pädagogischen Fachpersonen so langwierige Diskussionsprozesse beinhalteten. Er war der Ansicht, dies könne man durch eine straffe Sitzungsleitung optimieren. Als er daraufhin im szenischen Spiel die Rolle der Sitzungsleitung übernahm, erkannte er verzweifelt, dass es ihm nicht gelang – trotz seiner kognitiv geschickt ausgeklügelten Strategien im Vorfeld – die Sitzung in seinem festgesetzten Zeitrahmen zu einem zufrieden stellenden Ende zu bringen. Er erlebte, dass es für eine gute und reflektierte Entscheidung auf der Sachebene einen die verschiedenen Perspektiven abwägenden und reflektierenden Prozess braucht, an dem alle Fachpersonen beteiligt sind, welche die zu treffende Entscheidung mittragen und umsetzen müssen. Dieses Erleben der Diskussionsdynamik war ihm erst durch die szenische Umsetzung und die anschließende Reflexion möglich.

Verbalisierung und Visualisierung der emotionalen Ebene: Die Situationen, die auf der Bühne entstehen, sind zwar simuliert, aber in ihnen tauchen reale Emotionen der Spieler/-innen auf. Dadurch werden zum einen Befindlichkeiten verbalisiert, die – wenn überhaupt – häufig bei der Datenerhebung in Form von reinen Gesprächsanalysen nur durch den reflektierten, kognitiven Filter der Person ausgesprochen werden. Beim szenischen Spiel besteht dagegen die Chance, die emotionale Ebene der Gruppenmitglieder mit in den Lernprozess zu integrieren. Eigene Gefühle, Wertvorstellungen, Wünsche und Ängste haben Platz in der Betrachtung. Sie können bewusst wahrgenommen und es kann mit ihnen gearbeitet werden. Hierfür ist die Konkretion einer gespielten Szene hilfreich, bei der die individuellen Perspektiven und Emotionen am konkreten Fall hervortreten.

Unsichtbares kann visualisiert werden: Zu den verbal geäußerten Daten kommen Daten, die in Form von körperlichen Ausdrucksmöglichkeiten vorliegen. So kann in der Reflexion einer

Szene die Beziehung der Figuren nicht nur verbal beschrieben werden, sondern in dem dreidimensionalen Standbild auch einen körperlichen Ausdruck erhalten. Auf diese Weise steht der Gruppe – genauso wie auch den Forschenden – nicht Verbalisiertes in visualisierter Form zur Verfügung.

Konkretion: Die zwingende Konkretion des Spiels hilft bei der Bearbeitung von Problemfeldern. In einer gespielten, aber lebensnahen Konfliktsituation kann die Auseinandersetzung über Formulierungen, Gesten oder Blicke konkret werden. Welches Verhältnis zwischen den Beteiligten zeigt sich darin? Welche vielleicht versteckten Erwartungen und Machtverhältnisse offenbaren sich? Wie wünsche ich mir, dass die Szene laufen sollte? Was brauche ich, um in meinem Alltag meine Wünsche umzusetzen?

Grundvoraussetzungen

Grundvoraussetzungen für die Verwendung von szenischem Spiel in der qualitativen Medienforschung sind:

1. Freiwilligkeit der Teilnehmenden
Der Begriff des szenischen Spiels oder des Rollenspiels ruft ganz unterschiedliche Assoziationen bei den Teilnehmenden hervor. Die Bandbreite reicht von der Freude am nicht nur kognitiven Lernen bis zur Unlust am darstellenden Spiel und der Angst einiger Teilnehmenden, sich im Spiel zu blamieren. Wenn die Freiwilligkeit nicht gewährleistet ist, kann keine Form des Rollenspiels als Methode zum Einsatz kommen.

2. Vertrauensvoller, angstfreier Interaktionsrahmen
Für ein szenisches Spiel-Seminar ist ein geschützter Seminarrahmen unerlässlich. Das heißt, es muss gewährleistet sein, dass mit den Selbstaussagen, die die Teilnehmer/-innen im Seminar äußern, vertrauensvoll umgegangen wird. Das gilt sowohl für die anderen Teilnehmenden als auch für die Forschenden. Für die organisatorische Ebene heißt dies, die Gruppenmitglieder sollten am Seminar durchgängig teilnehmen, d. h., keine/-r kommt später hinzu oder verlässt

die Gruppe früher. Nur so kann ein vertrauensvoller Umgang möglich werden, und so können die in jeder Gruppe stattfindenden gruppendynamischen Prozesse auch in der Gruppe bearbeitet werden. Zudem muss dafür gesorgt sein, dass die Gruppe in einem geschlossenen Raum ungestört arbeiten kann.

Des Weiteren hat die Spielleitung darauf zu achten, dass den Protagonist/-innen der Rollenschutz gesichert wird. In der Praxis heißt dies z. B., dass die Spielleitung gewährleistet, dass die Gruppe in der Reflexion die Figur von den jeweiligen Spielenden unterscheidet – und so die Figuren *nicht* mit den Spielenden gleichgesetzt werden.

3. Ausreichender Zeitrahmen bei der Erhebung und der Auswertung der Daten
Der Zeitbedarf bei der Verwendung des szenischen Spiels als Forschungsmethode ist relativ hoch und muss angemessen eingeplant werden. Für die pädagogische Arbeit mit der Methode des szenischen Spiels darf eine Gruppe nicht unter Zeitdruck stehen, da sonst eine Einfühlung in Szenen nicht gewährleistet und eine differenzierte szenische Reflexion nicht durchführbar ist. Abkürzungsstrategien sind nur in der Anzahl der bearbeiteten Fälle denkbar; darüber hinaus brauchen die Spiel- und Reflexionsprozesse ihren angemessenen Zeitrahmen. Zudem muss eine ausreichende Anwärmzeit für das szenische Arbeiten eingeplant werden. Sowohl die Gruppenentwicklung als auch die Einführung in die theatrale Methode brauchen einige Zeit des Vorlaufes und erster spielerischer Zugänge, bevor mit der eigentlichen Fallbearbeitung begonnen werden kann. Ist für diesen Einstieg in die Gruppe und in die Arbeitsweise nicht gesorgt, besteht die Gefahr, dass die Spielenden Schwierigkeiten haben, sich wirklich intensiv auf die Rollen einzulassen, statt nur oberflächlich »Theater« zu spielen.

Für die Datenerhebung bedeutet dies, dass von Beginn des Seminars an die Datenaufzeichnung gewährleistet sein sollte, da sie wertvolle Hinweise über individuelle und gruppendynamische Prozesse im Laufe der ersten Begegnung mit der Gruppe und der Methode liefern kann.

Anwendungsbereiche

Das szenische Spiel als Forschungsmethode eignet sich besonders für die Untersuchung komplexer Themen, Verhaltensweisen, Prozesse und Interaktionen, wenn Gruppenentwicklungen im Mittelpunkt des Forschungsinteresses stehen und wenn die Berücksichtigung nonverbaler Daten (Gestik und Mimik) bei der Datenerhebung für die Analyse sinnvoll erscheinen.

Weniger geeignet ist das szenische Spiel als Forschungsmethode bei der Untersuchung allgemeiner Sachverhalte und abstrakter Themen. Zudem sind »Rollenspielmethoden […] zumeist weniger geeignet, wenn […] der Sachverhalt so weit entfernt vom alltäglichen Verhaltensrepertoire der Versuchsteilnehmer liegt, dass eine ›Als-ob-Realisation‹ die Teilnehmer überfordert« (Sader 1995, S. 194).

Besonderes Augenmerk muss auf Gruppen gelegt werden, die bis zum Erhebungszeitraum bereits eine eigene Gruppengeschichte hatten. Bei der Datenauswertung heißt es dann, genau zu erkunden, an welcher Stelle bei den erhobenen Daten zurückliegende Ereignisse das Handeln beeinflussen.

Bei der Entscheidung über die Methode, mit der man seine empirischen Untersuchungen durchzuführen plant, ist zu berücksichtigen, dass bei aller hohen Aussagekraft der Daten, die beim szenischen Spiel möglich sind, doch einzuräumen ist, dass es bei dieser Forschungsmethode zu einer umfangreichen Datenfülle kommt. Die Auswertung erweist sich infolgedessen als aufwändig. Denn es liegen Daten vor, die auf der Ebene der Einzelperson und auf der Gruppenebene ausgewertet werden können. In der Interaktion sind alle Seminarteilnehmer/-innen (inkl. Leitung und Forschungsteam) zu berücksichtigen. Als Material zur Auswertung stehen nicht nur verbale Daten der unterschiedlichen Personen in unterschiedlichen Funktionen (Spielende, Beobachtende, Leitende, Forschende) zur Verfügung, sondern auch die gesamte nonverbale Ebene von Gestik, Mimik und die Interaktion der Beteiligten. Das bietet den Forschenden vielfältige und sehr differenzierte Auswertungsmöglichkeiten.

Datenerfassung

Wer die pädagogische Methode des szenischen Spiels als Forschungsmethode verwendet, erhält eine große Datenmenge: Die Forschenden erhalten visuelle und auditive Daten: So sind z. B. gesprochene Wörter, Laute und Körperbewegungen in die Analyse mit einzubeziehen. Und dies nicht nur von *einem* Protagonisten oder *einer* Protagonistin, sondern von mehreren untereinander agierenden Spielenden, Beobachtenden und der Leitung. Alle diese Ebenen kommen im szenischen Spiel zum Tragen und sollten somit auch in die Datenerhebung und -auswertung integriert werden. Darin liegt die Chance, aber auch der besondere Anspruch und Aufwand bei dieser Forschungsmethode.

Um die Daten möglichst vollständig zu erfassen, empfiehlt sich eine Videoaufnahme des szenischen Spiel-Prozesses. Hierbei ist es unerlässlich, das Geschehen im ganzen Seminarraum zu erfassen. Denn die Interaktion der Spielenden untereinander und die Interaktion der Bühnenspielenden mit den Beobachtenden im Zuschauerraum ist der besondere Mehrwert, den das szenische Spiel den Forschenden bietet. Während der Aufzeichnung ist auf eine gute Tonqualität (Verwendung von externen Mikrofonen) sowie auf eine gute Beleuchtung zu achten. Die Tatsache der Datenaufzeichnung hat in jedem Fall Einfluss auf die Gruppe, aber um diesen möglichst gering zu halten, bedarf es guter Vorbereitung der Teilnehmenden. Grundsätzlich ist zu beachten, dass jeder zusätzliche Einfluss (weitere beobachtende Personen, technisches Personal, jede Störung des Gruppenprozesses etc.) Einfluss auf das Gruppengeschehen hat und bei der Auswertung berücksichtigt werden muss.

Literatur

Berg, Markus/Flume, Peter/Orthey, Frank Michael/Ritscher, Jörg/Tilemann, Friederike/Wehner, Reinhold (2002): Unternehmenstheater interaktiv. Themenorientierte Improvisation (TOI) in der Personal- und Organisationsentwicklung. Weinheim/Basel.

Nitsch, Wolfgang/Scheller, Ingo (2003): Forschendes Lernen mit Mitteln des szenischen Spiels als aktivierende Sozial- und Bildungsforschung. In: Friebertshäuser, Barbara/Prengel, Annedore (Hrsg.): Handbuch Qualitativer Forschungsmethoden in der Erziehungswissenschaft. Studienausgabe. Weinheim/München, S. 704–710.

Sader, Manfred (2012): Rollenspiel. In: Flick, Uwe/v. Kardorff, Ernst/ Keupp, Heiner/ v. Rosenstiel, Lutz/ Wolff, Stephan (Hrsg.) (1995): Handbuch Qualitativer Sozialforschung. Grundlagen, Konzepte, Methoden und Anwendungen, 3. Auflage. Weinheim, S. 193–198.

Scheller, Ingo (1998): Szenisches Spiel. Handbuch für die pädagogische Praxis, Berlin.

Experiment

Volker Gehrau / Helena Bilandzic

Eine Eins-zu-eins-Übernahme der experimentalwissenschaftlichen Methodologie in die qualitative Forschung erscheint kaum möglich. Bereits die Grundanforderungen des quantitativen Experiments muten in einem qualitativen Forschungskontext problematisch an und widersprechen den Forderungen qualitativer Forschung nach Alltagsnähe, Offenheit und Flexibilität. Dennoch kann der Grundgedanke des Experiments für die qualitative Forschung adaptiert werden, sodass er sowohl den qualitativen Anforderungen entspricht als auch die Vorteile des experimentellen Paradigmas aufnimmt. In der Kommunikations- und Medienwissenschaft lassen sich verschiedene Anwendungsmöglichkeiten für ein solches Vorgehen aufzeigen.

Die Experimentallogik und ihre Ursprünge

Das Experiment ist keine eigenständige Datenerhebungsmethode, sondern eine Forschungsstrategie, die eine oder mehrere Erhebungsverfahren beinhaltet. Es gilt als die klassische Möglichkeit, theoretisch vermutete Kausalbeziehungen empirisch nachzuprüfen. Die Grundidee stammt aus den Naturwissenschaften. Unter identischen Bedingungen wird ein zu untersuchender Einflussfaktor variiert und die mit der Variation einhergehende Veränderung beim Untersuchungsobjekt registriert, z. B. die unterschiedliche Fallgeschwindigkeit eines immer gleich großen Körpers mit jeweils unterschiedlichem Gewicht unter idealen Bedingungen ohne Störeinflüsse. Variiert die Geschwindigkeit nach Gewicht, so muss das Gewicht ein Einflussfaktor auf die Fallgeschwindigkeit darstellen, denn alle anderen Einflüsse wurden entweder abgeschirmt (z. B. durch Ausführung des Versuchs in einem geschlossenen Raum, um Windeinfluss auszuschließen), oder sie wirkten auf alle Versuche gleichermaßen ein (z. B. der gleichbleibende Luftdruck), sodass die aufgetretene Differenz eindeutig auf das unterschiedliche Gewicht zurückzuführen ist. Ende des neunzehnten Jahrhunderts formulierte Mill (1899) auf dieser Grundidee aufbauend vier Prinzipien des wissenschaftlichen Beweises, von denen eines, die Methode der Differenz, als experimentelles Paradigma in die Sozialwissenschaften übernommen wurde:

»Wenn ein Fall, in dem die untersuchte Erscheinung vorkommt, und ein anderer, in dem sie nicht vorkommt, alle Umstände außer einem gemeinsam haben, wobei dieser gemeine Umstand nur im erstgenannten Fall auftritt, dann ist dieser Umstand, durch den sich die beiden unterschieden, die Wirkung oder Ursache oder ein unentbehrlicher Teil der Ursache der Erscheinung« (Zimmermann 1972, S. 25).

Im Zuge des Behaviorismus (Watson 1913) wurde das experimentelle Paradigma vor allem in der Psychologie übernommen (Selg 1975): Verhalten wurde unter identischen Bedingungen und der Variation eines bestimmten Umstands beobachtet. Durch die Psychologie hat das Experiment auch Eingang in die Kommunikations- und Medienwissenschaft gefunden (Noelle-Neumann 1979).

Kleining (1986) zeichnet nach, wie das ursprünglich in einer streng deduktiv-nomologischen Tradition stehende Experiment auch für eher qualitativ-interpretative Anwendungen adaptiert wurde. So schlug Ernst Mach (1905) das »qualitative Experimentieren« als eine explorative Forschungsstrategie vor. Karl Bühlers Denkexperimente (z. B. 1907) können nach Kleining ebenso als Form des qualitativen Experiments verstanden werden wie Wolfgang Köhlers (1963, erstmals 1921) qualitative Experimente zum Problemlöseverhalten von Schimpansen. (zur Geschichte des qualitativen Experiments vgl. Kleining 1986).

Eine Eins-zu-eins-Übernahme der experimentellen Strategie in die qualitative Forschung erscheint jedoch kaum möglich. Bereits die Grundanforderungen des quantitativen Experiments erscheinen in einem qualitativen Forschungskontext problematisch:

1. Um die Wirksamkeit der interessierenden Einflussgröße zu isolieren, werden Gruppen gebildet, die sich in nichts anderem unterscheiden, als dass eine Gruppe der Einflussgröße ausgesetzt wird und die andere nicht. Alle anderen Bedingungen müssen dabei gleich gehalten werden, indem man die Gruppen zufällig aufteilt und damit mögliche Störgrößen ebenfalls gleichmäßig verteilt; durch eine Laborsituation werden Störeinflüsse abschirmt. Das widerspricht dem Grundgedanken qualitativer Forschung, dass Phänomene in ihrem natürlichen Kontext, vor allem in der normalen sozialen Situation, untersucht werden sollen.

2. Die zu untersuchende Bedingung wird aus theoretischen Vorgaben abgeleitet und vom Forschenden bewusst manipuliert. Das setzt ein deduktives Vorgehen bei der Forschung voraus und widerspricht dem Grundgedanken der Offenheit gegenüber dem Forschungsgegenstand.

3. Die zu untersuchende Veränderung wird mit einem Messverfahren erfasst, d. h. nach einem vom Erhebenden und Untersuchtem unabhängigen Verfahren erhoben. Weder wird der Untersuchte als Interpret seiner Angaben zu Rate gezogen, noch darf die Interpretation der Angaben kontextabhängig variieren.

Obwohl das experimentelle Paradigma der Logik qualitativer Forschung widerspricht, kann der Grundgedanke des Experiments dennoch adaptiert werden, sodass er sowohl den qualitativen Anforderungen entspricht als auch Vorteile des experimentellen Paradigmas aufnimmt. Wir wollen nachfolgend ein solches Vorgehen darlegen und Anwendungsmöglichkeiten in der Kommunikations- und Medienwissenschaft aufzeigen.

Qualitative Experimente als Intervention in soziale Abläufe

Traxel (1964) legt eine Definition von Experiment vor, die uns besser mit dem qualitativen Forschungsparadigma verträglich erscheint: »*Ein Experiment besteht in der absichtlichen, planmäßigen Auslösung eines Vorgangs zum Zwecke seiner Beobachtung.*«

Das absichtliche und planmäßige Auslösen eines Vorgangs ermöglicht unseres Erachtens einen Vergleich zweier natürlicher Phänomene, nämlich den Zustand eines Untersuchungsgegenstandes vor dem Eingriff des Forschenden und danach. Wir verbleiben also in der Mill'schen Forschungslogik der Differenz (s. o.), nach der eine Veränderung zwischen dem vorherigen und dem nachherigen Zustand auf die dazwischenliegende Intervention zurückzuführen sein muss. Den Forschenden müssen zwei Aspekte vorab klar sein, wenngleich nicht zwangsläufig deduktiv theoretisch hergeleitet:

1. In welcher Situation soll der Einflussfaktor beobachtet werden? Gemäß der qualitativen Orientierung ist klar, dass es sich in der Regel um natürliche Situationen und nicht um Laborsituationen handeln sollte. Zwei weiterführende Überlegungen sind wichtig: Zum einen ist zu berücksichtigen, inwieweit die Untersuchung selbst die Natürlichkeit der Situation einschränkt. Zum anderen muss entschieden werden, ob gemäß den vorhandenen Erkenntnissen eher Einzelsituationen oder Gruppensituationen zu untersuchen sind.

2. Welcher mögliche Einflussfaktor soll untersucht werden? Das Vorwissen muss bereits so umfangreich sein, dass nicht nur der Untersuchungsgegenstand definiert werden kann, sondern auch relevante Elemente identifiziert werden, um die sich ein Eingriff in das

natürliche Geschehen dreht: Welche Elemente sind also untersuchenswert, welche Einflüsse potenziell wirksam? Man muss also z. B. antizipieren können, dass eine Familie sich verändert, wenn ein neues Medium in den Haushalt eingeführt wird, oder dass eine Störung des Alltags auftritt, wenn der gewohnte Zugang zur Tageszeitung verwehrt wird. Im Unterschied jedoch zu einem quantitativen Experiment muss nicht unbedingt Wissen darüber entwickelt werden, was konkret nach der Intervention im sozialen Feld passiert; genau das soll ja ermittelt werden.

Der Definitionsbestandteil »zum Zwecke seiner Beobachtung« liefert die Anbindung an qualitative Erhebungsverfahren:

1. Typischerweise würde man zur Erhebung empirischer Erkenntnisse ein qualitatives Beobachtungsverfahren in natürlichen Alltagsumfeld der Untersuchten wählen (→ vgl. Mikos, S. 362 ff.). Die Beobachtungserkenntnisse würde man durch Analysen des berücksichtigten Medienmaterials sowie qualitative Befragungen der Untersuchten ergänzen, um Auskünfte aus Sicht der Akteure einzuholen oder die Angaben im Sinne der Triangulation zu fundieren (kommunikationswissenschaftliche Beispiele siehe Gehrau 2002 und Gehrau 2017).
2. Es sind aber auch narrative Gesprächssituationen mit Einzelpersonen oder Gruppendiskussionen mit mehreren Beteiligten denkbar (kommunikationswissenschaftliche Beispiele siehe Scholl 2009).

Ein qualitatives Experiment verläuft nun idealtypisch nach folgendem Schema: Die Erhebung beginnt in der normalen Alltagssituation der Untersuchungsobjekte und erstreckt sich über einen Zeitraum, der ausreicht, das normale Alltags- und Medienverhalten der Untersuchungsobjekte zu beurteilen. Dann wird die planmäßige Intervention vorgenommen. Nach Beendigung der Intervention wird erhoben, wie die natürliche Anschlusshandlung verläuft, und zwar so lange, bis wiederum ein ausreichend stabiler

Eindruck entsteht. Gegebenenfalls werden die Untersuchungsobjekte in Bezug auf die Intervention befragt.

Damit ist unser Vorschlag für qualitative Experimente vereinbar mit der Definition von Kleining (1995 bzw. 2012, S. 264), der Mitte der 1980er Jahre das qualitative Experiment methodologisch fundiert hat:

»Das qualitative Experiment ist der nach wissenschaftlichen Regeln vorgenommene Eingriff in eine (soziale, psychische) Gegebenheit zur Erforschung ihrer Struktur. Es ist die explorative, heuristische Form des Experiments.«

Kleining nimmt also das Ziel eines qualitativen Experiments« bereits in die Definition auf: Es soll explorativ und heuristisch sein, da es auf das Finden und Aufdecken der Besonderheiten eines Untersuchungsgegenstandes gerichtet ist (explorativ) und dafür einen systematischen methodischen Weg vorschlägt (heuristisch). Die Einschränkung qualitativer Verfahren auf ein exploratives Erkenntnisinteresse erscheint nicht unbedingt geboten, da in bestimmten Fällen auch die Theorieprüfung durch qualitative Forschung erfolgen kann. Bei einer solchen Einschränkung läuft man Gefahr, qualitative Forschung zu einer bloßen Vorstufe theorieprüfender Forschung zu degradieren und damit eine untergeordnete Rolle zuzuweisen. Die berühmten Krisenexperimente von Garfinkel (1967), bei denen z. B. normale Alltagsgespräche durch permanentes Infragestellen verbreiteter Konventionen aus dem Gleichgewicht gebracht wurden, werden von Kleining aus dem qualitativen Experiment ausgenommen, weil sie »nicht heuristisch, sondern zur Demonstration bereits bekannter Sachverhalte eingesetzt« (Kleining 1986, S. 733) werden – unseres Erachtens zu Unrecht, wenn man bedenkt, dass der Explorationscharakter nicht von allen qualitativen Forschern gleichermaßen als notwendige Bedingung angesehen wird (Kelle 1997, S. 364 ff.). Aus diesem Grund betrachten wir für das qualitative Experiment den begründet vorgenommenen Eingriff in eine psychische oder soziale Gegebenheit zum Zwecke ihrer Erforschung als konstitutiv.

Vereinbarkeit von Experiment und qualitativer Forschungslogik

Grundlegend für qualitative Forschungslogik ist zunächst einmal die Annahme, dass soziale Wirklichkeit durch subjektive Bedeutungszuweisungen der Menschen vor dem Hintergrund des gesellschaftlich geteilten Wissens in einem bestimmten Kontext entsteht (Flick et al. 2000). In der qualitativen Logik muss man nun beides, die Bedeutungszuweisungen und den Kontext, berücksichtigen. Dies geschieht, indem das Prinzip der Offenheit sowohl in theoretischer als auch methodischer Hinsicht praktiziert wird (Bilandzic 2005). In theoretischer Hinsicht bedeutet Offenheit, dass Theorien und Hypothesen nicht als statische Gebilde an den Gegenstand herangetragen werden, sondern Vorwissen sukzessive am Gegenstand modifiziert und verfeinert wird, wobei man auch für überraschende Erkenntnisse offen bleiben muss. Diese theoretische Offenheit kann prinzipiell auch beim qualitativen Experiment bestehen; der einzige Unterschied ist, dass mehr Vorwissen vorhanden sein muss als bei einem nicht interventionistischen Verfahren, da die Intervention begründet und geplant sein muss. Was jedoch *nach* der Intervention erwartet wird, ist damit noch nicht festgelegt (anders als beim quantitativen Experiment) und entspricht in diesem Sinne dem Prinzip der theoretischen Offenheit. In methodischer Hinsicht bedeutet Offenheit, dass nicht standardisierte Methoden im Vordergrund stehen, der Einsatz der Methoden und der Probandenauswahl flexibel je nach aktuellem Erkenntnisstand angepasst wird und mehrere Methoden angewandt werden, um den Forschungsgegenstand aus verschiedenen Perspektiven zu beleuchten. Da das qualitative Experiment eine Forschungsstrategie ist, in die verschiedene Methoden eingebettet sein können, lässt sich die methodische Offenheit gut verwirklichen. Eine Einschränkung muss man jedoch gegenüber dem quantitativen Experiment hinnehmen: Standardisierte Methoden stellen sicher, dass die statistische Bedeutsamkeit eines Unterschiedes zwischen Vorher-Nachher oder zwischen verschiedenen Experimentalgruppen berechnet werden kann. Dies ist bei der Verwendung nicht standardisierter Methoden natürlich nicht möglich. Hier erfolgt der Vergleich durch qualitative Verfahren wie die Interpretation, die qualitative Inhaltsanalyse oder durch Typenbildung. Kleining (1986) spricht davon, die Daten nach Gemeinsamkeiten nicht nur im Sinne von Identitäten und Teilidentitäten zu beurteilen, sondern auch im Sinne von Gegensatz, Widerspruch und Negation (S. 734). Bei einer solchen Auswertung sind Aussagen über Kausalität und Repräsentativität in einem strengen Sinne weder möglich noch gewünscht.

Vorgehensweisen beim qualitativen Experiment

Kleining (1986; 1995 bzw. 2012) und in Anlehnung daran Lamnek (2010, S. 582–593) haben Strategien für das Vorgehen bei qualitativen Experimenten entwickelt, die sich auf die qualitative Mediennutzungsforschung übertragen lassen. Im Kern geht es bei der Mediennutzungsforschung darum, wie Personen in bestimmten Situationen mit Medien bzw. Medienangeboten umgehen oder wie Medien bzw. Medienangebote von Menschen in Alltagssituationen integriert werden. Die Möglichkeiten des Vorgehens bei qualitativen Experimenten werden nachfolgend dargestellt und mit potenziellen Anwendungen illustriert.

Wenn es beim qualitativen Experiment um einen Eingriff in eine soziale Gegebenheit handelt (Kleining 1995 bzw. 2012, S. 264, s. o.), dann sind drei Ebenen des Eingriffs denkbar: der Personen, der Situation oder den Medien bzw. Medienangeboten, gegebenenfalls auch einer Kombination:

1. Eingriffe auf der Ebene der Personen könnten z. B. bedeuten, unterschiedliche Einzelpersonen zu vergleichen. Möchte man beispielsweise die Auswirkung von Medien mit Internetzugriff bei selbstständiger Projektarbeit im Schulunterricht untersuchen, könnte man auf Ebene der Personen die Nutzung des Internets von medienerfahrenen Schülern mit medienunerfahrenen Schülern vergleichen.

Denkbar wäre aber auch, Gruppen zu vergleichen, die etwa verschiedene Aufgaben erhalten haben oder unterschiedliche Gruppengröße haben.

2. Bei Eingriffen auf Ebene der Situation könnte entweder eine Situation verändert werden, z. B. durch Hinzukommen eines bzw. einer Lehrkraft in die untersuchte Arbeitssituation, oder ein Vergleich zwischen unterschiedlichen Arbeitssituationen vorgenommen werden, z. B. Arbeiten mit oder ohne Zeitdruck.

3. Eingriffe auf Ebene der Medien würde entweder den Vergleich mit versus ohne Medien mit sich bringen oder den Vergleich zwischen unterschiedlichen Medien bzw. Medienangeboten. Es könnte also das Verhalten vor sowie nach Einführung des neuen Medienangebots untersucht werden oder die Variation der Art des jeweiligen Angebots, z. B. auf dem individuellen Arbeitscomputer versus auf einem mobilen Zusatzgerät.

Zudem kann man bei der Art des Eingriffs unterscheiden, ob es sich eher um eine Intervention oder eine kontinuierliche Variation handelt.

1. Interventionen beschreiben Eingriffe in das soziale Gefüge in wenigen, aber deutlichen Schritten. Dem untersuchten Gefüge wird etwas weggenommen oder hinzugefügt und die damit einhergehende Veränderung untersucht. Eine Intervention auf der Ebene von Personen könnte z. B. im Hinzukommen von interneterfahrenen Personen zur Projektgruppe bestehen. Das Hinzukommen einer Lehrkraft wäre demgegenüber eher eine Intervention in die Situation und der Wechsel zwischen PC und mobilem Endgerät auf der Ebene des Mediums.

2. Kontinuierliche Variationen finden demgegenüber in vielen kleinen Schritten statt, um zu untersuchen, bei welchem Grad der Variation sich bemerkenswerte Veränderungen ergeben. Auf Ebene der Situation könnte bei der Projektarbeit die zur Verfügung stehende Arbeitszeit variiert werden. Auf der Personenebene wäre die Größe der Projektgruppen eine naheliegende Variation; auf der Ebene

der Medien z. B. die Anzahl der zur Verfügung gestellten internetfähigen Geräte.

Darüber hinaus benennt die Definition des qualitativen Experiments von Kleining (1995 bzw. 2012, S. 264, s. o.) die *Erforschung der Struktur* als konstitutives Element. Daran sind zwei Fragen geknüpft: Erstens, wie wird erforscht? Oder anders ausgedrückt: Auf welche Art werden die Daten bzw. Informationen erhoben? Zweitens, was bildet Struktur? Oder anders ausgedrückt: Was sind besonders relevante Merkmale des Untersuchungsgegenstandes?

Die Datenerhebung in qualitativen Experimenten findet in der Regel nach den üblichen Erhebungsverfahren qualitativer Medienforschung statt:

1. Qualitative Beobachtungen (→ vgl. Mikos, S. 362 ff.) sind meist das naheliegende Erhebungsverfahren. Entweder sind dabei ein oder mehrere Beobachter vor Ort und protokollieren alle interessanten Verhaltensaspekte oder die zu untersuchende Situation wird als Audio- und Videomaterial aufgenommen und die Protokolle oder Aufnahmen später strukturiert, ggf. kategorisiert und interpretiert. Allerdings sind qualitative Beobachtungen sehr aufwändig, sodass oft andere Erhebungsverfahren bevorzugt werden.

2. Qualitative Befragungen sind eine relativ einfach realisierbare Variante zur Datenerhebung. Entweder werden qualitative Interviews (→ vgl. Keuneke, S. 302 ff.) mit einzelnen Personen, im skizzierten Fall also den einzelnen Schülerinnen und Schülern der Projekte, Gespräche zu ihrer individuellen Einschätzung geführt, was theoretisch auch online stattfinden könnte (→ vgl. Ehlers, S. 327 ff.). Alternativ könnten auch Gruppendiskussionen (→ vgl. Schäffer, S. 347 ff.) durchgeführt werden. Im Beispiel wäre es naheliegend, vor, während und nach der schulischen Projektphase mit den Projektgruppen Diskussionen zum Projektverlauf und der Integration von Internetinfor-

mationen in die Projektarbeit durchzuführen. Gerade Gruppendiskussionen sind für qualitative Experimente interessant, weil hierbei auch die Möglichkeit besteht, im Verlauf der Gruppendiskussion selbst Interventionen durchzuführen, um die Reaktionen darauf zu untersuchen. Ein entsprechendes Vorgehen ist auch bei Einzelinterviews denkbar. Hierbei würde aber zweckmäßigerweise die Reaktion auf die Intervention nicht nur abgefragt, sondern auch nach der Logik des Lauten Denkens (→ vgl. Bilandzic, S. 406 ff.) genauer erfasst. In jedem Fall würden die Gesprächsverläufe im Nachhinein strukturiert, ggf. kategorisiert und interpretiert.

3. Qualitative Inhaltsanalysen sind im Rahmen qualitativer Experimente denkbar, wenn im untersuchten sozialen Gefüge im weitesten Sinne Texte anfallen, die einer entsprechenden Inhaltsanalyse unterzogen werden können (→ vgl. Mayring/Hurst, S. 494 ff.). Im skizzierten Beispiel könnten das z. B. Unterlagen sein, die während der Projektarbeit erstellt wurden, die darauf untersucht würden, welche Informationen aus dem Internet auf welche Weise in die Projektarbeit eingeflossen sind. Denkbar wären auch Analysen von Projektberichten oder Projektdokumentationen. Techniken der qualitativen Inhaltsanalyse wären zudem nötig, um die Protokoll oder Transkripte aus den Beobachtungen oder Befragungen auszuwerten.

4. Triangulation beschreibt die Kombination der oben genannten Erhebungsverfahren, zum einen, um einen möglichst umfassenden Einblick in die zu untersuchte soziale Gegebenheit zu erhalten, und zum anderen, um die einzelnen Aspekte durch den Vergleich der Erhebungsverfahren besser interpretieren und bewerten zu können (→ vgl. Treumann, S. 264 ff.).

Oft gibt es besonders relevante Konstellationen, aus denen sich gut Rückschlüsse auf die Konstitution des Untersuchungsgegenstandes ableiten lassen. Ziel qualitativer Experimente ist es dann, durch gezielte Eingriffe solche Konstellationen zu erzeugen. Wenn das mittels Intervention geschehen soll, ist weitreichendes Vorwissen nötig, was aber bei qualitativer Forschung mit ihrer offenen Herangehensweise und ihrem oft eher explorativem Charakter selten der Fall sein wird. Insofern sind entsprechende Konstellationen besser durch Variation zu erreichen, indem die Stärke des Eingriffs so lange variiert wird, bis die gewünschte Konstellationen eintritt. Unter Rückgriff auf Ideen von Kleining (1986) und Lamnek (2010, S. 582–593) erscheinen zumindest folgende Konstellationen von besonderem Interesse:

1. Input, ab dem eine Reaktion festzustellen ist. Hierbei wird der geplante Eingriff erst ganz vorsichtig (quasi in niedrigster Dosierung) begonnen und langsam gesteigert, bis sich in der Untersuchungsgegenstand eine feststellbare Reaktion auf den Eingriff zeigt. Am einfachsten sind solche Eingriffe zu realisieren, wenn die Stärke des Eingriffs regelbar ist. Denkbar wäre im vorgestellten Fall z. B., die Nutzungszeit des Internets zu Projektzwecken streng zu limitieren und zu untersuchen, ab welcher Nutzungsmöglichkeit die Projektgruppe beginnt, auf das Angebot zurückzugreifen.

2. Stufen, ab denen sich die soziale Gegebenheit verändert. Es geht um Konstellationen, in denen sich die Situation, die Gruppe oder der Handlungsverlauf grundlegend verändert, ohne dass sich diese auflösen. Kleining (1986) weist darauf hin, dass in solchen Konstellationen oft Paradoxien zutage treten, dass z. B. etwas, was als Hilfe gedacht ist, zum Hindernis wird. Auf das Beispiel zurückkommend, könnten die Möglichkeiten der Internetnutzung soweit ausgedehnt werden, bis sich die Projektgruppe beginnt, die Internetrecherche als eigenen Bestandteil der Projektarbeit zu betrachten und an unterschiedlichen Stellen der Projektarbeit systematisch von dieser Möglichkeit Gebrauch zu machen.

3. Natürliche Gleichgewichtszustände in der sozialen Gegebenheit. Unter natürlichen

Gleichgewichtszuständen werden Konstellationen verstanden, die sich in der untersuchten sozialen Gegebenheit von allein einstellen. Das bringt mit sich, dass als Intervention etwas zur Situation hinzugefügt wird, das von den Untersuchten selbstbestimmt variiert werden kann. Ziel dieses Vorgehen ist es, herauszufinden, wie die soziale Gegebenheit ohne Vorgaben von außen mit der Intervention umgeht. In Bezug auf das Beispiel hieße das, Art und Umfang der Internetnutzung freizugeben, um zu untersuchen, wie stark die Projektgruppe den Internetzugang für die Projektarbeit nutzt, wenn keine Vorgaben gemacht werden.

4. Grenzen, ab denen sich die soziale Gegebenheit auflöst. In solchen Konstellationen würde die sich Handlungssituation oder die handelnde Gruppe auflösen oder die zu untersuchende Handlung würde abgebrochen. Im behandelten Beispiel könnte z. B. vorgegeben werden, wie lange die Projektgruppen das Internet innerhalb der Projektarbeit nutzen sollen. Diese Zeit wäre dann so lange auszudehnen, bis die Internetnutzung für andere Belange als die Projektarbeit genutzt würde und sich die Gruppe von der Projektarbeit abwendet, z. B. zugunsten der gemeinsamen Rezeption interessanter YouTube-Videos.

Im Forschungsalltag handelt es sich bei qualitativen Experimenten um Kombinationen der oben aufgezeigten Möglichkeiten, wobei insbesondere im Punkt Rückschlüsse auf die Struktur und Konstitution des Untersuchungsgegenstandes auch andere Strategien denkbar sind.

Beispiel

Ein Beispiel für ein qualitatives Experiment ist die Untersuchung »Did You See the Unicycling Clown?« von Hyman und Kollegen (2010). In der Studie wird untersucht, wie viel Aufmerksamkeit das Telefonieren mit einem Handy anderen Tätigkeiten in Alltagssituationen außer

Haus entzieht. Erkenntnisse darüber sind insbesondere vor dem Hintergrund der Gefahren im Straßenverkehr durch Handynutzung relevant. In dieser Studie wurde nicht auf sonst übliche kontrollierte Designs in Fahrsimulatoren mit vorgegebenen Handys zurückgegriffen; vielmehr wurde ein vertrautes Gerät in einer natürlichen Situation genutzt. Dazu wurde ein öffentlicher Platz in den USA in Washington D. C. bei schönem Wetter ausgewählt und die Personen untersucht, die über diesen Platz gehen. Ziel war es, herauszufinden, ob und inwiefern das Überqueren des Platzes bei Personen, die dabei mit dem Handy telefonieren, unaufmerksamer stattfindet, als bei Personen, die währenddessen nicht telefonieren. Zudem sollte festgestellt werden, ob die mögliche Ablenkung eher durch die Gerätebenutzung oder die stattfindende Konversation zustande kommt. Deshalb wurden die telefonierenden Personen zum einen mit Personen verglichen, die beim Überqueren des Platzes mittels Geräten (Walkman, MP3-Player) Musik hören und zum anderen mit Personen, die sich mit anderen unterhalten. Die Untersuchung fand anhand von zwei Studien statt.

Bei der ersten Studie handelt es sich um ein natürliches Quasiexperiment, weil die beobachteten Personen keiner Intervention unterworfen waren, sondern sich ihre Intervention gewissermaßen selbst ausgesucht haben (Telefonieren versus Musikhören versus keines von beidem). Die über den Platz gehenden Personen wurden beobachtet. Es wurde erfasst, wie schnell sie gingen, wie oft sie stehen blieben, die Richtung wechselten, hin- und hergingen, andere Personen bemerkten oder ob es zu Beinahe-Kollisionen kam. Im Ergebnis erwies sich die Gangart der Telefonierenden anhand der oben genannten Indikatoren als unaufmerksamer als die Gangart der Anderen. Die Telefonierenden waren eher langsam, nur die sich Unterhaltenden waren noch langsamer; vor allem blieben die Telefonierenden öfter stehen, wechselten öfter die Richtung, gingen öfter hin und her, aber bemerkten andere weniger oft und hatten eher Beinahe-Kollisionen mit anderen. Es sah also so aus, als hätte das Telefonieren mit dem Handy Aufmerksamkeit vom Überqueren des Platzes abgezogen und zwar mehr als das Miteinanderreden oder das Verwenden von Geräten allein erklärte. Fraglich blieb aber, wie gut die untersuchten Merkmale für verminderte Aufmerksamkeit sprachen.

Deshalb wurde ein zweites natürliches Quasiexperiment mit Intervention durchgeführt. Die Grundkonstellation entsprach der ersten Studie. Im Gegensatz zu dieser wurde aber ein auffällig gekleideter Clown engagiert, der während der Untersuchung auf dem Platz Einrad fuhr. Zudem wurden die Untersuchten nach Überqueren des Platzes gefragt, ob ihnen beim Überqueren etwas Ungewöhnliches aufgefallen war, und dann nachgefragt, ob sie den Clown gesehen hatten. Nur sehr wenigen befragten Handynutzern war etwas Ungewöhnliches aufgefallen und nur grob jeder Vierte erinnerte sich bei der Nachfrage an den Clown. In allen anderen Gruppen waren es deutlich mehr, und zwar interessanterweise insbesondere bei denen, die sich während des Überquerens des Platzes in Gesellschaft befanden und sich unterhielten. Offenbar hatte das Telefonieren bei vielen die Aufmerksamkeit der Umwelt gegenüber deutlich vermindert, was aber nicht an der geführten Konversation lag, da diejenigen, die beim Überqueren mit anderen zusammen waren und redeten, die aufmerksamste Gruppe war.

Zwar hat das vorgestellte qualitative Experiment Nachteile gegenüber klassischen Experimenten. Zum einen sind die gewählten Merkmale für Unaufmerksamkeit weder allgemeingültig noch durch andere Studien abgesichert. Vor allem aber wurde die Handynutzung nicht nach einem vorgegebenen Verfahren (z. B. dem Zufall) variiert, sondern dem Einzelnen überlassen. Deshalb könnten alle persönlichen Eigenschaften, die mit der Handynutzung zusammenhängen, für die Unterschiede zwischen Nutzern und Nichtnutzern verantwortlich sein. Insoweit ist die wissenschaftliche Beweisführung nicht streng. Dafür entspricht die untersuchte Situation aber der alltäglichen Lebenssituation. Es musste weder auf aufwändige Messverfahren, z. B. physiologische Messungen der Aufmerksamkeit, zurückgegriffen werden, die vielleicht zu einer unnatürlichen Art des Platzüberquerens geführt hätten. Noch wurden gezielt bestimmte Personen gebeten, beim Platzüberqueren zu telefonieren, was sicherlich ein künstliches Verhalten provoziert hätte, wenn sie das normalerweise nicht tun. Da aber gerade die Natürlichkeit der Situation und des Verhaltens für die qualitative Medienforschung von großer Bedeutung ist, sind qualitative Experiment für diese von großem Interesse.

Literatur

Bilandzic, Helena (2005): Qualitative Forschung. In: Bentele, Günter/Brosius, Hans-Bernd/Jarren, Otfried (Hrsg.): Lexikon Öffentliche Kommunikation, S. 235. Opladen.

Bühler, Karl (1907): Tatsachen und Probleme zu einer Psychologie der Denkvorgänge. In: Archiv für die gesamte Psychologie, Band IX, S. 297–365. Leipzig.

Flick, Uwe/von Kardoff, Ernst/Steinke, Ines (Hrsg.) (2000): Qualitative Forschung. ein Handbuch. Reinbek bei Hamburg.

Garfinkel, Harold (1967): Studies in Ethnomethodology. Engelwood Cliffs, N. Y.

Gehrau, Volker (2002): Die Beobachtung in der Kommunikationswissenschaft. Konstanz.

Gehrau, Volker (2017): Die Beobachtung als Methode in der Kommunikations- und Medienwissenschaft. Konstanz.

Hyman, Ira A. Jr./Boss, S. Matthew/Wise, Breanne M/McKenzie, Kira E./Caggiano, Jenna M. (2010): Did you see the Clown? Inattentional blindness while walking and talking on a cell phone. In: Applied Cognitive Psychology, Vol. 24, S. 597–607. DOI: 10.1002/acp.1638.

Kelle, Udo (1997): Empirisch begründete Theoriebildung. Zur Logik und Methodologie interpretativer Sozialforschung. Weinheim.

Kleining, Gerhard (1986): Das qualitative Experiment. In: Kölner Zeitschrift für Soziologie und Sozialpsychologie, Jg. 34, S. 724–750.

Kleining, Gerhard (1995): Das qualitative Experiment. In: Flick, Uwe/v. Kardorff, Ernst/Keupp, Heiner/v. Rosenstiel, Lutz/Wolff, Stephan (Hrsg.): Handbuch qualitative Sozialforschung. Grundlagen, Konzepte, Methoden und Anwendungen, 2. Auflage. Weinheim, S. 263–266.

Kleining, Gerhard (2012): Das qualitative Experiment. In: Flick, Uwe/v. Kardorff, Ernst/Keupp, Heiner/v. Rosenstiel, Lutz/Wolff, Stephan (Hrsg.): Handbuch qualitative Sozialforschung. Grundlagen, Konzepte, Methoden und Anwendungen, 3. Auflage. Weinheim, S. 263–266. (Identisch mit der zweiten Auflage von 1995).

Köhler, Wolfgang (1963): Intelligenzprüfungen an Menschenaffen. Unveränd. Nachdruck d. 2. Aufl. der »Intelligenzprüfungen an Anthropoiden I«, 1921.Berlin [u.a.].

Lamnek, Siegfried (2010): Qualitative Sozialforschung, 5. Auflage. Weinheim.

Mach, Ernst (1905): Erkenntnis und Irrtum. Skizzen zu Psychologie der Forschung. Leipzig.

Mill, John S. (1899): A system of logic. Band I. New York & London (angegeben in Zimmermann 1972).

Noelle-Neumann, Elisabeth (1979): Die Rolle des Experiments in der Publizistikwissenschaft. In: Wilke, Jürgen (Hrsg.): Elisabeth Noelle-Neumann: Öffentlichkeit als Bedrohung. Freiburg, München, S. 43–61.

Scholl, Armin (2009): Die Befragung, 2. Auflage. Konstanz.

Selg, Herbert (1975): Einführung in die experimentelle Psychologie. Stuttgart.

Traxel, Werner (1964): Einführung in die Methodik der Psychologie. Bern, Stuttgart (angegeben in Selg 1975).

Watson, John B. (1913): Psychology as the behaviorist views it. In: Psychological Review, Jg 20, S. 158–177.

Zimmermann, Ekkart (1972): Das Experiment in den Sozialwissenschaften. Stuttgart.

Lautes Denken

HELENA BILANDZIC

Bei der Methode des lauten Denkens werden Personen aufgefordert, ihre Gedanken laut auszusprechen, während sie sich einer Aufgabe oder Tätigkeit widmen. Unter allen Formen der Verbalisation – als Überbegriff für Befragungen, bei denen sich Personen frei verbal äußern können – stellt sie die offenste Form dar. Beim lauten Denken erfolgt die Verbalisation parallel zu einem anderen Prozess, einer »Primäraufgabe« (z. B. Rechenaufgabe) und zeichnet den zeitlichen Verlauf des zugrunde liegenden mentalen Prozesses nach. Man unterscheidet zwischen *gleichzeitigem lauten Denken*, das zeitgleich mit der Primäraufgabe erfolgt, und *nachträglichem lauten Denken*, das nach der Primäraufgabe abläuft. Bei beiden Arten werden so genannte »Protokolldaten« generiert, weshalb die Analyse von prozessbegleitenden Verbalisationen im Englischen auch als »protocol analysis« bezeichnet wird.

Einordnung der Methode und Ursprünge

Die Methode des lauten Denkens stammt aus der Denkpsychologie und wurde Anfang des letzten Jahrhunderts als Alternative zur Methode der Introspektion entwickelt, um Denk- und Problemlösungsprozesse zu untersuchen (Liier/Lass/Ruhlender 1989). Wegweisend in der Methodenentwicklung waren die Psychologen Claparède (1969) und Duncker (1963). Im Unterschied zur Introspektion hebt das laute Denken die Rollenunion von Forscher und Proband auf und setzt nicht Personen ein, die darauf geschult sind, ihr eigenes Denken zu analysieren, sondern »naive« und unerfahrene Individuen (Ericsson/Simon 1999, S. 60). Diese sollen lediglich ihre Gedanken aussprechen, nicht aber reflektieren und darüber theoretisieren (Weidle/Wagner 1994).

Mittlerweile hat die Methode des lauten Denkens weite Verbreitung und Anerkennung in der kognitiven Psychologie gefunden, nicht nur durch die Entwicklung eines theoretischen Modells, das auf dem Mehr-Speicher-Modell des Gedächtnisses basiert (Ericsson/Simon 1999, 1998), sondern auch durch eine fortschreitende methodologische Entwicklung, die von der Formulierung konkreter Anwendungsregeln bis zur empirischen Überprüfung ihrer Genauigkeit

reicht. In den letzten Jahren ist das laute Denken auch in der Medien- und Kommunikationswissenschaft verstärkt angewandt worden, etwa bei der Aneignung von Medieninhalten (Ogden/Russell 2013), komplexen Erlebnisweisen wie Präsenz (Wirth et al. 2004), der Selektion von Fernsehbotschaften (Bilandzic 2002), Usability (Cooke 2010) oder eHealth Literacy (van der Vaart et al. 2013). Wird das laute Denken vor allem in der qualitativen Forschung eingesetzt, gibt es auch ein wichtiges Anwendungsfeld in der Methodenforschung, nämlich zur Entwicklung und Prüfung standardisierter Fragebögen (Conrad/Blair 2009; Willis/Royston/Bercini 1991).

Leistungen und Grenzen der Methode

Im Vergleich zu einer konventionellen offenen Befragung hat das laute Denken den entscheidenden Vorteil, dass Befragte nicht aus einer Vielzahl von Ereignissen und Situationen verallgemeinern müssen, sondern eine konkrete Situation einfach durchleben und dabei Auskünfte über ihre Gedanken erteilen. Situations- und kontextgebundene Phänomene, die außerhalb ihres Kontextes nur schwer reproduzierbar oder gar den Befragten als Denkkategorie nicht bewusst sind, können so empirisch zugänglich gemacht werden. Diese Prozessorientierung wird im Allgemeinen als größter Vorteil des lauten Denkens bezeichnet (Ericsson/Simon 1998; Crutcher 1994).

Wenn das laute Denken *während* der Primäraufgabe erfolgt, spricht man von »gleichzeitigem lauten Denken«; wenn es im Anschluss an die Primäraufgabe erfolgt, wird es als »nachträgliches lautes Denken« bezeichnet. Die nachträgliche Variante empfiehlt sich, wenn befürchtet wird, dass die Erfüllung der Aufgaben stark unter der Verbalisation leidet. Dies ist bei Aufgaben der Fall, deren Tempo vorgegeben ist, etwa beim Rezipieren einer Fernseh- oder Hörfunksendung. Hier laufen die Sendungen weiter, unabhängig davon, ob die Probanden mit dem Verbalisieren nachkommen oder nicht (Shapiro 1994). Ein ähnliches Problem tritt bei Aufgaben mit sehr kurzer Dauer (0,5 bis 10 Sekunden) auf, bei denen das gleichzeitige laute Denken eine methodisch bedingte Verzögerung hervorrufen würde (Ericsson/Simon 1999, S. xvi). Es bietet sich daher an, solche Aufgaben zunächst in ihrer natürlichen Geschwindigkeit ausführen und erst im Nachhinein verbalisieren zu lassen. Das nachträgliche laute Denken kann auch mit einer Aufzeichnung der Aufgabenbewältigung unterstützt werden, anhand derer die Probanden ihre gedanklichen Schritte besser nachvollziehen können (Weidle/Wagner 1994).

Das laute Denken kann nicht alle Arten von mentalen Prozessen abbilden. Wahrnehmungs- und Gedächtnisoperationen, die auf neurophysiologischer Ebene im Gehirn ablaufen, sind keinem Selbstbericht zugänglich (Long/Bourg 1996; Smith/Miller 1978). Ebenfalls mit dem lauten Denken schwer zu erfassen sind nicht bewusste Prozesse, etwa automatisierte Abläufe (z. B. Autofahren), implizites Lernen, Priming, Intuition (Wilson 1994; Shapiro 1994; Trabasso/Magliano 1996). Eher ungünstig sind daher Aufgaben, die »overlearned« und routiniert sind, und unter geringer Aufmerksamkeit ausgeführt werden (Smith/Miller 1978). Da unbewusste Inhalte nur schwerlich verbalisiert werden können, fehlen in den Protokollen auch Hinweise auf nicht bewusste Verhaltensursachen. Anstatt

jedoch wie Nisbett und Wilson (1977) oder Wilson (1994) Fehlschlüsse über wahre Verhaltensursachen zu befürchten, ist es zweckmäßiger, mit diesen Begrenzungen zu arbeiten und die Protokolldaten mit anderen Methoden zu kombinieren (z. B. Beobachtung, Inhaltsanalyse), um auch Aufschluss über nicht-bewusste Handlungsgründe zu erhalten.

Vorgehen beim lauten Denken

Wie bei allen Arten der Verbalisation spielt die Instruktion durch den Interviewer eine entscheidende Rolle dafür, ob die resultierenden Daten brauchbar sind oder nicht. Die Instruktion beim lauten Denken ist von ihrer Formulierung her sehr einfach gehalten, weil sie nur die Aufforderung enthält, die Gedanken laut auszusprechen: »Bitte denken Sie laut« oder: »Bitte sagen Sie mir alles, was Ihnen (bei …) durch den Kopf geht« (Ericsson/Simon 1999, S. 80). Ansonsten sind nach einer längeren Pause in der Verbalisation nondirektive (ungerichtete) Nachfragen gestattet, etwa »Was denken Sie?« oder »Was geht Ihnen noch durch den Kopf?«. Um nicht immer wieder auf das laute Denken hinzuweisen und die Aufmerksamkeit von der eigentlichen Aufgabe abzuziehen, schlagen Ericsson und Simon (1999, S. 83) ein unaufdringlicheres »Reden Sie weiter« oder »Fahren Sie fort« vor. Obwohl die Instruktion einfach ist, fordert sie von der Interviewerin einiges ab. Zunächst einmal müssen gewisse Verhaltensregeln beachtet werden, die in allen qualitativen Interviews gelten: Der Interviewer schafft eine freundliche Gesprächsatmosphäre, bleibt aber in affektiver Distanz zum Befragten; so sind persönliche Meinungen zu dem Geäußerten nicht erlaubt, hingegen sollte beständig Interesse und Verstehen signalisiert werden (Maindok 1996, S. 79 f.). Darüber hinaus aber müssen auch direkte gerichtete Fragen, die über die genannte Instruktion hinausgehen, vermieden werden, ebenso wie Sachverhalte, die der Befragte nicht von selbst aufgebracht hat. Auch Fragen wie »Warum?«, »Was meinen Sie damit?« oder »Können Sie mir das näher erklären?« sind nicht angebracht, da sie Reflektionsprozesse bei den Befragten auslösen. Und genau das stellt die Schwierigkeit an der scheinbar einfachen Instruktion dar: Man darf als Interviewer weder Informationen preisgeben noch in eine Richtung lenken, sondern muss sich auf die stereotype Wiederholung von »Was denken Sie« und »Was noch?« beschränken. Es ist daher auch für diese einfach scheinende Instruktion unabdingbar, eine gründliche Interviewerschulung vorzunehmen.

Wegen der Gefahr, durch die Instruktion zusätzliche Denkprozesse auszulösen, ist es ratsam, bei der »ungerichteten Instruktion« zu bleiben: Die Probanden werden gebeten, alles zu sagen, woran sie während einer Aufgabe denken. Bei einer »speziellen Instruktion« wird nach bestimmten kognitiven Elementen gefragt, die für die Untersuchung wichtig sind, etwa nach Problemlösungsstrategien oder Verhaltensgründen. Dies birgt die Gefahr, dass Befragte nach den relevanten Informationen suchen und, wenn diese nicht vorliegen, sie aus vorhandenen Informationen konstruieren (Ericsson/Simon 1999, S. 21).

Die Instruktion kann noch ergänzt werden, indem die Art und Weise spezifiziert wird, in der die Verbalisation erfolgen soll, z.B. »Das Wichtigste ist, dass Sie von Beginn an laut denken, bitte sprechen Sie alles aus, was Ihnen durch den Kopf geht, egal, wie unwichtig es Ihnen auch erscheinen mag, egal, ob es Ihnen als ein guter oder schlechter Gedanke vorkommt«. Es ist nützlich, die Befragten aufzufordern, alle Zensur fallen zu lassen: »Planen Sie nicht, was Sie nach dem Gedanken sagen werden, sondern lassen Sie vielmehr Ihre Gedanken sprechen« (Ericsson/Simon 1999, S. 81).

Validität

Ein Verbalprotokoll ist dann valide, wenn es den zugrunde liegenden Prozess widerspiegelt, also unverfälscht und vollständig ist. Folgende Mechanismen können die Validität eines Ver-

balprotokolls gefährden (vgl. auch Bilandzic/Trapp 2000):

1. *Selektion:* Das laute Denken erfordert grundsätzlich mehr Zeit als das stille. Dies kann zweierlei bewirken: Zum einen können die Gedankenschritte so verzögert werden, dass das Verbalisieren parallel stattfinden kann (Reaktivität, s. u.). Zum anderen kann das laute Denken in der Geschwindigkeit dem stillen angepasst werden, sodass die Verbalisation nur selektiv oder gerafft erfolgt. Es ist schwer zu kontrollieren, nach welchen Kriterien und wie viel ein Proband selektiert. Wenn etwa Probanden bestimmte Gedanken als irrelevant einschätzen, kann das zu Auslassungen führen (Russo/Johnson/Stephens 1989). Duncker (1963, S. 12) schätzt die Validität daher folgendermaßen ein:

   »Ein Protokoll ist – so könnte man es formulieren – nur für das, was es positiv enthält, einigermaßen zuverlässig, nicht dagegen für das, was in ihm fehlt. Denn auch das gutwilligste Protokoll ist nur eine lückenhafte Registrierung dessen, was wirklich geschieht«.

2. *Umsetzung in Sprache:* Grundsätzlich kann nur das berichtet werden, was in Sprache ausgedrückt werden kann (Trabasso/Magliano 1996). Zustände, die noch nicht innerlich verbalisiert sind (Bilder, Gefühle, Wahrnehmungen) müssen noch »übersetzt« werden. Gravierend wird dies, wenn eine »falsche« Übersetzung von nicht-sprachlichem in sprachlichen Code stattfindet, die dem ursprünglichen Prozess nicht mehr gerecht wird. Ein Folgeeffekt könnte sein, dass die Befragten die Mühe einer möglichst genauen Übersetzung nicht auf sich nehmen, sondern bevorzugt leicht zugängliche und verbalisierbare Gedanken berichten (Wilson 1994). Die Verbalisation kann überdies unterschiedlich genau und spezifisch ausfallen; Einfluss nimmt hier vor allem die verbale Kompetenz der Probanden, wobei die Menge der Verbalisationen ein stabiles Charakteristikum einer Person ist (Dominowski 1998).

3. *Intervieweffekte:* Das laute Denken ist potenziell durch alle Effekte der Interviewsituation

gefährdet, wie sie auch bei anderen Befragungsformen zum Tragen kommen, etwa soziale Erwünschtheit oder die Übertragung von Intervieweerwartungen.

4. *Theoretisieren:* Eine spezifische Fehlerquelle des lauten Denkens ist die Tendenz der Befragten, ihre Gedanken für die Kommunikation mit der Interviewerin aufzubereiten, also Sätze auszuformulieren, Inkonsistenzen und Redundanzen herauszunehmen, Erklärungen zu entwickeln, Rechtfertigungen, Inferenzen oder Plausibilitäten äußern, anstatt die Gedanken unverändert weiterzugeben (Shapiro 1994; Trabasso/Magliano 1996).

5. Beim *nachträglichen lauten Denken* kommt zusätzlich zu den bisher behandelten Problembereichen hinzu, dass Gedanken und deren Verbalisierung zeitlich getrennt ablaufen: Nicht nur ein Vergessen von Gedanken durch das Verstreichen der Zeit und dazwischen liegende Aktivitäten ist zu befürchten, es kann auch zu Verwechslungen kommen, wenn anstelle der tatsächlichen Gedanken nur ähnliche Gedächtnisstrukturen aktiviert werden (Shapiro 1994). Zudem könnten die Probanden zwischen Primäraufgabe und Verbalisation auch Zeit haben, ihr Verhalten zu rationalisieren und zu rechtfertigen (Ericsson/Simon 1999, S. xvi)

Strategien zur Verbesserung der Validität

Während die vorher beschriebenen Probleme der Selektion und der Umsetzung in Sprache kaum beseitigt werden können, sind die Intervieweffekte und das Theoretisieren schon eher einer Optimierung zugänglich. Grundlegend ist dabei, dass eine wertungsfreie, tolerante Atmosphäre durch den Interviewer geschaffen und Anonymität zugesichert wird (Shapiro 1994). Um sozial motivierte Verbalisationen wie Erklärungen, Beschreibungen und Rechtfertigungen zu minimieren, sollte der Versuchsaufbau signalisieren, dass soziale Interaktion nicht intendiert ist: Der Interviewer sitzt hinter dem Proban-

den; die Instruktion schließt explizit Beschreibungen und Erklärungen aus (»Versuchen Sie nicht, jemandem etwas zu erklären. Tun Sie so, als wären Sie allein und würden zu sich selbst sprechen«; Ericsson/Simon 1999, S. 81) und die Nachfragen stellen keinen Bezug zum Interviewer her (»Reden Sie weiter« statt »Sagen Sie mir, was Sie denken«). Nach der Eingangsfrage sollte sich der Interviewer in den Hintergrund stellen und die Probanden mit Ausnahme gelegentlicher Nachfragen so weit wie möglich ungestört reden lassen (Smagorinsky 1994). Dabei kann ein vorgeschaltetes Aufwärmtraining mit einer Übungsaufgabe verhindern, dass die Interviewer bei der eigentlichen Aufgabe viel nachfragen müssen und sicherstellen, dass das laute Denken während der eigentlichen Aufgabe reibungslos abläuft (Ericsson/Simon 1998; Russo/Johnson/Stephens 1989). Erfahrungsgemäß brauchen die Probanden einige Minuten, um sich an das Aussprechen ihrer Gedanken zu gewöhnen.

Reaktivität

Ob lautes Denken reaktiv ist, d.h. die ablaufenden Gedanken und das Absolvieren der Primäraufgabe verändert, hängt von der Realisation ab. Wenn das laute Denken lediglich die Gedanken vokalisiert, die bereits als ›innere Rede‹ (d.h. in sprachlicher Form) existieren, liegt eine enge Kopplung zwischen Gedanken und Äußerungen vor (Ericsson 2006). Ein bloßes Aussprechen der Gedanken sollte weder die grundsätzliche Struktur oder die Reihenfolge der Gedanken noch die Aufgabenerfüllung verändern (Stratman/Hamp-Lyons 1994; Ericsson/Simon 1999, S. xxvii). Während manche Studien diese Ansicht bestätigen konnten (vgl. Literaturübersicht bei Leow/Morgan-Short 2004 und Ericsson/Simon 1999), konnten andere Studien reaktive Effekte nachweisen, etwa eine Verlangsamung bei der Primäraufgabe oder eine verbesserte Aufgabenleistung (z.B. Deffner 1984; Dominowski 1998; Russo/Johnson/Stephens 1989).

Insgesamt hängt die Existenz und Stärke der Reaktivität sicherlich vom jeweiligen Kontext, einer korrekten Instruktion für das Laute Denken und dem Primäraufgabentyp ab; angesichts der zu erwartenden reichhaltigen Daten über mentale Prozesse kann die Schlussfolgerung nicht sein, auf sie zu verzichten. Vielmehr geht es darum, mögliche Probleme zu minimieren und die zur Verfügung stehenden Techniken bei der Durchführung auszuschöpfen (Konrad 2010).

Anwendungsbeispiel

Das Potenzial der Methode des Lauten Denkens soll am Beispiel einer britischen Studie illustriert werden. Ogden und Russell (2013) untersuchen, wie schwarze Frauen sich Modemagazine für weiße und schwarze Zielgruppen aneignen und die Inhalte interpretieren. Ausgangspunkt der Untersuchung war das Ergebnis, dass Frauen, die zu ethnischen Minoritäten in der westlichen Welt gehören, weniger von Essstörungen betroffen sind, weniger dem Schlankheitsideal zustimmen und weniger Unzufriedenheit mit dem eigenen Körper äußern. Vor allem aber hat sich gezeigt, dass Medienbilder, die ein Schlankheitsideal darstellen, bei schwarzen Frauen weniger Körperunzufriedenheit bewirken als bei weißen Frauen. Um den Gründen dieser »Widerstandsfähigkeit« schwarzer Frauen gegenüber dem Schlankheitsideal auf die Spur zu kommen, wurde untersucht, wie schwarze Frauen entsprechende Medieninformationen verarbeiten und interpretieren. Die Methode des Lauten Denkens wurde gewählt, um Daten zu erhalten, die weniger sozial erwünscht und befangen ausfallen; auch sollten damit die spontanen und nicht durch Reflexion modifizierten Reaktionen auf Medieninformationen erfasst werden.

Dafür wurden 32 schwarze Frauen zufällig zu einer von zwei Gruppen zugeordnet; in der ersten Gruppe sollten sich die Probandinnen eine britische »ethnic majority« Modezeitschrift mit vorwiegend weißen Models (»White condition«) ansehen, oder eine Modezeitschrift mit vorwiegend schwarzen Models (»Black condition«). Ansonsten waren die beiden Zeitschriften so ausgewählt, dass sie vergleichbare Schwer-

punkte in Mode, Kosmetik und Körperpflege hatten. Beide Gruppen erhielten zunächst eine neutrale Zeitschrift »Kitchen and Garden«, um sich an das laute Denken zu gewöhnen. Die Instruktion war, alle Gedanken laut auszusprechen, die vom Stimulus hervorgerufen wurden (»to speak aloud any thoughts that were provoked by the stimulus«, S. 1591). Dabei bleibt leider unklar, ob der Zusatz »provoked by the stimulus« auch den Befragten mitgeteilt wurde – dies wäre nach Ericsson und Simon eine unzulässige Abweichung von der neutralen, offenen Frageweise. Nachgefasst wurde mit »What are you thinking?«. Nach der Trainingsphase wurde den Probandinnen die Zeitschrift der jeweils zugeteilten Kondition überreicht, wieder mit der Bitte, alle Gedanken auszusprechen. Die verbalen Daten wurden aufgezeichnet, wörtlich transkribiert und mit der Methode der interpretativen phänomenologischen Analyse ausgewertet. Diese textnahe Analysemethode besteht aus einer genauen und wiederholten Lektüre des Transskripts, die die entscheidenden Stellen und wichtigen Themen identifizieren soll.

Als Ergebnis der Analyse wird festgehalten, dass die Probandinnen in den beiden Gruppen auf gänzlich unterschiedliche Themen kommen. Die Probandinnen in der »White condition« thematisierten (1) die Ablehnung der Inhalte, die sie in der Zeitschrift sahen, (2) ihre Kritik an solchen Zeitschriften generell und (3) die Ambivalenz zwischen dem Versuch, sich auf die Zeitschrift einzulassen und sich zu distanzieren. Die Probandinnen in der »Black condition« thematisierten hingegen (1) Jubel und Stolz über eine vorwiegend schwarze Zeitschrift, (2) Identifikation und Verbundenheit mit den Inhalten und Personen der Zeitschrift, (3) Interesse an einer tiefergehenden Auseinandersetzung mit den Artikeln.

Die Leitthemen werden jeweils mit Beispielen illustriert. So wird als Beispiel für Ablehnung etwa folgende Textstelle zitiert: »it wouldn't do it for me, yea that's probably, oh that's skin care but it's going to be focussed on White people, White people's hair, European hair« (S. 1593). Als Beispiel für Jubel und Stolz steht u.a. folgendes Zitat: »nice seeing the big brands, with

Black people in the advert, from the you know, we should see more, more of that in the White magazines« (S. 1594).

Die Autoren schlussfolgern, dass die starke Ablehnung, die bei den Frauen in der Auseinandersetzung mit »weißen« Zeitschriften deutlich wird, die Internalisierung von Schönheitsidealen und einen nach oben gerichteten sozialen Vergleich verhindern. Mit diesem Widerstand gegen die Inhalte und das Produkt unterwandern die Frauen potenzielle Wirkungen auf ihr Selbstbild. Im Unterschied dazu reagierten die Frauen äußerst positiv auf die Zeitschrift, die vornehmlich schwarze Models zeigte; dies war sogar ein Motivator, sich auch tiefergehend mit den Inhalten zu beschäftigen.

Die Studie zeigt, dass die Art und Weise der Verarbeitung der Zeitschrifteninhalte Nähe oder Distanz, Zustimmung oder Ablehnung produzieren kann. Die Autoren führen aus, dass die Ablehnung der »weißen« Zeitschrift erklären würde, warum schwarze Frauen eine Widerstandkraft gegenüber dem Schlankheitsideal haben, wenn die meisten Models, die man in den Medien vorfindet, eben weiß sind. Dass aber das Schlankheitsideal aus den »schwarzen« Zeitschriften nicht übernommen wird, ist angesichts der positiven Reaktion auf diese nicht wirklich gut zu erklären; ob die Leserinnen ganz allgemein resistent sind, wie die Autoren interpretieren, ist aufgrund der Datenlage nicht zu entscheiden. Hier sind die Grenzen dessen erreicht,

was man mit dem Lauten Denken tatsächlich erforschen kann – die Methode kann schlichtweg keine Medienwirkungen untersuchen. Sie hat große Stärken in der Offenlegung gedanklicher Prozesse, vermag aber nicht, Veränderungen auf einen Stimulus hin nachzuweisen.

Die Studie von Ogden und Russell (2013) weitet das Anwendungsfeld des Lauten Denkens auf eine für die Medien- und Kommunikationswissenschaft fruchtbare Weise aus: Während es viele Studien gibt, in denen die Primäraufgabe aus einzelnen Entscheidungen, wie sie in der kognitiven Psychologie üblich sind, zumindest ähnlich sind (etwa die Selektionsentscheidungen am Fernseher, das Navigieren einer Website), geht es hier um Prozesse der *Sinnkonstruktion*. Auch hier kann das Laute Denken mentale Prozesse sehr gut sichtbar machen, ohne zu lenken. Grenzen sind freilich dort zu finden, wo die anvisierten Kategorien nicht als natürliche Relevanzen von Befragten zutage treten (z.B. hätte man gerne mehr über das eigentliche Selbstbild der Probandinnen erfahren) oder eine Aussage zu Wirkungen gemacht werden soll. Hier ist eine Kombination mit stärker gerichteten Interviewverfahren und standardisierten Verfahren (etwa für die Einstellung zum Schlankheitsideal) nützlich, die nach Abschluss der Phase des Lauten Denkens noch einmal gezielter eingesetzt werden kann, um zu weiteren Erkenntnissen zu gelangen.

Literatur

Bilandzic, Helena (2002): Situative Frames in der Dynamik der Fernsehrezeption. Eine Inhaltsanalyse von Gedankenprotokollen zur selektiven Fernsehnutzung. In: Rössler, Patrick/Gehrau, Volker/Kubisch, Susanne (Hrsg.): Empirische Perspektiven der Rezeptionsforschung. München, S. 75–95.

Bilandzic, Helena/Trapp, Bettina (2000): Die Methode des lauten Denkens: Grundlagen des Verfahrens und die Anwendung bei der Untersuchung selektiver Fernsehnutzung bei Jugendlichen. In: Paus-Haase, Ingrid/Schorb, Bernd (Hrsg.): Qualitative Kinder- und Jugendmedienforschung. München, S. 183–209.

Claparède, Edouard (1969): Die Entdeckung der Hypothese. In: Graumann, Carl Friedrich (Hrsg.): Denken, 4. Auflage. Köln/Berlin, S. 109–115. Nachdruck und Übersetzung aus: Journal de Psychologie Normale et Pathologique, 1932, Jg. 29, S. 648–656.

Conrad, Frederick. G./Blair, Johnny (2009): Sources of error in cognitive interviews. In: Public Opinion Quarterly, Jg. 73, H. 1, S. 32–55. doi:10.1093/poq/nfp013.

Cooke, Lynne (2010): Assessing concurrent think-aloud protocol as a usability test method: a technical communication approach. In: Ieee Transactions on Professional Communication, Jg. 53, H. 3, S. 202–215. doi:10.1109/tpc.2010.2052859.

Crutcher, Robert J. (1994): Telling what we know: The use of verbal report methodologies in psychological research. In: Psychological Science, Jg. 5, H. 5, S. 241–244.

Deffner, Gerhard (1984): Lautes Denken – Untersuchung zur Qualität eines Datenerhebungsverfahrens. Frankfurt a. M.

Dominowski, Roger L. (1998): Verbalisation and problem-solving. In: Hacker, Douglas J./Dunlosky, John/Graesser, Arthur C. (Hrsg.): Metacognition in educational theory and practice. Mahwah/New Jersey, S. 25–46.

Duncker, Karl (1963): Zur Psychologie des produktiven Denkens (Originalausgabe 1935). Berlin.

Ericsson, K. Anders (2006): Protocol analysis and expert thought: Concurrent verbalizations of thinking during experts' performance on representative tasks. In Ericsson, K. Anders/Charness, Neil/ Feltovich, Paul J./Hoffman, Robert R. (Hrsg.): The Cambridge handbook of expertise and expert performance (S. 223–241). New York, NY.

Ericsson, K. Anders/ Simon, Herbert A. (1999): Protocol analysis: Verbal reports as data. 3. Ausgabe. Cambridge, Mass.

Ericsson, K. Anders/Simon, Herbert A. (1998): How to study thinking in everyday life: Contrasting think-aloud protocols with descriptions and explanations of thinking. In: Mind, Culture and Activity, Jg. 5, H. 3, S. 178–186.

Konrad, Klaus (2010): Lautes Denken. In Mey, Günter /Mruck, Katja (Hrsg.): Handbuch Qualitative Forschung in der Psychologie. Wiesbaden, S. 476–490.

Leow, Ronald. P./Morgan-Short, Kara (2004): To think aloud or not to think aloud – The issue of reactivity in SLA research methodology. In: Studies in Second Language Acquisition, Jg. 26, H. 1, S. 35–57. doi:10.1017/s0272263104261022.

Long, Debra L./Bourg, Tammy (1996): Thinking aloud: telling a story about a story. In: Discourse Processes, Jg. 21, H. 3, S. 329–339.

Liier, Gerd/Lass, Uta/Ruhlender, Peter (1989): Denken und lautes Denken. In: Dörner, Dietrich/Michaelis, Wolfgang (Hrsg.): Idola fori et idola theatri. Göttingen, S. 71–86.

Maindok, Herlinde (1996): Professionelle Interviewführung in der Sozialforschung. Interviewtraining: Bedarf, Stand und Perspektiven. Pfaffenweiler.

Nisbett, Richard E./Wilson, Timothy D. (1977): Telling more than we know: Verbal reports on mental processes. In: Psychological Review, Jg. 84, H. 3, S. 231–259.

Ogden, Jane/Russell, Sheriden (2013): How Black women make sense of ›White‹ and ›Black‹ fashion magazines: A qualitative think aloud study. In: Journal of Health Psychology, Jg. 18, H. 12, S. 1588–1600. doi:10.1177/1359105312465917.

Russo, J. Edward/Johnson, Eric J./ Stephens, Debra L. (1989): The validity of verbal protocols. In: Memory & Cognition, Jg. 17, H. 6, S. 759–769.

Shapiro, Michael A. (1994): Think-aloud and thought-list procedures in investigating mental processes. In: Lang, Annie (Hrsg.): Measuring psychological responses to media. Hillsdale/New Jersey, S. 1–14.

Smagorinsky, Peter (1994): Think-aloud protocol analysis. Beyond the black box. In: Smagorinsky, Peter (Hrsg.): Speaking about writing: Reflections on research methodology. Thousand Oaks, S. 3–54.

Smith, Eliot R./Miller, Frederick (1978): Limits on perception of cognitive processes: A reply to Nisbett and Wilson. In: Psychological Review, Jg. 76, H., S. 211–224.

Stratman, James F./Hamp-Lyons, Liz (1994): Reactivity in concurrent think aloud protocols: Issues for research. In: Smagorinsky, Peter (Hrsg.): Speaking about writing: Reflections on research methodology. Thousand Oaks, S. 89–112.

Trabasso, Tom/Magliano, Joseph P. (1996): Conscious understanding during comprehension. In: Discourse Processes, Jg. 21, H. 3, S. 255–287.

van der Vaart, Rosalie/Drossaert, Constance H. C./de Heus, Miriam/Taal, Erik/van de Laar, Mart (2013): Measuring Actual eHealth Literacy Among Patients With Rheumatic Diseases: a Qualitative Analysis of Problems Encountered Using Health 1.0 and Health 2.0 Applications. In: Journal of Medical Internet Research, Jg. 15, H. 2. doi:10.2196/jmir.2428.

Weidle, Renate/Wagner, Angelika C. (1994): Die Methode des Lauten Denkens. In: Huber, Günter/Mandl, Heinz (Hrsg.): Verbale Daten. Eine Einführung in die Grundlagen und Methoden der Erhebung und Auswertung, 2. Auflage. München/Weinheim, S. 81–103.

Willis, Gordon B./Royston, Patricia/Bercini, Deborah (1991): The use of verbal report methods in the development and testing of survey questionnaires. In: Applied Cognitive Psychology, Jg. 5, H. 3, S. 251–267. doi:10.1002/acp.2350050307.

Wilson, Timothy D. (1994): The proper protocol: Validity and completeness of verbal reports. In: Psychological Science, Jg. 5, H. 5, S. 249–252.

Wirth, Werner/Wolf, Susanne/Mögerle, Ursina/Böcking, Saskia (2004): Measuring the subjective experience of presence with think-aloud method. Theory, instruments, implications. In: Alcañiz, Mariano/Rey, Beatriz. (Hrsg.): Proceedings of the VII. International Workshop on Presence 2004. Valencia: Universidad Politécnica de Valence, S. 351–358.

5 Aufzeichnung qualitativer Daten

Protokollierung

ELIZABETH PROMMER

Die Protokollierung bei Leitfadeninterviews und Gruppendiskussionen ist ein sinnvolles Instrument um Informationen, die nicht verbalisiert wurden, zu dokumentieren. Bei Gruppendiskussionen ist die Protokollierung vor allem als Unterstützung für die Transkription der Tonbänder notwendig. Die Beispiele zeigen den Protokollbogen eines Leitfadeninterviews und einer Gruppendiskussion. Sie dokumentieren die unterschiedlichen Qualitäten der Dokumentation.

Die Protokollierung im Forschungsprozess

Bei der Durchführung von Gruppendiskussionen und Leitfadeninterviews ist eine Protokollierung zur Dokumentation des Kontextes und der Erhebungssituation sinnvoll. Flick (1999, S. 192) bezeichnet den Protokollbogen als Dokumentationsbogen. Durch die Protokollierung werden zusätzliche Informationen gewonnen, die nicht auf Band aufgenommen werden können oder beispielsweise bei einer Gruppendiskussion (→ Schäffer, S. 347 ff.) die Transkription (→ Ayaß, S. 421 ff.) erleichtern. Solche Informationen, die für die Interpretation eines Interviews wichtig sein können, sind beispielsweise auffällige Altersunterschiede zwischen Interviewer und Interviewten, die durchaus die Interviewsituation erschweren können. Trifft man sich in der Wohnung des Interviewten, könnte es von Interesse sein, wie diese eingerichtet ist. Störungen durch Telefon oder Ehepartner sollten ebenfalls festgehalten werden.

Im Falle von Gruppendiskussionen erleichtert eine genaue Protokollierung des Diskussionsverlaufes die Transkription und die Interpretation. Erfahrungen haben gezeigt, dass es für denjenigen, der Tonbänder einer Gruppendiskussion abtippen muss, häufig schwierig ist, die Stimmen und Personen auseinanderzuhalten. Dies wird durch ein gründliches Protokoll erleichtert.

Die folgenden Anwendungsbeispiele zeigen den Einsatz eines Protokollbogens bei einer medienbiographischen Studie und einer Gruppendiskussion über einen Film.

Anwendungsbeispiele

Protokollbogen für ein Leitfadeninterview

Die als Beispiel dienenden medienbiographischen Interviews (Prommer 1999) liefen folgendermaßen ab: Nachdem bei einer ersten Kontaktaufnahme ein Termin verabredet worden war, traf man sich zum Gespräch in den Wohnungen der Befragten, manchmal in der Wohnung der Interviewer oder in einem ruhigen Café/Restaurant. Das gesamte Gespräch wurde mit einem unauffälligen Tischrekorder aufgenommen. Am Ende des Gespräches wurden die Befragten gebeten, einen einseitigen, standardisierten Fragebogen über ihre Kino- und Fernsehgenre-Vorlieben auszufüllen. Unmittelbar danach beschriftete der Interviewer die Kassetten und füllte den Protokollbogen aus. Darin wurden Ort und Länge des Interviews, Gesprächsbereitschaft, evtl. Probleme oder Gesprächshindernisse wie störende Kinder, Telefonate etc. festgehalten. Ebenfalls erfolgte eine Kurzangabe einiger Variablen wie Alter, Geschlecht und Beruf (vgl. Abb. 1).

```
                         PROTOKOLLBOGEN


Der Protokollbogen sollte bitte unmittelbar nach den Interviews ausgefüllt werden.

Name des Interviewers: _____

Anzahl der besprochenen Kassetten: _____

Beschriftung der Kassette(n) [Buchstabe + Nummer]: _____

Grobcodierung: _____

Geschlecht des/der Befragten:   ( ) weiblich     ( ) männlich

Alter: _____

Fragen zur Interviewsituation:

Art des Kennenlernens/Kontaktaufnahme: _____

Dauer und Ort des Interviews: Wohnumwelt/Wohnverhältnisse: _____

Anwesende Dritte, Störungen beim Interview: _____

Vermutungen, Erwartungen und Befürchtungen des Interviewten: _____

Erinnerungs- und Erzählbereitschaft des Interviewten: _____

Symmetrie und Asymmetrie zwischen Befragten und Interviewer

(bedingt durch Alter, Geschlecht etc.):_____

Probleme und Themen, die nicht ausführlich erzählt worden sind,

die aber nach dem Eindruck des Interviewers wichtig waren: _____

Probleme, Krisen des Gesprächs, Irritationen (oder Peinlichkeiten),

an die sich der Interviewer erinnert: _____

Verlauf des Gesprächs vor Einschalten

und nach Ausschalten des Tonbandgerätes: _____

Sonstiges: _____
```

Abb. 1a: Protokollbogen einer medienbiographischen Studie

PROTOKOLL GRUPPENDISKUSSION (Auszug)

Diskussionsleitung: _____

Teilnehmer: Gesamt: 14 Teilnehmer; 10 weiblich, 4 männlich

weiblich	männlich
Nadine, 16 Jahre	Matthias, 15 Jahre
Julia, 16 Jahre	Dominik, 19 Jahre
Michaela, 17 Jahre	Markus, 36 Jahre
Timear, 18 Jahre	Winfried, 52 Jahre
Tanja, 29 Jahre	
Petra, 31 Jahre	
Susanne, 33 Jahre	
Bianca, 34 Jahre	
Brigitte, 47 Jahre	
Maria, 48 Jahre	

Skizze der Sitzordnung:

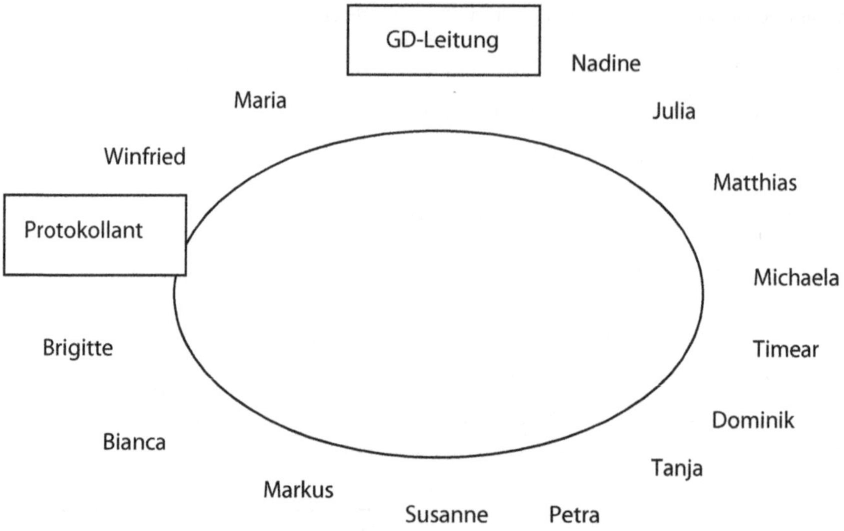

GD-Leitung   Nadine

Maria   Julia

Winfried   Matthias

Protokollant   Michaela

Brigitte   Timear

Bianca   Dominik

Markus   Tanja

Susanne   Petra

Abb. 1b: Protokollbogen einer medienbiographischen Studie

Wie hat Ihnen der Film gefallen?

sehr gut	4 (alle weibl.)
gut	6 (5 weibl., 1 männl.)
mittel	2 (1 weibl. 1 männl.)
schlecht	2 (2 männl.)
sehr schlecht	0

Warum?

Warum sehr gut? (4 weiblich)
- der Film war so schön traurig
- die Musik war sehr gut
- die Story insgesamt war gut und spannend
- das Thema von einem Albtraum, der wahr wird, war sehr gut
- man konnte sich in die Darsteller gut hineinversetzen

Warum gut? (5 weiblich, 1 männlich)
- die Schauspieler waren sehr gut
- Schauspielerin hat toll gespielt, sie hat wahnsinnig ausdrucksvolle Augen
- die Landschaftsaufnahmen waren sehr schön
- die Wendung mit der zweiten Chance im Leben war verblüffend

Hier regt sich Widerspruch: die Wendung war vorhersehbar, auch die Tatsache, dass er stirbt, war vorhersehbar. Diskussion entflammt, ob es vorhersehbar war, wer von beiden stirbt.

Warum nur mittel? (1 weiblich, 1 männlich)
- es gab Szenen, die einfach zu lang waren. Man hat die ganze Zeit darauf gewartet, dass etwas passiert
- Schauspieler und Story waren gut, die Handlung war spannend, aber es wurde zu sehr auf die Tränendrüse gedrückt. Dadurch war alles zu übertrieben emotional
- die Grundidee war gut, aber insgesamt war der Film zu zäh und zu mühsam
- ein Teilnehmer meint, es habe zwei logische Sprünge gegeben (siehe unter Punkt 4.)

Warum schlecht? (2 männlich)
- der Film hatte viele Längen
- er war zu klischeehaft und zu sehr an andere Filme angelehnt
- die schauspielerische Leistung des männlichen Hauptdarstellers war hart an der Grenze des Erträglichen
- das ganze Thema, wann und wie jemand stirbt, den ich nicht kenne, interessiert mich nicht

Hat Ihnen etwas besonders gut gefallen? Gab es eine Lieblingsszene?
- die Musik war sehr gut
- die Lederjacke-BH-Szene war sehr gut
- Kostüm und Kleidung besonders von Name waren super, perfektes Outfit
- die Schlussszene im Regen
- die Rührung am Schluss war gut gespielt
- die 2. Aufwachszene
- die 1. Szene mit dem Taxi, das aus dem Nebel auftaucht
- als sie so aufgeregt war, bevor sie gesungen hat
- kurz vor seinem Tod
- sie spielte die Trauer über seinen Tod besser als er die Trauer über ihren Tod

Was hat Ihnen nicht so gefallen? Welche Szene war nicht so gut?
- der Anfang war schlecht, schleppend (Mehrfachnennung)
- als sie ins Meeting platzt: Szene zu lang, so blöd kann sich keiner anstellen
- als er allein auf dem Bahnhof steht
- Film drückt insgesamt zu lange auf die Tränendrüse
- seine Trauer war peinlich
- die Szene im Pub in der Bergarbeiterstadt war überflüssig
- die Szenen, in denen er so lange nach ihr sucht und sich nicht daran erinnert, dass sie in der Galerie ist (zwischen den Autos in Zeitlupe durchrennen, Wind etc.)

Abb. 2: Protokoll einer Gruppendiskussion

Protokollbogen für eine Gruppendiskussion

Bei Gruppendiskussionen (→ Schäffer, S. 347ff.) hat es sich als hilfreich erwiesen, die gesamte Diskussion von einer Person, die nicht der Diskussionsleiter sein kann, protokollieren zu lassen. Zu dem Protokoll gehört zunächst die Erfassung der Namen der Gesprächsteilnehmer, ihr Alter und das Geschlecht. Es kann sinnvoll sein, große Namensschilder einzusetzen, damit der Diskussionsleiter die Teilnehmer mit Namen ansprechen kann, was zum einen höflich ist, zum anderen die Transkription und Zuordnung von Aussagen stark erleichtert. Für eine spätere Rekonstruktion ist es auch sinnvoll, eine Zeichnung der Sitzordnung zu erstellen. Die Protokollierung einer Gruppendiskussion sollte den Gesprächsverlauf wiedergeben. Dies dient der Erinnerungshilfe und zur Unterstützung der Transkription. Eine sinnvolle Unterstützung der Transkription von Gruppendiskussionen ist es, beispielsweise jeweils den Satzanfang eines Beitrags und die Person, die diesen geäußert hat,

zu notieren. Abbildung 2 zeigt ein genaues Verlaufs- und Ergebnisprotokoll einer Gruppendiskussion über einen Kinofilm.

Fazit

Die Protokollierung einer Gruppendiskussion und eines qualitativen Leitfadeninterviews dient unterschiedlichen Zwecken. Bei Gruppendiskussionen soll die Dokumentation im Wesentlichen das Transkribieren erleichtern. Deshalb muss diese so angelegt werden, dass Gesprächsteilnehmer identifiziert werden können und der Diskussionsverlauf wiedergegeben wird. Bei Interviews erleichtert die Protokollierung die Interpretation und dokumentiert wichtige Aspekte, die nicht auf Tonträger aufgenommen werden können. Auch hier gilt, dass nicht alle Nebensächlichkeiten notiert werden sollten, sondern nur solche, die eine Relevanz für die Führung des Interviews und das Erkenntnisinteresse haben.

Literatur

Flick, Uwe (1999): Qualitative Forschung. Theorie, Methode, Anwendung in Psychologie und Sozialwissenschaft. Reinbek.

Prommer, Elizabeth (1999): Kinobesuch im Lebenslauf. Eine historische und medienbiographische Studie. Konstanz.

Transkribieren

Ruth Ayass

Transkribieren (aus dem lat. *transcribere*) bedeutet: »schriftlich übertragen«. In der empirischen Forschung ist damit gemeint, Datenmaterial, das aus Tonband- oder Videoaufzeichnungen, filmischem Material, Videomitschnitten etc. besteht, in eine schriftliche Fassung zu überführen, um es den verschiedenen Bearbeitungsschritten der empirischen Analyse und der Publikation zugänglich zu machen. Je nach Datentyp, Theorie und Methode existieren unterschiedliche, mehr oder minder verbindliche Transkriptionskonventionen sowie unterstützende Software. Die Entscheidung für ein bestimmtes Transkriptionsverfahren oder Programm hängt zum einen ab vom besonderen Datentyp, zum anderen von der Fragestellung der Untersuchung.

Transkribieren als Teil des Forschungsprozesses

Eine Transkription setzt die Existenz von audio-/visuellen *Aufzeichnungen* voraus und ist damit an technische Geräte gebunden. Mit Transkription verbindet sich aber auch eine spezielle methodologische Haltung, sich nämlich *nicht* auf Erinnerungen und Rekonstruktionen von Forschern oder Befragten zu verlassen, sondern einen registrierenden Zugriff auf soziale Wirklichkeit zu erreichen. Die *registrierende* Aufzeichnung des zu untersuchenden sozialen Geschehens ist mittlerweile in vielen qualitativen Methoden selbstverständlich. Mehr und mehr setzen sich *audiovisuelle* Aufzeichnungen und ihre Transkriptionen durch.

Die Prozedur der Transkription wird oft missverstanden und unterschätzt, wenn sie als bloß technischer (und mühsamer) Bearbeitungsschritt des Datenmaterials vor der eigentlichen empirischen Analyse behandelt wird. Doch mit der Wahl eines bestimmten Transkriptionsverfahrens wird vorentschieden, welche speziellen Aspekte des Datenmaterials der empirischen Analyse zugänglich gemacht werden. Darüber hinaus werden im Prozess des Transkribierens genaue Datenkenntnis erworben sowie meist wegweisende Ideen für die weitere Interpretation gewonnen. Damit kommt der Transkription im Forschungsprozess ein ähnlich hoher Stellenwert zu wie der Entscheidung für eine bestimmte Methode der Analyse. Transkribieren ist folglich vielmehr konstitutiver Teil des empirischen Forschungsprozesses. In vielen qualitativen Methoden (der Konversationsanalyse, der Objektiven Hermeneutik, Interviewverfahren u. v. a. m.) ist es Bestandteil des methodischen Verfahrens und gilt daher methodologisch als unverzichtbar (zum methodologischen Status der Transkripte siehe Ayaß 2015).

Prinzipien der Transkription

Die Transformation von Flüchtigem in Verfügbares

Mit der Verbreitung audiovisueller Aufzeichnungsgeräte entstand für die empirische Forschung eine gänzlich neue Form des Zugriffs auf soziale Wirklichkeit: die registrierende Aufzeichnung. Bergmann (1985) unterscheidet zwischen rekonstruierenden und registrierenden Datentypen. Im Unterschied zur rekonstruktiven Konservierung z. B. in Form von Gedächtnisprotokollen oder Befragung von Informanten ist die registrierende Konservierung eine Aufzeichnung des sozialen Geschehens während seines Vollzugs. Sie erlaubt, »ein sich ereignendes soziales Geschehen in seinem realen zeitlichen Ablauf zu bewahren« (Bergmann 1985, S. 304) und der wiederkehrenden Betrachtung zugänglich zu machen. Dieser registrierende Datentyp ist auch in der Medienforschung verbreitet. Dies betrifft sowohl konversations- oder gesprächsanalytische Studien zu Produkt- und Rezeptionsanalysen, die mit Aufzeichnungen authentischer Situationen arbeiten, als auch Untersuchungen, die mittels Tonbandaufzeichnungen von Leitfadeninterviews arbeiten sowie Studien zu Medienbiographien mit der Methode des narrativen Interviews, Gruppendiskussionen etc.. Auch in der Film- und Fernsehanalyse liegt das Material als Aufzeichnung – als Mitschnitt – vor. Der Zweck des Transkribierens besteht nun darin, Datenmaterialien dieses Typs für analytische Zwecke aufzubereiten.

Ist die Aufzeichnung ein Einfrieren von flüchtigen sozialen Geschehen in ein wiederverfügbares Aggregat (das Datenmaterial), dann ist die Transkription die Transformation dieses »gefrorenen« Aggregats in die Planizität und Zweidimensionalität der Schrift. Durch Transkriptionen wird Datenmaterial für die Interpretation verfügbar gemacht, indem das Nacheinander einer auditiven oder visuellen Aufzeichnung in das Nebeneinander und Untereinander eines schriftlichen Textes transformiert wird. Dies ermöglicht die Interpretation sowohl eines einzelnen Datenstücks, da es intensiver andauernder Betrachtung zugänglich ist, wie auch den simultanen Vergleich mehrerer Transkripte. Zugleich erlauben Transkriptionen die Präsentation von Auszügen aus auditivem und visuellem Datenmaterial in schriftlichen Publikationen.

Maximen des Transkribierens

Für das Transkribieren existieren verschiedene Konventionen, die sich darin unterscheiden, welche Forschungsfrage mit ihnen bearbeitet werden soll. Die phonetische Umschrift der »International Phonetic Association« (siehe »IPA Handbook«), welche vor allem in der Sprachwissenschaft im Bereich der Phonetik sowie in Soziolinguistik oder Dialektforschung eine Rolle spielt, gibt die lautliche Realisierung gespro-

chener Sprache minutiös wieder – zum Beispiel mittels Sonderzeichen wie [θ] oder [ð] zur Umschrift so genannter dentaler Frikative (etwa dem englischen »th« oder dem spanischen »z«) oder einem [ə] zur Notation eines »Schwa«-Lautes, also eines unbetonten e, wie in »viele« oder »bereit«. Die gängigen Transkriptionskonventionen der empirischen Sozialforschung orientieren sich hingegen an der Standardorthographie und verwenden überwiegend die Zeichen des lateinischen Alphabets, ergänzt um Sonderzeichen, die ihrerseits nicht die Installation spezieller Zeichenprogramme erfordern. Dies garantiert die *Lesbarkeit* des Transkripts. Zugleich wird ein »weißt du« je nach dialektaler Ausprägung der Äußerung im Datenmaterial auch im Transkript als »weesste«, »woisch« oder »woasst« wiedergegeben. Das Material wird also nicht nach den Kriterien des Standarddeutschen bereinigt oder korrigiert, das Transkript soll vielmehr so viele authentische Bestandteile des Materials wiedergeben wie nur möglich.

In den Darstellungen zu den verschiedenen Transkriptionskonventionen finden sich weitere Maximen oder Grundprinzipien des Transkribierens angeführt (z. B. Dittmar 2002, S. 83 ff.; Selting et al. 1998). Selting et al. zum Beispiel benennen unter anderem die folgenden Maximen (sie sind so elementar, dass sie als Grundprinzipien fast aller Transkriptionskonventionen gelten können):

Zunächst ist die Unterscheidung zwischen *Basistranskript* und *Feintranskript* sinnvoll (oder Rohversion und Verfeinerung). Das Basistranskript soll eine Grundform darstellen, die zunächst alle wesentlichen Merkmale des Materials festhält, die für die Untersuchung als relevant erachtet werden. Das Feintranskript baut auf diesem Basistranskript auf und fügt weitere relevante Merkmale hinzu, die sich für die spezielle Fragestellung der Untersuchung als notwendig erweisen. Bei Selting et al. (1998) sind dies zum Beispiel spezielle Notationssymbole für Prosodie bzw. weitere Konventionen der Darstellung von nonverbaler Kommunikation. Das »Zwiebelprinzip« erstreckt sich auf alle Elemente, die eine »Ausbaubarkeit und Verfeinerbarkeit der Notation« (Selting et al. 1998, S. 3) erlauben. Dazu zählt auch, sich für das Basistranskript einer konventionellen und codifizierten Notation zu bedienen und nur eigene Konventionen zuzufügen, wenn das Material oder die Fragestellung der Untersuchung dies erfordern.

Ein weiteres zentrales Kriterium ist die Lesbarkeit (vgl. hierzu und im Folgenden Selting et al. 1998, S. 92 f.). Im Unterschied zur oben kurz skizzierten phonetischen Notation soll die Lesbarkeit nicht nur dadurch gewährleistet werden, dass sozusagen »handelsübliche« Notationen verwendet werden, die auch Außenstehenden leicht zugänglich sind, sondern auch durch die Wahl der Sonderzeichen: Sie sollen möglichst dem Kriterium der *Ikonizität* Genüge tun. Das bedeutet, dass zum Beispiel ein großer Tonhöhensprung nach oben mittels eines ↑ markiert wird und ein Schnitt im filmischen Material zum Beispiel mittels eines ✂ oder Ähnlichem und nicht umgekehrt.

Eine Transkriptionskonvention soll sich des Weiteren durch *Robustheit* auszeichnen und möglichst ohne Sonderzeichen auskommen. (Dies ist im vorausgehenden Beispiel mit den Sonderzeichen ↑ und ✂ schon nicht mehr gegeben; jedoch wird keine Feintranskription ohne Sonderzeichen auskommen. Für ein Basistranskript empfehlen sich jedoch solche Sonderzeichen nicht, da sie die Transkription erschweren.) Die Robustheit soll auch gewährleisten, dass Transkripte über verschiedene Textsysteme und Editoren hin verwendbar sind und damit auch dem Kriterium der *Kompatibilität* entsprechen (Näheres dazu s. u.).

Transkribieren ist *Arbeit*. Wie man diese Arbeit sinnvoll technisch und praktisch organisiert, wird in mehreren Handbüchern und Einführungen beschrieben (z. B. bei Selting et al. 1998, S. 93 f.; Deppermann 1999, S. 21 ff. u. 32 ff.; Dittmar 2002, S. 221 ff.). Dort finden sich auch praktische Hinweise zum Beispiel zur Erstellung eines Datendeckblatts (dem »Datenkopf«), zur Anonymisierung des Materials etc. Insbesondere bei Vorführung und Abbildung von visuellem Material sind persönliche Einverständniserklärungen der aufgezeichneten Personen einzuho-

len, bei medialem Material ist darüber hinaus das Copyright der Produzenten und Autoren zu beachten.

Transkribieren ist auf technische Geräte angewiesen und damit anfällig für technische Probleme. Ton- und Bilddateien können versehentlich gelöscht werden, die Datenträger können fehlerhaft sein, das Abspielen verweigern oder Dateien korrumpieren. Daher empfiehlt sich unbedingt das Anfertigen von Sicherheitskopien.

Drei Transkriptionslogiken im Vergleich

Zur Überführung audio-/visuellen Datenmaterials in schriftliche Transkripte liegt eine Reihe unterschiedlicher Transkriptions*konventionen* vor. Es lassen sich im Wesentlichen drei verschiedene *Logiken* des Transkribierens unterscheiden, die *vertikale* Transkription, die *horizontale* sowie die Transkription in *Spalten* (vgl. zu dieser Trennung Edwards 1993, S. 10 ff.). Im Folgenden werden diese drei Logiken des Transkribierens anhand drei verschiedener Transkriptionskonventionen in Ansätzen vorgeführt und anhand eines – sehr kurzen – Datenstückes illustriert: das vertikale System GAT, die horizontale Schreibweise HIAT sowie das in Film- und Fernsehanalyse typische Film- bzw. Einstellungsprotokoll. Die Praktiken dieser drei Transkriptionskonventionen können hier nicht vollständig dargestellt werden, sondern nur in ihren Grundzügen; für genaue Darstellungen sowie die Zusammenstellung der speziellen Notationszeichen sei auf die je angeführte Literatur verwiesen. Weitere Transkriptionskonventionen wie z. B. CHAT werden u. a. bei Dittmar (2002) diskutiert.

In der *vertikalen Transkription* (Beispiel: GAT) wird das zeitliche Mit- oder Nacheinander von Äußerungen der Sprecher als schriftliches Untereinander notiert. Für neue Äußerungen werden neue Zeilen begonnen. Gleichzeitigkeit und simultanes Sprechen werden durch [eckige Klammern] markiert. Darüber hinaus werden sprachliche Phänomene wie Tonhöhenbewegung, Akzent, Dehnungen etc. notiert. Interpunktionszeichen stehen zum Beispiel für Ton-höhenverläufe; Pausen werden in Sekunden angegeben. Diese vertikale Notation wurde vor-wiegend durch das konversationsanalytische Transkriptionssystem nach Jefferson bekannt (vgl. Sacks/Schegloff/Jefferson 1974) und wird vom gesprächsanalytischen Transkriptionssystem GAT und GAT 2 – nach Selting et al. (1998, 2009) – fortgeführt (Abb. 1).

Zeile notiert und gelesen (Abb. 2). Die horizon-tale Notation wurde vorwiegend durch die halb-interpretativen Arbeitstranskriptionen HIAT von Ehlich und Rehbein (Ehlich/Rehbein 1976, Rehbein et al. 2004) bekannt gemacht. Weitere Phänomene werden wie bei GAT in separaten Kommentarleisten notiert, die dem jeweiligen Sprecher zugeordnet sind.

```
41 PO: wir kriegen: haben inzwischen zweienhalbtausend

42      NEUeintritte? weil die leute MERken, bei uns (.) kann man bei der

43      politik nich nur mitdiskuTIEren? sondern mitbeSTIMMen? (-)

44      ich finde das is: is ne ne [tolle STIMM]ung in der es pe de.

45 MO:                            [stichwort  ]

46      stichwort in der politik mitbestimmen. ein solches=eine solche

47      MITgliederbefragung nach koalitionsverhandlungen das ist ja ein

48      NOvum, das hat es noch nicht geGEben?
```

Abb. 1: Vertikale Transkription (nach GAT). Der transkribierte Ausschnitt, der hier und im Folgenden als Beispiel dient, stammt aus einem Interview zwischen der Moderatorin Marietta Slomka (MO) und dem Parteivorsitzenden der SPD, Sigmar Gabriel (PO), aus der Fernsehnachrichtensendung »heute journal« vom 28.11.2013.

Je nach Datentyp und Forschungsfrage wer-den weitere Phänomene (z. B. Nonverbales oder mediale Besonderheiten) separat notiert und dem jeweilig aktuellen Sprecher in ihrer exakten Reichweite zugeordnet (Abb. 4 und 5). Die exak-ten Notationskonventionen für GAT finden sich bei Selting et al. (1998, S. 114 f., 2009, S. 391 f.), bei Deppermann (1999, S. 119 f.) sowie unter http://agd.ids-mannheim.de/html/gat/shtml/ (dort mit Tondokument samt Basis- und Feintranskript).

Die *horizontale Transkription* (Beispiel: HIAT) hingegen kann auch als *Partiturschreib-weise* umschrieben werden. Ähnlich einer musi-kalischen Orchester-Partitur werden die Äuße-rungen der Personen in einer fortlaufenden

HIAT protokolliert ähnliche Phänomene wie GAT auch, jedoch mit anderen Notationskon-ventionen. So werden im Unterschied zu GAT die Tonhöhenverläufe mit Akzent-Zeichen ange-zeigt, Pausen mit Punkten, Betonungen durch Unterstreichungen etc. Die aktuellen Notations-konventionen für HIAT sowie eine ausführliche Beschreibung finden sich in Rehbein et al. 2004.

In der *Spaltentranskription* (oder Darstellung in Kolumnen) werden die verschiedenen Ebe-nen filmischen Materials wiederum in parallel arrangierten Spalten präsentiert, wobei Bild und Ton in getrennten Spalten notiert werden. Die Notation in Spalten ist verbreitet in Sequenz- und Einstellungsprotokollen in der Filmana-

```
| PO: Wir kriegen/ haben inzwischen zweieinhalbtausend Neueintritté, weil die

| PO: Leute merken, bei uns kann man bei der Politik nich nur mitdiskutierén

  PO: sondern mitbestimmén. • Ich finde, dass is is ne ne tolle Stimmung in
| MO:                                                      Stichwort

  PO: der SPD.
| MO:          Stichwort in der Politik mitbestimmen. Ein solches/ eine solche

| MO: Mitgliederbefragung nach Koalitionsverhandlungen, das ist ja ein Novúm,

| MO: das hat es noch nicht gegebén.
```

Abb. 2: Horizontale Transkription (nach HIAT)

Nr.	Lauf-zahl	Kamera	Bild		Text
1	0:01:45	Nah	Der Politiker Sigmar Gabriel spricht in die Kamera, im Hintergrund ist eine Gruppe Menschen erkennbar.	PO	Wir kriegen haben inzwischen zweieinhalbtausend Neueintritte, weil die Leute merken, bei uns kann man bei der Politik nicht nur mitdiskutieren, sondern mitbestimmen. Ich finde, dass es is ne ne tolle Stimmung in der SPD.
2	0:01:55	Nah	Sigmar Gabriel ist links im Bild zu sehen, rechts im Bild die Moderatorin Marietta Slomka vor der Videowall im ZDF-Studio.	MO	Stichwort Stichwort in der Politik mitbestimmen. Ein solches eine solche Mitgliederbefragung nach Koalitionsverhandlungen, das ist ja ein Novum, das hat es noch nicht gegeben

Abb. 3: Transkription in Spalten (Filmprotokoll)

lyse (Abb. 3). In gesprächsanalytischen Untersuchungen ist die Notation in Spalten jedoch unüblich, da sich die für gesprächsanalytische Zwecke oft bedeutende Simultaneität von Ereignissen bzw. Synchronisation von Redezügen entweder nur ungenau oder schwer lesbar abbilden lassen. Sie findet sich hingegen in film- und fernsehwissenschaftlichen Untersuchungen und ist vor allem dort sinnvoll, wo mediales Material analysiert wird und in separaten parallelen Spalten weitere Phänomene des Materials wie Mise-en-Scène, Einstellungsgröße, Kamerabewegung, Musik o. Ä. notiert werden sollen.

Üblicherweise werden verschiedene Phänomene des Materials in verschiedenen Spalten notiert, mit Einstellungswechseln bzw. Schnitt im Material wird eine neue »Zeile« begonnen. Auch ein Filmprotokoll (→ Korte, S. 432 ff.)

kann nach dem Zwiebelprinzip erweitert bzw. verfeinert werden, und entsprechend können weitere Spalten eingefügt werden, um zum Beispiel die nonverbale Ebene, die hier weggelassen wurde, mit zu erfassen oder andere Phänomene des Materials zu notieren, die im obigen Beispiel keine Rolle spielen, wie zum Beispiel Special Effects oder Filmmusik. Hinweise zur Erstellung eines Filmprotokolls und zur Notation filmischen Materials finden sich z. B. bei Hickethier (1993, S. 36 ff. u. 56 ff.).

Die drei skizzierten Transkriptionsprinzipien lassen sich danach weiter unterscheiden, wie *detailliert* die hörbaren bzw. sichtbaren Phänomene in Schrift umgesetzt werden, wie genau zum Beispiel simultanes Sprechen, Versprecher, Abbrüche, Dehnungen, Betonungen, Intonation, Pausen, Stimmqualität etc. im Transkript festgehalten werden. Viele Elemente der gesprächsanalytischen Transkriptionskonventionen scheinen zum Beispiel für filmanalytische Zwecke zunächst zu detailliert. Wer den Einsatz von Musik in Spielfilmdialogen untersucht, wird sich mehr einer einfachen Protokollierung der gesprochenen Sprache bedienen wollen (wie im obigen Einstellungsprotokoll), die auf Verschleifungen oder simultanes Sprechen keine Rücksicht nimmt. Gleichzeitig können filmanalytische Transkriptionskonventionen, die bezüglich der Realisierung gesprochener Sprache eher grobmaschig verfahren, vom Detaillierungsniveau gesprächsanalytischer Konventionen profitieren, wenn Fragestellungen untersucht werden sollen, in denen Dialoge zentral sind. Im Gegenzug können die stark auf gesprochene Sprache konzentrierten gesprächs- und konversationsanalytischen Transkriptionsnotationen von filmischen Protokollen profitieren, da in diesen Methoden mehr und mehr mit filmischem Material gearbeitet wird, zum Beispiel Mitschnitten von Talkrunden und Quizshows. Die Frage nach der *Genauigkeit* eines Transkripts sollte flexibel gehandhabt und mit der Art des Materials und der Forschungsfrage entschieden werden. Ein ungenaues und grobes Transkript kann die Interpretation verstellen, während ein detailliertes Transkript interpretationsge-

nerierend sein kann. Gail Jefferson hatte dies anhand mehrerer Transkriptionen unterschiedlichen Detaillierungsniveaus von ein und demselben Datenstück demonstriert (1985). *Innerhalb* eines Transkripts sollte jedoch mit kontrollierter »gleichschwebender« Transkriptionsaufmerksamkeit verfahren werden.

Transkripte sind *nicht objektiv*. Schon in die Entscheidung für ein vertikales bzw. horizontales Transkript oder ein Spaltentranskript fließen Annahmen über den Untersuchungsgegenstand ein. Zudem lenken die unterschiedlichen Transkriptionsverfahren das Augenmerk des Betrachters auf unterschiedliche Phänomene. Auch die Transkripte selbst sind nicht frei von Interpretationen (das Transkriptionssystem HIAT trägt dem schon im Namen Rechnung, wenn es sich »halbinterpretativ« nennt). Transkripte sind keine Abbildungen der Aufzeichnungen und diese kein Abbild der sozialen Wirklichkeit. In jedem Transkript finden sich interpretative Leistungen des Transkribenten wieder.

Die Transkription multimodalen und visuellen Materials

Die Transkriptionsverfahren, die im Kontext der Methoden in der qualitativen Sozialforschung entstanden sind, wurden ursprünglich für die Analyse *gesprochenen* Materials entwickelt: Die Transkriptionsnotationen der Konversationsanalyse, HIAT und GAT basieren auf der Transkription von *Audio*aufzeichnungen. Für die Transkription von Videoaufzeichnungen – also der Notation von Gestik und Mimik, der Orientierung der Personen im Raum, der Handhabung von Artefakten etc. – wurden die basalen Transkriptionskonventionen ergänzt (siehe Abb. 4 und 5)

Transkriptionsverfahren zeichnen sich in mehrerlei Hinsicht durch *Logozentrismus* aus: Zum einen allein deswegen, weil sämtliche visuellen Phänomene versprachlicht werden resp. Gesprochenes verschriftlicht wird. Zum anderen deswegen, weil viele Transkriptionskonventionen das gesprochene Wort als Basis nehmen,

```
41 PO: wir kriegen: haben inzwischen zweienhalbtausend
   PO:                              ((hebt beide Hände))

42 PO: NEUeintritte? weil die leute MERken, bei uns (.) kann man bei der

43 PO: politik nich nur mitdiskuTIEren? sondern mitbeSTIMMen? (-)

44 PO: ich finde das is: is ne ne [tolle STIMM]ung in der es pe de.
   PO:                      ((leichtes Schulterzucken))

45 MO:                             [stichwort ]

46 MO: stichwort in der politik mitbestimmen. ein solches=eine solche
   PO: ((nickt leicht)

47 MO: MITgliederbefragung nach koalitionsverhandlungen das ist ja ein
   MO:                                                       ((zieht

48 MO: NOvum, das hat es noch nicht geGEben?
   MO: Augenbrauen hoch))
```

Abb. 4: Erweitertes Transkript nach GAT mit Gestik und Mimik

```
41 PO: |wir kriegen: haben inzwischen zweienhalbtausend
       |Bild 1

42     NEUeintritte? weil die leute MERken, bei uns (.) kann man bei der

43     politik nich nur mitdiskuTIEren? sondern mitbeSTIMMen? (-)

44     ich finde das is: is ne ne [tolle STIMM]ung in der es pe de.

45 MO:                             [stichwort ]

46     stichwort |in der politik mitbestimmen. ein solches=eine solche
                 |Bild 2

47     MITgliederbefragung nach koalitionsverhandlungen das ist ja ein

48     NOvum, das hat es noch nicht geGEben?
```

Bild 1

Bild 2

Abb. 5: Erweitertes Transkript nach GAT mit Standbildern

dem andere Phänomene nur mehr beigeordnet werden (z. B. in den gesprächsanalytischen Notationen). Logozentrismus und der Zwang zur Vertextung ist der Transkription *an sich* inhärent (transcribere). Während der Analyse kann dem durch wiederholtes Abspielen des Ton- oder Bildmaterials entgegengesteuert werden, für Publikationen bietet sich die Integration von Bildern in den Text an. Zum anderen können aber, so dem aus Gründen des Datenschutzes oder des Copyrights nichts im Wege steht, die Transkripte für die Publikationen mit Standbildern oder Screenshots erweitert werden (siehe Abb. 5).

Für Material, das weitergehend anonymisiert werden muss, bieten sich Skizzen oder Zeichnungen an (oder andere Formen von Verfremdung); zum Umgang mit Material aus Videoaufzeichnungen natürlicher Situationen siehe Heath/Hindmarsh/Luff (2010).

Transkriptionseditoren und Software zur qualitativen Analyse

Transkriptionseditoren

Transkribieren ist schon im Stadium der Aufzeichnung auf technische Mittel angewiesen. Die Aufzeichnungskapazitäten, ihre Auflösung und Detailliertheit, sind von den Geräten abhängig und bringen verschiedene Dateiformate hervor. Transkripte können mittels normalen Textverarbeitungsprogrammen hergestellt werden. Seit einigen Jahren sind auch spezielle *Transkriptionseditoren* verfügbar, mit denen Ton- und Video-Material mithilfe eines Bildschirm-Editors am Computer transkribiert und bearbeitet werden kann. Einige Programme seien hier beispielhaft genannt. Die Entscheidung für das eine oder andere Programm sollte sorgfältig auf das Datenmaterial und die Fragestellung der Untersuchung abgestimmt sein. Da sich die Entwicklung dieser Programme in einem raschen Wandel befindet und sich das Angebot teils kurzfristig ändert, empfehlen sich in jedem Fall weitere eigene Recherchen.

- *EXMARaLDA* (*Ex*tensible *Mar*kup *L*anguage for *D*iscourse *A*nnotation) eignet sich für die Transkription von Gesprächen, es transkribiert nach der Partiturschreibweise, erlaubt aber auch Transkriptionen nach GAT; www.exmaralda.org; Schmidt 2007; Schmidt/Wörner 2014
- *FOLKER* ist ein an *EXMARaLDA* angelehnter Editor, der sich für die Transkription von Gesprächen mit dem Basistranskript mit GAT/GAT 2 eignet; http://agd.ids-mannheim.de/folker.shtml; Schmidt/Schütte 2010
- *f4/f5* eignet sich zum Beispiel für die Transkription von Interviews; der Player kann Audio- und Videodateien abspielen. Hilfreich ist die Fußschaltung; www.audiotranskription.de/f4.htm
- *trAVis* eignet sich für die Transkription von *Musik* und audiovisuellen Medienprodukten wie Videoclips o. Ä.; www.travis-analysis.org; Jost et al. 2013
- *ELAN* wurde konzipiert für die Analyse von gesprochener Sprache, Gestik und Mimik, es kann Audio- und Videodateien abspielen; http://tla.mpi.nl/forums/software/elan
- Mit *Transana* können sowohl Transkripte erzeugt als auch audiovisuelles Material analysiert werden; http://transana.org; Schwab 2006
- *Feldpartitur* eignet sich für die Analyse von Videodaten z. B. aus Videographie oder Konversationsanalyse; http://feldpartitur.de/software; Moritz 2011

Die genannten Editoren unterscheiden sich darin, welchen *Datentypus* sie bearbeiten können (Audio, Video), welches *Dateiformat* sie zulassen oder benötigen (*.wma, *.wav, *.mp3, *.avi, *.mp4 etc.), wie sich die *Synchronisierung* von Transkript und Datenstück gestaltet (was nicht nur für Analysen, sondern auch für Vorführungen und Vorträge sinnvoll ist), welche Hardware und *Betriebssysteme* sie benötigen oder erlauben (Linux, Windows, Mac OS X), welche Art von *Dateien* sie konvertieren und ausgeben, mit welchen *Transkriptionskonventionen* sie kompatibel und sinnvoll sind, ob sie zugleich Funktionen von *Datenbanken* nachgehen können etc. (Vergleiche zu diesen Problemen zum Beispiel Schmidt 2002; für einen detaillierten Vergleich der Funktionen von *ELAN, EXMARaLDA, f4/f5, FOLKER* und *Praat* siehe Schütte 2012 und 2015).

Programme zur qualitativen Datenanalyse

Insbesondere in Projekten und Forschungsvorhaben, die beabsichtigen, zur Unterstützung der Interpretation und Auswertung des Weiteren mit Programmen der Qualitativen Datenanalyse (QDA) zu verfahren, zum Beispiel mit den Programmen *MAXQDA, ATLAS.ti* oder anderen QDA-Programmen (zu einer Übersicht siehe www.quarc.de; zu ATLAS.ti siehe Schütte 2007 und für *MAXQDA* → Kuckartz, S. 503 ff.), empfiehlt sich vorab dringend, die Kompatibilität des gewählten Transkriptionssystems und des Transkriptionseditors mit dem jeweiligen QDA-Programm zu prüfen. Es bestehen teils erhebliche Konvertierungskonflikte zwischen den Vorgaben der Transkriptionskonventionen einerseits (egal, ob klassisch mit Textverarbeitung oder mit Editoren gearbeitet wird) und den QDA-Programmen andererseits. So werden verschiedene Sonderzeichen oder spezifische Formatierungen, die in diversen Transkriptionskonventionen vorgesehen sind, in manchen QDA-Programmen nicht übernommen oder produzieren problematische Konvertierungen. Darüber hinaus unterscheiden sich auch die QDA-Programme danach, welche Arten von Dateiformaten und Daten sie zulassen. *MAXQDA* (www. maxqda.de) eignet sich zum Beispiel für die Analyse von Interviews und Gruppendiskussionen, kann aber, wie z. B. *ATLAS.ti* auch (http://atlasti.com/de) nahezu alle Dateitypen bearbeiten und akzeptiert Bilder, bewegte Bildsequenzen und eingescannte Skizzen o. Ä.

Es zeichnen sich eine gezielte Koppelung von Transkriptionskonventionen mit Transkriptionseditoren einerseits sowie gezielte »Fusionen« von Transkriptionseditoren mit QDA-Programmen andererseits ab. Der Transkriptionseditor *EXMARaLDA* zum Beispiel richtet sich auf eine Kompatibilität mit den Konventionen HIAT und GAT aus. *MAXQDA* richtet sich an *f4/f5*-Transkripten aus, bietet aber auch einen Transkriptionseditor (für die Transkription von Interviews und Gruppendiskussionen geeignet) und sucht damit Konvertierungsprobleme von vornherein zu vermeiden. Und auch mit *Transana* und *Feldpartitur* und anderen liegen komplexe Programme vor, welche die Aufgaben von Transkriptionseditoren und QDA-Software miteinander *verbinden*.

Aufgrund der fortwährenden Weiterentwicklung in diesem Bereich wollen die vorliegenden Ausführungen zu Transkriptionseditoren und QDA-Programmen als Hinweise verstanden werden. Es empfehlen sich zum Thema Transkriptionsprogramme und QDA eigene Recherchen, bezüglich der technischen Entwicklung von Transkriptionsverfahren und -editoren sowie ihrer wissenschaftlichen Reflektion zum Beispiel unter www.gespraechsforschung-ozs. de (»Gesprächsforschung – Online-Zeitschrift zur verbalen Interaktion«) und hinsichtlich der Entwicklung von QDA-Programmen zum Beispiel unter www.quarc.de (QUARC – Qualitative Research & Consulting).

Ungeklärt ist derzeit, was sich für die *Praxis* des Forschens, der Transkription wie der Interpretation, durch den Einsatz von Transkriptionseditoren und QDA-Programmen verändert. Schmidt weist (bezüglich Transkriptionseditoren) darauf hin, dass »die Systeme bereits von ihrer Konzeption her gewisse theoretische Annahmen und Zielsetzungen reflektieren und damit auf eine eng begrenzte Verwendungsweise beschränkt bleiben« (2002, S. 6). Ähnliche Vorbehalte lassen sich auch für QDA-Programme anführen, die neben all ihren Vorteilen (z. B. Suchfunktionen mit direkter Ausgabe) auch Nachteile mit sich bringen, z. B. eine zwar schnelle, aber oberflächliche Analyse (»quick and dirty«) oder die inhaltlich sinnlose Verwendung von Programmfunktionen ihrer bloßen

Existenz zuliebe. Jedenfalls sollte dem Transkribieren als *konstitutivem Teil* des Forschungsprozesses auch und gerade bei computergestützter Transkription oder Auswertung die notwendige reflexive Aufmerksamkeit gelten und auch der Anteil der Software am Prozess des Transkribierens – und mithin der Analyse – fortlaufend reflektiert werden.

Literatur

Ayaß, Ruth (2015): Doing data. The Status of Transcripts in Conversation Analysis. In: Discourse Studies, Jg. 17, H. 5, S. 505–528.

Bergmann, Jörg (1985): Flüchtigkeit und methodische Fixierung sozialer Wirklichkeit: Aufzeichnungen als Daten der interpretativen Soziologie. In: Bonß, Wolfgang/Hartmann, Heinz (Hrsg.): Entzauberte Wissenschaft. Zur Relativität und Geltung soziologischer Forschung. Sonderband 3 der »Sozialen Welt«. Göttingen, S. 299–320.

Deppermann, Arnulf (1999): Gespräche analysieren. Eine Einführung in konversationsanalytische Methoden. Opladen.

Dittmar, Norbert (2002): Transkription. Ein Leitfaden mit Aufgaben für Studenten, Forscher und Laien. Opladen.

Edwards, Jane A. (1993): Principles and Contrasting Systems of Discourse Transcription. In: Edwards, Jane A./Lampert, Martin D. (Hrsg.): Talking data: Transcription and Coding in Discourse Research. Hillsdale/New York, S. 3–31.

Ehlich, Konrad/Rehbein, Jochen (1976): Halbinterpretative Arbeitstranskriptionen (HIAT). In: Linguistische Berichte, Jg. 45, S. 21–41.

Heath, Christian/Hindmarsh, Jon/Luff, Paul (2010): Video in Qualitative Research. Analysing Social Interaction in Everyday Life. London.

Hickethier, Knut (1993): Film- und Fernsehanalyse. Stuttgart.

International Phonetic Association (Hrsg.) (1999): Handbook of the International Phonetic Association. A guide to the Use of the International Phonetic Alphabet. Cambridge.

Jefferson, Gail (1985): An Exercise in the Transcription and Analysis of Laughter. In: van Dijk, Teun A. (Hrsg.): Handbook of discourse analysis. Band 3: Discourse and dialogue. London, S. 25–34.

Jost, Christofer/Klug, Daniel/Schmidt, Axel/Reautschnig, Armin/Neumann-Braun, Klaus (2013): Computergestützte Analyse von audiovisuellen Medienprodukten. Wiesbaden.

Moritz, Christine (2011): Die Feldpartitur. Multikodale Transkription von Videodaten in der Qualitativen Sozialforschung. Wiesbaden.

Rehbein, Jochen et al. (2004): Handbuch für das computergestützte Transkribieren nach HIAT. In: Arbeiten zur Mehrsprachigkeit, Folge B 56, 1 ff. www.exmaralda.org/files/azm_56.pdf, letzter Zugriff am 25.1.2016.

Sacks, Harvey/Schegloff, Emanuel A./Jefferson, Gail (1974): A simplest Systematics for the Organization of Turn-taking for Conversation. In: Language, Jg. 50, H. 4, S. 696–735.

Schmidt, Thomas (2002): Gesprächstranskription auf dem Computer – das System EXMARaLDA. In: Gesprächsforschung – Online-Zeitschrift zur verbalen Interaktion, Nr. 3, S. 1–23. www.gespraechsforschung-ozs.de, letzter Zugriff am 25.1.2016.

Schmidt, Thomas (2007): Transkriptionskonventionen für die computergestützte gesprächsanalytische Transkription. In: Gesprächsforschung – Online-Zeitschrift zur verbalen Interaktion, Nr. 8, S. 229-241. www.gespraechsforschung-ozs.de, letzter Zugriff am 25.1.2016.

Schmidt, Thomas/Schütte, Wilfried (2010): FOLKER: An Annotation Tool for Efficient Transcription of Natural, Multi-party Interaction. In: Proceedings of the Seventh Conference on International Language Resources and Evaluation (LREC 10). Valletta, Malta: European Language Resources Association, S. 2091-2096. http://lrec-conf.org/proceedings/lrec2010/pdf/18_Paper.pdf, letzter Zugriff am 25.1.2016.

Schmidt, Thomas/Wörner, Kai (2014): EXMARaLDA. In: Durand, Jacques/Gut, Ulrike/Kristoffersen, Gjert (Hrsg.): The Oxford Handbook of Corpus Phonology. Oxford, S. 402–419.

Schütte, Wilfried (2007): ATLAS.ti 5 – ein Werkzeug zur qualitativen Datenanalyse. In: Gesprächsforschung – Online-Zeitschrift zur verbalen Interaktion, Nr. 8, S. 57–72. www.gespraechsforschung-ozs.de, letzter Zugriff am 25.1.2016.

Schütte, Wilfried (2012): Vergleich von Transkriptionseditoren und ihren Merkmalen. Manuskript. http://prowiki.ids-mannheim.de/pub/GAIS/TranskriptionEditoren/Transkriptionseditoren_Vergleich.pdf, letzter Zugriff am 25.1.2016.

Schütte, Wilfried (2015): Transkriptionseditoren. Manuskript. http://prowiki.ids-mannheim.de/bin/view/GAIS/TranskriptionEditoren, letzter Zugriff am 25.1.2016.

Schwab, Götz (2006): Transana – ein Transkriptions- und Analyseprogramm zur Verarbeitung von Videodaten am Computer. In: Gesprächsforschung – Online-Zeitschrift zur verbalen Interaktion, Nr. 7, S. 70-78. www.gespraechsforschung-ozs.de, letzter Zugriff am 25.1.2016.

Selting, Margret et al. (1998): Gesprächsanalytisches Transkriptionssystem (GAT). In: Linguistische Berichte, Jg. 173, S. 91–122.

Selting Margret et al. (2009): Gesprächsanalytisches Transkriptionssystem 2 (GAT 2). In: Gesprächsforschung – Online-Zeitschrift zur verbalen Interaktion, Nr. 10, S. 353–402. www.gespraechsforschung-ozs.de, letzter Zugriff am 25.1.2016.

Sequenzprotokoll

Helmut Korte

Das Sequenzprotokoll ist ein vielseitig verwendbares Instrument zur systematischen Transkription von Inhaltsabläufen, insbesondere zur Differenzierung von Erzähl- oder Handlungseinheiten. Es kann für die strukturelle Aufbereitung sowohl von Interviews, Diskussionen etc. (als Tonband-Mitschnitte) und Hörfunksendungen als auch für auditiv-visuelle Darstellungen (Schauspiel, Film, Fernsehsendungen etc.) eingesetzt werden, dient also vorrangig bei »flüchtigen« Inhalts-Präsentationen zur Sicherung des Untersuchungsgegenstands als Grundlage für eine qualitative (oder auch quantitative) Analyse. Erfasst werden in der Regel Länge und zeitliche Abfolge der unterscheidbaren Informationseinheiten oder Sequenzen und – dem zugeordnet – weitere qualitative Daten (Auffälligkeiten, Besonderheiten).

Da derartige Transkriptionsverfahren bislang in der Film- und Fernsehanalyse die stärkste Ausdifferenzierung erfahren haben, sollen die Einsatzmöglichkeiten sowie die Variationsbreite als Analyseinstrument im Folgenden exemplarisch an diesem Arbeitsgebiet aufgezeigt werden.[1]

Einstellungs- versus Sequenzprotokoll

Medientexte wie Filme und Fernsehsendungen sind hochkomplexe – über Bildfolgen, Musik, Dialoge, Kommentar und eine vorgegebene Zeitstruktur argumentierende – Aussagesysteme. Hinzu kommt, dass die rezipierte »Botschaft« immer eine individuell variierende Mischung aus textinternen und -externen Faktoren (persönliche, situative und historisch-gesellschaftliche) darstellt. Eine wissenschaftliche Medienanalyse muss daher sowohl die im Produkt enthaltenen rezeptionsleitenden Codierungen in ihrem Zusammenwirken identifizieren (Produktanalyse) als auch in Gegenüberstellung und Vergleich die historisch-gesellschaftlichen Kontextfaktoren untersuchen, die für Produktion und Rezeption bedeutsam sind (Kontext- und Rezeptionsanalyse), um – darauf aufbauend – die je historische Wirkungsdominanz sowie die Rezeptionsvarianten zu bewerten.

Um Beobachtungen am Medientext in ihrer Funktion für das Wirkungsgefüge analysieren zu können, ist es erforderlich, die im Akt der Wahrnehmung vorhandene Simultaneität verschiedener Faktoren zunächst in ein systematisch überprüfbares Nebeneinander methodisch aufzulösen. Da Filme und Fernsehproduktionen neben der auditiven und visuellen Aussageebene ihre Informationen immer in einer arrangierten zeitlichen Abfolge präsentieren, bietet sich hierfür die vorhandene Zeitstruktur als Notationsgrundlage an. In diesem Sinne sind Sequenzprotokoll sowie das ähnlich strukturierte, aber erheblich differenziertere – auf den kleinsten filmischen Einheiten beruhende – Einstellungsprotokoll in Verbindung mit darauf aufsetzenden grafischen Darstellungsverfahren (s. u.) zentrale Hilfsmittel für die systematische Aussagen-/Produktanalyse (vgl. u. a. Albrecht 1964; Faulstich 1976/1980, 2002; Korte 1986, 1988, 1999; Kanzog 1991; Mikos 2015). Der Film oder die Fernsehsendung werden in eine lineare Form gebracht, der visuelle und auditive Ablauf inhaltlich und in seiner Zeitstruktur notiert – als Basis für alle folgenden Untersuchungsschritte. Dabei hat die Protokollierung eine weitergehende Funktion für den Analyseprozess, denn der Akt der systematischen Erfassung zwingt zur genauen Beobachtung und eröffnet damit die Möglichkeit, den Untersuchungsgegenstand weitaus besser kennen zu lernen als bei einer auch mehrfachen reinen Betrachtung. Häufig ergeben sich bereits auf dieser Ebene wertvolle Hinweise für die Präzisierung der leitenden Fragestellung oder heuristische Annahmen für die Konkretisierung der Analyseschwerpunkte.

Beide Transkriptionsarten – Einstellungs- und Sequenzprotokoll – als systematische Darstellung der filmischen Sukzession dienen gleichermaßen der Sicherung des Untersuchungsgegenstandes, haben aber für die Analyse unterschiedliche Funktionen. Während der Informationsgehalt des erheblich aufwändigeren und in der Regel sehr umfangreichen Einstellungsprotokolls im Rahmen einer qualitativen Analyse meist nur bedingt genutzt werden kann, bietet das deutlich kürzere Sequenzprotokoll eine handhabbare Übersicht über Zeitstruktur und Handlungsablauf. Von daher ist es – als Minimalvoraussetzung für eine wissenschaftliche Analyse – häufig ökonomischer, Filme/Fernsehsendungen zunächst nur auf der Sequenz-Ebene zu erfassen und bei Bedarf durch Einstellungsprotokolle ausgewählter Abschnitte zu ergänzen. Der Informationsfluss bzw. Handlungsablauf wird dazu vom Untersuchenden nach inhaltlichen oder formalen Kriterien (dramaturgische Einheiten), Figurenkonstellationen oder Handlungsorten in Sequenzen und Subsequenzen unterteilt, die einzelnen Stationen zeitlich ermittelt und inhaltlich-formal beschrieben. Bereits daran wird deutlich, dass die Sequenz- und Subsequenzeinteilung in Abhängigkeit von Untersuchungsobjekt und Fragestellung überwiegend (subjektive) Setzungen sind und die Relevanz der gewählten Segmentierungskriterien sich erst im Vollzug der konkreten Analyse erweist.[2]

Um die Unterschiede der o. g. Protokollformen zu verdeutlichen, wird in Abb. 1 zunächst ein kurzer Ausschnitt aus dem Einstellungsprotokoll von *Vertigo* (Hitchcock, USA 1958) wiedergegeben (vgl. dazu ausführlicher Korte 1990): Für jede Einstellung sind Dauer, Einstellungsgrößen und Kameraaktivitäten (mit Kürzeln), eine knappe Handlungsbeschreibung sowie der Tontrakt notiert. Möglich ist damit vor allem eine exakte Orientierung im Filmablauf,

wobei die einzelnen Rubriken je nach Fragestellung und Untersuchungsschwerpunkt in ihrer Abfolge verändert und spezifisch ergänzt werden können. So wäre es bei diesem Film analytisch sinnvoll, ausgewählte Sequenzen, beispielsweise die Musikanteile in ihrer atmosphärischen Wirkung, noch genauer zu erfassen und in weiteren Spalten die dominante Farbcharakteristik oder die Bewegungsrichtungen im Bild festzuhalten.

Ähnlich aufgebaut ist das Sequenzprotokoll. Im Vergleich zu dem häufig bis zu 100 Seiten umfassenden und (bezogen auf den gesamten Film) relativ unübersichtlichen Einstellungsprotokoll ermöglicht es, den Film auf ein oder zwei Seiten komprimiert darzustellen und damit für formale und inhaltliche Untersuchungen der filmischen Gesamtstruktur zugänglich zu machen. Darüber hinaus erleichtert es die (schriftliche) Belegführung, da beispielsweise argumentative Bezüge auf einzelne Handlungsabschnitte durch Angabe der jeweiligen Subsequenz/Sequenz exakt verortet werden können.

Das in der Abb. 2 als Auszug wiedergegebene, vergleichsweise differenzierte Sequenzprotokoll einer Fernsehshow enthält neben den Grundinformationen Zeitablauf und Sequenz-/Subsequenzeinteilung zusätzlich Angaben über die jeweils enthaltenen Einstellungsfolgen und Kameraaktivitäten und diente als Basis für eine detaillierte Analyse primär der visuellen Präsentationsstruktur der Show. Auch hier sind Abfolge und Art der Rubriken je nach Untersuchungsschwerpunkt variabel.

Generell ist zu berücksichtigen, dass der mögliche Differenzierungsgrad der Transkription nicht zwangsläufig in einem adäquaten Verhältnis zu den daraus ableitbaren Erkenntnissen steht, häufig die dafür aufgewandte Mühe der eigentlichen Analyse verloren geht. Denn auch bei Einbeziehung aller denkbaren Informationen ist das Protokoll immer nur ein Hilfsmittel ohne eigentlichen Selbstzweck, dessen Bedeutung sich nur aus dem Wert für die wissenschaftliche Untersuchung ergibt. Die Ergänzung um weitere Rubriken wie auch die Entscheidung zwischen Einstellungs- oder Sequenzprotokoll, kann also nicht abstrakt gelöst werden, sondern

5 Aufzeichnung qualitativer Daten

ENr / Sek.	Kamera	Handlung	Ton
10 27	T KS → KS →	Arkadengang, dann Schwenk auf den Innenhof u. gegenüberliegende Häuser. Überblendung: Türschild – »Livery stable« Scottie im Stall, dunkel, er steht vor einer Kutsche, in der M. sitzt.	Leise, ruhige Musik mit zunehmenden Dissonanzen
11 5	T	Blick auf beide. – S. schaut M. an; M. in die Kamera.	S.: »Wo bist Du?«
12 4	HT RanF	Während S. in aufgeregter, drängender Stimmlage M. bittet, sich zu erinnern, erzählt diese wie in Trance von ihrer Kindheit im Kloster.	M.: »Hier bei Dir« M.: »Wir durften hier nicht spielen. Schwester Theresa hat uns ausgescholten.«

Kamera: T/HT = Totale/Halbtotale, KS/KF = Kameraschwenk/-fahrt, RanF = Ranfahrt

Abb. 1: Einstellungsprotokoll (Auszug) *Vertigo* (Hitchcock, USA 1958)

Zeit	Sequenzen/Subsequenzen	Einstellungen	Kameraoperationen
00'00	**S 1** : Showeinführung/Moderation	E1 – E18	2 x Zoom, 2 x Schwenk, 3 x mehrd. KB
03'0	**S 2** : Musikblock I / Interviews		1 x Zoom, 3 x Schwenk
	03'10 Musikparts	E19 – E47	
	08'15 Interviews	E48 – E60	
07'47	**S 3** : Großer Showteil		7 x Zoom, I x Schwenk. 4 x mehrd. KB
	07'47 Moderation Ramona	E61 – E63	
	08'50 Gesangspart Paruta	E64	
	09'05 Gesangspart W. Haas	E65 – E66	
	11'15 Einschub Paruta	E67	
	11'32 Gesangspart D. George	E68 – E70	
	13'27 Einschub Parula	E71	
	13'39 Gesangspart Lolita	E72 – E76	
	16'45 Einschub Paruta	E77	
	17'05 Gesangspart F. Bertelmann	E78 – E80	
19'43	**S 4** : Sprechgesang / Lyrik		
	19'43 Sprechgesang Paruta	E81 – E104	1 x Zoom
	22'24 Übergangsmoderation	E105	
	22'50 Lyrik Pfitzmann	E106 – E107	
23'59	**S 5** : Musikblock 2 / Interviews		4 x Zoom, 1 x mehrd. KB
	23'59 Gesangspart D. Lavi	E108 – E112	

Abb. 2: Sequenzprotokoll (Auszug) einer TV-Show zum Muttertag (*Mutter ist die Beste*, ZDF 1988)

hängt unmittelbar von der zugrunde gelegten oder am Material entwickelten Fragestellung ab. Bei Bedarf können immer noch einzelne Details nachträglich hinzugefügt werden, etwa wenn neu auftauchende Gesichtspunkte eine Schwerpunktverschiebung erforderlich machen.

Darstellungsvarianten/Visualisierung

Effektiver als eine wesentlich weitergehende Detaillierung auf der verbalen Ebene des Transkripts ist die Überführung der Daten in eine grafische Darstellung der inhaltlichen und formalen Einheiten. Die so genannte Sequenzgrafik kann die Erkenntnismöglichkeiten der systematischen Bestandsaufnahme deutlich erweitern, indem die ermittelten Grunddaten mit weiteren, zunächst auch nur vagen Beobachtungen über Wirkungsbezüge wie Auftreten und Charakteristik der Handelnden, Musikeinsatz, Wechsel der Handlungsorte oder Identifizierung inhaltlicher Höhepunkte verbunden werden.

In Form strukturierender Grafiken ist es damit möglich, Zusammenhänge und filmische Argumentationsmuster offen zu legen, am Film feststellbare Gesetzmäßigkeiten zu visualisieren und so eine Überprüfung der Aussagen zu ermöglichen. Vielfach können auf diesem Wege überhaupt erst für die Wirkung des Films wesentliche Strukturen und Verbindungen sichtbar gemacht werden, die auf der Ebene bloßer Anschauung analytisch gar nicht fassbar sind. Hierbei werden entlang einer horizontalen oder vertikalen Zeitachse die jeweiligen Sequenzen/Subsequenzen maßstäblich notiert und inhaltlich beschrieben, um den filmischen Aufbau visuell nachvollziehbar zu machen und erste Anhaltspunkte für das Erkennen von Gesetzmäßigkeiten in der Sequenzabfolge zu liefern.

Die Abb. 3 zeigt am Beispiel eines melodramatischen Katastrophenfilms aus den 1970er Jahren zunächst Abfolge und Länge der Sequenzen und ermöglicht damit im o. g. Sinne, Vermutungen

über Wirkungszusammenhänge sowie Auffälligkeiten im inhaltlichen Aufbau relativ schnell zu überprüfen. So wurde die Sequenzgrafik in diesem Fall beispielsweise eingesetzt, um die sich steigernde Bedrohungsintensität nachvollziehbar zu machen (ohne Abb.) oder auch die für die Wirkungscharakteristik des Films wesentliche 5-Akt-Struktur zu verdeutlichen (vgl. Korte 1992).

Einsatzmöglichkeiten und formale Ausgestaltung derartiger Visualisierungsverfahren sind je nach Untersuchungsgegenstand und Erkenntnisinteresse vielfältig modifizierbar (ausführlicher dazu Korte 1999).

Anwendungsbeispiel

Anhand des Films *Halloween – Die Nacht des Grauens* (Carpenter, USA 1978) sollen die analytischen Möglichkeiten von Sequenzprotokoll und daraus resultierenden grafischen Darstellungen abschließend skizziert werden.

Wie die zeitgenössischen Rezensionen belegen, erregte der Film durch eine bis dahin kaum gekannte Intensivierung von Horrorvisionen erhebliches Aufsehen und war Ausgangspunkt einer Reihe von Folgeproduktionen mit jeweils mehreren Sequels (u. a. *Friday the 13th*, Cunningham USA 1979/*Nightmare on Elmstreet*, Craven USA 1984). Dabei handelt es sich mit insgesamt 20 Drehtagen und einem Finanzvolumen von 320.000 Dollar – sogar für europäische Verhältnisse – um eine »low-budget«-Produktion, die gänzlich ohne den für zeitgleiche Hollywoodfilme bereits üblichen Aufwand für Kulissen, »special effects« und das entsprechende Staraufgebot auskommt. Auch die Handlung – der sechsjährige Michael Myers ersticht am Halloween-Abend seine ältere Schwester ohne ersichtlichen Grund, kann 15 Jahre später aus der geschlossenen Anstalt fliehen, kehrt zurück und begeht weitere Morde – ist nicht gerade spektakulär. Dennoch gehört *Halloween* mit zu den

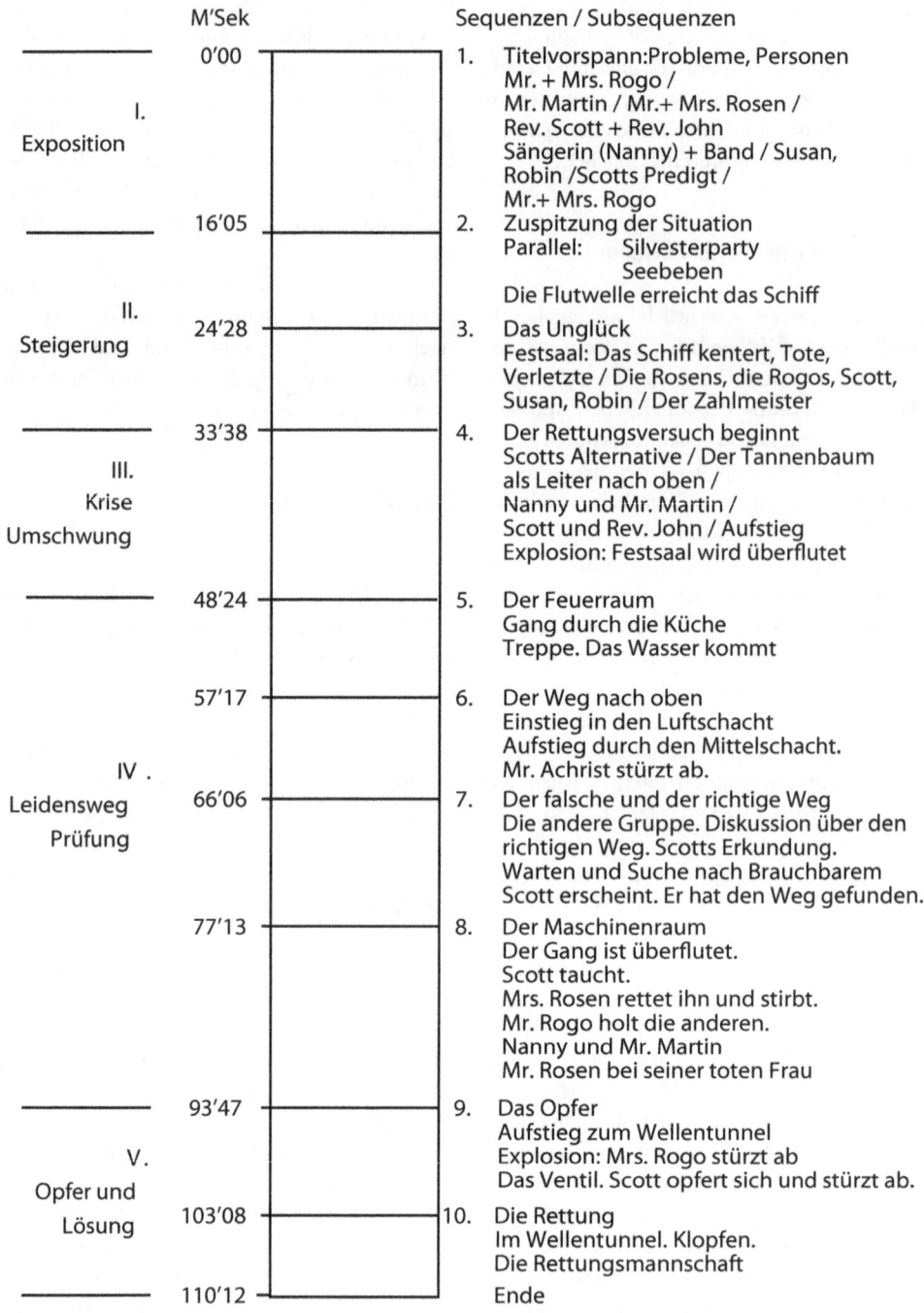

M'Sek		Sequenzen / Subsequenzen
	0'00	1. Titelvorspann:Probleme, Personen
I.		Mr. + Mrs. Rogo /
Exposition		Mr. Martin / Mr.+ Mrs. Rosen /
		Rev. Scott + Rev. John
		Sängerin (Nanny) + Band / Susan,
		Robin /Scotts Predigt /
		Mr.+ Mrs. Rogo
	16'05	2. Zuspitzung der Situation
		Parallel: Silvesterparty
		Seebeben
II.		Die Flutwelle erreicht das Schiff
Steigerung	24'28	3. Das Unglück
		Festsaal: Das Schiff kentert, Tote,
		Verletzte / Die Rosens, die Rogos, Scott,
		Susan, Robin / Der Zahlmeister
	33'38	4. Der Rettungsversuch beginnt
III.		Scotts Alternative / Der Tannenbaum
Krise		als Leiter nach oben /
Umschwung		Nanny und Mr. Martin /
		Scott und Rev. John / Aufstieg
		Explosion: Festsaal wird überflutet
	48'24	5. Der Feuerraum
		Gang durch die Küche
		Treppe. Das Wasser kommt
	57'17	6. Der Weg nach oben
		Einstieg in den Luftschacht
		Aufstieg durch den Mittelschacht.
IV .		Mr. Achrist stürzt ab.
Leidensweg	66'06	7. Der falsche und der richtige Weg
Prüfung		Die andere Gruppe. Diskussion über den
		richtigen Weg. Scotts Erkundung.
		Warten und Suche nach Brauchbarem
		Scott erscheint. Er hat den Weg gefunden.
	77'13	8. Der Maschinenraum
		Der Gang ist überflutet.
		Scott taucht.
		Mrs. Rosen rettet ihn und stirbt.
		Mr. Rogo holt die anderen.
		Nanny und Mr. Martin
		Mr. Rosen bei seiner toten Frau
	93'47	9. Das Opfer
		Aufstieg zum Wellentunnel
V.		Explosion: Mrs. Rogo stürzt ab
Opfer und		Das Ventil. Scott opfert sich und stürzt ab.
Lösung	103'08	10. Die Rettung
		Im Wellentunnel. Klopfen.
		Die Rettungsmannschaft
	110'12	Ende

Abb. 3: Sequenzgrafik *Poseidon Inferno* (Ronald Neame, USA 1972)

1. Exposition

00'00	Vorspann, Casts and Credits, Zeit, Ort	L1=0'13-2'16
02'28	Michael ermordet seine Schwester Judith / 5'46-6'10 = Der Mord	PS=2'26-6'25, L2=3'27-6'25
07'17	Dr. Sam Loomis und Krankenschwester auf der Fahrt in die Anstalt 9'46-10'24 = Angriff auf Krankenschwester	L1=9'06-10'40
10'24	Michael flieht mit ihrem Wagen	

2. Haddonfield

10'29	Laurie geht aus dem Haus, trifft Tommy	L1=11'02-13'00
13'20	Laurie legt Schlüssel beim Myers-Haus ab Der Unbekannte beobachtet Laurie	L1=13'24-13'27 (3), SK=13'44-14'04
14'04	Dr. Loomis mit einem Arzt vor der Anstalt. Michael konnte entkommen	
14'46	Schule, Klassenraum, Laurie blickt aus dem Fenster: Das geheimnisvolle Auto	L1=15'08-15'32
15'56	Tommy kommt mit anderen aus der Schule. Gespräch über den Schwarzen Mann	PS=1656-16'08, 16'08-16'22, 16'45-17'13 L1=16'45-18'00
17'21	Der Unbekannte folgt Tommy im Auto	PS=17'19-18'00
18'00	Landstraße' Dr. Loomis telefoniert mit dem Sheriff von Haddonfield, er hat verlassenen Lastwagen entdeckt	L2=18'55-19'15 (20), PS' 18'00-18'45
19'11	Der Tote im Gebüsch	PS= 19'07-19'15

Abb. 4: Sequenzprotokoll (Auszug) *Halloween* (John Capenter, USA 1978)

erfolgreichsten Hollywoodfilmen dieser Jahre und konnte bis 1981 bereits über 60 Millionen Dollar weltweit einspielen.

Obwohl deutliche Bezüge zu den Suspense-Filmen etwa Alfred Hitchcocks feststellbar sind, ist der Spannungsaufbau zumindest ungewöhnlich (Abb. 4).

Gleich zu Beginn werden die Zuschauer durch Kamerastrategie und Toneinsatz in ein emotionelles Wechselbad hineingezogen: Nach dem üblichen Produktionsvorspann findet man sich in einer nur durch Kamerabewegungen verbundenen, mit einer spannungssteigernd-ahnungsvollen Musik unterlegten, gut vierminütigen Plansequenz als Voyeur wieder, der ein Teenager-Pärchen beim Petting beobacht, dann als Mordkomplize und schließlich sogar als der Mörder selbst. Ohne diese Irritation und den Schock verarbeiten zu können, wird man unvermittelt in eine nächtliche Autofahrt katapultiert, wobei nur durch eine eingeblendete Orts- und Zeitangabe verdeutlicht wird, dass inzwischen 15 Jahre vergangen sind. Der mittlerweile erwachsene Michael soll von einem Psychiater untersucht werden, kann dabei überraschend fliehen und ist offenbar schon auf dem Weg in seine Heimatstadt, um sich weitere Opfer zu suchen. Mit wachsender Beunruhigung folgt man nun der eigentlichen Haupthandlung, den Geschehnissen am 31. Oktober 1978, dem Halloween-Tag.

Rufen diese auditiven und visuellen Eindrücke in den ersten knapp 11 Filmminuten zunächst verwirrend-unheilvolle Ahnungen wach, so werden sie im weiteren Verlauf zunehmend als Anzeichen von latenter und akuter Bedrohung identifizierbar. Die nächste Attacke erfolgt zwar erst gut 30 Minuten und der längst erwartete zweite Mord ca. 40 Minuten später, in dieser scheinbaren Ruhephase werden aber die eingeführten Gefahrenverweise systematisch ausgeweitet, ohne dass man den Aggressor zu Gesicht bekommt. Stattdessen beobachtet man mit ihm (subjektive Kamerafahrten in ausgedehnten Plansequenzen/PS) die künftigen Opfer und wird durch das immer wieder auftauchende musikalische Leitmotiv (L1/L2) und zahlreiche weitere Details in der unheilvollen Vorahnung bestärkt.

Um diese zunächst nur vermuteten visuellen und auditiven Faktoren in ihrer Bedeutung für den spezifischen Spannungsaufbau genauer bestimmen zu können, wurden in mehreren Durchgängen die üblichen Angaben des Sequenzprotokolls (Zeitablauf, Sequenzen) durch unterschiedliche Beobachtungen auf der Bild- und Tonebene ergänzt, wobei einige Annahmen revidiert werden mussten, andere sich als relevant erwiesen und in ihrer konkreten Funktion schrittweise präzisiert werden konnten. Dazu wurden die als dominant festgestellten Gefahrensignale anhand der Protokoll-

daten grafisch umgesetzt und versuchsweise in ihrer Gestaltung mehrfach modifiziert, um für die genauere Untersuchung der wechselseitigen Beeinflussung der Einzelfaktoren eine möglichst aussagekräftige und transparente Grundlage zu erhalten. Abbildung 5 zeigt die schließlich als Arbeitsbasis ausgewählte Kombination der Darstellungsvarianten: die Höhepunkte auf der Handlungsebene (Angriffe) und – dem zeitlich zugeordnet – die Kameraoperationen einerseits sowie der gezielte Einsatz des musikalische Leitmotivs andererseits. Damit konnte u. a. das intensive Zusammenspiel der verschiedenen Wirkungsmomente einer präzisen und vor allem nachvollziehbaren qualitativen Analyse zugänglich gemacht werden (vgl. dazu die ausführliche Analyse in Korte 1995).[3]

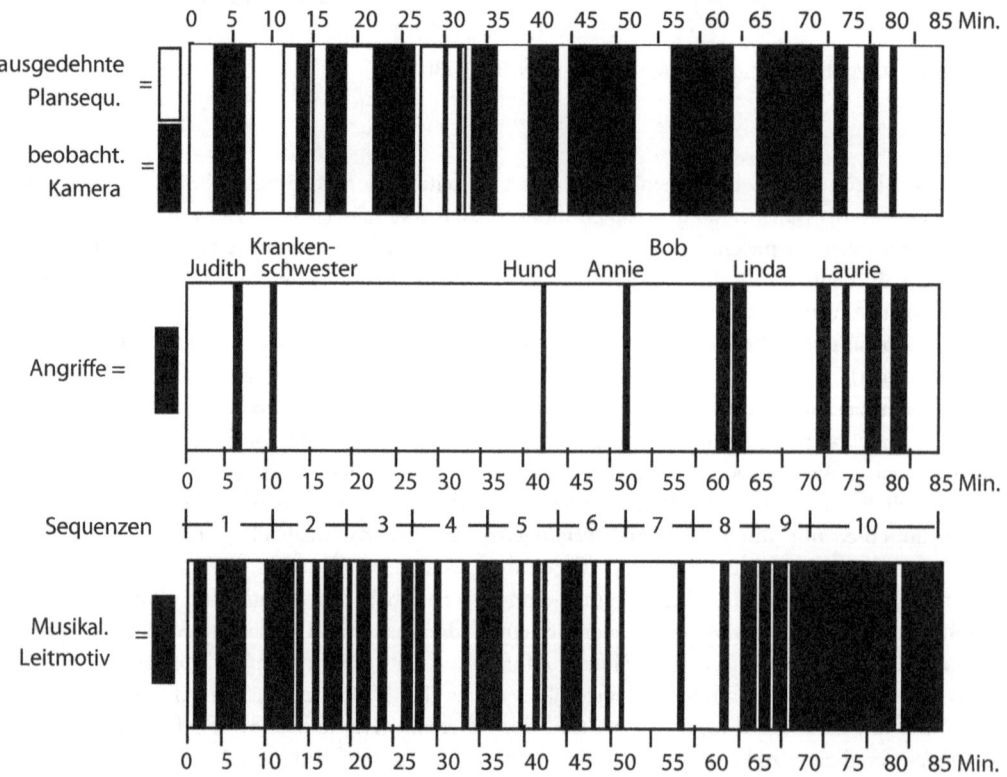

Abb. 5: Einsatz der filmischen Mittel in *Halloween* (1978)

Anmerkungen

1 Siehe hierzu vor allem auch die in der weiterführenden Literatur genannten Publikationen.

2 Da die immer auch subjektiven Kriterien unterworfene Sequenzeinteilung zu Unsicherheiten führen kann, sei noch einmal an den Status des Sequenzprotokolls als Hilfsmittel erinnert. Hier gilt die Faustregel: Die Sequenzeinteilung ist so gut, wie sie hilft, den Film für die eigene Analyse aufzuschließen und die Argumentation nachvollziehbar zu machen.

3 Es sollte deutlich geworden sein, dass sowohl die Detaillierung des Transkripts als auch in besonderem Maße die Visualisierung der ermittelten Daten nur dem Ziel dient, eine möglichst präzise Basis für die eigentliche Analyse zu liefern. Zentrales Kriterium für die jeweils konkrete Form ist also der Untersuchungsgegenstand sowie die herangetragene oder am Material entwickelte leitende Fragestellung. Je nach Analyseschwerpunkt sind die Verfahren vielfältig modifizierbar und gegebenenfalls durch weitere zu ergänzen. Anregungen dafür können beispielsweise die Transkriptions- und Veranschaulichungsmethoden in anderen Disziplinen geben, etwa in der Soziologie, Psychologie, den Naturwissenschaften ebenso wie die choreografischen Ablaufskizzen für Ballett, Tanz, Theater und Sport.

Literatur

Albrecht, Gerd (1964): Die Filmanalyse – Ziele und Methoden. In: Everschor, Franz (Hrsg.): Filmanalysen 2. Düsseldorf, S. 233 ff.

Faulstich, Werner (1980): Einführung in die Filmanalyse. 3., vollständig neu bearbeitete und erheblich erweiterte Auflage. Tübingen.

Faulstich, Werner (2002): Grundkurs Filmanalyse. München.

Kanzog, Kanzog (1991): Einführung in die Filmphilologie. Diskurs Film – Münchner Beiträge zur Filmphilologie 4. München.

Korte, Helmut (Hrsg.) (1986): Systematische Filmanalyse in der Praxis, 2. Auflage 1987. Braunschweig.

Korte, Helmut (1988): Systematische Filmanalyse als interdisziplinäres Programm. In: Ders./Faulstich, Werner (Hrsg.): Filmanalyse interdisziplinär, 2. Auflage 1990. Göttingen, S. 166 ff.

Korte, Helmut (1990): Trügerische Realität: »Vertigo – Aus dem Reich der Toten«. In: Faulstich, Werner/Korte, Helmut (Hrsg.): Fischer Filmgeschichte Band 3: 1945–1960. Frankfurt a. M., S. 331 ff.

Korte, Helmut (1992): Ängste und Katastrophen: »Die Höllenfahrt der Poseidon« (1972). In: Faulstich, Werner/Korte, Helmut (Hrsg.): Fischer Filmgeschichte Band 4: 1961–1976. Frankfurt a. M., S. 222 ff.

Korte, Helmut (1995): Die Eskalation des Horrors: »Halloween – Die Nacht des Grauens« (1978). In: Faulstich, Werner/Korte, Helmut (Hrsg.): Fischer Filmgeschichte Band 5: 1977–1995. Frankfurt a. M., S. 38 ff.

Korte, Helmut (1999): Einführung in die Systematische Filmanalyse, 2. Auflage 2001. Berlin.

Mikos, Lothar (2015): Film- und Fernsehanalyse. 3. aktualisierte Auflage. Konstanz.

Datenbeschreibung

Mareike Hugger / Claudia Wegener

Qualitäts- und Gütekriterien für qualitative Forschung bzw. für den Ablauf qualitativer Forschungsprozesse werden vielfach diskutiert (vgl. Krüger 2000; Steinke 2000; Flick 2016 und → Flick, S. 36 ff.; → Reichertz, S. 27 ff.). Dabei stehen zumeist die eigentliche Datenerhebung – wie z. B. der Ablauf von Interviews, die Durchführung von Beobachtungen oder Gruppendiskussionen – und ebenso die damit verbundene Datenerfassung in Form von Transkripten, Protokollen und audiovisuellem Material im Zentrum der Debatten. Das Augenmerk richtet sich weniger auf eine genaue Beschreibung spezifischer Umstände der Datenerhebung und somit den Kontext des Forschungsprozesses. In diesem Sinne stellt sich die Frage, welche zusätzlichen Daten es *über* die Daten zu fixieren gilt. Welche Daten sollten die Forschenden, freilich unter Berücksichtigung des Datenschutzes, über ihre Interviewpartner offen legen? Welche weiteren Informationen über die Datenerhebung, z. B. über die Situation während einer Gruppendiskussion und Auswirkungen von Störungen auf diese, sollten gesammelt, ob und wie sollte ihr Einfluss auf die Ergebnisse dargestellt werden? Und auf welche Weise schließlich sollte dieses geschehen, ohne dass die Forschenden in der Masse von Daten den Überblick verlieren und somit die Qualität der Forschungsarbeit leidet (vgl. Oswald 2003)?

Datengrundlage

Die Datenbeschreibung macht es zunächst notwendig, dass die Grundlage der Datenerhebung, das Material, die Stichprobe, nachvollziehbar erläutert wird. Nehmen wir als Beispiel die Durchführung qualitativer Interviews (→ Keuneke, S. 302 ff.): Wen ich befrage, gibt meine Forschungsfrage vor. Möchte ich beispielsweise etwas über den Stellenwert medialer Gewalt im Leben Jugendlicher erfahren, so gilt es, nachdem ich definiert habe, welche Altersspanne ich als jugendlich betrachte (und auch dieses ist transparent zu machen), Interviewpartner aus entsprechenden Altersgruppen auszuwählen. Das Vorgehen bei der Auswahl der Befragten zu erläutern, ist ein wesentlicher Aspekt der Datenbeschreibung – sowohl quantitativer als auch qualitativer Forschung (vgl. Merkens 2003; Schnell/Hill/Esser 2005). So lässt sich aus der Stichprobe ableiten, welche Detailfragen ich im Rahmen meines Untersuchungsinteresses tatsächlich beantworten kann. Gelegentlich werden im Rahmen wissenschaftlicher Untersuchungen Studierende als Stichprobe ausgewählt. Dieses ist insofern nachvollziehbar, als dass sie für Wissenschaftler im universitären Bereich schnell verfügbar sind. Zweifelsohne ist dieses Vorgehen mit entsprechend angelegter Fragestellung legitim. Über das Aufkommen bestimmter Phänomene in unterschiedlichen Bildungskontexten können dann aber keine Aussagen gemacht werden. Auch kommt es vor, dass Bekannte der Forschenden aus pragmatischen Gründen in Erhebungen einbezogen werden. Interviewpartner im näheren Umfeld ersparen nicht nur Fahrtkosten, sie sind zudem problemlos zu rekrutieren. Trotz dieser Vorteile sei zur Vorsicht gemahnt. Das vertraute Verhältnis verführt zum vermeintlich unausgesprochenen Verständnis. Die Befragten unterlassen Erläuterungen mit der Vermutung, sie seien dem Interviewer ohnehin bekannt. Dieser hingegen stützt Interpretationen auf subjektive Erfahrungen und Kenntnisse. Zudem kann das persönliche Verhältnis dazu führen, dass sehr persönliche Details aus Scheu vor dem anderen ausgelassen werden. Sollten aus triftigen Gründen dennoch Bekannte oder Freunde in die Untersuchungen einbezogen werden, macht es die anvisierte Transparenz erforderlich, dieses offen zu legen und nachvollziehbar zu erläutern.

Erhebungsumgebung und Erhebungskontext

Um den Erhebungsprozess einordnen zu können ist es von Bedeutung, den lokalen Untersuchungsrahmen zu beschreiben. Bei non-reaktiven Erhebungsverfahren ist das allerdings unerheblich. Der Ort, an dem ich meine Inhaltsanalyse durchgeführt habe, ist für Außenstehende nachrangig. Anders verhält es sich bei reaktiven Verfahren, bei denen der Prozess zwischen den Forschenden und dem Untersuchungsobjekt immer als Interaktion zu begreifen ist. So, wie beispielsweise der Interviewer Einfluss auf den Interviewten nehmen kann, durch seine Fragen, wie auch seinen Habitus und sein äußeres Erscheinungsbild, spielt auch der Ort der Erhebung eine Rolle. In der Regel ist dafür zu sorgen, dass dieser der Untersuchung nicht im Wege steht und ein für die Befragten möglichst angenehmes Umfeld bietet. In der Datenbeschreibung ist dieser Kontext zu erwähnen, um die Interviewsituation nachvollziehbar zu machen. So ist es ein Unterschied, ob Jugendliche in der Schule interviewt werden oder zu Hause in ihrem familiären Umfeld. Stellt die Schule eine Umgebung dar, in der sich Jugendliche möglicherweise reglementierter oder gehemmter fühlen, können sie eher davon ausgehen, es ginge auch in wissenschaftlichen Befragungen um die Ermittlung von Wissen und demnach um richtige oder falsche Antworten. Andererseits kann es sein, dass Jugendliche in der Schule z. B. eher Kritik an Handlungsweisen ihrer Eltern üben würden als im häuslichen Umfeld. An diesen Beispielen zeigt sich, in welcher Weise die Erhebungssituation auf die erhaltenen Aussagen und somit auf den Forschungsprozess rückwirken kann. Die Wahrnehmung der Situation durch den oder die Befragten sollten die Forschenden abschätzen und versuchen, sie im Sinne der Fragestellung

positiv zu gestalten, um eine »natürliche« Kommunikationssituation mit einer guten Atmosphäre zu schaffen (vgl. Friebertshäuser 2003; Lamnek 2010). In diesem Sinne ist die Darlegung des aufgesuchten Sozialraums (Familie, Peers, Kollegenkreis) ebenso relevant, wie die Beschreibung institutioneller Kontexte (Schule, Arbeitsplatz, Beratungsstellen) und damit die Frage, ob es sich um eine private oder öffentliche Einbettung des Gesprächsverlaufes handelt. Es gehört zu den Qualitätskriterien qualitativer Forschung, diese Einflussfaktoren auf den Erhebungsprozess durch die Schilderung des Erhebungskontextes transparent zu machen (vgl. Steinke 2000).

Zeitpunkt der Erhebung und äußere Einflüsse

Grundsätzlich ist auch die Angabe des Erhebungszeitraumes ein Aspekt der Datenbeschreibung. Das ist notwendig, um den Forschungsablauf zeitlich einordnen und die Aktualität der Daten beurteilen zu können. Über diese allgemeinen Punkte hinausgehend, kann der Erhebungszeitraum von besonderem Interesse sein. Dieses ist beispielsweise der Fall, wenn ein spektakuläres Ereignis – unabhängig vom Forschungsprozess – der Befragung vorangegangen ist. Wir selbst haben dieses einmal in einer Studie erlebt, die Jugendliche zu ihrem Medienverhalten befragte. Wenige Wochen zuvor geschah der Amoklauf eines Schülers in einem Erfurter Gymnasium[1], bei dem auch die Rolle der Medien in der Öffentlichkeit als eine mögliche Ursache diskutiert wurde. Wenn Jugendliche in den geführten Interviews immer wieder die Rolle der Medien im Kontext der Entstehung von Gewalt betonten, sei es, weil sie dieser These zustimmten oder aus eigener Erfahrung ablehnten, so waren dieser Themenaspekt und daraus resultierende Argumentationslinien auch auf das zuvor in den Medien thematisierte Ereignis zurückzuführen. Es trägt zum Verständnis des Forschungsprozesses und der Daten selbst bei, diesen gesellschaftlichen Kontext zu beschreiben und in den Auswertungen der Daten zu berücksichtigen. Gerade angesichts der Tatsache, dass Forschungsergebnisse auch mit zeitlicher Distanz rezipiert werden, in der sich eben noch öffentlich relevante Themen marginalisieren, wird die Bedeutung der Beschreibung entsprechender Kontextbedingungen deutlich. Dabei müssen es keineswegs immer gesellschaftlich dramatische Ereignisse sein, die den Forschungsprozess in einem bestimmten Erhebungszeitraum begleiten. Die Befragung von Kindern und Jugendlichen, z. B. im Anschluss an eine Klassenarbeit, kann den Gesprächsverlauf beeinflussen, wenn die Befragten hier noch besonders aufgeregt, deprimiert oder müde sind. Gleiches gilt für Befragungen während der Schulzeit vor einer Klassenarbeit, von denen grundsätzlich abzuraten ist. Sofern sich entsprechende Situationen aufgrund spezifischer Bedingungen der Projektorganisation aber nicht vermeiden lassen, dient die Beschreibung dieser Bedingungen in jedem Fall ihrer Transparenz.

Einwirkung und Informationen Dritter

Auch der Verlauf der Erhebung kann für die erhobenen Daten von Bedeutung sein. Bei teilnehmenden Beobachtungen (→ Mikos, S. 362 ff.) versteht es sich von selbst, dass alle beobachteten Handlungen protokolliert werden. Bei Interviews (→ Keuneke, S. 302 ff.) und Gruppendiskussionen (→ Schäffer, S. 347 ff.) steht aber in der Regel ausschließlich der Gesprächsverlauf im Mittelpunkt, da nur dieser zur Beantwortung der Ausgangsfrage beiträgt. Auch hier können »Randereignisse« auftreten, die protokolliert werden sollten, sofern sie für das geführte Gespräch von Bedeutung sind. Wird z. B. das Interview mit einem Redakteur – möglicherweise gar für einen längeren Zeitraum – durch seinen Vorgesetzten unterbrochen und gibt es hier Unstimmigkeiten, so kann der anschließende Gesprächsverlauf durch diesen Sachverhalt bestimmt sein. Unerwünschte Äußerungen werden eher ausgelassen, das Thema lenkt sich in eine einseitige Richtung, ggf. vermindert sich die Bereitschaft zum Antworten. Vergleichbare Situationen können sich in zahlreichen anderen Kontexten ergeben, wenn

die Eltern eines Jugendlichen die Gesprächssituation unterbrechen oder Gruppendiskussionen durch einzelne Teilnehmer massiv gestört werden. Auch können technische Defekte eine Rolle spielen, wenn diese Gespräche nachhaltig beeinflussen und Kameras oder Aufnahmegeräte immer wieder ausfallen, Befragte so an die »künstliche« Gesprächssituation erinnern und damit verunsichern. Dieses sollte zwar durch gründliche Tests technischer Geräte im Vorfeld vermieden werden, vollständig ausschließen lassen sich solchen »Pannen« aber nicht.

Auch kann es vorkommen, dass Personen, die nicht unmittelbar in die Erhebung eingebunden sind und als Gesprächspartner einbezogen werden, zusätzliche Informationen liefern, die für die Auswertung der Daten von Bedeutung sein können. Lehrer, Vereinsmitglieder, Vorgesetzte, Betreuer beispielsweise konfrontieren Interviewer im Anschluss oder auch im Vorfeld einzelner Gespräche mit Informationen, die für die Erhebung sowie die theoretische Einordnung der erhobenen Aussagen von Bedeutung sein können. Ein extremer Fall lässt sich z. B. konstruieren, wenn dritte Personen die Glaubwürdigkeit von Interviewpartnern infrage stellen. In diesem Fall muss der Interviewer die schwierige Aufgabe leisten, wiederum die Glaubwürdigkeit des Informanten einzuschätzen. Stellt sich diese als hoch dar, tragen entsprechende Angaben, sofern das geführte Interview überhaupt in der Auswertung berücksichtigt wird, zur Transparenz des Forschungsprozesses bei. Zudem müssen auch die Forschenden kritisch reflektieren, ob und in welcher Weise sich die erhaltenen Informationen eventuell auf ihr Verhalten in der Erhebungssituation gegenüber dem Befragten ausgewirkt haben. Im Zweifelsfall müssen dieses und der daraus resultierende Einfluss auf die Auswertung und Beurteilung der Aussagen der Person hinterfragt werden. In anderen Fällen kann es sinnvoll sein, Informationen gezielt einzuholen. Wenn z. B. innerhalb einer Gruppendiskussion ein Teilnehmer einen Streit provoziert oder während der Diskussion aus unerklärlichen Gründen überstürzt den Raum verlässt, können Betreuer durch zusätzliche Informationen die Reaktionen des Teilnehmenden erklären helfen und somit eine adäquatere Interpretation der Erhebungssituation herbeiführen.

Durchführung, Aufbereitung und Dokumentation

Nehmen die Forschenden im Feld an einer Situation aktiv teil, wie etwa im Interview oder bei einer Gruppendiskussion, werden sie eine bestimmte Rolle gewollt einnehmen oder diese durch die Situation oder die Untersuchungsteilnehmer zugewiesen bekommen. Die Art der Rolle, ob »Besucher«, »Vertrauter« oder »distanzierter Wissenschaftler«, entscheidet jedoch wesentlich darüber, welchen Zugang die Forschenden zu den Befragten haben und welchen nicht (vgl. Flick 2016). Die Wahl der Rolle und ihre – vielleicht ungewollte – (Neu-)Aushandlung im Feld sollte deshalb besondere Berücksichtigung in der Dokumentation finden.

Die Datenerhebung selbst wird entsprechend der gewählten Forschungsmethode und unter Berücksichtigung der gegebenen Situation durchgeführt (vgl. Schnell/Hill/Esser 2005; Lamnek 2010; Flick 2016). Dabei sind die Standards zu beachten und Abweichungen vom für die Studie gewählten Verfahren in einem *Feldtagebuch* (s.u.) zu notieren. Um die erhaltenen Daten interpretieren zu können, müssen die Ergebnisse von Beobachtungen und Befragungen in eine Textform gebracht werden. Eine Besonderheit bilden hier die visuellen Materialien, bei welchen eine Beschreibung bereits schon ein erster Interpretationsschritt sein kann, bevor die eigentliche Bildinterpretation folgt (→ Neuß, S. 380 ff.). Um verbale Daten in eine Textform zu bringen, gibt es verschiedene Transkriptionssysteme, die einen unterschiedlichen Grad an Genauigkeit zulassen (→ Ayaß, S. 421 ff.). Hier muss zuvor festgelegt werden, welcher Grad an Genauigkeit der Transkription für die folgenden Auswertungsschritte notwendig ist (vgl. Flick 2016). Ein Projekt, das mit der Konversationsanalyse arbeitet (→ Ayaß, S. 460 ff.), wird hier anders vorgehen als eines, das Fallrekonstruktionen zum Ziel hat. Ange-

strebt werden sollte, die angefertigten Transkriptionen mit den Audioaufzeichnungen zu vergleichen und bei Abweichungen zu korrigieren, um ein möglichst exaktes – also nah an den Äußerungen der Befragten – Ausgangsmaterial zu erhalten (vgl. Schmidt 2003). Schließlich sollen Fehlinterpretationen vermieden werden, die auf Transkriptionsfehler zurückgehen.

Transparenz und Datenschutz

Den Erhebungsprozess durch präzise Datenbeschreibung offen zu legen und für die Transparenz der Daten Sorge zu tragen, ist ein wesentliches Qualitätsmerkmal qualitativer Forschung. Ebenso hoch einzuschätzen ist aber das ethische Moment des »Informantenschutzes«, das in der Regel mit der Anonymität der Befragten verbunden ist (vgl. Rutishauser/Zimmermann 2016). Interviewpartnern wird üblicherweise Anonymität zugesichert und diese ist dringend einzuhalten. Schüler wären im Rahmen qualitativer Interviews weitaus zurückhaltender, wenn sie davon ausgehen müssten, dass ihre Antworten von Eltern und Lehrern gelesen werden. Auch Journalisten würden mitunter zu anderen Antworten greifen, wenn diese ihren Vorgesetzen unter Angabe ihres Namens zugänglich gemacht würden. Die Transparenz hat also dort ihre Grenze, wo es um die Angabe persönlicher Daten geht, die zur eindeutigen Identifikation der Gesprächspartner beitragen.

Ein besonderer Fall stellt sich dar, wenn es um Experteninterviews geht (→ Hoffmann, S. 313 ff.). Zum einen ist es hier für die Untersuchung in der Regel relevant, die Namen der Gesprächsteilnehmer zu nennen. Denn damit ist ein bestimmter Status und beruflicher Kontext verbunden, der wesentlich für die Auswahl der Person als Gesprächspartner ist. Zum anderen kann es die Bedeutung der eigenen Forschungsarbeit unterstreichen – und diesen Punkt zu nennen ist vollkommen legitim –, besonders ausgewiesene Personen als Gesprächspartner gewinnen zu können. Wer eine prominente Nachrichtensprecherin zur Frage der Nachrichtenpräsentation befragen durfte, wird kaum gewillt sein, ihren Namen im Sinne der Anonymität zu verschlüsseln. Dieses ist üblicherweise auch nicht notwendig, wenn bestimmte Regeln eingehalten werden (vgl. Hopf 2000). So sind die Interviewpartner vorab darüber zu informieren, in welchem Rahmen das Gespräch veröffentlicht wird. Die Zitation einzelner Passagen ist ebenso denkbar wie die Veröffentlichung des gesamten Transkriptionsmanuskriptes. Darüber hinaus kann ihm oder ihr angeboten werden, Textpassagen im Vorfeld einer Veröffentlichung gegenzulesen. Ob es sich um den gesamten Publikationstext handelt oder nur um einzelne Passagen, ist abzusprechen. Sofern ein Interviewpartner hier allerdings den Wunsch deutlicher Einflussnahme signalisiert, ist der Nutzen des Gespräches gründlich abzuwägen. So soll ein qualitatives Interview schließlich keine Pressemitteilung ersetzen, nicht der Korrektur des öffentlichen Images dienen, sondern der Beantwortung der anstehenden Forschungsfrage.

Feldtagebuch und Postskriptum

Um die Erhebungssituation in die Interpretation der Daten einbeziehen zu können, muss diese mit ihren unterschiedlichen Aspekten berücksichtigt werden. Dazu, wie die Fülle dieser Felddaten zu notieren sind, gibt es unterschiedliche Vorschläge und Begrifflichkeiten (vgl. Witzel 1982; Friebertshäuser 2003; Schmidt 2003; Flick 2016).

Das *Feldtagebuch* soll den Forschenden zum einen Orientierung bieten, als Überblick, wann und wo welche Erhebungen durchzuführen sind, zum anderen kann es ihnen auch die Möglichkeit geben, Besonderheiten im Forschungsfeld zu notieren, die die Erhebung beeinflussen könnten (vgl. Rutishauser 2016). Sind z. B. die Mitglieder einer Redaktion akut vom Stellenabbau bedroht und wie wirkt sich das auf die dort geführten Interviews aus? Welchen Eindruck gewinnt die Forscherin vom Klima einer Schule, an der sie Gruppendiskussionen durchführen wird? Das Feldtagebuch dient dazu, allgemeine Informati-

onen über die Erhebung und die Umstände im Feld zu notieren. Informationen über die Teilnehmenden selbst, die aus eigenen Beobachtungen oder aus den Äußerungen Dritter herrühren, werden festgehalten und anschließend im *Postskriptum* zu dem jeweiligen Fall notiert. Im Gegensatz zum Feldtagebuch soll dieses hier, als den einzelnen Fall erläuternde Zusatzinformation verstanden werden.

Auch wenn das Interview (→ Keuneke, S. 302 ff.), die Gruppendiskussion (→ Schäfer, S. 347 ff.) oder eine Beobachtung (→ Mikos, S. 362 ff.) mit technischen Geräten aufgezeichnet wurden, ist es ratsam, ein Postskriptum anzufertigen. Es dient im Besonderen dazu, dass die Forschenden selbst einen kritischen Rückblick auf die Datenerhebung werfen und auch ihren Einfluss auf das produzierte Datenmaterial reflektieren (vgl. Witzel 1982). War ein Strategiewechsel im Befragungsverhalten erfolgreich, konnte ein gutes Gesprächsklima hergestellt werden oder ist der Interviewer durch Äußerungen der Befragten selbst »aus dem Konzept« gekommen? Fand ein (un-)gewollter Rollenwechsel der Interviewerin statt, oder hat sie durch ihren Befragungsstil dem Teilnehmer den Freiraum zur Entfaltung der eigenen Sichtweisen genommen? Andererseits sollten aber auch Besonderheiten, ungeklärte Fragen und spontane Eindrücke oder Deutungen hier ihren Platz finden. Auch kann das nonverbale Verhalten der Untersuchungsteilnehmer und die Veränderung dessen während der Situation notiert werden. Gab es vielleicht im Verhalten der Befragten Hinweise darauf, dass sie sich nicht auf die Situation einlassen wollten? Bei welchen Themen zeigten die Teilnehmer besonderes Interesse? Solche Fragen stellen sich oft bei der Sichtung anschließend erstellter Transkriptionen. Ein Postskriptum kann hier bei der Aufklärung sehr hilfreich sein. Insbesondere werden im Postskriptum auch Ereignisse festgehalten, die vor oder nach der Aufzeichnung der Erhebung geschehen, wie z. B. eine übergeordnete Bewertung des Themenfeldes durch die Befragten oder Äußerungen darüber, wie sie sich in der Situation gefühlt haben. Es empfiehlt sich, diese Notizen unmittelbar nach der Erhebung festzuhalten, damit sich die Eindrücke nicht mit denen aus anderen Fällen vermischen. Das Postskriptum kann bei der Fülle der Felddaten einen wichtigen Beitrag zur Interpretation leisten, indem es Äußerungen und Verhaltensweisen von Befragten zu erschließen hilft. In einigen Fällen sind es gerade die Feldnotizen und das Postskriptum, die es ermöglichen, einen Interpretationsansatz zu stützen oder ein Bild zu vervollständigen.

Anwendungsbeispiel

Die im Feld zusätzlich gewonnenen Informationen können das *eigentliche* Datenmaterial auf unterschiedliche Weise ergänzen. Das folgende Beispiel zeigt, welche Rolle Felddaten für das Datenmaterial spielen und wie diese einem außenstehenden Leser erläutert werden können:

Während eines Interviews zur Mediennutzung von Jugendlichen berichtet ein 14-jähriges Mädchen, dass sie den Umgang mit dem Computer von der Mutter gelernt habe. Auch die häufig mit der Mutter gemeinsam verbrachte Freizeit lässt auf eine starke Bindung zu ihrer Mutter schließen. Zwar erzählt sie, welchen Beruf der Vater ausübt und welchen Hobbys er nachgeht, ansonsten tritt er aber kaum in Erscheinung. Er scheint keinen besonderen Einfluss auf ihren Alltag zu haben. Erst durch eine beiläufige Bemerkung einer Mitschülerin erfährt die Forscherin, dass der Vater vor einigen Jahren die Familie verließ und keinen Kontakt mehr zu seinen Kindern sucht. Das Mädchen schämt sich für diesen Umstand und verschweigt ihn gegenüber Fremden. In diesem Fall wäre man ohne die Information von Dritten vielleicht zu dem Schluss gekommen, dass dieses Mädchen sich lieber an die Mutter wendet als an den Vater, wenn es um die Vermittlung von Medienkompetenz geht. Da sie zu ihrem Vater tatsächlich jedoch keinen Kontakt hat, lässt dies ihr Handeln in einem anderen Licht erscheinen. In der Auswertung dieses Falls – z. B. bei einer Fallrekonstruktion – ist deutlich darauf hinzuweisen, wie die zusätzlichen Informationen gewonnen wurden und in welchem Maß sie die Analyse gesteuert haben.

Fazit

Bei der Beschreibung qualitativer Daten sind mitunter vielfältige Aspekte zu berücksichtigen. Ob und in welcher Ausführlichkeit dieses geschieht und in welcher Weise Besonderheiten schließlich im Projektbericht dokumentiert und erläutert werden, ist immer im Einzelfall einer jeweiligen Studie zu entscheiden. Grundsätzlich sind den Lesern die Art der Daten, ihre Auswahl, die Umstände ihrer Erhebung sowie ihr Einwirken aufeinander in angemessenem Ausmaß zu erläutern. Indem die Forschenden offen legen, welche zusätzlichen Informationen sie im Laufe des Forschungsprozesses über ihre Daten erhalten haben, machen sie für die Leser zugleich den eigenen Interpretationsprozess nachvollziehbar und transparent. Dabei kann es sicherlich nicht darum gehen, sich in Details über das jeweilige Untersuchungsobjekt zu verlieren. Die Haarfarbe des Interviewpartners beispielsweise dürfte nur in begründeten Ausnahmefällen von Interesse sein, während ein auffälliges »Outfit« – welches die Zugehörigkeit zu einer bestimmten Szene anzeigt – in anderen Forschungskontexten von großer Bedeutung sein kann. Welche Detailaspekte es aber sind, die es über die erhobenen Daten zu beschreiben gilt, ist im jeweiligen Forschungsprojekt und dessen Darstellung zu entscheiden. Durch ein solches Vorgehen wird eine präzise Datenbeschreibung zu einem wesentlichen Qualitätsmerkmal qualitativer Forschung.

Anmerkungen

1   Am 26. April 2002 erschoss ein 19-jähriger Schüler am Gutenberg-Gymnasium in Erfurt bei einem Amoklauf mehrere Personen und anschließend sich selbst.

Literatur

Flick, Uwe (2016): Qualitative Sozialforschung. Eine Einführung, 7. Auflage Reinbek bei Hamburg.

Friebertshäuser, Barbara (2003): Interviewtechniken – ein Überblick. In: Friebertshäuser, Barbara/Prengel, Annedore (Hrsg.): Handbuch Qualitative Forschungsmethoden in der Erziehungswissenschaft. Studienausgabe. Weinheim/München, S. 371–395.

Hopf, Christel (2000): Forschungsethik und qualitative Forschung. In: Flick, Uwe/Kardorff, Ernst von/Steinke, Ines (Hrsg.): Qualitative Forschung. Ein Handbuch. Reinbek, S. 589–600.

Lamnek, Siegfried (2010): Qualitative Sozialforschung, 5. Auflage. Weinheim/Basel.

Krüger, Heinz-Hermann (2000): Stichwort: Qualitative Forschung in der Erziehungswissenschaft. In: Zeitschrift für Erziehungswissenschaften, 3. Jg., H. 3, S. 323–342.

Merkens, Hans (2003): Stichproben bei qualitativen Studien. In: Friebertshäuser, Barbara/Prengel, Annedore (Hrsg.): Handbuch Qualitative Forschungsmethoden in der Erziehungswissenschaft. Studienausgabe. Weinheim/München, S. 97–106.

Oswald, Hans (2003): Was heißt qualitativ forschen? In: Friebertshäuser, Barbara/Prengel, Annedore (Hrsg.): Handbuch Qualitative Forschungsmethoden in der Erziehungswissenschaft. Studienausgabe. Weinheim/München, S. 71–87.

Rutishauser, Melina (2016): Schwierige Zugänge zum Feld. In: Wintzer, Jeannine (Hrsg.): Herausforderungen in der qualitativen Sozialforschung. Forschungsstrategien von Studierenden für Studierende. Berlin/Heidelberg, S. 63–70.

Rutishauser, Melina/Zimmermann, Chantal (2016): Ethische Dilemmata in Forschungsprozessen. In: Wintzer, Jeannine (Hrsg.): Herausforderungen in der qualitativen Sozialforschung. Forschungsstrategien von Studierenden für Studierende. Berlin/Heidelberg, S. 121–131.

Schnell, Rainer/Hill, Paul B./Esser, Elke (2005): Methoden der empirischen Sozialforschung, 7. Auflage. München/Wien.

Schmidt, Christiane (2003): »Am Material«: Auswertungstechniken für Leitfadeninterviews. In: Friebertshäuser, Barbara/Prengel, Annedore (Hrsg.): Handbuch Qualitative Forschungsmethoden in der Erziehungswissenschaft. Studienausgabe. Weinheim/München, S. 544–568.

Steinke, Ines (2000): Gütekriterien qualitativer Forschung. In: Flick, Uwe/Kardorff, Ernst von/Steinke, Ines (Hrsg.): Qualitative Forschung. Ein Handbuch. Reinbek, S. 319–331.

Witzel, Andreas (1982): Verfahren der qualitativen Sozialforschung. Überblick und Alternativen. Frankfurt/New York.

Codierung

ELIZABETH PROMMER / CHRISTINE LINKE

Ein zentraler Schritt im Forschungsprozess ist neben der Datenerhebung die Datenerfassung bzw. die Codierung. Die Codierung ist ein methodisch kontrolliertes Verfahren, das nachvollziehbar und überprüfbar ist und Inhalte thematisch strukturiert. Es ist eine zwingende Stufe des wissenschaftlichen Interpretationsverfahrens. Die Tiefe und die Ausführlichkeit der Codierung hängen von der Fragestellung des Projektes ab. Der folgende Beitrag illustriert beispielhaft das thematische Codieren bzw. die Codierung für die qualitative Inhaltsanalyse sowie eine offenere Form der Codierung in der Tradition der Grounded Theory. Die Beispiele sollen die Pole zwischen stark strukturierter und sehr offener Codierung verdeutlichen.

Das Datenmaterial

Einer der wichtigsten Schritte im Forschungsprozess ist neben der Datenerhebung die Datenerfassung bzw. die Codierung. Hat man seine qualitativen Leitfadeninterviews oder die Gruppendiskussionen geführt, stellt sich die Frage: Was tun mit dem Material? Je nachdem, wie viele Interviews geführt wurden, kann es sich um mehrere Ordner transkribierte Interviews handeln.

Bei der Wahl der Methode zur Auswertung des erhobenen qualitativen Materials ist sich die Fachwelt uneins. Die Vorschläge reichen von der »objektiven Hermeneutik« Oevermanns u.a. (1979, → Hagedorn, S. 580 ff.) über die »Grounded Theory« von Glaser/Strauss (1979; → Lampert, S. 596 ff.) bis zur »qualitativen Inhaltsanalyse« von Mayring (1993; → Mayring/Hurst, S. 494 ff.). Nach Lamnek (1988) gibt es keinen Konsens über eine bestimmte anwendbare Analysemethode. Vielmehr sollte angestrebt werden, dem jeweiligen Projekt eine an Theorie und Erhebungsmethode orientierte Auswertungsmethode auf den Leib zu schneidern. Das bedeutet, dass keine dogmatische Entscheidung für eine Richtung getroffen werden sollte, sondern eine dem Forschungsinteresse angepasste Auswertungsmöglichkeit gefunden werden muss.

Bei dem Datenmaterial in der qualitativen Medienforschung handelt es sich in der Regel um Leitfadeninterviews (→ Keuneke, S. 302 ff.). In medienbiographischen Interviews (→ Tilemann, S. 321 ff.), der Studie Kinobesuch im Lebenslauf sollen sich die Befragten beispielsweise an ihren ersten Kinobesuch erinnern und diesen beschreiben (Prommer 1999). Bei Paus-Haase u. a. (1999) sprechen Jugendliche über den Stellenwert der täglichen Talkshows. Ebenso häufig werden Gruppendiskussionen (→ Schäffer, S. 347 ff.) zu einem medienspezifischen Thema durchgeführt. So sehen Kinder beispielsweise gemeinsam ein komisches Fernsehprogramm und diskutieren im Anschluss, was sie warum witzig finden und was nicht (z. B. Prommer u. a. 2003). Bei Röser (2000) beispielsweise diskutieren Männer und Frauen über die verschiedenen Rezeptionsperspektiven von Fernsehgewalt. Eine Form zwischen Einzelgesprächen und Gruppendiskussionen stellen Paarinterviews dar, bei denen zum Beispiel der alltägliche Mediengebrauch untereinander von den Beziehungspartnern gemeinsam beschrieben und reflektiert wird (Linke 2010).

Die Codierungen aller Arten von Leitfadeninterviews laufen in der Regel ähnlich ab, ähnliche Grundprinzipien gelten auch für die Codierung von Gruppendiskussionen.

Zu beachten ist folgender Grundsatz: Die Codierung muss es ermöglichen, alle relevanten Fragestellungen zu beantworten. Dies ist zwar eine äußerst banale Feststellung, aber wird dennoch häufig außer Acht gelassen. Die Art der Hypothesen oder Fragen, die beantwortet werden sollen, bestimmen den Tiefegrad der Codierung. Falls die Wichtigkeit bestimmter Medienereignisse in der Kindheit eine Rolle spielt, macht es beispielsweise wenig Sinn, eine syntaxgenaue Codierung von einzelnen Sätzen und der gewählten Wörter vorzunehmen, wie sie beispielsweise Flick (1999, S. 199, 2007, S. 388 ff.) in seinen Ausführungen zum offenen Codieren vorschlägt. Interessiert aber, wie Jugendliche mit dem heiklen Thema Sexualität umgehen, oder ob sich Medieneinflüsse im sprachlichen Umgang feststellen lassen, so kann es durchaus sinnvoll und wichtig sein, den genauen Wortlaut von Antworten, Gesprächspausen sowie Kichern zu codieren.

Häufig wird die Frage der Codierung mit der Wahl des zu verwendenden Computerprogramms in Verbindung gebracht. Unseres Erachtens ist dies jedoch eine nachrangige Frage. Ganz egal, ob man die Codierung manuell mit Schneiden und Kleben, in Word per Copy und Paste oder elegant und einfacher durch MAXQData oder ATLAS.ti vornimmt, zunächst muss die Forschungslogik beachtet werden, und diese ist unabhängig vom gewählten Computerprogramm. Die Entscheidung, ob mit digitalen oder stofflichen Arbeitsmitteln codiert wird, ist letztlich eine handwerkliche und muss immer für das spezifische Material angepasst werden. Eine Digitalisierung des Materials und seine Bearbeitung mit einer Auswertungssoftware gehen dabei nicht per se mit einer gründlicheren oder zügigeren Codierung einher. Von Vorteil kann diese aber sein, um die Auswertung im Team zu ermöglichen und damit eine nachvollziehbare Handbarkeit der Codierschritte verschiedener Coderier_innen sicherzustellen.

Die Codierung muss ein methodisch kontrolliertes Verfahren sein, das intersubjektiv nachvollziehbar und überprüfbar ist, um als wissenschaftliches Interpretationsverfahren gelten zu können (vgl. Soeffner/Hitzler 1994, S. 35 ff.). Die folgenden Ausführungen sollen mithilfe von ausgewählten Beispielen verschiedene Arten und Tiefen der Codierung aufzeigen. Dabei unterscheiden sich diese hinsichtlich der Konkretion der Fragestellung, des Umfangs des Materials und damit verbunden hinsichtlich des Strukturierungsgrades und Vorgehens des Codierens.

Der Codeplan

Zentraler und wichtigster Schritt bei der Codierung ist die Erstellung des Codeplans. Der Codeplan bestimmt, wie exakt die Interviews codiert und welche Bereiche erfasst werden. Je nachdem, wie offen die Fragestellungen der Studie oder wie konkret die Hypothesen sind, gestaltet sich der Codeplan. Ebenfalls in Betracht zu ziehen ist die Menge an Interviews. Wurden nur sechs bis acht Interviews geführt, so bietet sich in der Regel eine intensivere Analyse an, die tief liegende Strukturen aufdecken kann. Wurden aber über 20 Interviews gehalten, besteht häufig der Wunsch, die Ergebnisse auch in Mengen und Größenverhältnissen zu erfassen, um allgemeinere Aussagen treffen zu können, wie: »Die befragten Frauen erinnerten sich häufiger an ihren ersten Kinofilm als die befragten Männer.«

Die Codierung dient dazu, Daten und Phänomene zu erfassen, sodass der Text zunächst in Sinneinheiten und thematische Strukturen zerlegt wird (vgl. Flick 1999, S. 198). Grundsätzlich unterscheidet man in Kategorien und Codes. Eine Kategorie ist in der qualitativen Medienforschung beispielsweise die thematische Struktur; der Code ist die tatsächliche Ausprägung, die das Thema haben kann. Eine Kategorie wäre beispielsweise der erste Kinobesuch; die Codes wären die einzelnen spezifischen Gründe bzw. die unterschiedlichen Motive. Eine Kategorie dient zur Beschränkung des Untersuchungsmaterials, um die Auswertung zu erleichtern. Eine Kategorie umfasst ein Thema oder eine thematische Struktur, in der Regel stellt eine Kategorie auch eine Variable dar. Der Code ist die tatsächliche Ausprägung der Kategorie. Die folgenden Anwendungsbeispiele werden diese Unterteilung verdeutlichen: Zunächst steht die Codierung medienbiographischer Interviews im Zentrum, die konkrete Forschungsfragen beantworten sollte. Es folgt eine Beschreibung von Personenprofilen als Ergebnis des Codierens. Schließlich wird eine Form der offenen Codierung von Paarinterviews vorgestellt, die theorie- und konzeptgenerierend angelegt war.

Anwendungsbeispiel: Die Codierung medienbiographischer Interviews als Beispiel einer stark strukturierten Codierung

Die folgenden Anleitungen zur Codierung von Leitfadeninterviews gehen von einer medienbiographischen Fragestellung aus. Im Projekt »Kinobesuch im Lebenslauf« wurden 96 medienbiographische Interviews mit Münchnern und Leipzigern zum Stellenwert des Kinobesuchs in ihrem Leben geführt. Die Interviews dauerten 30 Minuten bis 3 Stunden, und das transkribierte Material füllte ein halbes »Ikea Billy Regal«. Die Forschungsfragen und Hypothesen waren konkret formuliert (Prommer 1999).

Die Auswertung der Interviews erfolgte mehrschichtig. Zuerst wurde das Material durch ein thematisches Kategoriensystem (vgl. Flick 1999, S. 208) stark reduziert, um dann die Originalzitate bei der Interpretation der Ergebnisse und der Darstellung beispielhaft einzubeziehen. Die Reduktion des Materials war durch die Fülle der Interviews notwendig, denn nur so können zumindest tendenziell allgemein gültige Aussagen getroffen und Gruppenbildungen ermöglicht werden. Der Verlust der Informationen durch die Standardisierung konnte durch das spätere »Auffüllen« mit qualitativen und inhaltlichen Informationen ausgeglichen werden.

In den Beschreibungen der Analysemöglichkeiten beispielsweise durch Lamnek wird der so genannten »statistischen Bearbeitung« (1988, S. 108, 2007, S. 404 ff.) wenig Platz eingeräumt, da dafür eine größere Menge an Material vorliegen sollte. In der hier besprochenen Studie war dies der Fall. Durch die statistische Bearbeitung

sollten jedoch nicht alle tieferen qualitativen Informationen verloren gehen, sodass die Codierung auch qualitative Bewertungen und offene Angaben umfasste. Erfahrungen haben gezeigt, dass sich dieses Verfahren auch für eine kleinere Anzahl an Interviews eignet, da es gewährleistet, dass die Codierung handhabbar und nachvollziehbar ist.

Diese Vorgehensweise lehnt sich an die »qualitativen Inhaltsanalyse« nach Mayring (1993; → Mayring/Hurst, S. 494 ff.) an. Flick (1999, S. 208) nennt dieses Vorgehen »thematisches Codieren«.

Nach der Lektüre von zwölf Interviews (jeweils zwei Interviews aus den sechs Altersgruppen, getrennt nach München und Leipzig) wurde ein thematischer, einheitlicher bzw. standardisierter Codierbogen erstellt (Abb. 1).

Die Kategorien sollten die Dynamik des Lebenslaufes und die Veränderungen des Kinobesuches erfassen. Codiert wurden für verschiedene Lebensphasen jeweils die Länge dieser Phase, die Kinobesuchshäufigkeit, die gesehenen Filme, die Gründe, ins Kino zu gehen, was für ein Filmtyp man ist, mit wem man im Kino war, ob man sich an bestimmte Ereignisse erinnern kann etc. Zusätzlich wurden die individuellen lebensweltlichen Informationen codiert: Wohnort, Familiensituation, Ausbildung/Beruf, Geschwisterzahl, materielle Situation, Freizeitsituation, zusätzliche Verpflichtungen oder Hobbys, insgesamte Lebenszufriedenheit und Einschätzung der beruflichen Zukunft.

Neben den Codiereinheiten wurden die Stellen, die bestimmte Themengebiete betrafen, wie z. B. das erste Kinoerlebnis, in den transkribierten Interviews gekennzeichnet und im Codebogen vermerkt (Abb. 2).

Die Lebenszufriedenheit, Einschätzung der beruflichen Zukunft und Einschätzung der materiellen Situation erfolgte anhand einer dreistufigen Skala (sehr gut – mittel – schlecht)[1], in der Formulierung selbstverständlich angepasst an den jeweiligen Sachverhalt. Um für eine einheitliche Codierung zu sorgen, gab es dazu Regeln und Textbeispiele, auch Ankerbeispiele (vgl. Mayring 1993, S. 56) genannt (Abb. 3).

Allgemeines		Codierung
v0	Interviewnr.	Zahl
v1	Jahrgang	Jahreszahl
v2	derz. Alter	Zahl
v3	Geschlecht	w=1 / m=2
v4	Ort	Leipzig=2 / München=1
v5	Interviewer	Kürzel
v6	Dauer des Gesprächs	Zahl
v7	Transkribiert von	Liste

derzeitige Soziale Lage/ Befindlichkeit		
v8	derzeitiger Beruf	Liste
v9	Bildung	Liste
v10	derzeit. Familienstand	Liste
v11	derzeit. Wohnsituation	Liste
v12	Kinder	Zahl/Null
v13	derzeit. mat. Situation	sehr schlecht – sehr gut / Ankerbsp.
v14	derzeit. Zufriedenheit	gar nicht – sehr / Ankerbeispiele
v15	Zukunft, Sicherheit, Beruf	sehr unsicher – sehr sicher / Ankerbsp.
v16	beruf. Aufstiegssmögl.	sehr schlecht – sehr gut / Ankerbsp.
v17	beruf. Orientierung	sehr unsicher – sehr sicher / Ankerbsp.

Kinobesuch		
v18	Kinobesuch zurzeit	gar nicht – extrem oft

Erstes Kinoerlebnis:		
v19	Erinnerung 1. Kinoerlebnis	Ja/Nein
v20	Erinnerung an 1. Kinofilm	Liste
v21	Stellenwert	gar nicht wichtig – sehr wichtig / Ankerbsp.
v22	Alter	Zahl
v23	Genre des Films	Liste
v24	mit wem ins Kino	Liste
v25	Gründe für Kinobesuch	Liste
v26	Passendes Zitat:	

Abb. 1: Beispiel Codierbogen: Kinobesuch im Lebenslauf (Auszug)

Liste: Gründe für Kinobesuch
Übernahme der Gründe aus den Interviews

0	keine Angabe	21	mit Jungs knutschen
1	Ritual, wie jeden Samstag	22	sich filmhistorisch bilden
2	Film sehen wollen	23	mit Kindergarten/Schule gegangen
3	etwas unternehmen	24	mit Berufsschule gegangen
4	mit Freunden ausgehen	25	von Eltern ins Kino abgeschoben
5	Mitläufer allg.	26	wollte endlich ins Kino
6	politisch wichtige/verbotene Filme sehen	27	Flucht vor Familienalltag
7	wenn über Filme gesprochen wird	28	Pflichtveranstaltung
8	Urlaubstätigkeit/Ferienlager	29	geht eigentlich ungern, geht aber mit
9	Film nicht wichtig	30	Gerne Komödien/best. Genre
10	Filmfanatiker	31	jeden neuen Film sehen
11	Traumwelt/eigene Angabe	32	Zu teuer
12	mit Elternteil, da Eltern geschieden	33	Wanderkino kam in Ort
13	nachdenken, mit Thema befassen	34	im Internat ausgehen
14	Geburtstagsausflug/Weihnachten	35	sich ausnahmsweise Kinobesuch leisten
15	mit Eltern mitgegangen	36	Cowboy - Fan
16	will Filmberuf ergreifen	37	mit Ehepartner ausgehen
17	mit Familie mitgegangen	38	anspruchsvolle Filme sehen
18	will Schwulenfilme sehen	39	liebt Musikfilme
19	Frau/Partner wollte	40	hat ein Kribbeln im Kino
20	Raum ohne Eltern/heimlich	41	Flucht aus Untermieterzimmer

Abb. 2: Beispiel für eine Liste und der Codenummern:

Grundsätzlich fürchten »qualitative« Forscher jegliche »Quantifizierung« ihres Materials.[2] Im Sinne des Erkenntnisinteresses ist die zunächst »quantitative« Reduktion sinnvoll. Auch gehen hierbei nicht, wie häufig behauptet[3], sämtliche interpretativen Elemente verloren, sondern durch die Strukturierung wird erst eine generalisierende Interpretation möglich. Der Codierbogen enthält genügend offene Elemente, um theoretisch nicht bekannte und deshalb nicht in den Bogen aufgenommene Sachverhalte und Verhaltensweisen zu codieren.[4] So wird die Vorgehensweise dem struktursuchenden und nicht strukturprüfenden Ansatz gerecht. Für Flick (1999, S. 214) wird durch dieses übersichtliche und eindeutige Verfahren die Reduktion des Materials besser handhabbar als in anderen Verfahren. Ähnlich gehen auch Paus-Haase u. a. (1999, S. 46) in ihrer Studie zur Rezeption von Talkshows vor. Im Anhang ihrer Analyse findet sich der WinMax Codierbaum für die Auswertung der Gruppendiskussionen

(→ Schäffer, S. 347 ff.) und der Leitfadeninterviews (→ Keuneke, S. 302 ff.).

Abbildung 4 zeigt ein Ankerbeispiel zur Codierung bestimmter Ausprägungen.

Nach dem ersten Codierdurchgang wurden die langen offenen Listen thematisch zusammengefasst. So lassen sich die Motive für den Kinobesuch beispielsweise in die Kategorien »soziale Motive/Geselligkeit« und »Faszination Film/filmspezifische Motive« unterteilen.

Die Codierung der Interviews wurde in diesem Fall von einer Person geleistet, wobei man für ein Interview in der Regel vier bis fünf Stunden Codierzeit veranschlagen muss. Um die so genannte »Intracodierer-Reliabilität« zu gewährleisten, wurden sechs Interviews probehalber nach einem größeren Zeitabstand erneut codiert. Da dieses Verfahren keine wesentlichen Unterschiede in den Ergebnissen anzeigte, wird man dem eigentlichen quantitativen Gütekriterium »Reliabilität« gerecht. Von zentraler Bedeutung ist die Nachvollziehbarkeit und Wiederholbar-

Materielle Situation

1 =	schlecht	wenig Einkommen, reicht nicht oder gerade, keine großen Anschaffungen möglich
2 =	mittel	normales Einkommen, reicht auch für normale Anschaffungen, Auskommen ist gesichert.
3 =	gut	gute finanzielle Situation, keine Sorgen, Anschaffungen jederzeit möglich, Studium der Kinder einfach zu finanzieren, viel Taschengeld usw.

Ankerbeispiel: Materielle Situation schlecht = 1
Ch11, weiblich, 32 Jahre, München
Frage: Und wie ging's denn euch materiell so?
Ch11: Da ging's uns schlecht. Also wir haben das erste Mal so ein bisschen Geld gehabt, da war ich 13, da hat mein Vater die Stellung gewechselt und da gingen mal so ein bisschen mal ein neues T-Shirt, davor hab ich nur die Klamotten von meinem Bruder aufgetragen, also hab auch keine weiblichen Klamotten, was mich auch wahnsinnig geärgert hat, weil ich halt immer in Jeans und T-Shirts rumgelaufen bin oder Hosen. Also ich würde schon sagen, wir gehören da eher zu der armen Ecke.

Ankerbeispiel: Materielle Situation mittel= 2
Kf3, männlich, 25 Jahre, Leipzig
Kf3: Ja, wir haben dann Lehrlingsgeld bekommen, ich bin mir nicht mehr ganz sicher, ich glaub das fing mit so 110, 120 Mark an und das steigerte sich dann immer so um 5 oder 10 Mark, ja, das war, also für DDR-Zeiten war das gar nicht mal schlecht, also so als Jugendlicher konnte man mit 100 Mark, 120 Mark doch schon was anfangen. Es hat ja auch das normale Leben wenig gekostet.

Ankerbeispiel: Materielle Situation gut = 3
A4, weiblich, 23 Jahre, Leipzig
Frage: Wie war die materielle Situation bei Euch zu Hause?
A4: Die war gut. Das ist sicher nicht unbedingt positiv, weil man dann das Sparen nicht unbedingt gelernt hat, also das Mit-wenig-auszukommen nicht unbedingt gelernt hat, das fällt einem dann schwerer, dass man plötzlich mal machen zu müssen oder mit weniger auskommen zu müssen.

Abb. 3: Ankerbeispiele und Codieranweisung für 3er Skalen

keit der Analyse. Die Frage nach der Validität der Untersuchung, also ob erfasst wird, was erfasst werden sollte, ist eine Frage nach der Erhebungsmethode. Da die Erinnerungen erhoben werden sollten, und dies mit medienbiographischen Interviews geleistet wurde (→ Tilemann, S. 321 ff.), kann die vorliegende Untersuchung auch als valide gelten.

Im vorliegenden Fall wurden die Daten in das Statistikprogramm SPSS eingegeben. Auch hier kann mit offenen Variablen als »Strings« umgegangen werden. Ein String sind eingegebene Wörter bzw. Buchstabenfolgen. Eine andere Möglichkeit besteht darin, die Daten in Excel auszuwerten oder die Codierung in WinMax vorzunehmen.

Anwendungsbeispiel: Personenprofile

Als hilfreich hat sich in einigen Studien erwiesen, zunächst Personenprofile der Befragten zu erstellen, die eine pointierte Zusammenfassung der Interviews darstellen. So kann beispielsweise ein 30-seitiges Interview auf ein bis drei Seiten reduziert werden, indem man die wichtigsten

Berufliche Orientierung

1 =	wenig/nicht	Keine Vorstellungen, welcher Beruf interessiert; kein Thema; keine Interessen und Begabungen feststellbar
2 =	mittel	hat mehrere Ideen welcher Beruf passen könnte; ist auch geleitet von den Arbeitsmarktchancen
3 =	sehr	steuert zielstrebig einen bestimmten Beruf an, hat Begabung für etwas entdeckt

Ankerbeispiel: Berufliche Orientierung nicht/wenig = 1
KF4, männlich, 41 Jahre, Leipzig
Frage: Also ungefähr, welchen Beruf?
KF4: Nee, Berufswunsch war da noch nicht.
Frage: War noch nicht wichtig?
KF4: Der war noch nicht wichtig.

Ankerbeispiel: Berufliche Orientierung mittel = 2
Ch02, männlich, 38 Jahre, München
Ch02: Da bin ich dann, Moment, was war denn des? Realschule. Da hab ich dann mein Realschul-abschluss gemacht und dann bin weiter auf Fachoberschule, also Moment, so mit 15 hab ich mei-nen Abschluss gehabt oder 16, ja 15 glaub ich und dann hab ich noch zwei Jahr die Fachoberschu-le gemacht und dann weiter und FH und E-Technik, also war ich ziemlich jung damals, 18 oder so, wo ich studiert hab, das erste Mal - lacht. ... also E-Technik jetzt muss ich sagen, das war halt auch wieder so eine Idee von meinem Vater und ich war da net so wahnsinnig davon überzeugt, aber bei Informatik war es halt so, ich wollte es unbedingt schaffen, wer weiß ob ich es schaff oder net.

Ankerbeispiel: Berufliche Orientierung sehr = 3
KF3, männlich, 25 Jahre, Leipzig
Nach der 10., direkt nach der 10. Eine ganz normale Lehre, Berufsausbildung Laborant. Und das war auch hier in Leipzig. Und ich wollte während der Lehre eigentlich immer schon studieren und ja, man kann Laborant als Mann glaub ich nicht sein, das war zu DDR-Zeiten so, ein sehr schlecht bezahlter Beruf, man musste sich eh irgendwie weiter qualifizieren in jedem Fall. Ein Laborant, also eine Frau ist Laborant ihr Leben lang geblieben. Und naja, da hatte ich dann gesagt, ich möchte studieren und die Leute in dem Institut wo ich war, haben sich eigentlich auch gekümmert drum und so, und da war ich dann 18, und Musterung, Armeemusterung und dann haben sie gesagt, naja, sie wollen doch studieren, sie werden doch drei Jahre machen. Naja, hab ich gesagt. ... Ja, das war normal und ich hab da auch gesagt na gut, da weiß man, womit man zu rechnen hat und ich weiß, dass ich mit 21 fertig bin mit der Armee, und kann dann auch studieren, anfangen zu studieren, also erst mal das Abitur zu machen und dann zu studieren. Naja, und da kam dann, 88 bin ich zur Armee, im September und naja, ein Jahr später ging dann alles ein bisschen politisch durcheinander und dadurch.
Frage: Also sprich 89.
KF3: dann durfte ich dann schon im April 90 von der Armee gehen. Das waren dann somit nur eineinhalb Jahre, ein bisschen mehr als eineinhalb Jahre, dann noch mal ein paar Monate gearbei-tet in dem alten Institut hier in Leipzig. Und hab dann mein Abitur machen wollen, das wurde von ursprünglich einem Jahr, dann zwei Jahre, dann drei Jahre, sehr schnell hintereinander, was man uns gesagt hatte und ich hab dann zum Schluss drei Jahre Abitur gemacht.
KF3: Und dann hab ich hier in Leipzig angefangen Biochemie zu studieren.

Abb. 4: Ankerbeispiele und Codieranweisung

Themen herausarbeitet. Dies ist natürlich nur bei Leitfadeninterviews und nicht bei Gruppendiskussionen möglich. Anhand der Personenprofile lassen sich Typengruppen bilden und die Interpretation wird erleichtert. Bei Paus-Haase u. a. (1999, S. 408 ff.) finden sich anschauliche Beispiele für typisierte Personenprofile. Das Personenprofil in Abbildung 5 stammt aus einer Studie über Medienspuren in Kinderfantasien und beruht auf medienbiographischen Leitfadeninterviews mit jungen Erwachsenen (Prommer u. a. 2003).

Anwendungsbeispiel: Die offene Codierung von Paarinterviews

In der Studie »Medien im Alltag von Paaren« wurden ausführliche gemeinsame Interviews mit zehn Paaren durchgeführt (ca. zwei Stunden Dauer). Diesen Gesprächen folgten weitere Erhebungen mit den gleichen 20 Personen (paarweise Doppel-Kommunikationstagebücher, Einzelinterviews mit beiden Partnern getrennt). Im Folgenden steht die offene Codierung der Paarinterviews im Zentrum, die den Ausgangspunkt des Auswertungsprozesses angelehnt an die Grounded Theory darstellte (Glaser/Strauss 2010). Die Forschungsfragen waren offen formuliert. Es ging darum, ein bis dato kaum systematisch betrachtetes Thema der Medienforschung zu untersuchen und für dieses theoretische Ideen und Konzepte zu entwickeln (Linke 2010).

Der Umfang des zu analysierenden Materials war in dieser Untersuchung geringer im Vergleich zum ersten Beispiel zum »Kinobesuch im Lebenslauf«. Die offene Codierung ging allerdings stärker in die Tiefe des Materials, in dem sie zunächst alle möglichen relevanten Aussagen zu Kommunikation und Mediennutzung der Partner im Material erwägt und potenziell in die Codierung einbezog. Daher erfolgte zunächst ausdrücklich keine Reduktion des Materials. Zu einem späteren Zeitpunkt wurden Paarbeschreibungen erarbeitet, die – ähnlich den zuvor angeführten Personenprofilen - komprimiert die zentralen Kennzeichen der Alltagszusammenhänge

und der Medienkommunikation des jeweiligen Paares anführten.

Der Einstieg in den Codierprozess war wiederum die gründliche Lektüre der vorliegenden Transkripte. Von Interesse war neben den Informationen zu Medienpraktiken auch die Interaktion zwischen den Partnern, die Aufschluss über ihre kommunikativen Verhandlungen im Medienalltag gab. Daher war es notwendig, den genauen Wortlaut der Aussagen, die Sprechwechsel und Bezüge zwischen den Partnern und teilweise auch parasprachliche Aspekte, z. B. Lachen, zu berücksichtigen (Flick 1999, S. 199, 2007, S. 388 ff.).

Das grundlegende Arbeitsprinzip des offenen Codierens ist die analytische Aufschlüsselung der Daten: beginnend mit kurzen Passagen hin zu umfassenderen Auszügen werden Textbestandteile mit Codes versehen. Diese können theoretischer Natur sein, sich also aus Konzepten und Begriffen verknüpft mit dem Hintergrundwissen des/der Codierenden ergeben. Im Idealfall werden sogenannte »in-vivo-Codes« benutzt, die möglichst direkt aus dem Text entlehnt werden. Mit diesen Codes wird dann die entsprechende Textpassage, die für das relevante Phänomen steht, etikettiert. Beispielsweise wurde im Gespräch mit dem Paar Annika und Niklas die Nutzungsweise des Computers thematisiert: Es wurden hier für die beiden Partner jeweils verschiedene Textstellen markiert und Codes vergeben. Annika äußerte etwa: »Ich probiere es aus und es funktioniert trotzdem«. Der Satz wurde markiert und mit dem Code »Prinzip« Probieren« versehen. Waren darüber hinaus die Reaktionen der Partner analytisch für die Fragestellung relevant, wurden diese zusätzlich zu den inhaltlichen Aussagen codiert (z. B. »Zustimmung« zum Gesagten bzw. »Lachen« als Reaktion auf die Äußerungen der Partnerin (Abb. 6).

Das Anfertigen von Memos ist eine begleitende Analysetechnik des offenen Codierens in der Tradition der Grounded Theory (Glaser/Strauss 2010, S. 121 f.). Memos können stichpunktartige Notizen sein oder auch mehrere Seiten Text umfassen. Diese werden spezifischen Stellen im Material zugeordnet. Entscheidend

Beispiel Personenprofil (gekürzt)

Signatur: AG01-W-23
Befragte: weiblich, 23 Jahre
Aufgewachsen in: Ostdeutschland, Kleinstadt in Thüringen
Heutiger Beruf: Studentin

Zur Mediennutzung in der Familie
Es gibt einen Fernsehapparat, der im Wohnzimmer steht. Die Eltern sehen nicht viel fern und achten streng darauf, dass auch die Kinder wenig fernsehen. Sie dürfen täglich von 18 Uhr bis 20 Uhr zur »Serienzeit« einschalten, was aber aufgrund der »üppigen Gartenanlage« als nicht restriktiv empfunden wird. Die Eltern lesen die lokale Tageszeitung und die »Junge Welt«. Es gibt einen Schallplattenspieler, auf dem die Kinder Hörspiele hören; später kommt ein Kassettenrekorder hinzu. Im Garten wird ein Kofferradio benutzt. Die Mutter liest sehr viel. Der Vater hört im Radio Fußballübertragungen und sieht gerne Heinz-Erhardt-Filme.

Zu den Träumen und Fantasien
Die Befragte ist ein »extremer Fan« von Kati Witt und wäre am liebsten Eiskunstläuferin geworden. Im Winter fährt sie mit der Schwester Schlittschuh und versucht Pirouetten zu drehen. Ein anderer Traum ist Sprinterin oder Weitspringerin zu werden. Später träumt sie davon, Künstlerin zu werden. Sie verbindet diese Träume mit der Vorstellung von einem prunkvollem Leben. An die Reiterserie »Fest im Sattel« knüpft sich auch die Erinnerung an den Kindertraum, später einmal eine Pferdefarm zu haben – so wie etwa Isabell Wert.

Weitere Themen der Zusammenfassung:
Familie und Kindheit
Zur Mediennutzung allgemein
Zur Fernsehnutzung
Zur Situation heute

Abb. 5: Personenprofil

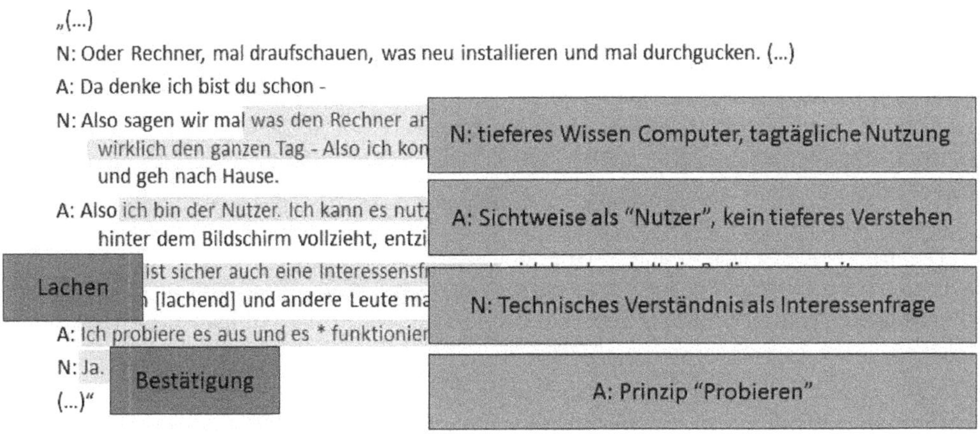

„(...)
N: Oder Rechner, mal draufschauen, was neu installieren und mal durchgucken. (...)

A: Da denke ich bist du schon -

N: Also sagen wir mal was den Rechner an... | N: tieferes Wissen Computer, tagtägliche Nutzung
wirklich den ganzen Tag - Also ich kon...
und geh nach Hause.

A: Also ich bin der Nutzer. Ich kann es nut... | A: Sichtweise als "Nutzer", kein tieferes Verstehen
hinter dem Bildschirm vollzieht, entzi...

Lachen ...ist sicher auch eine Interessensfr... | N: Technisches Verständnis als Interessenfrage
[lachend] und andere Leute ma...

A: Ich probiere es aus und es * funktionier...

N: Ja. Bestätigung | A: Prinzip "Probieren"
(...)“

Abb. 6: Beispiel offenes Codieren

dabei ist, dass sie außerhalb der eigentlichen Codierung angelegt werden. Gleichzeitig enthalten sie klare Verweise auf zugehörige Textstellen, verwandte Codes und Kategorien. Memos sind hilfreich zum einen, um das analytische Vorgehen zu dokumentieren und nachvollziehbar zu machen und zum anderen um den Arbeitsprozess zu strukturieren. Memos wurden in der Untersuchung kontinuierlich angefertigt. Dabei konnten mögliche Deutungen und Verbindungen der Medienkommunikation der Partner erfasst werden, die sich komplexer gestalteten als konkret zuweisbare Codes und Kategorien. Beispielsweise wurde zu der bereits beschriebenen Passage des Interviews mit Niklas und Annika ein Memo angelegt, welches die unterschiedlichen Nutzungsweisen der Partner und die kommunikative Verhandlung unterschiedlicher Einstellungen zu Technik im Allgemeinen und zum Umgang mit Computern im Speziellen thematisiert. Weiterhin wurden in Memos analytische Ideen, Verbindungen, Vergleiche oder Bezüge zur Theorie gesichert. Diese können vorerst »beiseite« gelegt werden. Somit kann der/die Codierende gedanklich wieder »frei« werden und sich erneut dem offenen Codierens des Materials widmen (»Stop and Memo! Go On Open Coding!«, angelehnt an Motto von Böhm 2005, S. 477).

Im Fortschreiten der offenen Codierung der zehn Paarinterviews sowie der Tagebücher und Einzelgespräche entstand eine umfangreiche Kategorienliste, die mit immer mehr Codes, den Ausprägungen der Kategorien, gefüllt wurde. Die erarbeiteten Codes konnten daran anschließend durch Schritte des axialen und des selektiven Codierens in der Tradition der Grounded Theory verfeinert werden (Endnote: 5)

Deutlich wurde bereits, dass diese Form des offenen Codierens vielfältige forschungspraktische Erwägungen hinsichtlich Handhabbarkeit, Umfang und Übersichtlichkeit des Materials bedarf: Es ist von großer Bedeutung sowohl die Dokumentation der Codierschritte und damit ihre intersubjektiver Nachvollziehbarkeit sicherzustellen.

Fazit

Die Schwierigkeit des Codierens qualitativer Daten liegt in der Balance zwischen der notwendigen Tiefe der Codierung im Hinblick auf die Forschungsfragen und der notwendigen Reduktion des Materials, um eine Übersicht zu bekommen und eine Interpretation zu ermöglichen. So kann es immer nur eine für jeden Fall spezifische und angemessene Codierung und nie eine »richtige« Codierung für alle Fälle geben. Die Beispiele sollten die Pole zwischen stark strukturierter Codierung und sehr offener Codierung verdeutlichen.

Anmerkungen

1 Vgl. auch Valenz- und Intensitätsanalyse nach Mayring (1993, S. 53).

2 Aufenanger fordert eine extensive »hermeneutische Rekonstruktion, die für eine qualitative Interpretation den einzigen sinnvollen Zugang darstellt« (1991, S. 46).

3 Vgl. Aufenanger (1991, S. 46). Vorderer analysierte beispielsweise seine Leitfadengespräche streng inhaltsanalytisch und verschenkt m. E. Teile der Informationen (1992, S. 154).

4 So wurden beispielsweise die Gründe für den Kinobesuch nicht im Codebogen vorgegeben, sondern jeder im Text neu auftauchende Grund/Anlass als Codenummer aufgenommen und z. T. sogar umgangssprachlich codiert, wie »ins Kino gehen, um etwas zu unternehmen«. Genauso offen wurden die Genres der gesehenen Filme codiert. Hier wurden ebenfalls die umgangssprachlichen Angaben codiert. So gibt es ein Genre »Durchhalte-Filme«.

5 Dabei zielt axiales Codieren vor allem in Richtung einer Verbindung von Codes (Achsenbildung). Beim selektiven Codieren werden, die durch offenes und axiales Codieren eingeschlagenen Richtungen der Analyse hin zur Festlegung zentraler Phänomene intensiv bearbeitet (Böhm 2005, S. 482 f.).

Literatur

Aufenanger, Stefan (1991): Qualitative Analyse semi-struktureller Interviews – Ein Werkstattbericht. In: Garz, Detlef/Kraimer, Klaus (Hrsg.) (1991): Qualitativ-empirische Sozialforschung. Konzepte, Methoden, Analysen. Opladen, S. 35–59.

Böhm, Andreas (2005): Theoretisches Codieren: Textanalyse in der Grounded Theory. In: Flick, Ernst von Kardorff und Ines Steinke (Hrsg.): Qualitative Forschung. Ein Handbuch. Reinbek, S. 475–485.

Flick, Uwe (1999): Qualitative Forschung. Theorie, Methode, Anwendung in Psychologie und Sozialwissenschaft. Reinbek.

Flick, Uwe (2007): Qualitative Sozialforschung. Eine Einführung. Reinbek.

Früh, Werner (1992): Analyse sprachlicher Daten. Zur konvergenten Entwicklung »quantitativer« und »qualitativer« Methoden. In: Hoffmeyer-Zlotnik, Jürgen P. (Hrsg.): Analyse verbaler Daten. Über den Umgang mit quantitativen Daten. Opladen.

Garz, Detlef/Kraimer, Klaus (Hrsg.) (1991): Qualitativ-empirische Sozialforschung. Konzepte, Methoden, Analysen. Opladen.

Glaser Barney G./Strauss, Anselm L. (1979): Die Entdeckung gegenstandsbezogener Theorie: Eine Grundstrategie qualitativer Sozialforschung. In: Hopf, Christel/Weingarten, Elmar (Hrsg.): Qualitative Sozialforschung. Stuttgart, S. 91–111.

Glaser, Barney G./Strauss, Anselm L. (1967): The discovery of grounded theory. Strategies for qualitative research. Chicago.

Glaser, Barney G./Strauss, Anselm L. (2010): Grounded Theory. Strategien qualitativer Forschung. Bern.

Haas, Hannes (1987): Qualitative Methoden historischer Publikumsforschung. Vom Zählen zum Er-Zählen. In: Bobrowsky, Manfred/Langenbucher, Wolfgang (Hrsg.): Wege zur Kommunikationsgeschichte. München, S. 342–355.

Lamnek, Siegfried (1988): Qualitative Sozialforschung. Band 2. München.

Linke, Christine (2010): Medien im Alltag von Paaren. Eine Studie zur Mediatisierung der Kommunikation in Paarbeziehungen. Wiesbaden.

Mayring, Philipp (1993): Qualitative Inhaltsanalyse. Grundlagen und Techniken. Weinheim.

Oevermann, Ulrich/Allert, Tilman/Konau, Elisabeth/Krambeck, Jürgen (1979): Die Methodologie einer »objektiven Hermeneutik« und ihre allgemeine forschungslogische Bedeutung in den Sozialwissenschaften. In: Soeffner, Hans-Georg (Hrsg.): Interpretative Verfahren in den Sozial- und Textwissenschaften. Stuttgart, S. 352–434.

Paus-Haase, Ingrid/Hasebrink, Uwe/Mattusch, Uwe/Keunecke, Susanne/Krotz, Friedrich (1999): Talkshows im Alltag von Jugendlichen: der tägliche Balanceakt zwischen Orientierung, Amüsement und Ablehnung. Opladen.

Prommer, Elizabeth (1999): Kinobesuch im Lebenslauf. Eine historische und medienbiographische Studie. Konstanz.

Prommer, Elizabeth/Mikos, Lothar/Schäfer, Sabrina (2003): Pre-Teens und Erwachsene lachen anders. In: TeleVIZIon 16/2003, S. 58–67.

Röser, Jutta (2000): Fernsehgewalt im gesellschaftlichen Kontext. Eine Cultural Studies-Analyse über Medienaneignung in Dominanzverhältnissen. Opladen.

Soeffner, Hans-Georg/Hitzler, Ronald (1994): Hermeneutik als Haltung und Methode. Über methodisch kontrolliertes Verstehen. In: Schröder, Norbert (Hrsg.): Interpretative Sozialforschung. Auf dem Weg zu einer hermeneutischen Wissenssoziologie. Opladen, S. 28–54.

Vorderer, Peter (1992): Fernsehen als Handlung. Fernsehrezeption aus motivationspsychologischer Perspektive. Berlin.

6 Auswertung

Konversationsanalyse

Ruth Ayass

Die ethnomethodologische Konversationsanalyse erforscht die Strukturen alltäglicher Interaktionen anhand von Tonband- oder Videoaufzeichnungen authentischer Interaktionssituationen. Sie geht von der Annahme aus, dass Interaktionen geordnet sind, dass diese geordneten Strukturen sozialer Situationen *von* den Interagierenden selbst *in* den Interaktionen hervorgebracht werden und die Interagierenden gemeinsam die soziale Wirklichkeit hervorbringen. Ziel der Konversationsanalyse ist es, diesen Prozess des Herstellens von sozialer Ordnung anhand natürlicher Gespräche und Interaktionen aus alltäglichen, institutionellen und nunmehr auch massenmedialen Kontexten aufzuzeigen.

Der ethnomethodologische Hintergrund der Konversationsanalyse

Die Konversationsanalyse entstand in den USA in den 1960er Jahren. Harvey Sacks legte mit den »Lectures on conversation« (posthum 1992) den Grundstein. Die Konversationsanalyse ist eine ethnomethodologische Disziplin (und nicht zu verwechseln mit der Gesprächs- oder der Diskursanalyse). Die Ethnomethodologie, die ihrerseits auf Harold Garfinkel (1967) zurückgeht, zeigt auf, dass soziale Wirklichkeit nichts äußeres Gegebenes ist, sondern *in* den Handlungen als eine geordnete Wirklichkeit methodisch hergestellt wird. Dabei werden die alltäglichen (»ethno«), von den Interagierenden methodisch durchgeführten Praktiken (»ethnomethods«), die zu dieser Ordnungsleistung beitragen, systematisch beschrieben (»ethnomethodology«). Soziale Wirklichkeit ist für die Ethnomethodologie nichts statisch Gegebenes, sondern ein fortwährender Erzeugungsprozess, eine *Vollzugs*wirklichkeit (Garfinkel: »ongoing accomplishment«). Zentral ist der Begriff des »doing«, mit dem Ethnomethodologie und Konversationsanalyse zum einen den Prozesscharakter von Handlungen beschreiben und zum anderen auf die Leistungen der Interagierenden verweisen. Entsprechend werden kommunikative Aktivitäten wie Argumentieren oder das Stellen von Fragen zum Beispiel nicht nur als »arguing« beschrieben, sondern als »doing arguing«, nicht als »questioning«, sondern als »doing questioning«, Verlegenheit nicht einfach als »embarrassment«, sondern als »doing embarrassment« etc. (Churchill 1971, S. 183).

Methodische Prinzipien

Aufzeichnungen als Datenmaterial

Die ethnomethodologische Konversationsanalyse zeichnet sich zuvorderst dadurch aus, dass sie mit Aufzeichnungen von authentischen Interaktionssituationen arbeitet, von Situationen also, die auch ohne eine Aufzeichnung so oder ähnlich stattfinden würden. Zunächst entsteht mit der Aufzeichnung des Geschehens ein Wirklichkeitszugriff der besonderen Art, welcher sich von gängigen (auch qualitativen) Methoden der Medienforschung, etwa Interview- und Befragungsverfahren oder Beobachtungstechniken, radikal unterscheidet. Denn Probleme der (beabsichtigten oder unbeabsichtigten) Selektivität der subjektiven Wahrnehmung (sei es durch den Interviewten oder den wissenschaftlichen Beobachter) spielen keine Rolle. Auch wenn eine Aufzeichnung einen Anfang und ein Ende hat, ein Mikrofon nur eine bestimmte Charakteristik und Reichweite und somit auch die »registrierende Konservierung« (Bergmann 1985, S. 305) immer nur einen Ausschnitt präsentieren kann, ist doch eine andere Art von Repräsentation sozialer Wirklichkeit als etwa in Interviews gegeben, in denen sich die Folie der Erinnerung und die rekonstruktiven Formen der Darstellung vor die Ereignisse schieben.

Das Datenmaterial dieser Aufzeichnungen wird in möglichst detaillierte *Transkripte* transformiert (zu den wesentlichen Prinzipien des Transkribierens → Ayaß, S. 421 ff.). Diese Transkripte halten nicht nur fest, *was* jemand sagt oder tut, sondern auch *wie* er dies sagt oder tut. Entsprechend wird das Datenmaterial nicht bereinigt, sondern im Gegenteil in möglichst genauem Ausmaß auch Phänomene wie Räuspern, Versprecher, Abbrüche, Dehnungen, Lachen und Lachpartikel etc. im Transkript festgehalten. Denn die Konversationsanalyse geht davon aus, dass (zunächst) kein Element von Interaktion zufällig oder bedeutungslos ist. Harvey Sacks' Maxime lautete entsprechend: »[…] we may alternatively take that there is order at all points« (Sacks 1984, S. 22). Entsprechend dieser »Ordnungsprämisse« (Bergmann) ist für die Konversationsanalyse die Untersuchung scheinbar unscheinbarer Phänomene nicht ungewöhnlich. So untersuchte Schegloff 1982 »Some uses of ›uh huh‹ and other things that come between sentences«. Die konversationsanalytischen Untersuchungen transkribieren nach einer Konvention, die auf Gail Jefferson (Sacks/Schegloff/Jefferson 1974, 731–733) zurückgeht und seither vielfach wieder abgedruckt, angepasst und ergänzt wurde. In der deutschsprachigen Konversationsanalyse und Gesprächsforschung ist seit einigen Jahren das Gesprächsanalytische Transkriptionssystem »GAT« (Selting et al. 1998; 2009) gebräuchlich. Die konversationsanalytischen Transkriptionsverfahren sind innerhalb der sozialwissenschaftlichen Methoden die detaillierteste Form der Verschriftung: Sie halten Dehnungen, Intonationskonturen, Pausen bis hin zu Bruchteilen von Sekunden sowie simultanes Sprechen zweier oder mehrerer Sprecher bis auf die Silbe genau fest. In den Anfangsjahren wurde mit Tonbandaufzeichnungen gearbeitet, doch inzwischen sind Videoaufnahmen üblich,

um zum Beispiel die Rolle von Blickkontakten, Gestik und Mimik, die körperliche Orientierung im Raum sowie den Umgang mit Artefakten zu analysieren. So kann das Ende einer Sitzung von einem Teilnehmer nicht nur dadurch eingeleitet werden, dass er »Sonst noch was?« fragt, sondern auch, indem er sich zugleich aufrichtet, den Blick in die Runde wirft und vor sich liegende Papiere zusammenschiebt.

Die sequenzielle Ordnung des Gesprächs

Dass ein Gespräch keine bloße Abfolge von Wortbeiträgen ist, sondern vielmehr eine interaktive Herstellung seitens der Interagierenden, zeigt sich bei der Untersuchung von Überlappungen bei gleichzeitiger Rede und Übergaben von einem Sprecher zum nächsten. Sacks, Schegloff und Jefferson haben in dem elementaren Aufsatz »A simplest systematics for the organization of turn-taking for conversation« (1974) genau diese Strukturen von Redezügen sowie die Übergaben von einem Sprecher an einen nächsten detailliert analysiert. Zentral ist der Begriff des »turn« (Redezug). Turns bestehen nicht nur einfach aus vollständigen Sätzen, sie können auch aus kleineren Einheiten, zum Beispiel Partikeln, bestehen (»oh!«), aber auch größeren Raum einnehmen, wie etwa bei einer längeren Erzählung. Die Redezüge der Gesprächsteilnehmer sind, dies zeigt diese mittlerweile als klassisch zu bezeichnende Untersuchung, auf das Feinste aufeinander abgestimmt, sodass es kaum zu größeren Pausen oder simultaner Rede kommt.

Für die Konversationsanalyse ist des Weiteren der Begriff der *Sequenz* zentral. Die Konversationsanalyse untersucht die Organisation der verschiedenen Redezüge zu geordneten Sequenzen. Die einfachste und kleinste sequenzielle Ordnung stellen so genannte *Paarsequenzen* dar (»adjacency pairs«). Paarsequenzen bestehen aus (in der Regel) zwei Redezügen, deren Abfolge streng aneinander gebunden ist, etwa in der Redezugfolge »Frage/Antwort«, »Gruß/Gegengruß«, »Vorwurf/Rechtfertigung« etc. Paarsequenzen zeichnen sich dadurch aus, dass der erste Teil den zweiten Teil normativ erwartbar macht, so die Frage eine Antwort, der Gruß einen Gegengruß. Diese feste Bindung des zweiten Teils an einen ersten bezeichnet die Konversationsanalyse als *konditionelle Relevanz*: Der erste Redezug eröffnet eine konditionelle Relevanz für den zweiten (was in den Interaktionen selbst allein daran erkennbar wird, was geschieht, wenn ein Interaktionsteilnehmer eine Frage nicht beantwortet bzw. einen Gruß ignoriert oder missachtet). Es gibt auch »komplexere« Paarsequenzen, etwa in der Abfolge Einladung/ Annehmen bzw. Ablehnen dieser Einladung, in der dem Rezipienten des ersten Teils der Paarsequenz (der Einladung) zweierlei Optionen zur Erfüllung der konditionellen Relevanz zur Verfügung stehen (eben das Akzeptieren oder das Ablehnen). Dabei ist erkennbar, dass die Alternativen von den Interagierenden nicht gleichermaßen geschätzt werden, sondern dass eine spezielle Präferenzstruktur gilt. Während ein Akzeptieren einer Einladung als präferiert gilt – und zwar seitens beider Interagierenden –, ist eine Ablehnung dispräferiert (»preferred/dispreferred turnshapes«). Dies zeigt sich sowohl an der Art, wie die Einladung artikuliert wird (im ersten Teil der Paarsequenz), als auch an der Art, wie das Akzeptieren bzw. Ablehnen (im zweiten Teil der Paarsequenz) formuliert wird. So schicken die Interagierenden, die eine Einladung aussprechen, ihrer eigentlichen Einladung zum Beispiel eine Frage voraus, etwa, ob man am Wochenende schon etwas vorhabe; Adressaten von Einladungen wiederum äußern Zusagen direkt und unverzögert, während hingegen Absagen verzögert werden (zum Beispiel mittels kleiner Pausen, Danksagungen, Mitigatoren vom Typ »Ja eigentlich schon gern, aber ...«) sowie Gründe für die Absage formuliert werden. Absagen fallen damit länger und umständlicher aus als Zusagen, sie sind *dispräferiert*, und diese Dispräferenz lässt sich an den Redezügen *beider* Interagierender ablesen. Die Interagierenden minimieren damit *beide* das gesichtsbedrohende Potenzial, das die Ablehnung einer Einladung mit sich führt.

Sequenzen können auch aus *größeren* Einheiten bestehen, zum Beispiel aus längeren Erzählungen oder Geschichten. Interagierende sichern sich zunächst bei ihren Gesprächspartnern das Recht auf einen längeren Redezug und holen sich quasi ein Ticket. Typisches Mittel dafür sind zum Beispiel »story prefaces«, kurze Geschichteneinleitungen, mittels derer sich die künftigen Erzähler zum einen den temporären Status eines primären Sprechers einholen und zum anderen die Aufmerksamkeit ihrer Zuhörer sicherstellen. »Story prefaces« vom Typ »Heute Morgen ist mir was Seltsames passiert« weisen die künftigen Adressaten der Erzählung darauf hin, dass nun eine längere Erzählung folgt, deren Beginn sie zunächst zu ratifizieren haben (»Was denn?«), um dem künftigen Erzähler das Rederecht für einen längeren Redezug zu erteilen. Zugleich geben sie eine Art Leseanweisung mit, da sich mit dem »preface« ein Hinweis auf die Art der Geschichte und ihren wesentlichen Inhalt verbindet, demzufolge im Verlauf der Erzählung eben ein »seltsames« Ereignis erwartbar ist, das seitens der Rezipienten der Geschichte wiederum entsprechend zu kommentieren ist. Auch längere Erzählungen und Geschichten einzelner Personen sind damit interaktiv strukturiert. Dem oder den jeweiligen Adressaten kommt eine konstitutive Leistung für die Erzählung selbst zu. Entsprechend bezeichnet die Konversationsanalyse die Beteiligten nicht als »Sprecher« und »Hörer« (geschweige denn als »Sender« oder »Empfänger«), sondern vielmehr als Interagierende oder Gesprächsteilnehmer. Für die Konversationsanalyse ist die Einsicht zentral, dass die äußere Einheit und die innere Struktur des Redezugs *interaktiv bestimmt* sind (siehe hierzu insbes. Sacks/Schegloff/Jefferson 1974, S. 726 f.). Größere Sequenzen, wie die gerade geschilderte Erzählung, können in unterschiedlichem Grad *verfestigt* sein. Speziell in der deutschsprachigen Konversationsanalyse hat sich eine Weiterführung entwickelt, die sich auf ausgedehntere Sequenzen konzentriert und diese größeren Einheiten als *kommunikative Gattungen* behandelt (Luckmann 1986; Bergmann/Luckmann 1995; → Keppler, S. 77 ff.).

Von großer Bedeutung ist in der Konversationsanalyse der Begriff des »recipient design«.

Man versteht darunter den rezipientenspezifischen Zuschnitt von Äußerungen auf den oder die konkreten Adressaten hin, »[...] a multitude of respects in which the talk by a party in a conversation is constructed or designed in ways which display an orientation and sensitivity to the particular other(s) who are the coparticipants« (Sacks/Schegloff/Jefferson 1974, S. 727). Man erzählt zum Beispiel dieselbe Geschichte anders, je nachdem, ob man es mit der eigenen Schwester oder dem Vorgesetzten, einer kleinen oder einen großen Gruppe von Zuhörern zu tun hat. Mit dem Konzept des »recipient design« trägt die Konversationsanalyse auch dem Umstand Rechnung, dass jede Äußerung einen Adressaten hat und sich prinzipiell – in ihrem Verlauf und ihrem Zuschnitt – an diesem orientiert. Doch Äußerungen sind nicht nur zugeschnitten auf ihre konkreten Adressaten, sondern auch eingebettet in den jeweiligen situativen *Kontext*. Dabei geht die Konversationsanalyse davon aus, dass sich der Kontext nicht einfach im Gespräch niederschlägt, sondern vielmehr Interaktion und Kontext sich gegenseitig durchdringen. So ist nicht einfach jedes Fernsehnachrichteninterview ein Fernsehnachrichteninterview, nur weil ein Journalist einem Politiker im Medium Fernsehen während einer Nachrichtensendung eine Frage stellt. Die Konversationsanalyse zeigt hier vielmehr, was genau ein Fernsehnachrichteninterview *zum* Fernsehnachrichteninterview macht und wie das Fernsehnachrichteninterview von beiden Beteiligten *als* Fernsehnachrichteninterview interaktiv hervorgebracht wird.

Analytische Maximen

Weil ihr als einer ethnomethodologischen Disziplin die Kanonisierung ihres methodischen Vorgehens eher suspekt ist, hat die Konversationsanalyse kein explizites Regelwerk vorgelegt. Doch es existieren zahlreiche Einführungen und Überblicke unterschiedlichen Umfangs (Ayaß/Meyer 2012; Bergmann 2000a, 2000b; Deppermann 1999; Hutchby/Wooffitt 1998; Psathas 1995; Sidnell/Stivers 2013; Silverman 1998;

ten Have 1999). Auf der Basis der Aufzeichnungen und der Transkripte wird das Material zunächst nach auffälligen und/oder für die Fragestellung der Untersuchung interessanten Phänomenen durchgesehen. Dabei wird immer wieder auf die Aufzeichnungen selbst zurückgegriffen. Ist ein einzelnes Phänomen für die Untersuchung von besonderem Interesse, wird auf der Basis dieser Einzelbeobachtung das Material nach vergleichbaren Fällen durchsucht und transkribiert, sodass eine Kollektion vergleichbarer Fälle mit wiederkehrenden Mustern erstellt werden kann. Bei der Interpretation dieser Kollektion sind zentrale Fragen: Ist das beobachtete Element ein Ordnungselement? Kann auf der Basis der Fälle gezeigt werden, dass sich die Interagierenden selbst an diesem Ordnungselement orientieren? Dabei sind die (kommunikativen) Handlungen der Interagierenden, also deren Kompetenz, die entscheidende Ressource zur Interpretation des Materials. Die Orientierung an einer zugrunde liegenden Ordnung lässt sich insbesondere auch an Irritationen dieser Ordnung aufzeigen. Während in anderen Methoden der Sozialforschung Störungen eher als abweichende Fälle behandelt werden (und abweichende Fälle üblicherweise aus dem Datenkorpus ausgemustert werden), stellt die Konversationsanalyse sie neben den geordneten Strukturen ins Zentrum des Interesses. Denn anhand eines solchen abweichenden Falles lässt sich nicht nur die Störung der Ordnung aufzeigen, sondern bestenfalls auch, dass und wie *die Interagierenden selbst* mit diesem Phänomen umgehen, es als eine Irritation oder Störung behandeln und die Ordnung wiederherstellen.

Das methodische Ziel der Konversationsanalyse lässt sich wie folgt bestimmen: Die Konversationsanalyse zeichnet sich als ein qualitatives Verfahren auch dadurch aus, dass das Material nicht durch ein vorab definiertes und katalogisiertes Begriffsraster gepresst wird. Vielmehr soll die Fragestellung so offen sein, dass das Material zur Geltung kommt – und im besten Fall den Forscher selbst auf geordnete Strukturen und Lösungen kommunikativer Probleme aufmerksam macht, nach denen nicht einmal gesucht wurde.

Im Zentrum konversationsanalytischer Untersuchungen stehen nicht isolierte Äußerungen einzelner Sprecher, sondern das Zusammenspiel verschiedener Redezüge, also das Gespräch als eine *interaktive* Angelegenheit (Schegloff 1982: »discourse as an interactional achievement«). Entsprechend gilt die Aufmerksamkeit der Konversationsanalyse der interaktiven Struktur von Gesprächen und der sequenziellen Ordnung der Interaktion.

Konversationsanalytische Medienforschung

Untersuchungsgegenstände

Neben der Untersuchung von Strukturen alltäglicher Face-to-face-Interaktionen in *informellen* Kontexten spielte in der Konversationsanalyse von Anfang an auch die Untersuchung von Kommunikation in Institutionen eine große Rolle, in denen zum Beispiel Interaktionen in Gerichtsverhandlungen, in Arztpraxen und Krankenhäusern, Beratungseinrichtungen, Schulen und Hochschulen etc. untersucht wurden. Auch die Analyse *massenmedialer* Kommunikation spielt seit den 1980er Jahren eine bedeutende Rolle. (Für eine umfassende Darstellung der konversationsanalytischen Studien über Massenmedien siehe Ayaß 2004.) So zeigt zum Beispiel John Heritage (1985) in einer mittlerweile als klassisch geltenden empirischen Untersuchung anhand des Nachrichteninterviews, wie sich Journalisten und befragte Politiker gleichermaßen an einer »overhearing audience« orientieren und das Interview gemeinsam *als* Interview hervorbringen. Steven Clayman (1988) zeigt auf, *wie* Journalisten durch die Art ihrer Fragen die Sachlichkeit und Neutralität des Nachrichteninterviews erzeugen und wie sich auch die Interviewten selbst daran orientieren, sodass sich die Neutralität des Interviews als eine gemeinsame Leistung beider beteiligten Gesprächsparteien beschreiben lässt.

Seit in der Konversationsanalyse auch audiovisuelles Material analysiert wird und damit die Einbindung visueller Elemente eine immer größere Rolle spielt, haben sich die Transkripte grundlegend verändert – und mit ihnen die Fragestellungen und empirischen Resultate (zu diesen Veränderungen siehe Ayaß 2015). Für die Notation nonverbaler Kommunikation wie Blick und Gestik und die Einbindung von Standbildern existiert innerhalb der Konversationsanalyse bislang kein verbindliches Regelwerk, die Transkripte werden vielmehr der Fragestellung der Untersuchung angepasst (zum Gebrauch des Videos in der qualitativen Sozialforschung siehe Heath/Hindmarsh/Luff 2010; und → Schünzel/Knoblauch, S. 546 ff.) In den Arbeiten von Goodwin/Goodwin zum Beispiel wird der Rolle des Sehens und dem Umgang mit Artefakten große Aufmerksamkeit geschenkt: Sie zeigen anhand von Videoaufzeichnungen der Arbeit von Fluglotsen, welche Rolle die von Monitor zu Monitor wechselnden und kontrollierenden Blicke für die Arbeit der Lotsen spielen und wie sie in die gemeinsame Arbeit eingebettet werden. Goodwin/Goodwin behandeln Sehen als eine »situated activity«, eine Aktivität also, die ihre Bedeutung situativ in der Interaktion mit anderen entfaltet, und zeigen, welche Rolle die materielle und mediale Umgebung dabei spielt (1996). Diese Arbeiten zeigen, dass Interaktion mannigfache Ressourcen in Anspruch nimmt und sich *multimodal* konstituiert. Die *Multimodalität* von Kommunikation umfasst Körper, Blicke, Artefakte und die Orientierung der Körper im Raum (siehe z. B. Deppermann 2013; Schmitt 2012).

Auch wenn Multimodalität in allen, auch informellen Kommunikationen eine Rolle spielt: Eine besondere Komplexität entfaltet sie in professionellen Kontexten. Hier spielen durch die zunehmende Technisierung und Medialisierung der meisten Arbeitsprozesse Medien aller Art eine entscheidende Rolle. Die »Studies of Work« untersuchen Interaktionen am Arbeitsplatz und zeigen, wie sich Technik und Interaktion wechselseitig durchdringen. Hindmarsh und Heath (2000) zum Beispiel zeigen anhand von Videoaufzeichnungen aus dem Kontrollzentrum einer Telekommunikationsgesellschaft, wie die Akteure schriftliche Dokumente und Bildschirmmedien als Ressourcen für ihre Arbeit heranziehen und wie sie gemeinsam in der Interaktion den Objekten und Geschehnissen auf den Monitoren Bedeutung zuweisen und für ihre Arbeit relevant machen. Die besondere Stärke der konversationsanalytischen Studien liegt darin zu zeigen, wie die Akteure in ihren Interaktionen mit Medien umgehen und wie selbstverständlich sie diese in ihren Alltag, sei dieser beruflich oder informell, integrieren (zum alltäglichen Umgang mit Medien siehe die Beiträge in Ayaß/Gerhardt 2012).

»Gatekeeping in action«, ein Beispiel zur Illustration

In »Gatekeeping in action« untersuchen Clayman und Reisner (1998) die Interaktion zwischen Nachrichtenredakteuren in Redaktionskonferenzen. Die Studie konzentriert sich auf ein Thema, das in der Kommunikationswissenschaft und Medienforschung seit Jahrzehnten von zentraler Bedeutung ist: den Gatekeeper, also jene (personale) Instanz im Prozess der Nachrichtenproduktion, die entscheidet, was zu einer Nachricht wird und was nicht, was auf die erste Seite einer Zeitung oder an die Spitze der Meldungen einer Fernsehnachrichtensendung gelangt und was möglicherweise gar nicht gesendet oder gedruckt wird. Die bisherigen Untersuchungen zum Gatekeeper behandeln entweder die Resultate des Selektionsprozesses eines einzelnen Gatekeepers oder eher sozialpsychologisch das Resultat dieses Auswahlverfahrens als professionelle subjektive Anwendung eines quasi verinnerlichten objektiven Kriterienkatalogs an »Nachrichtenwerten«. Der Untersuchung von Clayman und Reisner liegen hingegen Tonbandaufzeichnungen von Redaktionskonferenzen aus insgesamt acht Tageszeitungen zugrunde. Dabei wurden sowohl große als auch kleinere Zeitungen berücksichtigt und je die Konferenzen einer Woche aufgezeichnet. In diesen Konferenzen wird also entschieden, welche Topmeldung aus welchem Ressort als Hauptnachricht auf der ersten Seite gedruckt wird (»lead story«), und Clayman und Reisner zeigen nun auf, *wie* dies geschieht. Die Verfasser identifizieren zunächst vier Phasen, in welche sich diese Redaktionskonferenzen gliedern (1998, S. 181 ff.): 1. »preliminaries«, 2. »story review«, 3. »story selection« und 4. »aftermath« und konzentrieren sich im weiteren Verlauf auf eine Analyse der zweiten Phase, in der die verschiedenen Leiter der jeweiligen Ressorts ihre Meldungen zusammenfassen und kurz bewerten.

Die Phase »story review« wird formell vom Leiter der Konferenz (ED = Managing Editor) eingeleitet, indem er die Aufmerksamkeit der Anwesenden fokussiert und einen Ressortleiter namentlich adressiert, der damit zur Zusammenfassung aufgefordert wird (S. 181).

```
1 ED: Allright. Take it away Joh::n?
2     (1.3)
3 BE: Okay top of the new:s uh:m Exxo:n
4     (0.4) took a
5     big hit.
```

Im Weiteren fasst der adressierte Ressortleiter, hier der leitende Wirtschaftsredakteur (BE = Business Editor), seine Meldungen zusammen, manche in nur zwei oder drei Sätzen als »shortform summaries in succession« (S. 182), die meisten länger. Nachdem der jeweilige Ressortleiter alle Nachrichten seines Ressorts kurz vorgestellt hat, übergibt der Leiter der Konferenz den »turn« an den nächsten Ressortleiter, der nun die Meldungen seines Ressorts zusammenfasst. »This review process repeats until all department editors have been heard from, including the graphics and photography editors, who generally are the last to review their offerings« (S. 182). Noch während dieser Umschau durch alle Meldungen und Berichte werden die Redakteure aufgefordert, eine ihrer Meldungen als Kandidat für die Titelseite zu nominieren. Nach der Durchsicht bestimmt entweder der Managing Editor selbst, welche der Meldungen zur »lead story« wird, oder fordert einen der Ressortleiter auf, einen Vorschlag zu machen (S. 183).

```
1 ED: O::kay. let's see, (0.3). let's
2 see what we got here.
3 (.) I think we'll take our: cra:sh
4 survi:vors: cra:sh
5 victim sto:ry
```

Clayman und Reisner untersuchen nun genauer, *wie* die Redakteure ihre Meldungen so präsentieren, dass eine unter ihnen zur Hauptnachricht werden kann: »how the story summaries are produced and understood as *accomplice to* the later task of story selection« (S. 184; H. i. O.). Denn das Ziel der Zusammenfassungen ist, *eine* dieser Nachrichten zur Titelstory zu machen. Folglich prägt schon die erst später vorgenommene Selektion in der dritten Phase die Art, wie die Zusammenfassungen in der zweiten Phase erfolgen. Dafür existieren verschiedene »promotional devices«, zum einen die Reihenfolge, in der die Redakteure ihre Nachrichten zusammenfassen, indem sie etwa mit der ihnen am wichtigsten erscheinenden Nachricht beginnen, um dann mit den weiteren Zusammenfassungen fortzufahren; eine andere »promotional device« ist die Art der Zusammenfassungen selbst. »[...] the basic point is that, in a variety of ways, the facts of a story can be formulated and assembled in a manner that portrays the story as newsworthy« (S. 187). Das wichtigste Mittel hierfür sind »story assessments« (S. 187 ff.). Die Redakteure begleiten ihre Nachrichtenzusammenfassungen mit Bewertungen, die mehr oder minder positiv oder mehr oder minder stark sein können und zum Beispiel aus einem »interesting«, »good« oder »good read« bestehen können. Die häufigste Form stellen »mildly favorable assessments« dar, also Bewertungen wie »pretty good« oder »fairly interesting« (S. 189). Starke positive Bewertungen wie »the best story« oder »good good story« sind nicht nur wesentlich seltener, sondern bedürfen einer weiteren Begründung (S. 190). Negative Bewertungen hingegen werden kaum geäußert, und wenn, dann in der rhetorischen Form der Litotes, indem das Gegenteil negiert wird (»I'm not so sure of«, »I'm not hugely enthusiastic« etc.) (S. 191). Zumeist avancieren Nachrichten, die mittels eines »mildly favo-

rable assessment« gerahmt werden, zur »lead story«. Indem die Ressortleiter ihre Nachrichten nur vorsichtig positiv bewerten, mindern sie das Risiko, mit einer enthusiastisch bewerteten Nachricht zu scheitern. Wie die Studie weiter zeigt, lösen die Redakteure mit diesem Präsentationsformat mehrere kommunikative Probleme: Zum einen wissen sie, dass möglicherweise ein anderer Ressortleiter mit anderen interessanten Meldungen aufwarten kann und dass nicht immer eine Nachricht aus ihrem Ressort zur »lead story« werden kann. Sie orientieren sich mit den präferierten »mildly favorable assessments« somit zum einen an den anderen Ressorts und deren Leitern, mit denen sie täglich zusammenarbeiten und deren Interessen sie berücksichtigen. Zum anderen treten sie als Anwalt ihrer Reporter und Redaktionsmitarbeiter auf, indem sie negative Bewertungen zurückhalten und als subjektive Einschätzung rahmen (»I'm not so sure of«), hingegen bei als Titelkandidaten präsentierten Geschichten den Namen des Verfassers erwähnen (»well written by Larry Wilson«, »Joe Bellman is offering us a good story«) (S. 193). Clayman und Reisner resümieren: »This tension between advocacy and detachment, rooted in editors' competing allegiances to their own reporters and to their editorial colleagues, may partly account for the privileged status accorded to mildly favorable story assessments« (S. 194).

»Gatekeeping in action« zeigt somit, dass die soziale Relationierung und soziale Verpflichtung gegenüber Anwesenden und Abwesenden entscheidend ist für den Selektionsprozess und mithin für die Frage, was zu einer Titelgeschichte einer Tageszeitung werden kann. Vor allem aber zeigt die Studie, dass es die Face-to-face-Interaktion unter den Anwesenden ist, welche *die* entscheidende Rolle spielt. Gatekeeping ist mithin – ein *interaktiver Prozess*.

Literatur

Ayaß, Ruth (2004): Konversationsanalytische Medienforschung. In: Medien und Kommunikationswissenschaft, Jg. 52, H. 1, S. 5–29.

Ayaß, Ruth (2015): Doing data. The Status of Transcripts in Conversation Analysis. In: Discourse Studies, Jg. 17, H. 5, S. 505–528.

Ayaß, Ruth/Gerhardt, Cornelia (Hrsg.) (2012): The Appropriation of Media in Everyday Life. Amsterdam.

Ayaß, Ruth/Meyer, Christian (Hrsg.) (2012): Sozialität in Slow Motion. Theoretische und empirische Perspektiven. Wiesbaden.

Bergmann, Jörg (1985): Flüchtigkeit und methodische Fixierung sozialer Wirklichkeit: Aufzeichnungen als Daten der interpretativen Soziologie. In: Bonß, Wolfgang/Hartmann, Heinz (Hrsg.): Entzauberte Wissenschaft. Zur Relativität und Geltung soziologischer Forschung. Sonderband 3 der »Sozialen Welt«. Göttingen, S. 299–320.

Bergmann, Jörg (2000a): Ethnomethodologie. In: Flick, Uwe/Kardorff, Ernst von/Steinke, Ines (Hrsg.): Qualitative Sozialforschung. Ein Handbuch. Reinbek, S. 118–135.

Bergmann, Jörg (2000b): Harold Garfinkel und Harvey Sacks. In: Flick, Uwe/Kardorff, Ernst von/Steinke, Ines (Hrsg.): Qualitative Sozialforschung. Ein Handbuch. Reinbek: Rowohlt, S. 51–62.

Bergmann, Jörg/Luckmann, Thomas (1995): Reconstructive Genres of Everyday Communication. In: Quasthoff, Uta M. (Hrsg.): Aspects of Oral Communication. Berlin/New York, S. 289–304.

Churchill, Lindsey (1971): Ethnomethodology and Measurement. In: Social Forces, Jg. 50, H. 2, S. 183–191.

Clayman, Steven (1988): Displaying Neutrality in Television News Interviews. In: Social Problems, Jg. 35, H. 4, S. 474–492.

Clayman, Steven/Reisner, Ann (1998): Gatekeeping in Action: Editorial Conferences and Assessments of Newsworthiness. In: American Sociological Review, Jg. 63, H. 2, S. 178–199.

Deppermann, Arnulf (1999): Gespräche analysieren. Eine Einführung in konversationsanalytische Methoden. Opladen.

Deppermann, Arnulf (2013) (Hrsg.): Journal of Pragmatics. Special Issue: Conversation Analytic Studies of Multimodal Interaction, Jg. 46, H. 1, S. 1–172.

Garfinkel, Harold (1967): Studies in Ethnomethodology. Englewood Cliffs, NJ: Prentice-Hall.

Goodwin, Charles/Goodwin, Marjorie Harness (1996): Seeing as a Situated Activity: Formulating Planes. In: Engeström, Yrjö/Middleton, David (Hrsg.): Cognition and Communication at Work. Cambridge, S. 61–95.

Heath, Christian/Hindmarsh, Jon/Luff, Paul (2010): Video in Qualitative Research: Analysing Social Interaction in Everyday Life. Los Angeles, CA et al.

Heritage, John (1985): Analyzing News Interviews. Aspects of the Production of Talk for an Overhearing Audience. In: van Dijk, Teun A. (Hrsg.): Handbook of Discourse Analysis. Band 3: Discourse and Dialogue. London, S. 95–117.

Hindmarsh, Jon/Heath, Christian (2000): Sharing the Tools of the Trade: The Interactional Constitution of Workplace Objects. In: Journal of Contemporary Ethnography, Jg. 29, H. 5, S. 517–556.

Hutchby, Ian/Wooffitt, Robin (1998): Conversation Analysis. Principles, Practices and Applications. Oxford.

Luckmann, Thomas (1986): Grundformen der gesellschaftlichen Vermittlung des Wissens: Kommunikative Gattungen. In: Neidhardt, Friedhelm/Lepsius, M. Rainer/Weiß, Johannes (Hrsg.): Kultur und Gesellschaft. Sonderheft 27 der »Kölner Zeitschrift für Soziologie und Sozialpsychologie«. Opladen, S. 191–211.

Psathas, George (1995): Conversation Analysis. The Study of Talk-in-interaction. Thousand Oaks, CA et al.

Sacks, Harvey (1984): Notes on Methodology. In: Atkinson, J. Maxwell/Heritage, John C. (Hrsg.): Structures of Social Action. Studies in Conversation Analysis. Cambridge, S. 21–27.

Sacks, Harvey (1992): Lectures on Conversation. Band 1 und 2. Hrsg. von Gail Jefferson. Oxford.

Sacks, Harvey/Schegloff, Emanuel A./Jefferson, Gail (1974): A Simplest Systematics for the Organization of Turn-taking for Conversation. In: Language, Jg. 50, H. 4, S. 696–735.

Schegloff, Emanuel A. (1982): Discourse as an Interactional Achievement: Some Uses of »uh huh« and Other Things that come between Sentences. In: Tannen, Deborah (Hrsg.): Analyzing Discourse: Text and Talk. Georgetown University Round Table on Languages and Linguistics 1981. Washington, DC, S. 71–93.

Schmitt, Reinhold (2012): Körperlich-räumliche Aspekte der Interaktion. Tübingen.

Selting, Margret et al. (1998): Gesprächsanalytisches Transkriptionssystem (GAT). In: Linguistische Berichte, Jg. 173, S. 91–122.

Selting Margret et al. (2009): Gesprächsanalytisches Transkriptionssystem 2 (GAT 2). In: Gesprächsforschung – Online-Zeitschrift zur verbalen Interaktion, Nr. 10, S. 353–402. www.gespraechsforschung-ozs.de, letzter Zugriff am 15.2.2016.

Sidnell, Jack/Stivers, Tanya (Hrsg.) (2013): The Handbook of Conversation Analysis. Oxford.

Silverman, David (1998): Harvey Sacks. Social Sciences and Conversation Analysis. Oxford.

ten Have, Paul (1999): Doing Conversation Analysis. A Practical Guide. London et al.

Dokumentarische Methode

Ralf Bohnsack / Alexander Geimer

Die Dokumentarische Methode zielt auf die Rekonstruktion des impliziten, also vorreflexiven, handlungsleitenden Wissens und auf dessen Spannungsverhältnis zu expliziten resp. theoretisierenden Bedeutungsgehalten. In diesem Sinne eröffnet sie den Zugang sowohl zu sprachlichen Äußerungen resp. Texten als auch zu bewegten und unbewegten Bildern. Für die Medienanalyse ist insbesondere die genaue Rekonstruktion des Verhältnisses beider Dimensionen, also Sprache und Bild, zueinander von Bedeutung und vielfach erprobt. Im Bereich der Rezeptions- wie der Produktanalyse (und neuerdings auch im Bereich ihrer Relation zueinander) finden sich vielfältige Forschungsbeispiele, von denen einige auf der Grundlage komplexer Typenbildungen zu generalisierungsfähigen Ergebnissen gelangen.

Die Dokumentarische Methode (u. a. Bohnsack 2011; 2014) lässt sich im komplexen Feld der qualitativen Medienanalysen vor allem in vierfacher Hinsicht positionieren:

Zum einen ist ihr eine *praxeologische Analyseeinstellung* eigen, welche – über die Analyseebene »wörtlicher«, d. h. expliziter und theoretischer Bedeutungsgehalte hinausgehend – auf den Modus Operandi der Praxis, also den Habitus zielt. Voraussetzung dafür ist die Rekonstruktion *impliziter* Bedeutungsgehalte. Indem es sowohl den im Medien*produkt* wie auch den im Prozess seiner *Rezeption* sich dokumentierenden Habitus in den Blick zu nehmen gilt, zielt die Medienforschung der Dokumentarischen Methode *zum Zweiten* auf eine Integration von Produkt- und Rezeptionsanalyse – unter dem Schlagwort der *habituellen Kongruenzen* von Produzenten und Rezipienten. *Zum Dritten* ist es das zentrale Anliegen und auch bereits die zentrale Leistung der Dokumentarischen Methode, sowohl im Bereich der Produkt- wie der Rezeptionslogik der Eigenlogik des Bildlichen, des Ikonischen Rechnung zu tragen. Denn mediale Kommunikation ist nicht auf eine Verständigung *über* Bilder zu reduzieren, wie dies im Medium von Sprache und Text geschieht. Vielmehr vollzieht sich mediale Kommunikation ganz wesentlich – und auch zunehmend – *durch*

Bilder, also im Medium des Bildlichen selbst, als eine Bildkommunikation. Dazu ist es erforderlich, einen Zugang zu Bildern als selbstreferenziellen Systemen zu gewinnen. Während es im Bereich von Texten (im Zusammenhang mit dem »linguistic turn«) in dieser Hinsicht inzwischen eine nahezu 50-jährige sozialwissenschaftliche Tradition in der qualitativen Forschung gibt, steht der Bereich der sozialwissenschaftlichen Bildinterpretation noch ganz am Anfang (von einem »pictorial turn« oder »iconic turn« kann also allenfalls in Ansätzen die Rede sein). Die Dokumentarische Methode ist inzwischen sowohl im Bereich der Textinterpretation (in deren vielfältigen Gattungen) wie auch der Bildinterpretation (im Bereich von unbewegten wie auch bewegten Bildern) umfassend ausgewiesen, sodass es – und hier liegt der *vierte Schwerpunkt* der dokumentarischen Medienanalyse – gelingen kann, gleichermaßen der Dimension des Textes wie des Bildes und auch deren Bezug zueinander gerecht zu werden – sowohl im Bereich des Medienprodukts wie auch der Medienrezeption.

Entwicklungslinien 1921–2016

Karl Mannheim hatte in den 1920er-Jahren mit seinem Entwurf der »Dokumentarischen Methode der Interpretation« (Mannheim 1964/1921 f.) die erste umfassende Begründung für eine Beobachterhaltung in den Sozialwissenschaften vorgelegt, welche einen Zugang zur Praxis des Handelns zu eröffnen vermochte und somit als eine der frühen Begründungen der *praxeologischen* Analyseeinstellung gelten kann. Als Zeitgenosse Mannheims hatte Erwin Panofsky, der wohl bekannteste Kunsthistoriker, im Zuge der Ausarbeitung seiner (nicht nur für die Kunstgeschichte) bahnbrechenden *Ikonologie* damals an entscheidender Stelle auf Karl Mannheim und die Dokumentarische Methode Bezug genommen – und auch umgekehrt. Die Ikonologie ist zugleich als eine methodologische Fundierung jener Beobachterhaltung zu verstehen, wie sie für die Analyse des Habitus konstitutiv ist. Bekanntlich ist Pierre Bourdieu (u. a. 1976) sowohl durch die Konzeptionierung des Habitus bei Panofsky wie auch durch dessen Ikonologie wesentlich beeinflusst.

Als ein Verfahren der empirischen Sozialforschung ist die Dokumentarische Methode zuerst in den 1980er-Jahren (u. a. Bohnsack 1989) ausgearbeitet worden – theoretisch und methodologisch inspiriert durch Karl Mannheim und in Auseinandersetzung mit dessen Rezeption durch die Ethnomethodologie in den 1960er-Jahren. Die Kultursoziologie von Pierre Bourdieu (u. a. 1976) sowie die Ikonologie von Erwin Panofsky (u. a. 1975/1939) haben die Dokumentarische Methode im heutigen Verständnis entscheidend mit beeinflusst. Die Dokumentarische Methode als *forschungspraktisches Verfahren* nahm ihren Anfang im Bereich der methodischen Fundierung des Gruppendiskussionsverfahrens und der Gesprächsanalyse, um dann bald für eine Vielfalt von Textinterpretationen Bedeutung zu gewinnen: für biografische ebenso wie für Leitfadeninterviews und für die Interpretation von Beobachtungsprotokollen und von Dokumenten aller Art. Schließlich, mit Beginn des 21. Jahrhunderts, begann – beeinflusst durch Erwin Pan-

ofsky (u. a. ebd.) sowie die Kunstgeschichte im Allgemeinen, die Bildwissenschaft und die Semiotik – mit der Interpretation von Bildern, Videos und Filmen eine neue Etappe der Dokumentarischen Methode.

Methodologie und Grundlagentheorie

Die Analyseverfahren der Dokumentarischen Methode eröffnen, wie gesagt, einen Zugang nicht nur zum reflexiven oder theoretischen, sondern auch zum handlungsleitenden Wissen der Akteure und somit zur Handlungspraxis.

Zwischen Objektivismus und Subjektivismus

Die Rekonstruktion der Handlungspraxis zielt insbesondere auf das dieser Praxis zugrunde liegende habitualisierte und z. T. inkorporierte Orientierungswissen, welches das Handeln relativ unabhängig vom subjektiv gemeinten Sinn strukturiert. Dennoch wird dabei die empirische Basis des Akteurwissens nicht verlassen. Dies unterscheidet die Dokumentarische Methode von *objektivistischen Zugängen*, die nach Handlungsstrukturen »hinter dem Rücken der Akteure« suchen, wie u. a. die objektive Hermeneutik. Die in den objektivistischen Zugängen herausgearbeitete Differenz von subjektiv gemeintem Sinn und »objektiver« Struktur wird häufig mit Ansprüchen auf einen privilegierten Zugang zur Realität verbunden. Es zeigt sich die Tendenz, die Perspektive des Beobachters auf diese objektiven Strukturmerkmale und somit dessen Wissen mehr oder weniger absolut zu setzen und somit die eigene »Standortgebundenheit« oder auch Standortverbundenheit im Sinne Karl Mannheims, also den eigenen »blinden Fleck« nicht konsequent zu reflektieren (vgl. zu dieser Kritik u. a.: Bohnsack 2014, Kapitel 5 und 10).

Auf der anderen Seite unterscheidet sich die Dokumentarische Methode aber auch von jenen theoretischen und methodologischen Zugängen, die dem Postulat von Max Weber nach einem

Verstehen des *subjektiv gemeinten Sinns* in der Weise folgen, dass sie die Theorien des Common Sense, die Alltagstheorien nachzeichnen und systematisieren. Dies entspricht der Methodologie der Sozialphänomenologie von Alfred Schütz (u. a. 1971/1962) und der daran direkt anschließenden Wissenssoziologie im Sinne von Berger/Luckmann (1969), an der sich auch die Methoden der hermeneutischen Wissenssoziologie orientieren. Auf diese Weise erfahren wir sehr viel über die Eigentheorien, Vorstellungen und subjektiven Intentionen der Akteure, gewinnen aber keinen Zugang zu ihrer Handlungspraxis. Das bedeutet, dass die Perspektive des sozialwissenschaftlichen Beobachters, also dessen wissenschaftliche Theorie über die Handlungspraxis der Akteurinnen und Akteure, von deren eigenen Theorien, den Alltags- oder Common-Sense-Theorien, theoretisch und methodologisch nicht systematisch unterschieden werden. Ebendies ist eines der Anliegen und die Leistung der Dokumentarischen Methode. Aufgrund der Bedeutung der Handlungspraxis bezeichnen wir die von uns im Anschluss an Karl Mannheim vertretene Wissenssoziologie auch als *Praxeologische Wissenssoziologie* (genauer: Bohnsack [in Vorbereitung]). Gemeint ist die Praxis des Sprechens, Darstellens und Argumentierens ebenso wie die korporierte Praxis.

Die Doppelstruktur von konjunktivem und kommunikativem Wissen

In die Analyse werden aber immer auch die Common-Sense-Theorien der Akteurinnen und Akteure sowie deren Spannungsverhältnis zu ihrer eigenen Praxis mit einbezogen. Die Sozialphänomenologie von Alfred Schütz (u. a. 1971/1962) eröffnet uns wichtige Einblicke in diese Common-Sense-Theorien. Wir haben deshalb im Rahmen der Dokumentarischen Methode und auf der Grundlage der Praxeologischen Wissenssoziologie ein umfassendes handlungstheoretisches, methodologisches und methodisch-forschungspraktisches Modell entwickelt, welches die sozialphänomenologische

Theorie insofern zu integrieren vermag, als es uns den Zugang zur Handlungspraxis, d. h. zum Habitus resp. zu den handlungsleitenden Wissensbeständen und Orientierungen der Akteurinnen und Akteure, zugleich mit deren Theorien und den normativen Erwartungen und Identitätserwartungen eröffnet. In diesem Spannungsverhältnis von einerseits handlungspraktischem Wissen, zu dem auch das korporierte Wissen des *Habitus* gehört und welches wir aufgrund seines kollektiven Charakters auch als *konjunktives* Wissen bezeichnen, und den normativen Erwartungen und den Theorien andererseits, dem *kommunikativen* Wissen (vgl. zur Unterscheidung ursprünglich Mannheim 1980), konstituiert sich der *konjunktive Erfahrungsraum* der Erforschten (genauer dazu: Bohnsack [in Vorbereitung], Kapitel 4). Dieser bildet den zentralen Gegenstand der Dokumentarischen Methode und umfasst »eine Doppeltheit der Verhaltensweisen in jedem einzelnen, sowohl gegenüber Begriffen als auch Realitäten« (Mannheim 1980, S. 296), diejenige von kommunikativem und konjunktivem Wissen.

Die Explikation des impliziten Wissens

Während das kommunikative Wissen weitgehend *explizierbar* ist, sind das handlungsleitende und korporierte Wissen, zu dem auch der Habitus gehört, wie auch das den konjunktiven Erfahrungsraum konstituierende Wissen ein *implizites* Wissen. Die Dokumentarische Methode zeichnet sich ganz wesentlich dadurch aus, dass sie uns einen Zugang zum impliziten Wissen eröffnet, sie sieht ihre zentrale Aufgabe in dessen *Explikation*. Mannheim (1964) hat das implizite Wissen auch als atheoretisches Wissen bezeichnet.[1] Dieses bildet einen Strukturzusammenhang, der als kollektiver Wissenszusammenhang das Handeln relativ unabhängig vom subjektiv gemeinten Sinn orientiert, ohne den Akteuren aber – im Sinne von Émile Durkheim (1961) – »exterior« zu sein. In Abgrenzung von Émile Durkheim spricht Mannheim deshalb auch von »konjunktiv« statt von kollektiv. Diese Struktur ist somit

– und dies ist entscheidend – bei den Akteuren selbst *wissensmäßig repräsentiert*. Die sozialwissenschaftlichen Interpretinnen und Interpreten im Sinne der Praxeologischen Wissenssoziologie gehen also nicht davon aus, dass sie mehr wissen als die Akteurinnen oder Akteure (wie dies für objektivistische Ansätze charakteristisch ist), sondern davon, dass Letztere selbst nicht wissen, was sie da eigentlich (implizit) alles wissen.

Während der methodische Zugang zum kommunikativen Wissen unproblematisch ist, da es ohne große Schwierigkeiten abgefragt werden kann, erschließt sich uns das konjunktive Wissen nur dann, wenn wir uns (auf dem Wege von Erzählungen und Beschreibungen, der direkten Beobachtung oder von bildhaften Repräsentationen) mit der Handlungspraxis vertraut gemacht haben.

Der Wechsel der Analyseeinstellung vom Was zum Wie

Die Analyseeinstellung der dokumentarischen Interpretation unterscheidet sich vom Common Sense durch einen Wechsel von der Frage, *was* die gesellschaftliche Realität in der Perspektive der Akteure *ist*, zur Frage danach, *wie* diese in der Praxis *hergestellt wird*, also nach dem Modus Operandi ihres handlungspraktischen Vollzugs. Mit diesem Wechsel vom *Was* zum *Wie* hat Karl Mannheim bereits in den 1920er-Jahren die erste umfassende Begründung einer konstruktivistischen und zugleich praxeologischen Beobachterhaltung oder Analyseeinstellung in den Sozialwissenschaften vorgelegt, die den Ansprüchen einer erkenntnistheoretischen Fundierung auch heute noch standzuhalten vermag. Im Sinne der Luhmann'schen Systemtheorie, welche die Praxeologische Wissenssoziologie auch in anderen Hinsichten inspiriert hat, ist dies der Übergang von den Beobachtungen erster zu den Beobachtungen zweiter Ordnung. Dieser Wechsel ist mit der Einklammerung bzw. Suspendierung von Geltungsansprüchen hinsichtlich der faktischen Wahrheit oder normativen Richtigkeit der Darstellungen im Alltag verbunden.

Die Arbeitsschritte: formulierende, reflektierende Interpretation und Typenbildung

Die methodologische (Leit-)Differenz zwischen dem *kommunikativen*, wörtlichen oder *propositionalen* – auf die Frage nach dem *Was* gerichteten – Sinngehalt auf der einen und dem *konjunktiven*, *performativen* oder eben *dokumentarischen* – an der Frage nach dem *Wie* orientierten – Sinngehalt auf der anderen Seite findet ihren Ausdruck auch in zwei klar voneinander abgrenzbaren Arbeitsschritten der Textinterpretation (vgl. u. a. Bohnsack 2014, Kapitel 8), die sich auch in der Bildinterpretation wiederfinden. In diesem Sinne geht es darum, das, was *wörtlich* gesagt wird, also das, was thematisch wird *(formulierende Interpretation)*, von dem zu unterscheiden, *wie* ein Thema, d. h. in welchem (Orientierungs-)*Rahmen* es behandelt wird *(reflektierende Interpretation)*. Dieser Orientierungsrahmen (oder auch: Habitus) einer Gruppe oder eines Individuums ist neben dem konjunktiven Erfahrungsraum der zentrale Gegenstand dokumentarischer Interpretation. Hierbei kommt der *komparativen Sequenzanalyse* von Anfang an eine zentrale Bedeutung zu, da sich der Orientierungsrahmen erst vor dem Vergleichshorizont anderer Fälle in konturierter und empirisch überprüfbarer Weise herauskristallisiert. Im ersten Schritt, also demjenigen der formulierenden Interpretation, geht es darum, das, was von den Akteurinnen und Akteuren im Forschungsfeld bereits selbst interpretiert, also begrifflich expliziert wurde, noch einmal zusammenfassend zu »formulieren«. Auf dieser Grundlage kann dann sehr genau bestimmt werden, ab welchem Punkt vom Forscher in einem zweiten Schritt, demjenigen der *reflektierenden Interpretation*, eigene Interpretationen in »Reflexion« auf die implizierten Selbstverständlichkeiten des Wissens der Akteure erbracht werden.

Die dokumentarische Interpretation ist, wie gesagt, darauf gerichtet, einen Zugang zum konjunktiven Erfahrungsraum zu erschließen. Das konjunktive (Orientierungs-)Wissen als ein in die Handlungspraxis eingelassenes und diese Praxis orientierendes und somit vorreflexives oder implizites Erfahrungswissen ist dem Interpreten nur zugänglich, wenn er sich den je individuellen oder kollektiven *Erfahrungsraum* (Kontext) der sprachlich-textlich oder bildlich dargestellten oder beobachteten Handlungspraxis erschließt. Dabei resultiert die Komplexität der empirischen Analyse daraus, dass das Individuum bzw. die konkrete Gruppe, welche jeweils den zu untersuchenden Fall bildet, immer schon teilhat an unterschiedlichen Erfahrungsräumen. Oder anders formuliert: Der je fallspezifische Erfahrungsraum konstituiert sich immer schon in der *Überlagerung* bzw. wechselseitigen *Durchdringung* unterschiedlicher (milieuspezifischer) Erfahrungsräume bzw. Dimensionen – beispielsweise bildungs-, geschlechts- und generationstypischer, aber auch alterstypischer, d. h. lebenszyklischer Art (vgl. ursprünglich Bohnsack 1989). So wird beispielsweise auch in der Genderforschung mit dem Begriff der Intersektionalität derzeit betont, dass geschlechtsspezifische Orientierungen oder Habitus lediglich im Kontext anderer Dimensionen – u. a. im Kontext von Milieu, Generation und Lebenszyklus – und in der Überlagerung und »Brechung« durch diese anderen Dimensionen oder Typen in ihrer Relevanz für die Akteure erschließbar und auch generalisierbar sind. Der Komplexität einer derartigen *mehrdimensionalen Typenbildung* und den Anforderungen der Generalisierbarkeit wird die Dokumentarische Methode gerecht, indem sie sich auf das in umfangreichen Forschungserfahrungen ausgearbeitete Modell der *komparativen Analyse* stützt (für exemplarische Typenbildungen im Bereich der Medienanalyse siehe Schäffer 2003; Geimer 2010).

Dokumentarische Bild-, Video- und Filminterpretation

Dort, wo wir es nicht mit dem verbalen, sondern mit dem *korporierten* – d. h. in die leiblichen Praktiken eingeschriebenen – Erfahrungswissen zu tun haben, sind es weniger die Texte als vielmehr die Bilder, die uns einen validen Zugang zum Habitus und Orientierungswissen vermit-

teln. Aufgrund der engen Verbindung zwischen Mannheims Dokumentarischer Methode und Erwin Panofskys Ikonologie in den 1920er-Jahren waren ideale Voraussetzungen gegeben, die sozialwissenschaftliche Methode der dokumentarischen Bildinterpretation zu entwickeln. Die Einbeziehung der an die Ikonologie von Panofsky anschließenden *Ikonik* von Max Imdahl (u. a. 1980), aber auch der Semiotik von Roland Barthes und Umberto Eco war in besonderer Weise darauf gerichtet, der Eigenlogik des Bildlichen gerecht zu werden (vgl. Bohnsack 2011). An die Stelle der formulierenden Interpretation treten hier die Arbeitsschritte der vor-ikonografischen Interpretation (welche Objekte und Praktiken sind abgebildet?) und der ikonografischen (was ist das Sujet, das Thema des Bildes?) sowie der ikonologisch-ikonischen Interpretation (welcher Habitus dokumentiert sich im Bild?). In Anlehnung an die Ikonik von Max Imdahl und im Unterschied zu Panofsky kommt der *formalen Dimension* im Herstellungsprozess des Bildes (seiner formalen Struktur in der Fläche und seiner Perspektivität), also der formalen Komposition, eine zentrale Bedeutung zu, welche uns den Weg zu dessen Eigenlogik, also zum Bild als selbstreferenziellem System, weist. Dies ist Voraussetzung, um auch im Bereich der Video- und Filmanalyse dem Bildlichen, dem Ikonischen, eine zentrale Bedeutung gegenüber dem Sprachlichen und Textlichen zuzuerkennen.

Die Frage nach dem ikonologischen (resp. dokumentarischen) Sinngehalt zielt also auf den *Habitus* bzw. *Orientierungsrahmen* der Bildproduzentinnen und -produzenten. Im Unterschied zur Malerei und Grafik wird es im Bereich der *Fotografie* allerdings notwendig, grundsätzlich zwei Dimensionen oder Arten von Bildproduzenten zu unterscheiden: Auf der einen Seite haben wir den Habitus der (wie ich es genannt habe) *abbildenden* Bildproduzenten, also u. a. der Fotografierenden und/oder an der Bearbeitung des Fotos noch nach der Ablichtung Beteiligten. Auf der anderen Seite haben wir den Habitus der *abgebildeten* Bildproduzenten, also der Personen, Wesen oder sozialen Szenerien, die zum Sujet des Bildes gehören bzw. *vor* der Kamera agieren.

Dieser Differenz und komplexen Relation wurde in der sozialwissenschaftlich-empirischen Interpretation der Fotografie bisher nicht Rechnung getragen (dazu u. a. Bohnsack 2011, Kapitel 3).

Forschungsbeispiele

Ebenso wie die vielfältigen methodischen Zugänge im Bereich der Analyse von Texten, Bildern, Videos und Filmen weisen auch die Forschungsfelder eine große Spannbreite auf: Beginnend mit der Erforschung von Jugendkulturen resp. Jugendmilieus und der Jugendkriminalität sind es heute vor allem die Evaluationsforschung, die Bildungsprozesse im Bereich der Schule und im vorschulischen Feld, die Organisationsforschung (u. a. der Sozialarbeit, der Medizin, der Polizei und der Kultur von Unternehmen), Forschungen im Bereich der Migration, der Kindheit, der biografischen Entwicklung und zu pädagogischen und soziologischen Aspekten von Religion sowie auch im Bereich von Politikwissenschaft, Theologie und Medizin. Insbesondere in den Forschungsfeldern der Schul- und der Vorschulforschung spielen audiovisuelle Daten im Rahmen der Videografie als Erhebungsinstrument eine wichtige Rolle; die entsprechende Variante der Videoanalyse werden wir hier allerdings nicht näher erörtern (vgl. Bohnsack/Fritzsche/Wagner-Willi 2015). Generell werden wir Medien als Erhebungsinstrumente ausblenden; so etwa auch Studien, die mit Kinderzeichnungen oder von Beforschten selbst produzierten Fotografien/Filmen arbeiten. Erwähnt seien aber jene »Medienpraxiskulturen«, wie Burkhard Schäffer (2003) sie im Bereich des generations- und partiell auch des bildungs- und geschlechtsspezifischen Umgangs mit dem Computer in differenzierter Weise herausgearbeitet hat.

Der Bereich der Medienforschung im engeren Sinne, den wir detaillierter darstellen, lässt sich differenzieren in die Analyse bewegter Bilder, also Interpretationen von Filmen und Videos, und die Analyse unbewegter Bilder, also etwa Fotografien. Hinsichtlich der Interpretation *bewegter Bilder* finden sich erste Analysen,

die das Potenzial der Analyse von Fernsehshows verdeutlichen und – in einem ersten Schritt – konsequent im Bereich des Bildlichen verbleiben (Bohnsack 2011, Kapitel 6). Exemplarisch werden hier Sequenzen der Sendung *Istanbul Total* mit dem Moderator Stefan Raab ausgewertet, wobei insbesondere eine »Hyperzentrierung« auf die Person des Showmasters sowie ein »parasitärer Aufmerksamkeitsgewinn« und in Bezug auf das hier konstruierte Bild der Türkei deren fremder und undurchschaubarer oder opaker und somit nicht ganz geheuer erscheinender Charakter herausgearbeitet werden. In dem breiteren Kontext seiner Dissertation hat sich Stefan Hampl (2016) ebenfalls mit Fernsehshows und Musikvideos beschäftigt, um insbesondere anhand der Analyse von Montage und Farbkontrasten die bewegten Bilder als Ausdruck spezifischer Kulturen zu verstehen. Sylka Scholz u. a. (2013) verwenden die Dokumentarische Methode, um das »Potenzial von Filmanalysen für die (Familien-)Soziologie« zu verdeutlichen. Und Astrid Baltruschat (im Druck) untersucht Gestaltungsleistungen der abbildenden Bildproduzentinnen und -produzenten, also u. a. die Wahl von Einstellung und Kadrierung, Schnitt und Montage im Vergleich von Spielfilmen zur Interaktion von Lehrern und Schülern mit Videos, die zur Protokollierung des Unterrichtsgeschehens von Forschenden erstellt wurden. Weitere Beispiele finden sich in einem Überblicksband zu Bild- und Filmanalysen (Bohnsack/Fritzsche/Wagner-Willi 2015), wie etwa Analysen von Alkoholwerbung (Manel Hell) oder zur Repräsentation weiblicher Angehöriger von Minderheiten in ehemals kolonisierten Staaten in Dokumentarfilmen (Julia Ringies).

Die dokumentarische Interpretation *unbewegter Bilder* wurde ursprünglich entwickelt in Ralf Bohnsacks Analysen von Werbefotos (vgl. Bohnsack 2011, Kapitel 4.2). Jüngst hat Aglaja Przyborski (2016) unter dem Begriff der »Bildkommunikation« ein Forschungsdesign entwickelt, mit dem die Voraussetzungen dafür geschaffen wurden, die Antwort auf die Frage nach der Bedeutung des Bildes für die Probandinnen und Probanden (jeweils Gruppen von Freundinnen und Freunden) im Medium des Bildlichen selbst zu geben, also »nach bildlichen Antworten auf Bilder zu suchen« (ebd., S. 142). Die Probandinnen und Probanden wurden gebeten, ein kommerzielles und ein privates Bild auszuwählen, welche beide für sie von (wie auch immer gearteter) ganz besonderer Bedeutung waren. In diesem Kontext der Analyse von Bild-Rezeptionen durch Bild-Produktionen haben Bohnsack und Przyborski (2015) den Zusammenhang zwischen Habitus, Pose und Lifestyle ausgearbeitet. Heike Kanter (2016) hat fünf verschiedene Tageszeitungen – die *taz*, die *SZ*, die *Welt*, die *FAZ* und *Bild* – unter dem Aspekt der Körperbilder von Politikerinnen und Politikern dahin gehend miteinander verglichen, welche fotografischen Vorlagen seitens der Presseagenturen ausgewählt und wie dieselben Vorlagen dann von den Zeitungsredaktionen in unterschiedlicher Weise bearbeitet wurden. Es geht also um das »Machtpotenzial« von öffentlichen Medien als *abbildenden Bildproduzentinnen und -produzenten* (dazu auch Bohnsack [in Vorbereitung], Kapitel 8) hinsichtlich der Auswahl und Bearbeitung von Bildern.

Mit der *Rezeption* von Bildern hat sich Burkard Michel auseinandergesetzt; er stellt dabei nicht nur die Frage, inwiefern Bilder »auf Basis eines Habitus rezipiert, sondern zur Basis des Habitus werden – der Habitus läge dann der Rezeption von Bildern nicht mehr voraus, sondern ›bildet‹ sich in der Auseinandersetzung mit den unterschiedlichen Bildwelten« (Michel 2006, S. 398). In ähnlicher Weise hat sich Alexander Geimer mit Filmen beschäftigt, indem er nicht nur verschiedene Praktiken der Rezeption differenzierte, sondern besonders jene Praktiken fokussierte, die zur Transformation eines Habitus bzw. Orientierungsrahmens führen. In diesem Kontext konnte das mitunter inflationär verwendete Konzept der Aneignung (vgl. Geimer 2010) aus einer wissenssoziologischen und praxeologischen Perspektive präzisiert werden. Als eine weitere aufschlussreiche Variante der Rezeptionsforschung ist vor allem die Studie von Bettina Fritzsche (2011) zur Analyse der

Alltagspraxis und der Orientierungen innerhalb der Kultur von jungen weiblichen Boygroup-Fans zu nennen.

Analysen, die in einem Triangulationsmodell die Produkt- und Rezeptionsforschung integrieren, finden sich in der oben erwähnten Studie von Przyborski (2016) und programmatisch-methodologisch bei Bohnsack/Geimer (2015). Das Ziel einer umfassenden Integration von Produkt- und Rezeptionsanalyse besteht darin, einerseits den Habitus der Produzierenden bzw. den von ihnen propagierten »Lifestyle« (Bohnsack/Przyborski 2015) zu rekonstruieren, wie er im Produkt sich dokumentiert, und andererseits auch den Habitus der Rezipierenden. Auf diese Weise wird es möglich, Rezeptions- und Aneignungsprozesse als Passungs- oder Nichtpassungsverhältnisse zwischen Habitus und Milieus der Produzierenden einerseits und denjenigen der Rezipierenden andererseits zu begreifen. Das heißt, es geht darum, weder die Produkt- in eine Rezeptionsanalyse aufzulösen, also das Produkt nur als Bündel von Rezeptionsmöglichkeiten zu begreifen, noch in einer (ideologie-)kritischen Analyse von den konkreten Rezeptionen zu abstrahieren, was sich jeweils z. B. in Bereichen der Cultural Studies beobachten lässt.

Zusammenfassend lässt sich festhalten, dass die Dokumentarische Methode in den letzten Jahrzehnten im Bereich der Medienanalyse erhebliche Innovationen zu verzeichnen hat. Dies beruht ganz wesentlich auf ihrem Potenzial, gleichermaßen der Dimension der Eigenlogik der Sprache resp. des Textes wie auch derjenigen des Bildes, also der Ikonik, und auch der Relation der beiden Dimensionen zueinander gerecht zu werden – und dies sowohl im Bereich des Medienprodukts wie auch der Medienrezeption und in deren Beziehung zueinander.

Anmerkungen

1 In der Dokumentarischen Methode verwenden wir – genauer betrachtet – als Oberbegriff denjenigen des *impliziten* Wissens und differenzieren dieses in das *atheoretische* (wesent-

lich auf mentalen Bildern beruhende) und das *korporierte* (habitualisierte oder automati-

sierte) Wissen (dazu genauer Bohnsack 2017, Kapitel 5).

Literatur

Baltruschat, Astrid (im Druck): Zwischen Lehrern und Schülern. Konstruktionen unterrichtlicher Begegnung in Forschungsvideo und Spielfilm. In: Geimer, Alexander/Heinze, Carsten/Winter, Rainer (Hrsg.): Positionen der Filmsoziologie. Empirische Ansätze und theoretische Ansätze. Wiesbaden.

Berger, Peter L./Luckmann, Thomas (1969): Die gesellschaftliche Konstruktion der Wirklichkeit. Eine Theorie der Wissenssoziologie. Frankfurt a. M.

Bohnsack, Ralf (1989): Generation, Milieu und Geschlecht. Ergebnisse aus Gruppendiskussionen mit Jugendlichen. Opladen.

Bohnsack, Ralf (2011): Qualitative Bild- und Videointerpretation. 2. Auflage. Opladen.

Bohnsack, Ralf (2014): Rekonstruktive Sozialforschung. Einführung in qualitative Methoden. 9. Auflage. Opladen.

Bohnsack, Ralf (2017): Praxeologische Wissenssoziologie. Opladen/Toronto.

Bohnsack, Ralf/Fritzsche, Bettina/Wagner-Willi, Monika (Hrsg.) (2015): Dokumentarische Video- und Filminterpretation. Methodologie und Forschungspraxis. 2. Auflage. Opladen/Farmington Hills.

Bohnsack, Ralf/Geimer, Alexander (2015): Das Verhältnis der Filminterpretation als Produktanalyse zur Rezeptionsanalyse. In: Bohnsack, Ralf/Fritzsche, Bettina/Wagner-Willi, Monika (Hrsg.): Dokumentarische Video- und Filminterpretation. Methodologie und Forschungspraxis. 2. Auflage. Opladen/Farmington Hills, S. 297–319.

Bohnsack, Ralf/Przyborski, Aglaja (2015): Habitus, Pose und Lifestyle in der Ikonik. In: Bohnsack, Ralf/Michel, Burkard/Przyborski, Aglaja (Hrsg.): Dokumentarische Bildinterpretation. Methodologie und Forschungspraxis. Opladen, S. 343–363.

Bourdieu, Pierre (1976/1972): Entwurf einer Theorie der Praxis. Frankfurt a. M.

Durkheim, Émile (1961): Regeln der soziologischen Methode. Neuwied/Berlin.

Fritzsche, Bettina (2011): Pop-Fans. Studie einer Mädchenkultur. 2. Auflage. Wiesbaden.

Geimer, Alexander (2010): Filmrezeption und Filmaneignung. Eine qualitativ-rekonstruktive Studie über Praktiken der Rezeption bei Jugendlichen. Wiesbaden.

Hampl, Stefan (2016): Videoanalysen von Fernsehshows und Musikvideos. Ausgewählte Fallbeispiele zur Dokumentarischen Methode. Opladen/Berlin/Toronto.

Imdahl, Max (1980): Giotto – Arenafresken. Ikonographie, Ikonologie, Ikonik. München.

Kanter, Heike (2016): Ikonische Macht. Zur sozialen Gestaltung von Pressebildern. Opladen/Berlin/Toronto.

Mannheim, Karl (1964/1921 f.): Beiträge zur Theorie der Weltanschauungsinterpretation. In: Ders.: Wissenssoziologie. Neuwied, S. 91–154.

Mannheim, Karl (1980): Strukturen des Denkens. Frankfurt a. M. (vermutlich verfasst 1922–1924).

Michel, Burkard (2006): Bild und Habitus. Sinnbildungsprozesse bei der Rezeption von Fotografien. Wiesbaden.

Panofsky, Erwin (1975/1939): Ikonographie und Ikonologie. Eine Einführung in die Kunst der Renaissance. In: Ders.: Sinn und Deutung in der bildenden Kunst. Köln, S. 36–67.

Przyborski, Aglaja (2016): Bildkommunikation. Ein praxeologischer Zugang zu medialer Verständigung. Habilitationsschrift (Universität Leipzig). Leipzig.

Schäffer, Burkhard (2003): Generationen – Medien – Bildung. Medienpraxiskulturen im Generationenvergleich. Opladen.

Scholz, Sylka/Kusche, Michel/Scherber, Nicole/Scherber, Sandra/Stiller, David (2013): Das Potenzial von Filmanalysen für die (Familien-)Soziologie. Eine methodische Betrachtung anhand der Verfilmungen von »Das doppelte Lottchen«. In: Forum Qualitative Sozialforschung, Jg. 15, Nr. 1. Abrufbar unter: http://nbn-resolving.de/urn:nbn:de:0114-fqs1401157.

Schütz, Alfred (1971/1962): Gesammelte Aufsätze, Band 1: Das Problem der sozialen Wirklichkeit. Den Haag.

Diskursanalyse und Filmanalyse

Thomas Wiedemann

Der Beitrag schlägt vor, Spielfilme diskursanalytisch auszuwerten und so für sozialwissenschaftliche Perspektiven und systematische Untersuchungsdesigns zu öffnen. Ausgehend von der Annahme, dass Filme gesellschaftliche Machtverhältnisse zum Ausdruck bringen und demnach auch die darin enthaltenen Realitätskonstruktionen das Ergebnis der Auseinandersetzung um legitime Bedeutungen sind, verknüpft das hier vorgestellte Verfahren die traditionelle Filmanalyse mit Michel Foucaults Konzept zur Ermittlung der diskursiven Formationsregeln von Texten. Dieses theoretische und methodische Vorgehen mittels einer kategoriengeleiteten Analyse von Filmprotokollen, das den Forschungsprozess strukturiert und die Interpretation der Ergebnisse nachvollziehbar macht, wird schließlich am deutschen Spielfilm *Fack ju Göhte* (2013) veranschaulicht.

Das Medium Film als sozialwissenschaftliches Erkenntnisobjekt

Wenn in diesem Beitrag für die diskursanalytische Auswertung von Spielfilmen geworben wird, geht es im Grunde um eine Herangehensweise an das Medium Film, die von einem sozialwissenschaftlichen Erkenntnisinteresse geleitet ist und einen systematischen Untersuchungsablauf gewährleistet. Mit anderen Worten soll erstens der Tatsache Rechnung getragen werden, dass Filme in einem engen Bedingungsverhältnis mit gesellschaftlichen Strukturen stehen. So sind sie »mit sozialen Bedeutungen gesättigt« (Mai/Winter 2006, S. 10 f.) und tendieren dazu, ein bestimmtes Bild der Wirklichkeit zu konstruieren (vgl. exemplarisch Keppler 2005), das angesichts der audiovisuellen Durchdringung des Alltags einen festen Platz im Haushalt des Wissens einnehmen dürfte. Zugleich legt der Einfluss der US-Majors auf den globalen Kinomarkt genauso wie das Modell der Filmförderung in Europa nahe, diesen Medien-Output nicht als interesselose Kunst, sondern als Ausdruck von Machtverhältnissen zu verstehen (vgl. Mikos 2008). Folglich muss das Ziel der Untersuchung von Spielfilmen aus dieser Perspektive sein, die darin enthaltenen Realitätskonstruktionen (also das Ergebnis der Auseinandersetzung

um legitime Bedeutungen im Medium Film) zu ermitteln. Sozialwissenschaftlich kann ein solches Vorgehen zweitens aber nur sein, wenn der gesamte Forschungsprozess klar strukturiert und intersubjektiv nachvollziehbar ist. Das hier vorgestellte Programm löst beide Ansprüche ein: Die Verknüpfung der traditionellen Filmanalyse mit der Diskurstheorie Foucaults liefert den Rahmen für die machtorientierte Analyse des gesellschaftsstrukturierenden Potenzials von Spielfilmen, die zunächst protokolliert und dann mithilfe eines theoretisch hergeleiteten Kategoriensystems ausgewertet werden.

Theoretische Ausgangspunkte und methodische Umsetzung

Die deutschsprachige Kommunikationswissenschaft empfiehlt für die Analyse bewegter Bilder den Weg hermeneutischer Erkenntnisgewinnung (vgl. exemplarisch Stöber 2008, S. 207) oder überlässt das Medium Film gleich ganz der als dafür zuständig geltenden Film- und Medienwissenschaft. Wenig überraschend bleiben die meisten expliziten Anleitungen für die Analyse von Spielfilmen dort jedoch dem geisteswissenschaftlichen Paradigma verpflichtet und behandeln Filme als Kunstwerke. Verbindungslinien zwischen filmischen und außerfilmischen Prozessen spielen so höchstens eine untergeordnete Rolle (vgl. Korte 2010; Hickethier 2012; Faulstich 2013). Aus sozialwissenschaftlicher Perspektive ertragreicher ist dagegen neben den Bildanalyse-Kriterien des Mediensemiotikers Philippe Viallon (2015) das Konzept der struktur-funktionalen Filmanalyse von Lothar Mikos (2008), das Filme als Kommunikationsmittel beschreibt, deren Bedeutung sich erst im sozialen Gebrauch manifestiert. In Anlehnung an die Cultural Studies sind Filmtexte demnach das Ergebnis von Machtstrukturen, die unterschiedliche Lesarten erzeugen können. Gleichwohl rücken sie »durch ihren Inhalt und ihre Repräsentation, ihre Narration und ihre Dramaturgie, ihre Konstruktion von Figuren und Akteuren und ihre ästhetischen Gestaltungsmittel bestimmte Diskurse in den Mittelpunkt« (ebd., S. 298) und forcieren so die Übernahme der damit verbundenen Konstruktionen sozialer Wirklichkeit durch den Zuschauer.

Versteht man Spielfilme als Transporteure bedeutungstragender Diskurse, liegt es nahe, an dieser Stelle mit den diskurstheoretischen Überlegungen Michel Foucaults weiterzuarbeiten. Ganz allgemein wird dabei zunächst davon ausgegangen, dass das Heranziehen einer großen Sozialtheorie gerade für nicht standardisierte Untersuchungsanlagen eine gewinnbringende Strategie darstellt, um Systematik in den Forschungsprozess zu bringen und die Verallgemeinerbarkeit der Ergebnisse zu ermöglichen (vgl. Löblich 2015). Darüber hinaus erscheint Foucaults Ansatz, der eine Nähe zu den Cultural Studies aufweist und dessen konstruktivistisches Welt- und Gesellschaftsbild die Wechselspiele zwischen Macht und Wissen ins Visier nimmt, in besonderem Maße geeignet, um die Frage nach den sozialen Prozessen der Bedeutungskonstitution im Medium Film zu beantworten, was hier für die Auswertung von Spielfilmen als zentral erachtet wird.

Der französische Soziologe, dessen »Werkzeugkiste« in den Kulturwissenschaften längst zum Standardrepertoire gehört und in der sozialwissenschaftlichen Medienforschung zumindest erprobt wurde (vgl. exemplarisch Meyen

2013 und → Meyen, S. 104 ff.) sowie eine Reihe von Weiterentwicklungen in ganz unterschiedliche Richtungen erfahren hat (für einen Überblick vgl. Philo 2007; Fraas/Pentzold 2015), geht davon aus, dass menschliches Denken und Handeln auf einem sozial konstruierten und in unterschiedlichen Graden legitimierten Weltwissen beruhen, das nicht nur Ausdruck bestimmter Machtverhältnisse ist, sondern auch gesellschaftliche Macht entfaltet. Dabei wird über das, was wahr und was falsch, vernünftig oder moralisch wertvoll ist, in Diskursen entschieden, die – einem »zwingenden Gedankensystem« gleich – die Wirklichkeit erst erzeugen (Foucault 2005, S. 20). Diskurse sind demzufolge sowohl reguliert als auch performativ, weil sie als Aussagepraktiken einem Regime von Bedeutungen angehören, zugleich aber dessen symbolische Ordnung stabilisieren und sich auf die Konstituierung von Subjekten sowie die Gestaltung bzw. Entwicklung einer Gesellschaft auswirken.

Wenngleich Foucault (1971) die Prozesse der sozialen Erzeugung von Sinn-, Deutungs- und Handlungsmustern über verbale Äußerungen nachzeichnete (und jenseits des Sagbaren lediglich die nicht diskursiven Praktiken bzw. deren weltliche Konsequenzen in den Blick nahm), ist es wie schon angedeutet mehr als plausibel, im Sinne der Cultural Studies von einem breiteren Textverständnis auszugehen und somit auch komplexe Bild-Text-Verhältnisse als Diskurse bzw. Diskursträger zu begreifen (vgl. exemplarisch Fiske 1994). Fragt man auf Basis dieser Überlegungen nach den Wirklichkeitsangeboten von Spielfilmen, dann ist das Ziel genauso die systematische Rekonstruktion des Regelsystems, das die dort ausgetragenen »Wahrheitsspiele« anleitet. Noch deutlicher formuliert: Um die filmisch erzeugten Wissensordnungen und Wissenspraktiken (einschließlich ihrer Wechselwirkungen zu Institutionen und Kollektiven, ihrer Machtwirkungen und identitätsbildenden Kraft) zu ermitteln und damit auch die Grenzen des Sichtbaren und des Sagbaren auszumachen, die zum Auftauchen spezifischer Bilder und Aussagen in einer bestimmten Zeit führen, sind in Anlehnung an Foucault (1981, S. 48–103; vgl. Keller 2008, S. 74–83) die im Film enthaltenen diskursiven Formationsregeln herauszuarbeiten: die Formation der Gegenstände (wovon wird in welchem Kontext gesprochen?), die Formation der Äußerungsmodalitäten (wer spricht wo aus welcher Perspektive?), die Formation der Begriffe (wie wird über die Gegenstände gesprochen?) und die Formation der Strategien (wozu dient das Gesprochene?).

Selbstverständlich muss sich die theoretische Perspektive, die gemäß dem hier vertretenen Verständnis qualitativer Forschung alle Stufen des Untersuchungsprozesses anleitet, auch in der tatsächlichen Analyse des audiovisuellen Forschungsmaterials niederschlagen. Plädiert wird deshalb dafür, mithilfe der diskursiven Formationsregeln ein Kategoriensystem zu entwickeln, das – einem Raster gleich – die gesamte Auswertung des Spielfilminhalts strukturiert sowie die Interpretation der Ergebnisse nachvollziehbar macht und damit zugleich der Subjektivität des Forschers eine Grenze setzt (vgl. Meyen u. a. 2011). Unabhängig vom konkreten Forschungsinteresse ist es dabei vonnöten, die von Foucault für gesprochene und geschriebene Texte definierten Momente zur Ermittlung von Diskursen auf die Logik des Mediums Film bzw. auf dessen produktimmanente Ausdrucksmittel zu übertragen. Anders formuliert: Die von der traditionellen Filmanalyse-Literatur potenziell als wichtig erachteten filmischen Gestaltungsmöglichkeiten (Stichwörter: Narration, Dramaturgie, Ästhetik) sind den vier diskursiven Formationen zuzuordnen und kritisch nach ihrem Nutzen für eine Suche nach Diskursen zu hinterfragen. Zu betonen ist an dieser Stelle, dass das Verfahren zur diskursanalytischen Auswertung von Spielfilmen keine Absage an etablierte Vorgehensweisen darstellt. Vielmehr hilft das Hinzufügen einer expliziten theoretischen Fundierung, aus den vielen möglichen Untersuchungselementen der traditionellen Filmanalyse die Aspekte herauszufiltern, die im Hinblick auf die Ermittlung der im Film enthaltenen Realitätskonstruktionen relevant sind, und so zugleich die bestehenden Analysekataloge für sozialwissenschaftliche Fragestellungen neu zu strukturieren.

Wie sich Foucaults Überlegungen im Detail umsetzen lassen und welche Filmanalyse-Bausteine Eingang in die Hauptuntersuchungseinheiten des Kategoriensystems finden (vgl. Abb. 1), kann hier nur skizziert werden. Die *Formation der Gegenstände* fragt nach dem Thema des Films, nach den darin zur Sprache kommenden Gegenständen einschließlich ihrer Beziehung zueinander sowie nach dem Kontext, in den sie eingeordnet sind und der hier als (Haupt- und Neben-)Handlung definiert wird. Die *Formation der Äußerungsmodalitäten* widmet sich der Figurenkonstellation und zielt darauf ab, die als legitim präsentierten Sprecher im Film zu ermitteln, genauso wie die Perspektive, aus der die Gegenstände behandelt werden (betrachtend, fragend, anklagend), sowie die institutionellen Orte und Milieus, die dabei von Bedeutung sind. Die *Formation der Begriffe* verweist gewissermaßen auf die Rhetorik des Films: auf die syntaktische und semantische Abfolge, in der erzählt wird (auf das Verhältnis von Plot und Story), auf die sprachliche und audiovisuelle Inszenierung sowie auf die Argumentationstechnik (insbesondere die Verkettung von Aussagen). Die *Formation der Strategien* geht schließlich den Fragen nach, welche Theorien (konkreter: welche Problembeschreibungen, Ursache-Wirkungs-Zusammenhänge und Lösungsansätze) zum Einsatz kommen und welche Funktionen die diskursive Praxis im Hinblick auf andere Diskurspositionen hat. Diese besonders interpretative Hauptuntersuchungseinheit geht bis zu einem gewissen Grad über den konkreten Untersuchungsgegenstand hinaus und dürfte zunächst am ehesten spezifisch für Foucault wirken. Bei näherer Betrachtung enthält sie allerdings (genauso wie die Kategorien der übrigen Hauptuntersuchungseinheiten) eine deutliche Querverbindung zu Komponenten traditioneller Filmanalyse-Anleitungen, die etwa bei Lothar Mikos (2008, S. 259–309), stellvertretend für andere Autoren, unter »Kontexte« abgehandelt werden. Noch wichtiger als das Aufzeigen solcher Parallelen ist jedoch die Bemerkung, dass eine derartige von Foucault inspirierte Analyse filmischer Macht-Wissens-Konstellationen in hohem Maße anschlussfähig für Fragestellungen jenseits des konkreten Spielfilminhalts ist. Denn auch, wenn Foucault (2012) den Akteuren der Diskursproduktion nur zögerlich Beachtung schenkte (vgl. Jäger 2001, S. 300–304) und Aneignungsprozesse für ihn gar keine Rolle spielten, dürften die über das Medium Film zutage geförderten Realitätskonstruktionen Rückschlüsse auf das Selbstverständnis der Filmschaffenden und ihre Position im gesellschaftlichen Machtgefüge ermöglichen sowie einen wichtigen Ausgangspunkt für die Frage nach der Übernahme dominanter Diskurspositionen durch das Publikum darstellen.

Bevor mit der kategoriengeleiteten Auswertung und Interpretation des Filmmaterials begonnen werden kann, ist – wie bei jeder Filmanalyse üblich – ein Zwischenschritt nötig: die schriftliche Protokollierung des Films, mit der dessen visueller und auditiver Ablauf in eine lineare Form gebracht sowie inhaltlich und hinsichtlich seiner Zeitstruktur notiert wird. Geboten erscheint dabei, zunächst ein Sequenzprotokoll zu erstellen, das alle aufeinanderfolgenden Handlungseinheiten (untergliedert etwa nach Handlungsorten) auflistet und so eine Übersicht über den Informationsfluss schafft. Auf dieser Grundlage gilt es dann, die Schlüsselsequenzen zu ermitteln und diese im Detail zu protokollieren, und zwar mit Einstellungsprotokollen, die auf den kleinsten filmischen Einheiten basie-

ren und eine differenzierte Beschreibung des Zusammenwirkens aller filmspezifischen Darstellungsmittel (z. B. Kameraaktivitäten, Dialoge und Kommentare sowie Geräusche und Musik) ermöglichen. Um die Auswahl der Schlüsselsequenzen nachvollziehbar zu machen und gleichzeitig zu legitimieren, empfiehlt sich erstens ein konsensuelles Vorgehen (etwa durch Forschen in der Gruppe und den Austausch darüber, wann die Handlung besonders vorangetrieben wird oder in welchen Sequenzen die Hauptfiguren des Films aufeinandertreffen). Falls dann immer noch Zweifel bestehen, ist es zur weiteren Absicherung zweitens nützlich, mithilfe der Sequenzprotokolle einen Blick auf die Komposition des zu untersuchenden Films zu werfen. Da sich das dramaturgische Basis-Gestaltungsprinzip (mit drei oder fünf Akten) oft auch in Spielfilmen wiederfindet, dürften sich aus der Struktur des Films rasch die Schlüsselsequenzen herauskristallisieren. Die Protokollierung des Filmmaterials dient vor allem dazu, die »im Akt der Wahrnehmung vorhandene Simultaneität verschiedener Faktoren« im Film »in ein systematisch überprüfbares Nebeneinander methodisch aufzulösen« (→ Korte, S. 432 ff.), um dann auf dieser Grundlage das Kategoriensystem zu füllen. Deshalb erscheint es ratsam, eine handhabbare Form der Protokollierung mit jeweils nur vier Spalten (Sequenzprotokoll: Nummer, Ort, Handlung, Dauer; Einstellungsprotokoll: Nummer, Bildebene, Tonebene, Dauer) zu wählen.

- Formation der Gegenstände: Thema / Gegenstände / Kontext (Haupthandlung, Nebenhandlung)
- Formation der Äußerungsmodalitäten: Figurenkonstellation / Legitime Sprecher (Setting, Charakterisierung, Perspektive) / Orte / Milieu
- Formation der Begriffe: Abfolge (Handlungsphasen, Komposition, Zeitstruktur) / Sprachliche Mittel / Audiovisuelle Gestaltung (Kamera, Schnitt und Montage, Ausstattung, Licht, Farbe, Geräusche, Musik) / Argumentation (Aussagen, Belege)
- Formation der Strategien: Theorien / Funktionen der diskursiven Praxis

---

Abb. 1: Kategoriensystem (Quelle: eigene Darstellung)

Natürlich können zur besseren Einordnung der Ergebnisse sowie ihrer Interpretation noch weitere Dokumente in die Analyse einfließen, die Auskunft geben über den Entstehungskontext des Films (die beteiligten Akteure, z. B. auch private oder öffentliche Finanziers) und über seinen kommerziellen oder künstlerischen Erfolg. Dieser letztgenannte Punkt ist allein schon deshalb relevant, weil selbst eine groß angelegte Ermittlung von Filmdiskursen mit einer breiten Materialbasis nicht die »Gesamtheit aller effektiven Aussagen« (Foucault 1981, S. 41) im Medium Film abbilden kann. Doch ist davon auszugehen, dass sich das gesellschaftsstrukturierende Potenzial von Spielfilmen am ehesten über die Auswertung besonders prominenter Produktionen nachzeichnen lässt, denn Diskurse sind zu verstehen als das Ergebnis von »Verknappungsprozessen« und unterliegen »Ermächtigungs- und Ausschlusskriterien« (Meyen 2013, S. 31). Die Diskursposition des Mediums Film in einer bestimmten Gesellschaft und zu einer bestimmten Zeit dürfte demnach relativ homogen sein.

Anwendungsbeispiel

Wie sich die Ergebnisse einer diskursanalytischen Auswertung von Spielfilmen aufbereiten lassen und wie das auf Foucault basierende Kategoriensystem dazu beiträgt, die diskursive Praxis im Medium Film systematisch herauszuarbeiten, soll an dieser Stelle am Beispiel des deutschen Blockbusters *Fack ju Göhte* (2013) holzschnittartig veranschaulicht werden.

Fack ju Göhte erzählt die Geschichte des Kleinganoven »Zeki«, der nach einem Banküberfall 13 Monate im Gefängnis verbracht hat und nun an sein erbeutetes Geld gelangen möchte. Dort, wo die Summe vergraben wurde, steht jetzt allerdings die neue Turnhalle der »Goethe Gesamtschule«. »Zeki« bewirbt sich kurzerhand als Hausmeister, wird durch ein Missverständnis aber bis zum Jahresende als Aushilfslehrer eingestellt. Seine ruppige Art sorgt zwar für einige Irritationen, doch ist »Zeki« gerade deshalb per-

fekt dafür geeignet, die Problemklasse 10b in den Griff zu bekommen. Und auch die Referendarin »Lisi« kann gar nicht anders, als dem unkonventionellen Kollegen zu verfallen. Als »Zekis« kriminelle Machenschaften ans Licht kommen, ist er für die Schule schon längst unentbehrlich geworden und er entscheidet sich für eine Zukunft als Pädagoge.

An der Entstehung und Verbreitung von *Fack ju Göhte* waren viele gewichtige Akteure beteiligt, allen voran Regisseur Bora Dağtekin *(Türkisch für Anfänger)*, das für Kino und Fernsehen tätige Produktionsunternehmen Rat Pack und der Branchenriese Constantin Film (Koproduktion und Verleih) sowie vier der finanzkräftigsten Filmförderungseinrichtungen in Deutschland (Deutscher Filmförderfonds, Filmförderungsanstalt, FilmFernsehFonds Bayern, Medienboard Berlin-Brandenburg). Mit knapp 7,4 Millionen Zuschauern im deutschen Kino bis Ende 2015 (vgl. FFA 2016) unterstreicht *Fack ju Göhte* zugleich das vermutete Potenzial von Spielfilmen, die Wahrnehmung der Welt beeinflussen zu können.

Aus der im vorherigen Abschnitt beschriebenen kategoriengeleiteten Analyse von *Fack ju Göhte* ergeben sich folgende (zu Thesen verdichtete) diskursive Formationsregeln:

Formation der Gegenstände: Im Mittelpunkt steht das deutsche Bildungssystem, das mit Jugendlichen konfrontiert ist, die wenig Sinn in der Schulpflicht erkennen, dessen Lehrer kaum Autorität für sich geltend machen können und das keine ausreichende Unterstützung aus der Gesellschaft erfährt. Nahegelegt wird, dass die damit verbundenen Probleme (die Schüler geraten ins soziale Abseits, die Lehrer werden psychisch krank, der Schule drohen weitere Etatkürzungen) nur durch ein gemeinsames Ziehen an einem Strang gelöst werden können. Erforderlich sind dafür aber ein Perspektivenwechsel sowie ein Input von außen.

Formation der Äußerungsmodalitäten: Aus der Figurenkonstellation ragen vier Protagonisten

481

heraus, die alle hohe Sympathiewerte erzielen, eine Entwicklung vollziehen, einen Beitrag zur Lösung des Problems leisten und so die Rolle als legitime Sprecher beanspruchen: der Bankräuber »Zeki«, der den nötigen Background hat, um sich Respekt zu verschaffen, aber auch Verständnis für die Lebenswirklichkeit der Schüler mitbringt und schließlich seine pädagogische Aufgabe erkennt; die hyperkorrekte Lehrerin »Lisi«, die »Zekis« alternativen Zugriff auf die Jugendlichen zunehmend honoriert, zugleich von ihm eine Lektion in Sachen Coolness erhält und zur anerkannten Lehrkraft wird; sowie die Schüler »Chantal« und »Danger«, die zunächst hauptverantwortlich dafür sind, dass in der 10b keine Lernatmosphäre herrscht, sich dann aber von der Aufbruchsstimmung anstecken lassen, den Wert der Schulausbildung erkennen und damit für den Erfolg des Lehrerduos »Zeki« und »Lisi« stehen.

Formation der Begriffe: Der Aufbau der Komödie orientiert sich zweifellos an der Fünf-Akt-Struktur (Höhepunkt: »Zeki« bekommt die Mittelstufenklasse unter Zuhilfenahme eines Paintball-Gewehrs in den Griff) und mündet in ein umfassendes Happy End. Mit häufigen Schnitten, Humor, toughen Sprüchen und manch genrebedingter Übertreibung wird eine starke Dynamik erzeugt, doch bleibt die Darstellung des Gesamtschule-Milieus trotzdem realistisch. Jenseits davon fällt eine Nebenhandlung auf: die Lebensgeschichte »Zekis«, der auf die schiefe Bahn geriet, weil er kein geregeltes Elternhaus hatte, von der Schule nur enttäuscht wurde und in der Halbwelt heranwuchs. Genau dieses Szenario gilt es für die jetzigen Schüler aus bildungsfernen Schichten zu verhindern.

Formation der Strategien: Fack ju Göhte wirbt für die Institution Schule (dort erhalten Jugendliche die Chance, etwas aus ihrem Leben zu machen, und Schulabschlüsse schützen davor, auf die schiefe Bahn zu geraten) und für den Lehrerberuf (Lehrer nehmen eine große Verantwortung auf sich und müssen mehr Wertschätzung erfahren). Zugleich werden die Pädagogen selbst in die Pflicht genommen: Damit das Schulsystem seine gesellschaftliche Funktion erfüllen kann, bedarf es einer größeren Sensibilität dafür, dass tradierte Unterrichtsmethoden allein nicht ausreichen. Und als Vorbild kann nur wirken, wer bereit ist, sich auf die tatsächlichen Problemlagen der Schüler einzulassen.

Möchte man die Ergebnisse dieser Analyse zusammenfassen und einen Diskurs benennen, der in der Wirklichkeitskonstruktion von *Fack ju Göhte* dominant ist, bietet sich »Integration« an. Dabei geht es gerade nicht um das Festhalten an gewohnten Verhaltensweisen, sondern um ein immer wieder aufs Neue erforderliches Aushandeln von Normen, wofür alle in der Gesellschaft gebraucht werden. Für einen aus öffentlichen Mitteln finanzierten Film dürfte das bestimmt keine schlechte Botschaft sein.

Filmmaterial

Fack ju Göhte (Reg. Bora Dağtekin. Constantin. D 2013).

Literatur

Faulstich, Werner (2013): Grundkurs Filmanalyse. Paderborn.
Filmförderungsanstalt (FFA) (2016): Jahresliste (national) 2015. Abrufbar unter: http://www.ffa.de/download.php?f=fb701c98694df578139084b360713eea&target=0.
Fiske, John (1994): Media Matters. Everyday Culture and Political Change. Minneapolis.

Foucault, Michel (1971): Die Ordnung der Dinge. Eine Archäologie der Humanwissenschaften. Frankfurt a. M.

Foucault, Michel (1981): Archäologie des Wissens. Frankfurt a. M.

Foucault, Michel (2005): Analytik der Macht. Frankfurt a. M.

Foucault, Michel (2012): Die Ordnung des Diskurses. Frankfurt a. M.

Fraas, Claudia/Pentzold, Christian (2015): Diskursanalyse in der Kommunikationswissenschaft. In: Averbeck-Lietz, Stefanie/Meyen, Michael (Hrsg.): Handbuch nicht standardisierte Methoden in der Kommunikationswissenschaft. Wiesbaden, S. 227–240.

Hickethier, Knut (2012): Film- und Fernsehanalyse. Stuttgart.

Jäger, Siegfried (2001): Diskurs und Wissen. In: Hug, Theo (Hrsg.): Wie kommt Wissenschaft zu Wissen? Band 3: Einführung in die Methodologie der Sozial- und Kulturwissenschaften. Baltmannsweiler, S. 297–313.

Keller, Reiner (2008): Michel Foucault. Konstanz.

Keppler, Angela (2005): Fiktion und Dokumentation. Zur filmischen Inszenierung von Realität. In: Wulf, Christoph/Zirfas, Jörg (Hrsg.): Ikonologie des Performativen. München, S. 189–200.

Korte, Helmut (2010): Einführung in die systematische Filmanalyse. Berlin.

Löblich, Maria (2015): Theoriegeleitete Forschung in der Kommunikationswissenschaft. In: Averbeck-Lietz, Stefanie/Meyen, Michael (Hrsg.): Handbuch nicht standardisierte Methoden in der Kommunikationswissenschaft. Wiesbaden, S. 67–79.

Mai, Manfred/Winter, Rainer (2006): Kino, Gesellschaft und soziale Wirklichkeit. Zum Verhältnis von Soziologie und Film. In: Dies. (Hrsg.): Das Kino der Gesellschaft – die Gesellschaft des Kinos. Interdisziplinäre Positionen, Analysen und Zugänge. Köln, S. 7–23.

Meyen, Michael (2013): »Wir haben freier gelebt«. Die DDR im kollektiven Gedächtnis der Deutschen. Bielefeld.

Meyen, Michael/Löblich, Maria/Pfaff-Rüdiger, Senta/Riesmeyer, Claudia (2011): Qualitative Forschung in der Kommunikationswissenschaft. Eine praxisorientierte Einführung. Wiesbaden.

Mikos, Lothar (2008): Film- und Fernsehanalyse. Konstanz.

Philo, Greg (2007): Can Discourse Analysis Successfully Explain the Content of Media and Journalistic Practice? In: Journalism Studies, Jg. 8, H. 2, S. 175–196.

Stöber, Rudolf (2008): Kommunikations- und Medienwissenschaften. Eine Einführung. München.

Viallon, Philippe (2015): Mediensemiotik. 24 Kriterien für die Bildanalyse. In: Averbeck-Lietz, Stefanie/Meyen, Michael (Hrsg.): Handbuch nicht standardisierte Methoden in der Kommunikationswissenschaft. Wiesbaden, S. 273–287.

Onlinediskurs-Analyse

Stefan Meier

Der Beitrag definiert Onlinediskurse als Bestandteile von konvergenzkulturellen Diskursformationen, die als onlinemedienspezifische Praktiken vollführt werden. Diese Onlinespezifik besteht aus einer maximal möglichen Multimodalität in Form von Text, Bild und Audio(-Visualität) sowie Interaktivität, Personalisierung und Hypertextualität, woraus für das onlinediskursanalytische Arbeiten bestimmte methodische Herausforderungen erwachsen. Um diesen gerecht zu werden, stellt der Beitrag anhand einzelner Fragmente des Diskurses um den NSA-Überwachungsskandal ein Vorgehen vor, das Methoden einer sozialsemiotischen Multimodalitätsforschung mit der diskurslinguistischen sowie kommunikationswissenschaftlichen Framingforschung verbindet.

Theoretisch-methodologische Einordnung

Zum Gegenstand Onlinediskurs

Onlinediskurse sind Bestandteile von konvergenzkulturellen Diskursformationen, die als onlinemedienspezifische Praktiken vollführt werden. Damit werden in Anlehnung an Reckwitz (2012, S. 43 ff.) Diskurse als »soziale Praktiken der Produktion von geregelten Repräsentationen« (ebd.) betrachtet, die in Onlinemedien in Form digitaler und multimodaler Diskursfragmente umgesetzt sind.

Onlinediskurse sind themenbezogene Mikro-, Meso- und Massenkommunikation im Netz. Sie bestehen aus diskursiven Positionen von etablierten Meinungsführerschaften wie Parteien und Regierungsinstitutionen neben Positionen von subpolitischen Organisationen und NGOs sowie Einzelmeinungen. Häufig fungieren Onlinediskurse als kommunikative Resonanzforen der massenmedialen Themen oder ergänzen diese mit Einzel- und Vor-Ort-Perspektiven von Beteiligten und Augenzeugen bestimmter diskursiver Ereignisse.

Auch nutzt die massenmediale Berichterstattung Kanäle der Mikroebene (wie soziale Onlinenetzwerke) und der Mesoebene (wie Blogs), um ihrerseits der Netzwelt ihre Diskurspraktiken zu liefern. Unter dem Stichwort »partizipativer Journalismus« verschwimmt so die Grenze zwischen klassischem Journalismus und produktiver sowie rezeptiver Netzkommunikation. Professionell-journalistische sowie vermeintliche Laien- oder Selfmadediskursakteure (z. B. YouTuber wie LeFloid: https://www.youtube.com/user/LeFloid) nutzen die sozialen Onlinekommunikationsformen wie Videoportale, (Mikro-)Blogs und soziale Onlinenetzwerke auf gleicher Ebene. Sie stehen in gegenseitiger Konkurrenz um die digitale Aufmerksamkeit sowie in ständigem Austausch mit und unter Bewertungsdruck gegenüber ihren Rezipienten.

Angesichts dieser Entwicklungen hat der digitale Strukturwandel von Öffentlichkeit längst die utopistischen Erwartungshaltungen einer libertären digitalen Diskursgemeinschaft hinter sich gelassen und ist vielmehr geprägt von einer machtdurchdrungenen Aufmerksamkeitsökonomie (vgl. Franck 1998). (Multimediale bzw. -modale) Spektakularität und kommunikative Aktivität sind algorithmisch durch Suchmaschinen wie Google verkoppelt und konstituieren eigene Formationen von Diskursöffentlichkeiten (vgl. Machill/Beiler 2007; Meier 2008, S. 182 ff.).

Zur methodologischen Verortung

Während in den Sozialwissenschaften wissenssoziologische Ansätze der Diskursanalyse (vgl. Keller 2008) und in den Sprach- und Kulturwissenschaften diskurslinguistische Spielarten (vgl. Spitzmüller/Warnke 2011) zum festen methodischen Repertoire gehören, tun sich die Medien- und Kommunikationswissenschaften weiterhin schwer, die Diskursanalyse stärker in ihr Methodenportfolio zu etablieren (vgl. Meier/Pentzold 2014). Das ist bedauerlich, da diskursanalytische Forschung in den Sprach- und Sozialwissenschaften die prägende Rolle der Medien auf die Diskursformation häufig zu wenig reflektiert und methodologisch berücksichtigt. Dabei wird kaum einberechnet, dass Medien die Instanzen der Materialisierung, Produktion, Vermittlung und Rezeption gesellschaftlicher Kommunikation sind. Sie bilden als Dispositive die prägende soziale und technische Infrastruktur, in denen sich die Diskurse konstituieren bzw. zirkulieren, was in den Medien- und Kommunikationswissenschaften angemessene Betrachtung findet. Dennoch dominieren dort weiterhin inhaltsanalytische Herangehensweisen, die zu wenig die diskursive Formation in den Blick bringen, in der die einzelnen Medienbeiträge stehen.

Die Scheu vor der Diskursanalyse mag zum einen daran liegen, dass der kontrafaktische Diskurs-Begriff von Habermas weiterhin dominant in den Kommunikations- und Medienwissenschaften rezipiert und diskutiert wird. Diskursforschung bezieht sich jedoch vornehmlich auf den Diskurs-Begriff Foucaults, der eher eine empirische und machttheoretische Ausrichtung hat. Auch wenn Foucault selbst wenig methodische Operationalisierungen seines Diskurskonzepts entwickelte, so lieferte er doch die Inspiration für die Sozial-, Kultur- und Sprachwissenschaften, mit jeweils eigenen methodologischen Konzepten diese Lücken zu füllen und so ein vielschichtiges und mehrdimensioniertes diskursanalytisches Instrumentarium zu entwickeln. Aus diesem Grund wird in dem vorliegenden Beitrag ein Instrumentarium zur Analyse von onlinemedial gestützten Diskurspraktiken angeboten, das Konzepte der medien- und kommunikationswissenschaftlichen Onlineforschung mit Ansätzen einer sozialsemiotischen Multimodalitäts-, einer diskurslinguistischen und einer kommunikationswissenschaftlichen Framingforschung verbindet.[1]

Im Folgenden wird zunächst auf die methodischen Herausforderungen eingegangen, die durch die Medialität der Onlinediskurse erwachsen. In einem zweiten Schritt werden die methodologischen Grundannahmen zusammengetragen, die sich für eine Onlinediskurs-Analyse herausgebildet haben. An- und abschließend wird das Vorgehen der Korpuserstellung und der Analysepraxis anhand dreier Diskursfragmente zum NSA-Skandal deutlich gemacht.

Darstellung der Methode

Methodologische Herausforderungen

Onlinediskurse stehen in zweifacher Hinsicht unter dem besonderen Einfluss der medialen Infrastruktur ihrer Materialisierung und Verbreitung. Zum einen unterliegen sie einer besonderen Netzstruktur und Dynamik, zum anderen verfügen sie potenziell über ein Maximum an multimodaler Zeichenvariation. Hans-Jürgen Bucher bestimmt diese »Merkmale webbasierter Formen der Kommunikation« wie folgt:

- ihre Hypertextualität, mit der die Strukturen der kommunikativen Verknüpfung von Kommunikationseinheiten beschreibbar sind;
- der Netzwerk-Charakter, in dem sich die soziale Dimension der Onlinekommunikation ausdrückt; ihre multimodale Orchestrierung mit verschiedenen semiotischen Ressourcen, wie Fotos, Text, Video, Audio, Ikons, Logos, Design, Farben, statischen und dynamischen Grafiken;
- die Interaktivität, in der sich die dialogische Struktur der Onlinekommunikation manifestiert (die reale und die unterstellte);
- die spezifische – thematische und soziale – Kommunikationsdynamik, »die einerseits durch die Interaktivität und anderseits durch

den Netzwerk-Charakter der Onlinekommunikation bedingt ist.« (Bucher 2013, S. 58 f.)

Bucher spricht von einer »Entgrenzung des »Textes« (ebd.) in semiotischer und intertextueller Hinsicht, was methodische Zugriffe der Multimodalitätsanalyse ebenso vonnöten macht wie neue Formen der Korpuserstellung und linkorientierten Konnektivitätsanalyse. Damit wird die Diskursanalyse zur adäquaten Methode der Erfassung von Kommunikation im Netz, da deren Dynamik und Hypertextualität nicht auf die Analyse isolierter und monocodierter Webangebote beschränkt bleiben können (vgl. Herring 2010).

Eine differenzierte Auflistung der Herausforderungen zur Analyse onlinemedial vermittelter Kommunikation liefern Martin Welker u. a. (2010, S. 11 ff.):

- Flüchtigkeit, Dynamik und Transitorik
- Medialität, Multimedialität bzw. Multimodalität
- Nonlinearität/Hypertextualität
- Reaktivität/Personalisierung/Hybridität der Kommunikationsformen
- Digitalisierung/Maschinenlesbarkeit
- Quantität

Da Onlineinhalte ständig neu erstellt, verändert oder gelöscht werden, stellen erhobene Diskursfragmente häufig nur eine flüchtige Momentaufnahme dar. Auch die Anbieter archivieren zumeist ihre Onlinekommunikation nicht lückenlos und systematisch, sodass diese für die Analyse nur fragmentarisch zur Verfügung steht.

Hinzu kommt das Vorkommen ganz unterschiedlicher onlinespezifischer Kommunikationsformen, die zu ganz eigenen Diskurspartizipationsformen, Kollaborationen sowie Abgrenzungen führen können. Unter Kommunikationsformen sind in Anlehnung an Christa Dürscheid (2005) und Werner Holly (2011) medienbedingte und zeichenbasierte Kommunikationsfunktionen in ihrer (medien-)dispositiven Prägung gemeint. Sie fokussieren die medientechnologischen und soziokulturellen Bedingtheiten von Kommunikation, ihre

zugrunde liegende interaktive Prozesshaftigkeit und ihre sinnhafte materiale Formung als kulturelle Praktiken (Holly 2011, S. 155 ff.). Im Bereich Onlinekommunikation können beispielsweise Kommunikationsformen wie Blogs, Chats, Foren, Bildergalerien und einfache Websites unterschieden werden. Diese lassen sich in Genres, bei Blogs z. B. in Warblogs, Reiseblogs, Beautyblogs usw., unterteilen. Die Komplexität in der Beschreibung dieser Kommunikationsformen steigt, wenn man sich Hybridformen zuwendet wie Video-, Nachrichten-, Service-Portale sowie Anwendungen in sozialen Onlinenetzwerken. Hierbei ist man nicht selten mit einer Fülle aufeinander bezogener Kommunikationsformen konfrontiert, was den diskursanalytischen Umgang mit diesen erheblich erschweren kann.

Multimodale Onlinediskurs-Analyse

Die Onlinediskurs-Analyse untersucht diskursive Praktiken sozialer Konstruktion von multimodalen Deutungsmustern anhand aller onlinemedienabhängig zum Einsatz kommenden Zeichenressourcen (Meier 2011; Fraas/Meier/Pentzold/Sommer 2013). Sie beschäftigt sich mit allen Formen des Zeichenhandelns, die auf ein bestimmtes Diskursthema oder eine Aussagenformation bezogen sind.

Nach sozialsemiotischem Verständnis unterliegen dabei alle kommunikativ zur Anwendung kommenden Phänomene drei semiotischen Metafunktionen (vgl. Kress/Leeuwen 2006), die es in den Analysen zu ermitteln gilt: erstens einer repräsentierenden Funktion (*representational/ideational function*), die die Sachverhalte, aber auch Begriffe und Konzepte mittels multimodaler Zeichenensembles darstellen lässt. Dabei müssen die denotativen Bildinhalte genauso beschrieben werden wie symbolhafte oder metaphorische Verweisfunktionen und konnotative Stilpraktiken zur Markierung von Identität und Zugehörigkeit. Die entsprechenden Analysefragen lauten:

- Wer oder was ist dargestellt (Frage nach möglichen Diskursakteuren und Gegenständen sowie ihre diskursiv-repräsentierende Funktion)?
- Welche sozialen Rollen lassen sich anhand der dargestellten Personen und ihres kommunikativen Verhaltens und Aussehens rekonstruieren?
- Welche Begriffe und Konzepte liegen diesem multimodal konstituierten Inhalt zugrunde (Frage nach der Art der Bezugnahme auf diskursive und kulturelle Wissensbestände)?

Die zweite semiotische Funktion lässt die interaktionale Beziehung zwischen Rezipient und den dargestellten Inhalten mittels sprachlicher Handlungen im Zusammenspiel mit Bildausschnitt und Perspektive in den Fokus treten (*interactional/interpersonal function*). Hiermit werden inhaltliche Inszenierungspraktiken thematisiert, die den Rezipienten als Diskursbeteiligten involvieren. So legt beispielsweise ein ikonisch vermitteltes Bild eine Quasi-Face-to-Face-Situation mit einem Diskursakteur oder eine simulierte Zeugenschaft eines diskursiven Ereignisses nahe. Dies geschieht durch die ikonische Struktur des Bildes. Es spricht ähnliche kognitive Modelle des Rezipienten an, als sei er dem Bildinhalt in realiter ansichtig. In Kombination mit Sprache und/oder diskursivem (Framing-)Wissen des Rezipienten wird diese Wahrnehmungsnähe im Diskurs verortet und stiftet so diskursmotiviert-handelnde Bedeutung wie Appellierung, Emotionalisierung, Dokumentierung etc. Unter Berücksichtigung des kombinierten Sprachtextes und framingorientierten (siehe unten) Kontextes wird die Bildkommunikation anhand folgender Fragen analysiert (Meier 2011, S. 518 ff.):

- Welche Kameraeinstellung bzw. Perspektive ist gewählt und welche (Nähe) Beziehung ergibt sich daraus zur dargestellten Szenerie (Frage nach Totale/Vogelperspektive, Halbtotale, Detail- oder Nahaufnahme und der damit verbundenen Beobachterrolle als unbeteiligt Überblickender, stark angesprochener Augenzeuge, Beteiligter etc.)?

- Welche Ansicht auf Bildobjekte, deren Inszenierung und räumliche Positionierung zeigt der Bildausschnitt und welche Beziehung lässt sich so untereinander unter Hinzuziehung sprachlicher Ko-Texte und diskursiver Kontexte aufbauen?

Bezogen auf die dritte semiotische Funktion (*compositional/textual function*) wendet sich die Betrachtung auf die Komposition der Elemente im Bild und ihre layouttechnische bzw. kommunikative Einbindung in das multimodale Onlinediskursfragment. Hiermit wird insbesondere die gestalterische Praxis analysiert, die visuelle Zugehörigkeiten, Abgrenzungen und Hierarchien der einzelnen Bildkomponenten durch bestimmte Bildstrukturen erreicht (*framing*), die bestimmte Teilbereiche z. B. mit Schärfeverteilung, Lichtführung, Vordergrund-Hintergrund-Inszenierung visuell heraushebt (*salience*) bzw. ihnen Prägnanz verleiht und die den einzelnen Elementen durch die Verteilung auf der Fläche bestimmte Funktionen zuschreibt (*information value*). Hiermit sind folgende Analysefragen angeregt:

- Welche Bewegungen bzw. Dynamiken lassen sich durch bestimmte Linienführungen (Vektoren) im Bild erkennen?
- Wie ist die vermeintliche Beziehung zwischen dargestellten Akteuren durch angedeutete (Verbindungs-)Linien, Körperhaltung, Größenverhältnisse und Positionierungen auf der Fläche begründbar?
- Wie organisieren die realisierte Formung der Bildobjekte sowie Nähe und Distanz auf der Fläche Zugehörigkeiten und Abgrenzungen?
- Welche Dominanzen, Betonungen und Aufmerksamkeitsorganisationen sind durch Kontrastverwendungen (hell/dunkel, groß/klein, verschwommen/scharf, grell/matt, monochrom/farbig, Vordergrund/Mittelgrund/Hintergrund) erreicht?
- Wie ist das Verhältnis zwischen Bildobjekten und szenischem Kontext organisiert und welche Bedeutungen lassen sich daraus ableiten?

Wichtig ist, dass alle Analysefragen im engen Bezug zum sprachlichen Kontext bzw. zum virulenten Diskurswissen plausibel gemacht werden, da sich erst hierdurch die Multimodalität der Diskursfragmente erfassen lässt. Dies ermöglicht eine Reduktion der Mehrdeutigkeit bildlicher Zeichen sowie deren kommunikative Verortung im diskursiven Zusammenhang.

Im Chemnitzer Ansatz einer multimodalen Diskursanalyse wird das sozialsemiotische Herangehen mit Konzepten der diskurslinguistischen, der kommunikationswissenschaftlichen Framing- und wissenssoziologischen Diskursanalyse trianguliert. Der Vorteil ist, dass man dadurch auf einer höheren Abstraktionsebene die unterschiedlichen Zeichenmodalitäten zu multimodalen Deutungsmustern zusammenbringen kann.

Deutungsmuster gelten demgemäß als die im gesellschaftlichen Wissensvorrat vorhandenen kollektiven Bedeutungskonstruktionen im Sinne typisierender Interpretationsschemata, die sich über ereignisbezogene Deutungsprozesse in wahrnehmbaren kommunikativen Handlungen äußern. Sie organisieren sowohl individuelle als auch kollektive Erfahrungen und implizieren Vorstellungen situationsangemessenen Handelns. Sie bilden damit nicht individuelle Kognitionsprozesse, sondern gesellschaftlich konventionalisierte Deutungsfiguren, die Orientierung bei der Interpretation von Phänomenen geben. Das Konzept der Deutungsmuster wurde von Keller (2008) als wesentliches Element des Interpretationsrepertoires in die von ihm entworfene wissenssoziologische Diskursanalyse eingeführt.

Weiterhin ergeben sich methodologische Konsequenzen für die Datenerhebung. Angesichts der onlinemedialen Bedingungen ist es kaum sinnvoll, eine Onlinediskurs-Analyse mit einem vorab festgelegten Analysekorpus durchzuführen. In der onlinediskursanalytischen Forschungspraxis hat sich deshalb ein zirkuläres Vorgehen der Datenerhebung und Auswertung der Grounded Theory (→ Lampert, S. 596 ff.) bewährt. Dabei laufen die Prozesse der vergleichend vorgehenden Datenerhebung und -analyse in wechselseitig funktionaler Abhängigkeit ab (vgl. Strauss/Corbin 1996/2005). Das heißt, dass sich Erhebung und Analyse abwechseln und gegenseitig bestimmen: Die Auswahl, Analyse bzw. Codierung und konzeptuelle Verdichtung der Daten bilden – geleitet von den auf die Forschungsfrage abgestimmten Kriterien – die Grundlage für die Auswahl weiterer Fälle, die – wiederum codiert – zu Konzepten bzw. Deutungsmustern verdichtet werden. Diese Erhebungs- und Auswertungslogik ist gerade für die Analyse von Onlinediskursen zielführend, denn anders als bei der Rekonstruktion massenmedialer Diskurse kann hier nicht von Beginn an auf archiviertes Forschungsmaterial zurückgegriffen werden (vgl. Meier/Pentzold 2010). Ziel dabei ist das fortschreitende Konzeptualisieren der Daten zu Kategorien, das im Prozess der Kategorienbildung durch Zuweisung von Eigenschaften und deren Dimensionierung vollzogen wird (vgl. Strauss/Corbin 1996/2005, S. 50 ff.). In dem hier vorgestellten Ansatz leitet dieses Vorgehen die Rekonstruktion multimodaler Deutungsmuster an.

Beispielanalyse

Die Praxis einer Onlinediskurs-Analyse kann in diesem Rahmen nur in Ansätzen verdeutlicht werden. Dies soll anhand des Onlinediskurses um den NSA-Abhörskandal geschehen, der in einem größeren Forschungsprojekt bearbeitet wird. Als Einstieg in die Analyse dient in der Regel ein qualitativ ermittelter (multimodaler) Onlinetext. Aus ihm werden erste Schlüsselkonzepte generiert, die für die qualitative Erhebung weiterer multimodaler Diskursfragmente dienen.

Im gewählten Diskurs handelt es sich bei dem multimodalen Initialtext um ein Interview mit dem sogenannten Whistleblower Edward Snowden, das der Journalist Glenn Greenwald am 06.06.2013 für die britische Zeitung *The Guardian* führte (vgl. https://www.youtube.com/watch?v=5yB3n9fu-rM [letzter Zugriff: 30.09.2016]). Davon zu unterscheiden ist der hier zugrunde gelegte Analyseeinstiegstext. Für den deutschsprachigen Raum eignet sich dafür der Onlinetext von Sarah Kumpf auf tagesschau.de (http://www.tagesschau.de/ausland/prism-nsa102.html [letzter Zugriff: 02.01.2016). Hier tauchen bereits die zentralen Begriffe wie »Snowden«, »US-Geheimdienst NSA«, »Prism«, »Whistleblower«, »Enthüllungen über flächendeckende Internet- und Telefonüberwachung«, »Flucht Snowdens vor den US-Behörden«, »internationale Asylsuche Snowdens« etc. auf. Wie in vielen anderen Formaten wurde auch hier ein Standbild Snowdens aus dem Interview Greenwalds entnommen und mit der Nachricht über den Whistleblower multimodal verknüpft (siehe Abb. 1). Das Bild selbst hat danach eine »konvergenzkulturelle Wanderung« als Poster, Aufkleber, auf T-Shirts, in sozialen Medien, auf Websites etc. zur symbolischen Identifizierung mit Snowden und seinen Motiven unternommen. Dies ist bereits Ergebnis diskursiver Prozesse, die in multimodaler Zeichenhaftigkeit vollzogen wurden. Um im Einstiegstext zunächst

eine analytische Grundlage dieser Wanderung zu ermitteln, sei die hier realisierte multimodale Zeichenkorrespondenz anhand der sozialsemiotischen Metafunktionen untersucht. Hieraus lassen sich später multimodale Deutungsmuster verstetigt und gemäß diskursiver Ereignissen modifizieren.

Auf Ebene der repräsentierenden Funktion *(representational/ideational function)* lässt sich als denotativer Bildinhalt ein Mann identifizieren. Er sitzt vor einem vermeintlich verhangenen Fenster und einem Spiegel, der den Hinterkopf des Mannes ebenfalls ins Bild bringt. Sprachlich ist von einem »Informanten« und dem 29-jährigen Edward Snowden die Rede. Andere Informationen wie US-Geheimdienst NSA oder groß angelegte Internetüberwachung eignen sich zwar nicht zur weiteren Bezeichnung der dargestellten Person, dennoch liefern sie Kontextualisierungspotenziale bzw. Framingmöglichkeiten, welche im Diskurs verstetigt und modifiziert werden. Die gezeigte Person ist bereits hier mit den entsprechenden sprachlich realisierten Konzep-

ten diskursiv gerahmt. Diese bilden nach Busse (2012) das verstehensrelevante (für Bilder besser: das erkennensrelevante) (Framing-)Wissen und stellen die Verknüpfung zum überindividuellen Diskurs her.

Da die zweite semiotische Funktion (*interactional/interpersonal function*) die interaktionale Beziehung zwischen dem Rezipienten und den dargestellten Inhalten spezifizieren lässt, kann hier auf die sprachlichen und bildlichen Inszenierungspraktiken eingegangen werden. Hierzu lässt sich die Kameraeinstellung bzw. Perspektive im Close-up bestimmen, was eine besondere Nähe zur dargestellten Person aufbaut. Man sieht Snowden genau ins Gesicht und erkennt sein Minenspiel, seine emotionalen Regungen etc. Er kann nichts verbergen und offenbart sich dem Zuschauer als junger, bebrillter, in schlichtem dunklen Hemd gekleideter, feingliedriger, blasser Mann mit gepflegtem Haarschnitt, jedoch etwas unrasiert, mit von Müdigkeit verschatteten Augen. Diese sind nicht in die Kamera gerichtet, sondern daran vorbei zu einem imaginären Gesprächspartner. Der Betrachter wird so nicht direkt adressiert, allerdings ist er in seiner Beobachterrolle sehr nah an die Person Snowdens gesetzt. Snowdens Kopf ist leicht nach links geneigt, wodurch er keine offensiv-fordernde Körperhaltung einnimmt, sondern eine defensive bis schüchterne.

Das extrem querformatige Bild macht den Blick frei in einen reduzierten detaillosen Raumkontext, was den Übergang zur dritten semiotischen Funktion (*compositional/textual function*) herbeiführt. Hier erscheint das Gesicht vor der leicht unscharfen Weißfläche im Hintergrund stark hervorgehoben und vom Kontext isoliert. Der gespiegelte Hinterkopf am linken Bildrand unterstreicht das schlichte und gepflegte (ja, unschuldige) Äußere Snowdens und stiftet Transparenz. Unter intersemiotischer Korrespondenz mit den genannten sprachlich realisierten Konzepten legt hier eine wenig heldenhaft und stark wirkende Person Zeugnis über unglaubliche Vorkommnisse ab. Es scheint eine David-gegen-Goliath-Situation aufgebaut zu werden, indem ein einzelner zierlich wirkender

Mann den übermächtigen US-Staatsapparat für das Wohl der öffentlichen Aufklärung herausfordert. Seine Glaubwürdigkeit steigt durch die offensichtlichen Konsequenzen, die seine Handlung für ihn hat.

Ein solches Framing-Konzept (vgl. Minsky 1975), bestehend aus konkreten Fillern (z. B. Bild, Namen etc.) und Kontextualisierungsvorgaben bzw. Slots (wie hier: NSA, Whistleblower, Überwachung etc.), lässt sich zu multimodalen Deutungsmustern verdichten, wenn man weitere Diskursfragmente minimal und maximal kontrastierend hinzunimmt. Diese Kontrastierungen sollten gemäß der unterschiedlichen medialen Kommunikationsformen (Tweet vs. Nachricht auf spiegel-online) oder der Multimodalität (Text vs. Audiovisualität), Akteure (NSA vs. Snowden/ *The Guardian*) geschehen, um qualitativ sättigende Stichproben aus der bestehenden Onlinediskursformation zu erhalten.

Auch wenn eine vollständige Sättigung des Korpus nicht erreichbar ist, so lassen sich doch im Analyseprozess Verfestigungen bestimmter multimodaler Deutungsmuster feststellen. Dies soll anhand der beiden letzten Analysebeispiele exemplifiziert werden. Im Sinne der minimalen Kontrastierung wurden zwei multimodale Textausschnitte zusammengestellt, die über eine weitere Initiative von den Grünen und der Linken im August 2016 berichten, die mithilfe des Bundesgerichtshofs eine Zeugenaussage Snowdens vor dem NSA-Untersuchungsausschuss ermöglichen soll. Neben den ebenfalls aufgeführten Schlüsselkonzepten NSA, Enthüller/ Whistleblower, Asyl für Snowden etc. zeigen die beiden Titelbilder weitere Verfestigungen auf allen metasemiotischen Ebenen. Auf der repräsentierenden Ebene ist wiederum das Antlitz von Snowden zu sehen. Er ist zudem auf beiden Bildern auf eine Videoleinwand projiziert. Während er in Abb. 2 laut Untertitel als Videozuspielung im Europarat gezeigt wird, befinden sich im Vordergrund von Abb. 3 Arme und Hände von jubelnden Menschen, die laut Untertitel auf dem Rockfestival im dänischen Roskilde vor der Videoleinwand zu sehen sind. Auch Snowdens grüßende Hand ist ins Bild gesetzt.

Abb. 2: »Edward Snowden, hier auf einem Bildschirm während einer Videoschalte zum EU-Parlament in Straßburg. (Foto: AFP)« (Quelle: faz.net: http://www.faz.net/aktuell/politik/inland/gruene-und-linke-neuer-anlauf-fuer-snowden-vernehmung-in-deutschland-14404774.html (letzter Zugriff: 01.10.2016).

Abb. 3: »Der Whistleblower Edward Snowden wird auf das Roskilde Festival in Dänemark übertragen. © Mathias Loevgreen Bojesen/ Reuters« (Quelle: zeit-online: http://www.zeit.de/politik/deutschland/2016-08/nsa-edward-snowden-gruene-linke-untersu-chungsausschuss-deutschland (letzter Zugriff: 01.10.2016).

Die Darstellung Snowdens macht ihn weiterhin zur Haupt- und Symbolfigur des NSA-Skandals. In beiden Fällen wird er auf der interaktionalen Ebene wiederum in Großaufnahme gezeigt. Der Betrachter ist wie schon zu Beginn nah an die Person Snowdens gesetzt, wobei dieser nun jedoch direkt in die Kamera blickt, also seine Gesprächspartner der Videoübertragung direkt adressiert. In Abb. 3 ist dies das Publikum, in das sich auch die Kamera versetzt und somit ein Teil dieser Adressatengruppe ist, während der Betrachter die Übertragung in Abb. 2 quasi als Zuschauer der Parlamentsszene mitverfolgt. Zwar sind die Einspielungen Snowdens durch seine Asyl- und Verfolgungssituation bedingt, sodass er nicht direkt vor Ort sein kann. Dennoch wendet er sich bei beiden Bildern überlebensgroß von oben an das Publikum. Er ist der herausgehobene Verkünder vor der zuhörenden Masse, der durch die Projektion selbst verfremdet entrückt wirkt. Die Massen jubeln ihm im dritten Bild sogar zu, wobei er dies als »adressierter Held« mit schüchterner Geste zurück-

gibt. Snowden ist bei allen multimodalen Darstellungen der virtuelle Einzelgänger, der – von der Masse und den Helfern enthoben – zu der Öffentlichkeit spricht und durch die Nahperspektive mit dieser in engen, ja, intimen, vertrauensvollen Kontakt tritt. Er trat so in den Diskurs ein und wird auch 2016 weiterhin in dieser Rolle entsprechend reformuliert, was für die Verfestigung dieses multimodalen Musters spricht.

Anmerkungen

1 Diese Methodentriangulation wurde in einem DFG-geförderten Projekt zur Entwicklung einer Methodologie der Analyse von Onlinediskursen an der TU Chemnitz entwickelt (vgl. Fraas/Meier/Pentzold/Sommer 2013). Die Triangulation steht konzeptionell, institutionell sowie personell in starker Vernetzung mit anderen Initiativen einer Onlinediskursforschung.

Literatur

Bucher, Hans-Jürgen (2013): Online-Diskurse als multimodale Netzwerk-Kommunikation. Plädoyer für eine Paradigmenerweiterung. In: Fraas, Claudia/Meier, Stefan/Pentzold, Christian (Hrsg.): Online-Diskurse. Theorien und Methoden transmedialer Online-Diskursforschung. Köln, S. 57–101.

Busse, Dietrich (2012): Frame-Semantik. Einführung, Diskussion, Weiterentwicklung. Berlin/Boston.

Dürscheid, Christa (2005): Medien, Kommunikationsformen, kommunikative Gattungen. In: Linguistik online, Band 22, Nr. 1.

Fraas, Claudia/Meier, Stefan/Pentzold, Christian/Sommer, Vivien (2013): Diskursmuster –Diskurspraktiken. Ein Methodeninstrumentarium qualitativer Sozialforschung. In: Fraas, Claudia/Meier, Stefan/Pentzold, Christian (Hrsg.): Online-Diskurse. Theorien und Methoden transmedialer Online-Diskursforschung. Köln, S. 102–135.

Franck, Georg (1998): Ökonomie der Aufmerksamkeit. Ein Entwurf. München u. a.

Herring, Susan C. (2010): Web Content Analysis: Expanding the Paradigm. In: Hunsinger, Jeremy/Klastrup, Lisbeth/Allen, Matthew (Hrsg.): The International Handbook of Internet Research. London, S. 233–249.

Holly, Werner (2011): Medien, Kommunikationsformen, Textsortenfamilien. In: Habscheid, Stephan (Hrsg.): Textsorten, Handlungsmuster, Oberflächen. Linguistische Typologien der Kommunikation. Berlin/New York, S. 144–163.

Keller, Reiner (2008): Wissenssoziologische Diskursanalyse. Grundlegung eines Forschungsprogramms. 2. Auflage. Wiesbaden.

Kress, Gunther/Leeuwen, Theo van (2006): Reading Images. The Grammar Of Visual Design. 2. illustrierte Neuauflage. London.

Machill, Marcel/Beiler, Markus (Hrsg.) (2007): Die Macht der Suchmaschinen. The power of search engines. Köln.

Meier, Stefan (2008): (Bild-)Diskurs im Netz. Konzept und Methode für eine semiotische Diskursanalyse im World Wide Web. Köln.

Meier, Stefan (2011): Multimodalität im Diskurs: Konzept und Methode einer multimodalen Diskursanalyse (multimodal discourse analysis). In: Keller, Reiner/Hirseland, Andreas/Schneider, Werner (Hrsg.): Handbuch Sozialwissenschaftliche Diskursanalyse 1. Band 1: Theorien und Methoden. 3. Auflage. Wiesbaden, S. 499–532.

Meier, Stefan/Pentzold, Christian (2010): Theoretical Sampling Online. In: Welker, Martin/Wünsch, Carsten (Hrsg.): Die Online-Inhaltsanalyse. Forschungsobjekt Internet. Köln, S. 124–144.

Meier, Stefan/Pentzold, Christian (2014): Diskursforschung in den Kommunikations- und Medienwissenschaften. In: Angermüller, Johannes/Nönhoff, Martin/Herschinger, Eva/Macgilchrist, Felicitas/Reisigl, Martin/Wedl, Juliette/Wrana, Daniel/Ziem, Alexander (Hrsg.): Diskursforschung. Ein interdisziplinäres Handbuch. Bielefeld, S. 118–129.

Minsky, Marvin (1975): A Framework for Representing Knowledge. In: Winston, Patrick H. (Hrsg.): The Psychology of Computer Vision. New York, S. 211–278.

Reckwitz, Andreas (2012): Das hybride Subjekt: Eine Theorie der Subjektkulturen von der bürgerlichen Moderne zur Postmoderne. 2. Auflage. Weilerswist-Metternich.

Spitzmüller, Jürgen/Warnke, Ingo H. (2011): Diskurslinguistik. Eine Einführung in Theorien und Methoden der transtextuellen Sprachanalyse. Berlin/Boston.

Strauss, Anselm L./Corbin, Juliet (1996/2005): Grounded Theory. Grundlagen Qualitativer Sozialforschung. Weinheim.

Welker, Martin/Wünsch, Carsten (Hrsg.) (2010): Die Online-Inhaltsanalyse. Köln.

Qualitative Inhaltsanalyse

Philipp Mayring / Alfred Hurst

Die Inhaltsanalyse wird, auch aufgrund ihrer Geschichte, als ein wesentlicher methodischer Zugang in der Medienforschung herausgearbeitet. Qualitative Inhaltsanalyse will dabei die methodische Systematik der quantitativen Inhaltsanalyse beibehalten und damit die qualitativen Schritte der Textinterpretation ausarbeiten, ohne in vorschnelle Quantifizierungen zu verfallen. Die zentralen methodologischen Konzepte der qualitativen Inhaltsanalyse, Einordnung in ein Kommunikationsmodell, ein Kategoriensystem als Instrument der Analyse, die Regelgeleitetheit des Verfahrens und die inhaltsanalytischen Gütekriterien, werden vorgestellt, zentrale Ablaufmodelle aufgezeigt. Schließlich werden Beispiele aus der Medienforschung angeführt.

Begriffsbestimmung

In der Medienforschung spielt die Inhaltsanalyse als Forschungsmethode eine bedeutsame Rolle. Sie wurde als systematische Methode zur Auswertung von Materialien der immer wichtiger werdenden Massenmedien (Zeitungen, Radio) in der amerikanischen Kommunikationswissenschaft entwickelt *(Content Analysis)* und hat damit die empirische Medienforschung mitbegründet (vgl. zur Geschichte der Inhaltsanalyse z. B. Merten 1995). Ihr großer Vorteil – und darüber definiert sich die Inhaltsanalyse bis heute – ist die systematische, intersubjektiv nachvollziehbare Bearbeitung großer Materialmengen. Dabei beschränkt sie sich heute nicht mehr nur auf die Analyse des Inhalts von Kommunikationsmaterialien, sondern untersucht auch formale Aspekte, Textkontexte und latente Sinnstrukturen (vgl. zum Folgenden auch Früh/ Mayring 2014; Mayring 2015). Wurde sie in der ersten Hälfte des 20. Jahrhunderts als rein quantitative Methode definiert (Berelson 1952, S. 18: »Content analysis is a research technique for the objective, systematic and quantitative description of the manifest content of communication.«), so kam es in der Folge zu Kritik an diesem Konzept:

- Inhaltsanalyse nicht nur als Textanalyse per se, sondern als schlussfolgernde Methode (auf Textautor oder Kontext);
- Problem der Bedeutung von Symbolen, der Vieldeutigkeit von Begriffen;
- Mangelnde linguistische Fundierung;
- Problem der Additivität: Ist z. B. zweifaches Auftauchen eines Textbestandteiles doppelt so bedeutsam wie einmaliges Auftauchen?
- Berücksichtigung des Textkontextes und latenter Sinnstrukturen.

Die qualitative Inhaltsanalyse versteht sich nun als ein Bündel an Verfahrensweisen der Textanalyse, die die Systematik und Regelgeleitetheit der quantitativen Inhaltsanalyse beibehalten möchte, ohne in vorschnelle Quantifizierungen zu verfallen (vgl. Mayring 2015; Fürst et al. 2016).

Es wurden Konzeptionen und Ablaufmodelle zur systematischen Textzusammenfassung, zur induktiven Kategorienbildung, zur Explikation unklarer Textstellen und zur strukturierenden Textanalyse (formale, inhaltliche, typisierende und skalierende Strukturierung) als deduktive Kategorienanwendung entwickelt. Auch stehen für die Unterstützung der Arbeit mit Verfahrensweisen der qualitativen Inhaltsanalyse Computerprogramme zur Verfügung

(z. B. ATLAS/ti oder MAXQDA, als Demo-Versionen im Internet [www.atlasti.de, www.maxqda.de], → Kuckartz, S. 503 ff.). Da solche Programme aber nicht spezifisch auf qualitativ-inhaltsanalytisches Arbeiten ausgerichtet sind, haben wir mittlerweile eine eigene Software entwickelt (QCAmap), die kostenfrei im *open access* zur Verfügung steht (www.qcamap.com). Sie ist interaktiv angelegt, führt Schritt für Schritt durch die einzelnen Verfahrensweisen der Qualitativen Inhaltsanalyse (vgl. Mayring 2014).

Qualitative Inhaltsanalyse in der Medienforschung

Techniken qualitativer Inhaltsanalyse werden in den unterschiedlichsten Bereichen der Humanwissenschaften angewandt (z. B. Psychologie, Erziehungswissenschaft, Soziologie; vgl. Mayring/Gläser-Zikuda, 2004). Mittlerweile lassen sich auch eine ganze Reihe interessanter Projekte finden, die in der Medienforschung mit qualitativer Inhaltsanalyse gearbeitet haben. Einige davon seien hier angeführt:

- Beck/Vowe (1995) haben in 25 einschlägigen Medienprodukten (Zeitungen, Rundfunksendungen) Argumentationsmuster zum Thema Multimedia durch eine Kombination induktiver und deduktiver inhaltsanalytischer Verfahrensweisen herausgearbeitet (z. B. Euphorie, ökonomischer Optimismus, politische Kritik, apokalyptische Argumentation gegenüber der Multimediaentwicklung).
- Keuneke (2000) untersuchte die Bilderbuchrezeption von Kindergartenkindern. Die Nacherzählungen der Kinder nach mehrmaligem Vorlesen wurden mit typisierender Strukturierung auf Geschlechtskonstruktionen hin untersucht und gezeigt, dass es zu großen Verkürzungen und Umdeutungen kommt (»feministische« Bilderbücher wurden oft im Sinne traditioneller Geschlechtskonzepte nacherzählt).

- Lampert (2000) analysierte die Rezeption von Fernsehwerbung durch Kinder und führte dazu offene Interviews mit Vorschulkindern, teilnehmende Beobachtung und Elterninterviews durch. Die qualitativ-inhaltsanalytische Auswertung dieses Materials ergab, dass Werbung für Kinder einen wesentlichen Bestandteil der Lebenswelt darstellt.
- Bickelhaupt (2004) hat die Werbung in 10 Jahrgängen eines Wochenmagazins *(Der Spiegel)* mit qualitativer Inhaltsanalyse daraufhin untersucht, welche Rolle Kunstwerke als Zitate in den Werbedarstellungen spielen. Er beschreibt die Werbung als imaginäres Kunstmuseum und analysiert Genres, Stile, Epochen und Werbeintentionen.

Es werden also in der Medienforschung einerseits Textmaterial der Medien selbst, andererseits Textmaterial aus Interviews, Beobachtungsprotokollen oder Dokumenten über Medien mittels Inhaltsanalyse untersucht.

Methodologische Grundlagen

Um die Vorgehensweise der qualitativen Inhaltsanalyse näher zu charakterisieren, sollen nun vier methodische Grundprinzipien erläutert werden, bevor dann auf ein Beispiel näher eingegangen wird.

Einordnung der Analyse in ein Kommunikationsmodell

Da die Inhaltsanalyse in ihrer heutigen Form in der Kommunikationswissenschaft entwickelt worden ist (entscheidende Arbeiten kamen von Paul F. Lazarsfeld und Harold D. Lasswell; vgl. Merten 1995), gehört es zu den wesentlichen Grundprinzipien auch der qualitativen Inhaltsanalyse, das Textmaterial nicht isoliert, sondern in seinem Kommunikationszusammenhang zu analysieren. Ausgehend von der bekannten Kommunikationsformel von Lasswell (Wer sagt was über welchen Kanal zu wem mit welcher Wirkung?) lassen sich die wesentlichen Bestandteile eines inhaltsanalytischen Kommunikationsmodells wie folgt bestimmen (vgl. auch Mayring 2015):

Die Einordnung des Materials in das inhaltsanalytische Kommunikationsmodell bedeutet dabei zweierlei. Zum einen soll betont werden, dass der Text nicht an sich, sondern nur in einem breiteren Kontext zu verstehen ist. Da qualitative Inhaltsanalyse auch interpretative Schritte enthält, muss Hintergrundmaterial über den Objektbereich, Autor, soziokultureller Hintergrund, Zielgruppe und Rezipienten zum Text gesammelt werden, um Interpretationen zu untermauern. Auch für quantitative Inhaltsanalysen gilt diese Anforderung, da hier Hintergrundmaterial nötig ist, um die auf Auszählen von Textbestandteilen basierenden Ergebnisse interpretieren zu können.

Zum anderen wurde die Inhaltsanalyse zumindest seit der »Allerton-House Conference« (vgl. Pool 1959) als schlussfolgernde Methode konzipiert, die nicht den Text an sich verstehen will, sondern über die Textanalyse Rückschlüsse auf andere Teile des Kommunikationsmodells anstellen will (z. B. auf den emotionalen Zustand des Autors oder die Wirkung bei den Rezipienten). Hier zwingt das Kommunikationsmodell den Inhaltsanalytiker festzulegen, welche Schlussfolgerungen die Fragestellung der Studie anstrebt.

Kategoriengeleitetheit

Ein zweites Grundprinzip der Inhaltsanalyse stellt das Arbeiten mit Kategorien oder Kategoriensystemen dar. Die Kategorien stellen dabei die Analyseaspekte dar, also die Themen, Eigenschaften, Bereiche, die am Text untersucht werden sollen. Damit wird klar, dass Inhaltsanalyse niemals eine »vollständige« Auswertung eines Textes anstrebt – was wohl niemals möglich sein wird –, sondern nur eine Untersuchung in Bezug auf die Kategorien. Die Forderung nach Kategoriensystemen zwingt den Inhaltsanalytiker, die

Auswertungsaspekte festzulegen. Sie ermöglicht es dann auch dem Leser der Studie, die Auswertungen nachvollziehen zu können (im Gegensatz zu »freier« Interpretation). Die Kategorien sind damit das wesentliche Instrument der Analyse.

Regelgeleitetheit

Ein drittes Grundprinzip der Inhaltsanalyse stellt die Regelgeleitetheit dar. Der Ablauf der Analyse wird in Verfahrensschritten festgelegt. Diese Verfahrensschritte können wohl an den jeweiligen Gegenstand und die jeweilige Fragestellung angepasst werden; sie sollen aber während der Analyse des Textmaterials nicht mehr verändert werden. Auch dies ist wesentliche Voraussetzung für intersubjektive Nachvollziehbarkeit und Anwendung inhaltsanalytischer Gütekriterien. Zur Regelgeleitetheit der Analyse gehört auch die Festlegung von Analyseeinheiten.

Die *Auswertungseinheit* legt fest, welche Textportionen jeweils zur Auswertung herangezogen werden (einzelne Protokolle, Zeitungsausgaben, Interviews oder Seite für Seite?). Die *Codiereinheit* bestimmt, welcher kleinste Textbestandteil, der ausgewertet werden kann, unter eine Kategorie fällt (Sätze, Wörter, Sem als Bedeutungseinheit). Die *Kontexteinheit* schließlich bezieht sich auf den Hintergrund, auf dessen Basis ein Codierurteil abgegeben werden kann und meint damit den größten Textbestandteil, der unter eine Kategorie fällt. Hier sollte auch festgelegt werden, ob überlappende Codierungen und Doppelcodierungen zugelassen sind.

Zur Regelgeleitetheit der Analyse gehört schließlich das vollständige, zeilenweise, schrittweise Vorgehen nach einem konkreten Ablaufmodell.

Ablaufmodelle der Analyse

Das konkrete Ablaufmodell der Inhaltsanalyse muss an den jeweiligen Gegenstand und die jeweilige Fragestellung angepasst werden. Einige Schritte bleiben jedoch immer gleich. In der

Abb. 2 ist dies der obere Teil (Schritt 1 bis 4) und der untere Teil (Schritt 8 bis 11). Im ersten Schritt einer Inhaltsanalyse kommt es darauf an, die Fragestellung theoriegeleitet so zu präzisieren, dass klar wird, inwiefern das zu analysierende Kommunikationsmaterial Antwort auf die Fragestellung geben kann, und wie die Ergebnisse dann in den Theoriehintergrund einzuordnen sind. Im zweiten Schritt wird das zu analysierende Material festgelegt, entweder als Gesamtauswertung eines vorliegenden Corpus (z. B. Interviewprotokolle) oder im Sinne einer Stichprobe aus einer Materialgesamtheit im Sinne empirischer Stichprobenziehung. Im dritten Schritt wird das Material in ein Kommunikationsmodell eingeordnet und die Richtung der Analyse präzisiert (vgl. Abb. 1).

In der Mitte des Ablaufmodells (Abb. 2) sind zwei zentrale Vorgehensweisen beschrieben, links die induktive Kategorienentwicklung und rechts die deduktive Kategorienanwendung (vgl. ausführlich Mayring 2015). In beiden Fällen ist die genaue Bestimmung von Auswertungsregeln wesentlich. Sie legen genau fest, unter welchen Bedingungen eine Kategorie einem Materialteil zugeordnet werden kann. Im Falle induktiver Kategorienentwicklung sind das die Kategoriendefinition und das Abstraktionsniveau, die bestimmen, welcher Art die zu entwickelnden Kategorien sein sollen. Im Falle deduktiver Kategorienanwendung wird ein bereits vorab theoriegeleitet festgelegtes Kategoriensystem an den Text herangetragen. Der Codierleitfaden ist hier das wesentliche Instrument, das aus einer Sammlung von expliziten Kategoriendefinitionen, typischen Textstellen (Ankerbeispielen) und Regeln zur Abgrenzung der Kategorien untereinander (Codierregeln) besteht (→ Prommer/Linke, S. 447 ff.).

Zentral für den weiteren Verlauf der qualitativen Inhaltsanalyse ist nun die Überarbeitung des Kategoriensystems und seiner Definitionen nach einer ersten Phase des Materialdurchgangs. In gewissem Sinne stellt dieser Schritt eine Pilotphase der Analyse dar, die notwendig ist, da die Kategoriensysteme in der qualitativen Inhaltsanalyse in der Regel jeweils spezifisch für das Material und die Fragestellung neu entwickelt werden. Wenn hier Veränderungen an den Kategorien oder Kategoriendefinitionen vorgenommen werden, muss das Material aufs Neue von Anfang an bearbeitet werden. Eine solche Über-

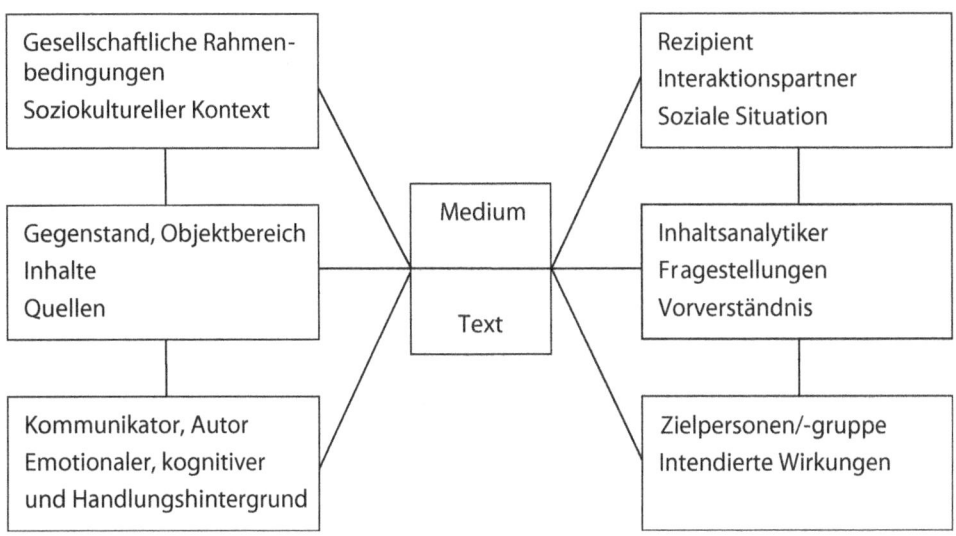

Abb. 1: Inhaltsanalytisches Kommunikationsmodell

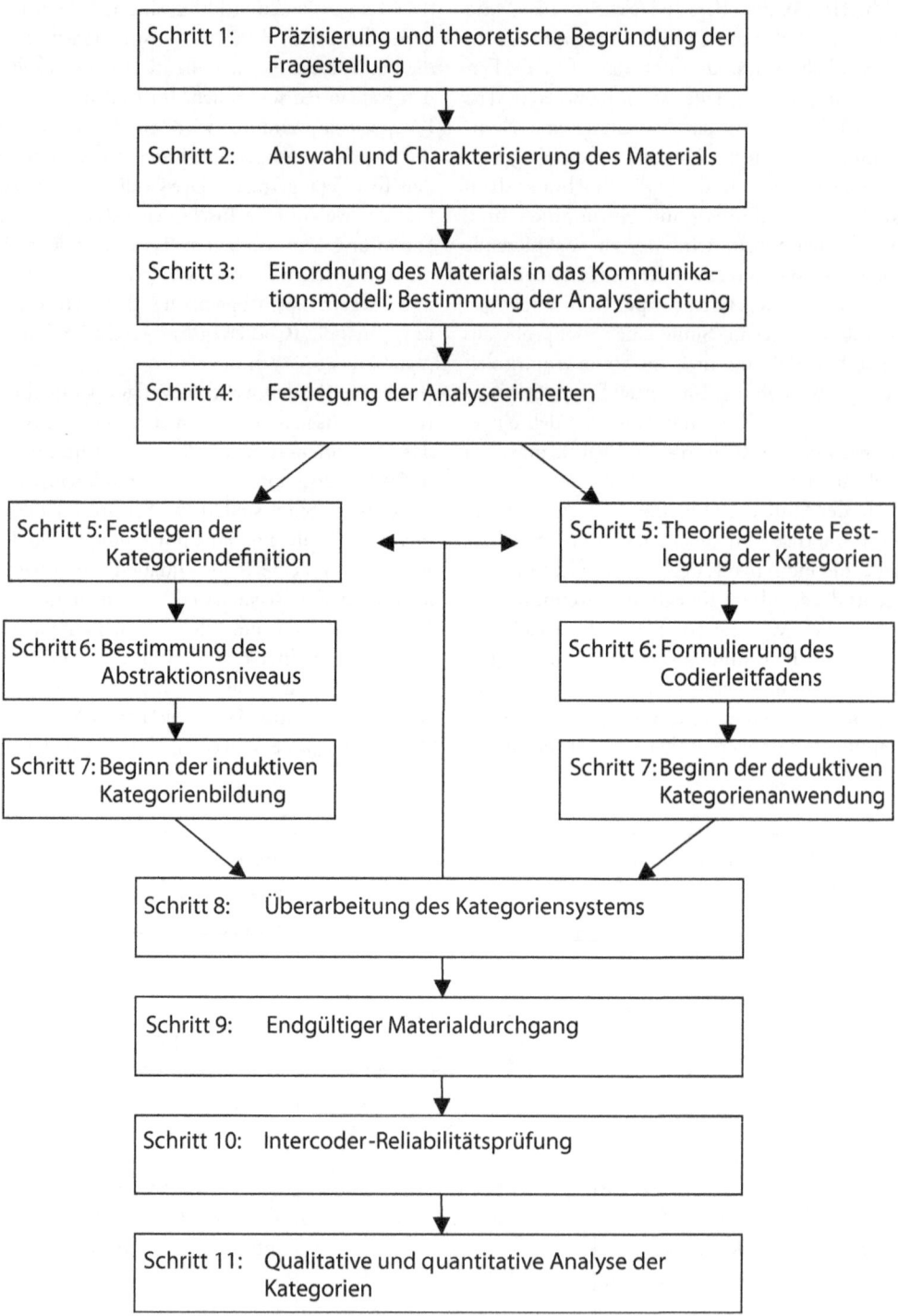

Abb. 2: Ablaufmodell induktiver und deduktiver qualitativer Inhaltsanalyse

arbeitungsphase erfolgt günstigerweise im Team durch Besprechung unklarer Textstellen.

Typisch für die Inhaltsanalyse ist nun (Schritt 10) die Bestimmung der Intercoder-Reliabilität. Nicht in allen Fällen wird man dabei das gesamte Material einem zweiten Inhaltsanalytiker vorlegen und die Übereinstimmung der Auswertungen überprüfen. Oftmals werden zufällige oder typische Ausschnitte ausgewählt. Auch sind in qualitativer Inhaltsanalyse die Anforderungen an Übereinstimmung (üblicherweise gemessen mit einem zufallskritischen Koeffizienten wie Cohen's Kappa) nicht ganz so hoch wie in quantitativer Inhaltsanalyse. Der Zweitcodierer sollte in das Kategoriensystem bzw. die Kategoriendefinitionen sowie den Theoriehintergrund der Studie eingearbeitet sein. Nach der kompletten Codierung des Materials stehen nun verschiedene Auswertungsmöglichkeiten zu Verfügung (Schritt 11). Bei induktiver Kategorienbildung stellt im Sinne einer deskriptiven Analyse das aus dem Material entwickelte Kategoriensystem selbst bereits das Ergebnis dar. Es können aber auch hier Kategorienhäufigkeiten, Gruppenunterschiede in der Kategorienhäufigkeit und Kategorienkonfigurationen oder Cluster im Sinne quantitativer Analysen durchgeführt werden. Bei deduktiver Kategorienanwendung stellt die Zuordnung von Kategorien zu Text bereits ein deskriptives Ergebnis dar, aber auch hier bieten sich anschließende quantitative Analysen an, bis hin zu Korrelationsanalysen bei ordinalen Kategoriensystemen.

Anwendungsbeispiel: Evaluation von Hochschulprojekten mit Neuen Medien

Im Rahmen der »Virtuellen Hochschule Baden-Württemberg« war im Bereich der Pädagogischen Hochschulen das Verbundprojekt »Virtualisierung im Bildungsbereich« (VIB) mit der Entwicklung und Erprobung von Möglichkeiten und Auswirkungen des Einsatzes elektronischer Informations- und Kommunikationstechniken betraut. Im Mittelpunkt der begleitenden Evaluation standen mögliche Veränderungen der akademischen Medienkompetenz bei Lehrenden und Studierenden, die Bewertung von im Projekt entwickelten virtualisierten Lehr- und Lernmodulen und didaktischen Studienumgebungen sowie verschiedene Einflussgrößen des Lehrens und Lernens in multi- und telemedial angereicherten Seminaren.

Umgesetzt wurden diese Zielsetzungen der Evaluation anhand einer Kombination quantitativer und qualitativer Erhebungs- und Auswertungsmethoden, wobei einer formativen Evaluation mit der Absicht einer sukzessiven Programmverbesserung während des Projektverlaufes Vorrang vor summativen Ansätzen der Evaluation eingeräumt wurden (vgl. auch Scriven 1980). Eine Betonung formativer Aktivitäten war schon deshalb indiziert, weil die Lehr- und Lernarrangements mit virtuellen Medien bei Projektbeginn in der Entstehung begriffen waren und für ihre Optimierung kontinuierlicher Rückmeldung bedurften. Methodische Grundlage für diese Feedbacks bildeten neben Fokusgruppen-Interviews, Online-Fallanalysen und Projektbesuchen insbesondere Aufzeichnungen aus Forschungstagebüchern.

In halbstrukturierten Tagebüchern protokollierten die Projektmitarbeiter wöchentlich die aktuellen Projektziele oder -teilziele sowie die diesbezüglich realisierten Arbeitsschritte und Ergebnisse. Ein besonderes Augenmerk sollte dabei auftretenden Problemen und den daraus abgeleiteten Konsequenzen und eventuellen Veränderungen der Ziele und Methoden eingeräumt werden. Aus Sicht der begleitenden Evaluation kann eine solche Form der Dokumentation in Tagebüchern einer Reflexion des Forschungsprozesses, einer Einschätzung und Verortung der gewonnenen Ergebnisse und – bei konsequenter Umsetzung – einer steten Programmverbesserung dienen. Gerade die Vorteile des Tagebuchschreibens wie dessen unkomplizierte forschungspraktische Umsetzung, die offene Form und die Kontinuität des Aufschreibens projektinterner Ereignisse und Abläufe (vgl. auch Altrichter und Posch 1990) waren dafür verantwortlich, dass dieses Instrument ins Konzept aufgenommen wurde.

Die Auswertung aller Tagebucheinträge der acht Teilprojekte führte anhand induktiver Kategorienbildung zu 21 verschiedenen Kategorien, die in die vier Hauptkategorien Projekt-, und Produktverbesserungen, Prozessoptimierungen und Verbesserungen der Wirkung und Präsentation nach außen zusammengefasst wurden (Abb. 3).

Die abschließenden Auswertungen mittels deduktiver Kategorienanwendung ergaben, dass Verbesserungen der Infrastruktur und der allgemeinen Arbeitsbedingungen (Projektverbesserungen) vor allem zu Beginn des Projektes von Bedeutung waren, während Produktverbesserungen im Projektverlauf mit zunehmender Tendenz in den Tagebüchern vermerkt wurden. Prozessoptimierungen haben sich über die gesamte Laufzeit als notwendig erwiesen, während Verbesserungen der Wirkung und Präsentation nach Außen erst im letzten Drittel des Projektes, dann aber mit stark zunehmender Tendenz, relevant wurden.

Es zeigte sich, dass zu Beginn des Projektverbundes VIB sehr viel Energie durch die Beschäftigung mit Fragen nach Hardware-Produkten, nach Kompatibilität, nach Standardformaten und die Suche nach geeigneter Software gebündelt wurde. Fachliche und didaktische Überlegungen hatten in der Anfangsphase oftmals hinter diesen Aktivitäten zurückzustehen. Die einzelnen Mitarbeiter waren darüber hinaus in hohem Maße mit der Aneignung von medienspezifischem Know-how (Stichwort: Medien-

- **Verbesserung der Infrastruktur und allgemeine Arbeitsverbesserungen** (Projektverbesserungen)
  Verbesserung der Basisinfrastruktur
  Verbesserung der Hardware-Ausstattung für spezifische Anforderungen
  Verbesserung der Softwareausstattung
  Verbesserung der Wissensbasis und Medienkompetenz der Mitarbeiter und Mitarbeiterinnen

- **Verbesserung des Produktes (Produktverbesserungen)**
  Verbesserung des Produktes allgemein
  Verbesserung des Produktes durch Testung
  Verbesserung des Produktes inhaltlich und fachlich
  Verbesserung der Anpassung der Inhalte an das Medium
  Verbesserung der Navigation
  Verbesserung der Textgestaltung
  Verbesserung der grafischen Gestaltung
  Verbesserung des Seminarkonzeptes
  Verbesserung der Kommunikation innerhalb des Seminars
  Verbesserung des Verständnisses der Leistungen bei den Studierenden
  Prozessbegleitende Evaluation durch Studierende (Selbstevaluation)

- **Prozessoptimierungen**
  Verbesserung der Forschungstagebücher
  Verbesserung von Erhebungsinstrumenten und -methoden
  Anpassung, Präzisierung von Projektzielen
  Verbesserung der Kooperation und Kommunikation

- **Verbesserungen der Wirkung und Präsentation nach außen**
  Verbesserung von Publikationen
  Verbesserung von Präsentationen

Abb. 3: Kategorien der Tagebucheinträge und ihre Zuordnung

kompetenz) beschäftigt. Erst in der zweiten Hälfte des Projektes rückte das Produkt selbst – also die Inhalte und die Fachlichkeit der neu entwickelten und virtualisierten Lehr- und Lernmodule und die didaktischen Studienumgebungen – wieder vermehrt in den Mittelpunkt des Interesses.

Die Forderung, durch die Suche nach weitreichenden Transfermöglichkeiten Erkenntnisse des Projektverbundes zum Lernen mit Tele- und Multimedia auch anderen Bildungsinstitutionen zugänglich zu machen, war nicht zuletzt ausschlaggebend für eine starke Zunahme der Öffentlichkeitsarbeit und damit der Präsentationen und Publikationen in VIB in der Abschlussphase dieses Projektes.

Gütekriterien qualitativer Inhaltsanalyse

Sicherlich steht das Kriterium der Intercoder-Reliabilität, also die Übereinstimmung verschiedener Inhaltsanalytiker in der Zuordnung von Kategorien zu Text, im Vordergrund der inhaltsanalytischen Gütekriterien. Daneben sind aber gerade für qualitative Inhaltsanalysen eine Reihe von weiteren Konzepten wichtig (vgl. Mayring 2003; Krippendorff 2004). Die Explizitheit, Eindeutigkeit und Exaktheit der inhaltsanalytischen Regeln und Ablaufmodelle ist hier als weiteres Reliabilitätskriterium zu nennen. Vor allem aber auch Validitätsmaße erscheinen bedeutsam.

Konstruktvalidität überprüft, ob die Umsetzung der Fragestellung in das Kategoriensystem und die Definition des Kategoriensystems ausreichend und schlüssig theoriegeleitet vorgenommen wurde. Materialbezogene Validität bezieht sich darauf, ob die ausgewählten Textmaterialien adäquat auf die Fragestellung ausgerichtet sind, sinnvoll in ein Kommunikationsmodell eingebettet sind und aussagekräftig genug für das Ziel der Studie sind.

Gerade durch die Betonung solcher Gütekriterien unterscheidet sich die qualitative Inhaltsanalyse von freieren interpretativen Ansätzen (z. B. psychoanalytische Textinterpretation, objektive Hermeneutik (→ Hagedorn, S. 580 ff.). Durch die Einbeziehung auch quantitativer Analysemöglichkeiten steht dieser methodische Ansatz eigentlich zwischen qualitativer und quantitativer Analyse, einer Gegenüberstellung, deren Sinnhaftigkeit heute immer öfter in Zweifel gezogen wird. Christmann (2006) sieht die Qualitative Inhaltsanalyse wegen ihres zergliedernden und auf Kategorien reduzierenden Vorgehens im Widerspruch zum Forschungsverständnis qualitativer Sozialforschung. Dabei übersieht sie, dass die Zuordnung von Kategorien zu Textstellen zwar regelgeleitet vorgeht, aber doch interpretativ bleibt, nicht automatisch wie in quantitativer Inhaltsanalyse oder *Text Mining* praktiziert. Insofern wäre aber die Einordnung als Mixed-Methods-Ansatz am zutreffendsten (vgl. Mayring 2012).

Literatur

Altrichter, Herbert/Posch, Peter (1990): Lehrer erforschen ihren Unterricht. Eine Einführung in die Methoden der Aktionsforschung. Bad Heilbrunn.

Beck, Klaus/Vowe, Gerhard (1995): Multimedia aus der Sicht der Medien. Argumentationsmuster und Sichtweisen in der medialen Konstruktion. In: Rundfunk und Fernsehen, 43, S. 549–563.

Berelson, Bernard (1952): Content Analysis in Communication Research. Ill.Glencoe.

Bickelhaupt, Thomas (2004): Das Imaginäre Museum in der Werbung – Eine Anwendung der Qualitativen Inhaltsanalyse auf die Bildwelten des kunstgeschichtlichen Zitats in der Werbung. In: Mayring, Philipp/Gläser-Zikuda, Michaela (Hrsg.): Die Praxis der Qualitativen Inhaltsanalyse. Weinheim, S. 122–133.

Christmann, Gabriela B. (2006): Inhaltsanalyse. In: Ayaß, Ruth/Bergmann, Jörg (Hrsg.): Qualitative Methoden der Medienforschung. Reinbek, S. 274–92.

Früh, Werner /Mayring, Philipp (2014): Inhaltsanalyse. In: Endruweit, Günter/Trommsdorff, Gisela/Burzan, Nicole (Hrsg.): Wörterbuch der Soziologie, 3. Auflage. Stuttgart, S. 192–198.

Fürst, Silke/Jecker, Constanze/Schönhagen, Philomen (2016): Die qualitative Inhaltsanalyse in der Kommunikationswissenschaft. In: Averbeck-Lietz, Stefanie/Meyen, Michael (Hrsg.): Handbuch nicht-standardisierte Methoden in der Kommunikationswissenschaft. Wiesbaden, S. 209–225.

Keuneke, Susanne (2000): »Ich sehe was, was Du nicht siehst.« Verbale Erfassung kindlicher Geschlechts(-re-) konstruktionen zu Bilderbuchangeboten. In: Paus-Haase; Ingrid/Schorb, Bernd (Hrsg.): Qualitative Kinder- und Jugendmedienforschung. München, S. 91–100.

Krippendorff, Klaus (2004): Content Analysis. An Introduction to its Methodology. Second edition Thousand Oaks.

Lampert, Claudia (2000): Spannung, Spiel und Schokolade – Aspekte qualitativer Forschungsmethoden mit Vorschulkindern am Beispiel einer Untersuchung zum Verständnis von Fernsehwerbung. In: Paus-Haase, Ingrid/Schorb, Bernd (Hrsg): Qualitative Kinder- und Jugendmedienforschung. München, S. 115–130.

Mayring, Philipp (2012): Qualitative Inhaltsanalyse – ein Beispiel für Mixed Methods. In: Gläser-Zikuda, Michaela/Seidl, Tina/Rohlfs, Carsten/Gröschner, Alexander/Ziegelbauer, Sascha (Hrsg.): Mixed Methods in der empirischen Bildungsforschung. Münster, S. 27–36.

Mayring, Philippp (2014): Qualitative content analysis. Theoretical foundation, basic procedures and software solution. Free download via Social Science Open Access Repository SSOAR, URN: http://nbn-resolving.de/urn:nbn:de:0168-ssoar-395173.

Mayring, Philipp (2015): Qualitative Inhaltsanalyse. Grundlagen und Techniken, 12.Auflage. Weinheim.

Mayring, Philipp/Gläser-Zikuda, Michaela (Hrsg.) (2004): Die Praxis der Qualitativen Inhaltsanalyse. Weinheim.

Merten, Klaus (1995): Inhaltsanalyse. Einführung in Theorie, Methode und Praxis, 2. Auflage. Opladen.

Pool, Ithiel de Sola (1959): Trends in Content Analysis. Urbana.

Scriven, Michael (1980): The Logic of Evaluation. Inverness.

Computerunterstützte Inhaltsanalyse

UDO KUCKARTZ

Mithilfe der computerunterstützten Inhaltsanalyse lassen sich vielfältige Datenarten auswerten, z. B. Dokumente, Printmedien, Videos, Social Media Daten, aber auch Interviews und Fokusgruppen. Basistechniken des analytischen Vorgehens sind die Segmentierung und Codierung des Datenmaterials und das darauf basierende Verfahren des Retrievals, d. h. der Zusammenstellung von mit dem gleichen Code codierten Segmenten, beispielsweise von Textpassagen. Die bei der computerunterstützten Analyse eingesetzte QDA-Software ermöglicht sehr komplexe Verfahren zur Suche nach dem gleichzeitigen Vorkommen oder der Nähe von Codes. Mit dem aus der Grounded Theory stammenden Analyseinstrument der »Memos« lassen sich eigene Ideen, Hypothesen und Theorien des Forschers in systematischer Form festhalten und fortentwickeln. Weitere analytische Optionen von QDA-Software erlauben die Nachvollziehbarkeit der Analyseschritte, ermöglichen eine Integration von qualitativer und quantitativer Analyse und unterstützen Mixed-Methods-Ansätze auf effiziente Art und Weise.

Einleitung

Die Inhaltsanalyse zählt zu den klassischen Methoden der Medienforschung (→ Wegener, S. 256 ff.; Früh 2004). In Forschungsprojekten werden heute zahlreiche Fragestellungen inhaltsanalytisch bearbeitet: Man untersucht Talkshows (Schaffar 2002), die Berichterstattung der Printmedien zu bestimmten Themenkomplexen (wie etwa zur EU-Osterweiterung bei Ecker-Erhardt 2002) oder zum Kinder- und Jugendfernsehen (Nagl 2002). Fragestellungen der Medienproduktion und der wechselseitigen Thematisierung der Medien (Rössler 2002) werden dabei ebenso mithilfe der Inhaltsanalyse untersucht wie rezipientenorientierte Themen, beispielsweise die kommunikative Funktion von SMS-Kurzmitteilungen (Döring 2002). Zunehmend wird die Inhaltsanalyse mit Unterstützung von EDV-Programmen betrieben. Unter *computerunterstützter Inhaltsanalyse* wird im Folgenden die Auswertung von qualitativen Daten mittels so genannter QDA-Software verstanden (QDA steht dabei für Qualitative Daten Analyse). Solche EDV-Programme wie ATLAS.ti, MAXQDA oder NVivo[1] erfreuen sich nicht nur in den Sozial- und Erziehungswissenschaften, sondern auch in den Kommunikations- und Medienwissenschaften wachsender Beliebtheit.

Verfahren zur wortbasierten Vercodung von Texten waren in der Kommunikations- und Medienforschung bereits zu Beginn der 1960er Jahre entwickelt worden. Eine Vercodung von Texten auf der Basis einzelner Worte erwies sich aber als so große Beschränkung der analytischen Möglichkeiten, dass diese Technik der *automatischen* computerunterstützten Inhaltsanalyse lange Zeit über ein Nischendasein nicht hinaus kam. Mit Aufkommen des PC, insbesondere durch die rasante Entwicklung der Speichertechnik, wurde es möglich, auch große Textmengen auf dem Schreibtisch des Wissenschaftlers zu speichern und auszuwerten. Dadurch wurden die Verfahren der computergestützten qualitativen Inhaltsanalyse für einen breiten Kreis von Anwendern aus dem Bereich der qualitativen Forschung attraktiv.

Im Kanon der inhaltsanalytischen Verfahren stellt die computergestützte qualitative Inhaltsanalyse noch eine relativ junge Entwicklung dar, die erst langsam Eingang in die Methodenlehrbücher findet (vgl. Kuckartz 2016). Vor allem im englischsprachigen Bereich sind inzwischen aber zahlreiche Publikationen über die computergestützte Analyse qualitativer Daten erschienen, in denen methodische Aspekte diskutiert sowie Vergleiche der Programme vorgenommen werden (Creswell/Maietta 2002; Silver/Lewins 2014).

Von Beginn an durchzieht den Diskurs über diese Methode die kontrovers diskutierte Frage, ob es sich bei den Auswertungsverfahren mittels QDA-Software um etwas methodisch Neues handle oder ob der Software nur die Rolle eines Werkzeugs zukomme. Die erste Position argumentiert damit, dass QDA-Software verschiedene Forschungstechniken und Analyseansätze wie etwa die Grounded Theory oder die qualitative Inhaltsanalyse in gleicher Weise unterstütze und es die Software dem Nutzer keineswegs vorschreibe, welche Methode er zu wählen habe. Die zweite Position verweist darauf, dass die analytischen Möglichkeiten durch den Softwareeinsatz in einem solchen Ausmaß vergrößert werden (z. B. hinsichtlich der Menge der analysierbaren Daten, des Tempos und Komplexitätsgrades der Analyse etc.), dass der Veränderungsprozess mit der Werkzeugmetapher nicht mehr zutreffend erfasst wird. Dieser Beitrag und seine Platzierung im Handbuch scheint auf den ersten Blick der zweiten Position Recht zu geben, denn hier wird das Thema »Computerunterstützte Inhaltsanalyse gesondert behandelt und nicht in Form von Unterkapiteln solcher Beiträge, die Auswertungsmethoden und Analysestile thematisieren. Dadurch soll aber keine Parteinahme für die zweite Position zum Ausdruck kommen. Die Frage, ob QDA-Software bloß Werkzeugcharakter hat oder eine eigene Methode darstellt, kann derzeit noch nicht entschieden werden. Beide Positionen führen gute Argumente ins Feld, und es dürfte wohl eine empirische Frage sein, welche Position Recht behält.

Was leistet die computerunterstützte Inhaltsanalyse?

Mithilfe der computerunterstützten Inhaltsanalyse können sehr vielfältige Formen von Daten analysiert werden: neben den bereits erwähnten Datenarten (Texte aus den Printmedien, Literatur, Dokumente, Reden, Interviews, Fokusgruppen) verschiedene mit dem Internet und den sozialen Medien assoziierte Daten sowie Audio- und Videodaten. Der Einsatz computerunterstützter Analyse ist überall dort besonders sinnvoll, wo das Datenmaterial ohnehin in digitalisierter Form vorliegt, oder wo es leicht in diese überführt werden kann und wo dieses Material mit der Intention von *Systematisierung, Strukturierung und Zusammenfassung* ausgewertet werden soll. Die computerunterstützte Analyse qualitativer Daten ist keine standardisierte Methode, die in immer gleicher Form an das Datenmaterial herangetragen wird. Ihre konkrete Ausgestaltung hängt sowohl von Art und Umfang des Materials als auch vom gewählten methodischen und theoretischen Ansatz ab.

Mit QDA-Software lassen sich folgende Auswertungsschritte computerunterstützt durchführen (vgl. Kuckartz 2010):

- Datenmanagement, d.h. Verwaltung des Datenkorpus und schneller Zugriff auf einzelne Texte bzw. Textstellen sowie Originaltöne, Bild- und Videosegmente
- Datenexploration, d.h. lexikalische Suche nach Zeichenketten, Worten oder Wortkombinationen in den Texten oder Teilgruppen der Texte
- Gestufte Suchprozesse im Sinne von Text Mining, d.h. die sukzessive Suche in den Texten und in den Resultaten vorangehender Textsuche
- Automatische Codierung von Fundstellen in Texten, d.h. Zuweisung eines Codes bzw. einer Kategorie[2]
- Erstellen von Hyperlinks, und zwar sowohl innerhalb des gleichen Dokuments als auch zwischen Stellen in verschiedenen Dokumenten

- Kategorienbasierte Erschließung des Datenmaterials nach dem Muster sozialwissenschaftlicher Analysestile wie bspw. der Grounded Theory, der Qualitativen Inhaltsanalyse oder der Diskursanalyse
- Themenanalyse als Zusammenstellung von Textstellen, die unter die gleiche Kategorie bzw. Kategorien codiert worden sind
- Erstellen von analytischen Memos und Memo-Management
- Verwaltung eines mit den Texten assoziierten Datensatzes von standardisierten Daten, z. B. soziodemographische Daten, Merkmalsdimensionen des Textes bzw. von Aussagen im Text
- Selektive Retrievals, z. B. zum Zwecke des systematischen Vergleichs von Subgruppen
- Komplexe Retrievals zur Evaluierung der Beziehung zwischen Codes, z. B. des gleichzeitigen Vorkommens von Codes, der Nähe und Entfernung von Codes
- Visualisierung der Beziehung zwischen Codes
- Information-Mapping, d.h. Grafiken, Diagramme, Konzept-Maps etc. zur Repräsentation von Beziehungen zwischen Ideen, Konzepten, Kategorien und Daten

Im Folgenden werden nun zentrale Arbeitsschritte der computerunterstützten Inhaltsanalyse näher betrachtet.

Datenmanagement

Die computergestützte Inhaltsanalyse beginnt in ähnlicher Weise wie die konventionelle Inhaltsanalyse (vgl. Früh 2004; Krippendorff 2004), nämlich mit der Festlegung des zu analysierenden Materials, welches u. U. zunächst transkribiert, d. h. verschriftlicht, werden muss. Falls die Daten bereits in digitalisierter Form vorliegen, sind normalerweise keine weiteren Vorbereitungen für den Import in ein QDA-Programm notwendig. Einige Programme, z. B. MAXQDA und NVivo erlauben es, Texte vorab zu codieren, was sich u. a. für Interviews und Fokusgruppen als nützlich erweist, weil auf diese Weise verschiedene Sprecher von vornherein unterschieden werden können.

QDA-Software ermöglicht es, sehr große Mengen von Text zu speichern und zu verwalten. Der entscheidende Unterschied zu einem Textverarbeitungsprogramm wie etwa Microsoft-Word ist, dass das gesamte zu analysierende Material in Form eines einzigen Projektes verwaltet wird, sodass der Zugriff auf einzelne Texte oder Textabschnitte erleichtert wird. Texte können in Textgruppen organisiert oder für spezielle Auswertungen temporär in Textsets gruppiert werden. Der Zugriff auf Texte und Textabschnitte kann aufgrund von bestimmten Kriterien erfolgen, z. B. aufgrund von externen Deskriptoren wie etwa Informationen über die Textentstehung (Datum, Quelle, Autor etc.). Durch den Datenkorpus kann mittels QDA-Software schnell und zielsicher navigiert werden, lexikalische Suchfunktionen erlauben es, nach bestimmten Worten oder Wortkombinationen zu suchen, und Fundstellen lassen sich in Form eines »keyword in context« darstellen und automatisch codieren.

Kategorienbasierte Erschließung des Textmaterials

Zentral für die computerunterstützte Inhaltsanalyse sind zwei Techniken, die meist mit den englischen Begriffen »cut-and-paste« (ausschneiden und aufkleben) und »code-and-retrieve« (codieren und wiederfinden) bezeichnet werden. Unter »cut-and-paste« wird die Segmentierung und Kategorisierung von Texten verstanden, d. h., inhaltlich bedeutsame Textpassagen, Bildteile oder Videosequenzen werden identifiziert und ihnen wird ein Code, d. h. eine analytische Kategorie, zugeordnet. Der Ausdruck »cut-and-paste« nimmt Bezug auf die im Vor-Computer-Zeitalter betriebene handwerkliche Auswertung von Texten: Mit den Hilfsmitteln Schere, Klebstoff und Karteikarten werteten die Forschenden ihre Texte aus: Sie kopierten das Material und schnitten jene Stellen aus, die zu einem bestimmten Thema relevant erschienen, klebten sie auf eine Karteikarte und vermerkten Stichworte bzw. ihre analytischen Kategorien (vgl. Lofland/Lofland 1984, S. 134). Diese Vorgehensweise geschieht nun in elektronischer Form: Textstellen werden mit der Maus markiert und ein Code wird eingegeben bzw. aus einem bereits konstruierten Kategoriensystem ausgewählt und zugeordnet. Moderne QDA-Software macht diesen Prozess leicht: Textstellen lassen sich einfach einer oder mehreren Kategorien zugeordnet (z. B. mittels *drag-and-drop)*, auch können Wörter des Textes als Kategorie eingefügt werden (so genannte »In-vivo-Codes«). Durch die Segmentierung und Codierung wird ein konzeptuelles Raster über die Texte gelegt. Dabei entsteht eine Art elektronischer Karteikasten mit einer Sammlung inhaltlich bedeutsamer Textpassagen.

Nach dem Segmentieren und Codieren steht das Wiederfinden *(»retrieve«)* im Mittelpunkt. Im einfachsten Fall geht es um das Wiederfinden und die Zusammenstellung all der Textpassagen, die mit der gleichen Kategorie oder Subkategorie codiert wurden. Diese beiden Techniken stellen die Basis der computerunterstützten Inhaltsanalyse dar, was allerdings nicht bedeutet, dass die Nutzung von QDA-Software sich nun im Segmentieren, Codieren und Retrieval der codierten Segmente erschöpfen würde. Basierend auf diesem Grundprinzip haben sich im letzten Jahrzehnt sehr vielfältige Methoden und Verfahren entwickelt. Die Kernfunktionen des »Cut-and-paste« und »Code-and-retrieve« sind in nahezu allen heutigen QDA-Programmen verfügbar, d. h., alle Programme unterstützen auf effektive Weise das Segmentieren und Codieren von Text sowie das Arbeiten mit Kategorien; die führenden Programme erlauben dies auch für Fotos, Audio- und Videoaufnahmen.

Die Codes werden in Form eines Kategoriensystems verwaltet, wobei die verschiedenen QDA-Programme dies in unterschiedlicher Form realisieren, z. B. als lineare Liste von Codes, als hierarchisch organisierter Codebaum oder als Code-Netzwerk. Programme unterscheiden sich u. a. dadurch, welche Möglichkeiten zur Strukturierung und Organisation des Kategoriensystems (Ausdifferenzieren von Codes, Fusionieren von Codes, Bilden von Subkategorien, Umorganisation von Beziehungen) sie bieten und wie komfortabel die Nutzung dieser Funktionen im Forschungsalltag ist.

Was unter einem Code verstanden wird, wie Kategoriensysteme aussehen und wie der Codierungsprozess sich gestaltet (→ Prommer/Linke, S. 447 ff.), wird nicht durch die Wahl eines QDA-Programms determiniert. Es ist Angelegenheit des Forschers, die Eigenschaften seines Kategoriensystems zu bestimmen. Was die Bildung von Codes bzw. die Konstruktion von Kategoriensystemen betrifft, lässt sich in der Praxis eine Dualität von Verfahrensweisen ausmachen. Auf der einen Seite findet man gänzlich induktiv orientierte Verfahren, bei denen die Codes aus der sorgfältigen Analyse der Texte – in manchen Ansätzen dem Anspruch nach möglichst ohne theoretisches Vorwissen – entwickelt werden. Diametral entgegengesetzt hierzu sind deduktiv orientierte Verfahren, bei denen ein vorgegebenes Kategoriensystem auf die Daten angewendet wird (vgl. Kuckartz 2016, S. 62–95).

Zwischen diesen beiden Extremen – vollständig induktive bzw. vollständig deduktive Kategorienbildung – existieren vielfältige Mischformen, beispielsweise Analyseformen, die mit einem Raster vorgegebener formaler Kategorien beginnen, welche dann im zweiten Schritt auf der Basis des empirischen Materials dimensionalisiert und ausdifferenziert werden (vgl. Kuckartz 2016), oder etwa die Konzeption der Grounded Theory, wie sie durch Strauss/Corbin (1996) ausgearbeitet wurde, in der deduktive Elemente durch die zugrunde liegenden Theorien, Forschungsfragestellungen und Vorerfahrungen der Forscher bei der Konstruktion des Codesystems eine wichtige Rolle spielen.

QDA-Software ermöglicht das Codieren und Arbeiten mit Codes, nimmt aber in der Regel keine selbständigen oder automatischen, nach festen Regeln funktionierende Codierungen vor. Der intellektuelle Codiervorgang wird wirksam unterstützt. Es sind ja gerade die Auswertungsvorgänge rund um das Codieren, die in Analysestilen wie der Grounded Theory (→ Lampert, S. 596 ff.) oder der qualitativen Inhaltsanalyse (→ Mayring/Hurst, S. 494 ff.; Kuckartz 2016; Mayring 2015; Schreier 2012, 2014) eine große Rolle spielen. Fortgeschrittene QDA-Programme machen es möglich, den Entstehungsprozess eines Codes wie auch die Codierungen zu protokollieren und in Form einer Signatur festzuhalten, damit ist zu jedem Zeitpunkt klar, wer welche Kategorie an welchem Datenmaterial entwickelt hat. In Form von Codememos oder Kategorienbeschreibungen kann festgehalten werden, wie ein Code definiert ist und wie Ankerbeispiele aussehen. Dies ist insbesondere für die gemeinsame Arbeit in einer Forschergruppe von nicht zu unterschätzendem Wert.

Visualisierung von Codierungen und Arbeiten mit dem Kategoriensystem

Zu den gebräuchlichen handwerklichen Techniken des Arbeitens mit verbalen Daten gehören das Markieren von Text mit farbigen Markierstiften und das Schreiben von Bemerkungen oder Codes an den Rand des Textes. Die computergestützte Auswertung erlaubt dies ebenfalls, und zwar mit größerer Systematik und höherem Informationsgehalt. Die Programme ATLAS.ti, NVivo und MAXQDA visualisieren in Form von farbigen Codierstreifen, wo etwas codiert worden ist, und zeigen die zugehörige(n) Kategorie(n) gleich mit an. In so genannten Tooltipps, die erscheinen, sobald die Maus über die Codierung geführt wird, sind weitere Informationen verfügbar, z. B. über den Autor und das Datum der Codierung. So ist ersichtlich, ob eine Textstelle mehrere Codierungen aufweist und welche Codes ggf. zugeordnet sind. Auch die Definition von Codes und Beispielen für seine Verwendung sind sofort verfügbar.

Im Allgemeinen ist das Arbeiten mit Codes und Kategoriensystemen in der qualitativen Datenanalyse zentral. Charakteristisch ist, dass die Arbeit mit den Codes einerseits zirkuläre Elemente aufweist, d. h., es wird nicht mit einem vorab starr fixierten Kategoriensystem gearbeitet, andererseits, dass die benutzten Codes mit dem Fortgang der Analyse theoretischer und abstrakter werden, d. h. sich vom Datenmaterial und der Sprache der Akteure entfernen. Verschiedene Ansätze und Analysestile entwickeln hier ihre je eigenen Regeln: Während die Grounded Theory zum frühzeitigen Theoretisieren ermutigt und das Paraphrasieren und Zusammenfassen von Textinhalten ablehnt, propagieren andere Ansätze wie die qualitative Inhaltsanalyse in der Variante nach Mayring (2015) gerade eine Arbeitsweise, die mit Paraphrasieren beginnt und über Zusammenfassung und Abstraktion zur Bildung von theoretisch gehaltvollen Kategorien voranschreitet. Beide Ansätze werden durch QDA-Software wirksam unterstützt, denn diese erlaubt den flexiblen Umgang mit dem Kategoriensystem: Codes können leicht umbenannt, umorganisiert und fusioniert werden. Sie lassen sich ggf. unter abstraktere Konzepte subsumieren. Technisch geschieht dies meist, indem Codes im komplexen Kategoriensystem mit der Maus hin und her geschoben werden, wobei die zugehörigen Codierungen von Textstellen erhalten bleiben. So wird ein iterativer Prozess der Kategorienbildung durchlaufen, der dem Ideal qualitativer Arbeitsweisen weitaus näher kommt als die früheren handwerklichen Techniken.

Systematische Suche nach Zusammenhängen von Codes

Die Schlüsseltechnik des Code-and-retrieve erschöpft sich in heutiger QDA-Software längst nicht mehr im Wiederfinden von mit dem gleichen Code codierten Textpassagen, sondern kann sehr komplexe Suchvorgänge umfassen. Die Nähe verschiedener Codes zueinander – innerhalb eines Textes wie auch ihre Abfolge – kann ebenso zum Suchkriterium werden wie das gleichzeitige Vorkommen oder Nicht-Vorkommen von Codes. Solche Suchanfragen nach der Beziehung von Codes zueinander werden meist mithilfe der Logikregeln der Booleschen Algebra oder mit Entfernungsoperatoren formuliert. Es kann gefragt werden nach:

- der Nähe von Codes mit Angabe eines maximalen Abstands gemessen in Absätzen,
- der Sequenz von Codes, im Sinne von Code A folgt auf Code B, ebenfalls mit Festlegung eines maximal erlaubten Abstandes,
- Überschneidungen von Codes oder von Teilmengen eines Code-Sets, wobei die Anzahl von sich überschneidenden Codes festgelegt werden kann,
- Codierungen, die in andere Codierungen mit bestimmten interessierenden Codes eingebettet sind,
- Codierungen, die sich außerhalb von bestimmten interessierenden Codes befinden.

Berücksichtigt man, dass diese komplexen Suchstrategien nicht nur auf einzelne Codes, sondern auch auf eine Struktur von Codes, d. h. beispielsweise eine Baumstruktur, angewendet werden können, wird deutlich, dass das analytische Potenzial hier weit höher ist als beim einfachen Wiederfinden von mit dem gleichen Code codierten Textpassagen.

Bei der Auswertung der Beziehungen zwischen einzelnen Codes im bearbeiteten Material entsteht eine Matrix der Codierungen. Diese Organisation des Datenmaterials lässt sich mit dem Erstellen einer Kontingenztafel bei der Auswertung von quantitativen Daten vergleichen. Bei der quantitativen Analyse interessieren aber primär Parameter und Koeffizienten, die wie das Chi-Quadrat im Falle der Kreuztabelle den Tabelleninhalt und die vorhandenen Zusammenhänge in einer einzigen Zahl zusammenfassen. Die qualitative Analyse zielt natürlich nicht auf die Ermittlung eines resümierenden Zahlenwertes, sondern auf präzise und verstehbare Interpretation dessen, was in einer solchen *Themenmatrix* enthalten ist. In den einzelnen Zellen der Matrix befinden sich nicht Zahlen, sondern Textstellen, auf die man jederzeit Zugriff hat, sodass man gewissermaßen immer nur einen Klick von den Originaltexten entfernt ist. So wird es möglich zu selektieren, zu separieren und zu abstrahieren, ohne die Kontextkontrolle aufzugeben.

Memos

Einen weiteren wichtigen Bestandteil computerunterstützter Analyse qualitativer Daten stellt die Arbeit mit Memos dar. Im qualitativen Analyseprozess kommt dem Anfertigen von Memos ein großer Stellenwert zu. Vor allem die Grounded Theory hat dem Arbeitsmittel Memos große Aufmerksamkeit gewidmet (vgl. Strauss/Corbin 1996; Charmaz 2006; Charmaz/Bryant 2007). Dort findet man eine Ausdifferenzierung von verschiedenen Typen von Memos, z. B. Code-Memos, theoretische Memos, integrative Memos etc. QDA-Software setzt diese Ideen um und ermöglicht es, Memos nicht nur für beliebige Textstellen und für jede Kategorie oder Subkategorie zu erstellen, sondern auch für Texte, Projekte, Textgruppen, gewissermaßen für fast alle »Einheiten«, die Teil eines qualitativen Datenkorpus sind. Elaborierte Programme enthalten ein spezielles Memosystem, in dem die Memos – ähnlich wie in einem Karteikasten – ein von den Texten und Codierungen unabhängiges Arbeitsmaterial darstellen, in dem gesucht werden kann, das aggregiert und zusammengefasst und selbst wiederum codiert werden kann. Memos sind schnell geschrieben, aber wenn ihre Anzahl eine bestimmte Größenordnung überschreitet, sind sie nur noch schwer zu überblicken. Ein Zugriff auf die Gesamtheit aller erstellten Memos ist deshalb von nicht zu unterschätzendem Wert.

Informationswissenschaftliche Methoden

Mehr und mehr umfasst QDA-Software auch Techniken und Prozeduren, die im Feld der qualitativen Methoden neu sind und im Vor-Computer-Zeitalter wegen des hohen Zeitaufwandes praktisch nicht möglich waren. Solche Verfahren stammen meist aus dem Bereich der Informationswissenschaft. Beispiele hierfür sind die lexikalische Suche und Methoden des Text-Mining und damit verbundene Möglichkeiten zur automatischen Vercodung. Insbesondere die lexikalische Suche nach Wörtern und Wortkombination innerhalb bestimmter genau definierter Textabschnitte besitzt eine große Attraktivität, denn im Unterschied zu den Code-and-retrieve-Methoden ist hier kein aufwändiger Codierungsprozess notwendig, sondern die Interpretation und Analyse des so selektierten Datenmaterials kann quasi ohne Vorarbeit beginnen. Die Möglichkeit, komplexe lexikalische Suche mit automatischer Lemmatisierung und automatischen Codierprozessen zu verbinden, ist dabei besonders attraktiv.

Die informationswissenschaftlichen Methoden nutzen die Stärke des Computers, nämlich die Möglichkeit des schnellen Zugriffs auf große Datenmengen, optimal aus. Zur Exploration des Datenmaterials lassen sie sich hervorragend nutzen. Dem qualitativ Forschenden bieten diese Funktionen die Möglichkeit zum »Surfen« im Datenkorpus. Diesen Prozess kann man mit dem aus dem Diskurs über neue Medien stammenden Begriff »Serendipity« (Assoziative Informationsbeschaffung) umschreiben, d. h., man macht Entdeckungen durch Zufälle und Scharfsichtigkeit und findet Zusammenhänge, nach denen man vielleicht gar nicht gesucht hat. Dem Reiz, den die lexikalische Suche und die automatische Vercodung als schneller, voraussetzungsloser Zugriff auf die Daten ausübt, steht allerdings die Gefahr mangelnder Systematik gegenüber, d. h., dass man Exploration mit Analyse verwechselt und in der Datenmenge und der in ihr enthaltenen Beziehungsvielfalt verloren geht.

Kombinationen von qualitativen und quantitativen Verfahren (Mixed Methods)

Die computerunterstützte Analyse qualitativer Daten erleichtert die Kombination von qualitativen und quantitativen Auswertungsprozeduren und zwar auf verschiedenen Ebenen (vgl. Guetterman et al. 2015; Kuckartz 2014; Mayring 2001):

Erstens können die vorgenommenen Codierungen als Datenmatrix exportiert und statistisch analysiert werden. Diese Matrix enthält also

für jeden Text die Information, welche Kategorie bzw. Subkategorie wie häufig zugeordnet wurde. Dies entspricht der Datenmatrix, wie man sie von Verfahren der klassischen Inhaltsanalyse (z. B. der Frequenzanalyse) kennt.

Zweitens steht in manchen Programmen mit den Variablen (MAXQDA) bzw. Attributen (NVivo) ein Hilfsmittel für die Nutzung von quantitativer Information in Verbindung mit den qualitativen Daten zur Verfügung. Hier können zum einen a priori vorhandene Informationen über die analysierten Daten festgehalten werden, z. B. soziodemographische Merkmale, Informationen über den Interviewer und den Interviewverlauf. Zum anderen kann dieses Werkzeug auch dazu benutzt werden, um Klassifizierungen und Bewertungen, die auf der Grundlage der Interpretation der qualitativen Daten vorgenommen werden, in Form von Variablenwerten festzuhalten. Die Variablen/Attribute können als Selektionskriterien für das Wiederfinden codierter Textpassagen herangezogen werden. Wenn man beispielsweise die Variablen »Alter«, »Anzahl der Kinder« und »Einkommenshöhe« als Attribute erfasst hat, lässt sich die Frage »Wie sehen die sozialen Wünsche von Befragten mit Kindern und einem Monatseinkommen über 3000 Euro aus?« leicht beantworten. Auch lassen sich mit den Variablen/Attributen, ähnlich wie mit den Codehäufigkeiten, statistische Berechnungen durchführen.

Drittens besteht bei manchen QDA-Programmen die Möglichkeit, eine komplette SPSS-Datenmatrix zu importieren und mit den Textdaten zu verknüpfen. Bedingung ist natürlich, dass für jede Person beide Datentypen – sowohl qualitative als auch quantitative Daten – vorliegen. Dies ist beispielsweise bei teilstandardisierten Befragungen und Online-Surveys der Fall, wo neben Fragen mit Antwortvorgaben auch eine gewisse Anzahl von offenen Fragen gestellt wird. Das gleiche gilt für das problemzentrierte Interview, wo neben dem transkribierten Interviewtext üblicherweise solche Fragen, die als Frage-Antwort-Schema aufgebaut sind, in Form eines Kurzfragebogens erhoben werden (Witzel 2000; Witzel/Reiter 2012).

Durch die Möglichkeit zur Methodenkombination werden auch Ansätze zur methodisch kontrollierten Typenbildung gefördert. Solche Verfahren, wie sie in detaillierter Form von Kelle/Kluge (2010), Kluge (1999) und Kuckartz (2016) dargestellt wurden, nutzen teilweise auch die formalisierte Methode der Clusteranalyse im Kontext der computerunterstützten Auswertung qualitativer Daten.

Anwendungsbeispiel

Das folgende Beispiel aus der eigenen Forschungspraxis soll exemplarisch die Vorgehensweise computerunterstützter Inhaltsanalyse verdeutlichen. Es stammt aus dem Projekt »Informationsverhalten im Umweltschutz«[3], in dem das Wissen verschiedener Disziplinen, die sich mit dem Thema Informationsverhalten befassen, über die Muster der Informationsauswahl und -verarbeitung erforscht wurde. Im Rahmen des Projekts wurden offene Interviews mit Experten aus verschiedenen Wissenschaftsdisziplinen und der Medienpraxis geführt und computerunterstützt mit dem Programm MAXQDA ausgewertet. Die Interviews wurden mit Hilfe eines Leitfadens strukturiert, der Fragen beinhaltete wie[4]:

• Welche Faktoren würden Sie bei diesem Prozess der Informationsaufnahme als besonders bedeutsam bezeichnen?

• Gibt es Ihres Erachtens Besonderheiten, durch die sich Umweltinformationen im Vergleich zu anderen Informationsfeldern auszeichnen? Welche? Können Sie ein Beispiel nennen?

• Gibt es spezifische Reaktionen auf Umweltinformationen im Vergleich zu anderen Informationsfeldern? Welche? Haben Sie dazu ein Beispiel?

Die Interviews, die im Durchschnitt etwa eine Stunde dauerten, wurden auf Tonband aufgenommen und anschließend transkribiert, wobei relativ einfachen Transkriptionsregeln gefolgt wurde, da metasprachliche Informationen ebenso wie sprachliche Färbungen für die Projektfragestellung keine Rolle spielten. Die ersten Schritte der computerunterstützten Analyse sehen wie folgt aus: Transkription > sorgfältige Lektüre (möglichst durch alle Mitglieder des Forschungsteams) > Beseitigung von Transkriptionsfehlern > Import der Texte in das Analyseprogramm.

Da die Erhebung mittels eines Leitfadens durchgeführt wurde und die Forschungsfrage bereits bei der Erhebung recht klar umrissen war, wurden zunächst Kategorien entlang der einzelnen Punkte des Leitfadens gebildet. Der Auswertungsprozess durchlief folgende Phasen (Abb. 1).

Der erste Schritt der Auswertung bestand in der sorgfältigen Lektüre und Interpretation jedes einzelnen Textes. Dabei erwies es sich als nützlich, ein paraphrasierendes Summary für jedes Interview anzufertigen. Anschließend erfolgte die Segmentierung und Codierung des Textes, eine durchaus arbeitsintensive Tätigkeit, die sich aber im weiteren Analyseprozess rentiert. In diesem Projekt wurde mit einem zweistufigen Codierungsverfahren gearbeitet. Im ersten Codierungsprozess wurden die Codes auf der Basis des Leitfadens gebildet, im zweiten Codierungsprozess wurden diese dann ausdifferenziert und ggf. verändert. Die Codiereinheiten können frei gewählt werden, codierte Segmente dürfen sich überlappen und ineinander verschachtelt sein. Bei stärker explorativ ausgerichteten Formen der Analyse gibt es auch die Möglichkeit, zunächst einmal nur die Textstellen zu markieren, die einem besonders relevant erscheinen, und erst später Kategorien zu definieren und zuzuweisen.

In der folgenden Arbeitsphase wurden alle Textstellen, die zur gleichen Kategorie zugeordnet waren, zusammengestellt. Die darauf basierenden Themenanalysen stellten jeweils eine detaillierte Beschreibung und Systematisierung des Materials unter fokussierter Fragestellung dar, ohne dass zu diesem Zeitpunkt der Analyse die Querverbindungen zu den anderen Fragen des Leitfadens systematisch untersucht wurden. Das so entstandene Kategoriensystem lässt sich hier nur teilweise dokumentieren[5]. Es weist

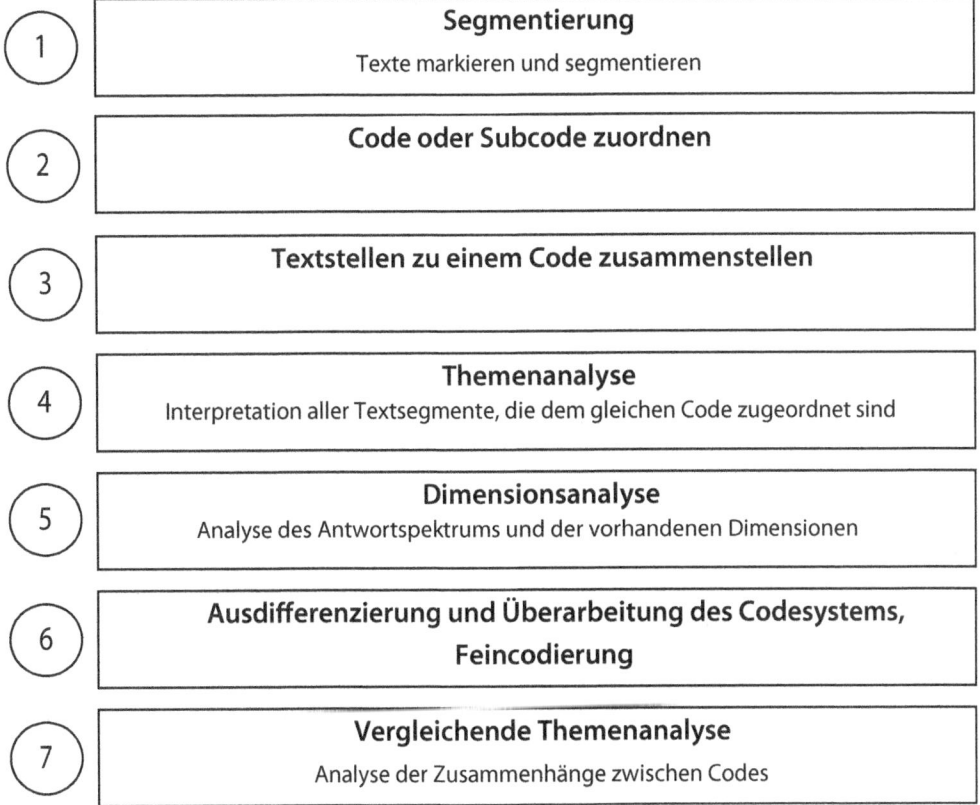

Abb. 1: Phasen des Auswertungsprozesses: vom Markieren wichtiger Textstellen zur vergleichenden Themenanalyse

eine hierarchische Gliederung mit nur einer Subebene auf. Zum Beispiel wurden unter der Kategorie *Kommunikationsmodelle* solche Textpassagen erfasst, in denen die Experten einen theoretischen Bezug zu ihrem eigenen Modell oder generell über Modelle von Kommunikation und vom Informationsfluss herstellen oder in denen sich bestimmte *Denkfiguren* finden lassen.

Auf der Basis der Zusammenstellung aller zu einem Code vorhandenen Textstellen wurde eine Dimensionsanalyse vorgenommen, die darauf abzielte, die Spannbreite der Aussagen zu ermitteln und verschiedene Dimensionen (Phase 5) zu identifizieren. Unter der Subkategorie »Denkfiguren« waren all die Aussagen erfasst worden, die Aufschluss über bestimmte Argumentationsmuster, theoretische Annahmen, Leitbilder oder

Problemperspektiven der Experten geben konnten. Die Dimensionsanalyse konnte zwölf verschiedene Denkfiguren ermitteln:

1) Angebot und Nachfrage
2) Ausdifferenzierung
3) Emotion-Ratio
4) Kosten-Nutzen-Kalkulation
5) Laien-Experten-Problem
6) Manipulation vs. Überzeugung
7) Motivation
8) Nah-Fern-Beziehung
9) Resonanz
10) Soziales Dilemma
11) Unsicherheit von Wissen
12) Zeitperspektive

Diese zwölf Denkfiguren wurden als Subcodes in das erweiterte Codesystem eingefügt (Phase 6) und die Textstellen wurden in einem zweiten Materialdurchlauf entsprechend codiert.

Die Vorgehensweise beim ersten Codierungsprozess lässt sich als eher *deduktiv* bezeichnen, d.h., ein vorhandener, durch die Forschungsfrage gegebener Code wird verwendet. Beim zweiten Codierungsprozess, der Feincodierung, handelt es sich hingegen um eine *induktive* Kategorienbildung, die ausschließlich auf der Basis der empirischen Daten geschieht und nicht durch Vorüberlegungen und a priori vorhandene Systematisierungen bestimmt ist. Die von der Grounded Theory inspirierte Vorgehensweise sah zudem vor, Ideen und Hypothesen in Form von Memos festzuhalten und ggf. auch neue Codes zu definieren, die erst bei der

Durcharbeitung des Materials entstanden und als solche nicht im Leitfaden vorgesehen waren. Die Arbeitsplattform der computerunterstützten Inhaltsanalyse nach der Phase der Feincodierung ist in der folgenden Abbildung ersichtlich, die aus dem Programm MAXQDA stammt.

Im linken oberen Fenster (Abb. 2) sind die verschiedenen Texte der Studie zugänglich. Im Fenster daneben ist das Interview »Psy1« geöffnet, Codierungen sind am linken Rand visualisiert, ebenso ist erkennbar, wo Memos angeheftet wurden und welchen Typs diese sind (Absatz 34 ist ein Theoriememo zugeordnet). Im linken unteren Fenster lässt sich das Codesystem erkennen. Es beginnt mit den Kommunikationsmodellen und den Denkfiguren. Hinter jedem Code ist die Anzahl der hierzu vorhandenen Textsegmente wiedergegeben. Im unteren rechten Fens-

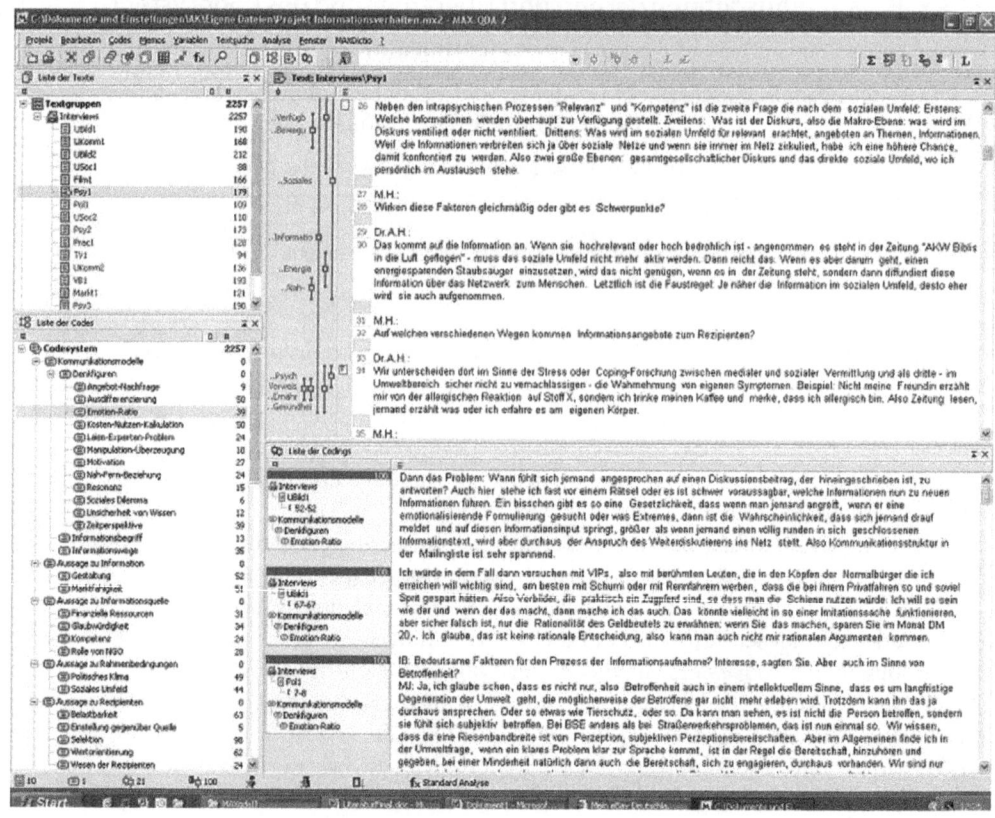

Abb. 2: Arbeitsoberfläche von MAXqda während der vergleichenden Themenanalyse

ter ist eine Zusammenstellung von Segmenten zur Denkfigur »Emotion-Ratio« auszugsweise zu erkennen.

Eine quantitative Betrachtung der vorgenommenen Codierungen zeigt etwa, dass die Denkfigur »Manipulation« vergleichsweise selten in den Texten identifiziert wurde. Wesentlich häufiger tritt da schon die Denkfigur »Kosten-Nutzen-Kalkulation« auf. Die Feincodierung ist die notwendige Voraussetzung für die darauf folgende querschnittliche Analyse des Datenmaterials, bei der die zu den empiriebasierten Kategorien gehörenden Textsegmente in vergleichender Weise analysiert werden. Diese vergleichende Themenanalyse zielt darauf ab, durch kontrastierende Vergleiche Ähnlichkeiten zwischen den einzelnen Personen festzustellen, Besonderheiten zu identifizieren und Zusammenhänge zwischen Kategorien zu entdecken. Hilfreich hierbei ist eine *Themenmatrix*, die in differenzierter Form die Codierungen nach Befragten aufschlüsselt (Abb. 3).

Die Spalten dieser Matrix werden durch die Texte gebildet, deren Kürzel in der obersten Zeile

stehen (Ubild1 ist ein Experte der Umweltbildung, Usoc1 und Usoc2 sind Soziologen, Film1 ist ein Filmemacher). Die Zeilen der Matrix werden durch die Themen gebildet, hier durch die verschiedenen in der Analyse herausgearbeiteten Denkfiguren. Die Knoten der Matrix repräsentieren die jeweils vorhandenen Segmente, wobei die Größe und Farbe der Knoten in Relation zur Zahl der vorhandenen codierten Segmente steht: Je mehr Segmente vorhanden sind, desto größer ist der Knoten. Ein Anklicken des Knotens bewirkt, dass die entsprechenden Segmente zusammengestellt und im Ergebnisfenster angezeigt werden.

So lässt sich dann das gesamte Spektrum der Redeweisen von interviewten Experten, in denen beispielsweise die Denkfigur Manipulation identifiziert wurde, leicht überschauen. Man stellt etwa fest, dass Manipulation durchaus als Möglichkeit der Medien gesehen wird, aber man sie so einschätzt, dass sie nur unter ganz bestimmten Bedingungen funktionieren kann. Eigene Ideen des Forschers lassen sich gleich formulieren und an die Textstellen anheften.

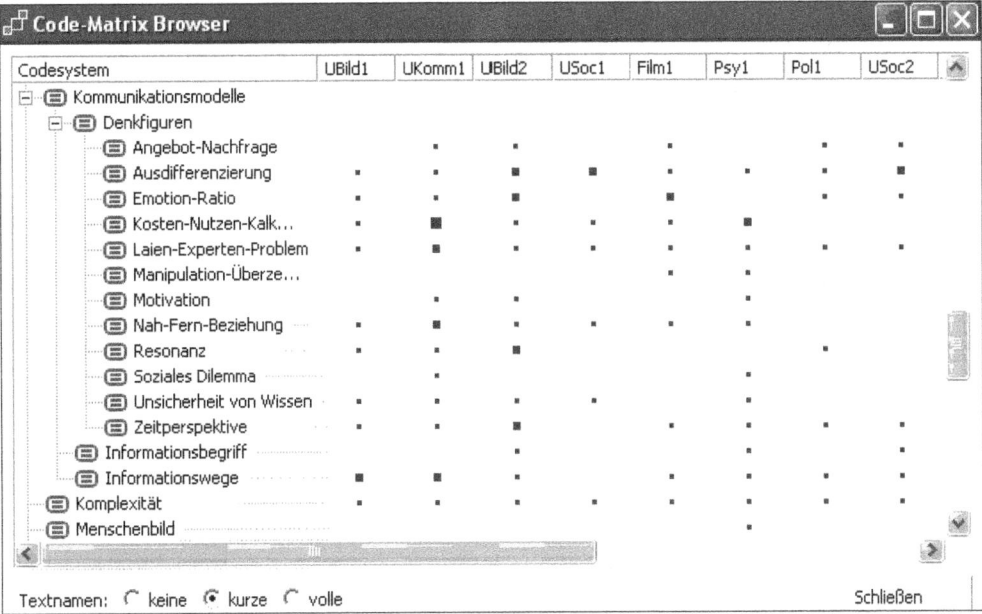

Abb. 3: Die Themenmatrix für den Code »Denkfiguren«

Prinzipiell lassen sich solche Matrizen nicht nur interpretativ, sondern auch im Hinblick auf Koinzidenzen und Korrelationen statistisch analysieren. Man fragt etwa, welche Denkfiguren miteinander assoziiert sind, d.h. gemeinsam auftreten bzw. sich offenbar ausschließen, oder welche Denkfiguren man in welchen Disziplinen häufiger findet, z.B. stärker bei Psychologen und weniger bei Medienpraktikern.

In der Forschungspraxis stellte sich der Analyseprozess nicht so linear dar, wie er im obigen Schaubild vielleicht erscheinen mag, denn die Datenerhebung verteilte sich über einen längeren Zeitraum von insgesamt sechs Monaten. Die Auswertung beinhaltete deshalb auch zirkuläre Elemente, d.h., es wurde nicht gewartet, bis alle Texte transkribiert und analysefähig waren, sondern es wurde sogleich mit der Codierung begonnen, und die Dimensionsanalyse und Definition von Subcodes wurde schon dann vorgenommen, wenn das Antwortspektrum hinreichend überschaubar war. Ebenso wurde das Codesystem ständig weiterentwickelt, Codes wurden fusioniert, anderes formuliert und ggf. ausdifferenziert. Bei dem Projekt wurde nur eine Teilmenge der Fähigkeiten von QDA-Software genutzt, z.B. wurde das analytische Hilfsmittel der Variablen/Attribute nur in reduzierter Form, nämlich zur Speicherung der Informationen über das Interview (Datum, Dauer, Interviewer sowie disziplinäre Zugehörigkeit des Interviews), genutzt. Man hätte beispielsweise auch bewertende Informationen über Textinhalte festhalten und im weiteren Gang der Analyse für systematische Vergleiche heranziehen können. Drittmittelforschung ist allerdings meist mit zeitlichen und finanziellen Restriktionen und mit entsprechender pragmatischer Nutzung von Analysemöglichkeiten verbunden.

Fazit

Die computerunterstützte Inhaltsanalyse ist im Vergleich zur klassischen Inhaltsanalyse qualitativer Materialien durch ihre größere methodische Kontrolliertheit und ihre größere Nähe

zu den Texten gekennzeichnet. Gibbs hat den methodischen Gewinn von QDA-Software in vier kurzen Schlagworten zusammengefasst: »more accurate, reliable, more transparent, easier« (Gibbs 2002, S. 10). Durch das computergestützte Verfahren lässt sich eine weit größere Transparenz erzielen, als das bei manueller Vorgehensweise möglich wäre. Außerdem ist ein Zuwachs an interner Validität zu verzeichnen. Die computergestützte Vorgehensweise lässt sich sehr gut dokumentieren, und damit steigt auch die Glaubwürdigkeit qualitativer Forschung. Die wurde bisher vor allem deshalb von Anhängern einer strikt quantitativen Methodik in Zweifel gezogen, weil die Vorgehensweise und die Selektionsmechanismen nicht nachvollziehbar seien und ein gehöriges Maß an subjektiver Willkür des Forschers implizierten.

Anmerkungen

1 Über den aktuellen Stand der Programme informiert man sich am besten über die jeweiligen Websites: www.atlasti.de, www.qsr-international.de (NVivo), www.maxqda.de. Sofern in diesem Beitrag auf Features oder Leistungen von QDA-Programmen Bezug genommen wird, geschieht dies auf dem Stand vom März 2016.

2 Der Begriff Code wird in diesem Beitrag synonym mit dem Begriff Kategorie verwendet.

3 Das Projekt wurde vom Umweltbundesamt gefördert (vgl. Kuckartz/Schack 2002).

4 Der vollständige Leitfaden ist abgedruckt in Kuckartz/Schack 2002.

5 Das vollständige Kategoriensystem ist dokumentiert in Kuckartz/Schack 2002.

Literatur

Charmaz, Kathy (2006): Constructing Grounded Theory. A Practical Guide Through Qualitative Analysis. London, Thousand Oaks, CA.

Charmaz, Kathy/Bryant, Antony (Hrsg.) (2007): The SAGE Handbook of Grounded Theory. London, Thousand Oaks, CA.

Creswell, John W./Maietta, Ray C. (2002): Qualitative Research. In: Miller, Delbert C./Salkind, Neil J. (Hrsg.): Handbook of Research Design and Social Measurement. Sixth edition. Thousand Oaks, S. 143–199.

Döring, Nicola (2002): »1 x Brot, Wurst, 5 Sack Äpfel I.L.D.« Kommunikative Funktion von Kurzmitteilungen (SMS). In: Zeitschrift für Medienpsychologie, 14, 3, S. 118–128.

Ecker-Ehrhardt, Matthias (2002): Alles nur Rhetorik? Der ideelle Vorder- und Hintergrund der deutschen Debatte über die EU-Osterweiterung. Zeitschrift für Internationale Beziehungen, 9. Jg. Heft 2, S. 209–252.

Früh, Werner (2004): Inhaltsanalyse. Theorie und Praxis, 5. Auflage. Konstanz.

Gibbs, Graham R. (2002): Qualitative Data Analysis: Explorations with NVivo. Buckingham.

Guetterman, Tim/Creswell, John/Kuckartz, Udo (2015): Using Joint Displays and MAXQDA Software to Represent the Results of Mixed Methods Research. In: McCrudden, Matthew et al. (Hrsg.): Use of Visual Displays in Research and Testing: Coding, Interpreting and Reporting Data. Charlotte NC, S. 145–176.

Kelle, Udo/Kluge, Susann (Hrsg.) (2010): Vom Einzelfall zum Typus. Fallvergleich und Fallkontrastierung in der qualitativen Sozialforschung, 2. Auflage. WiesbadeKluge, Susann, (1999): Empirisch begründete Typenbildung. Zur Konstruktion von Typen und Typologien in der qualitativen Sozialforschung. Opladen.

Krippendorff, K. (2004). Content Analysis. An Introduction to Its Methodology, 2. Auflage. Thousand Oaks, CA.

Kuckartz, Udo (2010): Einführung in die computergestützte Analyse qualitativer Daten, 3. Auflage. Wiesbaden.

Kuckartz, Udo (2014): Mixed Methods. Methodologie, Forschungsdesigns und Analyseverfahren. Wiesbaden.

Kuckartz, Udo (2016): Qualitative Inhaltsanalyse. Methoden, Praxis, Computerunterstützung, 3. Auflage. Weinheim.

Kuckartz, Udo/Schack, Korinna (2002): Umweltkommunikation gestalten. Eine Studie zu Akteuren, Rahmenbedingungen und Einflussfaktoren des Informationsgeschehens. Opladen.

Lofland, John/Lofland, Lyn, H. (1984): Analyzing Social Settings: A Guide to Qualitative Observation and Analysis. Second Edition Belmont.

Mayring, Philipp (2001): Kombination und Integration qualitativer und quantitativer Analyse (31 Absätze). Forum Qualitative Sozialforschung/Forum Qualitative Social Research (Online-Journal), 2(1). Verfügbar über: http://www.qualitative-research.net/fqs/fqs.htm (Zugriff: 31.7.2002).

Mayring, Philipp (2015): Qualitative Inhaltsanalyse. Grundlagen und Techniken, 12. Auflage. Weinheim.

Nagl, Sylvia (2002): Kinder- und Jugendfernsehen in der Presse. Internationales Zentralinstitut für das Jugend- und Bildungsfernsehen, IZI, München.

Rössler, Patrick (2002): Von der Agenturwirklichkeit zur Pressewirklichkeit. Vielfalt und Fokussierung auf der Mikroebene. Berichterstattung von Tageszeitungen und deren Abhängigkeit von Nachrichtenlieferanten. In: Baum, Achim/Schmidt, Siegfried J. (Hrsg.): Fakten und Fiktionen: über den Umgang mit Medienwirklichkeiten. Konstanz, S. 165–180.

Schaffar, Birgit (2002): Aktuelle Themen, interessante Gäste, kontroverse Diskussionen? Eine tiefenhermeneutische Inhaltsanalyse der Talkshow »Sabine Christiansen«. Marburg.

Schreier, Margrit (2012): Qualitative Content Analysis in Practice. Los Angeles, London.

Schreier, Margrit (2014): Varianten qualitativer Inhaltsanalyse: Ein Wegweiser im Dickicht der Begrifflichkeiten [59 Absätze]. Forum Qualitative Sozialforschung / Forum: Qualitative Social Research, 15(1), Art. 18.

Silver, Christina/Lewins, Ann (2014): Using Software in Qualitative Research. A Step-by-Step Guide. London.

Strauss, Anselm L./Corbin, Juliet M. (1996): Grounded Theory. Grundlagen qualitativer Sozialforschung. Weinheim.

Witzel, Andreas (2000): Das problemzentrierte Interview (26 Absätze). Forum Qualitative Sozialforschung/Forum: Qualitative Social Research (Online Journal), 1(1). Verfügbar über: http://www.qualitative-research.net/fqs-texte/1-00/1-00witzel-d.htm) (Zugriff: 29.7.2002).

Witzel, Andreas/Reiter, Herwig (2012): The Problem-Centred Interview. London.

Film- und Fernsehanalyse

Lothar Mikos

In der Medien- und Kommunikationswissenschaft sowie der sozialwissenschaftlichen Erforschung von Medienphänomenen spielen visuelle Daten eine große Rolle. Im Folgenden geht es um die Analyse von visuellen Daten, die als Primärquellen vorgefunden werden. Der Einsatz von technischen Medien wie Film oder Video im Forschungsprozess selbst, z. B. bei der teilnehmenden Beobachtung oder der ethnographischen Feldforschung, bleibt unberücksichtigt. Vielmehr werden Filme und Fernsehsendungen als Quellen verstanden, die Ausschnitte aus der gesellschaftlichen Realität präsentieren und im Rahmen kommunikativer Konstellationen, Diskurspraktiken und soziokultureller Praktiken analysiert werden müssen. Medien dienen also vorwiegend der Repräsentation.

Filme und Fernsehsendungen als Gegenstand der Forschung

Filme und Fernsehsendungen als Medientexte können »als Elemente der Repräsentationsordnung der Gesellschaft« (Winter 2002) angesehen werden. Sie stellen Ausschnitte aus der gesellschaftlichen Wirklichkeit dar, zugleich dienen sie der Kommunikation der Produzenten mit den Nutzern der Filme und Fernsehsendungen. Letztere müssen nicht mit dem von den Produzenten beabsichtigten Adressaten der Bilder identisch sein, sondern es können je nach historischem, sozialem und kulturellem Kontext, in dem die Bilder rezipiert werden, sehr unterschiedliche Nutzer sein. In der Analyse müssen diese beiden Aspekte berücksichtigt werden. Wenn, wie es Angela Keppler (2001, S. 131) formuliert hat, sich im medialen Produkt »die Perspektiven der Produktion und der Rezeption auf eine bestimmte Weise« treffen, dann ist es Aufgabe der Analyse herauszufinden, auf welche Weise dies genau geschieht. Daher können dann nicht nur die »Medieninhalte als Kommunikationsangebote« (ebd.) verstanden werden, sondern das gesamte symbolische Material, also auch Narration und Dramaturgie sowie die gestalterischen Mittel, mit denen die Aufmerksamkeit der Betrachter erregt werden soll. Filme und Fernsehsendungen als Medientexte dienen als semiotische Ressource und symbolisches Material. Man kann daher mit John Fiske (1987, S. 95 f.) auch von der »Textualität« bzw. von produzierbaren Texten sprechen. Damit ist gemeint, dass die Film- und Fernsehtexte nach einer Vervollständigung durch die Zuschauer verlangen, sie werden erst im Akt der Rezeption und Aneignung produziert. Nach diesem Verständnis können Medientexte auch keine abgeschlossenen Bedeutungen haben, die z. B. Forscher in einer Analyse »objektiv« freilegen könnten, sondern sie entfalten ihr semantisches und symbolisches Potenzial erst durch die aktiven Zuschauer, d. h., sie können lediglich potenzielle Bedeutungen haben, auch für die verschiedenen Wissenschaftler, die sich als Betrachter zu verschiedenen Zeiten aus verschiedenen Gründen mit ihnen befassen.

Filme und Fernsehsendungen können also nur Angebote machen und mögliche Lesarten inszenieren, über die sie die Aktivitäten der Zuschauer vorstrukturieren. Eines können sie aber nicht: Sie können nicht die Bedeutung festlegen. Sie funktionieren als Agenten in der sozialen Zirkulation von Bedeutung und Vergnügen, denn sie können ihr Sinnpotenzial nur in den sozialen und kulturellen Beziehungen entfalten, in die sie integriert sind: »Texte funktionieren immer im gesellschaftlichen Kontext« (Fiske 1993, S. 13). Erst da kommt ihre strukturierende Kraft zum Tragen. Die Aneignung von populären Texten ist nach Fiske am Schnittpunkt von sozialer und textueller Determination lokalisiert. Damit wird auch deutlich, dass sich Texte immer im Feld sozialer Auseinandersetzung befinden (vgl. Mikos 2001, S. 362). Für die Analyse heißt dies, dass die Struktur von Filmen und Fernsehsendungen zu den Rezeptions- und Aneignungsaktivitäten in Bezug gesetzt werden muss.

Filme und Fernsehsendungen sind grundsätzlich an ein Publikum gerichtet. Daher sind sie zum Wissen, zu den Emotionen und Affekten, zum praktischen Sinn und zur sozialen Kommunikation der Rezipienten hin geöffnet. Es lassen sich vier Arten von Aktivitäten unterscheiden, die in der Rezeption und Aneignung eine Rolle spielen: 1) kognitive Aktivitäten, 2) emotionale und affektive Aktivitäten, 3) habituelle und rituelle Aktivitäten, 4) sozial kommunikative Aktivitäten. Sie alle sind an zwei grundlegende modi operandi gebunden, die den Umgang mit den Medientexten ausmachen: das Verstehen und das Erleben der Filme und Fernsehsendungen. Daher geht es in der Analyse vor allem darum, diese Prozesse des Verstehens und Erlebens herauszuarbeiten. Das Verstehen von Medientexten meint, anhand einer visuellen Quelle zu untersuchen, wie sie sich als bedeutungsvoller Text, der in den kulturellen Kreislauf von Produktion und Rezeption eingebunden ist, konstituiert (vgl. Mikos 1998, S. 3). Dazu müssen jedoch auch die lebensweltlichen Verweisungszusammenhänge einbezogen werden. Das Erleben von Medientexten meint eine eigene Zeitform mit eigenen Höhepunkten, »in denen das zu kulminieren scheint – sowohl das, das es auf der Leinwand zu besichtigen gilt, wie auch das Erleben selbst«, wie es Norbert Neumann und Hans J. Wulff (1999, S. 4) für das Filmerleben formuliert haben. Das Erleben der Medientexte schafft eigene Sinnstrukturen, die mit der Alltagswelt und den lebensweltlichen Verweisungszusammenhängen der Zuschauer verknüpft sind. Allerdings sind Verstehens- und Erlebensaktivitäten nicht unabhängig von den Kontexten zu sehen, in die sie eingebettet sind, die jeweils relevanten Diskurse und soziokulturellen Praktiken.

Als Elemente der Repräsentationsordnung der Gesellschaft korrespondieren Filme und Fernsehsendungen mit gesellschaftlichen Strukturen, sie leisten einen Beitrag zur gesellschaftlichen Konstruktion von Wirklichkeit (vgl. Peltzer/Keppler 2015, S. 14). Darin liegt einerseits ihre ideologische Komponente (vgl. Mikos 2015, S. 45). Für die Analyse ist daher nicht nur der Inhalt der Medientexte relevant, sondern auch wie dieser Inhalt präsentiert wird und damit zur Produktion von Bedeutung und der sozialen Konstruktion von gesellschaftlicher Wirklichkeit beiträgt: »Der auszusagende Inhalt – ein Gedanke, eine Geschichte, ein Thema – wird mit einem *Darstellungsformat* vereinigt. Erst in dieser Gestalt kann er zum Element des kommunikativen Verkehrs werden« (Wulff 1999, S. 32; H. i. O.). Dabei ist grundsätzlich davon auszugehen, dass alles, was die Kamera zeigt, wichtig und bedeutsam ist. Wenn Medientexte zum Wissen, zu den Emotionen, zur sozialen Kommunikation und zum praktischen Sinn der Zuschauer hin geöffnet sind, dann steht im Mittelpunkt der Analyse die Art und Weise, wie diese Texte zum »sinnhaften Aufbau der sozialen Welt« (Schütz 1991) beitragen, und zwar in Bezug auf die strukturelle Rolle der Medien in der gesellschaftlichen Kommunikation sowie in Bezug auf die konkrete Rolle einzelner Medien und Medieninhalte für die Subjektkonstitution und Identitätsbildung konkreter Zuschauer und Zuschauergruppen.

Repräsentation meint den »Prozess, bei dem Mitglieder einer Kultur Sprache benutzen, um Bedeutung zu produzieren« (Hall 1997, S. 61). Als Sprache gilt dabei jede Art von Zeichensystem, also auch Medien wie Foto, Film und Fernsehen. Dabei werden Zeichen benutzt, »die in verschiedenen Arten von Sprachen organisiert sind, um bedeutungsvoll mit anderen kommunizieren zu können« (ebd., S. 28). Die Zeichen können für Objekte in der so genannten realen Welt stehen, sie können aber auch für abstrakte Ideen und Fantasiewelten stehen. Nach Hall gibt es zwei Repräsentationssysteme, einerseits das Zeichensystem, in dem die Artikulation stattfindet, und andererseits mentale Konzepte, die »die Welt in bedeutungsvolle Kategorien klassifizieren und organisieren« (ebd.). Es existiert keine Realität außerhalb der Repräsentation. In diesem Sinn können die kognitiven Aktivitäten, zu denen die Medientexte als Zeichen- und damit als Repräsentationssystem hin geöffnet sind, als mentale Repräsentationssysteme gesehen werden. Filme und Fernsehsendungen können als Zeichensysteme betrachtet werden, die reale Welten und abstrakte Ideen, die der gesellschaftlichen Wirklichkeit entstammen, oder mögliche Welten, wie sie in Geschichten erzählt werden, repräsentieren. Als Zeichensysteme stehen sie in Bezug zum »historischen, kulturellen und sozialen Wandel. Repräsentationen sind daher ein Ort des Kampfes um Bedeutung« (Taylor/Willis 1999, S. 40). Zugleich beziehen sie sich auf den gesellschaftlichen Wissensvorrat, der die Positionierung des Individuums in der Gesellschaft bestimmt (vgl. Berger/Luckmann 2010, S. 43). Da die Texte aber zugleich zu den Aktivitäten der Zuschauer hin geöffnet sind, spielen sie für Identität und Subjektivität eine wichtige Rolle (vgl. Bachmair 1996, 238 ff.; Fiske 1987, S. 4 ff.; Grossberg/Wartella/Whitney 1998, S. 205 ff.; Hoffmann 2004; Wegener 2004). Auf dieser Basis reflektieren die Menschen »ihre Erfahrungen und ihren Platz in der Welt« (Grossberg/Wartella/Whitney 1998, S. 227).

Das macht sie einerseits als Quellen der sozialwissenschaftlichen Forschung so interessant und andererseits zu visuellen Daten (vgl. Flick 1995, S. 172 ff. sowie die Beiträge in Ehrenspeck/Schäffer 2003), die der Analyse bedürfen.

Arbeitsschritte der Analyse

Wenn Filme und Fernsehsendungen als Kommunikationsmedien begriffen werden, dann tritt auch der analysierende Wissenschaftler mit ihnen in ein kommunikatives Verhältnis. Allerdings ist dieses Verhältnis auf eine andere Art und Weise konstituiert, als das bei der »normalen« Rezeption der Fall ist. Die Analysierende richtet ihre gesamte Aufmerksamkeit auf das Objekt ihrer Arbeit. Während es in der normalen Rezeptionssituation zu einer Interaktion zwischen Medien-

text und Zuschauer kommt, in der eine gewisse Autorität des Textes gewahrt bleibt, ändert sich dieses Verhältnis in der Analysesituation. Hier kommt es aufgrund des Erkenntnisinteresses, das aus verschiedenen theoretischen Annahmen gespeist wird, zu einer Autorität des Analysierenden gegenüber dem Film- oder Fernsehtext (vgl. auch Elsaesser/Buckland 2002, S. 287). In gewisser Weise könnte man sagen, dass in der Analyse der Wissenschaftler als ein besonderer Betrachter dem Medientext ein theoretisches Vorverständnis entgegenbringt und sich damit auf eine metakommunikative Ebene begibt, die das kommunikative Verhältnis zwischen Medientext und »normalem« Zuschauer reflektiert. Die Analysierende folgt in ihrer Arbeit einer paradoxen Doppelbewegung: Einerseits muss sie sich der Bedingungen und Strukturen der »normalen« Rezeption bewusst sein, andererseits muss sie aber genau von diesen Bedingungen und Strukturen abstrahieren, um einer methodisch kontrollierten Analyse nachzugehen.

Unter Analyse soll hier eine systematische, methodisch kontrollierte und reflektierte Beschäftigung mit einem Film oder einer Fernsehsendung bzw. einer Gruppe von Filmen oder Fernsehsendungen verstanden werden (Mikos 2015, S. 70), deren Ziel es ist, herauszuarbeiten, wie sie Bedeutung bilden.

Grundsätzlich muss zwischen Analyse, Beschreibung und Interpretation unterschieden werden. Analyse meint die systematische Herausarbeitung der Komponenten eines Films oder einer Fernsehsendung und – in einem zweiten Arbeitsschritt – das In-Beziehung-Stellen zum gesamten Text sowie zu den Kontexten. Die Beschreibung ist eine sprachliche Operation, in der das Sichtbare der Medientexte dargestellt wird. Es handelt sich gewissermaßen um die sprachliche Sicherung der Datenbasis, die der Analyse zugänglich sein soll. Die Interpretation folgt letztlich auf die Analyse, denn sie stellt die Ergebnisse der Analyse in einen theoretischen und historischen Kontext.

Unabhängig von Umfang und Art der Analyseschritte besteht weitgehend Einigkeit darüber, dass vier Tätigkeiten grundlegend für die

Film- und Fernsehanalyse sind: 1) Beschreiben, 2) Analysieren, 3) Interpretieren und 4) Bewerten (vgl. Elsaesser/Buckland 2002, S. 284 ff.; Korte 2010, S. 75). Diese vier Tätigkeiten können als Grundoperationen angesehen werden. Sie müssen sich in der Abfolge der Arbeitsschritte wiederfinden lassen, die bei der Operationalisierung für eine konkret durchzuführende Analyse festgelegt werden. Hier sollen keine allgemeinen Hinweise zur Operationalisierung gegeben werden, sondern konkrete Schritte zur Analysearbeit empfohlen werden, die – unabhängig von Erkenntnisinteressen und Zwecken – die Analyse von visuellen Daten bzw. Medientexten erleichtern sollen. Folgende vierzehn Arbeitsschritte sind meines Erachtens sinnvoll (vgl. ausführlich Mikos 2015, S. 74 f.):

1) Entwicklung eines allgemeinen Erkenntnisinteresses
2) Anschauung des Materials
3) Theoretische und historische Reflexion
4) Konkretisierung des Erkenntnisinteresses
5) Entwicklung der Fragestellung(en)
6) Eingrenzung des Materials bzw. Bildung des Analysekorpus
7) Festlegung der Hilfsmittel
8) Datensammlung
9) Beschreibung der Datenbasis
10) Analyse der Daten – Bestandsaufnahme der Komponenten der Filme und Fernsehsendungen
11) Auswertung – Interpretation und Kontextualisierung der analysierten Daten
12) Evaluation I – Bewertung der analysierten und interpretierten Daten
13) Evaluation II – Bewertung der eigenen Ergebnisse gemessen am Erkenntnisinteresse und der Operationalisierung
14) Präsentation der Ergebnisse

Im Folgenden werden die vierzehn Arbeitsschritte kurz beschrieben.

1. Entwicklung eines allgemeinen Erkenntnisinteresses

Bevor mit einer Analyse begonnen wird, sollte aus dem weiten Feld theoretischer oder historischer Ansätze und Annahmen ein allgemeines Erkenntnisinteresse entwickelt werden, das sich beispielsweise auf eine Gruppe von Fernsehsendungen wie Quizshows oder auf einzelne Filme wie *Django Unchained* oder *Arrival* beziehen kann oder das sich von allgemeinen theoretischen Überlegungen einem Korpus von Medientexten nähert, z. B. der visuellen Repräsentation von Ausländern in der Kriminalberichterstattung.

2. Anschauung des Materials

Eine Film- und Fernsehanalyse ohne Anschauung des Materials ist undenkbar. Geht es in der Analyse doch auch darum, die flüchtige Seherfahrung festzuhalten und zu reflektieren. Denn im Zentrum der Analyse steht der Versuch, die Strukturiertheit und die Funktion des unbewegten und bewegten Bildes zu verstehen. Daher ist die Analyse auch als ein hermeneutisches Unterfangen zu begreifen. Die Anschauung des Materials ist hier zwar als zweiter Arbeitsschritt aufgeführt, sie begleitet jedoch alle anderen Arbeitsschritte bis hin zur Präsentation der Analyse. Vom ersten bis zum letzten Arbeitsschritt ist die wiederholte Anschauung des Film- und Fernsehmaterials unerlässlich. Die Analyse steht in einer doppelten Beziehung zum visuellen Material: Einerseits werden ihre Erkenntnisse aus der Anschauung des Materials gewonnen, andererseits müssen diese gewonnenen Erkenntnisse immer wieder durch Anschauung überprüft werden.

3. Theoretische und historische Reflexion

Die Sichtung der visuellen Daten geht einher mit der Lektüre theoretischer und historischer Abhandlungen, die im Rahmen des allgemeinen Erkenntnisinteresses relevant sind. Vor dem Hintergrund der gesichteten Filme und Fernsehsendungen wird nun Literatur recherchiert und gelesen. Aus der gegenseitigen Befruchtung von Anschauung des Materials und der theoretischen oder historischen Reflexion lässt sich das konkrete Erkenntnisinteresse entwickeln.

4. Konkretisierung des Erkenntnisinteresses
Mit dem konkreten Erkenntnisinteresse ist auch das Ziel der Analyse benannt. Es kann sich auf bestimmte Aspekte der Repräsentation richten und auf die Art, wie dies inszeniert ist. Ebenso können die Kontexte wie Diskurse oder sozio-kulturelle Praktiken ins Zentrum des Erkenntnisinteresses rücken. So kann eine Analyse des Ausländerbildes in der Kriminalberichterstattung in Bezug zu den Diskursen über Fremdsein und Fremdheit, die in der Gesellschaft zirkulieren, gesetzt werden.

5. Entwicklung der Fragestellung(en)
Steht das konkrete Erkenntnisinteresse fest, lassen sich Fragestellungen entwickeln, die für die Analyse leitend sind. Für das genannte Beispiel der Repräsentation von Ausländern könnten sich z. B. folgende Fragen ergeben: Hat sich die Darstellung von Migranten bzw. Flüchtlingen in den vergangenen Jahrzehnten verändert? In welcher Rolle werden sie vorrangig dargestellt, als Täter oder Opfer? Welche Werte spielen in der Darstellung eine Rolle? Wie werden sie für die Kamera inszeniert? Die Liste ließe sich fortsetzen. Die Fragen zielen darauf ab, das Exemplarische der Beispielfilme oder -fernsehsendungen, auf die sich das konkrete Erkenntnisinteresse richtet, herauszuarbeiten.

6. Eingrenzung des Materials bzw. Bildung des Analysekorpus
Aus forschungsökonomischen Gründen ist es in der Regel nicht möglich, eine Gesamterhebung durchzuführen. Folglich muss eine Auswahl aus dem gesamten audiovisuellen Material, das die Grundgesamtheit bildet, getroffen werden. Es wird eine Stichprobe (Sample) gebildet. Dazu können verschiedene Verfahren angewendet werden, die sich grob in eine gezielte Auswahl und eine Zufallsauswahl unterscheiden lassen (vgl. dazu Kromrey 2006, S. 253 ff.). Bei der Eingrenzung des Materials bzw. der Auswahl des Analysekorpus muss der Zweck der Analyse und die zur Verfügung stehende Zeit berücksichtigt werden. Sie stellt einen ersten Schritt dar, um das Problem der prinzipiellen Endlosigkeit der Ana-

lyse zu lösen. Steht die Auswahl der zu analysierenden Film- und Fernsehtexte fest, müssen die Hilfsmittel für die Analyse bestimmt werden.

7. Festlegung der Hilfsmittel
Grundsätzlich lassen sich zwei Arten von Hilfsmitteln unterscheiden: Erstens technische Hilfsmittel, die z. B. für die Sichtung von Filmen und Fernsehsendungen unentbehrlich sind, zweitens Hilfsmittel, die zur Umsetzung des audio-visuellen Materials in Sprache oder grafische Darstellungen dienen. Zu Letzteren gehören als Beschreibungsverfahren von Filmen und Fernsehsendungen das Sequenzprotokoll (→ Korte, S. 432 ff.) in seinen verschiedenen Varianten und die unterschiedlichen Verfahren der computergestützten Filmanalyse.

8. Datensammlung
Steht fest, welche Filme und Fernsehsendungen analysiert werden sollen, müssen sie dokumentiert werden. Denn nur wenn sie dem Wissenschaftler zur Verfügung stehen, können sie eingehend analysiert werden.

9. Beschreibung der Datenbasis
In einem nächsten Schritt muss die Datenbasis, die Grundlage der Analyse ist, beschrieben werden. Dabei reicht es nicht, sich auf den Inhalt des zu analysierenden visuellen Materials zu beziehen, sondern die Beschreibung orientiert sich bereits am Erkenntnisinteresse. In ihr muss bereits deutlich werden, welche Sinnangebote die Medientexte machen und wie sie Bedeutung bilden. Allerdings ist bei der Beschreibung darauf zu achten, dass sie nicht bereits zur Interpretation, d. h. Bewertung der Daten wird.

10. Analyse der Daten
In diesem Arbeitsschritt ist die eigentliche Grundlagenarbeit, die Bestandsaufnahme der Komponenten der Filme und Fernsehsendungen zu leisten. Da ohne theoretisches oder historisches Vorverständnis keine Analyse durchgeführt werden kann, wird dadurch eine Perspektive auf die Bestandsaufnahme der Komponenten des visuellen Materials geschaffen. Das trifft nicht

nur auf so genannte applikative Analysen zu, bei denen theoretische Annahmen am Material überprüft werden, sondern auch auf so genannte explorative Analysen, bei denen »aus der genauen Beschreibung von Einzeltexten oder Gruppen von Einzeltexten Kriterien und Charakteristiken gewonnen werden, die theoriefähig sind, also in einer Theorie interpretiert werden können« (Wulff 1998, S. 22). Denn auch Letztere sind ohne ein theoretisches Vorverständnis nicht möglich. Sind die Komponenten der Film- und Fernsehtexte in der Analyse erfasst, folgt als nächster Arbeitsschritt die Auswertung des analysierten Materials.

11. Auswertung

Mit der Auswertung der analysierten Daten nähert man sich dem Analyseziel. Hier werden die strukturellen Komponenten der Film- und Fernsehtexte im Hinblick auf die Bedeutungsbildung und die Gestaltung des kommunikativen Verhältnisses mit den Zuschauern hin interpretiert und in die Kontexte eingeordnet. Sie werden in Bezug auf das konkrete Erkenntnisinteresse interpretiert. Auf diese Weise ließe sich z. B. feststellen, dass sich die Repräsentation von Migranten bzw. Flüchtlingen in der Kriminalberichterstattung vor allem über die Rolle des Täters geschieht und die dargestellten Personen entsprechend bedrohlich visuell in Szene gesetzt werden. Zugleich mag sich zeigen, dass sich dieses Repräsentationsmuster mit einem allgemeinen Diskurs über die Rolle von Ausländern in der Gesellschaft verbindet, in dem sie mehrheitlich als Bedrohung gesehen werden.

12. Evaluation I

In diesem Schritt werden die Ergebnisse der eigenen Analyse vor dem Hintergrund der theoretischen und historischen Literatur sowie bisheriger analytischer Studien bewertet. Es wird überprüft, ob die Ergebnisse wirklich neu sind oder ob bereits ein anderer Forscher zu ähnlichen Ergebnissen gekommen ist, aber möglicherweise in einem anderen Kontext. Diese Bewertungen sind notwendig, weil die Film- und Fernsehanalyse als eine Grundlagenarbeit für die Weiterentwicklung von theoretischen Annahmen und historischen Erkenntnissen begriffen werden muss.

13. Evaluation II

In diesem vorletzten Arbeitsschritt werden die eigenen Ergebnisse vor dem Hintergrund des Erkenntnisinteresses und der Operationalisierung bewertet. In anderen Worten: Es geht darum, ob sich der Aufwand gelohnt hat und ob der Weg der Analyse der angemessene war, um auf die Fragestellungen eine Antwort zu finden. Für die Durchführung weiterer Analysen im Rahmen der wissenschaftlichen Ausbildung oder der Forschung ist es wichtig, die eigene Analysearbeit zu reflektieren und zu bewerten. Nur so lassen sich beim nächsten Mal Fehler vermeiden und sich Erkenntnisinteresse und Operationalisierung der Analyse in einem Rahmen gestalten, der den Zweck der Analyse und forschungsökonomische Kriterien angemessen berücksichtigt.

14. Präsentation der Ergebnisse

Den Abschluss jeder Analyse bildet die Präsentation der Ergebnisse. Sie muss generell darauf abzielen, Leserinnen oder Zuhörern das audiovisuelle Material, das der Analyse zugrunde lag, in sprachlicher Form so nahe zu bringen, dass sie die Ergebnisse der Analyse nachvollziehen können, auch wenn sie das betreffende Material nicht gesehen haben. Der Einsatz visueller Hilfsmittel ist dabei allerdings nicht nur erlaubt, sondern ausdrücklich empfohlen.

Die Berücksichtigung dieser Arbeitsschritte dient einer strukturierten, systematischen Analyse und damit der methodischen Kontrolle. Häufig neigen Analysen von Filmen oder Fernsehsendungen zur Überinterpretation, d.h., die Analyse hat dann wenig mit dem analysierten Gegenstand zu tun, sondern mehr mit den allgemeinen Theorien, mit denen sich die Wissenschaftler dem visuellen Material nähern. Das kann durch eine systematische Analyse verhindert werden.

Fazit

Filme und Fernsehsendungen sind wichtige sozialwissenschaftliche Quellen. Da sich im konkreten Medientext Produktion und Rezeption treffen, sagen sie als Medien der Repräsentation einerseits etwas über die Gesellschaft, die Kultur, die Diskurse und die sozialen Bedingungen aus, unter denen sie entstanden sind, ebenso wie sie etwas über die Gesellschaft, die Kultur, die Diskurse und die sozialen Bedingungen aussagen, in denen sie betrachtet werden. Damit sagen sie nicht nur etwas über ihre Produzenten, sondern auch über ihre Betrachter aus. Zugleich wird damit ihr Beitrag zum sinnhaften Aufbau der sozialen Welt sichtbar. Ihre Funktion als Elemente der gesellschaftlichen Repräsentationsordnung ist ebenso Gegenstand der Analyse wie die Art und Weise, in der die Repräsentation inszeniert ist. Allerdings muss sich die Analyse des visuellen Materials an den theoretischen und/oder historischen Kontexten orientieren, aus denen das konkrete Erkenntnisinteresse entwickelt wurde. In der systematischen Analyse wird das Bedeutungspotenzial von Filmen und Fernsehsendungen herausgearbeitet.

Literatur

Bachmair, Ben (1996): Fernsehkultur. Subjektivität in einer Welt bewegter Bilder. Opladen.

Berger, Peter L./Luckmann, Thomas (2010): Die gesellschaftliche Konstruktion der Wirklichkeit. Eine Theorie der Wissenssoziologie. 23. Auflage Frankfurt a. M.

Ehrenspeck, Yvonne/Schäffer, Burkhard (Hrsg.) (2003): Film- und Fotoanalyse in der Erziehungswissenschaft. Ein Handbuch. Opladen.

Elsaesser, Thomas/Buckland, Warren (2002): Studying Contemporary American Film. A Guide to Movie Analysis. London/New York.

Fiske, John (1987): Television Culture. London/New York.

Fiske, John (1993): Populärkultur. Erfahrungshorizont im 20. Jahrhundert. Ein Gespräch mit John Fiske. In: Montage/AV, 2, 1, S. 5–18.

Flick, Uwe (1995): Qualitative Forschung. Theorie, Methoden, Anwendung in Psychologie und Sozialwissenschaften. Reinbek.

Grossberg, Lawrence/Wartella, Ellen/Whitney, D. Charles (1998): Media Making. Mass Media in a Popular Culture. Thousand Oaks u. a.

Hall, Stuart (1997): The Work of Representation. In: Ders. (Hrsg.): Representation. Cultural Representations and Signifying Practices. London u. a., S. 13–74.

Hoffmann, Dagmar (2004): Zum produktiven Umgang von Kindern und Jugendlichen mit medialen Identifikationsangeboten. In: Medien + Erziehung, 48, 6, S. 7–19.

Keppler, Angela (2001): Mediales Produkt und sozialer Gebrauch. Stichworte zu einer inklusiven Medienforschung. In: Sutter, Tilmann/Charlton, Michael (Hrsg.): Massenkommunikation, Interaktion und soziales Handeln. Wiesbaden, S. 125–145.

Korte, Helmut (2010): Einführung in die Systematische Filmanalyse. Ein Arbeitsbuch. 4., neu bearbeitete und erweiterte Auflage Berlin.

Kromrey, Helmut (2006): Empirische Sozialforschung. Modelle und Methoden der standardisierten Datenerhebung und Datenauswertung. 12. Auflage Stuttgart.

Mikos, Lothar (1998): Filmverstehen. Annäherung an ein Problem der Medienforschung. In: Medien Praktisch, Sonderheft Texte 1, S. 3–8.

Mikos, Lothar (2001): Fernsehen, Populärkultur und aktive Konsumenten. Die Bedeutung John Fiskes für die Rezeptionstheorie in Deutschland. In: Winter, Rainer/Mikos, Lothar (Hrsg.): Die Fabrikation des Populären. Der John Fiske-Reader. Bielefeld, S. 361–371.

Mikos, Lothar (2015): Film- und Fernsehanalyse. 3., überarbeitete und aktualisierte Auflage Konstanz/München.

Neumann, Norbert/Wulff, Hans J. (1999): Filmerleben. Annäherung an ein Problem der Medienforschung. In: Medien Praktisch, Sonderheft Texte 2, S. 3–7.

Peltzer, Anja/Keppler, Angela (2015): Die soziologische Film- und Fernsehanalyse. Eine Einführung. Berlin/Boston.

Schütz, Alfred (1991): Der sinnhafte Aufbau der sozialen Welt. Eine Einleitung in die verstehende Soziologie. (Erstausgabe 1932). Frankfurt a. M.

Taylor, Lisa/Willis, Andrew (1999): Media Studies. Texts, Institutions and Audiences. Oxford/Malden, MA.

Wegener, Claudia (2004): Identitätskonstruktion durch Vorbilder. Über Prozesse der Selektion, Aneignung und Interpretation medialer Bezugspersonen. In: Medien + Erziehung, 48, 6, S. 20–31.

Winter, Rainer (2002): Film und soziale Wirklichkeit, Überlegungen zu einem (wenig genutzten) soziologischen Forschungsinstrument. Vortrag auf dem 31. Kongress der Deutschen Gesellschaft für Soziologie. 7.–11. Oktober 2002 in Leipzig.

Wulff, Hans J. (1998): Semiotik der Filmanalyse. Ein Beitrag zur Methodologie und Kritik filmischer Werkanalyse. In: Kodikas/Code, 21, 1–2, S. 19–36.

Wulff, Hans J. (1999): Darstellen und Mitteilen. Elemente der Pragmasemiotik des Films. Tübingen.

Videospielanalyse

SUSANNE EICHNER

Videospiele haben sich in den letzten Jahrzehnten als Forschungsgegenstand der Kommunikations- und Medienwissenschaft etabliert. Ebenso wie Filme oder Fernsehsendungen können sie als kulturelle Produkte verstanden und analysiert werden, die mit ihren Spielerinnen und Spielern in einen kommunikativen Prozess treten. Videospiele manifestieren sich in der Regel als audiovisuelle Bildschirmoberflächen, welche Ereignisse repräsentieren. Doch darüber hinaus simulieren sie auch – auf der Basis von Algorithmen – Handlungen. Die verschiedenen Handlungsmöglichkeiten sind dabei durch Game Design und Interface Design organisiert. Die hier vorgestellte Analysemethode begreift Repräsentation und Simulation als sinnstiftende Ebenen, die gemeinsam im Spielerleben, dem *Gameplay*, ihr Wirkpotenzial entfalten.

Videospiele als Analysegegenstand

»Video games shape our culture. It's time we took them seriously«, schreibt Henry Jenkins bereits im Jahr 2000. Inzwischen sind Videospiele Gegenstand und Anlass zahlreicher wissenschaftlicher Debatten und werden auch von der Öffentlichkeit jenseits des Gewaltwirkungsdiskurses reflektiert und diskutiert. Nicht zuletzt ist dies der zunehmenden Popularität von Videospielen geschuldet, die sie aus ihrem Nischendasein befreite. So lassen einzelne Spieltitel mittlerweile die Umsätze großer Hollywood-Blockbuster hinter sich und Gelegenheitsspiele *(Casual Games)* und *Mobile Games* begleiten uns ganz selbstverständlich im Alltag.

Ungeachtet der wachsenden Popularität von Videospielen und der Etablierung eines theoretischen Diskurses gestaltet sich die Lesbarkeit und Zugänglichkeit von Videospielen für die Analyse nach wie vor problematisch. Dies ist auch einem mangelnden Konsens hinsichtlich systematischer Analysezugänge geschuldet. Die Herausforderung, ein Analyseinstrument zu entwickeln, das es ermöglicht, ein bestimmtes Spiel in seiner Spezifik zu erfassen, liegt einerseits in der Bandbreite der Disziplinen, die sich mit dem Gegenstand befassen (z. B. Medienwissenschaft, Interaction Design, Ökonomie), aber auch in der Materialität des Videospiels: Es besteht zwar weitgehende Einigkeit darüber, dass der Interaktivität bzw. der Handlung im Videospiel besondere Beachtung geschenkt werden muss, jedoch unterscheiden sich die Ansätze, um Handlung im Videospiel zu konzeptualisieren, teils erheblich voneinander. Auch innerhalb der Game Studies setzt sich diese Diversität der Ansätze fort. Egenfeldt-Nielsen et al. (2016) identifizieren mehrere Analysetypen, die unterschiedlichen Theorietraditionen und Interessen zugeordnet werden können. Die allgemeinste Form der Analyse stellt dabei die Spiel-Analyse dar, welche die Autorinnen in den Vergleichenden Literaturwissenschaften und der Filmwissenschaft verankert sehen und die sich mittels Textanalyse mit Produkt und Bedeutungebene auseinandersetzen (vgl. ebd., S. 11). Werden kulturelle Produkte wie Videospiele als Kommunikationsmedien begriffen, so muss auch die Textanalyse darum bemüht sein, diese kommunikativen Potenziale und Angebote des Produkts herauszuarbeiten. Dies bezieht die Handlungsebene mit Interaction Design und *Gameplay* mit ein. Dabei ist es wichtig zu berücksichtigen, dass die Textualität eines Videospiels ungleich dynamischer ist als die eines linearen Films oder einer linearnarrativen Fernsehsendung. Denn ein konkretes Spiel materialisiert sich zeitlich und dramaturgisch verschiedenartig, je nach Spielweise und Spielentscheidungen der Spielerinnen.

Ein früher Ansatz, der den Handlungsmöglichkeiten im Videospiel Rechnung trägt, stammt von Chris Crawford aus dem Jahr 1984. Der Game Designer unterteilt Videospiele in die Elemente *Repräsentation, Interaktion, Konflikt* und *Sicherheit*. Jedes Spiel ist, laut Crawford, eine Repräsentation einer subjektiven Teilrealität, innerhalb derer die Spielerinnen bedeutungsvolle Aktionen ausführen. Teil jeden Spiels ist immer ein Konflikt, der gelöst werden muss, während die Spielenden selbst jedoch nie in Gefahr sind. Salen und Zimmerman (2004) unterstreichen diesen Aspekt und identifizieren in ihrem umfangreichen Werk *Regeln, Spiel* und *Kultur* als drei wesentliche Achsen, entlang derer Videospiele verstanden werden können. Spiel ist für die Autoren zunächst immer bedeutungsvoll und muss Ziel eines gelungenen Game Designs sein: »[M]eaningful play emerges in a game from the relationship between player action and system outcome; it is the process by which a player takes action within the designed system of a game and the system responds to the action« (ebd., S. 3).

Theorie und Methode

Handlungsperspektive

Die visualisierte Interaktion zwischen Spielerinnen und Medienprodukt ist also konstituierend sowohl für das Videospiel selbst als auch für das Spielerleben, das »meaningful play«. Videospiele werden eben nicht *gesehen*, sie werden *gespielt* und benötigen spielerseitige Aktionen, um sich überhaupt zu konstituieren und materiell zu entfalten. Anders als klassische narrative Medien visualisieren Videospiele diesen kommunikativen Prozess, da die »haptische Aktivität« und deren Auswirkung auf dem Bildschirm Teil der Text-Rezipienten-Kommunikation sind (vgl. Kocher/Böhler 2001, S. 86). Ohne die Interaktion der Spieler bleibt der Bildschirm entweder statisch oder das Spiel scheitert. In vielen

Videospielen werden spielseitige Aktionen erst ausgelöst, wenn die Spielerin einen bestimmten räumlichen Punkt im Spiel erreicht oder eine bestimmte Mission erfolgreich gelöst hat. Auf verschiedene Art und Weise ist der erfolgreiche Fortgang des Spiels so von den Aktivitäten der Spielenden abhängig.

Die Koppelung von haptischen Aktivitäten und Feedback des Spielsystems *(Input-Output Loop)*, das für das Spielerleben charakteristisch ist, wurde entsprechend von den Games Studies in den Blick genommen. Wegweisend waren hier die 1997 publizierten Werke von Janet H. Murray, »Hamlet on the Holodeck – The Future of Narrative in Cyberspace« und von Espen Aarseth, »Cybertext – Perspectives on Ergodic Literature«. Murray beschäftigt sich mit digitaler Ästhetik und hebt ihr Konzept von *Agency* – der Möglichkeit der Rezipientinnen im Text als Handelnde zu agieren und diesen eigenmächtig zu verändern – als wesentlichen Bestandteil des Verständnisses von Videospielen hervor. Aarseth definiert Videospiele als *ergodische Texte* – Texte die mittels eines physischen Aufwands erarbeitet werden müssen – und eine eigene ästhetische Qualität aufweisen. Er unterstreicht damit die Rolle der Textinterpreten als Spielende und Handelnde im Text. Entscheidend bei beiden Ansätzen ist die Hervorhebung der Rezipientinnen als Handlungsträgerinnen, die sich von der Rolle der Rezipienten von Filmen, Fernsehsendungen oder Büchern unterscheidet. Die Trennung zwischen Textproduzent und Textrezipient wird so aufgeweicht; die Rezipientin ist als unmittelbar Handelnde Teil des Medientextes selbst und damit doppelt konstituiert: Als interpretierende Betrachterin des medialen Produkts und als Agierende im Spiel (Eichner 2014, S. 101 ff.).

Videospiele unterscheiden sich also in mancher Hinsicht von den klassischen Massenmedien Film und Fernsehen. Sie benötigen spezifische technologische Voraussetzungen und erfordern eine entsprechende Technik- und Haptikkompetenz ihrer Nutzer. Sie sind als prozessuale, dynamische Texte charakterisiert und können in Online-Umgebungen zu partizipatorischen Medien werden. Allerdings trifft dies in heutigen technologisch konvergenten, Multiplattform-Medienumgebungen zu einem gewissen Grad auch auf vormals klassische lineare Medien zu. Auch hier bilden sich Feedbackstrukturen, die Partizipation erlauben. Mischformen wie das interaktive Drama »Heavy Rain«, deuten darauf hin, dass es sich bei Interaktivität und Feedbackstruktur eher um eine Unterscheidung gradueller als ontologischer Natur handelt.

Repräsentation und Simulation

Eine der Besonderheiten von Videospielen ist deren Potenzial ludische Elemente[1] mit narrativen Elementen zu verknüpfen. Die ludische Ebene ist als Simulation (eingeschriebenes Spielprinzip mit Regelwerk) organisiert, die narrative Ebene als Repräsentationssystem (audiovisuell vermittelte Narration, die erzählte Welt). Das Verhältnis von Spiel und Narration ist nicht festgelegt und reicht vom puren Spiel in »Tetris« bis zum spielfilmartigen »Heavy Rain«. Viele der populären Computer- und Konsolenspiele weisen einen mehr oder weniger stark ausgeprägten narrativen Rahmen auf, innerhalb dessen die Spielerinnen das interaktive Spiel erleben. Dieses Verhältnis wird von dem Game-Forscher Juul (2005) als »progression structure« (Struktur mit vorgegebene Ereignisverlauf) und »emergent structure« (situativ entstehenden Ereignissen) beschrieben (ebd., S. 71–72). Videospiele mischen in der Regel narrativ-fortschreitende und spielerisch-emergierende Organisationsprinzipien miteinander. Beide Ebenen müssen Gegenstand der Analyse sein, um das Erlebenspotenzial eines Spiels für die Rezipienten herauszuarbeiten, da sowohl die erzählte Geschichte als auch die davon teils losgelösten Spieleraktionen sinnstiftend und bedeutungsvoll für die Rezeption sind.

Arbeitsschritte der Videospielanalyse

Ebenso wie bei der Film- und Fernsehanalyse sind die Arbeitsschritte der Videospielanalyse

1) Beschreiben, 2) Analysieren, 3) Interpretieren und 4) Bewerten die Grundoperationen für die Operationalisierung einer konkreten Videospielanalyse (→ Mikos, S. 516 ff.). Bei der Beschreibung und Analyse des Materials muss jedoch, wie oben beschrieben, neben der Repräsentationsebene auch die Simulationsebene mit Interaction Design und Handlungsmöglichkeiten einbezogen werden. Eine Herausforderung bei der Videospielanalyse stellt auch der Umfang der Spiele dar: Teuer produzierte Blockbuster-Spiele haben oft eine Gesamtspieldauer von 70 Stunden und mehr – die offene Spielwelt von »Skyrim« bietet sogar geschätzte 200–300 Stunden Spieldauer. Je nach Schwierigkeitsgrad des Spiels, Kompetenz der Spieler und Spielweise kann diese Zeit auch variieren.

Die Elemente der Videospielanalyse

Mit dem Ansatz, Repräsentation und Simulation zu unterscheiden, wird mit dem vorliegenden Analysemodell ein Werkzeugkasten zur Verfügung gestellt, der sowohl die interaktive Ebene als auch die narrative Ebene des Spielerlebens berücksichtigt. Die konkrete Forschungsfrage bestimmt jedoch letztendlich, welche Elemente in der Analyse besondere Berücksichtigung finden. Fünf Aspekte von Videospielen werden im Folgenden differenziert und können für konkrete Forschungsfragen nutzbar gemacht werden.[2] Dies sind *Spielwelt*, mit Simulationsebene (Regelwerk, Spielziel, Handlungsmodalität), Repräsentationsebene, sowie Raum- und Zeitorganisation; *Spielfiguren und Spieler*, mit dem besonderen Verhältnis von Spiel und Spielenden und deren Bedeutung für das Spielerleben; *mediale Gestaltung und Ästhetik* mit audiovisuellem Design, grafischem Stil und Crossmedia-Elementen; sowie der *Kontext*, mit Genre und intertextuellen Bezügen sowie der kommunikativen Einbettung der Spielsituation in einen sozialen Kontext. Dabei sind die Elemente voneinander abhängig und bedingen sich teilweise gegenseitig. Die getrennte Untersuchung der Einzelaspekte ermöglicht es jedoch, die jeweilige Funktion und Bedeutung der Elemente für die Rezipienten und deren kognitives und emotionales Spielerleben zu erfassen.

Spielwelt – Simulation

Filme und Fernsehsendungen erschaffen fiktionale Welten mittels Narration. Dabei muss diese Welt plausibel gestaltet sein, um den Prozess des *willing suspension of disbelief* nicht zu stören. Auch Videospiele erzeugen fiktionale »Als-ob«-Welten, die nach den jeweiligen spezifischen Weltregeln funktionieren. Anders als bei der Bildschirmnarration vermittelt sich diese Welt jedoch nicht primär durch Repräsentation, sondern mittels einer Simulation von Welt und deren Weltregeln, die sich die Rezipienten erst erfahrbar machen müssen (vgl. Frasca 2003). Als Simulation *verhält* sich diese Welt teilweise wie ihr imaginäres Original und beinhaltet bestimmte *Verhaltensregeln*. Handeln im Spiel beinhaltet also ein Simulieren von Handlung in einem vorgegebenen Simulationsraum. Dieser Raum ist durch das Game Design und Programmcodes festgelegt, welche auch die Verhaltensregeln der Welt und deren Ausgestaltung determinieren.

Regelwerk und Spielziel

Die Verhaltensregeln können einzelne physikalische Gesetze simulieren – wenn beispielsweise Max Payne im gleichnamigen Videospiel vom vierten Stock in den Hof springt und stirbt – oder ökonomische Regeln, die denen der »realen Welt« folgen. In vielen Strategiespielen müssen die Spielerinnen zunächst eine Geldquelle erschließen, um die eigene Stellung durch den Zukauf von Materialien weiter auszubauen. Die Regeln können aber auch nach eigenen Gesetzen funktionierende Fantasiewelten simulieren. Spielregeln können besagen, dass die Spielfigur unsterblich ist oder dass sich erst beim wiederholten Spielen bestimmte Tricks und »Cheats« erschließen. Durch das Regelwerk konstituiert

sich eine »Als-ob«-Welt, die einer inneren Logik folgen muss, um den Rezipienten das Eintauchen in die fiktive Welt zu ermöglichen. Dabei gilt, dass die Orientierung im Regelwerk eines Spiels umso leichter ist, je größer das Wissen über Genre oder realweltliche Situationen ist. Das jeweilige Spielthema bietet so einen Bedeutungsrahmen für die Rezipientinnen. Indem das Regelwerk innerhalb dieses Rahmens kontextualisiert wird, wird das Spiel mit seinen Regeln für die Spielenden bedeutungsvoll (Järvinen 2003, S. 75).

Regeln haben auch die Funktion Spielziel und Spielaufgaben zu definieren. Ein Ziel kann endlich sein, das die Spieler erreichen, indem sie gewinnen oder verlieren, oder ein infinites in nicht-wettbewerbsorientierten Spielen. Ein wettkampforientiertes Rennspiel wie »Forza Motorsport« lässt seinen Nutzerinnen gar keine andere Möglichkeit, als auf eine bestimmte Art zu reagieren, soll das Spiel nicht verloren werden. Spielziel und Spielaufgaben vermitteln sich hier unwillkürlich durch die stark eingegrenzten Handlungsoptionen und den klar determinierenden Zeitfaktor.

Handlungsmodalität

Der Möglichkeit des Handelns kommt im Videospiel eine grundlegende Bedeutung zu. Murray (1997) hebt hervor, dass die Befähigung zur Einflussnahme, die *Agency*, eine »lustvolle« Tätigkeit an sich ist, denn die Spieler können »bedeutsame Aktionen ausführen und die Ergebnisse der Entscheidungen auch sehen« (ebd., S. 126). Da *Agency* und Kontrolle als wesentliche Erlebensformen in Videospielen betrachtet werden können, ist die Herausarbeitung der Handlungsmodalitäten, die ein Spiel ermöglicht, zentral für das Verstehen des Spielerlebens (vgl. hierzu weiterführend Eichner 2014).

Die jeweilige Handlungsmodalität eines Spiels ist abhängig von Elementen wie Regelwerk, Perspektive und Interaction Design. Umsetzung sowie Art und Weise, wie die Spieler im Spiel handelnd eingreifen können, strukturieren wesentlich das Spielerleben. In vielen Strategiespielen steht dabei die Modifizierung einer Umgebung im Vordergrund. Die Stadtsimulation »SimCity« erlaubt es, eine Stadt nach eigenen Vorstellungen und Wünschen aufzubauen, umzugestalten oder auch wieder zu zerstören. Die meisten Ego-Shooter hingegen ermöglichen kaum handlungsrelevante Modifikation der Umgebung. Der Raum bleibt weitgehend statisch, ist aber bevölkert von digitalen Objekten, Gegnern, die meist eliminiert werden müssen. Hier ist es die scheinbar unbegrenzte Bewegungsfreiheit und die unmittelbare Visualisierung des eigenen Tuns, die den Spielenden das Gefühl der Kontrolle und Macht über das Spiel vermitteln.

Interaction Design und Interface

Wie die Handlungsmodalitäten den Nutzerinnen kommuniziert werden, ist Teil des Interaction Designs. Dessen audiovisuelle und taktil-motorische Gestaltung ist das Interface (Steuerungsgeräte und Steuerungsoberfläche), das zwischen Spielerhandlung und Spielmechanik vermittelt. Dem Interface kommt eine wichtige Bedeutung zu, da es den Zugang zum Handeln in der Spielwelt darstellt. Je selbstverständlicher und vertrauter das Interface, desto intensiver ist das Gefühl, nicht einen Computer oder eine Konsole zu bedienen, sondern sich in der Spielwelt zu bewegen. Bildschirmseitig kommt dabei dem Aufforderungscharakter *(Affordance)* des Interface, eine bedeutende Rolle zu: »Schreit« ein Objekt im Spiel danach benutzt zu werden oder wird es leicht übersehen? Auch die Spielfigur kann als Teil des Interface gesehen werden, da die Spieler über sie ihre Handlungen ausführen. Interaction Design und Gestaltung des Interface beeinflussen so den Spielfluss und das Spielerleben, da sie räumliche und sensomotorische Immersionsprozesse ermöglichen.

Spielwelt – Repräsentation

Kein Videospiel kommt ohne Repräsentationsebene aus. In der Analyse ist es wichtig, die beteiligten mimetischen und diegetischen Elemente herauszuarbeiten, um deren Bedeutung für die Spielrezeption aufzuzeigen. Dabei kann eine Narration weitgehend fehlen (z. B. »Tetris«), nur punktuell bedeutsam werden oder das Spiel rahmend strukturieren (z. B. in »The Walking Dead«). Videospiele sind meist durch das räumliche Prinzip strukturiert und geprägt (vgl. Günzel 2012, Jenkins 2004). Jenkins bezeichnet Videospiele deswegen als räumliche Geschichten, die sich je nach Funktion des Raumes in *evozierte, inszenierte, eingebettete* und *emergente* Narrationen unterscheiden lassen (ebd., S. 122 ff.).

Generell gilt für die Repräsentationsebene, dass nicht nur bedeutsam ist, *was* gezeigt und erzählt wird, sondern auch *wie* dies geschieht. Die gesamte Inszenierung, der narrativen Rahmung und Episoden mit Inhalt und Thema, aber auch Dramaturgie, Ästhetik und Genre spielen dabei eine Rolle. Es ist für die Rezeption bedeutsam, ob es in einem Ego-Shooter darum geht, dass sich quietschbunte Pflanzen und Zombies bekämpfen (»Plants vs. Zombies: Garden Warfare«) oder ob das Spiel im Zweiten Weltkrieg angesiedelt ist (»Heroes & Generals«) – selbst wenn die ludischen Handlungsmöglichkeiten weitgehend vergleichbar sind.

In der Analyse gilt es die jeweiligen Rahmungsangebote – narrativ und ludisch – herauszuarbeiten. In vielen Spielen bemühen sich Spieldesigner beide Formen flüssig miteinander zu verknüpfen. Ein Spiel, welches beide Organisationsprinzipien geschickt miteinander verbindet, kann so eine breitere Palette an Gefühlen und Erlebensmodi – ludisches Selbst-Erleben und narratives Mit-Erleben – bei den Spielerinnen ansprechen.

Raum

Räumlichkeit wird als eines der wesentlichen ästhetischen Merkmale digitaler Umgebungen und als »zentrales Motiv«, als »raison d'être« betrachtet (Aarseth 2001, S. 309). Die jeweilige Raumarchitektur legt die Grenzen der Spielwelt fest und schränkt die Bewegungs- und Handlungsfreiheit der Spielerin ein – indem sie etwa die Sicht begrenzen oder eine freie Übersicht ermöglichen. Zur Architektur der Räumlichkeit gehört jedoch nicht nur die mediale Gestaltung des Raumes an sich, sondern auch die damit verbundene Regelhaftigkeit und die Positionierung von Spielfigur und Spieler im Raum: Können sich die Spielenden frei im Raum bewegen oder nur einem eingeschränkten Pfad folgen? Erfahren sie den Raum durch die Perspektive einer Spielfigur oder bewahren sie eine isometrische Übersichtsperspektive? Das Zusammenspiel von Raumgestaltung und Handlungsmodalität bestimmt so wesentlich die Einbindung der Spielerin in das Spiel. Über die Räumlichkeit werden dabei sowohl die Nähe und Distanz in die fiktive Spielwelt als auch das Präsenz- bzw. Immersionserleben geregelt (vgl. weiterführend zur Räumlichkeit Günzel 2012).

Zeit

Wie bei Filmen und Fernsehsendungen lässt sich auch bei Videospielen zwischen der Erzählzeit (bzw. Spielzeit), der benötigten Zeit der Darstellung, und der erzählten Zeit (bzw. Ereigniszeit), dem Zeitrahmen der Handlung, unterscheiden. Doch im Unterschied zu linearen Erzählmedien kann beim Videospiel die Spielzeit je nach individueller Fähigkeit und Spielweise teils erheblich variieren. Dabei entfaltet sich ein Spiel nicht wie eine Geschichte als zeitliche Anordnung oder Aneinanderkettung von Ereignissen, sondern als räumliches Voranschreiten durch die Spiellevels bzw. als räumliche Manipulation der Spielwelt, die sich über einen variablen Zeitraum erstreckt (vgl. hierzu weiterführend Juul 2004).

Die räumliche Progression kann durch den Faktor Zeit unterschiedlich gelenkt werden. Viele Arcade-Spiele wie »Tetris« oder Multi-Player wie »Rocket League« unterscheiden nicht zwischen Spielzeit und Ereigniszeit. Rundenbasierte Strategiespiele wie »Civilization V« hingegen simulieren komplexe Entwicklungen, die innerhalb der inneren erzählten Welt mehrerer Stunden, Jahre oder Jahrhunderte dauern. Der Zeitfaktor beeinflusst das Spielerleben hier nicht dramatisch-unmittelbar. Nicht das zeitkritische Aktion-Reaktion-Schema ist hier primär handlungsdeterminierend, sondern das »richtige«, strategische, überlegte Handeln. Zeit ist also ein wichtiger dramaturgisch-strukturierender Faktor, der insbesondere Spannung steuert.

Spielfiguren und Spieler

Perspektive und Point-of-view

Anders als bei Spielfilmen, in denen sämtliche Handlungen der Figuren bereits festgelegt sind, ist das Verhältnis von Spielfigur und Spieler in Videospielen dynamisch, d.h. das Spielsystem reagiert im Spielprozess auf die Aktionen der Spielenden. Die Eingriffsmöglichkeiten werden dabei über das Interface organisiert. Ob dazu eine dargestellte Spielfigur zum Einsatz kommt oder ob die Handlungen aus der Ferne gesteuert werden, ist eine Entscheidung des Interaction Designs. Spiele wie »Civilization« oder »Die Sims« ermöglichen das Handeln im Spiel ohne die mediale Repräsentation des Spielers als Spielfigur (vgl. weiterführend Neitzel 2013). Allerdings lassen sich über Figuren narrative Informationen vermitteln und eine emotionale Bindung an das Geschehen mittels Identifikations-, Emotions- oder Sympathieprozessen regeln. Zum Einsatz kommen hierfür eine Ego- und 3rd-Person-Perspektive, die den Spieler nah an das Geschehen heranholen.

In dem Survival Horror »The Last of Us« entfaltet sich die Narration über Dialoge und das flüssige Zusammenspiel zwischen filmischen

Zwischensequenzen und ludischem *Gameplay*. Die Ereignisse sind in einer dystopischen, post-apokalyptischen Welt angesiedelt, die von Zombies bewohnt ist. Protagonist des Geschehens ist Joel, der seine eigene Tochter beim Ausbruch der Katastrophe verloren hat und nun Verantwortung für die zombie-immune Teenagerin Ellie übernimmt. Die tragischen Hintergründe sowie Joels Persönlichkeit werden in der Eingangssequenz sowie in zahlreichen flüssig eingebauten Zwischensequenzen vermittelt und erzeugen so emotionale Anteilnahme an den Charakteren Joel und Ellie sowie am narrativen Geschehen. Während des Gameplays treten die narrativen Zusammenhänge jedoch in den Hintergrund und das selbstbezogene Erleben als Spielerin tritt in den Vordergrund (vgl. ausführlich Eichner 2016). Innerhalb des ludischen Rahmens hat eine Spielfigur also andere Funktionen als innerhalb des narrativen Rahmens.

Immersion und Identifikation

Immersions- und Präsenzerleben in der fiktionalen Welt eines Videospiels können als erfahrungsbasierter, kognitiv-emotionale Prozesse verstanden werden, die durch bestimmte textuelle Eigenschaften begünstigt werden. Die Spielfigur stellt neben Raum- und Interfacegestaltung ein weiteres Element dar, über das eine Einbindung der Nutzerinnen in das Spiel erfolgt. Über die Identifikation bzw. die »imaginative Nähe« (Eder 2006) zu einer Figur erleben wir das narrative Geschehen mit, und fiebern mit dem Schicksal der Figuren. Joel aus »The Last of Us« dient so als Medium über das die fiktive Welt erfahrbar gemacht wird. Wie nah ein Spiel seine Spieler über die Figur in die Welt einbezieht, kann eine genaue Analyse klären und beispielhaft untersuchen. Im ludischen Rahmen des *Gameplay* hingegen stehen die Selbsterfahrungen mit Kontroll- und Kompetenzerleben der Spielenden im Vordergrund. Die Nähe zum Text basiert hier weniger auf figurenbasierten Identifikationsprozessen, sondern auf Interaction Design und

Interfacegestaltung mit der visualisierten Spielfigur als Teil des Interface.

Mediale Gestaltung & Ästhetik

Audiovisuelles Design

Über das audiovisuelle Design mit Sound Design und Musik wird ein Videospiel für seine Spielerinnen sinnlich erfahrbar. Viele Aspekte der medialen Gestaltung bedingen sich dabei durch das spezifische Interaction Design, das Interface und die Perspektivierung von Spieler, Spielfigur und Spielraum. Die audiovisuelle Gestaltung kann dabei konkrete ludische oder narrative Funktionen übernehmen, wenn beispielsweise ein dumpfer Sound herannahende Gegner ankündigt, oder eine visuelle Hervorhebung auf einen funktionalen Gegenstand im Spiel hinweist. Über die audiovisuelle Gestaltung wie Farbgestaltung, Licht, Musik und Sound Design wird jedoch auch eine Grundstimmung erzeugt oder Spannung aufgebaut. Der Horror-Shooter »Dying Light« nutzt dazu auf der Tonebene Schritte, Schreie, Stöhnen und Trampeln sowie nervenaufreibende und teilweise erschreckende Soundeffekte. Hierzu gegensätzlich ist die Atmosphäre, die beim Kultspiel »Zelda« durch heitere Musik und Klangeffekte erzeugt wird. Das audiovisuelle Design übernimmt also in Videospielen narrative-kognitive, atmosphärisch-emotionale und ludisch-funktionale Aufgaben, welche die Analyse herausarbeiten kann.

Grafischer Stil

Dem grafischen Stil sind in Videospielen keine Grenzen gesetzt. Abstrakte flächige Formen (z. B. »Tetris«), artifizielle, pixelige Darstellung (z. B. »Minecraft«), Film- und Fotomaterial (z. B. »Her Story«), scherenschnittartige 2D-Animationen (z. B. »Limbo«), Anleihen aus der Malerei (z. B. »The Unfinished Swan«), 3D-Comicwelten (z. B. »Super Mario 3D World«) oder nahezu fotorealistische Darstellungen (z. B. »Star Wars: Battle-front«, 2015) sind vertreten. Innerhalb der verschiedenen Genres treten dabei grafische Trends auf, beispielsweise die Annäherung zum Fotorealismus bei Ego-Shootern. Populäre Vertreter des Genres mit anderen grafischen Ausrichtungen und Stilen, wie »XIII« oder »Team Fortress« demonstrieren jedoch, dass der Stil in Videospielen grundsätzlich variabel ist.

Crossmediale Elemente

Neben der grundsätzlichen stilistischen Ausrichtung können Videospiele als computerbasierte Medien gestalterische Elemente anderer Medien integrieren. Dies können beispielsweise Film- oder Fernsehclips, Text, Printcomic-Elemente, Audiofiles oder Zeitungsauschnitte sein. Über die Einbindung von crossmedialen Elementen können intertextuelle Bezüge evoziert (z. B. Bezüge zur Comicvorlage bei »Max Payne«) oder die innere Weltenlogik verdichtet werden (z. B. die Radiosender der »GTA«-Reihe). Die Ausgestaltung sämtlicher medialer Gestaltungselemente eines Spiels bestimmt so Erwartungshaltung und emotionale Beteiligung der Spielerinnen maßgeblich mit.

Die Analyse kann herausarbeiten, welche Bedeutung die mediale Gestaltung und Ästhetik eines Videospiels für das Spielerleben hat. Eine gelungene Immersion in das Spielgeschehen entsteht dabei durch das fließende Zusammenspiel von Interaction Design, narrativer Rahmung und medialer Darstellung. Ob ein Spiel jedoch gut ankommt, ist nicht zuletzt auch von den Medien- und Genrevorlieben der Spielerinnen und Spieler selbst abhängig.

Kontext

Genre und Intertextualität

Videospiele sind bezüglich Genre doppelt konstituiert: hinsichtlich ihrer ludischen Funktiona-lität auf der Simulationsebene und hinsichtlich ihrer Genrezugehörigkeit auf der Repräsentationsebene. So kann ein Ego-Shooter entweder Kriegsspiel (z. B. »Battlefield 1942«) oder humorvolles Horror-Spektakel (z. B. »Plants vs. Zombies: Garden Warfare«) sein. Beide Genrebezüge korrespondieren mit einer entsprechenden Erwartungshaltung der Spieler, die sich einerseits auf Spielsystem mit Handlungsmöglichkeiten und andererseits auf Thema und Inhalt der Spielwelt bezieht. Die Kontextualisierung in ein medienübergreifendes Bezugssystem bewirkt auch eine entsprechende Rahmung der Situation: Erwartungen an das Spiel und Spielerleben sind davon beeinflusst, ob ein Videospiel als politisches *Serious Game* oder als unterhaltsames Action-Spektakel gerahmt wird. Durch Genreverweise, aber auch durch Einbindung spezifischer medialer Elemente (z. B. ein Radiosender mit Gangster-Rap) werden bei den Spielern intra- und transmediale Bezüge sowie Bezüge zum Weltwissen der Rezipienten geweckt. Dieses Wissen wird wiederum im Texterleben und Interpretieren an den Text herangetragen. So ist auch zu verstehen, dass es von den allgemeinen Dispositionen der Rezipientinnen, deren Interessen und Medienvorlieben abhängt, wie ein Medientext und auch ein Spiel erfahren, interpretiert und angeeignet wird (vgl. weiterführend Mikos 2015, S. 254 ff., Wolf, 2001, S. 113 ff.).

Spielsituation

Während Videospielen in der Vergangenheit als Prozess zwischen Spiel und einem einzelnen Spieler beschrieben wurde (als *one-to-one*-Struktur), stellen inzwischen zahlreiche Autorinnen den sozial-kommunikativen Aspekt heraus, der im gemeinsames Spiel am Spielgerät, online vernetzt im Multiplayer-Modus oder auf organisierten LAN-Partys zum Tragen kommt (vgl. weiterführend Ackermann 2012). Schröter und Thon (2014) sprechen hier von einem dritten Rahmen, der neben dem ludischen und narrativen Rahmen im Spielerleben wirksam wird (vgl.

ebd., S. 48). Vernetztes Spielen in Multiplayer-Umgebungen unterscheidet sich vom Spielen im Einzelspieler-Modus dadurch, dass die Spielerinnen mit anderen »echten« Menschen spielen und nicht mit computergenerierten Gegnern. Dies führt einerseits zu einer größeren Unvorhersehbarkeit, da die Aktionen von Mitspielern und Gegnern durch den Einfallsreichtum echter Menschen statt programmierter Bots bedingt sind. Darüber hinaus eröffnet die soziale Interaktion und Kommunikation mit anderen Spielern einen weiteren Rahmen in denen Spieler nicht nur rollenkonform *in-character*, sondern auch rollenwidrig *out-of-character* handeln und kommunizieren und dabei Erleben und Bedeutung verhandeln.

Fazit

Videospiele weisen eine Vielzahl von Genres, Stilen und Spielkontexten auf. Dennoch haben sie strukturelle Gemeinsamkeiten, nach denen sie sich untersuchen lassen. Mit einer Analyse, wie sie hier vorgestellt wurde, die Inhalt, Form und Struktur vor dem Hintergrund textübergreifender Kontexte untersucht, lassen sich wesentliche Komponenten für die Wirkpotenziale des Spiel-erleben herausarbeiten. Anhand der Einteilung in die einzelnen Ebenen – *Spielwelt* mit Simulations- und Repräsentationsebene, *Spielfiguren und Spieler, mediale Gestaltung* und *Kontext* – konnte aufgezeigt werden, welche Funktion dabei den verschiedenen Elementen für das Spielerleben zukommt. Die Analyse ermöglicht es auf diese Weise, das Bedeutungs- und Erlebnis*potenzial* eines Spieltexts zu ermitteln. Wie die Spieler die im Spieltext enthaltenen Angebote jedoch tatsächlich deuten und für sich nutzen und ob es zu Umdeutungen der präferierten Bedeutungsangebote kommt, muss eine auf der Analyse basierende Rezeptionsstudie leisten. Wie in diesem Beitrag herausgearbeitet wurde, lassen sich aufgrund der genauen Kenntnis eines Spiels Thesen aufstellen, auf Basis derer sich weitere for-

schungsrelevante Fragen für eine weiterführende Rezeptionsanalyse formulieren lassen.

Anmerkungen

1 Im Bereich der Game Studies hat sich der Begriff »ludisch« durchgesetzt. Er bezeichnet das Spielerische bzw. spielerische Strukturen betreffend.
2 Die Elemente sind gegenüber der ersten Ausgabe des Bandes leicht überarbeitet.

Spielverzeichnis

Battlefield 1942 (Digital Illusion, 2002)
Civilization V (Friraxis, 2010)
Dying Light (Techland, 2015)
Elder Scrolls V: Skyrim, The (Bethesda Game Studios, 2011)
Forza Motorsport (Turn 10 Studien, 2005)
GTA-Reihe (Rockstar, 1997–2016)
Heavy Rain (Quantic Dreams, 2010)
Her Story (Sam Barlow, 2015)
Heroes & Generals (Retro-Moto, 2010)
Last of US, The (Naughty Dogs, 2013)
Legend of Zelda, The (Nintendo, 1986–2015)
Limbo (Playdead, 2010)
Max Payne (Remedy Entertainment, 2001)
Minecraft (Mojang, 2009)
Plants vs. Zombies: Garden Warfare (PopCap Games, 2014)
Rocket League (Psyonix, 2014)
SimCity (Maxis, 2003)
Sims, Die (Maxis, 2000)
Star Wars: Battlefront (Digital Illusions CE, 2015)
Super Mario 3D World (Nintendo, 2013)
Team Fortress 2 (Valve, 2007)
Tetris (Alexey Paitnov, 1985)
Unfinished Swan, The (Giant Sparrow, 2012)
Walking Dead, The (Telltale Games, 2012)
XIII (Ubisoft, 2003)

Literatur

Aarseth, Espen (1997): Cybertext – Perspectives on Ergodic Literature. London.

Aarseth, Espen (2001): Allegorien des Raums: Räumlichkeit in Computerspielen. In: Zeitschrift für Semiotik, Band 23, Heft 3–4, S. 301–318.

Ackermann, Judith (2012): Playing computer games as social interaction – an analysis of LAN-Parties. In: Fromme, Johannes/Unger, Alexander (Hrsg.): Computer Games and New Media Cultures. A Handbook of Digital Games Studies. Dordrecht, Heidelberg, New York, London.

Crawford, Chris (1984): The Art of Computer Game Design. Berkeley.

Eder, Jens (2006): Imaginative Nähe zu Figuren. In: Monatge AV, 8, S. 135–160.

Egenfeldt-Nielsen, Simon/Smith, Jonas H./Tosca, Susana P. (2016): Understanding Video Games: The Essential Introduction, 3. Auflage. London.

Eichner, Susanne (2014): Agency and Media Reception. Experiencing Video Games, Film, and Television. Wiesbaden.

Eichner, Susanne (2016): Representing Childhood, Triggering Emotions. Child Characters in Video Games. In: Perron, Bernard/Schröter, Felix (Hrsg.): Video Games and the Mind: Essays on Cognition, Affect and Emotion. McFarland, S. 174–188.

Frasca, Gonzalo (2003): Simulation versus Narrative. In: Wolf, Mark J. P./Perron, Bernard (Hrsg.): The Video Game Theory Reader. New York, S. 221–235.

Günzel, Stefan (2012): Egoshooter. Das Raumbild des Computerspiels, Frankfurt a.M./New York.

Järvinen, Aki (2003): Making and Breaking Games. A Typology of Rules. In: DiGRA '03 – Proceedings of the 2003 DiGRA International Conference: Level Up, S. 68–79.

Jenkins, Henry (2000): Art Form for the Digital Age. In: Technology Review, 9.

Jenkins, Henry (2004): Game Design as Narrative Architecture. In: Wardrip-Fruin, Noah/Harrigan, Pat (Hrsg.): First Person – New Media as Story, Performance and Game. Cambridge, MA, S. 118–130.

Juul, Jesper (2004): Introduction to Game Time. In: Wardrip-Fruin, Noah/Harrigan, Pat (Hrsg.): First Person – New Media as Story, Performance and Game. Cambridge, MA: MIT Press, S. 131–142.

Juul, Jesper (2005): Half-Real. Video Games between Real Rules and Fictional Worlds. Cambridge, MA.

Kocher, Manuela/Böhler, Michael (2001): Über den ästhetischen Begriff des Spiels als Link zwischen traditioneller Texthermeneutik, Hyperfiction und Computerspielen. In: Braungart, v. Georg/Eibl, Karl/Jannidis, Fotis (Hrsg.): Jahrbuch für Computerphilologie. Paderborn, S. 81–106.

Mikos, Lothar (2015): Film- und Fernsehanalyse, 3. Auflage. Konstanz, München.

Murray, Janet H. (1997): Hamlet on the Holodeck – The Future of Narrative in Cyberspace. Cambridge, MA.

Neitzel, Britta (2013): Point of View und Point of Action – Eine Perspektive auf die Perspektive in Computerspielen. In: Repositorium Medienkulturforschung, 4/2013, URL: repositorium.medienkulturforschung.de/neitzel-2013-perspektive-in-computerspielen/ (10.03.2016).

Salen, Katie/Zimmermann, Eric (2004): Rules of Play. Game Design Fundamentals. Cambridge.

Schröter, Felix/Thon, Jan-Noël (2014): Video Game Characters. Theory and Analysis. Diegesis 3.1, S. 40–77. URL: https://www.diegesis.uni-wuppertal.de (10.03.2016).

Wolf, Mark J. P. (2001): Genre and the Video Game. In: Wolf, Mark J.P. (Hrsg.): The Medium oft the Videogame, University of Texas Press, S. 113–134.

Analyse von Filmmusik und Musikvideos

Claudia Bullerjahn

Eine Analyse von Musik im Kontext audiovisueller Medien ist danach auszurichten, ob es sich um bildbegleitende Musik wie Filmmusik oder bildbegleitete Musik wie beim Musikvideo handelt. Akustisches und optisches Geschehen kann grundsätzlich auf strukturelle, ausdrucksbezogene und narrative/assoziative Weise in Beziehung gesetzt werden. Zu den grundsätzlichen Analysevorarbeiten gehören Sichtung, Filmsequenzprotokoll und Musiktranskription. Bei Filmmusik sollte vor dem Hintergrund von ästhetischer Orientierung, Genre und Produktionszeit der Stellenwert von Musik innerhalb der filmischen Realität, Filmmusiktechnik und filmmusikalische Funktionen untersucht werden, bei Musikvideos dagegen das Verhältnis zwischen Musikstil, Songform, Songtext, Darstellungsebenen, filmsprachlichen Mitteln und Image des Interpreten. Einblicke in Ennio Morricones »The Mission« und »Money for Nothing« der Dire Straits veranschaulichen das theoretisch Ausgeführte.

Theoretisch-methodologische Einordnung

In Hinsicht auf die Analyse von Musik im Verbund mit Bildern ist es ratsam, zwischen bildbegleitender Musik und bildbegleiteter Musik zu differenzieren (vgl. Bullerjahn 2008, S. 205 f.). Zur *bildbegleitenden Musik* zählen insbesondere Filmmusik im engeren Sinne und Musik in der audiovisuellen Werbung. Zur *bildbegleiteten Musik* kann man vor allem Musikvideos, Konzert- und Opernfilme rechnen. Insbesondere Musikvideos (= Videoclips) bilden häufig nicht nur den Musiziervorgang ab, sondern ergänzen Bilder, die den Songtext verdeutlichen oder das Image des/der Stars konkretisieren. Einige filmische Gattungen, wie Tonfilmoperette und Musicalfilm, und einige Fernsehgattungen, z. B. diverse Formen von Unterhaltungsshows und Dokumentationen, vereinen gewissermaßen als Mischformen sowohl bildbegleitende als auch bildbegleitete Musik.

Die hier vorgeschlagene grundsätzliche Unterscheidung trägt zum einen der Tatsache Rechnung, dass der Aufmerksamkeitsfokus von Rezipienten auf unterschiedliche Aspekte ausgerichtet ist: Für Betrachter von Spielfilmen oder Fernsehserien steht die Narration im Mittelpunkt, für das Publikum von Musikvideos dagegen der Song. Zum anderen wird Filmmusik in der Regel entlang schon vorhandener Bilder komponiert, während bei Musikvideos der Song Ausgangspunkt für eine Bebilderung ist. Überraschenderweise ist die Forschung in diesen Bereichen zumeist entgegengesetzt akzentuiert: So findet man beispielsweise in der Filmmusikliteratur häufig reine Musikanalysen unter weitgehender Ausblendung der narrativ dominierten Bildebene, und ein Großteil der Musikvideoforscher beschäftigt sich nur mit Bildinhalten und ignoriert die übergeordnete Musikebene.

Die Koordination des akustischen mit dem optischen Geschehen und umgekehrt wird prinzipiell über Analogiebildung auf drei Arten umgesetzt:
- *Strukturell:* Beispielsweise lässt sich das musikalische Grundtempo dem Tempo einer filmischen Schnittfolge angleichen sowie umgekehrt,[1] und kontinuierliche Bewegungsabfolgen der Filmfiguren (z. B. Schritte, Ambossschläge) und des Dekors (z. B. Standuhrpendel, galoppierendes Pferd) ermöglichen eine Synchronisation mit musikalischen Metren und Rhythmen sowie Bewegungen im melodischen Tonraum. Selbstverständlich

ist auch eine bewusst eingesetzte Asynchronität in zeitlicher und räumlicher Hinsicht denkbar.

- *Ausdrucksbezogen:* Entweder entsprechen sich Bild und Musik im Hinblick auf ihren intendierten Gefühlsgehalt oder widersprechen sich zumindest nicht, da ein Bestandteil im Ausdruck unbestimmt bzw. ambivalent ist. Ferner können Bild und Musik einen gegenläufigen Gefühlsgehalt aufweisen (dramaturgischer Kontrapunkt).

- *Narrativ* bzw. *assoziativ:* Beispielsweise kann eine filmische Handlung, die in fernen historischen Zeiten oder an exotischen Orten spielt, durch einen historischen oder ethnologischen Musikstil illustriert oder sogar erzählerisch angereichert werden. Umgekehrt können musikstilistische Anklänge oder Songtexte durch entsprechende Bilder narrativ ausgedeutet und mehr oder minder passende Assoziationen wachgerufen werden.

Allgemeine theoretische Auseinandersetzungen zu den Themen Filmmusik- und Musikvideoanalyse liegen so gut wie gar nicht vor,[2] eher lassen sich aus vorliegenden Einzelanalysen methodische Vorgehensweisen ableiten.[3]

Grundsätzliche Vorarbeiten

Jeder wissenschaftlichen Analyse von Musik in Filmen und von Musikvideos sollte eine noch nicht zielgerichtete, möglichst unvoreingenommene *Sichtung* des audiovisuellen Gesamtprodukts vorausgehen, wobei diese erste, gefühlsbasierte Erfahrung im Nachhinein stichwortartig schriftlich fixiert werden sollte. Es kann hierbei schon auf die Rolle der Musik eingegangen werden, beispielsweise ob und in Bezug auf welche Sequenzen die Musik im Bewusstsein geblieben ist bzw. an welche strukturellen, narrativen oder ausdrucksbezogenen Beziehungen zwischen optischen und akustischen Geschehen man sich erinnert. Das erste Erlebnis des zu untersuchenden audiovisuellen Produkts hat für

die spätere wissenschaftliche Analyse erkenntnisleitende Funktion, denn es hilft dabei, angemessene *Fragestellungen* zu entwickeln.

Erst danach sollten weitere Primärquellen einbezogen werden, insbesondere Tonträger (Soundtrack-CDs bzw. Aufnahmen des visualisierten Songs bzw. Musikstücks) und – sofern zugänglich – Filmmusikpartituren bzw. sonstiges Notenmaterial sowie Songtexte. Als wichtige Sekundärquellen sollten ebenfalls in Büchern, Zeitschriften, Presseartikeln, DVD-Zusatzmaterial und Internet zugängliche Informationen zu Leben und Werk von (Film-)Komponisten und gegebenenfalls Musikinterpreten Berücksichtigung finden. Ebenfalls hilfreich für die spätere Analyse können Aussagen in Interviews der am audiovisuellen Werk Beteiligten sein, selbstverständlich solche mit speziellem Fokus auf die Rolle der Musik.

In Spielfilmen und Musikvideos ist Musik integraler und untrennbarer Bestandteil des audiovisuellen Gesamtwerks, das als Einheit aufzufassen ist. Eine Musikanalyse ist deshalb nur sinnvoll im Kontext aller anderen Bestandteile eines audiovisuellen Produkts. Eine wichtige Voraussetzung für die eigentliche Analyse ist deshalb die Anfertigung eines tabellarisch angelegten *Filmsequenzprotokolls,*[4] das mindestens je eine Spalte für Sequenznummer, Bildgeschehen/Handlung (Ort/Tageszeit, skizzierter Handlungsverlauf/Bildgegenstände), Musik (Timecode des Musikeinsatzes und -endes, on-/off-screen, wichtige [Leit-]Motive und deren Varianten bzw. musikalische Formteile/Songtextbestandteile), Sonstiges (wichtige Geräusche, prägnante Dialogausschnitte, prägnante Kameraeinstellungen bzw. -bewegungen und Schnitte) sowie Timecode zu Sequenzbeginn besitzen sollte. Im Einzelfall kann für kürzere Abschnitte auch eine jede Einstellung erfassende Detailanalyse sinnvoll sein.

Eine genaue Protokollierung der Musiktakes, also der produktionstechnisch isolierten Abschnitte einer Filmkomposition, ist bei der Filmmusikanalyse vor allem auch deshalb unabdingbar, da im Normalfall kein vollständiges sowie verlässliches Notenmaterial zugänglich ist.[5] Ferner enthalten entsprechende Tonträger in der Regel nur neu abgemischte Auszüge der »dramatic film score«, häufig jedoch auch im Film nicht verwendete Musiktracks und »songs inspired by the film«. Erforderlich ist eine *Transkription* der wichtigsten Motive in traditioneller Notenschrift nach dem Gehör, wobei das Notieren der Melodielinie unter Angabe der Begleitharmonien, der Instrumentierung, des Tempos und der Dynamik gewöhnlich ausreichen wird.[6] Bei der Musikvideoanalyse wird man sich auf die Erstellung eines »lead sheets« beschränken, wobei möglichst die Melodie und wichtige Riffs ausnotiert und genaue Angaben der musikalischen Formteile und der Verteilung des Songtextes ergänzt werden (vgl. z. B. Helms/Phleps 2012).

Während es sich beim Filmsequenzprotokoll und der Musiktranskription um eine möglichst objektive Beschreibung des Materials handeln sollte, beinhaltet die eigentliche Musikanalyse in höchstem Maße subjektive Interpretation. Sie kann durch grafische Veranschaulichungen wie Einstellungsgrafik, Sequenzgrafik und Zeitachse vorbereitet und unterstützt werden (vgl. Korte 1988, S. 174 ff., insb. Fn. 12), die nützlich zur Informationsreduktion sind und Überblick verschaffen. Beispielsweise ermöglicht die Zeitachse die Darstellung des Anteils der Musiktakes an der Filmgesamtzeit und der Verteilung der Musiktakes im Verlauf der Handlung. Bei der Verwendung mehrerer Ebenen ist sogar eine Visualisierung der Verteilung Sinn stiftender Motive in Bezug auf die Zeitachse möglich. Außerdem ist eine Errechnung des prozentualen Zeitanteils der Musikunterlegung an der Filmgesamtzeit sinnvoll, um den Stellenwert der Musik besser einschätzen zu können.

Analyse von Filmmusik

Filmmusik kann vor dem Hintergrund von Zielsetzungen, die im Produktionskontext angestrebt werden, recht unterschiedliche Ausprägungen aufweisen (vgl. Kreuzer 2003, S. 121 f.), wobei sich im Wesentlichen drei ästhetische Orientierungen von Filmmusik gegeneinander abgrenzen lassen:

- *Dramaturgieorientierung:* Mit Musik, die in ihrem Idiom keineswegs den alltäglichen Hörvorlieben entsprechen muss, soll eine Intensivierung der filmischen Dramatik erreicht werden. Die Musik gelangt selten in den Fokus der Aufmerksamkeit, erleichtert die emotionale Einfühlung des Zuschauers und steht im Dienste der filmischen Narration. Beispiel: »Basic Instinct« (USA 1992) mit der Musik von Jerry Goldsmith.
- *Songorientierung:* Es wird versucht, durch Auswahl eines spezifischen musikalischen Idioms den Musikgeschmack der potenziellen Zuschauerschaft zu treffen und dadurch den kommerziellen Erfolg des Films zu forcieren. Die Musik erscheint hierbei als recht dominanter (teilweise ironischer) Kommentar zu Gefühlen der Protagonisten, impliziert gegebenenfalls nostalgische Gefühle beim Zuschauer und gelangt in den Fokus der Aufmerksamkeit. Beispiel: »Sleepless in Seattle« (USA 1993) mit diversen Popsongs und der dramatic score von Marc Shaiman.
- *Fortschrittsorientierung:* Es wird eine künstlerische oder technische Innovation um ihrer selbst Willen angestrebt, wobei die Musik als autonom in Bezug auf Handlung und Bild wahrgenommen werden soll. Während die beiden erstgenannten Orientierungen typisch für den auf kommerziellen Erfolg ausgerichteten Spielfilm sind, findet man die dritte Orientierung nur im künstlerisch ambitionierten Spiel- bzw. Dokumentarfilm. Beispiel: »The Draughtsman's Contract« (GB 1982) mit der Musik von Michael Nyman.

Alle Orientierungen haben gleichermaßen ihre Berechtigung und sind bei der wertenden Beurteilung einer konkret vorliegenden Filmmusik zu berücksichtigen. Zusätzlich sind das Filmgenre und die Produktionszeit von Relevanz für das Erscheinungsbild von Filmmusik, denn sie sind entscheidend dafür, welche filmmusikalischen Konventionen und Standardisierungen berücksichtigt werden bzw. mit welchen bewusst gebrochen wird.[7]

Bei einer Filmmusikanalyse sollten drei Aspekte vorrangig untersucht werden: (1) der Stellenwert von Musik innerhalb der filmischen Realität, (2) die Filmmusiktechnik und (3) die filmmusikalischen Funktionen.

Stellenwert von Musik innerhalb der filmischen Realität

Musik im Film lässt sich zumeist – wie andere Bestandteile der auditiven Schicht auch – grob danach klassifizieren, ob sie dem Bild- oder dem Fremdton angehört.[8] *Musik im Bild*, häufig auch Source Music genannt, gehört zur filmischen Realität, denn musizierende Menschen oder Geräte zur Wiedergabe von technisch vermittelter Musik sind im Bild sichtbar *(on-screen)* oder ihre Anwesenheit geht logisch aus dem szenischen Kontext hervor *(off-screen)*. *Filmmusik im engeren Sinne*, also bildbegleitende Musik, kann dagegen von den an der Filmhandlung Beteiligten nicht wahrgenommen werden und gehört somit nicht zur filmischen Realität. Nicht selten unterlaufen die Filmkomponisten diese klare Unterscheidung, indem sie fließende Übergänge zwischen Bild- und Fremdtönen schaffen: Beispielsweise werden in freier Natur a capella singende Filmfiguren unvermittelt von einem ganzen Orchester begleitet, und Geräusche im Bild sichtbarer Klangquellen durch eigentlich unrealistische Filmmusik im engeren Sinne ersetzt, um subjektive Wahrnehmungen oder Gedanken zu verdeutlichen.

Filmmusiktechnik

Mit dem Begriff Filmmusiktechnik bezeichnet man großformale Gestaltungsprinzipien, nach denen das musikalische Material organisiert ist. Zur Auswahl stehen vier Techniken, die teilweise miteinander kombiniert werden und von denen die ersten drei am häufigsten Verwendung fin-

den (vgl. Bullerjahn 2001/2014, S. 75 ff. mit Beispielen):

- *Deskriptive Technik:* Geräusche werden klangnachahmend imitiert und musikalisch stilisiert sowie Bewegungen tonmalerisch nachgezeichnet. Im Extremfall einer exakt kalkulierten Synchronität von Musik und Bild wird das als *Mickeymousing* bezeichnet. Ferner wird durch gezielte Verwendung von Instrumenten und Musikstilen Zeit, Schauplatz und Milieu musikalisch veranschaulicht.

- *Mood-Technik:* Den zu vertonenden Filmszenen werden relativ statische, stimmungsdichte Tonbilder zugeordnet, die thematisch mehr oder minder unabhängig sind und den Stimmungsgehalt der visuellen Vorgänge zu unterstreichen oder zu generieren versuchen. Bei der *expressiven* Mood-Technik wird der seelischen Situation der Protagonisten und ihren Stimmungen musikalischer Ausdruck verliehen, und bei der *sensorischen* Mood-Technik zielt der Komponist im Sinne eines Mitleidens auf eine intensive physiologische Wirkung beim Publikum ab.

- *Leitmotivtechnik:* Personen, Situationen oder außermusikalische Ideen werden mit spezifischen Motiven oder Themen gekoppelt, die danach als deren Träger, teilweise auch ohne ihr visuelles Äquivalent, wiederholt erscheinen. Durch Variation und Verknüpfung von Leitmotiven können beispielsweise charakterliche Veränderungen eines Protagonisten oder der Wandel seines Verhältnisses zu anderen Filmfiguren akustisch hörbar gemacht werden. Zusätzlich sorgt die Leitmotivtechnik häufig für eine spürbare Einheitlichkeit bzw. Geschlossenheit der Filmmusik.

- *Baukastentechnik:* Kleinste Bausteine, häufig vollständig harmonisierte Einzeltakt-Zellen oder eintaktige rhythmische oder melodische Motiv-Zellen – teilweise auch Zitate musikalischer Vorlagen – werden mittels Repetition zu zumeist Vier- oder Achttaktmustern mechanistisch zusammengefügt oder auch kombiniert. Eine Synchronität ist überwiegend nur in Bezug auf Schnitte und den großformalen Aufbau zu beobachten, und der Komponist reagiert mit seiner Musik auf die übergreifende Idee des Films. Die Filmmusik bewahrt sich dadurch ein gewisses Maß an Autonomie.

Eine Charakterisierung der wichtigsten Motive und ihrer Varianten hinsichtlich Melodieverlauf einschließlich typischer Intervalle, Ornamente und Ambitus, Tongeschlecht, Rhythmus, Tempo, Dynamik und Instrumentierung bzw. Sound ist für die Analyse unabdingbar.

Funktionen der Filmmusik

Mit Funktionen meint man Aufgaben, die Filmmusik im Rahmen der Gesamtdramaturgie eines audiovisuellen Mediums und seiner Vermarktung erfüllen soll. Funktionen können auch als »intendierte Wirkungen« umschrieben werden, da auf bestimmte Effekte beim Filmbetrachter abgezielt wird.[9] Die Funktionsanalyse ist von hohem Stellenwert, da sie das typische Erscheinungsbild von Filmmusik – nämlich die gemessen an Kriterien autonomer Musik unabgeschlossene Form, die häufig fehlende Entwicklung, die oft geringe Komplexität und stilistische Uneinheitlichkeit – vor dem Hintergrund von Erwägungen zur filmischen Gesamtwirkung plausibel macht. Selten erfüllt ein Musiktake nur eine Aufgabe; Multifunktionalität ist im Gegenteil die Regel. Es lassen sich folgende Funktionskategorien[10] unterscheiden:

- Mit *Metafunktionen* sind Aufgaben gemeint, die Musik nicht nur in Hinsicht auf den speziell analysierten Film, sondern in Bezug auf die Rezeptionsform der Mehrzahl aller Filme erfüllen könnte. Metafunktionen sind zeit-, kultur- und gesellschaftsgebunden. Folgende Unterkategorien lassen sich aufzeigen:
  - *rezeptionspsychologische:* z. B. Maskierung publikumsverursachter Störgeräusche, Unterstützung des Unterhaltungswertes und der Rezeptionsmotivation, allgemeine Erhöhung des Aktivationsniveaus, Aufbau

  eines Gemeinschaftsgefühls beim Kinopublikum, Abgrenzung vom Alltäglichen durch fanfarenartige musikalische Firmensignets und Vorspannmusiken;
  - *ökonomische:* bspw. spezifische Zielgruppenansprache durch Anpassung an den Musikgeschmack des angestrebten Adressatenkreises, umfassende Vermarktung von Popikonen oder deren musikalischen Produkten.

- *Funktionen im engeren Sinne* beziehen sich immer auf einen konkreten Film und sind in ihrer Gewichtung und Ausgestaltung vom Filmgenre abhängig. Auch hier lassen sich Unterkategorien differenzieren:
  - *dramaturgische:* z. B. Abbildung der Stimmung und Atmosphäre bzw. Verstärkung des szenischen Ausdrucks, Verdeutlichung seelischer Vorgänge und Symbolisierung von Empfindungen und Leidenschaften, plastische Herausarbeitung der Personenkonstellationen und Dimensionierung der Filmfiguren nach ihrem dramaturgischen Gewicht, Unterstützung und Vorantreiben der Spannungsentwicklung, Herausarbeitung eines dramaturgischen Höhepunktes, Abrundung einer Szene durch musikalische Schlusswirkungen;
  - *epische:* bspw. Herstellen von Verbindungen zwischen den Handlungssträngen und Verdeutlichen von Sinnbezügen und -zusammenhängen, Überbrückung, Vereinheitlichung und Verstärkung von Erzähltempomanipulationen, Kennzeichnen des Wechsels der Handlungsebenen bei Rückblenden, Antizipationen, Parallelhandlungen oder Kontrasterzählungen (z. B. Träume), Erwecken von spezifischen Assoziationen zu historischen, geographischen und gesellschaftlichen Aspekten der Filmerzählung, Aufbau einer ironischen oder kritischen Distanz zur Bildaussage;
  - *strukturelle:* z. B. Verdecken von Schnitten, Herausarbeiten von filmischen Schnittrhythmen, Akzentuierung von Einzeleinstellungen und Einstellungswechseln, Hervorheben von Bewegungsabläu-

fen, Zusammenfassen von kompilierten Bildern, formale Integration des Films, Segmentierung in verschiedene Themenbereiche, Gliederung von Textaussagen;

– *persuasive:* bspw. Erleichtern bzw. Stimulieren von emotionaler Einfühlung und Identifikationsprozessen, Distanzminderung zum Geschehen, Lenkung der Aufmerksamkeit, Erleichterung der Aufnahme sprachlicher und visueller Reize sowie Verbesserung von Gedächtnisleistungen, emotionale Etikettierung von Inhalten bzw. Personen zum Aufbau von Präferenzen gegenüber beworbenen Meinungsgegenständen und Auslösen gewünschter Verhaltensweisen.

Analyse von Musikvideos

Beim Musikvideo stehen Musikstil, Songtext, Image des Interpreten sowie Darstellungstypen in Wechselbeziehung mit den zentralen visuellen Darstellungsinhalten und befinden sich auch untereinander in reziproker Verbindung. Musikstil, musikalisches Tempo sowie strukturelle Aspekte der musikalischen Form bestimmen weitgehend filmsprachliche Mittel. Darüber hinaus werden unabhängig vom Musikstil in mehr oder minder großem Ausmaß rhythmische Charakteristika illustriert, sei es durch die Koordination abgebildeter Bewegung oder durch die Anpassung der Schnittgeschwindigkeit an das Metrum.

Typisch für viele Musikvideos ist die Kombination mehrerer Darstellungsebenen, wobei sich im Wesentlichen drei Typen der Darstellung unterscheiden lassen:

- *Performance:* Die musikalische Ausführung selbst und somit der Musizierende und sein musikalisches Können stehen im Vordergrund, was gegebenenfalls durch atmosphärische Details eines Live-Konzerts, wie Publikumsreaktionen und nonverbale Kommunikation zwischen den Musizierenden, unterstützt wird;

- *Konzept-Performance:* Das Musizieren findet in Räumlichkeiten statt, die nicht oder nur bedingt mit musikalischen Darbietungen assoziiert werden (reale Umgebungen, Kulissen oder Computergenerierungen);

- *Konzept:* Die Darstellung hat einen Bezug zum Musikstück und/oder den spezifischen Images der Musiker. Es wird eine zusammenhängende Mini-Story erzählt *(narratives Konzept)*, einzelne Situationen oder Episoden geschildert *(episodisches Konzept)*, Text oder Werktitel durch Einzelbilder – gerne Anleihen aus der bildenden Kunst oder Filmgeschichte – illustriert *(illustratives Konzept)* oder die kompositorische Faktur und ihre sensorischen Konnotationen abstrakt visualisiert *(strukturelles Konzept)*. Die Musiker agieren als Schauspieler oder treten gar nicht mehr auf.

Eine Musikvideoanalyse sollte mit einer genauen Analyse des Songs beginnen, wobei der Fokus auf musikstilistischen Kennzeichen, musikalisch-formalem Ablauf, Sound und prägnantem Einsatz von Instrumenten und Gesang liegen sollte. Zur Bestimmung des Text-Musik-Verhältnisses muss die zentrale Textaussage mit dem musikalischen Formverlauf in Beziehung gesetzt werden. Ferner muss mittels Melodieführung, sängerischer Interpretation, spezifischer Instrumentation und studiotechnischen Effekten (Hall, Echo, Stereokonzept) den begünstigten Textausdeutungen nachgespürt werden. Danach sollte eine Strukturierung entsprechend der visuellen Darstellungsebenen vorgenommen werden und diese zu musikalisch-formalem Ablauf, Textinhalt und musikalischer Textausdeutung in Beziehung gesetzt werden. Teilweise erbringt die statistische Überprüfung der Schnitt-Verteilung auf die Taktzeiten interessante Ergebnisse. Eine Analyse filmsprachlicher Mittel sollte vor allem darauf abzielen zu untersuchen, inwieweit filmische und musikstilistische Klischees bestätigt werden oder mit ihnen bewusst gebrochen wird. Für die abschließende inhaltliche Interpretation des Musikvideos ist der Einbezug von Informationen zum Image des Interpreten unabdingbar, was häufig im Zusammenhang mit der Konstruktion von Authentizität steht.

Anwendungsbeispiele

Im Rahmen eines knappen Artikels ist es selbstverständlich nicht möglich, vollständige Filmmusik- oder Musikvideoanalysen zu referieren, sondern nur die Anwendung der oben vorgestellten theoretischen Kategorien aufzuzeigen.

Die Musik zu »The Mission« (USA 1986) von Ennio Morricone

Ennio Morricone, 1928 in Rom geboren, studierter Trompeter und klassischer Komponist, wurde vor allem durch seine Filmmusiken für die so genannten »Spaghetti-Western« bekannt. Schon mit dem Soundtrackalbum zu »The Good, The Bad And The Ugly« aus dem Jahre 1966 hatte Morricone seinen ersten Top-Ten-Hit in den USA, und auch »Chi Mai«, das im Film »Le Professionnel« von 1981 wieder verwendet wurde, war ein beachtlicher Verkaufserfolg. Unerreicht bisher blieben jedoch die Verkaufszahlen für das Soundtrackalbum zu »The Mission«: Seit seiner Veröffentlichung 1986 wurden über 500.000 Kopien verkauft. Dies ist insofern recht erstaunlich, da der Film keine populäre Musik im engeren Sinne enthält. Im Gegenteil werden sogar historisch entfernt liegende Stile und Musik anderer Ethnien integriert. Der kommerzielle Erfolg kann am ehesten mit der zunehmenden Popularität von so genannter Weltmusik erklärt werden.

Gerade bei Filmmusiken von Morricone ist es schwierig, die ästhetische Orientierung klar einzugrenzen: Zwar stehen seine Filmmusiken eindeutig im Dienste filmischer Dramaturgie und Narration, jedoch gelangen sie durch ihre eingängige Melodik und prägnante sowie ungewöhnliche Instrumentierung häufig in den Fokus der Aufmerksamkeit des Zuschauers. Es

verwundert in diesem Zusammenhang sicherlich nicht, dass Morricone Titelmelodien der von ihm vertonten Filme oft im Nachhinein in Songs umarbeitete oder umgekehrt Songs die Vorlagen für filmmusikalische Themen lieferten.

Der Musik kommt in »The Mission« eine besondere Rolle zu, denn sie tritt als Bildton sichtbar in Erscheinung und ihre Wirkungen werden sowohl für die Filmfiguren als auch den Filmbetrachter erfahrbar. Der gesamte Film ist von musikalischen Handlungen und thematischen Anspielungen auf Musik durchsetzt: Beispielsweise informiert zu Filmbeginn die Off-Stimme Altamiranos über die Geigenfabrikation durch bekehrte Indios, und parallel dazu sieht man den Missionar Pater Gabriel, einen der wesentlichen Protagonisten des Films, wie er kleinen Indios Geigenstunden erteilt. Der Mord an einem Amtskollegen zwingt ihn, dessen Missionsgebiet im Urwald oberhalb der Wasserfälle zu übernehmen. Seine erste Kontaktaufnahme mit noch nicht bekehrten Indios findet wiederum über Musik statt: Pater Gabriel macht mit dem Spiel auf seiner Oboe auf sich aufmerksam und stellt sich gewissermaßen auf musikalische Weise vor. Hierbei handelt es sich um eine Anspielung auf den Orpheus-Mythos, denn die irrationalen besänftigenden Wirkungen der Musik bei der Begegnung mit dem Wilden werden demonstriert. Zwar wird diese erste Begegnung in ihrem Erfolg dahingehend getrübt, dass die Oboe durch einen wütenden Indio zerbrochen wird, jedoch nimmt die Mehrheit des Indiostamms ihn an, was musikalisch dadurch deutlich wird, dass die zuvor als Bildton ertönende Melodie nun als Fremdton mit vollem Orchester ertönt. Zusätzlich weist die schon oben angesprochene Off-Stimme auf die Bedeutung der Musik bei der Bekehrung der Indios durch die Jesuiten hin. Über den Film verteilt ertönt an vielen weiteren Stellen Musik im Bild, und zwar vor allem durch die von Indios vorgetragene geistliche Musik.

Morricones Filmmusik zu »The Mission« basiert hauptsächlich auf der Leitmotivtechnik, einem Verfahren, das er auch in vielen anderen

Filmen erfolgreich anwandte. Es lassen sich im Wesentlichen vier Hauptmotive[11] aufzeigen:

1) *Falls* (track 2) ist das Leitmotiv der Mission, dem gemeinsamen Lebensraum des Indio-stamms und der Jesuiten. Es ertönt zum ers-ten Mal im Film, wenn Pater Gabriel die Wasserfälle hinaufsteigt, um sein neues Mis-sionsgebiet zu erreichen. Es verwendet nur vier Töne und besteht aus einer eintaktigen Motivzelle, die dreimal unverändert wieder-holt wird. Interessanterweise handelt es sich um ein von Morricone »recyceltes« Motiv, denn es ist identisch mit dem Refrain des Songs »Se Telefonando« (1966).

2) *Gabriel's Oboe* (track 3) ist Leitmotiv für Pater Gabriel und seine christlichen Ideale Liebe, Glaube und Hoffnung. Zum ersten Mal ertönt es in sehr freier Form als Bildton, vor-getragen von Pater Gabriel auf seiner Oboe (s. o.), danach hauptsächlich als Fremdton. Die Melodie spielt mit ihren Verzierungen und ihrer Instrumentation auf die Epoche an, in der der Film spielt, nämlich das 18. Jahr-hundert.

3) *River* (track 12), das Leitmotiv der Indios, ist ein schlichtes, dreistimmig homophon gesetz-tes Chorstück mit lateinischem Text (Vita nostra), das entfernte Ähnlichkeit mit Carl Orffs Anfangsstück der »Carmina Burana« aufweist. Es basiert auf den gleichen vier Tönen wie Falls.

4) *Penance* (track 10) hat sein erstes Auftreten in der Läuterungssequenz und ist somit Leitmo-tiv des Sklavenhändlers Rodrigo Mendoza. Als Buße für den Mord an seinem Bruder muss er ein Bündel aus alten Rüstungen und Schwertern den Wasserfall hinaufschleppen, was sich als Sisyphosarbeit entpuppt und sich in der Melodik des Themas deskriptiv wider-spiegelt.

Alle Motive erklingen in verschiedenen Varian-ten mit alternativen Instrumentierungen (Ein-satz präkolumbianischer Flöten besonders bei Motiv 1 und 3), melodischen Umkehrungen, rhythmischen Straffungen und veränderten Harmonisierungen. Hinzu treten noch nur ein-malig und kurz erklingende Motive für Men-dozas Bruder und dessen Frau sowie Motive aus den an Palestrina orientierten und mehrheitlich von Amateuren vorgetragenen Chorstücken Ave Maria Guarani, Conspectus Tuus (vierstimmige Motette) und Te Deum Guarani, die jedoch har-monisch zu Gabriel's Oboe passen – ein Beleg für Morricones ökonomischen Umgang mit Material. Die Motive werden häufig miteinan-der kombiniert, wobei der Höhepunkt diesbe-züglich ein Quodlibet von Gabriel's Oboe, River und Conspectus Tuus ist, was die Verquickung der Welten der Jesuiten und Indios symbolisiert. Es ergibt sich hier eine Polyrhythmik (3/8- gegen 4/4-Takt), die unterstützt wird durch brasiliani-sche Percussion.

Morricones Filmmusik zu »The Mission« erfüllt eine Vielzahl von Funktionen, von denen nur eine kleine Auswahl exemplarisch geschil-dert werden kann. So belegen die Verkaufs-zahlen des Soundtracks (s. o.) das Einlösen von ökonomischen Metafunktionen. Mit Hilfe von Leitmotiven gelingt es Morricone überzeugend, die Handlungsträger nach ihrem aktionalen Gewicht zu dimensionieren und ihr Verhältnis zueinander darzulegen, womit Morricone dra-maturgische Aufgaben erfüllt. Im Dienste der Erledigung epischer Funktionen stehen z. B. Gabriel's Oboe, das durch barocke Anklänge den historischen Kontext präzisiert, sowie sämtliche Einsätze ethnisch klingender Flöten und Percus-sion, die geographische Fixpunkte liefern. Das Motiv Penance bildet eine formale Klammer für die Läuterungssequenz, illustriert jedoch auch Mendozas Erfolg versprechende Anstrengungen und sein Scheitern mit entsprechend im Ton-raum ausgerichteten Melodiefloskeln. Ebenfalls eine strukturelle Funktion wird erfüllt, wenn die in dieser Sequenz eingeschobene nächtliche Szene mit Mendoza bei der Bibellektüre durch das Erklingen des Anfangs vom Dies Irae, einer gregorianischen Sequenz, abgegrenzt wird. Die ungeschulten Stimmen der geistlichen Indio-chöre sind in ähnlicher Weise emotional ergrei-fend wie das Motiv Gabriel's Oboe und ver-stärken auf persuasive Weise die emotionale Parteinahme des Zuschauers.

Das Musikvideo »Money for Nothing« (1985) der Dire Straits

Das Musikvideo »Money for Nothing« der britischen Rockband Dire Straits erhielt weiter reichende Bedeutung durch die Tatsache, dass MTV-Europe gerade mit diesem Musikvideo seinen Sendebetrieb aufnahm. Kennzeichnend ist ferner sein selbstreferenzieller Charakter: Es thematisiert in selbstironischer Weise einerseits die Faszination, die für Jugendliche von Musikvideos ausgeht, andererseits die von der hart arbeitenden Erwachsenenwelt geäußerten kritischen Vorbehalte gegenüber dem Berufsbild »Rockmusiker«, seiner Präsentationsform auf MTV sowie dem passiven Konsum von Musikvideos.

Es lassen sich verschiedene Darstellungsebenen aufzeigen, die teils kontrastierend, teils korrespondierend gegenübergestellt werden: Zum Konzept gehören die beiden Computeranimationsebenen, die Episoden aus dem privaten und dem Arbeitsleben der beiden computergenerierten Protagonisten visualisieren. Fernsehgerät bzw. Filmprojektionsfläche und Videowand gestatten Einblicke in zwei weitere Ebenen: zum einen in die Performanceebene, die Dire Straits im Live-Konzert präsentiert, und zum anderen in die MTV-Ebene, die aus Videoclips und Sendereigenwerbung besteht und somit Bestandteil des Konzepts ist.

Der Songtext wird zumeist von Mark Knopfler in der Melodie auf Art eines Sprechgesangs vorgetragen, während der als Gastsänger mitwirkende Sting vor allem im Refrain in der Oberstimme falsettierend hinzutritt und außerdem die für die Interpretation wichtige Textzeile »I want my MTV« intoniert. Im Clip werden den sehr unterschiedlichen Stimmen die gegensätzlich charakterisierten Computeranimationsfiguren zugeordnet, die zwei verschiedene Umgangsweisen mit Musikvideos repräsentieren, nämlich den passiven, hedonistische Konsum von Jugendlichen und die oberlehrerhafte, etwas neidgeprägte Haltung der Erwachsenen. Dem musikalisch-formalen Ablauf eines typischen auf dem Wechsel von Strophen und Refrain aufgebauten Rocksongs unter Ergän-

zung von Intro, Zwischenspielen und Outro entspricht die Aufgliederung des Bildgeschehens in 13 Szenen.[12]

Fazit

Die beiden Beispiele haben gezeigt, welche unterschiedlichen Möglichkeiten der Analyse es bei bildbegleitender und bildbegleiteter Musik gibt. Während bei der Analyse von Filmmusik ihr Stellenwert innerhalb der filmischen Realität, ihre Funktionen sowie die Technik im Mittelpunkt der Analyse stehen, geht es in der Analyse von Videoclips vor allem um die Verbindung von Musikstil und visueller Darstellung, wobei drei Typen der Darstellung unterschieden werden können. Insgesamt zeigt sich, welches komplexe Beziehungsgefüge zwischen der musikalischen und visuellen Ebene Gegenstand der Analyse ist.

Anmerkungen

1 Ein berühmtes Beispiel für solch einen Abgleich von Schnittfolge und musikalischem Tempo ist die Testamentsequenz aus »High Noon« (USA 1952) mit der Musik von Dimitri Tiomkin.

2 Ausführlichere theoretische Anmerkungen zu den Prämissen einer Filmmusikanalyse finden sich beispielsweise bei Kreuzer (2003, S. 121 ff.). Kalinak (1992, S. 3 ff.) erläutert am Beispiel des Prélude von »Vertigo« (USA 1958) musikalische Terminologie, methodische Vorgehensweise und Probleme einer Filmmusikanalyse. Karlin (1994) beschreibt in einem für den Filmliebhaber gedachten Führer, worauf man seines Erachtens beim Hören von Filmmusik achten sollte und benennt Kriterien zur Bewertung von Filmmusik. Das für den Unterricht in der Sekundarstufe I/II konzipierte Buch von Maas/Schudack (1994) enthält viele methodische Anregungen zur Filmmusikanalyse allgemein. Schudack (1995, S. 4 ff.) gibt einen Überblick zu bisherigen Ansätzen der Filmmusikana-

lyse und zeigt deren Probleme auf. Das neuere Buch von Buhler et al. (2010, S. 114–127 u. 234–243) beinhaltet am Beispiel von »Catch me if you can« (USA 2002) zwei sehr hilfreiche Exkurse zur Analyse und Interpretation von Filmmusik. Vernallis (2004) ist eine der wenigen Autoren, die bei ihren theoretischen Vorüberlegungen und Analysen zu Musikvideos ausführlich auch musikalische Parameter einbezieht. Jost et al. (2013) demonstrieren am Beispiel von »Californication« (Red Hot Chilli Peppers, 2003) eine computergestützte Analyse mit der Web-Applikation »trAVis«.

3 Ausführliche Analysen zu Stummfilmkompositionen legten beispielsweise Rügner (1988) u. a. zu Giuseppe Becces Musik zu »Tartüff« (D 1925), Fabich (1993) u. a. zu Gottfried Huppertz Musik zu »Die Nibelungen« (D 1924) und Edmund Meisels Musik zu »Panzerkreuzer Potemkin« (UdSSR (1925) sowie Marks (1997) u. a. zu Joseph Carl Breils Autorenillustration zu »The Birth of a Nation« (USA 1915) und Erik Saties Komposition zu »Entr'acte« (F 1924) vor. Empfehlenswerte Vorbilder für die Analyse von Tonfilmmusik sind beispielsweise die Arbeiten von Schmidt (1976) zu Christopher Komedas Musik zu »Rosemaries Baby« (USA 1968), von Kloppenburg (1986) zu Miklós Rózsas Musik zu »Spellbound« (USA 1945), von Schudack (1995; vgl. auch Maas/Schudack 1994) zu Leonard Bernsteins Musik zu »On the Waterfront« (USA 1954), von Pöllmann (1998) zu Erich Wolfgang Korngolds Musik zu »The Adventures of Robin Hood« (USA 1938), und von Kreuzer (2003) zu Jerry Goldsmiths Musik zu »Basic Instinct« (USA 1992). Hinzu treten inzwischen 19 von Kate Daubney verfasste bzw. zumeist herausgegebene »Film Score Guides« (z. B. Cooper [2001] zu Bernard Herrmanns Musik zu »Vertigo« [USA 1958] u. Leinberger [2004] zu Ennio Morricones Musik zu »The Good, the Bad and the Ugly« [I 1966]). Tagg (1979) belegt mit seiner elaborierten Affekt-Analyse der von William Leon Goldenberg komponierten Titelmusik zur Serie »Kojak« (USA 1973) auf 301 Seiten, in welche analyti-

sche Untiefen man selbst bei einem 50-sekündigen Musikausschnitt vordringen kann. Vorgehensweisen zur Analyse von Musikvideos lassen sich beispielsweise aus den Veröffentlichungen von Altrogge (1990) zu »Like a Prayer« (Madonna, 1989), von Schwarz (1996) zu »Innunendo« (Queen, 1991), von Bullerjahn/Röhlig (1998) zu »Money for Nothing« (Dire Straits, 1985) und von Bullerjahn (2015) zu »Stronger than me« bzw. »Back to Black« (Amy Winehouse, 2003 u. 2006) ableiten.

4 »Sequenz« wird hierbei aufgefasst als Sinneinheit mehrerer Szenen, was durchaus Interpretationsspielraum impliziert.

5 Einige Museen (z. B. das New Yorker Museum of Modern Art u. das Deutsche Filmmuseum in Frankfurt/M.) und Universitäten (z. B. die Universities of California Los Angeles, Southern California u. California Santa Barbara) besitzen in angegliederten Archiven umfangreiche Sammlungen von Originalfilmpartituren. Verständlicherweise ist in das Notenmaterial häufig nur direkt vor Ort Einsicht zu nehmen. Außerdem gibt auch dieses Material keinen Aufschluss über nachträgliche Änderungen bei Musikaufnahme, -abmischung und -schnitt. Dies kann nur die Transkription des Musikanteils der Tonspur gewährleisten. In Einzelfällen liegen so genannte Filmmusiksuiten gedruckt vor. Sie beinhalten in der Regel alle wichtigen Motive und Themen, weshalb die Einsichtnahme für die Filmmusikanalyse hilfreich sein kann. Dies gilt ebenfalls für in autonome Konzertmusik umgearbeitete Filmmusik (z. B. das »Spellbound Concerto« von Miklós Rózsa oder das Cellokonzert von Erich Wolfgang Korngold aus »Deception« [USA 1946]) oder für Konzertmusik, die filmmusikalisch eingesetzt wird (z. B. Bernard Herrmanns Wiederverwendung von größeren Ausschnitten seiner »Sinfonietta for String Orchestra« [1936] in »Psycho« [USA 1960] oder die Verwendung autonomer Kunstmusik in Filmen von Stanley Kubrick). Texte von Pop- und Rocksongs können gewöhnlich entsprechenden CD-Booklets entnommen werden oder sind

häufig auf Internetseiten z. B. von Fanclubs zugänglich. Käuflich zu erwerbendes Notenmaterial zu Songs ist jedoch oft unzuverlässig hinsichtlich der Notation von Melodie und Begleitakkorden, was in Bezug auf die Melodie mit interpretatorischen Freiheiten des Sängers sowie stiltypischen Phrasierungen und in Bezug auf die Instrumentalbegleitung mit spieltechnischen Vereinfachungen für den musizierenden Laien erklärt werden kann.

6 Jedoch setzt eine solche Transkription nach dem Gehör mehr als nur elementare musikwissenschaftliche Kenntnisse und Fertigkeiten voraus, insbesondere Grundkenntnisse in allgemeinen Kategorien der Musikanalyse.

7 Beispielsweise ist es eine Konvention, bei für Hollywood-Melodramen typischen Liebesszenen ein Streichorchester mit dominant schwelgenden Geigen einzusetzen und in spannungsreichen Sequenzen beispielsweise von Thrillern und Krimis dissonante Akkorde, deren Auflösung vorenthalten wird. Bei Sciencefiction- und Horrorfilmen findet man häufig Idiome zeitgenössischer Kunstmusik, und in Westernmusiken werden oft Hörner dominant eingesetzt.

8 Die Diskussion einer Vielzahl hiermit in Zusammenhang stehender Begrifflichkeiten

findet sich in Bullerjahn (2001/2014, S. 19 ff.). Weit verbreitet ist auch die Unterscheidung zwischen diegetischen und nicht-diegetischen akustischen Ereignissen, wobei die Zuordnung in Abhängigkeit von der Erzählebene erfolgt: Diegetische Musik gehört zum Ort der Filmhandlung, der Erzählwelt und -zeit ihrer Bewohner, nicht-diegetische Musik ist dagegen nur in der Welt der Betrachter vorhanden.

9 Es sollte einem bei der Analyse jedoch bewusst sein, dass man nur vermuten kann, welche Aufgaben Filmschaffende der Musik zugedacht haben, und dass die am eigenen Leib gespürten Wirkungen möglicherweise weder in ihrer Absicht lagen, noch bei jedem Rezipienten zu erwarten sind.

10 Es existiert eine Vielzahl von Versuchen, filmmusikalische Funktionen zu beschreiben und zu kategorisieren. Einen Überblick hierzu sowie eine ausführlichere Darstellung der im vorliegenden Artikel vorgestellten Typologie findet sich beispielsweise in Bullerjahn (2001/2014, S. 58 ff.).

11 Die Bezeichnung der Motive habe ich von der Soundtrack-CD zu »The Mission« (Virgin CDV 2402) übernommen.

12 Eine mehr in die Tiefe gehende Analyse findet sich in Bullerjahn/Röhlig 1998.

Literatur

Altrogge, Michael (1990): Wohin mit all den Zeichen oder: Was hat Madonna mit dem Papst und Pepsi-Cola zu tun? In: Wulff, Hans J. (Hrsg.): 2. Film- und Fernsehwissenschaftliches Kolloquium/Berlin '89. Münster, S. 221–234.

Buhler, James/Neumeyer, David/Deemer, Rob (2010): Hearing the Movies. Music and Sound in Film History. New York/Oxford.

Bullerjahn, Claudia (2001/2014): Grundlagen der Wirkung von Filmmusik. Augsburg.

Bullerjahn, Claudia (2008): Musik und Bild. In: Bruhn, Herbert/Kopiez, Reinhard/Lehmann, Andreas C. (Hrsg.): Musikpsychologie. Das neue Handbuch. Reinbek, S. 205–222.

Bullerjahn, Claudia (2015): »Stronger than me?« Zum performativen Spiel mit Klischees bei Amy Winehouse. In: Brüstle, Christa (Hrsg.): Pop-Frauen der Gegenwart. Körper – Stimme – Image. Vermarktungsstrategien zwischen Selbstinszenierung und Fremdbestimmung. Bielefeld, S. 135–160.

Bullerjahn, Claudia/Röhlig, Kerstin (1998): »I want my MTV!« Analyse eines selbstreferentiellen Musikvideos in einem Oberstufenkurs. In: Musik und Unterricht, H. 51, S. 36–41.

Cooper, David (2001): Bernard Herrmann's Vertigo. A Film Score Handbook. Westport/London.

Fabich, Rainer (1993): Musik für den Stummfilm. Analysierende Beschreibung originaler Filmkompositionen. Frankfurt a. M.

Helms, Dietrich/Phleps, Thomas (Hrsg.) (2012): Black Box Pop – Analysen populärer Musik. Bielefeld.

Jost, Christofer/Klug, Daniel/Schmidt, Axel/Reautschnig, Armin/Neumann-Braun, Klaus (2013): Computergestützte Analyse von audiovisuellen Medienprodukten. Wiesbaden.

Kalinak, Kathryn (1992): Settling the score. Music and the classical Hollywoodfilm. Madison.

Karlin, Fred (1994): Listening to Movies. The Film Lover's Guide to Film Music. New York u. a.

Kloppenburg, Josef (1986): Die dramatische Funktion der Musik in den Filmen Alfred Hitchcocks. München.

Korte, Helmut (1988): Systematische Filmanalyse als interdisziplinäres Programm. In: Korte, Helmut/Faulstich, Werner (Hrsg.): Filmanalyse interdisziplinär. Beiträge zu einem Symposium für Bildende Künste Braunschweig. Göttingen, S. 166–183.

Kreuzer, Anselm C. (2003): Filmmusik. Geschichte und Analyse. 2., erweiterte und überarbeitete Auflage Frankfurt a.M.

Leinberger, Charles (2004): Ennio Morricone's The Good, the Bad and the Ugly. A Film Score Guide. Lanham/Toronto/Oxford.

Maas, Georg/Schudack, Achim (1994): Musik und Film – Filmmusik. Informationen und Modelle für die Unterrichtspraxis. Mainz.

Marks, Martin Miller (1997): Music and the Silent Films: Contexts and Case Studies, 1895–1924. New York/Oxford.

Pöllmann, Helmut (1998): Erich Wolfgang Korngold. Aspekte seines Schaffens. Mainz.

Rügner, Ulrich (1988): Filmmusik in Deutschland zwischen 1924 und 1934. Hildesheim.

Schmidt, Hans-Christian (1976): Wesensmerkmale und dramatische Funktion der Musik in Roman Polanskis Film »Rosemaries Baby« (1968). In: Schmidt, Hans-Christian (Hrsg.): Musik in den Massenmedien Rundfunk und Fernsehen. Perspektiven und Materialien. Mainz, S. 250–275.

Schudack, Achim (1995): Filmmusik in der Schule – Studien zu Kazan/Bernsteins »On the Waterfront«. Ein Beispiel interdisziplinärer Filmanalyse und integrativen Musikunterrichts. Augsburg.

Schwarz, Harald (1996): Video: … ich sehe (Musik). Ein Beitrag zur Visualisierung mediengeprägter Musik. In: Musik und Unterricht, 7. Jg., H. 40, S. 17–23.

Tagg, Philip (1979): Kojak – 50 seconds of Television Music: towards the Analysis of Affect in Popular Music. Diss. University of Göteborg.

Vernallis, Carol (2004): Experiencing Music Video. Aesthetics and cultural context. New York.

Videographie und Videoanalysen

Anja Schünzel / Hubert Knoblauch

Im vorliegenden Beitrag wird zunächst die videographische Methode vorgestellt, bei der Video als ethnographisches Forschungsmedium zur detaillierten Analyse natürlicher Interaktionen eingesetzt wird. Anschließend wird es um ihre Anwendung auf *edierte* Videodaten am Beispiel des Webvideos gehen, das in seiner interaktiven Verfasstheit interessante Ansatzpunkte für videographische Forschung bietet.

Einleitung

Bewegte Bilder stellen heute ein sowohl international, als auch interdisziplinär anerkanntes Datenmaterial dar. Die Entwicklungen der Videotechnologie (Digitalisierung, geringere Anschaffungskosten, Handlichkeit) verbesserten die Voraussetzungen der Datenerhebung und Datenanalyse mit Video erheblich. Interaktionen können heute minutiös, in ihren feinsten Einheiten studiert und situationsübergreifend verglichen werden. Dabei lassen sich soziale Formen und Muster aufspüren, die andernfalls kaum zu entdecken wären. Neben seinem Erfolg als wissenschaftliches Forschungsmedium, gewann das Video auch – im Zuge der neuen Aufzeichnungs- bzw. Bebilderungslust der Menschen – als Forschungsgegenstand an Popularität.

Im Folgenden werden wir die Videographie, als ein Verfahren, das Video als Forschungsmedium nutzt, in seinen wesentlichen Schritten und Anwendungsfeldern vorstellen. Videographie verbindet Ethnographie mit Videoaufzeichnungen und -analysen »natürlicher« Interaktionen, womit sie ausschließlich mit Videodaten operiert, die von Forschenden erzeugt werden. In unserem Beitrag werden wir zusätzlich auf die Möglichkeit hinweisen, ihre Prinzipien und ausgewählte Verfahrensschritte auf edierte Videodaten anzuwenden, genauer: auf Webvideos. Das Webvideo ist ein ›interaktives‹ Medium, das, ähnlich wie die im Rahmen der Videogra-phie aufgezeichneten Interaktionen, nur sinnvoll interpretiert werden kann, wenn es sowohl in seinem intrinsischen Zusammenhang (Bezüge und Verweise innerhalb des Einzelmediums) als auch in seinem externen (ethnographischen bzw. diskursiven) Zusammenhang betrachtet wird. Wir wollen dazu den videographischen Zugang zum Webvideo mit der hermeneutischen Videoanalyse (Soeffner/Hitzler 1994; Raab 2008; Reichertz 2011) und der »Visuellen Diskursanalyse« (Traue 2013) kombinieren.

Videographie und Videoanalyse

Videographie[1] bezeichnet ein Verfahren, bei dem ethnographische Forschung mit Video verknüpft wird. Anders als in Verfahren, die sich mit audiovisuellen Daten beschäftigen, ist das Video hier nicht als mediales Produkt Gegenstand der Forschung, sondern fungiert als Forschungsmedium, das eingesetzt wird, um »natürliche«[2] Interaktionen im ethnographischen Feld präziser untersuchen zu können, als dies mit anderen Formen der Beobachtung möglich ist. Die Videographie schließt dazu an eine längere Tradition von Interaktionsanalysen (Birdwhistell, Scheflen, Bateson) an.

Die Videoaufzeichnungen bilden die Hauptdaten der Videographie, werden jedoch eingebettet in »konventionelle« ethnographische Feldarbeit. Diese Einbettung ist deshalb unverzichtbar, weil Interaktionen immer in sozialen

Situationen stattfinden, die ihren spezifischen Sinn ausmachen. Deswegen bildet die genaue Kenntnis des Rahmens sowohl die Voraussetzung für das Verständnis der Daten als auch die Grundlage für das »ethnographische Sampling« (Tuma et al. 2013, S. 78). Das ethnographische Sampling umschreibt die Auswahl (vgl. Strauss 1994, S. 70 ff.) derjenigen Situationen, die videographiert werden sollen. Während in ethnologischen Studien für den Erwerb feldspezifischen Wissens ein langfristiges Eintauchen in das Leben der Akteure notwendig ist, fokussiert es in Videographien in der eigenen Gesellschaft auf die Erhebung des Sonderwissens, der materiellen Bedingungen und der situativen Rahmungen der aufgezeichneten Interaktionen (Knoblauch 2006); dabei wird neben der (zumeist teilnehmenden) Beobachtung u.a. auch auf Interviews, Video-Elizitationen und Dokumentanalysen zurückgegriffen.

Ist der externe Zusammenhang in groben Zügen erschlossen, können erste Videoaufzeichnungen der für die Forschungsfrage oder für das Feld relevanten Situationen erfolgen. Ein zentrales Merkmal der Videographie ist der Einsatz einer Kamera, die sich auf den in der Ethnographie ermittelten Fokus (vgl. hier Goffman 1963) der Interaktion konzentriert. Der Fokus richtet sich nach den Relevanzen der Interaktion: er kann von den Interaktionen von Händen in Operationen bis zu den Publikumsmassen beim Fußball, von statischen Sitzungen bis zu bewegten Interaktionen beim Sporttreiben reichen.

Die aufgezeichneten Daten werden in einer ersten Datensichtung grob kodiert und in einem Logbuch festgehalten. Die relevanten Kategorien sind dabei aus den beobachteten Interaktionen der Akteure, d.h. aus dem Feld selbst zu gewinnen. Nur wenn dies sichergestellt ist, kann das erstellte Logbuch auch tatsächlich als Sample behandelt werden, in dem ähnliche, kontrastierende oder abweichende Fälle gesucht werden.[3] Mit den ersten erhobenen Daten beginnt auch die Datenanalyse[4], d.h. hier die Analyse des »intrinsischen Zusammenhangs«. Der Begriff des »intrinsischen Zusammenhangs« bedeutet hier, dass sich die Analyse nicht auf das Wissen

über bestimmte Eigenschaften der Akteure (soziale Lage, psychische Konstitution etc.) bezieht, sondern die aufgezeichneten Abläufe in ihrem *systematischen Zusammenhang* betrachtet werden. Aus diesem Grund wird die Datenanalyse im Rahmen der Videographie auch als *Videointeraktionsanalyse* (im Folgenden VIA) bezeichnet. Die VIA folgt einem sequenzanalytischen Verfahren, das aus der ethnomethodologisch begründeten Konversationsanalyse (Schegloff 1968; Sacks et al. 1974) und den Workplace Studies abgeleitet wurde. Sie geht wesentlich auf die Arbeiten von Max Atkinson, Charles Goodwin, Christian Heath und Lucy Suchman zurück, die seit den 1980er Jahren Video einsetzen, um Situationen – v. a. den handelnden Umgang mit Technik – zu analysieren (z. B. Heath et al. 2010). Anders als in hermeneutischen Videoanalysen, in denen Sequenzen vorab vom Forscher festgelegt werden[5], orientieren sich konversationsanalytisch informierte Sequenzanalysen hierfür an den Relevanzen der Akteure, d.h. an ihren selbst gesetzten Markierungen für die Grenzen von Handlungs- und Interaktionszügen.

Dieses für die VIA grundlegende Prinzip der Sequenzen möchten wir im Folgenden näher ausführen. Aufbauend auf Analysen von Interaktionen von Garfinkel (1967) und Goffman (1963, 1981) gehen wir erstens davon aus, dass Akteure ihr Handeln selbst immer schon *methodisch* organisieren. Zweitens nehmen wir eine *Geordnetheit* in Interaktionen an, die v.a. in situ von den interagierenden Akteuren hergestellt und nicht bereits durch institutionelle Rahmungen vorbestimmt wird. Drittens gehen wir davon aus, dass Akteure nicht einfach Handeln, sondern in ihrem Handeln zugleich *anzeigen*, wie sie ihr Handeln verstanden wissen wollen. Dieses Prinzip wird in der Ethnomethodologie als *Reflexivität* bezeichnet. Es bildet den wesentlichen Ansatzpunkt für die Sequenzbestimmung: Nicht nur setzen Handelnde nämlich »accounts« (Grafinkel 1967), um ihren subjektiven Sinn verständlich zu machen, sie deuten auch die »accounts« in den Folgehandlungen ihrer Interaktionspartner. Auf diese Weise validieren Handelnde wechselseitig ihre Handlungsdeutungen und markieren, wann eine Interaktionssequenz – bspw. eine Frage-Antwort-Sequenz – für sie als abgeschlossen gilt. An diesen von den Akteuren selbstgesetzten Markierungen können sich Forschende nun zur Sequenzbestimmung orientieren. Es steht nun noch die Frage im Raum, wo, d. h. mit welcher Sequenz die Feinanalyse zu beginnen ist? Auf diese Frage kann keine einfach formalisierbare Antwort gegeben werden. Eine Weise, die sich bewährt hat, ist, das Material zunächst vollständig zu sichten und dabei interessante Stellen zu markieren. Anschließend lassen sich, mit Bezug auf die Fragestellung, einzelne Sequenzen für die Feinanalyse auswählen. Ist die Analyse erst einmal angelaufen, können anschließend – analog zum o.g. ethnographischen Sampling – weitere Sequenzen durch ein »internes Sampling« ausgewählt werden.

Feinanalysen werden von Forschenden sowohl allein als auch in Interpretationsgruppen vorgenommen. Hierfür werden die ausgewählten Sequenzen aus der Videoaufnahme ausgeschnitten und aufbereitet. Zur Aufbereitung gehört i. d. R. die Transkription der akustischen Aspekte. Das Transkript ist von entscheidender Bedeutung für den Nachvollzug der Analyse, indem es den Interpreten ein zeitliches Orientierungsraster an die Hand gibt. Die Interaktionsanalyse beginnt stets mit der Explikation sowohl des Inhalts des Videos, als auch des Kontextes, in dem es aufgenommen wurde. Ist dies geschehen, werden die einzelnen Interaktionszüge, die sich als Äußerungen und Redezüge sowie auch als Bewegungen der Handelnden darstellen, in ihrem »intrinsischen Zusammenhang« Schritt für Schritt betrachtet. Besondere Beachtung erhalten dabei die zeitlichen Abfolgen, also die vorgängigen Züge wie auch die Reaktionen, weil diese als Kontrolle der eignen Interpretation der Handlungszüge dienen. Zumeist ergeben sich bereits bei der Datensichtung erste Strukturhypothesen, die sich auf sequentielle Zusammenhänge beziehen, welche dann im Rahmen von Datensitzungen (z. B. in der Interpretationsgruppe) vorgestellt und geprüft werden. Auf der Grundlage gemeinsamer Beobachtungen eröffnen sich i. d. R. dann die weitergehenden Analyseschritte bzw. Ansatzpunkte für die Auswahl weiterer Sequenzen. Das Vorgehen besteht als darin, zunächst eine Sequenz genau zu rekonstruieren und dann angeleitet durch die Forschungsfrage ähnliche und kontrastierende Fälle für einen Vergleich auszuwählen. Der Vergleich ermöglicht es bspw. situationsübergreifende typische Muster aufzuspüren, wie es in Tuma et al. (2013) für Verkaufsgespräche unternommen wurde.

Videographie und Visuelle Diskursanalyse: Zur Webvideo-Analyse

Nachdem wir die Videographie in ihren wesentlichen Verfahrensschritten vorgestellt haben, werden wir nun ihr Potenzial für die Analyse von Webvideos aufzeigen, d. h. für Videos, die *nicht* im wissenschaftlichen Kontext, sondern von Akteuren für die Verwendung im Internet hergestellt wurden. Die Möglichkeit einer solchen Übertragung liegt in der Spezifik des Webvideos selbst begründet, das in einer großen Stückzahl auf sogenannten Videohosting- und Videosharing-Plattformen (z. B. YouTube, MyVideo) auftritt und durch Querreferenzialitäten mit anderen Videos verbunden ist. Damit ist das Webvideo *sowohl* ein mediales Produkt, als *auch* ein Fragment (bzw. eine Sequenz) innerhalb eines größeren interaktiven Zusammenhangs. In dieser Spezifik der wechselseitigen Vernetztheit spannen Webvideos ein diskursives Feld auf, in dem z. B. Themen verhandelt, Allianzen und Oppositionen gebildet, Artefakte und Subjekte produziert, imitiert und transformiert werden. Dieses Eingebettet-Sein des Webvideos in einen größeren Zusammenhang macht es – ähnlich wie für die Videographie oben geschildert – notwendig, diesen Kontext mit zu untersuchen, um das Videodatum verstehen zu können. Somit greifen auch hier Analysen des externen und des internen Zusammenhangs der Videos ineinander und legen den Grundstein für die Bildung der Sample für die Datenanalyse. Diese zur Videographie analoge Vorgehensweise erachten wir für die Analyse des Webvideos in digitalen (audio)visuellen

Feldern als grundlegend. Der zum videographischen Videodatum differente Produktionskontext, d. h. die edierten Eigenschaften des Webvideos, erfordern es jedoch, den videographischen Zugang zum Webvideo mit anderen Zugängen zu kombinieren. Wir stellen eine besondere Kombination vor, die empirisch umgesetzt wurde.[6] Sie besteht in der Verbindung aus Videographie, »Visueller Diskursanalyse« (Traue 2013; Traue/Schünzel 2014) – einem im Projektkontext entwickelten Forschungsprogramm – und Strategien der hermeneutischen Sequenzanalysen (Raab 2008; Reichertz 2011). Bevor wir die aus unseren Erfahrungen möglichen Verknüpfungspunkte vorstellen und anhand eines Beispiels näher veranschaulichen, werden wir zunächst eine kurze Skizze der wesentlichen Verfahrensschritte der »Visuellen Diskursanalyse« (im Folgenden VDA) vorstellen.[7]

Ziel der VDA ist es v. a. eine Antwort auf die Frage, wie die institutionellen und technischen Infrastrukturen der Verbreitung von Bildern in ihren intermedialen Verschränkungen (mit Texten, Videos etc.) beschrieben werden können, zu geben. Der Bezugspunkt der VDA ist die Visualisierung als Konstitution von Phänomenen und als Technik des kommunikativen Appels an Rezipienten. Die visuelle Diskursanalyse erfolgt über drei iterative Schritte: Der *erste* Schritt besteht in der Beschreibung der medialen Technologien, die das Wahrnehmen und Handeln der Akteure in digitalen Feldern orientieren und organisieren, indem sie Wahrnehmungs- und Handlungsweisen technisch vorgeben und regeln (z. B. über Algorithmen organisierte Rankings und Empfehlungsstrukturen). Derartige Vorgaben und Regelungen bezeichnet Traue auch als Grammatisierungen oder »Kommunikationsregime«. Der *zweite* Verfahrensschritt widmet sich der Analyse einzelner visueller Medien über »fokussierte Hermeneutiken«[8], hier v. a. Bild- oder Videoanalysen, die *fokussiert* auf bestimmte Aspekte (audio)visueller Phänomene vorgenommen werden. Die Auswahl der jeweils zu betrachtenden Aspekte erfolgt über die Rekonstruktion der Phänomenstruktur. Dabei wird der Diskurs v. a. konzentriert auf den »Mechanismus seines Drängens«

(Foucault 1973, S. 39) – seine Ereignishaftigkeit – hin betrachtet. Ein *dritter* Schritt besteht schließlich in der Analyse des diskursiven Prozesses. Im Fokus des Interesses stehen hier die sozialen (Video-)Akteure und ihre aufeinander bezugnehmenden Handlungen, die sich v. a. auf die Begriffe Produktion, Imitation und Variation bringen lassen. Diese wechselseitigen Bezugnahmen konstituieren sich nicht nur als seriell strukturierte Abfolgen von Videos, die mal dialogisch mal antagonistisch verlaufen, sondern immer wieder auch als intermediale Folgen z. B. von Video-Text-Verweisen. Für diese wechselseitigen Bezugnahmen schlägt Traue den Begriff des »Formtrajekts« vor, anhand dessen sich Transformationen von im digitalen Feld erzeugten Objektivierungen (Artefakte, Selbstdarstellungen etc.) nachvollziehen lassen. So rufen in das digitale Feld eingebrachte Objektivierungen i. d. R. Publikumsreaktionen hervor (z. B. Klicks, Text-Kommentare, Video-Antworten), auf die wiederum der Produzent bezugnimmt, usw. Auf diese Weise entsteht ein diskursiver Prozess bzw. eine Spirale aus Reaktion und Gegenreaktion, in der Imitation und Variation als diskursive Ereignisse sichtbar werden.

Aus diesen drei vorgestellten Verfahrensschritten lassen sich bereits erste Potenziale für eine Verknüpfung von Videographie und VDA ersehen. So wechseln auch im diskursanalytischen Zugang zum (audio)visuellen Medium Analysen des Einzelmediums mit Untersuchungen des externen (hier: diskursiven) Kontextes ab. Die Ähnlichkeit des Vorgehens macht die Übertragung der videographischen Samplingstrategie auf die Analyseschritte der VDA möglich. So lässt sich – in Analogie zum ethnographischen Sampling in der Videographie – der externe Kontext der Webvideos über die Untersuchung der Grammatisierungen und der diskursiven Praktiken der Akteure erschließen, wodurch Hinweise auf relevante Videos zur Detailanalyse gewonnen werden könnten.[9] Für die Detailanalyse schlagen wir eine Verbindung aus hermeneutischer Sequenzanalyse und Interaktions-Sequenzanalyse vor. Die Einbindung hermeneutischer Sequenzanalysen ist hier entscheidend, weil die Forschenden, wie bereits oben geschildert, den Produktionsprozesses der Webvideos nicht begleitet haben.[10] Aus diesem Grund muss bei der Interpretation der Videos hermeneutisch gedeutet werden und zwar – im Gegensatz zur VIA – auf Basis kulturellen Wissens. Die Auswahl von Sequenzen zur Feinanalyse folgt wiederum den Prinzipien, wie sie in der VIA und der VDA beschrieben werden, nämlich fokussiert auf die Relevanzen der Akteure, die sich im Fall des Webvideos v. a. diskursiv über die Rekonstruktion der Phänomenstruktur – d. h. der Art und Weise, wie ein spezifisches Phänomen (Thema, Konflikt) konstruiert ist – erschließen lassen.

Im Folgenden wollen wir das beschriebene Vorgehen nun anhand eines empirisch analysierten Beispiels kurz illustrieren, um einen Eindruck von der Webvideo-Analyse, wie wir sie aktuell betreiben, zu vermitteln.

Die Webvideo-Analyse am Beispiel der Publikumsbindung

Unser Beispiel möchten wir anhand folgender Forschungsfrage diskutieren: Wie stellen Webvideo-Akteure im Medium des Webvideos eine Bindung zu ihrem Publikum her?[11]

Erste Hinweise auf die Relevanz des Themas der Publikumsbindung erhielten wir im Rahmen ethnographischer Felderkundungen. In Interviews berichteten uns Videoakteure und Mitarbeiter von YouTube, dass die Publikumsbindung eine Grundvoraussetzung für kommerziellen Erfolg auf Videoplattformen darstellt, weil Popularität – d. h. hier v. a. Sichtbarkeit – entscheidend von der Anzahl der Abonnements, Klicks etc. abhängt, die ein YouTube-Kanal generiert. YouTube selbst bietet seinen Nutzern aus diesem Grund sowohl kostenfreie Online-Tutorials als auch lokale (i. d. R. kostenpflichtige) Seminare und Workshops an, in denen (kommerziell) erfolgreiche YouTuber und YouTube-Mitarbeiter Strategien und Kompetenzen der besseren ›Vermarktung‹ des eigenen YouTube-Kanals lehren. An diesen Veranstaltungen haben wir im Zuge ethnographischer Feldarbeit selbst teilgenommen. Weitere Hinweise über die Bedeutung der Publikumsbindung konnten wir aus den Webvideos selbst gewinnen, in denen Akteure regelmäßig um Abonnements ihres Kanals baten, Fantreffen, Wettbewerbe und »Give-aways« organisierten, um die Zuschauer an ihren Kanal zu binden.

Nachdem sich die Publikumsbindung also im Feld als bedeutsamer Aspekt erwiesen hatte, wollten wir diesen an ausgewählten Einzelfällen, d. h. am Material selbst, untersuchen. Hierfür analysierten wir zum einen Videobeiträge innerhalb eines Falls (hier: YouTube-Kanals), um Muster und Veränderungen in den Techniken der Publikumsadressierung in der Zeit nachvollziehen zu können. Zum anderen interessierte uns, ob bestimmte Webvideo-Formate (z. B. Vlog, Tutorial) typische Stile (z. B. Schnitttechniken, mimische, gestische Adressierungen, verbale Ansprachen) aufweisen, das Publikum an sich zu binden.

Die Auswahl der Sequenzen zur Feinanalyse orientierte sich zum einen an unserem diskursiven Feldwissen sowie unserem kulturellen Wissen über Techniken der Adressierung von Zuschauern (bspw. in Fernsehshows). Zum anderen orientierte sie sich an den oben angeführten Annahmen über Interaktionen (Methodizität, Geordnetheit, Reflexivität), d. h. an den Handlungen der Akteure, ihren Relevanzen und Ethnomethoden. Im Folgenden möchten wir nun beispielhaft die Analyse eines Videos vorstellen, das dem Webvideo-Format »Tutorial« (genauer Beauty-/Schmink-Tutorial«) zuzuordnen ist. Durch die vergleichende Betrachtung einer Vielzahl von Videos dieses Formats, konnten wir deren typischen sequentiellen Aufbau rekonstruieren: Begrüßungssequenz, thematische Sequenz (Hauptteil) und Verabschiedungssequenz. Am Beispiel der Begrüßungssequenz werden wir nun aufzeigen, wie eine Sequenzanalyse, die hermeneutische und interaktionsanalytische Strategien verbindet, aussehen kann. Unser besonderes Interesse gilt dabei bspw. den Weisen Blick«kontakt« mit dem appräsentierten Publikum[12] herzustellen, den Techniken des Kamerahandelns sowie der Frage, wie die Sequenz als spezifische Sequenz im Kontext des gesamten Videos markiert und mit anderen Sequenzen, hier dem eigentlichen Thema des Videos, verknüpft wird.

ändert sie die Position ihres Oberkörpers beim Winken ein wenig, indem sie ihn leicht – vom Zuschauer aus gesehen – nach links wendet. Mit dem letzten Wort ihres Redezugs sinkt die zum Winken erhobene Hand wieder, wodurch Anas-

Abb. 1: Screenshot aus der Begrüßungssequenz (https://www.youtube.com/watch?v=Hntayp1NjL8; 9.3.2016)

Die Begrüßungssequenz aus dem Video »TOP & Flop Produkte Juni 2012« hat eine Länge von zwei Sekunden und besteht im Wesentlichen aus dem Satz »Hallo meine Süßen«[13] und einem Winken in die Kamera. Die Sequenz beginnt mit der Einblendung der in die Kamera lächelnden YouTuberin Anastasia, die – dem Hintergrund nach zu urteilen – in ihrem Schlafzimmer bzw. Jugendzimmer sitzt. Bei der Begrüßung ihres Publikums ist ihr Blick direkt in die Kamera gerichtet, nur unterbrochen durch ein kurzes Blinzeln. Ihre Körperposition zur Kamera entspricht dem »Talking Head«-Format, wie es z. B. für Nachrichtenformate im Fernsehen typisch ist. Der Talking-Head ist ein typisches Merkmal von Beauty- und Schminktutorials, in denen v. a. Kopf und Dekolleté bzw. ihre Verschönerung im Mittelpunkt stehen. In dem Moment, in dem Anastasia zu ihrem Begrüßungssatz ansetzt, hebt sie auch ihre linke Hand zum Winken in die Kamera, wofür sie die Finger ihrer Hand hebt und senkt. Das Winken vollzieht sich also im Wesentlichen über ihre Hand und unterscheidet sich demnach von anderen Formen des Winkens, bei denen der ganze Arm in die Bewegung (ein Schwenken) einbezogen wird. Zudem ver-

tasia sowohl akustisch als auch visuell (durch die Bewegung ihres Arms) markiert, dass die Begrüßung an dieser Stelle ein Ende findet. Der Oberkörper ist zu diesem Zeitpunkt noch in der leicht nach links gewendeten Position, die jedoch mit den ersten Worten der Ankündigung des Themas des Videos wieder zur Anfangsposition, d. h. gerade gerückt wird. Auf diese Weise entsteht der Eindruck eines »weicheren« Übergangs zwischen den beiden Sequenzen (Begrüßung und Hauptteil), der ansonsten – nur bezogen auf den Redezug – »hart« erscheint. Zwischen dem Redezug der Begrüßungssequenz und dem ersten Redezug des Hauptteils erfolgt keine Pause, sondern es setzt mit dem Ausklingen des einen Zugs sofort der nächste ein. Die Begrüßungssequenz ist mit zwei Sekunden zudem sehr kurz gehalten und kommt ohne Kamerahandlung (Schwenk, Schnitt, Zoom etc.) aus. Diese Begrüßungssequenz wurde dann mit anderen im Sample verglichen. Der Vergleich der Begrüßungssequenz über viele Videos von Anastasia hinweg, erbrachte, dass die vorgestellte Begrüßung des Publikums typisch für ihre Produktionen ist. Vergleiche mit weiteren YouTube-Kanälen und Webvideo-Formaten zeigte zudem, dass ostinate, informell-persönliche Formen der Publikums-adressierung in den meisten YouTube-Videos vorkommen. Mit ihnen setzen Video-Akteure »accounts«, die Nähe und Verbundenheit zwischen Produzenten und YouTuber bedeuten sollen.

Mit dem vorgestellten Beispiel wollten wir einen Einblick geben, wie sich Strategien und Verfahren der Videographie auf Webvideos übertragen und dabei fruchtbar mit anderen Verfahren der Videoforschung – »Visuelle Diskursanalyse« und hermeneutische Strategien der Sequenzanalyse – kombinieren lassen. Diese Verfahrensweise befindet sich noch in der Ausarbeitung, jedoch lassen sich bereits gut die verschiedenen – ineinander verschränkten – Ebenen erkennen, auf denen sich Webvideo-Analysen zu bewegen haben: Neben der Ebene der Sequenz sind dies die Ebenen des Formats und des Kontextes. Das Format nimmt in dieser Konstellation eine Art »Mittlerrolle« ein, indem es sowohl in die sequentielle Struktur des Einzelvideos als auch in den externen Zusammenhang der Videos hineinreicht. Ist also das Format eines Videos identifiziert, lassen sich *zum einen* erste Rückschlüsse auf die diskursiv-kontextuelle Einbindung des betrachteten Videos ziehen, weil Formate i. d. R. mit bestimmten Themen bzw. Schlagworten (tags) verbunden sind (»Beauty-Videos« z. B. mit Themen wie Schminken, Schönheit etc.). Neben der Verweisungsstruktur über Verschlagwortung existieren zudem eigene diskursive Praktiken der wechselseitigen Bezugnahme (Produktion, Imitation, Variation) zwischen den Akteuren innerhalb eines Formats, die *zum anderen* Einfluss auf die sequentielle Ebene des Einzelvideos nehmen.

Beschließen wollen wir unseren Beitrag mit dem Ausblick auf eine vierte Ebene der Webvideoanalyse: die Ebene der *Sozialform*. Sozialform bedeutet hier die soziale Ordnung, z. B. als Netzwerk oder Community, die Webvideo-Akteure – i. d. R. eines Formats – in ihren wechselseitigen Bezugnahmen ausbilden. Ein Beispiel dafür bietet die Untersuchung von Pro-Anorektikerinnen (»Pro Ana«), die sich mithilfe audiovisueller Web-Medien im Internet sozial konstituieren. Zu diesen Medien gehört das thinspiration-Video, ein Webvideo-Format, das auf Videoplattformen, wie YouTube, massenhaft zu finden ist. Thinspiration-Videos sind in auffällig redundanter Manier gestaltet. Stets wird eine Audio-Slideshow vorgeführt, in der aus dem Netz zusammengesammelte Fotos sehr dünner Frauen zu Musik präsentiert werden. Die Pro-Anas nutzen die Videos nach eigenen Aussagen, als Inspiration und Motivation zum *dünn werden* oder *bleiben*. Produziert und geteilt werden sie v. a. unter Gleich*gesinnten,* d. h. i. d. R. Mädchen und Frauen, die sich *für* ein Leben mit der Anorexie aussprechen. Die Sozialform, die sie bilden, ist auf der einen Seite hochgradig individualisiert, indem die asketische Lebensführung zu Hause für sich praktiziert wird. Auf der anderen Seite zeigt sie eine starke Vernetzung: Die jungen Frauen stellen das, was sie sinnhaft erfüllt und bewegt – den dünnen Körper in Form von Fotos, Videos, Texten – ins Internet und kommunizieren darüber auf Blogs, in Foren, über SMS-Messenger miteinander. Die Forschungsfrage, die wir aktuell im Rahmen des Promotionsprojekts »Konversionen in die Anorexie?« (*Arbeitstitel*; Schünzel) fokussieren, ist, wie sich eine solche individualisiert (allein Hungern) lokalisierte (im Netz auf Blogs, Videoplattformen, Foren etc.) Sozialform beschreiben und verstehen lässt. Für die Beantwortung der Frage führen wir eine Analyse über die vorgestellten vier Ebenen durch: Auf der Ebene der Sequenz und des Formats geht es z. B. darum, aus dem »intrinsischen Zusammenhang« des sinnhaften Mediums, Hinweise auf die Selbst- und Weltanschauung der Pro-Anorektikerinnen zu erhalten. Auf der Ebene des Kontextes wird die diskursive Vernetzung zwischen den jungen Frauen untersucht, d. h. die Formen ihrer wechselseitigen Koordinierung (tags, Eintritt in Foren etc.), ihrer mediatisierten Sozialkontakte. In digitalen Feldern spielt zudem auf dieser Ebene die Rückbindung der vielmals anonymisierten oder pseudonymisierten Web-Kommunikation an konkrete Akteure eine wichtige Rolle, die z. B.

im Rahmen von face-to-face-Interviews realisiert werden kann. Auf der Ebene der Sozialform werden schließlich die drei Analyseebenen zusammengeführt und deren (Zwischen-) Ergebnisse mit Blick auf Gemeinschaft konstituierende und stabilisierende Aspekte ausgewertet. Webvideo-Analysen, so haben wir anhand zweier Beispiele gezeigt, erfolgen stets über die Ebenen – Sequenz, Format, Kontext. Die Oszillation zwischen den Ebenen ermöglicht es darüber hinaus, eine vierte Ebene, auf die sie verweisen, in den Blick zu nehmen: die Sozialform.

Anmerkungen

1 Für eine vertiefte Einführung in das Verfahren der Videographie siehe »Videographie. Einführung in die interpretative Videoanalyse sozialer Situationen« (Tuma et al. 2013). Sie bildet auch die Grundlage für unsere Ausführungen im ersten Abschnitt dieses Beitrags.
2 ›Natürlichkeit‹ bedeutet hier, dass die Interaktionen nicht allein und vor allem zu Forschungszwecken arrangiert wurden, wie es bspw. in experimentellen Kontexten der Fall ist.
3 Vergleiche zu den Prinzipien der Grounded Theory z. B. Strauss 1994, Strauss/Corbin 1996.
4 Hier muss angemerkt werden, dass Datenerhebung und Datenanalyse keine linear aufeinanderfolgenden Prozesse darstellen, sondern sich abwechseln.
5 In der Regel wird die Analyse mit dem ersten Bild des Videos begonnen, das extensiv ausgedeutet wird. Die Analyse schreitet dann Bild für Bild weiter.
6 Sie wurde entwickelt im Rahmen des DFG-Projekts »Audiovisuelle Kulturen der Selbstthematisierung«, das Boris Traue und Anja Schünzel am Fachgebiet Allgemeine Soziologie des soziologischen Instituts der TU Berlin durchgeführt haben.

7 Die nachfolgenden Ausführungen zur VDA beziehen sich im Wesentlichen auf Traue (2013). Dort werden Vorschläge zur methodologischen Fundierung und zur Vorgehensweise von (audio-)visuellen Analysen formuliert. Für die praktische Anwendung der VDA siehe auch Traue/Schünzel (2014).
8 Ein Begriff den Traue in Analogie zu Knoblauchs »fokussierter Ethnographie« (2001) entwickelt hat.
9 Allerdings ist auch ein umgekehrtes Vorgehen möglich, in dem sich aus der Analyse eines Webvideos interessante Aspekte für eine Diskursanalyse ergeben, aus der sich wiederum neue Videos für die Feinanalyse gewinnen lassen. Wie gesagt, wechseln sich im Forschungsprozess Analysen des internen und externen Kontextes der Videos stetig ab.
10 Sicherlich wäre es möglich den Produktionsprozess videographisch zu begleiten, jedoch mit Blick auf die Vielzahl an Webvideos ein in den meisten Fällen ressourcenübersteigendes Unternehmen,
11 Die Frage wurde im Projekt »Audiovisuelle Kulturen der Selbstthematisierung« adressiert und war damit eingebettet in einen größeren Forschungskontext, in dem die Veränderung von Formen der Selbstthematisierung im Zuge der Ausweitung der neuen digitalen und ›sozialen‹ Medien untersucht wurde. Die methodische Arbeit im Projekt erfolgte sowohl ethnographisch als auch diskursanalytisch (VDA). Für die o.g. Fragestellung fokussierten wir v. a. auf die Videoplattform YouTube.
12 In der Regel weiß ein Videoakteur um sein Publikum durch z. B. Video-Antworten auf seine Videobeiträge, durch textliche Kommentare, Abonnements seines Kanals etc.
13 Aufgrund der Kürze des Redezugs wurde kein Transkript der akustischen Aspekte erstellt.

Literatur

Garfinkel, Harold (1967): Studies in Ethnomethodology. Cambridge.

Goffman, Erving (1963): Behavior in Public Places. Notes on the social organization of gatherings. New York.

Goffman, Erving (1981): Forms of Talk. Cambridge.

Heath, Christina/Hindmarsh, Jon/Luff, Paul (2010): Video in Qualitative Research. London.

Knoblauch, Hubert (2001): Fokussierte Ethnographie: Soziologie, Ethnologie und die neue Welle der Ethnographie. In: Sozialer Sinn, 1, S. 123–141.

Knoblauch, Hubert (2006): Videography. Focused Ethnography and Video Analysis. In: Hubert Knoblauch Bernt Schnettler, Jürgen Raab und Hans-Georg Soeffner) Video Analysis. Methodology and Methods. Qualitative Audiovisual Data Analysis in Sociology. Frankfurt a. M./Berlin/Bern/Bruxelles/New York/Oxford/Wien, S. 35–50.

Raab, Jürgen (2008): Visuelle Wissenssoziologie. Theoretische Konzeptionen und materiale Analysen. Konstanz.

Reichertz, Jo/Englert, Carina Jasmin (2011): Einführung in die qualitative Videoanalyse. Eine hermeneutisch-wissenssoziologische Fallanalyse. Wiesbaden.

Sacks, Harvey/Schegloff, Emanuel/Jefferson, Gail (1974): A Simplest Systematics fort he Organization of Turn-Taking for Conversation. In: Language, 50, S. 696–735.

Schegloff, Emanuel (1968): Sequencing in Conversational Openings. In: American Anthropologist, 70, S. 1075–1095.

Soeffner, Hans-Georg/Hitzler, Ronald (1994): Hermeneutik als Haltung und Handlung. In: Schröer, Norbert (Hrsg.): Interpretative Sozialforschung. Opladen, S. 28–55.

Strauss, Anselm (1994): Grundlagen qualitativer Sozialforschung: Datenanalyse und Theoriebildung. München.

Traue, Boris (2013): Visuelle Diskursanalyse. Ein programmatischer Vorschlag zur Untersuchung von Sicht- und Sagbarkeiten im Medienwandel. In: Zeitschrift für Diskursforschung, 2, 1, S. 117–136.

Traue, Boris/Schünzel, Anja (2014): Visueller Aktivismus und affektive Öffentlichkeiten: Die Inszenierung von Körperwissen in ›Pro Ana‹- und ›Fat Acceptance‹-Blogs. In: Paulitz, Tanja/Carstensen, Tanja (Hrsg.): Präsentation des Selbst 2.0. Zur digitalen Konstruktion öffentlicher Subjekte. Wiesbaden.

Tuma, René/Schnettler, Bernt/Knoblauch, Hubert (2013): Videographie. Einführung in die interpretative Videoanalyse sozialer Situationen. Wiesbaden.

Webformat-Analyse

MARTINA SCHUEGRAF / ANNA JANSSEN

Im folgenden Beitrag wird ein dreistufiges Verfahren für die Analyse eines Webvideoportals, hier YouTube, vorgestellt, welches auch für andere Social-Media-Plattformen operationalisiert werden kann. Aufgrund des vielschichtigen und komplexen Aufbaus von YouTube ist eine Webformat-Analyse dieser Plattform eine besondere Herausforderung. YouTube ist durch unterschiedliche Funktionen gekennzeichnet und integriert verschiedene Nutzungsformen, daher erfordert die Erforschung eine analytische Trennung einzelner Untersuchungsebenen. Auf einer ersten, der deskriptiven Ebene erfolgt eine Strukturanalyse zur Beschreibung des YouTube-Channels. Auf der zweiten, der interpretativen Ebene wird eine Videoanalyse mit einer Charakteranalyse und je nach Forschungsanliegen mit einer Interaktionsanalyse verknüpft. Die dritte, die diskursive Ebene setzt sich mit dem gesellschaftlich-kulturellen Kontext auseinander.

Was ist YouTube? – Eine kurze theoretische Einordnung des Phänomens

YouTube ist eines der bekanntesten und am stärksten angesagten Webvideoportale im Internet. »Broadcast yourself«, in etwa »sende dich selbst«, ist das Motto der 2005 gegründeten Plattform, die als am schnellsten wachsende Website der Welt gilt (vgl. Snickars/Vonderau 2009). Der Erfolg spiegelt sich in den Nutzungsdaten, denn 2014 wurden jeden Tag weltweit insgesamt 300 Millionen Stunden YouTube-Videos abgespielt (vgl. Koch/Liebholz 2014). In Deutschland nutzten 2013 40 % aller Deutschen YouTube innerhalb von einer Woche (ebd.). Von Heranwachsenden wird die Plattform laut der aktuellen *JIM-Studie* (vgl. mpfs 2015) sogar beinahe ausnahmslos genutzt (94 %). YouTube ist damit der erfolgreichste Onlinebewegtbild-Anbieter, denn »keine andere Videoplattform erreichte Werte bei den Onlinenutzern in dieser Größenordnung« (Koch/Liebholz 2014, S. 397).

YouTube hat es zu einem medialen Angebot gebracht, das zum Alltag von Kindern, Jugendlichen und jungen Erwachsenen gehört und damit zu einem Bestandteil der Lebenswelt seiner Nutzerinnen und Nutzer geworden ist. Eine herausragende Bedeutung erlangen in diesem Zusammenhang auch die YouTuberinnen und YouTuber selbst, also jene Personen, welche auf YouTube einen Kanal betreiben, nehmen sie doch häufig die Funktionen von Peers und – bei großem Erfolg – auch von Celebrities bzw. Stars ein. Diese werden oftmals zu Vorbildern sowie zu Lebensbegleiterinnen und -begleitern, die Anregungen oder gar Orientierung geben sollen (vgl. Schuegraf 2013; 2014). Insofern erlangt die Plattform auch in mediensozialisatorischer und -pädagogischer Hinsicht eine bedeutende Relevanz.

Das Spektrum an Inhalten und Macharten ist vielfältig: LeFloid (www.youtube.com/user/LeFloid) ist mit fast drei Millionen Abonnentinnen und Abonnenten beispielsweise einer der populärsten YouTuber. Er greift in seinen Videos in erster Linie aktuelle Themen und Nachrichten auf und kommentiert diese. Die YouTuberin Bianca Heinicke hingegen betreibt mit *Bibis Beauty Palace* (www.youtube.com/user/BibisBeautyPalace) mit mehr als drei Millionen Abonnentinnen und Abonnenten den erfolgreichsten Kanal für Schmink- und Frisurentutorials in Deutschland. Sehr berühmt sind auch Let's-Play-Videos, in denen YouTuberinnen und YouTuber ihre Strategien beim Computerspielen kommentieren. Der berühmteste Let's Player ist gleichzeitig der berühmteste deutsche YouTuber:

Gronkh (www.youtube.com/user/Gronkh) hat über vier Millionen Abonnentinnen und Abonnenten (vgl. auch Koch/Liebholz 2014). Darüber hinaus gibt es Videos, in denen die YouTuberinnen und YouTuber Dinge auf Fanwunsch hin ausprobieren (»hauls«), Produkte auspacken (»unbox«), anderen Menschen Streiche spielen (»pranks«), Fans per Video mitnehmen, bei dem, was sie gerade tun (FMA: »follow me around«), aufklären oder Tipps zur Lebensbewältigung und zum Lifestyle geben.

Das Portal lebt also davon, dass die Nutzenden selbst Inhalte und Videos produzieren und distribuieren – das ist das Herz von YouTube. Als Social-Media-Angebot ist YouTube aber ebenso eine Kommunikationsplattform, die zur Interaktion zwischen YouTuberinnen/YouTubern und Fans bzw. Kritikerinnen und Kritikern einlädt. Auf diese Weise funktioniert YouTube als soziales Netzwerk, an dem jede und jeder partizipieren kann. »Teilen und Teilhaben sind zwei starke Grundmotive jener Nutzer, die selbst erstellte Inhalte auf Online-Video-Plattformen stellen, kommentieren, beantworten oder weiterleiten. Der Community-Gedanke ist auf YouTube stark ausgeprägt und gehört zur DNA der Plattform und der Nutzer« (De Buhr/Tweraser 2010, S. 81). YouTube ist somit ein Websiteangebot der »Participatory Culture« (vgl. Burgess/Green 2009), wobei es Amateure genauso adressiert wie professionell Produzierende und Werbetreibende (vgl. Snickars/Vonderau 2009).

Methodische Vorgehensweise

Eine Webformat-Analyse von YouTube ist eine besondere Herausforderung, da das Produkt verschiedene Funktionen und Nutzungsformen integriert und durch einen vielschichtigen und komplexen Aufbau gekennzeichnet ist. Um ein solches Gebilde erforschen zu können, erfordert es eine analytische Trennung einzelner Untersuchungsebenen. Als Analysevorgehen bietet sich ein dreistufiges Verfahren an:

1. Deskriptive Ebene (Strukturanalyse)
Auf der deskriptiven Ebene wird mittels einer Strukturanalyse der Aufbau eines YouTube-Kanals eruiert. Hierbei geht es darum, eine Übersicht über die Website zu gewinnen, ihre Aufmachung, Verlinkungs- und Interaktionsstrukturen zu beschreiben sowie Daten und Nutzerzahlen festzuhalten.

2. Interpretative Ebene (Video-, Charakter- und Interaktionsanalyse)
Die zweite Ebene bildet die Analyse einzelner exemplarischer Videos und ihrer Inhalte. Die Videoanalyse ist mit einer Charakteranalyse der jeweiligen YouTuberin/des jeweiligen YouTubers verknüpft, um die Besonderheiten und Eigenheiten des Kanals sowie dessen Einbettung in ein YouTube-Genre zu verstehen. Je nach Fragestellung lässt sich diese Analyse darüber hinaus mit einer Interaktionsanalyse im Hinblick auf Kommentierungen und Bewertungen der Fans und Community kombinieren.

3. Diskursive Ebene (Kontextanalyse)
Die Kontextanalyse bildet schließlich die dritte Ebene und den Bezug zu gesellschaftlichen Diskursen. In Anlehnung an Michel Foucault kann die Analyse der ausgewählten YouTube-Angebote mit einer Diskursanalyse verknüpft werden. Hier geht es darum, die kommunikative Konstruktion von Bedeutungen in einer Gesellschaft nachzuzeichnen und aufzuzeigen, wie die diskursive Konstruktion von Themenkomplexen auf YouTube erfolgt.

Diese drei Analyseebenen werden im Folgenden vorgestellt.

Deskriptive Ebene: Strukturanalyse

Der Aufbau von YouTube-Channels ist grundsätzlich wie folgt: Es gibt eine Übersicht (Startseite), auf der sich das Kanalbanner mit dem Kanalnamen und einem Profilbild befindet. Häufig werden dort auch die Erscheinungstermine der nächsten Videos angegeben. Darunter finden sich Favicons; das sind Logos, die auf andere Websites – in diesem Fall zu anderen sozialen Medien – verlinken, in denen die YouTuberin bzw. der YouTuber aktiv ist, und darunter die Anzahl der Abonnentinnen und Abonnenten des Kanals. Ein zentral gestelltes Video in der Mitte zeigt entweder das aktuellste Video oder den Kanaltrailer, der das Angebot anpreist. Darunter findet man eine Übersicht über die Art von Videos, die der Kanal anbietet. Zumeist sind die Videos der Übersicht mit sogenannten Thumbnails ausgestattet; das sind Standbilder, die als Vorschau fungieren. Rechts daneben findet sich eine Linkliste von angesagten Kanälen, die zu weiteren eigenen Kanälen und/oder Kanälen befreundeter YouTuberinnen und YouTuber führt, und eine Linkliste zu thematisch ähnlichen Kanälen.

Über die folgenden Reiter kommt man auf weitere Seiten des Kanals: Videos (Übersicht über alle Videos), Playlists (durch die YouTuberin bzw. den YouTuber sortierte und betitelte Videogruppen), Kanäle (Links zu angesagten Kanälen), Diskussion (Kommentarfunktion für alle registrierten YouTube-Nutzerinnen und -Nutzer zum Kanal allgemein) und Kanalinfo (Beitritts- und Nutzungsdaten des Kanals).

a) Angebot und Formate
- Beschreibung der Übersicht/Startseite (Kanalname, Kanalbanner, Kanaltrailer, Profilbild)
- Welche Verlinkungen und Favicons sind vorhanden?
- Auf welche Art von Format und welche Themen weist die Videoübersicht?
- Wie sind die Playlists und Thumbnails betitelt und auf welche Inhalte und Formate weisen sie hin?

b) Ästhetik und Design
- Welche Farben dominieren die Übersicht (Kanalbanner, Profilbild, Thumbnails)?
- Welche Schriftform und -farbe wird verwendet?
- Was zeigen die Thumbnails? Wie sind sie bildlich aufgebaut?

- Wie konsequent ist das Design? Gibt es eine Art Corporate Design (einheitliches Design eines Unternehmens)? Gibt es Logos?

c) Popularität des Kanals
- Seit wann besteht der Kanal (Beitrittsdatum)?
- Wie viele Abonnenten, Aufrufe durch Abonnenten und Aufrufe allgemein hat der Kanal?
- Wie viele Kommentare gibt es auf der Diskussionsseite?

d) Professionalität des Kanals
- Sind Erscheinungstermine für die nächsten Videos angegeben?
- Gibt es weitere Kanäle derselben YouTuberin/ desselben YouTubers?
- Gibt es neben dem zentralen Video Verlinkungen zu anderen Websites, die relevant sind für die Promotion der YouTuberin/des YouTubers?
- Lassen sich Produktwerbung bzw. Produktplatzierungen (Product Placement) erkennen? Werden bestimmte Produkte getestet und angepriesen (Finanzierung des Kanals)?

Interpretative Ebene: Video-, Charakter- und Interaktionsanalyse

Mithilfe der Strukturanalyse lassen sich zunächst eine Übersicht und Einordnung aller auf dem Kanal vorhandenen Videos generieren. Die interpretative Ebene fokussiert nun die eigentlichen Analyseschritte des methodischen Vorgehens. Eine Video- und Charakteranalyse der YouTuberin/des YouTubers ist unabdingbar, um das Angebot des Kanals zu verstehen und einordnen zu können. Eine Interaktionsanalyse macht dann Sinn, wenn das Forschungsinteresse in wechselseitigen Bezugnahmen zwischen Produzierenden und Nutzenden liegt.

Videoanalyse

Anhand der Erkenntnisse aus der Strukturanalyse soll ein (erstes) Video ausgewählt werden, das einer eingehenden Analyse unterzogen wird. Es bietet sich an, ein Video auszuwählen, das für den YouTube-Kanal als typisch erachtet wird, um Merkmale, Symboliken und Techniken extrahieren zu können, die die YouTuberin/den YouTuber sowie ihre/seine Inszenierungsstrategie(n) im Besonderen markieren. Eine weitere Möglichkeit ist ein problemgesteuerter Zugriff. Hier wird ein irritierendes oder – beim ersten Betrachten – nicht verstehbares Video herangezogen, das durch die Analyse der Abweichung auf die Besonderheit der YouTuberin/des YouTubers schließen lässt. Ertragreich ist es, mittels dieser beiden Zugriffsmethoden mehrere kontrastierende Fälle nach der Methode der minimalen (sich ähnelnde Clips) und maximalen (unterschiedlich gelagerte Clips) Kontrastierung auszuwählen (vgl. Kelle/Kluge 2010).

a) Analyse der Narration
- Was wird erzählt (Thema/Inhalt), worum geht es?
- Welche (intertextuellen) Verweise und Bezüge zeigen sich?
- Um welche Art von Video/Format handelt es sich (Tutorial, »pranks«, »hauls« etc.)?
- Wie wird die Erzählung inszeniert (dramaturgische Mittel: Einstieg ins Thema, Hauptteil, Ausstieg)?
- Gibt es eine Form der inneren Gestaltung (eine geschlossene Wahrnehmungseinheit, einen offenen/fragmentarischen Aufbau)?
- Wie wird durch das Video hindurchgeführt, ist die YouTuberin/der YouTuber zu sehen oder gibt es ein Voice-over?

b) Analyse der Gestaltungsmittel
- Was ist im Bild zu sehen und wie ist es aufgebaut?
- Welche Kameraeinstellungen werden genutzt?
- Welche Mittel der Montage werden verwendet (Jump Cuts, Einblendungen, Überblendungen, Zeitlupen, Zeitraffer, andere Effekte)?
- Welche ästhetischen Mittel kommen zum Einsatz (Techniken der Authentifizierung)?
- Wie ist das Hintergrundsetting gestaltet?

- Welche Inserts, Einblendungen und Verweise gibt es?
- Ist die Tonebene diegetisch?
- Gibt es (Hintergrund-)Musik und/oder Soundeinlagen, z. B. zur Unterstützung von Effekten?

Zudem werden das Veröffentlichungsdatum, die Länge, die Views, die Likes, die Dislikes und die Anzahl der Kommentare zu den Videos festgehalten. Diese statistischen Daten geben einen ersten Hinweis auf die Akzeptanz beim Publikum.

Charakteranalyse

YouTuberinnen und YouTuber sind im Gegensatz zu fiktiven Figuren, wie sie Blockbuster, Spielfilme, TV-Serien und Computerspiele bevölkern, reale Menschen, die sich selbst medial inszenieren – getreu dem Motto: »Broadcast yourself«. Es ist jedoch davon auszugehen, dass schon allein durch das Vorhaben, sich selbst auf Video aufzunehmen und dieses zu veröffentlichen, stets ein gewisser Grad der Inszenierung vorhanden ist. Dabei geht es darum, möglichst glaubwürdig, d. h. authentisch, zu wirken. Wichtig ist hierbei, dass Authentizität von den YouTuberinnen und YouTubern hergestellt werden muss und zum jeweiligen Markenzeichen wird. Authentizität wird zum einen mithilfe der Technik hergestellt bzw. inszeniert, zum anderen durch das Auftreten und die Art der Moderation.

Die folgenden analyseleitenden Fragen sind z. T. durch die Figurenanalyse von Jens Eder (2008) und das Charakterprofil von Beate Völcker (2005, S. 60) angeregt[1]:

a) Äußeres und Auftreten
- Körperliche Merkmale: Geschlecht, Körperbau, Haar- und Hautfarbe, geschätztes Alter (falls nicht bekannt); gibt es körperliche Auffälligkeiten?
- Art der Kleidung, Styling (Frisur, Make-up etc.), Accessoires

- Welche Charakterzüge sind erkennbar (fröhlich, ernsthaft, ruhig, aufgedreht, selbstverliebt etc.)?
- Nonverbale Kommunikation: Körperhaltung, Mimik (z. B. zugewandter und offener Blick, häufiges Lächeln) und Gestik (z. B. große, einladende Gesten)
- Was ist im Hintergrund zu sehen und auf welchen sozialökonomischen Status, religiöse/kulturelle Zugehörigkeit etc. lässt sich dadurch eventuell schließen?
- Wie wirkt die YouTuberin/der YouTuber in ihrem/seinem gesamten Auftreten?

b) Art der Moderation
- Ist die YouTuberin/derYouTuber im Bild zu sehen und wenn ja, wie?
- Gibt es andere Personen (z. B. andere YouTuberinnen und YouTuber, Freunde, Familie etc.), die in den Videos auftreten und/oder Co-Moderationen?
- Gibt es eine typische Begrüßungs- und/oder Verabschiedungsformel und wie wird sie vorgetragen (Stimmlage, Gestik, Mimik)?
- Sprache: Wie ist das Sprachtempo, die Artikulation, Stimmlage, Klangfarbe? Wie verständlich und klar ist die Ausdrucksweise? Werden (jugend-)kulturspezifische Begriffe oder Slangausdrücke bzw. genrespezifische Begriffe (z. B. »prank«, »haul«) gebraucht? Auf welches Bildungsniveau lässt der sprachliche Ausdruck schließen?
- Wie werden die Zuschauenden angesprochen? Gibt es Aufforderungen (zu »Likes«, Kommentaren, weitere Videos anzusehen etc.)?
- Inwieweit werden Gestik und Mimik gezielt zur Moderation eingesetzt?

Interaktionsanalyse

Die Analyse der Videos zeigt, mittels welcher Strategien YouTuberinnen und YouTuber ein Gefühl der Nähe zwischen ihnen und ihren Fans/ihrem Publikum evozieren. Auf diese Weise findet eine Verknüpfung der Lebenswelt der YouTuberin/des YouTubers mit den Zuschauenden statt. Mithilfe der Bewertungsfunktion, Kommentarfunktionen und Antwortmöglichkeiten können Rezipientinnen und Rezipienten ihre Einschätzungen, Meinungen und Ideen zu den Videos kundtun bzw. auch untereinander in Verbindung treten. Zudem haben die YouTuberinnen und YouTuber die Möglichkeit, hierauf in den Kommentaren zu antworten oder Anregungen in ihre Videos aufzunehmen. In einer Interaktionsanalyse soll diese Wechselwirkung zwischen Fans und YouTuberinnen bzw. YouTubern oder auch den Fans untereinander analysiert, auf die Videos bezogen und eingeordnet werden:

a) Kommunikationsweg
- im Video: direkte Aufforderungen der YouTuberin/des YouTubers an die Fans, z. B. das gesehene Video zu »liken«, Videoproduktionswünsche zu stellen etc.
- Videobotschaft an Fans: Dankes- oder Kommentarvideos, die direkt an Reaktionen der Fans anschließen oder gestellte Fanfragen beantworten
- Kommunikation mit Fans u. a. über das Diskussionsforum bzw. die Kommentarfunktion

b) Interaktionsformen
- Aufrufe der YouTuberin/des YouTubers zu Challenges (wörtlich: Herausforderungen), z. B. zum gemeinsamen Sport- oder Diätprogramm
- Fanbitten um Videos zu bestimmten Themen oder Aktionen (z. B. »hauls«)
- Beantworten von Fragen
- Anschlusskommunikation zum Thema des Videos

Diskursive Ebene: Kontextanalyse

Die videobasierten Analyseerkenntnisse ermöglichen differenzierte Einordnungen und Typisierungen der untersuchten YouTube-Kanäle. Hierdurch lassen sich channelspezifische Inszenierungsstrategien und Verhaltensmodi herausarbeiten, die die jeweilige YouTuberin/den jeweiligen YouTuber und ihren/seinen Kanal samt

Inhalten charakterisieren. Im Vergleich zu anderen YouTube-Kanälen zeigen sich darüber hinaus beispielsweise genrespezifische (Beauty/Lifestyle, Let's Play) oder auch genreübergreifende Typisierungen, Stereotypen- und Stilmittelbildungen. Für viele YouTuberinnen und YouTuber typisch sind immer wiederkehrende Begrüßungs- oder auch Verabschiedungsformeln, Videointros oder spezielle Symboliken. Sie fungieren als Alleinstellungsmerkmal der/des Agierenden. Sowohl bei einer genreimmanenten als auch einer verschiedene Genres umfassenden Analyse ist es in Bezug auf die Auswahl der zu untersuchenden YouTube-Channels sinnvoll, auch hier nach der Methode der minimalen und maximalen Kontrastierung vorzugehen. Insbesondere durch solche Analysen werden die Konstruktionen der Genrezuschreibungen der YouTube-Kanäle sichtbar und zeigen womöglich Grenzverwischungen einzelner Genrezuordnungen.

Im Hinblick auf Themen lassen sich zwar verschiedene Zuordnungen vornehmen und voneinander abgrenzen (Beauty/Lifestyle, Let's Play/Games, Comedy, News etc.), doch bezüglich der Inszenierung zeigen sich oftmals hybride Gebilde, die mit unterschiedlichen Stilmitteln und Präsentationstechniken arbeiten. Ein gutes Beispiel hierfür ist der schwedische Let's Player PewDiePie (www.youtube.com/user/PewDiePie). Seine Beiträge und Videos gehören vornehmlich der Kategorie »Gaming/Let's Play« an, doch durch ungewöhnliche Schnitte, Inserts und Montagetechniken zeigen sich deutliche Comedy-Elemente. Seine komödiantischen Kommentare und Einlagen geben seinen Vorstellungen der Spiele häufig eine groteske, ironische Note. Damit setzt er sich von klassischen Let's Playern ab, die in der Regel ein Spiel für ihr Publikum durchspielen und kommentieren.

Analysen von YouTube-Kanälen zeigen, dass sie sowohl im Aufbau und der Verlinkung der Kanäle mit weiteren Social-Media-Plattformen als auch in den Videos als multimediale Texte zu lesen sind. Daraus ergibt sich eine vielschichtige Überlagerung von multimedialen Texten, die aufgrund des partizipatorischen Angebots durch Kommentierungen, Videoantworten und Teilen der Videos noch verstärkt wird. Mit diesen vielfältigen Spielarten und Inszenierungsformen werden durch die YouTuberinnen und YouTuber gesellschaftliche Themen aufgegriffen, kommentiert, persifliert und weiterverarbeitet. Gleichzeitig verkaufen sie Produkte des Lifestyles und der Populärkultur und werden hierdurch selbst zum kommerziellen Produkt. So schließen sie nicht nur an gesellschaftliche Diskurse an, sondern werden von diesen auch selbst als Produkt des Diskurses hervorgebracht.

Rainer Diaz-Bone operationalisierte Foucaults Ansatz und entwickelte ein analytisches Vorgehen, in dem es darum geht, »die Kontingenz der diskursiven Regelmäßigkeiten« aufzuzeigen und »diese als systematische Variation von Diskursanordnungen« deuten zu können (→ vgl. Diaz-Bone, S. 131 ff.). Ein solches Vorgehen lässt sich auch auf YouTube-Channels anwenden. Denn in der Präsentation von Produkten und Themen mittels der genutzten Technologie verschmelzen YouTuberinnen/YouTuber als Produzentinnen/Produzenten ihrer Inhalte mit den präsentierten Produkten zu einem kommerzialisierten Produkt, das nach einer strategischen Inszenierungslogik funktioniert. Auf diese Weise zeigt sich eine Verschränkung von Produzentin/Produzent, Produkt und Inhalt. Darüber hinaus stellt YouTube mit seinen technischen Möglichkeiten andere Präsentationsformen bereit, die insbesondere zum Bewerten, Kommentieren, (Weiter-)Empfehlen und Beantworten anregen, als ältere mediale Plattformen wie z. B. das Fernsehen. Nimmt man all diese Aspekte zusammen, dann bringt die Plattform eine Verschmelzung aus Produzentin/Produzent, Produkt, Inhalt und Technologie hervor, welche als das eigentliche Herzstück von YouTube zu begreifen ist. Letztlich führt dies zu einer Verschränkung von gesellschaftlichen Diskursen und Produkten, in denen YouTuberinnen/YouTuber und ihre Channels somit Teil sozialer, (populär-)kultureller, politischer und/oder ökonomischer Aushandlungen sind.

Fazit

Da YouTube eine, wie bereits beschrieben, komplexe und multimediale Textur ist, kann eine YouTube-Channel-Analyse zumeist nur (Teil-) Bereiche des gesamten Angebots umfassen. Je nach Geschäftigkeit der YouTuberin/des YouTubers sowie nach Erfolg und Bestand des Kanals schwanken die Komplexität, Vielfalt, Verlinkung und Hypertextualität immens. Es ist kaum möglich, eine vollumfängliche Analyse vorzunehmen, doch mittels der Strukturanalyse kann ein Überblick über den zu beforschenden Kanal erfolgen. Das weitere Analysevorgehen bestimmt in erster Linie die Forschungsfrage. Insbesondere im Vergleich mit anderen Kanälen lassen sich Spezifika einer YouTuberin/eines YouTubers und ihres/seines Kanals extrahieren und je nach Forschungsanliegen einordnen.

Darüber hinaus sind einzelne Analyseschritte auch für die Erforschung anderer Social-Media-Plattformen wie Facebook, Twitter, Instagram etc. operationalisierbar. Auch diese Plattformen verfügen über weitreichende Verlinkungsstrukturen und sind mit ihren Kommentar-, Bewertungs- und Interaktionsfunktionen auf Partizipation angelegt. Zudem bieten sie die oder fußen gar auf der Integration von (Bewegt-)Bildern. Ihre Logiken entsprechen ebenfalls einer Nutzungsorientierung, die auf die Inhaltsproduktion, -preisgabe und -distribution ihrer Community setzt. Somit lassen sich mit der hier vorgestellten Webformat-Analyse auch andere soziale Netzwerke analysieren und erforschen.

Anmerkungen

1 Zwar beziehen sich sowohl Eder (2008) als auch Völcker (2005) auf fiktive Figuren, jedoch geht es dabei um die Beschreibung äußerlicher bzw. beobachtbarer Merkmale, die sich auf die Betrachtung von (inszenierten) Personen übertragen lassen

Literatur

Buhr, Thomas de/Tweraser, Stefan (2010): My Time is Prime Time. In: Beißwenger, Achim (Hrsg.): YouTube und seine Kinder. Wie Online-Video, Web TV und Social Media die Kommunikation von Marken, Medien und Menschen revolutionieren. Baden-Baden, S. 69–91.

Burgess, Jean/Green, Joshua (2009): YouTube. Digital Media and Society Series. Cambridge/Malden.

Eder, Jens (2008): Die Figur im Film. Grundlagen der Figurenanalyse. Marburg.

Kelle, Udo/Kluge, Susann (2010): Vom Einzelfall zum Typus. Fallvergleich und Fallkontrastierung in der qualitativen Sozialforschung. 2. überarbeitete Auflage. Wiesbaden.

Koch, Wolfgang/Liebholz, Bernd (2014): Ergebnisse der ARD/ZDF-Onlinestudie 2014. Bewegtbildnutzung im Internet und Funktionen von Videoportalen im Vergleich zum Fernsehen. In: Media Perspektiven, H. 7–8, S. 397–407.

mpfs – Medienpädagogischer Forschungsverbund (Hrsg.) (2015): JIM 2015. Jugend, Information, (Multi-) Media. Basisstudie zum Medienumgang 12- bis 19-Jähriger in Deutschland. Abrufbar unter: http://www.mpfs.de/fileadmin/JIM-pdf15/JIM_2015.pdf.

Schuegraf, Martina (2013): Celebrity als Star, Vorbild, Idol und Held. In: tv diskurs, Jg. 17, H. 3, S. 24–29.

Schuegraf, Martina (2014): Medienkonvergenz und Celebrities im Kindesalter. In: Tillmann, Angela/Fleischer, Sandra/Hugger, Kai-Uwe (Hrsg.): Handbuch Kinder und Medien. Wiesbaden, S. 337–349.

Snickars, Pelle/Vonderau, Patrick (2009): Introduction. In: Dies. (Hrsg.): The YouTube Reader. Stockholm, S. 9–21.

Völcker, Beate (2005): Kinderfilm. Stoff- und Projektentwicklung. Konstanz.

Netzwerkanalyse und Onlineforschung

Christian Nuernbergk

Die Netzwerkanalyse wird in diesem Beitrag als ein wesentlicher methodischer Zugang in der Online-forschung herausgearbeitet. Das Spektrum bisheriger Anwendungsbereiche und die Potenziale dieses Verfahrens im Gebiet der Onlineforschung werden vorgestellt. Anknüpfungsmöglichkeiten für die qualitative Medienforschung werden exemplarisch am Beispiel der Analyse von Nutzerkommenta-ren auf Nachrichtenseiten demonstriert. Verlinkungen, Nutzerbeziehungen und -interaktionen sind in der Onlineforschung von zentraler Bedeutung. Die sich daraus ergebenden Strukturen nehmen Einfluss darauf, wie rasch sich Informationen in den Arenen der Onlinekommunikation verbreiten können. Mit der Netzwerkanalyse können die Strukturen nachvollzogen und relevante Akteure und Positionen für qualitative und quantitative Studien identifiziert werden.

Theoretisch-methodologische Einordnung

Die Netzwerkanalyse hat sich in der Medienfor-schung erst in jüngerer Zeit als ein gängiges Ver-fahren etabliert (überblickend Neubarth/Nuern-bergk 2011). Das Verfahren der Netzwerkanalyse lässt sich generell auf ganz unterschiedliche sozi-ale, kommunikationsbezogene und technische Phänomene innerhalb und auch außerhalb der Onlineforschung anwenden. Es handelt sich um ein methodisches Verfahren zur Erfassung und Visualisierung relationaler Daten aller Art als Netzwerke, die entlang graphentheoreti-scher Maße systematisch ausgewertet werden können (einführend Scott 2013; Jansen 2006). Nicht individuelle Merkmale stehen im Zent-rum der Analyse, sondern die Relationen zwi-schen den möglichen Merkmalsträgern und die damit verbundenen Muster der (sozialen) Bezie-hungen. Grundsätzlich eignet sich die Netzwerk-analyse auch zur Analyse von Kommunikation in interpersonalen oder massenmedialen Zusam-menhängen, da diese als Beziehung (Kanten) zwischen Akteuren (Knoten) erfassbar ist und dargestellt werden kann.

Die kommunikationswissenschaftliche Netz-werkanalyse beschränkt sich dabei nicht auf die Erforschung von Öffentlichkeiten und der ihnen zugrunde liegenden Strukturen in der *Online-forschung*. Ein weiteres Kerngebiet in der Ana-lyse ist die *Meinungsführerforschung* im Kon-text der interpersonalen Kommunikation (z. B. Schenk 1995), die etwa an frühere Kommuni-kationstheorien wie den »Zwei-Stufen-Fluss der Kommunikation« anschließt. Ihre Ergeb-nisse unterstreichen die Bedeutung der Grup-penkommunikation bei der Verbreitung von Medieninhalten. Auch in der *Diffusions- und Innovationsforschung* werden Netzwerke häu-figer untersucht (z. B. von Pape 2008). Netz-werkanalysen finden sich aber vereinzelt auch in anderen Bereichen des Fachs. In der Journalis-musforschung untersucht beispielsweise Krüger (2013) die Eliten-Beziehungen von Medienak-teuren. In theoretischer Hinsicht wird überdies versucht, die Netzwerkperspektive und integra-tive Theorien zu verbinden: Pfaff-Rüdiger und Löblich (in Vorbereitung) zeigen, wie Akteur-Struktur-Dynamiken durch Netzwerkanalysen erfasst und so auch besser erklärt werden können. Generell ermöglicht die Netzwerkperspektive in einem sozialen Zusammenhang über die analy-tische Kategorie der Beziehungen, Akteure und die sie einbettenden Strukturen zu identifizie-ren. Langfristige Muster von Beziehungen kön-nen ihrerseits als soziale Strukturen oder Konstellationen charakterisiert werden, die das Handeln der Akteure begünstigen oder auch erschweren (Wasserman/Faust 1994, S. 4).

Als Auswertungsverfahren lässt sich die Netzwerkanalyse gut mit Datenerhebungsverfahren wie der Befragung und der Inhaltsanalyse kombinieren. Voraussetzung dafür ist allerdings, dass Daten bereits relational erhoben werden, also Beziehungen des zu untersuchenden Merkmalsträgers zu anderen Akteuren, zu bestimmten Positionen oder Sachverhalten erfragen und abbilden.

Allgemein können qualitative und quantifizierende Verfahren der Netzwerkanalyse voneinander unterschieden werden: Erstere umfassen alle »Formen der Netzwerkforschung, die mit einem eigenen qualitativen Instrument Netzwerkstrukturen und -praktiken sichtbar machen« (Hepp 2016, S. 349). Quantifizierende Verfahren erfolgen hingegen standardisiert und bedienen sich mathematisch-statistischer Modelle zur Berechnung der Beziehungen zwischen den Akteuren und der Beschreibung der Netzwerkstrukturen. Vor allem der Bereich der quantitativen Diskursnetzwerkanalyse hat sich ausdifferenziert und bietet hoch spezialisierte Verfahren im Umgang mit großen Textkorpora und -konzepten.

Die Netzwerkanalyse in der Onlineforschung

Die Etablierung der Netzwerkforschung in der Onlineforschung kann als eine Folge des Medien- und Öffentlichkeitswandels und den damit veränderten fachlichen Perspektiven interpretiert werden. Vernetzungen sind in den Social Media allgegenwärtig und bilden eine wesentliche Komponente des Informationsflusses. Aufgrund ihrer heterogenen und dynamischen Struktur gewinnt die Erforschung der Netzwerke digitalisierter Öffentlichkeiten an Bedeutung.

Untersuchungsebenen und -perspektiven

Netzwerkforschung im Internetkontext kann sich grundsätzlich auch mit der Technik (IT-Strukturen) und der Morphologie (Verlinkungsstrukturen) des World Wide Web befassen. Zudem lassen sich Vernetzungen zwischen spezifischen Dokumenten und Mitteilungen (Hypertextstrukturen) sowie Nutzerinteraktionen, etwa im Rahmen von Gemeinschaften, erforschen (Bucher u. a. 2008). Der folgende Überblick wird netzwerkanalytische Ansätze besprechen, die im Kontext der Medienforschung zu digitalisierten Öffentlichkeiten relevant sind.

Die Beantwortung der Frage, wie Kommunikationsnetzwerke im Internet entstehen und welcher Dynamik sie unterliegen, erfordert zunächst, die für die Fragestellung relevanten Knoten(-Typen) und die davon ausgehenden Beziehungen zu definieren. Zwischen Individuen, Gruppen oder Organisationen können die Kanten nach unterschiedlichen Fragestellungen festgelegt werden: So können allgemein das Vorhandensein von Kommunikation oder Formen der Interaktionen zwischen den Nutzern ermittelt werden. Spezifischer ist es aber auch möglich, nur bestimmte Relationen, nämlich z. B. Bewertungen, Vertrauen oder die Zuweisung von Legitimität, als zu untersuchenden Beziehungsinhalt zu einem Akteur zu definieren. Darüber hinaus kann auch die Verbindung zwischen Texteinheiten/-konzepten und Sprechern als Akteuren als Netzwerk modelliert werden. Die Beziehungen in einem solchen Kommunikationsnetzwerk lassen sich dann z. B. als Übernahmen oder Erweiterungen klassifizieren. Daraus entstehen dann bimodale Netzwerke (Rausch 2010), da die Akteure nicht direkt untereinander verknüpft sind, sondern über Gelegenheiten, wie etwa einen gemeinsam geteilten Textinhalt.

Grundsätzlich existiert eine Vielfalt an Internetanwendungen und -diensten, in deren Rahmen Netzwerkforschung praktiziert werden kann. Im Fokus digitalisierter Öffentlichkeiten stehen vor allem *Social Media*, deren Inhalte sich durch das Zusammenwirken der Nutzenden ergeben. Zu den zentralen Social-Media-Funktionen zählen Vernetzung, Austausch und Interaktion (Taddicken 2016). Neben den Plattformen (z. B. Facebook, YouTube) gehören auch Instant-Messaging-Anwendungen, Personal-Publishing-Formen (z. B. Weblogs, Mikroblogs wie Twitter, Podcasts), Wikis und Informationstools (Feedreader) zu den Social Media.

Social-Media-Plattformen ermöglichen die Herstellung und Beobachtung von drei zentralen Formen von Relationen zwischen den Nutzern: (1) *Verknüpfungen durch Hashtags.* Zwischen den Nutzenden, die in der eigenen Kommunikation gemeinsam Hashtags nutzen, formieren sich Netzwerke. Durch das Verfolgen und Aufrufen eines solchen Hashtags lassen sich diese als *»Ad-hoc-issue«-Öffentlichkeiten* beobachten (Bruns/ Moe 2014). Sie können sich je nach gewähltem Hashtag um Themen, aber auch um Ereignisse wie Katastrophen oder TV-Events, um Meme oder identitätsbezogene Marker zentrieren. Erfassen lässt sich aus einer netzwerkanalytischen Perspektive erstens, welche Nutzer innerhalb eines Hashtags als aktive Kommunikatoren verbunden sind. Zweitens kann über die Nutzer-Hashtag-Verbindung auch im Vergleich unterschiedlicher Hashtags ermittelt werden, welche Nutzer über verschiedene Öffentlichkeiten potenziell enger verbunden sind und welche nicht oder nur einmalig.

(2) *Folgebeziehungen.* Als solche können Abonnements anderer Nutzer (»folge ich«), aber auch bestätigte *Freundschaften* (»befreundet mit«) ausgewertet werden. Warum sind die Morphologien dieser Netzwerke für die Kommunikationsforschung relevant? Die Nutzerbeziehungen erhöhen gegenüber dem Fall der Nichtvernetzung die Wahrscheinlichkeit, Postings des gefolgten oder befreundeten Nutzers überhaupt in den individuellen Feeds zu sehen. Auch die Wahrscheinlichkeit, miteinander zu interagieren, steigt zwischen den über ihre Profile verbundenen Nutzern, da ihre Beziehungen nicht nur flüchtigen Charakter haben (z. B. im Rahmen einer Hashtag-Diskussion), sondern tendenziell stabilerer Natur sind. Für die Untersuchung sind Leitfragen aus zwei Perspektiven möglich:

(a) empfängerzentriert: »Wer empfängt Information (bewusst) von wem?« und (b) kommunikatorzentriert: »Wer kann wie viele und welche Akteure direkt erreichen?« (Schmidt 2016). Mit einem netzwerkanalytischen Zugang lassen sich Aussagen über die Strukturierung dieser Netzwerke treffen, z. B. über Formen des Clusterings oder der Communitybildung. Es können Akteure identifiziert werden, die insgesamt oder in Subgruppen über eine besondere Popularität verfügen und damit auch potenziell höheren Einfluss auf die Informationsverbreitung haben. Aus der Perspektive des Einzelnen besteht im Regelfall nur Kenntnis über das eigene, unmittelbare Netzwerk der direkten Abonnenten. Erst die Netzwerkperspektive erlaubt es, über Gruppen von Nutzern auf der Plattform hinweg Beziehungen systematisch zu untersuchen und zu visualisieren.

(3) *Direkte Interaktionen.* Untersucht werden die Interaktionen zwischen den Akteuren, die über die Nutzung von plattformspezifischen Operatoren zustande kommen. Dazu zählen z. B. auf Twitter markierte, d. h. öffentlich sichtbare, Antworten (@replies) oder Erwähnungen (@mentions) anderer Nutzer. Ebenso lassen sich Weiterleitungen ihrer Inhalte (Retweets) oder Likes ihrer Postings auswerten. Auf Basis von Weiterleitungen oder Erwähnungen können »Influencer« identifiziert werden, also Akteure, deren Inhalte in hohem Maße aufgegriffen werden. Nicht nur über Folgebeziehungen wie Abonnements, sondern gerade auch auf der Ebene der konkreten Interaktionen lässt sich bestimmen, ob Akteure nach Subgruppen in engeren Zusammenhängen auftreten und häufig miteinander in einem Austausch stehen.

Nach Bruns und Moe (2014) lassen sich die hier vorgestellten Relationsformen auf unterschiedlichen Ebenen ansiedeln. Die direkten Interaktionen werden dann als Mikro-, die Folgebeziehungen im Netzwerk als Meso- und die um Hashtags formierten »Ad-hoc-issue«-Öffentlichkeiten als Makroebene betrachtet. Innerhalb einer »Ad-hoc-issue«-Öffentlichkeit müssen sich nicht alle beteiligten Nutzer untereinander auch folgen, sondern es können erst über den gemeinsam geteilten Hashtag Verbindungen zwischen unterschiedlichen Netzwerkzirkeln bestehen. Ebenso bedeuten Folge- und Freundschaftsbeziehungen nicht automatisch, dass die Nutzer auch tatsächlich miteinander interagieren.

Facebook verwertet relationale Daten, um die »Nähe« zwischen den jeweils Nutzenden zu bestimmen und auf diese Weise die individualisierten Nachrichtenströme anzupassen (Kumar 2012). Informationen von nahestehenden Kontakten werden dann bevorzugt angezeigt. Je nach Perspektive sind die *Plattformen* also selbst ein prägender Faktor für die Struktur der aufgefundenen Netzwerke. Informationen können durch ihre Interpretation von »Nähe« privilegiert werden, d. h., ihre Sichtbarkeit und Diffusion kann beschleunigt oder auch verlangsamt werden. Darüber hinaus besteht eine Abhängigkeit von dem technischen Rahmen, den die Plattform setzt. Welche Interaktionen mit welchen Operatoren möglich sind und in welcher Weise die Nutzer darüber benachrichtigt werden, ist plattformabhängig.

Die hier als relevant erachteten Relationen bilden nur einen Anknüpfungspunkt der Netzwerkforschung. Ein wichtiges Feld umfasst auch die Forschung zu Verlinkungsstrukturen innerhalb und außerhalb der Social Media. Hierbei erforscht der sozialwissenschaftliche Zugang weniger die strukturellen Eigenschaften des World Wide Webs insgesamt, sondern vor allem begrenzte Ausschnitte dieses globalen Netzwerks. So lassen sich etwa die Verlinkungen von ausgewählten Medienberichten im Internet verfolgen und hinsichtlich ihrer Anschlusskommunikation im Internet auswerten (Nuernbergk 2013). Häufig wird die Erfassung der zu analysierenden Hyperlink-Netzwerke durch Begrenzungen auf vorab definierte Themen oder Akteursgruppen vorgenommen (für eine Forschungsstrategie in diesem Zusammenhang siehe Adam u. a. 2016). Auch Communities, die nicht den Social Media zugerechnet werden können, lassen sich erforschen. Ein Beispiel dafür sind die Kommentierenden in den Foren einer Nachrichtenwebsite.

Bestimmung relevanter Positionen und Strukturen

Zur Analyse des Informationsflusses in Social-Media-Netzwerken ist die Identifikation der »network gatekeeper« relevant, also von Akteuren, die durch einflussreiche Netzwerkpositionen die Verbreitung einer Information beschleunigen oder verlangsamen können (Nahon 2016, S. 47). Sie zeichnen sich durch eine hohe Popularität aus und können ein wichtiges, verbindendes Element zwischen ansonsten nur spärlich verbundenen Communities darstellen. Am Beispiel der amerikanischen Blogosphäre untersuchen z. B. Farrell und Drezner (2008) die Rolle solcher »focal points«.

Was sind typische Muster, die sich in sozialen Netzwerken zeigen? Vor allem das Prinzip der *Homophilie*, das die sozialen Netzwerke von Menschen prägt, hat Einfluss darauf, wie sich Netzwerke in digitalen Umgebungen strukturieren (Nahon 2016). Damit ist gemeint, dass Kontakte zwischen Nutzern mit ähnlichen sozialen Charakteristiken, Interessen oder Wertvorstellungen in größerer Dichte und Intensität stattfinden. Auf diese Weise entsteht die Tendenz, dass spezifische Informationsflüsse mit höherer Tendenz zwischen »Gleichgesinnten« lokalisierbar sind. Nicht nur Ähnlichkeiten, sondern auch Bekanntheit kann sich als prägend für die Netzwerkstruktur erweisen. Das »*preferential attachment*« beschreibt die Tendenz, dass in einem wachsenden Netzwerk neu hinzutretende Knoten mit einer Wahrscheinlichkeit zu bisher repräsentierten Knoten eingehen, die sich proportional zu den bereits vorhandenen Kontakten dieser Knoten verhält. Im Ergebnis entstehen Netzwerke, die als skalenfrei beschrieben werden: Die meisten Knoten verfügen über wenige Beziehungen, während wenige im Netzwerk sehr viele Beziehungen auf sich vereinigen können. Für das Hyperlink-Netzwerk des World Wide Webs wurde übergreifend eine solche »Power-law«-Verteilung, die für skalenfreie Netzwerke typisch ist, nachgewiesen. Auch im Social-Media-Kontext finden sich »Power-law«-Tendenzen (im Überblick ebd., S. 48 f.). Im

Ergebnis dieser Strukturierung, die sich aus dem Verhalten einzelner Nutzer ergibt, entstehen mit den »network gatekeepern« Positionen, die über höhere Chancen verfügen, Aufmerksamkeit zu erhalten und infolgedessen Informationen effektiver im Netzwerk verbreiten. Interessant sind vor diesem Hintergrund vor allem Analysen von Abweichungen wie einem plötzlichen Aufstieg von Außenseitern oder der Interaktion zwischen Knoten, die ansonsten überwiegend in getrennten Clustern von Nutzergemeinschaften lokalisiert sind.

Eine *Ordnungsfunktion* übernimmt die Netzwerkanalyse dadurch, dass sie genutzt werden kann, um solche Auffälligkeiten mit Blick auf relevante Knoten auch in großen Datensätzen zu identifizieren. Sie liefert damit Anhaltspunkte, wo mit weiteren Methoden im Detail nach den Ursachen für einen plötzlichen Popularitätszuwachs oder für sonstige Abweichungen im Zeitverlauf gesucht werden kann. Überdies liefert sie einen guten Überblick zum wechselnden Teilnehmer- und Produzentenkreis.

Netzwerkinformationen unterschiedlicher Ebenen lassen sich kombinieren. So kann die Zahl der Folgebeziehungen eines Accounts natürlich im Zusammenhang mit seinen direkten Interaktionen untersucht werden. Kombinationen bestehen aber auch dadurch, dass mittels Inhaltsanalyse die identifizierten Interaktionen in Bezug auf spezielle Merkmale oder Aussagen hin eingegrenzt werden (für eine Codierung spezifischer Interaktionen zwischen Nutzern in den Diskussionssequenzen von Wikipedia siehe z. B. Stegbauer 2009, S. 120). Für die Kombination sind sowohl quantitative als auch qualitative Erhebungen der Bezugnahmen denkbar.

Die relationale Inhaltsanalyse erlaubt, nicht nur systematisch Bezugnahmen zu erfassen, die durch direkte Markierungen wie z. B. durch Verlinkung oder @mention der an der Kommunikation Beteiligten entstehen, sondern auch indirekt durch Zitationen oder Adressierungen von Mitteilungen in den Medieninhalten (»symbolische Netzwerke«, siehe Adam 2007).

Programme zur Erfassung und Auswertung

Für die Erfassung von Netzwerkdaten und für die Auswertung stehen unterschiedliche Wege zur Verfügung. Über *API-Schnittstellen* können Nutzerinhalte aus Twitter und Facebook in Listenform überführt werden (Keyling/Jünger 2016). Aus diesen Daten lassen sich Netzwerke auf Basis direkter Markierungen teilweise automatisiert bestimmen. Eine Liste dieser Netzwerkbeziehungen lässt sich üblicherweise in Netzwerkanalyse-Programme importieren. Jedoch ist es bei spezifischen Fragestellungen, wie z. B. der Zuschreibung von Verantwortlichkeit oder bei Bewertungen, erforderlich, eine eigene relationale Analyse vorzunehmen. Die zutreffenden Netzwerkpaare werden dann erst mithilfe eines relationalen Instruments bestimmt. Ein empfehlenswertes, lizenzpflichtiges Programm für die netzwerkanalytische Auswertung ist UCINET. Es bietet umfangreiche, über Menüfunktionen abrufbare Auswertungsoptionen und eine gute Dokumentation. Für einen vergleichenden Ansatz, bei dem mit vielen Netzwerken gearbeitet wird, ist das R igraph package geeignet. Visualisierungen – im Zeitverlauf – lassen sich gut mit der Open-Source-Software Gephi erstellen.

Anwendungsbeispiel: Interaktionen in Nutzerkommentaren

Damit die Vielschichtigkeit von Kommunikationsnetzwerken angemessen erfasst wird, sollte bereits die Inhaltsanalyse selbst auf einem relationalen Erhebungsinstrument aufsetzen. Das macht eine Vorabdefinition der zu suchenden relationalen Elemente erforderlich, die in das Codebuch einer Inhaltsanalyse integriert werden können. Die Inhaltsanalyse folgt dabei einer Logik von »Subjekt-Aktion-Objekt«-Beziehungen (siehe z. B. Adam 2007, S. 55 f.). Die Erhebungskategorien erfassen dann nicht nur, ob im Text oder durch Operatoren (z. B. @mention) eine Beziehung von einem Autor oder Sprecher als »Subjekt« zu einem Adressaten (»Objekt«)

hergestellt wird, sondern auch, ob diese explizit im Zusammenhang mit einer bestimmten Art der Interaktion steht. Als »Aktion« sind eine Vielzahl von relationalen Zusammenhängen interpretierbar, die sich den Dimensionen »Kooperation« (z. B. Unterstützung, Lob, Dank, Einlenken/Nachgeben) oder »Konflikt« (z. B. Belehrung, Ermahnung, Beziehen einer gegensätzlichen Position, Hinweise auf Fehler, Beleidigung, persönlicher Angriff) zuordnen lassen. Es werden also Interaktionen extrahiert, die nach inhaltlichen, nicht allein nach technischen Kriterien (z. B. Antworteintrag, Verlinkung) bestimmt sind. Verweist ein Sprecher auf einen Adressaten, so liegt zunächst eine einseitig gerichtete Beziehung vor, die bei einer Darstellung der Netzwerkkante durch einen einseitigen Richtungspfeil zwischen beiden Knoten erkennbar wird.

Ein manuelles Erhebungsverfahren von Netzwerkdaten verläuft in der Regel zweischrittig: Erstens wird ein *Ausgangsset von Angeboten* festgelegt, in denen *relevante Inhalte* identifiziert werden. Das hier kurz vorzustellende Anwendungsbeispiel untersucht vergleichend, welche Formen von Interaktionen unter den Beteiligten in den Kommentarbereichen von zwei Nachrichtenwebsites bestehen. Alle Kommentare unter den auf »FAZ.NET« und »WELT Online« im Oktober und November 2014 veröffentlichten Artikeln zum Thema Sterbehilfe wurden mithilfe der Browsererweiterung »ScrapBook« abgespeichert. Die entsprechenden Sicherungen wurden manuell durch Codierer auf Interaktionen, aber auch zu Merkmalen der Artikel und Kommentare durchgesehen.

Welche und wie viele *Beziehungen* unter den Kommentierenden in einem Thread existieren, wird erst in einem zweiten Schritt näher bestimmt. Für die Erfassung von Beziehungen können spezifische Listenformate genutzt werden, die die jeweilige Quelle (Sprecher) und das Ziel in getrennten Spalten festhalten (Adressat). Die Gliederung zeigt, wie nach der allgemeinen Erfassung der Bezugnahme auch der Beziehungsinhalt näher spezifiziert werden kann (Abb. 1).

Die Beziehungen zwischen den Akteuren können auf der Grundlage dieser Erfassung sowohl allgemein als auch ausschnittweise untersucht werden. Ein Ausschnitt kann z. B. auf Basis der Kanten erfolgen, die mit positiven oder negativen Bewertungen verknüpft sind. Die Wechselseitigkeit und die Intensität der Paarbeziehungen (Häufigkeit der Adressierung) lassen sich ebenfalls abbilden. Da zu den Artikeln und ihren Anschlusskommentaren mit der Erhebung jeweils Listen von Bezugnahmen angelegt werden, ist eine *artikelübergreifende Visualisierung* der themenbezogenen Community-Aktivität als Netzwerk möglich. Ziel der Analyse ist es, positionale Muster zu entdecken. So lassen sich über den Verlauf der Debatte hinweg die Kommentierenden bestimmen, die ein hohes Maß von Anschlusskommentaren erhalten haben und im Zentrum des Netzwerks stehen (siehe Abb. 2).

Ebenso lassen sich auch periphere (oder isolierte) Akteure erkennen, deren Kommentare kaum direkte Anschlüsse erfahren. Die Verteilung positiver und negativer Bewertungen sowie der wechselseitigen Interaktionen liefert Hinweise darauf, wo besondere Debattenäußerungen getätigt wurden und warum möglicherweise Interaktionen verdichtet vorliegen. Akteure, die viele kritische Bezugnahmen zu unterschiedlichen Adressaten herstellen, können ebenfalls identifiziert werden. Ein mögliches Motiv für dieses Verhalten könnte z. B. der Versuch sein, eine Debatte zu regulieren. Eine gezielte Studie der damit einhergehenden Kommentare erlaubt es, dieses Verhalten dann im Einzelfall zu bewerten.

Herausforderungen des Verfahrens können in der Schwierigkeit liegen, die spezifischen Bezugnahmen in der Codierung reliabel zu erfassen und zuzuordnen. Dies gilt umso mehr, wenn Formen der Kooperation und Kritik auf bestimmte thematische Zusammenhänge begrenzt werden. Außerdem eignet sich der Ansatz der manuellen Codierung vorwiegend für kleinere Netzwerke, sodass Auswahlstrategien eine besondere Bedeutung zukommt. Die Validität von Netzwerkanalysen wird dabei vor allem durch Zufallsauswahlen gefährdet (Marschall 2009, S. 118). Eine

Begrenzung kann alternativ über die zu berücksichtigenden Akteurs*typen*, den Zeitraum oder
das Themenfeld erfolgen. Themenvergleichende
und zeitraumvariierende Studien empfehlen
sich gleichwohl, wenn verallgemeinerbare Aussagen über die spezifischen Community-Struk-
turen und in der positionalen Analyse angestrebt werden.

I. Allgemeine Erfassung der Bezugnahme/Antwort-Interaktion

BEZUG	Als allgemeine Formen der Bezugnahmen zu anderen Usern werden erfasst:
	a) Antworten in frontal-integrierter Form (sichtbare Einrückung als Antwortkommentar)
	b) Konkrete Nennung eines anderen Diskussionsteilnehmers im Kommentartext über seinen @nutzernamen oder durch namentliche Erwähnung
QUELLE	Der Nutzername des Verfassers
ADRESSAT	Der Nutzername des Antwort erhaltenden Diskussionsteilnehmers / des angesprochenen /erwähnten Nutzers, der auch als Diskussionsteilnehmer auftritt.

2. Spezifizierung der Bezugnahme/Antwort-Interaktion

BEWERTUNG	Ob eine Bewertung des Adressaten vorliegt, wird auf unterschiedlichen Ebenen erfasst (eine Dimension genügt):
	a) Bewertung des Adressaten als Person/Akteur
	b) Bewertung der vom Adressaten selbst vorgenommenen Wertungen
	c) Bewertung einer eindeutigen Handlung, einer Aktion des Adressaten
BEWERTUNGSART	Für die Bezugnahme wird im Fall einer Bewertung auch die Bewertungsart erfasst (sofern eindeutig nicht ambivalent)
	a) positiv, im Sinne von Zustimmung (qualifiziert als Lob, Unterstützung),
	b) negativ, im Sinne von Ablehnung (qualifiziert als Kritik, Abwertung)

Abb. 1: Gliederung der Variablen zur Erfassung und Spezifizierung von Bezugnahmen

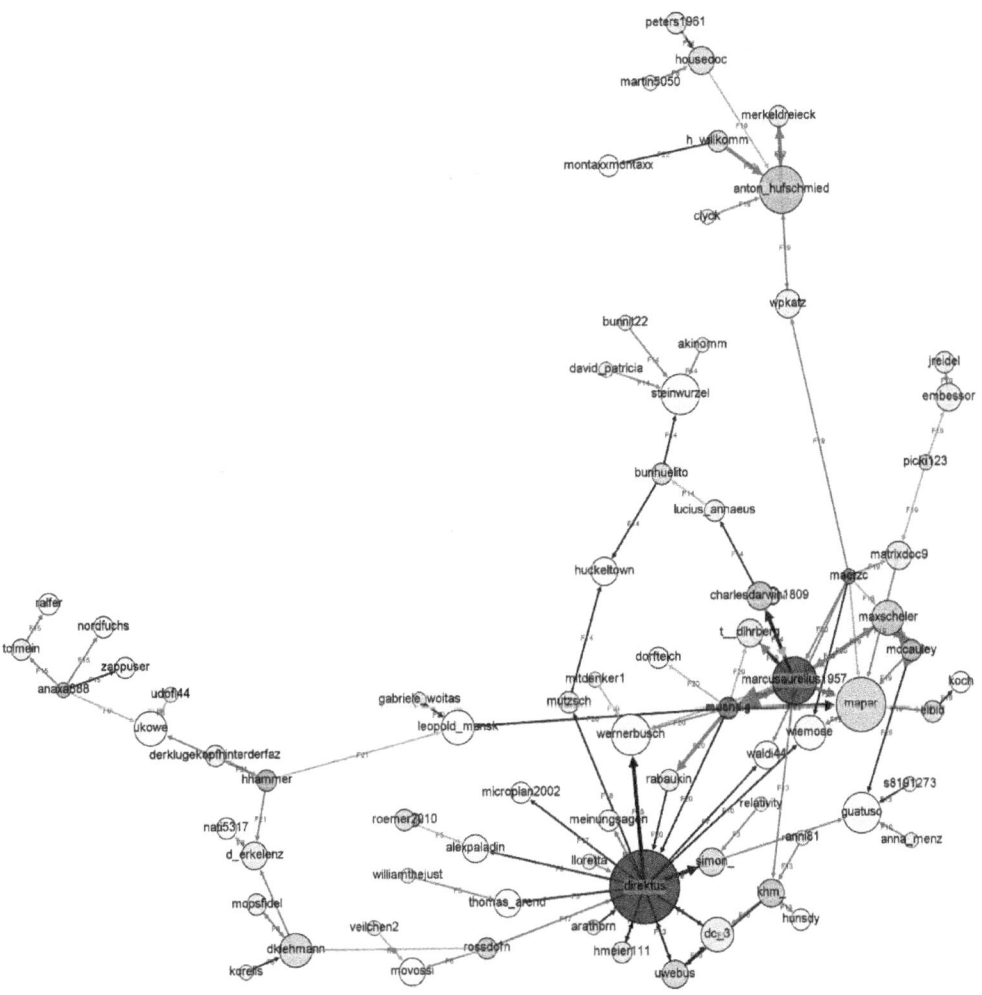

Abb. 2: Netzwerk der Bezugnahmen zwischen Kommentierenden auf »FAZ.NET«
(Hauptkomponente, negative Bewertungen = schwarze Kanten, sonstige Bezugnamen = graue Kanten)

Literatur

Adam, Silke (2007): Symbolische Netzwerke in Europa. Der Einfluss der nationalen Ebene auf europäische Öffentlichkeit. Deutschland und Frankreich im Vergleich. Köln.

Adam, Silke/Häußler, Thomas/Schmid-Petri, Hannah/Reber, Ueli (2016): Identifying and Analyzing Hyperlink Issue Networks. In: Vowe, Gerhard/Henn, Philipp (Hrsg.): Political Communication in the Online World. Theoretical Approaches and Research Designs. New York, S. 233–247.

Bruns, Axel/Moe, Hallvard (2014): Structural layers of communication on Twitter. In: Weller, Katrin/Bruns, Axel/Burgess, Jean/Mahrt, Merja/Puschmann, Cornelius (Hrsg.): Twitter and society. New York, S. 15–28.

Bucher, Hans-Jürgen/Erlhofer, Sebastian/Kallass, Kerstin/Liebert, Wolf-Andreas (2008): Netzwerkkommuni-kation und Internet-Diskurse: Grundlagen eines netzwerkorientierten Kommunikationsbegriffs. In: Zer-faß, Ansgar/Welker Martin/Schmidt, Jan (Hrsg.): Kommunikation, Partizipation und Wirkungen im Social Web. Band 1: Grundlagen und Methoden: Von der Gesellschaft zum Individuum. Köln, S. 41–61.

Farrell, Henry/Drezner, Daniel W. (2008): The power and politics of blogs. In: Public Choice. 134. Ausgabe, H. 1–2, S. 15–30.

Hepp, Andreas (2016): Qualitative Netzwerkanalyse in der Kommunikationswissenschaft. In: Averbeck-Lietz, Stefanie/Meyen, Michael (Hrsg.): Handbuch nicht standardisierte Methoden in der Kommunikationswis-senschaft. Wiesbaden, S. 347–367.

Jansen, Dorothea (2006): Einführung in die Netzwerkanalyse. Grundlagen, Methoden, Forschungsbeispiele. Wiesbaden.

Keyling, Till/Jünger, Jakob (2016): Observing Online Content. In: Vowe, Gerhard/Henn, Philipp (Hrsg.): Political Communication in the Online World. Theoretical Approaches and Research Designs. New York, S. 183–200.

Krüger, Uwe (2013): Meinungsmacht. Der Einfluss von Eliten auf Leitmedien und Alpha-Journalisten – eine kritische Netzwerkanalyse. Köln.

Kumar, Sanjeev (2012): Analyzing the Facebook workload. In: Proceedings of the 2012 IEEE International Sym-posium on Workload Characterization (IISWC), S. 111 f.

Marschall, Nicolas (2009): Zur Validität in der Netzwerkanalyse. In: Schneider, Volker/Janning, Frank/Leifeld, Philip/Malang, Thomas (Hrsg.): Politiknetzwerke. Modelle, Anwendungen und Visualisierungen. Wiesba-den, S. 115–135

Nahon, Karine (2016): Where There Is Social Media There Is Politics. In: Bruns, Axel/Enli, Gunn/Skogerbø, Eli/Larsson, Anders Olof/Christensen, Christian (Hrsg.): The Routledge Companion to Social Media and Politics. London, S. 39–55.

Neubarth, Julia/Nuernbergk, Christian (2011): Internet- und Netzwerkforschung in der Kommunikationswis-senschaft. Anwendungen und Potentiale der Netzwerkanalyse im Internet. In: Medien Journal, H. 2, S. 4–15.

Nuernbergk, Christian (2013): Anschlusskommunikation in der Netzwerköffentlichkeit. Baden-Baden.

Pape, Thilo von (2008): Aneignung neuer Kommunikationstechnologien in sozialen Netzwerken. Am Beispiel des Mobiltelefons unter Jugendlichen. Wiesbaden.

Pfaff-Rüdiger, Senta/Löblich, Maria (in Vorbereitung): Blickpunkt Netzwerk. Die Auswertung qualitativer Netzwerkanalysen. In: Scheu, Andreas (Hrsg.): Auswertung qualitativer Daten in der Kommunikations-wissenschaft. Wiesbaden.

Rausch, Alexander (2010): Bimodale Netzwerke. In: Stegbauer, Christian/Häußling, Roger (Hrsg.): Handbuch Netzwerkforschung. Wiesbaden, S. 421–432.

Schenk, Michael (1995): Soziale Netzwerke und Massenmedien. Tübingen.

Schmidt, Jan-Hinrik (2016): Twitter friend repertoires: Introducing a methodology to assess patterns of infor-mation management on Twitter. In: First Monday, Jg. 21, H. 4. doi:10.5210/fm.v21i4.6207.

Scott, John (2013): Social Network Analysis. London.

Stegbauer, Christian (2009): Wikipedia. Das Rätsel der Kooperation. Wiesbaden.

Taddicken, Monika (2016): Onlinekommunikation als Gegenstand qualitativer Forschung in der Kommuni-kationswissenschaft. In: Averbeck-Lietz, Stefanie/Meyen, Michael (Hrsg.): Handbuch nicht standardisierte Methoden in der Kommunikationswissenschaft. Wiesbaden, S. 445–463.

Wasserman, Stanley/Faust, Katherine (1994): Social Network Analysis. Methods and Applications. Structural Analysis in the Social Sciences. New York.

Typenbildung

Florian Reith / Udo Kelle

Der vorliegende Artikel befasst sich mit dem Konzept der Typenbildung (vgl. dazu auch Kelle/Kluge 2010). Zunächst wird die grundsätzliche Bedeutung der Typenbildung für die empirische Sozialforschung erläutert, um im Anschluss daran grundlegende Begriffe und Konzepte der Typenbildung zu skizzieren. Zentral für den Prozess der Typenbildung sind dabei die Einbettung der im Datenmaterial identifizierten Typen in einen theoretischen Rahmen sowie die fundierte Auswahl der in die Typenbildung einbezogenen Fälle. Im Folgenden werden die verschiedenen Phasen dieses Prozesses beschrieben. Abschließend werden die dargestellten Konzepte anhand einer Studie aus dem Feld der Mediennutzungsforschung (vgl. Hoppe u. a. 2011) illustriert.

Einordnung in den Gesamtkontext

Die Konstruktion von Typen und Typologien spielt in allen wissenschaftlichen Disziplinen seit jeher eine bedeutsame Rolle – und dies vor allem dann, wenn empirische Vielfalt in einem bestimmten Untersuchungsgebiet systematisch geordnet werden soll.[1] Die Identifikation von Typen und die Entwicklung von Typologien sind dabei oftmals der erste Schritt zu einer erklärenden Theorie in einem bestimmten Feld (so war etwa die Darwin'sche Evolutionstheorie nicht möglich ohne die systematischen typenbildenden Arbeiten von Linné).

Als Typologie wird im Allgemeinen das Ergebnis einer Zuordnung von Fällen zu Klassen oder Kategorien (den »Typen«) anhand spezifischer Merkmale oder Merkmalskombinationen bezeichnet.

Grundsätzlich lassen sich zwei Arten unterscheiden, mit Typologien umzugehen:
- Erstens ist es möglich, Einzelfälle bestimmten vorab definierten Typen zuzuordnen. Beispielsweise bildet die Kategorie Geschlecht eine triviale Form einer eindimensionalen Typologie, bei der einzelne Fälle einem der beiden Typen (»männlich« oder »weiblich«) zugeordnet werden können. Ein solches Vorgehen lässt sich auch als deduktiv oder »subsumtionslogisch« bezeichnen.

- Zweitens ist es möglich – und in der qualitativen Sozialforschung üblich –, empirisch gehaltvolle und gegenstandsangemessene Vergleichsdimensionen und Typologien auf der Grundlage empirischer Daten zu generieren.

Typologien können dabei einerseits für deskriptive Funktionen genutzt werden, also dazu dienen, um in einem komplexen Untersuchungsfeld Ordnungen und Strukturen zu identifizieren und zu beschreiben. Andererseits können Typologien auch dazu verwendet werden, neue Theorien aufzustellen und auszuarbeiten. Dabei muss betont werden, dass Typologien selbst keine Theorien sind, sondern lediglich ein Bindeglied zwischen empirischer Beobachtung und Theoriebildung darstellen. Insbesondere in der qualitativen Interviewforschung wird dabei oftmals stillschweigend davon ausgegangen, dass die jeweiligen Träger eines Typs identisch mit einzelnen natürlichen Personen (etwa den Interviewpartnern) sind. Dies ist jedoch nicht zwingend. Stattdessen lassen sich auch Typologien bilden, in denen es weniger um die Typisierung von Personen und deren Zuordnung zu einem bestimmten Typus geht, sondern beispielsweise um die Typisierung und Typologisierung von Handlungsmustern, wobei individuelle Akteure durchaus verschiedenen Typen zugeordnet werden können. In der Medienforschung können deshalb beispielsweise nicht nur verschiedene Typen von Rezipienten gebildet werden, sondern auch Typen von Reaktionsmustern auf Medieninhalte, von Medieninhalten selber oder von Mechanismen der Medienwirkung.

Darstellung der Methode

Fallkontrastierung und Fallvergleich

Jede Form der Typenbildung beruht auf der vergleichenden Analyse von Fällen. Die Auswahl der Fälle beruht in der qualitativen Forschung auf anderen Prinzipien als denen, die bei einer quantitativen Stichprobenziehung angewandt werden. Geht es hierbei um ein möglichst repräsentatives Abbild einer Grundgesamtheit, sodass die Verteilung relevanter Merkmale in der Stichprobe der Verteilung dieser Merkmale in der Population entspricht, so möchte man in qualitativen Untersuchungen mit ihren relativ kleinen Fallzahlen versuchen, den Gegenstandsbereich möglichst in seiner gesamten Heterogenität zu erfassen, ohne dass die Häufigkeit, mit der bestimmte Typen auch in einer Grundgesamtheit auftreten, berücksichtigt werden kann. Dabei kann es sinnvoll sein, auch in einem sehr kleinen qualitativen Sample seltene Extremfälle zu berücksichtigen.

Die Fallauswahl erfolgt dabei nicht zufällig (wie in einer echten Zufallsstichprobe), aber auch keineswegs willkürlich, sondern orientiert sich an spezifischen Kriterien, die die Forschenden als relevant für den jeweiligen Gegenstandsbereich erachten. In der Medienforschung können solche Kriterien beispielsweise die Art des untersuchten Mediums umfassen, die Zugehörigkeit zu einer bestimmten Gruppe von Rezipienten oder die politische Ausrichtung von Sender und/oder Empfänger von Medieninhalten. Eine solche Festlegung auf relevante Kriterien kann dabei sowohl vor der Datenerhebung erfolgen als auch erst im Laufe der Auswertung erster Fälle. Dabei lassen sich verschiedene Strategien der Fallauswahl voneinander unterscheiden, die wir im Folgenden beschreiben wollen: erstens die Suche nach Gegenbeispielen, zweitens das Theoretical Sampling und drittens ex ante formulierte qualitative Stichprobenpläne.

Die Suche nach Gegenbeispielen

Diese Strategie wurde in empirischen Arbeiten von Lindesmith (1968/1947) und Cressey (1950), zwei Autoren der sogenannten »Chicago School«, die sich dabei auf die methodischen Überlegungen von Znaniecki (1934) zur soziologischen Methode stützten, ausgearbeitet. Im Zentrum steht dabei die Suche nach sogenannten »crucial cases«; das sind Fälle, die dazu geeignet sind, bisherige Annahmen über den Gegenstandsbereich infrage zu stellen oder zu widerlegen. Zunächst wird dabei der Forschungsgegenstand definiert und eine vorläufige Hypothese zur Erklärung des untersuchten Phänomens formuliert. Hierbei muss darauf geachtet werden, dass diese Hypothese einen möglichst hohen Grad an empirischem Gehalt oder »Falsifizierbarkeit« aufweist, also mit empirischem Material in Konflikt geraten kann. Im Anschluss daran werden Fälle gesucht, die dazu geeignet sind, Gegenevidenz zur Ausgangshypothese zu erzeugen. So ging Lindesmith in seiner Untersuchung über Opiatabhängigkeit zuerst von der lebensweltlichen Hypothese aus, dass jeglicher längerer Kontakt zu Opiaten Sucht erzeugt. Er suchte systematisch nach Personen, die die Substanz längere Zeit konsumiert hatten, ohne abhängig zu werden. Werden solche Gegenbeispiele entdeckt, wird die Ausgangshypothese modifiziert. Die neue Hypothese sollte einerseits präziser sein als die Ausgangshypothese und andererseits ebenfalls wieder einen hohen Grad an Falsifizierbarkeit aufweisen.

Theoretical Sampling

Eine solche Suche nach Gegenbeispielen, wie Lindesmith und Cressey sie im Anschluss an Znaniecki entwickelt haben, setzt voraus, dass es möglich ist, für einen Untersuchungsgegenstand sehr schnell erste empirisch gehaltvolle Hypothesen zu formulieren.

Das von Glaser und Strauss im Rahmen der Methodologie der »Grounded Theory« (GTM) vorgeschlagene Prinzip des Theoretical Sampling (vgl. Glaser/Strauss 1998/1967, S. 53) benötigt hingegen keine solchen empirisch gehaltvollen Hypothesen zu Beginn des Forschungsprozesses. Zwar wird auch hierbei die Fallauswahl sukzessive durchgeführt; das Prinzip der weiteren Auswahl von Fällen erfolgt jedoch nach den Kriterien einer maximalen bzw. minimalen Kontrastierung. Bei der maximalen Kontrastierung werden Fälle ausgewählt, die sich hinsichtlich eines relevanten Kriteriums maximal voneinander unterscheiden. Hiermit soll einerseits das Spektrum der Fälle erweitert und sollen andererseits Gemeinsamkeiten zwischen den Extremen identifiziert werden. Bei der minimalen Kontrastierung werden Fälle ausgewählt, die sich hinsichtlich eines Kriteriums sehr ähnlich sind, um Unterschiede zwischen diesen Fällen und somit weitere relevante Unterscheidungskriterien zu identifizieren. In ihrer bekannten Studie zur Interaktion mit Sterbenden haben die beiden Autoren etwa bei dem Sampling von Krankenhausstationen das Kriterium »Bewusstheit« systematisch variiert und solche Stationen, in denen die Patienten sich ihres bevorstehenden Todes bewusst sind (z. B. Krebsstationen) kontrastiert mit Stationen, wo dies nicht der Fall war (etwa Frühgeborenenstationen).

Qualitative Stichprobenpläne

Im Gegensatz zu den beiden bisher vorgestellten Strategien beruht eine Fallauswahl mit qualitativen Stichprobenplänen auf der Identifikation relevanter Kriterien *vor* der Datenerhebung und -auswertung. Hierfür muss vor Beginn der Datenerhebung feststehen, welche Merkmale für die Fallauswahl relevant sind, welche Merkmalsausprägungen diese haben und wie groß das angestrebte qualitative Sample sein soll.

Rolle des theoretischen Vorwissens

Wie in den Ausführungen zur Fallauswahl bereits deutlich wurde, kommt dem theoretischen Vorwissen der Forschenden im Prozess der Typenbildung eine zentrale Bedeutung zu – und dies einerseits bei der Wahl der konkreten Strategie der Fallauswahl und andererseits bei der weiteren Erhebung und Auswertung der Daten.

Von zentraler Bedeutung für die Datenauswertung ist der Begriff der »Kategorie«. Als Kategorien lassen sich alle Arten von Begriffen bezeichnen, die dazu verwendet werden, Phänomene im Datenmaterial zu klassifizieren (letztendlich ist also, wenn man so will, auch ein Typus eine Kategorie). Kategorien können dabei einfache Alltagsbegriffe sein, aus der Lebenswelt der Befragten übernommene Konzepte (sogenannte »In-vivo-Codes«) oder auch hochgradig abstrakte soziologische Begriffe (wie »Rolle«, »Status«, »Stigma« u. v. a. m.). Insbesondere aus einigen der frühen Arbeiten über die GTM lässt sich an etlichen Stellen die Auffassung herauslesen, dass Kategorien aus dem Datenmaterial heraus »emergieren« müssten, dass sie also möglichst ohne theoretisches Vorwissen gebildet werden (vgl. dazu ebd., S. 16 f.; Kelle 2011). Mit der Zeit hat sich jedoch auch unter den meisten Vertretern der GTM die Auffassung durchgesetzt, dass die Kategorisierung auch im qualitativen Forschungsprozess nie gänzlich ohne theoretisches Vorwissen möglich ist. Kategorienbildung ist somit ein Prozess, der wechselseitig auf theoretische und empirische Erkenntnisse zurückgreift, wie dies beispielsweise Früh (2001; 2007) mit der »basiswissengeleiteten offenen Kategorienfindung« beschreibt. Die Konstruktion von Kategorien folgt dabei einer Logik, die in Anlehnung an Peirce (1991; Reichertz 2013) als »Abduktion« bzw. »hypothetisches Schlussfolgern« (Kelle 2008, S. 88 ff.) bezeichnet wird: Theoretisches Vorwissen und empirische Beobachtungen werden dabei in kreativer Weise und methodisch kontrolliert verknüpft.

Zentrale Prinzipien und Begriffe der Typenbildung

Typologien werden gebildet, indem Fälle bestimmten Merkmalen (in der qualitativen Forschung und der Inhaltsanalyse spricht man eher von »Kategorien«) und deren Merkmalsausprägungen (»Subkategorien«) zugeordnet werden. So verwendet etwa Uta Gerhardt (1986, S. 257) in ihrer Untersuchung von »Patienten-

feldertafeln (Kontingenztafeln) darstellen (siehe Tab. 1). Das Ziel einer Typenbildung ist es dabei, möglichst solche Typen zu (re-)konstruieren, die eine maximale interne Homogenität und externe Heterogenität aufweisen: Die Fälle, die einem Typus zugeordnet werden, sollen also anderen Fällen desselben Typus möglichst ähnlich sein und sich von Fällen der anderen Typen möglichst stark unterscheiden.

Tätigkeitsbereich des Mannes	Tätigkeitsbereich der Frau	
	Beruf	Haus
Beruf	dual career	traditional
Haus	rational	Arbeitslosigkeit

Tab. 1: Formen der Familienrehabilitation und Tätigkeitsbereiche von Mann und Frau. (Quelle: Kelle/Kluge 2010, S. 88).

karrieren« von verheirateten Männern nach akutem Nierenversagen die Kategorien »Tätigkeitsbereich des Patienten« und »Tätigkeitsbereich der Partnerin«, jeweils mit den Subkategorien »beruflich« und »im Haus«. Alle Ausprägungen (bzw. Subkategorien) eines Merkmals (bzw. einer Kategorie) zusammengenommen bilden eine »Dimension« bzw. einen »Merkmalsraum«. Als »Dimensionalisierung« (etwa Strauss 1991, S. 44; Strauss/Corbin 1996/1990, S. 53) bezeichnet man die Identifikation der zu dem Merkmalsraum gehörenden Merkmalsausprägungen (bzw. Subkategorien). Man unterscheidet »eindimensionale Typologien«, die nur auf einem Merkmal bzw. einer Kategorie beruhen, und »mehrdimensionale Typologien«, die auf der Grundlage einer Kombination verschiedener Merkmale gebildet werden. Bei Gerhardt etwa lassen sich durch die Kombination der zwei Kategorien vier Typen bilden: Beide Partner arbeiten im Beruf (»dual career«), der Mann bleibt beruflich tätig, die Frau im Haus (»traditional«), der Mann ist im Haus tätig, die Frau im Beruf (»rational«) oder beide sind nur häuslich tätig (»Arbeitslosigkeit«). Insbesondere mehrdimensionale Typologien lassen sich mit ihrem Merkmalsraum gut durch Mehr-

Vier Phasen der Typenbildung

Der Prozess der Typenbildung lässt sich ganz allgemein in vier Teilschritte unterteilen, die jedoch nicht als lineares Auswertungsschema zu verstehen sind. Stattdessen handelt es sich um einen oft zyklischen Prozess, bei dem einzelne Schritte auch mehrfach wiederholt werden (siehe Abb. 1):

Schritt 1: Erarbeitung relevanter Vergleichsdimensionen
In dem ersten Schritt müssen diejenigen Kategorien und Subkategorien erarbeitet werden, anhand derer die Ähnlichkeiten und Unterschiede zwischen den Fällen beschrieben werden sollen. Auf dieser Stufe findet auch die bereits behandelte »Dimensionalisierung« statt.

Schritt 2: Gruppierung der Fälle und Analyse empirischer Regelmäßigkeiten
Im zweiten Schritt werden die Fälle anhand der Kategorien gruppiert und auf Regelmäßigkeiten hin untersucht. Die Explikation eines Merkmalsraumes, möglichst in Form einer Mehrfeldertafel, dient bei diesem Schritt sowohl dazu, alle logisch möglichen Kombinationen zu

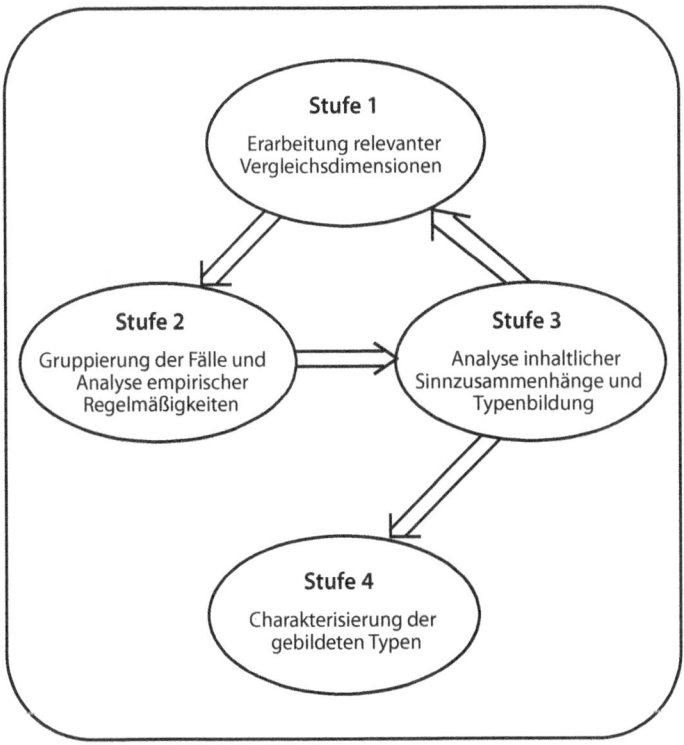

Abb. 1: Stufenmodell empirisch begründeter Typenbildung (Quelle: Kelle/Kluge 2010, S. 92).

berücksichtigen, als auch dazu, einen Überblick über die konkreten empirischen Merkmalskombinationen zu behalten. Hierbei spielt die Fallkontrastierung eine besondere Rolle, da hier die Überprüfung der Homogenität und Heterogenität der Fälle stattfindet.

Schritt 3: Analyse inhaltlicher Sinnzusammenhänge und Typenbildung
Daran anschließend erfolgt die Analyse der Gruppen und Merkmalskombinationen hinsichtlich der in den Gruppen zugrunde liegenden Sinnzusammenhänge. Damit einher geht in der Regel auch eine Reduktion des Merkmalsraumes auf einige wenige prägnante Typen.

Schritt 4: Charakterisierung der gebildeten Typen
Abschließend werden die Typen hinsichtlich ihrer Merkmalskombinationen und ihrer inhalt-lichen Sinnzusammenhänge charakterisiert und beschrieben.

Anwendungsbeispiel

Im Folgenden wird auf ein Beispiel aus der Medi-ennutzungsforschung zurückgegriffen, um den Prozess der Typenbildung exemplarisch darzu-stellen. Die Studie von Hoppe u. a. (2011) unter-sucht Medienhandeln von Schülern in Klassen, in denen Laptops als pädagogisches Mittel ein-gesetzt werden. Sie versucht, die Frage zu beant-worten, wie Schüler ihr Medienhandeln mit dem Laptop bewerten.

Die folgende Darstellung orientiert sich an der Darstellung der Autorinnen, weicht jedoch an einigen Stellen auch hiervon ab, um Alter-nativen im Prozess der Typenbildung zu veran-schaulichen.

Fallauswahl und Fallkontrastierung

Hoppe u. a. (ebd., S. 180 f.) führten ihre Studie an einer Schule durch, die für zwei von vier der 7. Klassen Laptops im Unterricht eingeführt hatte. Zwischen der (freiwilligen und durch Geld der Eltern finanzierten) Einführung der Laptops und dem Untersuchungszeitpunkt lagen fünf Monate. Bei der Fallauswahl folgen die Autorinnen dem Prinzip des »Sampling[s] extremer Fälle« nach Flick (2007). Relevantes Auswahlkriterium dabei war die durch die Schulnoten operationalisierte Leistungsfähigkeit der Schüler. Darüber hinaus wurde darauf geachtet, dass sowohl männliche als auch weibliche Schüler im Sample vertreten waren. Das Verfahren folgt damit dem Prinzip qualitativer Stichprobenpläne mit den beiden Merkmalen »Geschlecht« und »Leistungsfähigkeit« (siehe Tab. 2).

gebunden wird oder nicht). All diese Merkmale und unterschiedlichen Kombinationen könnten zum Zweck einer Fallauswahl und Fallkontrastierung eingesetzt werden.

Für eine sukzessive Fallauswahl, wie sie beim Theoretical Sampling oder bei der Suche nach Gegenbeispielen stattfindet, wäre es beispielsweise denkbar, dass nach der ersten Analyse von Fällen die Elternperspektive in den Fokus rückt, etwa wenn Schüler über die Unterstützung ihrer Eltern berichten und die Forscher feststellen, dass die Unterstützung der Eltern unterschiedlich ausgeprägt ist. Nach einer Befragung der Eltern kann sich dann möglicherweise herausstellen, dass die Einführung und Finanzierung der Laptops in manchen Fällen gar nicht wirklich freiwillig stattfand. Als eine erste Hypothese könnte formuliert werden, dass die Unterstützung der Eltern bei »echter« Freiwilligkeit stär-

	männlich	weiblich
leistungsstark		
leistungsschwach		

Tab. 2: Qualitativer Stichprobenplan für die Merkmale »Geschlecht« und »Leistungsfähigkeit«.

Eine Fallauswahl dieser Art ließe sich natürlich auch anhand anderer, für den Gegenstandsbereich relevanter Merkmale realisieren, wie der Freiwilligkeit der Laptopnutzung, der Schulform, des Alters der Schüler (insbesondere wenn die Nutzung abseits genuiner Unterrichtszwecke interessiert), des Bundeslandes der jeweiligen Schule (welche Rolle spielen bildungspolitische Einflüsse auf die Mediennutzung), des Zeitabstandes zwischen Einführung und empirischer Untersuchung (wird die Mediennutzung anders bewertet, wenn Routine eingekehrt ist) oder der Frage, ob es sich um eine »Laptopklasse« handelt (auch Schülerinnen und Schüler außerhalb solcher Klassen nutzen Rechner, auch zu Schulzwecken; und es könnte die Frage bedeutsam sein, ob eine solche Nutzung in den Unterricht ein-

ker ausfällt und das Medienhandeln dann auch von den Schülern positiver bewertet wird. Bei Anwendung der Strategie der Gegenbeispiele würden dann gezielt Fälle gesucht werden, in denen das Medienhandeln entweder negativ bewertet wird – trotz tatsächlicher Freiwilligkeit – oder positiv, obwohl die Eltern sich eher dazu genötigt sahen, an dem Projekt teilzunehmen.

Theoretischer Rahmen

Als theoretischen Rahmen wählten Hoppe und Kollegen ein Modell zur Medienkompetenz von Schorb (2005), das im Original drei theoretische Konzepte (Medienhandeln, Medienbewertung und Medienwissen) beinhaltet, wobei die

Autorinnen im Rahmen ihrer Studie lediglich das Konzept Medienhandeln und Medienbewertung in den Blick nahmen. Der Merkmalsraum wurde dabei sowohl anhand theoretischer Vorüberlegungen als auch auf der Grundlage der empirischen Daten gebildet, indem die Kategorien »Bewertung des Medienhandelns« (mit den Subkategorien »positiv« und »negativ«) und »Aspekte des Medienhandelns« (mit vier Handlungsaspekten als Subkategorien) miteinander kombiniert wurden. Hieraus ergab sich ein zweidimensionaler Merkmalsraum (Tab. 3) mit 2 x 4 = 8 möglichen Merkmalskombinationen, zu denen einzelne Codes zugeordnet wurden, die verschiedene Bewertungsinhalte abbilden (siehe Tab. 3).

die die jeweiligen Schülerinnen und Schüler dem Medienhandeln mit dem Laptop zuschreiben, unterscheiden. Bei den einzelnen Typen sind jeweils unterschiedliche Subkategorien der Kategorie »Aspekte« mehr oder weniger bedeutsam. Die maximale Heterogenität zwischen den Typen ergibt sich dabei aus der unterschiedlichen Betonung einzelner Aspekte durch einzelne Schülerinnen und Schüler sowie deren Möglichkeit der Zuordnung zu bestimmten Sinnzusammenhängen. Die »interne Homogenität« der Typen bezieht sich in diesem Fall darauf, dass diejenigen Schülerinnen und Schüler, die einem der Typen zugeordnet werden, dieselben Schwerpunkte hinsichtlich der Aspekte des Medienhandelns und dieselben bewertenden Zuschreibun-

	positiv	negativ
Umgang miteinander	z. B. kooperativ	z. B. hektisch
Technik an sich	z. B. Vorbereitung für den Beruf	z. B. führt zu Rückenschmerzen
Gestaltung	z. B. sieht professionell aus	z. B. funktioniert oft nicht
Information	z. B. realitätsbezogen	z. B. lenken schnell ab

Tab. 3: Merkmalsraum der Bewertung des Medienhandelns mit exemplarischen empirischen Zuordnungen (in Anlehnung an Hoppe u. a. 2011, S. 184).

Typen und ihre Charakterisierung

Hoppe und Kollegen ordneten im Anschluss daran die empirischen Fälle diesen Merkmalskombinationen zu, »*um zu analysieren, welche Merkmalskombinationen bei welchen Fallgruppen besonders häufig auftreten*« (Hoppe u. a. 2011, S. 184). Für die eigentliche Typenbildung »*wurden die als positiv und negativ bewerteten Aspekte der Eigenschaften des Laptops näher untersucht und der Frage nachgegangen, warum bestimmte Eigenschaften der Laptops genannt und als positiv und negativ bewertet wurden*« (ebd.). Auf dieser Grundlage wurden insgesamt fünf Typen entwickelt, die sich hinsichtlich der verschiedenen Kombinationen positiver und negativer Aspekte,

gen (hinsichtlich der Eigenschaften des Laptops) vornehmen.

Die »Fälle« der einzelnen Typen sind in dieser Studie also einzelne Personen, wobei es auch möglich gewesen wäre, hier Bewertungstypen zu bilden, welche die Personen in Abhängigkeit zu bestimmten Situationen annehmen (wobei einzelne Personen durchaus den jeweiligen Bewertungstyp wechseln könnten). Denkbar wäre etwa ein Typus »*Ablehnend – technisch*«, mit dem solche Bewertungsmuster charakterisiert werden, die bestimmte negative technische Aspekte der Laptopnutzung, wie Bedienunfreundlichkeit der Technik, Updateaufforderungen zur Unzeit etc., hervorheben.

Die fünf Typen, die Hoppe u. a. (2011) gebildet haben, waren: »Der strukturierte Sammler«, »Der gestaltungsfreudige Visuelle«, »Der neugierige Informationssurfer«, »Der technikbegeisterte Performer« und »Der aktive Teamplayer«. Der »aktive Teamplayer« beispielsweise wird von den Autorinnen folgendermaßen anhand der verschiedenen Merkmalskombinationen charakterisiert, die bei ihm auftreten:

»Dieser Typ stellt besonders heraus, dass die Atmosphäre im Unterricht lockerer und kooperativer geworden sei [...]. Es wird positiv bewertet, dass Gruppenarbeit eine häufigere Arbeitsform und das Verhältnis zu den Lehrerinnen und Lehrern besser geworden sei [...]. Diese kooperative Haltung schlägt jedoch in Enttäuschung um, wenn die Lehrerinnen und Lehrer damit beschäftigt sind, Probleme im Umgang mit der Computertechnik zu bewältigen [...].«

Bei diesem Typus spielt die Subkategorie »Umgang miteinander« eine wesentliche Rolle, wobei in der Merkmalskombination mit der Subkategorie »positiv« hervorgehoben wird, dass der Einsatz von Laptops der Kooperation förderlich ist. Dahingegen wird in der Subkategorie »Technik an sich« negativ bewertet, dass Probleme bei der Bedienung diese Kooperation wieder behindern und zu Frustrationen führen. Die Benennung erfolgte mit Bezug zur Subkategorie »Umgang miteinander«, was dadurch nachzuvollziehen ist, dass der negative Aspekt »Technik an sich« sich auf den kooperativen Charakter der Laptopnutzung bezieht. Auch die anderen Typen folgen diesem Schema bei der Benennung. Grundsätzlich sind alle Typen zunächst anhand der von ihnen vorgenommenen positiven Bewertungen benannt und charakterisiert. Die negativen Relativierungen beziehen sich jeweils auf den als positiv beschriebenen Grundaspekt des Medienhandelns.

Anmerkungen

1 Prominente sozialwissenschaftliche Klassiker zum Typenbegriff sind Weber (1988/1904), dessen Konzeption von Idealtypen nach wie vor aktuell ist, sowie Schütz (1974), dessen Unterscheidung zwischen Konstruktionen (Typisierungen) erster und zweiter Ordnung weiterhin als wichtige Heuristik zur Klassifizierung von Typen angesehen werden kann. Konstruktionen erster Ordnung sind diejenigen Typisierungen, die jeder Mensch im Alltagshandeln im Wesentlichen implizit vornimmt. Konstruktionen zweiter Ordnung sind sozialwissenschaftliche Typisierungen, die sich, nach Schütz, an den alltagsweltlichen Typisierungen orientieren müssen, zumindest diese nicht ignorieren dürfen.

Literatur

Cressey, Donald R. (1950): The Criminal Violation of Financial Trust. In: American Sociological Review, Jg. 15, H. 6, S. 738–743.

Flick, Uwe (2007): Qualitative Sozialforschung. Eine Einführung. Reinbek.

Früh, Werner (2001): Kategorienexploration bei der Inhaltsanalyse. Basiswissengeleitete offene Kategorienfindung (BoK). In: Wirth, Werner/Lauf, Edmund (Hrsg.): Inhaltsanalyse: Perspektiven, Probleme, Potentiale. Köln, S. 117–139.

Früh, Werner (2007): Inhaltsanalyse. Theorie und Praxis. Konstanz.

Gerhardt, Uta (1986): Patientenkarrieren. Eine medizinsoziologische Studie. Frankfurt a. M.

Glaser, Barney/Strauss, Anselm (1998/1967): Grounded Theory. Strategien qualitativer Forschung. Bern/Göttingen/Toronto/Seattle (erstmals 1967 erschienen unter dem Titel The Discovery of Grounded Theory: Strategies for Qualitative Research. New York).

Hoppe, Imke/Neumann, Alexandra/Staats, Claudia (2011): »Mein Laptop gehört mir!« Eine empirische Studie zu Laptops im Alltag von Schülerinnen und Schülern. In: Wolling, Jens/Will, Andreas/Schumann, Christina (Hrsg.): Medieninnovationen. Wie Medienentwicklungen die Kommunikation in der Gesellschaft verändern. Konstanz, S. 177–194.

Kelle, Udo (2008): Die Integration qualitativer und quantitativer Methoden in der empirischen Sozialforschung. Theoretische Grundlagen und methodologische Konzepte. Wiesbaden.

Kelle, Udo (2011): »Emergence« oder »Forcing«? Einige methodologische Überlegungen zu einem zentralen Problem der Grounded Theory. In: Mey, Günter/Mruck, Katja (Hrsg.): Grounded Theory Reader. Wiesbaden, S. 235–260.

Kelle, Udo/Kluge, Susann (2010): Vom Einzelfall zum Typus. Fallvergleich und Fallkontrastierung in der qualitativen Sozialforschung. Wiesbaden.

Lindesmith, Alfred R. (1968/1947): Addiction and Opiates. Chicago.

Peirce, Charles S. (1991): Schriften zum Pragmatismus und Pragmatizismus (herausgegeben von Karl-Otto Apel). Frankfurt a. M.

Reichertz, Jo (2013): Die Abduktion in der qualitativen Sozialforschung. Über die Entdeckung des Neuen. Wiesbaden.

Schorb, Bernd (2005): Medienkompetenz. In: Hüther, Jürgen/Ders. (Hrsg.): Grundbegriffe Medienpädagogik. München.

Schütz, Alfred (1974): Der sinnhafte Aufbau der sozialen Welt. Frankfurt a. M.

Strauss, Anselm L. (1991): Grundlagen qualitativer Sozialforschung. Datenanalyse und Theoriebildung in der empirischen soziologischen Forschung. München.

Strauss, Anselm L./Corbin, Juliet (1996/1990): Grounded Theory: Grundlagen Qualitativer Sozialforschung. Weinheim.

Weber, Max (1988/1904): Die »Objektivität« sozialwissenschaftlicher und sozialpolitischer Erkenntnis. In: Ders.: Gesammelte Aufsätze zur Wissenschaftslehre (herausgegeben von Johannes Winckelmann). 7. Auflage. Tübingen, S. 146–214 (zuerst erschienen 1904 in: Archiv für Sozialwissenschaft und Sozialpolitik, Band 19, S. 22–87).

Znaniecki, Florian (1934): The Method of Sociology. New York.

Objektive Hermeneutik

Jörg Hagedorn

Der Beitrag gibt einen Überblick über die Grundannahmen und methodischen Operationen der Methode der Objektiven Hermeneutik nach Ulrich Oevermann. In einem ersten Teil werden methodologische Grundvoraussetzungen markiert. In einem zweiten Teil werden zentrale theoretische Grundannahmen und methodische Operationen entlang der Konzeption von Ulrich Oevermann dargestellt. In einem dritten Teil werden Methodentechniken der Objektiven Hermeneutik an einem Anwendungsbeispiel (Sequenzanalyse) dargestellt.

Methodologische Grundvoraussetzungen

Die Methode der Objektiven (strukturalen) Hermeneutik wurde von Ulrich Oevermann als ein Verfahren der Textinterpretation entwickelt. Textinterpretation wird in der Objektiven Hermeneutik nicht als subjektive Sinnauslegung durch Interpreten verstanden, auch geht es ihr nicht um die Herleitung motivationaler oder intentionaler Sinngehalte sozialer Handlungen. In der methodischen Operation wird konsequent zwischen dem *manifesten Sinngehalt* und dem *latenten Sinngehalt* von Handlungen unterschieden. Im Fokus der methodischen Operation der Objektiven Hermeneutik liegt die Rekonstruktion objektiver Sinnstrukturen sozialer Handlungen. Die Theorie der Objektiven Hermeneutik folgt einem strukturtheoretischen Ansatz; die Methode der Objektiven Hermeneutik versteht sich als strukturale Hermeneutik. Die Anwendung der Methode der Objektiven Hermeneutik verlangt in der Abgrenzung zum subsumtionslogischen Vorgehen der »normal science« nach einem rekonstruktionslogischen Vorgehen.

Grundlegend für diesen Perspektivwechsel ist zunächst die Unterscheidung zwischen Fallbeschreibung und Fallrekonstruktion. *Fallbeschreibungen* haben eine rein darstellerische, abbildende und illustrierende Funktion, sie folgen keiner erkennenden und methodisch erschließenden Funktion (vgl. Oevermann 2000, S. 61).

Sie folgen in ihrem deskriptiven Charakter einer grundsätzlich subsumtionslogisch aufgefassten und angesetzten Methode der Erfahrung. (vgl. ebd., S. 62). Eine *Fallrekonstruktion* hingegen ist eine methodisch kontrollierbare Erkenntnisoperationen, die den Einzelfall nicht unter schon Gewusstes subsummiert, sondern aus der Sprache des Falls und seiner Sequenzialität (neue) Erkenntnisse über die Sinnstrukturiertheit sozialer Handlungen aufschließt. Fallrekonstruktion ist damit aber keine reine Einzelfallanalyse; das Besondere des Einzelfalls versteht sich hier als die fallspezifische Ausformung des Allgemeinen. Eine objektiv-hermeneutische Einzelfallrekonstruktion mündet also erkenntnistheoretisch immer in eine (Theorie-) Generalisierung.

Theoretische und methodische Grundlagen

Sinnstrukturiertheit sozialer Realität und regelgeleitetes Handeln

In der Objektiven Hermeneutik wird ganz grundlegend von der *Sinnstrukturiertheit* sozialer Realität ausgegangen. Das heißt, dass »jegliches Handeln und seine kulturellen Objektivierungen qua Regelerzeugtheit soziales Handeln sind« (Oevermann 2000, S. 64). Da jede soziale Handlung kulturell verbürgten Prinzipien der Soziabilität folgt, sind aus jeder sozialen Handlung – objektiv-hermeneutisches Vorgehen vorausgesetzt – objektive Sinnstrukturen dieser Handlung rekonstruierbar. Universelle Regeln bilden den Grundstein jedes sozialen Handelns und werden als Erzeugungsregeln der humanen Sozialität oder als »kulturelle Universalien« (Oevermann 1986, S. 25) bezeichnet. Jede soziale Handlung ist fallspezifischer Ausdruck ihr zugrunde liegender kultureller Universalien. Ganz in der Nähe zum strukturalistischen Modell des Spracherwerbs von Chomsky (1981) ist hierbei also ein ganz grundlegend gesichertes Wissen von geltenden Regeln gemeint. So wie bei Chomsky der Spracherwerbsapparat theoretisch ganz universell strukturiert ist, sind alle sozialen Handlungen gemeinhin einer solchen objektiven Sinnstrukturiertheit unterlegen. Wir haben es hier also »mit einem Typus universeller Regeln zu tun, dessen materiale Geltung nicht kritisierbar ist« (ebd., S. 26), denn diese Regeln operieren wie ein Algorithmus. Diese universellen, sinn- und bedeutungsgenerierenden Regeln werden dem *Parameter 1* zugeordnet.

Nun bewegen sich Handlungssubjekte aber nicht im krisenfreien Raum und so vollziehen sich Handlungspraxen nicht nur vor dem Hintergrund von Handlungsroutinen. Handlungskrisen können Handlungsroutinen aufbrechen und eröffnen ein mehr oder weniger breites Spektrum an alternativen Handlungsanschlüssen[1]. Handlungssubjekte sind vor die Pflicht und in den Zwang gestellt, aus der Vielzahl potenziell richtiger Handlungsanschlüsse wählen zu müssen, um Handlungs- und Entscheidungsautonomie aufrecht zu erhalten. Dies bedeutet also, aus der Vielzahl potenziell richtiger Handlungsanschlüsse den richtigen zu wählen und sich *gleichzeitig* gegen andere Handlungsanschlüsse entscheiden.

Diese für die spezifische Struktur des Falls bezeichnenden Selektionskriterien vollziehen sich vor dem Hintergrund der fallspezifischen »Einschätzung der Wohlgeformtheit bzw. Akzeptabilität einer Handlung im Sinne geltender sozialer Normen« (ebd., S. 66), und sie bilden ab, für welchen konkreten Handlungsanschluss sich der Fall letztlich vor dem Hintergrund möglicher Handlungsanschlüsse begründet entschei-

det. Diese (Selektions-) Entscheidungen sind in ein Spannungsgelage von Entscheidungszwang und Begründungspflicht gestellt (vgl. Oevermann 1995, S. 36 f.). Die konkrete Entscheidung, die vor dem Hintergrund von Angemessenheitsurteilen wohlgeformten Handelns vollzogen wird, bildet nun die jeweilige Eigenlogik der *Lebenspraxis* und damit die »Sprache des Falls« als Fallstruktur ab.

Der Differenzierung dieser beiden Parameter liegt die *Sequenzialität* von Handlungspraxen zugrunde: »An jeder Sequenzstelle eines Handlungsverlaufs wird also einerseits aus den Anschlussmöglichkeiten, die regelmäßig durch die vorausgehenden Sequenzstellen eröffnet wurden, eine schließende Auswahl getroffen und andererseits ein Spielraum zukünftiger Anschlussmöglichkeiten eröffnet« (Oevermann 2000, S. 64). Jede potenzielle Handlungssituation ist gekennzeichnet von der Eröffnung und Schließung spezifischer Handlungsanschlüsse. Eröffnet werden die Möglichkeiten des wohl geformten Handlungsanschlusses durch die »bedeutungserzeugenden, algorithmisch operierenden Regeln« (ebd.). Diese Offenheit möglicher Entscheidungen muss nun »geschlossen werden und zwar so, dass der Anspruch auf Begründbarkeit im Modell der praktischen Vernunft dabei aufrechterhalten wird, obwohl eine vernünftige Begründung im Modell eines methodisierbaren ›Richtig-Falsch‹-Kalküls‹ im krisenhaften Moment der Entscheidung nicht in Anspruch genommen werden kann« (Oevermann 1995, S. 39). Die konkrete Entscheidung für diesen oder jenen Handlungsanschluss ist durch *Parameter 2* bestimmt, »der die tatsächliche Auswahl aus den durch die Sequenzregeln eröffneten Möglichkeiten« (Oevermann 2000, S. 65) kennzeichnet. Begründet gefällt wird diese Entscheidung, und konkret geschlossen wird die Vielfalt an Handlungsoptionen, aus dem Ensemble von Dispositionsfaktoren, die eine spezifische *Fallstruktur* ausmachen. Die Fallstruktur zeichnet eine spezifische Systematik der Selektion von Handlungsanschlüssen und Handlungsalternativen und sie zeichnet damit eine spezifische Logik von Handlungsentscheidungen, die nicht beliebig oder zufällig sind, sondern einer inneren Logik folgen: »Die objektiv-hermeneutische Textinterpretation zielt auf die Rekonstruktion der Strukturiertheit der Selektivität einer protokollierten Lebenspraxis« (Wernet 2009, S. 15). Diese beiden Parameter dürfen nicht in ihrer Verschiedenheit zueinander betrachtet und behandelt werden, sondern in ihrer sinn- und bedeutungsgenerierenden Bezogenheit aufeinander. Denn erst das Zusammenspiel dieser beiden Parameter in sozialen Handlungen bildet eine konkrete Fallstruktur, die sich in der Eigenart ihrer Reproduktion und Transformation in einer spezifischen *Fallstrukturgesetzlichkeit* ausdrückt.

Die Analyse objektiver Sinn- und Bedeutungsstrukturen in der Fallrekonstruktion

An dieser Stelle ist der *Strukturbegriff* der Objektiven Hermeneutik zu platzieren. Hier gilt die Leitformel, dass sich die Struktur sozialer Gebilde oder Handlungen nur in/an einem konkreten Fall manifestiert. Oevermann (2000) verweist darauf, dass ein Protokoll – also ein protokollierter, Text gewordener Ausschnitt sozialer Wirklichkeit – immer mehr als nur eine Fallstruktur verkörpert (vgl. ebd., S. 106). Für die rekonstruktiv-hermeneutische Analyse eines Interviews würde dies also bedeuten, dass der Interpret sich vor der Analyse die Frage stellen muss, wer/was der Fall ist, den es zu analysieren gilt: das Interview selbst als pragmatisch spezifischer Gesprächstyp, der Interviewer, der Interviewte oder schließlich »die Milieus bzw. Lebenswelten, denen die beiden Beteiligten ja angehören und noch viel mehr« (ebd., S. 106; hierzu auch: Hummrich et al. 2016). Es gibt aber auch Versuche, die Rekonstruktion von Protokollen für verschiedene Fallstrukturaussagen zu öffnen (hierzu: Hagedorn/Piva 2014).

Diese sich im Fall ausdrückenden objektiven Strukturen lassen sich im Rahmen der *Fallrekonstruktion* als *latente Sinnstruktur*[2] rekonstruieren; Sinnstrukturen also, an denen sich der Fall zwar orientiert, die dem Fall selbst aber mental nicht

verfügbar sind. Strukturen werden in der Objektiven Hermeneutik nicht als starre Fundamente des Immergleichen verstanden. Sie unterliegen selbst historischen und sozialen Wandlungsprozessen. Eine generalisierende Strukturanalyse schließt also Fragen der Historizität bzw. des sozialen Wandels in die methodische Operation mit ein (vgl. Oevermann 2000, S. 72).

Grundlegend ist jedoch davon auszugehen, dass »bei den ›universalen Strukturen‹ als regelhaft erzeugte Handlungsspielräume für die ›Gattung Mensch‹ eine umfassende Reproduktion angenommen« werden kann, wohingegen »die historische Strukturiertheit eines Falls nur in der Spannung von Synchronie und Diachronie zu fassen« (Böhme 2000, S. 31) ist. Bleibt damit festzuhalten, dass der Strukturbegriff die »Fallstrukturgesetzlichkeit, also den fallspezifischen Ausdruck der universellen Strukturen« (ebd.) bezeichnet, die auf diese oder jene Weise im/am Fall zur Anwendung kommen.

Ausdrucksgestalten sozialer Realität und ihre Verfügbarkeit als Protokoll

Die Analyse einer Fallstruktur (-gesetzlichkeit) erfolgt in der *Sequenzanalyse*. Damit ist ein Verfahren gekennzeichnet, das sich in der methodischen Vorgehensweise an den konkreten Fall quasi mimetisch anschmiegt und mit dem man zwangsläufig auf die Fallstruktur und ihre Gesetzlichkeit gestoßen wird. In der Sequenzanalyse und ihrem rekonstruktionslogischen Vorgehen kommen all jene Regeln zur Anwendung, die schon für das sequenzielle Zustandekommen der zu analysierenden Handlungspraxis verantwortlich gewesen sind. Diese Handlungen, als Ausschnitte einer sinnstrukturierten Welt, liegen uns zur Analyse jedoch nur dann vor, wenn diese Handlungs- oder besser Lebenspraxen quasi ihre »Spuren« hinterlassen haben. Diese Spuren werden als *Ausdrucksgestalten* bezeichnet (vgl. Oevermann 1995, S. 15), die wiederum ausschließlich in ihrer *Ausdrucksmaterialität* in Form von *Protokollen* (Texte, Interviewtranskriptionen, Aufzeichnungen öffentlicher Reden o. Ä.) konkret fassbar sind. In der Umkehr heißt dies: »Soziale Wirklichkeit außerhalb von Protokollen ist methodologisch nicht fassbar« (Oevermann 1986, S. 47). Diese Protokolle von Handlungen und Äußerungen bilden immer den primären Gegenstand der methodischen Operation der Sinnauslegung. Jede Lebenspraxis als Mittel autonomer Entscheidung findet ihre endgültige Ausdrucksgestalt im Protokoll ihres Handelns und Lebens (vgl. ebd., S. 48). In diesen Protokollen drückt sich also nicht nur eine konkrete Lebenspraxis aus, sondern mehrere (konkrete oder mögliche), die in einer Ausdrucksgestalt jeweils spezifisch verschachtelt sind und die sich als *Fallstruktur* spezifisch ausformt. Diese fallspezifische Ausformung zeichnet die Sequenzanalyse rekonstruktiv nach. Eine Fallstruktur kann dann expliziert werden, wenn eine geschlossene Phase ihrer Reproduktion in der Analyse nachgezeichnet werden konnte. Gleichzeitig bedeutet die Reproduktion einer Fallstruktur am Text auch die Validierung der Fallstruktur und ihrer Fallstrukturgesetzlichkeit. Deutet sich in einer Sequenz die Reproduktion einer Fallstruktur an, kann eine (Fall-) *Strukturhypothese* formuliert werden. Erst wenn sich diese Strukturhypothese wie ein »roter Faden« durch das gesamte Protokoll zieht, kann eine Fallstruktur (-gesetzlichkeit) expliziert werden. Wie extensiv diese Prozedur vollzogen werden muss, hängt davon ab, wie hoch der Verdichtungsgrad eines Protokolls ist. Dies hängt davon ab, ob wir es mit einer *naturwüchsigen* oder *inszenierten Wirklichkeit* zu tun haben. Das meint also die Frage danach, »ob die Protokolle, die wir analysieren, ausschließlich zu diesem Zweck angefertigt wurden, oder ob die protokollierte Praxis selbst, unabhängig von der Datensammlung zu Forschungszwecken, das der Sequenzanalyse zugrunde liegende Protokoll ohnehin hinterlassen hätte« (Overmann 2000, S. 85 f.).

Ob naturwüchsig oder inszeniert, jede Handlungssituation läuft auf ihr naturwüchsiges Ende hinaus, und je nachdem wie begrenzt die Zeit dafür ist, und wie mehr oder weniger stark ausgeprägt der Zwang zur Gestaltschließung ist, weist eine Ausdrucksgestalt einen unterschiedlich stark ausgeprägten Verdichtungsgrad auf, und »dieser ›Zwang zur Verdichtung‹ sichert, dass auch in vergleichsweise stark formalisierten und über wenig Vorgeschichte verfügenden, zeitlich stark begrenzten Datenerhebungssituationen immer noch Protokolle mit geschlossenen Gestalten erhalten bleiben« (ebd., S. 78). Dies bedeutet, dass die Objektive Hermeneutik aufgrund des Zwangs zur Verdichtung in Protokollen sozialer Wirklichkeit auch mit relativ wenig Text auskommt, um zu einer ersten Strukturhypothese zu gelangen.

Anwendungsbeispiel: Sequenzanalyse

Prinzipiell sollte der Anfang eines Textes immer Wort für Wort interpretiert werden. Auch ist zu empfehlen, den Text mindestens bis zur Explikation einer ersten riskanten Strukturhypothese in einer größeren Gruppe zu interpretieren (etwa 5 Interpreten). Die Interpretation in der Gruppe fördert zum einen die fantasiereiche, möglichst extensive Explikation so genannter *Lesarten*, andererseits ist das Maß an Kontrolle gegenüber Abkürzungsstrategien Einzelner umso größer, je mehr Personen an einer Interpretation teilnehmen. Auch hat es sich bewährt, dass so wenig wie möglich Teilnehmer einer Interpretationsrunde über die Herkunft des zu analysierenden Falls verfügen (äußeres Kontextwissen). Besteht bereits bei einzelnen oder mehreren Teilnehmern ein Wissen über den äußeren Kontext (Familie, Schule o. Ä.), ist hier die Fähigkeit danach gefragt, in eine »künstliche Naivität« zum Text zu treten. Man sollte quasi so tun, als würde man den gesamten Text und seine Eingebundenheit in einen äußeren Kontext noch nicht kennen.

Im Folgenden werden an einem exemplarischen Anwendungsbeispiel (mehr hierzu: Hagedorn 2008) die wichtigsten methodischen Operationen der Objektiven Hermeneutik dargestellt. Beginnen wir also mit dem ersten Wort unseres Protokolls:

Hat

In einem ersten Schritt werden alle nur denkbaren Bedeutungsvariationen des Wortes »Hat«
gesammelt. Zunächst verweist die Großschrei-
bung des Wortes auf den Beginn einer Hand-
lungssequenz. Man stellt sich hier also die Frage,
in welchem Kontext eine Handlung mit »Hat«
beginnen kann. Sehr wahrscheinlich wird der
Beginn einer Handlung im Rahmen einer Frage
(»Hat jemand meine Hausschuhe gesehen?«).
Aber auch der Beginn einer Handlung im Rahmen einer umgangssprachlich formulierten Positionierung ist denkbar (»Hat man mit einer Sache
angefangen, sollte man sie auch zu Ende bringen«). Um »Hat« weiter zu erschließen, werden
minimale und maximale Kontrastierungen des
Wortes »Hat« mit »Haben«, »Hatte« oder »Habt«
(als minimaler Kontrast) bzw. mit »Wird« oder
»Ist« als maximaler Kontrast angestellt. Über
diese Kontrastierungen erhellt sich die Bedeutung des Wortes »Hat« zusätzlich; letztlich liegt
im Zentrum der methodischen Operation aber
die Sinnerschließung des Wortes »Hat« (Wört-
lichkeitsprinzip). Anschließend sollten sich die
Teilnehmer in einem nächsten Schritt gegenseitig die Frage stellen, in welchem Zusammenhang
bzw. Kontext das Wort »Hat« am Anfang eines
Satzes stehen kann, und was es bedeutet, wenn
eine Handlungseinheit mit »Hat« eröffnet wird.
Hier sollten alle möglichen Bedeutungsvariationen - sogenannte Lesarten – gesammelt werden
(Prinzip der Extensivität). Anschließend begibt
man sich auf die Suche nach möglichen wohlgeformten Handlungsanschlüssen und damit
auch auf die Suche nach objektiven Strukturbe-
dingungen, die diesen oder jenen Handlungsanschluss sinnvoll und wohlgeformt erscheinen lassen (Prinzip der Sequenzialität).

Man wird feststellen, dass »Hat«, wenn es am
Anfang eines Satzes steht, vier Bedeutungsva-
rianten (Lesarten) zulässt, wenngleich die Lesarten 3 und 4 nach einem informellen Kontext
verlangen, da sie tendenziell nicht wohlgeformt
erscheinen:

1. Eine informatorische Frage (»Hat jemand
   meine Hausschuhe gesehen?«)
2. Eine rhetorische Frage (»Hat überhaupt
   jemand eine Ahnung, wie schlecht es mir
   geht?«)
3. Eine Positionierung, Meinung oder Statement (»Hat man eine Aufgabe erst einmal
   angefangen, sollte man sie auch zu Ende bringen!«)
4. Ein verkürzter Redeanschluss (A: »Müssen
   wir noch die Miete überweisen?«; B: »Hat
   deine Mutter schon gemacht.«)

Für alle diese Lesarten ist von Bedeutung, dass
ein Adressat unterstellt wird. Man könnte etwa
vom Beginn einer Interaktion zwischen mindestens zwei Personen ausgehen. In der Interpretation des Wortes »Hat« fällt also auf, dass der
Sprecher oder Autor ein Gegenüber entwirft:
einmal denkbar als Adressat und Experte einer
Frage (A: »Hat jemand meine Hausschuhe gesehen?«, B: »Ja, sie liegen unter dem Bett.«) oder
aber als (imaginäres) Gegenüber im Rahmen
einer rhetorischen Frage. Über die Ausbreitung
möglichst vielfältiger Lesarten, die jedoch ohne
Zusatzannahmen über den Fall zustande kommen müssen (Prinzip der Sparsamkeit), entfalten sich nun unterschiedliche Strukturaussagen
zum Fall: in der 1. Lesart würde der objektive
Sinn der Handlung darin liegen, die Hausschuhe
zu finden; implizit würde also die Frage »Hat
jemand meine Hausschuhe gesehen?« die Frage
ausdrücken »Wo sind meine Hausschuhe?«. In
der Lesart 2 hingegen tritt der Autor bzw. Sprecher tendenziell im Gestus einer Unterstellung
ins Verhältnis zum Adressaten der Aussage. Das
Strukturprinzip einer rhetorischen Frage liegt
ja darin, dass die Offenheit der gestellten Frage
hypothetisch schon geschlossen wird. Implizit
wäre in der Frage »Hat überhaupt jemand eine
Ahnung, wie schlecht es mir geht?« (Lesart 2)
die hypothetische Annahme unterstellt, dass das
Gegenüber nicht über die schlechte Verfassung
des Autors wisse.

Es wird bis hier deutlich, dass die Aufschlüsselung unterschiedlicher Lesarten gewissermaßen die Tragweite der Handlungsentscheidung des Handlungssubjektes für den je konkreten Sinn einer Handlung aufzeigt. Erst wenn der Gruppe zur Bedeutung des Wortes »Hat« nichts mehr einfällt, geht man zur nächsten Sequenz über und legt den Aufmerksamkeitsfokus darauf, welchen konkreten Anschluss der Fall nun wählt und welchen er ausschließt. Dies wird sodann darüber entscheiden, welche der bis hier gebildeten Lesarten sich im Weiteren durchsetzen und welche fallen gelassen werden können.

Hat unsere

Zunächst wird deutlich, dass mit »unsere« ein kollektiver Zusammenhang gekennzeichnet oder unterstellt wird, in den sich der Autor bzw. Sprecher miteinbezieht. Zugleich tritt er aber auch (reflexiv) aus der mit »unsere« bezeichneten Kollektivität heraus. Wenn »Hat« und »unsere« aufeinander bezogen werden, ergibt sich eine erste interessante Erkenntnis: die konstruierte Gemeinschaft bzw. Kollektivität erscheint insofern brüchig, als über das Gemeinschaft stiftende Moment, welches an »unsere« im Folgenden anschließen wird, diskursiv verhandelt werden muss.

In einem folgenden Schritt werden nun die oben gebildeten Lesarten unter Hinzunahme der angeschlossenen Sequenz »unsere« erneut diskutiert: für Lesart 1 (informatorische Frage) überlegt man sich nun wieder Geschichten über Kontexte, in denen eine solche Aussage geläufig erscheint, und was sie dem objektiven Sinn nach bedeutet. Wir stellen uns ein Gespräch zwischen zwei Eheleuten vor, der Ehemann sagt zu seiner Frau: »Hat unsere Katze schon etwas zu Fressen bekommen?«. Augenscheinlich steckt in dieser Sequenz eine informatorische Frage, nämlich die Frage danach, ob die Katze schon etwas zu Fressen bekommen hat. Wir kontrastieren die je konkrete Aussage wieder mit einer anderen potenziell möglich gewesenen Aussage: »Hat die Katze schon etwas zu Fressen bekommen?« – hier wäre

Kollektivität nicht zur Disposition gestellt und der informatorische Sinngehalt der Fragestellung wäre gesichert. In der Variante »Hat unsere Katze schon etwas zu Fressen bekommen?« erscheint »unsere« dann als artifizielles Konstrukt, wenn es neben der eigenen Katze keine weitere Katze gibt, die gefüttert werden muss. Auf einer latenten Sinnebene wird somit das Kollektiv stiftende Moment der gemeinsamen Katze zur Disposition gestellt und verliert seine Naturwüchsigkeit. In kontrastiven Varianten wie »Hat die Katze schon etwas zu Fressen bekommen« oder etwa »Hat Mietze schon etwas zu Fressen bekommen« wäre das für die Eheleute Gemeinschaft und Kollektivität stiftende Moment »Katze« naturwüchsiger. »Hat unsere« verweist also auf eine Konsensproblematik, die zumindest tendenziell die durch »unsere« gebildete Kollektivität irritiert – dies kann als eine *erste riskante Strukturhypothese* festgehalten werden.

Hat unsere Gesellschaft

Im Grunde genommen durchlaufen wir auch in dieser Sequenz dieselben Operationen wie schon bei »Hat« und »unsere«. Wir widmen uns zunächst dem Wort »Gesellschaft« und beziehen aber das bereits kumulierte Wissen über den inneren Kontext des Falls (Konsensproblematik) in die Analyse mit ein. Zunächst einmal fragen wir uns, was das Wort »Gesellschaft« ganz allgemein und sodann weiterführend in diesem konkreten Zusammenhang bedeuten kann. Herauszuarbeiten wäre hier – auch wieder in der methodischen Operation der Kontrastierung – etwa der Unterschied zwischen »Gesellschaft« und Gemeinschaft. Während Gemeinschaft eher auf ein (diffuses) kollektives Gemeinschaftsgefühl (Geselligkeit) rekurriert und sinnlogisch mit »unsere« korrespondiert, verweist »Gesellschaft« eher auf kulturelle, soziale und politische Rahmungen, Ordnungen und Strukturen des Zusammenlebens, die im Prozess der Vergesellschaftung des Individuums angeeignet werden und soziales Handeln sinnstiftend organisieren. Ihre Funktion besteht nicht darin, kollektives Wir-Gefühl zu erzeugen. In einer weiteren Bedeutungsvariante – die im Sinne der Sparsamkeitsregel eher vernachlässigt werden kann – kann »Gesellschaft« aber auch als eine spezifische Vereinsstruktur oder Körperschaft bestimmt werden (Gesellschaft für Ernährung o. Ä.).

Liegen bereits erste riskante Aussagen zur Struktur des Falls vor, kann im Anschluss auf eine Interpretation Wort für Wort verzichtet und größere Sequenzen als abgeschlossene Sinneinheiten interpretiert werden:

Hat unsere Gesellschaft vielleicht ein Problem mit Menschen

Wir können sehen, dass sich Lesart 2 (rhetorische Frage) durchgesetzt hat. Dies entscheidet sich an dem Wort »vielleicht«; es führt zum Ausschluss der Lesart 1, da mit Hinzunahme von »vielleicht« die Frage eine spekulative Schließung in Richtung Bestätigung oder Widerlegung einer als Frage maskierten Hypothese erfährt: Unsere Gesellschaft hat ein Problem mit Menschen. Würde die Handlungseinheit hier enden, stünde dies geradezu für die Negation von »Gesellschaft«, da es die Menschen in ihren sozialen Handlungen sind, die eine Gesellschaft überhaupt erst bilden. Wahrscheinlicher wäre also, dass ein Anschluss in Form von »…ein Problem mit Menschen, die sich nicht an die Regeln halten« folgt, und also die »Menschen« ihre Spezifizierung erfahren (Formulierung sinnlogischer Anschlüsse). Selbst dann wäre aber die Frage zu stellen, ob eine Gesellschaft Probleme mit Menschen haben kann oder ob eine bestimmte Gruppe von Menschen Probleme dabei hat, sich in die Gesellschaft zu integrieren? Dies korreliert mit der Frage: Spricht der Autor bzw. Redner für die »Gesellschaft« oder für eine Gruppe von Menschen (Gemeinschaft)?

Wichtig und entscheidend für das Verstehen des Falls ist nun, dass sich die Interpretation nicht auf der Ebene manifesten, intentionalen Sinngehalts bewegt, denn so würde der Sinngehalt der Aussage auf die Eröffnung eines Diskurses über die Gesellschaft verkürzt werden.

Erst mit der Frage danach, wie es dem Autor bzw. Sprecher gelingt, seiner Aussage eine wohlgeformte Gültigkeit zu verleihen, werden auf einer latenten Sinnebene Inkonsistenzen deutlich, und so steht die diffuse Selbstpositionierung des Autors bzw. Redners zwischen Vergemeinschaftung (»Menschen«) und Vergesellschaftung (»Gesellschaft«) für die Struktur des Falls. Die gesamte Sequenz steht für die diffuse Position des Autors bzw. Sprechers zwischen (brüchiger) Vergemeinschaftung und (unvollständiger) Vergesellschaftung und damit für eine Transformationsproblematik im Entwicklungsprozess.

In einem nächsten Schritt wird nun die gebildete Strukturaussage an einer weiteren Sequenzstelle des Protokolls überprüft:

Hat unsere Gesellschaft vielleicht ein Problem mit Menschen, die sich eben nicht an die altbewährten Wertvorstellungen und Moralansichten einer Generation anpassen wollen, die es seit Jahrzehnten nicht auf die Reihe bekommen hat, ihr Leben so zu gestalten, dass sie sich in ihm wohlfühlen, weil sie genau das machen, was unser nicht allzu langes Dasein etwas fröhlicher gestaltet?

Die weiter oben schon aufgemachte Passungsproblematik zwischen Mensch und Gesellschaft wird hier dem Versuch einer Erörterung unterzogen, und es wird ein Generationenkonflikt strapaziert, der unterstellt, dass je eigene Lebensprinzipien von denen der vorausgegangenen Generation unterschieden werden können. Dies beiseitegelassen, interessiert uns hier aber vor dem Hintergrund der bereits getroffenen Strukturaussagen (diffuse Selbstpositionierung zwischen Vergemeinschaftung und Vergesellschaftung) vor allem die Sequenz »weil sie genau das machen …«: hier steht der unscharfe Markierer »sie« nicht für eine sprachliche Ungelenkigkeit, sondern hier reproduziert sich geradezu die bereits rekonstruierte diffuse Selbstpositionierung zwischen Vergemeinschaftung und Vergesellschaftung; es bleibt unklar, für wen der Autor bzw. Sprecher hier spricht: für die Menschen oder für die Gesellschaft, für Werteorientierungen, die gesellschaftliches Zusammenleben organisieren, oder für (je eigene?) hedonistische Lebensführungsprinzipien? Dieses »Paradox der Grenze« zwischen Eigenem und Anderem (vgl. hierzu: Hagedorn 2013, S. 298 f.) steht jedoch nicht für eine ›Pathologie‹ des Einzelfalls, sondern ist als fallspezifischer Ausdruck ganz allgemeiner Strukturproblematiken im Enkulturations- und Vergesellschaftungsprozess theoretisch zu generalisieren.

Anmerkungen

1   Die Krise bildet bei Oevermann den Normalfall und die Routine die Ausnahme. Autonomie gelingt gewissermaßen durch die Ent-

stehung des Neuen aus der Bewältigung und Lösung von Krisen (vgl. Oevermann 1995). Die je spezifische Entscheidung der Lebenspraxis für diesen oder jenen Handlungsanschluss ist also gleichsam Ausdruck lebenspraktischer Autonomie.

2   Der Begriff des Latenten versteht sich hier in deutlicher Abgrenzung zu seiner Verwendung im psychoanalytischen Ansatz (dazu ausführlich: Oevermann 1993).

Literatur

Böhme, Jeanette (2000): Schulmythen und ihre imaginäre Verbürgung durch oppositionelle Schüler. Ein Beitrag zur Etablierung erziehungswissenschaftlicher Mythosforschung. Bad Heilbronn.

Chomsky, Noam (1981): Regeln und Repräsentationen. Frankfurt a. M.

Hagedorn, Jörg (2008): Jugendkulturen als Fluchtlinien. Zwischen Gestaltung von Welt und der Sorge um das gegenwärtige Selbst. Wiesbaden.

Hagedorn, Jörg (2013): From Places to Spaces. Jugendkulturelle Raumaneignungspraktiken Jugendlicher im Internet. In: Westphal, Kristin/Jörissen, Benjamin (Hrsg.): Vom Straßenkind zum Medienkind. Raum- und Medienforschung im 21. Jahrhundert. Weinheim/Basel, S. 292–306.

Hagedorn, Jörg/ Piva, Franziska (2014): Jugend spricht. Schule als Material performativer Selbsterprobung und reflexiver Selbstvergewisserung. In: Hagedorn, Jörg (Hrsg.): Jugend, Schule und Identität. Selbstwerdung und Identitätskonstruktion im Kontext Schule. Wiesbaden, S. 667–705.

Hummrich, Merle et al. (2016) (Hrsg.): Was ist der Fall? Kasuistik und das Verstehen pädagogischen Handelns (Rekonstruktive Bildungsforschung). Wiesbaden.

Oevermann, Ulrich (1986): Kontroversen über sinnverstehende Soziologie. Einige wiederkehrende Probleme und Mißverständnisse in der Rezeption der »objektiven Hermeneutik«. In: Aufenanger, Stefan/Lenssen, Margit (Hrsg.): Handlung und Sinnstruktur. München.

Oevermann, Ulrich (1993): Die objektive Hermeneutik als unverzichtbare methodologische Grundlage für die Analyse von Subjektivität. Zugleich eine Kritik der Tiefenhermeneutik. In: Jung, Thomas/Müller-Doom, Stefan (Hrsg.): »Wirklichkeit« im Deutungsprozess. Verstehen und Methoden in den Kultur- und Sozialwissenschaften. Frankfurt a.M., S. 106–189.

Oevermann, Ulrich (1995): Ein Modell der Struktur von Religiosität. Zugleich ein Strukturmodell von Lebenspraxis und sozialer Zeit. In: Wohlrab-Sahr, Monika (Hrsg.): Biographie und Religion. Zwischen Ritual und Selbstsuche. Frankfurt a. M., S. 27–101.

Oevermann, Ulrich (2000): Die Methode der Fallrekonstruktion in der Grundlagenforschung sowie der klinischen und pädagogischen Praxis. In: Kraimer, Klaus (Hrsg.): Die Fallrekonstruktion. Frankfurt a. M., S. 58–156.

Wernet, Andreas(2009): Einführung in die Interpretationstechnik der Objektiven Hermeneutik, 3. Auflage. Wiesbaden.

Interpretative Ethnographie

Rainer Winter

Die neue Ethnographie, wie sie in den Vereinigten Staaten entwickelt wurde, versteht sich als interpretative Methode, die bewusst auf die Selbstthematisierung des Forschers setzt. Die Welten der Anderen sollen mittels Autoethnographie, Dialog und Herausstellen der Polyvokalität im Feld erschlossen werden. Auf diese Weise sollen die disziplinär visuellen Strukturen der »Cinematic Society« unterlaufen und die Textur gelebter Erfahrung angemessen erfasst werden. Hierzu ist ein hohes Maß an Reflexivität erforderlich. Die Methode des reflexiven Interviews wird exemplarisch diskutiert. Ergänzend wird am Beispiel der qualitativen Untersuchung der Medienaneignung von Horrorfans erörtert, wie wichtig Selbstthematisierung und Dialog in der qualitativen Medienforschung sein können.

Theoretische und methodologische Einordnung

Die interpretative oder auch »neue« Ethnographie ist ein relativ junger Ansatz in der qualitativen Sozialforschung, wie sie vor allem in den USA betrieben wird. Ihr zentrales Merkmal ist, dass der Forscher/die Forscherin nicht nur die Erfahrungen, Praktiken und Lebensweisen von anderen beschreibt und darstellt, sondern dass er/sie sich selbst dabei thematisiert. Die Selbstthematisierung bleibt kein Appendix, sondern wird ein wesentliches Element der Forschung und der Darstellung der Ergebnisse. Im Forschen und vor allem im Schreiben entstehen die Welten, in denen wir leben und in denen wir zurechtkommen müssen. In der »Aufführung« der Forschungsergebnisse wird diesem konstruktiven Prozess Rechnung getragen, indem er sichtbar gemacht wird und seine Möglichkeiten ausgeschöpft werden. In ethnographischen Performance-Texten wird nicht über oder für Informanten gesprochen, sondern es wird mit ihnen und dem Publikum interagiert (Conquergood 2003, Hamera 2011). Daher mündet für Norman Denzin (Denzin 1999, Denzin 2003, Winter/Niederer 2008), wichtigster Vertreter dieses Ansatzes, die interpretative Ethnographie in eine performative Soziologie, deren Konturen sich abzeichnen, die aber noch näher

bestimmt und entwickelt werden müssen. Qualitative Forschung ist in diesem Kontext keine Ware, die gekauft oder verkauft werden kann, sondern eingebunden in die moralische Gemeinschaft von Forschern und Informanten, zwischen denen dialogische Beziehungen hergestellt werden sollen.

In der qualitativen Medienforschung kommt der interpretativen Ethnographie eine wichtige Bedeutung zu (Winter 2001, 2014). Zum einen fordern dialogische Beziehungen den Forscher dazu auf, über seine eigenen medialen Erfahrungen und Praktiken, seine Vorlieben und Abneigungen nachzudenken und sie kritisch zu hinterfragen. Zum anderen werden die Informanten, die z. B. über Formen problematischen Medienkonsums berichten, als Subjekte, die eine eigene Sicht entwickelt haben, ernst genommen. Zudem werden sie aufgefordert, diese zur Darstellung zu bringen. Der Forscher nimmt nicht die Rolle des unabhängigen Beobachters ein. Er ist eher ein unterstützender Mitspieler. Seine Subjektivität wird wie die der Untersuchten durch die medialen Praktiken der heutigen Gesellschaften geprägt. Als Teil des Ganzen sind auch seine Forschungsinteressen und -ergebnisse nicht unabhängig. Damit problematisiert die interpretative Ethnographie die ideologischen Annahmen der traditionellen Ethnographie, die einen realistischen Anspruch hat und den »native point of view« zur Darstellung bringen möchte. Durch direkte Beobachtungen (→ Mikos, S. 362 ff.) können, so die Auffassung, »wahre« Aussagen über die Welt gemacht werden. Um ein möglichst differenziertes Verstehen des Anderen geht es auch der interpretativen Ethnographie, die jedoch den medialen Bedingungen des 21. Jahrhunderts Rechnung zu tragen versucht.

Ethnographie in der »Cinematic Society«

In der amerikanischen Tradition der qualitativen Sozialforschung nimmt die Diskussion um die Postmoderne und die mediale Durchdringung des Alltags eine wichtige Rolle ein (Dickens/Fontana 1994; → Mikos, S. 146 ff.). So schreibt Denzin (1995, S. 1):
»The postmodern is a visual, cinematic age; it knows itself in part through the reflections that flow from the camera's eye. The voyeur is the iconic, postmodern self. Adrift in a sea of symbols, we find ourselves, voyeurs all, products of the cinematic gaze.«

In der Tradition von Michel Foucault (1976) versucht er in seiner Geschichte von Kino und Gesellschaft in den USA zu zeigen, dass die von diesem beschriebene Überwachungsgesellschaft im 20. Jahrhundert durch das Kino und sein visuelles Dispositiv verstärkt wurde. Die disziplinäre Struktur der »Cinematic Society«, in deren Zentrum der Blick der Kamera als mobiles panoptisches Auge und die durch ihn konstruierte Wirklichkeit stehen, bringt Subjekte hervor, die als Voyeure ihre Mitmenschen beobachten und belauschen, jedoch jederzeit selbst zum Objekt eines disziplinären Blicks werden können. Als neuer sozialer Typus begegnet der Voyeur uns als Sozialwissenschaftler, Ethnograph, Psychoanalytiker, Gerichtsreporter, Detektiv oder als sexuell Perverser.

Angesichts der steigenden Zahl von Überwachungskameras auf öffentlichen Plätzen, die in der Regel ohne Protest akzeptiert werden, und der teilweisen Aufhebung der Privatsphäre aus

(nationalen) Sicherheitsgründen leuchtet Denzins Diagnose einer Veralltäglichung visueller Kontrolle und der Dominanz eines voyeuristischen Blicks, die sich auf eine systematische Analyse von Hollywoodfilmen stützt, unmittelbar ein. Eine Folge der Durchdringung der Gesellschaft durch den Blick der Kamera ist auch, dass die in der Soziologie beschriebene dramaturgische Gesellschaft eine interaktionelle Wirklichkeit geworden ist. Alltägliche Wirklichkeiten werden wie Medienevents inszeniert, die sich wiederum an früheren orientieren, sodass es eigentlich kein Original gibt, sondern nur Modulationen, die nur kraft von als überzeugend wahrgenommenen Darstellungsleistungen als »real« interpretiert werden (Goffman 1977). Dabei hängt deren Überzeugungskraft davon ab, wie sie im Vergleich zu früheren Darstellungen wirken.

Dieser soziologischen Einsicht in die dramaturgische und prozesshafte Konstruktion der Wirklichkeit im Alltag steht die Auffassung des Realismus in der Geschichte des Kinos und der qualitativen Sozialforschung entgegen, dass wir einer stabilen sozialen Welt gegenüberstehen, die mittels des Films angemessen wiedergegeben werden kann. Journalistische Reportagen und die naturalistischen Studien der *Chicago School* stützten den Mythos, dass es grundlegende Sinnstrukturen gibt, die durch sorgfältige Beobachtung und Analyse aufgedeckt werden können. Der modernistische ethnographische Text kann daher als eine Fotografie gelesen werden. »It offers up fixed representations of things that have happened in a stable, external world« (Denzin 1997, S. 44).

Angesichts dessen, dass alltägliche Praktiken an medialen Praktiken gemessen werden und im Sinne Baudrillards (1982) das Simulakrum, die endlose mediale Reproduktion des Realen, die »eigentliche Wahrheit« darstellt, wird in der interpretativen Ethnographie der ethnographische Realismus dekonstruiert und damit auch die Konzeption von Wahrheit, die Aussagen daran misst, dass sie Ereignisse in der realen Welt angemessen wiedergibt. Diese erweist sich als Konstruktion bzw. historische Fiktion, wie die feministische Kritikerin und Filmemacherin Trinh hervorhebt:

»The belief that there can exist such a thing as an outside foreign to the inside, an objective, unmediated reality about which one can have knowledge once and for all, has been repeatedly challenged by feminist critics [...] realism as one form of representation defined by a specific attitude toward reality is widely validated to perpetuate the illusion of a stable world« (Trinh 1991, S. 164).

Eine hier anschließende Kritik lautet, dass der ethnographische Realismus von vornherein durch die Darstellungsformen und narrativen Strategien der Massenmedien geprägt sei und den soziologischen Diskurs in der Figur des Geschichtenerzählers mit einem notwendigen empirischen Gerüst versorge. »Indeed, realism is a fantasmatic or unconscious construction of ›empirical reality‹, thereby producing relays between the opposed registers of factual and fictional discourses while nonetheless maintaining their apparent opposition« (Clough 1992, S. 6). In der zeitgenössischen Medienkultur ist jedoch eine Dekonstruktion der diskursiven Opposition von Fakten und Fiktionen erforderlich, was Erving Goffman (1977) in seinen ethnographischen Studien der eigenen Kultur bereits vorführte. Hierzu muss vor allem die Funktion von Erzählungen im Alltag und im soziologischen Diskurs bestimmt werden. Wie Charles Lemert (1997) pointiert und provokativ feststellt, besteht die Soziologie – und ähnliches gilt für die qualitative Sozialforschung – im Wesentlichen aus Geschichten von Menschen, die sie über ihre Erfahrungen und Erlebnisse im sozialen Leben erzählen.

Die interpretative Ethnographie entlarvt den realistischen Ethnographen als Voyeur, der in den Dispositiven der Überwachungsgesellschaft vorgeben kann, »authentische« Darstellungen gelebter Erfahrungen wiederzugeben (Denzin 1995). Des Weiteren erkennt sie die narrativen Strukturen in Alltag und Wissenschaft an, arbeitet sie heraus und experimentiert mit ihnen. Ereignisse, Erfahrungen und Erlebnisse existieren nicht unabhängig von ihren Repräsentatio-

nen, sondern können in ihnen Gestalt, Geschlossenheit und Kohärenz gewinnen. Deshalb kann in der qualitativen Forschung gelebte Erfahrung nicht direkt wiedergegeben werden, sondern im Untersuchungsprozess und im Text, den der Wissenschaftler schreibt, wird sie in gewisser Weise erst geschaffen. Eine qualitative Medienforschung, die sich der interpretativen Ethnographie bedient, wird deshalb die narrativen Prozesse in Medien und Alltag ins Zentrum rücken, um der Perspektive der Informanten möglichst gerecht zu werden.

Die Perspektive des Anderen

Die narrative Wende, die von der interpretativen Ethnographie vollzogen wird, schützt sie vor der Kritik der Theorielastigkeit, die gegen einige berühmte ethnographische Studien erhoben wurde. Innerhalb von Cultural Studies (→ Winter, S. 50 ff.) wurden vor allem die Widerstandsstudien dahingehend kritisiert, dass Erfahrungen und Praktiken im Feld zur Unterstützung der theoretischen und politischen Auffassung des Forschers funktionalisiert würden. Der Untersuchungsrahmen gebe vor, was entdeckt und was übersehen werde. Freilich, lässt sich diese Kritik noch mehr an jeder Form traditioneller Sozialforschung üben, die vorgibt, »objektiv« zu sein, aber immer eine Wirklichkeit gemäß ihrer theoretischen (Vor-)Annahmen und Methoden schafft, die sie dann als *die* Wirklichkeit ausgibt.

Die neuen Formen von Ethnographie möchten aber nicht vorher konzipierte Theorien bestätigen oder widerlegen, sondern den Erfahrungen und Praktiken der Untersuchten so gerecht wie möglich werden. Im Rahmen von Cultural Studies bzw. der neueren Ansätze qualitativer Sozialforschung (Denzin/Lincoln 2000, 2011) bedeutet dieser methodologische Zugang aber nicht, dass teilnehmende Beobachtung (→ Mikos, S. 362 ff.) oder Feldforschung im ethnologischen Sinne im Mittelpunkt stehen müssen. Narrative Interviews, Gruppendiskussionen, bio-graphische Interviews oder Feldnotizen können je nach Fragestellung verwendet oder miteinander kombiniert werden (vgl. Winter 1995; → Keuneke, S. 302 ff.; → Schäffer, S. 347 ff., → Tilemann, S. 321 ff.). Entscheidend ist, dass eine Perspektive, die von »außen« kommt, den Untersuchten zum Objekt eines voyeuristischen Blicks macht, vermieden wird. Denn in der neuen Ethnographie geht es darum, den Erfahrungen und gelebten Wirklichkeiten möglichst nahe zu kommen und sie auch entsprechend darzustellen.

Hierzu muss sich der Ethnograph auf die Erfahrungswelt des Anderen einlassen. Deshalb spielt die Phänomenologie eine wichtige Rolle (Maso 2001). Sie erschließt die Erfahrungen von anderen in Bezug auf die Ähnlichkeiten und Differenzen zu unserer eigenen Erfahrung. Dabei gilt jedoch:

»To *do* [...] phenomenology is to attempt to accomplish the impossible: to construct a full interpretive description of some aspect of the lifeworld, and yet to remain aware that life is always more complex that any explication of meaning can reveal« (van Maanen 1990, S. 18).

In einer dialogischen Auseinandersetzung zwischen dem Selbst des Forschers und der Perspektive des Anderen werden die Grenzen des eigenen Verständnisses zum Thema, mit dem Ziel, die eigene Sensibilität für fremde Welten zu steigern (Saukko 2003, S. 57). Im Zuge der narrativen Wende sollen Forscher hierbei auf die persönlichen Geschichten achten, die Menschen über die wichtigen Ereignisse in ihrem Leben erzählen (Denzin 2014). Diese sind mögliche Anknüpfungspunkte für einen Dialog, der auch biographische Erlebnisse des Forschers miteinbeziehen kann und ihm hilft, die Schlüssellochperspektive des Voyeurs zu verlassen. »As lived textualities, these personal experience narratives and ›mystories‹ recover the dialogical context of meaning, placing the observer on both sides of the ›keyhole‹« (Denzin 1997, S. 47).

In diesen Prozess werden vermehrt emotionale und verkörperte Formen des Wissens berücksichtigt, die zu persönlichen und literarischen Formen des Schreibens führen können (Richardson 2000, Leavy 2013). Darüber hinaus wird in Gestalt der Performance-Ethnographie der ethnographische Textualismus in Frage gestellt, der in distanzierter Weise die Kultur als offenes Buch liest. Hier wird nun die Teilnahme, der Dialog, die Kontingenz, die kontextspezifische Artikulation von Praktiken und Texten gefordert (Conquergood 2003). Texte, Kontexte und kulturelle Praktiken lassen sich in einer Performance nicht trennen, die zu einer tief gehenden emotionalen Begegnung mit anderen Menschen und Kulturen führen kann (Gergen/ Gergen 2012).

Die emphatische Versenkung in intensive Erfahrungen birgt allerdings die Gefahr, dass deren soziale Prägung aus dem Blick gerät. Gelebte Erfahrungen sind durch soziale, institutionelle und mediale Diskurse vermittelt. Deshalb sollten im Forschungsprozess die erlebten Wirklichkeiten auch sozial und medial kontextualisiert werden. Nur auf diese Weise kann die Textur gelebter Wirklichkeiten in der »Cinematic Society« die Perspektive der Untersuchten freigeben. Ein weiterer hiermit zusammenhängender Aspekt der interpretativen Ethnographie ist ihre Selbstreflexivität. Da davon ausgegangen wird, dass es keine unvoreingenommene Forschung geben kann, kommt der Reflexivität die Funktion zu, für eigene Vorannahmen zu sensibilisieren, sich der eigenen sozialen Verankerung bewusst zu sein und offen für andere Perspektiven auf die untersuchten Welten zu sein. Das Selbst des Forschers, seine sozialen und moralischen Verpflichtungen, seine Auffassungen werden kritisch reflektiert, um der Perspektive des Anderen gerecht zu werden. Dabei impliziert Selbstreflexivität aber nicht, dass ein »wahreres« Wissen der Welt möglich ist (Haraway 1997, S. 16). Eher zeigt sie die Begrenzungen unserer Weltsicht auf und dass verschiedene Interpretationen unserer eigenen und der Welt der anderen möglich sind. In den Formen kritischer Autoethnographie führt die Selbstreflexivität dazu, dass der Forscher untersucht, welche Erlebnisse und sozialen Diskurse seine Erfahrung bestimmt haben.

Ergänzend wird in der interpretativen Ethnographie auf Polyvokalität Wert gelegt. Gelebte Erfahrungen sollen von verschiedenen Stimmen wiedergegeben werden, um zu vermeiden, dass eine Stimme für die »Wahrheit« einer Erfahrung steht, und um die Spezifität einzelner Erfahrungen angemessen zu erfassen (Saukko 2003, S. 64 ff., Gergen/Gergen 2012). Auch in den Darstellungen der Forschungsergebnisse kommt es zu einer Interaktion zwischen den Stimmen der Anderen und der Stimme des Forschers. Hierzu gehört freilich auch eine Analyse des sozialen Kontextes und seiner Formen sozialer Ungleichheit unter globalen Bedingungen. Dann kann deutlich werden, dass diese je nach Perspektive durchaus unterschiedlich erfahren werden können.

Im Folgenden soll dargestellt werden, welche Rolle die interpretative Ethnographie in der qualitativen Medienforschung spielen kann. Wie die bisherige Diskussion gezeigt hat, ist dies ein relativ neuer Ansatz, der eine Kritik an bisherigen Ansätzen formuliert hat und ein ambitioniertes Programm vorlegt. Vieles befindet sich aber noch in der Diskussion, der Ansatz selbst in einer experimentellen Phase. Für unseren Zusammenhang kommt ihm aber auch deshalb große Bedeutung zu, weil er die Methodendiskussion im Kontext der »Cinematic Society« führt, sich also fragt, welche Methoden in einer Mediengesellschaft sinnvoll sind. Daher werde ich zunächst die Methode des reflexiven Interviews diskutieren, die Denzin (Denzin 2003, S. 57 ff.; Denzin 2008, S. 137ff.) für die »Cinematic Society« empfiehlt. In einem zweiten Schritt werde ich am Beispiel eigener Arbeiten zur Ethnographie der Medienrezeption und -aneignung die Relevanz der interpretativen Ethnographie aufzeigen.

Anwendungsbeispiele

Das reflexive Interview

Denzin (2003, S. 57 ff., 2008) stellt zunächst fest, dass wir in einer Secondhand-Welt von Bedeutungen leben, die durch die Medien der postmodernen Gesellschaft vermittelt werden. Die Kultur ist eine visuell dominierte Medienkultur, in der dramaturgische Inszenierungen die Oberhand gewonnen haben. Das reflexive Interview soll nun eine Möglichkeit sein, dem Zustand Rechnung zu tragen, dass Subjektivität immer mehr durch Geschichten vermittelt wird, die durch Interviews produziert worden sind:

»The reflexive interview is simultaneously a site for conversation, a discursive method, and a communicative format that produces knowledge about the self and its place in the cinematic society – the society that knows itself through the reflective gaze of the cinematic apparatus« (ebd., S. 58).

Das Interview (→ Keuneke, S. 302 ff.) ist eine Bekenntnispraktik, die zu einer öffentlichen Form der Unterhaltung geworden ist. Das Fragenstellen, die Aufforderung, eine Geschichte zu erzählen, bringt situierte Erzählungen des Selbst hervor. Im Anschluss an Holstein und Gubrium (2000) unterscheidet Denzin dann zwischen verschiedenen Formen des Interviews, die dem Interviewer unterschiedliche Positionen zuweisen. Im »objektiv neutralen« Format benutzt er einen strukturierten oder semi-strukturierten Leitfaden, um zu Informationen zu gelangen. Die Geschichte, die erzählt wird, wird von ihm, so seine Auffassung, nicht beeinflusst. Im Entertainment- bzw. investigierenden Format versucht der Interviewer, mit unterschiedlichen Methoden an eine Geschichte zu kommen, die er Gewinn bringend verkaufen kann. Im auf Mitarbeit angelegten, aktiven Format treten die Identitäten von Interviewer und Interviewten in den Hintergrund. Eine Konversation entsteht, und eine Geschichte wird gemeinsam erzählt. Das von Denzin präferierte Format ist das reflexive Interview, das von einer dialogischen Beziehung getragen wird.

»In this relationship, a tiny drama is played out. Each person becomes a party to the utterances of the other. Together, the two speakers create a small dialogic world of unique meaning and experience. In this interaction, each speaker struggles to understand the thought of the other, reading and paying attention to such matters as intonation, facial gestures, and word selection« (Denzin 2003, S. 67).

Am Beispiel von Filmen veranschaulicht er dann die unterschiedlichen Interviewformate.

Dabei kommt Trinhs Film »Surname Viet Given Name Nam« (1989) eine Schlüsselrolle zu, weil er den Gebrauch von »objektiv neutralen« Interviews in Dokumentarfilmen, die nicht dialogisch angelegt sind, kritisch vorführt. In Dokumentarfilmen ist der Filmemacher/Interviewer ein Beobachter, der über seine Erfahrungen und Erlebnisse mit Menschen in einer realen Welt berichtet. Die ästhetischen Strategien des dokumentarischen Interviews, das auch wesentliches Element von Fernsehnachrichten und -reportagen ist, vermitteln dem Zuschauer den Eindruck, dass er unmittelbaren Zugang zur Wirklichkeit hat (vgl. Trinh 1989, S. 40). Trinhs Film dagegen ist dialogisch angelegt, die Grenzen zwischen Tatsache und Fiktion verwischen. Ebenso entpuppen sich Bedeutungen als politische Konstruktionen. Sie spielt mit der Rahmenstruktur von Filmen und ihren Konstruktionen von Wirklichkeiten, um vielfältige Erfahrungen zu ermöglichen. Im Anschluss an Trinh fordert Denzin deshalb eine Intensivierung von Reflexivität:

»I want to cultivate a method of patient listening, a reflexive method of looking, hearing, and asking that is dialogic and respectful. This method will take account of my place as a constructor of meaning in this dialogic relationship [...] I will use the reflexive interview as a tool for intervention [...] I will use it as a method for uncovering structures of oppression in the life worlds of the persons I am interviewing« (Denzin 2003, S. 75).

Das Forschen in der »Cinematic Society« erfordert neue Methoden, um deren Ideologien und Mythen zu dekonstruieren, eine gemeinsame Konstruktion von Bedeutungen zu erlauben und eine Politik des Möglichen zu schaffen.

Ethnographie der Medienaneignung

Wie wichtig die interpretative Ethnographie im Rahmen der qualitativen Medienforschung sein kann, möchte ich abschließend an einer eigenen Studie veranschaulichen. In »Der produktive Zuschauer. Medienaneignung als kultureller und ästhetischer Prozess« (Winter 2010) untersuche ich die Rezeption und Aneignung von Horrorfilmen. Die Studie war ethnographisch angelegt. Verschiedene Methoden (u. a. teilnehmende Beobachtung, problemzentrierte und biographische Interviews, Gruppendiskussionen, Filmanalysen, Feldnotizen und -tagebücher, → Mikos, S. 362 ff., Keuneke, S. 302 ff., Tilemann, S. 321 ff., Schäffer, S. 347 ff. und Mikos, S. 516 ff.) wurden miteinander kombiniert. Ziel war es, die differenziellen Prozesse der Rezeption und Aneignung zu untersuchen und herauszufinden, welche Bedeutung die Zuschauer selbst ihren Praktiken zuschreiben. Auf diese Weise sollten die Rezipienten, vor allem die Fans von Horrorfilmen als Subjekte ernst genommen, ihre gelebten Wirklichkeiten so authentisch wie möglich beschrieben werden. Angesichts der gewöhnlich negativen Darstellung von Horrorfans im journalistischen oder wissenschaftlichen Diskurs, die als obsessive Einzelgänger, psychisch gestört oder gefährdet betrachtet werden, ging es darum, die kulturellen Praktiken der Fans aus ihrer Perspektive zu beschreiben. Sehr schnell wurde mir klar, dass es hierzu erforderlich war, sich auf die Horrorfilme, insbesondere auf das Splattergenre, intensiv einzulassen, was in der bisherigen Forschung weitgehend unterblieben war. Über diese für mich zunächst verstörenden und negativen Erfahrungen habe ich Tagebuch geführt. Es gelang mir, fast alle wichtigen Filme dieses Genres anzuschauen, was für mich kein Vergnügen war. Erst auf der Basis dieser subjektiven Erfahrung war es mir möglich, die Praktiken der Fans überhaupt verstehen zu können.

Die erste Phase der problemzentrierten Interviews (→ Keuneke, S. 302 ff.) und Gruppendiskussionen (→ Schäffer, S. 347 ff.) enttäuschte mich, weil mir klar wurde, dass die Fans sich als Objekt einer wissenschaftlichen Untersuchung betrachteten und so über intime und tabuisierte Erfahrungen nicht sprachen. Zudem befürchteten sie, dass sie keinen Einblick in die Ergebnisse der Studie haben und diese – wie andere Studien – gegen sie verwendet würden. Es war mühsam, ihr Vertrauen zu gewinnen und ein dialogisches Verhältnis mit ihnen aufzubauen. Erst als ich anfing, über meine eigenen Erfahrungen mit Horrorfilmen zu sprechen und meine Einstellung zu ihnen mit den Fans diskutierte, öffneten sich diese. Als dies gelang, entwickelten sich mit einigen Fans im Laufe der Zeit persönliche, sogar freundschaftliche Beziehungen. Nun konnte ich ihre kulturellen Praktiken im Kontext ihrer persönlichen Situation und ihrer Biographie verstehen.

Ohne eine reflexive Einstellung, die es mir erlaubte, meine Vorannahmen und Auffassungen immer wieder kritisch zu hinterfragen und offen zu sein für neue Erfahrungen, wäre mir ein tieferes Verständnis ihrer gelebten Wirklichkeiten nicht möglich gewesen. Auch die Forschungsergebnisse diskutierte ich eingehend mit ihnen. Sie konnten ihre Perspektive in meiner Studie erkennen und bedankten sich dafür, dass ich sie nicht ausgenutzt hatte. Was mir bei dieser ethnographischen Forschung klar wurde, war, dass Autoethnographie ein wesentlicher Bestandteil empirischer Forschung ist. Eine Auseinandersetzung mit den eigenen Erfahrungen kann die Basis für ein Verständnis differenter Erfahrungen und Praktiken sein. Erst die Bereitschaft, einen Dialog zu führen, kann einen Zugang zur Perspektive des Anderen eröffnen. Qualitative Forschung hat es mit Subjekten zu tun und beinhaltet deshalb auch moralische Verpflichtungen. Vor allem muss man der Textur gelebter Wirklichkeiten vom Gesichtspunkt der Untersuchten her gerecht werden.

Fazit

Die neue Ethnographie begreift sich nicht nur als wissenschaftlicher, sondern auch als moralischer Diskurs. Ihre Praktiken sollen möglichst authentisch gelebte Erfahrungen in der »Cinematic Society« wiedergeben. Dabei ist die Wirklichkeit immer schon durch symbolische Repräsentationen, durch mediale Strukturen und durch narrative Texte vermittelt. Selbstthematisierung, neue Formen des Schreibens und der Aufführung von Forschungsergebnissen sind die Grundelemente einer performativen qualitativen Forschung, die die realistische Agenda des Positivismus subvertiert und nach neuen Wegen für eine kritische Theorie und Praxis in interventionistischer Absicht sucht (Denzin 2010).

»This social science inserts itself into the world in an empowering way. It uses the words and stories that individuals tell to fashion performance texts that imagine new worlds, worlds where humans can become who they wish to be, free of prejudice, repression, and discrimination« (Denzin 2003, S. 105).

Die qualitative Medienforschung wird durch eine Ethnographie, die sich der Performance und der Interpretation verpflichtet fühlt, bereichert. Auf diese Weise wird der Untersuchte vom Objekt zum Subjekt, dessen mediale Praktiken vom Forscher vor dem Hintergrund seiner eigenen Praktiken verstanden werden.

Literatur

Baudrillard, Jean (1982): Der symbolische Tausch und der Tod. München.

Clough, Patricia Ticineto (1992): The End(s) of Ethnography. From Realism to Social Criticism. London/Thousand Oaks/New Delhi.

Conquergood, Dwight (2003): Rethinking Ethnography: Towards a Critical Cultural Politics. In: Lincoln, Yvonna S./Denzin, Norman K. (Hrsg.): Turning Points in Qualitative Research. Walnut Creek, S. 351–374.

Denzin, Norman K. (1995): The Cinematic Society. The Voyeur's Gaze. London/Thousand Oaks/New Delhi.

Denzin, Norman K. (1997): Interpretive Ethnography. Ethnographic Practices for the 21st Century. London/Thousand Oaks/New Delhi.

Denzin, Norman K. (1999): Ein Schritt voran mit den Cultural Studies. In: Hörning, Karl H./Winter, Rainer (Hrsg.): Widerspenstige Kulturen. Cultural Studies als Herausforderung. Frankfurt a.M., S. 116–145.

Denzin, Norman K. (2003): Performance Ethnography. Critical Pedagogy and the Politics of Culture. London/ Thousand Oaks/New Delhi.

Denzin, Norman K. (2008): Das reflexive Interview und eine performative Sozialwissenschaft. In: Winter, Rainer/Niederer, Elisabeth (Hrsg.): Ethnographie, Kino und Interpretation – die performative Wende der Sozialwissenschaften. Der Norman K. Denzin Reader. Bielefeld, S. 137–168.

Denzin, Norman K. (2010): The Qualitative Manifesto. A Call to Arms. Walnut Creek/CA.

Denzin, Norman K. (2014): Interpretive Autoethnography. Second Edition. Los Angeles u.a.

Denzin, Norman K./Lincoln, Yvonna S. (Hrsg.) (2000): Handbook of Qualitative Research. Second Edition. London/Thousand Oaks/New Delhi.

Denzin, Norman K./Lincoln, Yvonna S. (Hrsg.) (2011): The SAGE Handbook of Qualitative Research. Fouth Edition. London/Thousand Oaks/New Delhi.

Dickens, David/Fontana, Andrea (Hrsg.) (1994): Postmodernism and Social Inquiry. London.

Foucault, Michel (1976): Überwachen und Strafen. Die Geburt des Gefängnisses. Frankfurt a.M.

Gergen, Mary M./Gergen, Kenneth J. (2012): Playing with Purpose. Adventures in Performative Social Science. Walnut Creek/CA.

Goffman, Erving (1977): Rahmen-Analyse. Ein Versuch über die Organisation von Alltagserfahrungen. Frankfurt a.M.

Hamera, Judith (2011). Performance Ethnography. In: Denzin, Norman K./Lincoln, Yvonna S. (Hrsg.): The SAGE Handbook of Qualitative Research. Fouth Edition. London/Thousand Oaks/New Delhi, S. 317–330.

Haraway, Donna (1997): Modest_Witnesses@Second_Millenium. Feminism and Technoscience. London.

Holstein, James A./Gubrium, Jaber F. (2000): The Self We Live By. Narrative Identity in a Postmodern World. New York.

Leavy, Patricia (2013). Fiction as Research Practice. Short Stories, Novellas, and Novels. Walnut Creek/CA.

Lemert, Charles (1997): Postmodernism Is Not What You Think. Malden.

Lincoln, Yvonna S./Denzin, Norman K. (Hrsg.) (2003): Turning Points in Qualitative Research. Walnut Creek.

Maso, Ilja (2001): Phenomenology and Ethnography. In: Atkinson, Paul/Coffey, Amanda/Delamont, Sara/Lofland, John/Lofland, Lyn (Hrsg.): Handbook of Ethnography. London/Thousand Oaks/New Delhi, S. 136–144.

Richardson, Laurel (2000): Writing: A Method of Inquiry. In: Denzin, Norman K./Lincoln, Yvonna S. (Hrsg.): Handbook of Qualitative Research. Second edition London/Thousand Oaks/New Delhi, S. 923–948.

Saukko, Paula (2003): Doing Research in Cultural Studies. London/Thousand Oaks/New Delhi.

Trinh T. Minh-ha (1989): Woman, Native, Other: Writing Postcoloniality and Feminism. Indiana.

Trinh T. Minh-ha (1991): When the Moon Waxes Red: Representation, Gender and Cultural Politics. New York.

Van Maanen, Michael (1990): Researching Lived Experience. Human Science for an Action Sensitive Pedagogy. London.

Winter, Rainer (2001): Ethnographie, Interpretation und Kritik: Aspekte der Methodologie der Cultural Studies. In: Göttlich, Udo/Mikos, Lothar/Winter, Rainer (Hrsg.): Die Werkzeugkiste der Cultural Studies. Perspektiven, Anschlüsse und Interventionen. Bielefeld, S. 43–62.

Winter, Rainer (2010): Der produktive Zuschauer. Medienaneignung als kultureller und ästhetischer Prozess. Zweite überarbeitete und ergänzte Auflage. Köln.

Winter, Rainer (2014): Ein Plädoyer für kritische Perspektiven in der qualitativen Forschung. In: Mey, Günter/Mruck, Katja (Hrsg.): Qualitative Forschung. Analysen und Diskussionen – 10 Jahre Berliner Methodentreffen. Wiesbaden: VS Springer, S. 117–132.

Winter, Rainer/Niederer, Elisabeth (Hrsg.) (2008): Ethnographie, Kino und Interpretation – die performative Wende der Sozialwissenschaften. Der Norman K. Denzin Reader. Bielefeld,

Grounded Theory

CLAUDIA LAMPERT

Die Grounded Theory wurde in den 1960er Jahren in den USA als Methode bzw. Methodologie zur Theoriegenerierung entwickelt. Kennzeichnend ist die enge Verschränkung von Datenerhebung, Analyse und Theorieentwicklung, wodurch der Bezug zu den empirischen Daten und damit zur Realität gewährleistet werden soll. Je nach Abstraktionsgrad werden gegenstandsbezogene und formale Theorien unterschieden. Die Grounded Theory versteht sich als wissenschaftliche und zugleich kreative Methode. Sie operiert mit verschiedenen Codierverfahren und Visualisierungstechniken, die vor allem dazu dienen, die theoretische Sensibilität für die Daten zu erhöhen. Die notwendige flexible Handhabung der Analyseinstrumente macht die Methode zugleich zu einer Kunstlehre, die vor allem durch viel Erfahrung im Umgang mit und der Auswertung von qualitativen Daten erlernt werden kann.

Theoretische Einordnung

Die Grounded Theory wurde als Forschungsstrategie in den 1960er Jahren von den Soziologen Barney G. Glaser und Anselm L. Strauss († 1996) während einer Studie zum Umgang mit sterbenden Patienten entwickelt. 1967 erschien ihr Buch »The Discovery of Grounded Theory – Strategies for Qualitative Research«.[1] Grundlegend für die Entwicklung dieser Methode war vor allem die ablehnende Haltung von Glaser und Strauss gegenüber der weit verbreiteten Auffassung, qualitative Sozialforschung lediglich als Vorstufe quantitativer Untersuchungen zu betrachten. Ihr Interesse richtete sich weniger auf die Überprüfung, sondern auf die Entwicklung von Theorien.[2] Beeinflusst wurden sie u. a. durch den Amerikanischen Pragmatismus, der das Gewicht auf das Handeln legt und die Notwendigkeit betont, Methoden im Rahmen von Problemlösungsprozessen zu begreifen. Überdies war die Auffassung der Chicago School prägend, die besonderes Augenmerk auf die Standpunkte der Handelnden legte, um Interaktion und sozialen Wandel zu verstehen.

In Deutschland erlangte die Grounded Theory vor allem durch die Publikation von Glaser und Strauss (1965, dt. Fassung 1974) zum Umgang mit Sterbenden Aufmerksamkeit. Die 1996 erschienene deutsche Übersetzung des anwendungsorientierten Buches »Grounded Theory. Grundlagen Qualitativer Forschung« (Strauss/Corbin 1990) sowie das 1998 übersetzte, jedoch deutlich früher erschienene Buch »Grounded Theory. Strategien qualitativer Forschung« (Glaser/Strauss 1967) unterstützten die Adaption und Verbreitung dieser Forschungsmethode in verschiedenen sozialwissenschaftlichen Disziplinen. Beide Titel deuten bereits darauf hin, dass bislang keine adäquate und einheitliche deutsche Übersetzung für die Begriffskonstruktion »Grounded Theory« vorliegt. Zumeist wird »Grounded Theory« als »datenbasierte« (Lamnek 1995), »gegenstandsnahe« (Wiedemann 1995), »gegenstandsbegründete« (Flick 2002) Theorie(bildung) bezeichnet. In der Publikation von Strauss und Corbin (1996. S. XI) wird als Übersetzung für Grounded Theory »gegenstands- oder datenverankerte Theoriebildung« vorgeschlagen. Inzwischen hat sich jedoch der englische Terminus auch im deutschen Sprachgebrauch als allgemein gültige Bezeichnung für die Methode etabliert. Verwirrung entsteht zuweilen dadurch, dass die englische Begriffsvariante sowohl das *Verfahren* zur Entwicklung von Theorien als auch das angestrebte *Ergebnis* bezeichnet (vgl. Böhm 2000).[3] Als *Methode* wird Grounded Theory wie folgt definiert:

»Die Grounded Theory ist eine qualitative *Forschungsmethode bzw. Methodologie*, die eine *systematische* Reihe von Verfahren nutzt, um eine induktiv abgeleitete, gegenstandsverankerte *Theorie* über ein *Phänomen* zu *entwickeln*« (Strauss/Corbin 1996, S. 8, H. i. O.).

In der Definition wird deutlich, dass sich die Grounded Theory gegen einseitig deduktive Forschung richtet, die von bereits vorhandenen Theorien Hypothesen ableitet und anschließend überprüft. Den Ausgangspunkt stellt vielmehr ein Untersuchungsbereich dar, der sich erst während des Forschungsprozesses konkretisiert. Durch systematisches Erheben und Analysieren verschiedenster Daten (z. B. aus Interviews und Beobachtungen) wird eine gegenstandsbezogene Theorie generiert, die *fortlaufend* am Datenmaterial überprüft wird. Als *Ergebnis* des Forschungsprozesses lautet die Definition für Grounded Theory wie folgt:

»Eine ›*Grounded*‹ *Theory* ist eine gegenstandsverankerte Theorie, die induktiv aus der Untersuchung des Phänomens abgeleitet wird, welches sie abbildet. Sie wird durch systematisches Erheben und Analysieren von Daten, die sich auf das untersuchte Phänomen beziehen, entdeckt, ausgearbeitet und vorläufig bestätigt. Folglich stehen Datensammlung, Analyse und Theorie in einer wechselseitigen Beziehung zueinander« (Strauss/Corbin 1996, S. 7 f.).

Glaser und Strauss unterscheiden zwischen *gegenstands- bzw. bereichsbezogenen Theorien*[4] (substantive theory) und *formalen Theorien* (formal theory). Gegenstandsbezogene Theorien bezeichnen »die Formulierung von Konzepten und deren Beziehungen zu einem Satz Hypothesen für einen bestimmten Gegenstandsbereich […], die sich auf Forschung in diesem Bereich stützt« (Glaser/Strauss 1979, S. 91). Sie werden als sich ständig weiterentwickelndes Konzept betrachtet, das zunächst durch geringe Allgemeinheit, Bereichsspezifität und mittlere Reichweite gekennzeichnet ist. Die gegenstandsbezogenen Theorien bilden die Grundlage für die formalen Theorien, die sich insbeson-

dere durch einen höheren Generalisierungsanspruch[4] auszeichnen. Von zentraler Bedeutung ist die Betrachtung der sich entwickelnden Theorie als sich stetig – auch nach Abschluss eines Projekts – entwickelndes Konstrukt: »Das publizierte Wort ist also nicht das letzte, sondern markiert nur eine Pause im nie endenden Prozess der Theoriegenerierung« (Glaser/Strauss 1998, S. 50).

Die Grounded Theory wurden in den letzten Jahrzehnten vielfach angewandt, modifiziert und weiterentwickelt. Auch ihre Begründer sind unterschiedliche Wege gegangen und haben dem Ansatz jeweils ihre eigene Handschrift verliehen.[5] Andere Forscherinnen und Forscher, wie Kathy Charmaz, Adele E. Clarke und Janice Morse haben der Grounded Theory ebenfalls jeweils ihre eigene spezifische Note verliehen (vgl. Mey/Mruck 2011, S. 12; s. a. Strübing 2014). Im Folgenden werden die ursprünglichen Grundprinzipien der Grounded Theory in Anlehnung an die Arbeiten von Strauss und Corbin skizziert.

Theoretical Sampling

Die Grounded Theory zeichnet sich durch eine Reihe von Verfahren und Instrumenten aus, die sie von anderen qualitativen Verfahren unterscheidbar macht. Hierzu zählen vor allem das so genannte *Theoretical Sampling* sowie die verschiedenen *Codierstrategien*.

Ein besonderes Kennzeichen der Grounded Theory ist, dass die Daten *zeitgleich* erhoben, codiert und analysiert werden. Das zu untersuchende Sample wird nicht vorab festgelegt, sondern entsteht erst im Zuge der Konzeptentwicklung.

»Sampling bezieht sich hier immer auf das Anstellen von Vergleichen, was auf die Ausarbeitung von Kategorien ausgerichtet ist, die beim theoretischen Codieren gefunden wurden« (Strauss/Corbin 1996, S. 150).

Die Erhebung des Materials ist somit von der Analyse nicht zu trennen, beide bilden einen wechselseitigen Prozess (vgl. Abb. 1).

Auf diese Weise kann die sich entwickelnde Theorie kontinuierlich an der Realität überprüft

Lineares Modell des Forschungsprozesses:

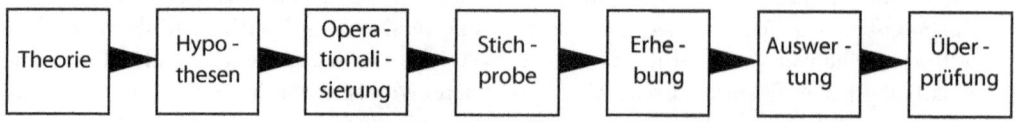

Zirkuläres Modell des Forschungsprozesses:

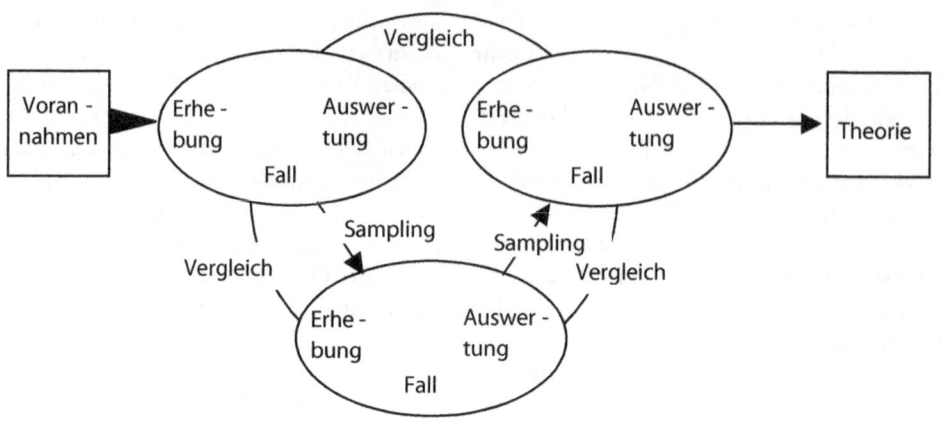

Abb. 1: Prozessmodelle (Quelle: Flick 2002, S. 73)

werden. Im Gegensatz zum statistischen Sampling ist bei dieser Vorgehensweise vor Beginn eines Forschungsprojektes nicht abschätzbar, wie viele Fälle insgesamt in die Untersuchung miteinbezogen werden (vgl. Abb. 2). Für die Auswahl der jeweils nächsten Untersuchungseinheit entscheidend sind insbesondere die *theoretische Absicht* und *Relevanz* der Daten sowie die *untersuchte Grundgesamtheit* und das *konzeptuelle Niveau* der Theorie. Je nach Anspruch und Stadium der Theorieentwicklung werden verschiedene Sampling-Strategien unterschieden, die jeweils unterschiedliche Anforderungen an den Forscher stellen (vgl. Strauss/Corbin 1996, S. 153 f.).[6] Das Theoretical Sampling selbst erfordert ein Höchstmaß an Sensibilität seitens des Forschers sowie eine (geschulte) Interview- bzw. Beobachterkompetenz:

»Es ist wichtig, *die analytische Bedeutsamkeit* eines Ereignisses oder eines Vorfalls zu *erkennen.* Dazu braucht es einen offenen und fragenden Geist und eine immerwährende Wachsamkeit für bedeutsame Daten« (ebd., S. 156, H. i. O.).

Das Wechselspiel zwischen Datenerhebung, -analyse und Theorieentwicklung wird so lange fortgeführt, bis die so genannte *theoretische Sättigung* (theoretical saturation) erreicht ist. Das bedeutet, dass keine weiterführenden Ergebnisse gewonnen bzw. keine weiteren Eigenschaften einer Kategorie gefunden werden (können). Gegebenenfalls muss jedoch aus zeitlichen- oder forschungsökonomischen Gründen bereits vorher ein (vorläufiges) Fazit gezogen werden und ein gewisses Maß an theoretischer Vorläufigkeit in Kauf genommen werden.

Statistisches Sample	Theoretisches Sample
dient der Verifizierung von Theorien	dient der Entdeckung von Kategorien und ihrer Eigenschaften bzw. der Theorieentwicklung
wird nach der Repräsentativität beurteilt	wird danach beurteilt, wie breit der Forscher den Vergleich anlegt
stellt eine abgeschlossene Phase dar	verläuft parallel zur Codierung und zur Auswertung
Stichprobe wird vorab festgelegt	Größe des Samples wird durch den Analyseprozess und die theoretische Sättigung bestimmt
gleicher Datentypus	zumeist unterschiedliche Daten (Kombination von Interviews, Beobachtungen, Dokumenten etc.)
Aufwand ist zeitlich planbar	erfordert zeitliche Flexibilität
umfangreich bei Auswertung aller Kategorien	Zeit sparend, da sich der Forscher auf die zentralen Kategorien konzentrieren kann

Abb. 2: Statistisches und theoretisches Sampling in Anlehnung an Glaser/Strauss 1998

Analytische Instrumentarien

Die Grounded Theory versteht sich als wissenschaftliche und zugleich kreative Methode. Einerseits basiert sie auf verschiedenen Verfahren, die dem Forschungsprozess eine Struktur sowie eine für Wissenschaft erforderliche »methodische Strenge« (Strauss/Corbin 1996, S. 39) verleihen und eine Rückbindung der sich entwickelnden Theorie an die empirischen Daten ermöglichen sollen. Andererseits stellen Kreativität und Offenheit entscheidende Voraussetzungen für den Umgang mit den Daten und die Entdeckung und Entwicklung von gegenstandsbezogenen Theorien dar. Die kreative Komponente der Grounded Theory wird auch als *theoretische Sensibilität* (theoretical sensivity) bezeichnet und kennzeichnet das Feingefühl bei der Interpretation der Daten (vgl. Strauss/Corbin 1996, S. 25). Beeinflusst wird dieses durch die Persönlichkeit des Forschers, sein vorhandenes Wissen, seine Erfahrungen sowie den Forschungsprozess selbst, in dem unentwegt Fragen an das Material sowie Vergleiche gestellt werden. Zur Erhöhung der theoretischen Sensibilität werden verschiedene Instrumentarien zur Verfügung gestellt. Formal werden drei Typen von Codierverfahren unterschieden: offenes, axiales und selektives Codieren. Diese sind in der Praxis nicht eindeutig zu trennen und können auch in unterschiedlicher Reihenfolge bzw. parallel angewendet werden (vgl. ebd., S. 77). Codieren bedeutet, die Daten aufzubrechen, Konzepte und Kategorien zu identifizieren und auszudifferenzieren und schließlich in Beziehung zueinander zu setzen. Gerade weil es sich bei der Analyse nach der Grounded Theory um einen »fließenden und kreativen Prozess« handelt (Corbin 2002, S. 65), sollen die Analyseinstrumente auf keinem Fall dogmatisch, sondern flexibel eingesetzt werden. Der Analyseprozess gestaltet sich jedoch zumeist so, dass mit dem

Ursächliche Bedingung ⟶	Phänomen
Ein gebrochenes Bein	Schmerz

Eigenschaften eines gebrochenen Beines	*Spezifische Dimensionen* von Schmerz
• vielfältige Frakturen	• Intensität: hoch
• komplizierter Bruch	• Dauer: anhaltend
• Sensibilität gegeben	• Lokalisation: Unterschenkel
• zwei Stunden zuvor gebrochen	• Verlauf: früh
• Sturz im Wald	• Erhaltende Hilfe: lange gewartet
	Möglichkeit für Konsequenzen: hoch

Kontext der Schmerzbewältigung
Unter Bedingungen, bei denen Schmerz folgendermaßen auftritt: intensiv, anhaltend, im Unterschenkel lokalisiert, früh im Verlauf, wo lange auf Hilfe gewartet wurde und die Möglichkeit von Konsequenzen hoch ist

Strategien der Schmerzbewältigung
• Das Bein schienen
• Notfallhilfe holen
• Patient warm halten

Intervenierende Bedingung
• Mangel an Übung in erster Hilfe
• keine Wolldecke
• langer Weg, um Hilfe zu holen

Abb. 3: Beispiel zur Anwendung des Codierparadigmas (Quelle: Strauss/Corbin 1998, S. 84)

offenen Codieren begonnen wird, im weiteren Verlauf *axiales Codieren* hinzukommt, das gegen Ende des Forschungsprozesses in das *selektive Codieren* übergeht.

Offenes Codieren

Das *offene Codieren* (open coding) dient der Segmentierung der Daten und der induktiven Generierung erster Konzepte und Kategorien. Hierzu werden einzelne Sequenzen (Worte, Sätze, Absätze, ganze Texte) mit einem prägnanten Code versehen. Im nächsten Schritt werden die Codes um relevante Phänomene gruppiert und damit kategorisiert. Diese Kategorien werden wiederum mit Codes versehen. Der Prozess des Codierens selbst besteht im Wesentlichen aus zwei Verfahren: dem Formulieren von Fragen und dem Anstellen von Verglei-

chen, z. B. Worum geht es hier? Welches Phänomen wird angesprochen? etc. Zum anderen werden Vergleiche mit den Extremen einer Dimension *(Flip-Flop-Technik)* angestellt und (scheinbare) Selbstverständlichkeiten in Frage gestellt *(Waving-the-red-Flag-Technik)*. Auf diese Weise soll einerseits die theoretische Sensibilität geschärft und andererseits der Interpretation die nötige Komplexität verliehen werden.[7]

Axiales Codieren

Das *axiale Codieren* (axial coding) dient der Ausdifferenzierung und Verbindung der zuvor entwickelten Kategorien. Richtungsweisend ist für diesen Schritt vor allem das von Glaser und Strauss entwickelte Codierparadigma, das sich aus den Elementen (a) Kausalbedingungen, (b) Phänomen, (c) Kontext, (d) intervenierende

Bedingungen, (e) Handlungs- und Interaktions-strategien und (f) Konsequenzen zusammensetzt (vgl. Strauss/Corbin 1996, S. 78 und 93). Anhand dieses relativ allgemeinen Modells soll das komplexe Bedingungsgefüge eines Phänomens herausgearbeitet werden. Dieses wird wiederum an den Daten überprüft, sodass sich der Forscher immer zwischen einer induktiven und dedukti-ven Vorgehensweise bewegt (vgl. Abb. 3).

Selektives Codieren

Das *selektive Codieren* (selective coding) entspricht im Wesentlichen dem axialen Codieren auf einem höheren Abstraktionsniveau. Im Mittelpunkt steht die Herausarbeitung einer *Kernkategorie*, die das zentrale Phänomen beschreibt und die zu allen anderen Kategorien in Beziehung steht:

»Die Kernkategorie soll zu dem Phänomen, für das sie steht, passen und es beschreiben. Die Kriterien müssen weit genug sein, um auch zu erlauben, dass die anderen – ergänzenden – Kategorien einbezogen und mit der Kernkategorie verbunden werden können. Die Kernkategorie muss gewissermaßen die Sonne sein, die in systematisch geordneten Beziehungen zu ihrem Planeten steht« (Strauss/Corbin 1996, S. 101).

Am Ende steht eine Hypothese, die erneut an den Daten überprüft wird. Der Forschungsprozess gilt als abgeschlossen, wenn die *theoretische Sättigung* (s. o.) erreicht ist, d. h. dass sich keine neuen Konzepte abzeichnen und sich die Daten zu wiederholen scheinen.

Weitere Analyseinstrumente

Neben den Codierverfahren spielen *Memos* (Codenotizen, theoretische Notizen oder Planungs-Notizen) und *Visualisierungstechniken* (z. B. Diagramme) in der Grounded Theory eine wichtige Rolle. Sie dienen dazu, den Überblick zu behalten, analytische Distanz einzunehmen und den theoretischen Entwicklungsprozess zu dokumentieren, liefern aber gleichzeitig

wertvolle Impulse für analytische Ideen und bilden zudem die Grundlage für die Publikation der Ergebnisse.[8] Die Rückbindung an die Daten soll zugleich gewährleisten, dass die sich entwickelnde Theorie stets in den Daten verankert bleibt.

Gütekriterien aus der Sicht der Grounded Theory

Strauss und Corbin (1990) zufolge sollten die üblichen Kriterien guter (quantitativer) Forschung (z. B. Signifikanz, Generalisierbarkeit, Konsistenz, Reproduzierbarkeit etc.) beibehalten, jedoch in der Weise modifiziert werden, dass sie der Wirklichkeit der Forschung und der Komplexität sozialer Phänomene gerecht werden. Der Anspruch auf Reproduzierbarkeit kann aus ihrer Sicht z. B. dann eingelöst werden, wenn darunter verstanden wird, dass ein Forscher unter Berücksichtigung derselben theoretischen Perspektive und der Befolgung derselben Regeln bei Datenerhebung und -analyse zu denselben Erkenntnissen kommt (vgl. ebd., S. 215). Die Beurteilung der Ergebnisse erfolgt an folgenden drei Kriterien: (1.) Validität und Reliabilität, (2.) Angemessenheit des Forschungsprozesses und (3.) Verankerung in den empirischen Daten. Zur Beurteilung der Angemessenheit des Forschungsprozesses werden Kriterien zugrunde gelegt, die sich vor allem auf die Datenauswahl und den Nachvollzug der Konzeptentwicklung konzentrieren, z. B.: »Wie wurde die Ausgangstichprobe gewählt?«, »Auf Basis welcher Kategorien fand theoretisches Sampling statt?«, »Wie und warum wurde die Kernkategorie ausgewählt?« etc. Für die Einschätzung der empirischen Verankerung werden Fragen formuliert, anhand derer überprüft werden kann, inwieweit die Prämissen der Grounded Theory berücksichtigt wurden, z. B. »Sind die Konzepte systematisch in Beziehung gesetzt worden?«, »Sind die Kategorien gut entwickelt?«, »Ist ausreichende Variation in die Theorie eingebaut?«, »Wurde dem Prozessaspekt Rechnung getragen?« etc. (vgl. Strauss/Corbin 1996, S. 214 f.)

Potenziale

Die qualitative Sozialforschung erhielt durch die Grounded Theory insofern eine Aufwertung, ihr nicht länger lediglich eine explorative Funktion und der Status von »Vorstudien« zugeschrieben, sondern ihr Potenzial für die Theorie*generierung* herausgestellt wurde (vgl. Lamnek 1995). Eine der Stärken der Grounded Theory liegt darin, dass sich mit ihrer Hilfe konkrete Probleme identifizieren lassen und zugleich theoretische Erkenntnisse zur Problemlösung gewonnen werden können, die wiederum die Basis für die Entwicklung konkreter Handlungsempfehlungen und Interventionen bilden (Corbin 2002).

Auf der Ebene der Durchführung zeichnet sich die Methode vor allem dadurch aus, dass sie konkrete Instrumente für die Analyse von qualitativen Daten bereitstellt, die jedoch flexibel angewendet werden können. Gleichzeitig wird der Forscher durch die geforderte zirkuläre Vorgehensweise zu einer permanenten Reflexion des Handelns und der Angemessenheit der verwendeten Methoden aufgefordert, was nicht zuletzt der Qualität der Ergebnisse zugute kommt (vgl. Flick 2002).

Kritische Anmerkungen zur Methode

Die Konzeption und Terminologie der Grounded Theory sowie die Analysetechniken vermitteln insgesamt den Eindruck, als handelte es sich um ein leicht erlernbares Verfahren qualitativer Forschung. Die Betonung einer systematischen Vorgehensweise täuscht allerdings darüber hinweg, dass der Forschungsprozesses sehr stark durch den Forscher bestimmt wird. Die theoretische Sensibilität des Forschers entscheidet u. a. darüber, wie breit das Datenspektrum ausfällt, welche Kategorien als bedeutsam eingestuft und einer weiteren Analyse unterzogen werden. Insofern gilt nur zum Teil, dass die Theorie bestimmt, wohin und wie tief sie sich entwickelt, die theoretische Sensibilität des Forschers ist mindestens ebenso maßgebend. Auch die verschiedenen, scheinbar klar strukturierten Codierverfahren

erfordern einige Erfahrung. Hinzu kommt die potenzielle Unendlichkeit der Vergleichsmöglichkeiten (vgl. Flick 2002, S. 270; Lamnek 1995). Auch die theoretische Sättigung kann nicht darüber hinwegtäuschen, dass dem theoretischen Sampling zunächst keine formalen Grenzen gesetzt sind, was durchaus mit einem gewissen Risiko verbunden ist, da letztendlich der Forscher festlegt, wann die theoretische Sättigung erreicht ist und »[d]iese Fähigkeit zu erlernen, verlangt Zeit, Analyse und Flexibilität, da theoretisch sensibel über die Sättigung zu urteilen niemals präzise ist« (Glaser/Strauss 1998, S. 72).

Im Zusammenhang mit der geforderten offenen und theoretisch unvoreingenommenen Perspektive auf einen Forschungsbereich wird häufig kritisiert, dass der Anspruch einer voraussetzungslosen Herangehensweise an das Forschungsfeld nicht eingelöst werden könne (vgl. z.B. Lamnek 1995). Allerdings weisen sowohl Glaser/Strauss (1967) als auch Strauss/Corbin (1990) immer wieder darauf hin, dass die Grounded Theory nicht von einem unbeschriebenem Blatt ausgehe, und dass die Beschäftigung mit Literatur durchaus der Datenerhebung vorausgehen kann, aber nicht – wie etwa bei Hypothesen überprüfenden Verfahren – zwingend erforderlich sei (vgl. Truschkat et al. 2011, S. 358 ff.).

Schließlich sind die Schwierigkeiten bei der (zeitlichen) Planbarkeit zu erwähnen, da aufgrund der Zirkularität des Forschungsprozesses zu Beginn nicht abschätzbar ist, wie viele Fälle in die Datenerhebung miteinbezogen werden müssen, wann eine theoretische Sättigung erreicht sein wird bzw. wie viel Zeit der Forschungsprozess in Anspruch nehmen wird. Dies kann sich z. B. bei zeitlich begrenzten Qualifikationsarbeiten oder der Beantragung von Drittmittelprojekten als Problem erweisen (vgl. Flick 2002, S. 71; Glaser/Strauss 1998). Inzwischen gibt es aber auch konkrete Beispiele und Hinweise, wie auch unter zeitlich begrenzten Bedingungen Projekte mit der Grounded Theory realisiert werden können (z.B. Truschkat et al. 2011).

Fazit

Die Grounded Theory ist in den letzten Jahren zu einer sehr modischen Forschungsmethode avanciert, die je nach Fragestellung und theoretischer Ausrichtung modifiziert wird.[9] Die zunehmende Zahl an Büchern, aber auch die internationale Onlinezeitschrift »Grounded Theory Review« (http://groundedtheoryreview.com/) und Communities (z.B. www.groundedtheory.com), tragen mit ihren Beiträgen zur Auseinandersetzung, Reflexion, Anwendung und Weiterentwicklung der Methodologie bei. Inzwischen liegen auch Publikationen vor, in denen die Grundprinzipien der Methode für unterschiedliche Anwendungskontexte (z. B. auch Qualifikationsarbeiten, vgl. Truschkat et al. 2011) anschaulich erläutert werden (Mey/Mruck 2011).

Unterstützt wird die Adaption der Methode auch durch die (Weiter-)Entwicklung von QDA-Software. Programme wie z. B. *ATLAS/ti, MAXQDA* oder *Nvivo* unterstützen durch spezielle Features die Verwaltung von großen Datenmengen, Memos sowie die Visualisierung, Entdeckung und Exploration von Daten.[10] Zugleich ermöglichen die Programme eine detaillierte Dokumentation, Reproduzierbarkeit und intersubjektive Nachvollziehbarkeit des Auswertungsprozesses, was wiederum einen Betrag zur Qualitätssicherung leistet (vgl. Böhm 2000). Strübing (2014) warnt aber auch davor, sich zu stark von den technischen Möglichkeiten leiten zu lassen bzw. ihr Potenzial für die Theoriegenerierung zu überschätzen (S. 115f.). Die Entwicklung einer gegenstandbezogen Theorie ist und bleibt eine kreative Leistung, die nur vom Forschenden selbst – allein oder in einer Gruppe – erbracht werden kann.

Anmerkungen

1 Das Buch liegt seit 1998 auch in deutscher Übersetzung vor (vgl. Glaser/Strauss 1998). Im Folgenden wird bei allgemeinen Textbezügen auf die Originalfassung und bei Zitaten auf die deutsche Übersetzung rekurriert.

2 Nach Glaser und Strauss (1967) ist der Prozess der Theoriegenerierung jedoch keineswegs der qualitativen Sozialforschung vorbehalten. Sie selbst konzentrieren sich jedoch auf die Theorieentwicklung auf der Grundlage qualitativer Daten, weil qualitative Forschung die Grenzen eines Forschungsgebietes auslotet und auf empirische Problemsituationen flexibel reagieren kann.

3 Um die Methode vom Ergebnis sprachlich zu trennen, wird im Deutschen daher das Verfahren als »Grounded Theory« etikettiert, während die Übersetzung häufig zur Kennzeichnung des Ergebnisses verwendet wird.

4 Glaser/Strauss (1967) weisen darauf hin, dass sich die Niveaus der Generalität nur graduell unterscheiden und dass der jeweilige Theorietyp während des Forschungsprozesses in den anderen überführt werden kann. Der Forscher sollte jedoch vorab die Entscheidung treffen, welchen Abstraktionsgrad er anstrebt, da sich zum einen die Strategien unterscheiden und zum anderen der Generalisierungsanspruch einer formalen Theorie von der Vielfalt der untersuchten Situationen abhängig ist (vgl. Strauss/Corbin 1996).

5 Zur Auseinanderentwicklung von Glaser und Strauss und den Unterschieden in ihrer methodologischen Ausrichtung, siehe ausführlich Mey/Mruck (2011) sowie Strübing (2014).

6 Zur Auswahl von Vergleichsgruppen siehe Glaser/Strauss 1998, S. 57 f.

7 Strauss/Corbin (1996) illustrieren die *Flip-Flop-Technik* am Thema »Körper«, indem sie beispielsweise eine Sportart, die viel Körpereinsatz erfordert (Gewichtheber) mit einer körperlich nicht besonders anstrengenden Sportart (in diesem Fall Forellenfischen) vergleichen. Durch den Extremvergleich kann sich der Blick für potenzielle Kategorien erweitern (vgl. S. 64 f.). Das symbolische »Schwenken der roten Fahne« dient ebenfalls dazu, die Sensibilität für die Daten zu erhöhen und verweist auf die besondere Bedeutung von Signalwörtern und -phrasen wie z. B. »nie«, »immer«, »jeder weiß, dass es so

ist« etc., die den Forscher dazu anhalten sollen, genauer hinzuschauen und die Daten kritisch zu hinterfragen (vgl. S. 71).

8 Zur Funktion und zur Erstellungsweise von Memos und Diagrammen siehe ausführlich Strauss/Corbin 1996, S. 169 f., vgl. auch Hijmans/Peters 2000.

9 Mey und Mruck (2011) kritisieren, dass Studien häufig »in Anlehnung an die Grounded Theory« durchgeführt würden, ohne die konkreten Bezüge und vorgenommenen Anpassungen herauszustellen und zu begründen (S. 43).

10 Strauss war selbst in die Entwicklung von *Atals.ti* involviert. Glaser hingegen hatte große Vorbehalte gegenüber der computergestützten Auswertung (vgl. Mey/Mruck 2011. S. 33).

Literatur

Böhm, Andreas (2000): Theoretisches Codieren: Textanalyse in der Grounded Theory. In: Flick, Uwe/von Kardorff, Ernst/Steinke, Ines (Hrsg.): Qualitative Forschung. Ein Handbuch. Reinbek, S. 475–485.

Corbin, Juliet M. (2002): Die Methode der Grounded Theory im Überblick. In: Schaeffer, Doris/Müller-Mundt, Gabriele (Hrsg.): Qualitative Gesundheits- und Pflegeforschung. Bern u. a., S. 59–70.

Flick, Uwe (2002): Qualitative Forschung. Eine Einführung. Vollständig überarbeitete und erweiterte Neuauflage (1. Aufl. 1995). Reinbek.

Glaser, Barney G./Strauss, Anselm L. (1974): Interaktion mit Sterbenden. (Originalausgabe 1965: »Awareness of dying«. Chicago). Göttingen.

Glaser, Barney G./Strauss, Anselm L. (1979): Die Entdeckung gegenstandsbezogener Theorie. Eine Grundstrategie qualitativer Sozialforschung. In: Hopf, Christel/Weingarten, Elmar (Hrsg.): Qualitative Sozialforschung. Stuttgart, S. 91–111.

Glaser, Barney G./Strauss, Anselm L. (2010): Grounded Theory. Strategien qualitativer Forschung. (Originalausgabe 1967: »The Discovery of Grounded Theory – Strategies for Qualitative Research«. New York) (3. Auflage, 1. Aufl. 1998). Bern.

Hijmans, Ellen/Peters, Vincent (2000): Grounded Theory in Media Research and the Use of the Computer. In: Communications, 25, 4, S. 407–432.

Lamnek, Siegfried (1995): Qualitative Sozialforschung. Band 1: Methodologie, 3. korrig. Aufl. (1. Auf. 1988). Weinheim.

Mey, Günter/Mruck, Katja (2011): Grounded-Theory-Methodologie: Entwicklung, Stand, Perspektiven. In (Dies.) (Hrsg.): Grounded Theory Reader. 2., aktualisierte und erweiterte Auflage (1. Aufl. 2007). Wiesbaden, S. 11–48.

Mey, Günter/Mruck, Katja (Hrsg.) (2011): Grounded Theory Reader. 2., aktualisierte und erweiterte Auflage (1. Aufl. 2007). Wiesbaden.

Strauss, A./Corbin, Juliet (1996): Grundlagen qualitativer Sozialforschung. (Originalausgabe 1990: »Basic of Qualitative Research. Grounded Theory, Procedures and Techniques«). Weinheim.

Strübing, Jörg (2014): Grounded Theory. Zur sozialtheoretischen und epistemologischen Fundierung eines pragmatistischen Forschungsstils. 3., überarbeitete und erweiterte Auflage (1. Aufl. 2004). Wiesbaden.

Truschkat, Inga/ Kaiser-Belz, Manuela/ Volkmann, Manuela (2011): Theoretisches Sampling in Qualifikationsarbeiten: Die Grounded-Theory-Methodologie zwischen Programmatik und Forschungspraxis. Mey, Günter/Mruck, Katja (Hrsg.) (2011): Grounded Theory Reader. 2., aktualisierte und erweiterte Auflage (1. Aufl. 2007). Wiesbaden, S. 353–379.

Wiedemann, Peter (1995): Gegenstandsnahe Theoriebildung. In: Flick, Uwe/von Kardorff, Ernst/Keupp, Heiner u. a. (Hrsg.): Handbuch qualitative Sozialforschung, 2. Auflage. Weinheim, S. 440–445.

Heuristische Sozialforschung

Isabel Schlote / Christine Linke

Die Heuristische Sozialforschung ist ein wissenschaftliches Entdeckungsverfahren, bei dem verschiedene qualitative Methoden zum Einsatz kommen. Der Forschungsprozess ist vom Dialogprinzip und vier Regeln geleitet. Diese sind als Ganzheit zu verstehen und betreffen die Offenheit von Forschungsperson und Gegenstand, die Erhebung von maximal zu variierenden Daten und den Umgang mit Daten im Auswertungsprozess als Analyse von Gemeinsamkeiten. In einem Anwendungsbeispiel wird die Verwendung der Heuristischen Sozialforschung in einer kommunikationswissenschaftlichen Studie beschrieben. Weiterhin wird auf das Verhältnis zu anderen Entdeckungsverfahren eingegangen.

Theoretische und methodologische Einordnung

Dieser Beitrag beschreibt die Heuristische Sozialforschung. Dabei handelt es sich um ein von Gerhard Kleining entwickeltes wissenschaftliches Entdeckungsverfahren, bei dem unterschiedliche qualitative Methoden zum Einsatz kommen. Ziel hierbei ist es, Relationen und Strukturen zu entdecken, was die Heuristische Sozialforschung zu einer sozialen Diagnostik werden lässt (Kleining 1982). Anders als bei alltäglichen Entdeckungsstrategien sind entsprechende Regeln formuliert, die ein systematisches Vorgehen ermöglichen. Die Forschung findet mithilfe unterschiedlicher Methoden im sozialen Feld statt. Es geht darum, zu verstehen, was in sozialen Zusammenhängen vor sich geht. Die Heuristische Sozialforschung ist gleichbedeutend mit einem offenen Forschungsprozess, bei dem das Wissen des Forschers ständig erweitert wird. Hierbei ist es wichtig, den Forschungsgegenstand im Blick zu behalten, um die Methodenwahl und Fragestellung daran zu orientieren. Der Forschungsprozess ist vom Dialogprinzip und vier Regeln geleitet. Ähnlich wie beim Dialog zwischen zwei Personen werden Fragen an das Material gestellt, welches darauf »antwortet«. Diese Antworten führen den Forscher zu neuen Erkenntnissen und auch zu neuen Fragen. Letztere ergeben sich bei der intensiven Auseinandersetzung mit dem Material. Das dialogische Vorgehen hilft dabei, unterschiedliche Perspektiven auf den Forschungsgegenstand zu erlangen. Das Erkenntnispotenzial des Dialogs wird durch die Regeln in ein wissenschaftliches Entdeckungsverfahren verwandelt. Zudem helfen die Regeln, die noch ausführlicher beschrieben werden, eine sinnvolle Methodenwahl zu treffen, um ein richtiges Maß an Datenmaterial zu gewinnen, das dann einer strukturierten und konsequenten Analyse unterzogen wird. Die so gewonnenen Ergebnisse können geprüft werden. Allerdings sind die Prüfkriterien dem heuristischen Verfahren immanente, keine äußerlichen Merkmale. Die Analyse ist gültig (valide), wenn weitere Daten und Perspektiven zu keinen neuen Ergebnissen führen. Die 100-Prozent-Regel zeigt, ob die Daten verlässlich (reliabel) sind. Dies ist dann der Fall, wenn sie sich alle unter dieselben Gruppen einordnen lassen.

Grundsätzlich ist zu beachten, dass sich heuristische Verfahren mit den Handlungspraktiken der Menschen beschäftigen und nicht auf deren Vorstellungen und Meinungen zu einem Objekt abzielen. Dabei wird der Forschungsgegenstand als »Teil und Moment einer gesellschaftlichen und kulturellen Totalität« begriffen (Krotz 2003, S. 279). Entsprechend sind auch die Ergebnisse in diesen Kontext zu stellen.

Regeln der Heuristischen Sozialforschung

Die Heuristische Sozialforschung basiert auf den im Folgenden beschriebenen vier Regeln. Diese wirken aufeinander, d. h., sie sind als Ganzheit zu verstehen.

Regel 1: Offenheit der Forschungsperson

Die erste Regel beschäftigt sich mit der Offenheit der Forschungsperson bzw. des Subjekts (Kleining 1995; Kleining 2001). Hierbei reicht eine offene und interessierte Haltung durch die Forschende bzw. den Forschenden für die Entdeckung von Neuem nicht aus. Da es nicht möglich ist, einen Forschungsprozess mit einer »Tabula rasa« zu beginnen, ist es notwendig, das eigene Vorverständnis über den Gegenstand zu erkennen und zu akzeptieren. Im Forschungsverlauf ist dieses Vorverständnis dann immer wieder kritisch zu hinterfragen und zu prüfen, ob die eigene Meinung über den Gegenstand mit Blick auf die gewonnenen Daten nicht zu ändern wäre. Wenn sich im Forschungsalltag Fakten, Beschreibungen und Meinungen zum Gegenstand ergeben, die sich unproblematisch in das bereits existierende Bild über diesen einfügen, ist es einfach, offen zu sein. Schwierig wird es dann, wenn die Entdeckung und Aufklärung des Gegenstandes zu Erkenntnissen führt, die nicht zu dem persönlichen Vorverständnis passen und vielleicht das Selbstverständnis der Forschungsperson infrage stellen. Zur Offenheit gehört es aber auch, alle gegenstandsrelevanten Daten und Themen zu akzeptieren – gleich, wie »banal«, »haarsträubend« oder »schon bekannt« die Informationen auch sind (Kleining 1995, S. 233).

Regel 2: Offenheit des Gegenstandes

Die zweite Regel komplettiert die erste und widmet sich der Offenheit des Gegenstandes. Die entdeckende Forschung geht davon aus, dass der Forschungsgegenstand zu Beginn der Arbeit in seinen Merkmalen und Strukturen noch gar

nicht bekannt ist. Entsprechend ist es nicht möglich, diesen exakt zu definieren, vielmehr wird er zunächst als vorläufig und damit auch veränderbar betrachtet. Außerdem handelt es sich bei sozialwissenschaftlichen Forschungsgegenständen um keine starren Phänomene, die ein für alle Mal gegeben sind. Schon allein deshalb nicht, weil sich die Gesellschaft in einem Prozess kontinuierlicher Veränderungen befindet, die eben auch Einfluss auf das zu untersuchende Phänomen haben und zur Veränderung desselben führen können. Hierbei ist jedoch wichtig, dass die Offenheit des Gegenstandes keine Einladung zur Disziplinlosigkeit ist, d. h., bei der Erkundung eines sozialen Phänomens mit einer heuristischen Forschungsstrategie bedarf es allemal eines »roten Fadens«, der als Orientierung durch den Prozess führt. Neben den Regeln bieten vor allem die zentrale Forschungsfrage sowie forschungsleitende Fragen die notwendige Hilfestellung (Hagemann 2003). Ferner lassen sich in einem Forschungstagebuch (Krotz 2005, S. 214) Entwicklungen und Veränderungen der Untersuchung dokumentieren und somit nachvollziehbar machen. Damit bleibt auch die Möglichkeit gewahrt, Entscheidungen korrigieren zu können.

Regel 3: Erhebung der Daten

Die dritte Regel beschäftigt sich damit, wie die Erhebung der Daten zu erfolgen hat. Es wird eine maximale strukturelle Variation der Perspektiven gefordert. Der Ausgangspunkt ist die Tatsache, dass die soziale Wirklichkeit subjektiv konstruiert wird (Berger/Luckmann 2004). Indem der Forschungsgegenstand aus unterschiedlichen Perspektiven betrachtet wird, ist es erst möglich, diesen wirklich zu entdecken. Unabdingbare Voraussetzung hierfür ist der in Regel zwei benannte Aspekt der Offenheit. Die Variation kann unterschiedlich gestaltet sein. Bei der Datenerhebung werden unterschiedliche Methoden eingesetzt. Darüber hinaus kann auch innerhalb einer Methode variiert werden. Zu Beginn der Forschung ist es sinnvoll, mit den

Variationen zu beginnen, wo deutliche Ausprägungen unterschiedlicher Blickwinkel auf den Gegenstand zu erwarten sind. An dieser Stelle zeigt sich deutlich der dialogische Charakter des methodologischen Ansatzes. Während der Erhebung ist es immer wieder wichtig, zu hinterfragen: »Welche Personen, soziale Gruppen, gesellschaftliche und persönliche Umstände können den Gegenstand oder das Bild vom Gegenstand beeinflussen? Und welche noch?« (Kleining 1995, S. 237). Der kreative Umgang mit Fragen, die auch Spekulatives enthalten dürfen, bringt den eigenen Forschungsprozess in Gang und eröffnet Bereiche, in denen sich eine Variation der Perspektiven anbietet. Gleichzeitig bedarf es nicht der Variation aller Perspektiven, sondern besonders derer, die unterschiedliche Perspektiven des Gegenstandes aufzeigen. Die Gesamtheit der untersuchten Fälle oder Personen bei einem qualitativen Vorgehen ergibt sich folglich während des Forschungsprozesses.

Regel 4: Umgang mit Datensorten

Die vierte und letzte Regel gibt Hinweise zum Umgang mit den unterschiedlichen Datensorten im Auswertungsprozess. Sie besagt, dass die Daten in Richtung Gemeinsamkeiten analysiert werden. Die Fähigkeit, verschiedene, wechselnde Erscheinungsbilder auf ihre Gemeinsamkeit hin zu analysieren, spielt auch im Alltagsleben eine bedeutende Rolle. Nur so ist es dem Menschen möglich, Situationen und Gegenstände wiederzuerkennen und handlungsfähig zu bleiben. In der wissenschaftlichen Praxis gilt es, diesen Prozess zu strukturieren und nachvollziehbar zu gestalten. Die bewusste Suche nach Ähnlichkeiten erforscht »die Gemeinsamkeit in der Vielgestaltigkeit der Erscheinung eines sozialwissenschaftlichen Gegenstandes«, die sich in Verhaltensweisen, Handlungen, Informationen oder auch Standpunkten zeigt (ebd., S. 104). Nachdem gemäß der dritten Regel möglichst unterschiedliche Facetten des Gegenstandes zusammengetragen wurden, soll nun die Analyse in Richtung Gemeinsamkeiten erfolgen.

Um diese Herausforderung zu meistern, helfen die nachfolgenden Analyseschritte.

Zunächst erfolgt ein Vergleich von verschiedenen Dokumenten über den Gegenstand. Es ist sinnvoll, mit wenigen Dokumenten zu beginnen (z. B. fünf Beobachtungen oder drei Interviews), sodass deren Inhalt gut im Gedächtnis bleibt. Die Dokumente werden dann hinsichtlich ihrer Gemeinsamkeiten oder Analogien, die sie aufzuweisen scheinen, untersucht. Die entdeckten Gemeinsamkeiten fasst die Forschungsperson zu Gruppen zusammen. Der Sortiervorgang kann durch farbliche Markierungen oder Ausschneiden der entsprechenden Passagen an den ausgedruckten Dokumenten vorgenommen werden. Digitale Varianten sind ebenfalls denkbar, solange sie die Forschungsperson nicht zu sehr in ihrer Offenheit (z. B. durch starre Suchstrategien auf gleiche Bereiche) einschränken. Die so gewonnenen Gruppen erhalten einen Namen. Dieser kann auch aus dem Datenmaterial stammen. Während der gesamten Analysephase ist es wichtig, zwischen den eigenen Texten und den »Daten« zu unterscheiden. Diese Analyseschritte werden dann für alle vorliegenden Dokumente durchgeführt. Darauf aufbauend findet eine erneute Analyse der Gruppen statt, dieses Mal hinsichtlich ihrer Gemeinsamkeiten untereinander. Es finden bei der Analyse auf Gemeinsamkeiten mehrere Abstraktionsschritte statt, und zwar immer dann, wenn bei allen ähnlichen Formulierungen aus den konkreten Daten Bedeutungszusammenhänge herausgearbeitet werden. Abschließend werden die gewonnenen Erkenntnisse zusammengefasst und anhand von konkreten Daten aus den Dokumenten belegt. Der Analyseprozess beginnt also am konkreten Datenmaterial, führt über die Suche nach Gemeinsamkeiten zu Abstraktionen über die Relationen und Darstellungsweisen des Gegenstandes und endet am Schluss wieder bei konkreten Daten, die als Belege für die gewonnenen Erkenntnisse dienen.

Anwendungsbeispiel

Das Anwendungsbeispiel zeigt, wie unter Verwendung der heuristischen Methodologie das Reisen in öffentlichen Verkehrsmitteln untersucht wurde (Schlote 2013). Konkreter ging es um die Frage nach den interpersonalen und mediatisierten Kommunikationspraktiken in öffentlichen Verkehrsmitteln. Die kontinuierliche und intensive Beschäftigung mit dem gesammelten empirischen Datenmaterial war zentraler Bestandteil der gesamten Erhebungs- und Auswertungsphase.

Gemäß der dritten Regel kamen bei dieser Studie Beobachtungen (z. B. Gehrau 2002; Lamnek 1995), qualitative Interviews (einen Überblick über die unterschiedlichen Interviewformen bieten Hopf 2008 sowie Lamnek 2005), größtenteils in Kombination mit Mobilitätstagebüchern, und die Dialogische Introspektion[1] (Burkart 2010; Kleining 2010) zum Einsatz. Die Auswahl der Methoden orientierte sich an der Überlegung, welchen Beitrag die entsprechende Methode zur Beantwortung der Fragestellung leisten konnte. Daraus ergab sich die Frage nach dem jeweiligen Blickwinkel der Methode. Die Schwäche der einen Methode kann die Stärke der anderen sein – eine Beobachtung liefert andere Daten und Perspektiven als ein qualitatives Interview, beide zusammen bieten einen breit gefächerten Blick auf den Forschungsgegenstand.

Neben der Auswahl unterschiedlicher Methoden erfolgte auch eine Variation innerhalb der Methoden. Die Beobachtungen fanden in unterschiedlichen Städten sowie in verschiedenen öffentlichen Verkehrsmitteln statt. Die Interviewpartner variierten hinsichtlich des Alters, des Geschlechts, des Wohnortes und der Fahrgewohnheiten und -notwendigkeiten. Alle Daten wurden selbst erhoben und protokolliert bzw. transkribiert.

Die Auswertung der Daten fand in mehreren Schritten und zunächst nach Erhebungsverfahren getrennt statt. Die Beobachtungsdaten lagen zuerst vor und wurden entsprechend am Anfang ausgewertet. Ein früher Auswertungsbeginn kann auf sinnvolle Variationen verweisen und davor schützen, zu viele Daten zu erheben. Die Analyse fand am Papierdokument statt. Zunächst verschaffte mehrmaliges Lesen einen Überblick über das vorhandene Datenmaterial. Episoden, Handlungen oder andere Aspekte, die mehr als einmal vorkamen, wurden beim wiederholten Lesen mit unterschiedlichen Farben markiert und anschließend zu einer Gruppe zusammengefügt. Unklare bzw. schwer einzuordnende Aspekte, sofern sie zum Gegenstand gehörten, wurden zunächst gesondert sortiert. Zuweilen ließen sich Daten in mehr als eine Gruppe einsortieren. Bei der Analyse der Beobachtungen ergaben sich weitere Fragen, die in die Gestaltung des Interviewleitfadens einflossen. So zeigten sich beispielsweise unterschiedlichste Handlungsformen (z. B. lesen, telefonieren, schlafen, reden, aus dem Fenster schauen), die je nach Verweildauer in dem Verkehrsmittel variierten. Diesen Aspekt galt es dann in den Interviews zu hinterfragen.

Die erwähnten Analyseschritte kamen auch bei den Interviews und den Dialogischen Introspektionen zur Anwendung. Die digitale Zuordnung der im Papierdokument markierten Gemeinsamkeiten ermöglichte es, die getroffene Zuordnung nochmals zu prüfen. Hinsichtlich der aus den Beobachtungen hervorgehenden Vermutung, dass die Verweildauer einen Einfluss auf die Tätigkeit hatte, kristallisierte sich bei den Interviews ein neuer Aspekt von Zeit heraus. Die Interviewten gaben u. a. an, dass ihnen die Zeit des Fahrens erlaubt, ein schönes Buch zu lesen, sich einmal zurückzuziehen und den eigenen Gedanken nachzuhängen, sich zu entspannen, sich über das Weltgeschehen in der Zeitung zu informieren, aktiv am Leben teilzunehmen. All diese Aussagen geben Auskunft über die »soziale Dimension von Zeit«, so der Name dieser Gruppe von Gemeinsamkeiten. Aus allen drei Datensorten gingen einige Gruppen an Gemeinsamkeiten hervor. Ziel des nächsten Analyseschrittes war es dann, die so gewonnenen, immer noch als vorläufig zu behandelnden Gruppen untereinander auf gemeinsame Aspekte hin zu prüfen. Die Gruppe »soziale Dimension von

Zeit« war dann Bestandteil der Gruppe »Zeitliche Aspekte«. Am Ende dieser Phase standen sechs zentrale Gruppen. Zu diesen entstanden unter Verwendung der Originaldaten Zusammenfassungen, die die gewonnenen Erkenntnisse über den Gegenstand, hier die Ausgestaltung der Fahrt in öffentlichen Verkehrsmitteln, darstellen. Sie bildeten die Grundlage für die späteren Auswertungskapitel. Der Entdeckungsprozess, an dessen Ausgangspunkt konkrete Informationen standen, die durch Analyse auf Gemeinsamkeit abstrahiert wurden, endete mit den zusammenfassenden Beschreibungen wieder bei den konkreten Daten. Allerdings waren dann die Verbindungen zwischen den einzelnen Gruppen und die Struktur des Gegenstandes darstellbar.

Während des Auswertungsprozesses gab es immer wieder Phasen, in denen das Material ruhte. Mit dem gewonnenen Abstand ließen sich dann Zuordnung und Stimmigkeit der einzelnen Gruppen und die vorgenommene Beschreibung nochmals prüfen. Dieser vorsichtige Umgang mit den Analysedaten resultiert auch aus dem Bewusstsein, dass die jeweiligen Gruppen durch den Forscher entstanden sind, folglich auch hätten anders zusammengestellt werden können und kein festes Abbild der Wirklichkeit darstellen. Gerade weil es sich um einen kreativen und dialogischen Prozess handelt, ist es wichtig, die im Verlauf der Forschung vollzogenen einzelnen Handlungsschritte offenzulegen, zu dokumentieren und zu begründen. Auf diese Weise können nicht an der Forschung beteiligte Personen das Vorgehen intersubjektiv nachvollziehen und der Forscher selbst kann, wenn notwendig, das eigene Handeln besser kontrollieren oder korrigieren. Ein Forschungstagebuch ist hierbei hilfreich.

Verhältnis zu anderen Entdeckungsverfahren

Die Heuristische Sozialforschung wird häufig im Vergleich mit anderen Entdeckungsverfahren, insbesondere mit der Grounded Theory betrachtet. Gemein ist beiden eine grundlegende Voranstellung von Offenheit an sozialwissenschaftliches Forschen sowie das Bestreben, mit möglichst großer Nähe zu dem gesammelten Datenmaterial Theorie zu generieren. Beide Verfahren sind im Ursprung ihrer Entwicklung, die Grounded Theory durch Barney Glaser und Anselm Strauss (2010/1967), auch als Kritik an der Einseitigkeit einer hypothesenprüfenden Sozialforschung zu verstehen. Ihr Fokus liegt auf der Entdeckung sozialer Phänomene und einer gegenstandsbezogenen Theoriebildung. Dabei schließen beide per se keine Methoden aus. Vielmehr stehen sie für die Integration und Verbindung von jeglichen Materialien, die zu einem Phänomen Aufschluss geben, und dies schließt sowohl qualitative als auch quantitative Daten ein. In diesem Sinne stehen beide Verfahren für eine dem zu untersuchenden Gegenstand angemessen verbundene Analyse unterschiedlich strukturierter Daten und ein Hand-in-Hand-Gehen unterschiedlicher Erhebungs- und Auswertungsverfahren. Damit gehen sie einem aktuellen Trend der Kombination von sozialwissenschaftlichen Methoden voraus, der explizit für diese Verbindung steht (Triangulation, z. B. Flick 2007, S. 557).

Kleinings Entwicklung der Qualitativen Heuristik (1982) und schließlich der Heuristischen Sozialforschung (2001) kann auch im Kontext seiner Auseinandersetzung mit der Grounded Theory gesehen werden. Damit vollziehen sich allerdings auch eine Abgrenzung der Heuristischen Sozialforschung von Verfahren des »Deutens« und eine Fokussierung auf das »Entdecken« (Kleining 1982). Ausdrücklich etwa wird die Abgrenzung von der Anselm Strauss (und Juliet Corbin) folgenden Tradition der Grounded Theory formuliert (Kleining/Witt 2000). Hierbei ist zu bedenken, dass die Grounded Theory als Forschungsstrategie wie als Methode eine umfangreiche, internationale Verbreitung und Weiterentwicklung sowie Ausdifferenzierung erfahren hat (z. B. Flick 2007, S. 551). Die zentrale Differenz zwischen den beiden Verfahren lässt sich im eigentlichen Prozess der Datenanalyse festmachen: Während die Grounded Theory in ihrem Codierverfahren vor allem auf eine Analyse von

Unterschieden hinsichtlich des Untersuchungsgegenstandes hin codiert, interessiert sich der Analyseprozess der Heuristischen Sozialforschung für die *Gemeinsamkeiten* in den Daten.

Beide Verfahren stehen für eine starke Bezogenheit zum Gegenstand und zur Fragestellung der Forschung. Sie fordern damit zwingend, dass das empirische Konzept entsprechend dem Gegenstand zu entwickeln ist bzw. dass Methoden eigens adaptiert werden müssen. Diese Konstellation ist sowohl Chance als auch Anforderung. Insbesondere in der Lehre und in Qualifikationsprojekten erscheinen damit verbunden möglicherweise »Hürden« der Anwendung sowohl der Grounded Theory als auch der Heuristischen Sozialforschung. Unseres Erachtens können diese durchaus gewinnbringend »genommen« werden: Grundsätzlich bietet eine Anwendung entdeckender Forschungsstrategien und ihrer empirischen Methoden eine Gelegenheit, an konkreten Themen sowohl theoretische, methodologische und methodische Fragen zu reflektieren. Damit verbunden eröffnen sich Potenziale für innovative Lehrforschungsprojekte und integrative didaktische Konzepte.

Fazit

Die Heuristische Sozialforschung als ein entdeckendes Verfahren ist geeignet, Strukturen und Strukturverhältnisse aufzudecken. Der Forschungsprozess ist nicht linear, sondern dialogisch aufgebaut mit vier Regeln, die einen strukturierten Ablauf gewährleisten. Der Forscher muss sich so intensiv mit seinem Gegenstand auseinandersetzen und genau überlegen, welche Methoden mit welchem Ziel zum Einsatz kommen und was für Daten erhoben werden sollen. Letztendlich bringt auch diese Datenanalyse Kategorien hervor, deren Besonderheit jedoch darin liegt, dass diese hinsichtlich ihrer Gemeinsamkeiten entstanden sind. Die Logik dieser Vorgehensweise macht insbesondere deshalb Sinn, weil sich Strukturen und Relationen, die einen Gegenstand ausmachen, in Gemeinsamkeiten abbilden (letztlich dienen den Menschen auch im Alltag Gemeinsamkeiten bzw. Ähnlichkeiten als Handlungsorientierung). Wie jede intensiv betriebene Forschung benötigt auch die Heuristische Sozialforschung entsprechende Ressourcen (zeitlich und personell). Sie stellt jedoch ein wissenschaftliches Verfahren dar, das für sozialwissenschaftliche Fragestellungen einen roten Faden liefert, gleichermaßen jedoch auch Kreativität zulässt und eine intensive Auseinandersetzung mit dem Gegenstand und den eigenen Handlungen während des Forschungsprozesses verlangt.

Anmerkungen

1 Bei der Dialogischen Introspektion handelt es sich um ein in der Gruppe angewandtes Verfahren, das den Regeln der Heuristischen Sozialforschung folgt. Es kann zu allen Forschungsgegenständen, die erlebbar sind und als bewusste innere Erfahrung vorliegen, eine Dialogische Introspektion stattfinden.

Literatur

Berger, Peter L./Luckmann, Thomas (2004): Die gesellschaftliche Konstruktion der Wirklichkeit. Eine Theorie der Wissenssoziologie. Frankfurt a. M.

Burkart, Thomas (2010): Die Methode der Dialogischen Introspektion. In: Ders./Kleining, Gerhard/Witt, Harald (Hrsg.): Dialogische Introspektion. Ein gruppengestütztes Verfahren zur Erforschung des Erlebens. Wiesbaden, S. 43–52.

Flick, Uwe (2007): Qualitative Sozialforschung. Eine Einführung. Reinbek.

Gehrau, Volker (2002): Die Beobachtung in der Kommunikationswissenschaft. Konstanz.

Glaser, Barney G./Strauss, Anselm L. (2010/1967): The discovery of grounded theory. Strategies for qualitative research. Chicago. (deutsch: Grounded Theory. Strategien qualitativer Forschung. Göttingen 2010).

Hagemann, Otmar (2003): Qualitativ-heuristische Methodologie im Lehr-Dialog. In: Ders./Krotz, Friedrich (Hrsg.): Suchen und Entdecken. Beiträge zu Ehren von Gerhard Kleining. Berlin, S. 31–62.

Hopf, Christel (2008): Qualitative Interviews. Ein Überblick. In: Flick, Uwe/Kardorff, Ernst von/Steinke, Ines (Hrsg.): Qualitative Forschung. Ein Handbuch. Reinbek, S. 349–360.

Kleining, Gerhard (1982): Umriß zu einer Methodologie qualitativer Sozialforschung. In: Kölner Zeitschrift für Soziologie und Sozialpsychologie, Jg. 34, H. 2, S. 224–253.

Kleining, Gerhard (1995): Lehrbuch entdeckende Sozialforschung. Band 1. Von der Hermeneutik zur qualitativen Heuristik. Weinheim.

Kleining, Gerhard (2001): Offenheit als Kennzeichen entdeckender Forschung. In: Kontrapunkt. Jahrbuch für kritische Sozialwissenschaft und Philosophie, S. 27–36.

Kleining, Gerhard (2010): Das Wichtigste in Kürze. In: Burkart, Thomas/Ders./Witt, Harald (Hrsg.): Dialogische Introspektion. Ein gruppengestütztes Verfahren zur Erforschung des Erlebens. Wiesbaden, S. 25–29.

Kleining, Gerhard/Witt, Harald (2010): The Qualitative Heuristic Approach: A Methodology for Discovery in Psychology and the Social Sciences. Rediscovering the Method of Introspection as an Example. In: Forum Qualitative Sozialforschung, 1, 1 (http://www.qualitative-research.net/index.php/fqs/article/view/1123/2495)

Krotz, Friedrich (2003): Perspektivität und abstrakte Bestimmung. Überlegungen zu einer Grundlegung heuristischer Forschung. In: Hagemann, Otmar/Ders. (Hrsg.): Suchen und Entdecken. Beiträge zu Ehren von Gerhard Kleining. Berlin, S. 271–294.

Krotz, Friedrich (2005): Neue Theorien entwickeln. Eine Einführung in die Grounded Theory, die Heuristische Sozialforschung und die Ethnographie anhand von Beispielen aus der Kommunikationsforschung. Köln.

Lamnek, Siegfried (1995): Qualitative Sozialforschung. Band 2: Methoden und Techniken. Weinheim.

Lamnek, Siegfried (2005): Qualitative Sozialforschung. Ein Lehrbuch. Weinheim/Basel.

Schlote, Isabel (2013): Hier und dort zugleich. Eine qualitative Untersuchung zur interpersonalen und mediatisierten Kommunikation in öffentlichen Verkehrsmitteln. Erfurt. Abrufbar unter: http://www.db-thueringen.de/servlets/DerivateServlet/Derivate-27947/schlote.pdf (letzter Zugriff: 06.04.2016).

Anhang

Autorinnen und Autoren

Ayaß, Ruth, Prof. Dr., Professorin an der Universität Bielefeld, Fakultät für Soziologie

Bachmair, Ben, Prof. Dr., Professor i. R. für Erziehungswissenschaft und Medienpädagogik an der Universität Kassel, Honorary Professor UCL Institute of Education, University of London (Großbritannien)

Baur, Nina, Prof. Dr., Professorin für Methoden der empirischen Sozialforschung an der Technischen Universität Berlin

Bilandzic, Helena, Prof. Dr., Professorin für Kommunikationswissenschaft an der Universität Augsburg

Bohnsack, Ralf, Prof. Dr. Dr., Professor i. R. für Qualitative Methoden der Freien Universität Berlin

Bullerjahn, Claudia, Prof. Dr., Professorin für Systematische Musikwissenschaft und Musikkulturen der Gegenwart an der Justus-Liebig-Universität Gießen

Diaz-Bone, Rainer, Prof. Dr., Professor für Soziologie an der Universität Luzern (Schweiz)

Ehlers, Ulf-Daniel, Prof. Dr., Professor für Bildungsmanagement und Lebenslanges Lernen an der Dualen Hochschule Baden-Württemberg

Eichner, Susanne, Dr., Associate Professor für Media Studies an der Universität Aarhus (Dänemark)

Fahr, Andreas, Prof. Dr., Professor für Empirische Kommunikationsforschung an der Universität Freiburg/Fribourg (Schweiz)

Flick, Uwe, Prof. Dr., Professor für Qualitative Sozial- und Bildungsforschung an der Freien Universität Berlin

Ganguin, Sonja, Prof. Dr., Professorin für Medienkompetenz- und Aneignungsforschung am Institut für Kommunikations- und Medienwissenschaft der Universität Leipzig

Gehrau, Volker, Prof. Dr., Professor für Kommunikationswissenschaft an der Westfälischen Wilhelms-Universität Münster

Geimer, Alexander, Prof. Dr., Juniorprofessor für Soziologie, insbesondere Methoden der qualitativen Sozialforschung, an der Universität Hamburg

Hagedorn, Jörg, Dr., Vertretungsprofessor für Erziehungswissenschaft unter besonderer Berücksichtigung migrations- und geschlechtsspezifischer Bildungsprozesse an der Universität Duisburg-Essen

Hasebrink, Uwe, Prof. Dr., Direktor des Hans-Bredow-Instituts und Professor für Empirische Kommunikationswissenschaft an der Universität Hamburg

Hepp, Andreas, Prof. Dr., Professor für Kommunikations- und Medienwissenschaft an der Universität Bremen

Hoffmann, Dagmar, Prof. Dr., Professorin für Medien und Kommunikation am Medienwissenschaftlichen Seminar der Universität Siegen

Hugger, Mareike, Erziehungswissenschaftlerin, Bielefeld

Hurst, Alfred, Dr., Sozialpädagoge im Sozialdienst des Kreisjugendamtes Lindau

Janssen, Anna, Dipl.-Psychologin, akademische Mitarbeiterin an der Filmuniversität Babelsberg KONRAD WOLF in Potsdam

Karnowski, Veronika, Dr., Akademische Rätin am Institut für Kommunikationswissenschaft und Medienforschung der Ludwigs-Maximilians-Universität München

Kelle, Udo, Prof. Dr., Professor für Methoden der empirischen Sozialforschung und Statistik an der Helmut-Schmidt-Universität / Universität der Bundeswehr Hamburg

Keuneke, Susanne, Dr., Akademische Rätin in der Kommunikations- und Medienwissenschaft an der Heinrich-Heine-Universität Düsseldorf

Keppler, Angela, Prof. Dr., Professorin für Medien- und Kommunikationswissenschaft an der Universität Mannheim

Knoblauch, Hubert, Prof. Dr., Professor für Allgemeine Soziologie, insbesondere Theorie moderner Gesellschaften an der Technischen Universität Berlin

Korte, Helmut, Prof. Dr., Professor i. R. für Interdisziplinäre Medienwissenschaft an der Universität Göttingen

Krotz, Friedrich, Prof. Dr., Professor i. R. für Kommunikations- und Medienwissenschaft an der Universität Bremen

Kuckartz, Udo, Prof. Dr., Professor i. R. für Empirische Erziehungswissenschaft an der Philipps-Universität Marburg

Kübler, Hans-Dieter, Prof. Dr., Professor i. R. für Medien-, Kultur- und Sozialwissenschaften an der Hochschule für angewandte Wissenschaften (HAW) Hamburg

Lamnek, Siegfried, Prof. Dr., Professor i. R. für Soziologie und empirische Sozialforschung an der Katholischen Universität Eichstätt-Ingolstadt

Lampert, Claudia, Dr., wiss. Referentin am Hans-Bredow-Institut für Medienforschung in Hamburg

Lange, Andreas, Prof. Dr., Professor für Soziologie an der HS Ravensburg-Weingarten

Linke, Christine, Dr., wiss. Mitarbeiterin am Institut für Medienforschung der Universität Rostock

Mayring, Philipp, Prof. Dr., Professor für Angewandte Psychologie und Methodenforschung an der Alpen-Adria Universität Klagenfurt (Österreich)

Meier, Stefan, Dr., Privatdozent am Institut für Medienwissenschaft der Eberhard Karls Universität Tübingen

Meyen, Michael, Prof. Dr., Professor für Allgemeine und Systematische Kommunikationswissenschaft an der Ludwig-Maximilians-Universität München

Mikos, Lothar, Prof. Dr., Professor für Fernsehwissenschaft an der Filmuniversität Babelsberg KONRAD WOLF in Potsdam

Müller, Kathrin Friederike, Dr., wiss. Mitarbeiterin am Institut für Kommunikationswissenschaft der Westfälischen Wilhelms-Universität Münster

Neumann-Braun, Klaus, Prof. Dr., Professor für Medienwissenschaft an der Universität Basel (Schweiz)

Neuß, Norbert, Prof. Dr., Professor für Erziehungswissenschaft (Pädagogik der Kindheit/Elementarbildung) an der Justus-Liebig-Universität Gießen

Nuernbergk, Christian, Dr., Akademischer Rat auf Zeit am Institut für Kommunikationswissenschaft und Medienforschung an der Ludwig-Maximilians-Universität München

Paus-Hasebrink, Ingrid, Prof. Dr., Professorin für Audiovisuelle Kommunikation am Fachbereich Kommunikationswissenschaft der Universität Salzburg (Österreich)

Peil, Corinna, Dr., Postdoc am Fachbereich Kommunikationswissenschaft der Universität Salzburg (Österreich)

Peltzer, Anja, Dr., Akademische Rätin am Institut für Medien- und Kommunikationswissenschaft der Universität Mannheim

Prommer, Elizabeth, Prof. Dr., Professorin für Kommunikations- und Medienwissenschaft an der Universität Rostock

Rath, Matthias, Prof. Dr. Dr., Professor für Philosophie an der Pädagogischen Hochschule Ludwigsburg

Reichertz, Jo, Prof. Dr., Senior Fellow im Kulturwissenschaftlichen Institut Essen (KWI)

Reith, Florian, Dr., wiss. Mitarbeiter an der Professur für Methoden der empirischen Sozialforschung und Statistik an der Helmut-Schmidt-Universität / Universität der Bundeswehr Hamburg

Röser, Jutta, Prof. Dr., Professorin für Kommunikationswissenschaft am Institut für Kommunikationswissenschaft der Westfälischen Wilhelms-Universität Münster

Sander, Uwe, Prof. Dr., Professor für Jugendforschung und Medienpädagogik an der Universität Bielefeld

Sander, Ekkehard, Dr., Deutsches Jugendinstitut e.V., München

Schäffer, Burkhard, Prof. Dr., Professor für Erwachsenenbildung/ Weiterbildung an der Universität der Bundeswehr München

Schlote, Isabel, Dr., Kommunikationswissenschaftlerin

Schuegraf, Martina, Prof. Dr., Professorin für Theorie und Empirie der Medienkonvergenz an der Filmuniversität Babelsberg KONRAD WOLF in Potsdam

Schünzel, Anja, M.A., Doktorandin am Fachgebiet Allgemeine Soziologie der Technischen Universität Berlin

Stehling, Miriam, Dr., Akademische Rätin am Institut für Medienwissenschaft an der Universität Tübingen

Tilemann, Friederike, Prof., Professorin für Medienbildung und Leiterin des Fachbereichs Medienbildung an der Pädagogischen Hochschule Zürich

Treumann, Klaus, Prof. Dr., Professor i. R. für Forschungsmethoden in der Erziehungswissenschaft und empirische Medienforschung an der Universität Bielefeld

Vollbrecht, Ralf, Prof. Dr., Professor für Medienpädagogik am Institut für Erziehungswissenschaft der TU Dresden

Wegener, Claudia, Prof. Dr., Professorin für Medienwissenschaft an der Filmuniversität Babelsberg KONRAD WOLF in Potsdam

Wiedemann, Thomas, Dr., wiss. Mitarbeiter am Institut für Kommunikationswissenschaft und Medienforschung der Ludwig-Maximilians-Universität München

Winter, Rainer, Prof. Dr., Professor für Medien- und Kulturtheorie an der Alpen-Adria Universität Klagenfurt (Österreich)

Yurtaeva, Yulia, Dipl. Medienwissenschaftlerin, wiss. Mitarbeiterin in der Medienwissenschaft an der Filmuniversität Babelsberg KONRAD WOLF in Potsdam

Allgemeine Bibliographie

Lothar Mikos

Die allgemeine Bibliographie enthält ausschließlich aktuelle Buchveröffentlichungen, die im deutsch- und englischsprachigen Raum erschienen sind. Um sich in der Masse der inzwischen erschienenen Literatur zu orientieren, wurden nur Werke aufgenommen, die nach 2010 erschienen sind – ergänzt um einige Klassiker. Die Bücher eignen sich zur Vertiefung der Informationen, die dieses Handbuch bereithält. Es wurden vor allem Werke berücksichtigt, die sich allgemein mit qualitativer Forschung sowie mit der überblicksartigen Darstellung einzelner Methoden befassen. Die Auflistung der Bücher ist noch einmal unterteilt nach solchen, die sich speziell mit qualitativer Medienforschung beschäftigen, und solchen, die sich allgemein der qualitativen Sozialforschung und deren Methoden widmen. In die Bibliographie wurden auch Zeitschriften aufgenommen, deren Fokus auf qualitativen Methoden liegt. Ergänzt wird die Bibliographie durch eine Sammlung von Websites, die für qualitative Forschung nutzbar gemacht werden können.

Qualitative Medienforschung

Altheide, David L./Schneider, Christopher J. (2013): Qualitative Media Analysis. Thousand Oaks. (2. Auflage)

Averbeck-Lietz, Stefanie/Meyen, Michael (Hrsg.) (2016): Handbuch nicht standardisierte Methoden in der Kommunikationswissenschaft. Wiesbaden.

Ayaß, Ruth/Bergmann, Jörg (Hrsg.) (2011): Qualitative Methoden der Medienforschung. Mannheim. (2. Auflage)

Bareither, Christoph (2012): Ego-Shooter Spielkultur. Eine Online-Ethnographie. Tübingen.

Beil, Benjamin/Kühnel, Jürgen/Neuhaus, Christian (2012): Studienhandbuch Filmanalyse. Ästhetik und Dramaturgie des Spielfilms. München.

Berger, Arthur Asa (2013): Media Analysis Techniques. Thousand Oaks. (5. Auflage)

Bohnsack, Ralf (2011): Qualitative Bild- und Videointerpretation. Die dokumentarische Methode. Opladen. (2., durchgesehene und aktualisierte Auflage)

Bohnsack, Ralf/Fritzsche, Bettina/Wagner-Willi, Monika (Hrsg.) (2015): Dokumentarische Video- und Filminterpretation. Methodologie und Forschungspraxis. Opladen/Toronto. (2. Auflage)

Bohnsack, Ralf/Michel, Burkard/Przyborski, Aglaja (Hrsg.) (2015): Dokumentarische Bildinterpretation. Methodologie und Forschungspraxis. Opladen/Toronto.

Brennen, Bonnie S. (2013): Qualitative Research Methods for Media Studies. New York/London.

Bruhn Jensen, Klaus (Hrsg.) (2012): A Handbook of Media and Communication Research: Qualitative and Quantitative Methodologies. London/New York. (2. Auflage)

Bruhn Jensen, Klaus/Jankowski, Nicholas W. (Hrsg.) (2015): A Handbook of Qualitative Methodologies for Mass Communication Research. London/New York. (3. Auflage)

Caldwell, Thomas (2010): Film Analysis Handbook: Essential Guide to Understanding, Analyzing and Writing on Film. Victoria.

Corsten, Michael/Krug, Melanie/Moritz, Christine (Hrsg.) (2010): Videographie praktizieren. Herangehensweisen, Möglichkeiten und Grenzen. Wiesbaden.

Daschmann, Gregor/Fahr, Andreas/Scholl, Arnim (Hrsg.) (2011): Zählen oder Verstehen? Diskussion um die Verwendung quantitativer und qualitativer Methoden in der empirischen Kommunikationswissenschaft. Köln.

Dreesen, Philipp/Kumięga, Łukas/Spieß, Constanze (Hrsg.) (2012): Mediendiskursanalyse. Diskurse – Dispositive – Medien – Macht. Wiesbaden.

Gräf, Dennis/Grossmann, Stephanie/Klimczak, Peter/Krah, Hans/Wagner, Marietheres (2011): Filmsemiotik. Eine Einführung in die Analyse audiovisueller Formate. Marburg.

Hamilton, Peter (Hrsg) (2005): Visual Research Methods. Vier Bände. London.

Hampl, Stefan (2017): Videoanalysen von Fernsehshows und Musikvideos. Ausgewählte Fallbeispiele zur dokumentarischen Methode. Opladen/Toronto.

Harper, Douglas (2012): Visual Sociology. An Introduction. London/New York.

Hepp, Andreas (2010): Cultural Studies und Medienanalyse. Wiesbaden. (3., überarbeitete und erweiterte Auflage)

Hickethier, Knut (2012): Film- und Fernsehanalyse. Stuttgart/Weimar. (5., aktualisierte und erweiterte Auflage)

Hietzge, Maud (Hrsg.) (2017): Interdisziplinäre Videoanalyse. Rekonstruktionen einer Videosequenz aus unterschiedlichen Blickwinkeln. Opladen/Toronto.

Hornig Priest, Susanna (2009): Doing Media Research. An Introduction. Thousand Oaks. (2., Auflage)

Jensen, Jakob Linaa/Bilandzic, Helena/Patriarche, Geoffroy (Hrsg.) (2008): Audience Research Methodologies : Between Innovation and Consolidation. London/New York.

Jost, Christofer/Klug, Daniel/Schmidt, Axel/Reautschnig, Armin/Neumann-Braun, Klaus (2013): Computergestützte Analyse von audiovisuellen Medienprodukten. Wiesbaden

Keller, Reiner/Knoblauch, Hubert/Reichertz, Jo (Hrsg.) (2013): Kommunikativer Konstruktivismus. Theoretische und empirische Arbeiten zu einem neuen wissenssoziologischen Ansatz. Wiesbaden.

Keutzer, Oliver/Lauritz, Sebastian/Mehlinger, Claudia/Moormann, Peter (2014): Filmanalyse. Wiesbaden.

Knoblauch, Hubert/Schnettler, Bernt//Raab, Jürgen/Soeffner, Hans-Georg (Hrsg.) (2012): Video Analysis: Methodology and Methods. Qualitative Audiovisual Data Analysis in Sociology. Frankfurt/Bern. (3. Auflage)

Korte, Helmut (2010): Einführung in die Systematische Filmanalyse. Berlin. (4., neu bearbeitete und erweiterte Auflage)

Kraimer, Klaus (Hrsg.) (2014): Aus Bildern lernen. Optionen einer sozialwissenschaftlichen Bild-Hermeneutik. Ibbenbüren.

Kraimer, Klaus (Hrsg.) (2016): Aus Bildern lernen. Rekonstruktion und Narrativität. Band 2. Ibbenbüren.

Lindlof, Thomas R./Taylor, Bryan C. (2010): Qualitative Communication Research Methods. Thousand Oaks. (3. Auflage)

Loosen, Wiebke/Scholl, Armin (Hrsg.) (2012): Methodenkombinationen in der Kommunikationswissenschaft. Methodologische Herausforderungen und empirische Praxis. Köln.

Lucht, Petra/Schmidt, Lisa-Marian/Tuma, René (Hrsg.) (2012): Visuelles Wissen und Bilder des Sozialen. Aktuelle Entwicklungen in der Soziologie des Visuellen. Wiesbaden.

Meyen, Michael/Löblich, Maria/Pfaff-Rüdiger, Senta/Riesmeyer, Claudia (2011): Qualitative Forschung in der Kommunikationswissenschaft. Eine praxisorientierte Einführung. Wiesbaden.

Mikos, Lothar (2015): Film- und Fernsehanalyse. Konstanz/München. (3., überarbeitete und aktualisierte Auflage)

Moritz, Christine (2011): Die Feldpartitur. Multikodale Transkription von Videodaten in der qualitativen Sozialforschung. Wiesbaden.

Moritz, Christine (Hrsg.) (2014): Transkription von Video- und Filmdaten in der Qualitativen Sozialforschung. Multidisziplinäre Annäherungen an einen komplexen Datentypus. Wiesbaden.

Moritz, Christine/Corsten, Michael (Hrsg.) (2017): Handbuch Qualitative Videoanalyse. Method(olog)ische Herausforderungen – forschungspraktische Perspektiven. Wiesbaden.

Nathansohn, Regev/Zuev, Dennis (Hrsg.) (2012): Sociology of the Visual Sphere. New York.

Patriarche, Geoffroy/Bilandzic, Helena/Jensen, Jakob Linaa/Jurisic, Jelena (Hrsg.) (2014): Audience Research Methodologies between Innovation and Consolidation. London/New York.

Pauwels, Luc (2015): Reframing Visual Social Science. Towards a More Visual Sociology and Anthropology. Cambridge.

Peltzer, Anja/Keppler, Angela (2015): Die soziologische Film- und Fernsehanalyse. Eine Einführung. Berlin/Boston.

Pentzold, Christian/Bischof, Andreas/Heise, Nele (Hrsg.) (2017): Praxis Grounded Theory. Theoriegenerierendes empirisches Forschen in medienbezogenen Lebenswelten. Ein Lehr- und Arbeitsbuch. Berlin.

Pink, Sarah (2014): Doing Visual Ethnography. Images, Media and Representation in Research. London. (3. Auflage)

Rauin, Udo/Herrle, Matthias/Engartner, Tim (Hrsg.) (2016): Videoanalysen in der Unterrichtsforschung. Methodische Vorgehensweisen und Anwendungsbeispiele. Weinheim.

Reichertz, Jo/Englert, Carina (2011): Einführung in die qualitative Videoanalyse. Eine hermeneutisch-wissenssoziologische Fallanalyse. Wiesbaden.

Tuma, René (2016): Videoprofis im Alltag. Die kommunikative Vielfalt der Videoanalyse. Berlin.

Tuma, René/Schnettler, Bernt/Knoblauch, Hubert (2013): Videographie. Einführung in die interpretative Videoanalyse sozialer Situationen. Wiesbaden.

Vogelgesang, Jens/Matthes, Jörg/Schieb, Carla/Quandt, Thorsten (Hrsg.) (2015): Beobachtungsverfahren in der Kommunikationswissenschaft. Köln.

Wagner, Hans/Schönhagen, Philomen/Nawratil, Ute/Starkulla, Heinz (2009): Qualitative Methoden in der Kommunikationswissenschaft. Ein Lehr- und Studienbuch. Baden-Baden.

Zeller, Frauke/Ponte, Cristina/O'Neill, Brian (Hrsg.) (2015): Revitalising Audience Research. Innovations in European Audience Research. New York/London.

Qualitative Sozialforschung

Adriansen, Hanne Kirstine (2015): Life-History Interviews. Aarhus.

Alheit, Peter/Dausien, Bettina/Göymen-Steck, Thomas/Hanses, Andreas/Herzberg, Heidrun (Hrsg.) (2017): Reflexive Forschungspraxis. Zur Analyse von Biographien in ihren gesellschaftlichen Kontexten. Frankfurt a.M./New York.

Alvesson, Mats (2011): Qualitative Research and Theory Development. Mystery as Method. London.

Angermuller, Johannes/Nonhoff, Martin/Herschinger, Eva u.a. (Hrsg.) (2014): Diskursforschung. Ein interdisziplinäres Handbuch. 2 Bände. Bielefeld.

Banks, Marcus/Zeitlyn, David (2015): Visual Methods in Social Research. London. (2. Auflage)

Barbour, Rosaline S. (2014): Introducing Qualitative Research: A Student's Guide. Los Angeles. (2. Auflage)

Bazeley, Patricia (2014): Qualitative Data Analysis: Practical Strategies. London

Bazeley, Patricia/Jackson, Kristi (2014): Qualitative Data Analysis with NVivo. London. (2. Auflage)

Bednarek-Gilland, Antje (2015): Researching Values with Qualitative Methods: Empathy, Moral Boundaries and the Politics of Research. Farnham.

Beetz, Michael/Franzheld, Tobias (2017): Qualitative hermeneutische Symbolanalyse. Methodische Probleme und sozialwissenschaftliche Strategien. Wiesbaden.

Belk, Russell/Fischer, Eileen/Kozinets, Robert V. (2013): Qualitative Consumer & Marketing Research. Los Angeles.

Bellotti, Elisa (2015): Qualitative Networks: Mixing Methods in Sociological Research. New York/London.

Bernard, H. Russel (2013): Social Research Methods. Qualitative and Quantitative Approaches. Thousand Oaks. (2. Auflage)

Bernard, H. Russell/Wutich, Amber/Ryan, Gary W. (Hrsg.) (2016): Analyzing Qualitative Data. Systematic Approaches. London. (2. Auflage)

Bettmann, Richard (2012): Going the Distance. Impulse für die interkulturelle Qualitative Sozialforschung. Berlin.

Beuving, Joost/de Vries, Geert (2015): Doing Qualitative Research. The Craft of Naturalistic Inquiry. Amsterdam.

Bischoping, Katherine/Gazso, Amber (2016): Analyzing Talk in the Social Sciences: Narrative, Conversation & Discourse Strategies. Los Angeles.

Bjørner, Thomas (Hrsg.) (2015): Qualitative Methods for Consumer Research. The Value of the Qualitative Approach in Theory and Practice. Kopenhagen.

Bloomberg, Linda Dale/Volpe Marie (2016): Completing Your Qualitative Dissertation. A Road Map from Beginning to End. Los Angeles. (3. Auflage)

Böker, Kathrin/Zölch, Janina (Hrsg.) (2017): Intergenerationale Qualitative Forschung. Theoretische und methodische Perspektiven. Wiesbaden.

Bogner, Alexander/Littig, Beate/Menz, Wolfgang (2014): Interviews mit Experten. Eine praxisorientierte Einführung. Wiesbaden.

Bogner, Alexander/Littig, Beate/Menz, Wolfgang (Hrsg.) (2017): Das Experteninterview. Theorie, Methode, Anwendung. Wiesbaden. (4. Auflage)

Bohnsack, Ralf (2014): Rekonstruktive Sozialforschung. Einführung in qualitative Methoden. Opladen. (9. Auflage)

Bohnsack, Ralf/Marotzki, Winfried/Meuser, Michael (Hrsg.) (2010): Hauptbegriffe qualitativer Sozialforschung: ein Wörterbuch. Wiesbaden. (3. Auflage)

Bohnsack, Ralf/Nentwig-Gesemann, Iris/Nohl, Arnd-Michael (Hrsg.) (2013): Die dokumentarische Methode und ihre Forschungspraxis. Grundlagen qualitativer Sozialforschung. Wiesbaden. (3. Auflage)

Bohnsack, Ralf/Przyborski, Aglaja/Schäffer, Burkhard (Hrsg.) (2010): Das Gruppendiskussionsverfahren in der Forschungspraxis. Opladen. (2., überarbeitete und aktualisierte Auflage)

Bosančić, Saša/Keller, Reiner (Hrsg.) (2016): Perspektiven wissenssoziologischer Diskursforschung. Wiesbaden

Boudon, Raymond/Cherkaoui, Mohammed/Demeulenaire, Pierre (Hrsg.) (2003): The European Tradition in Qualitative Research. Vier Bände. London.

Breuer, Franz (2011): Reflexive Grounded Theory. Eine Einführung für die Forschungspraxis. Wiesbaden.

Brinkmann, Svend (2012): Qualitative Inquiry in Everyday Life. Working with Everyday Life Materials. London.

Bryant, Anthony/Charmaz, Kathy C. (Hrsg.) (2007): The SAGE Handbook of Grounded Theory. Los Angeles.

Bryman, Alan (Hrsg.) (2001): Ethnography. Vier Bände. London.

Burzan, Nicole (2016): Methodenplurale Forschung. Chancen und Probleme von Mixed Methods. Weinheim.

Charmaz, Kathy (2014): Constructing Grounded Theory. A Practical Guide through Qualitative Analysis. Los Angeles. (2. Auflage)

Clarke, Adele E. (2012): Situationsanalyse. Grounded Theory nach dem Postmodern Turn. Wiesbaden.

Clarke, Adele E./Charmaz, Kathy (Hrsg.) (2014): Grounded Theory and Situational Analysis. 4 Bände. London.

Coffey, Amanda (1999): The Ethnographic Self: Fieldwork and the Representation of Identity. London.

Collins, Peter/Gallinat, Anselma (Hrsg.) (2013): The Ethnographic Self as Resource. Writing Memory and Experience into Ethnography. New York/Oxford.

Corbin, Juliet M./Strauss, Anselm L. (2015): Basics of Qualitative Research. Techniques and Procedures for Developing Grounded Theory. London. (4. Auflage)

Costa, António Pedro/Reis, Luis Paulo/Neri de Sousa, Francislê/Moreira, António/Lamas, David (Hrsg.) (2017): Computer Supported Qualitative Research. Wiesbaden.

Creswell, John W. (2014): Research Design: Qualitative, Quantitative, and Mixed Methods Approaches. Los Angeles. (4. Auflage)

Creswell, John W./Plano Clark, Vicki L. (2010): Designing and Conducting Mixed Methods Research. London. (2. Auflage)

Cropley, Arthur J. (2011): Qualitative Forschungsmethoden. Eine praxisnahe Einführung. Magdeburg.

David, Matthew (Hrsg.) (2006): Case Study Research. Vier Bände. London.

Daymon, Christine (2010): Qualitative Research Methods in Public Relations and Marketing Communications. London/New York.

de Vaus, David (Hrsg.) (2005): Research Design. Vier Bände. London.

Denzin, Norman K./Giardina, Michael D. (Hrsg.) (2013): Global Dimensions of Qualitative Inquiry. Walnut Creek.

Denzin, Norman K./Giardina, Michaek D. (Hrsg.) (2014): Qualitative Inquiry outside the Academy. Walnut Creek.

Denzin, Norman K./Giardina, Michael D. (Hrsg.) (2015): Qualitative Inquiry – Past, Present, and Future. A Critical Rreader. Walnut Creek.

Denzin, Norman K./Lincoln, Yvonna S. (Hrsg.) (2001): The American Tradition in Qualitative Research. Vier Bände. London.

Denzin, Norman K./Lincoln, Yvonna S. (Hrsg.) (2013): Collecting and Interpreting Qualitative Materials. London. (4. Auflage)

Denzin, Norman K./Lincoln, Yvonna S. (Hrsg.) (2013): The Landscape of Qualitative Research. Theories und Issues. London. (4. Auflage)

Denzin, Norman K./Lincoln, Yvonna S. (Hrsg.) (2013): Strategies of Qualitative Inquiry. Thousand Oaks. (4. Auflage)

Denzin, Norman K/Lincoln, Yvonna S. (Hrsg.) (2017): The SAGE Handbook of Qualitative Research. London. (5. Auflage)

Devereux, Georges (1998): Angst und Methode in den Verhaltenswissenschaften. Frankfurt. (4. Auflage)

Dewalt, Kathleen M./Dewalt, Billie R. (2011): Participant Observation : A Guide for Fieldworkers. Plymouth. (2. Auflage)

Dicks, Bella (Hrsg.) (2012): Digital Qualitative Research Methods. 4 Bände. London.

Dittmar, Norbert (2009): Transkription. Ein Leitfaden mit Aufgaben für Studenten, Forscher und Laien. Wiesbaden.

Dörner, Olaf/Loos, Peter/Schäffer, Burkhard/Schondelmayer, Anne (Hrsg.) (2017): Dokumentarische Methode: Triangulation und blinde Flecken. Opladen/Toronto.

Drew, Paul/Raymond, Geoffrey/Weinberg, Darin (Hrsg.) (2013): Talk and Interaction in Social Research Methods. London. (2. Auflage)

Dumez, Hervé (2016): Comprehensive Research. A Methodological and Epistemological Introduction to Qualitative Research. Frederiksberg.

Edwards, Rosalind/Holland, Janet (2013): What is Qualitative Interviewing? London.

Emmel, Nick (2013): Sampling and Choosing Cases in Qualitative Research. A Realist Approach. Los Angeles.

Equit, Claudia/Hohage, Christoph (Hrsg.) (2016): Handbuch Grounded Theory. Von der Methodologie zur Forschungspraxis. Weinheim.

Fielding, Nigel G./Lee, Raymond M./Blank, Grant (Hrsg.) (2017): The SAGE Handbook of Online Research Methods. London. (2. Auflage)

Flick, Uwe (2018): The SAGE Qualitative Research Kit. 2nd edn. 10 Bände. London.

Flick, Uwe (2011): Triangulation: Eine Einführung. Wiesbaden. (3., aktualisierte Auflage)

Flick, Uwe (2014): An Introduction to Qualitative Research. London. (5. Auflage)

Flick, Uwe (Hrsg.) (2014): The SAGE Handbook of Qualitative Data Analysis. Los Angeles.

Flick, Uwe (2016): Qualitative Sozialforschung: Eine Einführung. Reinbek. (7., völlig überarbeitete Neuauflage)

Flick, Uwe (Hrsg.) (2018): The SAGE Handbook of Qualitative Data Collection. London.

Flick, Uwe/von Kardorff, Ernst/Steinke, Ines (Hrsg.) (2015): Qualitative Forschung. Ein Handbuch. Reinbek. (11. Auflage)

Flick, Uwe/von Kardorff, Ernst/Keupp, Heiner/von Rosenstiel, Lutz/Wolff, Stephan (Hrsg.) (2012): Handbuch qualitative Sozialforschung. Grundlagen, Konzepte, Methoden und Anwendungen. Weinheim. (3. Auflage)

Fraas, Claudia/Meier, Stefan/Pentzold, Christian (Hrsg.) (2013): Online-Diskurse. Theorien und Methoden transmedialer Online-Diskursforschung. Köln.

Franklin, Marianne I. (2012): Understanding Research. Coping with the Quantitative – Qualitative Divide. New York/London.

Friebertshäuser, Barbara (2012): Feld und Theorie. Herausforderungen erziehungswissenschaftlicher Ethnographie. Opladen/Toronto.

Friebertshäuser, Barbara/Seichter, Sabine (Hrsg.) (2013): Qualitative Forschungsmethoden in der Erziehungswissenschaft. Eine praxisorientierte Einführung. Weinheim.

Fuchs-Heinritz, Werner (2009): Biographische Forschung. Eine Einführung in Praxis und Methoden. Wiesbaden. (4. Auflage)

Fuß, Susanne/Karbach, Ute (2014): Grundlagen der Transkription. Eine praktische Einführung. Opladen/Toronto.

Gerber, Hannah R./Abrams, Sandra Schamroth/Curwood, Jen Scott/Magnifico, Alecia Marie (2017): Conducting Qualitative Research of Learning in Online Spaces. Thousand Oaks.

Given, Lisa M. (Hrsg.) (2008): The SAGE Encyclopedia of Qualitative Research Methods. Los Angeles.

Glaser, Bartney, G./Strauss, Anselm L. (2010): Grounded Theory. Strategien qualitativer Forschung. Bern. (3. Auflage)

Gläser, Jochen/Laudel, Grit (2010): Experteninterviews und qualitative Inhaltsanalyse als Instrumente rekonstruktiver Untersuchungen. Wiesbaden. (4. Auflage)

Graff, Ulrike/Kolodzig, Katja/Johann, Nikolas (Hrsg.) (2016): Ethnographie – Pädagogik – Geschlecht. Projekte und Perspektiven aus der Kindheits- und Jugendforschung. Wiesbaden.

Guest, Greg/Namey, Emily E./Mitchell, Marilyn L. (2013): Collecting Qualitative Data. A Field Manual for Applied Research. Thousand Oaks.

Hammersley, Martyn (2013): What is Qualitative Research? London.

Heath, Christian/Hindmarsh, Jon/Luff, Paul (2010): Video in Qualitative Research. Analysing Social Interaction in Everyday Life. Los Angeles.

Helfferich, Cornelia (2011): Die Qualität qualitativer Daten. Manual für die Durchführung qualitativer Interviews. Wiesbaden. (4. Auflage)

Hennink, Monique/Hutter, Inge/Bailey, Ajay (2011): Qualitative Research Methods. London.

Hesse-Biber, Sharlene (2017): The Practice of Qualitative Research: Engaging Students in the Research Process. Thousand Oaks. (3. Auflage)

Hitzler, Ronald/Eisewicht, Paul (2016): Lebensweltanalytische Ethnographie im Anschluss an Anne Honer. Weinheim.

Hobbs, Dick/Wright, Richard (Hrsg.) (2006): The SAGE Handbook of Fieldwork. London.

Hollway, Wendy/Jefferson, Tony (2013): Doing Qualitative Research Differently. A Psychosocial Approach. London. (2. Auflage)

Hooley, Tristram/Marriott, John/Wellens, Jane (2013): What is Online Research? London.

Hopf, Christel (2016): Schriften zur Methodologie und Methoden qualitativer Sozialforschung. Wiesbaden.

Jackson, Alecia Y./Mazzei, Lisa A. (2012): Thinking with Theory in Qualitative Research. Viewing Data across Multiple Perspectives. New York/London.

Kaiser, Robert (2014): Qualitative Experteninterviews. Konzeptionelle Grundlagen und praktische Durchführung. Wiesbaden.

Kaufmann, Jean-Claude (2015): Das verstehende Interview. Theorie und Praxis. Konstanz. (2., überarbeitete Auflage)

Kelle, Udo (2017): Qualitative Sozialforschung: Eine problemorientierte Einführung. Wiesbaden. (2. Auflage)

Kelle, Udo/Kluge, Susann (2010): Vom Einzelfall zum Typus: Fallvergleich und Fallkontrastierung in der qualitativen Sozialforschung. Wiesbaden. (2., überarbeitete Auflage)

Keller, Reiner (2011): Diskursforschung: Eine Einführung für Sozialwissenschaftler/Innen. Wiesbaden. (4. Auflage)

Keller, Reiner (2011): Wissenssoziologische Diskursanalyse. Grundlegung eines Forschungsprogramms. Wiesbaden. (3. Auflage)

Keller, Reiner (2012): Doing Discourse Research. An Introduction for Social Scientists. Thousand Oaks.

Keller, Reiner (2012): Das Interpretative Paradigma. Eine Einführung. Wiesbaden.

Keller, Reiner/Hirseland, Andreas/Schneider, Werner/Viehöver, Willy (Hrsg.) (2011): Handbuch Sozialwissenschafliche Diskursanalyse. Band 1: Theorien und Methoden. Wiesbaden. (3. Auflage)

Keller, Reiner/Hirseland, Andreas/Schneider, Werner/Viehöver, Willy (Hrsg.) (2010): Handbuch Sozialwissenschafliche Diskursanalyse. Band 2: Forschungspraxis. Wiesbaden. (4. Auflage)

Keller, Reiner/Schneider, Werner/Viehöver, Willy (Hrsg.) (2012): Diskurs – Macht – Subjekt. Theorie und Empirie von Subjektivierung in der Diskursforschung. Wiesbaden.

Keller, Reiner/Truschkat, Inga (Hrsg.) (2013): Methodologie und Praxis der wissenssoziologischen Diskursanalyse. Band 1: Interdisziplinäre Perspektiven. Wiesbaden.

King, Nigel/Horrocks, Christine (2010): Interviews in Qualitative Research. Los Angeles.

Kleemann, Frank/Krähnke, Uwe/Matuschek, Ingo (2013): Interpretative Sozialforschung. Eine Einführung in die Praxis des Interpretierens. Wiesbaden.

König, Susanne (2011): Online-Forschung mit Kindern. Opladen.

Kozinets, Robert V. (2010): Netnography: Doing Ethnographic Research Online. London/Thousand Oaks.

Krotz, Friedrich (2005): Neue Theorien entwickeln. Eine Einführung in die Grounded Theory, die heuristische Sozialforschung und die Ethnographie anhand von Beispielen aus der Kommunikationsforschung. Köln.

Kruse, Jan (2015): Qualitative Interviewforschung. Ein integrativer Ansatz. Weinheim. (2. Auflage)

Kruse, Jan/Bethmann, Stephanie/Niermann, Debora/Schmieder, Christian (Hrsg.) (2012): Qualitative Interviewforschung in und mit fremden Sprachen. Weinheim.

Kruse, Jan/Biesel, Kay/Schmieder, Christian (2011): Metaphernanalyse. Ein rekonstruktiver Ansatz. Wiesbaden.

Kuckartz, Udo (2010): Einführung in die computergestützte Analyse qualitativer Daten. Wiesbaden. (3. Auflage)

Kuckartz, Udo (2014): Qualitative Text Analysis. A Guide to Methods, Practice and Using Software. London.

Kuckartz, Udo (2014): Mixed Methods. Methodologie, Forschungsdesign und Analyseverfahren. Wiesbaden.

Kuckartz, Udo (2016): Qualitative Inhaltsanalyse. Methoden, Praxis, Computerunterstützung. Weinheim. (3., überarbeitete Auflage)

Kühn, Thomas/Koschel, Kay (2011): Gruppendiskussionen. Ein Praxis-Handbuch. Wiesbaden.

Kühn, Thomas/Koschel, Kay (2017): Qualitative Markt- und Konsumforschung. Einführung und Praxis-Handbuch. Wiesbaden.

Küsters, Yvonne (2017): Narrative Interviews, Grundlagen und Anwendungen. Wiesbaden. (3. Auflage)

Kuzmanovic, Daniella/Bandak, Andreas (Hrsg.) (2015): Qualitative Analysis in the Making. New York/London.

Kvale, Steinar/Brinkmann, Svend (2009): Interviews: Learning the Craft of Qualitative Research Interviewing. Los Angeles. (2. Auflage)

Lamnek, Siegfried/Krell, Claudia (2016): Qualitative Sozialforschung: Lehrbuch. Weinheim. (6. Auflage)

Lapan, Stephen D./Quartaroli, MaryLynn T./Riemer, Frances Julia (Hrsg.) (2012): Qualitative Research. An Introduction to Methods and Designs. San Francisco.

Leavy, Patricia (Hrsg.) (2014): The Oxford Handbook of Qualitative Research. Oxford.

Loos, Peter/Schäffer, Burkhard (2018): Das Gruppendiskussionsverfahren. Theoretische Grundlagen und empirische Anwendung. Wiesbaden. (3. Auflage)

Madison, D. Soyini (2012): Critical Ethnography. Methods, Ethics, and Performance. Thousand Oaks. (2. Auflage)

Maddox, Alexia (2016): Research Methods and Global Online Communities: A Case Study. London/New York.

Magnusson, Eva/Marecek, Jeanne (2015): Doing Interview-Based Qualitative Research. A Learner's Guide. New York.

Mann, Steve (2016): The Research Interview. Reflective Practice and Reflexivity in Research Processes. Basingstoke.

Marshall, Catherine/Rossman, Gretchen B. (2011): Designing Qualitative Research. Los Angeles. (5. Auflage)

Mauss, Marcel (2013): Handbuch der Ethnographie. München.

Mauthner, Melanie/Birch, Maxine/Jessop, Julie/Miller, Tina (Hrsg.) (2012): Ethics in Qualitative Research. London. (2. Auflage)

Maxwell, Joseph A. (2012): A Realist Approach for Qualitative Research. Thousand Oaks.

Maxwell, Joseph A. (2013): Qualitative Research Design. An Interactive Approach. Thousand Oaks. (3. Auflage)

Mayring, Philipp (2015): Qualitative Inhaltsanalyse. Grundlagen und Techniken. Weinheim. (12. Auflage)

Mayring, Philipp (2016): Einführung in die qualitative Sozialforschung. Weinheim. (6. Auflage)

Medjedović, Irena (2014): Qualitative Sekundäranalyse. Zum Potenzial einer neuen Forschungsstrategie in der empirischen Sozialforschung. Wiesbaden.

Merriam, Sharan B./Tisdell, Elizabeth J. (2015): Qualitative Research. A Guide to Design and Implementation. San Francisco. (4. Auflage)

Mey, Günter/Mruck, Katja (Hrsg.) (2010): Handbuch Qualitative Forschung in der Psychologie. Wiesbaden.

Mey, Günter/Mruck, Katja (Hrsg.) (2011): Grounded Theroy Reader. Wiesbaden. (2., aktualisierte und erweiterte Auflage)

Mey, Günter/Mruck, Katja (Hrsg.) (2014): Qualitative Forschung. Analysen und Diskussionen – 10 Jahre Berliner Methodentreffen. Wiesbaden.

Miles, Matthew B./Huberman, A. Michael/Saldaña, Johnny (2014): Qualitative Data Analysis. A Methods Sourcebook. Thousand Oaks. (3. Auflage)

Miller, Robert Lee (Hrsg.) (2005): Biographical Research Methods. Vier Bände. London.

Miller, Tina/Birch, Maxine/Mauthner, Melanie/Jessop, Julie (Hrsg.) (2012): Ethics in Qualitative Research. Los Angeles. (2. Auflage)

Mills, Jane/Birks, Melanie (2014): Qualitative Methodology: A Practical Guide. London.

Misoch, Sabina (2015): Qualitative Interviews. Berlin/Boston.

Moritz, Christine (Hrsg.) (2011): Die Feldpartitur. Multikodale Transkription von Videodaten in der Qualitativen Sozialforschung. Wiesbaden.

Naderer, Gabriele/Balzer, Eva (Hrsg.) (2011): Qualitative Marktforschung in Theorie und Praxis. Grundlagen, Methoden und Anwendungen. Wiesbaden. (2. Auflage)

Nohl, Arnd-Michel (2013): Relationale Typenbildung und Mehrebenenvergleich. Neue Wege der dokumentarischen Methode. Wiesbaden.

Nohl, Arnd-Michel (2017): Interview und Dokumentarische Methode. Anleitungen für die Forschungspraxis. Wiesbaden. (5. Auflage)

O'Reilly, Michelle/Kiyimba, Nikki (2015): Advanced Qualitative Research. A Guide to Using Theory. Los Angeles.

Orne, Jason/Bell, Michael M. (2015): An Invitation to Qualitative Fieldwork. A Multilogical Approach. New York/London.

Paley, John (2016): Phenomenology as Qualitative Research. A Critical Analysis of Meaning Attribution. New York/London.

Paris, Django/Winn, Maisha T. (Hrsg.) (2014): Humanizing Research: Decolonizing Qualitative Inquiry with Youth and Communities. Thousand Oaks.

Patton, Michael Quinn (2015): Qualitative Research & Evaluation Methods: Integrating Theory and Practice. Thousand Oaks. (4. Auflage)

Pole, Christopher (Hrsg.) (2004): Fieldwork. Vier Bände. London.

Pole, Christopher/Hillyard, Sam (2016): Doing Fieldwork. London

Poynter, Ray (2010): The Handbook of Online and Social Media Research. Tools and Techniques for Market Researchers. Chichester.

Przyborski, Aglaja/Wohlrab-Sahr, Monika (2014): Qualitative Sozialforschung. Ein Arbeitsbuch. Berlin/Boston. (4. Auflage)

Raab, Jürgen/Keller, Reiner (Hrsg.) (2016): Wissensforschung – Forschungswissen. Beiträge und Debatten zum 1. Sektionskongress der Wissenssoziologie. Weinheim/Basel.

Reavey Paula (Hrsg.) (2016): Visual Methods in Psychology. Using and Interpreting Images in Qualitative Research. New York/London.

Reichertz, Jo (2013): Die Abduktion in der qualitativen Sozialforschung. Wiesbaden. (2. Auflage)

Reichertz, Jo (2013): Gemeinsam interpretieren. Die Gruppeninterpretation als kommunikativer Prozess. Wiesbaden.

Reichertz, Jo (2016): Qualitative und interpretative Sozialforschung. Eine Einladung. Berlin.

Richards, Lyn (2015): Handling Qualitative Data. A Practical Guide. London. (3. Auflage)

Ridder, Hans-Gerd (2016): Case Study Research. Approaches, Methods, Contribution to Theory. München/Mering.

Rippl, Susanne/Seipel, Christian (2015): Methoden kulturvergleichender Sozialforschung. Eine Einführung. Wiesbaden.

Ritchie, Jane/Lewis, Jane/Nicholls, Carol McNaughton/Ormston, Rachel (Hrsg.) (2014): Qualitative Research Practice. A Guide for Social Science Students and Researchers. Los Angeles. (2. Auflage)

Robben, Antonius C.M./Sluka, Jeffrey A. (Hrsg.) (2012): Ethnographic Fieldwork: An Anthropological Reader. Malden/Oxford. (2. Auflage)

Rosenthal, Gabriele (2015): Interpretative Sozialforschung. Eine Einführung. Weinheim. (5. Auflage)

Rubin, Herbert J./Rubin, Irene S. (2012): Qualitative Interviewing. The Art of Hearing Data. Thousand Oaks. (3. Auflage)

Saldaña, Johnny (2011): Fundamentals of Qualitative Research. Oxford/New York.

Saldaña, Johnny (2016): The Coding Manual for Qualitative Researchers. Los Angeles. (3. Auflage)

Saldaña, Johnny/Omasta, Matt (2017): Qualitative Research: Analyzing Life. Thousand Oaks.

Salmons Janet E. (2016): Doing Qualitative Research Online. London/Thousand Oaks.

Savin-Baden, Maggi/Major, Claire Howell (2010): An introduction to Qualitative Research Synthesis. Managing the Information Explosion in Social Science Research. New York/London.

Savin-Baden, Maggi/Major, Claire Howell (Hrsg.) (2010): New Approaches to Qualitative Research: Wisdom and Uncertainty. New York/London.

Savin-Baden, Maggi/Major, Claire Howell (2012): Qualitative Research. The Essential Guide to Theory and Practice. New York/London.

Schiek, Daniela/Ullrich, Carsten G. (Hrsg.) (2016): Qualitative Online-Erhebungen. Voraussetzungen – Möglichkeiten – Grenzen. Wiesbaden.

Schirmer, Dominique/Sander, Nadine/Wenninger, Andreas (Hrsg.) (2015): Die qualitative Analyse internetbasierter Daten. Methodische Herausforderungen und Potenziale von Online-Medien. Wiesbaden.

Schmitt, Rudolf (2017): Systematische Metaphernanalyse als Methode der qualitativen Sozialforschung. Berlin.

Schreier, Margrit (2012): Qualitative Content Analysis in Practice. Los Angeles.

Schröer, Norbert/Bidlo, Oliver (Hrsg.) (2011): Die Entdeckung des Neuen. Qualitative Sozialforschung als hermeneutische Wissenssoziologie. Wiesbaden.

Schröer, Norbert/Hinnenkamp, Volker/Kreher, Simone/Poferl, Angelika (Hrsg.) (2012): Lebenswelt und Ethnographie. Essen.

Schwandt, Thomas A. (2015): The SAGE Dictionary of Qualitative Inquiry. Los Angeles. (4. Auflage)

Seidman, Irving (2013): Interviewing as Qualitative Research. A Guide for Researchers in Education and the Social Sciences. New York. (4. Auflage)

Silver, Christina/Lewins, Ann (2014): Using Software in Qualitative Research. A Step-by-step Guide. Los Angeles. (2. Auflage)

Silverman, David (2013): Doing Qualitative Research. A Practical Handbook. London. (4. Auflage)

Silverman, David (2015): Interpreting Qualitative Data: Methods for Analysing Talk, Text and Interaction. London. (5. Auflage)

Silverman, David (Hrsg.) (2016): Qualitative Research. London. (4. Auflage)

Smith, Jonathan A. (Hrsg.) (2015): Qualitative Psychology: A Practical Guide to Research Methods London. (3. Auflage)

Squire, Corinne/Davis, Mark/Esin, Cigdem/Andrews, Molly/Harrison, Barbara/Hydén, Lars-Christer/Hydén, Margareta (2014): What is Narrative Research? London.

Stake, Robert E. (2010): Qualitative Research. Studying How Things Work. New York/London.

Strauss. Anselm L. (1998): Grundlagen qualitativer Sozialforschung: Datenanalyse und Theoriebildung in der empirischen und soziologischen Forschung. München. (2. Auflage)

Strauss, Anselm L./Corbin, Juliet (1996): Grounded Theory: Grundlagen qualitativer Sozialforschung. Weinheim.

Strauss, Anselm L./Corbin, Juliet (Hrsg.) (1997): Grounded Theory in Practice. Thousand Oaks.

Strübing, Jörg (2013): Qualitative Sozialforschung. Eine komprimierte Einführung für Studierende. Berlin/Boston.

Strübing, Jörg (2014): Grounded Theory: Zur sozialtheoretischen und epistemologischen Fundierung des Verfahrens der empirisch begründeten Theoriebildung. Wiesbaden. (3. Auflage)

Sullivan, Paul (2011): Qualitative Data Analysis Using a Dialogical Approach. London.

Taylor, Stephanie (2013): What is Discourse Analysis? London.

Taylor, Steven J./Bogdan, Robert/DeVault, Marjorie L. (2016): Introduction to Qualitative Research Methods. A Guidebook and Resource. Hoboken. (4. Auflage)

Thomas, Stefan (2017): Ethnographie. Eine Einführung. Wiesbaden.

Thorne, Sally (2016): Interpretive Description: Qualitative Research for Applied Practice. New York/London. (2. Auflage)

Tracy, Sarah J. (2014): Qualitative Research Methods: Collecting Evidence, Crafting Analysis, Communicating Impact. Chichester.

Vogl, Susanne (2015): Interviews mit Kindern führen. Eine praxisorientierte Einführung. Weinheim.

von Unger, Hella/Narimani, Petra/M'Bayo, Rosaline (Hrsg.) (2014): Forschungsethik in der qualitativen Forschung. Reflexivität, Perspektiven, Positionen. Wiesbaden.

Waller, Vivienne/Farquharson, Karen/Dempsey, Deborah (2016): Qualitative Social Research: Contemporary Methods for the Digital Age. Los Angeles.

Welker, Martin/Wünsch, Carsten (Hrsg.) (2010): Die Online-Inhaltsanalyse. Forschungsobjekt Internet. Köln.

Welker, Martin/Taddicken, Monika/Schmidt, Jan-Hinrik/Jackob, Nikolaus (Hrsg.) (2014): Handbuch Online-Forschung. Sozialwissenschaftliche Datengewinnung und -auswertung in digitalen Netzen. Köln.

Welland, Trevor/Pugsley, Lesley (2002): Ethical Dilemmas in Qualitative Research. Aldershot.

Wernet, Andreas (2009): Einführung in die Interpretationstechnik der Objektiven Hermeneutik. Wiesbaden. (3. Auflage)

Wiles, Rose (2013): What are Qualitative Research Ethics? London.

Willig, Carla/Stainton-Rogers, Wendy (Hrsg.) (2008): The SAGE Handbook of Qualitative Research in Psychology. Los Angeles.

Willis, Paul (2000): The Ethnographic Imagination. Cambridge.

Wimbauer, Christine/Montakef, Mona (2017): Das Paarinterview. Methodologie – Methode – Methodenpraxis. Wiesbaden.

Wintzer, Jeannine (Hrsg.) (2016): Qualitative Methoden in der Sozialforschung. Forschungsbeispiele von Studierenden für Studierende. Berlin.

Wintzer, Jeannine (Hrsg.) (2016): Herausforderungen in der Qualitativen Sozialforschung. Forschungsstrategien von Studierenden für Studierende. Berlin.

Witzel, Andreas/Reiter, Herwig (2012): The Problem-Centred Interview. London.

Yin, Robert K. (Hrsg.) (2004): The Case Study Anthology. Thousand Oaks.

Yin, Robert K. (2009): Case Study Research: Design and Methods. Thousand Oaks. (4. Auflage)

Yin, Robert K. (2016): Qualitative Research from Start to Finish. New York. (2. Auflage)

Fachzeitschriften

Discourse Analysis Online

http://extra.shu.ac.uk/daol/

DA On-Line uses interactive, internet-based media to provide an innovative forum for the presentation of discourse analysis research, to foster online collaboration and dialogue within the DA community and to redesign the conventional journal review process.

Cultural Studies <-> Critical Methodologies

http://journals.sagepub.com/home/csc

Cultural Studies – Critical Methodologies (CSCM) publishes open-peer reviewed research articles, critical analyses of contemporary media representations, autoethnography, poetry, and creative non-fiction. CSCM provides an explicit forum for the intersections of cultural studies, critical interpretive research methodologies, and cultural critique.

Ethnography

http://journals.sagepub.com/home/eth

Ethnography is an international and interdisciplinary journal for the ethnographic study of social and cultural change. Bridging the chasm between sociology and anthropology, it is the leading network for dialogical exchanges between monadic ethnographers and those from all disciplines involved and interested in ethnography and society. It seeks to promote embedded research that fuses close-up observation, rigorous theory and social critique.

Forum Qualitative Sozialforschung (FQS)/Forum: Qualitative Social Research

http://www.qualitative-research.net/index.php/fqs

FQS ist als interdisziplinäre und internationale Zeitschrift an Beiträgen interessiert, die sich mit qualitativen Verfahren bzw. mit Theorie, Methodologie und Anwendung qualitativer Forschung befassen. Innovative Denk-, Schreib-, Forschungs- und Darstellungsweisen werden ausdrücklich begrüßt. Auf Wunsch bemühen wir uns auch um die Realisierung Internet-spezifischer Interaktionsformen zwischen Autor/-innen und Leser/-innen, z.B. durch Online-Diskussionen. Wir bevorzugen Beiträge, die bereits in ihrer Gestaltung – z.B. durch Koautorinnenschaft und Koautorenschaft– eine multidisziplinäre und/oder multinationale Perspektive erkennen lassen.

The Grounded Theory Review: An International Journal
http://www.groundedtheoryreview.com/
The Grounded Theory Review is an interdisciplinary, online academic journal for the advancement of classic grounded theory and scholarship.

International Journal of Qualitative Methodology
http://journals.sagepub.com/home/ijq
IJQM publishes papers that report methodological advances, innovations, and insights in qualitative or mixed methods studies; it also publishes funded full studies using qualitative or mixed-methods.

International Journal of Qualitative Studies in Education
http://www.tandfonline.com/loi/tqse20
The aim of the International Journal of Qualitative Studies in Education (popularly known as QSE) is to enhance the practice and theory of qualitative research in education, with »education« defined in the broadest possible sense, including non-school settings.

International Review of Qualitative Research
http://irqr.ucpress.edu/
IRQR is a peer-reviewed journal founded to advance the use of critical, experimental, and traditional forms of qualitative inquiry towards the pursuit of social justice. As such, IRQR is a forum for: Discussing critical qualitative research methodologies and practices; Advancing knowledge-based critiques of social settings and institutions; Furthering our understanding of issues, and advocating in policy arenas; Promoting human dignity, human rights, and just societies around the globe.

Journal of Contemporary Ethnography
http://journals.sagepub.com/home/jce
The Journal of Contemporary Ethnography (JCE) is an international and interdisciplinary forum for research that uses ethnographic methods to examine how people act, interact, and construct meanings and identities in natural settings. These settings include groups, subcultures, organizations, and societies. JCE brings you relevant material that examines a broad spectrum of social interactions and practices from a variety of academic disciplines.

Journal of Ethnographic & Qualitative Research
http://www.jeqr.org/
Journal of Ethnographic & Qualitative Research (JEQR) is a quarterly, peer-reviewed periodical, publishing scholarly articles that address topics relating directly to empirical qualitative research and conceptual articles addressing topics related to qualitative research.

Journal of Mixed Methods Research
http://journals.sagepub.com/home/mmr
Mixed methods research is defined as research in which the investigator collects and analyzes data, integrates the findings, and draws inferences using both qualitative and quantitative approaches or methods in a single study or program of inquiry. The *Journal of Mixed Methods Research* (JMMR) is an innovative, quarterly, international publication that focuses on empirical, methodological, and theoretical articles about mixed methods research across the social, behavioral, health, and human sciences.

Kaleidoscope

http://opensiuc.lib.siu.edu/kaleidoscope/

Kaleidoscope is a refereed, annually published print and electronic graduate student journal devoted to communication research at the intersections of philosophy, theory, and/or practical application of qualitative, interpretive, and critical/cultural communication research.

The Oral History Review

https://academic.oup.com/ohr

The Oral History Review, published by the Oral History Association, is the U.S. journal of record for the theory and practice of oral history and related fields. The journal's primary mission is to explore the nature and significance of oral history and advance understanding of the field among scholars, educators, practitioners, and the general public. The Review publishes narrative and analytical articles and reviews, in print and multimedia formats, that present and use oral history in unique and significant ways and that contribute to the understanding of the nature of oral history and memory. It seeks previously unpublished works that demonstrate high-quality research and that offer new insight into oral history practice, methodology, theory, and pedagogy.

Qualitative Inquiry

http://journals.sagepub.com/home/qix

Qualitative Inquiry provides an interdisciplinary forum for qualitative methodology and related issues in the human sciences. With *Qualitative Inquiry* you have access to lively dialogues, current research and the latest developments in qualitative methodology.

Qualitative Market Research

http://www.emeraldinsight.com/journal/qmr

Qualitative Market Research: An International Journal (QMR) publishes scholarly research from around the world that aims to further the frontiers of knowledge and understanding of qualitative market research and its applications. This is achieved by publishing high quality research papers that both inform and challenge our awareness of the dichotomy of practices and principals in research in an analytical and practical way.

As a journal that aims to further our understanding of qualitative market research, papers can use a variety of interdisciplinary applications, such as: cultural studies, economics and sociology; and from related fields in: discourse analysis, ethnography, semiotics and grounded theory, phenomenology and psycho-analysis.

The Qualitative Report

http://nsuworks.nova.edu/tqr/

The Qualitative Report, the oldest multidisciplinary qualitative research journal in the world, serves as a forum and sounding board for researchers, scholars, practitioners, and other reflective-minded individuals who are passionate about ideas, methods, and analyses permeating qualitative, action, collaborative, and critical study.

Qualitative Research

http://journals.sagepub.com/home/qrj

Qualitative Research provides a much needed forum for the discussion of research methods, in particular qualitative research, across the social sciences and cultural studies. The journal features papers with a methodological focus, discussed in relation to specific empirical studies and research problems and papers raising philosophical, theoretical, historical or ideological debates about qualitative research.

Qualitative Research Reports in Communication
http://www.tandfonline.com/loi/rqrr20
Qualitative Research Reports in Communication is a scholarly, peer-reviewed annual journal sponsored by the Eastern Communication Association. The journal publishes brief qualitative and critical research essays of 2,500 words or less on a wide range of topics extending and enhancing the understanding of human communication. Topics appropriate for the journal include but are not limited to studies of intercultural, mediated, political, organizational, interpersonal and legal communication.

Qualitative Research in Education
http://hipatiapress.com/hpjournals/index.php/qre
Qualitative Research in Education is an online journal fourth-monthly published by Hipatia which shows the results of qualitative researches aimed to promote significantly the understanding and improvement of the educational processes. *Qualitative Research in Education* gathers the outcomes from the educational researches carried out in different fields, disciplines and qualitative methodological approaches. These investigations have as a final purpose to improve the educational processes or contexts.

Qualitative Research in Psychology
http://www.tandfonline.com/toc/uqrp20/current
Qualitative Research in Psychology is a leading forum for qualitative researchers in all areas of psychology and seeks innovative and pioneering work that moves the field forward. The journal has published state-of-the-art debates on specific research approaches, methods and analytic techniques, such as discourse analysis, interpretative phenomenological analysis, visual analyses and online research, the role of qualitative research in specific fields such as psychosocial studies and feminist psychology, and the teaching of qualitative methods in the undergraduate curriculum and on clinical psychology training programs.

Qualitative Research Journal
http://www.emeraldinsight.com/journal/qrj
Official publication of the Association for Qualitative Research
Qualitative Research Journal (QRJ) is an international journal devoted to the communication of the theory and practice of qualitative research in the human sciences. It is interdisciplinary and eclectic, covering all methodologies that can be described as qualitative. It offers an international forum for researchers and practitioners to advance knowledge and promote good qualitative research practices. *Qualitative Research Journal* deals comprehensively with the collection, analysis and presentation of qualitative data in the human sciences as well as theoretical and conceptual inquiry.

Qualitative Sociology
http://www.springer.com/social+sciences/journal/11133
The journal *Qualitative Sociology* is dedicated to the qualitative interpretation and analysis of social life. The journal offers both theoretical and analytical research, and publishes manuscripts based on research methods such as interviewing, participant observation, ethnography, historical analysis, content analysis and others which do not rely primarily on numerical data.

Qualitative Sociology Review
http://www.qualitativesociologyreview.org/ENG/index_eng.php
For a long time, we have observed an increased interest in qualitative sociology, and the use of an interpretive frame to understand human actions, social processes, meanings and definitions, and new social theory generally. In order to enable a free flow of information and to integrate the community of qualitative sociologists, we have decided to create an open-access, international scientific journal.

Qualitative Studies
http://ojs.statsbiblioteket.dk/index.php/qual/about/editorialPolicies
Qualitative Studies (QS) aims to become a central forum for discussions of qualitative research in psychology, education, communication, cultural studies, health sciences and social sciences in general.

Social Research Update
http://sru.soc.surrey.ac.uk/
Die Zeitschrift behandelt ein breites Spektrum an theoretischen und methodischen Fragen der qualitativen Sozialforschung. Auf der Website können alle bisher veröffentlichten Ausgaben und Artikel unentgeltlich eingesehen werden.

Symbolic Interaction
http://onlinelibrary.wiley.com/journal/10.1002/(ISSN)1533–8665
Symbolic Interaction presents work inspired by the interactionist perspective on society, social organization, and social life. It is the major publication of the Society for the Study of Symbolic Interaction. The journal publishes research that develops interactionist theories, generates new methodological directions and ideas, and studies substantive topics from the interactionist perspective. It recognizes the increasing global interest in interactionist approaches, and actively encourages submissions from scholars working from a variety of affiliations.

Turkish Online Journal of Qualitative Inquiry
http://dergipark.gov.tr/tojqi
TOJQI is an international, peer-reviewed e-journal which publishes high quality and original research papers conducted with qualitative, mixed or action research methodology in educational sciences.

Visual Ethnography
http://www.vejournal.org/index.php/vejournal/issue/archive
Visual Ethnography is an international peer-reviewed journal dedicated to researches on 1) the production and use of images and audio-visual media in the socio-cultural practices; 2) digital cultures; 3) art and anthropology; 4) anthropology of art; 5) vision and gaze; 6) senses and culture; 7) objects, design, architecture and anthropology; 8) bodies and places; 9) theories and methods in anthropology.

Visual Studies
https://visualsociology.org/?page_id=260
Journal der International Visual Sociology Association
Visual Studies presents visually-oriented articles across a range of disciplines. The content represents a long-standing commitment to empirical visual research, studies of visual and material culture, the development of visual research methods, and the exploration of visual means of communication about social and cultural worlds.

Zeitschrift für Diskursforschung/Journal for Discourse Studies
http://www.beltz.de/fachmedien/erziehungs_und_sozialwissenschaften/zeitschriften/zeitschrift_
fuer_diskursforschung.html
Die Zeitschrift für Diskursforschung ist die erste Fachzeitschrift, die der anhaltenden Konjunktur von sozialwissenschaftlicher Diskursforschung im deutschsprachigen Raum Rechnung trägt. Als interdisziplinäres Forum für discourse studies wird sie theoretische, methodologisch-methodische und empirische Beiträge aus den Sozialwissenschaften und angrenzenden Disziplinen veröffentlichen.

ZQF – Zeitschrift für Qualitative Forschung
http://www.budrich-journals.de/index.php/zqf
Die *Zeitschrift für Qualitative Forschung* (ZQF), früher Zeitschrift für qualitative Bildungs-, Beratungs- und Sozialforschung (ZBBS), begleitet seit 15 Jahren die massive Ausbreitung und Ausdifferenzierung qualitativer und rekonstruktiver Forschungszugänge in immer neuen disziplinären Feldern. Dass das Journal selbst zugleich ein Produkt dieser Veränderungen ist, zeigen neben der Ausweitung der methodischen Zugänge sowie des inhaltlichen Spektrums auch wechselnde thematische Foki und disziplinäre Perspektiven im Schwerpunktteil der Zeitschrift und der Wandel der sie tragenden Akteure. Die *Zeitschrift für Qualitative Forschung* versteht sich als ein interdisziplinäres Publikationsorgan auf dem Gebiet der Methodenentwicklung.

Websites

The Association for Qualitative Research (AQR)
https://www.aqr.org.uk/
The Association for Qualitative Research represents and furthers the interests of the qualitative research industry in the UK and beyond.

Ethnobase
http://blog.experientia.com/ethnobase-a-web-resource-for-ict-ethnographers/
Ethnobase is a web resource for ethnographic approaches to studying Information and Communication Technologies (ICTs). The site is based at the London School of Economics, Department of Sociology, and aims to network the growing ranks of ICT ethnographers, increasing communication and awareness of their work.

Ethnography of the University Initiative
http://www.eotu.uiuc.edu/
The *Ethnography of the University Initiative* (EUI) promotes student research on universities and colleges as complex institutions. Based at the University of Illinois, EUI supports faculty from various disciplinary and methodological backgrounds to integrate original student research on universities and colleges into their courses through faculty development workshops, customized web environments, Institutional Review Board permissions, and bi-annual student conferences. In EUI-affiliated courses, students use a variety of ethnographic, archival, and related methods to examine the university in the broader context of our social and political times.

The Institute for Ethnographic Research
https://anthropology.columbian.gwu.edu/institute-ethnographic-research
The Institute for Ethnographic Research (IFER) is a part of the George Washington University, housed in the Department of Anthropology, but includes scholars from other institutions. Its mission is to provide support and resources for scholars and researchers working together on intellectual, ethical, and practical issues in ethnographic theory and method.

International Institute for Qualitative Methodology
https://www.ualberta.ca/international-institute-for-qualitative-methodology
The International Institute for Qualitative Methodology (IIQM) is an interdisciplinary institute based at the University of Alberta, in Edmonton, Alberta, Canada, but serving qualitative researchers around the world. IIQM was founded in 1998, with the primary goal of facilitating the development of qualitative research methods across a wide variety of academic disciplines.
Today IIQM offers a wide variety of training and networking opportunities through our annual conferences, courses, workshops, and programs. We welcome you to take advantage of the opportunities IIQM has to offer to enhance your qualitative knowledge and expand your community.

Netzwerk Qualitative Methoden
https://netzwerkqualitativemethoden.wordpress.com/
Im Frühjahr 2016 wurde das *Netzwerk Qualitative Methoden* gegründet, das allen interessierten Forscherinnen und Forschern (aus der Kommunikationswissenschaft, aber genauso aus den Nachbardisziplinen und natürlich im ganzen deutschsprachigen Raum) eine Plattform für Treffen, Information und Zusammenarbeit bietet. Das Netzwerk Qualitative Methoden hat folgende Ziele: 1) Steigerung des Wissens und des Austauschs über die Forschung der Mitglieder sowie den State of the Art in Sachen qualitative Methoden (kritische Reflexion, Weiterentwicklung und Methodeninnovation); 2) Anregen von Kooperationen (für Forschungsprojekte, Tagungsbeiträge, Panel-Einreichungen), Organisation von Tagungen (alle zwei Jahre) und Publikationen sowie 3) Verbesserung der Sichtbarkeit qualitativer Methoden in der Kommunikationswissenschaft.

Phenomenology Online – A Resource for Phenomenological Inquiry
http://www.phenomenologyonline.com/
This site provides public access to articles, monographs, and other materials discussing and exemplifying phenomenological research.

Qualitative Research Consultants Association
http://www.qrca.org
QRCA is a global association of the world's most innovative, collaborative and passionate market research professionals dedicated to maximizing the power of qualitative. QRCA is a not-for-profit association of consultants involved in the design and implementation of qualitative research – focus groups, in-depth interviews, in-context and observational research, and more. Our goal is to promote excellence in the field of qualitative research by pooling experience and expertise to create a base of shared knowledge.

Qualitative Research Journals
http://www.slu.edu/organizations/qrc/QRjournals.html
The following list includes journals that focus on qualitative research as well as journals receptive to publishing qualitative research. The list continues to be modified.

Qualitative Research Methods Forum
http://www.ucdenver.edu/academics/colleges/medicalschool/programs/ACCORDS/sharedresources/
QualitativeMethods/QRMF/Pages/default.aspx
The *Qualitative Research Methods Forum* (QRMF) is a community of researchers, faculty, students, and organizations focused on the practice and development of qualitative health research. We are dedicated to building interdisciplinary qualitative research knowledge and skills through multidirectional exchanges of methodological insight, expertise and resources. As an innovative, inter-institutional community of practice, we seek to support the development and implementation of translational and health disparities research through the use of qualitative methodologies.

QualPage – Examining the world through qualitative inquiry
https://qualpage.com/2016/08/01/qualpage-relaunched/
Die Seite bietet zahlreiche Informationen und Ressourcen für qualitative Forscher.

Section on Ethnomethodology & Conversational Analysis
http://www.asanet.org/asa-communities/sections/ethnomethodology-and-conversation-analysis
The *Section on Ethnomethodology and Conversation Analysis* of the American Sociological Association (ASA) provides a forum for those with interests in EM & CA broadly conceived. The EM/CA Section provides an opportunity to talk about common interests in the Sociology of everyday life, including local interaction orders, ordinary practices of action, and the organized details of conversation. The EM/CA Section encourages the sharing of ideas, methods, and substantive inquiry.

Society for the Study of Symbolic Interaction
https://sites.google.com/site/sssinteraction/
The *Society for the Study of Symbolic Interaction* (SSSI) is an international professional organization of scholars interested in the study of a wide range of social issues with an emphasis on identity, everyday practice, and language. Symbolic interactionism, the society's theoretical foundation, is derived from American pragmatism and particularly from the work of George Herbert Mead, who argued that people's selves are social products, but that these selves are also purposive and creative. Herbert Blumer, a former student and interpreter of Mead, coined the term ›symbolic interactionism‹ and put forward an influential summary of the perspective stating that: 1) people act toward things based on the meaning those things have for them, and 2) these meanings are derived from social interaction and modified through interpretation.

Zentrum für Sozialweltforschung und Methodenentwicklung
http://www.zsm.ovgu.de/Das+Zentrum.html
Das Zentrum für Sozialweltforschung und Methodenentwicklung ist aus dem ehemaligen Zentrum für qualitative Bildungs-, Beratungs- und Sozialforschung (ZBBS) hervorgegangen und widmet sich grundlegenden methodologischen sowie methodischen Fragen im Bereich qualitativer Forschung. Ziele des ZSM sind neben der Konsolidierung qualitativer Methoden in unterschiedlichen Disziplinen vor allem die Reflexion und Weiterentwicklung methodologischer Rahmen und methodischer Verfahren auch unter Einbeziehung quantitativer Ansätze und die Förderung des wissenschaftlichen Nachwuchses. Das ZSM ist an der Fakultät für Humanwissenschaften der Otto- von-Guericke-Universität in Magdeburg verankert, kooperiert aber interdisziplinär und bundesweit

Index

Weiterlesen bei utb.

Heinz Pürer, Nina Springer,
Wolfgang Eichhorn
**Grundbegriffe der
Kommunikationswissenschaft**
2015, 106 Seiten, Broschur
ISBN 978-3-8252-4298-5

Die zentralen Begriffe Kommunikation, Massenkommunikation und computervermittelte Kommunikation werden im vorliegenden Buch kompakt und verständlich erklärt. Ein Abschnitt ist auch der Kommunikation in sozialen Netzwerken und mittels dieser Netzwerke gewidmet.

Nina Springer, Friederike Koschel,
Andreas Fahr, Heinz Pürer
**Empirische Methoden der
Kommunikationswissenschaft**
2015, 154 Seiten, 11 s/w Abb., Broschur
ISBN 978-3-8252-4300-5

Die Autoren geben einen kompakten Überblick über die empirischen Forschungstechniken in der Kommunikationswissenschaft: Die allgemeinen Anforderungen und Gütekriterien, der Forschungsablauf und die Wahl der geeigneten Methode. Die Methoden selbst (Befragung, Inhaltsanalyse, Beobachtung und Experiment) werden im Einzelnen dargestellt.

Heinz Pürer (Hg.)
**Kommunikationswissenschaft
als Sozialwissenschaft**
Unter Mitarbeit von P. Baugut, W. Eichhorn, N. Fawzi, R. Renger, J. Wimmer, S. Wolf und T. Zerback
2015, 260 Seiten, Broschur
ISBN 978-3-8252-4260-2

Die Kommunikationswissenschaft versteht sich als interdisziplinäre Sozialwissenschaft. Politologische Aspekte sind z. B. die Kommunikationspolitik und die politische Kommunikation. Bei den psychologischen Aspekten geht es um individuelle Wirkungen von Medienkonsum. Soziologische Aspekte sind gesellschaftlich bedingte Medienwirkungen, wie etwa die Sozialisation durch Massenmedien.

Klicken + Blättern
Leseprobe und Inhaltsverzeichnis unter
www.utb.de
Erhältlich auch in Ihrer Buchhandlung.

Weiterlesen bei utb.

Weiterlesen bei utb.

Marion G. Müller, Stephanie Geise
Grundlagen der Visuellen Kommunikation
Theorieansätze und Analysemethoden
2., völlig überarbeitete Auflage
2015, 334 Seiten
15 s/w und 85 farb. Abb., Broschur
ISBN 978-3-8252-2414-1

Wie lassen sich Bilder beschreiben, analysieren und interpretieren? Marion G. Müller und Stephanie Geise geben anhand zahlreicher Beispiele aus den Bereichen Bildjournalismus, Wahlkampfkommunikation, Werbung, Onlinekommunikation oder auch der bildenden Kunst eine praktische Einführung in die Analyse visueller Phänomene. In einem zweiten Schritt stellen sie spezifische Ansätze der Visuellen Kommunikationsforschung vor, die sich als Teildisziplin der Medien- und Kommunikationswissenschaft in den letzten Jahren theoretisch und methodisch stark weiterentwickelt hat. Mit 85 Farbabbildungen, Übungsaufgaben sowie Zusatzmaterial im Internet.

»Die Überblicksarbeit mit Lehrbuchcharakter bietet einen bislang fehlenden, interdisziplinären Überblick über die verschiedenen theoretischen Ansätze der visuellen Kommunikation.«
Zeitschrift für Politikwissenschaft

»Ein wichtiges Standardwerk.«
Zeitschrift für Kommunikationsökologie

Weiterlesen bei utb.

Patrick Rössler
Inhaltsanalyse
3., völlig überarbeitete Auflage
2017, 292 Seiten
50 s/w Abb., Broschur
ISBN 978-3-8252-4706-5

Patrick Rössler führt Schritt für Schritt und anhand einer Beispielstudie in das Handwerk der quantitativ-standardisierten Inhaltsanalyse ein. Ein Muster-Codebuch mit entsprechenden Kategorien dient dabei als Prototyp für eigene Untersuchungen. Die dritte Auflage wurde grundlegend überarbeitet und um Kapitel zur automatisierten Inhaltsanalyse sowie zur Forschungsethik erweitert.

»Eine praxisnahe Einführung in die Inhaltsanalyse, die eine sinnvolle Ergänzung zur bestehenden Methodenliteratur darstellt. Gerade für Einsteiger in die Materie eignet sich dieser Band als erste Lektüre sehr gut. Durch hervorgehobene Merksätze und Übungsfragen dient der Band auch gut zum Selbststudium.«

Medienwissenschaft

»The author provides a plain guideline for practical research with illustrative examples and detailed instructions for developing high-quality content analyses.«

International Journal of
Public Opinion Research

Klicken + Blättern
Leseprobe und Inhaltsverzeichnis unter

www.utb.de

Erhältlich auch in Ihrer Buchhandlung.

Weiterlesen bei utb.

Klaus Beck
Kommunikationswissenschaft
5., überarbeitete Auflage
2016, 270 Seiten
20 s/w Abb., Broschur
ISBN 978-3-8252-4698-3

Klaus Beck führt in diesem seit Jahren bewährten Lehrbuch kompakt und verständlich in die Grundbegriffe und Theorien der Kommunikationswissenschaft ein. Ausgehend von der Face-to-Face-Kommunikation erklärt er den Unterschied zur technisch vermittelten Kommunikation und geht dann auf die verschiedenen Formen öffentlicher Kommunikation (Journalismus, Public Relations und Werbung) ein.

»Klaus Beck hat ein empfehlenswertes Überblickslehrbuch für die Kommunikationswissenschaft verfasst, das eine gute Ergänzung und Begleitung zu entsprechend konzipierten Vorlesungen ist.«
Publizistik

»Eine gut lesbare, recht homogene Verdichtung des zeitgenössischen KW-Kanons, deren Stärken in der umfassenden Diskussion und Theoretisierung der Begriffe Kommunikation und Öffentlichkeit liegen, ohne Studienanfänger durch voraussetzungsreiche Argumentation zu überfordern.« Communicatio Socialis

Klicken + Blättern
Leseprobe und Inhaltsverzeichnis unter

www.utb.de

Erhältlich auch in Ihrer Buchhandlung.